皇室事典 令和版

皇室事典編集委員会 編著

角川書店

皇室事典編集委員会

（五十音順　*は代表編者）

小田部雄次
五島邦治
*髙橋　紘
竹居明男
*所　功
西川　誠
橋本富太郎
*米田雄介

大仙陵古墳（仁徳天皇陵） 日本最大の古墳で、墳丘全長約486メートル、高さ約36メートル。築造当初は全面に葺き石が敷き詰められていた。（写真提供：堺市）

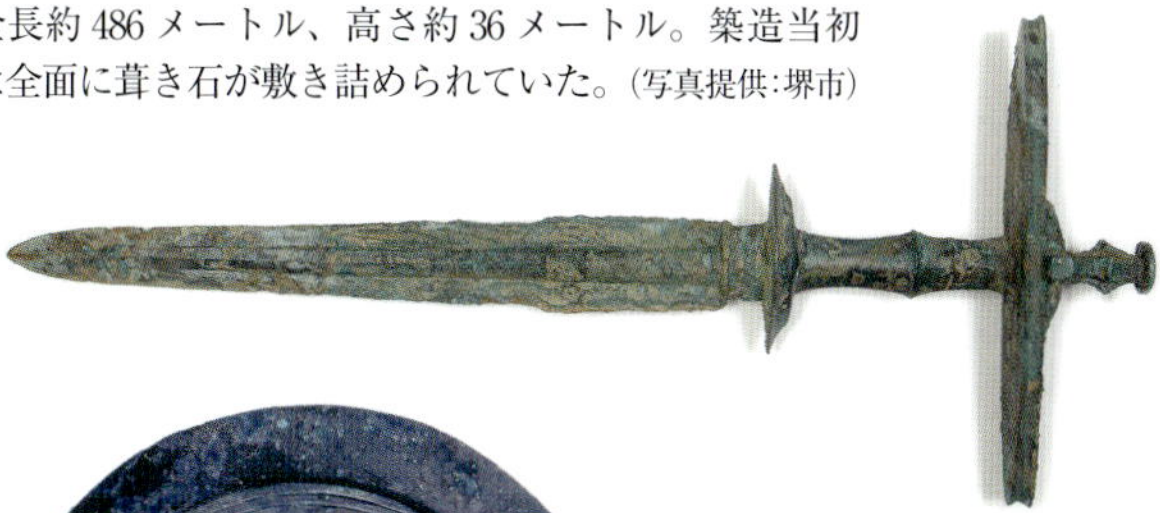

吉野ヶ里遺跡から出土の銅剣
佐賀県の吉野ヶ里遺跡は弥生時代に発展し、古墳時代・奈良時代まで続いた大きな集落の跡である。王を葬った古墳もあり、そこから銅剣が出土した。これらも王権のシンボルだったとみられる。（写真提供：佐賀県教育委員会）

平原遺跡出土の鏡 直径46.5センチの大型の青銅鏡（内行花文八葉鏡）。福岡県糸島市の弥生時代後期（2～3世紀）の古墳から出土した。（文化庁蔵／写真提供：伊都国歴史博物館）

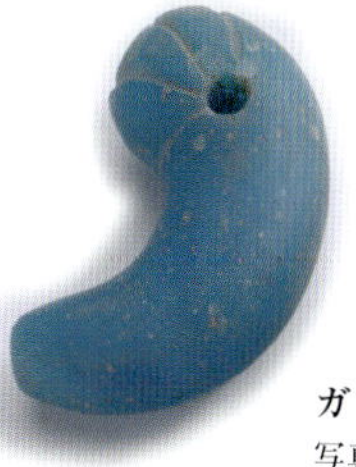

ガラスの勾玉（文化庁蔵／写真提供：伊都国歴史博物館）

大王の時代

およそ3世紀から7世紀にかけて日本列島の各地に王（豪族）の大規模な墳墓が築造された。巨大古墳は河内と大和に多く現存し、そこには大王《おおきみ》（のちの天皇）を戴く古代国家が誕生したことを示している。

最大の古墳は大阪府堺市にある大仙陵古墳《だいせんりょうこふん》で、5世紀の築造とみられ、仁徳天皇の陵だと伝えられる。これら堺市と羽曳野市・藤井寺市にある古墳群は「百舌鳥・古市古墳群」として世界文化遺産に登録されている。

古墳から出土する副葬品のなかに、鏡と剣と勾玉がある。各地の王の権威を示すものであろう。それらがやがて歴代の天皇に承け継がれ、三《さん》種神器《しゅのじんぎ》と称される。

前近代の天皇

平城宮大極殿の復元　大極殿の中央に高御座《たかみくら》があり、元日の朝賀式や代始の即位式などが行われた。藤原宮の大極殿もほぼ同じ規模で、都で最大の建物だった。（写真提供：奈良市観光協会）

持統天皇8年（六九四）、藤原京（奈良県橿原市内）が建設されて、遷都した。中国にならって、天子を戴く律令国家の建設が始まった日本における最初の大規模な都城である。ついで和銅3年（七一〇）、平城京に遷都した。

古代の歴史をつづる『古事記』『日本書紀』が奈良時代の初め（七一二-七二〇）に編纂され、大王が初代の神武天皇にさかのぼって「天皇」と称されている。

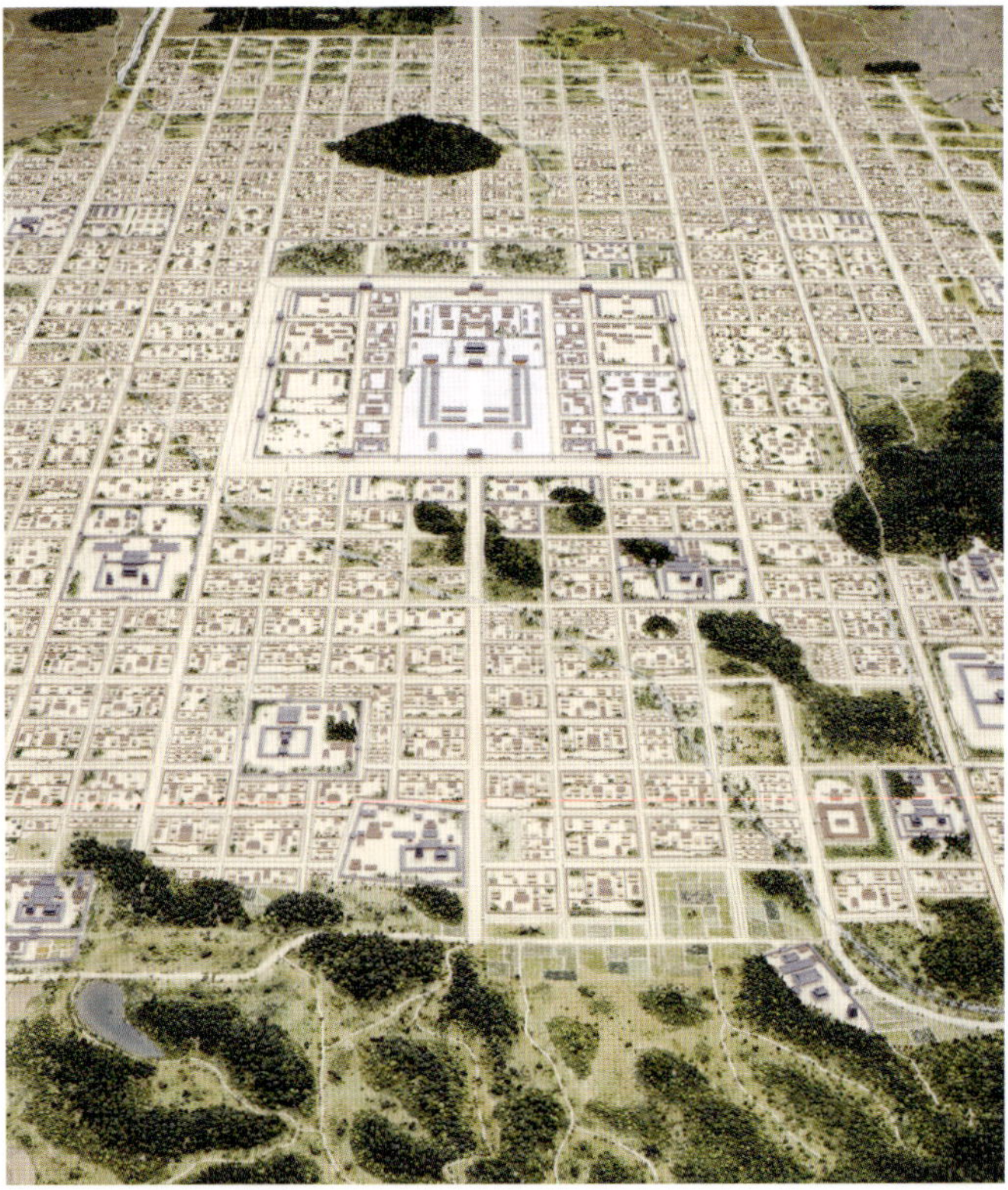

藤原宮と藤原京の模型（写真提供：橿原市教育委員会）

平安神宮　明治28年（1895）、平安遷都から1100年の記念に桓武天皇を祭神として創建された。社殿は平安宮の建物を復元した。正面の拝殿は大極殿、その前庭は龍尾壇《りゅうびだん》、東は蒼龍楼《そうりゅうろう》、西は白虎楼《びゃっころう》を模している。昭和15年（1940）に孝明天皇（1831～1866、明治天皇の父）を祭神に加えた。（写真：PIXTA）

桓武天皇画像　第50代桓武天皇（737～806）は延暦13年（794）長岡京から平安京に遷都。それ以降1000年以上「みやこ」（宮都）となった。その次代から桓武天皇の子孫に皇位がうけつがれ、現在につながる。（写真提供：比叡山延暦寺）

京都御所（紫宸殿）　御所は火災などにより再建を重ね、現在の京都御所（京都市上京区）は幕末の再建。京都御苑には江戸時代の上皇の居所だった仙洞御所の庭園が残る。（写真：PIXTA）

憲法発布　明治22年（1889）２月11日、大日本帝国憲法の発布式が行われた。その日、天皇・皇后は陸軍の観兵式に行幸啓。国家の元首・統治権の総攬者で、陸海軍の統帥者である天皇を人々は「大日本帝国万歳」などの幟を立てて歓迎した。（この２ページの絵画は全て『明治天皇御紀附図稿本』宮内庁宮内公文書館蔵）

近代の天皇

明治天皇は東京に遷ってから全国各地の農村や工場、鉱山などへ積極的に行幸した。その姿は、近代日本の国民統合を形作り、文明開化・殖産興業を推進する象徴であった。

明治天皇と皇后（昭憲皇太后）　明治時代には写真や絵画の印刷物によって、天皇・皇后の肖像が広まった。文明開化の世をあらわす洋装である。
（『皇室寫眞帖』国立国会図書館ウェブサイトより）

京浜鉄道開業式に行幸 明治５年（1872）９月12日、我が国最初の鉄道が新橋－横浜間で正式に開業した。その式典には明治天皇をはじめ、各国公使らが列席し、一般国民とともに祝った。このころの東京などでは、洋風の建物も次々に建てられ、文明開化を印象づけた。

内国勧業博覧会への行幸啓 明治10年（1877）、諸産業を奨励する第１回内国勧業博覧会が催された。

農民収穫御覧 明治元年（1868）９月、天皇は初めて江戸に向かう途上、庶民の暮らしに接した。

明治天皇の伏見桃山陵 上円下方墳の山陵は幕末に孝明天皇の大喪で復活した。昭憲皇太后陵も並ぶ。

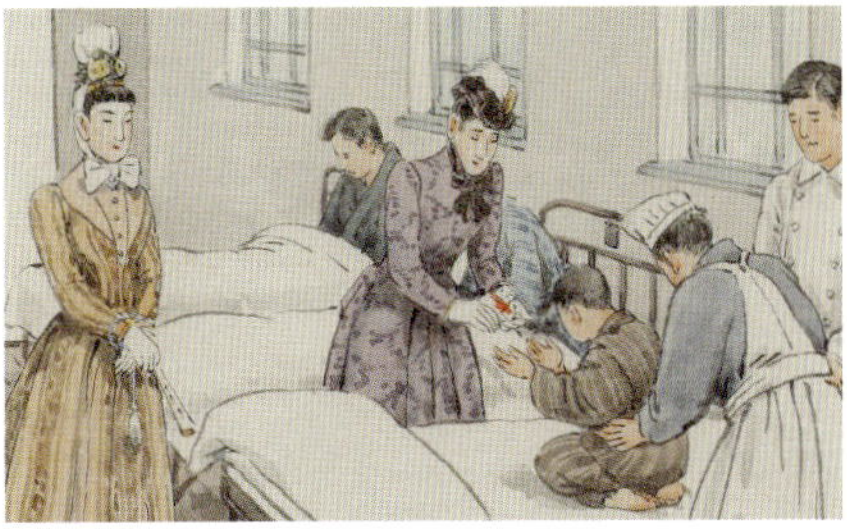

東京慈恵医院への行啓 明治20年（1887）５月、皇后が慈恵医院開院式に行啓し、病人を励ました。

戦災の各地を訪ねる昭和天皇　昭和 20 年（1945）の敗戦後、昭和天皇は戦災にあった全国各地を巡幸した。写真は昭和 21 年 2 月、初めて横浜市を訪ね、戦争で親や子を失ったり家を焼かれたりした人々を慰め励まし続けた。（Photo by Alfred Eisenstaedt/The LIFE Picture Collection/Getty Images）

現代の天皇

昭和21年（一九四六）11月3日に公布（半年後に施行）された日本国憲法で天皇は「日本国の象徴」「日本国民統合の象徴」と位置付けられた。それが昭和・平成から令和へと承け継がれている。

平成の天皇・皇后の海外慰霊の旅　平成の天皇・皇后も慰霊の旅を続けた。写真は平成 27 年（2015）4 月、太平洋の激戦地ペリリュー島を訪れ、南西にある激戦地のアンガウル島に向かい黙礼する光景。（写真提供：共同通信社）

平成の皇室　毎年新年を迎えると、御所で天皇ご一家の写真が撮影され公表される。写真は平成31年(2019)1月、前列中央が平成の天皇・皇后（上皇・上皇后）、向かって左が令和の天皇・皇后、右が皇嗣の秋篠宮・同妃。後列左から眞子内親王、愛子内親王、悠仁親王、佳子内親王。(写真提供：宮内庁)

大嘗祭《だいじょうさい》で悠紀殿供饌《ゆきでんきょうせん》の儀に臨む天皇　新しい時代になっても皇室の長い伝統が受け継がれている。この写真は平成2年(1990)11月22日の夜、平成の天皇が白い御祭服で大嘗宮の悠紀殿に出御する光景。(写真提供：宮内庁)

即位後朝見の儀　令和元年（2019）５月１日、新天皇は内閣総理大臣など三権の長ら国民代表の前で「憲法にのっとり、日本国及び日本国民統合の象徴としての責務を果たすことを誓い、国民の幸せと国の一層の発展、そして世界の平和を切に希望します」と即位のおことばを宣じられた。（写真提供：宮内庁）

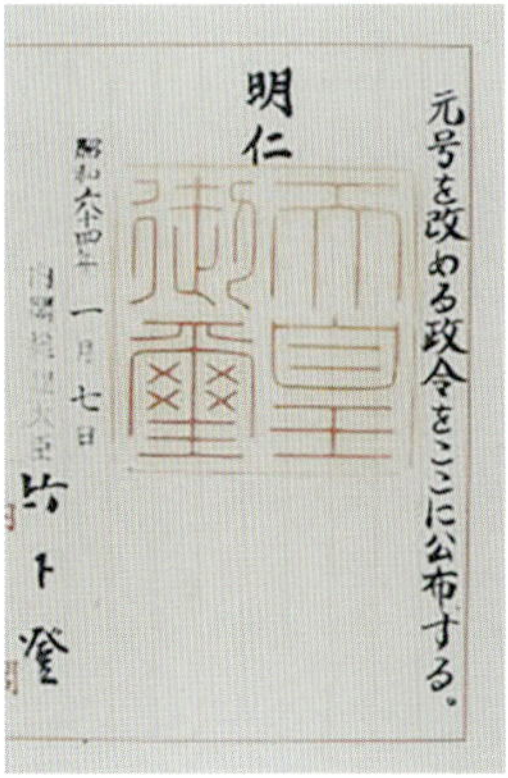

元号を改める政令をここに公布する。
御名御璽《天皇御璽》
明仁
昭和六十四年一月七日
内閣総理大臣　竹下登

「平成」改元の詔書　皇位が継承されると、天皇は元号を改める旨の政令に署名する。上の写真は、昭和64年（1989）1月7日、平成の新天皇が「明仁」と署名、「天皇御璽」を押した改元の詔書。最後に内閣総理大臣竹下登の署名がみえる。（写真提供：内閣官房）

即位礼正殿の儀　令和元年（2019）10月22日、令和の新天皇の即位の礼が行われた。天皇が高御座《たかみくら》に登壇して即位のおことばを読み上げげた。皇后は向かって右の御帳台《みちょうだい》にみえる。（写真提供：共同通信社）

「令和版」刊行のことば

この『皇室事典』は、平成21年（二〇〇九）4月、初版を世に送り出した。編纂目的は、「皇室の伝統と文化を、その始まりから現代にいたるまで総合的に俯瞰できる便利で充実した事典」が必要だと考えたからである。

そのために、既刊の辞書・事典に多い関係用語を五十音順に説明するスタイルではなく、「天皇・皇室に関する主要な事項をテーマごとにまとめて解説し、体系的理解ができる」わかりやすい〝読む事典〟とすることを目指したのみならず、「随所に図表や図解・コラムを配置」し、詳細な「資料編」と索引を加えた。幸い専門家にも一般の方々にも好評を得ている。

折しも、初版の刊行から十年を経た今春、平成の天皇（八五歳）が「退位」（譲位）し、直ちに皇太子（五九歳）が第一二六代の皇位を継承した前後から、皇室への関心が一段と高まっている。そこで、初版に部分的な追加などを施し、前半を「制度と歴史」、後半を「文化と生活」と題する二分冊にして、角川ソフィア文庫に収めた（合計一一一四頁）。

しかし、十年の間に気付いた不備や新たな制度の改変が行われているので、このたび初版を全面的に見直し可能な限り補訂を加えて「令和版」を作成した。ただ、代表編者の一人高橋紘氏が平成23年（二〇一一）古稀手前で他界しているため、関西に在住の米田雄介氏と関東に転居した所功とが協議を重ね、高橋氏執筆分の約半分は小田部雄次氏などに検討を頼み、「歴代天皇総覧」を資料編に加えるなど読みやすいものに作り直した。その煩雑な実務には、前回と同様、ＫＡＤＯＫＡＷＡ辞書事典編纂室の関係各位などから多大な尽力をいただいたことに、心から感謝している。

およそ千数百年以上続いており、現行の憲法にも「日本国の象徴」「日本国民統合の象徴」と定められる天皇・皇室は、世界史的にみても稀有《ユニーク》な存在である。その全体像であれ断片的なことであれ、関心を寄せられる方々に、この新版が広く永く活用されることを念じてやまない。

令和元年（二〇一九）十月二十二日

皇室事典編集委員会

目次

3 近代の皇室 115

コラム

資料コラム

用語コラム

ご利用にあたって

本事典は、皇室にかかわるさまざまな事項や用語を、大中小一三六のテーマごとに節を分けて解説した。各テーマは、ゆるやかに以下の一〇のグループにふり分けて配列した（詳細は目次参照）。

1　天皇の称号と制度
2　皇室の政事と財政（前近代）
3　近代の皇室
4　現代の皇室
5　皇位継承
6　象徴・栄典
7　皇室の住と衣食
8　皇室の人生儀礼
9　皇室と宗教文化
10　皇室の伝統文化

また、節ごとに独立して読んで理解できるよう、重要な語句や事項については重複をいとわず注記や解説を盛り込んだ。

【本文解説の形式と方針】

○難読語

難しい読み方の用語には極力読み仮名をふった。

〔例〕　杖刀人《じょうとうにん》の首《おびと》

○年号、年月日の示し方

原則的に年号＝元号で示し、必要な場合に西暦を小字で括弧内に付した。

〔例〕　天応元年（七八一）4月3日

括弧内の西暦は、明治5年の改暦前に関しては、およその目安としての簡易換算年を示した。年号の年度内の大部分と重なる西暦年を示している。

○書紀紀年

推古朝（五九三〜六二八）以前については、書紀紀年（『日本書紀』の紀年法）のままで示した。

〔例〕　辛酉年の春正月一日

また、歴史の推移は大まかに西暦の世紀で示した。

○南北朝期の年号

両朝の年号を併記した。南朝に関することには南朝年号を先に、北朝に関することには北朝を先に示し、両朝に関わることは南朝・北朝の順で記した。

〔例〕　建武3＝延元元年(一三三六)

　…南朝事項の場合および両朝関係事項

延元元＝建武3年(一三三六)

　…北朝事項の場合

○改元のあった年の年号

月や月日を明示している場合には、改元以前か以後かを区別して示した。

〔例〕　慶応4年(一八六八)の8月

明治元年(一八六八)の10月13日

月、月日を示していない場合には、原則として改元後の年号を示した。ただし、注意を喚起するため両方を併記した場合もある。

〔例〕　明治元年(一八六八)

慶応4＝明治元年(一八六八)

○人名の示し方

歴代天皇名

前近代の天皇名については、冒頭に皇統譜の代数を四角囲み数字で示した。同じ天皇名が続けて出てくる場合には省略した。

〔例〕　50桓武天皇の皇太子安殿《あて》親王が……

○敬語・敬称

解説文中では、原則として敬語・敬称や敬体表現は使用しないこととした。現存者にも敬称は省略した。各執筆者が平常使用している表現とは必ずしも一致していない。ただし、「御」のつく用語で定着していると認められるもの、特別な意味をもつもの、規式上での表現を示しているものなどについては、いわゆる敬語・敬称とは別扱いをした。

〔例〕　御《お》常《つね》御《ご》殿《てん》

黄櫨染御《こうろぜんのご》袍《ほう》

「御五衣《おんいつぎぬ》・御唐衣《おんからぎぬ》・御裳《おんも》」

※索引では「御」がつくことのある用語とその場合の読み方についても極力示すこととした。

○史料・文献の引用

短い史料引用については「　」で括り、長い場合には2字下げにして出典史料名を示した。漢文は読み下し文とし、片仮名は平仮名に改め、濁点・句読点を加えた。難語に引用者の注記を括弧で加えたり、難読語には標準的な読みを施したりした場合もある。

〔例〕　およそ禁中（宮中）の作法、神事を先にし、他事を後にす。旦暮《たんぼ》（朝夕）敬神の叡慮、懈《け》怠《たい》なかるべし。……

○人物の年齢の数え方

明治5年（一八七二）12月3日の改暦後は満年齢で示した。明治改暦前であっても、改暦後に没した人物については、すべて満年齢で通した。明治改暦前に没した人物については数え年で示した。

〔例〕　9世紀の半ばごろに、56清和天皇がわずか九歳で皇位に即き、……

○表記および読み

律令制の官司名、内裏の殿舎名、儀式名などには複数の表記のしかたや読み方もあるが、あえて統一を図らなかった。人名は、複数の読みがある、また考えられる場合は、広く通用している読みを示した。複数の読みがいずれも通用し、参考とすべき時には、語句の下に併記した。

〔例〕　李垠（りぎん　イ・ウン）
袿袴（うちきばかま　けいこ）

○略号

↓30　30の節を参照

↓資07　資料編07を参照

*　重要な人物、書籍や法令、事件、用語、また索引から検索可能な人物、書名、事項など

○略語・略称

文脈上、なにを指しているかが明らかな場合には略語・略称を使用した。

〔例〕　典範、旧典範、ＧＨＱ

神代系譜

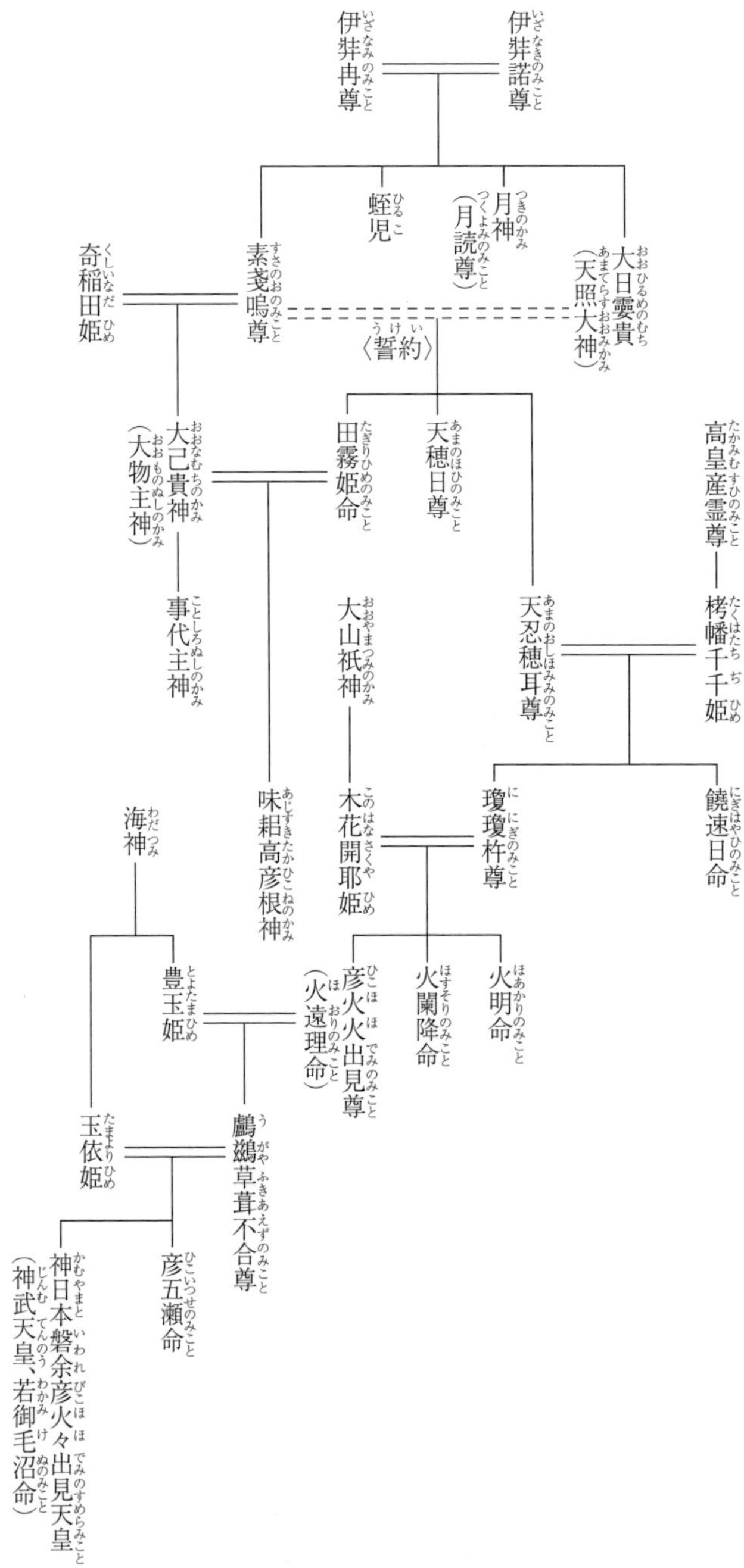

【凡例】・神名の表記は『日本書紀』によった。

天皇・宮家系図

【凡例】
・この系図は太田亮『姓氏家系大辞典』（角川書店）収録「皇室御系図」などを参考に作成した。
・天皇の代数は大正15年に確定された『皇統譜』によった。
・歴代天皇とともに主な后妃（皇后、天皇の生母など）、皇子、皇女などを簡略に示した。
・天皇の名前は□で囲み、配偶関係については＝で、主な血縁関係については──で、養子関係については……で示した。
・追尊天皇など特に重要な称号は（　）で示し、即位前の名前や皇籍離脱後の名前、宮家などは（　）で示した。
・同一人物が複数の箇所に記載されている場合は㋐、㋑、㋒…の記号で示した。
・特に重要な皇子、皇女については強調して示した。

［所］

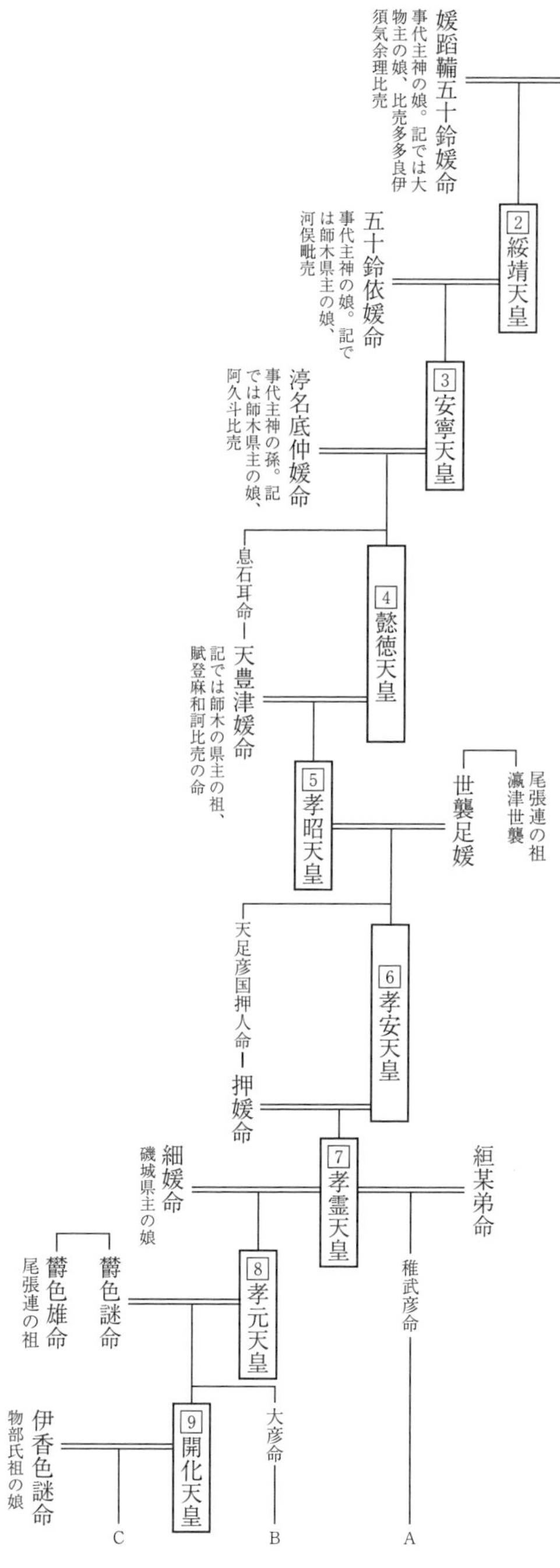

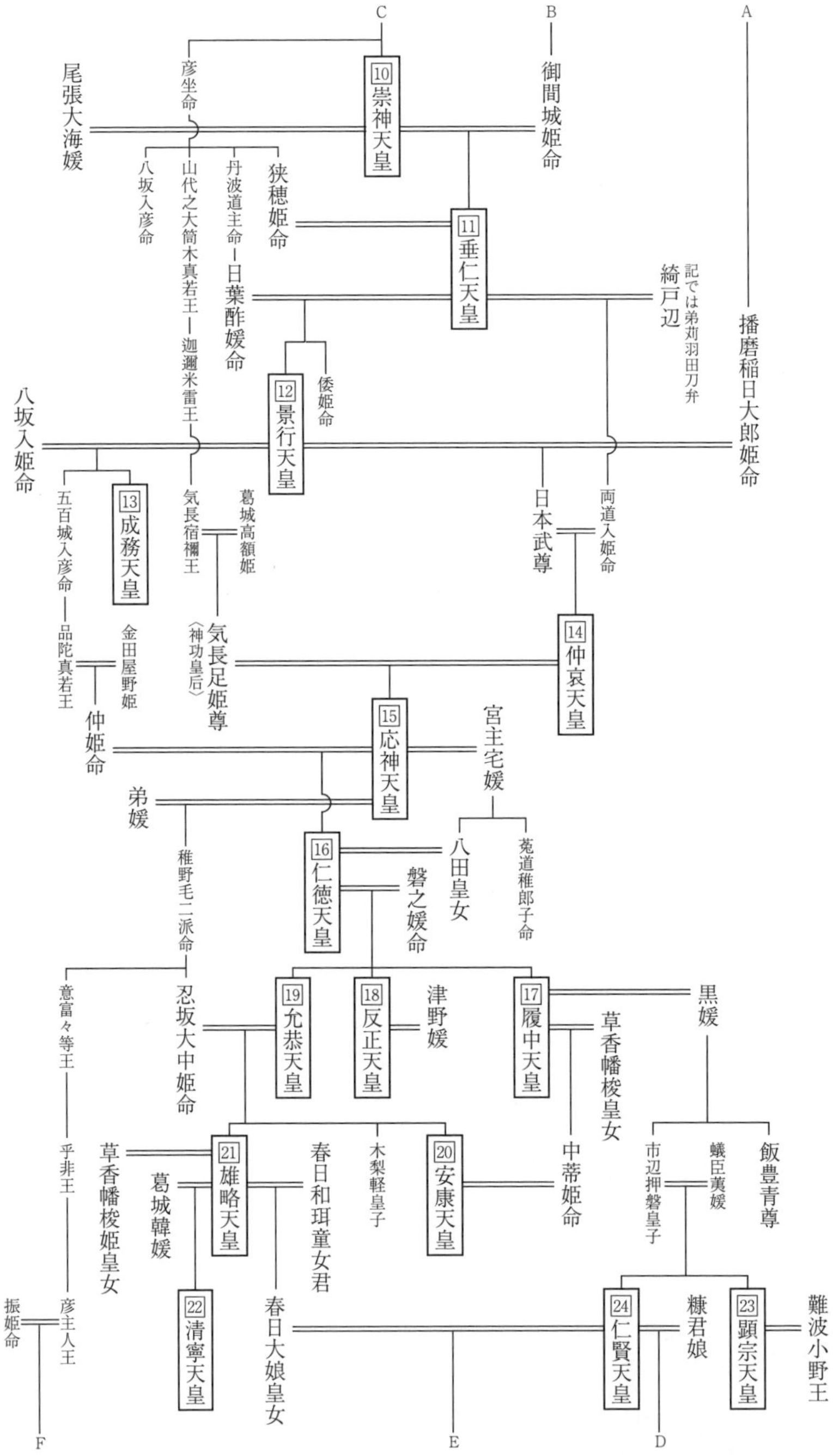
C
B
A
彦坐命
10 崇神天皇
御間城姫命
尾張大海媛
八坂入彦命
山代之大筒木真若王
丹波道主命
狭穂姫命
11 垂仁天皇
日葉酢媛命
綺戸辺
記では弟苅羽田刀弁
播磨稲日大郎姫命
迦邇米雷王
倭姫命
12 景行天皇
八坂入姫命
五百城入彦命
13 成務天皇
気長宿禰王
葛城高額姫
日本武尊
両道入姫命
品陀真若王
金田屋野姫
気長足姫尊
〈神功皇后〉
14 仲哀天皇
仲姫命
15 応神天皇
宮主宅媛
弟媛
16 仁徳天皇
八田皇女
菟道稚郎子命
磐之媛命
稚野毛二派命
意富々等王
忍坂大中姫命
19 允恭天皇
18 反正天皇
津野媛
17 履中天皇
黒媛
草香幡梭皇女
乎非王
草香幡梭姫皇女
21 雄略天皇
葛城韓媛
春日和珥童女君
木梨軽皇子
20 安康天皇
中蒂姫命
市辺押磐皇子
蟻臣荑媛
飯豊青尊
振姫命
彦主人王
22 清寧天皇
春日大娘皇女
24 仁賢天皇
糠君娘
23 顕宗天皇
難波小野王
F
E
D

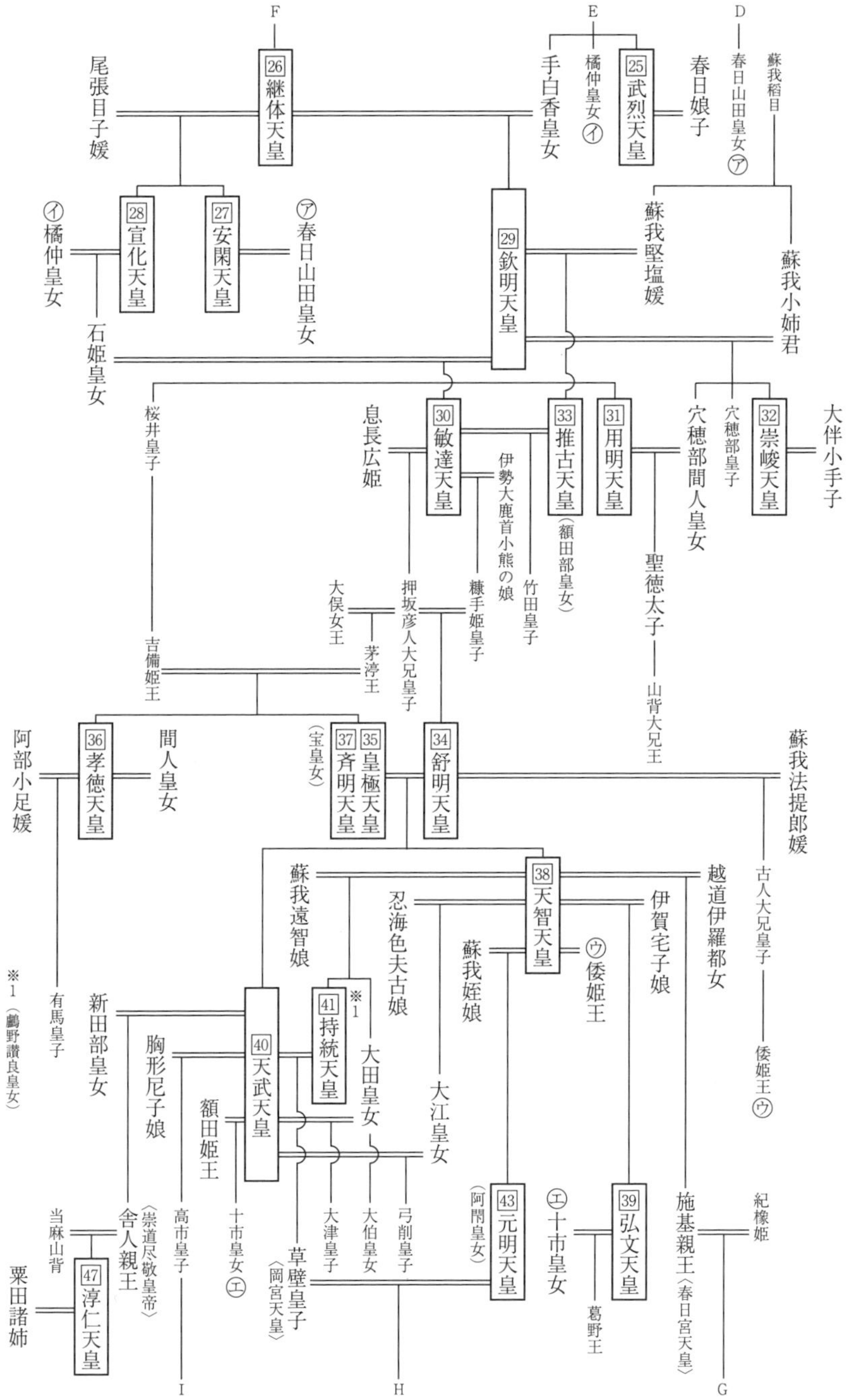

F
E
D
26 継体天皇
尾張目子媛
手白香皇女
橘仲皇女㋑
25 武烈天皇
春日娘子
春日山田皇女㋐
蘇我稲目
㋑橘仲皇女
28 宣化天皇
27 安閑天皇
㋐春日山田皇女
29 欽明天皇
蘇我堅塩媛
蘇我小姉君
石姫皇女
桜井皇子
息長広姫
30 敏達天皇
伊勢大鹿首小熊の娘
33 推古天皇（額田部皇女）
31 用明天皇
穴穂部間人皇女
穴穂部皇子
32 崇峻天皇
大伴小手子
竹田皇子
聖徳太子
山背大兄王
大俣女王
押坂彦人大兄皇子
糠手姫皇女
茅渟王
吉備姫王
阿部小足媛
36 孝徳天皇
間人皇女
（宝皇女）
37 斉明天皇
35 皇極天皇
34 舒明天皇
蘇我法提郎媛
古人大兄皇子
倭姫王㋒
蘇我遠智娘
38 天智天皇
越道伊羅都女
忍海色夫古娘
伊賀宅子娘
蘇我姪娘
㋒倭姫王
※1（鸕野讃良皇女）
有馬皇子
新田部皇女
41 持統天皇
※1
40 天武天皇
大田皇女
胸形尼子娘
額田姫王
大江皇女
43 元明天皇（阿閇皇女）
㋓十市皇女
39 弘文天皇
施基親王〈春日宮天皇〉
紀橡姫
当麻山背
舎人親王〈崇道尽敬皇帝〉
高市皇子
十市皇女㋓
大津皇子
大伯皇女
弓削皇子
草壁皇子〈岡宮天皇〉
葛野王
47 淳仁天皇
粟田諸姉
I
H
G

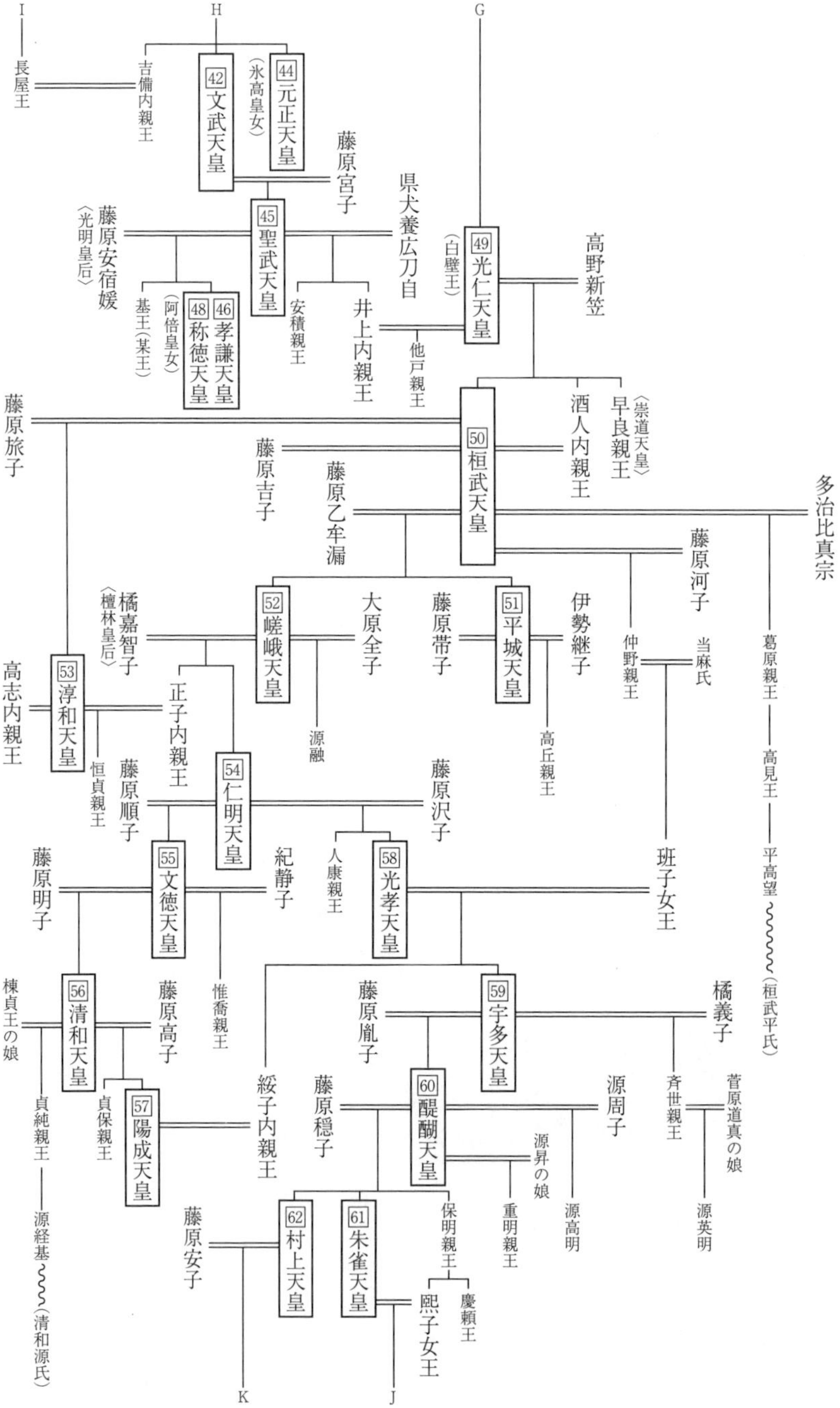
I
H
G
長屋王
吉備内親王
42 文武天皇
44 元正天皇
（氷高皇女）
藤原宮子
45 聖武天皇
県犬養広刀自
藤原安宿媛
〈光明皇后〉
基王（某王）
46 孝謙天皇
48 称徳天皇
（阿倍皇女）
安積親王
井上内親王
他戸親王
49 光仁天皇
（白壁王）
高野新笠
藤原旅子
50 桓武天皇
酒人内親王
早良親王
〈崇道天皇〉
藤原吉子
藤原乙牟漏
多治比真宗
藤原河子
橘嘉智子
〈檀林皇后〉
52 嵯峨天皇
大原全子
藤原帯子
51 平城天皇
伊勢継子
仲野親王
当麻氏
葛原親王
高見王
平高望
〈桓武平氏〉
高志内親王
53 淳和天皇
正子内親王
源融
高丘親王
恒貞親王
藤原順子
54 仁明天皇
藤原沢子
班子女王
藤原明子
55 文徳天皇
紀静子
人康親王
58 光孝天皇
棟貞王の娘
56 清和天皇
藤原高子
惟喬親王
藤原胤子
59 宇多天皇
橘義子
貞純親王
源経基
〈清和源氏〉
貞保親王
57 陽成天皇
綏子内親王
藤原穏子
60 醍醐天皇
源周子
源昇の娘
斉世親王
菅原道真の娘
源英明
源高明
重明親王
藤原安子
62 村上天皇
61 朱雀天皇
保明親王
熙子女王
慶頼王
K
J

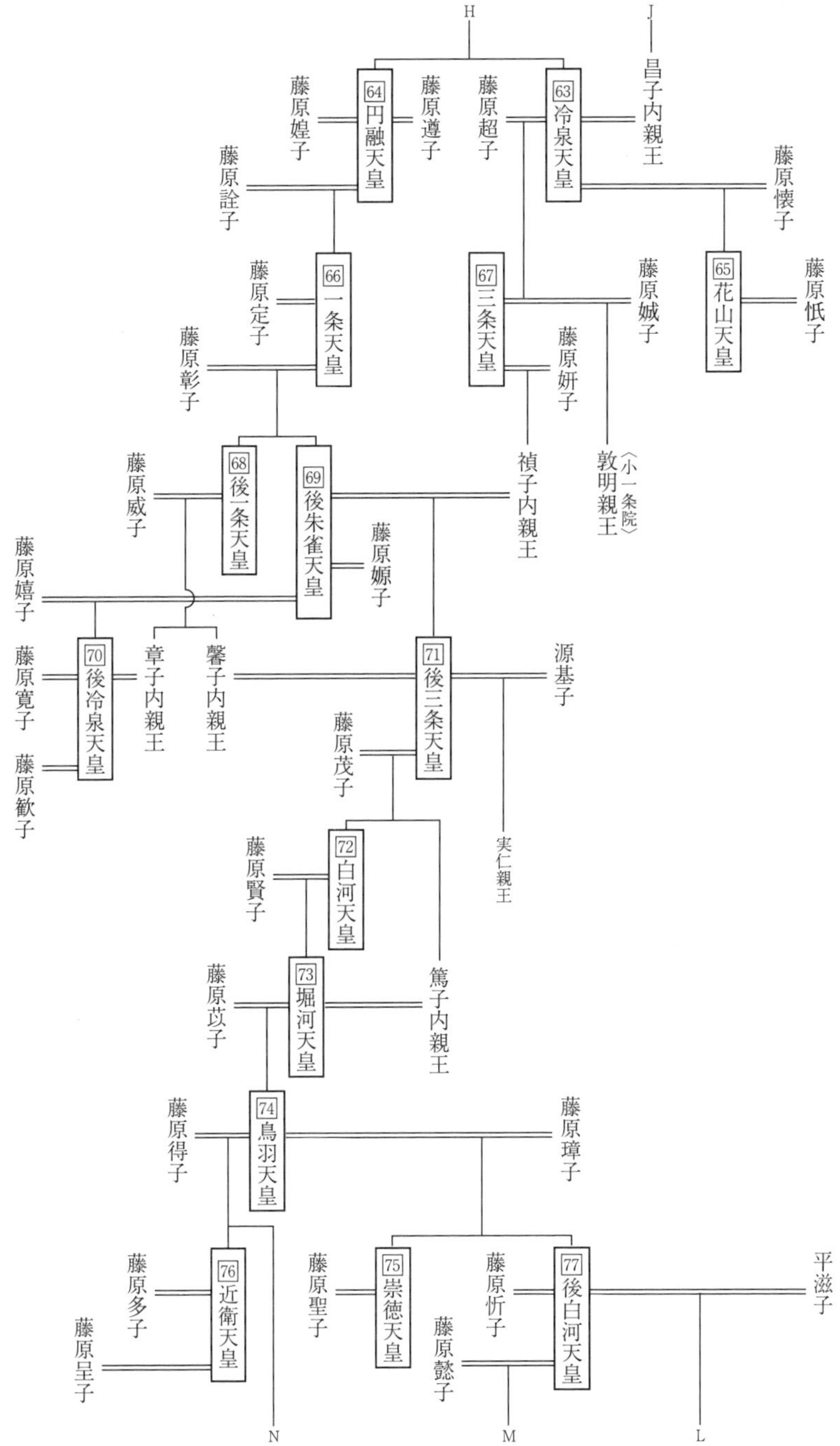
H
J
64 円融天皇
藤原媓子
藤原遵子
藤原詮子
63 冷泉天皇
藤原超子
昌子内親王
藤原懐子
66 一条天皇
藤原定子
藤原彰子
67 三条天皇
藤原娍子
藤原妍子
65 花山天皇
藤原怟子
68 後一条天皇
藤原威子
69 後朱雀天皇
藤原嫄子
禎子内親王
敦明親王〈小一条院〉
藤原嬉子
70 後冷泉天皇
藤原寛子
藤原歓子
章子内親王
馨子内親王
71 後三条天皇
源基子
藤原茂子
実仁親王
72 白河天皇
藤原賢子
篤子内親王
73 堀河天皇
藤原苡子
74 鳥羽天皇
藤原得子
藤原璋子
76 近衛天皇
藤原多子
藤原呈子
75 崇徳天皇
藤原聖子
77 後白河天皇
藤原忻子
藤原懿子
平滋子
N
M
L

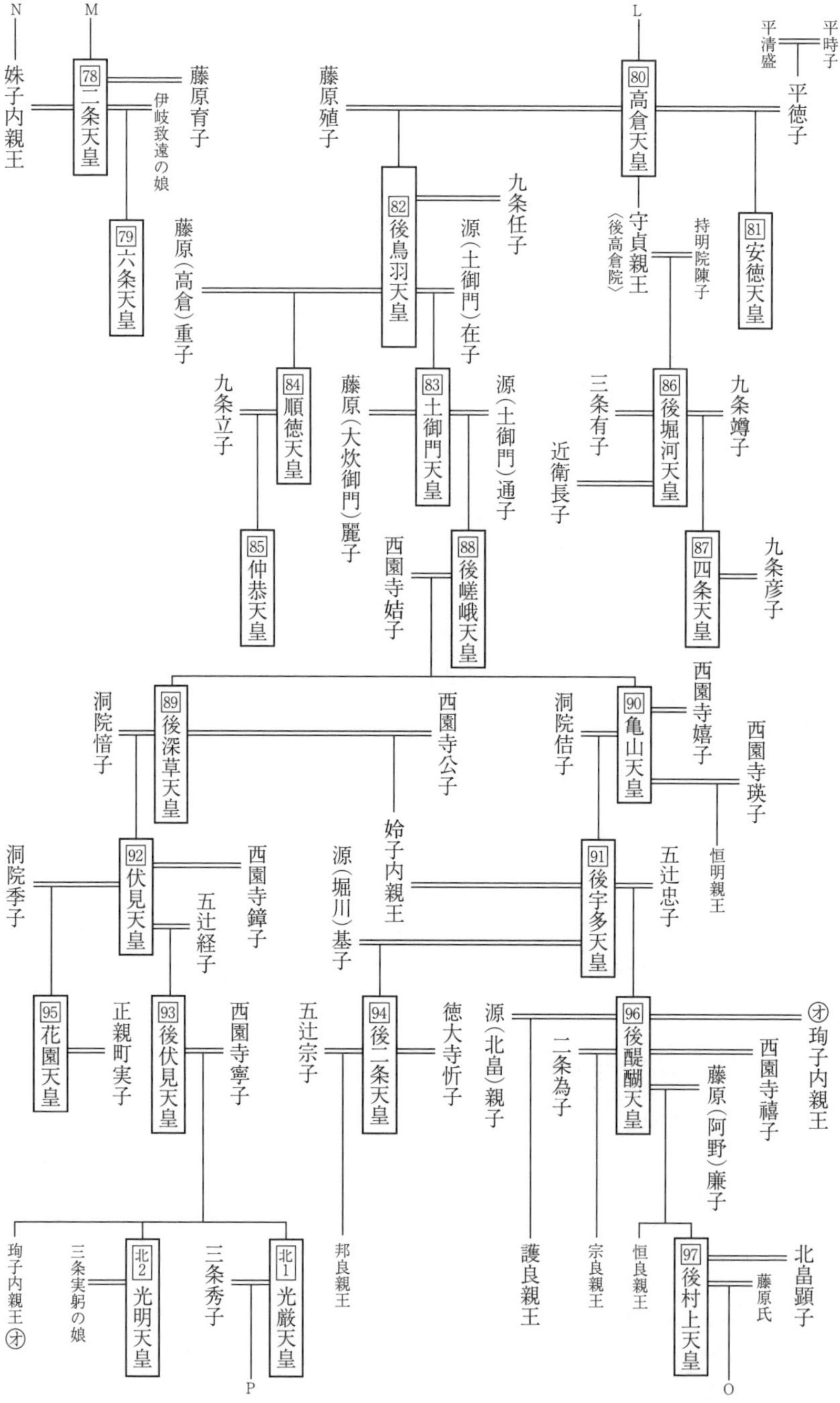
N
M
L
平時子
平清盛
妹子内親王
78 二条天皇
藤原育子
伊岐致遠の娘
79 六条天皇
藤原殖子
80 高倉天皇
平徳子
81 安徳天皇
守貞親王〈後高倉院〉
持明院陳子
82 後鳥羽天皇
九条任子
源（土御門）在子
藤原（高倉）重子
84 順徳天皇
九条立子
85 仲恭天皇
83 土御門天皇
藤原（大炊御門）麗子
源（土御門）通子
86 後堀河天皇
三条有子
近衛長子
九条竴子
87 四条天皇
九条彦子
88 後嵯峨天皇
西園寺姞子
89 後深草天皇
洞院愔子
西園寺公子
90 亀山天皇
洞院佶子
西園寺嬉子
西園寺瑛子
恒明親王
92 伏見天皇
洞院季子
西園寺鏱子
五辻経子
姈子内親王
91 後宇多天皇
源（堀川）基子
五辻忠子
95 花園天皇
正親町実子
93 後伏見天皇
西園寺寧子
94 後二条天皇
五辻宗子
徳大寺忻子
96 後醍醐天皇
源（北畠）親子
二条為子
西園寺禧子
藤原（阿野）廉子
㋔ 珣子内親王
珣子内親王 ㋔
三条実躬の娘
北2 光明天皇
三条秀子
北1 光厳天皇
P
邦良親王
護良親王
宗良親王
恒良親王
97 後村上天皇
北畠顕子
藤原氏
O

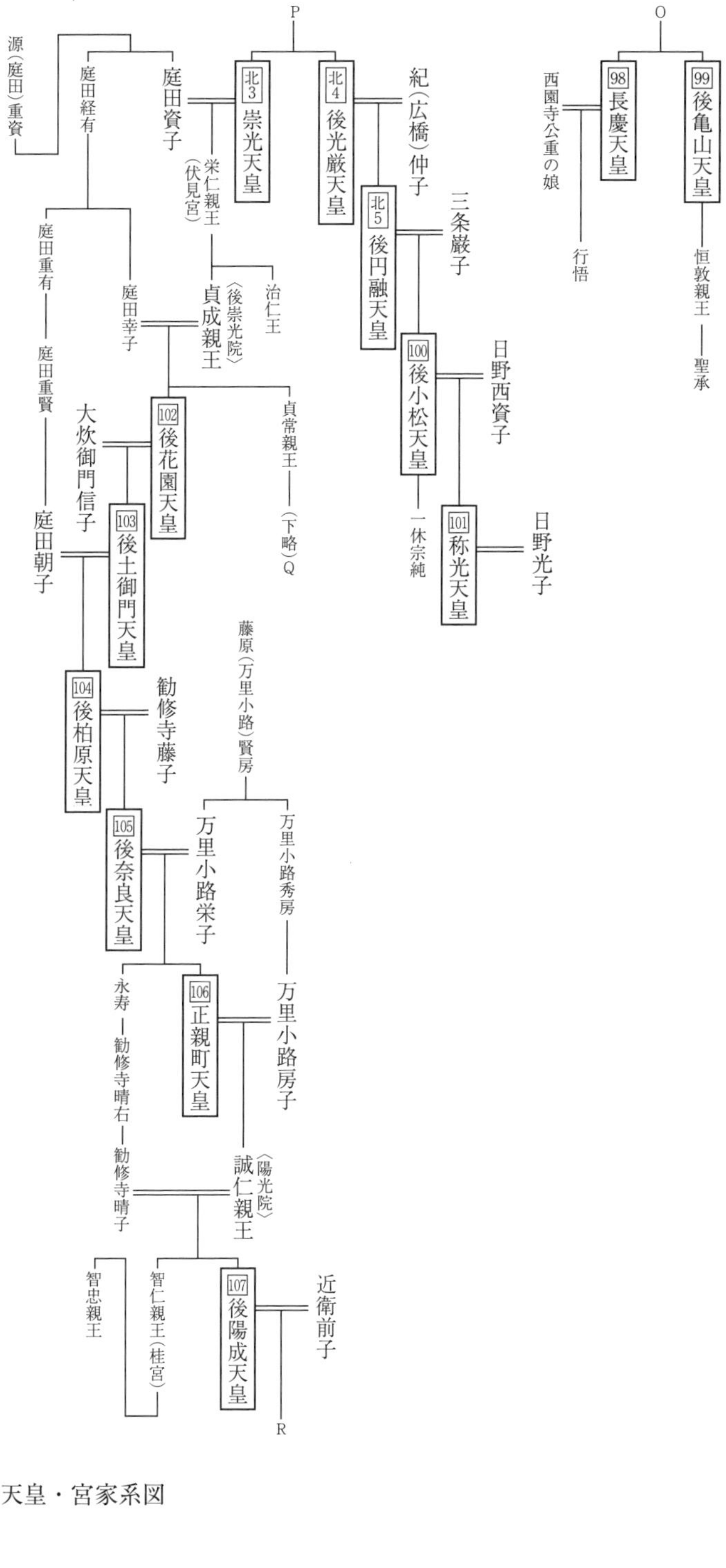
O
99 後亀山天皇
恒敦親王
聖承
98 長慶天皇
西園寺公重の娘
行悟
P
北4 後光厳天皇
紀（広橋）仲子
北5 後円融天皇
三条厳子
100 後小松天皇
日野西資子
一休宗純
101 称光天皇
日野光子
北3 崇光天皇
庭田資子
栄仁親王（伏見宮）
治仁王
貞成親王〈後崇光院〉
庭田幸子
貞常親王
（下略）Q
源（庭田）重資
庭田経有
庭田重有
庭田重賢
102 後花園天皇
大炊御門信子
103 後土御門天皇
庭田朝子
104 後柏原天皇
勧修寺藤子
藤原（万里小路）賢房
万里小路秀房
万里小路房子
105 後奈良天皇
万里小路栄子
106 正親町天皇
永寿
勧修寺晴右
勧修寺晴子
誠仁親王〈陽光院〉
107 後陽成天皇
近衛前子
R
智仁親王（桂宮）
智忠親王

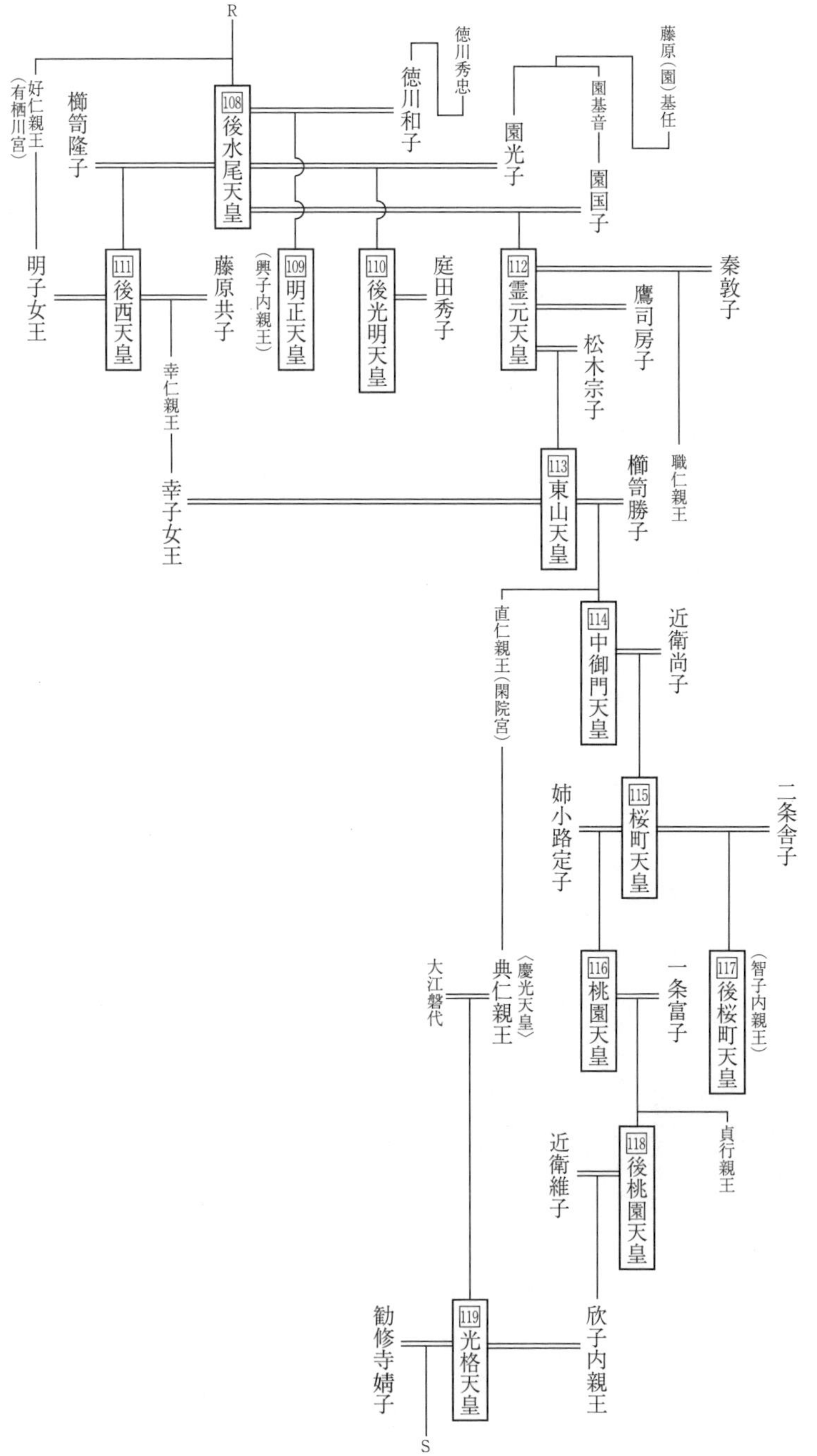
R
好仁親王（有栖川宮）
櫛笥隆子
108 後水尾天皇
徳川秀忠
徳川和子
藤原（園）基任
園基音
園光子
園国子
明子女王
111 後西天皇
藤原共子
109 明正天皇（興子内親王）
110 後光明天皇
庭田秀子
112 霊元天皇
秦敦子
鷹司房子
松木宗子
幸仁親王
幸子女王
113 東山天皇
櫛笥勝子
職仁親王
直仁親王（閑院宮）
114 中御門天皇
近衛尚子
姉小路定子
115 桜町天皇
二条舎子
大江磐代
典仁親王〈慶光天皇〉
116 桃園天皇
一条富子
117 後桜町天皇（智子内親王）
貞行親王
近衛維子
118 後桃園天皇
勧修寺婧子
119 光格天皇
欣子内親王
S

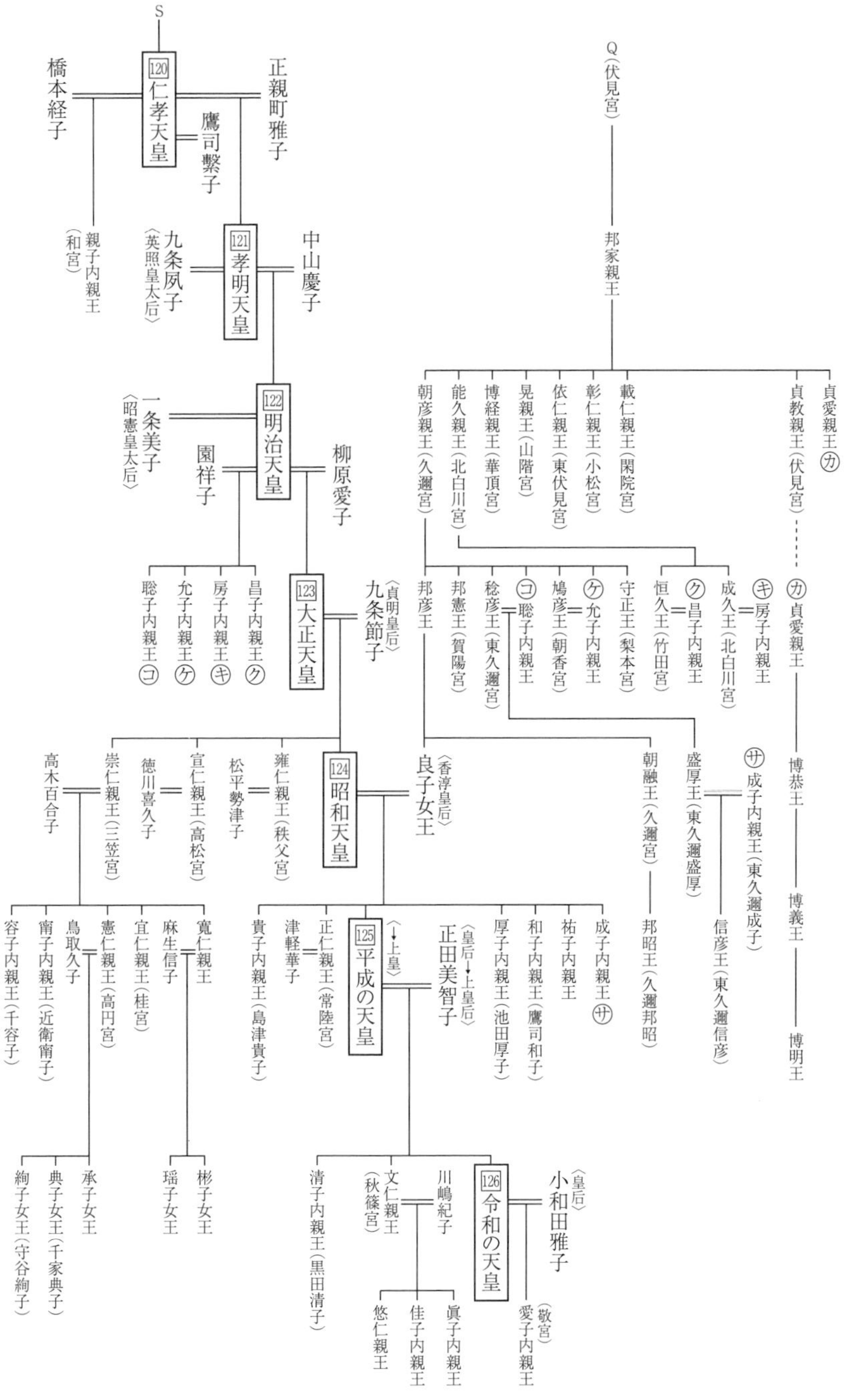
S
120 仁孝天皇
橋本経子
正親町雅子
鷹司繋子
親子内親王〈和宮〉
121 孝明天皇
九条夙子〈英照皇太后〉
中山慶子
122 明治天皇
一条美子〈昭憲皇太后〉
園祥子
柳原愛子
聡子内親王㋙
允子内親王㋘
房子内親王㋖
昌子内親王㋗
123 大正天皇
九条節子〈貞明皇后〉
高木百合子
崇仁親王（三笠宮）
徳川喜久子
宣仁親王（高松宮）
松平勢津子
雍仁親王（秩父宮）
124 昭和天皇
良子女王〈香淳皇后〉
容子内親王（千容子）
甯子内親王（近衛甯子）
鳥取久子
憲仁親王（高円宮）
宜仁親王（桂宮）
麻生信子
寬仁親王
貴子内親王（島津貴子）
津軽華子
正仁親王（常陸宮）
125 平成の天皇〈→上皇〉
正田美智子〈皇后→上皇后〉
厚子内親王（池田厚子）
和子内親王（鷹司和子）
祐子内親王
成子内親王㋚
絢子女王（守谷絢子）
典子女王（千家典子）
承子女王
瑶子女王
彬子女王
清子内親王（黒田清子）
文仁親王（秋篠宮）
川嶋紀子
126 令和の天皇
小和田雅子〈皇后〉
悠仁親王
佳子内親王
眞子内親王
愛子内親王〈敬宮〉
Q（伏見宮）
邦家親王
朝彦親王（久邇宮）
能久親王（北白川宮）
博経親王（華頂宮）
晃親王（山階宮）
依仁親王（東伏見宮）
彰仁親王（小松宮）
載仁親王（閑院宮）
貞教親王（伏見宮）
貞愛親王㋕
邦彦王
邦憲王（賀陽宮）
稔彦王（東久邇宮）
㋙聡子内親王
鳩彦王（朝香宮）
㋘允子内親王
守正王（梨本宮）
恒久王（竹田宮）
㋗昌子内親王
成久王（北白川宮）
㋖房子内親王
㋕貞愛親王
博恭王
博義王
博明王
朝融王（久邇宮）
邦昭王（久邇邦昭）
盛厚王（東久邇盛厚）
㋚成子内親王（東久邇成子）
信彦王（東久邇信彦）

1

天皇の称号と制度

[1] 大王から天皇へ

邪馬台国《やまたいこく》の成立《せいりつ》　*『後漢書《ごかんじょ》』東夷《とうい》伝倭国《わこく》条によると、1世紀の初めに倭は百余の小国が互いに攻防を繰り返しているが、その中の一つの国が漢に使者を遣わして貢物を奉り、代わって印綬《いんじゅ》を贈られたという。

それから一六〇〇年後（天明年間）に福岡市東区の陸繋《りくけい》島《とう》、志賀島《しかのしま》から「*漢委奴国王《かんのわのなのこくおう》」と記す*金印《きんいん》が出土し、『後漢書』の記述が裏付けられた。その後も、倭の国内では、百余国が三〇か国に統合されつつあったが、依然として争いが絶えず、*『魏志《ぎし》』倭人伝によると、3世紀の中ごろ邪馬《やま》台国《たいこく》の女王*卑弥呼《ひみこ》によって国内は一応の安定が得られた。しかし卑弥呼の死後にまた国内が乱れ、女王*台与《とよ》を立てて小康を得たという。

邪馬台国の所在地については、いまもなお議論があり、大きくは大和《やまと》説と北九州説に分かれて決着がついていない。3世紀代に北九州にも大和にもそれぞれ独自の文化を持った勢力が存在していたことは、考古学の調査研究によって確認できるが、いずれの勢力が倭であり、邪馬台国が何処にあったのかの判断はできないのが実態である。

倭《わ》の五王《ごおう》と大王《だいおう》　*『宋書《そうじょ》』倭国伝によると、4世紀から5世紀にかけて*倭《わ》の五王《ごおう》（*讃《さん》・*珍《ちん》・*済《せい》・*興《こう》・*武《ぶ》の五名）が相次いで中国南朝の宋《そう》の皇帝に対して、倭国の近隣の地域の統治者として承認されるように申請し、爵号《しゃくごう》を与えられている。この五王が『古事記』や『日本書紀』に記す*[16]仁《にん》徳《とく》天皇・*[17]履中《りちゅう》天皇・*[18]反正《はんぜい》天皇・*[19]允恭《いんぎょう》天皇・*[20]安康《あんこう》天皇・*[21]雄略《ゆうりゃく》天皇の六天皇のうちの五天皇に相当し（当時は大王と称していた）、倭の五王は大和の歴代の大王で、その王権は世襲されていたと考えられる。

とくに五番目の大王の武は*獲加多支鹵大王《わかたけるだいおう》＝雄略天皇と見てよく、この大王が直接統治する*大和地方《やまとちほう》が*倭《わ》と呼ばれていたことは間違いない。また大王の武は、大和から河《かわ》内《ち》地方の支配者として富と権力を持ち、典曹人《てんそうにん》・杖刀人《じょうとうにん》など、文武専門の人たちを地方から上番させており、広く関東から九州中部地域に及ぶ範囲で、それぞれの地方で勢力を持っていた豪族達の協力を得ながら大和朝廷による支配が行われていたと見ることができる。

大王《だいおう》から天皇《てんのう》へ　5世紀代において、まだ倭の大王による統治機構や国家としての理念などは確立されてはおらず、氏姓《しせい》制や国県《こっけん》制、部民《べみん》制や伴造《とものみやつこ》制、あるいはミヤケ制などを通じて、徐々にではあるが、国家としての体裁が整えられていった。

資料コラム

【埼玉県行田市《さいたまけんぎょうだし》稲荷《いなり》山古墳《やまこふん》出土鉄剣銘文《しゅつどてっけんめいぶん》】（写真1）

（表）辛亥年七月中記、乎獲居臣、上祖名意富比垝、其児多加利足尼、其児名弖已加利獲臣、其児名多加披次獲居、其児名多沙鬼獲居、其児名半弖比、

（裏）其児名加差披余、其児名乎獲居臣、世々為杖刀人首、奉事来至今、獲加多支鹵大王寺、在斯鬼宮時、吾左治天下、令作此百錬利刀、記吾奉事根原也、

【江田船山古墳鉄剣銘文】

治天下獲□□□鹵大王世、奉事典曹人、名无利弖、八月中用大鋳釜、并四尺廷刀、八十練、六十捃三寸、上好□刀服、此刀者長寿、子孫往々得三恩也、不失其所統作刀者、名伊太加書者、張安也、

稲荷山古墳の鉄剣銘によると、乎獲居臣《おわけのおみ》の先祖七代の名を記し、八代目の「おわけのおみ」は獲加多支鹵大王（*雄略天皇）に杖刀人の首《おびと》（大和朝廷の親衛軍の責任者）として仕えてきたとある。

写真1　稲荷山古墳出土金象嵌銘鉄剣《きんぞうがんめいてっけん》（部分、所有＝文化庁　写真提供＝埼玉県立さきたま史跡の博物館）

こののち、大王を中心に、*大伴氏・*物部氏や*蘇我氏ら畿内地方の豪族達が地方の豪族達を支配下に組み込み、7世紀代に従来の大王が、「*天皇《てんのう》」と称され、中央集権的国家体制が成立、天皇の地位は法的にも確立された。［米田］

［2］称号としての天皇・上皇

天皇《てんのう》の語《ご》の使用開始《しようかいし》　天皇の語が文献資料の中でもっとも古く、かつ確実なものといえば、平成10年（一九九八）に奈良県飛鳥《あすか》地方で出土した木簡《もっかん》に記されていたものであろう。それ以前にも、例えば法隆寺《ほうりゅうじ》の釈迦《しゃか》三尊像《さんぞんぞう》の光背銘《こうはいめい》に、すでに天皇の語が用いられていると言われているが、その像の製作年次を7世紀の後半とする説もあるから、天皇の語は木簡史料から7世紀半ばにはすでに使用されていたと考えられる。

天皇《てんのう》の語《ご》の意味《いみ》　中国では古く『史記』の秦始皇帝本紀《しんのしこうていほんぎ》「古《いにし》え天皇《てんのう》あり、地皇《ちおう》あり、秦皇《しんおう》あり」とあることから、天上世界の支配者として地上の王に対比されるものに由来するとの説、あるいは道教《どうきょう》が宇宙の最高神を天帝《てんてい》とする思想に基づくとの説があるが、日本でどの説を受け入れたのか断定できない。ただ日本で用いられていた天皇という語は君主の称と認識されていた。『日本書紀』によると、7世紀の初めに*33推古《すいこ》天皇が遣隋使《けんずいし》を派遣したとき、「東の天皇、西の皇帝に敬《つつしんでもう》白す」との国書《こくしょ》を持参したといわれているが、天皇と皇帝はともに支配者、つまり君主を意味していたことは、『旧唐書《くとうじょ》』高宗《こうそう》本紀に「皇帝、天皇と称す」とあることから明らかであろう。

おそらくこのような君主の意味を持つ天皇号は対外交渉の中で、小中華思想を背景に用いられたのであろう。つまり中国の冊封《さくほう》体制からの脱却や律令体制の成立などが天皇号使用の契機であったとの説もある。しかし7世紀半ば過ぎには天皇の語が用いられていたから、問題はいつまで遡《そ》及《きゅう》できるかであるが、当初、7世紀前半の外交文書などで用いられたと考えられる。

そのような統治者の意味で、天皇に類した言葉に、国語としては、スメラギ、スメロギ、スメラミコトなどの用例がある。8世紀の半ばに、中国・唐の玄宗《げんそう》皇帝の国書に「日本国王主明楽美御徳《すめらみこと》」とあり、スメラミコトとすると、これは統《す》べる君の意味で、類したものにヤスミシル、ヤマトネコがある。ヤスミシルとは八隅を知る、ヤマトネコは大倭を知らすの義である。統治者としての最高の称号として、中国の古典に見える万乗《ばんじょう》、万乗の君、万乗の主などの用例があり、仏教の経典による金輪《こんりん》、金輪の聖主、金輪の聖王などと用いられることがある。

天皇《てんのう》に先立《さきだ》つ名称《めいしょう》　天皇の古語には、キミ、オオキミがあり、*王、*大王の文字が宛てられていた。埼玉《さいたま》県行田《ぎょうだ》市の*稲荷《いなり》山古《やまこ》墳《ふん》出土の鉄剣銘《てっけんめい》にみえる「獲加多支鹵《わかたける》大王」と、熊本県玉名《たまな》郡和水《なごみ》町*江田《えた》船山《ふなやま》古墳出土の鉄剣銘の「治天下獲□□□鹵大王」は同一人物を指し、『宋書《そうじょ》』に見える倭《わ》の五王《ごおう》の*武《ぶ》に当たる。『日本書紀』に見える幼武《わかたける》、つまり*[21]雄略《ゆうりゃく》天皇のことと考えて問題ない。とすると、キミ（王、君）とかワケ（別）と呼ばれる地方の首長を統合した地位にあったものを大王（オオキミ）と呼んでいたことがわかる。

公式令《くしきりょう》に見《み》える「天皇《てんのう》」の用法《ようほう》　『大宝令《たいほうりょう》』の「公式令《くしきりょう》」によると、詔書《しょうしょ》の冒頭の表記に①「明神御宇日本天皇詔旨」②「明神御宇天皇詔旨」③「明神御大八州天皇詔旨」④「天皇詔旨」とある。このほか天皇の文字はなく、いきなり⑤「詔《しょう》旨《し》」とするものもあるが、この令文は、それらを含めて詔書の重要度に対応して①から⑤が用いられるように規定しているものである。

　ところで①②③に見える*明神はアラミカミとよみ、現世の神の意味であるが、同様の用法としては、アラヒトガミ、漢字で*現人神と記す。①②の「御宇《ぎょう》」は治天下（あめのしたしろしめす）のことで、③の「御大八州」は八州を治《しら》しめす、多くの島々を統治すること、①②③はまさにこの世の統治者の意味である。現世で神のように現れ、この世を統治する人が天皇である。中国では皇帝に聖と記し、聖明、列聖などの熟語がある。仏典によると、十善戒《じゅうぜんかい》を守る功徳《くどく》によって王となるものを十善といい、十善の位と書いて、王の位を指す。

天皇《てんのう》の別称《べっしょう》　天皇の語を避けて、尊貴の意を表すものに、上《うえ》、至尊《しそん》、九五《きゅうご》、南面《なんめん》などの例がある。上はまさに人臣の上、雲の上などの尊貴の意味で、上様、主上、聖上、今上《きんじょう》などの類語がある。至尊はこれ以上の尊に至るものなしとの意味で、九五は『周易《しゅうえき》』にみえる表現で、九を陽とし五を人君の位に当たるとする説による。南面は天子南面すのごとく、常に臣下に対し南面して政治を聴いたのによる。

　このように南面は、天子の座する所にちなんでの用法であるが、さらに*皇居は「すべらぎ（皇）のおわします（居）ところ」で、類してミカド、ウチ、オオウチ、オオヤケなどがある。ミカドは皇居の門、ウチは皇居の内、大内《おおうち》などという。現在も皇居のことを大内山と呼んだりしている。禁裏《きんり》、内裏《だいり》、御所《ごしょ》は皇居の意味、オオヤケは公家と記し、公方《くぼう》、天朝《てんちょう》も同様の用例である。天皇の乗り物を指して乗輿《じょうよ》、車駕《しゃが》というが、転じて天皇の別称として用いられることがある。

太上天皇《だじょうてんのう》の尊号《そんごう》　譲位践祚《じょういせんそ》によって皇位に即《つ》いた新帝は、まず先帝《せんてい》に太上天皇の尊号《そんごう》を贈る。もともと太上天皇とは中国の制に倣ったもので、譲位《じょうい》した天皇の称号である。譲位した天皇の初例である*[35]皇極《こうぎょく》天皇は譲位後には*皇祖母尊《すめみおやのみこと》と称され、まだ太上天皇という呼称はない。7世紀末の*[41]持統《じとう》天皇の譲位以後に称号となった。『養老令』の「儀制令《ぎせいりょう》」に、太上天皇は「譲位帝称する所」と記されていることから明らかである。

平安時代の初め、*[52]嵯峨《さが》天皇が弟の*[53]淳和《じゅんな》天皇に譲位したとき、太上天皇の尊号を辞退したため、淳和天皇が改めて尊号を上る詔《みことのり》を発し、こののち新帝は先帝に詔して太上天皇の尊号を贈るのが例となった。

しかし*[59]宇多《うだ》天皇が譲位したときには出家したことから、*太上法皇《だじょうほうおう》と称し、この後、太上天皇と太上法皇を区別するようである。太上天皇は一時期に複数人いることも珍しくない。その際、天皇の父が太上天皇の場合、*治天《ちてん》の君《きみ》として、天皇の政務を太上天皇が行うことがあり、そのような太上天皇の政治を院政《いんせい》と呼んで、特に平安時代後期から南北朝時代まで、断続的であるが、治天の君による政治が行われている。

院《いん》と「〜院《いん》」天皇《てんのう》　院《いん》とは特定の範囲を指す普通名詞で、太上天皇の居所を院と呼び、院に住まう人をも院と呼ぶ。ところが天皇の追号《ついごう》に「〜院天皇」という例がある。

初例は*宇多天皇で、崩御《ほうぎょ》後に宇多院天皇と称されている。宇多天皇よりもさきに在位していた*[57]陽成《ようぜい》天皇も陽成院天皇と呼ばれているが、宇多天皇よりも長生きしていたことから、崩御に際して*院号《いんごう》を付して呼ばれたのである。

一方、父の宇多天皇の譲りを受けて皇位に即いた*[60]醍醐《だいご》天皇は、譲位後、数日で崩御したこと、しかも父上皇に先立っての崩御であったことから、醍醐院天皇とは呼ばれていない。また在位中に崩じた*[62]村上《むらかみ》天皇も太上天皇にはなっていないことから、院号を付して呼ばれていない。

しかし[63]冷泉《れいぜい》天皇より以降は譲位の有無に関係なく冷泉院天皇と院号を付して呼ばれるようになり、しかも、居所にも関係のない追号や、さらには生前の事績を称えるという諡号《おくりな》を贈られた天皇にも院号を付されており、一、二の例外を除いてほとんどの天皇が「〜院天皇」と呼ばれている。しかし大正14年(一九二五)に院の字を省き、「〜天皇」と称すると勅定、過去に院号を付されていた天皇に院号を付さないこととなった。

太上天皇《だじょうてんのう》の別称《べっしょう》　太上天皇に対してもさまざまな別称・異

称がある。略して太上皇《だじょうこう》、*上皇《じょうこう》、太皇《たいこう》というが、天皇の別称の九五に対し、上皇はその上位にあるとの意味から上九《じょうく》という。また「おりいのみかど」「もとのうえ」「むなしきふね」と呼ぶことがある。「おりいのみかど」は皇位を降りたみかどの意味で、「もとのうえ」とは昔の上、「むなしきふね」とは*虚舟《むなしきふね》と書く。譲位後に出家すると、太上法皇、*法皇《ほうおう》、禅定《ぜんじょう》法皇、法《ほう》皇帝などという。

上皇の居所の院にちなんで、院の上《うえ》、院の御方《おかた》、院御門《いんのみかど》といい、嵯峨上皇を嵯峨院《さがいん》、淳和上皇を淳和院《じゅんないん》などのように、譲位後の上皇の御在所名にちなんだものもある。花山《かざん》院《いん》、常磐井殿《ときわいどの》、富小路殿《とみのこうじどの》、持明院殿《じみょういんどの》も同様である。しかし上皇の誰と特定しないで、上皇一般に用いるものに、俗界を離れた仙人の居所になぞらえ、*仙洞《せんとう》、洞裏《とうり》、洞中《とうちゅう》、紫府《しふ》、藐姑射山《はこやのやま》、汾水之陽《ふんすいのよう》などがあり、姑射山《こやさん》、汾陽《ふんよう》などと略して用いることもある。

なお、同時期に太上天皇が複数いる場合、譲位の時期の順によって*一院《いちのいん》または*本院《ほんいん》、*新院《しんいん》などと称して互いに区別することがあるが、一院には第一の院、最高の院を意味する場合がある。

不即位太上天皇《ふそくいだじょうてんのう》　皇位に即いていなかったが太上天皇の尊号を贈られた例が二例ある。鎌倉時代の初め、[80]高倉《たかくら》天皇の皇子*守貞《もりさだ》親王の子*茂仁《ゆたひと》親王が一〇歳で皇位に即き*[86]後《ご》堀河《ほりかわ》天皇となると、すでに出家していた守貞親王は太上天皇の尊号を受けて院政を行っている。また室町時代に、伏《ふし》見宮《みのみや》三代の*貞成《さだふさ》親王はその子*彦仁《ひこひと》王が皇位に即いて*[102]後《ご》花園《はなぞの》天皇となると、太上天皇の尊号を贈られた。この二親王は、それぞれ崩御ののち*後高倉《ごたかくら》院・*後崇光《ごすこう》院と追号されている。

追尊太上天皇《ついそんだじょうてんのう》　親王の身位のままで薨去《こうきょ》したが、後にその親王の王子が皇位に即いたことから太上天皇の尊号を贈られた場合があり、これを追尊太上天皇という。

江戸時代の初め、*[107]後陽成《ごようぜい》天皇の父故*誠仁《さねひと》親王に*陽光《ようこう》院太上天皇の尊号が贈られている。また閑院宮《かんいんのみや》から皇位を継承した*[119]光格《こうかく》天皇が父*典仁《すけひと》親王に太上天皇の尊号を贈ろうとしたのもその例である。ただし江戸幕府は難色を示し、この尊号が贈られたのは明治時代になってからである。このとき同時に*慶光《きょうこう》天皇の諡号《おくりな》を贈られている。［米田］

[3] 天皇と皇子女の名前

皇子女《おうしじょ》の名前《なまえ》の由来《ゆらい》　皇子女が誕生したとき、その七日目、世にいうお七夜《しちや》に*命名《めいめい》の儀《ぎ》が行われている。これは明治8年（一八七五）「*皇子女降誕諸式《おうしじょこうたんしょしき》」において制度化され、その後も明治33年（一九〇〇）に制定された「皇室婚嫁令」附式《ふしき》などで規定されていた。それらによると、誕生に当たって、天皇は佳字《よきじ》を選んで皇子女に授けることになっている。

この名を*諱《いみな》ともいい、皇太子の子が誕生の場合もその諱を天皇が選んで皇太子に授けて命名するとし、その他の皇親の子の誕生の場合は、直系の尊属《そんぞく》が命名すると定めている。命名に関する法規は存在しないが、このような命名方法は長い皇室の歴史の中で慣例化していたものを制度化したものである。

奈良時代以前《ならじだいいぜん》の命名法《めいめいほう》　古くは命名の次第などは定かでない。たとえば*[21]雄略《ゆうりやく》天皇は『日本書紀』に「大泊瀬幼武《おおはつせわかたける》天皇《すめらみこと》」とあり、埼玉県や熊本県出土の鉄剣に「獲加多支鹵大王」と刻まれていた。「大泊瀬（オホハツセ）」の「オホ」は美称、「ハツセ」は雄略天皇の都が置かれた地名か、宮都の泊瀬《はつせ》朝倉《あさくら》にちなんだ名称のいずれかで、「幼武（ワカタケル）」は尊称である。しかし古くは皇子の生誕地や、養育に与《あずか》った地域・集団などの名称、兄弟関係にちなんだ例が少なくない。

地名による例に*[20]安康《あんこう》天皇の穴穂《あなほ》、*[31]用明《ようめい》天皇の池辺《いけべ》などがあり、大小などの長幼の序次による例としては*[12]景《けい》行《こう》天皇の大足彦《おおたらしひこ》と*[13]成務《せいむ》天皇の稚足彦《わかたらしひこ》、雄略天皇の大泊瀬幼武と*[25]武烈《ぶれつ》天皇の小泊瀬稚鷦鷯《おはつせわかさざき》がある。また生母の名による例としては*[34]舒明《じょめい》天皇の田村《たむら》、*[39]弘文《こうぶん》天皇の伊賀《いが》はよく知られており、乳母《うば》の名にちなむものに、*[32]崇峻《すしゅん》天皇の泊瀬部《はつせべ》、*[38]天智《てんじ》天皇の葛城《かずらき》、*[40]天武《てんむ》天皇の大海人《おおあま》、*[44]元正《げんしょう》天皇の新家《にいのみ》、*[45]聖武《しょうむ》天皇の首《おびと》、*[46]孝謙《こうけん》天皇の阿倍《あべ》などがある。特に奈良時代以降その例は多い。

平安時代以降《へいあんじだいいこう》の命名法《めいめいほう》　平安時代の初め、*[52]嵯峨《さが》天皇の名前の神野《かみの》にちなんで、「先朝の制、皇子の生まれる毎に乳母《めのと》の姓を以て之が名とする」（『日本文徳天皇実録』嘉祥三年五月壬午条）といわれている。しかし乳母の姓にちなむ例はその後は見られず、嵯峨天皇の皇子*正良《まさら》（*[54]仁明《にんみょう》天皇）以降は二文字の漢字を組み合わせて名乗るのを例としている。その中でも、*[55]文徳《もんとく》天皇がその皇子で後の*[56]清和《せいわ》天皇に「惟仁《これひと》」と命名して以降、歴代天皇の中には漢字二文字中、下の文字に「仁」の一文字を用いる例が多くなり、特に*[70]後冷泉《ごれいぜい》天皇の諱の親仁《ちかひと》以降、女性を除く皇親はおおむね「~仁」と命名されている。歴代天皇も*[82]後鳥羽《ごとば》・*[84]順徳《じゅんとく》・*[85]仲恭《ちゅうきょう》の三天皇と*[94]後二条《ごにじょう》・*[96]後醍醐《ごだいご》・*[97]後村上《ごむらかみ》・*[98]長慶《ちょうけい》・*[99]後亀山《ごかめやま》の大覚寺統《だいかくじとう》および南朝方の五天皇の合わせて八天皇を除くすべての天皇に「仁」の一字を用いている。明治8年(一八七五)制定の「皇子女降誕諸式《おうしじょこうたんしょしき》」に、新誕の男子は「~仁」と命名すると定められた。

女子については、奈良時代に藤原氏出身の女性に~子とする例が見られるが、平安時代初期の嵯峨天皇の皇女に「子」の文字を付して以来、これが定例となって明治初年に及び、皇親男子と同様に、皇親女子の名前も「皇子女降誕諸式」に成文の法規をもって「~子」とすると定められた(近現代における命名の儀→[100])。

称号《しょうごう》としての宮号《みやごう》　命名の儀とともに、称号としての*宮号《みやごう》が授けられる。近代以前の*命名《めいめい》の儀《ぎ》は親王宣下《しんのうせんげ》と同時に行われることが多く、誕生後も命名までかなりの期間を要することもあった。このため平安時代中頃以降、皇子女に対し、*一宮《いちのみや》、*二宮《にのみや》、*若宮《わかみや》、*今宮《いまみや》などの呼称が用いられ、親王宣下による命名後も一般的呼称として用いられたが、江戸時代になると、皇子女が誕生するや、儒者《じゅしゃ》に命じて佳字《よきじ》を選ばせ、お七夜に天皇は宸筆《しんぴつ》の*名字書《みょうじがき》を下賜するのを例とし、四親王家《ししんのうけ》においては誕生の王子に父親王から名字書を渡されている。明治時代になると、皇室の諸制度が改革され「皇子女降誕諸式」の制定により、従前の別称としての宮号は廃止することとしたが、特に皇子・皇女には別殿《べつでん》・御住所の殿名をもって宮号とすると認めた。これにより、同式制定の三日後に降誕の*[122]明治天皇の第二皇女は、お七夜に当たり薫子《しげこ》と命名、同時に殿名にちなんで梅宮《うめみや》と称された。しかし、その後は殿名に限ることなく佳字を選び、諱と同時に天皇から宮号を与えられている。また皇子・皇女に限らず、皇孫子・皇孫女もその例に与《あずか》っているが、称号たる宮号を賜るのは天皇の直系親に限られている。

諱《いみな》を避《さ》ける　天皇・上皇の名を直接呼んだり書いたりするのを憚《はばか》ることを*忌諱《きき》という。諱《いみな》は死者の生前の名を忌《い》む「忌む名」に由来するといわれるが、後に生前から*本名《ほんみょう》を諱というようになった。平安時代に作られた『養老令《ようろうりょう》』の注釈書に「*避諱《ひき》」とあり、皇祖《こうそ》以下の名号、諱を避けることをいうとある。おそらく避諱の制度は、『大宝令《たいほうりょう》』にも規定されていたと考えられる。

さらに『日本書紀』によると、大化2年（六四六）8月の詔《みことのり》に「王の名を以《もっ》て、軽々しく川野に掛けて名を呼ぶ百姓等は誠に畏《おそ》るべし」とあるが、これらは唐制に倣《なら》い、このころすでに御名を敬避することが行われていたのであろう。その後の実例によると、和銅7年（七一四）6月に若帯日子《わかたらしひこ》という氏は成務天皇の諱に触れるとしてその氏の名を改めて国造人《こくぞうひと》と与えられ、奈良時代末に人名や郡郷山川の名で天皇の諱に関わるものは皆、変更させているが、これらの諱の忌避は天皇以外にも適用、さらに地名、年号、宮殿名にまで及んでいる。

たとえば地名について、*51平城《へいぜい》天皇の諱の安殿《あて》と同じ発音のために、紀伊国安諦《あて》郡を有田《ありだ》郡に改めたとか、*嵯峨天皇の神野《かみの》と同じ文字の伊予国神野《かんの》郡の地名を新居《にい》郡に改称している。宮殿名の例もある。*74鳥羽《とば》天皇は大炊《おおい》殿への遷幸に際し、大炊《おおい》は廃帝になった*47淳仁《じゅんにん》天皇の御名にちなむことから、大炊御門《おおいみかど》を改めて洞院《とういん》と呼んでいる。

このように名を忌避することは、天皇・皇親に限らず貴族はもとより一般庶民の中でも広く行われていたようであるから、皇室関係の特殊性とはいえないが、右の諸例のように、天皇・皇親の名に酷似した名前については強制的に改名させている。これが、奈良時代から平安時代前期ごろまでであることは、国家権力のありようにも関わる。

また江戸時代以降、天皇の諱を避けるということから、諱を記す場合、その末尾の一画を書かないことを*闕画《けっかく》という。江戸時代末に*120仁孝《にんこう》天皇は闕画の制の励行《れいこう》を令し、*121孝明《こうめい》天皇は皇祖以下三代の御名は闕画すべきと命じている。しかし明治維新後に、闕画の制度は廃止された。［米田］

資料コラム

【名字書《みょうじがき》の形式《けいしき》】

『有栖川宮日記』文政6年（一八二三）8月28日条に有栖川宮韶《つな》仁《ひと》親王の王子*幟仁《たかひと》親王の名字書が記されている。親王の場合の形式は当時次のようなものであったことがわかる。

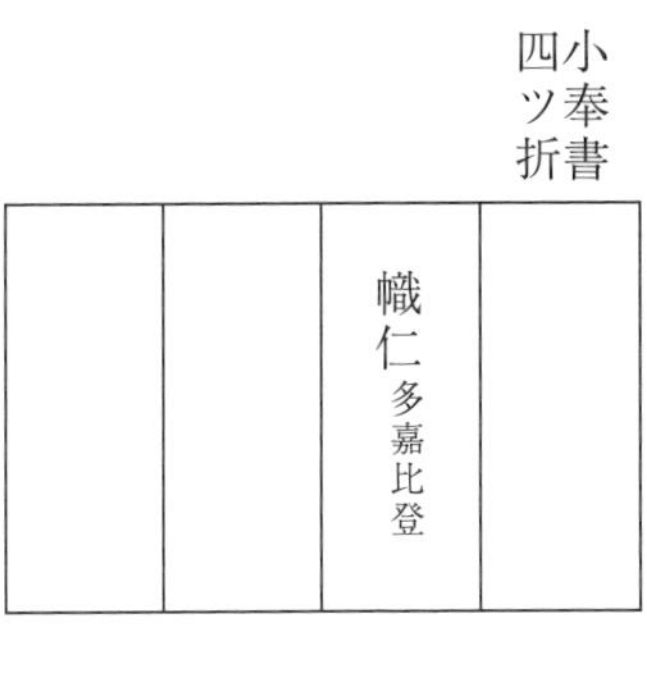

[4] 崩御後の呼び方

崩御後《ほうぎょご》の天皇《てんのう》の呼称《こしょう》　天皇は崩御後に追号《ついごう》を贈られるが、それまでの間は*大行天皇《たいこうてんのう》と称される。大行は「遠くに行かれた天皇」の意味。崩御後、しばらくして追号を贈られるが、特に天皇の生前の事績を称える意味で贈られるものを諡号《しごう》という。諡号は追号の一種である。

『古事記』『日本書紀』などによると、*[1]神武《じんむ》天皇の追号は「カンヤマトイワレヒコノミコト（神日本磐余彦尊）」、*[2]綏靖《すいぜい》天皇は「カンヌナカワミミノミコト（神渟名川耳尊）」と神の文字を含むもので、その後の*[7]孝霊《こうれい》天皇、*[8]孝元《こうげん》天皇および*[9]開化《かいか》天皇の追号には「ヤマトネコ（日本根子）」の文字を含んでいる。神と人との結びつきを示す名には神秘性があり、「ヤマト」「ヤマトネコ」を含む追号は8世紀代の天皇にも見られることから、開化天皇以前の天皇の追号は後代に贈られたものと考えられている。

ついで*[10]崇《す》神《じん》天皇・*[11]垂仁《すいにん》天皇の追号は「ミマキイリヒコイニエノミコト（御間城入彦五十瓊殖尊）」「イクメイリヒコイサチノミコト（活目入彦五十狭茅尊）」と「*イリヒコ」の語が含まれており、子女の名にも「イリヒコ」「*イリヒメ」の語を含む。このような特徴をもつ「イリ」系の王統は、大和の三輪《みわ》地方に縁があると見なされている。

[12]景行《けいこう》天皇・[13]成務天皇・*[14]仲哀《ちゅうあい》天皇の追号に共通するのは「*タラシヒコ」の文字で、*[34]舒明《じょめい》天皇や*[35]皇極《こうぎょく》天皇（*[37]斉明《さいめい》天皇）の追号にも「タラシ」の文字を含むことから、景行天皇などの追号は7世紀以降につけられた可能性がある。また*[15]応神《おうじん》天皇から*[26]継体《けいたい》天皇にかけての天皇の追号の中には、地名・動物名など具体的な名称を含んでいる。

この後の*[27]安閑《あんかん》天皇・*[28]宣化天皇・*[29]欽明《きんめい》天皇の追号には「ヒロクニオシタケカナヒノミコト（広国押武金日尊）」「タケオヒロクニオシタテノミコト（武小広国押盾尊）」「アメクニオシハルキヒロニハノミコト（天国排開広庭尊）」とあり、国家の形成に関わった天皇の意味で付けられていることが窺える。これらはいずれも*和風諡号《わふうしごう》である。

[41]持《じ》統《とう》天皇の諡号は「オオヤマトネコアメノヒロノヒメノミコト（大倭根子天之広野日女尊）」で、以下、[44]元正《げんしょう》天皇までの天皇には、いずれも「倭（日本）根子」を含む

和風の諡号が贈られている。「根子」には大地に伸びる樹木を支えるという意味があると言われているが、ちょうど律令国家の形成期にふさわしい名前ということになろう。なお『日本書紀』等の天皇の中には、*[16]仁徳《にんとく》天皇の難波《なにわ》高津《たかつの》宮《みや》天皇、欽明《きんめい》天皇の志貴島宮《しきしまのみや》御　宇《あめのしたしろしめす》天皇、あるいは*[33]推古《すいこ》天皇の小《お》治田《はりだの》大宮《おおみや》治天下《ちてんか》大王《だいおう》天皇、*[38]天智《てんじ》天皇の近江《おうみ》大津宮《おおつのみや》御　宇《あめのしたしろしめす》大倭根子《おおやまとねこ》天皇のように都の所在地にちなんで名称とされたものもある。ただこれらは追号というよりも、通称に近いものであろう。

諡号《しごう》　生前の事績を称えるものとして贈られた名をいう。『養老令』の「公式令」によると、平出《へいしゅつ》といって、文書などに諡号が用いられた場合は、諡号の文字から改行し次行の頭から書き出すものと定められている。おそらく『大宝令』にも諡号の規定は存していたのであろう。大宝3年(七〇三)の*持統天皇の大葬に際して贈られた「大倭根子《おおやまとねこ》天之《あめの》広野《ひろの》日《ひ》女尊《めのみこと》」は和風諡号《わふうしごう》である。この後、*[42]文武《もんむ》・*[43]元明《げんめい》・*元正・*[45]聖武《しょうむ》・*[49]光仁《こうにん》・*[50]桓武《かんむ》・*[51]平城《へいぜい》・*[53]淳和《じゅんな》の各天皇も和風諡号を贈られている。

　奈良時代の後期に当代の碩学《せきがく》である*淡海三船《おうみのみふね》(七二二~七八五)が、勅を承《う》けてそれ以前の天皇の事績を調査し、その事績にふさわしい名を漢字二文字をもって表し、一括して撰上したと伝えられている。*漢風諡号《かんぷうしごう》という。神武天皇以降、[48]称　徳《しょうとく》天皇に及ぶ歴代天皇の諡号がそれであるが、聖武天皇と*[46]孝謙《こうけん》・*称徳の両天皇号は後述の*尊号《そんごう》に基づいている。その後も平安時代の前期まで、光仁・桓武・*[54]仁明《にんみょう》・*[55]文徳《もんとく》・*[58]光孝《こうこう》の天皇には漢風諡号が贈られている。漢風諡号は平安時代末から鎌倉時代の初め内乱などで京都を離れ、あるいは配流先で崩御された*[75]崇徳《すとく》・*[81]安徳《あんとく》・*[82]顕徳《けんとく》(後鳥羽《ごとば》)・*[84]順徳《じゅんとく》の天皇に贈られたほかは、江戸時代後期の*[119]光格《こうかく》天皇に漢風諡号を贈るまで中絶していた。

　その後、*[120]仁孝《にんこう》・*[121]孝明《こうめい》の両天皇は諡号を贈られ、*諡号《しごう》の制《せい》が復活し、明治3年(一八七〇)に天智天皇の子*大友皇子に*[39]弘文《こうぶん》天皇の諡号を贈ったのをはじめ、奈良時代と鎌倉時代にそれぞれ政変のために退位させられた天皇にも*[47]淳《じゅん》仁《にん》天皇と*[85]仲　恭《ちゅうきょう》天皇の諡号が贈られている。

追号《ついごう》　天皇の崩御後に贈られる名を追号という。追号は、明治元年に一世一元の制が制定されて以降、*[122]明治・*[123]大正・*[124]昭和の各天皇は在位中の年号を追号としている。

　追号は年号に限らず、古くから*御在所にちなむもの、山陵・先帝を追慕して「後」の字を冠したもの、同じく先の二天皇の諡号から一文字ずつを選んで組み合わせたものがある。御在所の例は地名による*平城天皇、在位中の宮名による

[66]一条《いちじょう》天皇・[73]堀河《ほりかわ》天皇など、譲位後の後院名による*[52]嵯峨《さが》天皇や*淳仁天皇、御在所の面する町名による*[106]正親町《おおぎまち》天皇、また同じく御在所に近い内裏の宮門にちなむ*[114]中御《なかみ》門《かど》天皇、さらには縁《ゆかり》の寺院（→[122]）名にちなむ*[64]円融《えんゆう》天皇や*[65]花山《かざん》天皇などの例もある。また山陵の例は*[60]醍醐《だいご》天皇や*[62]村上《むらかみ》天皇、*[113]東山《ひがしやま》天皇の各例があり、このほかに先の天皇の追号に「後」の字を冠したものに、*[68]後一条《ごいちじょう》天皇・*[69]後朱雀《ごすざく》天皇・*[77]後白河《ごしらかわ》天皇・*[96]後醍醐《ごだいご》天皇などがあり、先の二天皇の諡号から一文字ずつを選んで組み合わせた例に*[101]称光《しょうこう》天皇（称徳と光仁天皇の組み合わせ）・*[109]明正《めいしょう》天皇（元明と元正天皇の組み合わせ）・*[112]霊元《れいげん》天皇（孝霊と孝元天皇の組み合わせ）などが知られている。

このほか、諡号や追号ではないが、在位中の代表的な年号によって*桓武天皇を延暦天皇、また*[59]宇多天皇を寛平天皇、醍醐天皇を延喜天皇と称する例、皇居の地名により*天智天皇を近江天皇や淡海帝と呼ぶ例、飛鳥浄御原宮《あすかのきよみはらのみや》に即位した*[40]天武《てんむ》天皇を浄御原天皇といい、内裏の西院《さいいん》に住したことから*淳和天皇を西院天皇と称し、御陵の所在地にちなんで*仁明天皇を深草天皇と呼び、小松山陵に葬られた*光孝天皇を小松帝と称している例、淡路国に配流され淡路廃帝と呼ばれている淳仁天皇などの例がある。なお西院天皇と称する淳和天皇を追慕して*[111]後西《ごさい》天皇の追号を贈られているのは特殊な例である。

尊号《そんごう》　追号でも諡号でもなく、天皇の在世中にその事績を称《たた》えるものを*尊号《そんごう》という。尊号を贈られた例に、前記した勝宝《しょうほう》感神聖武《かんじんしょうむ》皇帝と宝字称徳孝謙《ほうじしょうとくこうけん》皇帝があり、前者が*聖武天皇、後者が*孝謙天皇（*称徳天皇）である。

追尊天皇《ついそんてんのう》　天皇ではなかったが、亡くなった後に天皇号を贈られた場合は追尊天皇といい、奈良時代の半ば過ぎから平安時代の初期にかけて四例ある。まず*淳仁天皇が文武・元正両天皇の父*草壁《くさかべ》皇子に*岡宮天皇《おかみやてんのう》と追尊したのが初例である。また、淳仁天皇は父*舎人《とねり》親王に*崇道尽敬皇帝《すどうじんけいこうてい》の号を贈っており、これが先例となって*光仁天皇は父*施基《しき》親王に*春日宮天皇《かすがのみやてんのう》の号を贈った。この二例の尊号追贈はともに傍系から皇位に即いた天皇が父親王に天皇号を贈ることで、祖父・父ともに天皇であることを内外に示し、みずからの正統性を主張したのであろう。なおもう一例の*崇道天皇《すどうてんのう》については、藤原種継《たねつぐ》暗殺事件に連座して廃太子となった*早良《さわら》親王の冥福を祈るために贈られたものであるが、これより以降、追尊天皇の例はない。

［米田］

[5] 天皇の資格と歴代の確定

【皇位《こうい》継承《けいしょう》の二《に》形態《けいたい》】

皇位の継承は、先帝のもとにあった皇位のシンボルである*三種神器《さんしゅのじんき》が新帝のもとに伝えられ、その授受によって新帝の*皇位継承《こういけいしょう》が実現する。古くは先帝の崩御によって新帝が皇位に即《つ》くのを例とし、これを*崩御践祚《ほうぎょせんそ》という。ところが*[35]皇極《こうぎょく》天皇が譲位し、*[36]孝徳《こうとく》天皇が皇位に即く例が開かれる。この形を*譲位践祚《じょういせんそ》という。

そもそも践祚とは天子の位に即くことをいい、即位と同義で、7世紀以前には践祚と即位は区別されなかった。しかし*[42]文武《もんむ》天皇が*[41]持統《じとう》天皇の譲りを受けて践祚し、一〇日ばかり後に即位の詔《みことのり》を宣しており、践祚と即位の別が生じたようであるが、この後もしばらくは践祚と即位の別はない。ところが*[50]桓武《かんむ》天皇が皇位に即いたとき、まず父*[49]光仁《こうにん》天皇から皇位を譲られ、その一二日後に即位の詔を宮廷の内外に宣しており、これより以降、践祚の儀と即位の儀が日月を隔てて行われるようになった。なお践祚にともなって先帝から新帝に伝えられる三種神器については、別項（→[111]）で取り上げるから、ここでは省略する。平安時代末に*[81]安徳《あんとく》天皇が神器を持って西海に遷幸《せんこう》した後に皇位に即いた*[82]後鳥羽《ごとば》天皇や、南北朝時代に*[96]後醍醐《ごだいご》天皇が神器を持って吉野に遷幸した後、在京の北朝の天皇はいずれも神器がなく即位している。ともに特殊な政治的状況下で、皇位継承を行った例である。

【古《ふる》くは成人天皇《せいじんてんのう》が原則《げんそく》】

『日本書紀』によると、神日本磐余彦尊《かんやまといわれひこのみこと》（*[1]神武《じんむ》天皇）が*橿《かし》原宮《はらのみや》において皇位に即いたのが初例で、それ以来、一二六代の間には、さまざまな形で皇位継承が行われている。皇位継承は、最終的には三種神器を授受するとはいえ、そこに至る過程には、それぞれの時代の政治・社会のあり方が反映されていたから、一律ではあり得なかった。

具体的には別項の歴史過程の中で述べるが、歴代天皇の即位のあり方を見ると、皇極天皇が譲位の初例で、それまではすべて先帝の崩御により新帝が皇位に即くのを例としていた。しかし譲位の例が始まると、健康以外の理由によっても譲位するようになり、皇位継承が頻繁に行われるようになる。たとえば古く天皇は成人であることが自明の前提になっていたらしく、持統天皇が*軽皇子《かるのみこ》（*文武天皇）に皇位を譲ったのは、皇子が一五歳で元服したからで、*首《おびと》親王（*[45]聖武《しょうむ》天皇）が皇位に即く資格を得たのは一四歳で元服したことによる。

当時、皇親の元服年齢は一二歳から一五歳であったから、軽皇子や首親王の元服は異例ではない。しかし首親王の祖母の*[43]元明《げんめい》天皇は皇位を自身の娘で親王の伯母に当たる*氷《ひ》高《だか》内親王（*[44]元正《げんしょう》天皇）に譲っている。元服とともに皇太子に立てられていた首親王については、「年歯幼稚にして、未だ深宮を離れず、庶務多端にして、一日万機あり」といわれ、皇太子が幼少というよりも、政治に未熟であるというのが理由であった。

【幼帝《ようてい》の出現《しゅつげん》】

9世紀半ばごろに、*[56]清和《せいわ》天皇がわずか九歳で皇位に即き、引き続き*[57]陽成《ようぜい》天皇も九歳で皇位に即く例が生じて以降、幼少の天皇は必ずしも異例ではなくなった。

9世紀末に*[60]醍醐《だいご》天皇が一三歳で即位して以降、11世紀半ば過ぎの[71]後三条《ごさんじょう》天皇に至る一二代の天皇のうち*[61]朱雀《すざく》（八歳）・*[64]円融《えんゆう》（一一歳）・*[66]一条《いちじょう》（七歳）・*[68]後一条《ごいちじょう》（九歳）の四天皇はともに元服以前に即位、11世紀の後半の[72]白河《しらかわ》天皇の譲位後に皇位に即いた*[73]堀河《ほりかわ》（八歳）・*[74]鳥羽《とば》（五歳）・*[75]崇徳《すとく》（五歳）・*[76]近衛《このえ》（三歳）の天皇はそれぞれ幼少で即位している。また12世紀半ばから13世紀の前半にかけての天皇の即位年齢を見ると、*[79]六条《ろくじょう》天皇が二歳で即位して以降、*[80]高倉《たかくら》（八歳）・*安徳（三歳）・*後鳥羽（四歳）・*[83]土御門《つちみかど》（四歳）・*[84]順徳《じゅんとく》（四歳）・*[85]仲恭《ちゅうきょう》（四歳）・*[86]後堀河《ごほりかわ》（一〇歳）・*[87]四条《しじょう》（二歳）に至る歴代天皇も幼少で皇位に即いている。このように平安時代から鎌倉時代の天皇に幼少で即位した例が多く、それぞれの時代の天皇の統治能力に疑問が生じる。これが太上天皇の院政の根拠の一つとなる。

女性天皇《じょせいてんのう》　天皇は必ずしも皇親《こうしん》男子とは限らない。『大宝令』・『養老令』の「*継嗣令《けいしりょう》」でも「*女帝《じょてい》」を公認しており、実例に照らして女性の天皇が古代に八代六名、近世に二代二名を数える。6世紀末に皇位に即いた*[33]推古天皇を初例とし、7世紀半ばの*皇極・*[37]斉明《さいめい》、同世紀末の*持統、さらに8世紀前半の*元明と*元正、同世紀半ばの*[46]孝謙《こうけん》・*[48]称徳《しょうとく》の八代六名の各天皇が古代の女性天皇である。なお皇極・斉明と孝謙・称徳天皇は二度にわたって皇位に即いており、*重祚《ちょうそ》した天皇という。

ところで推古・皇極（斉明）・持統の各天皇は、それぞれ*[30]敏達《びだつ》・*[34]舒明《じょめい》・*[40]天武《てんむ》の各天皇の皇后で、元明天皇は天武天皇の子である皇太子草壁《くさかべ》皇子の妃であったが、元正・孝謙（称徳）天皇は未婚の内親王であった。また17世紀前半に*108後水尾《ごみずのお》天皇の譲りを受けて皇位に即いた*109明正《めいしょう》天皇、18世紀中頃に弟であった*116桃園《ももぞの》天皇の急逝《きゅうせい》を承けて皇位に即いた*117後桜町《ごさくらまち》天皇の二名は近世の女性天皇で、ともに未婚であった。

【歴代天皇《れきだいてんのう》の認定《にんてい》】

令和の天皇は一二六代と定められているが、古来、天皇の代数については諸書によってまちまちである。たとえば、7世紀末に*大海人《おおあま》皇子（*天武天皇）と皇位継承を争った*大友《おおとも》皇子を天皇と認めるかどうかの議論があり、『日本書紀』では大友皇子が即位したとは認めていない。しかし『*扶桑《ふそう》略記《りゃっき》』や『*水鏡《みずかがみ》』などが早くから大友皇子の即位説を唱え、歴代に数えていた。そのことから後世、議論を呼び、*水戸《みと》光圀《みつくに》の『*大日本史《だいにほんし》』は大友皇子の即位説を採用するとともに、*神功《じんぐう》皇后を歴代の代数に数えようとするなど、歴代天皇の認定に統一的なものがなかった。

14世紀の前半に朝廷は吉野に遷幸した*後醍醐天皇側の南朝と、*足利尊氏《あしかがたかうじ》の推挙で京都で皇位に即いた*北1光厳《こうごん》天皇側の北朝とが対立したが、『大日本史』は、南朝側に三種神器が所在しているとの名分論により南朝正統論を主張した。

明治3年（一八七〇）に政府は、まず大友皇子に「*39弘文《こうぶん》天皇」の諡号《おくりな》を贈り、歴代天皇に列するとともに、8世紀半ば過ぎの*恵美押勝《えみのおしかつ》の乱《らん》によって廃帝とされた*47淳仁《じゅんにん》天皇と13世紀前半の承久《じょうきゅう》の乱《らん》で同じく廃帝とされた*仲恭天皇の廃帝を取り消して歴代の代数に加えることとなった。一方、政府は神功皇后の即位は認められないとし、南北両朝については現実的な措置として両朝併存を認めた。

南北朝《なんぼくちょう》正閏論《せいじゅんろん》　明治3年（一八七〇）に弘文《こうぶん》天皇、淳仁天皇、仲恭天皇の三天皇が改めて歴代天皇に列せられたが、南北両朝のいずれを正統とするかの議論は未確定のままであった。このため国定教科書も南北両朝を同列に取り扱っていたが、明治時代の末に南北両朝のいずれを正《せい》とし、閏《じゅん》とするかの正閏論争が再燃した。

もともと南北両朝の対立は、鎌倉時代に、*88後嵯峨《ごさが》天皇の子の*89後深草《ごふかくさ》天皇と*90亀山《かめやま》天皇の皇統をそれぞれ*持明院《じみょういん》統《とう》と*大覚寺《だいかくじ》統《とう》と呼び、皇位の継承は両統が交互に行うという*両統迭立《りょうとうてつりつ》に由来している。ところが大覚寺統の後醍醐天皇が足利尊氏《あしかがたかうじ》らと対立して吉野に遷幸したことから*南朝《なんちょう》と呼ばれ、京都では尊氏らに擁立されている光厳《こうごん》天皇側を*北朝《ほくちょう》と呼んだ。両朝は互いにみずからが正統な皇位継承者であると主張していた。特に南朝側は、北朝の天皇が三種神器なしに皇位に即いているのは偽朝そのものであると主張した。一方、北朝側も持明院統こそが正統であると主張、しばらく両派の対立は解けず、ほぼ半世紀を経て南北合一がなり、神器は南朝から北朝側に引き継がれた。

しかしその後も南北両朝をそれぞれ支持する考え方は永く続き、後に南北朝正閏論争が起こっている。そこに至るまでにも、室町時代から江戸時代にかけて、南朝方の天皇を諱《いみな》で呼ぶことはあっても天皇と呼ばない例があるように、北朝の正統を主張する文献『*本朝皇胤紹運録《ほんちょうこういんじょううんろく》』が作成される一方、神器の所在と名分論による『大日本史』のような考えも強く、この対立は明治時代の末に至っている。

明治時代の学者たちの中には、ごく一部の人を除き、おおむね両朝が併存していたのが現実との立場から、公教育の場において両朝併存を主張した。しかし南朝正統論者は両論併記の処置に満足できず、明治44年(一九一一)に国会にまでこの議論を持ち込んで黒白をつけようとし、ついに*122明治天皇の判断を求めることになった。

明治天皇は、みずからの皇統を遡《さかのぼ》ると、北朝の天皇の系統に属すことから、非常に厳しい判断を求められることとなった。しかし天皇は、南朝の天皇を正統として歴代の代数に列すると定め、*後醍醐天皇以下、*97後村上《ごむらかみ》・*99後亀《ごかめ》山《やま》天皇を歴代に数えることとなった。

歴代外《れきだいがい》の天皇《てんのう》　南朝の天皇が歴代天皇として代数に列せられたが、同時に歴代の代数から除外された北朝の光厳・*北2光《こう》明《みょう》・*北3崇光《すこう》・*北4後光厳《ごこうごん》・*北5後円融《ごえんゆう》の各天皇については、歴代天皇と同様に遇するとし、北朝の各天皇は歴代外の天皇と定め、北朝天皇のお墓は*陵《りょう》と呼び、祭典、たとえば式年《しきねん》祭《さい》なども従前通りに行うよう定められた。こうして南北朝正閏問題は決着を見たが、現在、後村上天皇のつぎに歴代天皇に列せられている長慶天皇の名は、明治時代の末にはまだ南北いずれの側にもない。

長慶《ちょうけい》天皇《てんのう》　後村上天皇の皇子で、江戸時代から在位説と非在位説があり、とくに水戸の『*大日本史』は在位説を、*塙《はなわ》保己一《ほきいち》は非在位説を唱えていた。南北朝期の後半に、長慶天皇の活躍の痕跡らしきものが見えるが、その活躍が皇位にあったときのものか、そもそも皇位に即いていたかどうかも南朝側の史料が少なく確定するに至らなかった。しかし大正年間になって、古写本『*耕雲千首《こううんせんしゅ》』の奥書の記載等により、天皇の在位を証明できるとして、天皇の在位は動かしがたくなったと判断され、大正15年(一九二六)10月に98長慶天皇を皇統に加えるとの詔書が下された。こうして歴代天皇の代数が確定された。

［米田］

［6］皇后・皇太后・太皇太后

『養老令』の「*後宮職員令《こうきゅうしきいんりょう》」によると、*后妃《こうひ》は中国の制度を参考に、天皇の嫡妻《ちゃくさい》を*皇后《こうごう》、后位《こうい》にある天皇の母を*皇太后《こうたいごう》、同じく后位にある天皇の祖母を*太皇太后《たいこうたいごう》と定め、これを*三后《さんこう》という。『日本書紀』は、天皇の后妃を皇后・*妃《ひ》・*夫人《ぶにん》・*嬪《ひん》などといい、とくに嫡妻を皇后、母后を皇太后と呼んでいる。

しかし『古事記』では、后妃を「*きさき」、そのうちの嫡妻を「*おおきさき」と呼び、前者には*后、後者には*大后の文字を宛てていた。『日本書紀』は、律令制の導入に伴って前記のように統一的に修正したと考えられる。

【皇后《こうごう》の冊立《さくりつ》】

皇后に立てられることを*立后《りっこう》、または冊立《さくりつ》という。『大宝令』制定前に立后の手続きを記したものはない。奈良時代に*藤原安宿媛《あすかべひめ》（*光明子《こうみょうし》）が皇后に冊立された時に初めて詔書が下されている。この後、江戸時代末に至るまで、すべての立后に当たって詔書が下されている。

しかし明治22年（一八八九）制定の『*皇室典範《こうしつてんぱん》』や同43年（一九一〇）公布の「皇室親族令」によると、立后に当たっては、皇太子妃から皇后になるときには詔書はなく、官報に立后したと記されるのみであるが、天皇即位後に結婚した場合は、大婚といい、詔書をもって皇后に冊立される。

【皇后《こうごう》の出自《しゅつじ》】

奈良時代の*45聖武《しょうむ》天皇の皇后に*藤原安宿媛が冊立されたときの詔《みことのり》に、藤原氏出身の皇后を立てたのは、*16仁徳《にんとく》天皇の皇后葛城襲津彦《かずらきのそつひこ》の娘*磐之媛《いわのひめ》の先例によると見える。つまり磐之媛以降の歴代天皇の皇后は皇女を例とし、若干の例外も三世以内の皇親《こうしん》の出身で、その制は『大宝令』にも引き継がれており、令制では皇后となる人は内親王であることが前提になっている。しかし聖武天皇が藤原氏出身者を皇后に立てたのは、古い時代に遡って調べると、皇親以外の者でも皇后になっているから異例ではないと主張している。

その後、江戸時代末までの皇后の出自を見ると、藤原氏出身者（鎌倉時代以降は五摂家出身者）が大半を占め、ついで多いのが内親王・女王で、橘氏《たちばなし》・平氏《へいし》・源氏《げんじ》出身者が一例ずつ見える。

明治時代に入ると、『皇室典範』において、后妃は皇親または特別に定められた華族《かぞく》に限るとし、明治33年(一九〇〇)に制定の「皇室婚嫁令《こうしつこんかれい》」にも同様に規定されている。しかし昭和22年(一九四七)制定の『皇室典範』ではその規定を廃止し、現在、皇后の出自について特に定めたものはない。

【三后《さんこう》の班位《はんい》】

『養老令』によると、三后の序列は、太皇太后《たいこうたいごう》、皇太后《こうたいごう》、皇后《こうごう》の順と記し、太皇太后が最高の身位《しんい》(身分)にあった。明治22年(一八八九)制定の『皇室典範』も養老令制を踏襲していた。

しかし明治43年(一九一〇)に「皇族身位令」が制定されると、皇后を皇族中の第一とし、ついで太皇太后、皇太后の順と定められた。このことから*[123]大正天皇が崩御し、*[124]昭和天皇が即位すると、先帝の皇后であり、新帝の母である*節子《さだこ》は皇太后となり、亡くなるまでその班位(序列)は皇后に次ぐものとされた。ところが節子が皇太后の身位で崩御すると、当時、皇后が最高の班位であったことから、昭和天皇は母后に*貞明《ていめい》皇后と諡《おくりな》した。

ただ「皇族身位令」後に崩御した明治天皇の皇后*美子《はるこ》は例外で、当時すでに皇后が班位第一と定められていたが、大正天皇は長年の慣例に従って*昭憲《しょうけん》皇太后と諡した。

【皇后《こうごう》と中宮《ちゅうぐう》】

『養老令』によると、皇后には世話をするための付属職司として*中宮職《ちゅうぐうしき》が与えられることになっていたが、奈良時代の中頃、聖武天皇の母である*皇太夫人《こうたいぶにん》*藤原宮子《みやこ》に中宮職を付与し、ついで同天皇の皇后に冊立《さくりつ》された*藤原安宿媛には*皇后宮職《こうごうぐうしき》が与えられた。

しばらくこれが例となって、[60]醍醐《だいご》天皇の養母である皇太夫人藤原温子《おんし》に至るまで、皇太夫人に中宮職を付与していたが、その後は令制の通りに皇后に中宮職を付与する例が復活し、皇后で中宮職を付与された人を*中宮《ちゅうぐう》と呼んでいる。

平安時代の中頃に配偶関係のある皇后が二人併立されるようになった。*[66]一条《いちじょう》天皇の皇后に*藤原道隆《みちたか》の娘*定子《ていし》が冊立されたが、道隆の没後に*藤原道長《みちなが》が娘の*彰子《しょうし》を一条天皇の後宮に入れ、ついで皇后に冊立。先立の皇后定子の中宮職を皇后宮職と改めて*皇后宮《こうごうぐう》と呼び、新立の皇后彰子に中宮職を授けて中宮と呼ぶこととした。ここに*一帝二后《いっていにごう》の新例が開かれ、以後は新立の皇后に中宮職を、先立の皇后に皇后宮職を付置するのを例とした。中宮・皇后宮の正式の身位は皇后である。

ところが室町時代に皇后の冊立が中断し、江戸時代の初め*徳川和子《まさこ》が*[108]後水尾《ごみずのお》天皇の皇后に冊立されて復活した。

しかし江戸時代に皇后と中宮を同時に置くことはなく、皇后に冊立されると、付属職司として中宮職を付置している。

明治天皇の皇后に*一条美子が冊立されたときも、従前の例に倣って中宮職を付置したが、制度改革によって、中宮職を皇后宮職と改めている。昭和20年(一九四五)末に皇后宮職を廃止して*侍従職《じじゅうしょく》に統合し、皇后関係の事務は侍従職の所管となった。

【配偶関係《はいぐうかんけい》のない皇后《こうごう》】

皇后は天皇の配偶者に与えられた身位の一つであるが、平安時代末から鎌倉時代にかけて、配偶関係のない皇后が一一例あった。

もともと皇后などの三后は天皇との配偶関係や血縁関係をもとに定められているが、平安時代の初め、52嵯峨《さが》天皇の皇后*橘《たちばなの》 嘉智子《かちこ》が、天皇の弟*大伴《おおとも》親王が即位して*53淳和《じゅんな》天皇になると、新帝の母后ではないのに皇太后となった。これが先例となって、新帝の即位に当たり、新帝の母后ではない*先帝《せんてい》の皇后《こうごう》が皇太后に転上し、また祖母ではない皇太后から太皇太后となるなど、「後宮職員令」の三后の規定に反する例が出現した。代替わりにより、天皇と后位にあった人との間には血縁関係がなくとも擬制的血縁関係をもって引き続き従来と同様の処遇を与えたこととなり、*后位《こうい》が後宮内の一つの地位と見なされることになった。

平安時代末に、天皇の配偶者ではない内親王を皇后とする例が生じた。*72白河《しらかわ》天皇が皇位を八歳の*73堀河《ほりかわ》天皇に譲ったが、すでに母后が崩じていたため、幼少の天皇の*准《じゅん》母《ぼ》として天皇の姉*媞子《ていし》内親王を皇后に冊立、中宮職を付与したのがその初例である。

ついで白河天皇の崩御により皇位に即いた*74鳥羽《とば》天皇も五歳と幼少であったことから、新帝の叔母に当たる*令子《れいし》内親王を同じく准母として皇后に冊立した。

この後も天皇の姉などが准母の名目で経済的特典を付与され皇后に冊立されている。鎌倉時代末の91後宇多《ごうだ》天皇の皇女*奨子《しょうし》内親王が96後醍醐《ごだいご》天皇の皇后に冊立されたのが配偶関係のない皇后一一例の最後になるが、二例目の令子内親王以下、奨子内親王に至る一〇名はいずれも皇后宮職を与えられ、皇后と呼ばれていた。

【皇太后《こうたいごう》と上皇后《じょうこうごう》】

『大宝令』以来、天皇が崩御、または譲位し、天皇の御子が皇位に即くと、先の皇后は皇太后となり、その世話をする機関を*皇太后宮職《こうたいごうぐうしき》という。しかし明治時代の初めに一世一元の制度が導入されると、天皇が崩御したときにのみ代替わりが行われ、皇后は皇太后に転上することになった。

しかし平成31年(二〇一九)4月30日に二〇二年振りに天皇が退位し、翌日*令和の天皇が即位すると、*平成の天皇は*上《じょう》皇《こう》になり、*皇后は*上皇后と称されることになった。これまで天皇・皇后のために置かれていた侍従職を*上皇職とし、上皇・上皇后の世話をする機関とし、侍従職は新天皇・新皇后のための付属職司とした。

【准三宮《じゅさんぐう》】

太皇太后・皇太后・皇后を三宮、三后といい、三宮に准じる待遇を与えられた人を准三宮、*准三后《じゅさんごう》、*准后《じゅごう》という。平安時代の前期、[56]清和《せいわ》天皇の摂政*藤原良房《よしふさ》は三宮に准じた*年官《ねんかん》を付与された。ついで[59]宇多《うだ》天皇の関白*藤原基経《もとつね》は年官・*年爵《ねんしゃく》を与えられた。

その後、摂政・関白で准三宮になったのは、摂政三例、関白四例であるが、摂政や関白の辞任後にこの待遇をうけた例は少なくない。

年官は毎年国の掾《じょう》・目《さかん》を申請する権利、年爵は従五位下に叙される者を申請する権利を与えられたもの（→[14]）。しかし平安時代末以降、これらの権利が実質を伴わなくなり、准三宮は名目となった。一方で皇族・大臣・女御・僧侶など准三宮を与えられる範囲が拡がり、江戸時代末に至った。

［米田］

［7］夫人・皇太夫人・太皇太夫人

【令制《りょうせい》に見える夫人《ぶにん》】

『養老令』の「*後宮職員令《こうきゅうしきいんりょう》」では、後宮には、皇后《こうごう》・*妃《ひ》（↓［8］）のほかに夫人《ぶにん》三員を置くとし、夫人は、三位《さんみ》以上に叙されると定めている。出自について特に規定はないが、『日本書紀』に見える夫人の実例や三位以上に叙されるとの規定から判断して、中央貴族の出身者といえる。配偶である天皇の崩御または譲位により夫人の子が皇位に即くと、*皇《こう》太夫人《たいぶにん》と呼ばれ、さらに夫人の子が上皇になると、*太皇太《たいこうたい》夫人《ぶにん》というと定められている。しかし天皇が崩御、譲位しても夫人の子が皇位に即かない限り、夫人のままである。

【夫人《ぶにん》から皇太夫人《こうたいぶにん》へ】

『大宝令《たいほうりょう》』の制定当時、*[42]文武《もんむ》天皇の配偶者に夫人*藤原《ふじわらの》宮子《みやこ》がいたが、天皇の崩御後、[43]元明《げんめい》・[44]元正《げんしょう》両天皇の時代も宮子は夫人として処遇されており、子の*首《おびと》親王が*[45]聖武《しょうむ》天皇となると、*大夫人《だいぶにん》と称するとの勅を下された。しかし、左大臣*長屋王《ながやおう》が令《りょう》の旨に背くと反対し、文書に書くときは皇太夫人《こうたいぶにん》、言葉として発する場合には大御祖《おおみおや》ということになった。奈良時代末、[49]光仁《こうにん》天皇の夫人*高野新笠《たかののにいがさ》はその子[50]桓武《かんむ》天皇が即位すると皇太夫人になっている。しかし[47]淳仁《じゅんにん》天皇の生母の*当麻山背《たいまのやましろ》の場合は、大夫人というが皇太夫人と称していないのは、淳仁天皇の即位前に夫人の地位に就いていなかったからであろう。

【夫人《ぶにん》から皇后《こうごう》へ】

夫人のすべてが皇太夫人《こうたいぶにん》になったのではない。聖武天皇の夫人*藤原安宿媛（*光明子《こうみょうし》）は長屋王《ながやおう》の変《へん》後に皇后に冊立された。『大宝令』の制定後に皇親以外で皇后に冊立された初例である。その後、[50]桓武天皇の夫人*藤原乙牟漏《おとむろ》、[52]嵯《さ》峨《が》天皇の夫人*橘嘉智子《たちばなのかちこ》も夫人から皇后に冊立されている。また嵯峨天皇の夫人*多治比高子《たじひのたかこ》は妃になったとあるが、天皇の妃は内親王と規定されていたから、夫人から妃になったことは、令制の妃の制度が変化したことを示している。

【夫人《ぶにん》を経《へ》ずに皇太夫人《こうたいぶにん》へ】

夫人を経ずに皇太夫人になった例には、[54]仁明《にんみょう》天皇の女《にょう》御《ご》*藤原順子《ふじわらのじゅんし》をはじめ、[55]文徳《もんとく》天皇の女御*藤原明子《あきらけいこ》、[56]清《せい》和《わ》天皇の女御*藤原高子《たかいこ》、[58]光孝《こうこう》天皇の女御*班子《はんし》女王の四例がある。いずれも所生の皇子の即位の際、皇太夫人になった。さらに59宇多《うだ》天皇の女御*藤原温子《おんし》は、60醍醐《だいご》天皇が即位すると、新帝の養母という関係から皇太夫人になっており、女御から皇太夫人になった例である（女御→8）。しかし温子を最後に皇太夫人になった例はない。なお太皇太夫人の実例はない。ただ桓武天皇の曾祖母の*越道伊羅都売《こしのみちのいらつめ》を追尊して太皇太夫人の称を贈った一例が知られている。

【夫人《ぶにん》・皇太夫人《こうたいぶにん》の待遇《たいぐう》】

　夫人は貴族出身であるが、皇親出身の妃に準じた待遇を受けており、後宮内における地位は決して低くない。ことに、皇太夫人は「天皇《てんのう》の生母《せいぼ》」でもあり、三后《さんこう》に準ずる処遇を受けていた。文武天皇の夫人*藤原宮子《みやこ》はその子、聖武天皇の即位後に皇太夫人となり、*中宮職《ちゅうぐうしき》を付置される。本来三后の付属職司である中宮職が宮子に付置されたのは、当時律令の規定による三后が不在のためであった。

　ところが聖武天皇の皇后に*藤原安宿媛（*光明子）が冊立《さくりつ》されると、律令の規定通りに付置すべき中宮職はすでに皇太夫人に付与していたため、光明子には*皇后宮職《こうごうぐうしき》を新設した。この後、しばらく皇后には皇后宮職を、皇太夫人には中宮職を付置し、中宮は皇太夫人の別称になっていた。

　醍醐天皇の養母藤原温子が皇太夫人の最後となると、中宮職は令制に戻り三后に付置されるところ、すでに皇太后・太皇太后にそれぞれ*皇太后宮職《こうたいごうぐうしき》・*太皇太后宮職《たいこうたいごうぐうしき》が置かれていたため中宮職は皇后宮のみの付属職司となり、中宮は皇后の別称となっている。

　なお皇太夫人の命令は三后と同じく令旨《りょうじ》といい、食封《じきふ》も三后に相当するものを支給されている。　［米田］

用語コラム

【后妃《こうひ》の姓《せい》】

　皇室に入った女性は原則として生家の姓を用いなくなる。しかし奈良時代に聖武天皇の皇后*藤原安宿媛《あすかべひめ》（光明子）が、皇后冊立後に書写した『楽毅論《がっきろん》』の奥書に「藤三娘《とうさんじょう》」と記しており、終生、藤原を名乗っていたことがわかる。

　逆に皇親の内親王や女王《にょおう》が五摂家や将軍家に嫁しても、藤原氏や源氏ではなく皇親として遇されている。江戸時代の108後水尾《ごみずのお》天皇の皇女常子《つねこ》内親王は近衛《このえ》基熙《もとひろ》に嫁したが、終生、常子内親王と呼ばれた。また*120仁孝《にんこう》天皇の皇女*和宮《かずのみや》親《ちか》子《こ》内親王は徳川将軍家茂《いえもち》に降嫁したが、明治時代に薨去《こうきょ》するまで皇親として処遇された。その後、明治の『*皇室典範』により、皇親と結婚して皇室の一員となった女性は、皇室の伝統にしたがい姓を持たないとされた。逆に、皇籍を離れる場合は、結婚相手の姓か、新たに制定された姓を名乗る。

[8] 妃・嬪・女御・更衣

【令制《りょうせい》に見える妃《ひ》・嬪《ひん》】

『養老令』の「*後宮職員令《こうきゅうしきいんりょう》」によると、後宮には、天皇の配偶として、皇后《こうごう》、夫人《ぶにん》のほかに、妃《ひ》二員と嬪《ひん》四員を置くとある。妃に定められると四品《しほん》に、嬪は四位《しい》・五位《ごい》に叙《じょ》されると規定されている。女御《にょうご》・更衣《こうい》は律令には規定がないが、平安時代の初期にはその名が文献に見える。

【妃《ひ》の出自《しゅつじ》と実例《じつれい》】

「後宮職員令」によると、妃は定員を二員とし、妃になると四品以上の品階に叙される定めであるから、妃の出自は内親王から冊立される。したがって天皇の配偶としては皇后に次ぐ地位を与えられている。しかし『日本書紀』に見える例は必ずしも令制の規定に合致しない。『大宝令』以降の例を見ると、実は平安時代初期の50桓武《かんむ》天皇から同時代中期の60醍醐《だいご》天皇に至る妃の実例は僅《わず》かに八例である。このうち六例は令制どおりに内親王であるが、ほかの二例は王族と貴族出身者が一例ずつ見える。内親王以外の身分のものが妃に定められた特例と考えるべきであろうが、9世紀後期に后妃制度に変化が生まれている例となる。

妃はその子が皇位に即《つ》くと、*皇太妃《こうたいひ》となり、妃の孫が皇位に即くと、*太皇太妃《たいこうたいひ》となる。草壁《くさかべ》皇子の妃であった*阿閇《あべ》内親王の皇子が即位して42文武《もんむ》天皇になると、皇太妃と呼ばれており、これが皇太妃とする唯一の例で、太皇太妃の実例は存在しない。

妃は内親王と同等の処遇を受けるのはいうまでもないが、それ以上の待遇を受けていた。食封《じきふ》や帳内《ちょうない》、品田《ほんでん》などの内親王への支給額は親王の半分だが、妃は親王と同じく全給であるとか、恒例・臨時の俸禄の支給では優遇措置がとられていた。

さらに皇太妃には*皇太妃宮職《こうたいひぐうしき》が職司としてあり、身辺警護や雑用に従事する*皇太妃宮舎人《こうたいひぐうとねり》が置かれていたことが、藤原宮跡《ふじわらきゅうし》から出土の木簡《もっかん》によって確かめられている（→コラム写真1）。正史によると、皇太妃の食封は内親王や嬪のそれとは差があったようである。

【嬪《ひん》の実例《じつれい》】

嬪《ひん》は夫人《ぶにん》につぐ貴族階級の出自であるが、夫人は三位《さんみ》に、嬪は四位《しい》・五位《ごい》に叙されていることから、夫人よりは低い氏族の出身者と考えられる。しかし実例はほとんどなく『日本書紀』に数例を数えるが信憑性《しんぴょうせい》に疑問がある。『大宝令』以降は、*文武天皇の時に二人の嬪の名が知られるが、和銅6年(七一三)に二人の嬪がその号を削除され、以来、嬪が置かれたことはない。ただ妃・皇太妃・太皇太妃や嬪の待遇について、10世紀初頭編纂の『延喜式《えんぎしき》』に記されているから、制度としては、その頃まで存在していたと考えられる。しかし『延喜式』の「大膳職式《だいぜんしきしき》」や「大炊寮式《おおいりょうしき》」などの米塩の支給に関する規定の中に、嬪は制度としてはなお存続しているものの、実態は女御《にょうご》や更衣《こうい》などに移りつつあったと考えられる。

【女御《にょうご》の初例《しょれい》】

女御《にょうご》の語が初めて文献に見えるのは『日本書紀』であるが、後宮の一員としての女御という意味では桓武天皇の後宮の*紀乙魚《きのおとな》や*百済教法《くだらのきょうほう》らが女御の初例となる。律令に規定はなく、定員も定かではないが、前記の実例や俸禄に関する『延喜式』の規定によると、女御・更衣《こうい》は制度的には妃や嬪と併置されることがある。一方で、妃・嬪に対する処遇が、女御・更衣に与えられている例もあり、妃や嬪に代わって置かれていたとも考えられる。

【女御《にょうご》の地位《ちい》の上昇《じょうしょう》（女御《にょうご》から皇后《こうごう》へ）】

時代が下ると、女御の地位は次第に高まっている。位階についても、夫人《ぶにん》と同格の三位《さんみ》を与えられる女御が見られる。平安時代の前半の54仁明《にんみょう》天皇のときから59宇多《うだ》天皇のときにかけて、皇后や夫人が不在の時期がある。その間、*藤原冬嗣《ふゆつぐ》の娘*順子《じゅんし》が仁明天皇の女御となり所生の*道康《みちやす》親王（*55文徳《もんとく》天皇）が皇位に即き、また藤原良房《よしふさ》の娘*明子《あきらけいこ》が文徳天皇の女御となり所生の*惟仁《これひと》親王（*56清和《せいわ》天皇）が皇位に即くと、ともに女御から皇太夫人《こうたいぶにん》に昇った。また醍醐天皇の女御*藤原穏子《おんし》が女御から皇后になると、女御から皇后になるルートが開かれ、女御の地位は高まった。

平安時代中頃までは、まだ一代に複数の女御が置かれていたが、73堀河《ほりかわ》天皇以降、一代一女御となり、女御は皇后に冊立《さくりつ》されるのが例となった。

南北朝時代から戦国時代末に至るまで、皇后どころか女御も置かれなかったが、江戸時代直前に近衛前久《このえさきひさ》の娘の*前《さき》子《こ》が*107後陽成《ごようぜい》天皇の女御となってこの制度が復活し、ついで徳川秀忠《とくがわひでただ》の娘の*和子《まさこ》が*108後水尾《ごみずのお》天皇の女御となり、少し間を置いて皇后に冊立され、女御から皇后への道が復活した。しかし115桜町《さくらまち》天皇の女御*藤原舎子《いえこ》のように、女御であっても皇后にならず、代替わりとともに皇太后《こうたいごう》に冊立された例もある。

このほか太上天皇《だじょうてんのう》の女御となり、やがて皇后や皇太后に昇った例、女院《にょいん》になった例も若干見られる。*一条美子《いちじょうはるこ》が[122]明治天皇の女御となり、即日皇后に冊立されたのが最後の女御である。

【女御《にょうご》の出自《しゅつじ》】

平安時代前期の女御の出自は広い範囲に及んでいたが、女御から皇后に冊立されるようになると、藤原氏でも五摂《ごせつ》家《け》や清華家《せいがけ》・大臣家以上の子女、徳川将軍家や四親王家《ししんのうけ》の女子に限られている。

【更衣《こうい》の初例《しょれい》と出自《しゅつじ》】

更衣《こうい》の語が初めて文献に見えるのは平安時代初期の「弘《こう》仁中務省式《にんちゅうむしょうしき》（逸文《いつぶん》として伝来）」であるが、実例としては*嵯《さ》峨《が》上皇の更衣として見えるのが初例である。その後は平安時代末の*[74]鳥羽《とば》・*[75]崇徳《すとく》天皇の時に更衣がいたといわれているが、それを最後として『増鏡《ますかがみ》』などにその姿を留めているものの、実例は見あたらない。それだけに更衣の性格はわかりにくいが、数少ない実例によると、更衣の出自は四位・五位の中流の貴族の女子が多い。

［米田］

資料コラム

【藤原宮木簡《ふじわらきゅうもっかん》の皇太妃《こうたいひ》】

律令によると、皇太子の配偶者は皇太子妃であるが、皇太子が皇位に即くことなく薨去し、皇太子の王子が皇位に即いたとき、母であった皇太子妃は*皇太妃《こうたいひ》と呼ばれたらしい。藤原宮跡から「皇太妃宮舎人」とか「皇太妃宮職解」と記す木簡（写真）が出土している。この皇太妃は早世した草壁《くさかべ》皇子の配偶で、文武天皇の生母*阿閇《あべ》内親王（後に*[43]元《げん》明《めい》天皇）を指している。

写真1　藤原宮跡出土の木簡（部分　奈良文化財研究所蔵）

［9］大兄・皇太子・儲君

【皇位《こうい》継承者《けいしょうしゃ》に対《たい》する呼称《こしょう》】

皇位継承者に対する呼び方は、時代によって相違がある。一般的には「ヒツギノミコ」といい、*皇太子の文字を宛てている。*皇太子《こうたいし》制《せい》の成立の時期については確定されていないが、7世紀中に成立していたことはほぼ問題ないと思われる。皇太子制に先立つものに*大兄《おおえ》と呼ばれるものがある。

また皇太子は全時代を通じて置かれていたのではなく、室町時代から江戸時代前期にかけて皇太子制が中断していた。皇太子制が再興されるに際して、まず*儲君《ちょくん》とし、ついで皇太子に冊立《さくりつ》するという二段構えの手順を踏んでいる。

明治の『皇室典範』によると、皇長子が皇太子に、皇長子が不在の時は皇長孫が皇太子になると規定されていた。昭和の『皇室典範』も同様である。

皇長子・皇長孫が共に不在の時、傍系より皇統を継承して皇太子となるが、令和元年（二〇一九）の*令和の天皇即位に際しては、皇長子・皇長孫の不在のため、皇弟の*秋篠宮文仁親王が皇位継承の第一順位となったが、身位は皇太子ではなく、*皇嗣《こうし》と称されることとなった。

【『日本書紀《にほんしょき》』の皇位継承者《こういけいしょうしゃ》】

『日本書紀』によると、*1神武《じんむ》天皇が晩年に皇位継承者を皇太子と定めたが、これは後代の知識によるもので、歴史的な事実と見ることはできない。文献上の確実な初例といえば、『日本書紀』の推古《すいこ》天皇紀に、*厩戸《うまやど》皇子が皇太子に冊立されたものであるが、厩戸皇子が皇太子制の初例かどうかはまだ議論がある。

大兄制《おおえせい》　皇太子制に先立ち、大兄制という皇位継承法があった。これは同時代に先帝の長子や在位中の天皇の長子をそれぞれ大兄と称している場合、同時に大兄と呼ばれる複数の皇子の中から、*皇嗣《こうし》が定められていたのである。

たとえば、26継体《けいたい》天皇の第一皇子の勾大兄《まがりのおおえ》皇子、29欽明《きんめい》天皇の皇子箭田《やた》珠勝大兄《たまかつのおおえ》皇子、30敏達《びだつ》天皇の押坂彦人大兄《おしさかひこひとのおおえ》皇子など、6世紀頃から大兄を名前の一部にする皇子が複数見られ、同時期に併存することも珍しくない。34舒明《じょめい》天皇の崩御後、皇位の継承をめぐり争った厩戸皇子の子の山背大兄《やましろのおおえ》皇子と舒明天皇の子の古人大兄《ふるひとのおおえ》皇子のように、大兄は複数人いた。さらに古人大兄皇子の異母兄弟に中大兄《なかのおおえ》皇子がいたが、兄弟でも母が異なると、それぞれの長子を大兄として皇位継承有資格者と見なしていた。しかし大兄が同時に複数存在することは、皇位継承争いの原因となる。

皇太子《こうたいし》制《せい》　皇位継承者を特定する中国風の嫡長子制《ちゃくちょうしせい》を採用したのは*[38]天智《てんじ》天皇の時だという。そのような皇位継承者を皇太子と称した。皇太子に立てられることを立太子、または冊立という。また御在所の義から*東宮《とうぐう》または*春宮《とうぐう》と称している。それより前の皇太子制として厩戸《うまやど》皇子の例をあげる説は有力である。実際は、その後も大兄《おおえ》制が存続しているから、一人の人を皇嗣《こうし》とする皇太子の初例が厩戸皇子でも、制度として確立したのは天智朝からであろう。

天智天皇は皇嗣に弟の*大海人《おおあま》皇子を立てていたが、天皇の子の*大友《おおとも》皇子が成人する中で、皇位の継承を自身の子に委ねようとしたのが原因で、天皇の崩御後に*壬申《じんしん》の乱《らん》が起きた。その後で天智天皇が願った皇位継承者を嫡長子とする皇太子制は大海人皇子（*[40]天武《てんむ》天皇）の系統において継承され、奈良時代末に[48]称徳《しょうとく》天皇を最後に天武天皇の系統が断絶すると、天智天皇の皇孫の白壁《しらかべ》王が皇位に即《つ》いて*[49]光仁《こうにん》天皇となって以降、天智天皇の系統が連綿と続いて現代にいたっている。

【皇太子《こうたいし》と皇太孫《こうたいそん》・皇太弟《こうたいてい》】

昭和の『皇室典範』によると、皇位の継承は皇長子、皇長孫、その他の皇長子の子孫、皇次子およびその子孫、その他の皇子孫と定めている。また皇嗣たる皇子を皇太子、皇太子のないときは、皇嗣たる皇孫を皇太孫と定めており、明治の典範でも基本的には同じように規定されていた。これによると、皇太子・皇太孫は皇嗣たる皇子・皇孫をいい、皇太子・皇太孫の不在の時、天皇の皇弟が皇嗣となり、皇嗣たる皇弟を皇太弟とも皇太子ともいうことがある。

実例によると、皇嗣の冊立のあるときは、その皇嗣が皇子または皇孫以外であっても皇太子と呼ばれることがある。『日本書紀』によると[23]顕宗《けんぞう》天皇の皇兄億計《おけ》王（*[24]仁賢《にんけん》天皇）や[17]履中《りちゅう》天皇の皇弟多遅比瑞歯別尊《たじひのみずはわけ》（*[18]反正《はんぜい》天皇）を皇太子と記している。また奈良時代末の*[50]桓武《かんむ》天皇は皇弟*早良《さわら》親王を、平安時代後期の*[79]六条《ろくじょう》天皇は皇叔父憲仁《のりひと》親王（*[80]高倉《たかくら》天皇）を皇太子と定めている。このように天皇の子や孫以外でも皇太子とする例は少なくない。

【皇嗣《こうし》の冊立《さくりつ》】

皇嗣の選定は天皇（または上皇）の勅定《ちょくじょう》によることが少なくない。皇嗣の決まらないうちに天皇が崩御したが遺宣《ゆいせん》によって皇位に即いた白壁《しらかべ》王（*光仁天皇）、太上《だいじょう》天皇の遺《ゆい》詔《しょう》により皇太子と定められた*道祖《ふなど》王（後に皇太子を廃された）、臣下の推戴《すいたい》によって皇太子に定められた大炊王《おおい》（*47淳仁天皇《じゅんにん》）などの例があった。また譲位の宣命で皇太子に定められた善仁親王《たるひと》（*73堀河天皇《ほりかわ》）の例などがある。

このほか立太子を経ることなく皇位に即いた例に、軽皇《かる》子（*36孝徳天皇《こうとく》）、順仁親王《のぶひと》（*六条天皇）などがある。

廃太子《はいたいし》　皇太子に冊立《さくりつ》されていたが、薨去《こうきょ》により天皇になることのなかった例、皇太子を辞退した、あるいは政治的事件に関わって廃された例もあった。

薨去の例としては、推古天皇の皇太子厩戸皇子《うまやど》、*41持統《じとう》天皇がまだ称制《しょうせい》中の草壁皇子《くさかべ》、45聖武《しょうむ》天皇の皇太子基王《もとい》（某王）、60醍醐《だいご》天皇の皇太子保明《やすあきら》親王および皇孫慶頼王《よしより》、さらに72白河《しらかわ》天皇の皇太弟*実仁《さねひと》親王、96後醍醐《ごだいご》天皇の皇太子*邦良《くになが》親王および*恒良《つねなが》親王などの例がある。

皇太子辞退の初例は天智天皇の皇太子大海人《おおあま》皇子が辞退し、大友《おおとも》皇子が皇太子に冊立されたのをはじめ、53淳和《じゅんな》天皇の皇太子*恒世《つねよ》親王が辞退し*正良《まさら》親王と交替した例、68後一条《ごいちじょう》天皇の皇太子*敦明《あつあきら》親王の辞退により*敦良《あつなが》親王を皇太子とした例が知られている。

また皇太子が何らかの事故、事件により廃されたものに、46孝謙《こうけん》天皇の皇太子道祖《ふなど》王、光仁天皇の皇太子他戸《おさべ》親王、50桓武《かんむ》天皇の皇太子*早良《さわら》親王、52嵯峨《さが》天皇の皇太子高岳《たかおか》親王、54仁明《にんみょう》天皇の皇太子*恒貞《つねさだ》親王などの例がある。

【皇太子制《こうたいしせい》の中断《ちゅうだん》と再興《さいこう》】

室町時代から江戸時代の前期にかけて、皇太子制は三〇〇年余り中絶していたが、*霊元《れいげん》天皇の天和3年（一六八三）に再興されている。理由は、皇室経済の衰微により、儀式にかかる尨大な経費の調達が容易ではなくなったことがある。江戸時代に入ると皇室自体が安定してくるが、しかし皇室経済は潤沢《じゅんたく》とはほど遠く、皇太子冊立の儀式なども江戸幕府の援助なしに行うことは不可能であった。

儲君《ちょくん》　儲君とは、もともと皇太子の異称として用いられていたが、江戸時代半ば以降、皇太子に先立つ身位として用いられている。江戸時代の霊元天皇は皇太子制の再興に尽力し、幕府に財政援助を求める一方で、子供の朝仁《あさひと》親王（*113東《ひがし》山《やま》天皇）を儲君と名付けて、事実上の皇嗣であることを宮廷の内外に認めさせた。さらに幕府の援助で立太子《りったいし》の礼をあげると、これが先例となった。しかしこの後、東山天皇の皇子*慶仁《やすひと》親王（*114中御門《なかみかど》天皇）から122明治天皇の皇太子嘉仁《よしひと》親王（123大正天皇）までの七名を見ると、閑院宮《かんいんのみや》から皇統を継承した兼仁《ともひと》親王（*119光格《こうかく》天皇）と江戸時代末の動乱期に皇嗣に定められた*睦仁《むつひと》親王（*明治天皇）は、儲君治《ちょくんじ》定《じょう》のみで立太子の儀は行われていない。［米田］

［10］皇親・皇族

【明治《めいじ》の皇室典範《こうしつてんぱん》における皇族《こうぞく》の意味《いみ》】

明治22年(一八八九)制定の『*皇室典範《こうしつてんぱん》』によると、その第三〇条に「皇族と称《とな》ふるは、太皇太后《たいこうたいごう》、皇太后《こうたいごう》、皇后《こうごう》、皇太子《こうたいし》、皇太子妃《こうたいしひ》、皇太孫《こうたいそん》、皇太孫妃《こうたいそんひ》、親王《しんのう》、親王妃《しんのうひ》、内親王《ないしんのう》、王《おう》、王妃《おうひ》、女王《にょおう》を謂《い》ふ」と、「皇族《こうぞく》の範囲《はんい》」が初めて成文の法規に規定された。かつて用いられたそれに類した言葉に*皇親《こうしん》があるが、皇親は天皇の血縁であるのに対し、皇族は右条文によると、皇親だけでなく臣家出身で皇親《こうしん》の配偶者《はいぐうしゃ》も含む言葉となる。

【古代文献《こだいぶんけん》に見《み》える皇族《こうぞく》と皇親《こうしん》】

*皇族《こうぞく》の語のもっとも古いのは、奈良時代に30敏達《びだつ》天皇の皇曾孫美努王《こうそうそんみぬおう》の子の葛城王《かずらきおう》が、橘《たちばな》姓を下賜され臣籍に降下した際に「皇族の高名を辞す」とあるものであろう。しかしその後、皇族の語はあまり用いられず、皇親の語が使われている。

『日本書紀』によると、おおむね皇親の男子は*皇子(おうじ みこ)、女子は*皇女(こうじょ ひめみこ)と記している。『古事記』では皇子・皇女の語はほとんど用いられず、*王(みこ おおきみ)・*女王(じょおう にょおう)と記している。

『大宝令』・『養老令』の「*継嗣令《けいしりょう》」によると、「およそ皇兄弟および皇子は皆、*親王《しんのう》となす」とある。律令では、特に女子を指す場合は内親王と記すが、一般には親王・王とある場合、内親王・女王の記載がなくても、その条文に準拠することになっている。さらに親王以外の*皇孫《こうそん》、*皇曾孫《こうそうそん》、皇玄孫《こうげんそん》（四世まで）は王、親王より五世王、つまり「皇玄《こうげん》孫《そん》の子《こ》」は王と名乗ることはできるが皇親《こうしん》の範囲《はんい》に入らないとされた。

また親王、王の配偶者で臣家の女子を娶《めと》って妻とした場合でも、朝廷の儀式に参列の場合、配偶者の身位に関わらないとある。このことは臣家の女子が皇后《こうごう》になっても皇親とは認められない。正倉院宝物の『楽毅論《がっきろん》』の末尾に記す「藤三娘《とうさんじょう》」とは*光明皇后《こうみょうこうごう》のことであり、藤原氏出身の皇后は終身藤原氏として遇されていることがわかる。

【皇親《こうしん》の範囲《はんい》と変遷《へんせん》】

『大宝令』で定めた皇親の範囲は、慶雲3年(七〇六)2月に皇親でなかった「五世王《ごせいおう》」を皇親とし、承嫡《しょうちゃく》者は王と名乗ることができるように変更され、一親等広がった。さらに天平元年（七二九）8月には五世王の嫡子以上の者が皇孫を娶《めと》ってもうけた子については、男女の別なく皇親とするとある。

ところが延暦17年（七九八）閏5月に皇親の範囲は令制に復帰し、こののち、この原則は明治維新まで存続した。しかし皇親に対する実際上の取り扱いは奈良時代半ばに変化し、やがて平安時代前期に*親王宣下《しんのうせんげ》と呼ばれる制度が誕生している。

令制では天皇の皇兄弟姉妹らは生まれながらにして*親王《しんのう》であるのに対し、平安時代以降、親王宣下を受けなければ親王にはなれなかった。天平宝字2年（七五八）に、*[47]淳仁《じゅんにん》天皇が傍系から皇位を継承した際、詔《みことのり》を発してその兄弟姉妹は親王と称すると定められ、同じく宝亀元年（七七〇）傍系から皇統を継承した*[49]光仁《こうにん》天皇の場合も、その兄弟姉妹や王子女等を親王とすると定められた。

【皇兄弟姉妹《こうけいていしまい》にも親王宣下《しんのうせんげ》】

平安時代の初め、*[52]嵯峨《さが》天皇は皇子女《おうしじょ》に対し朝臣《あそん》の姓《かばね》を下賜し臣籍に降下させる一方で、すでに親王と呼ばれている者、その同母で将来生まれてきた者、特別の許しを得た者は親王にするとし、その後も代々の天皇が自身の皇子女に対し同様の処置をした。このことから、令制のように生まれながらにして親王・内親王になるのではなく、親王となるための宣下《せんげ》を必要とし、逆に親王宣下を受けない限り親王・内親王となることはできなかった。

【親王宣下《しんのうせんげ》のない皇親《こうしん》は王《おう》】

親王になるための要件が親王宣下であるとすると、親王になることのできなかった二世王《にせいおう》でも親王宣下があれば親王になることができた。

この結果、鎌倉時代の初め、源　頼朝《みなもとのよりとも》以下三代続いた征《せい》夷大将軍《いたいしょうぐん》の後、鎌倉幕府は皇親を将軍に迎えることとしたが、二世王であった[88]後嵯峨《ごさが》天皇の皇孫*惟康《これやす》王のように、親王宣下を受けて征夷大将軍に補任《ぶにん》される例（皇族将軍）が数代続いている。逆に[77]後白河《ごしらかわ》天皇の皇子であっても親王宣下がなかった*以仁《もちひと》王のように、生涯親王と呼ばれなかったという例もある。

【親王宣下《しんのうせんげ》を受《う》けて宮家《みやけ》を継承《けいしょう》】

鎌倉時代末から室町時代にかけて、代々、親王宣下を受けて宮号を継承する*世襲親王家《せしゅうしんのうけ》が成立している。その多くは五、六代で消滅しているが、室町時代に成立した*伏見宮《ふしみのみや》家《け》をはじめ、江戸時代初期に成立の*八条宮家《はちじょうのみやけ》（後に*京極《きょうごく》、*桂《かつら》と宮号を変更）、*高松宮家《たかまつのみやけ》（*有栖川宮家《ありすがわのみやけ》と変更）、江戸時代中期に成立の*閑院宮家《かんいんのみやけ》の合わせて四宮家（*四親王家）

は、代々の当主が天皇や上皇の養子となって親王宣下を受けて宮家を継承しており、この四家を世襲親王家と称して江戸時代末に至っている（明治維新以降の例→[29]）。

【令制《りょうせい》の皇親《こうしん》の結婚《けっこん》】

一方、皇親の婚姻《こんいん》についても、『大宝令』以来、細かく規定されており、「*継嗣令《けいしりょう》」によると、王が親王を娶《めと》ること、臣家のものが五世王を娶ることは許すと規定している。すなわち「四世以上《しせいいじょう》の皇親《こうしん》」は内親王を配偶者とすることはできるが、「五世王《ごせいおう》」は内親王を娶ることができない。また四世以上の皇親女子が臣下に嫁することは認められていなかった。

【皇親《こうしん》の婚姻《こんいん》の範囲《はんい》の変遷《へんせん》】

慶雲3年（七〇六）2月に皇親の範囲が四世から五世に広がり、また天平元年（七二九）8月に二世女王《にせいにょおう》が五世王の嫡子に嫁すことが認められた。延暦12年（七九三）9月に、大臣や良家の子・孫が「三世以下《さんせいいか》の女王《にょおう》」を娶《めと》ってもよいとされ、特に藤原氏は、累代摂政《るいだいせっしょう》（代々政務を担当）していた、という実績に鑑みて、二世の女王を娶ることが許された。

このことから、早くも平安時代前期に藤原氏の中には内親王を配偶者に迎える例が生じているが、平安時代中期以降内親王を配偶者に迎えている例は、藤原氏の中でも摂関《せっかん》家《け》の子弟で、ほかに内親王と結婚したのは室町時代以来の世襲《せしゅう》親王家か江戸時代の徳川将軍家というごく限られた者のみである。二世女王の例にしても、藤原氏や徳川家、あるいは世襲親王家などに限られている。

なお摂関家や徳川家の子女で皇親に嫁した場合、皇族の範囲に入らないが、一方、内親王、女王で臣家に降嫁した場合、皇族の列を離れることはなかった。江戸時代末に徳川将軍家に嫁した皇女*和宮《かずのみや》は降嫁後も親子《ちかこ》内親王と呼ばれていることから明らかである。

【皇族《こうぞく》の結婚範囲《けっこんはんい》の制限《せいげん》と撤廃《てっぱい》】

明治時代になっても『*皇室典範』第三九条において、皇族の婚家《こんか》は同族、または勅旨によりとくに認許された華族に限るとあり、江戸時代以前とは異なって、皇族の配偶者はすべて皇族となる。一方、皇族女子の配偶も皇族または特定の華族に限られたが、皇族以外に嫁した場合は皇族の列を離れると定められている。

しかし昭和の典範では、婚姻の対象についての制限は撤廃されており、また皇族女子が皇族以外の人に嫁した場合、旧典範と同様に、新典範においても皇族の身分を離れると定められている。

皇族賜姓《こうぞくしせい》　明治の典範にも昭和の典範にも皇族が皇籍を離

脱することはあるが、婚姻だけが理由ではなく、姓を賜い、臣籍に降下する（*賜姓降下《しせいこうか》）例がある。歴史的に見ても、天武《てんむ》天皇13年（六八四）に制定の八色《やくさ》の姓《かばね》の一つ真人《まひと》は皇親出身の氏族に与えられたものという。

その後、降下した人々にさまざまな氏姓を授けているが、なかでも敏達天皇の皇玄孫《こうげんそん》*葛城《かずらき》王が臣籍に下り橘 宿禰《たちばなのすくね》諸兄《もろえ》となり、天武天皇の皇孫の*智努《ちぬ》王が文室真人《ふんやのまひと》姓を受け、文室真人智努となった例などはよく知られている。その後も多くの皇親が臣籍に下っている。

平安時代の初めに、*嵯峨天皇は国費節減のために天皇の皇子女に*源姓《げんせい》を下賜し臣籍に下したのが例となり、以後、[54]仁明《にんみょう》天皇から[61]朱雀《すざく》天皇を除く[62]村上《むらかみ》天皇に至る歴代天皇の皇子女に源姓を下賜している。その後においても皇子女・皇孫女、さらには皇曾孫に源姓を下賜して江戸時代に及んでいる。皇族賜姓は源姓のほかに*[50]桓武《かんむ》天皇の皇孫の*平姓《へいせい》がある。*仁明・*[55]文徳《もんとく》・*[58]光孝《こうこう》の各天皇の皇孫・皇曾孫にも平姓を下賜している。

明治維新後、伏見宮《ふしみのみや》以下の世襲家を除く新立の親王家は*一《いち》代皇族《だいこうぞく》としたことから、二世以降は姓を与えられて臣籍に降下し、華族に列すると定められている。ところが一代皇族と定められた嘉彰《よしあきら》親王のように*世襲皇族制《せしゅうこうぞくせい》が採用されて以来、次第に一代皇族制が崩れ、明治の『*皇室典範』によって*永世皇族制《えいせいこうぞくせい》が成立すると、臣籍降下が行われなくなった。

しかし明治40年（一九〇七）に『皇室典範』増補が成立すると、王が家名を授けられて華族に列することができるようになり、昭和22年（一九四七）制定の『皇室典範』においては華族に列することはなくなったが、皇室会議の議を経て皇族《こうぞく》の身《み》分《ぶん》を離《はな》れることができると規定している。

［米田］

[11] 中世・近世の世襲親王家

鎌倉時代の[90]亀山《かめやま》天皇の皇子*恒明《つねあきら》親王が常磐井殿《ときわいどの》を居所としていたのにちなんで*常磐井宮《ときわいのみや》と呼ばれ、その子孫が数代にわたって親王宣下《しんのうせんげ》を受けて常磐井宮と称され、室町時代後半まで続いた。また[94]後二条《ごにじょう》天皇の子*邦良《くになが》親王も*木《き》寺宮《でらみや》と呼ばれ、その後、五代にわたって宮家を維持していた。これらの宮家の中には、歴代の当主で親王宣下を受けていない例もあり、宮家を世襲していたことになる。

四親王家《ししんのうけ》の成立《せいりつ》　室町時代から江戸時代にかけて設立された宮家は、その後も永く継承され、江戸時代末に及んでいる。その宮家とは伏見《ふしみ》・桂《かつら》・有栖川《ありすがわ》・閑院《かんいん》の四宮家を指すが、各宮家の当主は親王宣下を受けて親王となり、宮家を継承したため、この四宮家を四親王家《ししんのうけ》とも呼んでいる。

まず*伏見宮家《ふしみのみやけ》は、室町時代に[北3]崇光《すこう》天皇の子の*栄仁親王《よしひとしんのう》を始祖とする。*崇光上皇は第一皇子栄仁親王を即位させるよう画策するが、実現しないまま崩御、親王も失意のうちに出家した。しかし親王にはかなりの所領があり、その子*治仁《はるひと》王、さらに*貞成《さだふさ》親王に伝領され宮家の基礎が定められた。伏見宮の号は親王の居住地で、所領中もっとも重要な*伏見御領《ふしみごりょう》にちなむ。同宮家はその後断絶することなく、江戸時代末の第二〇代*邦家《くにいえ》親王まで継承されている。

ついで戦国時代末に[106]正親町《おおぎまち》天皇の皇孫*智仁親王《としひとしんのう》を始祖として*八条宮《はちじょうのみや》が設立されたが、常磐井宮《ときわいのみや》、*京極宮《きょうごくのみや》、そして*桂宮《かつらのみや》と宮号を改めて江戸時代末に至っている。その間、時には継嗣《けいし》がなく、しばしば当代の天皇の皇子を後嗣に迎えて宮家の存続を図った。桂宮家第一〇代は[119]光格《こうかく》天皇の皇子*盛仁親王《たけひとしんのう》、第一一代は[120]仁孝《にんこう》天皇の皇子*節仁親王《みさひとしんのう》だが、宮家継承後まもなく薨去《こうきょ》したため、仁孝天皇の皇女*淑子内親王《すみこないしんのう》が宮家を継承した。これはいわゆる女性宮家の初例であるが、未婚のまま没し、同宮家は明治初期に断絶した。

*有栖川宮家《ありすがわのみやけ》は江戸時代の初めに設立された。[107]後陽成《ごようぜい》天皇の皇子*好仁親王《よしひとしんのう》が始祖で、当初は*高松宮《たかまつのみや》と称していたがまもなく有栖川宮と宮号を改め、大正初期まで存続した。

四番目の宮家は*閑院宮家《かんいんのみやけ》という。この宮家は、[113]東山《ひがしやま》天皇の皇子*直仁親王《なおひとしんのう》を始祖に江戸時代中期に設立され、昭和二〇年代半ばまで存続した。四親王家の当主は親王として各宮家を継承しているが、当主の子供はすべて王であるために、まず天皇や上皇の*養子《ようし》あるいは*猶子《ゆうし》として親王となり、宮家を継承した。つまり天皇・上皇と擬制的血縁関係を結び親王となって宮家を継承している。これが、単なる宮家ではなく*親王家《しんのうけ》といわれる所以《ゆえん》で、令制の皇親は五世《ごせい》までであったが、江戸時代末の当主の中には、宮家の初代から数えると七、八世という例もある。

四親王家《ししんのうけ》の役割《やくわり》　すでに三宮家が設立されていたのに、さらに閑院宮家の設立を求めたのは*新井《あらい》白石《はくせき》であった。白石は、徳川家においても、御三家だけで将軍家継承が万全かどうかに不安を抱き、同様のことが皇位継承にも考えられるとして、江戸幕府に献言していた。皇統断絶の危機に対処することを考えていたのである。京都では近衛《このえ》基熙《もとひろ》がその趣旨に賛同し、将軍徳川家宣《いえのぶ》に働きかけ、新宮家の設立が認められている。室町時代に*[101]称光《しょうこう》天皇が後嗣を定めることなく崩御したときに伏見宮の三代貞成親王《さだふさしんのう》の子*彦仁《ひこひと》王が皇位を継承して*[102]後花園《ごはなぞの》天皇になった例があり、閑院宮家設立後にも、*[118]後桃園《ごももぞの》天皇が早世したために、同宮家の*兼仁親王《ともひとしんのう》が皇位を継承して*光格天皇になった例がある。後者は、まさに白石の予言が的中しているのである。

四親王家《ししんのうけ》と江戸時代末《えどじだいまつ》に設立《せつりつ》の宮家《みやけ》　江戸時代に四親王家を継承すると定められた王子以外の王子女はおおむね出家して*門跡寺《もんぜきじ》院《いん》に入るのを例とするが、入寺に際して親王宣下を受けた。

　江戸時代末に伏見宮*邦家親王《くにいえしんのう》の王子で青蓮院《しょうれんいん》に入寺していた*尊融親王《そんゆうしんのう》は、若い頃から英明を知られ、しばしば時勢について朝廷の諮詢《しじゅん》に応えていたが、安政5年(一八五八)の条約勅許に反対し、将軍継嗣問題でも幕府の意向に反し一橋《ひとつばし》慶喜《よしのぶ》を推薦した。このため幕府は朝廷に、親王に慎むように命じてほしい旨奏請、朝廷は幕府の請を容れて、親王に隠居・蟄居《ちっきょ》を命じた。間もなく許され国事御用掛に補され、還俗し*中川宮《なかがわのみや》の号を与えられた。第五宮家の誕生である。宮は*[121]孝明《こうめい》天皇の信任も厚く、公武合体派として活躍したため、朝廷の内外に勢力を伸ばした攘夷派《じょういは》と対立していた。文久3年(一八六三)8月18日、親王らは攘夷派が天皇を擁して攘夷親征・大和行幸を決行しようとする行動を阻止、弾正《だんじょうの》尹《いん》に補任、*朝彦《あさひこ》と命名され、翌年*賀陽宮《かやのみや》の号を与えられた。また、やはり邦家親王の王子で勧修寺《かじゅうじ》に入寺していた*済範《さいはん》親王《しんのう》は、事情があって親王号を除かれた。しかし元治元年(一八六四)正月、孝明天皇より伏見宮に復帰するのを許され、*山階宮《やましなのみや》の号を与えられ、改めて親王宣下を受けて*晃《あきら》と命名された。第六の宮家である。

[米田]

[12] 近現代の称号と敬称

【明治《めいじ》維新《いしん》後《ご》の皇親《こうしん》の範囲《はんい》と親王宣下《しんのうせんげ》】

明治維新期に、ふたたび皇親の制度に変更が加えられた。慶応4年（一八六八）閏4月に、『大宝令』の制度に復し、皇兄弟《こうけいてい》・皇子は皆*親王《しんのう》となすとし、皇孫以下は*王《おう》・女王《にょおう》とすると定めた。ただし江戸時代の世襲親王家の流れを汲む「親王家《しんのうけ》の嫡子《ちゃくし》」は、旧来と同様に天皇の養子として親王宣下を経て宮家を継承することを認めており、一部に親王宣下の制度を残していた。そのことから明治8年（一八七五）*皇子女《おうしじょ》が生まれると自動的に親王・内親王になるとはいえ、旧来のように親王宣下を行うべしとして、嫡出の皇子女には命名の日に、庶出の皇子女には一〇〇日から一年以内に宣下している。しかし翌年（一八七六）5月に、嫡庶の別なく、皇子女は降誕と同時に親王宣下なく親王・内親王になると定め、皇子女については大宝令制に復活することになった。

【明治《めいじ》の『皇室典範《こうしつてんぱん》』の皇親《こうしん》の範囲《はんい》】

明治22年（一八八九）『皇室典範』（旧典範）が制定されると、その第三一条で、親王・内親王の制度は大きく変更され、皇子から皇玄孫に至る皇親の男女は、男は親王、女は内親王とし、五世以下はすべて男を王、女は女王とするとし、いわゆる*永世皇族主義《えいせいこうぞくしゅぎ》が打ち出された。また同三二条では、天皇が傍系《ぼうけい》から入って*大統《たいとう》を受けた（皇位を継承した）時は、皇兄弟姉妹の王・女王に親王・内親王の号を宣賜《せんし》すると定めている。また旧典範の四二条に皇族は養子《ようし》縁組をすることはできないと決められた。

江戸時代の世襲《せしゅう》親王家や明治維新後の新宮家では、後嗣を欠くことがあれば、養子をとることで宮家を維持してきたが、それが認められなくなり、断絶を余儀なくされた宮家も生じた。明治40年（一九〇七）制定の『皇室典範』増補において、皇族が華族の養子となって家督相続することは認められたが、宮家の養子は依然認められていない。

【昭和《しょうわ》の『皇室典範《こうしつてんぱん》』の皇親《こうしん》の範囲《はんい》】

昭和22年（一九四七）に制定の『皇室典範』（新典範）によると、旧典範の永世皇族主義はそのまま引き継いでいるが、皇親の範囲については、旧典範とも異なり、嫡出《ちゃくしゅつ》の皇孫《こうそん》（二世）までを男は親王《しんのう》、女は内親王《ないしんのう》とし、「三世以下嫡男系嫡出の子孫」は男は王《おう》、女は女王《じょおう》というと定めている。また傍系より大統《たいとう》を継承した時は、その兄弟姉妹たる王・女王は、とくに親王・内親王になると定めている。また皇親が養子を取ることはできないことになっている。

【天皇《てんのう》・上皇《じょうこう》の敬称《けいしょう》】

律令の規定によると、天皇の敬称は*陛下《へいか》といい、*太上天皇（上皇）の身位は天皇に準じたものと考えられることから、その敬称も陛下という。一方、太皇太后・皇太后・皇后（以下、三后）および皇太子の敬称は*殿下《でんか》。旧典範によると、三后の敬称は陛下、皇太子以下皇族の敬称は殿下と定めている。新典範においても、天皇および三后の敬称は陛下、皇太子以下の皇族の敬称は殿下である。

平成31年（二〇一九）4月30日に、二〇二年振りに*平成の天皇の譲位が行われると、譲位した天皇は上皇となり、*皇后は上皇后といい、ともにその敬称は陛下と称されている。また、新たに設置された皇嗣（*秋篠宮文仁親王《あきしののみやふみひとしんのう》）の敬称は従来の宮家の皇族と同じく殿下と称される。

【崩御《ほうぎょ》と薨去《こうきょ》】

律令の規定によると、天皇の死去は*崩御《ほうぎょ》、上皇も天皇に準拠して崩御という。親王および三位以上の位階を帯びる者の死去を*薨《こう》、あるいは*薨去《こうきょ》という。三后の死去については律令に明文は見当たらないが、実例によると、『日本書紀』以降、文献に皇后の死去を崩御と記しているが、薨去と記す例もあって必ずしも三后の死去を崩御と称することは制度的に確立していなかったが、大正15年（一九二六）10月制定の「皇室喪儀令」において、三后の死去を崩御とし、その葬儀を大喪儀と称することになった。

また律令の規定によると、天皇の死後に葬る墓を陵といい、三后並びに皇太子の墓所も墓といったが、奈良時代の半ば過ぎ、淳仁天皇は太皇太后藤原宮子および皇太后藤原安宿媛（光明子）の墓を山陵と称することとし、爾後、皇后の墓所を天皇と同じく山陵といったが、三后の墓所を墓と記すなど、三后を葬るところを陵か墓かは制度的には一定しなかった。大正15年（一九二六）10月制定の「皇室陵墓令」に於いて、三后の墓所を陵と称することとなった。新典範においても、三后を葬るところを陵といい、皇太子以下その他の皇族を葬るところを墓と称すると定めたが、大正年間に制定の「皇室喪儀令」は、新典範の制定時に廃止された。

［米田］

2

皇室の政事と財政（前近代）

［13］天皇と律令制

【律令制以前《りつりょうせいいぜん》の王権《おうけん》】

3世紀中頃から4世紀に、大和を中心とする地域政権は、4世紀末から河内《かわち》地方に進出、その進出の背後には朝鮮半島から伝わった鉄製農耕具をもとにして行われた灌漑《かんがい》用水や農地の開発があり、それらにより蓄《たくわ》えた富と鉄製の武器武具をもって、国の内外に勢力を伸ばし始めた。中国南方の宋《そう》（南朝）と外交関係を持った倭《わ》の五王《ごおう》が、宋の皇帝より倭国王に冊封《さくほう》された。*［16］仁徳《にんとく》天皇や*［17］履中《りちゅう》天皇らが、それぞれ倭の五王の一人に比定されている。倭の五王の最後の*武が*［21］雄略《ゆうりゃく》天皇である。

埼玉県行田市《ぎょうだし》の*稲荷山《いなりやま》古墳出土の鉄剣と熊本県玉名《たまな》郡《ぐん》和《なご》水《み》町《まち》の*江田船山《えたふなやま》古墳出土の鉄剣には、ともに雄略天皇を指す「獲加多支鹵《わかたける》大王」の名が刻まれていた。大王の武は、東は関東地方、西は九州中部に及ぶ広範な地域に勢力を伸ばしていたことが確認できる。

武が宋の王に冊封を求めた上表文に、先祖の王達は、みずから甲冑《かっちゅう》を着し、先頭に立って東国から九州に至る各地の豪族達を支配下に組み込んでいったと記されている。前述の鉄剣によると、杖刀人《じょうとうにん》とか典曹人《てんそうにん》などと呼ばれる人々が大和の王権に仕えていたことが確認できるから、王権内部に未熟ながらも、政治的・軍事的な、あるいは経済的な行政機構の存在が想定される。一方、大王家の日常生活を処理する組織も形成され、王権自体の強化を内部から図っている。前者を*外廷《がいてい》、後者を*内廷《ないてい》と呼んで、あわせて*朝廷《ちょうてい》ともいう。

たとえば朝廷の財政について、『日本書紀』などによると、*大蔵《おおくら》・*内蔵《うちくら》・*斎蔵《いみくら》の*三蔵《みつぐら》がある。伝説によると、それぞれに成立の時期は異なっているが、大蔵と内蔵は外廷と内廷のそれぞれの財政に関《かか》わるもの、斎蔵は*忌部《いんべ》氏《し》の管轄する祭事関係の蔵のことで、5世紀ごろには、内廷と外廷は分離していた。

大和朝廷は、*氏姓制度《しせいせいど》、すなわち*氏《うじ》をもとに*姓《かばね》によって、広範囲に豪族達を序列化した制度を採用している。氏とは大和朝廷に仕え、祖先を共有する人々の集団であった。その集団を序列化する方策の一つとして採用されたのが姓の制度である。姓は大王から与えられるから、与える側の大王には氏も姓もない。後に中国との交際の中で、中国の人々が天皇に氏・姓がないことを不思議がっているが、天皇号成立以前からの伝統は、現在まで維持されている。

また大和朝廷は各地域政権の王が、それぞれの地域の支配者であった歴史や規模、大和朝廷との関わりの深さなどに基づいて、*国造《くにのみやつこ》や*県主《あがたぬし》としてその地位を認め、臣《おみ》・君《きみ》、あるいは直《あたい》の姓《かばね》を与え、地方支配の序列化を図っている。

さらに大和朝廷は*部民制《べみんせい》として直轄支配しているところの民衆や、*地方豪族《ちほうごうぞく》の支配する人民の一部を自己の支配下に組み込んでいる。

ただその形態はさまざまで、そのような人々を大王はもとよりその王子女や王妃のための*名代《なしろ》・*子代《こしろ》とし、また特殊な職業に従事している人々を専業集団として*品部《しなべ》と呼んでいる。これらの部民は*伴造《とものみやつこ》と呼ばれる地方豪族によって支配・管理されているが、さらに朝廷内においても地方の伴造を統括する*大伴連《おおとものむらじ》・*物部連《もののべのむらじ》などの上位の伴造氏族が置かれていて、この中から*大臣《おおおみ》・*大連《おおむらじ》などと呼ばれる中央の大豪族が大王権力の伸張に伴って、朝廷の内外にも勢力を拡大し、やがて*蘇我《そが》氏《し》のように大王をも凌《しの》ぐ勢力を確立するものも出てくるようになった。

【律令制《りつりょうせい》の成立《せいりつ》と天皇《てんのう》】

7世紀半ばの*大化改新《たいかのかいしん》によって、大王権力を凌ぐ力を発揮していた蘇我氏が倒され、大王を中心とする中央集権的国家の樹立と公地公民制《こうちこうみんせい》が標榜《ひょうぼう》された。この理想に向けて、政府は、7世紀半ばに白村江《はくすきのえ》の戦いで日本を破った朝鮮の新羅《しらぎ》や中国の唐《とう》、あるいはその戦いで日本と同盟を結んでいた百済《くだら》からも多くのことを学び、7世紀末から8世紀初頭までに紆余曲折《うよきょくせつ》を経ながら、*律令《りつりょう》の編纂、都城制《とじょうせい》の整備などが進められ、また君主の名称が大王から天皇へ、国名が倭から日本へと整備され、国際的にもその変化が容認されることになった。

しかし、諸外国に学びながらも、たとえば天皇を頂点に*二官八省《にかんはっしょう》からなる官僚機構は、すべてが唐の法式通りではなく、日本の伝統的な制度も念頭において整備されている。律令の条文を吟味すると、国情の違いによって条文そのものも相違があることに留意する必要がある。

律《りつ》と令《りょう》　*律《りつ》とは現在の刑法に当たる。*令《りょう》は民法、行政法に相当するもので、国政を執行するための基本的な方針が記されている。大化改新《たいかのかいしん》以来、中国の律令制度を手本に移入して国家法の整備が進められている。

*38 天智《てんじ》天皇時代の『*近江令《おうみりょう》』については、存在自体に

否定的な意見もあり、その存否は確定していない。ついで天武《てんむ》天皇10年（六八一）に律令の制定が命じられ、持統《じとう》天皇3年（六八九）に『*飛鳥浄御原令《あすかきよみはらりょう》』が制定・施行されているが、律の存在には否定的な議論がある。その後、文武《もんむ》天皇4年（七〇〇）までに律令の撰修が進められ、大宝元年（七〇一）に成立、『*大宝律令《たいほうりつりょう》』として施行された。律と令がともに撰修されている点に特徴がある。それから間もない養老《ようろう》2年（七一八）に律令が改修されている。ただ『大宝律令』と新修の『*養老律令《ようろうりつりょう》』との間には大差がなく、しばらく新律令は施行されず、天平宝字元年（七五七）になってようやく施行されている。

律令の施行とともに、*格式《きゃくしき》も制定されている。*格《きゃく》は律令の改正に関する法、*式《しき》はその施行細則のことで、随時発令される単行法令であるが、奈良時代に施行細則を「*例《れい》」としてまとめている。平安時代になると、律令の編纂が行われなくなる一方で、単行法である格式を『*弘仁格《こうにんきゃく》・式《しき》』、『*貞観格《じょうがんきゃく》・式《しき》』、『*延喜格《えんぎきゃく》・式《しき》』などとして編纂している。

【律令《りつりょう》の理念《りねん》と現実《げんじつ》】

天皇は律令を作成する主体である。そのため、天皇を規制するような条文はほとんど定められていない。大宝養老の「*名例律《みょうれいりつ》」に、唐の『永徽律《えいきりつ》』を承《う》けて「非常の断、君主これを専らにす」とあり、平安時代に太政官・刑部省《ぎょうぶしょう》で死刑を内定してもそれを天皇が執行しなかったのは、その一例といえよう。

平安時代初期に作られた『養老令』の公的注釈書『*令義解《りょうのぎげ》』に、律令官人になるためには、「君《きみ》に事《つか》えて功《こう》を積《つ》み、然《しか》る後に爵位《しゃくい》を得、然る後に官《かん》を受ける」とあり、位階を得た後に*官職《かんしょく》に就くと規定している。つまり位階は勤務中の能力を試された後に得られるもので、情実や家柄で得られるものではない。律令制の理念の一つは、*律令官人（りつりょうかんじん りつりょうかんにん）の採用基準が徳行才用《とっこうさいよう》主義で、大化前代の伝統的な豪族による氏族制的支配を排するものであった。

しかし律令の中には*蔭位《おんい》の制度によって有力貴族の子弟が官位の取得に有利な仕組みになっているように、現実には、大化前代からの氏族制的側面が残っており、太政官機構の中から氏族制的側面を払拭することは困難であった。

大化前代の大和朝廷は、天皇を頂点として地方支配に臨んでいるが、政策遂行の実態は中央の大豪族の連合によって行われており、大化改新以降、8世紀の大宝・養老両令の施行後においても、貴族を中心とした勢力は天皇権力を掣肘《せいちゅう》（干渉・妨害）することもあった。［米田］

用語コラム

【養老律令《ようろうりつりょう》と令《りょう》の編目《へんもく》】

律一〇巻一二篇、令《りょう》一〇巻三〇篇からなる古代の基本法。『大宝律令』を*藤原不比等《ふひと》が養老2年（七一八）に改修し、天平宝字元年（七五七）より施行された。10世紀以降はほぼ形骸化したが、国家の基本法として、形式的にはその後も明治維新まで国制を規制し続けた。

律は、「*名例律《みょうれいりつ》」・「衛禁律《えごんりつ》」・「闘訟律《とうしょうりつ》」の一部と「職制律《しきせいりつ》」・「賊盗律《ぞくとうりつ》」を除いて現存しないが、江戸時代の国学者*塙保己《はなわほき》一《いち》・*河村秀穎《かわむらひでかい》・*稲葉通邦・*石原正明らの律令逸文《いつぶん》研究の成果が、『続々群書類従』（第六）、『新訂増補国史大系』、『訳註《やくちゅう》日本律令』などにおさめられている。

令は「倉庫令」・「医疾令」を除いて、9世紀の注釈書である『*令義解《りょうのぎげ》』、『*令 集解《りょうのしゅうげ》』に収録されている。また前記二令についても、逸文等から復原されている。『*養老令』の編目は以下の通りである。

①官位令《かんいりょう》
②職員令《しきいんりょう》
③後宮 職員令《こうきゅうしきいんりょう》
④東宮職員令《とうぐうしきいんりょう》
⑤家令職員令（かれいしきいんりょう けりょうしきいんりょう）
⑥神祇令《じんぎりょう》
⑦僧尼令《そうにりょう》
⑧戸令《こりょう》
⑨田令《でんりょう》
⑩賦役令（ふやくりょう ぶやくりょう）
⑪学令《がくりょう》
⑫選叙令《せんじょりょう》
⑬継嗣令《けいしりょう》
⑭考課令《こうかりょう》
⑮禄令《ろくりょう》
⑯宮衛令（くえいりょう くうえいりょう）
⑰軍防令《ぐんぼうりょう》
⑱儀制令《ぎせいりょう》
⑲衣服令《いふくりょう》
⑳営繕令（えいぜんりょう ようぜんりょう）
㉑公式令（くしきりょう くうじきりょう）
㉒倉庫令《そうこりょう》
㉓厩牧令（きゅうぼくりょう くもくりょう）
㉔医疾令《いしつりょう》
㉕仮寧令《けにょうりょう》
㉖喪葬令《そうそうりょう》
㉗関市令《かんしりょう》
㉘捕亡令（ほもうりょう ほぼうりょう）
㉙獄令《ごくりょう》
㉚雑令（ぞうりょう ざつりょう）

［14］位階と官司・官職

位階制《いかいせい》　律令制において、*官人（かんじん かんにん）の序列を示す等級を*位階《いかい》（親王・内親王の場合は*品位《ほんい》）と呼ぶ。日本における位階制は推古天皇11年（六〇三）*聖徳太子（*厩戸皇子）の*冠《かん》位十二階《いじゅうにかい》に始まる。これは、冠の色によって官人の序列を表そうとしたもので、徳《とく》・仁《じん》・礼《れい》・信《しん》・義《ぎ》・智《ち》の各冠を大小に分け、それぞれは相当の色の絁《きぬ》をもって冠を縫っていたという。ところがこの冠位は聖徳太子とともに政治を主導していた*蘇我《そが》氏を除く諸豪族を対象としていたらしい。のちに大臣である蘇我氏には十二階以外の紫冠《しかん》が与えられている。

大化3年（六四七）、七色《なしょく》十三階の制が導入され、これまで畿内およびその周辺の豪族に限定されていた冠位が地方豪族にも与えられるようになり、二年後には冠位十九階に改定、天智3年（六六四）には冠位二十六階が制定されている。しかし天武天皇14年（六八五）、従来の冠位制を改めて、皇親には明位《めいい》二階・浄位《じょうい》四階とし、さらにそれぞれ階ごとに大《だい》・広《こう》に分け十二階としている。一方、諸臣には正《しょう》・直・勤・務・追・進に分け、それぞれに四階を設け、各階は大・広としているから、合わせて四十八階とした。ここに皇親の爵位十二階と諸臣の四十八階を合わせて、*六十階制《ろくじっかいせい》が成立、飛鳥《あすか》浄御原令《きよみはらりょう》に引き継がれた。

この制度は『大宝令』の制定された大宝元年（七〇一）にも改定されている。すなわち親王は*一品《いっぽん》から*四品《しほん》の四階に、諸王および諸臣は*正一位《しょういちい》から*少初位下《しょうそいげ》までの三十階に分かれ、この後、この位階制に基づいて位階の上昇が図られている。しかしこれらの位階は*内位《ないい》といい、畿内在住の人々に授与されるもので、五位以下の地方豪族には、外従五位《げじゅごい》下《げ》のように*外位《げい》が授けられている。

なお律令では、四・五位を「*通貴《つうき》」、三位《さんみ》以上を「*貴《き》」と呼んでおり、それらの一族を貴族という。

官司《かんし》・官職制《かんしょくせい》　律令制度では*官《かん》は行政機構の地位を指し、*職《しょく》はその官の職掌を意味する。令制の成立以前の伴 造《とものみやつこ》――伴部《ともべ》なども未分化とはいえ*官職制度《かんしょくせいど》の萌芽《ほうが》的《てき》なものと考えられる。

また、大化改新以来、天皇を中心に、朝廷の内外において中央集権的な体制を確立する目的の下に官制の整備が進められていたことは、『日本書紀』に法官《ほうかん》・理《り》官《かん》などの官名が見えることからも明らかである。いわゆる律令的官司制度が確立するのは、『近江令《おうみりょう》』、『飛鳥浄御原令《あすかきよみはらりょう》』を経て、『*大宝令』の成立により、大化改新が目指した中央集権的官僚機構がほぼ成立したときと見做《みな》されている。

【天皇《てんのう》に奉仕《ほうし》する官司《かんし》】

『大宝令』によると、律令官僚機構は、中央では*二《に》官《かん》・*八《はっ》省《しょう》・*百寮司が置かれ、地方には*国《こく》・*郡《ぐん》・*里《り》が設けられている。

二官八省の筆頭は宮中の祭祀、地方で奉斎する神々を統一的に支配しようとする*神祇《じんぎ》官《かん》である。長官は官僚機構の中ではそれほどの処遇を受けていない。

しかし神祇官の役割はきわめて大きく、後に律令制が解体しても、長官である*伯《かみ》は*白川家《しらかわけ》が世襲してその任に当たることを求められ、その家を*伯家《はくけ》と称した。なお*65花《か》山《ざん》天皇流の源氏の一族が*神祇《じんぎ》伯《はく》を世襲することから、伯家は特異な例の一つで、皇親の範囲に入らないが、同家の当主は代々*王《おう》を名乗ることが認められている。

二官のもう一つの*太政官《だいじょうかん》は、天皇の意思を伝達するための役割を果たすように求められており、また八省を統《す》べ国政全般を統括する最も重要な官司である。また*太政大臣《だいじょうだいじん》は天皇に輔弼《ほひつ》が必要なときに天皇の師範役となり、適当な人がいなかったら補任《ぶにん》しない、いわゆる*則闕《そっけつ》の官《かん》と呼ばれていた。ただし太政大臣が不在でも*左右《さう》大臣《だいじん》のいずれかが、天皇を補佐し政務を主導することができる。

なお太政大臣と左右大臣は*三公《さんこう》といい、律令官僚機構では最高の地位を与えられている。三公とともに政務を審議するのは*大納《だいな》言《ごん》であるが、大臣不在のときは大納言が政務を代行する。また大納言は国家の大事を奏宣《そうせん》するが、小事は*少納言《しょうなごん》が務める。この少納言が鈴印《れいいん》・伝符《でんぷ》を請け進めるとあり、「*天皇御璽《ぎょじ》」の管理にあずかっている。

八省の中でもおもに天皇に奉仕するのは*中務省《なかつかさしょう》と*宮内《くない》省《しょう》である。中務省は『大宝令』の制定以前から天皇に近侍し、詔勅《しょうちょく》文案を吟味し仕上げて署名する（*審署《しんしょ》）、上表《じょうひょう》を受納するなど、国政にかかわる行為のすべてを処理する。

宮内省は、大膳職《だいぜんしき》、木《も》工寮《くりよう》・大炊寮《おおいりよう》・主殿寮《とのもりよう》・典薬寮《てんやくりよう》、正《おお》親司《きみのつかさ》・内膳司《ないぜんし》・造《み》酒司《きのつかさ》・鍛冶司《かぬちのつかさ》・官奴《かんど》司《し》・園池《えんち》司《し》・土《ど》工司《こうし》・采女《うねめ》司《し》などの司、あわせて*一職《いつしき》・*四寮《しりょう》・*十三司《じゅうさんし》を管轄しているが、これらの官司は天皇や皇族の日常生活に関わる諸々の庶事を掌《つかさど》った。

このほか後宮にも女官の奉仕する*十二司《じゅうにし》が置かれ、三種《さんしゅの》神器《じんぎ》のうちの神鏡を奉安するほか、天皇に近侍して雑用に従事している。

官位相当制《かんいそうとうせい》　神祇官・太政官の二官をはじめ、八省・百寮司、あるいは後宮《こうきゅう》十二司のいずれかの官職に就くためには、それぞれの官にふさわしい位階に叙されていなくてはならない。平安時代初期に作られた『養老令』の「*官位令《かんいりょう》」の注釈書によると、位階を得て、しかる後に官に就くのを原則としている。つまりそれは位階によって官人を序列化し、官職を与えて官人を統制することを意味している。

たとえば大納言《だいなごん》になるには正三位《しょうさんみ》であることが要件となる。同様に中務卿《なかつかさきょう》に補任《ぶにん》されるのは正四位上《しょうしいじょう》であること、その他の七省の卿の場合は、中務卿よりも一階下の正四位《しょうしい》下《げ》であることが要件とされている（→資13）。

*令外官《りょうげのかん》であっても律令に規定されている官（令内官）と同じく官位相当が定められているものがある。たとえば内大臣や中納言、皇后宮職や修理職など。しかし摂政・関白や蔵人《くろうど》のように定められていない令外官もある。多くの場合、前者の令外官に補任されている場合は代替《だいが》わりがあってもその地位に変更はないが、後者の場合は代替わりとともにその任を自動的に解任され、改めて宣旨《せんじ》をもって補任されるのが例で、*宣旨職《せんじしき》と呼んでいる。なお時代が下るにつれて、律令にいう官位相当制は厳守されなくなる。

【位階制の変質《いかいせいのへんしつ》】

令制では三位《さんみ》以上の者に*位封《いふ》（位階に応じて*食封《じきふ》と呼ばれる俸禄、四位《しい》・五位《ごい》には*位禄《いろく》という現物）を支給される特権が与えられているが、慶雲3年（七〇六）に食封は四位以上に改定されている。官職についても、大納言以上に*職封《しきふ》（食封）が与えられていたが、やがて中納言・参議にも支給するほか、官職にあるものに対しては、その位階に応じて半年ごとに*季禄《きろく》（2月と8月の二回に分けた禄）が支給された。

この制度は奈良時代はもとより、平安時代にかけても実施されたが、位階と俸禄の関係から、平安時代には、院《いん》・三宮《さんぐう》・親王や公卿に朝廷から*叙爵者《じょしゃくしゃ》（従五位下《じゅごいげ》に叙せられた者）一人を申請する権利、同じく*国司《こくし》の掾《じょう》・目《さかん》などを申請する権利を与えられた。前者を*年爵《ねんしゃく》、後者を*年官《ねんかん》というが、あわせて*年給《ねんきゅう》と称している。

このような権利を与えられた院宮等は、叙爵・年官の希望者を募り、彼らから叙料・任料を徴収したので、一種の*売《ばい》位《い》・売官《ばいかん》の制度であった。しかし鎌倉時代以降、朝廷の権威が衰退、従来の官位制度に新たな変更が生じることになった（→17・18・78）。

衛府《えふ》　天皇・皇族の護衛・儀仗《ぎじょう》はもとより、皇居の守衛を任務とする軍事関係官司として、『大宝令』の成立当初は*衛門府《えもんふ》、*左右衛士府《さうえじふ》、左右兵衛府《さうひようえふ》の*五衛府《ごえふ》が置かれていた。これらは大化以前から、地方豪族が服属の証《あかし》として支配下の人民を舎人部《とねりべ》や靫負部《ゆげいべ》として大和朝廷に提供し、大王《おおきみ》の護衛あるいは皇宮の警護に充てられていたものに淵源がある。律令の制定後は、郡司《ぐんじ》の子弟が*兵衛《ひようえ》として上番《じようばん》、勤務することになった。

また律令によると、常備軍である*軍団《ぐんだん》兵士から選抜された者が衛士府と衛門府に勤務、さらに畿内近国から徴発され、大化前代から専属的に皇宮の護衛に当たっていた門号《もんごう》氏族が、律令制の制定後も引き続き衛門府に所属して宮城の警護に当たっている。

その後、さきの五衛府の外に、*中衛府《ちゆうえふ》、*外衛府《がいえふ》、*授刀《じゆとう》衛《えい》がおかれ、これらの衛府が統廃合して名称を変更し、平安時代には*左右近衛府《さうこのえふ》、*左右衛門府《さうえもんふ》・*左右兵衛府《さうひようえふ》の*六衛府《ろくえふ》となり、この制度は長く存続した。

しかし、*検非違使《けびいし》の設置により、衛府の機能のほとんどは検非違使に移行し、衛府の官人らの姿は貴紳の警護・儀仗や儀式の中で見ることができるが、宮城の守護や秩序維持といった本来の役割をほとんど果たしていない。官職としては明治維新まで存続している。

検非違使《けびいし》と蔵人所《くろうどどころ》　検非違使は*令外官《りようげのかん》(令に規定のない官司)で、文字通り、非違《ひい》(違法行為)を検察するところで、設立時期は確認できないが、弘仁7年(八一六)以前には置かれていた。任務は、令制の弾正台《だんじようだい》、衛府、刑部省《ぎようぶ》などの司法の機能を吸収し、そしてもっとも主要な任務は*京職《きようしき》の治安維持や衛生面の監視に当たるが、時代が下るにつれてその権限は拡大している。

しかし、鎌倉幕府の成立後は、京内の警護は武士に移り、室町時代に幕府が京都に置かれたことから、検非違使の権限は*侍 所《さむらいどころ》に吸収され、廃絶した。

*蔵人所《くろうどどころ》は弘仁元年(八一〇)設置。もともと*平城《へいぜい》上皇と*[52]嵯峨《さが》天皇の間で「*二所《にしよ》の朝廷《ちようてい》」と呼ばれる権力の二極分裂が起こった。嵯峨天皇は、機密漏洩《ろうえい》の防止と迅速な政務の伝達を行うことを目的に蔵人所を設置し、腹心の巨勢野足《こせののたり》と*藤原冬嗣《ふゆつぐ》を蔵人頭《くろうどのとう》に任じた。

その後この組織は、拡大整備され、「*蔵人式《くろうどしき》」と呼ばれる法令集が作られた。また組織も別当《べつとう》をはじめ、頭、五位・六位蔵人、非蔵人《ひくろうど》、雑色《ぞうしき》、所 衆《ところのしゆう》、出納《すいとう》、滝口《たきぐち》などの職員が置かれた。彼らは宮中での儀式、雑役に奉仕し、明治維新まで存続している。

［米田］

［15］後宮十二司の組織

【後宮《こうきゅう》十二司《じゅうにし》の組織】

*後宮《こうきゅう》とは、宮中の後方に置かれた后妃《こうひ》や女御《にょうご》・更衣《こうい》、あるいは天皇に奉仕する女官などの居所を指し、その所に居住する人々を総称していう。後宮と書いて「ごく」と訓《よ》ませるとの説があるが、平安時代以降、法家《ほっか》（律令条文の解釈をする人々）の読み方の一つで、普通は「こうきゅう」と訓んでいる。

后妃の制度については、皇后《こうごう》・妃《ひ》・夫人《ぶにん》・嬪《ひん》は別記のとおりであるが（→[6]～[8]）、これらは律令に規定された天皇の配偶であって、このほかに*宮人（きゅうじん　くにん）と呼ばれる人々が『日本書紀』によると壬申《じんしん》の乱《らん》後に置かれている。律令によると、中央氏族の子女が後宮に出仕するとき*氏女《しじょ》と呼ばれており、また地方豪族の子女が朝廷に出仕するのは*采《うね》女《め》としてであった。これらの氏女や采女の中には、宮人と呼ばれて内廷《ないてい》に仕え、後宮の庶事を処理するとともに、時には天皇の御寝《ぎょしん》に侍る者もあった。しかし制度的には、后妃《し》と宮人とは区別されており、宮人は後宮に置かれた*十二《じゅうに》司《し》の女官に任じられて、それぞれ十二司の事務を担当している。

十二司の組織と職掌は表1のとおりである。ただこれらの組織を見ると、各司の女官の判官以上が職事で、それ以下の女孺《にょじゅ》・采女のことを散事《さんじ》と呼んでいる。二官八省の官司のように官位相当制が定められていないが、『養老令』の「禄令《ろくりょう》」の規定を参考にすると、蔵司《くらのつかさ》の長官である尚蔵《くらのかみ》の相当位は正三位と高く、尚膳・尚縫がこれに次ぐ正四位の官に相当と見なされる。

ところが天皇に近侍して奏請《そうせい》・宣伝《せんでん》する*内侍司《ないしし》の長官である*尚侍《ないしのかみ》は当初、従五位の官位相当と見られていたが、霊亀元年（七一五）*尚侍は従四位の典蔵《くらのすけ》に準ずるとし、この後、内侍司の長官に高位の者が任じられるようになり、宝亀10年（七七九）に尚侍は尚蔵と、*典侍《ないしのすけ》は典蔵とそれぞれ同等とし、内侍司の地位が高くなっている。

ところで表1にある十二司のそれぞれの職務を見ると、おのおのの性格は天皇の家政機関的な色合いが濃く、宮内《くない》省《しょう》の被官《ひかん》である寮司の職掌に重複することから、天皇に常侍して奏請・宣伝などに従事し、また三種神器の一つである神鏡を奉安する内侍司以外の諸司はそれぞれ宮内省に関連する官司に併合された。

一方、内侍司はますます職務として重要性を増していった。*神鏡《しんきょう》は温明殿《うんめいでん》に奉安され、内侍司が守護することから、温明殿を*内侍所《ないしどころ》とも呼んでいる。ただ内侍司の尚侍は平安時代末の[73]堀河《ほりかわ》天皇の時以降、ほとんど任じられなくなり、代わって次官の典侍が長官職を代行するようになった。また内侍所の三番目の*掌侍《しょうじ》四人のうち筆頭のものを*勾当《こうとう》あるいは*勾当内侍《こうとうのないし》といい、さらには*長橋局《ながはしのつぼね》とも呼ばれて、後宮の庶事をとり仕切っている。

なお平安京の後宮に居住する妃の中には、居所とする殿舎名にちなんで、承香《しょうきょう》殿、常寧《じょうねい》殿、貞観《じょうがん》殿、弘徽《こき》殿、登華《とうか》殿、麗景《れいけい》殿、宣耀《せんよう》殿、あるいは昭陽《しょうよう》舎（梨壺《なしつぼ》）、淑景《しげい》舎（桐壺）、飛香《ひぎょう》舎（藤壺）、凝華《ぎょうか》舎（梅壺）、襲芳《しゅうほう》舎（雷鳴壺）と呼ばれた人もいる。

【女官《にょかん》・女房《にょうぼう》・女蔵人《にょくろうど》】

9世紀以降、宮中勤務の女官は、出自によって*上﨟《じょうろう》・*中《ちゅう》﨟《ろう》・*下﨟《げろう》と区分され、役割もそれによって異なっている。大臣や大中納言の娘は上﨟と呼ばれ、夜《よる》の御殿《おとど》や朝餉《あさがれい》の間《ま》に侍《はべ》っている。また摂家出身の子女は特に*大上﨟《おおじょうろう》と呼び、公卿《くぎょう》の娘や*内命婦《ないみょうぶ》（四、五位の位階を有する女子）で四、五位の殿上人《てんじょうびと》の娘を*小上﨟《こじょうろう》という。中﨟は夜の御殿や朝餉の間に侍ることはない。*外命婦《げみょうぶ》（四、五位の人の妻）にして侍臣《じしん》の娘（四、五位の殿上人の子女）、また諸大夫《しょだいぶ》の娘や名家《めいか》出身の者などから選出され、それより下位の諸侍（六位以下の有官位者）、賀茂《かも》、日吉《ひよし》等の社司《しゃし》らの神官の娘、六位の娘などは下﨟という。上・中・下﨟を総称して*女房《にょうぼう》といい、上﨟などには宮中での居処として*局《つぼね》が与えられる。

また*女蔵人《にょくろうど》という女官も置かれている。男の蔵人に類似して位階六位の人を指しており、天皇に近侍し、殿上の庶務を掌っていることから、成立時期は平安時代中頃以降と考えられる。また天皇が清涼殿《せいりょうでん》から大極殿《だいごくでん》に出御するときなどには、内侍が御剣《ぎょけん》、女蔵人は御璽《ぎょじ》を奉じ追従しており、職掌からみて内侍司のそれと異なることはない。［米田］

表1　後宮十二司の組織と職掌

	司名	よみ	長官	次官	判官	雑仕	職掌
①	内侍司	ないしのつかさ ないしし	尚侍2	典侍4	掌侍4	女孺100	天皇に近侍し、諸司よりの上奏を天皇に取り次ぎ、天皇の命を伝達、女孺の監督、内外命婦朝参関係事務を掌握。
②	蔵司	くらのつかさ ぞうし	尚蔵1	典蔵2	掌蔵4	女孺10	神璽、関契、供御の衣服、巾櫛、服翫および珍宝、綵帛等の管理・出納を掌る。
③	書司	ふみのつかさ しょし	尚書1	典書2		女孺6	仏書・経籍・紙・墨・筆・几案・糸竹の類を天皇に供することを掌る。
④	薬司	くすりのつかさ やくし	尚薬1	典薬2		女孺4	医薬を供する。
⑤	兵司	つわもののつかさ へいし	尚兵1	典兵2		女孺6	兵庫寮よりの武器を受けて天皇に供する。
⑥	闈司	みかどのつかさ いし	尚闈1	典闈4		女孺10	宮中の門の開閉。また奏聞のことを宣伝する。
⑦	殿司	とのもりのつかさ でんし	尚殿1	典殿2		女孺6	宮中の乗り物や明かりとりなどの機器を管理。
⑧	掃司	かにもりのつかさ そうし	尚掃1	典掃2		女孺10	宮中の床・莚などを敷き、清掃のことを掌る。
⑨	水司	もいとりのつかさ すいし	尚水1	典水2		采女6	正月立春の水を献じ、種々の粥を供する。
⑩	膳司	かしわでのつかさ ぜんし	尚膳1	典膳2	掌膳4	采女60	ご膳の調進を掌る。御膳に奉仕する采女を御膳前の采女、陪膳采女と呼ぶ。
⑪	酒司	さけのつかさ しゅし	尚酒1	典酒2			酒を醸すことを掌る。
⑫	縫司	ぬいのつかさ ほうし	尚縫1	典縫2	掌縫4		衣服の縫製を掌る。『延喜式』に女孺70人。

※表中の数字は人数

[16] 摂関期・院政期の政治と官職

【摂関政治《せっかんせいじ》と院政《いんせい》】

*摂政《せっしょう》は、天皇が政治を行うことができないときに、天皇に代わり政治を行う者を指し、摂政主導の政治形態を摂政政治という。*関白《かんぱく》は天皇を補佐して政務を行う者を指し、その政治を関白政治という。*摂関政治《せっかんせいじ》とは摂政または関白を中心に行われる政治をいう。しかし摂政と関白はその機能や資格において同じではなく、成立過程も異なっている。

また*院政《いんせい》とは、譲位した天皇（太上天皇《だじょうてんのう》）の子が幼少で皇位に即《つ》いたとき、父が新天皇に代わって政務を主導するのをいう。

【奈良《なら》時代《じだい》以前《いぜん》の摂政制《せっしょうせい》】

『日本書紀』では、*[14]仲哀《ちゅうあい》天皇の崩御後、*神功《じんぐう》皇后が摂政したと記している。しかし仲哀天皇崩御後、*[15]応神天皇は皇位に即いておらず、摂政の概念に当たらないし、神功皇后には伝説的な要素が多く、摂政の初例とはできない。

確実な例は、[33]推古《すいこ》天皇の皇太子*厩戸《うまやど》皇子が摂政を命ぜられたのに始まる。その後、[37]斉明《さいめい》天皇の皇太子*中大兄《なかのおおえ》皇子、*[40]天武《てんむ》天皇の晩年に皇太子に冊立《さくりつ》された*草壁《くさかべ》皇子の例がある。推古・斉明両天皇は*女帝で皇太子を摂政として政務を補佐させたが、天武天皇は晩年に病がちのために皇嗣を定めて政務を補佐させている。三例ともに皇太子であることから*皇族摂政《こうぞくせっしょう》とも呼ばれている。

【平安《へいあん》時代《じだい》以降《いこう》の摂関制《せっかんせい》】

平安時代の前期、*[56]清和《せいわ》天皇が天安2年（八五八）8月に九歳で践祚《せんそ》、外祖父《がいそふ》の*藤原良房《よしふさ》が太政大臣として政務を補佐した。貞観6年（八六四）正月天皇が元服したが、二年後に*応天門《おうてんもん》の変《へん》が起こると、政務に不慣れな天皇を補佐するために良房は摂政《せっしょう》となり、薨去《こうきょ》までその任を務めた。良房の猶子*藤原基経《もとつね》も貞観18年（八七六）11月に*[57]陽成《ようぜい》天皇が九歳で践祚すると、太政大臣であったが、摂政として政務を輔弼《ほひつ》することとなり、天皇が退位するまでその任にあった。*[58]光孝《こうこう》天皇は元慶8年（八八四）2月成人として皇位に即いたこともあり、特に摂政を置いていないが、天皇は基経に、奏上するもの、臣下に下すものについて事前に見るようにと命じている。

*[59]宇多《うだ》天皇も皇位に即くと、天皇は先帝と同じく基経に政務にあずかるようにと輔弼を命じた。基経は慣例によっ

て辞表を提出したところ、天皇は基経に命じたのは阿衡《あこう》の任だと述べて基経を慰留した。ところが阿衡は位であって、司るべき職掌がないと指摘する者がいて、その説に従って基経は阿衡の任には職務がないとして出仕せず、政務が渋滞した。このため天皇は阿衡の任と記した勅答を撤回、基経は*関白《かんぱく》を命ぜられることになった（*阿衡の紛議）。

藤原基経が薨去すると、宇多天皇は関白を置かず、つぎの*60醍醐天皇も同じく摂政・関白を置かずに天皇親政の形を執った。しかし基経の子の*藤原時平《ときひら》と*菅原道真《すがわらのみちざね》の両名が大納言と権大納言として台閣の上席に就くと、天皇は彼らを*内覧《ないらん》とした。内覧は天皇に上奏する文書を事前に見たり、天皇から下される文書を点検したりする役割を担う。

しかし平安時代初期にすでに最大の貴族家になっている*藤《ふじ》原氏《わらし》は、知識階級の代表者格の菅原氏が政治的主導権を掌握するのを阻むために道真を左遷、独裁体制が成立した。

基経の子*藤原忠平も*61朱雀《すざく》天皇が延長8年（九三〇）9月八歳で皇位に即くと摂政を命ぜられ、承平7年（九三七）正月に元服すると関白に補任《ぶにん》された。まだこの制は定着していなかったが、康保4年（九六七）5月*63冷泉《れいぜい》天皇が元服後に皇位に即くと、忠平の子の*藤原実頼《さねより》が関白となり、ついで*64円《えん》融《ゆう》天皇が安和2年（九六九）8月に一一歳で皇位に即くと、実頼が摂政となり、以降、摂政または関白が常置されるようになった。

その後、治暦4年（一〇六八）4月71後三条《ごさんじょう》天皇が即位するまでの約一〇〇年間、摂政関白の主導のもとに、朝儀や政務が運営された。

なかでも*藤原兼家《かねいえ》は*66一条《いちじょう》天皇が寛和2年（九八六）6月に践祚すると外祖父として摂政に補任された。先帝の関白*藤原頼忠《よりただ》は太政大臣の地位にあったが、摂政を命じられたのは外戚の兼家であった。しかし兼家は右大臣で、太政官内の席次は太政大臣・左大臣に次ぐことから、右大臣を辞任、廷臣中の最上位に就く「*一座宣旨《いちざのせんじ》」を受け、また摂関が藤《とう》氏長者《しちょうじゃ》を兼帯して藤原氏を統率する慣例を定着させ、摂関を廷臣中の最高の地位に上昇させている。この後、兼家の子*藤原道長《みちなが》が*68後一条《ごいちじょう》・*69後朱雀《ごすざく》・*70後冷泉《ごれいぜい》の三天皇の外祖父として政務の実権を掌握し、摂関政治《せっかんせいじ》の全盛をもたらした。なお摂関制《せっかんせい》は江戸時代末まで存在している。

【摂関政治《せっかんせいじ》と太政官政治《だいじょうかんせいじ》】

摂関政治は、摂関家の私邸において、摂家の家政機関である*政所《まんどころ》で家司《けいし》による政治が行われた。そのため太政官政治とは異なる私的なものといわれたことがある。しかし摂関政治は律令政治と対立しておらず、摂関家の私邸で政治が行われたと見えるのは、内裏の火災などによって天皇が摂関の私邸を里内裏《さとだいり》としていたためで、政務の基本は太政官政治である。

道長の子の藤原頼通《よりみち》や藤原教通《のりみち》も摂政や関白となったが、ともに女子に恵まれなかったために、外戚として権力をふるうことができなかった。その後、藤原氏とは外戚関係のない*後三条天皇が皇位に即くと、摂関の政治力は急速に衰えた。ただ摂関の補任は道長の子孫にのみ継承されることになり、摂関を独占的に「世襲《せしゅう》する家柄《いえがら》」としての*摂関家《せっかんけ》が成立し、公家社会の中で、最高の家格を築いた。

【院政《いんせい》の成立《せいりつ》と院庁《いんのちょう》】

後三条天皇の即位後、政治は親政の方向に進むかに見えたが、10世紀半ばごろから幼少の天皇が相次ぎ、比較的短期間で譲位する例が多くなると、政治は天皇の父の*太上天皇《だじょうてんのう》（*上皇《じょうこう》）によって主導され、政務は上皇の居所に置かれた*院庁《いんのちょう》で行われ、*院政《いんせい》と呼ばれる政治形態が成立した。上皇による政治は、*宇多上皇の治世中にその萌芽が見られるが、本格化したのは、応徳3年（一〇八六）11月践祚した[73]堀河《ほりかわ》天皇の父*白河上皇による院政からで、鎌倉時代に政治の実権が武士に掌握されるまで院政が国政の常態であった。

院政はもともと院中の庶務を管掌し、院中の雑事を処理するのを任務とするが、政治が院に掌握されると、院司の機構拡大と地位の向上が進められ、院庁の権限が拡大した。

すなわち院の家政機関である院庁において、まず院中の庶務を統括処理する者、上皇の身辺に侍って雑事に奉仕する者、各種の職務を分担する者、上皇・御所の警備に当たる者に分けられる。このうち院事を総括する別当《べっとう》は、もともと天皇在位中に蔵人頭《くろうどのとう》の任にあった者を充てるといわれているように、在位中の側近を補任している。しかし別当は一人ではなく、現任・前官の公卿、四位の官人などが補されており、その数は平安時代前期には数人が例であったが、院政の最盛期には二十数人もおり、江戸時代においても、一〇人前後の別当が置かれていた。

これらの中には、「*院《いん》の近臣《きんしん》」として権勢をふるう上級貴族も含まれるが、実務官僚や受領《ずりょう》を歴任する中流貴族出身者、さらには上皇・天皇の乳人《めのと》出身者も院政を支えていた。院庁ではこのほかに、侍者《じしゃ》、判官代《はんがんだい》、主典代《しゅてんだい》、御厩《みうまや》別当、殿上人などと呼ばれる多くの人々が仕えている。また院庁から下される文書などは、当初、院内雑事を対象としていたが、次第に太政官符などに準ずる効果を持つようになり、このような文書は、江戸時代末まで継続して作成されている。

［米田］

［17］中世の公武関係

最初の武家政権である平氏政権では、*平清盛《たいらのきよもり》が、人臣の最高位である太政大臣《だいじょうだいじん》にまで上りつめると同時に、*80高倉《たかくら》天皇の后に娘徳子《のりこ》を入れ、その間に誕生した*81安徳《あんとく》天皇を即位させた。いわゆる外戚政治で政権を維持しようとした。その政治手法は、前代の藤原氏による摂関政治と基本的に同じであった。

【鎌倉幕府《かまくらばくふ》】

ところが、これにつづいて政権を担った*源頼朝《みなもとのよりとも》は、京都からはほど遠い鎌倉を本拠地とし、武家の統領として東国に新しい社会秩序を築こうとしていた。ここに、京都の朝廷と対峙し、従来の*公家政権《くげせいけん》のもっていた権限の割譲を迫ることになる。

寿永2年（一一八三）10月、*後白河法皇《ごしらかわほうおう》は、東海・東山道の諸国・諸荘園について、軍事・行政権を源頼朝に委ねた。文治元年（一一八五）11月には義経追討を口実に、日本国惣追捕使《そうついぶし》・同物地頭に任じられた頼朝が、日本全体の軍事権を掌握し、公領・荘園を論ぜず、全国に段別五升の兵粮米《ひょうろうまい》を課すことを許されている。建久3年（一一九二）には*征夷大将軍に任じられ、幕府が開かれた。

鎌倉幕府は、京都に*京都守護《きょうとしゅご》を置いて、洛中の警備と京都・鎌倉間の連絡に当たらせたが、承久3年（一二二一）に*後鳥羽《ごとば》上皇が倒幕の兵を挙げると（*承久の乱《じょうきゅうのらん》）、京都守護の大江親広は上皇軍に属し、いま一人の伊賀光季は上皇軍に討たれた。この乱を鎮めるために鎌倉から派遣された北条泰時《ほうじょうやすとき》とその叔父時房《ときふさ》は、そのまま京都に留まり、乱後の処理に当たったが、これが*六波羅探題《ろくはらたんだい》のはじまりである。北方・南方に分かれて朝廷の監視と幕府側の窓口となった。

承久の乱後、三上皇が配流され、*85仲恭《ちゅうきょう》天皇が廃されて*86後堀河《ごほりかわ》天皇が立てられ、その父*後高倉院の院政《いんせい》が置かれるなど、幕府の朝廷に対する干渉が強まり、朝廷側の政治力は著しく減退した。

幕府は、その後もたびたび、天皇の後嗣問題に関与するが、また朝廷（院）側も、後嗣問題をめぐって、幕府の権威を利用するところがあった。*後嵯峨《ごさが》法皇は、その死の直前「治天《ちてん》の君《きみ》」（院政を行う上皇）を*後深草《ごふかくさ》・*亀山《かめやま》両上皇のどちらにすべきかを幕府に委ねようとしたが、その内意は亀山上皇にあった。幕府はこの決定を回避して、法皇の中宮大宮院の証言によって亀山院に決定した。ここに*[89]後深草天皇系の*持明院統《じみょういんとう》と*[90]亀山天皇系の*大覚寺統《だいかくじとう》の両統《りょうとう》が分裂《ぶんれつ》し、皇位継承を争うことになっていっそう幕府の介入を許すことになる。

しかし、基本的に鎌倉幕府は旧来の皇室を中心とする王朝国家体制に依存しており、将軍配下の御家人は各地の荘園の職の権限をもっていたにすぎず、全面的に土地・人民を支配していたのではない。むしろ幕府は、諸国守護という全国の軍事・警察権を委ねられることによって、その存在が保証されていたといえる。幕府が、朝廷の権威に依存していたことは、たとえば三代将軍実朝の死後、関白九条道家の子、九条頼経が鎌倉に迎えられて将軍となり、次の九条頼嗣の後は、[88]後嵯峨天皇の皇子*宗尊親王が将軍となって、以後は*皇族将軍《こうぞくしょうぐん》がつづいたことによく表れている。

【建武新政《けんむのしんせい》と南北朝《なんぼくちょう》】

[91]後宇多《ごうだ》天皇の第二皇子で、[95]花園《はなぞの》天皇の後を継いだ*[96]後醍醐《ごだいご》天皇は、早くから儀式典礼に関心をもち、強烈な個性で親政をめざし、討幕運動の失敗で隠岐《おき》に配流された。しかし、諸国の反幕府勢力に呼応して隠岐を脱出し、挙兵を呼びかけた。そして*足利尊氏《あしかがたかうじ》（高氏）らの内応を受けてついに鎌倉幕府を倒し、建武新政を開始する。

しかしその政治は専制的・理念的であり、とくに親政の基盤であった新興武士勢力の不満が大きかったために、わずか三年で瓦解した。

代わって*征夷大将軍に任じられて室町幕府を開き政権を執った足利尊氏は、吉野に遷幸した後醍醐天皇に対抗して、[93]後伏見《ごふしみ》天皇の皇子*[北2]光明《こうみょう》天皇を擁立し、兄の*光厳《こうごん》上皇に院政を奏請する。ここにしばらく南北二朝が並立する端

王権《おうけん》と王土思想《おうどしそう》

律令制から王朝国家体制（朝廷中心の政治）へと変質した中世になると、実際の所領支配とは関係なく、国土のすべては、天皇の*王権《おうけん》の及ぶいわゆる「いずれの地か王土ならん」という*王土思想《おうどしそう》が展開する。そうしたなかで、従来は具体的な従属関係をもたなかった山民や狩猟民は、みずからその創始を王権に求めるようになった。

また律令制以前の*贄人《にえびと》の系譜に連なる漁労・狩猟民やそこから派生する商人も、天皇に食膳（*供御《くご》）を供する*供御《くご》人《にん》集団として編成され、天皇の権威のもとに秩序づけられると同時に、次第に皇室との親近感を深めていった。

緒が開かれるが（→[5]）、それは天皇を推戴することが、覇権をとるための重要な大義名分であったことを示している。

三代将軍*足利義満《あしかがよしみつ》の時代は、室町幕府がもっとも安定した時期である。彼は「花《はな》の御所《ごしょ》」と呼ばれた壮麗な*室町第《むろまちだい》を造作して移り、永徳元年（一三八一）には*[北5]後円融《ごえんゆう》天皇が行幸している。さらにこの邸で、*[100]後小松《ごこまつ》天皇が受禅、土御門内裏で行われた即位式では、左大臣の義満が補佐して、希代のことといわれた。

その後義満は、子足利義持《よしもち》に将軍職を譲って出家し、三層の金箔を貼った舎利殿（金閣）を中心とする北山第《きたやまだい》に住み、なお政務をとると同時に、ここを*公武社交《こうぶしゃこう》の場《ば》としたが、その格式は法皇に準じていた。概して義満には、妻日《ひ》野康子《のやすこ》が、後小松天皇の准母に擬して北山院の院号を授けられ、寵愛した末子足利義嗣《よしつぐ》が親王に準ぜられるなど、みずからを天皇になぞらえようとする意思があったとみられる。

義満の没後、歴代の将軍は守護大名の連合と支持によって維持され、その守護大名も有力な家臣の勢力で分裂したので、幕府の権力基盤そのものが衰退の一途をたどった。それにつれ、皇室経済も不安定になり、*[104]後柏原《ごかしわばら》天皇の即位式は、践祚《せんそ》二一年後、*[105]後奈良《ごなら》天皇の場合も、践祚一〇年後に、本願寺や守護大名の大内氏の献金によってようやく行えるありさまであった。大嘗祭《だいじょうさい》に至っては、後柏原天皇から[112]霊元《れいげん》天皇に至る九代にわたって行われていない。

［五島］

禁裏六丁組《きんりろくちょうぐみ》

室町時代、禁裏領であった丹波国*山国《やまぐに》や内蔵寮《くらりょう》領の*山科《やましな》七郷《しちごう》など、皇室ゆかりの土地からは年頭の左義長に用いる竹や季節の若菜・魚などが定期的に内裏に進められるほか、戦乱時の警固や築地・堀普請の役なども充てられた。またとくに内裏西側に近接する上京の六町（一条二町、正親町《おおぎまち》二町、烏丸《からすま》、橘辻子《たちばなのずし》）は、その地理的位置から内裏のための警固役や人夫役が課せられ、上京や下京とは別個の組織をもつ町共同体であった。これを「*六町《ろくちょう》」というが、江戸時代には*禁裏六丁組《きんりろくちょうぐみ》として引き継がれることになる。「六町」の中には*禁裏御倉《きんりみくら》として料所の管理や物品の支払いなどの財務方を担当するのみならず、織田信長の入京時にも斡旋したといわれる立入《たてり》家、禁裏御用の餅や季節の菓子を調進した渡辺《わたなべ》家（川端道喜《かわばたどうき》）などが所在し、皇室の経済や生活を支える存在であった。

[18] 近世の公武関係

【織豊政権《しょくほうせいけん》】

戦国大名は、基本的に領国支配に重きを置いたので、必ずしも全国統一のような意図をもったわけではない。しかし、*織田信長《おだのぶなが》、今川義元《いまがわよしもと》、武田信玄《たけだしんげん》のように、いったん天下統一をしようとした大名が、まず上洛をめざしたのは、京都には天皇を中心とする朝廷があって、その権威に頼ることが必要であったからである。

尾張の守護代織田家と朝廷との関係は、すでに信長の父信秀の代に始まっており、天文12年(一五四三)に、内裏四面の築地屋根の修理料として銭四〇〇〇貫文を献上したことがある。永禄7年(一五六四)ごろには、禁裏御倉職立入宗継《きんりみくらしきたてりそうけい》らの仲介で、*106正親町《おおぎまち》天皇は信長に上洛を促す綸旨《りんじ》を出したといわれ、さらに永禄10年(一五六七)11月には、美濃を平定した信長に対して、尾張・美濃両国の*皇室領《こうしつりょう》を復興して、皇子誠仁《さねひと》親王の元服料の献上、内裏修理、皇室領回復の三か条を命じた。翌年9月、将軍*足利義昭を奉じる形で上洛した信長は、この三か条を次々と実現することになる。

この意味で、信長は、皇室領の回復と公家経済の保証を行っており、よくいわれるように中世的権威を単純に否定したのではない。しかし、信長は朝廷の任ずる官職には比較的淡泊で、天正3年(一五七五)に権大納言兼右近衛大将に任じられるまでは、弾正忠《だんじょうのちゅう》を名乗った。

天正10年(一五八二)の本能寺の変によって信長が暗殺された後の覇権を握った*羽柴《はしば》(豊臣《とよとみ》)秀吉《ひでよし》は、旧来の朝廷秩序のうえに天下統一を図ろうとしている。天正13年(一五八五)に*関白《かんぱく》に任じられて豊臣氏を名乗り、翌年には太政大臣となって人臣の頂点に立った。また、天正16年(一五八八)には、京都に造営した聚楽第《じゅらくだい》に*107後陽成《ごようぜい》天皇を迎えた。

【江戸幕府】

秀吉亡きあと、関ケ原の戦いに勝利して実質的な覇権を握った*徳川家康《とくがわいえやす》が、慶長8年(一六〇三)に、*征夷大将軍《せいいたいしょうぐん》に任じられたことは、豊臣家の関白を機軸とした枠組みを壊さずに、新しい仕組みで朝廷との関係に臨もうとしたことを示している。前年慶長7年(一六〇二)5月から、家康は京都の上京と下京の間に神泉苑を取り込んで*二条城《にじょうじょう》を築造したが、これは軍事的な目的というよりも、朝廷に対する儀礼的な色彩が強い。家康・秀忠の征夷大将軍任官の拝賀もここから出発しているし、元和6年（一六二〇）の*徳川和子《まさこ》の入内《じゅだい》、寛永3年（一六二六）の*108後水尾《ごみずのお》天皇の行幸など、重要な儀式はすべてこの二条城で行われている。

慶長12年（一六〇七）、少将猪熊教利《いのくまのりとし》が正親町天皇の女官衆と密通していたことが発覚し、出奔するという事件（*猪熊事《いのくまじ》件《けん》）が起こった。ところがこの事件は、実際はもっと根の深いもので、さらに多くの公家が天皇に近侍する女官と関係をもっていたことがわかった。

摂家衆の事件処理に限界を感じた天皇は、この処罰を家康に委ねようとした。家康は猪熊教利のみは死罪に処したものの、他の公家と女官に対しては比較的寛大な処置をとったので、天皇はこれに飽きたらず譲位の意向を示す。

ところがこれに対して家康は、天皇に譲位を諫めると同時に、強い幕府の意向を七か条の返書で伝えたのである。その中には、摂家衆は天皇に意見を具申すること、諸家は学問の道に専念し行儀・法度を守ること、適正な官職の任命を行うこと、といった皇室の規範に関する内容も含まれていた。

こうして家康は、天皇と摂家衆との狭間に乗じて朝廷の秩序にも介入するようになった。これはのち元和元年（一六一五）に出される「*禁中並公家諸法度《きんちゅうならびにくげしょはっと》」の先蹤《せんしょう》になる。

「禁中並公家諸法度」は、第一条の天皇の諸芸として学問を専一にすること以下、大臣と親王の席次、武家の官位、年号の規定、衣服、昇進、刑罰、僧侶の紫衣《しえ》など、一七か条にわたっている。一般には、天皇と公家に、学問と儀式に専念させて、政治に関与させないことを目的にしたと理解されることが多かった。しかし近年では、実際は君主の心がけや朝廷内の秩序を述べたもので、朝廷の権限を制限したとまではいえない、という見解が多い。むしろ朝廷自身が失った統制力を、政権として幕府が外から方針を示して規定した、という側面すらある。

元和6年（一六二〇）、将軍徳川秀忠《ひでただ》の娘徳川和子《まさこ》が後水尾天皇の中宮として入内する。これは家康の在世時から決められていたことであった。鎌倉時代に*源頼朝の娘大姫が入内することがいったん決まりながら、彼女の死によって頓挫したので、この和子（のちの*東福門院《とうふくもんいん》）の場合が、武士の娘の皇后の初例となる。そして六年後の寛永3年（一六二六）9月、後水尾天皇の*二条城行幸《にじょうじょうぎょうこう》が行われる。幕府は皇室権限を政治的に制約しようとしたという面が強調されることが多いが、実際は天皇中心の秩序を尊重し、その権威を利用したところが大きい。

寛永4年（一六二七）7月、幕府は、以心崇伝《いしんすうでん》（金地院《こんちいん》崇伝）や土井利勝らが中心となって、大徳寺・妙心寺の紫衣勅許が「禁中並公家諸法度」などの法令に反して乱れていることを指摘して、厳正な適用を求めた。幕府は、当初この問題を荒立てるつもりはなかったが、翌春、大徳寺の沢庵宗彭《たくあんそうほう》・玉室宗珀《ぎょくしつそうはく》・江月宗玩《こうげつそうがん》等が抗議書を提出したために、態度を硬化させ、沢庵・玉室等を配流し、元和元年（一六一五）以降、幕府に許可されずに下された紫衣を剝奪した。これが*紫衣事《しえじ》件《けん》である。

当時、後水尾天皇と中宮和子の間には、*高仁《すけひと》親王が誕生していて、天皇は早くから譲位を希望していたが、成長を待たずに親王は夭逝した。この紫衣事件に悩んだ後水尾天皇はいっそう譲位の決意を強くし、寛永6年（一六二九）、突然に皇位を降りて、和子との間の娘興子《おきこ》が践祚《せんそ》する。これが*109明《めい》正《しょう》天皇で、奈良時代以来の*女帝であった。

大御所秀忠が没すると、将軍*徳川家光は朝廷に対し比較的恭順な態度をとった。これは、幕府政権が安定し、とくに朝廷と対立する要素がなくなったことにも理由がある。寛永9年（一六三二）7月には、紫衣事件で流されていた沢庵・玉室らが許されている。同11年（一六三四）6月には、将軍家光は総勢三〇万七〇〇〇人の軍勢を率いて上洛する。それは朝廷側に対する示威行動の意味もあったが、一方では従来の*仙洞御料の三〇〇〇石に七〇〇〇石を加え一万石を献上したばかりか公家衆に家格《かかく》と家禄《かろく》を与え、京都の町人に対しても銀一二万枚（五一六〇貫目）を配るという大盤振舞いをして、対朝廷の融和を図るというねらいがあった。

これ以降、江戸時代を通じて、年号と暦を制定し、実質の伴わない栄典にしかすぎなかったが、*官位官職《かんいかんしょく》を授与する、という天皇の権限は基本的に変わらなかった。ほかならぬ将軍自身が、天皇から征夷大将軍に任じられる、という意味で、皇室を尊ぶことと、幕府を敬重することに大きな矛盾はなかった。

宝暦8年（一七五八）、神道家で朱子学者の竹内式部《たけのうちしきぶ》が、*116桃《もも》園《その》天皇の進講に絡んで処罰された*宝暦事《ほうれきじ》件《けん》は、明治時代以降に尊王思想弾圧とされたが、現在では公卿間の対立に幕府が巻き込まれた可能性が高いとされる。

幕末になって、外国船の来航により国内に政治的な危機感が生ずると、徳川斉昭《なりあき》や藤田東湖《ふじたとうこ》らの水戸学では、いわゆる*尊王攘夷論《そんのうじょういろん》が展開され、幕末の大きな政治運動となるが、これは基本的に、外国を打ち払って（攘夷）旧来の国体を維持する原理を、天皇を中心とする秩序（尊王）に求めたものである。

［五島］

【官途《かんと》と官途成《かんどなり》】

*官途《かんと》とは官位官職のことで、本来は律令政府における諸官司の官職（ポスト）のことをいい、それぞれの官職には相当する位階が決められていた。しかし、平安中期以降、次第に律令制が弛緩するなかで、旧来の官司の多くは機能せず、それに代わる新たな「～所」に代表されるような機関に変わっていくが、従来の官職名だけは、名誉《めいよ》的《てき》な称号《しょうごう》として残ることになる。

とくに新興の武士や有力な在地の土豪などは、社会的な名誉や在地の人的な支配のために、競って朝廷に申請して官途を得るようになった。また、朝廷や仲介する公家にとっても任官《にんかん》に伴《ともな》う謝礼《しゃれい》が大きな経済的な利得になったことはたしかである。また、武家政権では、家臣の秩序に官途を利用し、朝廷への個人的な申請を制限したり、仲介を取りまとめたりするようになった。鎌倉幕府や室町幕府の*官途奉行《かんどぶぎょう》は、そうした役割を担っている。

慶長11年（一六〇六）、*徳川家康は、武家《ぶけ》の官位《かんい》はすべて将軍の推挙を得ることを*武家伝奏《ぶけでんそう》に申し入れ、同16年には、武家の官位を朝廷の官位の枠外として、朝廷の官制に制約されることなく、武家独自の意向で官途の任免を行えるようにした。

一方で、都市や村落でも擬制的《ぎせいてき》な官途《かんと》が行われ、男子は烏帽子儀を行って成人すると、「～兵衛」「～衛門」「～大夫」といった*官途名《かんどな》を名のることが慣習として行われるようになった。これを*官途成《かんどなり》という。貞享2年（一六八五）刊の『京羽二重《きょうはぶたえ》』によれば、京都の「諸職名匠」一六六職種七五九名のうち五〇職種一八二名が受領名《ずりょうめい》（国司の官名）を用いている。また明和3年（一七六六）の「江戸・京並びに大津・大坂・伏見・奈良・堺の内、諸職人町人共、国名・官名、相名乗り候者」が一〇八八名もおり、そのうち正式に勅許をえた者は一割弱の一〇三名にすぎなかったことを伝える文書が陽明文庫にある。こうした官途名は、のちに家に付属して受け継がれ、*世襲名《せしゅうめい》や*屋《や》号《ごう》となることも多い。

［19］天皇周辺の豪族と貴族

大王《おおきみ》と豪族《ごうぞく》　*豪族《ごうぞく》とは、律令制成立以前に、政治的・経済的な力を持ち伝統的に人民支配を行っている一族を指す。大化前代の葛城《かつらぎ》氏や平群《へぐり》氏などは大和地方の豪族で、大王に匹敵する勢力であった。地方でも大王に対立・抵抗する勢力が大王の支配体制に組み込まれ、*県主《あがたぬし》・*国造《くにのみやつこ》などの地位を与えられている。また大王とともに勢力を拡大していった*大伴《おおとも》氏・*物部《もののべ》氏、あるいは*蘇我《そが》氏なども代表的豪族である。

しかし中には大王と対立、あるいは豪族間の勢力争いに破れ、没落した者もいるが、引き続き勢力を保持した豪族たちは、律令制国家の機構の中に組み込まれた。かくして、従前通りの地域支配者ではなくなるが、しかしその後にも、政治的・経済的にも優位にあって、地域の伝統的勢力として認められている。

天皇《てんのう》と貴族《きぞく》　律令制が成立すると、中央においては、政治的・経済的また文化的にも一般人民とは隔絶した特権を持ち、天皇に密着した勢力が成立するが、これを*貴族《きぞく》という。律令の規定によると、三位以上の官人を「*貴《き》」、四位・五位を「*通貴《つうき》」といい、その一族の者が貴族と見なされている。律令では、政治的・経済的に、あるいは刑罰などの適用についても、貴・通貴と呼ばれる者は身分的な優遇措置が講じられており、その家族にも数々の特典が与えられている。

とくに父祖の位階によって子や孫が最初から高い位階を授けられて官人として出発するという*蔭位《おんい》の制度が設けられている。律令制度自体は官位の昇進などについて平等を標榜《ひょうぼう》するが、一方で有位者に有利な体制が作られており、貴族階層を再生産する仕組みが存在していた。このような中で、大化前代以来の大伴氏、佐伯《さえき》氏や紀《き》氏などの伝統的な豪族が律令制下でなお勢力を確保するとともに、藤原《ふじわら》氏のような新興貴族も一族の発展に律令制度を最大限に利用していた。

外戚《がいせき》と摂関《せっかん》　大化前代から豪族の女子が大王の配偶者となり、蘇我氏のように大王の権力を背景に勢力を伸ばす豪族がいた。

8世紀から9世紀に、皇位継承問題など藤原氏の関与する政変がしばしば起こっているが、とくに9世紀半ばに起こった*応天門《おうてんもん》の変《へん》は藤原氏の政治的な地位を確立させた。当時、太政大臣*藤原良房《よしふさ》は成人したばかりの*56清和《せいわ》天皇を輔弼《ほひつ》する必要から、外祖父《がいそふ》として摂政《せっしょう》となった。その後嗣の*藤原基経《もとつね》も*57陽成《ようぜい》天皇の外舅《がいきゅう》として摂政となり、*59宇《う》多《だ》天皇の即位後に関白《かんぱく》になっている。*60醍醐《だいご》天皇・*62村上《むらかみ》天皇のときには摂政・関白のいずれも置いていないが、63冷泉《れいぜい》天皇以降、ほぼ継続して*藤原氏北家《ほっけ》の出身者が摂政・関白になっている。

このような摂政・関白の補任《ぶにん》について、天皇の外戚《がいせき》であることが資格の一つに挙げられる。*外戚《がいせき》とは、天皇の母方の親族をいうが、とくに母の父である外祖父とその兄弟、あるいは外舅という天皇の生母の兄弟をさす。大化前代の蘇《そ》我《が》氏なども右の要件によって権勢を握っていた。

平安時代の摂政の場合は、藤原良房が清和天皇の外祖父、その猶子基経が陽成天皇の外舅として補任されており、平安時代末まではすべての摂政に当てはまる。しかし*74鳥羽《とば》天皇の摂政*藤原忠実《ただざね》が外戚でなく摂政に補されて以降、外戚は摂政補任の要件ではなくなった。なお関白は初例の基経が宇多天皇の外戚ではないが補任されており、関白は外戚関係がなくても補任されている。

藤原氏北家《ふじわらしほっけ》と摂関《せっかん》　第二の資格は、藤原氏北家を条件とした。摂政の初例の良房、猶子の基経、さらにその子*藤原忠《ただ》平《ひら》が摂政・関白に補任され、良房の子・孫が摂関に補任されている。ついで忠平の子の*実頼《さねより》・*師輔《もろすけ》兄弟が*小野宮流《おののみやりゅう》と*九条流《くじょうりゅう》に分かれ、師輔は摂関にならなかったが、その子孫が相次いで摂関となった。

さらに*藤原道長《みちなが》が摂政になった後、その子の*頼通《よりみち》・*教《のり》通《みち》が摂関となったが、この両名の女子が入内《じゅだい》して皇子を生むことがなかったために、*71後三条《ごさんじょう》天皇が即位したとき藤原氏とは外戚関係がなかった。しかしこの後も摂政関白は道長の子孫の*御堂流《みどうりゅう》の人々が補されて、貴族社会最高の家格として摂関に補任される家柄（*摂関家《せっかんけ》）が成立した。

平安時代末から鎌倉時代の初め、摂関家は近衛《このえ》・九条《くじょう》・二《に》条《じょう》・一条《いちじょう》・鷹司《たかつかさ》の五家に分かれ、これを*五摂家《ごせっけ》というが、摂関は五摂家から選出され、江戸時代末に及んでいる。ただ戦国時代に*羽柴秀吉《はしばひでよし》が近衛家の養子として関白になり、やがて豊臣《とよとみ》姓を授けられ、その子豊臣秀次《ひでつぐ》が関白職を継承したのは摂関制の歴史の中では異例である。

大臣《だいじん》と摂関《せっかん》　第三の資格は、良房・基経以来、江戸時代末に至るまで、摂関は大臣か大臣経験者を補任するとしている。権大納言藤原頼通が*68後一条《ごいちじょう》天皇の摂政に補任の直前に内大臣《ないだいじん》に補任されたのは、大臣または大臣経験者であることに配慮したものである。

摂関家《せっかんけ》から公爵《こうしゃく》へ　摂政・関白は朝廷内の職務であるが、略して*摂家《せつけ》ともいい、社会的な階層である。明治維新とともに摂関制は廃止されたが、明治22年(一八八九)の『*皇室典範』で摂政制が復活した。しかし摂政を命じられるのは皇族に限られており、摂関家から摂政に補任されることはなくなった。

明治17年(一八八四)7月に「*華族令《かぞくれい》」が制定され、旧公家・大名などが公・侯・伯・子・男の五爵のいずれかを与えられたとき、五摂家の当主は最高の*公爵《こうしゃく》を授けられ、その世襲を認められ、社会的にも特別の家格の家と見なされたが、昭和の『皇室典範』制定とともに、家格は廃し、すべての特権も廃止された。

清華家《せいがけ》・大臣家《だいじんけ》・羽林家《うりんけ》・名家《めいか》　*清華家《せいがけ》は摂関家に次ぐ家格として、平安時代末から鎌倉時代初めに設けられた。大臣から近衛大将を経て太政大臣を*極官《ごっかん》とする家柄をいう。三条家、西園寺《さいおんじ》家、その分流の今出《いまで》川《がわ》家(菊亭《きくてい》家)、徳大寺家、花山院《かさんのいん》家、大炊《おおい》御門《みかど》家の藤原氏系の六家と久我《こが》家を合わせて*七清華《しちせいが》家《け》と称したが、江戸時代に一条昭良の子が独立して醍醐《だいご》家を、また*八条宮智仁《としひと》親王の子が広幡《ひろはた》家を興し、*九清華《きゅうせいが》と呼ばれている。

*大臣家《だいじんけ》は清華家に次ぐ家柄で大臣になることができる。源氏系の中院《なかのいん》家、藤原氏系の正親町《おおぎまち》三条家、三条西家の三家をいう。

*羽林家《うりんけ》は近衛の中少将を経て、参議・中納言から大納言に昇進することのできる家柄。*堂上公家《とうしょうくげ》と呼ばれる多くの家が該当する。正親町家、滋野井《しげのい》家、河鰭《かわばた》家、清水谷《しみずだに》家、姉《あね》小路《がこうじ》家、中山家、松本家、飛鳥井《あすかい》家、持明院《じみょういん》家、四条家、山《やま》科《しな》家、水無瀬《みなせ》家、冷泉《れいぜい》家、庭田《にわた》家など。

*名家《めいか》は弁官《べんかん》・蔵人《くろうど》を経過し、大納言を極官とする家柄をいう。日野家、勧修寺《かじゅうじ》家、葉室《はむろ》家、あるいは文筆をもって仕えている中原家や清原家、日記の家といわれた高棟《たかむね》流の平家などで、多くは摂関家や院家《いんげ》の家司《けいし》として仕えている。しかしこれらの家柄も摂関家とともに廃止されている。

［米田］

[20] 公文書の様式

天皇の意思を伝達する方法は、時代によっても、伝達する内容や形式によっても相違がある。

そのような形式を成文化されたかたちで見ることのできるのは『大宝令《たいほうりょう》』・『養老令《ようろうりょう》』の「*公式令《くしきりょう》」である。もともと文字が定着していない時期の天皇の意思は口頭によって行われている。これを*宣誥《せんこく》と呼んでいるが、文字で表現しているものを*宣命《せんみょう》という。

奈良時代の「正倉院文書」に宣命の例を見ることができるが、藤原宮出土の木簡にすでに実例を確認できる。記している文字は平仮名の発明以前のもので、口頭で伝えるものを文字化しているから、漢字の音を当てる万葉仮名である。助詞や助動詞は小さな文字で記す*宣命小書体《せんみょうしょうしょたい》（宣命書き）といわれるものを用いている。このような方式は、のちの天皇発給文書である*詔《みことのり》、*勅《ちょく》、*宣旨《せんじ》、*綸旨《りんじ》などに影響を及ぼしている。

詔《みことのり》　詔は*詔書《しょうしょ》ともいう。詔書は古代だけではなく、近現代においても用いられている。『養老令』の「公式令《くしきりょう》」の注釈書『*令義解《りょうのぎげ》』によると、「詔書・勅書同じく是れ綸旨なり。但し臨時の大事《だいじ》を詔とし、尋常の小事《しょうじ》を勅とす」と記している。

具体的に「公式令」の「詔書式」を見ると、詔の形式をその書き出しによって次の五種に分けている。

①明神御宇《あらみかみとあめのしたしらす》　日本《ひのもとの》　天皇《すべらが》　詔　旨《おおんごとらま》

②明神御宇《あらみかみとあめのしたしらす》　天皇《すべらが》　詔　旨《おおんごとらま》

③明神御大八州《あきつかみとおおやしまのくにしらす》　天皇《すべらが》　詔　旨《おおんごとらま》

④天皇《すべらが》　詔　旨《おおんごとらま》

⑤詔　旨《おおんごとらま》

の五通りであるが、①は大事《だいじ》を外国の使臣に宣する場合、②は次事《じじ》を外国の使臣に宣する場合、③は立后《りっこう》や立太子《りったいし》などの朝廷の大事を宣する場合である。④は左右大臣以上の任命を宣する場合で中事《ちゅうじ》にあたる。⑤は五位以上の叙位《じょい》を宣《せん》する場合で小事《しょうじ》に当たる。すべての実例において、この原則が貫かれているとはいえないが、基準になっていたことは間違いない。

漢文が隆盛になって行くなかで、詔も漢文によって記されるようになり、平安時代以降、宣命体《せんみょうたい》の詔《みことのり》は、神社・

山陵《さんりょう》への奉告《ほうこく》や立后、立太子、僧綱《そうごう》（仏教界を統轄する僧《そう》正《じょう》・僧都《そうず》などの僧官）の補任などにかぎって用いられるようになった。

詔《みことのり》の作成手続《さくせいてつづ》き　詔は、まず天皇の命を伝えられた*中務《なかつかさ》省の*内記《ないき》が原案を作成し、いったん天皇に奏上する。天皇はそれで良いと判断すると、日付の一字に筆を入れ（*御画《ごかく》日《じつ》という）、中務省に返却する。同省は御画日のある文書は省に留め、写しを作って、同省の卿《きょう》・大輔《たいふ》・少輔《しょう》が署名するが、その時に卿は「宣」と記し、大少輔もそれぞれに「奉」・「行」と記して太政官に送付する。太政官では太政大臣、左右大臣が署名し、大納言がこの詔書を施行《せこう》すると奏上する。このことを*覆奏《ふくそう》というが、改めて天皇は施行を認めると「可」と記す（*御画可《ごかくか》という）。太政官はこれを官に留め、別に写しを作成し、これを施行する旨を記した*太《だい》政官符《じょうかんぷ》（太政官の発行する文書）とともに下される。

勅《ちょく》　勅は*勅書ともいう。もともと「公式令」に定める勅旨に準拠するものをさしたが、平安時代には詔書（詔）に準ずるものや官人への書状的なものも現れた。

「公式令」によると、「詔書式」についで「*勅旨式《ちょくしじき》」が置かれており、詔と同じく天皇の意思を伝達する文書である。*勅旨《ちょくし》は太政官符であって、勅書とはいえないとされる。故実書や古記録に、その作成方法をめぐる議論がみられる。たとえば天平感宝元年（七四九）閏5月20日に*[45]聖武《しょうむ》天皇が大安寺をはじめ、薬師・元興・興福・東大寺その他の諸寺に墾田《こんでん》を施入したときの勅願文が勅書のもっとも古い例として伝わっている（『平田寺文書』）。その後も奈良時代には『東大寺献物帳《とうだいじけんもつちょう》』の中に、その例が見られる。平安時代になると、大臣を辞任したいとの上表文に対する勅答などの例もある。

さらに中世以降、太政官を経ないで、直接、天皇の意思が文書に記され、天皇の文書であることを天皇みずからが証明するために宸筆《しんぴつ》の御画日を記す形式のものがみられる。この形式のものは近代まで継承されている。

宣旨《せんじ》　天皇や太政官の命を伝達するための文書形式のひとつ。奈良時代には、天皇をはじめ、上位から下位に伝える命をすべて「*宣《せん》」とのべており、特定のものに限られていない。しかし平安時代になると、「公式令」にもとづく文書の発給手続きが複雑であることから、簡素化した形で上卿《しょうけい》の宣を弁《べん》・史《し》が受けて下達《げたつ》するものを*官宣旨《かんせんじ》と呼んでいる。これに対し、外記《げき》が受けて下達するのが*外記宣旨《げきせんじ》である。前者は庶政全般にわたるが、後者は人事や祭儀に関するものが多い。ともに必ずしも天皇の勅命のみを伝達するものではないから、天皇関係文書に含めるかどうか疑問もあるが、「奉勅」の語を含む文書もあることから、天皇文書のひとつにあげておく。

内侍《ないし》宣《せん》　*内侍《ないし》が天皇の勅命を太政官の上卿《しょうけい》や検非違使《けびいし》に伝《でん》宣《せん》する宣旨《せんじ》のこと。冒頭に記した詔書の作成手続きの項で天皇の命を中務省《なかつかさしょう》の職員である内記に伝えたのは内侍である。内侍は後宮十二司のひとつの内侍司《ないしのつかさ》の女官《にょかん》で、天皇に近侍し、奏請《そうせい》や伝宣を職務としており、天皇の勅命は内侍から上卿に口頭で伝えられた。おそらくそれが内侍宣と呼ばれていたのであろう。しかし口頭では当事者間にのみ伝えられても、第三者には証拠がなく確認できないことから、証拠のため、また第三者に伝達する際に、伝達の内容を文書仕立てにしたのである。

平安時代初めに*蔵人所《くろうどどころ》が設立されると、蔵人が内侍の任務を継承した。しかし同じころに設立された検非違使に対しては、太政官の上卿や蔵人を経ずに内侍が直接伝えている。実際に平安時代の内侍宣の遺存例は検非違使関係のものである。

綸旨《りんじ》　綸旨とは、*綸言《りんげん》と同じく、天皇の意思・意向を指す言葉であったが、蔵人が天皇の意思を伝達する文書にこの語を用いたことから、綸旨が古文書学上の用語となった。現存する綸旨によると、文書の冒頭に「綸旨を蒙《こうむ》る」「綸言を被《こうむ》りて云う」とあり、ついで天皇の意思を伝える文言が続き、末尾に「綸言此《こ》の如《ごと》し」「天気此の如し」と記して文書を止める。このような書止《かきとめ》は、いわゆる*御教書《みぎょうしょ》の形式であるという。

御教書とは三位《さんみ》以上の公卿の家司《けいし》などが主人の命を奉じて出した文書の形式である。このため綸旨も御教書のひとつと見る説もあるが、一般に御教書は綸旨や次に記す令旨《りょうじ》や院宣を除いて、摂関《せっかん》や上級公卿、社寺の別当《べっとう》・座主《ざす》らの指示にもとづく文書を指している。

令旨《りょうじ》　『養老令』の「公式令」によると、令旨は皇太子および三后の意思を伝達する文書で、同令の「*令旨式《りょうじしき》」に規定されている。それ自体は天皇の文書ではないが、先帝崩御後や譲位後、皇太子が皇位に即くまでの間、詔勅に代わって令旨を発している。これは皇太子監国の任を準用しているともいえる。*監国《かんこく》とは、天皇が行幸によって都に不在の間、皇太子が都の留守を預かる任務をいう。

内覧《ないらん》　内覧《ないらん》も天皇の発給する文書ではない。内覧は太政官から天皇に奏する、もしくは天皇が太政官に下すべき文書を事前に内見すること、またはそのことを行う人を指す。

当初、*[60]醍醐《だいご》天皇の時、*藤原時平《ときひら》と*菅原道真《すがわらのみちざね》が大納言と権大納言で同時に内覧の権を与えられた。その職務からも理解できるように、内覧は関白に準じた職で、関白の機能の一部を担っていることから、摂政または関白になる前段階と位置づけられる。

しかし平安時代後期に*74鳥羽《とば》天皇と関白*藤原忠実《ふじわらのただざね》が対立したとき、関白が天皇に上奏する文書を内覧したり、天皇から下される文書を事前に内覧する権限を止《とど》められ、後にその権限が認められたとき、「内覧元の如し」との宣旨が下された。こののち関白であっても内覧の宣旨が下されるのが例になっている。

女房奉書《にょうぼうほうしょ》　女房奉書は、天皇・上皇の命を側近に侍《はべ》った女房（天皇の場合には勾当内侍《こうとうのないし》）が奉じた仮名文の奉書で、鎌倉時代に入ったころから用いられ始めている。

鎌倉時代初めに、朝廷では天皇や上皇の意向を伝えたり、奏聞《そうもん》したりする*伝奏《てんそう》が設けられたが、天皇や上皇の命令を女房を通じて伝奏に伝えるとき、女房が仮名書きで記したのが女房奉書である。

したがって形式は消息体《しょうそくたい》であるが、その書様が雁行様《がんこうよう》という形式の散らし書きで、書止に「……と申とて候、かしく」とあるのが女房奉書の性格をよく示している。

文書と礼遇　文書に天皇・太上天皇（上皇）について記す場合、とくに崇敬の意を表すものとして、*平出《へいしゅつ》・*闕字《けつじ》・*擡《たい》頭《とう》がある。『養老令』の「公式令」によると、皇祖《こうそ》、皇祖妣《こうそひ》以下、天皇・上皇や三后について記すとき、当該文字の箇所を改行して次の行頭に記すことを平出という。

闕字は大社《たいしゃ》、陵号《りょうごう》をはじめ乗輿《じょうよ》・天恩《てんおん》・朝廷など、直接天皇・上皇や三后の身位《しんい》に及ばないが、天皇・上皇・三后（太皇太后・皇太后・皇后）などを意味する語については、当該文字の箇所の上の一字もしくは二字を空白とすることである。

擡頭は平出のように改行するが、さらに当該文字をその他の行よりも一字または二字分高くすることをいう。律令《りつりょう》に規定はないが、室町時代ごろから用いられているようで、天皇・諡《おくりな》・天子《てんし》・皇帝・当今《とうぎん》・宝祚《ほうそ》などに用いられている。しかし明治5年（一八七二）8月に平出・闕字・擡頭は用いないと定めている。

［米田］

[21] 古代の皇室財政

皇室財政は古代・中世・近世と時代が推移する中で、財政規模や基盤に相違が見られる。

古代においては、大化改新《たいかのかいしん》以前と以後の律令制《りつりょうせい》下とで異なる。しかしまた大化改新以前の皇室の財政的基盤をなしたもので、以後の制度の中にも引き継がれているものもある。たとえば、大和朝廷が畿内で*直轄領《ちょっかつりょう》としていた屯田《みた》は律令制下の官田《かんでん》に引き継がれているが、一方、大和朝廷が直接・間接に支配していた*屯倉《みやけ》は、律令制の施行とともに国家の土地とし、公田《こうでん》として公民に*口分田《くぶんでん》として班《わ》け与えるほか、官位に応じて与える*職分田《しきぶんでん》・*位田《いでん》などとした。

屯田《みた》・官田《かんでん》　官田《かんでん》とは、『養老令』の「田令《でんりょう》」によると、天皇の食料に供するために、畿内の大和《やまと》・摂津《せつつ》・河内《かわち》・和泉《いずみ》の四国に設けられた田のことである。面積は合計しても一〇〇町歩しかないが、この官田は律令国家の官人を直接、現地に派遣して経営に当たらせている。

この田は律令制が成立する以前に、大和朝廷の直轄領として設けられていた屯田《みた》に系譜を引いている。『日本書紀』によると、屯田は天皇に固有のもので、皇子といえども皇位に即かない限り管掌することができないといわれており、その所在地も大和朝廷が直接支配していた地域に置かれていた。律令制の成立後は、一般の公田に混入されず、皇室の直轄地とされた。また、10世紀初頭に編纂《へんさん》された『延喜《えんぎ》式《しき》』によると、宮内省直轄の*省営田《しょうえいでん》として経営されている。

屯倉《みやけ》　屯倉は大化前代の屯田とともに皇室経済の基盤となったものである。屯倉は収穫物を収納する建物の倉と、耕作地、および耕作民を含んでいる。

その屯倉は朝廷みずからが灌漑《かんがい》施設を開発して造った屯倉、もう一つは地方豪族達が所有していた土地・倉・耕作者が朝廷に献上されて得られた屯倉とがある。

前者の屯倉は朝鮮半島から得た鉄、とくに製鉄農耕具をもとに朝廷自身が用水路や耕地を造成して開発した屯倉で、大和・河内を中心に畿内に分布しており、多くの場合、直接経営が行われている。

もう一つの屯倉は、大和朝廷の地方支配に抵抗した豪族が、服属の証として、豪族所有の土地・人民を朝廷に献上したもので、大和朝廷の全国的支配に対応して設けられている。それだけに地方豪族と土地・人民との関わりは密接であるから、実際の経営は、朝廷側から見ると、献上した地方豪族に委ねた間接経営であった。

部民制《べみんせい》　大化前代には、王権や地方豪族のために設けられた部民制があった。部民の一つに*名代《なしろ》・*子代《こしろ》と呼ばれるものがある。名代・子代とは、大王《だいおう》や王族の宮号や名前の一部を冠した部民で、大王らの身辺護衛や雑役奉仕、あるいは王宮などの守護のために出仕する人々を*伴《とも》、その伴や大王・王族らのために各種生産物を貢納する義務を有する集団を*部《べ》という。伴を統括する*伴造《とものみやつこ》がいる。

大王や王族らと部民との間には人格的隷属関係はないと考えられるが、政治的・社会的に彼らが王権を支えていた。また大和朝廷は海部《あまべ》（漁猟関係の部民）・土師部《はじべ》（土器の制作）・馬飼部《うまかいべ》（馬の飼育）・忌部《いむべ》（祭祀に奉仕）などの社会的分業を担っている職業民を品部《しなべ》として支配している。

さらに*大伴《おおとも》氏や*蘇我《そが》氏等の所有する大伴部・蘇我部など豪族所有の民としての部民は*民部《かきべ》とも呼ばれ、*部曲《かきべ》とも記されている。これらは大化改新によって原則禁止されたが、職業民の品部の中には律令制の制定後も国家的な支配の下に引き継がれたものがある。

公地《こうち》公民制《こうみんせい》と天皇《てんのう》の地位《ちい》　7世紀中頃の大化改新後、王族に与えていた土地や名代《なしろ》・子代《こしろ》、豪族私有の土地・人民を廃し、それらを含め、屯倉《みやけ》・部民のすべてを、天皇を頂点とする国家が収公し、公地《こうち》公民《こうみん》として天皇による一元的支配を行う体制が成立した。すべての人民は*戸籍《こせき》に登録されることで国家的支配を受けることとなった。その戸籍は三通作成し、一通は*国司《こくし》が保管し、二通は太政官《だいじょうかん》に届けられ、民部《みんぶ》省と中務《なかつかさ》省に保管されることになった。

このうち*中務省に届けられたのは天皇の御覧に供するためといわれており、すべての人民を支配する天皇の姿を窺うことができる。また土地は公地として天皇の支配下に組み込まれ、口分田《くぶんでん》は良民・賤民《せんみん》、男女の支給額に若干の相違があるが、原則としてすべての人民に班給《はんきゅう》される。

しかし班給にあたり、均等であるとか、郷土の法に基づくのが原則としても、別勅《べつちょく》があれば、その原則にこだわらないとある。律令は一律に人民を支配するための法である一方、天皇は律令を超えた存在であることがわかる。

8世紀半ばに*[45]聖武《しょうむ》天皇が大仏造営の詔《みことのり》の中で、「天下の富を保つは朕《ちん》なり、天下の勢いを保つも朕なり」と述べ、財力と権力は天皇が掌握するところという。そのような権力や富は律令国家を通じて得られるものであり、公地公民制の上に成り立っていた。

御稲田《みいねだ》　律令制によると、天皇の私的な経済として大化改新以前からの屯田《みた》、それを引き継いだ「田令《でんりょう》」に見える官田は畿内に置かれている。そのすべてを合わせても一〇〇町歩しかないが、それらは天皇権力の歴史的、象徴的なものである。その地は、平安時代には御稲田といわれ、その地を管轄する宮内省の被官の大炊寮《おおいりょう》領の根幹となって、中世に引き継がれている。

諸国貢進《しょこくこうしん》の御贄《みにえ》　令制以前の皇室経済に関わるものが、その後も令制下の皇室経済の中に引き継がれている。たとえば大化前代の*贄《にえ》の系譜を引くものも見られる。贄は大化前代から地方豪族などが神や大王へ魚介類や蔬菜《そさい》などの食料品を貢進するものであったが、律令制の成立後は*調《ちょう》の副物として税目の一つに組み込まれている。

しかしそれとは別に天皇や皇族に献上される贄が存在していることが木簡《もっかん》を通じて明らかになっており、皇室へは大化以前からの伝統に基づいて貢納されていたと考えられている。その後、平安時代になると、*贄戸《にえこ》から貢進される諸国貢進《しょこくこうしん》の御贄《みにえ》と国衙《こくが》が雑徭《ぞうよう》や交易によって貢進する*諸国《しょこく》例貢《れいこう》の贄《にえ》に引き継がれている。

なお大化前代から皇室にゆかりの*御厨《みくりや》は魚介類などを調進するところを指しているが、それらを生産する場所が皇室領を意味し、その地の人たちを*供御人《くごにん》などと呼んでいる。ちなみに、*供御《くご》はもとは天皇の食事をさし、天皇に提供される物品などに用いられていた。

勅旨田《ちょくしでん》　勅旨田とは、天皇の勅旨に基づいて造られた田で、その名称は8世紀半ば過ぎにすでに見える。皇室関係の経費を調達するために開墾された公田で、9世紀に盛んに造られた。

ただ勅旨田の内容を見ると、土地自体は、既耕地というよりも空閑地、野地《やち》、荒廃《こうはい》田であったところに国家が用水路を造り、労働力を投入して開発したところで、開発の経費は諸国の*正税《しょうぜい》や*剰稲《じょうとう》が充てられており、まさに国家的プロジェクトであった。しかし実際には未開発の山川藪沢《さんせんそうたく》が含まれており、未開地の開墾も視野に入れていたことがわかる。また勅旨田に類したものに、親王賜田《しんのうしでん》という皇族に与えられた田がある。その田の多くは未開地で、政府は皇親の開発に期待するところがあった。

開墾された勅旨田は不輸租《ふゆそ》田で、その収穫である米穀は*地《じ》子《し》稲として*穀倉院《こくそういん》や*内蔵寮《くらりょう》に送られている。また社寺への*施入田《せにゅうでん》や皇族への*賜田《しでん》にも充てられ、寺社や皇族の経済を支えた。延喜2年(九〇二)に、政府は由緒不明の*荘園《しょうえん》を停止するという*荘園整理令《しょうえんせいりれい》を発している。特に対象としたのは拡大する王臣家の荘園整理を命じたもので、この後、新規の開発が停止されている。なお、*後院《ごいん》勅旨田、*院勅旨田などもあるが、後院や院（太上天皇）の開発によるのではなく、それぞれの田からの地子《じし》の収納先が、後院であるとか院であるとの意味である。

勅旨牧《ちょくしまき》　勅旨に基づいて設定された牧を勅旨牧という。『延喜式』によると、甲斐《かい》・武蔵《むさし》・信濃《しなの》・上野《こうずけ》など東海・東山両道に三二牧がおかれている。

この牧は*御牧《みまき》とも呼ばれ、牧から毎年8月に皇室に良馬が献上された。宮中における良馬貢進の儀式は*駒牽《こまひき》と呼ばれたが、平安時代末から鎌倉時代にかけて衰退している。

氷室《ひむろ》　氷の貯蔵施設。冬に池に張った氷を切り出して、夏まで横穴や縦穴の中に収納保存する。『延喜式』によると、山城《やましろ》に六か所、大和《やまと》・河内《かわち》・近江《おうみ》・丹波《たんば》に各一か所見える。『日本書紀』の仁徳天皇紀《にんとくてんのうき》によると、額田大中彦《ぬかたのおおなかつひこ》皇子が大和《やまと》の闘鶏《つげ》に狩りをしたときに不思議な廬《いおり》を見てその用途を尋ねたところ、それが氷室《ひむろ》で、氷の保存方法を教わった。皇子は珍しいと、氷を持ち帰って*16仁徳天皇に献上したとある。

これ以後、毎年夏に氷室から宮中に氷を献上することになったという。8世紀前半の左大臣*長屋《ながや》王もまた独自の氷室を所有していたことが「長屋王家出土木簡」から確認されている。したがって供御《くご》用以外に、王族や上級の貴族等も独自の氷室を所持していた可能性が考えられる。

宣旨枡《せんじます》　長さや重さを量る道具を度量衡《どりょうこう》というが、使用する人々の間で度量衡に違いがあると、度量衡自体に信用性がなくなるばかりか、度量衡を認めていた支配者の信頼もなくなる。律令制度の採用によって、古代国家の度量衡は『大宝令』・『養老令』の「雑令《ぞうりょう》」の中に規定され、全国的に適用されていた。しかし律令制の解体する中で、大小さまざまな枡《ます》が使われ、度量衡に対する信頼、ひいては国家に対する信頼がなくなりつつあった。

そのなかで、*71後三条《ごさんじょう》天皇は延久《えんきゅう》の*荘園整理令《しょうえんせいりれい》を発して荘園の乱立に歯止めをかけ、王権の強化を図ろうとするとともに、枡を統一しようとして基準を定めた。これを*宣《せん》旨枡《じます》と呼んでいるが、間もなく私的な枡が流通し、その枡は使われなくなった。なお宣旨枡の容量一枡は現行のほぼ三分の二に当たる。

［米田］

[22] 中世の皇室財政

【中世《ちゅうせい》の皇室経済《こうしつけいざい》】

律令制が衰退する中で、皇室みずからが王臣貴族らと同じく独自の経済的基盤を確保していく必要に迫られており、平安時代の後半期には、皇室自身も独自の土地所有を行っている。すなわち後院領《ごいんりょう》、御願寺領《ごがんじりょう》、女院領《にょいんりょう》、長講堂領《ちょうこうどうりょう》、八条院領《はちじょういんりょう》、院分国《いんのぶんこく》などが設けられている。

後院領《ごいんりょう》　後院は内裏《だいり》の本宮に対する予備的御所で、当初は皇太后、太皇太后の御所であったが、のちに天皇の譲位後の御所という性格を持つことになった。

天徳4年(九六〇)の内裏焼亡の時、*[63]冷泉《れいぜい》天皇は冷然院に遷御している。のちに冷然院は*冷泉院と改めている。また*[61]朱雀《すざく》天皇の譲位後の後院も「累代の後院」と呼ばれ、皇位とともに伝えられている。平安時代中期の*三条《さんじょう》太上天皇が*[68]後一条《ごいちじょう》天皇に後院を譲られたときの譲状《ゆずりじょう》に、後院の殿舎と雑物、それと所々の荘園が記されていた。また後一条天皇の崩御により、後院領を譲られた*[69]後朱雀《ごすざく》天皇は、朱雀院以下の殿舎のほかに、牧や荘園が伝えられている。

やがて後院は、天皇・上皇を問わず「治《ち》天《てん》の君《きみ》」の管理となり、*保元《ほうげん》の乱《らん》で*崇徳《すとく》上皇と*[77]後白河《ごしらかわ》天皇が対立し、*藤原頼長《ふじわらのよりなが》が兄の*忠通《ただみち》や*平清盛《たいらのきよもり》等と対立。崇徳上皇側が敗北すると、頼長の所領は没官領として後院領に加えられ、同領の規模が拡大されている。また、このころ上皇に対して盛んに荘園の寄進が進み、それらは後院に寄進され、後院領は皇室経済の中で重きを占めた。

平安時代半ば以降、拡大していった後院領であったが、鎌倉時代末から南北朝期にかけて、武家の台頭に反比例するように、後院も後院領も衰退してゆく。しかし言葉としては江戸時代に復活している。ただし、その後院は以前のような内裏に対する予備的施設ではなく、太上天皇がいないときの仙洞御所《せんとうごしょ》のことを指している。

御願寺領《ごがんじりょう》　御願寺は天皇、上皇、女院、あるいは皇后以下の皇族らの立願によって建立された寺院で、天皇の勅願《ちょくがん》による寺院をいう。奈良時代にすでに南都・東大寺のように、勅願寺として建立され、膨大な封戸《ふうこ》を与えられ、制限付きとはいえ大規模な耕地の開発が認められ、荘園が開発された。

平安時代後期、*[72]白河《しらかわ》天皇の御願寺である法勝寺《ほっしょうじ》以下の*六勝寺《ろくしょうじ》（法勝・尊勝・最勝・円勝・成勝・延勝の各寺）には、各寺院建立に当たって多くの荘園が寄進され、その数は三〇か所を超えていた。これも後院領と同じく治天《ちてん》の君《きみ》に伝えられている。

著名な例として、鳥羽院政期に建立された*安楽寿院《あんらくじゅいん》に四八か所の所領が、また*歓喜光院《かんきこういん》に二六か所の所領が寄進されている。さらに著名なものに、*後白河《ごしらかわ》上皇が建立した*長《ちょう》講堂《こうどう》には九〇か所にも及ぶ荘園の寄進があった。のちこれらの荘園は次に記す女院に与えられたり、上皇の所領として伝領されたりしながら皇室経済を支えていたが、荘園制自体が衰退する中で、御願寺領も衰退していった。

女院領《にょいんりょう》　女院領も皇室経済の中では重要な位置を占めている。平安時代末から鎌倉時代にかけて、女院が本家職を与えられて管轄する荘園を女院領という。女院は66一条天皇の生母皇太后*藤原詮子《せんし》が出家して東三条院《とうさんじょういん》の院号を授けられたのが最初で、その後、*女院号を下賜される対象が広がり、太皇太后以下の三后や内親王、女御《にょうご》にも女院号《にょいんごう》が宣下されている。

女院領には、天皇・上皇から譲与されたもの、もともと院庁の分として支給されたものがある。長講堂領、八条院領、*七条院領《しちじょういんりょう》、*室町院領《むろまちいんりょう》、*大宮院領《おおみやいんりょう》などは特に有名。

長講堂領《ちょうこうどうりょう》　後白河上皇が建立した長講堂に寄せられた所領であるが、上皇は未婚の皇女*覲子《きんし》内親王（宣陽門院《せんようもんいん》）に譲り（『明月記』建久三年三月一四日条）、その所領の管理を委ねられた後鳥羽《ごとば》上皇の皇子六条《ろくじょう》宮（*雅成《まさなり》親王）が承《じょう》久《きゅう》の乱《らん》に関わったために一時、鎌倉幕府に没収された。

しかし幕府は後に宣陽門院に同所領を返却、その後、養女の*藤原長子《ちょうし》（鷹司《たかつかさ》院）から89後深草《ごふかくさ》天皇に伝わり（『宣陽門院所領目録』『長講堂由緒書』）、その後、持明院統《じみょういんとう》の所領となっている（『後深草院御処分状案』）。

八条院領《はちじょういんりょう》　*後鳥羽上皇の未婚の皇女*暲子《しょうし》内親王（八条院）が父より一二か所の所領を譲られたのにちなんで、八条院領という（『百錬抄』永治元年8月4日条）。その後も上皇の御願寺の安楽寿院領や母の美福門院《びふくもんいん》から歓喜光院《かんきこういん》領を伝領している（『八条院御領目録』）。ついで同領も承久の乱で鎌倉幕府に没収されるが、のちに*後高倉《ごたかくら》院（80高倉《たかくら》天皇の皇子*守貞親王に院号を追尊）に返還された。

その所領は二〇〇か所を超えており（『八条院御遺跡御願寺荘々等目録』）、さらに所領が*90亀山《かめやま》天皇から*91後宇多《ごうだ》天皇に伝わり、大覚寺統《だいかくじとう》の所領となっている（『後宇多上皇御処分状案』）。

そのほか七条院領や室町院領などもそれぞれ持明院統や大

覚寺統に伝わり、それらの伝領も両統対立の一因となった。

院分国《いんのぶんこく》　皇室自体が本家職を持って土地所有を拡大している例に院分国がある。太上天皇は尊号宣下の後、*年官《ねんかん》・*年《ねん》爵《しゃく》を与えられているが、除目《じもく》の際に、上皇や女院は院司を推挙して*闕国《けっこく》の守《かみ》（国守不在の国）に任命、守は収入の一部を上皇・女院に納めている。このことは10世紀初頭に始まるが、11世紀後半の院政期に入ってから広範囲に行われている。そのような国を院分国と呼んでいる。

当初、院分国は固定化していたわけではないが、次第に変質して所領化してゆき、鎌倉時代中期には譲与の対象になっている。しかし、南北朝期以降、各地に群雄割拠していた武士等の横領を阻止できず、院分国制は衰退を余儀なくされた。

一国平均役《いっこくへいきんやく》　平安時代後期に成立した*課役《かえき》（公租公課）の一つ。伊勢の神宮の式年遷宮《しきねんせんぐう》の造替費用の調達のために、諸国の荘園・国衙《こくが》領を問わず一円に課税した。しかし、一時的な目的税に留まらず、内裏や里内裏《さとだいり》の建築・修理、大《だい》嘗会《じょうえ》役などのほか、諸国の一宮、さらには国分寺の修理費などにも充てられた。*役夫工米《やくぶくまい》、*国役《くにやく》などと呼ばれているが、南北朝以降には、室町幕府や守護らが一段当たりに賦課する*段銭《たんせん》と呼ばれるものになっている。

皇室直轄の後院領や女院領が衰退する中で、*土倉《どそう》と呼ばれる高利貸業者が台頭、京都や奈良には数百にも及ぶ土倉が存在したといわれている。中でも幕府の財産管理にあたったのを*公方御倉《くぼうみくら》、朝廷の金銭や米穀などの保管、出納などの御用を勤めたのを*禁裏御倉《きんりみくら》と呼んでいる。［米田］

[23] 近世の皇室財政

【窮乏《きゅうぼう》する皇室経済《こうしつけいざい》】

皇室領は中世中頃までは確実に機能していた。後院領《ごいん》をはじめ、御願寺領《ごがんじ》、女院領《にょいん》、院分国《いんのぶんこく》などから窺えるが、南北朝期ごろから、南朝側の皇室領は、南朝自体が所領などに実効支配を行うことができず、ほとんど消滅してしまっている。北朝側にとっても事情は変わらない。皇室領の中でも著名な長講堂領は鎌倉時代の初めには二〇〇か所を数えていたが、室町時代には二〇か所に減少しているという。しかもそれらの所領で確保できる年貢はごく少数であった。

応仁の乱・文明の乱で諸国は疲弊し、朝廷の経済も逼迫《ひっぱく》していた。*[104]後柏原《ごかしわばら》天皇は践祚《せんそ》から二二年を経て即位の儀を行ったほか、*[105]後奈良《ごなら》天皇も践祚から即位まで一〇年を経過していた。このほか朝儀の衰微は甚だしく、後奈良天皇は即位の儀の後に行われる大嘗祭《だいじょうさい》を斎行できないと伊勢の神宮に謝しているほどである。後奈良天皇の皇子*方仁《みちひと》親王が皇位に即き*[106]正親町《おおぎまち》天皇になったが、皇室経済の窮乏はますます激しく、即位《そくい》の費用《ひよう》などは毛利《もうり》元就《もとなり》らの寄進でかろうじて行うことができた。

【皇室経済《こうしつけいざい》の復興《ふっこう》】

*織田信長《おだのぶなが》が台頭すると、正親町天皇は信長の入洛を勧める一方、美濃・尾張の*皇室領《こうしつりょう》を安堵《あんど》するように依頼し、京都市中の上京と下京に米五二〇石を貸与しその利子米毎月一三石を宮廷に納めさせている。さらに天正3年（一五七五）に新しく山城国内の一一郷を皇室領と定め、その翌年から毎年収穫米二九〇石余を寄進させている。

ついで*豊臣秀吉《とよとみひでよし》もまた旧来の皇室領を安堵するとともに、信長の寄進したものをも皇室領とし、京都御所の修理や朝儀の復興などが少しずつ可能になっている。しかし皇室経済が飛躍的に安定するのは徳川家康《とくがわいえやす》が天下を取って以降である。

【江戸《えど》幕府《ばくふ》からの財政《ざいせい》支援《えん》】

*徳川家康は関ケ原の戦いで勝利を収めた慶長6年（一六〇一）ただちに*禁裏御料《きんりごりょう》として山城国内一八か村の一万石を*[107]後《ご》陽成《ようぜい》天皇に進献。*禁裏本御料《きんりほんごりょう》という。その後も江戸幕府は元和9年（一六二三）にも山城国内の三三か村一万石を朝廷に進め、これを*新御料《しんごりょう》と称し、さらに宝永2年（一七〇五）にはじめ

て山城国の四四か村のほかに丹波国の七か村のあわせて五一か村、一万石を*増御料《ぞうごりょう》として進献している（帝室林野局編『御料地史稿』）。合わせて三万石に及ぶ禁裏御料の寄進を受け、こののち、これが皇室経済の基本となるが、諸国の武家の所領と比較して多いとは言えないものであった。

もともと皇室経済の抑制は皇室の政治的経済的勢力の拡大を警戒したもので、幕府は天皇・公家らの思想や行動に対して元和元年（一六一五）7月に「*禁中並公家諸法度《きんちゅうならびにくげしょはっと》」を制定し、さらに慣習的に朝廷が行っていた*紫衣《しえ》の勅許について、幕府は認可が必要になると述べ、違反する例だとして大徳寺や妙心寺の僧の紫衣を剝奪した（紫衣事件）。こうして朝幕関係が緊張する中、*108後水尾《ごみずのお》天皇は寛永6年（一六二九）幕府の了解なしに、突如、皇位を*109明正《めいしょう》天皇に譲り、仙洞御所に移御した。

明正天皇は徳川秀忠《ひでただ》の娘徳川和子《まさこ》の所生でもあって、前朝ほどに朝幕間の対立は激化しなかったが、幕府は引き続き朝廷側の動向に敏感で、将軍*徳川家光《いえみつ》は三〇万七〇〇〇人に及ぶ軍勢を率いて上洛し、軍事的な威圧を加えている。しかしその一方で、家光は公家社会との融和を図るために公家衆をはじめ町人に至るまで、家禄を与え、銀を支給するとともに、譲位した上皇のために七〇〇〇石の所領を献上している。これより先に、上皇は三〇〇〇石を贈られていたから、合わせると*仙洞御料《せんとうごりょう》は一万石となっている。したがって禁裏御料と合わせると四万石となり、これがこの後の皇室領の中心となって、江戸時代末に及んでいる。

明治維新直前の朝廷の財源は約一〇万石といわれている。江戸時代末に編纂された『親王摂家以下家領由緒帳』（内閣文庫蔵）などによると、その内訳は、伏見《ふしみ》・有栖川《ありすがわ》・桂《かつら》・閑《かん》院宮《いんのみや》の*四親王家は合計六〇〇〇石、五摂家が九〇〇〇石、その他の公卿が一〇〇石から三〇〇石、このほか江戸の輪《りん》王寺宮《のうじのみや》が一万三〇〇〇石、幕末に創設の賀陽宮《かやのみや》が一五〇〇石などといわれている。これにさきの禁裏御料・仙洞御料、さらに女院御料や修学院御料などを加えると、一〇万石が朝廷経済を支えている。

［米田］

[24] 宮廷儀式の変遷

古来の天皇が果たしてきた役割の大部分は、直接・間接の「マツリゴト」である。この*マツリゴトは、一方で神や仏に感謝し祈願するような*祭事《まつりごと》（神事・仏事など）であり、他方で天下の人々を統治し統合するような*政事《まつりごと》である。

天皇（ないし上皇）は、このような祭事にも政事にも直接的に関与するのが、本来のあり方と考えられる。しかし実情は、かなり早くから、その一部ないし大半を他の男女皇族や政府要人などに委任し、最終的に許認することにより、勅定《ちょくじょう》とするような関与の仕方が多い。

このような宮廷（皇室）におけるマツリゴトは、毎年定時に繰り返し行われる恒例の行事と、不定期ないし一代に一度しか行われない臨時の行事とに分かれるが、両者とも公的な意味をもつ行事であるから*公事《くじ》とも称される。

【形成《けいせい》・整備《せいび》】

わが国における宮廷儀式は、大和朝廷の成立段階から、素朴な形にせよあったにちがいない。その一端は、発掘された遺跡・遺物や記紀の所伝から窺うことができる。その儀式は、大王《おおきみ》（天皇）の即位や葬送など一代一度の大礼《たいれい》も、毎年繰り返す行事も、古墳時代から中国大陸や朝鮮半島などの影響を受けていたことが知られる。

とりわけ7世紀代から遣隋使《けんずいし》・遣唐使《けんとうし》などのもたらした情報により、飛鳥を中心とする王宮の儀式は、著しく隋唐朝風化が進められた。その結果、大宝元年（七〇一）正月元日には、*42文武《もんむ》天皇が大極殿《だいごくでん》に出御して唐風の朝賀《ちょうが》を受けた（『続日本紀』）。また、『*大宝令《たいほうりょう》（養老令）』には、中国古来の奇数の同月日（3月3日・5月5日・7月7日など）が日本古来の「十一月大嘗《だいじょう》（新嘗）日」とともに節日《せちにち》（祝日）と決められ、大学寮の学生たちには、公私の「礼事」があれば「儀式」を見学させることが定められている。

このような宮廷の*儀式・行事は、奈良時代から平安時代前期にかけて大いに整えられた。しかも、それらが弘仁12年（八二一）撰進の『*内裏式《だいりしき》』三巻や貞観末年（八七七）ころ成立の『*儀式《ぎしき》』一〇巻にまとめられ、延長五年（九二七）撰進の『*延喜式《えんぎしき》』五〇巻にも儀式関係の規定が多い。したがって、平安宮廷の人々は、多様な儀式・行事の正確な実行こそ主要な政務と考え、そのためにさまざまな工夫を凝らした。

たとえば、太政大臣*藤原基経《ふじわらのもとつね》は、仁和元年（八八五）、宮廷の「年中行事」を衝立障子《ついたてしょうじ》の表裏に列記し、*[58]光孝《こうこう》天皇に献上している。この「*年中行事御障子」は、長らく清涼殿の東廂《ひがしびさし》南寄《みなみよせ》に置かれてきた（現在あるものは復元品）。

また、天皇も貴族官人たちも、儀式・行事の実施状況を日記に書き留め、自身の備忘と子孫らへの手引きとした。その早い例が*[59]宇多《うだ》・*[60]醍醐《だいご》・*[62]村上《むらかみ》三天皇の『*三代御記《さんだいぎょき》』（逸文）や*藤原忠平《ただひら》の『*貞信公記《ていしんこうき》』（抄文）などである。さらに、そのような日記や儀式・行事ごとに用意される次第書などを集め、解説や先例などを加えた儀式書・年中行事書が、続々と作られた。村上天皇撰『*清涼記《せいりょうき》』・源高明《みなもとのたかあきら》編『*西宮記《さいきゅうき》』・藤原公任《きんとう》編『*北山抄《ほくざんしょう》』・大江匡房《おおえのまさふさ》編『*江家次第《ごうけしだい》』やそれらを類聚した藤原為房《ためふさ》編『*撰集秘記《せんしゅうひき》』および藤原師輔《もろすけ》『*九条年中行事《くじょうねんちゅうぎょうじ》』・藤原実資《さねすけ》『*小野宮年中行事《おののみやねんちゅうぎょうじ》』・藤原行成《ゆきなり》『*新撰年中行事《しんせんねんちゅうぎょうじ》』などである。しかも平安時代後期には、それらを絵図化した藤原重隆編『*雲図抄《うんずしょう》』や*後《ご》白河《しらかわ》上皇下命の『*年中行事絵巻《ねんちゅうぎょうじえまき》』なども作られている。

【廃絶《はいぜつ》・再興《さいこう》】

鎌倉時代に入るころから、朝廷の経済力も衰退するに伴い、多くの費用と人員を要する儀式・行事は、従来どおり行い難くなった。そのため、中世を通じて簡略にされたり廃絶したりしたものが少なくない。その状況は、公家たちの日記に詳しいが、とりわけ*[84]順徳《じゅんとく》天皇撰『*禁秘御抄《きんぴみしょう》』、*[96]後醍醐《ごだいご》天皇撰『*建武年中行事《けんむねんちゅうぎょうじ》』や*一条兼良《いちじょうかねら》著『*公事根源《くじこんげん》』などにも、衰退ぶりと復興への期待が記されている。

それを遺憾《いかん》として、古儀を研究し再興に努力したのが、江戸時代の歴代天皇である。たとえば、*[108]後水尾《ごみずのお》天皇は自著『*当時年中行事《とうじねんちゅうぎょうじ》』を後継の皇子に書き与え、正月の殿上淵酔《えんずい》・後七日御修法《ごしちにちのみしほ》・踏歌節会《とうかのせちえ》などを再興している。ついで*[112]霊元《れいげん》天皇（上皇）は、みずから『*公事部類《くじぶるい》』を編纂するとともに、皇太子冊立《さくりつ》の儀《ぎ》や石清水放生会《いわしみずほうじょうえ》・賀茂葵祭《かもあおいまつり》を復興し、*[113]東山《ひがしやま》天皇も大嘗会《だいじょうえ》を不十分ながら再興している。さらに*[115]桜町《さくらまち》天皇は、幕府の協力を得て大嘗祭も新嘗祭《にいなめさい》も本格的に復活させ、また*[119]光格《こうかく》天皇も、幕府の協力により平安宮風の内裏造営と石清水・賀茂の臨時祭復興などを実現している。

このようにいったん衰退・廃絶していた朝儀の多くが再興された。しかし、明治初年に皇居が京都から東京へ遷され、宮中の生活も洋風化されるに伴い、儀式・行事の在り方も大半一変するに至った。それを法文化したのが「皇室儀制令」（→[42]）などであり、その多くが昭和22年（一九四七）以後も一部修正しながら行われている。　［所］

［25］前近代の儀式・行事

飛鳥・奈良時代から江戸時代末まで一二〇〇年以上にわたる前近代の*儀式・行事（広義の政事）は、段々に変化してきた。その主要なものが平安時代前期（少し中期も含む）の「年中行事御障子《みしょうじ》」に、ほとんどみえる（→資21）。そのうち、主に天皇の出御するもの（祭事以外）を説明する。

朝賀《ちょうが》（正月元日）「みかどおがみ」とも訓《よ》む。大極殿《だいごくでん》（のち紫宸殿《ししんでん》）へ出御し高御座《たかみくら》に登る天皇を仰いで、南庭に列立する王卿・文武百官たちが、拝礼し新年を祝賀する。代始の即位式と同じく、唐風を模した「朝廷の大事」である。君臣とも礼服を着し、皇太子が賀詞を述べ、天皇が詔旨を侍従に宣制させ、群臣が*両段再拝《りょうだんさいはい》（四度拝《しどはい》）して柏手《かしわで》を打ち、武官が旗を振り「万歳《ばんざい》」を称する。ただ大規模な朝賀は、平安時代中期以降、ほとんど行われなくなる。

小朝拝《こちょうはい》（正月元日）平安時代前期から私的に行われていたが、朝賀に代わるような形で盛んになる。これは天皇が清涼殿の御椅子《ごいし》に着くと、東庭に列立する王卿《おうけい》・殿上人《てんじょうびと》が拝舞して年頭の祝意を表す行事である。

視告朔《こうさく》（正月元日）「ついたちもうし」とも称する。本来、元日だけでなく毎月1日に行う。これは諸国から弁官に出される前月の公文《くもん》（行政報告の文書）を、大極殿に出御する天皇が、南庭に参列している文武官人の前で大納言から奏上を受ける。これも奈良時代には励行されていたようであるが、平安時代初頭から1月と4月と7月と10月の「四孟月」（孟は初め）に限られ、やがて行われなくなる。

二宮大饗《にぐうのだいきょう》（正月2日）中宮《ちゅうぐう》（皇后）と東宮《とうぐう》（皇太子）に対する「拝賀」の称である。近臣たちが皇后と皇太子の居所へ赴いて年賀の拝礼をしてから、玄暉門《げんきもん》（内裏の北門）の東廊と西廊で饗宴にあずかる。

朝覲行幸《ちょうきんぎょうこう》（正月3日前後）2日か4日でもよい。天皇が鳳輦《ほうれん》に乗って前帝（上皇）や母后（のちには祖母も）の御所へ出向き、みずから拝舞して新年の祝意を表し、孝敬の誠を尽くす。これは、平安時代前期の*54仁明《にんみょう》天皇朝から恒例化する。また同朝から七歳くらいの*童親王《わらわしんのう》が内裏に参上して父帝の前で拝舞する*童親王拝覲《わらわしんのうはいぎん》も行われている。

叙位《じょい》（正月5日）五位以上の叙位（*勅授《ちょくじゅ》）にあずかる者を公卿《くぎょう》らの会議で決め、中務省《なかつかさしょう》で位記を作り請印する。その上で、7日、白馬《あおうま》の節会《せちえ》の機会に、叙人を召し位記《いき》を授ける。なお、六位以下（八位以上）の叙位は、太政官で考定して奏上する（奏授）。2月11日の列見《れけん》など参照。

女叙位《にょじょい》（正月8日）　奈良時代まで男女同日だったが、やがて女性のみ8日となった。これも五位以上に限られる。

女《お》王《う》禄《ろく》（正月8日）　皇親（皇族）で二世以下（五世以上）の女王《にょおう》が、紫宸殿で絹・綿などの禄物を天皇より贈られる。ただし、天皇の出御は稀にしかなかったようである。

外官除目《げかんじもく》（正月11〜13日）　*県召《あがためし》とも称される、外官＝地方国司の任官儀式である。これに先立って提出される*申文《もうしぶみ》（任官申請文書）に基づき、天皇が側近（関白など）と相談して適材適所の案を内定することになっていた。当日は清涼殿の東廂に出御した天皇の前で公卿（閣僚）の会議を開き、内定案によって決定すれば、それぞれの任国・官階リスト（*大間書《おおまがき》）に書き入れてゆく。このような政務が、ふつう初夜・中夜・竟夜《きょうや》の三日間行われた。

射礼《じゃらい》（正月17日）　天皇が大内裏の豊楽殿《ぶらくでん》（のち内裏の建礼門）に出御すると、その前庭で王卿・文武官（とくに衛府の官人）が順に弓を射る。

賭弓《のりゆみ》（正月18日）　天皇が内裏の射場《いば》に出御すると、近衛・兵衛の舎人《とねり》らが弓の的中を競う。その勝敗に親王や公卿らが賭《か》けをして、勝方に賭物を下賜し負方に罰酒《ばっしゅ》を飲ませた。

内宴《ないえん》（正月20日か21日）　子《ね》の日が多い。天皇が仁寿殿《じじゅうでん》の南《みなみ》廂《びさし》に出御すると、皇太子はじめ王卿らに対して酒饌《しゅせん》が振るまわれ、内教坊《ないきょうぼう》の楽人が舞妓を奏し、文人らの献じた詩が披講された宴会である。

旬政《しゅんせい》（2月1日などの旬《しゅん》）　*旬儀《しゅんぎ》とも称する。本来、毎月1日・11日・16日・21日の四回、天皇が紫宸殿に出御すると、諸司・諸国から太政官に上申された主要な文書（奏文）を、大臣（ないし大納言）が開いて読みあげ、勅裁を仰いだ。これを*官奏《かんそう》といい、臨時にも清涼殿で行われた。このような恒例の旬政は、平安時代中期から孟夏4月と孟冬10月の1日（*二孟旬《にもうのしゅん》）のみとなり、奏文の内容も形式化していく。

京官除目《きょうかんじもく》（2月3日以前）　*司召《つかさめし》とも称される、京官（内官）＝中央官吏の任官儀式である。平安時代中期以降は秋（7〜9月）に二日かけて行われ、*秋除目《あきじもく》とも称される。

それに先立って提出される案に基づき、当日、清涼殿の東廂に出御する天皇が、側近（関白など）と相談しながら候補者を絞り、その原案を御前会議で決定すると、上卿《しょうけい》（議事責任者）が任官者を大間書に記入する。

列見《れけん》（2月11日）　六位以下（八位以上）の叙位に先立つ点検の儀式。京官は前年10月1日まで、また地方の外官は

11月1日までに、太政官の弁官局へ*考選文《こうせんぶん》を送ると、文官は式部省で、また武官は兵部省で審査される。それに基づいて位階を昇叙される予定の成選人《じょうせんにん》（官人）たちが、太政官の南門前に列立して、大臣らの見定め（点検）を受ける。

擬《ぎ》階《かい》の奏《そう》（4月7日）　天皇が紫宸殿に出御すると、列見で合格した選人たちに叙位を願う奏文を大臣が献じ、文官と武官の短冊（名簿）を式部卿と兵部卿が奏覧し勅許を仰ぐ。さらに同11日と12日、式部省と兵部省が、成選人たちの位記に官印を押す（請印）。その上で、15日、太政官で成選人たちに位記が授けられる。

郡司《ぐんじ》読奏《どくそう》（4月20日以前）　紫宸殿（のち宜陽殿《ぎようでん》）において式部輔が郡司（大領《かみ》・少領《すけ》）の候補者名簿*銓擬文《せんぎもん》を読奏すると、大臣が勅を得て判定する。そのあと（6月末日以前）*郡司任命《ぐんじにんめい》の儀が行われ、その任符が各国へ送られる。ただし、これはすでに平安時代前期から有名無実化する。

駒牽《こまひき》（8月）　中下旬に何回も行われる。東国（甲斐《かい》・武《む》蔵《さし》・上野《こうずけ》・信濃《しなの》）の*勅旨牧《ちょくしまき》から貢上された馬を、紫宸殿へ出御する天皇に披露する。そのため、南庭で数回引き廻し、その馬を左右馬寮《さうめりょう》や諸臣らに分けて下賜する。天皇が出御しない時は、建礼門の前で行われる。

ただ、信濃からの貢馬は中世まで続くが、他の三国からの駒牽は平安時代中期に途絶えている。

不堪佃田奏《ふかんでんでんそう》（9月7日）　諸国から作付けのできない不堪佃田数が申請されると、その*申文《もうしぶみ》を天皇に奏聞し、公卿の会議で*不堪定《ふかんてい》をした上で再び奏上する（*官奏《かんそう》）。

死刑断罪文《しけいだんざいぶん》（10月4日）　刑部省《ぎょうぶしょう》が死刑犯の量刑文書を太政官に上申することである。それに基づいて公卿の会議で審査のうえ奏聞し、勅裁を仰いでから刑を執行する。

ただ、死刑については、平安時代の初期（薬子《くすこ》の変《へん》）から末期（保元の乱）まで、歴代の天皇が勅許を下さなかったので、三五〇年近く執行されていない。

御暦《ごりゃく》の奏《そう》（11月1日）　暦博士の作成する暦（具注暦《ぐちゅうれき》と七曜暦）を、紫宸殿に出御する天皇が、中務省から奏進を受ける。そうして勅許をえた公式の暦が、太政官から内外の諸司に配付される（*頒暦《はんれき》）。この儀への出御は平安時代前期から少ない。ただ一九年に一度、11月1日が冬至と重なる*朔旦冬至《さくたんとうじ》の祝賀《しゅくが》には、ほとんど出御している。

元日侍従《がんじつじじゅう》・奏賀《そうが》奏瑞《そうずい》の点定《てんてい》（12月13日）　元日の朝賀において天皇に近侍する殿上侍従と、そのさい賀詞《がし》と祥瑞《しょうずい》を奏上する者を、あらかじめ公卿が左近衛陣の座で定めて天皇に奏聞する。平安時代中期から朝賀が行われなくなっても、この侍従定めの儀は行われている。　[所]

[26] 前近代の皇室関連事件

乙巳《いっし》の変《へん》（大化改新《たいかのかいしん》） 乙巳年（六四五）*中大兄《なかのおおえ》皇子（*38天智《てんじ》天皇）や中臣鎌子《なかとみのかまこ》（*藤原鎌足《ふじわらのかまたり》）らが蘇我《そが》氏本宗家の*蘇我入鹿《いるか》らを討滅した政変。その直後「大化」と改元され、翌大化2年（六四六）改新詔《かいしんのみことのり》が発布された。

壬申《じんしん》の乱《らん》 *38天智天皇の崩御（六七一）の翌年6月、弟の*大海《おおあ》人《ま》皇子と子の*大友《おおとも》皇子とが皇位をめぐって争った内乱。大海人（のち*40天武《てんむ》天皇）は、美濃を中心に東国兵を動員して大友（明治に入り*39弘文天皇の諡号《しごう》が贈られ歴代に列せられた）の近江朝廷軍と戦い、約一か月で破った。

長屋王《ながやおう》の変《へん》 天平元年（七二九）左大臣*長屋王らが自害した事件。*藤原安宿媛（*光明子《こうみょうし》）を45聖武《しょうむ》天皇の皇后（*光明皇后）とすることに反対する長屋王を除こうとして、王に国家反逆の企《くわだ》てがあると密告し、妻の*吉備《きび》内親王、子の膳夫《かしわで》王・桑田王ら四王とともに、自殺（ほかに七人が流罪）に追い込んだ。藤原氏の陰謀事件とされる。

橘奈良麻呂《たちばなのならまろ》の変《へん》 天平宝字元年（七五七）橘奈良麻呂が廃太子の*道祖《ふなど》王らと組み、藤原仲麻呂《なかまろ》を殺害し、皇位を奪取しようとしたが、事前に漏れて失敗した事件。

藤原仲麻呂《ふじわらのなかまろ》の乱《らん》 *恵美押勝《えみのおしかつ》の乱《らん》ともいう。天平宝字8年（七六四）*藤原仲麻呂（*恵美押勝と称す）が、道鏡・*孝謙《こうけん》上皇らに対抗して乱をおこし、*塩焼《しおやき》王（氷上《ひかみ》塩焼）を擁して近江に走る途中で敗死。乱後、道鏡が権勢を得た。

宇佐八幡神託事件《うさはちまんしんたくじけん》 皇位に上ろうとする*道鏡の企てを止めた事件。神護景雲3年（七六九）大宰府主神《だざいふかんづかさ》の習宜阿曾麻呂《すげのあそまろ》が、宇佐八幡の神託と称して、道鏡を皇位につければ天下太平になると伝えた。そこで*48称徳《しょうとく》天皇が和気清麻呂《わけのきよまろ》を宇佐へ遣わしたところ、清麻呂は「我が国家は開闢《かいびゃく》より以来、君臣（の分）定まりぬ。臣をもって君となすこと、未《いま》だあらざるなり。天日嗣《あまつひつぎ》は必ず皇緒《こうちょ》（皇族の継嗣《けいし》）を立てよ」との託宣をえて報告し、道鏡の政治的野望を阻止した。

藤原種継暗殺事件《ふじわらのたねつぐあんさつじけん》 延暦4年（七八五）大伴《おおとも》氏・佐伯《さえき》氏らが、皇太子*早良《さわら》親王を巻き込み、長岡京遷都を強行した藤原種継を除くため、*大伴継人《つぐひと》らに射殺させた事件。皇太子は種継暗殺事件に連座して廃され、淡路配流の途中に飲食を断って憤死した。その没後、怨霊《おんりょう》として畏怖《いふ》され、*崇道《すどう》天皇と追号された。

薬子《くすこ》の変《へん》　*平城《へいぜい》上皇および側近と*52嵯峨《さが》天皇との抗争。平城上皇は譲位後、寵愛する*藤原薬子とその兄仲成らを率いて平城京に遷り、嵯峨天皇の朝政に干渉して「*二所朝廷（朝廷）」の対立を生じた。弘仁元年（八一〇）上皇は重祚《ちょうそ》をはかり挙兵を企てたが、坂上田村麻呂の率いる朝廷軍に遮られ、仲成は射殺、薬子は自殺し、上皇も出家した。

承和《じょうわ》の変《へん》　*嵯峨上皇の崩御した承和9年（八四二）、東宮帯刀《とうぐうのたてわき》伴健岑《とものこわみね》・但馬権守《たじまのごんのかみ》*橘逸勢《はやなり》が皇太子*恒貞《つねさだ》親王を擁し謀反を企てたとして、健岑・逸勢をはじめ、大納言*藤原愛発《あらち》・中納言藤原吉野らの公卿や、春宮坊《とうぐうぼう》の官人などが配流された。恒貞親王は皇太子を廃され、大納言藤原良房の妹順子が生んだ道康親王（*55文徳《もんとく》天皇）が皇太子となった。

応天門《おうてんもん》の変《へん》　貞観8年（八六六）平安宮応天門の炎上をめぐり、大納言伴善男《とものよしお》とその子中庸《なかつね》が告発され、善男・中庸は遠流《おんる》、縁坐した紀夏井《きのなつい》らも流罪となった。事件直後、太政大臣*藤原良房が56清和《せいわ》天皇の摂政となった。

阿衡《あこう》の紛議《ふんぎ》　仁和3年（八八七）に即位した*59宇多《うだ》天皇は、太政大臣*藤原基経《もとつね》を関白に任じようとした。しかし基経は、橘広相《ひろみ》（宇多天皇女御義子《よしこ》の父）が起草した二度目の勅答にあった「阿衡の任を以《もつ》て卿が任となすべし」との辞を盾《たて》にとり、「阿衡」には職掌がないと言いつのって出仕を拒否した。やむなく天皇は翌年、勅答を撤回する宣命《せんみょう》を発し、基経の娘*温子を入内《じゅだい》させて決着をはかった。

菅原道真失脚事件《すがわらのみちざねしっきゃくじけん》　*菅原道真は、59宇多天皇の譲位後も昇進を続け、右大臣にまで任じられ、また宇多天皇と橘義子《よしこ》の間に生まれた*斉世《ときよ》親王の妃に道真の娘が入っていた。そこで延喜元年（九〇一）左大臣*藤原時平らに謀反の疑いをかけられ、大宰権帥《だざいのごんのそち》に左遷され、同地で没した。

安和《あんな》の変《へん》　安和2年（九六九）左大臣源高明《たかあきら》が大宰権帥に左遷された事件。*藤原師尹ら*忠平の嫡流は、*62村上《むらかみ》天皇の異母兄にあたる高明の娘婿*為平《ためひら》親王が*63冷泉《れいぜい》天皇の皇太子となることを阻止し、康保4年（九六七）親王の弟*守平《もりひら》親王（*64円融《えんゆう》天皇）を皇太子に立てた。しかも高明に為平親王を皇位につける陰謀ありと源満仲から密告させ、高明の失脚をはかった。ただ、五年後に帰京している。

保元《ほうげん》の乱《らん》　保元元年（一一五六）皇室と摂関家の内部抗争からおこった内乱。久寿2年（一一五五）*77後白河《ごしらかわ》天皇が即位する際、皇子の*重仁《しげひと》親王即位を主張する*崇徳《すとく》上皇と、後白河天皇を推す鳥羽《とば》法皇妃美福門院・関白*藤原忠通《ただみち》・*藤原通憲《みちのり》（信《しん》西《ぜい》）らの対立が表面化。さらに摂関家内部でも、氏長者《うじのちょうじゃ》で左大臣の*藤原頼長《よりなが》（弟）と関白*藤原忠通（兄）との対立があった。保元元年7月、鳥羽法皇の崩御直後、後白河天皇方は*平清盛《たいらのきよもり》・源義朝《みなもとのよしとも》らを召集、崇徳上皇方も源為義《ためよし》・平忠正《ただまさ》らを動員して武力衝突。しかし、わずか数時間で後白河天皇方が勝利した。崇徳上皇は讃岐《さぬき》に配流され、現地で崩じている。頼長は戦死、忠正・為義らは平安初期から永く途絶えていた死刑に処された。

平治《へいじ》の乱《らん》　平治元年（一一五九）の政変。保元の乱後、平清盛は*後白河上皇の寵臣*藤原通憲（信西）と結んで権勢を張ったが、源義朝は信西と対立していた院近臣藤原信頼《のぶより》と組み、清盛の熊野参詣中に挙兵した。そして上皇を幽閉し、信西を殺害して一時権力を握ったが、急ぎ帰京した清盛に敗れ、信頼は斬罪、義朝は尾張で殺された。

壇《だん》ノ浦《うら》の合戦《かっせん》　屋島の戦いで敗れた平氏は、文治元年（一一八五）3月、長門《ながと》赤間関《あかまがせき》壇ノ浦で源義経《よしつね》率いる水軍を迎撃したが敗れ、*[81]安徳《あんとく》天皇は神器とともに入水した。

承久《じょうきゅう》の変《へん》（乱《らん》）　承久3年（一二二一）*後鳥羽《ごとば》上皇は、朝権の回復を目指して倒幕を決意し挙兵したが、敗れて隠岐《おき》へ配流された。父と行をともにした*順徳《じゅんとく》上皇も佐渡《さど》へ配流され、それに加わらなかった*土御門《つちみかど》上皇もみずから土佐《とさ》（のち阿《あ》波《わ》）へ赴いた。三上皇とも、現地で崩じている。

正中《しょうちゅう》の変《へん》　正中元年（一三二四）*[96]後醍醐《ごだいご》天皇はひそかに鎌倉幕府打倒を企てたが、事前に幕府方に知られ、側近の日野資朝《すけとも》が佐渡に配流された。

元弘《げんこう》の変《へん》　元弘元年（一三三一）後醍醐天皇は二度目の鎌倉倒幕計画に失敗し、隠岐へ配流される。しかし翌年、*護良《もりよし》親王や*楠木正成《くすのきまさしげ》などが挙兵し、やがて*新田《にった》義貞《よしさだ》・*足利尊氏《あしかがたかうじ》（高氏）が鎌倉幕府・*六波羅《ろくはら》探題《たんだい》を攻め滅ぼし、天皇は京都へ還り、建武新政に取り組む。

紫衣《しえ》事件《じけん》　*紫衣《しえ》は鎌倉時代中期から、天皇が高僧に下賜してきたものであるが、寛永4年（一六二七）幕府は大徳寺や妙心寺の僧への紫衣勅許を「*禁中並公家諸法度」に反しているとし、元和元年（一六一五）以来の幕府認可がない紫衣を無効とした。幕府の法が天皇勅許をこえることを示した事件で、それに抗して*[108]後水尾《ごみずのお》天皇は譲位を決意したとされる。

宝暦《ほうれき》事件《じけん》　江戸中期、神道家竹内式部に学んだ*[116]桃園《ももぞの》天皇近習《きんじゅ》の公卿が、天皇に垂加流《すいかりゅう》の『日本書紀』神代巻を進講した。それを摂家の*一条道香《みちか》・近衛内前《うちさき》らが、従来の朝廷の秩序に反すると警戒して、宝暦8年（一七五八）式部門下の公卿たちを処分し、式部を京都所司代に告発した。翌年、式部は重追放に処されたが、明治維新後、幕府による尊王思想弾圧とされ、処分者は顕彰された。

明和《めいわ》事件《じけん》　明和4年（一七六七）兵学者山県大弐《やまがただいに》が、江戸日本橋の学塾で幕府を批判し尊皇を説いていると密告があり、それを受けた幕府の手で死罪に処された。

尊号一件《そんごういっけん》　寛政4年(一七九二)*[119]光格《こうかく》天皇が実父*閑院宮《かんいんのみや》典仁《すけひと》親王に太上天皇の尊号を贈ろうとしたところ、老中松平定信に反対され、翌年(一七九三)公家二名が処罰された。

和宮降嫁問題《かずのみやこうかもんだい》　万延元年(一八六〇)江戸幕府の老中らが、公武合体策として、一四代将軍徳川家茂《いえもち》の御台所に*[121]孝明《こうめい》天皇の妹*和宮親子《ちかこ》内親王の降嫁を要請した。孝明天皇はいったん拒否したが、侍従*岩倉具視《ともみ》の建策で攘夷を条件に承諾し、文久2年(一八六二)2月婚儀が行われた。

天誅組事件《てんちゅうぐみじけん》　幕末期、尊王攘夷《そんのうじょうい》派は、文久3年(一八六三)の5月10日に攘夷を実行(下関戦争)し、さらに8月13日[121]孝明天皇が大和に行幸して神武天皇陵・春日社で攘夷祈願をするよう推進。中山忠光ら急進派が浪士を率いて大和で挙兵するに至った。しかし公武合体派の薩摩藩・会津藩などが反撃し、8月18日の政変によって大和行幸は中止。尊攘派は京都から一掃された。

七卿落《しちきょうお》ち　文久3年(一八六三)8月18日の政変により尊王攘夷派の公家が処分され、三条実美《さねとみ》・三条西季知《すえとも》・東久世《ひがしくぜ》通禧《みちとみ》・壬生《みぶ》基修《もとなが》・四条隆謌《たかうた》・錦小路《にしきのこうじ》頼徳《よりのり》・沢宣嘉《さわのぶよし》が京都を脱出、長州藩に逃れた。三条ら五名は慶応元年(一八六五)大宰府に移され、同3年(一八六七)王政復古により京都へ戻った。

禁門《きんもん》の変《へん》　*蛤御門《はまぐりごもん》の変《へん》・*元治甲子《げんじかっし》の変《へん》ともいう。文久3年(一八六三)8月18日の政変後、京都で面目を失った長州藩は、翌年の元治元年〈甲子〉(一八六四)、家老が兵を率いて上京し、7月19日、会津・薩摩両藩の兵と京都御所の蛤御門付近で戦ったが、敗北した。

戊午《ぼご》の密勅《みっちょく》　安政5年〈戊午〉(一八五八)8月8日付で水戸藩に下された勅諚《ちょくじょう》。安政五か国条約の無勅許調印を批判し、幕政改革などをもとめた。幕府にも下されたが、幕府は水戸藩がこれを諸藩に伝えることを禁じた。

討幕《とうばく》の密勅《みっちょく》　慶応3年(一八六七)10月、岩倉具視と大久保利通らによって作成され、*中山忠能《ただやす》ら三公家の連名により、13日薩摩藩あてに、14日長州藩あてに出された将軍徳川慶喜《よしのぶ》追討の非公式な勅書。しかしその14日、慶喜がみずから大政奉還を上表し、21日に取り消しが布達された。

小御所会議《こごしょかいぎ》　慶応3年12月9日「*王政復古の大号令」が出された日の夜、京都御所内の小御所で開かれた御前会議。[122]明治天皇臨席のもと、新政府の三職と尾張・福井・広島・土佐・薩摩各藩の重臣が参加して、おもに徳川氏処分を論議し、岩倉具視ら武力討幕派が慶喜の辞官納地を主張して押し通した。

［所］

3

近代の皇室

[27] 近現代の天皇と皇后

明治維新から以後を日本の近代、第二次世界大戦後を現代とすると、近現代の天皇とは、明治天皇・大正天皇・昭和天皇・平成の天皇（上皇）・令和の天皇の五人となる。

江戸時代の歴代天皇は、御所から外へ出ることが少なく、公家や幕府要人と会うにも御簾《みす》を隔てており、天皇の風貌を衆人にさらすことはなかった。明治天皇もはじめは御簾の奥にいたが、藩兵の調練を閲するため、慶応3年（一八六七）にはじめて御所の外に出た。のちには御真影を配布するなど、近代の天皇は万人にその風貌を現すようになった。それは徳川将軍家に代わる新たな統治者としての存在を知らしめる意味を込めており、皇后および皇族もこれに倣った。近代以後の天皇は、見えざる天皇から「見える天皇」となったのである。

また、近代以後の天皇は、一世一元の制により天皇一代に一元号を用いた。そして、平成の天皇が二〇二年ぶりに退位して上皇となった。

なお、近現代の五天皇のうち三天皇は、明治22年（一八八九）の『*大日本帝国憲法』によって近代的な立憲君主として規定された。大日本帝国憲法は欽定憲法であり、立憲性と神権性の二元的な性格があった。とくに、「*現人神《あらひとがみ》」とされた神性や、憲法上の*無答責《むとうせき》（輔弼《ほひつ》制度により法制度上の責任を負わない）などにより、法的に規定されながらも法の拘束を越えていた。しかも側近のなかには、元老のような法的規定外でありながら大きな政治的影響力を持った存在もあった。

他方、「現人神」としての天皇は昭和20年（一九四五）8月15日以後、大きく変わり、翌年1月1日には、天皇みずからが神格を否定し、国民との間にある物理的・精神的距離を近づけていった。昭和22年（一九四七）5月3日に『日本国憲法』が施行されると、「象徴天皇」として法的にも多くの制限を受けるようになった。

また、*皇后《こうごう》の出自身分は、皇族もしくは五摂家《ごせっけ》という旧典範の制約が新憲法下の『*皇室典範』で廃止され、一般市民層からの皇后や皇太子妃が誕生した。

【明治天皇《めいじてんのう》】

明治天皇《めいじてんのう》（嘉永《かえい》5年〈一八五二〉9月22日～明治45年〈一九一二〉7月

30日）は、*121孝明《こうめい》天皇第二皇子として誕生。生母は典侍《てんじ》*中《なか》山慶子《やまよしこ》で称号を祐宮《さちのみや》と称した。万延元年（一八六〇）、数え九歳で儲君《ちょくん》（皇位継承者）となり、准后《じゅごう》*夙子《あさこ》（のちの*英照皇太《えいしょうこうたい》后《ごう》）の実子（養子）とされ、親王宣下《せんげ》をうけて*睦仁《むつひと》と命名される。慶応2年（一八六六）12月25日に孝明天皇が崩御し、翌同3年正月9日に京都御所の清涼殿東北にある小御所にて数え一六歳で践祚《せんそ》し、同4年（一八六八）8月27日に同じく京都御所の紫宸殿《ししんでん》にて即位式をあげた。この即位式では、旧来の唐風の服装をやめて和風の束帯に改め、南庭に地球儀を置くなどの新たな方式を採用した。また、従来は皇族と公家のみであった参列者が、武家出身の新政府官人や在日外交官らまで広げられた（→63）。

　同年9月8日に明治と改元し、以後、一世一元の制となり、それまで災害などを理由にめまぐるしく変わった元号が、次の天皇の代まで一定となった。この間、天皇は徳川慶《とくがわよし》喜《のぶ》からの大政奉還を勅許《ちょっきょ》し、戊辰戦争《ぼしんせんそう》の最中に、「五箇条の御誓文」を発し、明治2年（一八六九）東京遷都を行うなど、近代の天皇としての歩みをはじめた。そして、明治4年（一八七一）11月17日、旧江戸城（＝皇居）内の吹上広芝で大嘗祭《だいじょうさい》が行われた。践祚、即位の礼が京都御所で行われ、大嘗祭が東京で初めて行われたのである。

資料コラム

【五箇条《ごかじょう》の御誓文《ごせいもん》】

慶応4年（一八六八）3月14日

一、広く会議を興《おこ》し、万機《ばんき》公論に決すべし。
一、上下《しょうか》心を一にして、盛んに経綸《けいりん》を行ふべし。
一、官武一途《いっと》庶民に至るまで、おのおのその志を遂げ、人心をして倦《う》まざらしめんことを要す。
一、旧来の陋習《ろうしゅう》を破り、天地の公道に基づくべし。
一、智識《ちしき》を世界に求め、大いに皇基《こうき》を振起《しんき》すべし。

我国未曾有の変革を為さんとし　朕躬《ちんみ》を以て衆に先んじ、天地神明に誓ひ、大いに斯国是《このこくぜ》を定め、万民保全の道を立《たて》んとす。衆亦此旨趣《ししゅ》に基づき協心努力せよ。

　これが「御誓文」と称されるのは、京都御所の紫宸殿《ししんでん》に天神地祇《てんじんちぎ》を祀《まつ》り、そこへ出御した*明治天皇（一七歳）が五箇条の固定を率先実行する決意を誓ったからである。しかも、そこに参列した三条実美《さんじょうさねとみ》（三二歳）以下の文武官人が「謹みて叡旨《えいし》を奉戴し、死を誓ひ、黽勉《びんべん》従事」するとの奉対書（誓約書）に毛筆で署名している。その総数は後日の加署も含めて七六五名に及んでいる。これにより近代的な国家統一（版籍奉還・廃藩置県など）も可能になったといえよう。（所功編著『「五箇条の御誓文」関係資料集成』）

天皇の生活様式も次第に西洋化した。明治4年（一八七一）に初めて西洋料理を食べ、翌年にははじめて洋服着用で近畿・中国・九州を巡幸した。明治6年（一八七三）には髪を切り、それまでのような白粉の化粧をやめている。

同18年（一八八五）に内閣制度が発足し、同22年（一八八九）2月11日に『大日本帝国憲法』が発布され、立憲君主国家としての体裁が整えられると、明治天皇は政治や軍事などに積極的に関わるようになった。政治では不平等条約改正、韓国《かんこく》併合《へいごう》など国家の伸張をはかり、軍事では大元帥《だいげんすい》として陸海軍を統帥し、とりわけ日清・日露戦争の勝利により英明なる大帝との評価を高めた。また、教育勅語や御真影などによる国民意識の統制を進め、質実剛健を説き、教育と産業の発展をめざした。

なお、明治天皇の巡幸は*六大巡幸と称され、明治5年（一八七二）からの近畿・中国・九州を第一回として、9年（一八七六）の奥羽（東北）・函館、11年（一八七八）の北陸・東海道、13年（一八八〇）の山梨・三重・京都（中央道）、14年（一八八一）の北海道・秋田・山形、18年（一八八五）の山口・広島・岡山（山陽道）と続いた（→41）。

こうした多忙とストレスと体の衰えから体調を崩し、肥満となり生活習慣病が悪化した。乗馬が好きだった天皇も、晩年には馬車に乗るようになり、明治45年（一九一二）7月30日、持病の糖尿病が悪化して尿毒症を併発し、満五九歳一〇か月で崩御。公式の崩御日時は7月30日午前0時43分であるが、実際には二時間前の29日午後22時43分であった。皇太子が新天皇になる践祚の儀式と新元号への改元を崩御当日に行うため、二時間遅らせたと伝えられる。大正元年（一九一二）9月13日、東京青山の陸軍練兵場（現在の神宮外苑）にて大喪の礼が行われ、翌14日に京都伏見桃山御陵に葬られた。

【皇后美子《こうごうはるこ》（昭憲皇太后《しょうけんこうたいごう》）】

皇后美子《こうごうはるこ》（嘉永3年〈一八五〇〉4月17日～大正3年〈一九一四〉4月11日）は、五摂家の*一条忠香《いちじょうただか》（一八一二～六八）の三女で、実母は一条家の典医であった新畑種成《にいはたたねなり》の長女民子《たみこ》。美子は慶応3年（一八六七）に天皇より年長の女御《にょうご》となる。112霊元《れいげん》、115桜町《さくらまち》、120仁孝《にんこう》の三天皇の女御も年長である。しかし、美子は嘉永2年（一八四九）生まれであり三歳上は「世俗四つ目と称して之《これ》を忌《い》む」との理由により、公式の生年を嘉永3年とした。ちなみに、孝明天皇御息所《みやすんどころ》の*九条夙子《あさこ》（英照皇太后）は天皇より四歳下で、「中四つ」は不縁のため生年を天保5年（一八三四）から天保4年としている。

さて、入内《じゅだい》して後、美子は子をなさなかったが、女子教育に力を入れ、明治4年（一八七一）の女子欧米留学生である津田《つだ》梅子《うめこ》（一八六四～一九二九）らを励ましたり、華族女学校やその他の女子師範学校などに深く関わった。とくに、明治20年（一八八七）に華族女学校に下賜した「*金剛石《こんごうせき》」や「*水《みず》は器《うつわ》」の歌は、女子教育の指標として全国に広められた。「金剛石」は「金剛石もみがかずば　珠のひかりはそはざらむ　人は学びてのちにこそ　まことの徳はあらはるれ」ではじまり、女子の不断の修養を説いた歌詞であった。「水は器」は「水はうつはにしたがひて　そのさまざまになりぬなり　人はまじはる友により　よきにあしきにうつるなり」と交友関係の大切さを諭したものであった。

維新後の皇后は、天皇同様に御真影などでその姿を人びとの前に見せるようになるが、皇后美子の場合は良妻賢母《りょうさいけんぼ》の模範として描かれた。明治天皇の正妻として家庭を守るのみならず、蚕業による外貨獲得の奨励のためみずから宮中で養蚕を始め、英照皇太后と富岡製糸場を視察したり、軍事救護活動を行ったりするなど、近代的女性として活動した。また西洋化を好み、当時広まった鉄道を「まがねしく道の車のはやければ煙はあとにたちおくれつつ」と詠んだり、洋装のドレス姿で行啓したりした。小柄ながら精力的な生涯を送った。満六四歳で崩御後、*昭憲皇太后《しょうけんこうたいごう》と諡号《しごう》された。京都の伏見桃山東陵に葬られた。

【大正天皇《たいしょうてんのう》】

大正天皇《たいしょうてんのう》（明治12年〈一八七九〉8月31日～大正15年〈一九二六〉12月25日）は、生後七日目の9月6日に*嘉仁《よしひと》と命名され、*明《はるの》宮《みや》と称された。生母は権典侍《ごんのてんじ》の*柳原愛子《やなぎわらなるこ》。幼児期から病気がちで、勉学も遅れたため明治32年（一八九九）に*有栖川宮威仁《ありすがわのみやたけひと》親王を東宮輔導《とうぐうほどう》として健康回復と教育のための地方巡啓を重ねた。

翌33年（一九〇〇）に*九条節子《くじょうさだこ》と結婚すると、揃って伊勢神宮、神武天皇陵、孝明天皇と英照皇太后の陵がある泉涌寺《せんにゅうじ》に結婚奉告のため、三重・奈良・京都を訪れた。その際、京都帝国大学附属病院の患者を慰問し、二人の入院患者に声をかけるという予定外の行動をとった。その後、同年10月14日から五〇日ほど地理歴史の実地見学をかねて、皇太子妃を伴わず、北九州を単独で巡啓した。佐世保鎮守府司令長官官舎や熊本の第6師団偕行社などに泊まりながら、太宰府神社参拝、三池炭鉱見学などをこなした。翌年5月には信越・北関東、明治36年（一九〇三）10月に和歌山・瀬戸内を訪問した。

日露戦争後は、天皇名代としての行啓が多く、明治40年（一九〇七）5月に山陰、10月に韓国・南九州・高知、41年（一九〇八）4月に山口・徳島、9月に東北、42年（一九〇九）9月に岐阜・

北陸、44年（一九一一）8月に北海道、45年3月に山梨と続いた。これらの行啓に皇太子妃は同行せず、皇太子は各地で自由にふるまい、意表をつく行動にでるなど、明治天皇の厳格さとは異なる皇室像を各地に残した（原武史『大正天皇』）。

他方、40年（一九〇七）5月の靖国神社臨時大祭、同年7月の東京勧業博覧会、42年（一九〇九）の横須賀軍港などへの行啓は節子妃も同行し、43年（一九一〇）5月に築地で催されたエドワード七世弔祭には天皇皇后の代理として夫妻で参列した。

明治45年（一九一二）7月に明治天皇が崩御すると、天皇即位の儀礼や軍事演習統監、かつてのような自由奔放にはふるまえない全国行幸などが重なり、体調も悪化し、葉山御用邸に長期滞在するようになり、人々の前に姿を見せなくなった。

大正9年（一九二〇）に一回目の病状発表があり、「一両年前より、御尿中に時々糖分」「時々挫骨神経痛」などと伝えられた。東京帝大附属病院長の三浦謹之助の診断書には「御幼少時の脳膜炎の為」「御心身の緊張を要する御儀式に臨御の際は、御安静を失はせられ」などとあったが、それは秘せられた。翌年11月に皇太子*裕仁《ひろひと》（20歳）が摂政に就いた。この間、皇后節子が天皇に代わって摂政を支えながら宮中の諸問題に対応し、大正12年（一九二三）9月の関東大震災では被災者救援に指導的役割を果たした。

天皇は病気療養のまま大正14年（一九二五）12月に脳貧血で倒れ、翌年12月25日に満四七歳四か月にて崩御、多摩御陵に葬られた。

【皇后節子《こうごうさだこ》（貞明皇后《ていめいこうごう》）】

皇后節子（明治17年〈一八八四〉6月25日～昭和26年〈一九五一〉5月17日）は、九条道孝《みちたか》（一八三九～一九〇六）四女で、生母は二条家家臣出身の侍女野間幾《のまいく》。神田錦町の九条家で生まれたが、生後まもないその年の7月に東京府東多摩郡高円寺の大河原家に預けられ、農家の子供たちと暮らしをともにして育った。明治21年（一八八八）11月、満四歳のときに赤坂福吉町に移った九条家にもどった。翌年（一八八九）2月、東京師範学校女子

嘉仁親王《よしひとしんのう》の妃選考《きさきせんこう》　近代最初の皇太子妃選びは、明治天皇の皇女である*常宮昌子《つねのみやまさこ》、*周宮房子《かねのみやふさこ》両内親王の養育係であった佐佐木高行《ささきたかゆき》や下田歌子《しもだうたこ》が、両内親王の遊び相手として候補者を集めて観察することで行われた。はじめ*伏見宮禎子《さちこ》女王に内定していたが、九条節子《くじょうさだこ》へ変更されたのは、側室制の廃止傾向のなかで、未来の皇后たる者は健全な世継ぎを産むに充分な母体であることが必要であると意識されていたからである。

部附属幼稚園に入り、華族女学校初等小学科、同高等小学科、同初等中学科へと進学した。

明治32年(一八九九)8月、皇太子嘉仁妃に健康な母体が求められ、すでに内定していた*伏見宮禎子《さちこ》の婚約破棄を受け、再選考の結果、皇太子妃に内定。女学校出身で、日焼けした肌、そのうえ下情にも通じていた皇太子妃は、万里小路《までのこうじ》幸子《ゆきこ》を筆頭典侍とした女官たちから厳しい妃教育を受けた。他方、皇太子の実母である柳原愛子がこまやかにかばってくれ、次第に宮中に馴染んだ。

明治33年(一九〇〇)に結婚し、裕仁(称号は迪宮《みちのみや》。昭和天皇)、*雍仁《やすひと》(称号は淳宮《あつのみや》。秩父宮《ちちぶのみや》)、*宣仁《のぶひと》(称号は光宮《てるのみや》。高松宮《たかまつのみや》)の三親王をもうけた。また、皇后となってから*崇仁《たかひと》(称号は澄宮《すみのみや》。三笠宮《みかさのみや》)をもうけて男系男子相続を盤石にし、実質上、側室を廃止にした。なお、内親王はいない。御用邸での団欒《だんらん》では、大正天皇が歌を歌うと、ピアノで伴奏し、子供たちがそれを楽しむという家庭生活も送った。

大正天皇が病いがちになると原敬《はらたかし》(一八五六～一九二一)らの意見を受けながら、皇太子洋行問題、宮中某重大事件などの難局に采配を振った。また、第一次世界大戦後のシベリアにおけるポーランド孤児救済、ハンセン病患者のための神山復生病院への支援など広範囲な福祉活動を積極的に行った(↓[44])。大正12年(一九二三)の関東大震災では、日光田母沢御用邸で静養中の天皇を現地に置いて東京に戻り、宮内省巡回病院設置を支援し、各所の被災者収容所を訪問した。

大正天皇崩御後、皇太后となり、戦時中は大宮御所で野菜の栽培などをした。戦後は沼津御用邸に滞在することが増え、大日本蚕糸会総裁として全国の養蚕農家を回り、皇室と国民の絆を強める努力をした。昭和26年(一九五一)5月、大宮御所にて狭心症で急逝、貞明皇后と諡号《しごう》され、多摩東陵に埋葬された。

【昭和天皇《しょうわてんのう》】

昭和天皇《しょうわてんのう》(明治34年〈一九〇一〉4月29日～昭和64年〈一九八九〉1月7日)は、裕仁《ひろひと》と命名され、*迪宮《みちのみや》と称した。生後間もなく海軍中将・伯爵川村純義《かわむらすみよし》に預けられた。学習院初等学科では院長乃木希典《のぎまれすけ》(一八四九～一九一二)から質実剛健の気風を学び、中等学科高等学科にあたる七年間、東宮御学問所で帝王学を学んだ。

大正10年(一九二一)の欧州訪問後、摂政となり、関東大震災や虎ノ門事件などの難局に遭遇。大正15年(一九二六)に践祚して昭和と改元。戦時中は、「*現人神」「大元帥」として国家を背負い、昭和20年(一九四五)8月に敗戦必至となり、聖断により終戦へ導いた。

翌昭和21年1月1日に天皇の神格を否定し（人間宣言）、2月以後、全国を巡幸した。昭和27年〈一九五二〉のサンフランシスコ平和条約締結までの七年間に幾度か退位問題がもちあがったが、実現することはなかった。

昭和46年〈一九七一〉と同50年〈一九七五〉、*皇后良子《こうごうながこ》とともに、欧州や米国を訪問するなど、戦後の国際関係改善に尽くした。十二指腸部の腺癌により満八七歳八か月で崩御。昭和天皇と追号され、武蔵野陵に葬られた（→53）。

【皇后良子《こうごうながこ》（香淳皇后《こうじゅんこうごう》）】

香淳皇后（明治36年〈一九〇三〉3月6日～平成12年〈二〇〇〇〉6月16日）は久邇宮邦彦《くにのみやくによし》王長女の*良子《ながこ》女王《じょおう》で昭和天皇の皇后。大正8年〈一九一九〉6月10日に皇太子裕仁親王との婚約が内定した後、母方に色覚異常の疑いをかけられ婚約取り消しを求める*宮中某重大事件《きゅうちゅうぼうじゅうだいじけん》に巻き込まれたが、大正13年に無事結婚した。のち、良子は四人の内親王（一人は夭折《ようせつ》）を生むが、なかなか親王に恵まれず、側室復活の声もあがった。昭和8年〈一九三三〉に*明仁《あきひと》親王（称号は継宮《つぐのみや》。平成の天皇。上皇）が誕生した。戦時中は靖国神社参拝や傷病兵慰問などを行い、戦後は東久邇宮家に嫁いだ長女*成子《しげこ》内親王に先立たれるなどの苦悩を味わったが、多忙な天皇を生涯支えた。満九七歳で崩御し、香淳皇后《こうじゅんこうごう》の諡号を受け武蔵野東陵に葬られた。

【平成《へいせい》と令和《れいわ》の天皇《てんのう》と皇后《こうごう》】

平成《へいせい》の天皇《てんのう》（*上皇《じょうこう》）明仁《あきひと》（昭和8年〈一九三三〉12月23日～）は昭和20年〈一九四五〉8月の終戦を学習院初等科六年生（一一歳）

裕仁親王《ひろひとしんのう》の妃選考《きさきせんこう》　*久邇宮良子《くにのみやながこ》女王を妃候補として見出《みいだ》したのは、明治天皇の皇后である*美子《はるこ》（昭憲《しょうけん》皇太后）といわれる。大正3年〈一九一四〉に皇太后となった美子が崩御して後は、大正天皇の皇后である*節子《さだこ》（*貞明《ていめい》皇后）が中心となって妃選びが進められた。皇后節子は頻繁に学習院女子部へ行啓し、妃候補者の容貌や立ち居振る舞いなどを観察したといわれる。皇后節子は必ずしも良子女王を第一候補とはしておらず、ほかにも公爵一条実輝《さねてる》三女の朝子《ときこ》（のち伏見宮博義《ひろよし》王妃）、梨本宮《なしもとのみや》守正《もりまさ》王の長女*方子《まさこ》女王（のち朝鮮王族李垠〈りぎん イ・ウン〉妃）などがいたとされ、これら複数の候補者の中から、皇后節子が決断し元老たちの同意を得て、結局、良子女王に内定した。その後、母方の色覚異常を問題にした宮中某重大事件が起こり、内定取り消し騒ぎとなるが、久邇宮家の抗議や妃教育に携わった杉浦重剛《じゅうごう》らの奮闘もあり、内定通りとなった。

として疎開先の奥日光で迎えた。翌21年（一九四六）から昭和25年（一九五〇）まで米国人のヴァイニング夫人の教育を受け、昭和28年には欧州と米国を歴訪した。昭和34年に正田美智子《しょうだみちこ》と結婚し、*徳仁《なるひと》親王（称号は浩宮《ひろのみや》）、文仁《ふみひと》親王（称号は礼宮《あやのみや》。秋篠宮《あきしののみや》）、*清子《さやこ》内親王（称号は紀宮《のりのみや》。*黒田清子）の二男一女をもうけ、昭和64年（一九八九）に即位した。平成31年（二〇一九）4月30日、退位して上皇となった（→[56]、[57]）。

*平成《へいせい》の皇后《こうごう》（上皇后《じょうこうごう》）*美智子《みちこ》（昭和9年〈一九三四〉10月20日〜）は、日清製粉社長であった正田英三郎《しょうだひでさぶろう》と富美子《ふみこ》の長女として生まれた。昭和34年（一九五九）4月10日の成婚に際して、軽井沢テニスコートの恋、旧皇族・華族ではない民間からの宮中入り、学習院ではないカトリック系女子大卒などが、多くの市民に共感され、*ミッチーブームとなった。

また、皇太子妃時代から皇太子とともに国際親善につとめ、皇后となってからも皇室伝統の養蚕を継承しつつ、日々の公務に従事し、福祉活動のほか、被災地や戦跡の慰問を重ねた。平成の天皇が上皇となるにともない、上皇后となった。

*令和《れいわ》の天皇徳仁《てんのうなるひと》（昭和35年〈一九六〇〉2月23日〜）は、平成の天皇の第一皇子。学習院大学で日本史学を専攻し、大学院在学中に英国のオックスフォード大学へ留学し、テムズ川水運史の研究で名誉法学博士号を授与された。平成5年（一九九三）に外交官であった小和田雅子《おわだまさこ》と結婚し、平成13年に長女の*愛子《あいこ》内親王（称号は敬宮《としのみや》）をもうけた。令和元年（二〇一九）5月1日に即位した。水問題の研究者として国際会議などでも講演し、ヴィオラ演奏や登山、カメラなどを趣味としている。

*令和《れいわ》の皇后《こうごう》*雅子《まさこ》（昭和38年〈一九六三〉12月9日〜）は、外交官の小和田恆《ひさし》と優美子《ゆみこ》の長女として生まれた。米国のハーバード大学を卒業し、英・仏・露など外国語に堪能で、外務省に入省後、平成5年6月9日に皇太子徳仁親王妃となった。その後、体調不良の時期があったが、回復に向かいつつあり、被災地訪問、地方行啓、外国要人の接待などの公務を担っている。

［小田部］

【明治《めいじ》天皇東幸《てんのうとうこう》と東京遷都《とうきょうせんと》】

明治《めいじ》天皇東幸《てんのうとうこう》の費用《ひよう》　慶応4年（一八六八）9月20日に明治天皇は、高知藩や岡山藩の藩兵の護衛のもと、岩倉具視《ともみ》、中山忠能《ただやす》、伊達宗城《むねなり》、池田章政《あきまさ》、木戸孝允《たかよし》、大木喬任《たかとう》ら三三〇〇余名とともに京都から東京に向かった。天皇一行は、熱田神宮《あつたじんぐう》に参拝し、大井川を渡り、箱根を越えて10月13日、東京に到着した。天皇は、東京に着いたその日、江戸城を皇居と定め「東京城」と改称し、西の丸を行宮《あんぐう》とした。東幸に要した費用は七七万八七六〇円八九銭で、三井八郎右衛門《はちろうえもん》（高福《たかよし》）ら豪商九名が出納取締にあたったといわれる。

東京遷都《とうきょうせんと》の時期《じき》　正式な遷都の布告はなく、天皇が東京にいる間は太政官も東京に置くとされたことにより、明治2年（一八六九）3月7日に再東幸した明治天皇が、3月28日に東京に着して旧江戸城内に太政官府を設置した時を、事実上の東京遷都としている。

大坂遷都案《おおさかせんとあん》　*大坂遷都《おおさかせんと》の話題は、江戸を東京と改称する前年の慶応3年（一八六七）、薩摩の大久保利通《としみち》が山口で長州の木戸孝允と王政復古について語った際に出ている。その後、慶応4年（一八六八）1月には、大久保は*有栖川宮熾仁《ありすがわのみやたるひと》親王に大坂遷都を建言し、「朝廷の積弊を一新し、外交・国防等を拡張充実せんことを要す」と述べ、新時代に対応する新しい都の必要性を訴えた。また、同年の江戸開城後に、木戸孝允は京都を帝都とし、大坂を西京、江戸を東京として、天皇が便宜上、東西の京に臨幸することを建言したが、この案は大勢を得られなかった。

東京遷都反対論《とうきょうせんとはんたいろん》　明治2年（一八六九）1月25日、岩倉具視は三条実美《さねとみ》に*遷都論《せんとろん》を提出し、天皇の再東幸で遷都があるとの動きに、京坂地方の人心が動揺しているが、京都は「桓武《かんむ》天皇以来千有余年の帝都」であるから、遷都すべからずと主張した。岩倉の遷都反対論は、当時の京都の人びとの心情を代弁するものでもあった。

［小田部］

［28］近現代の宮家皇族

【一代皇族《いちだいこうぞく》制から永世皇族《えいせいこうぞく》制へ】

慶応4年（一八六八）閏4月に皇親の範囲が定められ、江戸時代の*四親王家の嫡子《ちゃくし》は従前通り天皇の養子として*親王宣下《しんのうせんげ》を受けるが、新設の宮家については一代のみ親王とし、二代目以降は臣籍に下すという*一代皇族制《いちだいこうぞくせい》を採用し、臣籍降下《しんせきこうか》に際してはとくに華族に列すると定めた。

ところが新立の宮家の中には、*聖護院宮《しょうごいんのみや》、*山階宮《やましなのみや》、*北白川宮《きたしらかわのみや》の各宮家のように、兄弟間で宮家を継承させ、存続を図ろうとした家もあった。一方、*華頂宮《かちょうのみや》家には、王子に宮家の継承を認め、さらに*東伏見宮嘉彰《ひがしふしみのみやよしあきら》親王を*世襲皇族《せしゅうこうぞく》とし、*山階宮晃《やましなのみやあきら》親王を*二代皇族《にだいこうぞく》とした。また*梨本宮守脩《なしもとのみやもりおさ》親王が薨去《こうきょ》すると継嗣の*菊麿《きくまろ》王を宮と称することを認めている。

すなわち、*伏見宮《ふしみのみや》、*桂宮《かつらのみや》、*有栖川宮《ありすがわのみや》、*閑院宮《かんいんのみや》の*四親王家《ししんのうけ》に加え、幕末維新期において才能のある*宮門跡《みやもんぜき》を還俗《げんぞく》させて政治参加させ、新たな皇族家が増設された。伏見宮系統にあった*青蓮院宮《しょうれんいんのみや》（*中川宮《なかがわのみや》、*賀陽宮《かやのみや》、のち久邇宮朝彦《くにのみやあさひこ》親王）、*勧修寺宮《かじゅうじのみや》（山階宮晃親王）、*仁和寺宮《にんなじのみや》（*東伏見宮《ひがしふしみのみや》、のち*小松宮彰仁《こまつのみやあきひと》親王）、聖護院宮《しょうごいんのみや》（*聖護院宮嘉言《よしこと》親王）、*知恩院宮《ちおんいんのみや》（*華頂宮博経《かちょうのみやひろつね》親王）、*梶井宮《かじいのみや》（梨本宮守脩親王）、*照高院宮《しょうこういんのみや》（*北白川宮智成《きたしらかわのみやさとなり》親王）、*輪王寺宮《りんのうじのみや》（*北白川宮能久《よしひさ》親王）らが次々と還俗し、その後特例でなし崩しとなり、明治22年（一八八九）『*皇室典範』（旧典範）制定で*永世皇族制《えいせいこうぞくせい》（世数を問わず子孫はすべて皇族となる）となった。

他方、明治6年（一八七三）12月10日、皇族は「自今《じこん》海陸軍に従事」とされ、以後、昭和20年（一九四五）の帝国軍隊崩壊までの七二年間に、陸軍には、有栖川宮熾仁《たるひと》親王ら一八名、海軍には有栖川宮威仁《たけひと》親王ら七名の、計二五名が配属される。*皇族妃《こうぞくひ》も病院慰問や包帯巻きなど軍事援護につとめた。

ところで、当時、*[122]明治天皇の直系の皇族男子は*嘉仁《よしひと》親王のみであり、ほかの皇族男子は、四親王家と還俗した親王およびその子孫で構成されていた。その主流は*伏見宮家《ふしみのみやけ》と、その分家である*久邇宮家《くにのみやけ》であった。なかでも*伏見宮邦家《くにいえ》親王の子だけで、久邇宮、東伏見宮、北白川宮、小松宮、東伏見宮、華頂宮の六宮家を新設し、彼らもみな*親王《しんのう》となった。さらに、久邇宮を新設した*朝彦親王の子が*賀陽《かや》宮《みや》、*朝香宮《あさかのみや》、*東久邇宮《ひがしくにのみや》の三宮家を設置して*王《おう》となり、また、朝彦親王の四男*守正《もりまさ》王も継承者の絶えた*梨本宮《なしもとのみや》家を嗣いだ。

こうした宮家増大は経費もかかり、また、明治天皇在世中の明治38年（一九〇五）までに*迪宮《みちのみや》（*昭和天皇）、*淳宮《あつのみや》（*秩《ちち》父宮雍仁《ぶのみややすひと》親王）、*光宮《てるのみや》（*高松宮宣仁《たかまつのみやのぶひと》親王）の三皇孫が生まれていた。そこで、明治40年（一九〇七）2月11日には皇族男子の情願による臣籍降下を認める旧『*皇室典範』増補（部分改正）を公布した。大正9年（一九二〇）には内規として「*皇族の降下に関する施行準則」を裁定、「情願を為さざるときは長子孫の四世以内を除くの外勅旨に依り家名を賜ひ華族に列す」とし、*伏見宮邦家親王の子を一世とし実系五世以下の子孫である王は皇位を継承しない限り、長子孫の系統でも臣籍降下することとなった。

この間、新宮家創設もあり、*竹田宮《たけだのみや》、朝香宮《あさかのみや》、東久邇宮《ひがしくにのみや》の三家が、旧典範制定から一七年後の明治39年（一九〇六）に新設される。これは翌明治40年（一九〇七）に臣籍降下をみとめる旧典範増補が制定されるのに先だった「かけこみ的宮家創設」ともいわれる。他方、この三家にはそれぞれ*昌子《まさこ》内親王（明治天皇の六女）、*允子《のぶこ》内親王（同八女）、*聡子《としこ》内親王（同九女）が嫁いでいる。とくに竹田宮家の場合は、宮家創設前に昌子内親王との婚姻が内定しており、内親王の嫁ぎ先としての新宮家創設とみなされている。この三宮家設置以後、直宮《じきみや》をのぞけば、新宮家の創設はないが、韓国併合後に皇帝一族が皇族に準じた*王公族となった。

一方、*桂宮、有栖川宮、華頂宮、*小松宮の四家は継嗣が絶え、明治から大正に消滅した。そして、敗戦後に、王公族は廃止、直宮以外の一一宮家が皇籍を離脱した。

天皇および皇族から出生した者は世数によらず皇族とする*永世皇族制《えいせいこうぞくせい》は、明治の旧典範で採用され、「皇子より皇玄孫に至るまでは男を*親王《しんのう》（女を*内親王《ないしんのう》）」「五世以下は男を*王《おう》（女を*女王〈じょおう〈にょおう〉〉）」と明記された。その後、皇族数の増加に対処するため典範増補などで臣籍降下規定を設置し、*世《せ》数限定制《すうげんていせい》となった。なお、戦後の新典範では、天皇の子と孫を親王・内親王、曽孫以下を王・女王とし、永世皇族制である。

旧宮家皇族《きゅうみやけこうぞく》　明治天皇の直系ではない傍系の皇族のこと。戦後の内廷皇族に対する宮家皇族とは異なり直宮《じきみや》をふくまない。明治期において天皇の直系男子は皇太子*嘉仁《よしひと》親王ひとりであったが、それ以前の天皇から分かれた傍系の皇族はのべ一五宮家あった。そのうち、続柄がもっとも近いのは*桂宮家《かつらのみやけ》当主であった*淑子《すみこ》内親王（120仁孝天皇三女）で実系三親等（三世）であった。次いで近いのが有栖川宮熾仁《ありすがわのみやたるひと》親王で、熾仁親王の尊属五親等が明治天皇の実系七親等である*[112]霊元《れいげん》天皇であり、熾仁親王と明治天皇は一二親等の隔たりがある。この有栖川宮家も熾仁親王の跡を継いだ威《たけ》仁《ひと》親王の男子*栽仁《たねひと》王が早世して継嗣がなく廃絶した。

結局、残る一三宮家は、実質的には伏見宮邦家《くにいえ》親王の子孫であり、明治天皇と邦家親王とは、伏見宮家の三代*貞成《さだふさ》親王を同じ祖とする。つまり、貞成親王の王子*彦仁王《ひこひとおう》が*[102]後《ご》花園《はなぞの》天皇となり、その弟が伏見宮家四代*貞常《さだつね》親王となる。明治天皇から貞成親王まで実系で一六親等の隔たりがある。旧『皇室典範』の規定にかかわらず、明治天皇とほかの親王との間にはすでに五世以上の隔たりがあったのである。

直宮《じきみや》　天皇の直系の兄弟や子孫の皇族。男子は親王、女子は内親王。*明治天皇には五男一〇女が生まれたが多くは夭折し、一男と四女が直宮として成人。一男の*嘉仁《よしひと》親王はのちの大正天皇、四内親王の*常宮《つねのみや》（竹田宮恒久王妃《たけだのみやつねひさおうひ》昌子《まさこ》）、*周《かねの》宮《みや》（北白川宮成久《なるひさ》王妃房子《ふさこ》）、*富《ふ》美宮《みのみや》（朝香宮鳩彦《やすひこ》王妃允《のぶ》子《こ》）、*泰宮《やすのみや》（東久邇宮稔彦《なるひこ》王妃聡子《としこ》）は皇族妃となった。

*大正天皇には皇后節子《さだこ》との間に四男が生まれ、*迪宮《みちのみや》（裕《ひろ》仁《ひと》親王、*昭和天皇）、*淳宮《あつのみや》（秩父宮雍仁《やすひと》親王）、*光《てるの》宮《みや》（高松宮宣仁《のぶひと》親王）、*澄宮《すみのみや》（三笠宮崇仁《みかさのみやたかひと》親王）と称した。

昭和天皇には二男五女がおり、長男は*継宮《つぐのみや》（明仁《あきひと》親王、*平成の天皇・上皇）、二男は*義宮《よしのみや》（常陸宮正仁《ひたちのみやまさひと》親王）、四内親王は*照宮《てるのみや》（東久邇宮盛厚《もりひろ》王妃成子《しげこ》）、*孝宮《たかのみや》（鷹司平通《たかつかさとしみち》夫人和子《かずこ》）、*順宮《よりのみや》（池田《いけだ》隆政《たかまさ》夫人厚子《あつこ》）、*清宮《すがのみや》（島津《しまづ》久永《ひさなが》夫人貴子《たかこ》）であった。なお、二女*久宮《ひさのみや》（祐子《さちこ》）は夭折している。

宮家《みやけ》の断絶《だんぜつ》　宮家が創設される一方で、継承者が不在のために断絶を余儀なくされた宮家の例も若干ある。

明治維新とともに還俗した*聖護院宮嘉言《しょうごいんのみやよしこと》親王がわずか八か月後に薨去《こうきょ》したため、*聖護院宮家が断絶したのをはじめ、江戸時代に創設された*桂宮家や*有栖川宮家の断絶もその例である。桂宮の場合は、江戸時代末に宮家を継承した[120]仁《にん》孝《こう》天皇の皇子*節仁《みさひと》親王が早世、このため親王の姉*淑子《すみこ》内親王が女性で初めて宮家を継承し当主となったが、明治14年（一八八一）に内親王が薨去した後は継嗣がなく、宮家は断絶している。同じく江戸時代に設立された有栖川宮家の場合は、大正2年（一九一三）に*威仁親王が病に罹り、継嗣が不在のため断絶を余儀なくされた。

このほか明治36年（一九〇三）*小松宮彰仁《あきひと》親王の薨去により、また大正13年（一九二四）*華頂宮博忠《かちょうのみやひろただ》王の薨去により、ともに継嗣がなく、断絶を余儀なくされた。それには明治22年（一八八九）制定の『皇室典範』で皇族は養子をとることができないと定めたことが影響している。

昭和22年（一九四七）10月に、第二次世界大戦後の占領下という特殊な事情により、室町時代以来の伏見宮家をはじめ、江戸時代に設立された*閑院宮家《かんいんのみやけ》、明治維新後に設立された宮家など、合わせて一一宮家五一名が一斉に皇籍を離脱した。しかし、大正天皇の直宮である秩父宮・高松宮・三笠宮は従前通り皇籍に留まった。

伏見宮《ふしみのみや》　応永16年（一四〇九）に北3崇光《すこう》天皇の皇子である*栄仁《よしひと》親王が伏見御領にもどり伏見殿と称されたことにはじまる。伏見宮第三代の貞成《さだふさ》親王の第一王子*彦仁王が嗣子のない*101称光天皇の後を継いで*102後花園天皇となり以後の皇位をつないだ。他方、第二王子の*貞常《さだつね》王が兄の即位により新王となって伏見宮を継承しその系統が明治まで続いた。その第二〇代*邦家親王に男子が多く、*貞教《さだのり》・*貞愛《さだなる》が当家を継いだ他、九人が宮家を創立・相続し、近代皇族となった。山階宮晃《あきら》、*聖護院宮嘉言《よしこと》、*久邇宮朝彦《あさひこ》、*小松宮彰仁《あきひと》、*北白川宮能久《よしひさ》、*華頂宮博経《ひろつね》、*北白川宮智成《さとなり》、*閑院宮載仁《ことひと》、*東伏見宮依仁《よりひと》などである。

明治に伏見宮第二三代と二四代の当主となった貞愛親王は馬術、囲碁、音楽、弓術、撞球《どうきゅう》、書道、書画、刀剣、木石花卉《かき》などを趣味とし、別邸に矢場や撞球場を設けた。また、貞愛親王をはじめとするこれら近代皇族とその子弟は、多くが陸海軍軍人となり、近代日本の対外戦争に重要な役割を果たした。なかでも昭和期の軍令部総長（海軍）となった伏見宮第二五代*博恭《ひろやす》王と、参謀総長（陸軍）となった閑院宮第六代載仁は、大元帥の昭和天皇より年長であり、戦争指導に大きな影響を与えた。伏見宮家は昭和22年（一九四七）の皇籍離脱で廃絶するまで五三八年続いた。

桂宮《かつらのみや》　天正18年（一五九〇）に*八条宮《はちじょうのみや》（桂宮）が創設され、翌年、*八条宮智仁《としひと》が親王となった。初代の智仁親王は、106正《おお》親町《ぎまち》天皇の孫、107後陽成《ごようぜい》天皇の弟である。継嗣のいない*豊《とよ》臣秀吉《とみひでよし》の猶子となったが、秀吉と淀君《よどぎみ》の間に鶴松《つるまつ》が誕生したため、縁を解消されて、八条宮の当主となり、智仁と命名された。智仁は『古今和歌集』の秘伝を授受され、これを甥の*108後水尾《ごみずのお》天皇に伝えた。また造庭にも優れ、下桂村に別邸（現在の桂離宮）を造営したことから、八条宮はのちに桂宮と称された。この宮家は代々の当主が早世し後嗣にめぐまれず、当主空位の期間も多かった。第一一代の皇女淑子《すみこ》内親王が薨去し、当宮は二九一年の歴史を閉じた。

なお、昭和63年（一九八八）に三笠宮崇仁《たかひと》親王第二王子の*宜仁《よしひと》親王がそのお印の「桂」にちなみ桂宮を創設したが、両宮家の間に直接の関係はない。

有栖川宮《ありすがわのみや》　寛永2年(一六二五)に創設。はじめは後陽成天皇の皇子である*好仁《よしひと》親王が、養母の御所高松殿に由来する*高松宮を称した。その後、九年の空位があり、後水尾天皇の皇子である良仁《ながひと》親王が二代目となった。しかし、*110後光明《ごこうみょう》天皇が皇嗣なく崩御したため良仁親王が皇統を継いで*111後《ご》西《さい》天皇となり、宮家は再び空位となった。四年後に後西天皇の皇子の幸仁《ゆきひと》親王が三代目を継いで、寛文12年(一六七二)に高松宮の称号を有栖川宮と改めた。

五代目の*職仁《よりひと》親王は和歌と書道にすぐれ、*有栖川流の祖と称された。有栖川流を確立した八代目の*幟仁《たかひと》親王は、明治元年(一八六八)布告された「五箇条の御誓文」を清書している。九代目の*熾仁《たるひと》は明治維新の戊辰戦争で東征大総督となり、西南戦争では征討総督となるなど、近代国家創設に大きな役割を果たした。皇太子(大正天皇)輔導をつとめた一〇代目の*威仁《たけひと》親王は、大正2年(一九一三)に男子の継嗣なく薨去したので、*光宮宣仁《てるのみやのぶひと》親王が高松宮となり祭祀を継承。大正12年(一九二三)に威仁親王の慰子《やすこ》妃が薨去し、二四一年続いた有栖川宮の称号は消滅した。

閑院宮《かんいんのみや》　享保3年(一七一八)に、113東山《ひがしやま》天皇の皇子である秀宮《ひでのみや》が初代閑院宮となり*直仁《なおひと》と命名された。当時、天皇の近親の皇族男子がほとんど出家しており、皇統の断絶を危惧した新井白石が将軍に新宮家創設を建言したことによる(→11)。*118後桃園《ごももぞの》天皇が二二歳で早世したため、二代目の典仁《すけひと》親王の王子兼仁《ともひと》王が一〇歳で皇統を継ぎ*119光格《こうかく》天皇となった。五代目の愛仁《なるひと》親王は天保13年(一八四二)に後嗣なく早世したため、四代目の孝仁《たつひと》親王の妃が宮家を維持し、明治5年(一八七二)に伏見宮邦家親王の王子が*載仁《ことひと》となり、しばらく中断していた閑院宮六代目を継承した。載仁親王は陸軍軍人で昭和初期に参謀総長をつとめた。宮家は昭和22年(一九四七)の皇籍離脱により廃絶するまで二二九年続いた。

久邇宮《くにのみや》　明治8年(一八七五)、*伏見宮邦家《くにいえ》親王の第四王子が*朝《あさ》彦《ひこ》親王となり創設。朝彦親王は幕末に慶喜を支持したため謹慎処分を受け、のちに神宮祭主となった。二代目の*邦彦王は陸軍大将となり、その長女*良子《ながこ》女王が昭和天皇の皇后となった。宮家は昭和22年(一九四七)の皇籍離脱により廃絶するまで七二年続いた。

山階宮《やましなのみや》　元治元年(一八六四)、伏見宮邦家親王の第一王子が*晃《あきら》親王となり創設。三代目の*武彦《たけひこ》王は海軍航空隊に籍を置き「空の宮様」と称されたが、関東大震災で懐妊中の妃を亡くし、精神状態が不安定になった。武彦には山階鳥類研究所を創設した芳麿《よしまろ》など四人の弟がいたが、みな皇籍を離れて華族になっており、継嗣がいなかった。宮家は皇籍離脱まで八三年続いた。

華頂宮《かちょうのみや》　明治元年（一八六八）、伏見宮邦家親王の第一二王子が*博《ひろ》経《つね》親王となり創設。二代目*博厚《ひろあつ》親王に嗣子がなく、伏見宮貞愛親王の王子*博恭《ひろやす》王が三代目となるも、伏見宮家の後嗣が病弱のため伏見宮に復帰し、博恭王の王子*博忠《ひろただ》王が四代目となった。大正13年（一九二四）博忠王が継嗣ないまま早世して廃絶。祭祀は華頂侯爵家が継いだ。

北白川宮《きたしらかわのみや》　伏見宮邦家親王の第一三王子が*智成《さとなり》親王となり、明治元年（一八六八）、*照高院宮《しょうこういんのみや》を称し、同3年（一八七〇）に改称して創設。二代目の*能久《よしひさ》親王は幕末に幕府側に擁されて、謹慎となる。明治28年（一八九五）に近衛師団長として日清戦争に従軍し、台湾で戦病死。三代目の*成久《なるひさ》王はフランスで自動車事故により死亡。四代目の*永久《ながひさ》王は日中戦争の際に蒙疆《もうきょう》方面で不時着してきた軍用機の翼に接触して死亡。三代続いた当主の不幸に「悲劇の宮家」とも称されたが、戦後の昭和34年（一九五九）、靖国神社に特別合祀された。宮家は皇籍離脱まで七七年続いた。

梨本宮《なしもとのみや》　明治3年（一八七〇）、伏見宮貞敬《さだよし》親王の王子*守脩《もりおさ》親王（邦家親王の弟）が*梶井宮《かじいのみや》を改称して創設。二代目は山階宮晃親王の王子*菊麿《きくまろ》王、三代目は久邇宮朝彦《あさひこ》親王の王子*守《もり》正《まさ》王と、養子継承が続いた。守正王には王子がなく、長女の*方子《まさこ》が大韓帝国最後の皇太子であった*李垠（りぎん／イ・ウン）に嫁いだ。宮家は皇籍離脱まで七七年続いた。

小松宮《こまつのみや》　伏見宮邦家親王の第八王子が*嘉彰《よしあきら》親王となり、はじめ*仁和寺宮《にんなじのみや》と称し、のち*東伏見宮《ひがしふしみのみや》と改め、イギリスに留学、帰国後に欧州にならい皇族が率先して軍務につくことを奨励した。明治15年（一八八二）に仁和寺の縁で小松宮を創設、名も*彰仁《あきひと》と改め、元帥陸軍大将となり、天皇の名代として英国国王戴冠式に参列。明治36年（一九〇三）、継嗣なく宮家は二一年で廃絶。祭祀は小松侯爵家が継いだ。

賀陽宮《かやのみや》　明治33年（一九〇〇）、久邇宮朝彦親王第二王子の*邦憲《くにのり》王により創設。*朝彦親王の旧宮名であり、邸内の榧《かや》の老樹に由来するという。父の後に神宮祭主をつとめた。二代目*恒憲《つねのり》王は陸軍中将。宮家は皇籍離脱まで四七年続いた。

東伏見宮《ひがしふしみのみや》　明治36年（一九〇三）、伏見宮邦家の第一七王子で、小松宮彰仁親王の養子となっていた*依仁《よりひと》親王が、小松宮家の継承を止められて創設。継嗣なく、大正11年（一九二二）に薨去後、昭和6年（一九三一）に東伏見伯爵家が祭祀を継ぐ。宮家は周子《かねこ》妃が支え、皇籍離脱まで四四年続いた。

竹田宮《たけだのみや》　明治39年（一九〇六）、北白川宮能久《よしひさ》親王の第一王子である*恒久《つねひさ》王により創設。明治41年（一九〇八）に明治天皇の皇女*昌《まさ》子《こ》内親王を妃とし、陸軍少将となる。二代目の*恒徳《つねよし》王も陸軍中佐となり、昭和22年（一九四七）に皇籍を離脱し、その後は国際オリンピック委員会理事などをつとめた。皇籍離脱まで四一年続いた。

朝香宮《あさかのみや》　明治39年（一九〇六）、久邇宮朝彦親王の第八王子である*鳩彦《やすひこ》王により創設。明治43年（一九一〇）に明治天皇の皇女*允《のぶ》子《こ》内親王を妃とする。フランスで交通事故により重傷となる。療養中にアール・デコ様式にふれ、帰国後の宮邸建築（現在の東京都庭園美術館）にいかされた。のち陸軍大将となり、昭和22年（一九四七）に皇籍離脱。

東久邇宮《ひがしくにのみや》　明治39年（一九〇六）、久邇宮朝彦親王の第九王子である*稔彦《なるひこ》王により創設。大正4年（一九一五）に明治天皇の皇女*聡《とし》子《こ》内親王を妃とする。長くフランスに滞在し、のち陸軍大将となり、昭和20年（一九四五）にはじめての皇族内閣を組織した。昭和22年（一九四七）に皇籍を離脱後、新興宗教の教祖となるなど話題を集めた。

【大正天皇《たいしょうてんのう》の直宮《じきみや》】

大正2年（一九一三）に有栖川宮家が断絶を余儀なくされたとき、天皇第三皇子*宣仁《のぶひと》親王に高松宮《たかまつのみや》号を与え、有栖川宮家の祭祀を継承させた。その後、第二皇子の雍仁《やすひと》親王および第四皇子の崇仁《たかひと》親王は、それぞれ秩父宮《ちちぶのみや》・三笠宮《みかさのみや》の宮号を与えられた。

秩父宮《ちちぶのみや》　大正11年（一九二二）6月25日、大正天皇第二皇子の*淳《あつの》宮《みや》雍仁親王の二〇歳の成人式に際して創設。武蔵国《むさしのくに》の秩父嶺にちなんで命名。継嗣なく平成7年（一九九五）に*勢津子《せつこ》妃が薨去《こうきょ》して廃絶。

高松宮《たかまつのみや》　高松宮は有栖川宮《ありすがわのみや》の祖である好仁《よしひと》親王が与えられた称号。大正2年（一九一三）有栖川宮家の廃絶を惜しんだ天皇が、同家の祭祀を継承させるため第三皇子の*光宮《てるのみや》宣仁親王に宮号を与えて、創設された。継嗣なく平成16年（二〇〇四）に*喜久子《きくこ》妃が薨去して廃絶。

三笠宮《みかさのみや》　昭和10年（一九三五）12月2日、大正天皇第四皇子の*澄《すみの》宮《みや》崇仁親王が二〇歳の成人式に際して創設。奈良の三笠山にちなんで命名。戦時中は陸軍軍人として活躍。戦後は古代オリエント史の研究者として業績を重ね、学問的立場から紀元節の復活に反対した。

長男の*寛仁《ともひと》親王は*麻生《あそう》信子《のぶこ》と結婚して独立の生活を営み、二女をもうけたが、平成24年（二〇一二）に薨去。三笠宮は桂宮宜仁《よしひと》親王、高円宮憲仁《のりひと》親王の三人の親王よりも長命であったが、平成28年（二〇一六）に満一〇〇歳で亡くなったので、百合子《ゆりこ》妃が宮家を預かり、寛仁親王妃信子、その長女*彬子《あきこ》女王、次女*瑶子《ようこ》女王は三笠宮家に入った。

【昭和天皇《しょうわてんのう》の直宮《じきみや》】

常陸宮《ひたちのみや》　昭和39年（一九六四）9月30日、昭和天皇第二皇子の*義宮正仁《よしのみやまさひと》親王が*津軽華子《つがるはなこ》と結婚した際に創設。古来親王を国守（太守《たいしゅ》）に任じた常陸国（茨城《いばらき》県）にちなみ命名。親王は人気漫画の「火星ちゃん」の愛称で親しまれ、癌《がん》の研究に尽力し高松宮妃癌研究基金総裁などをつとめている。

【戦後創設《せんごそうせつ》の宮家《みやけ》】

桂　宮《かつらのみや》　三笠宮崇仁親王の第二男子の*宜仁親王は、昭和63年（一九八八）、未婚のまま独立して宮号を与えられた。お印「桂」にちなみ命名。かつての桂宮とのつながりはない。宜仁親王は昭和60年（一九八五）までNHKに勤務（嘱託）の経験があり、日豪協会総裁などもつとめた。しかし、急性硬膜下《こうまくか》血《けつ》腫《しゅ》で車椅子《くるまいす》の生活を余儀なくされ、平成26年（二〇一四）に急逝した。

高円宮《たかまどのみや》　三笠宮崇仁親王の第三男子の*憲仁親王は、昭和59年（一九八四）に*鳥取久子《とっとりひさこ》と結婚した際に、宮号を与えられた。奈良市の高円山にちなみ命名。久子妃との間に、*承子《つぐこ》、*典《のり》子《こ》、*絢子《あやこ》の三女王をもうけたが、男子はいない。平成14年（二〇〇二）年、スカッシュ練習中に心不全で倒れ急逝したので、久子妃が宮家を預かっている。

秋篠宮《あきしののみや》　平成の天皇の第二皇子で、令和の天皇の弟である*文《ふみ》仁《ひと》親王は、平成2年（一九九〇）に*川嶋紀子《かわしまきこ》と結婚して宮家を創設。奈良市にある歌枕の地「秋篠」にちなみ命名。令和元年（二〇一九）5月、兄の即位により皇位継承第一位で「*皇嗣《こうし》」となる。第一男子*悠仁《ひさひと》親王が第二位。悠仁親王の姉に*眞《ま》子《こ》、*佳子《かこ》の二内親王がいる。

［米田・小田部］

資料コラム

【近現代の皇族の日記】

幕末から明治にかけて皇族《こうぞく》の日記《にっき》が数多く現存する。たとえば有栖川宮幟仁《たかひと》親王の三冊（明治4年〈一八七一〉・9年〈一八七六〉・15年〈一八八二〉）、一四代将軍徳川家茂《いえもち》に嫁いだ和宮親子《かずのみやちかこ》内親王の『*静寛院宮御日記《せいかんいんのみやごにっき》』六冊（明治元年〈一八六八〉～6年〈一八七三〉）、久邇宮朝彦《くにのみやあさひこ》親王の三〇冊（天保13年〈一八四二〉・14年〈一八四三〉、文久2年〈一八六二〉、元治元年〈一八六四〉～慶応2年〈一八六六〉、明治元年〈一八六八〉・5年〈一八七二〉～14年〈一八八一〉）、有栖川宮熾仁《ありすがわのみやたるひと》親王の一〇〇冊（明治元年〈一八六八〉～28年〈一八九五〉）、同威仁《たけひと》親王の三六冊（明治12年〈一八七九〉～43年〈一九一〇〉）などである。なお、近くは高松宮宣仁《たかまつのみやのぶひと》親王の日記（大正10年〈一九二一〉～昭和22年〈一九四七〉）や*梨本宮伊都子《なしもとのみやいつこ》妃の日記（明治32年〈一八九九〉～昭和51年〈一九七六〉）が刊行されている。

［所］

［29］宮家皇族の増大対策

幕末維新期には、伏見宮《ふしみのみや》、有栖川宮《ありすがわのみや》、桂宮《かつらのみや》、閑院宮《かんいんのみや》の*四《し》親王家《しんのうけ》のほかに、青蓮院宮《しょうれんいんのみや》、勧修寺宮《かじゅうじのみや》、仁和寺宮《にんなじのみや》などの*宮《みや》門跡《もんぜき》が次々と還俗《げんぞく》し、宮家の数が急増した。この間、皇族の出家も禁じられ、皇族や公家の子弟は僧侶とせず、力量次第で政治に参与させる方針が定まった。

こうした結果、四親王家以外の新たな還俗親王家が増大することとなる。これを抑えるため、新宮家の嫡子以下は*臣《しん》籍降下《せきこうか》させることとし、慶応4年(一八六八)閏4月15日に「親王・諸王の別、皇族の世数及び賜姓の制」を定め、明治3年(一八七〇)12月10日には「桂・有栖川・伏見・閑院の四親王家の外、新に建てし親王家は凡て一代に限り、二代よりは姓を賜ひて華族に列せしむ」との布告を発した。

ところが、一代皇族たちは漸次、勅旨により特例として宮家の継承が許され、いわゆる*旧宮家皇族《きゅうみやけこうぞく》（直宮《じきみや》ではない宣下親王による宮家）を構成していった。しかも、明治22年(一八八九)の旧『皇室典範』制定までは養子相続も容認されており、新たに設置された宮家の当主の多くが、*伏見宮邦《くに》家《いえ》親王の実系の子孫たちで占められる結果となった。

こうした*[122]明治天皇の実系から遠い皇族の拡大を抑止しようという動きは、旧典範の制定過程中に顕著にみられた。明治15年(一八八二)12月18日、宮内省に*岩倉具視《いわくらともみ》を総裁として*内規取調局《ないきとりしらべきょく》が設置され、皇族内規が立案されるが、その初案に、「皇兄弟皇子を親王」、「親王より四世までを皇親」、「七世までは仍《な》ほ王名を得るも皇親の限にあらず」、「八世に至り公爵に列す」などとあり、皇族の範囲と華族への降下が規定されている。旧典範制定当時、皇族男子の臣籍降下についての明確な条文はなかったが、明治40年(一九〇七)2月11日に定められた旧《きゅう》『皇室典範《こうしつてんぱん》』増補《ぞうほ》第一条で、「王は勅旨又は情願に依り家名を賜ひ華族に列せしむることあるべし」とし、王たる皇族の臣籍降下《しんせきこうか》の道が明記された。しかし、同増補では、王にその意思がない場合は降下を免れていた。

そこで、大正7年(一九一八)、宮内大臣波多野敬直《はたのよしなお》は、皇族が多すぎることは皇室の尊厳や皇室財政上「喜ぶべきに非ず」との考えから、帝室制度審議会に臣籍降下の準則の立案を求め、「皇族《こうぞく》の降下《こうか》に関《かん》する施行準則《しこうじゅんそく》」を案出した。同案は、枢密院で修正可決されたが、皇族の中には自分たちの子孫を降下させる同案に好意的でない者もおり、皇族会議では採決されなかった。やむを得ず、波多野は、同案を枢密顧問官の会議で可決し、皇族会議でも質問はあったが異見はなかったとして、*大正天皇に施行を奏請した。こうして同9年（一九二〇）5月19日、「皇族の降下に関する施行準則」が内規として裁定された。

旧《きゅう》『皇室典範《こうしつてんぱん》』増補《ぞうほ》　旧典範は、明治22年（一八八九）の発布から昭和22年（一九四七）の廃止までに、二度、増補という形で原則が部分修正されている。一度目は明治40年（一九〇七）2月11日の情願による臣籍降下。二度目は大正7年（一九一八）11月28日で、皇族女子の朝鮮王公族への降嫁を認めた。これにより、梨本宮守正《なしもとのみやもりまさ》王の長女*方子《まさこ》女王は李垠《りぎん》（イ・ウン）と結婚した。

皇族《こうぞく》の降下《こうか》に関《かん》する施行準則《しこうじゅんそく》　正9年（一九二〇）に裁定された臣籍降下のための内規。これにより、長子孫の系統で*伏見宮邦家《くにいえ》親王の四親等以内をのぞくすべての王は、成年に達すると華族に降下することとなった。すなわち、当時の旧宮家皇族家のうち久邇宮《くにのみや》、賀陽宮《かやのみや》、梨本宮《なしもとのみや》、朝香宮《あさかのみや》、東久《ひがしく》邇宮《にのみや》などの当主は伏見宮邦家親王の子を一世とした二世にあたり、その曽孫の世代以後は長子孫の系統でも、皇位を継承しない限り消滅することが必定となったのである。そして、戦後の皇籍離脱で王の身分を失ったものは、みな四世以内であり、皇籍離脱をした一一宮家を含む伏見宮系一三宮家は、皇籍離脱がなかったとしても嗣子がなく断絶するか、降下するかの運命にあったのである。しかも、旧典範増補第六条で、降下した皇族は再び皇族に復することはできなくなっていた。戦後の皇籍離脱後に生まれた現在の旧皇族の末裔は、生まれた時から皇族ではなく、「皇族に復する」という表現も正しくないことになる。

戦前《せんぜん》の臣籍降下《しんせきこうか》　皇族の身分を失って臣籍に下ること。『大日本帝国憲法』下で皇族男子の場合は、爵位を得て*賜《し》姓《せい》華《か》族《ぞく》となることが多く、皇族女子は、華族との婚姻による降嫁が多い。なお、旧憲法下で臣籍降下した皇族男子は以下の一六名である。『皇室典範』制定以前では、明治21年（一八八八）の伏見宮邦家《ふしみのみやくにいえ》親王一五男（伯爵清棲《きよす》家教《いえのり》）、明治30年（一八九七）の北白川宮能久《きたしらかわのみやよしひさ》親王五男（伯爵二荒《ふたら》芳之《よしゆき》）と同六男（伯爵上野《うえの》正雄《まさお》）の三名。『皇室典範』増補制定による降下は、明治43年（一九一〇）の北白川宮能久親王四男（侯爵小《こ》松《まつ》輝久《てるひさ》）の一名であった。その後、大正9年（一九二〇）の「皇族の降下に関する施行準則」により、漸次、山階宮菊麿《やましなのみやきくまろ》王二男（侯爵山階芳麿《よしまろ》）、同三男（侯爵筑波《つくば》藤麿《ふじまろ》）、同四男（伯爵鹿《か》島《しま》萩《はぎ》麿《まろ》）、同五男（伯爵葛城茂麿《かつらぎしげまろ》）、久邇宮邦彦《くにのみやくによし》王二男（侯爵久邇邦久《くにひさ》）、同三男（伯爵東伏見邦英《ひがしふしみくにひで》）、伏見宮博恭《ひろやす》王三男（侯

爵華頂博信《かちょうひろのぶ》）、同四男（伯爵伏見博英《ひろひで》）、朝香宮鳩彦《あさかのみややすひこ》王二男（侯爵音羽正彦《おとわただひこ》）、東久邇宮稔彦《なるひこ》王三男（侯爵粟田彰常《あわたあきつね》）、久邇宮多嘉《たか》王二男（伯爵宇治家彦《うじいえひこ》）、同三男（伯爵龍田徳彦《たつたのりひこ》）の一二名が成年に達して後に降下した。　［小田部］

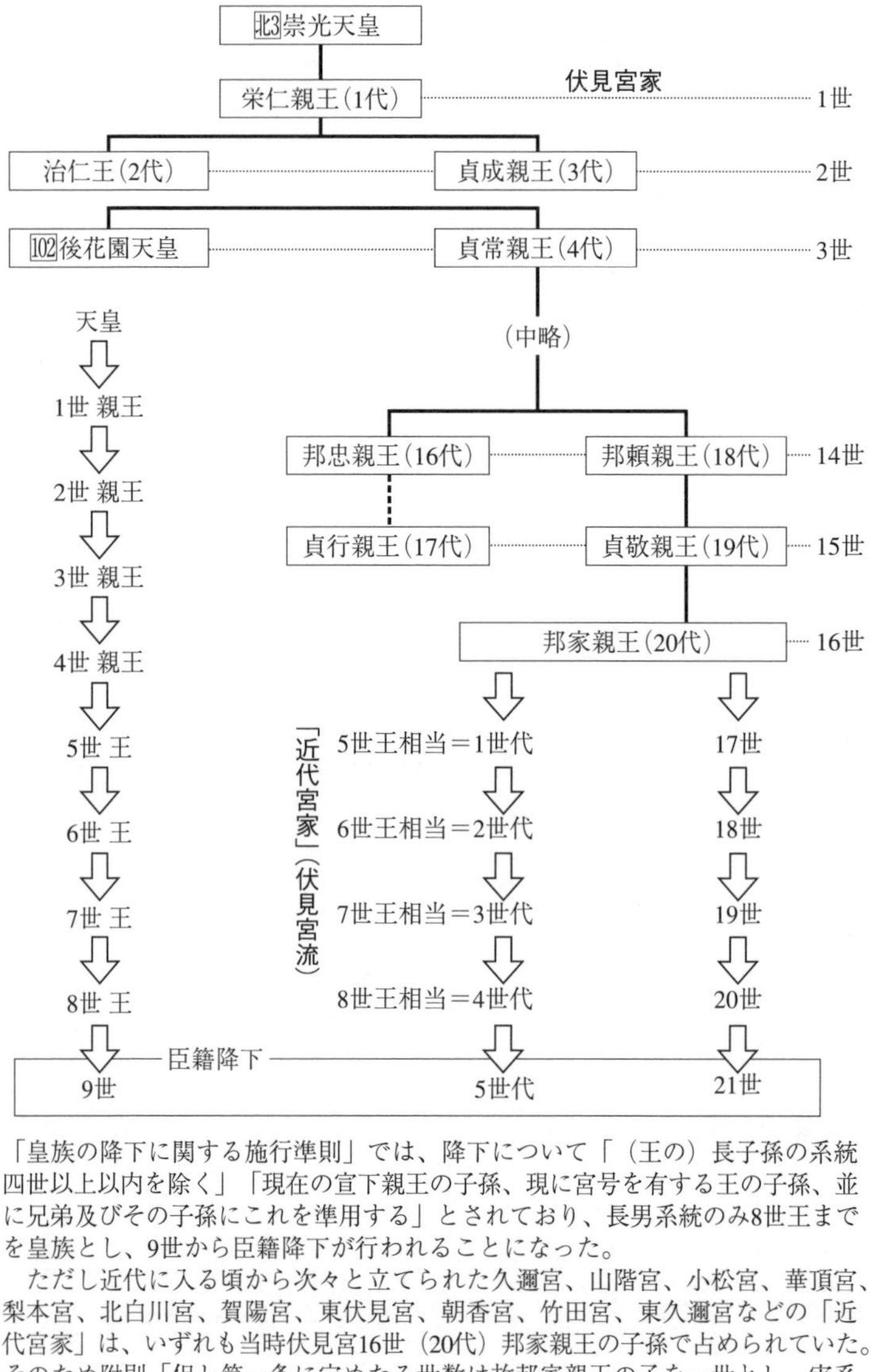

「皇族の降下に関する施行準則」では、降下について「（王の）長子孫の系統四世以上以内を除く」「現在の宣下親王の子孫、現に宮号を有する王の子孫、並に兄弟及びその子孫にこれを準用する」とされており、長男系統のみ8世王までを皇族とし、9世から臣籍降下が行われることになった。

ただし近代に入る頃から次々と立てられた久邇宮、山階宮、小松宮、華頂宮、梨本宮、北白川宮、賀陽宮、東伏見宮、朝香宮、竹田宮、東久邇宮などの「近代宮家」は、いずれも当時伏見宮16世（20代）邦家親王の子孫で占められていた。そのため附則「但し第一条に定めたる世数は故邦家親王の子を一世とし、実系によりこれを算す」によって、邦家親王の子を1世代目、つまり5世王相当と見なし、その4世代以内（伏見宮20世と同等世代まで）を皇族として扱うこととした。これによって近代の諸宮家は伏見宮21世と同等世代からすべて臣籍降下することになったのである。

［所］

※『皇室典範有識者会議報告書』より作成

表1　皇族の降下に関する施行準則

［30］王公族・朝鮮貴族

明治43年（一九一〇）年7月、韓国併合に先立って、日本政府は「韓国の皇室及功臣の処分」を閣議決定し、純宗《じゅんそう》（李坧〈りせき／イ・チョク〉）以下李朝の皇族に、日本皇族または華族に準じた身分を授けることとした。この結果、李朝の上層階級は朝鮮＊王公族《おうこうぞく》あるいは＊朝鮮貴族《ちょうせんきぞく》となり、身分や経済的特権が保障されることとなった。そして、韓国併合条約第三条で、天皇が韓国の皇帝、太皇帝、皇太子、后妃およびその末裔に、地位に応じた尊称・威厳・名誉とこれを維持するに充分なる歳費を与えることを約した。

なかでも、朝鮮皇太子であった＊李垠（りぎん／イ・ウン）（称号は英親王）は＊伊藤博文《いとうひろぶみ》の進言により幼少時に日本に留学し、日本皇族の梨本宮方子《なしもとのみやまさこ》女王と結婚するなど、日韓融和のシンボルとなった。王公族は準皇族として軍務につき日本在住を強いられたが、公族で垠の兄・李堈（りこう／イ・カン）（称号は義親王）はこれを拒んだ。朝鮮貴族は準華族として遇されたが、日本在住は義務づけられず、日本の貴族院議員となる特権もなかった。昭和22年（一九四七）の『日本国憲法』施行で朝鮮王公族と朝鮮貴族は廃止された。

王公族《おうこうぞく》　明治43年（一九一〇）8月29日の韓国併合にともない、皇帝一族は日本の王公族となり、皇族に準ずる班位《はんい》（地位と待遇）を受けた。＊王族《おうぞく》は、純宗と純宗を嗣いだ李垠。垠の妃は＊梨本宮方子女王。＊公族《こうぞく》は李堈と、堈を嗣いだ＊鍵（けん／コン）。鍵の妃は松平誠子《よしこ》（佳子《よしこ》）。敗戦後も準皇族として活動するが、『日本国憲法』で廃された。垠の妹・徳恵（とくえい／トクヘ）は対馬《つしま》の宗《そう》伯爵家に嫁いでいたが離婚。堈の二男＊鍝（ぐ／ウ）は、広島で被爆死。鍵は戦後に桃山虔一《けんいち》と改名、のちに離婚した。

李王職官制《りおうしきかんせい》　明治43年（一九一〇）12月30日公布の皇室令。第一条「李王職は宮内大臣の管理に属し王族及公族の家務を掌る」とあり、長官、次官、事務官、賛侍《さんじ》、典祀《てんし》、典医、技師などの職員を置いた。

帝室制度審議会《ていしつせいどしんぎかい》　大正5年（一九一六）11月4日に設置された皇室令の審議機関。同年8月に李垠と梨本宮方子女王の婚約発表を機に、帝室制度調査局起草で未施行の皇室令案の制定促進と、朝鮮王公族の法的位置づけの明確化を求めた伊《い》東巳代治《とうみよじ》提出の「皇室制度再査議」を受けて組織され、大正7年（一九一八）の旧典範増補や大正15年（一九二六）の「王公家軌範」（王公族の地位規定）制定を進めた。

王公家軌範《おうこうけきはん》　大正15年（一九二六）12月1日公布の皇室令。昭和16年（一九四一）改正、昭和22年（一九四七）廃止。王公家の継承や身位《しんい》、叙勲任官、身位喪失、懲戒、財産、親族などを規定。

朝鮮貴族《ちょうせんきぞく》　華族に準じた爵位と礼遇を与えられた旧李王家の近親や李王家に尽くした旧大韓帝国要人。明治43年（一九一〇）の韓国併合にともなって制定された「朝鮮貴族令」により設置され、公爵を除く侯・伯・子・男爵が選出された。当初は、侯爵朴泳孝（ぼくえいこう パク・ヨンヒョ）、伯爵李完用（りかんよう イ・ワニョン）など七六家あり、爵位に応じて恩賜金が支給された。自動的に貴族院議員となる特権はなかったが、勅撰議員として貴族院議員となった者はいた。襲爵《しゅうしゃく》や陞爵《しょうしゃく》もあり、なかには、日本の政策と合わず、爵位を剝奪されたり返上したりする者もいた。日本の敗戦と朝鮮の解放により事実上壊滅するが、制度としては『日本国憲法』施行まで残った。

王公族《おうこうぞく》**・朝鮮貴族**《ちょうせんきぞく》**の財産**《ざいさん》**・財政**《ざいせい》　王公族と朝鮮貴族は旧来の資産を受け継ぎ、さらに相応の公債証書を下賜され、経済的保護を受けた。しかし、王公族の資産運用は、朝鮮総督府および李王職が管理した。一方、毎年朝鮮総督府特別会計から一五〇万円の王公族費が京城の李王職に送られ、そこから李垠一家の住む東京邸（麻布鳥居坂、のちに紀尾井町）に経常費約三〇万円、臨時費五万ないし一〇万円が支給されていた。李垠の秘書であった趙重九（ちょうじゅうきゅう チョ・ジュング）のメモによれば、李王家の本国の財産は、昭和20年（一九四五）当時で、林野六万四〇〇〇町歩、田（畑）九一万坪、水田三二万坪、宅地三万坪、その他に宮殿、墳墓などの不動産、美術品一万数千点、銀行預金六八〇万円、有価証券二五〇万円、現金五〇万円とある。そして、東京邸の経費予算は約四〇万円で、東京邸の資産の一部として普通預金三七五五万八六〇〇円（三菱銀行麴町支店）、二六五万円（帝国銀行木挽町支店）の計四〇二〇万八六〇〇円あった。また、別邸も大磯、熱海、三島、那須などに有していた。しかし、終戦後、宮内省から一〇万円の贈与を得た以外収入はなく、手許金や別邸売却金などで生活を維持した。

　他方、朝鮮貴族は、それぞれの所有資産を許され、さらに公債証書が下賜されたが、総額は四五五万四〇〇〇円、配分は二万五〇〇〇円から五〇万四〇〇〇円と地位に応じて大きく異なる。中には資産総額一〇〇万円以上の者もいたが、大半は資産がなく多額の負債を抱えており、朝鮮総督府から内閣へ具申して「朝鮮貴族世襲財産令」「朝鮮貴族保護資金令」などを制定、その保護にあたった。また貧困朝鮮貴族救済の「昌福会」が設立されたりした。　［小田部］

［31］華族制度

＊華族《かぞく》は明治維新以後の近代における身分であり制度である。その母体は、古代律令制度下における貴族の末裔《まつえい》である公家階層と、中世以後の封建貴族の末裔の武家階層であった。この二つの貴族の流れが融合し、新たな勲功者を組み入れて維新以後の華族となったのである。なお、維新前、華族は公家の清華家《せいがけ》の別称でもあり、旧摂家の近衛文麿《このえふみまろ》は下位概念である華族とされるのを嫌った。明治2年（一八六九）6月17日に「公卿諸侯の称廃せられ、改めて華族と称す可し」との行政官達により設置されたが、昭和22年（一九四七）5月3日の『日本国憲法』施行によって消滅した。華族は「＊皇室《こうしつ》の藩屏《はんぺい》」とも称され、皇族とともに天皇家を守護することを大きな任務とした。藩屏とは守護する垣根の意である。

華族は、秩禄廃止の代償として得た金禄公債を出資して＊第《だい》十五国立銀行《じゅうごこくりつぎんこう》開業や＊日本鉄道会社《にほんてつどうがいしゃ》創設に関わったり、子弟教育のための＊華族学校《かぞくがっこう》（学習院）を開校したり、不平等条約改正のための＊鹿鳴館《ろくめいかん》時代を支えたり、＊貴族院《きぞくいん》で政治的活動を行ったり、北海道開拓に乗りだしたりするなど、社会の各方面にさまざまな影響を与えた。

明治2年の華族設置時の華族数は公卿一四二家、諸侯二八五家であり、明治17年（一八八四）7月7日、「＊華族令《かぞくれい》」が制定され、7日に一一七家、8日に三八七家で五〇四家となった。以後漸増し、昭和4年（一九二九）に九五五家を数えた。＊爵《しゃく》位《い》を得た家は華族制度廃止までの七八年間で総数一〇一一家、そのうち後継者不在などによる爵位返上は一二七家、手続を欠いた家もあり、廃止時は八八九家あった。

この制度は、大きく三期に区分される。

第一期は、明治2年から明治4年（一八七一）7月14日の廃藩《はいはん》置県《ちけん》までである。華族とは何かという規定がなく、大名消滅の応急措置として公卿と諸侯を合わせたものであり、明治4年の戸籍法で士族と平民の上位の族籍となった時期である。

第二期は、廃藩置県から明治17年（一八八四）7月7日の「華族令」制定まで。公卿出身華族と諸侯出身華族がともに東京に在住するようになって同族化し、士族や平民に対抗する階層となった時期である。この時期に、同族結集のため華族会館が設立され、宮内省管轄となり、新たに開設される帝国議会の上院議員の選出母体として、公卿や諸侯のほかに勲功を加えた公侯伯子男《こうこうはくしだん》の*五爵《ごしゃく》制度が確立した。

第三期は、第二次世界大戦敗戦による華族制度の廃止まで。貴族院議員となる特権が与えられるほか特別の礼遇を受け、軍人や実業家、官僚、学者などの*勲功華族《くんこうかぞく》も増えた。また、近代化にともなう経済的変動により、家政難に陥る華族も現れた。

昭和22年（一九四七）の『日本国憲法』施行により華族は制度としては消滅するが、宮内庁、*霞会館（華族会館の後身）、学習院などを母体にして人的交流や伝統継承などに努めている。

明治17年（一八八四）の宮内省達の「*華族令《かぞくれい》」により、最上層の*公爵《こうしやく》は旧摂家、徳川宗家、国家に偉勲ある者、次位の*侯《こう》爵《しやく》は旧清華家《せいがけ》、旧徳川御三家、現米一五万石以上の旧諸侯、旧琉球藩王、*伯爵《はくしやく》は「大納言まで宣任の例多き旧*堂上」、現米五万石以上の旧諸侯、国家に勲功ある者、*子爵《ししやく》は「一新（明治維新）前家を起したる旧堂上」、現米五万石未満の旧諸侯および「一新前旧諸侯たりし者」、国家に勲功ある者、*男爵《だんしやく》は「一新後華族に列せられたる者」、国家に勲功ある者などが選ばれた。受爵者に交付された辞令書を*爵記《しやつき》と称し、天皇の親署に御璽《ぎよじ》が捺《お》され、宮内大臣が副署して日付を記した。そして、天皇が授爵者に勅語を授け、宮内大臣から爵記が渡されるのが*爵親授式《しやくしんじゆしき》である。

爵は世襲で男子が嗣いだ（*襲爵《しゆうしやく》）が、男系の養子も認められた。また軍事、経済、外交、行政などの功績で新たに授爵したり、上位の爵位に*陞爵《しようしやく》したり、上級の官位に叙せられたりもした（*陞叙《しようじよ》）。授爵や陞爵は、当初は伊藤博文《いとうひろぶみ》が中心となった。昭和3年（一九二八）の昭和大礼では、関係部署の推薦書を内閣官房が「内申功績書」としてまとめ、首相田中義一《たなかぎいち》（一八六四〜一九二九）から宮内省宗秩寮《そうちつりよう》に渡され、天皇の裁可を得て決定した。仙台伊達伯爵家の陞爵も申請されたが実現しなかった。

*華族礼遇《かぞくれいぐう》は、華族への特別待遇の意であり、爵の世襲、*叙位《じよい》（官人の公式序列である位階を授かること）、立后・皇族婚嫁の資格、*宮中席次（宮中における席順）の確保などがあった。また、*堂上公家《とうしようくげ》出身の華族には*旧堂上華族保護《きゆうとうしようかぞくほご》資金《しきん》が与えられた。*華族特権《かぞくとつけん》は、貴族院議員たる資格、家範の制定、世襲財産の設定、学習院への入学などがあった。

*華族義務《かぞくぎむ》には、皇室および国家への忠誠、女系相続の排除、宮内大臣の監督に服すること、婚姻における宮内大臣の事前認許、系譜の提出、子弟の軍人化などがあった。華族として不適切な言動があれば、*礼遇停止《れいぐうていし》や*懲戒《ちようかい》に処せ

られた。伯爵土方久敬《ひじかたひさよし》（筆名＝与志《よし》。一八九八～一九五九）は共産党活動のため昭和９年（一九三四）９月20日に爵位返上となった。

華族の体面に関する失行、不謹慎な言動などがあった場合、華族は譴責《けんせき》、訓戒などの戒飭《かいちょく》を受けることを規定したのが「*華族戒飭令《かぞくかいちょくれい》」。明治44年（一九一一）12月27日に公布され、昭和22年５月２日に廃止された。

なお、華族令では、*女戸主《にょこしゅ》が認められており「入夫又は養子が家督相続をなしたる後襲爵」とされていた。しかし、女戸主を容認することは男系による皇位継承の本義を損ねるなどの理由で、明治40年（一九〇七）５月７日に皇室令として改正され、相続人は男子であるのみならず男系であることが明記された。

明治43年には「華族令中改正の件」で「懲戒委員会」を「*宗秩寮審議会《そうちつりょうしんぎかい》」に改めるなどの処置がとられ、昭和22年５月２日に廃止された。

華族《かぞく》の職業《しょくぎょう》　資産家の華族は地代や配当などの収入もあり無職業が多かった。大正８年（一九一九）の柳沢統計研究所編『華族静態調査』によれば、華族当主九二六名のうち過半数にあたる五六九名が無職業であった。残る有業者のうちでは公務および自由業が二二七名おり、公務の多くは宮内官吏や陸海軍人であった。次いで銀行業が三〇名を占め、農業、鉱業、工業、交通業、商業などを業とする華族もいた。当主ではないが、入江たか子（本名、東坊城英子《ひがしぼうじょうひでこ》。一九一一～九五）、久我美子《くがよしこ》（本名・小野田美子《はるこ》、旧姓・久我《こが》。一九三一～）のように女優となった華族女子もいた。

華族《かぞく》の趣味《しゅみ》と研究《けんきゅう》　史家の公爵大山柏《かしわ》、写真家の伯爵亀井茲明《これあき》など、玄人なみの趣味を持つ華族は多く、なかでも華族の鳥類研究は有名であり、*山階鳥類研究所《やましなちょうるいけんきゅうじょ》を創設した侯爵山階芳麿《よしまろ》はじめ、公爵鷹司信輔《たかつかさのぶすけ》（鳥の公爵）、侯爵黒田長《なが》礼《みち》（日本鳥類学会名誉会頭）、侯爵蜂須賀正氏《はちすかまさうじ》（絶滅鳥ドードー研究者）、伯爵清棲幸保《きよすゆきやす》（山岳鳥類研究）、子爵松平頼孝（松平家標本館設立）、侯爵黒田長久《ながひさ》（「鳥の博物館」館長）、男爵池田真次郎（トキの保護）などがいる。また、本草学の男爵田中芳男、タカチホヘビ発見者の男爵高千穂《たかちほ》宣《のぶ》麿《まろ》、生物学研究所を設立した侯爵徳川義親《よしちか》、甲虫研究の伯爵久松定成《ひさまつさだなり》、子爵高木正得《まさなり》、水産学者の公爵島津忠秀、生物学者の伯爵井伊直愛《いいなおよし》なども知られる。そのほか、雲の研究者の伯爵阿部正直《あべまさなお》、湖沼学者の子爵田中阿歌麿《たなかあかまろ》なども有名である。

［小田部］

[32] 華族の財政・経済

五爵制度となって以後の華族は、旧諸侯（旧藩主）や公卿のみならず、旧諸侯の家臣や勲功ある者などで構成された。このため、その経済基盤もさまざまであった。旧諸侯や公卿らは、かつての禄高を廃止されて（秩禄処分《ちつろくしょぶん》）、金禄《きんろく》公債《こうさい》を与えられ金利生活者となった。

秩禄処分《ちつろくしょぶん》　旧諸侯、家臣、皇族、公卿らの秩禄（家禄・賞典禄）を廃止するためにとった明治政府の政策であり、まず、旧諸侯は藩高を一割に、公卿は家禄を二割五分に削減され、家臣は士族となり帰農を奨励されたりした。そして、明治9年（一八七六）に金禄公債が交付されることで秩禄は全廃された。

金禄公債《きんろくこうさい》　華族や士族の秩禄廃止のために有禄者に与えられた公債であり、元金は五年間据え置きで、利子は五分から七分であった。額は約一億七四〇〇万円だが、大半は旧大大名出身の武家華族に渡り、その受領額は旧来の禄高に応じており、一〇万石以上の大大名と三〇〇石以下の中小公家の受領額の差は大きかった。して、多額の資産を受領した華族たちは、その巨額の資産をもとに明治10年（一八七七）5月21日*第十五国立銀行《だいじゅうごこくりつぎんこう》を設立し、資本の有効活用をはじめた。

第十五国立銀行は、東京の京橋木挽町《こびきちょう》に本店を置き、資本金一七八二万六一〇〇円、株主総数四八四名、株式総数一七万八二六一株で、当時、資本金第二位であった第一国立銀行の約一二倍の資本金を持つ巨大銀行であった。主な大株主は島津、前田、毛利、細川などの旧大大名たちであった。明治30年（一八九七）5月21日、国立銀行としての営業期間満了により、普通銀行の十五銀行となり、のち盛況を続けたが、第一次世界大戦後の不況や関東大震災などで損害を被り、昭和2年（一九二七）の金融恐慌で一時休業。〝華族銀行〟とも称されたが、昭和19年（一九四四）帝国銀行（戦後、三井銀行と改称）に吸収合併された。

さらに、*岩倉具視《いわくらともみ》らの主唱により、金禄公債を資本として、明治14年（一八八一）11月11日*日本鉄道会社《にほんてつどうがいしゃ》を設立した。その後、明治39年（一九〇六）3月1日に日本鉄道会社は国有化され、この時に株を所有していた資産家の華族たちは大きな利潤を得た。

他方、大土地所有者となり、地代収入を増やした者も少なくない。北海道や東北地方の開拓などに関わった華族の奮闘は、日本の酪農産業の発展に寄与した。また、勲功ある者の構成も財界人、官僚、軍人など多様で、資本家から俸給生活者までおり、その収入基盤も所得額も一定ではなかった。

こうした多種多様な華族の財政基盤ではあるが、一般には大大名家のような多額の金利による生活が典型的な華族の姿とみなされる。これら華族の財政基盤は、日本経済の景気変動に左右され、大正末期から昭和初期にかけては、小作争議などで地代収入を減らしたり、有価証券の暴落などで資産を失ったりした華族が増大した。このため先祖伝来の家屋敷や家宝を手放す事例も数多くみられ、資産力の小さい華族で家格の維持に困難を極めた家も少なくなかった。

華族設置当初から華族の家格保持に必要最低限の収入を確保させるために、明治19年（一八八六）4月29日、「*華族世襲《かぞくせしゅう》財産法《ざいさんほう》」が公布された。同法は、毎年五〇〇円の純利益を生じ、かつ抵当権の対象としての差し押さえを禁じた特別な財産の設定を認めていた。しかし、債権者の評判が悪く、また資産のない華族にとってはかえって経済的圧迫となるなどの理由で、大正5年（一九一六）9月19日に改正された。その結果、経済的事情を理由に世襲財産を廃止する道が開かれ、そのことが経済変動の中で華族財産の解体を促進する要因ともなった。

とくに、第一次世界大戦後の小作争議や、関東大震災、昭和恐慌、太平洋戦争などによる景気変動は、奈良の興福寺の僧侶から還俗した公家の*奈良華族《ならかぞく》など資産のない弱小華族のみならず、蜂須賀侯爵家や紀州徳川侯爵家など資産家の武家華族にも大打撃を与えた。その過程で、佐竹侯爵家所有の藤原信実《ふじわらののぶざね》筆『三十六歌仙絵巻』など国宝級の美術品が売却されたりした。

また、経済的に困難を極める旧*堂上《とうしょう》からなる華族、すなわち、「有爵者にして従前公卿の称を有せし家の内、旧五摂家、明治十七年七月、明治二十年四月及明治三十一年三月侯伯子爵を授けられたる諸家に戸主たる者」らを救済するため、明治45年（一九一二）7月10日に「*旧堂上華族保護資金令《きゅうとうしょうかぞくほごしきんれい》」が公布された。元資は「旧堂上華族恩賜金会計中恵恤部《けいじゅつぶ》に於て管理したる現金、登録国債及有価証券」とされ、昭和22年（一九四七）5月2日に廃止された。

［小田部］

［33］華族会館・学習院・鹿鳴館

華族会館《かぞくかいかん》　明治4年（一八七一）に天皇が華族一同に「一層勤勉の力を致し」と下した勅諭《ちょくゆ》をきっかけとして、華族たちは実学教育や女子教育などを重視するようになり、なかには欧米に渡航をして見聞を広め、自己を磨き、天皇の勅諭に応えようとした者たちも現れた。こうして、明治7年（一八七四）6月1日、国民の模範となるべき華族の勉学施設として華族会館が創設された。

設立には、*通款社《つうかんしゃ》と*麝香間祗候《じゃこうのましこう》という二つの結社の動きが大きな流れとなった。通款社は、開明的な中堅層の華族で構成され、留学の結果、イギリスの富強は議会の力によるとして、将来の上院議員たる華族の役割を力説し、書籍館（図書館）の建設などを進めた。麝香間祗候は、京都御所の麝香間に祗候できた上層華族たちで構成され、通款社と同様の主張をしていた。*三条実美《さんじょうさねとみ》と*岩倉具視《いわくらともみ》は、この二つの結社を統一させて、華族会館設立へと向かわせた。

ところが、岩倉は華族が上院議員化することを恐れ、当初、計画されていた会議局や翻訳局は排除され、書籍、勉学、講義の三局のみ設置を認めた。そして、所期の目的である「学問の切磋《せっさ》」「子弟の教育」などは、学習院へと受けつがれ、会館は華族同族の社交場としてのみ機能するようになった。華族制度廃止後は、一般社団法人霞会館《かすみかいかん》として文化研究活動や旧華族の親睦につとめている。

学習院《がくしゅういん》　華族子弟の教育機関として明治10年（一八七七）10月17日に開校。学習院の名称は、幕末の弘化4年（一八四七）に*[121]孝明天皇が京都に設けた公家の学校である*学習所《がくしゅうじょ》に由来する。現在の*学習院大学《がくしゅういんだいがく》の前身となる華族学校としての学習院はイギリスの貴族学校を模範として構想されたもので、*華族会館勉学局《かぞくかいかんべんがくきょく》から発展した。設置の経費や敷地は*明治天皇から下賜され、当初の教育内容は、男女ともに満六歳から満一四歳までの間の八年間とし、男子はさらに進学して満二二歳で中学を終えた。

教科内容は、日本や中国の古典籍のみならず、「泰西《たいせい》（西洋）」修身や万国公法など国際事情も学んだ。明治12年（一八七九）には、「兵事を第一とす」との方針もとりいれられ、明治17年（一八八四）に宮内省所轄の官立学校になった。その後、明治21年（一八八八）創立地の神田錦町から麹町区三年町（現千代田区霞が関）へ移転し、明治41年（一九〇八）に北豊島郡高田村目白（現豊島区目白）に落ち着いた。

女子ははじめ共学（*学習院女子部）であったが、明治18年（一八八五）に男女別学の*華族女学校《かぞくじょがっこう》となった。明治39年（一九〇六）に再び共学の*学習院女学部となり、さらに大正7年（一九一八）に別学の*女子学習院《じょしがくしゅういん》となった。戦後、現在の学習院大学に統合される。*常磐会《ときわかい》は戦前における学習院女子卒業生の同窓会組織である。

鹿鳴館《ろくめいかん》　浜離宮に石造の旧幕府海軍練習所があり、明治2年（一八六九）外務省に移管され、*延遼館《えんりょうかん》と称され、外国人接待所となった。その後、外務卿*井上馨《いのうえかおる》が不平等条約改正のための欧化政策の一環として、内外人の社交場が必要と主張し、東京麴町内山下町（現在の帝国ホテル付近）に鹿鳴館が建築された。

鹿鳴館はイギリスの建築家*ジョサイア・コンドルの設計で、当時のもっとも豪華な洋風建築であった。コンドルは、鹿鳴館以外にも、旧東京帝室博物館本館、旧宮内省本館、ニコライ堂、旧海軍省本館、旧ドイツ公使館はじめ、岩崎邸、島津邸、古河邸《ふるかわ》など、当時の代表的建築物を設計し、多くの建築家を育てたことでも知られる。鹿鳴館は、明治16年（一八八三）11月28日に開館し、翌年（一八八四）に「*華族令」が制定されて、明治政府の高官たちは爵位を得た華族となり、各国外交官やいわゆる「お雇い外国人」たちと舞踏会を重ね、服飾など皇室の欧風化に拍車をかけた。しかし性急な欧化主義は国民の支持を失い、鹿鳴館の舞踏会は下火となる。

霞会館《かすみかいかん》　明治7年（一八七四）6月1日に発足した華族会館が前身。はじめ浅草本願寺にあり、永田町の旧二本松藩邸、神田錦町の学習院内などと移転し、明治23年（一八九〇）に鹿鳴館を借り、明治27年（一八九四）に鹿鳴館の敷地と建物を購入した。のち、昭和2年（一九二七）に麴町区三年町の新館に移り、戦後の昭和42年（一九六七）以後は、同地の霞が関ビル内に霞会館として入り、文化活動や『旧華族家系大成』の出版や展覧会、学習院生への奨学金など公益事業を行っている。

霞会館は霞が関ビル三四階にあり、広さは約三〇〇〇平方《メートル》。談話室などのほか、食堂やバー、ビリヤード室などがある。建設時に三井不動産に貸した地代やテナント料などの収益でまかなわれ、会員は旧皇族、旧華族当主とその嗣子、嫡孫。現皇族は名誉会員。霞会館の名前の由来は、霞が関の地名と初代館長であった*有栖川宮熾仁親王《ありすがわのみやたるひと》の雅号「霞堂」にちなむ。なお、京都市上京区油小路通に京都事務所がある。

［小田部］

［34］輔弼の人びと

『大日本帝国憲法』のもとでは、国務は各国務大臣、宮務は宮内大臣と内大臣、統帥は参謀総長と軍令部長（のち軍令部総長）が*輔弼《ほひつ》、つまり天皇の行為について進言し、その全責任を負うこととした。また、官制上の規定のない元勲《げんくん》、元老《げんろう》、重臣《じゆうしん》や、天皇に近侍して公私にわたる職務や生活を支える侍従や女官なども、広い意味で天皇を輔弼したといえよう。こうした中で、とりわけ天皇の意に沿って政治的に重要な役割を果たした人びとを、一般に*天皇側近《てんのうそつきん》と称する。主に宮内大臣、侍従長、内大臣など宮中の要職者を指し、昭和戦前期の牧野伸顕《まきののぶあき》、木戸幸一《きどこういち》らは「宮中《きゆうちゆう》グループ」とも称された。

元勲《げんくん》　明治維新に大きな功績があり明治政府に重んじられた政治家を意味するが、定義や基準はない。一般に、幕末維新で中心的役割を担った三条実美《さねとみ》、岩倉具視《ともみ》、木戸孝允《たかよし》、西郷隆盛、大久保利通《としみち》、西園寺公望《さいおんじきんもち》らがあげられ、明治18年（一八八五）の内閣制度創設当時の権力集団を構成した長州の伊藤博文、井上馨《かおる》、山県有朋《ありとも》、山田顕義《あきよし》、薩摩の黒田清隆、松方正義、西郷従道《つぐみち》、大山巌《いわお》らも「元勲」と呼ばれた。

元老《げんろう》　*明治天皇から「*元勲優遇《げんくんゆうぐう》の詔勅《しようちよく》」を受けたか、これに準ずる者を元老と称した。元老は正式の官職ではないが、後継首班の推薦や国家の重要事項について天皇や政府に意見を述べた。

元老は、伊藤、井上、山県、桂太郎、黒田、松方、西郷、大山、公家の西園寺の九名。昭和戦前期には西園寺ひとりとなり「最後の元老」と呼ばれた。西園寺亡き後の首相推薦は、内大臣と重臣の協議によった。

重臣《じゆうしん》　西園寺が昭和7年（一九三二）の五・一五事件以後の首相推薦にあたり、相談相手とした枢要の人びと。はじめは首相経験者や陸海軍長老だったが、のちに枢密院議長や内大臣も加わり*重臣会議《じゆうしんかいぎ》を開くようになる。

西園寺亡き後は、元老に代わって内大臣が枢密院議長、元首相らと協議して後継首相を選ぶ重臣会議が定式化した。また、近衛文麿《このえふみまろ》、岡田啓介、米内光政《よないみつまさ》らは太平洋戦争の戦局悪化の中で東条英機の独裁政治を阻止するために結束し、「重臣グループ」と称された。

侍補《じほ》グループ　明治10年（一八七七）8月29日に設置された侍補《じほ》

職の人びと。侍補の元田永孚《もとだながざね》や佐佐木高行らは、自由民権運動の高揚や私擬憲法の制定などにより立憲制が重要な課題となるなか、*天皇親政《てんのうしんせい》をめざした。侍補の努力で、天皇は「治政」への関心を高めるようになった。しかし、侍補の勢力拡大を懸念した政府は明治12年(一八七九)10月13日、侍補職を廃止した。

宮中《きゅうちゅう》グループ　昭和戦前期において天皇側近として合法的にも超法規的にも政治の中枢に深く関わった人びと。元老、内大臣、内大臣秘書官長、宮内大臣らを指し、具体的には、西園寺公望《きんもち》、牧野伸顕《のぶあき》、近衛文麿、木戸幸一、原田熊雄などがあげられる。彼らは戦争遂行に重要な役割を担う軍部と協調しながら、天皇中心の国体を護持するために尽力した。

十一会《じゅういちかい》グループ　大正11年(一九二二)11月11日の「新進華族」の会合に集《つど》った人びと。宮中グループの中でも西園寺や牧野より若い世代の近衛、木戸、原田のほか、有馬頼寧《よりやす》、佐佐木行忠《ゆきただ》(佐佐木高行の孫)、広幡《ひろはた》忠隆、松平康昌《やすまさ》、酒井忠正《ただまさ》、岡部長景《ながかげ》らがいた。彼らの多くは太平洋戦争期に首相や閣僚、宮中官僚などの要職に就き、国体の護持に努めた。

［小田部］

資料コラム

【元勲優遇《げんくんゆうぐう》の詔勅《しょうちょく》】

(黒田清隆・伊藤博文・山県有朋の例)

*枢密顧問官《すうみつこもんかん》黒田清隆《くろだきよたか》へ元勲優遇の詔勅

明治二十二年十一月一日

朕《ちん》枢密顧問官陸軍中将従二位勲一等伯爵黒田清隆を待つに特に大臣の礼を以てし、茲《ここ》に元勲優遇の意を昭《あきらか》にす。

*宮中顧問官《きゅうちゅうこもんかん》伊藤博文《いとうひろぶみ》へ元勲優遇の詔勅

明治二十二年十一月一日

朕宮中顧問官従二位勲一等伯爵伊藤博文を待つに特に大臣の礼を以てし、茲に元勲優遇の意を昭にす。

*議定官《ぎじょうかん》山県有朋《やまがたありとも》へ元勲優遇の詔勅

明治二十四年五月六日

朕議定官陸軍大将従二位勲一等伯爵山県有朋を待つに特に大臣の礼を以てし、茲に元勲優遇の意を昭にす。

[35]『大日本帝国憲法』と天皇

明治22年（一八八九）2月11日発布の『*大日本帝国憲法《だいにほんていこくけんぽう》』によって、近代の天皇は*立憲君主《りっけんくんしゅ》としての体裁を整えた。しかし、それ以前からすでに近代の天皇と皇室は形成されており、いわゆる欧米流の立憲君主とは異なる神的性格も具えていた。一方、自由民権運動の高揚や*私擬憲法《しぎけんぽう》の制定などで立憲制確立が重要な課題となるなか、元田永孚《もとだながざね》や佐佐木高行ら*侍補グループが、天皇の君徳培養により、名君による天皇の親政を実現しようとした。

*岩倉具視《いわくらともみ》や*伊藤博文《いとうひろぶみ》は、天皇が政治に意欲を示すことは求めるところであったが、宮中と府中の別（→[38]）がないと政策決定が不安定になるので望ましくないと考え、侍補グループの活動に功罪の両面をみていた。結局、侍補は廃止され、その後、*明治十四年《めいじじゅうよねん》の政変《せいへん》があり、*国会開設《こっかいかいせつ》の詔《みことのり》が出され、明治15年（一八八二）に伊藤は憲法調査のため欧州に派遣された。

伊藤はドイツの公法学者グナイストと会い、国会を設立しても兵権や会計権に介入させるようでは乱れの元凶でしかないと専制論を教えられ、英米仏の「自由過激論者」の著述の影響を受けて国家の影響力を弱めようとする国内の動きを打破し、「皇室の基礎を固定」する方向をめざしていった。こうして、『大日本帝国憲法』が発布された。

*憲法発布《けんぽうはっぷ》の勅語《ちょくご》には、天皇が「臣民」に宣布するとあり、*欽定憲法《きんていけんぽう》（君主の意思で制定される憲法）であることが明言されている。天皇や内閣、国民（臣民）の権利義務などを全七章（七六条）で規定した。また同日、『*皇室典範』（旧）（→[36]）も制定され、皇位継承や皇族の範囲などが法文化された。昭和22年（一九四七）5月3日の『日本国憲法』（→[45]）施行によって全面改定されるまで機能した。

この憲法下における学校では、科目教育のみならず、多くの行事が催され、天皇への忠誠心などが養成された。明治期の主な学校行事をあげれば、祝日、大祭日儀式として、新年・天長節（天皇誕生日）・紀元節・神武《じんむ》天皇祭の各祝賀式（昭和2年から明治節が加わる）があった。そのほか、遠足、試験、展覧会、学芸会、運動会などさまざまな学校行事があり、機会あるごとに、天皇や国家への忠誠が説かれた。なかでも*教育勅語奉読と「*御真影《ごしんえい》」への最敬礼は、教育の支柱となった（→136）。

大日本帝国憲法《だいにほんていこくけんぽう》　第一章「天皇」は、一七条で構成される。第一条は、「大日本帝国は万世一系《ばんせいいっけい》の天皇之《これ》を統治す」と、「万世一系の天皇」が最高統治者であることを述べる（写真1）。『古事記《こじき》』や『日本書紀《にほんしょき》』などの皇統に記されている*1神武天皇を実在とし、そこから続いた家系につらなる天皇が最高統治者になるという意味である。そして、天皇は「神聖にして侵《おか》すべからず」（第三条）、「国の元首にして統治権を総攬《そうらん》」（第四条）、「陸海軍を統帥《とうすい》」（第一一条）などとされる。

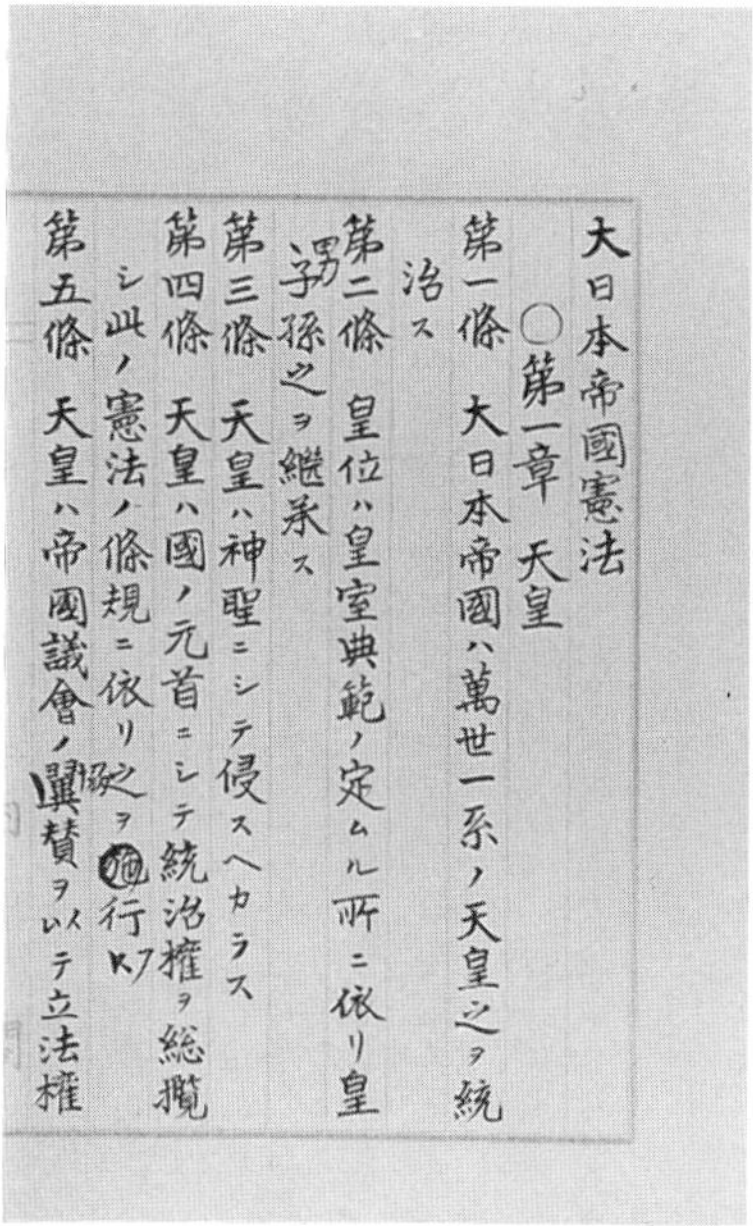
大日本帝國憲法
○第一章　天皇
第一條　大日本帝國ハ萬世一系ノ天皇之ヲ統治ス
第二條　皇位ハ皇室典範ノ定ムル所ニ依リ皇男子孫之ヲ継承ス
第三條　天皇ハ神聖ニシテ侵スヘカラス
第四條　天皇ハ國ノ元首ニシテ統治權ヲ総攬シ此ノ憲法ノ條規ニ依リ之ヲ施行ス
第五條　天皇ハ帝國議會ノ翼賛ヲ以テ立法權

写真1　**大日本帝国憲法草案**（國學院大學図書館蔵）

第二章は「臣民権利義務」で、「兵役の義務」（第二〇条）、「納税の義務」（第二一条）、「居住及移転の自由」（第二二条）などが定められる。

第三章は「帝国議会」。「帝国議会は貴族院衆議院の両院を以て成立」（第三三条）などが規定される。第四章は「国務大臣及枢密顧問」で、第五五条に「国務各大臣は天皇を輔弼《ほひつ》し其《そ》の責に任ず」とあり、内閣と天皇とを分離させた。また、第五六条には枢密顧問が「天皇の諮詢《しじゅん》に応《こた》へ重要の国務を審議す」とあり、内閣とは別の天皇直属の機関とした。

天皇大権《てんのうたいけん》　『大日本帝国憲法』下において天皇が帝国議会の参与によらず行使できる権限。大権事項には、帝国議会の召集・開会、法律の裁可・公布、文武官の任免、陸海軍の統帥、宣戦・講和・条約締結などがある。

なかでも*統帥権《とうすいけん》は、陸海軍の組織・編制・人事・作戦指揮などに関する権限であり、慣習上、軍令事項は統帥部である参謀総長、軍令部長（のち軍令部総長）に委託され、その輔弼を受けていた。他方、『大日本帝国憲法』第五五条で国務大臣は天皇を輔弼するともあり、こうした憲法解釈の違いから、昭和5年（一九三〇）のロンドン海軍軍縮条約における*統帥権干犯問題《とうすいけんかんぱん》が起こった。

私擬憲法《しぎけんぽう》　『大日本帝国憲法』の制定前に、政治家や民間人などによって作成された憲法草案。著名なものとしては、西周《にしあまね》や津田真道《つだまみち》が幕末に構想したもの、青木周蔵《あおきしゅうぞう》が明治初期に案出したものなどがある。

政府の欽定憲法案に対抗するものとして起草された民権派の私擬憲法には、矢野龍渓《やのりゅうけい》（本名文雄《ふみお》）や馬場辰猪《ばばたつい》ら交詢社《こうじゅんしゃ》（福沢諭吉《ふくざわゆきち》を中心とする慶応義塾《けいおうぎじゅく》系の社交クラブ）の私擬憲法案があり、イギリス的議会主義、政党内閣制、二院制をとり、立憲改進党系の憲法案の代表的なものとなっていた。

また、自由党系（立志社《りっししゃ》）の代表的な私擬憲法である植木枝盛《うえきえもり》の「*日本憲法見込案」は国民の基本的人権や抵抗権を認め、一院制をとった。同案を踏襲した「東洋大日本国国憲按」は、抵抗権、一院制、連邦制のほか「皇帝」や女性天皇も認め、「女帝の夫婿《ふせい》は王権に干渉するを得ず」と、その配偶者についても配慮し、さらには革命権を明記した。

東京都西多摩郡五日市《にしたまぐんいつかいち》町（現あきる野市）で発見された私擬憲法「日本帝国憲法」（いわゆる「*五日市憲法」）は、第一篇「国帝」のもとに、人権保障や地方自治など先進的な内容を含む。*平成の天皇と皇后（上皇と上皇后）はこの草案に強い関心を示した。

貴族院《きぞくいん》　衆議院とともに帝国議会を構成した。明治23年（一八九〇）に創設され、皇族、華族、*勅任議員《ちょくにんぎいん》などからなっていた。*皇族議員《こうぞくぎいん》は定数も歳費もなく、成年男子（満二〇歳）はすべて議員となったが、皇族が政争に巻き込まれるのを避けることや、多くが政治不関与の原則を持つ軍人であることなどから、議事に参加することはなかった。*華族《かぞく》議員《ぎいん》は、公侯爵《こうこうしゃく》は満二五歳（のちに改正されて満三〇歳）になると自動的に終身議員となり、伯子男爵《はくしだんしゃく》は満二五歳に達した当主の互選で、任期はそれぞれ七年。華族議員からなる研究会、*火曜会《かようかい》などは貴族院の政治会派として政治力を持った。勅任議員には、*勅撰議員《ちょくせんぎいん》（国家に功績がある者、学識がある者などから天皇が任命）、*帝国学士院議員《ていこくがくしいんぎいん》（帝国学士院会員で互選）、*多額納税者議員《たがくのうぜいしゃぎいん》（多額の直接国税を納める者で互選）、*朝鮮勅撰議員《ちょうせんちょくせんぎいん》・*台湾勅撰議員《たいわんちょくせんぎいん》（朝鮮または台湾の名望家から天皇が任命）などがあり、それぞれ満三〇歳以上の男子が選出された。

枢密院《すうみついん》　明治21年（一八八八）に『大日本帝国憲法』と旧『皇室典範』の草案審議のため設置され、『大日本帝国憲法』下において天皇の最高諮問機関となった。「元勲《げんくん》および練達《れんたつ》の人」から議長・副議長各一名のほか、顧問官一二名以上（のち二八名に達し、最終的には二四名とした）を勅命で選任した。明治期は、議長は伊藤博文《いとうひろぶみ》ら元老《げんろう》級、顧問は薩長《さっちょう》を中心とする藩閥《はんばつ》や大臣・宮内《くない》高官経験者が多かった。大正期になると、議長は元老級から浜尾新《はまおあらた》や倉富勇三郎《くらとみゆうざぶろう》ら実務系官僚となり、顧問は古参官僚が増えた。昭和期になると、顧問に元田肇《もとだはじめ》や深井英五《ふかいえいご》のような政党人・財界人が加わる。

天皇主権説《てんのうしゅけんせつ》　東京帝国大学教授で憲法学者である穂積八束《ほづみやつか》や上杉慎吉《うえすぎしんきち》らが主張する君主絶対主義論。『大日本帝国憲法』第四条にある「天皇は国の元首にして統治権《とうちけん》を総攬《そうらん》し此《こ》の憲法の条規に依《よ》り之《これ》を行ふ」の「統治権」の解釈を天皇の主権とみなした。

天皇機関説《てんのうきかんせつ》　東京帝国大学教授で憲法学者の美濃部達吉《みのべたつきち》に代表される『大日本帝国憲法』の解釈のひとつ。ドイツのイエリネックの国家法人説に基づくもので、国家の統治権の主体は法人である国家にあり、天皇はその最高機関であるとするもの。上杉慎吉らの天皇主権説と対立したが、大正期には美濃部の機関説が学界でも主流を占め、牧野伸顕《まきののぶあき》、一《いっ》木喜徳郎《きとくろう》ら宮中官僚や政党政治家の理論的な基礎ともなっていた。しかし、昭和10年（一九三五）、貴族院議員の美濃部が天皇機関説論者として攻撃され、国体明徴運動《こくたいめいちょううんどう》に発展し、美濃部は貴族院議員を辞任、機関説は衰退した（天皇機関説事件→[43]）。

立憲君主制《りっけんくんしゅせい》　君主が、憲法に従ってその保有する統治権を運用する政治体制。君主とは、元来は世襲あるいは特別の選挙で選出された単独首長を意味し、近代日本の場合、万世一系とされた世襲の天皇を指した。昭和戦前までは『大日本帝国憲法』、戦後は『日本国憲法』が制定され、天皇の権限にも一定の法的制限があった。近代の歴代天皇もそうした憲法上の制約を強く意識しており、*昭和天皇も*平成の天皇（上皇）も憲法遵守を表明し、*令和の天皇もこれを継承する意思を示している。

欽定憲法《きんていけんぽう》　君主の単独意思および側近等の合議によって制定された憲法。国民の意思によって制定される民定憲法に対するもの。近代日本では自由民権運動は民定憲法をめざしたが、*伊藤博文は19世紀のドイツ諸邦の欽定憲法を範として『大日本帝国憲法』を制定した。

天皇親政《てんのうしんせい》　天皇みずからが側近等の補佐で政治を行うこと。明治初期の侍補グループや昭和初期の国家主義運動家などは、天皇親政を推進しようとしたが、親政には責任もともない、政治の主流とはならなかった。

［小田部］

［36］明治の皇室典範と皇室令

皇室典範《こうしつてんぱん》　皇位継承など皇室に関する事項を規定。明治22年(一八八九)2月11日、『大日本帝国憲法』とともに制定された。憲法に基づく一般国政に関する国務法とは異なる*宮務《きゅうむ》法《ほう》で、その改廃に帝国議会が介入することはできなかった。第一章は「皇位継承」で、第一条に「男系の男子之を継承す」とある。この規定が男系男子限定相続の法的根拠となるが、その成立の段階では、*伊藤博文《いとうひろぶみ》、*井上毅《いのうえこわし》、*岩倉具視《いわくらともみ》、三条実美《さんじょうさねとみ》、柳原前光《やなぎわらさきみつ》らが多面的な議論を展開していた。

　たとえば、明治9年(一八七六)10月、元老院国憲按第一次案が作成されたが、そこでは女系容認、元老院の承認に基づく帝位継承順序の変更、即位に際しての元老院における皇帝の国憲確守宣誓、一般法律による皇帝所有不動産の管理などが、明記されていた。女系については、第二章「帝位継承」の第四条に「女主入て嗣ぐときは其夫は決して帝国の政治に関与すること無かる可し」とあり、皇婿《こうせい》(女帝の夫)の政治的介入を規制していたのである。また、内規取調局で定めた皇族内規初案では、親王、王、降下などの等親の範囲を明記していた。次案でも、「親王より五世に至り姓を賜ひ公爵に列し家産として金十万円を賜ひ(内七万円を非売財産とす)別に宮殿を営せしめ帝室の支給を止む」などとあり、皇族数の拡大とその防止を強く意識していた。この議論は明治40年(一九〇七)2月11日の旧典範増補まで続き、その第一条「王は勅旨又は情願に依り家名を賜ひ華族に列せしむることあるべし」により、一応の決着をみる。そして明治43年(一九一〇)の「*皇族身位令《こうぞくしんいれい》」により、華族に列せられる王は満一五歳以上で、世襲財産を賜ることがあると具体化された。

皇室令《こうしつれい》　皇室の婚姻、財産、儀礼などを法文化した規則。宮内官制や皇室事務に関する法体系で、華族、朝鮮王公族、朝鮮貴族の権利や義務も定めてある。一般の法体系と異なる宮務法であり、旧典範同様に制定や改正に帝国議会は関与できなかった。明治40年(一九〇七)の「公式令」の公布により、以後の皇室令が皇室の家法から国家法として制定されることになった。そして同年の『皇室典範』増補第七条と第八条には、皇族の身分や地位そのほかの権利と義務に関しては、典範とこれに基づき発する規則を適用するとある。昭和22年（一九四七）、『日本国憲法』施行に伴い廃止されたが、「皇統譜令」などは政令として継承されている。

公文式《こうぶんしき》　明治19年（一八八六）2月26日制定。御璽《ぎょじ》国璽の取扱、法律の公布、閣令・省令の形式などを定めた勅令。主たる法令としては、皇族の「家法」としての旧典範や初期の皇室令である「皇室婚嫁令《こうしつこんかれい》」と「皇室誕生令《こうしつたんじょうれい》」が発された。しかし、この時期の皇室関係法は国法上の関係が不明確で、旧典範は、副署も公布も官報への掲載もなく、憲法や法律や勅令などとは別種のものとして存在しており、皇室の「家法」としての枠をでなかった。明治40年（一九〇七）1月31日の公式令制定で廃止。

公式令《こうしきれい》　旧典範の「家法」としての性格を解消すべく、旧典範と皇室法令さらには皇族そのものの国法上の位置の明確化を進めようとして、天皇により作成された文書の様式や基準を定めた勅令。明治40年（一九〇七）1月31日の「公文式」廃止に伴って制定され、*詔書《しょうしょ》、*勅令《ちょくれい》、『*大日本帝国憲法』や『皇室典範』の改正、皇室令の公布などをはじめ、*爵記《しゃっき》、*位記《いき》、*勲記《くんき》の形式などを定めた。昭和22年（一九四七）5月2日、内閣官制の廃止等に関する政令により廃止されたが、戦後、『日本国憲法』下での天皇の国事行為にともなって作成される文書の形式も「*公式令」を踏襲している。

皇室婚嫁令《こうしつこんかれい》　最初の皇室令で、明治33年（一九〇〇）4月25日、皇室の「家法」として皇太子*嘉仁《よしひと》親王の結婚のために制定された。のち明治43年（一九一〇）、「皇室誕生令」とともに「皇室親族令」に収められ、国法上の位置を確定した。

皇室誕生令《こうしつたんじょうれい》　明治35年（一九〇二）5月29日制定。皇男子・皇女子誕生における手続きなどを規定。のち明治43年（一九一〇）に「皇室親族令」となる。

皇族会議令《こうぞくかいぎれい》　旧典範第九条に「皇嗣精神若は身体の不治の重患あり又は重大の事故あるときは皇族会議及枢密顧問に諮問」などとあり、皇族会議の組織や構成を規定した「皇族会議令」が明治40年（一九〇七）2月28日に公布された。昭和22年（一九四七）5月2日廃止。なお、廃止年月日は、以下の皇室令も同様。

皇室祭祀令《こうしつさいしれい》　明治41年（一九〇八）9月18日公布。元始祭《げんしさい》、紀元節祭、神嘗祭《かんなめさい》、新嘗祭《にいなめさい》などの大祭《たいさい》や、歳旦祭《さいたんさい》、天長節祭《てんちょうせつさい》などの小祭《しょうさい》の期日などを規定。昭和2年（一九二七）と昭和20年（一九四五）に改定された。

登極令《とうきょくれい》　登極とは天皇が即位すること。明治42年（一九〇九）2月11日制定。第一条「天皇践祚《せんそ》の時は即ち掌典長をして賢所に祭典を行はしめ」とあり、第二条「天皇践祚の後は直に元号を改む」とある。また附式で即位礼や大嘗祭などの細則を定めている。

摂政令《せっしょうれい》 明治42年（一九〇九）2月11日公布。摂政に関する皇室令であり、大正10年（一九二一）11月25日、*123大正天皇不例（病気）のため皇太子*裕仁《ひろひと》親王が摂政となり、同令第二条により「朕《ちん》久きに亘る疾患に由り大政を親《みずか》らすること能はざる」との「摂政を置く詔書」が発せられた。

立儲令《りっちょれい》 立儲とは皇太子を立てること。明治42年（一九〇九）2月11日公布の皇室令。昭和22年（一九四七）廃止。本令により大正5年（一九一六）11月3日、皇太子*裕仁《ひろひと》親王の立太子の礼が行われた。

皇室成年式令《こうしつせいねんしきれい》 天皇および皇族の成年式を規定。旧典範では天皇・皇太子・皇太孫は満一八歳を、その他の皇族は満二〇歳を成年とした。明治42年（一九〇九）2月11日公布。昭和16年（一九四一）改正。

皇室服喪令《こうしつふくもれい》 皇室の服喪を規定。天皇が大行《たいこう》天皇（崩御後まだ追号を贈られていない先帝）・太皇太后《たいこうたいごう》・皇太后・皇后の喪に服することを大喪（たいも たいそう）、大喪以外に服することを宮中喪と称する。大喪は皇族および臣民が、宮中喪は皇族と宮内官が喪に服した。明治42年（一九〇九）6月11日公布。

皇族身位令《こうぞくしんいれい》 皇族の班位《はんい》（階級）、叙勲任官、失踪、臣籍降下、懲戒などを規定。皇族の陸海軍武官任官年齢（皇太子・皇太孫は満一〇歳、親王・王は満一八歳）、戦時事変における生死不明、皇族の降下年齢（満一五歳以上）、懲戒（謹慎・停権・剝権）などが示され、また補則には「皇族は其の住所を東京市内に定むべし」、「皇族は任官に依る場合を除くの外報酬を受くる職に就くことを得ず」などとある。明治43年（一九一〇）3月3日公布。昭和20年（一九四五）と昭和21年（一九四六）に改正。

皇室親族令《こうしつしんぞくれい》 皇室の親族の範囲、婚姻、親子関係などについて規定した皇室令。同令は、皇室の親族を、血族、配偶者、三親等内の姻族とした。「公式令」発布以前の「家法」としての「皇室婚嫁令」、「皇室誕生令」を国法上に位置づけるために明治43年（一九一〇）3月3日に公布。その第七条では、「皇后を立つるは皇族又は特に定むる華族の女子」と皇后たるべき女子の出自身分が制限された。また第三〇条では「止むことを得ざる事故ある場合に限り夫婦の協議に由り勅許を経て離婚を為すことを得」と、協議離婚の道も開かれていた。昭和16年（一九四一）改正。

臨時御歴代史実考査委員会官制《りんじごれきだいしじつこうさいいんかいかんせい》 大正13年（一九二四）3月8日に公布された皇室令。『皇統譜《こうとうふ》』編纂《へんさん》の前提となる歴代の史実調査のため設けられた。同委員会で*神功《じんぐう》皇后を歴代天皇に入れず、*98長慶《ちょうけい》天皇を入れることなどが決定された。委員長は伊東巳代治《みよじ》、委員には倉富勇三郎《くらとみゆうざぶろう》ら官僚と三上参次《みかみさんじ》ら学者陣が任命された。

皇統譜令《こうとうふれい》　大正15年(一九二六)10月21日公布。『*皇統譜』とは、皇室の戸籍にあたり、天皇・皇后・皇太后の身分を記載した「*大統譜《たいとうふ》」、その他の皇族の身分を記載した「*皇族譜《こうぞくふ》」で構成される。「皇統譜令」では、その記載事項や管理方法などが規定された。なお、旧『皇室典範』の第三四条に「皇統譜及前条に関する記録は図書寮に於て尚蔵す」とあったが、「皇統譜令」公布当時は確定した『皇統譜』が存在しておらず、臨時御歴代史実考査委員会の答申などを経て、ようやく昭和天皇践祚《せんそ》前に成立した。昭和22年(一九四七)に廃止され、戦後は新たな「皇統譜令」(→[45])が制定された。

皇室儀制令《こうしつぎせいれい》　大正15年(一九二六)10月21日公布。朝儀、紋章・旗章、鹵簿《ろぼ》、宮中席次などを規定。昭和2年(一九二七)と昭和20年(一九四五)に改正。

皇族就学令《こうぞくしゅうがくれい》　大正15年(一九二六)10月21日公布。皇族男女は満六歳から満二〇歳までの一五年の間を普通教育を受ける学齢とし、特別の定めがない場合は学習院または女子学習院にて就学する、陸海軍の学校に入学する者には本令を適用しないことなどが規定された。昭和20年(一九四五)に改正。

皇族後見令《こうぞくこうけんれい》　大正15年(一九二六)10月21日公布。親権に服すべき未成年者に対し親権を行う者がいない場合、宮内官僚が保育を担うなどを規定。

皇室喪儀令《こうしつそうぎれい》　大正15年(一九二六)10月21日公布。昭和12年(一九三七)改正。天皇崩御の大喪と皇族喪儀を定めた。

皇室陵墓令《こうしつりょうぼれい》　大正15年(一九二六)10月21日公布。天皇・皇后・皇太后の墳塋《ふんえい》(墓所)を陵、皇太子・親王・内親王などの墳塋を墓とするなどを規定。

皇室裁判令《こうしつさいばんれい》　大正15年(一九二六)12月1日公布。皇室裁判所は旧『皇室典範』第四九条「皇族相互の民事の訴訟」と「皇室親族令」第四七条「皇族の嫡出子又は庶子たる身分に対しては皇族又は宮内大臣は反対の事実を主張することを得」の規定による訴訟を扱うとある。皇室裁判所は枢密院、大審院からの七名で構成された。

帝室制度調査局《ていしつせいどちょうさきょく》　明治32年(一八九九)8月24日、旧『皇室典範』で制定が約束されていながら法令化されていない諸事項を調査制定するための機関として設置。初代総裁は*伊藤博文。明治40年(一九〇七)の旧典範増補公布にともない廃止。

［小田部］

(華族令、華族戒飭令→[31]、旧堂上華族保護資金令→[32])

[37] 近代の皇室経済

明治維新前の皇室の収入は、約一〇万石といわれ、禁裏《きんり》御料《ごりょう》、仙洞《せんとう》御料、修学院《しゅがくいん》御料、女院《にょいん》御料などを合算したものであった。維新により、旧徳川領の大部分と、戊辰《ぼしん》戦争の賊軍とされた会津、仙台、長岡などの藩領の一部が朝廷御領に移譲されたが、実際は皇室所有というより明治政府の管轄下にあった。そして、皇室経費は政府が直轄経理し、明治2年(一八六九)における皇室用経費は現米一五万石と計上された。明治9年(一八七六)に、政府は*帝室費《ていしつひ》(御手元御用度費)および*皇族費《こうぞくひ》(各宮家と明治天皇生母の二位局《にいのつぼね》)はその費途の詳細を問うべからざるものとして、*宮内省費《くないしょうひ》と区別して大蔵省より交付した。明治15年(一八八二)、*皇室費《こうしつひ》(帝室費および皇族費)は八三万円から一七九万円に増加し、宮内省費も二九万円から三九万円となった。

明治16年(一八八三)に、立憲制度の整備の中で、皇室費と宮内省費が合一されて帝室費《ていしつひ》となり、国庫より常額として支給、かつすべての決算を政府に証明することを要さないとされた。明治20年(一八八七)度の常額は二五〇万円、明治22年(一八八九)度から明治42年(一九〇九)度まで三〇〇万円、明治43年(一九一〇)度から昭和22年(一九四七)度までが四五〇万円とされた。

皇室は国庫から支給される常額の帝室費のほか、資産運用による収入もあり、維新当時に一〇万二二六八円とされる*[121]孝明《こうめい》天皇の貯蓄した遺産は、漸次増加し、明治8年(一八七五)には五倍の五一万七五二円余となっていた。この増殖は金銀器を貨幣に鋳造するなどして得たという。その後、国債や株券などで保管され増資し、保有していた株券は当初は第十五国立銀行、日本鉄道会社などであり、漸次、日本銀行、日本郵船、横浜正金銀行、南満州鉄道などの優良企業株を増やしていった。

皇室財産令《こうしつざいさんれい》　明治43年(一九一〇)12月24日公布、同45年(一九一二)1月1日施行の皇室令。皇室の財産と管理について規定し、皇室財産である*御料《ごりょう》を*普通御料《ふつうごりょう》と世襲の世伝御料《せでんごりょう》とに分け、皇室経費の予算に関する事項などを審議するための帝《てい》室経済会議《しつけいざいかいぎ》を置いた。

皇室財産《こうしつざいさん》　皇室財産の設定は、すでに明治9年(一八七六)ごろに木戸孝允《きどたかよし》らによって検討されはじめており、明治18年(一八八五)12月には、皇室財産の管理機関として*宮内省御料局《くないしょうごりょうきょく》が設置された。その後、日本銀行・横浜正金銀行・日本郵船株、佐渡・生野両鉱山、国有山林原野などが、皇室財産に組み込まれていった。『大日本帝国憲法』発布当時には、一〇〇〇万円に達する額となり、数年で五倍以上となった。

世伝御料《せでんごりょう》　世襲の皇室財産を世伝御料と称し、非世襲の*普《ふ》通御料《つうごりょう》と区別した。旧典範第四五条に「土地物件の世伝御料と定めたるものは分割譲与することを得ず」、同第四六条に「世伝御料に編入する土地物件は枢密顧問に諮詢《しじゅん》し勅書を以て定め宮内大臣之を公告す」とあり、宮城ほか、赤坂離宮（青山御所）、京都御所、桂離宮《かつらりきゅう》、正倉院宝庫、木曾《きそ》御料地など二八か所を*世伝御料地《せでんごりょうち》とした。これらに属する建造物や宝物も世伝御料とされた。ただし、山林御料地内の立木は普通御料とし、陵墓地は財産とみなさず「皇室陵墓令」の対象とした。

帝室経済会議《ていしつけいざいかいぎ》　「皇室財産令」によって設置され、宮内大臣および勅命の帝室経済顧問七名で組織された。宮内次官、内蔵頭、帝室林野管理局長官、帝室会計審査局長官も会議に出席して意見を述べた。

皇室会計令《こうしつかいけいれい》　皇室の予算決算、収入支出、契約、金庫などを規定。明治45年（一九一二）7月10日公布。大正元年（一九一二）以来、数度の改正を経て、昭和22年（一九四七）廃止。

皇族《こうぞく》の財政経済《ざいせいけいざい》　維新後、皇族は皇族家禄、賜米扶助などを支給され、明治6年（一八七三）に*御賄料《おまかないりょう》が給付された。明治22年（一八八九）の旧『皇室典範』第六一条で、「皇室の財産、歳費及び諸規則は別に之を定むべし」とし、各宮家は内規に基づきその構成家族年齢や員数に応じた毎年の歳費を皇室会計から得ていた。ちなみに、昭和2年（一九二七）当時の*宮家《みやけ》別皇族歳費《べっこうぞくさいひ》は総額一〇二万四六五五円で、もっとも多かったのが久邇宮家《くにのみや》で皇族歳費九万九五四〇円、贈賜金四万六〇〇円、合計一四万一四〇円であり、次いで、伏見宮家《ふしみのみや》一二万一九〇〇円、閑院宮家《かんいんのみや》一二万五〇円、*朝香宮家《あさかのみや》九万七〇二〇円、*北白川宮家《きたしらかわのみや》九万三四七〇円、東久邇宮家《ひがしくにのみや》九万一二〇円、山階宮家《やましなのみや》八万七八七五円、賀陽宮家《かやのみや》七万五六九〇円、竹田宮家《たけだのみや》七万七九三〇円、梨本宮家《なしもとのみや》六万三五二〇円であり、もっとも少ないのは*東伏見宮家《ひがしふしみのみや》で皇族歳費のみの五万六九四〇円であった（『牧野伸顕《のぶあき》関係文書』）。

皇族歳費以外の財政上の特権としては、*皇族邸地《こうぞくていち》の下賜と地租免税（邸地以外の所有地は課税対象）、*皇族附職員《こうぞくつきしょくいん》の配置、所得税や相続税の免税特権などがあった。これらの特権は終戦後の占領改革の中で廃止された。廃止当時の直宮《じきみや》をのぞく宮家の資産は、伏見宮家の七七〇万一四四四円六八銭が最高額、宮家総額で四〇四七万一八六六円四六銭、平均三六七万九二六〇円五九銭であった。宮家もまた国債や株券などで資産を増やしていた。

皇族邸地《こうぞくていち》　天皇が邸地として皇族に与えた土地。大正期には、麹町区では紀尾井町の*伏見宮邸、永田町の*閑院宮邸、富士見町の*山階宮邸、渋谷区美竹町の*梨本宮邸、芝区では白金台町の*朝香宮邸、高輪南町の*北白川宮邸、*竹田宮邸などがあった。その総面積は八万六五六二坪で、平均一万二三六六坪となる。これらの邸地は、終戦後に皇籍離脱した当該宮家の生活のため、売却されたりした。（表1～表3）　［小田部］

宮号	設置年	所在地	坪数
山階宮	1879	麹町区富士見町	5,021
伏見宮	1884	麹町区紀尾井町	18,102
閑院宮	1892	麹町区永田町	10,906
梨本宮	1899	渋谷区美竹町	15,528
北白川宮	1910	芝区高輪南町	16,133
竹田宮	1910	芝区高輪南町	11,096
朝香宮	1921	芝区白金台町	9,776
総計			86,562

表1　大正期の皇族邸地　※黒田久太『天皇家の財産』より作成

宮号	所在地	現況	旧邸宅
朝香宮	白金台	東京都庭園美術館	あり
賀陽宮	三番町	千鳥ケ淵戦没者墓苑	なし
閑院宮	永田町	衆・参両議院議長公邸	なし
北白川宮	高輪	グランドプリンスホテル新高輪	なし
久邇宮	渋谷	聖心女子大学構内クニハウス	一部あり
竹田宮	高輪	高輪貴賓館（グランドプリンスホテル高輪）	あり
梨本宮	渋谷	東京都児童会館跡地	なし
東久邇宮	高輪	ホテルパシフィック東京	なし
東伏見宮	渋谷	常陸宮邸	あり
伏見宮	紀尾井町	ホテルニューオータニ	なし
山階宮	富士見	衆議院議員九段宿舎跡地	なし
李王	紀尾井町	赤坂プリンスクラシックハウス	あり

表2　主な旧皇族邸地および邸宅の現況

宮号	所在地	現況	旧邸宅
有栖川宮	翁島	天鏡閣	あり
閑院宮	箱根強羅	強羅花壇	あり
小松宮	三島	三島市立公園楽寿園	あり
高松宮	翁島	福島県迎賓館	あり
梨本宮	河口湖	ニューブリッヂキャンプ場	なし
東伏見宮	葉山	イエズス孝女会葉山修道院	あり
東伏見宮	京都	料理旅館吉田山荘	あり

表3　主な旧皇族別邸

【明治《めいじ》天皇《てんのう》の結婚《けっこん》の儀《ぎ》】

慶応3年（一八六七）12月9日王政復古がなり、明治天皇を中心に皇室に関するいくつもの改革が進められていった。皇室の結婚についても同様で、明治《めいじ》天皇《てんのう》の結婚《けっこん》の儀《ぎ》は従来と若干異なる形で行われた。

すなわち明治天皇の皇后*一条美子《いちじょうはるこ》は、慶応3年6月28日に入内《じゅだい》することが定まるが、そのときすでに*女御《にょうご》と称している。まだ*女御宣旨《にょうごせんじ》があったわけではないが、女御としての入内が決まっていたことから、実家である一条家において女御と称することにしたのである。その後しばらく*入内《じゅだい》の儀《ぎ》は行われず、翌年12月24日になってようやく入内日時が治定《じじょう》され、28日に入内の儀が行われた。

江戸時代末に再興された*輦車宣旨《れんしゃせんじ》、*衾覆《おふすま》、*三箇夜餅《みかよのもち》などは平安時代の*嫁迎《よめむか》えの儀《ぎ》と同様であるが、その一方で、これまで入内の翌日か、それ以後の適当な日に行われていた女御宣旨が入内と同日に下され、しかもその日に*皇后冊立《こうごうさくりつ》の儀《ぎ》が挙行されているところが新儀である。女御は皇后に冊立される前の予備的地位とみなされていたこともあって、皇后に冊立するその日に*女御宣下《にょうごせんげ》を行ったのであろう。しかし入内と同日に女御宣下と皇后冊立がなされるならば、何もわざわざ女御宣下を行う必要はなくなるのである。明治33年（一九〇〇）に「*皇室婚嫁令」が制定されたとき、女御について規定されなかったのは当然であろう。

「皇室婚嫁令」は、皇太子*嘉仁親王の結婚を前提にして作られた、いわば暫定法のようなものであった。したがって間もなく改定されて「皇室親族令」に採り入れられ、天皇はもとよりすべての皇族の結婚はこの「皇室親族令」に基づいて行われることになった。

「*皇室親族令」は、奈良・平安時代以来のさまざまな結婚の儀礼と、明治時代の新しい観念とが融合して一つのものになっているが、昭和22年（一九四七）に廃止されたあと、それに代わる法令は制定されないまま今日に至っている。しかし昭和22年以後にも皇室の結婚は行われており、その儀は憲法の精神に抵触しない範囲で、旧「皇室親族令」の条文を参照しながら組み立てられている。

［米田］

[38] 宮内省とその変遷

＊宮内省《くないしょう》は、皇室の家政や内裏内の諸事を司る機関で、元来は律令官制八省のひとつであり、維新後の明治2年(一八六九)7月8日に太政官《だじょうかん》の一省として設置された。天皇、皇族、華族の事務を取り扱い、戦前における重要官庁として機能。昭和22年(一九四七)5月3日、『日本国憲法』施行とともに＊宮内府《くないふ》に改組された。その後、昭和24年(一九四九)6月1日、「総理府設置法」施行で、宮内府は総理府外局の＊宮内庁《くないちょう》となった。

太政官《だじょうかん》　慶応4年(一八六八)1月17日の三職(総裁・議定・参与)の設置にはじまる内閣制度成立以前の最高官庁。同年閏4月21日には「五箇条の御誓文」を基礎として欧米の三権分立などを採用した「＊政体書《せいたいしょ》」が公布され、最高官庁としての太政官の権力を立法・行政・司法に分けた。しかし、権力分立は不十分であった。翌明治2年(一八六九)7月8日、復古主義的な官制改革により、＊神祇官《じんぎかん》など律令制度の名称を復活させ、太政官に天皇を補佐する左大臣や右大臣を配し、大納言などを置いた。その後、明治4年(一八七一)7月29日、太政官制が改正され、正院、左院、右院に分けた。正院は旧太政官に相当する官庁で、天皇の統括のもと、大臣の輔弼《ほひつ》と参議の参与によって庶政にあたった。さらに明治8年(一八七五)4月14日、太政官の左院と右院が廃止されて立法機関としての＊元老院《げんろういん》、司法機関としての＊大審院《だいしんいん》が置かれ、「立憲政体基礎確立の詔」が出された。明治12年(一八七九)ごろには国政を指導する左右両大臣と参議の合議制を非公式に内閣と称するようになり、曲折を経ながら、明治18年(一八八五)12月22日の太政官制度廃止による＊内閣制度《ないかくせいど》発足となる。

太政官制《だじょうかんせい》の時代《じだい》の宮内省《くないしょう》　慶応4年(一八六八)閏4月21日の「政体書」には行政官が宮中の庶務を管掌するとあり、翌明治2年(一八六九)4月14日、遷都後の皇居に＊内廷知事《ないていちじ》が置かれた。そして同年7月8日、神祇・太政二官の太政官の一省に皇室関係の事務を司る官庁としての宮内省が配置された。長官は＊卿《きょう》で、＊大輔《たいふ》、＊少《しょう》輔、＊大丞《だいじょう》、＊権大丞《ごんのだいじょう》などの職員で構成された。明治4年(一八七一)7月24日に＊侍従長《じじゅうちょう》設置や＊女官《にょかん》(にょうかん じょかん)官位《かんい》改定《かいてい》(典侍局《すけのつぼね》、内侍局《ないしのつぼね》、命婦《みょうぶ》を、尚侍《しょうじ》、典侍《てんじ》・権典侍《ごんのてんじ》、掌侍《しょうじ》・権掌侍《ごんのしょうじ》、命婦《みょうぶ》・権命婦《ごんのみょうぶ》に改称した)、さらに華族局制定、宮内省官改正(大丞・少丞以下を廃止して書記官、侍補、侍従などを置いた)があり、式部職、図書《ずしょ》寮、内蔵《くら》寮、侍従職などが置かれた。そして明治17年(一八八四)8月29日に「宮内省は皇室内廷皇族に関する一切の事務を管理する所とす」とし、翌年成立の内閣制度へ継承された。

内閣制度創設《ないかくせいどそうせつ》と宮内省《くないしょう》 明治18年(一八八五)12月22日に太政官制が廃止されて内閣制度が創設されると、「宮中と府中の別」が明確にされ、太政官達六八号で、内閣に属さず宮内大臣からも独立した*内大臣府《ないだいじんふ》が設置された。宮内省には、内蔵寮、図書寮、華族局、式部職のほか、皇太后宮職、皇后宮職が置かれた。翌23日には内匠寮《たくみ》、御料局《ごりょう》が設けられた。

宮内省官制《くないしょうかんせい》 明治19年(一八八六)2月4日の宮内省達一号により、宮内省官制が定められ、宮内大臣、宮内次官、内事課、外事課、侍従職、式部職、大膳職《だいぜん》、内蔵寮、主殿寮《とのも》、図書寮、内匠寮、主馬寮《しゅめ》、諸陵寮、御料局、侍医局、調度局、華族局などが置かれた。明治21年(一八八八)には、帝室会計審査局、主猟局、爵位局、御歌所が、翌年には帝国博物館、東宮職が設置された。明治40年(一九〇七)10月31日には皇室令三号で宮内省官制の大幅な改革をし、翌年に御料局は帝室林野管理局へ、主猟局は主猟寮へ、爵位局は爵位寮へ、侍医局は侍医寮へ、調度局は調度寮へ、それぞれ改組された。さらに明治43年(一九一〇)には爵位寮が宗秩寮《そうちつ》となり、李王職《りおう》が設置された。その後も、数度の改正があり、昭和戦前期には大膳寮、掌典職、総務局、警衛局などが置かれた。敗戦後も、禁衛府《きんえい》、主殿寮、式部寮などの設置や改組があった。

宮内大臣《くないだいじん》 太政官の宮内卿を前身とし、明治18年(一八八五)の内閣制度設置により、「宮中と府中の別」を確立するため、内閣とは別に宮内大臣を置いて宮廷を管轄させた。帝室事務総攬《そうらん》、宮中や皇族の職員統括、華族の管理などを任務とした。その後、明治40年(一九〇七)の宮内省官制により、宮内大臣は皇室事務一切につき輔弼《ほひつ》の責にあることなどが明記された。親任官で、初代宮内卿は徳大寺実則《とくだいじさねつね》、初代宮内大臣は*伊藤博文《いとうひろぶみ》。最後の宮内大臣は松平慶民《まつだいらよしたみ》。

宮内次官《くないじかん》 宮内大臣を助け、省務を整理した。初代宮内次官は吉井友実《よしいともざね》。最後の宮内次官は加藤進。

宮中顧問官《きゅうちゅうこもんかん》 皇室の典礼や儀式に関して宮内大臣の諮問に応ずるなど、宮内省の事務を補佐する。勅任名誉官。

大臣官房《だいじんかんぼう》 大正10年(一九二一)10月6日設置。職員の進退身分、恩給、文書の接受発送、行幸啓、御物管理、警察消防衛生などを扱う。秘書課、総務課、皇宮警察部などで構成。戦後の昭和22年(一九四七)5月2日廃止。

内大臣府《ないだいじんふ》 明治18年(一八八五)12月22日に設置され、御璽《ぎょじ》国璽を尚蔵し、詔書、勅書、その他の内廷の文書に関する事務を扱った。常侍輔弼《ほひつ》の任にあたり、内大臣、内大臣秘書官、

秘書官、御用掛、属などで構成され、内閣や宮内大臣に管轄されない独立の組織であった。明治40年（一九〇七）11月1日に内大臣府官制が公布され、国法上の位置づけがなされた。

内大臣《ないだいじん》　明治18年（一八八五）の内閣制度設置により、宮中に置かれた官職。御璽《ぎょじ》国璽を尚蔵して天皇に常侍し、輔弼の任にあたった。昭和期になると、元老の衰退の中で、後継首班の推薦など、宮中における政治的役割が高まり、戦時中の内大臣である木戸幸一《きどこういち》は天皇側近として重要な位置を占めた。初代は三条実美《さんじょうさねとみ》。最後の内大臣は木戸幸一。

宮中《きゅうちゅう》と府中《ふちゅう》の別《べつ》　天皇近侍の宮中と表向きの政治の場である府中とを区別すること。明治初期において、*伊藤博文は侍補グループら天皇側近のインフォーマルな政治介入を排除すると同時に、天皇の立憲君主化を主導しようとした。しかし、*明治天皇は伊藤を信頼しつつも、伊藤の立憲君主化の要求には抵抗があり、両者の間には一定の緊張関係が生じた。こうしたなか、明治18年（一八八五）12月22日、太政官制が廃止されて内閣制度が発足し、翌年（一八八六）2月4日に宮内省官制が定められた。伊藤は「宮中と府中の別」の原則を確立するため、みずからが新設の総理大臣と宮内大臣を兼任し、人的な統一で宮中と内閣の調整をはかろうとした。こうして宮内省は政治から分離され、宮中近侍者の職務は天皇の日常生活の補佐が中心となった。

「宮中と府中の別」をめぐる問題については、①大正元年（一九一二）12月21日、内大臣兼侍従長であった桂太郎《かつらたろう》が内閣を組織した際に、政党勢力によってこれを乱したと攻撃され、「憲政擁護、閥族打破」の第一次護憲運動が展開されたこと。②昭和の戦時下にあっては、上奏される情報の混乱を避けて一本化を進めた結果、内大臣の木戸幸一の政治的権限が強まり、「宮中」、とりわけ内大臣府が「府中」である内閣より重要な役割を担ったこと。③戦後、占領軍は内大臣府に日本の政治の中枢があると見なし、これを察した*昭和天皇が内大臣府廃止を進めたことなどがある。

侍従長《じじゅうちょう》　天皇に近侍し「叡慮《えいりょ》の行き届かぬところを補い、是非につき献言する」のを任とした*侍従《じじゅう》の統括者。明治4年（一八七一）に若年の明治天皇の君徳涵養《かんよう》を目的として設置された。一時、*侍補《じほ》の設置で廃止されるが、ほどなく復活した。

侍従武官長《じじゅうぶかんちょう》　日清戦争に際して設けられた大本営が解散するにあたり、天皇と陸海軍との連絡機関として明治29年（一八九六）に将官《しょうかん》、佐官《さかん》、尉官《いかん》から陸軍は五名、海軍は三名を定員とする侍従武官府が設置され、「天皇に常侍奉仕し、軍事に関する奏上奉答及命令の伝達に任じ、又観兵演習行幸其他祭儀礼典宴会謁見等に陪侍《ばいじ》扈従（こじゅう こしょう）」することを任務とした。初代の岡沢精《おかざわくわし》から最後の蓮沼蕃《はすぬましげる》まで八名の歴代侍従武官長は、陸軍将官であった。宮中側近の中にあって軍部側に近く、「宮中グループ」の反軍部的言辞が侍従武官から流れることもあった。

侍従職《じじゅうしょく》 側近として仕え、事務を扱う。*侍従長《じじゅうちょう》、*侍従次長《じじゅうじちょう》、*侍従《じじゅう》、*内舎人《うどねり》、内廷課、経理課、庶務課などで構成される。昭和戦前期には鈴木貫太郎《すずきかんたろう》、百武三郎《ひゃくたけさぶろう》、藤田尚徳《ふじたひさのり》ら海軍将官が侍従長に任じられ、藤田は『大日本帝国憲法』下最後の侍従長となった。

女官長《にょかんちょう》 天皇の日常生活に奉仕する*女官《にょかん》の統括者。女官は律令制度に規定された古来の官職であり、明治維新後も*尚《しょう》侍《じ》(皇妃に準ずる地位のため、実際には任命されなかった)、*典侍《てんじ》、*掌侍《しょうじ》、*命婦《みょうぶ》、*女嬬《にょじゅ》などが置かれ、それぞれ役割を分担した。典侍や権典侍《ごんのてんじ》は天皇・皇后に近侍して服、食事、入浴などに奉仕し、剣璽渡御の際には剣璽を捧持し、女官の監督などをした。明治期には側室の機能も果たした。*掌《しょう》侍《じ》・*権掌侍《ごんのしょうじ》は天皇の膳の運搬、皇后の服、膳、湯の奉仕、典侍故障の際の代行をした。*命婦《みょうぶ》・*権命婦《ごんのみょうぶ》は日常の雑務一切を担当し、膳を運び、毒味をした。*女嬬《にょじゅ》・*権女嬬《ごんのにょじゅ》は膳、道具、服の三業務を分担。膳掛《かかり》は最後の味付けをし、道具掛は火燭を供し、服掛は裁縫など服いっさいを担当する。

用語コラム

【官吏《かんり》の階等《かいとう》】

内閣制度が発足の翌年、高等官官等俸給令が制定され、*官吏《かんり》は*高等官《こうとうかん》と下級官吏である*判任官《はんにんかん》に大別された。高等官は一等官より八等官までの八等級〈明治25年〈一八九二〉から は九等級〉に分けられ、一、二等官が勅命で任免される*勅《ちょく》任官《にんかん》、三等官以下が*奏任官《そうにんかん》とされた。勅任官のうち特に天皇の親任式によって任命される官を*親任官《しんにんかん》とした。このほか、大審院長・検事総長・参謀総長・教育総監・東京警備司令官・軍司令官・師団長・軍令部総長・鎮守府司令長官・艦隊司令長官など、天皇がみずから命を下して補する*親補《しんぽ》職《しょく》があった。いずれも、戦後の昭和21年(一九四六)廃止された。

内閣総理大臣・国務大臣・枢密院正副議長・枢密顧問官・内大臣・宮内大臣・特命全権大使・陸海軍大将・会計検査院長などは親任官で、親任式では天皇が*親署《しんしょ》して御璽《ぎょじ》を押し、内閣総理大臣が*副署《ふくしょ》した*官記《かんき》が与えられた。戦後の新憲法下、親任官はなくなったが、三権の長や高級官僚の一部については、内閣の助言と承認による国事行為として、その任免を天皇が認証する*認証官《にんしょうかん》制度が定められた。[編]

また、命婦の命を受けて侍医のとりつぎをしたり、下賜品の調達をしたりするなど、女官の外との接点の仕事を受け持った。摂政であった*裕仁《ひろひと》親王の女官制度改革で、女官の側室的機能を廃止し、尚侍や典侍などの称を女官長、女官、女嬬などに改めた。しかし、旧慣を重んじる貞明《ていめい》皇后の皇太后宮職は典侍、掌侍の称のまま続いた。女官長も天皇側近として情報伝達の役割を担い、末端の女官から宮中内部の情報が漏《も》れることもあり、機密保持に努めた。

皇太后宮職（こうたいごうぐうしょく こうたいごうぐうしき） 皇太后宮に関する事務を扱う。長官は皇太后宮大夫。戦前、皇太后宮職は三度設置されている。①明治元年（一八六八）12月22日に皇太后*夙子《あさこ》（英照《えいしょう》皇太后）のために設置され、明治30年（一八九七）1月11日、皇太后崩御で廃止。②大正元年（一九一二）7月30日、明治天皇崩御により皇太后美子《はるこ》（昭憲《しょうけん》皇太后）のために皇太后宮職が設置され、大正3年（一九一四）4月11日、皇太后崩御で廃止。③昭和元年（一九二六）12月25日、*大正天皇崩御で皇太后*節子《さだこ》（貞明皇后）のため皇太后宮職が置かれ、皇太后節子が戦後の昭和26年（一九五一）5月17日崩御するまで続いた。

なお戦後に宮内庁となってからの昭和64年（一九八九）1月7日、昭和天皇崩御で皇太后良子《ながこ》（香淳《こうじゅん》皇后）のために皇太后宮職が置かれ、平成12年（二〇〇〇）6月16日崩御まで続いた。

皇后宮職（こうごうぐうしょく こうごうぐうしき） 皇后宮に関する事務、皇子の保育などを扱う。長官は皇后宮大夫。庶務課、内廷課、経理課、東宮傅育《ふいく》官、皇子御養育掛長などで構成される。

東宮職（とうぐうしょく とうぐうしき） 東宮に関する事務を扱う。東宮は皇太子の宮殿の意味で、かつてその居所が五行説で春を配する東にあったことからの称。春宮《とうぐう》（春《はる》の宮《みや》）とも。戦前は、東宮職は*嘉仁《よしひと》親王、*裕仁親王、*明仁《あきひと》親王のために設置された。①明治22年（一八八九）11月3日、嘉仁親王のために置かれ、嘉仁親王が即位すると、裕仁親王のために機能。東宮大夫、東宮侍従長、東宮侍従、東宮武官、東宮属、東宮内舎人、宮丁などで構成された。初代の東宮大夫は曾《そ》我《が》祐準《すけのり》、東宮侍従長は中山孝麿《なかやまたかまろ》。裕仁親王の初代東宮大夫は嘉仁親王時代から継続の波《は》多《た》野《の》敬直《よしなお》、東宮侍従長も同じく継続の*一条実《いちじょうさね》輝《てる》。昭和元年（一九二六）12月25日廃止。裕仁親王の最後の東宮大夫は珍田《ちんだ》捨巳《すてみ》、東宮侍従長は入江《いりえ》為守《ためもり》であった。②昭和20年（一九四五）8月9日、明仁親王のために設置され、東宮大夫、庶務課、会計課などで構成され、戦後に継続される。初代の東宮大夫と東宮侍従長は穂積重遠《ほづみしげとお》が兼任。

内蔵寮《くらりょう》 明治17年（一八八四）12月22日設置。皇室会計、帝室経済会議、現金の出納保管、用度などを扱う。内蔵頭、主計課、財務課、用度課などで構成。昭和23年（一九四八）4月30日廃止。

図書寮《ずしょりょう》　明治17年（一八八四）8月27日設置。『皇統譜』、陵籍および墓籍、『皇室典範』、詔書、勅書、「皇室令」、そのほか重要文書の原本を尚蔵し、図書の保管出納を行う。図書頭、庶務課、図書課、編修課などで構成。戦後の昭和24年（一九四九）5月31日廃止。諸陵寮と統合され宮内庁書陵部となる。

式部職《しきぶしょく》　明治17年（一八八四）10月3日設置。典式、交際、翻訳、狩猟、雅楽を扱う。式部長官、式部次官、儀式課、主猟課、外事課、掌典部、楽部などから構成。戦後の昭和21年（一九四六）4月1日、式部寮へ改組。

掌典職《しょうてんしょく》　昭和15年（一九四〇）1月1日設置。祭祀の事務を扱う（→[120]）。掌典長、庶務課、祭事課などで構成。昭和21年（一九四六）4月1日、式部寮に改組。

掌典長《しょうてんちょう》　式部職掌典部（のち掌典職）の長。祭祀を扱う。その下に、掌典次典・掌典・*内掌典（女性）・掌典補などがいる。掌典以上は神宮や勅祭社の大祭などにも勅使として遣わされる。

式部寮《しきぶりょう》　戦後の昭和21年（一九四六）4月1日設置。式部職の業務に加え、陵墓での祭祀を行い、御製、御歌、歌詠の編纂撰述、祭祀などを扱う。式部頭、庶務課、儀式課、外事課、掌典長、祭事課などで構成。昭和24年（一九四九）5月31日廃止。

華族局《かぞくきょく》　明治15年（一八八二）12月22日設置。華族を管理する。調査課、庶務課、戸籍課、学務課、計算課などで構成される。明治21年（一八八八）5月28日、爵位局に改組。

爵位局《しゃくいきょく》　爵位や華族に関する事務を扱う。長官、次官、審理官、主事、主事補などで構成される。明治41年（一九〇八）1月1日、爵位寮に改組。

爵位寮《しゃくいりょう》　爵位、華族、有位者に関する事務を扱う。爵位頭、第一課～第四課などで構成される。明治43年（一九一〇）8月29日、宗秩寮に改組。

宗秩寮《そうちつりょう》　皇族に関する事項、皇族会議、王公族、爵位、華族、朝鮮貴族、有位者に関する事項を扱う。総裁、庶務課、宗親課、爵位課などで構成される。初代総裁は久我《こが》通久《みちつね》。昭

【後宮《こうきゅう》と女官《にょかん》】

宮中には公の場である宮内省（「表《オモテ》」）のほかに、私の場である後宮（「奥《オク》」）があり、「奥」の女官たちも維新後に京都を離れて東京に新しい生活空間を築いた。女官は旧堂上および旧諸侯出身の華族子女より選抜されたが、例外的に士族では、権掌侍税所敦子《さいしょあつこ》（一八二五～一九〇〇）、権掌侍下田歌子《しもだうたこ》（一八五四～一九三六）、平民では岸田俊子《きしだとしこ》（一八六三～一九〇一　権女嬬より下位の十五等出仕）が知られる。

［小田部］

和22年(一九四七)5月3日、『日本国憲法』施行により廃止。最後の総裁は松平康昌《まつだいらやすまさ》。

内匠寮《たくみりょう》　明治18年(一八八五)12月23日設置。宮殿その他の建築物の保管監守、建築、土木、庭苑、園芸、電気、瓦斯《ガス》、水道、写真などを扱う。内匠頭、監理課、工務課などで構成。昭和20年(一九四五)10月5日、主殿寮へ改組。

主殿寮《とのもりょう》　主殿寮は以下の二つ。①明治19年(一八八六)2月4日設置。宮殿の洒掃《さいそう》、鋪設《ほせつ》器具(門の扉につける金具など)および宮門管鑰《かんやく》(鍵)の防火警戒を扱う。主殿頭《かみ》(長官)、助《すけ》(次官)、属《さかん》(属官)などで構成される。大正10年(一九二一)10月7日廃止。②昭和20年(一九四五)10月4日設置。宮殿その他の建築物の保管監守、建築、土木、庭苑、園芸、電気、瓦斯、水道、用度、車馬および輸送、牧畜農耕などを扱う。主殿頭、監理課、需品課、運輸課、造営課、設備課などで構成。昭和22年(一九四七)5月3日廃止。

御料局《ごりょうきょく》　明治18年(一八八五)12月23日設置。帝室一般財産を扱う。皇室の財産を*御料《ごりょう》といい、永世伝来の世伝御料《せでんごりょう》、*普通《ふつう》御料《ごりょう》、*御物《ぎょぶつ》などがある。庶務課、計算課などで構成。明治41年(一九〇八)1月1日、帝室林野管理局に改組。

帝室林野管理局《ていしつりんやかんりきょく》　宮内大臣の管理に属し、*御料地《ごりょうち》や*御料林《ごりょうりん》の管理経営を扱う。庶務課、審査課、地籍課、設計課、産業課、土木課、会計課などで構成。大正13年(一九二四)4月9日、帝室林野局に改組。

帝室林野局《ていしつりんやきょく》　宮内大臣の管理に属し、御料地や御料林の管理経営、ならびにその付帯事業を扱う。長官、監理部(庶務課、土地課、会計課)、業務部(計画課、造林課、工務課、利用課)などで構成。札幌、旭川、東京、名古屋、木曾に各支局や林業試験場を置く。昭和22年(一九四七)3月31日、農林省へ移管。

諸陵寮《しょりょうりょう》　明治19年(一八八六)2月5日設置。*陵墓《りょうぼ》の管理および調査を扱う。諸陵頭、陵墓監、庶務課、考証課などで構成。戦後の昭和21年(一九四六)4月1日、図書寮《ずしょりょう》へ移管。

侍医局《じいきょく》　明治19年(一八八六)2月5日設置。診候《しんこう》(脈をみて病症を調べる)、宮中衛生を扱う。長官、庶務課、医事課、薬剤課、侍医などで構成。明治41年(一九〇八)1月1日、侍医寮へ改組。

侍医寮《じいりょう》　診候、進薬、調剤を扱う。侍医頭、庶務課、医事課、薬剤課、侍医などで構成。昭和20年(一九四五)11月22日、侍従職へ移管。

大膳職《だいぜんしき》　明治19年(一八八六)2月4日設置。御膳、饗宴《きょうえん》、賜饌を扱う。大夫、庶務課、主膳課、主膳監、用度課などで構成。昭和5年(一九三〇)3月3日、大臣官房に移管。

大膳寮《だいぜんりょう》　昭和11年（一九三六）11月19日設置。*供御《くご》（天皇の飲食物）、供膳、饗宴に関する事項を扱う。主膳監、庶務課、主膳課などで構成。昭和20年（一九四五）11月24日、侍従職へ移管。

主馬寮《しゅめりょう》　明治19年（一八八六）2月4日設置。馬車、馬匹《ばひつ》、自動車、牧場、輸送を扱う。主馬頭、庶務課、自動車課、厩務《きゅうむ》課などで構成。昭和20年（一九四五）10月5日、主殿寮へ移管。

調度局《ちょうどきょく》　明治19年（一八八六）2月4日設置。服調、宮中需用物品関係を扱う。明治41年（一九〇八）1月1日、調度寮へ改組。

調度寮《ちょうどりょう》　物品の購入整備、雑役に関する事務を扱う。調度頭、庶務課、供給課、会計課、司掃課などで構成。大正10年（一九二一）10月6日廃止。

帝室会計審査局《ていしつかいけいしんさきょく》　明治21年（一八八八）4月6日設置。会計審査に関する事務を扱う。長官、事務官、審査官などで構成。戦後の昭和22年（一九四七）5月2日、会計検査院に移管。

主猟局《しゅりょうきょく》　明治21年（一八八八）4月20日設置。帝室狩猟に属する事務を扱う。長官、監守長、主事、監守、主猟官などで構成。明治41年（一九〇八）1月1日、主猟寮へ改組。

主猟寮《しゅりょうりょう》　狩猟、猟場に関する事務を扱う。主猟頭、庶務課、会計課などで構成。大正10年（一九二一）10月6日、式部職へ移管。

御歌所《おうたどころ》　明治21年（一八八八）6月6日設置。御製、御歌、歌御会に関する事務を扱う。所長、庶務課、記録課、寄人、参候などで構成。戦後の昭和21年（一九四六）4月1日、図書寮へ移管。

帝国博物館《ていこくはくぶつかん》　明治5年（一八七二）以後、文部省、内務省、農商務省が担ってきた博物館は、明治19年（一八八六）に宮内省の管轄となり、明治22年（一八八九）5月16日、帝国博物館となった。東京、京都、奈良に設置され、古今の技芸品を蒐集《しゅうしゅう》、観覧に供した。総長、工芸部、美術部、歴史部などで構成。明治33年（一九〇〇）7月1日、帝室博物館に改組される。

帝室博物館は東京、京都、奈良にあった帝国博物館の業務をそれぞれ引き継ぎ、正倉院の事務も扱う。総長、事務官、鑑査官などで構成。大正13年（一九二四）には皇太子裕仁親王の成婚を記念して、京都帝室博物館は京都市管轄の恩賜京都博物館となった。戦後の昭和22年（一九四七）5月2日、文部省管轄の国立博物館となり、のちに東京国立博物館、京都国立博物館、奈良国立博物館と改称する。平成13年（二〇〇一）に独立行政法人国立博物館の管轄となり、平成19年（二〇〇七）に独立行政法人国立文化財機構の施設となった。

総務局《そうむきょく》　昭和15年（一九四〇）3月31日設置。行幸啓、褒賞、賜与、救済、情報、写真、御物の管理などを扱う。庶務課、幸啓課、宣旨課などで構成。戦後の昭和20年（一九四五）10月5日、大臣官房へ移管。

［小田部］

［39］近現代の皇室警備

維新前後から皇室の警備、天皇皇族の護衛は諸藩や親兵が行っていた。明治4年（一八七一）*山県有朋は薩長土三藩の精鋭を集め、皇室警護のための*御《ご》親兵《しんぺい》とし、翌年（一八七二）*近《この》衛《え》兵《へい》と改称、明治24年（一八九一）には*近衛《このえ》師団《しだん》となった。近衛は皇室の守護（禁闕《きんけつ》守護）、儀仗《ぎじょう》を任務としたが、日清、日露、日中戦争など戦時には実戦部隊だった。松代大本営の造営や疎開中の皇太子護衛もした。終戦で解散。

国家制度の整備とともに軍事と警察の分化が進み、明治19年（一八八六）には宮内省主殿寮《とのもりょう》に*皇宮警察署《こうぐうけいさつしょ》が創設され、明治41年（一九〇八）主殿寮警察部、大正10年（一九二一）宮内大臣官房皇宮警察部となり、主殿寮が廃止された。昭和16年（一九四一）宮内省に*警衛局《けいえいきょく》が新設され、警衛、消防、衛生、防空を担当、皇宮警察部には警衛、警務、消防、衛生の各課などが置かれた。

戦後の昭和20年（一九四五）9月10日、警衛局が廃止され*禁衛《きんえい》府《ふ》が置かれた。禁衛府は皇宮警察部と近衛出身者による*皇《こう》宮《ぐう》衛《え》士《じ》総隊《そうたい》で編制された。同年9月14日から宮城各門には連合国軍も立哨《りっしょう》することになった。しかし、近衛師団系の組織は、占領政策に合致せず、禁衛府は七か月足らずで昭和21年（一九四六）4月皇宮警察部をのぞき廃止、皇宮警察署《こうぐうけいさつしょ》が置かれた。数度の制度改革を経て昭和24年（一九四九）国家地方警察本部の外局として*皇宮警察本部《こうぐうけいさつほんぶ》が設置され、昭和29年（一九五四）の*警察法《けいさつほう》施行とともに警察庁に移された。

皇宮警察本部《こうぐうけいさつほんぶ》　警察法第二九条に「皇宮警察本部は、天皇及び皇后、皇太子その他の皇族の護衛、皇居及び御所の警備その他の皇宮警察に関する事務をつかさどる」とあり、定員は九三六人（平成30年〈二〇一八〉現在）。警察官ではなく*皇《こう》宮護《ぐうご》衛官《えいかん》と称される。組織は、皇宮警察本部長（警視監）の下に警務・警備・護衛の三部、皇宮警察学校、坂下・吹上・赤坂・京都の四護衛署がある。職務内容は、①天皇・皇后・皇太子などの皇族の護衛、②皇居・御所・御用邸・離宮・正倉院などの警備、③国賓を皇居へ招く場合や大使・公使の信任状・解任状捧呈式の際の護衛、④護衛・警備に関連する司法警察事務として、天皇・皇后・皇太子の生命・身体や皇室用財産に対する罪、または皇居や御所・陵墓など皇室用財産内における罪の取り締まりなどである。*皇宮警察《こうぐうけいさつ》学校《がっこう》は皇居内にある。

［髙橋・小田部］

［40］皇室と軍事

明治22年（一八八九）発布の『*大日本帝国憲法』で「天皇は陸海軍を統帥す」（第一一条）、「天皇は陸海軍の編制及常備兵額を定む」（第一二条）、「天皇は戦を宣し和を講し及諸般の条約を締結す」（第一三条）、「天皇は戒厳を宣告す」（第一四条）などと、天皇の軍事指揮権が法文化され、*大元帥《だいげんすい》としての任務が明記された。

明治27年（一八九四）の日清戦争開始にともない、*[122]明治天皇は閣議決定に基づき、開戦を裁可した。宮中に置いた*大本営《だいほんえい》を広島に移し、戦争指導に携わった。軍務と政務とを統括する天皇は、財政問題や国際関係の悪化を強く懸念し、軍中枢と閣僚との意見の違いに悩まされた。明治37年（一九〇四）、日露開戦が決定すると、明治天皇は、大元帥として陸海軍と参謀本部など戦争指導をめぐって対立する部署の調整役となり、慎重な対応を行った。皇太子*嘉仁《よしひと》親王は同年3月13日に大本営付となり、*御前会議《ごぜんかいぎ》にも出席した。

日清・日露戦争を経て、第一次世界大戦を経験した軍部のなかには、次の世界戦争に向けての戦争準備を進める動きも現れた。*[124]昭和天皇は「明治天皇の欽定憲法の精神に瑕《きず》をつけない」こと、「国際条約の遵守」の二点を重視していたが、昭和6年（一九三一）の柳条湖事件《りゅうじょうこじけん》以後、軍部の大陸進出の既成事実への対応を余儀なくされ、結局、昭和16年（一九四一）12月8日、みずからは望まなかったという対米英戦争の宣戦を布告し、四年におよぶ世界戦争を継続し、昭和20年（一九四五）8月15日に終戦の*聖断《せいだん》を下すこととなった。

東征大総督《とうせいだいそうとく》　戊辰《ぼしん》戦争における*有栖川宮熾仁《ありすがわのみやたるひと》親王の軍事的な地位身分。憲法発布以前の戊辰戦争や西南戦争で天皇の軍事指揮権が発動されており、幕末維新当時から皇族が軍の主要な地位を占めてはいた。しかし、これは天皇の近縁者という血統的権威により軍事上の権限を有していたのであり、すべての皇族が軍務に就いていたわけではない。

皇族軍人《こうぞくぐんじん》　皇族で陸海軍軍人である者。すべての皇族男子は、「徴兵令」公布後の明治6年（一八七三）12月9日の太政官達にて、「皇族自今海陸軍に従事すべく」と指示され、陸海軍軍人となることを義務づけられた。以後、昭和20年（一九四五）の帝国軍隊崩壊までの七二年間、陸軍に、有栖川宮熾仁親王、*朝香宮鳩彦《あさかのみややすひこ》王、*朝香宮孚彦《たかひこ》王、*賀陽宮恒憲《かやのみやつねのり》王、*賀陽宮邦寿《くになが》王、*閑院宮載仁《かんいんのみやことひと》親王、*閑院宮春仁《はるひと》王、*北白川宮能久《きたしらかわのみやよしひさ》親王、*北白川宮成久《なるひさ》王、*北白川宮永久《ながひさ》王、*久邇宮邦彦《くにのみやくによし》王、*小松宮彰仁《こまつのみやあきひと》親王、*竹田宮恒久《たけだのみやつねひさ》王、*竹田宮恒徳《つねよし》王、*梨本宮《なしもとのみや》守正《もりまさ》王、*東久邇宮稔彦《ひがしくにのみやなるひこ》王、*東久邇宮盛厚《もりひろ》王、*伏見宮貞愛《ふしみのみやさだなる》親王ら一八名、海軍に、*有栖川宮威仁《たけひと》親王、*華頂宮《かちょうのみや》（伏見宮）博恭《ひろやす》王、*久邇宮朝融《あさあきら》王、*東伏見宮依仁《ひがしふしみのみやよりひと》親王、*伏見宮博義《ひろよし》王、*山階宮 菊麿《やましなのみやきくまろ》王、*山階宮武彦《たけひこ》王ら一〇名の、計二八名が配属された。韓国併合後には朝鮮王族である*李垠（りぎん イ・ウン）、*李鍵（りけん イ・コン）、*李鍝（りぐ イ・ウ）らが陸軍に所属。昭和天皇の弟たちも、陸軍に*秩父宮、*三笠宮、海軍に*高松宮が配属された。

皇族軍人《こうぞくぐんじん》の特権《とっけん》　皇族軍人は、生存していれば大将まで昇進できて元帥になりえるなど進級に特権があり、また自身の階級にかかわらず陸軍大尉、海軍大尉が随従するなど、多くの礼遇処置がとられた。高松宮の江田島（広島県呉市）にある宿舎は「御殿」と呼ばれる別棟であった。皇族軍人の存在により、一般将兵は軍事的現場で身近に皇族に接し、国家＝天皇という構造を実感した。

皇族軍人《こうぞくぐんじん》の戦死《せんし》　皇族軍人は実際に前線に出征することもあり、なかには戦死したり、戦傷病などを受けたりした者もあった。*北白川宮家では、*能久親王が明治28年（一八九五）に近衛師団長として日清戦争に従軍して台湾で薨去《こうきょ》、*永久王が昭和15年（一九四〇）の日中戦争の際に蒙疆《もうきょう》方面で軍用機との接触事故により死亡した。また、朝鮮王族の李鍝は昭和20年（一九四五）8月6日に広島で被爆死した。なお、健康上の理由などで軍人とならなかった成年皇族男子は、*伏見宮邦《くに》芳《か》王と*久邇宮多嘉《たか》王である。多嘉王は神宮祭主となった。

皇族附武官《こうぞくつきぶかん》　「皇族附陸軍武官官制」（明治29年〈一八九六〉）と「皇族附海軍武官官制」（明治30年〈一八九七〉）に基づき、陸海軍武官となった皇族それぞれに陸海軍軍人（佐官《さかん》）を配した。非武官の皇族には海軍軍人が配された。東久邇宮稔彦王附陸軍武官であった安田鉄之助《やすだてつのすけ》は昭和初期の神兵隊事件（クーデター未遂事件）の中心人物として知られる。

皇族妃《こうぞくひ》の軍事援護《ぐんじえんご》　皇族が陸海軍軍人であることを受けて、皇族妃も軍事援護活動を行った。明治10年（一八七七）設立の博愛社とその後身である日本赤十字社における慰問活動や包帯巻き、明治34年（一九〇一）結成の*愛国婦人会《あいこくふじんかい》での出征兵士や遺家族への救護活動などに深く関わった。太平洋戦争中には、*皇后名代《こうごうみょうだい》として全国の病院や工場などを慰問視察した。

華族《かぞく》の陸海軍従事《りくかいぐんじゅうじ》　華族は皇族ほど明確な軍事義務を負わなかったが、明治14年（一八八一）4月7日、宮内卿徳大寺実則《とくだいじさねつね》から華族会館長兼督部長岩倉具視《いわくらともみ》あての諭達で、「成るべく陸海軍に従事」すべきことが指示された。学習院では、この論達を受けて武課をもうけて体操および武道を課目にとりいれた。

華《か》族《ぞく》予《よ》備《び》士《し》官学校《かんがっこう》　華族の文弱に流れることを憂えた*岩倉具視らは、華族の軍事教育を求め、明治17年(一八八四)6月に華族予備士官学校を開校させた。同校は陸軍士官学校内に建てられ、その落成にあわせて華族子弟三〇余名を招集して志望者を獲得した。しかし、健康上の理由による入校辞退、年齢による辞退、能力不足などで、明治18年(一八八五)9月、わずか一年半で廃校となった。その後、日清・日露戦争後に、多くの軍人が主に男爵の爵位を得て*勲功華《くんこうか》族《ぞく》となり、華族内における軍人の比率が高まった。

竹橋《たけばし》事《じ》件《けん》　西南戦争後の明治11年(一八七八)8月23日、竹橋にあった近衛砲兵大隊を中心とした兵士の反乱事件。砲兵九〇名ほどが太政官のある仮皇居(赤坂離宮)まで迫ったが、鎮圧された。処罰者総数は三九四名に達した。事件の背景には、西南戦争の行賞の不公平、給与などの削減、徴兵令にともなう生活不安などがあったといわれる。また、命令不服の上告や週一回の休養日が認められているなど民主的であった当時のフランス式陸軍軍制が事件の遠因ともいわれた。軍隊内に自由民権運動の影響が強まり、軍上層部と徴兵兵士たちの間に大きな溝が生まれ、事件が発生したというのである。事件後、西南戦争の行賞を下士や兵卒にも広める一方、山県有朋《やまがたありとも》ら軍上層部は、普仏戦争でのフランス軍敗北の事実からプロシア軍の命令系統導入を重視するようになる。

軍人訓誡《ぐんじんくんかい》　竹橋事件後の明治11年(一八七八)10月、陸軍卿山県有朋の名で軍人に頒布された訓戒。忠実、勇敢、服従を軍人精神の三大要素とし、皇室を尊敬すべきこと、上官老功者に敬意を表すべきこと、時事を論ずべからざることなどを紀律とした。

軍人勅諭《ぐんじんちょくゆ》　明治15年(一八八二)1月4日、天皇が軍人に下した勅諭。忠節、礼儀、武勇、信義、質素の五か条を軍人の守るべき徳目とし、従来の軍人訓誡と内容的に大差はないが、勅諭では「朕《ちん》は汝等《なんじら》軍人の大元帥《だいげんすい》なるぞ」と天皇が軍隊の最高統率者であることを強く打ち出した。また、「世論に惑はず政治に拘《かか》はらず」の一文があり、これは自由民権運動や竹橋事件を強く意識した山県有朋の意見で入れられた。軍人勅諭は*軍人手帳《ぐんじんてちょう》に記され、軍人が常に読み、心にとどめることを命ぜられた。はじめは上官が部下に読み聞かせていたが、のちに制裁をともなう暗唱が慣習化した。

御《ご》前会議《ぜんかいぎ》　天皇臨席のもとに行う国政上の重要会議。王政復古直後の小御所会議が最初とされる。明治21年（一八八八）の枢密院官制第一条には枢密院について「天皇親臨して重要の国務を諮詢する所」とあり、規定により『*大日本帝国憲法』草案が御前会議に付された。この枢密院での御前会議は常設会議とされ、天皇の国務上の大権行使であった。これに対して、臨時会議は対外戦争の場合に開かれたもので、明治27年（一八九四）6月22日、日清戦争開始を天皇臨席のもとで決定したことがはじめとされる。天皇は開戦や終戦を決する国務上の大権事項を担っており、元帥として軍務上の最高統率を行うのが*大本営御前会議《だいほんえいごぜんかいぎ》である。その後、昭和12年（一九三七）に日中戦争が勃発すると、大本営政府連絡会議（のち最高戦争指導会議）が開かれ、重要な審議には天皇が臨席し、「帝国国策遂行要領」「対米英蘭開戦の件」などが決定された。昭和20年（一九四五）の「ポツダム宣言受諾の件」では、天皇の聖断で和平への道を開き、終戦の詔勅をラジオを通じて全国民に伝えた（*玉音放送《ぎょくおんほうそう》）。

聖断《せいだん》　天皇の決断。一般には会議における天皇の最終判断全般を意味するが、とりわけポツダム宣言受諾に関する御前会議での*昭和天皇の決断についていわれる。

大本営《だいほんえい》　戦時または事変の際の天皇直属の最高統帥機関。三度設置され、はじめは日清戦争直前の明治26年（一八九三）の「戦時大本営条例」制定により設置された。次に日露戦争直前の明治36年（一九〇三）同条例を改正し設置。最後に昭和12年（一九三七）の日中戦争において「大本営令」と改正され、政戦一致を期して大本営政府連絡会議が設けられた。しかし、実質的な統一は果たせず、昭和19年（一九四四）に最高戦争指導会議となり、昭和20年（一九四五）の終戦で廃止された。なお、太平洋戦争末期に、本土爆撃と本土決戦を想定して、長野県松代に皇居や大本営など重要政府機関を移転する計画があったが、完成前に終戦となった。

天皇《てんのう》**の軍事**《ぐんじ》**視**《し》**察**《さつ》　大元帥である天皇は陸・海軍特別大演習、観兵式、観艦式などを統監した。陸軍特別大演習は明治25年（一八九二）10月に栃木県宇都宮で第一回が行われ、原則として毎年秋、二軍に分かれ全国各地で模擬作戦が実施された。昭和11年（一九三六）10月に北海道で行われた第三四回大演習では、六日間にわたり、集結、作戦行動準備、作戦、観兵式などが展開され、将兵約三万人ほか警察、憲兵が集った。

戒厳令《かいげんれい》　戦争や内乱などの非常時に際して、軍部に立法、行政、司法の権力行使を委ねる制度。『大日本帝国憲法』下では、天皇が戒厳の宣告をし、明治38年（一九〇五）の日比谷焼打事件、大正12年（一九二三）の関東大震災、昭和11年（一九三六）の二・二六事件で戒厳宣告がなされた。

［小田部］

［41］近代の行幸啓

行幸啓《ぎょうこうけい》　行幸啓は行幸と行啓の総称。天皇の外出を*行幸《ぎょうこう》、三后（太皇太后・皇太后・皇后）、皇太子、皇太子妃、皇太孫の場合は*行啓《ぎょうけい》と称した。数か所の行幸や行啓を、それぞれ*巡幸《じゅんこう》、*巡啓《じゅんけい》と呼ぶが、厳密に区別しないこともある。

行幸啓に関わる記録や史実は古くから数多く残されている。行幸に際して、行く先で設けられた仮宮《かりみや》を*行宮《あんぐう》または*行在所《あんざいしょ》と呼ぶが、奈良時代や平安時代には*頓宮《とんぐう》とも呼ばれた。天皇行幸時に皇太子が留守の責任者となって宮城をまもる*監国《かんこく》の制（→20）も令《りょう》に定められていた。

近代になると、行幸啓のあった土地に地元が主体となった記念碑や記念誌などが多く残されている。天皇行幸の地は、*聖蹟《せいせき》として特別視された。なお天皇の帰還は*還幸《かんこう》、天皇、皇后、皇太后は*還御《かんぎょ》、皇后、皇太后、皇太子は*還啓《かんけい》という。また、天皇が他所へ遷《うつ》ることを*遷幸《せんこう》と称した。皇族の外出は*御成《おなり》、帰還は*御帰還《ごきかん》である。

行幸《ぎょうこう》は古代よりあったが、江戸時代においては寛永3年（一六二六）に*108後水尾《ごみずのお》天皇が二条城に行幸して以来、歴代天皇は二三七年もの間、御所を出ることがなかった。幕末の文久3年（一八六三）になって、*121孝明《こうめい》天皇が攘夷《じょうい》祈願のために賀《か》茂社《もしゃ》と石清水八幡宮《いわしみずはちまんぐう》に行幸したが、その際も輿《こし》（鳳輦《ほうれん》）の中におり、その姿を人びとに見せることはなく、近代以前の天皇は「見えない」存在として機能した。

*122明治天皇は慶応3年（一八六七）にはじめて御所の外に出て、藩兵の調練を閲《けみ》し、以後、慶応4年（一八六八）の東幸で、京都から東京（江戸をこの年に改称）に向かった。沿道の老若男女は車駕《しゃが》を拝観し、狼藉もなく、粛然として紀律があり、拍手をもって天皇を拝してその音はやまなかったと、『*明治天皇紀』にある。人びとは「見える天皇」に新時代の到来を感じたのである。

明治天皇《めいじてんのう》の行幸《ぎょうこう》　『明治天皇行幸年表』（山崎正次編　一九三三）によれば、明治天皇の行幸は一道三府三三県におよび、慶応4年（一八六八）3月の大坂行幸から明治45年（一九一二）5月の千葉県行幸まで一〇六回（政始、陸軍始、観桜会などは除く地方行幸と大演習行幸）を数えた。なかでも明治5年（一八七二）から明治18年（一八八五）にかけて行われたのが*六大巡《ろくだいじゅん》幸《こう》であり、旧藩主に代わる統治者としての存在を全国民に知らしめた。

六大巡幸の目的は主として「神祇」「孝道」「軍事」に関するものであり、具体的には、山陵、神社、県庁、裁判所、学校、軍事施設および演習地、勧業施設などを訪れた。その際に、地方の人びとへの下賜などがなされた。行幸はほぼ全国に及んだが、島根、鳥取両県への行幸は果たせず、明治40年(一九〇七)年に皇太子*嘉仁《よしひと》親王が行啓《ぎょうけい》する。

明治27年(一八九四)の日清戦争開始時には、明治天皇は大本営を広島に移し、自らも行幸した。この時、皇后*美子《はるこ》も傷病兵慰問の名目で広島に行啓し、各病院を巡回した。美子は、平時には女学校や福祉施設のほか、軍事演習にも行啓し、広範囲に各地を回っている。

大正天皇《たいしょうてんのう》の行幸《ぎょうこう》　*嘉仁親王は、幼少時から病弱で学習が遅れ、それを補う意味もあって、私的行啓を重ねた。いわば、地理歴史見学のための「微行《びこう》」(お忍び)ともいうべきものであった。巡啓中、嘉仁は饒舌と奔放なふるまいで、多くの国民の心をひきつけた。とはいえ、急遽予定を変更したり、回答に窮するような問いを投げかけたり、一種、奇行といえなくもない言動もあり、しばしば側近や周囲を驚かした。しかし、こうした皇太子の姿は、訪問地の人びとに皇室への親近感を与えた。

明治40年(一九〇七)の韓国行啓では、当時一〇歳であった韓国皇太子の*李垠(りぎん イ・ウン)と親しく交遊した。この間、皇太子妃*節子《さだこ》は、皇后*美子とともに女学校や福祉施設訪問などを重ねていた。嘉仁親王は即位すると大演習行幸も余儀なくされるが、あまり積極的ではなかった。

昭和天皇《しょうわてんのう》の戦前《せんぜん》の行幸《ぎょうこう》　大正天皇の皇太子である*裕仁《ひろひと》親王は、大正3年(一九一四)以後、地方見学を目的として、全国各地を巡啓するようになった。大正9年(一九二〇)には、大正天皇に代わり陸軍特別大演習を統監した。親王は、寡黙で気持ちを口に出さない性格であり、大正天皇のように饒舌で意表をついた言動をとることはなかった。

さらに大正10年(一九二一)には、欧州に外遊した。将来の天皇たるべき皇太子の欧州外遊は例がなく、国論を二分したが、この外遊は昭和天皇の人生最良の思い出となった。天皇となってのちの戦後、「この外遊で自由な生活を体験し、以来私の人間形成に大いに役立っている」と語ったほどである。

しかし帰国後、虎《とら》の門《もん》事件、桜田門《さくらだもん》事件と狙撃《そげき》事件が続き、行幸警備は厳重になり、警備する側は極度の緊張を強いられた。昭和9年(一九三四)11月には、群馬県桐生《きりゅう》市で、鹵《ろ》簿《ぼ》(行幸の行列)先駆車の運転手が極度の緊張のため、行程を間違える事件が起きた。行幸後、先駆車の運転手は精神錯乱となり、群馬県警警部の一人は自宅謹慎、もう一人は日本刀で自殺をはかった。そして行幸後、全市民がお詫びの黙禱を捧げ、知事以下の関係者が懲戒処分となった。以後も、太平洋戦争の終結まで、天皇の行幸は厳戒態勢でなされ、参列の人びとも天皇を直視することは許されず、最敬礼で送迎するのが常態となった。

聖蹟《せいせき》　天皇行幸の地として特別に扱われた場所。多摩桜ヶ丘の聖蹟記念館などがある。文部省は、昭和の初めから史蹟に指定された聖蹟調査をし、図版入りの『歴代天皇聖蹟』や『明治天皇聖蹟』を刊行した。明治天皇聖蹟だけで東京の徳川家達《とくがわいえさと》公爵邸はじめ七八か所が収められている。

皇族《こうぞく》**の外遊**《がいゆう》　近代皇族の海外留学は明治初期にあり、明治3年（一八七〇）には、*東伏見宮嘉彰《ひがしふしみのみやよしあきら》（のちの*小松宮彰仁《こまつのみやあきひと》）親王がイギリスに、*華頂宮博経《かちょうのみやひろつね》親王がアメリカのアナポリスの海軍兵学校へ、伏見宮能久《よしひさ》王（のち*北白川宮《きたしらかわのみや》能久親王）がアメリカ、イギリス経由でプロシアに留学した。明治6年（一八七三）に皇族男子は軍人となり、軍事留学が増えた。

明治末の日露戦争終結後から大正年間にかけては、天皇名代としての王室訪問や、皇族妃同伴の親善外交などが活発となり、日露戦争前後に*東伏見宮依仁《よりひと》親王、*久邇宮邦彦《くにのみやくによし》王、*梨本宮守正《なしもとのみやもりまさ》王、大正年間に*北白川宮成久《なるひさ》王、*朝香宮鳩彦《あさかのみややすひこ》王、*東久邇宮稔彦《なるひこ》王、昭和初期に朝鮮王族の*李垠（りぎん イ・ウン）などが、欧州の地を踏んだ。北白川宮成久王のフランス郊外での自動車事故死、朝香宮鳩彦王のアール・デコ様式への傾倒、東久邇宮稔彦王の帰国拒否などが当時の世上の関心を集めた。

皇族《こうぞく》**の「外地」**《がいち》**行啓**《ぎょうけい》　皇太子*嘉仁親王は明治40年（一九〇七）に韓国、皇太子*裕仁親王は大正12年（一九二三）に台湾、翌々年（一九二五）樺太《からふと》に行啓した。また皇族の「外地」（旧植民地）訪問は、大正4年（一九一五）から昭和17年（一九四二）までの二七年間に、朝鮮を訪れた件数は二四件（妃同伴の時もあったので人数にするとのべ二七名）、満州（建国後は「満州国」）は一七件、樺太が六件、台湾が一六件、南洋諸島が一件ある。また「外地」ではないが、昭和12年（一九三七）に*久邇宮朝融《あさあきら》王が中国青島《チンタオ》に出張している。昭和3年（一九二八）以前はどちらかといえば台湾を訪問する皇族が多く、昭和5年（一九三〇）以後は朝鮮や満州を視察訪問する皇族が増えた。

鹵簿《ろぼ》　儀仗を備えた行幸・行啓の行列。朝儀の*公式鹵簿《こうしきろぼ》と朝儀ではない*略式鹵簿《りやくしきろぼ》の別のほか、*御乗馬鹵簿《ごじょうばろぼ》（乗馬で大演習を視察）、*列外鹵簿《れつがいろぼ》（法規外）などがある。公式鹵簿は天皇、皇后（太皇太后・皇太后）、摂政、皇太子（皇太孫）、皇太子妃（皇太孫妃）、親王（王）、親王妃（内親王、王妃、女王）の公式鹵簿がある。天皇公式鹵簿では、行幸《ぎょうこう》*第一公式《だいいちこうしき》（「登極令」などの重大朝儀）、*第二公式《だいにこうしき》（帝国議会開院式）、*第三公式《だいさんこうしき》（陸軍始観兵式など）がある。略式には*略式馬車鹵簿《りゃくしきばしゃろぼ》、*略式自動車鹵簿《りゃくしきじどうしゃろぼ》などがある。

天皇第一公式鹵簿《てんのうだいいちこうしきろぼ》の編成《へんせい》　騎馬の警部、警視、警視総監、*近衛騎兵《このえきへい》が先導し、馬車の式部官、宮内大臣が続き、さらに近衛騎兵に守護され捧持された天皇旗があり、騎馬の近衛将校が天皇の馬車を囲む。正装の天皇の傍らに剣璽《けんじ》を奉安し、侍従長が陪席した。その後を騎馬の侍従武官長、侍従武官、主馬頭《しゅめのかみ》、東京警備司令官、馬車の親王・王（皇族附武官陪乗）、侍従、内大臣、国務大臣、枢密院議長、宮内次官、式部次長、侍従次長、内大臣秘書官長、内大臣秘書官、侍医、宮内書記官、式部官、東京府知事らが近衛騎兵や騎馬の警部、警視に守られていた。

行在所《あんざいしょ》　行幸の際の仮の住まい。天皇が行幸先に滞在することを御駐輦《ごちゅうれん》、天皇・皇后・皇太后や皇族が滞在することを御駐泊、休憩または滞在を駐蹕《ちゅうひつ》、少憩のために設けた場所を便殿《びんでん》、観戦のための地点を御野立所（おのだてしょ おのだちしょ）あるいは御観戦所と言った。

鳳輦《ほうれん》　天皇の乗り物。聖駕、車駕、龍駕、鳳駕とも。皇后・皇太后の場合は玉輦《ぎょくれん》、皇太子の場合は鶴駕《かくが》。そのほかに、御《お》召《めし》列車、宮廷列車、御料車、御召車、御召艦、御召艇の語もある。

供奉《ぐぶ》・扈従（こじゅう こしょう）　行幸啓の列に加わり奉仕すること。行幸には宮内大臣が*供奉長官《ぐぶちょうかん》となる。朝儀の場合、供奉員は宮内大臣ほか宮内次官、侍従長、侍従武官長、式部長官、侍医らがなり、帝国議会開院式や観兵式では親王や王にも供奉を命ぜられる。朝儀でない場合は、式部長官や式部官、主馬頭は供奉しない。

行幸啓《ぎょうこうけい》　道筋《みちすじ》の敬礼法《けいれいほう》　明治6年（一八七三）3月9日の太政官布告には、「行幸の節御道筋通行の者旗章を見受け候はば馬車を下り笠並帽等を脱し総て路傍に立礼可致事」とあり、事前の待機が予定されなかった。その後、大正4年（一九一五）11月5日には内務省警保局長より庁府県長官に「行幸啓の節路傍に跪坐《きざ》拝観に関する件」が発せられ、さらに昭和16年（一九四一）には「行幸啓御道筋の通行者奉拝」では、「指定された場所に整列」「老人や子供はなるべく前列」などとある。

［小田部］

［42］近現代の政事的な儀式

『大日本帝国憲法』にいう「統治権の総攬者《そうらんしゃ》」として、また『日本国憲法』にいう「日本国・国民統合の象徴」としての天皇が、国家・国民のために執り行う「政事的な*儀式」をまとめて概観する。

ここにいう「政事」は、一般の政治家や官僚らによる統治権を行使するような「政治行為」と次元の異なる権威・名誉などを付与するような儀式である（講書始の儀→[128]、歌会始の儀→[127]、園遊会→[46]）。

【「皇室儀制令《こうしつぎせいれい》」に定《さだ》める儀式《ぎしき》】

明治時代に整えられた皇室の主要な儀式を成文化したものが、大正15年（一九二六）10月公布された「*皇室儀制令《こうしつぎせいれい》」で、本文三八条と附式から成る。それらの儀式に出る天皇や皇族の服装については、すでに大正2年（一九一三）11月公布の皇室令「*天皇《てんのう》の御服《ごふく》に関《かん》する件《けん》」と明治44年（一九一一）5月公布の「*皇族服装令《こうぞくふくそうれい》」などに詳しく定められていた。

戦後は昭和22年（一九四七）5月、従来の皇室令がすべて廃止されながら、代わりの規定は作られていない。そのため、明治以来の実例を先例として参考にし、新憲法の趣旨を尊重しながら、現代社会の多様な変化も勘案して、修正を加えたり新儀を形作るなど、さまざまな工夫を重ねている。

①**新年朝賀《しんねんちょうが》の儀《ぎ》**　新年宴会に先立つ三つの儀を含む正月の儀式。まず1日と2日の午前に行われる*拝賀《はいが》の儀《ぎ》は、古来の「*朝賀《ちょうが》」にあたる。文武高官・有爵者・神仏各派代表・外国交際官など（配偶者同伴）が七グループに分かれて宮殿（正殿か鳳凰の間）に並ぶと、正装（陸軍式正服）の天皇（その前後に式部長官・宮内大臣と侍従長・侍従武官長など、および皇太子・親王・王が供奉《ぐぶ》）、続いて大礼服（マント・ド・クール）の皇后（その前後に皇后宮大夫と女官および皇太子妃・親王妃・内親王・王妃・女王が供奉）が揃って計七回（1日に五回、2日に二回）出御し、上位の参列者が御前へ進み拝賀した。また2日午後に行われる*参賀《さんが》の儀《ぎ》は、拝賀の儀に招かれない文武高官・有爵者など（配偶者同伴）が参内し、参賀名簿に署名して祝意を表した。

ついで3日の元始祭（大祭）を経て、4日の*政始《まつりごとはじめ》の儀は、国務大臣・宮内大臣・枢密院議長・内閣書記官長・宮内次官などが宮殿に参集し、通常礼装の天皇の御前で（皇太子以下の供奉はない）、内閣総理大臣から「先ず神宮の事を奏し、続て各庁の事を奏す」、また宮内大臣から「皇室の事を奏す」（いずれも前年末までの祭事・政務や儀式・行事が恙《つつが》なく執り行われたことの報告）儀式である。

この儀は、戦後の新憲法により天皇の国政に対する権能が否定されたので、昭和23年（一九四八）の正月4日から、宮内庁の表拝謁の間（同44年〈一九六九〉から新宮殿鳳凰《ほうおう》の間）において、掌典長より前年の伊勢神宮と宮中祭祀の経過を奏上することに改められた。これを*奏事始《そうじはじめ》という。

こうした年初の行事が一段落したところで5日に*新年宴会《しんねんえんかい》の儀《ぎ》が催された。これは、「拝賀の儀」と同様に諸員が豊明殿（宴会場）に参集し、正装の天皇が出御すると（供奉者は拝賀の儀と同様、皇后以下女性皇族は参列しない）、まず天皇から勅語があり、ついで内閣総理大臣と外国交際官代表から奉対文《ほうたいぶん》を奏したあと、諸員に膳・酒が下賜され宴を尽くす。豊明殿の前庭で舞楽もあった。

*新年朝賀の儀は、戦後の被占領下に規模を小さくし、宮内省（のち庁）庁舎の表拝謁の間でほそぼそと続けられた。講和独立後の昭和28年（一九五三）から、新憲法の第七条一〇項にいう国事行為の「儀式」として*新年祝賀《しんねんしゅくが》の儀《ぎ》と名づけられ、戦前の内容を相当に改めた儀式が、今も行われている。

すなわち、戦前の拝賀の儀にあたるのは、元日午前10時、燕尾服に大勲位《だいくんい》菊花章頸飾《きっかしょうけいしょく》をつけた天皇と、ローブ・デコルテにティアラなどをつけた皇后に対して、まず宮殿松の間で、皇族関係者・内閣関係者・国会関係者、ついで竹の間において裁判所関係者、つぎに再び松の間で認証官と各省庁の事務次官および全国都道府県の知事・議長、さらに午後2時半から松の間で各国大使・公使（配偶者同伴）などが、六組に分かれて各代表から順に新年の祝賀を述べる。

2日は午前と午後に*新年一般参賀《しんねんいっぱんさんが》が行われる。これは昭和23年（一九四八）から始まった新年祝賀に記帳のため皇居へ集まった一般国民に対して、*124昭和天皇が宮内庁庁舎の屋上より手を振り応えたことに由来する。同44年（一九六九）からは、新宮殿の長和殿ベランダに天皇・皇后と皇太子以下の成年皇族が立ち、一般参賀者は二重橋を渡って宮殿東庭に並び、天皇の「おことば」に対し、万歳三唱で祝意を表す。

②**紀元節《きげんせつ》の儀《ぎ》**　2月11日午前、文武高官・有爵者など、および外国交際官が宮殿の宴会場に参集し、正装の天皇が出御して（供奉者は拝賀の儀と同様）、勅語を読みあげると、内閣総理大臣と外国交際官代表が奉対文を読み、その後、別室において諸員に膳・酒が振る舞われる*宴会《えんかい》の儀《ぎ》がある。他方では、文武高官・有爵者など（宴会に招待されない者）

が参内して着到の名簿に署名する*参賀《さんが》の儀《ぎ》もあった。

③**天長節《てんちょうせつ》の儀《ぎ》**　明治期には11月3日、大正期には10月31日（御誕生日の8月末が暑中のため祝日は二か月後）、昭和期には4月29日に行われてきた。天長節祝日には、「大元帥」の観兵式も行われた。

④**明治節《めいじせつ》の儀《ぎ》**　昭和2年（一九二七）から11月3日の明治節に行われた。参賀の儀と宴会の儀は②紀元節の儀と同様である。

この②③④の三節は、戦後の「国民の祝日に関する法」（祝日法）により根本的に改変された。とくに②紀元節は、いったん廃止され、昭和41年（一九六六）から*建国記念《けんこくきねん》の日《ひ》と称する祝日になった。また④明治節も、「祝日法」で*文化《ぶんか》の日《ひ》とされ、明治天皇誕生日の日付が祝日として残った。両方とも皇室の恒例儀式には入っていないが、宮中では2月11日に*臨時御拝《りんじごはい》の祭典を続けている。

さらに③天長節は、「祝日法」で*天皇誕生日《てんのうたんじょうび》と改称され、新年祝賀の儀に近い形で行われている。すなわち、当日午前9時から天皇が宮中三殿を巡拝する*天長祭《てんちょうさい》がある。そのあと、宮殿松の間で成年皇族や三権（行政・立法・司法）の代表者などから祝賀を受ける。それに続いて豊明殿で全閣僚・衆参両院の国会議員、各省の事務次官・全国都道府県の知事および各界の代表者を招いて酒饌《しゅせん》（蒲鉾・若鶏・鯛・加薬御飯の入った折箱と日本酒など）を供する。午後には各国大使を招き茶会を催す。その間に午前と午後、正月2日と同様の*一般参賀《いっぱんさんが》が行われる。

⑤**帝国議会開院式《ていこくぎかいかいいんしき》**　国会への臨席は、明治23年（一八九〇）11月29日、第一回の開院式以来、戦後も励行されている。天皇は皇居から公式鹵簿《ろぼ》（行列）を整えて貴族院へ行幸し、両院議員の奉迎する式場（正面の玉座）に臨み、内閣総理大臣より勅語を受け取り、みずから朗読した。

戦後も、新憲法の第七条に、象徴天皇の国事行為として「国会を召集すること」が定められている。また、国会の開会式には、象徴として臨席するため参議院に行幸し、「おことば」をみずから朗読して、主催者の衆議院議長に渡す。

⑥**帝国議会閉院式《ていこくぎかいへいいんしき》**　天皇の臨席がなく、内閣総理大臣が勅語書を捧読した。戦後はその代読も行われない。

⑦**親任《しんにん》の儀《ぎ》・親補《しんぽ》の儀《ぎ》**　旧憲法下で親任官・親補職の任命にあたって、親任・親補の勅語があり、官記（親署）・職記が授けられた。

⑧**位階親授《いかいしんじゅ》の儀《ぎ》**・⑨**爵記親授《しゃつきしんじゅ》の儀《ぎ》**・⑩**勲章《くんしょう》　親授《しんじゅ》の儀《ぎ》**　正従一位の位記《いき》と公侯伯子男の爵記、および勲一等功二級以上の勲記《くんき》（いずれも親署《しんしょ》）が、天皇親臨のもと、宮内大臣から位記・爵記を、また総理大臣から勲記を授けられた。勲

二等功三級以上の勲記（親署）も、宮中で賜授《しじゅ》された。

⑪**軍旗《ぐんき》親授《しんじゅ》の儀《ぎ》** 「大元帥」として正装（軍服）に勲章をつけた天皇から、連隊長に軍旗を授け勅語があった。

⑦〜⑪の親任・親授の儀は、新憲法下で趣旨が一変した。象徴天皇の国事行為として定められる*特別官職《とくべつかんしょく》を任命《にんめい》・認《にん》証《しょう》する儀式《ぎしき》が行われる。

まず内閣総理大臣と最高裁判所長官の*親任式《しんにんしき》は、宮殿（正殿松の間）で天皇から任命する旨の「おことば」がある。総理大臣には前任者から官記（親署）が渡され、また長官には総理大臣から任命書が渡される。

また*認証官《にんしょうかん》の国務大臣・副大臣、内閣官房副長官、宮内庁長官・侍従長、人事官、検査官、公正取引委員会委員長、最高裁判所判事・高等裁判所長官、検事総長・次長検事、検事長および特命全権大使・公使などの*認証官任命式《にんしょうかんにんめいしき》は、それぞれ天皇の前で首相から官記を授けられる。

昭和39年（一九六四）復活した*生存者叙勲《せいぞんしゃじょくん》は、毎年春秋に二回ある（近年は4月29日と11月3日に公表される）。そのうち、数字の勲等表記廃止以前の勲一等以上の*親授式《しんじゅしき》は、5月中旬と11月中旬、燕尾服に大勲位菊花章などをつけた天皇がみずから勲章を授け、首相から勲記（親署）を渡す。別格の*文化勲章《ぶんかくんしょう》も、平成9年（一九九七）から親授とされ、11月3日（文化の日）に天皇から勲章と勲記が渡される。その一両日後、受章者と文化功労者を招き、懇談のあと会食する。

また勲二等は、宮殿で首相から勲章と勲記を渡される。それを、控えの間で着用し、代表者が天皇に御礼を述べ、天皇から「おことば」がある。さらに勲三等以下は、各省庁で各大臣・長官から勲章を渡されると、省庁別に参内して御礼を述べ、天皇から「おことば」がある。

⑫**信任状捧呈式《しんにんじょうほうていしき》** 外交関係のある各国から来任する特命全権大使（公使）が、その国の元首から日本国の元首とみなされる天皇にあてた信任状を捧呈する儀式。新任大使（公使）は宮中差し廻しの儀装馬車に乗って参内し、天皇の前に進み出て信任状を捧呈する。天皇はそれを受け取って外務大臣に渡し、歓迎の「おことば」がある。なお*解任状《かいにんじょう》は、新任大使が前任大使から託されて、みずからの信任状とともに捧呈する。

これらの捧呈式は戦後も、新憲法第七条に天皇の国事行為として「外国の大使及び公使を接受すること」が定められているので、昭和27年（一九五二）の講和独立後、ほぼ従来どおり行われている。また、着任から一年か二年たつと、順次宮中へ招かれ、とくに新任の時は夫妻で午餐か茶会に招かれる。 ［所］

［43］近現代の皇室関連事件

中川宮《なかがわのみや》 反逆陰謀事件《はんぎゃくいんぼうじけん》　中川宮（のち*久邇宮朝彦《くにのみやあさひこ》親王、香《こう》淳《じゅん》皇后の祖父）が幕末維新の慶応4年（一八六八）に、徳川慶喜《とくがわよしのぶ》と謀り幕府再興を企てたという嫌疑で広島藩に幽閉された事件。冤罪《えんざい》に近かったが、中川宮には*[121]孝明《こうめい》天皇毒殺犯の噂《うわさ》もあった。

一高《いちこう》不敬《ふけい》事件《じけん》　明治24年（一八九一）1月9日、東京本郷の第一高等中学校の嘱託教員でありキリスト教徒であった内村鑑《うちむらかん》三《ぞう》が、教育勅語に最敬礼をしなかったために、生徒、同僚らが非難し、体調を崩していた内村は依願解職した。

久米邦武《くめくにたけ》筆禍《ひっか》事件《じけん》　*岩倉具視《いわくらともみ》の米欧視察に随行して『米欧回覧実記』を著した久米邦武は、史家としての業績を重ね、帝大教授、史誌編纂委員などをつとめた。明治24年（一八九一）には『史学会雑誌』に「太平記は史学に益なし」「神道は祭天の古俗」などを発表。後者は、神道は宗教ではなく、東洋の天を祭る古い習俗の一つにすぎないとしたものであるが、翌年、田口卯吉《たぐちうきち》主宰の『史海』に転載したところ、神道家たちに皇室と皇室の祖先を侮辱するものと攻撃され、久米は非職を命ぜられた。

田中正造《たなかしょうぞう》直訴《じきそ》事件《じけん》　明治34年（一九〇一）12月10日、足尾銅山の鉱毒被害を訴えてきた田中正造が、*明治天皇に直訴《じきそ》した事件。正造は拘束されたが、不問のまま釈放。

大逆事件《たいぎゃくじけん》　明治43年（一九一〇）5月の職工宮下太吉の爆弾製造所持事件をきっかけとして多くの社会主義者が検挙され、天皇暗殺計画容疑の大逆罪で二六名が起訴された。非公開裁判の結果、幸徳秋水《こうとくしゅうすい》ら一二名が処刑された。

皇太子《こうたいし》洋行反対運動《ようこうはんたいうんどう》　大正9年（一九二〇）から翌年にかけて、皇太子*裕仁《ひろひと》親王の欧州外遊計画がもちあがった。皇太子妃内定を取り消す（宮中某重大事件）ため元老の山県有朋《やまがたありとも》が洋行を勧めたともいわれる。騒ぎとなったが、結局、皇太子は大正10年3月に欧州歴訪に出発、9月に無事帰国した。

虎ノ門《とらのもん》事件《じけん》　大正12年（一九二三）12月27日、東京虎ノ門で、帝国議会開院式出席の自動車中の皇太子*裕仁親王が狙撃された。弾丸はわずかにはずれ、犯人の難波大助はその場で逮捕され、非公開裁判で死刑となった。

二重橋爆弾事件《にじゅうばしばくだんじけん》　大正13年（一九二四）1月5日、朝鮮独立運動家の金址燮《キムジソプ》が二重橋で職務質問され、警察と近衛兵に爆弾を投げつけ、逮捕された。

水平社員《すいへいしゃいん》の直訴《じきそ》　昭和2年（一九二七）11月19日、全国水平社員であった北原泰作二等兵が軍隊内の差別撤廃を求め、陸軍大演習の観兵式の際に銃剣を手にしたまま天皇に直訴状を差し出した。北原は軍法会議で懲役一年の刑となった。

統帥権干犯問題《とうすいけんかんぱんもんだい》　昭和5年（一九三〇）に調印されたロンドン海軍軍縮条約は、第五八特別議会で野党である政友会から「統帥権干犯」と攻撃され、倒閣運動に発展した。『大日本帝国憲法』では軍の統帥権は天皇にあったが、部隊や予算の編成権に関する輔弼《ほひつ》は国務大臣なのか軍の統帥部なのかが判然とせず、このため補助艦の対米比率に不満を持つ海軍軍令部や枢密院を巻き込んだ騒動となった。結局、条約は締結されたが、首相浜口雄幸《はまぐちおさち》（民政党）は東京駅で右翼に狙撃されて重傷を負い、その後死亡、内閣も倒壊した。

桜田門事件《さくらだもんじけん》　*昭和天皇は、昭和7年（一九三二）1月8日の陸軍始観兵式から帰る途次、桜田門外の沿道から手投弾を投げつけられたが、前方の馬車にあたり無事であった。犯人の李奉昌（りほうしょう イ・ボンチャン）は大逆罪で死刑となった。

天皇機関説事件《てんのうきかんせつじけん》　昭和10年（一九三五）に貴族院議員の美濃部達吉《みのべたつきち》が天皇機関説論者として軍部や右翼から糾弾され、在郷軍人会などが全国で国体明徴運動を展開し、政府に機関説を否定させ、美濃部を議員辞職に追い込んだ。

二・二六事件《ににろくじけん》　昭和11年（一九三六）2月26日、「昭和維新」の名のもとに軍部内閣樹立による国家改造をめざした皇道派青年将校らが、首相官邸や内大臣私邸などを襲い、重臣らを殺害した。信頼する側近を殺害された*昭和天皇の怒りは激しかった。また皇弟の*秩父宮雍仁《ちちぶのみややすひと》親王が関与したという風評も立った。

島津治子《しまづはるこ》の不敬《ふけい》　昭和11年（一九三六）8月26日、元東宮女官長であった島津治子は、二・二六事件の根本原因は秩父宮擁立運動なりなどの「神託」をなし、皇室や皇族を「冒瀆《ぼうとく》」したとして、警視庁に検挙された。

「玉音《ぎょくおん》」盤奪取事件《ばんだつしゅじけん》　昭和20年（一九四五）8月14日深夜から15日にかけて、日本降伏に反対する陸軍将校たちは、クーデター決行のため近衛師団長の中将森赳《もりたけし》を殺害し、翌日、ラジオ放送予定の「終戦の詔書」の「玉音（天皇の肉声）」盤を奪取しようとしたが、失敗した。

熊沢天皇騒動《くまざわてんのうそうどう》　昭和21年（一九四六）1月、名古屋で雑貨商を営み、南朝の末裔を自称していた熊沢寛道《ひろみち》が、上京して皇室の正系を宣言した。米軍の「スターズ・アンド・ストライプス」紙などにも紹介され、昭和26年（一九五一）には、現天皇不適格の提訴をするが、却下された。

赤旗皇居進入《あかはたこうきょしんにゅう》とプラカード事件《じけん》　昭和21年(一九四六)5月12日、東京世田谷の「米よこせ区民大会」に参加した主婦たちを先頭にした一五〇〇名のデモ隊が、天皇の献立の公開を要求して、赤旗とともに坂下門をくぐって、皇居の大膳（厨房）にある食材を直に見た。その一週間後の5月19日の飯米獲得人民大会では、「国体はゴジされたぞ　朕はタラフク　食ってるぞ　ナンジ人民　飢えて死ね　ギョメイギョジ」のプラカードが掲げられ、主謀者が不敬罪で起訴されたが、新憲法公布による大赦令で免訴された。

京　大行幸事件《きょうだいぎょうこうじけん》　昭和26年(一九五一)11月12日、全国行幸の一環として京都大学を訪問した天皇は、戦争責任を問う二〇〇〇名を超す学生たちの騒然たる雰囲気に迎えられた。警官隊が学生を排除し、京大当局は八名の学生を無期停学処分とした。

二重橋事《にじゅうばしじ》件《けん》　講和条約締結後、日の丸や神社への崇敬が復活しはじめた昭和29年(一九五四)1月2日、皇居の一般参賀に当時最高の人出となる三八万人が押し寄せた。皇宮警察と丸の内署で警備にあたったが、参賀客が二重橋上で将棋倒しとなり、死者一六名、重軽傷者六九名を出した。

成婚《せいこん》パレード投石《とうせき》　昭和34年(一九五九)4月10日、皇太子*明仁《あきひと》親王夫妻の成婚パレードが二重橋から祝田橋《いわいだばし》に向けて右折した直後、巨額の東宮御所新築費に反発した少年が群衆の中から飛び出て投石、一つ目ははずれ、二つ目が馬車に当たった。少年は逮捕された。

風流夢譚事《ふうりゅうむたんじ》件《けん》　嶋中事《しまなかじ》件《けん》とも。昭和35年(一九六〇)2月1日、『中央公論』12月号に掲載された深沢七郎《ふかざわしちろう》の『風流夢譚』は、主人公が革命らしき騒動で天皇一家が殺害された夢を見たという物語である。それを皇室を侮辱するものとして、激昂した右翼少年が中央公論社社長夫人に重傷を負わせ、女子使用人を刺殺した。以後、天皇批判の言動をタブー視する傾向が強まった。

歌会始《うたかいはじめ》　盗作《とうさく》　昭和37年(一九六二)度の歌会始に入選した応募歌が盗作と判明し、前年度の入選作にも盗作があることがわかった。宮内庁は募集要項を厳格にした。

『美智子《みちこ》さま』執筆中止《しっぴつちゅうし》　昭和38年(一九六三)3月、宮内庁は『平凡』に連載中の小山《こやま》いと子《こ》の『美智子さま』が興味本位で好ましくないと、中止を求め、連載は中止された。

島津貴子誘拐未遂《しまづたかこゆうかいみすい》　昭和38年(一九六三)10月26日、昭和天皇五女で島津久永《ひさなが》夫人となった貴子を誘拐し、五〇〇〇万円の身代金を要求する計画が事前に発覚した。

パチンコ玉事《だまじ》件《けん》　昭和44年(一九六九)1月2日昭和宮殿竣工後、初の皇居一般参賀で、戦時中に捕虜経験のある奥崎謙三《おくざきけんぞう》は、ニューギニアで戦死した戦友「ヤマザキ」の名を呼び、「天皇を撃て」と叫んで、手製のパチンコ銃を天皇に向けて撃った。事件後、防弾ガラスが長和殿中央部に設置された。その後、奥崎は天皇もひとりの人間に過ぎないと、昭和51年（一九七六）4月25日、休日の歩行者天国で賑わう銀座、渋谷、新宿の各デパートの屋上から天皇一家をコラージュしたビラをばらまいた。

葉《は》山《やま》御《ご》用邸《ようてい》放火《ほうか》　昭和46年（一九七一）1月27日、神奈川県葉山町の御用邸が全焼。当初、出火原因が不明であったが、二〇歳の会社員が自首して放火を自供した。

御召《おめし》列車《れっしゃ》爆破《ばくは》未遂《みすい》と皇居攻撃《こうきょこうげき》　昭和49年（一九七四）8月14日、新左翼過激派の「東アジア反日武装戦線」は那須から帰京する予定の御召列車を爆破しようとしたが、警戒が厳しく失敗した。この時に準備された爆弾は同月30日に三菱重工ビル爆破に使われ八人の死者を出した。昭和50年（一九七五）9月20日には、天皇訪米に反対する共産主義者同盟戦旗派が東宮御所に火炎瓶を投げつける事件があった。さらに昭和56年（一九八一）5月20日には、皇居乾門《いぬいもん》近くの路上で皇居火炎放射襲撃未遂事件が起こり、革労協（革命的労働者協会）が犯行声明を出した。昭和57年（一九八二）5月7日には沖縄復帰一〇周年記念式典粉砕を主張する中核派が、二重橋前広場の交差点に停めたトラックを時限装置で皇居に向けて炎上発進させた。昭和62年（一九八七）8月27日には、昭和天皇の沖縄訪問に反対する中核派が、神田猿楽町の路上に停めた保冷車から五発のロケット弾を発射させ、二発が皇居隣接地で炸裂する事件が起きた。

ひめゆりの塔《とう》事《じ》件《けん》　昭和50年（一九七五）7月17日、沖縄を訪問した皇太子＊明仁《あきひと》親王夫妻が、「ひめゆりの塔」前で、火炎瓶を投げつけられた。

東久邇《ひがしくに》稔彦《なるひこ》ニセ婚姻届《こんいんとどけ》　昭和55年（一九八〇）3月、旧皇族の東久邇稔彦は、＊北白川宮成久《きたしらかわのみやなるひさ》王の落胤《らくいん》と称する増田きぬが勝手に婚姻届を出していたとして提訴した。

寛仁《ともひと》親王《しんのう》皇籍《こうせき》離脱《りだつ》発言《はつげん》　昭和57年（一九八二）4月、寛仁親王（三《み》笠宮《かさのみや》第一男子）は深夜、宮内庁に電話で「皇族をやめたい」ともらした。

御名御《ぎょめいぎょ》璽《じ》事件《けん》　人々に踏まれることを意図して、天皇の写真などを印刷したビラを、昭和60年（一九八五）の元日に配布する計画が発覚。御名御璽偽造として家宅捜査を受けたが、裁判では偽造にあたらないとされた。

長崎市長襲撃《ながさきしちょうしゅうげき》　平成2年（一九九〇）1月18日、長崎市長本島等《もとじまひとし》が至近距離で撃たれたが、一命をとりとめた。市議会で天皇に戦争責任があると答弁したことへのテロ。　［小田部］

〔44〕皇室と福祉的事業

皇室と福祉との関わりは、古来のもので、古代律令制度下では光明《こうみょう》皇后が悲田院《ひでんいん》や施薬院《せやくいん》を設置して貧窮者、病者、孤児らを救済したことはよく知られる。これらの慈善救済事業は仏教の福田《ふくでん》思想に基づくもので、公的扶助というよりは私的な信仰の所産といえる。

もちろん、中国・唐の貧窮制度と儒教思想の影響を受け、古代律令制下において、「鰥寡《かんか》孤独　貧窮　老疾　自存すること能《あた》はざる者」、つまり「鰥寡孤独」（妻を失った男、夫を失った女、父のない子、老いて子のない者など、みよりのない人びと）、貧窮者、「老疾」（老いて病気にかかった者）など、自分で生存する力のない者たちは救済されるべき対象とされていた。これらの人びとに思いを致すことが天皇の仁政であった。

中世から近世にかけて、皇室が政治的権力を失った時期には、権力者や宗教家たちの私的な慈愛と地域共同体における相互扶助がなされていた。そして江戸幕府の経済的矛盾が深刻化すると、天明大飢饉《てんめいのだいききん》の際などに「*御所千度《ごしょせんど》参《まい》り」のような朝廷の慈愛を求める動きも生まれた。

近代に入って、明治7年（一八七四）12月8日、「*救恤規則《きゅうじゅつきそく》」が制定され、明治維新後の救済制度の根幹となった。しかし、その救済の原則は、古来同様、家族や隣人による私的な相互の情宜に求め、公の救済対象は「無告《むこく》（頼るところのない）」の窮民に限定されていた。そうした中で、天皇皇后の個人的な慈善や経済的援助が、明治期以後の皇室の福祉救済事業の骨格となっていった。

また、幕末維新以来の相次ぐ戦乱は多くの死傷者を生み、戦病死者や遺家族の援護が重要課題となった。日清戦争後の対外戦争の中で、日本赤十字社や愛国婦人会などが皇室の軍事救護活動の中心となった（→[40]）。

現在の皇室は、平成の天皇（上皇）の皇太子時代からパラリンピック、アニマルセラピー（動物介在療法）、手話、盲導犬育成などの普及に大きな役割を果たしている。

悲田院《ひでんいん》　福田《ふくでん》思想に基づく貧窮者救済施設。福田とは、田が作物を生ずるように供養する仏教の教えで福徳を生ずる対象を指す。三福田、八福田などがあり、三福田の場合、敬田（三宝［仏、仏の教え、僧］）、恩田（父母）、悲田（貧苦者）の三田をいう。聖徳太子創建伝説もあるが、養老7年（七二三）の興福寺悲田院が最初とされる。

施薬院《せやくいん》　貧しい病人に施薬や施療をし、孤独な老人や幼児も収容した施設。天平2年（七三〇）に*光明《こうみょう》皇后が創建したことで知られ、平安期に衰退したが、*豊臣秀吉が再興した。享保7年（一七二二）に江戸幕府が小石川に設けた養生所も施薬院として機能した。

御所千度参《ごしょせんどまい》り　天明7年（一七八七）の天明大飢饉《てんめいのだいききん》により全国的な一揆や打ちこわしが起きた際に、京都のみならず大坂や近江など近在の老若男女が、貴賤の別なく毎日のように御所の築地をとりまいてお参りをはじめた動き。その数は二か月で数万人にのぼり、*後桜町上皇の配慮で三万個のリンゴが配られ、酒やところてんなどの物売りだけで何百人も集まったという。有栖川宮《ありすがわのみや》家では茶所の接待をしたりした。

御所千度参りの背景には、朝廷の仁政への期待があった。江戸幕末の政治的混乱の中で幕府の救済機能が低下すると、皇室の慈愛と救済を求めはじめる人も増えたのである。朝廷側もこうした動きを受けて幕府に「施し米」などの救済策を申し出た。

日本赤十字社《にほんせきじゅうじしゃ》　赤十字運動はスイス国籍のアンリ・デュナンが一八五九年のソルフェリーノの戦いの後に、敵味方の区別なく傷ついた人びとを救護したことにはじまる。

日本では、明治10年（一八七七）の西南戦争時に設立された博愛社が日本赤十字社の母体となった。篤志看護婦人会設立、看護婦養成所開設のほか、明治21年（一八八八）の磐梯山《ばんだいさん》噴火、明治27年（一八九四）の日清戦争、明治37年（一九〇四）の日露戦争に、救護班を派遣して傷病者の援助をした。なかでも、日露戦争では、七万人のロシア人捕虜を厚遇し、義眼、義手、義足などを給与したといわれる。

皇室と密接な関係があり、初代総裁*有栖川宮熾仁《ありすがわのみやたるひと》親王をはじめ歴代総裁は皇族が就任した。毎年の総会には*皇后美《はる》子《こ》が出席し、昭憲《しょうけん》皇太后基金などの財政援助もなされた。現在も、慈善災害援助などを行い、名誉総裁に*皇后雅子《まさこ》、名誉副総裁に*秋篠宮妃《あきしののみやひ》紀子《きこ》らの名がある。

明治天皇《めいじてんのう》の救済事業《きゅうさいじぎょう》　明治天皇は、統治者の務めとして、老人や孤児、障害者などへの慈愛と援助を施し、一〇〇歳以上の者に金品を与えたり、福田会育児院や貧民医療の済生会を援助したり、京都盲唖院《もうあいん》や京都癲狂院《てんきょういん》（精神科病院）などに皇族を派遣したりした。

災害対策にも熱心であり、火災、風水害、地震、噴火、津波、事故、凶作などの災害に救恤金《きゅうじゅつきん》を給付した。『明治天皇紀』によれば、明治26年（一八九三）に天皇は「学術的研究に因《よ》りて噴火、地震等を予知すること能《あた》はずや」と侍従に聞いている。病気予防への関心も高く、天然痘《てんねんとう》、コレラ、ペスト、ハンセン病などへの対策を徹底させていた。

昭憲皇太后《しょうけんこうたいごう》と貞明皇后《ていめいこうごう》の救済事業《きゅうさいじぎょう》　昭憲皇太后（明治天皇の皇后美子《はるこ》）や貞明皇后（大正天皇の皇后節子《さだこ》）も、国家の「母」たる慈愛を示した。明治から昭和の戦前にかけて、棄児や迷児などの救済施設である東京養育院を行啓したり、下賜金を与えたりしている。東京慈恵医院にも頻繁に行啓し、病院増築や患者への賜物などの支援を行った。こうした慈愛活動に、宮中の女官や宮内省の官僚たちも協力し、寄付金などを出しあったりもした。

　なかでも、貞明皇后のハンセン病への関わりは有名であり、かつて誕生日の6月25日は「癩《らい》予防デー」として、ハンセン病患者への関心を高める日でもあった。現在では「ハンセン病を正しく理解する週間」として、ハンセン病への差別や偏見のない社会を作るための運動がなされている。

昭憲皇太后基金《しょうけんこうたいごうききん》　明治45年（一九一二）、昭憲皇太后（明治天皇の皇后）がワシントンで開かれた第九回万国赤十字総会に際し、一〇万円（現在の価値で三億五〇〇〇万円）を「平時救援事業奨励金」としたものを基にしている。赤十字活動は戦時ばかりでなく、平時でも福祉活動をするようにとの意味が込められていた。その後も貞明皇后（大正天皇の皇后）はじめ代々の皇后や、政府および趣旨に賛同している民間の人々などが基金を続けている。基金は赤十字社合同委員会が管理、その運用収益が大正10年（一九二一）以来、昭和19年（一九四四）をのぞき毎年配分され、平成31年（二〇一九）4月までに合計約一五億八四〇〇万円が一七〇の国と地域に配分された。

藤楓協会《とうふうきょうかい》　昭和26年（一九五一）6月13日に貞明皇后から癩《らい》予防協会に遺贈された基金をもとに設立された救癩《きゅうらい》事業財団。初代総裁は*高松宮《たかまつのみや》宣仁親王。昭憲皇太后のお印「若葉」にちなんだ「楓」と、貞明皇后のお印「藤」から、藤楓協会と命名された。

恩賜財団済生会病院《おんしざいだんさいせいかいびょういん》　明治44年（一九一一）5月30日に*明治天皇の済生勅語により、下賜金と民間寄付とで設立された貧民医療のための病院。昭和27年（一九五二）に社会福祉法人となる。

母子愛育会《ぼしあいいくかい》　昭和8年（一九三三）の皇太子*明仁親王誕生を記念して、児童と母性の養護教化のために設立。*昭和天皇から七五万円の下賜金があり、昭和9年（一九三四）4月29日の天長節に発会式がなされた。総裁には久邇宮妃俔子《ちかこ》が就任。昭和14年（一九三九）に、愛育病院の前身である愛育医院（小児科）を開院した。

戦後は昭和23年（一九四八）に*三笠宮妃百合子《みかさのみやひゆりこ》を総裁とし、昭和44年（一九六九）には皇太子妃*美智子《みちこ》作曲の「おもひ子」が下賜される。昭和59年（一九八四）には昭和天皇臨席のもとに創立五〇周年、平成16年（二〇〇四）には天皇・皇后臨席のもとに創立七〇周年の記念式典が、それぞれ開催された。平成18年（二〇〇六）9月6日、*秋篠宮妃紀子《あきしののみやひきこ》は、東京都港区の愛育病院にて長男の*悠仁《ひさひと》親王を出産した。

パラリンピック　四年に一回、オリンピック開催地で行う国際身体障害者スポーツ大会であり、昭和35年（一九六〇）のローマ大会直後に第一回が開催された。はじめは脊椎損傷者だけであったが、近年は肢体不自由、視覚障害者なども参加している。平成の天皇（上皇）と皇后（上皇后）は昭和39年（一九六四）の東京オリンピック大会以後、パラリンピックに関わり、全国障害者スポーツ大会の普及などにつとめてきた。また令和の天皇はマラソンランナーである視覚障害者の伴走をするなど、より踏み込んだ活動をしている。

そして*皇后雅子《まさこ》と*愛子《あいこ》内親王はアニマルセラピーに、*秋篠宮家《あきしののみや》では紀子《きこ》妃、*眞子《まこ》・*佳子《かこ》内親王が手話に高い関心を持っている。*黒田清子《くろださやこ》も内親王（紀宮《のりのみや》）時代に盲導犬育成に尽力した。*守谷絢子《もりやあやこ》も女王（高円宮《たかまどのみや》）時代に保育士と社会福祉士の資格を取得している。

［髙橋・小田部］

写真１　手話で挨拶する佳子内親王（第５回全国高校生手話パフォーマンス甲子園開会式、平成３０年10月７日）

4

現代の皇室

[45] 天皇と現行法制

戦前の法体系は二元的に構成されており、国務法としての憲法と宮務法ともいうべき『*皇室典範』は同等の根本法であった。「皇室典範の改正は帝国議会の議を経るを要せず」(『大日本帝国憲法』第七四条)とされ、典範は皇室みずからのことを制定するもので、議会が介入する余地はなく、それを*皇室自律主義《こうしつじりつしゅぎ》といった。

一方、昭和22年(一九四七)5月3日に施行された『*日本国憲法』は、前文と一一章一〇三条から成っている。その第二条に「国会の議決した皇室典範」とあり、憲法は*最高法規《さいこうほうき》で『皇室典範』はその下位法になった。法律名が戦前と同じなのは、「一般の法といふ言葉より何となく荘重に聞こえる」(貴族院国務大臣金森徳次郎《かなもりとくじろう》、昭和21年(一九四六)12月18日答弁)という理由からである。

天皇、皇室に関する条項は、第一章の第一条から第八条および第七章の第八八条にある。その第一条に、天皇は「日本国の象徴」、「日本国民統合の象徴」とあり、その地位は「主権の存する日本国民の総意に基く」と、『大日本帝国憲法』の天皇主権から*主権在民《しゅけんざいみん》に大きく転換し、天皇は政治的な権能を持たない象徴的な存在になった。ただ、第二条で「皇位は、世襲のもの」と規定されている。

【憲法《けんぽう》の成立過程《せいりつかてい》】

*ポツダム宣言の受諾により*第二次世界大戦が終結し、日本は民主的な憲法の改正を求められた。昭和20年(一九四五)10月9日、幣原喜重郎《しではらきじゅうろう》内閣が成立し、憲法問題調査委員会(委員長松本烝治《まつもとじょうじ》)が設置され、翌21年(一九四六)2月8日「憲法改正要綱」(松本案)を*連合国軍総司令部(*ＧＨＱ)に提出した。しかし、天皇条項などは『大日本帝国憲法』と趣旨が同じだとして、ＧＨＱに認められず、2月13日ＧＨＱが作成した英文の憲法草案を示された。

日本側は*象徴天皇《しょうちょうてんのう》(草案第一条)、戦争放棄(同第八条)、典範を憲法の下に置くこと、一院制の採用など、想像もしなかった条文があることに驚き、首相幣原、外相吉田茂《よしだしげる》らは内容の変更を要求して、極秘にＧＨＱと交渉を進めた。しかし、「一条と八条(今の九条)の変更は認められない」と強硬だった。占領統治に有効な天皇制度の温存を図ろうとするマッカーサーは、天皇が戦前のように権力をもたない象徴となること、加えて、日本が戦争を放棄し、軍隊を保持しないことを要求している。天皇の戦争責任不問と戦争放棄をセットにして連合国側に示し、天皇断罪論に傾いていたオーストラリアやソ連を牽制して中央突破を図ったともいえる。

ＧＨＱ案には、基本的に大日本帝国憲法の枠組み（第一章「天皇」など）を残しながら、高野《たかの》岩三郎《いわさぶろう》、鈴木《すずき》安蔵《やすぞう》らの憲法研究会が作成した「憲法草案要綱」なども参考にしたと見られる。そこには「日本国の統治権は日本国民より発す」、「天皇は国政を親《みずか》らせず」などとある。政府はＧＨＱ草案に基づいて3月6日「憲法改正草案要綱」を発表、6月20日、第九〇帝国議会に提出し、衆議院、貴族院で審議された。枢密院の諮詢《しじゅん》を経たうえで、124昭和天皇の裁可を得て11月3日（当時の明治節）に公布した。

象徴天皇《しょうちょうてんのう》「象徴」という言葉は、英国の思想家ウォルター・バジョット（一八二六～七七）の著作に、英国王は a symbol of national unity とあるのが淵源《えんげん》ではないか、という見方がある。しかも、天皇は日本民族の象徴であるという概念は、戦前から里《さと》見《み》岸雄《きしお》、津田《つだ》左右吉《そうきち》らが述べていた。また新渡戸《にとべ》稲造《いなぞう》、植《うえ》原《はら》悦二郎《えつじろう》らは英語の論文で、天皇は日本国民の symbol と書いており、それに学んだ米国の日本研究者らが、天皇は日本の象徴であるとみていた。

米国務省やＧＨＱ案をつくった民政局（ＧＳ）の中などで、象徴という言葉は一般的に使われていたという証言がある（二〇〇五年、参院憲法調査会でＧＨＱの担当者）。戦前四回来日したマッカーサーの副官ボナ・フェラーズ（一八九六～一九七三）のメモ（一九四五年10月2日）や、マッカーサーの陸軍参謀総長宛《あて》の書簡（一九四六年1月25日）でも、「天皇は国民統合の象徴」とある。ＧＨＱ案の情報は、昭和20年（一九四五）大晦日に民間情報教育局（ＣＩＥ）から天皇側近に届いていた。そこには、天皇制度を存続するが、天皇は政治と分離すること、皇室財産の国有化、皇室予算は国会で審議することなどが記されていた（木下道雄『側近日誌』）。

元首《げんしゅ》『大日本帝国憲法』第四条に「天皇は国の元首にして統治権を総攬《そうらん》し」とある。元首とは本来、国土・国民を統治する行政権の首長で、国を代表して対外代表権を持つとされ、この定義通りなら象徴天皇は元首といえない。しかし、「ごく一部だが外交関係で国を代表する面を持っているなら、元首といっても差し支えない」（昭和63年〈一九八八〉10月11日、参院内閣委、政府答弁）という。*皇室外交（国際親善）では、天皇が国を代表するかたちで国賓の元首を接遇し、外国訪問でも元首として扱われている。外交関係を処理するのは内閣だが、大使・公使の信任状は各国の元首から天皇に対して出され、着任すれば天皇に捧呈《ほうてい》される。また、代替わりの諸儀式には、世界各国から元首や代表が参列した。こうした事実の上に立って、政府は「元首」と見て差し支えないとの見解を示している。

国事《こくじ》行為《こうい》　憲法に規定される行為で、「日本国の象徴」としての立場で行われる。第六条で国会が指名する内閣総理大臣、政府が指名する最高裁判所長官を象徴天皇が「*任命《にんめい》」することをはじめ、第七条に①憲法改正、法律・政令・条約の公布、②国会の召集など一〇項目がある。第四条二項の国事行為を委任することを加えると一三項目になる。

いずれも内閣の助言と承認を必要とし、内閣がその責任を負う（表1）。毎週二回の閣議後、国事行為一三項目に該当する書類を決裁するのが日常的な公務の中心になる。表1の七条の一～四号に関する書類には「御名《ぎょめい》・御璽《ぎょじ》」、六条と七条の七・九・一〇号に関する書類には「可」の印、七条の五・六・八号に関しては「認」の印、四条の「国事行為の委任」には「覧」の印が押される。

公的《こうてき》行為《こうい》　天皇が「日本国民統合の象徴」として公的に幅広く行う。「範囲を決めるのは困難」（昭和50年〈一九七五〉衆院内閣委、法制局答弁）であるが、国民体育大会・全国植樹祭などの行幸、国際親善、国会開会式でのお言葉、歌会始《うたかいはじめ》、園遊会、国内各地への行幸、外国の公式訪問などきわめて多岐《たき》にわたる。昭和50年（一九七五）の衆院内閣委で政府は、①政治的な意味ないし影響を持つものが含まれない、②内閣が責任をとる、③象徴たる地位にふさわしいものであること――とし、責任の最終所在は内閣にあると答弁している。

*公務《こうむ》とは主に国事行為と公的行為をさすが、音楽、演劇、絵画展なども主催者からの要請があれば公務として出る。

祭祀《さいし》行為《こうい》　天皇が*宮中三殿（賢所《かしこどころ》・皇霊殿《こうれいでん》・神殿《しんでん》）と隣接の*神嘉《しんか》殿《でん》および歴代天皇の陵所《りょうしょ》などで行う恒例・臨時の祭祀。そのすべてが神道の形をとるので、憲法上の政教分離原則により*私的行為とされるが、個人的なことではなく、国家・国民統合のために祈願する（→120）。

権威《けんい》と権力《けんりょく》　『日本国憲法』第四条で天皇は「国政に関する権能を有しない」とされる。天皇は政治に影響を及ぼし、関与してはならないという意味で、天皇と政治を明確に切り離した規定である。律令制以来の朝廷政治は、太政官《だじょうかん》・摂《せっ》政《しょう》、関白や上皇が主導権をもった場合が多く、鎌倉時代以降は幕府が実権を掌握していた。天皇の権威と時の政府の実権が分離されている。世俗的な権力を直接行使した天皇はごく少数であるが、精神的な権威は続いている。

表1　皇室法の体系

表中**太字**は国事行為

日本国憲法			
条	号	各条号の規定する内容	附属法規等（条番号）
一		天皇の特殊の地位	皇室典範（九、一〇、一一、一三、一四〜一七）、刑法（二三二）、国民の祝日に関する法律（二）、皇統譜令、皇族の身分を離れた者及び皇族となった者の戸籍に関する法律
二		皇位の継承	皇室典範（一〜四、九、二四、二五）、元号法、皇統譜令、相続税法（一二）
三		天皇の国事行為に対する内閣の助言と承認	
四		天皇の権能	請願法（三）
		国事行為の委任	国事行為の臨時代行に関する法律
五		摂政	皇室典範（一六〜二一）
六		**内閣総理大臣の任命**	
		最高裁判所長官の任命	裁判所法（三九）
七	一	**憲法改正、法律、政令及び条約の公布**	
	二	**国会の召集**	国会法（一〜二の三）
	三	**衆議院の解散**	
	四	**国会議員の総選挙の施行の公示**	公職選挙法（三一、三二）
	五	**国務大臣その他の官吏の任免の認証**	内閣法（一四）、国家行政組織法（一六）、内閣府設置法（五九）、裁判所法（三九、四〇）、検察庁法（一五）、私的独占の禁止及び公正取引の確保に関する法律（二九）、宮内庁法（八、一〇）、外務公務員法（八）、国家公務員法（五）、会計検査院法（四）
		全権委任状等の認証	外務公務員法（二、九）
	六	**恩赦の認証**	恩赦法、大赦令、減刑令、復権令、公務員等の懲戒免除等に関する法律
	七	**栄典の授与**	位階令、文化勲章令
	八	**批准書その他の外交文書の認証**	外務公務員法（九）、外国の領事官に交付する認可状の認証に関する法律
	九	**外国の大使及び公使の接受**	
	一〇	**儀式の主宰**	
八		皇室の財産授受	
八八		皇室財産及び皇室の費用	皇室経済法、皇室経済法施行法、国有財産法（二、一三）、所得税法（九）

※衆議院憲法調査会事務局作成『象徴天皇制に関する関係法規集』より作成

皇室典範《こうしつてんぱん》　皇室に関係ある諸事項を規定する法律。現行の『皇室典範』は全文五章三七条で、第一章皇位継承、第二章皇族、第三章摂政、第四章成年、敬称、即位の礼、大喪の礼、皇統譜及び陵墓、第五章皇室会議、から成っている。旧典範の全文一二章六二条に比べて簡素化されているのは、神道的な神器と大嘗祭《だいじょうさい》、国家的な元号などの条文が削除され、財政関係は「皇室経済法」に、訴訟問題は一般法規に委《ゆだ》ねたためである。

　憲法改正の作業にともなって新典範の制定作業が始まり、昭和21年（一九四六）9月27日、「皇室典範要綱（試案）」ができ、12月5日からの第九一帝国議会に上程された。12月24日の本会議で原案どおり可決され、昭和22年（一九四七）1月16日公布、憲法と同日に施行された。

摂政《せっしょう》　「天皇が成年に達しないとき」（『皇室典範』第一六条一項）、「精神若《も》しくは身体の重患又は重大な事故により」国事行為ができないとき（同条二項）は摂政《せっしょう》を置く。第一七条で定める摂政の有資格者と就任順序には、男性だけでなく女性皇族も含まれる。「重大な事故」とは、天皇が何らかの事態によって、長らく国事行為を行うことができないと判断された場合である。憲法第五条に摂政は「天皇の名でその国事に関する行為を行ふ」とあり、天皇の意思能力の有無が判断の基本とされる。

国事《こくじ》行為《こうい》の臨時《りんじ》代行法《だいこうほう》　憲法の第四条②に「天皇は、法律の定めるところにより、その国事に関する行為を委任することができる」とある。それに基づき昭和39年（一九六四）「国事行為の臨時代行に関する法律」（全文六条）が施行された。「精神若しくは身体の疾患又は事故があるとき」、内閣の助言と承認により国事行為を皇太子以下（女性皇族も含む）に委任することができる。

　昭和46年（一九七一）秋に天皇が訪欧するとき、はじめて皇太子＊明仁《あきひと》親王に国事行為を委任した。天皇に意思能力がある場合は「代行」が置かれる。昭和天皇の病気の時は皇太子に委任され、天皇がまだ闘病中の昭和62年（一九八七）10月、代行の皇太子が米国を訪問した時は、さらに皇孫＊徳仁《なるひと》親王が代行している。

皇室会議《こうしつかいぎ》　『皇室典範』第二八条から第三七条に依拠している。皇位継承の順序変更、立后《りっこう》および皇族男子の婚姻《こんいん》、摂《せっ》政《しょう》の設置および廃止、摂政の順位変更などを審議する。

　議員は一〇人で、皇族二人、衆参両院正副議長、内閣総理大臣、最高裁判所長官、同判事、宮内庁長官で構成される。ほかに予備議員一〇人を置く。第一回の皇室会議は一一宮家の皇籍離脱、二回目以降は皇族男子の婚姻、平成29年

(二〇一七)には「特例法」による天皇の退位時期が議題になった。

退位規定《たいいきてい》　『皇室典範』は終身在位を原則とする。天皇個人の発意があっても退位できないと解されてきた。

ただ、草案作成当時、もし天皇の退位意思が表明されたら、特別法を作って認めたらよいという意見もあった（宮内省文書課長だった高尾亮一《たかおりょういち》の公式報告「皇室典範の制定過程」）。平成28年(二〇一六)8月8日、天皇が「譲位」（退位）の意向をにじませた「象徴天皇の務めについて」のビデオメッセージを公表し、それに大多数の国民が理解と共感を示した。そこで、政府と国会で検討・審議を重ね、翌29年6月「天皇の退位等に関する皇室典範特例法」を制定した。その結果、同31年(二〇一九)4月30日限りで高齢（八五歳）を理由とする退位が実現可能になった（→[57]）。

皇統譜《こうとうふ》　歴代天皇・皇后と皇族の身分などを記載してある皇室の特別な戸籍。*大統譜《たいとうふ》と*皇族譜《こうぞくふ》に分かれ、天皇、皇后に関する事項は大統譜に、皇族譜は皇族に関する事項が記されている。正副二冊あり、宮内庁書陵部と法務省が保管する。

天皇の記載事項は、名、父、母、誕生年月日、時刻、場所のほか命名、践祚《せんそ》、元号および改元の年月日、即位礼、大《だい》嘗祭《じょうさい》、成年式、大婚のそれぞれ年月日、皇后の名、崩御年月日、時刻、場所。追号、追号勅定の年月日、大喪儀《たいそうぎ》の年月日および陵所、陵名などである。

これらを定めた*皇統譜令《こうとうふれい》は大正15年(一九二六)に制定された（全文四二条）。また同名の現「皇統譜令」が昭和22年(一九四七)5月3日、政令として施行されている。

内奏《ないそう》　内閣総理大臣、国務大臣から所管事項や、衆参両院議長から審議経過などについて、天皇に説明すること。国会法には「奏上」という表現はあるが、戦後は政治に関わらなくなったので、戦前から「内々に申し上げること」という意味で使ってきた内奏に言い換えた。天皇の国政への影響力を意図するものではなく、象徴天皇の一般的知識や教養を高める方法の一つとしている。

内奏は天皇と担当の大臣と二人だけで行われ、内容は公表しないことになっている。昭和48年(一九七三)、防衛問題で*昭和天皇に内奏した防衛庁長官増原恵吉《ますはらけいきち》は、天皇が「我が国の自衛力がそんなに大きいとは思わない」、「旧軍の悪い所は真似《まね》せずしっかりやってほしい」と言われたと記者団に話し、更迭《こうてつ》されたことがある。

大逆罪《たいぎゃくざい》・不敬罪《ふけいざい》　戦前の刑法では、天皇、三后《さんこう》（太皇太后、皇太后、皇后）、皇太子、皇太孫に危害を加え、あるいは加えようとした者は死刑（第七三条）、皇族に危害を加えた者は死刑、加えようとした者は無期（第七五条）とする大逆罪《たいぎゃくざい》の規定があった。天皇、皇族、神宮、陵墓に対し不敬《ふけい》の行為があった者も処罰された（第七四、七六条）。

しかし、GHQはこれらの条項の削除を命じた。首相吉《よし》田茂《だしげる》はあくまで存続させるようマッカーサーに直訴したが、「国家元首に対する犯罪を罰するにも、一般的な立法で十分」と退けられ、皇室に対する罪は一般市民に対するものと同様に扱われた。ただ、名誉毀損《きそん》などの親告罪は天皇、三后、皇嗣《こうし》に関しては内閣総理大臣が代わって告訴する（刑法第二三二条二項）。他の皇族は本人が告訴する。

国会開会式《こっかいかいかいしき》　戦前は「玉座」のある貴族院で行われたため、それを引き継ぎ今も参議院で行われている。旧憲法下では、勅語があってから議会が活動したが、現在は天皇の公的行為として行われている。昭和22年（一九四七）6月23日の第一回開会式から「朕《ちん》」が「わたくし」に、第三回から「である」から「です、ます」と平易な表現になった。昭和25年（一九五〇）の第一五国会から「勅語《ちょくご》」が「*おことば」になった。

天皇《てんのう》と人権《じんけん》　天皇も皇族も日本の国籍を有する日本国民であり、国勢調査では国民の一人として数えられる。ただ、「皇位は、世襲《せしゅう》」という特別な身分であることなどから、憲法第一一条の*基本的人権《きほんてきじんけん》を一般国民と同じように享有《きょうゆう》できない。天皇は象徴という地位にあり、政治的権能を持たず、選挙権も被選挙権もない。皇統譜が戸籍に相当する。皇嗣《こうし》や他の皇族も天皇に準じると考えられる。皇族は中立性を保つ象徴の近親として政治的な自由が制限され、選挙人名簿に登録されていない。

婚姻の自由も制限される。『皇室典範』第一〇条により、皇室会議の議を経なければならない。皇族妃の離婚は認められているが、宮家が絶えるおそれがあっても養子を取ることも出すこともできない（『皇室典範』第九条）、職業選択の自由もないと解されている。納税は国民の義務（『日本国憲法』第三〇条）だが、内廷費や皇族費は所得税がない。ただ、印税や御手元金などの残余を貯蓄すれば課税対象となる。*昭和天皇の遺産を*平成の天皇（上皇）が受け継いだ際、四億二八〇〇万円の相続税を支払っている。

天皇の私的行為で刑事上または民事上の責任が問われるような事態が起きた場合、『皇室典範』第二一条には摂政《せっしょう》は在任中訴追《そつい》されないとある。天皇も同じように刑事責任はないが、民事上の責任はあるとも解されている。天皇が外国を訪問するときは、パスポートを必要としないが、皇族は持っている。

［髙橋・所］

[46] 現代の宮中儀式と行事

宮中で行われる*儀式には、「*国事《こくじ》行為《こうい》」（→[45]）としての新年祝賀の儀や親任式、勲章親授式などのほか、立太子礼、結婚式、昭和から平成にかけての代替わりの諸儀式などの「*臨時《りんじ》に行《おこな》われる特別《とくべつ》な儀式《ぎしき》」がある。また「*恒例的《こうれいてき》な儀式《ぎしき》や行事《ぎょうじ》」として、新年一般参賀、講書始《こうしょはじめ》、歌会始《うたかいはじめ》、天皇誕生日の祝賀、春秋の園遊会などもある（→[42]、[120]）。

【国事《こくじ》行為《こうい》に関《かん》する儀式《ぎしき》】

新年祝賀の儀《しんねんしゅくがのぎ》　『日本国憲法』第七条一〇号にある「儀式を行ふこと」にあたる、1月1日の午前と午後、宮殿の正殿各間で国内代表者・駐日大公使らの祝賀を受ける（→[42]）。

親任式《しんにんしき》　『日本国憲法』第六条にある内閣総理大臣、最高裁判所長官を任命する儀式。天皇から「任命する」旨《むね》のお言葉がある（→[42]）。

認証官任命式《にんしょうかんにんめいしき》　天皇の認証を必要とする官吏の任命式。*認証官は国務大臣、副大臣（副長官）、内閣官房副長官、人事官、検査官、公正取引委員会委員長、宮内庁長官、侍従長《じじゅうちょう》、特命全権大使、同公使、最高裁判所判事、高等裁判所長官、検事総長、次長検事、検事長（→[42]）。

勲章親授式《くんしょうしんじゅしき》　春秋の*生存者叙勲《じょくん》で、菊花《きっか》、旭日《きょくじつ》、瑞宝《ずいほう》の各大綬章受章者および文化勲章受章者が、天皇から直接勲章を受け、内閣総理大臣から勲記が伝達される。勲章を着用した後、配偶者とともに拝謁する。文化勲章はこれまで天皇の前で首相から勲章をもらう*伝達《でんたつ》だったが、平成9年（一九九七）に改正され、天皇からの*親授《しんじゅ》になった（→[42]）。

信任状捧呈式《しんにんじょうほうていしき》　新任の特命全権大使がその国の元首から日本の元首とみなされる天皇にあてた信任状を捧呈する式。前任者の解任状は新任の大使が捧呈する。このとき皇室から儀装馬車《ぎそうばしゃ》か自動車が提供されるが、多くの大使は馬車を希望する。東京駅前から皇居正門を通り宮殿までのコースを、前後に大使館員の乗った馬車が付き、皇宮《こうぐう》警察や警視庁の騎馬隊《きばたい》が護衛をかねて馬車列を組む。数か国ずつまとめて年間三〇回ほど行われる。昭和27年（一九五二）、サンフランシスコ講和条約で日本が主権を回復した後の捧呈第一号はフランスで、続いて二五か国の大公使が捧呈した（→[42]）。

以上の儀式はいずれも宮殿松の間で行われる。

【恒例《こうれい》の儀式《ぎしき》・行事《ぎょうじ》】

新年一般参賀《しんねんいっぱんさんが》　昭和23年（一九四八）から始まり、*国民参賀《こくみんさんが》と言われた。この年は1日と2日の記帳だけだったが（*記帳参賀《きちょうさんが》）、翌年（一九四九）から宮内庁の屋上から天皇が立って祝賀に応えた。昭和26年（一九五一）から皇后も出るようになった。昭和28年（一九五三）から「新年一般参賀」と名称を改め、毎年二日に行われる。翌年（一九五四）から、明治宮殿の焼け跡に会場が移された。

昭和宮殿造営工事中の昭和39年（一九六四）から五年間は記帳参賀、完成した昭和44年（一九六九）からは天皇・皇族が長和殿ベランダで祝賀を受けるようになった。天皇がマイクを通して「*おことば」を述べるようになったのは昭和57年（一九八二）、*124昭和天皇が満八〇歳のときからである（↓42）。

講書始《こうしょはじめ》　明治以来の講書始を受け継いで、天皇が年頭に学問奨励のため、人文科学・社会科学・自然科学各分野の第一人者から計四〇分ほど進講を受ける（↓128）。

歌会始《うたかいはじめ》　明治・大正時代は*歌御会始《うたごかいはじめ》といわれた。一般国民が詠進できるようになったのは、明治7年（一八七四）から。同15年（一八八二）、御製《ぎょせい》から預選歌《よせんか》まで新聞発表されるようになった。預選者（入選した人）一〇人が式場に入れるようになったのは、昭和25年（一九五〇）から。前年に天皇から出される御題に応じて歌を詠《よ》むという趣旨から、当日まで預選歌は発表されない（↓123）。

園遊会《えんゆうかい》　春秋二回、天皇・皇后が主催し、赤坂御苑《あかさかぎょえん》で行われる。招待者は三権の長や各機関の幹部はじめ各界の功績者ら各回約二五〇〇人。配偶者同伴で秋は外交団も招かれる。

明治13年（一八八〇）、最初の*観菊会《かんぎくかい》が赤坂離宮《あかさかりきゅう》であり、翌年（一八八一）吹上御苑《ふきあげぎょえん》で*観桜会《かんおうかい》が行われたことに始まる。戦後の第一回は赤坂大宮御所《おおみやごしょ》で行われ、平成7年（一九九五）の阪神《はんしん》・淡路《あわじ》大震災、昭和天皇の病気や崩御《ほうぎょ》、香淳《こうじゅん》皇后崩御のときなどは中止された。

天皇誕生日祝賀《てんのうたんじょうびしゅくが》　皇族以下三権の長から祝賀を受ける祝賀の儀、宴会の儀、茶会の儀が行われる。また宮殿の長和殿ベランダで1月2日のような一般参賀もある（↓41）。

【国事《こくじ》行為《こうい》となった臨時《りんじ》の儀式《ぎしき》】

昭和27年（一九五二）の*立太子《りったいし》の礼《れい》、*皇太子《こうたいし》成年式《せいねんしき》（宣制の儀、加冠《かかん》の儀、朝見の儀、饗宴《きょうえん》の儀↓101、102）および平成3年（一九九一）の徳仁《なるひと》親王の立太子の礼（↓101）。また昭和34年（一九五九）の*皇太子《こうたいし》結婚《けっこん》の儀《ぎ》（朝見の儀、宮中祝宴の儀↓104）および平成と令和の「*剣璽等承継《けんじとうしょうけい》の儀《ぎ》」と*即位《そくい》礼《れい》（↓69、↓70）、平成5年（一九九三）皇太子徳仁親王の結婚の儀（↓104）。さらに平成31年（二〇一九）4月30日の「*退位《たいい》礼正殿《れいせいでん》の儀《ぎ》」も国の儀式として実施された。

［髙橋・所］

[47] 宮内庁

敗戦で宮内省《くないしょう》は総理府所管の*宮内府《くないふ》、ついで*宮内庁《くないちょう》と組織の改編を迫られ、定員は戦前の六分の一以下まで縮小した。戦前の定員は内局二六七六人、外局三五三五人の計六二一一人だった。平成13年（二〇〇一）、中央省庁再編に伴い内閣府の直属になった。「宮内庁法」第一条では次のように規定されている。「内閣府に、内閣総理大臣の管理に属する機関として、宮内庁を置く」。同第一条2項には「宮内庁は、皇室関係の国家事務及び政令で定める天皇の国事に関する行為に係る事務をつかさどり、御璽《ぎょじ》国璽《こくじ》を保管する」となっている。

【宮内省《くないしょう》の解体《かいたい》】

*連合国軍総司令部（*GHQ）は、進駐《しんちゅう》直後から皇室財政の点検を始めた。一方、宮内省は独自に組織の見直しを行っている。昭和20年（一九四五）12月4日「宮内省事務調査会」が設置された。*124昭和天皇自身も〝小さな皇室〟を目指し、侍従《じじゅう》次長《じちょう》木下道雄《きのしたみちお》に「侍従職と皇后宮職《こうごうぐうしょく》を併合して内廷府を作ること」（木下道雄『側近日誌』昭和20年〈一九四五〉10月23日）、「女官を減員する場合は月のさわり及び死の忌《いみ》の為《ため》勤務不能となる従来の慣習あることを考慮せよ」（10月24日）などと、細かい点まで指示している。昭和22年（一九四七）3月31日、*学習院、*女子学習院が宮内省から離れて財団法人になり（後に学校法人）、また*御料林《ごりょうりん》が国有財産になったため、*帝室林野局《ていしつりんやきょく》を政府に移管した。

新憲法の「法の下の平等」の精神にのっとって華族制度が廃止され、皇族や王公族、華族、爵位などの事務をしていた*宗秩寮《そうちつりょう》も不要になった。『*皇室典範』は憲法の下位法になり、皇室会計も国会で審議されるようになったので、帝室会計審査局も廃された。東京、京都、奈良の三*帝室博物館も文部省に管理が移された。

昭和22年（一九四七）5月3日、新憲法の施行とともに宮内省は宮内府《くないふ》と改められ、定員は一四五二人になった。GHQは再度組織改革を勧告、昭和23年（一九四八）4月31日、職員数は一〇六一人まで減じた。昭和24年（一九四九）6月1日、宮内府はさらに縮小され総理府の外局となり、宮内庁《くないちょう》と名称を変更、定員は九三八人まで減員された。令和元年（二〇一九）度末現在の定員は一〇六八人（うち国家公務員法、人事院規則で規定する特別職＝長官、侍従長《じじゅうちょう》、上皇侍従長、皇嗣職《こうししょく》大夫《だいぶ》、式部官長、侍従、女官《にょかん》、侍医、宮務官など＝七〇人）である。

【宮内庁《くないちょう》の組織《そしき》】

内部部局として長官官房と四職（侍従職、上皇職、皇嗣職、式部職）二部（書陵部《しょりょうぶ》、管理部）から成っている。

地方には正倉院《しょうそういん》事務所、御料牧場《ごりょうぼくじょう》、京都事務所を置いているほか、各地の御用邸《ごようてい》、各陵墓監区《りょうぼかんく》に職員を配している（図1）。

長官官房《ちょうかんかんぼう》　秘書、総務、宮務、主計、用度各課のほか宮内庁病院。総務課には報道室、天皇の外出スケジュールを組む幸啓《こうけい》係、災害時の見舞い、拝謁の手配などをする宣旨《せんじ》係。宮務課には、三宮家の世話をする宮内庁職員が、各宮家に七、八人配置され、それぞれ宮務官、侍女長がいる。

宮内庁病院《くないちょうびょういん》　皇室と宮内庁職員、皇宮警察《こうぐうけいさつ》本部職員とその関係者を主に対象としている。昭和16年（一九四一）開設。下賜金をもとに紀元二六〇〇年記念事業として麴町《こうじまち》区永田町に新設された。

現在の建物は昭和39年（一九六四）に皇居内の大手門近くに完成した地下一階、地上二階の鉄筋コンクリート造りの病院で、天皇、皇族専用の特別室もある。昭和天皇の手術、*平成の皇后（上皇后）以下、*令和の皇后などの出産もここで行われた。

侍従職《じじゅうしょく》　天皇皇后の私的な世話をおもにする。*侍従長《じじゅうちょう》、*侍《じ》従次長《じゅうじちょう》、*侍従《じじゅう》が七人、*女官長《にょかんちょう》のほか*女官は六人、*侍医長《じいちょう》のほか侍医は三人。侍従の下には天皇の身の回りをみる*内《う》舎人《どねり》がいる。中世には天皇の雑役や警衛に当たっていた職名だったが、現在は天皇、皇太子の服装や身の回りを整える男子職員を指す。

天皇、皇太子の護衛を担当する*皇宮護衛官《こうぐうごえいかん》は内舎人兼任。もちろん女子の護衛官もいるが兼務ではない。*殿部《でんぶ》と*仕《つこ》人《うど》は律令制の主殿寮《とのもりょう》や貴人に与えられた資人（しじん つかいびと）に由来し、御所や宮殿の管理や警護、並びに雑役に従事したが、現在の御所や宮殿の管理や雑役に当たっている。

「侍従」「女官《にょかん》」とも古くからの官名で、侍従といえば、天皇の側近として一般の宮内庁職員とは別格のイメージがあるが、平成19年（二〇〇七）刊行された元侍従の『*卜部亮吾侍従日《うらべりょうごじじゅうにっ》記《き》』を読むと一般の人と大差なく、侍従の日常行動がよくわかって、いろいろな意味で興味深い記録である（→[60]）。

女官の下の女嬬《にょじゅ》（孺）は、天皇に常侍する*内侍司《ないしのつかさ》にいて、点灯や掃除などをした女官を指した。いまは皇后の服装関係などを受け持つ。雑役や使い走りなどをする女性を*雑仕《ぞうし》

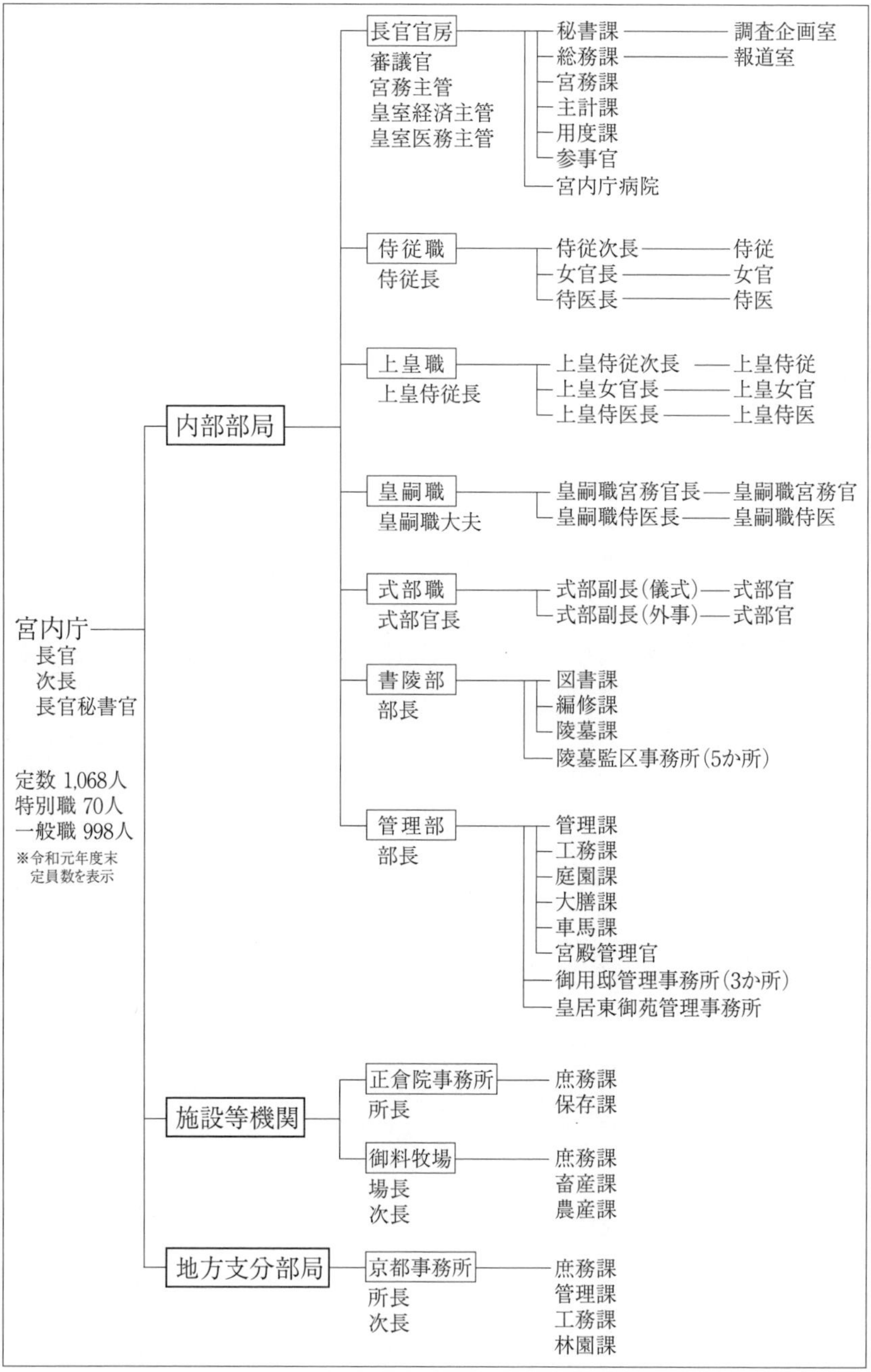
宮内庁
長官
次長
長官秘書官
定数 1,068人
特別職 70人
一般職 998人
※令和元年度末
定員数を表示
内部部局
長官官房
審議官
宮務主管
皇室経済主管
皇室医務主管
秘書課
調査企画室
総務課
報道室
宮務課
主計課
用度課
参事官
宮内庁病院
侍従職
侍従長
侍従次長
侍従
女官長
女官
侍医長
侍医
上皇職
上皇侍従長
上皇侍従次長
上皇侍従
上皇女官長
上皇女官
上皇侍医長
上皇侍医
皇嗣職
皇嗣職大夫
皇嗣職宮務官長
皇嗣職宮務官
皇嗣職侍医長
皇嗣職侍医
式部職
式部官長
式部副長(儀式)
式部官
式部副長(外事)
式部官
書陵部
部長
図書課
編修課
陵墓課
陵墓監区事務所(5か所)
管理部
部長
管理課
工務課
庭園課
大膳課
車馬課
宮殿管理官
御用邸管理事務所(3か所)
皇居東御苑管理事務所
施設等機関
正倉院事務所
所長
庶務課
保存課
御料牧場
場長
次長
庶務課
畜産課
農産課
地方支分部局
京都事務所
所長
次長
庶務課
管理課
工務課
林園課

図1　宮内庁の組織

と呼んだが、現在は*雑仕《ざつし》と言う。かつては低い身分とされた。正式名は内閣府事務官。オクでは「ざっしさん」で通っている。

昭和天皇の崩御のあと*皇太后宮職《こうたいごうぐうしょく》が設置され、香淳《こうじゅん》皇后が97歳で崩御するまで一〇年余り続いた。皇太后宮大夫《こうたいごうぐうだいぶ》、女官長などが置かれた。また、平成の天皇の退位に伴い、*上皇職が設置され、上皇侍従長、上皇侍従次長が置かれた。

東宮職《とうぐうしょく》　皇太子一家の公私の世話をする職域で、長は*東宮《とうぐう》大夫《だいぶ》。*東宮侍従長《とうぐうじじゅうちょう》のほか*東宮侍従《とうぐうじじゅう》は五人、*東宮女官長《とうぐうにょかんちょう》のほか*東宮女官《とうぐうにょかん》は四人、*東宮侍医長《とうぐうじいちょう》のほか*東宮侍医《とうぐうじい》が三人。一家全体の外出や日常の世話をする職員など総勢五〇人。律令《りつりょう》時代に、皇太子に付属する家政機関として春宮坊《とうぐうぼう》が置かれたことに始まる。春宮坊とは別に、皇太子を輔導する東宮傅《とうぐうふ》、学問を担当する東宮学士《がくし》が置かれていたが明治時代以降これらは廃止された。

なお、令和の天皇の即位により、秋篠宮《あきしののみや》が皇嗣《こうし》となったため、*皇嗣職《こうししょく》が設置され、東宮職は置かれず、東宮大夫は、皇嗣職大夫となった。

式部職《しきぶしょく》　儀式や行事、外国との交際、国賓の接遇、外交団を鴨場《かもば》や御料牧場《ごりょうぼくじょう》、鵜飼《うかい》で接待する。雅楽《ががく》を演奏する*楽部《がくぶ》もここに属し、宮中晩餐《ばんさん》では洋楽も演奏する。外国元首の会見に立ち会い、その内容を宮内記者会に説明するのは、*式《しき》部官長《ぶかんちょう》である。

書陵部《しょりょうぶ》　明治17年（一八八四）設立の図書寮《ずしょりょう》と明治19年（一八八六）設立の諸陵寮《しょりょうりょう》を、昭和24年（一九四九）に合併。図書、編修、陵墓の各課、陵墓監区事務所がある。明治17年（一八八四）「御系譜並に帝室一切の記録を編輯《へんしゅう》し内外の書籍古器物書画の保存及び美術に関する事等」を所管とする*図書寮《ずしょりょう》が置かれたことに始まる。

*図書課《としょか》には約四六万点の資料があり、内訳は近世が四割、残りは奈良時代から室町時代にかけての書籍、典籍類で国宝、重要文化財級のものも多い。幕末までの史料は図書寮《としょりょう》文庫《ぶんこ》、明治以降の史料は宮内公文書館《くないこうぶんしょかん》で出納されている。

*編修課《へんしゅうか》は天皇、皇族の実録の作成や皇室制度の調査。歴代天皇、皇后、皇族の実録はほぼ整理されている。

昭和12年（一九三七）に完成した『*大正天皇実録《たいしょうてんのうじつろく》』（全八五冊）は、平成14年（二〇〇二）から平成20年（二〇〇八）にかけて三回に分け計三八冊が公開された。平成28年（二〇一六）よりゆまに書房から翻刻本が刊行開始。『*昭和天皇実録《しょうわてんのうじつろく》』は、昭和天皇崩御の翌年から着手し、平成26年（二〇一四）本編一八冊を、平成31年（二〇一九）索引一冊を作成し、本事業は完成した。

*陵墓課《りょうぼか》は天皇陵や皇族の墓を管理するほか、考古学の専

門家が陵墓修理で出土した遺物の研究をしている。

管理部《かんりぶ》　管理、工務、庭園、大膳《だいぜん》、車馬の各課。宮殿管理官、御用邸管理事務所などからなる宮内庁一の大所帯。

＊大膳課《だいぜんか》は内廷専門の料理人グループで四七人。庶務、経理係のほか食器、和・洋食、菓子、パン、配膳の各担当がいる。

＊車馬課《しゃばか》は＊自動車班と＊主馬班《しゅめはん》に分かれ、主馬班には馬三四頭、調教係、掌車係、厩舎《きゅうしゃ》係のほか獣医がいる。新任大使の信任状捧呈式《しんにんじょうほうていしき》のとき、大使の送迎は東京駅から坂下門を経て宮殿・南車寄《みなみくるまよせ》まで儀装馬車《ぎそうばしゃ》が出されるが、この出動が一番多い。＊平成の天皇の結婚パレードは儀装馬車だったが、その後警備や交通混雑などのため、即位礼や皇太子の結婚パレードはオープンカーになった。

各地の御用邸には管理事務所があり、那須《なす》六人、須崎《すざき》四人、葉山《はやま》には五人が常時配置されている。

京都事務所《きょうとじむしょ》　所長、次長以下庶務、管理、工務、林園各課。七五人の職員がいる。京都御所《ごしょ》、桂離宮《かつらりきゅう》、修学院離宮《しゅがくいんりきゅう》などの管理に当たる。

＊正倉院事務所《しょうそういんじむしょ》は正倉、聖語蔵《しょうごぞう》、東西宝庫の管理のほか宝物の調査、研究、修復をしている。

参与《さんよ》　昭和39年（一九六四）、元首相吉田茂《よしだしげる》、元慶応義塾《けいおうぎじゅく》塾長小《こ》泉信三《いずみしんぞう》らを参与にしたのが始まり。財界人、最高裁判事、歴代宮内庁長官などが就任している。皇室の重要事項に対し助言をすることが目的で、任期や定員、報酬はない。

御用掛《ごようがかり》　宮内庁御用掛は外国交際などの相談役や通訳。東《とう》宮職《ぐうしょく》御用掛は皇太子が外国を訪問するときのみ発令され、山陵《さんりょう》や神宮《じんぐう》への代拝をする。ほかに侍従職《じじゅうしょく》御用掛がある。現在「相談役」「顧問」はいない。また現在、東宮職は置かれていないが、それに代わる皇嗣職には必要に応じて御用掛が置かれることになる。

オモテとオク　オモテは長官官房を中心とし宮内庁舎でも表の通りに面した側にある。オクとは＊侍従職《じじゅうしょく》を中心とする職域で、裏側の奥まった一帯にある。現在の＊皇嗣職も皇嗣一家の身辺の世話をするため職域はオクである。

伝統《でんとう》**の保存**《ほぞん》　宮内庁は皇室に伝わる文化や伝統の保存、維持の役目も担っている。式部職の＊楽部《がくぶ》の雅楽《ががく》演奏は一般公開されているほか海外公演も行っているし、正倉院の宝物の修理や復元、＊三《さん》の丸尚蔵館《まるしょうぞうかん》には昭和天皇、香淳皇后《こうじゅん》、秩《ちち》父宮《ぶのみや》家、高松宮《たかまつのみや》家から寄贈された文物が公開されている。

古式馬術は主馬班が＊打毬《だきゅう》や＊母衣引《ほろひき》の保存に努めている。打毬はポロに似ており江戸時代中期のかたちを保存している。母衣引は約一〇メートルの絹地の吹き流しを馬上の人が持ち、地面と平行になるように引いて走る技術で、平安時代から続くといわれる。*鴨猟《かもりょう》、*鵜《う》飼《かい》も外交団の接待などに使われるが、伝統の保存の意味もある。

内廷職員《ないていしょくいん》　天皇家の私的職員のこと。宮中祭祀《さいし》をつかさどる*掌典《しょうてん》職員や*生物学研究所・*御養蚕所《ごようさんじょ》の助手など、内廷費の三割強が公務員に準じる職員の給与に充てられる。

［髙橋・米田］

【宮内庁参与】

*平成の天皇の重要事項の相談役。御所で月一回程度の参与会議を開き、宮内庁幹部らも交え、天皇皇后とともに皇室の課題を論じ合い、皇太子（*令和の天皇）や秋篠宮も年二回ほど参加した。その構成メンバーや人数は時期によって異なる。

平成最後の参与は元警察庁長官の国松孝次《くにまつたかじ》、元侍従長の渡辺允《わたなべまこと》、元宮内庁長官の羽毛田信吾《はけたしんご》、元最高裁長官の竹崎《たけさき》博允《ひろのぶ》の四人である。元侍従長の川島裕《かわしまゆたか》、元宮内庁長官の湯《ゆ》浅利夫《あさとしお》、元検事総長の原田明夫《はらだあきお》、元最高裁判事の団藤重光《だんどうしげみつ》、元外務省事務次官の栗山尚一《くりやまたかかず》、東大名誉教授の三谷太一郎《みたにたいちろう》らも参与をつとめたことがあり、三谷は平成の天皇が譲位の意思を示したいきさつについて証言している。

また、令和の天皇も、同年代の参与を選任する方向にあるという。

［小田部］

[48] 皇位継承問題

歴代天皇は、『皇統譜《こうとうふ》』の初代以来すべて男系であり、ほとんど男性だが、過去に八人・一〇代の*女帝（女性天皇）もいた。

昭和41年（一九六六）以降男子の誕生がなかったため、平成16年（二〇〇四）12月、第二次小泉内閣首相の小泉純一郎《こいずみじゅんいちろう》は「*皇室《こうしつ》典範《てんぱん》に関《かん》する有識者会議《ゆうしきしゃかいぎ》」を設け、安定的な皇位継承のあり方を諮問《しもん》した。同会議の報告に基づき、平成18年（二〇〇六）1月、小泉は女性《じょせい》・*女系天皇《じょけいてんのう》への可能性を広げる*皇室典範改《こうしつてんぱんかい》正案《せいあん》を国会に提出することにした。その矢先、2月*秋篠《あきしの》宮妃《みやひ》紀子の懐妊が発表され、9月*悠仁《ひさひと》親王が誕生、皇位継承問題は棚上げされた。しかし、現行の『皇室典範』のままでは、皇位継承だけではなく宮家の存続も危うい。

男系男子《だんけいだんし》**の継承**《けいしょう》　『日本国憲法』第二条に「皇位は、世襲《せしゅう》」と決め、『皇室典範』第一条で「皇位は、皇統に属する男系の男子」が継承すると定めている。平成31年（二〇一九）4月30日限りで*平成の天皇（八五歳）が退位し、翌日から*令和の天皇（五九歳）が即位したので、皇位継承順位は、①*文仁《ふみひと》親王（秋篠宮、五三歳）、②*悠仁親王（①の長男、一二歳）、③*正仁《まさひと》親王（常陸宮《ひたちのみや》、八三歳）となった（年齢は令和の天皇即位時）。しかし、悠仁親王の次の世代にも必ず男系男子が生まれて、継承できるとは限らない。

『皇室典範』第一二条に「皇族女子は、天皇及び皇族以外の者と婚姻《こんいん》したときは、皇族の身分を離れる」とあり、皇族女子が結婚などにより早晩皆無になることが危惧される。また同第九条で皇族は「養子をすることができない」とあり、男子のない宮家はいずれ絶家となるほかない。したがって現行のまま放置すればやがて皇統は衰滅する恐れがある。

旧宮家復活論《きゅうみやけふっかつろん》　男系男子の継承は皇室に千数百年以上続く不動の「原理」とみなし、それをあくまで守るため、戦後皇籍を離れた一一宮家の末裔《まつえい》を、皇族に復帰させるという主張のこと。しかし、彼らはすべて南北朝時代の*伏見宮家《ふしみのみやけ》の末裔だから、現在の天皇・皇族との共通祖先は約五七〇年前に遡《さかのぼ》る遠縁であり、戦後七〇年余り一般国民として自由な生活をしてきたから、その子孫が再び皇族となることは法的にも現実的にも難しいとみる反対論がある。

戦後の憲法では「皇位は、世襲」としたのみで、『皇室典範』に「皇位男系の男子」に限るとしたが、憲法担当の国務大臣の金森徳次郎《かなもりとくじろう》は「男女の区別の問題については、(改正しにくい憲法の条文に入れるより）法律問題として自由に考えてよい」という意味だ、と答弁している。

皇室典範《こうしつてんぱん》に関《かん》する有識者会議《ゆうしきしゃかいぎ》　内閣総理大臣小泉純一郎の私的諮問機関。元東大総長吉川弘之《よしかわひろゆき》を座長、元最高裁判事園部逸夫《そのべいつお》を座長代理とする一〇人で構成。平成17年（二〇〇五）会議の中で皇室問題などの研究者八人の参考人聴取を行った上で、①皇位継承資格を女子や女系皇族にも拡大する。②皇位継承順位は長子（第一子）優先とする。③永世皇族制は現行のままとし、皇族女子は結婚後も皇室にとどまるが、皇籍離脱制度を弾力的に運用して皇族の増加に対応する――との報告書を提出した。

これに対し超党派議員団が反対署名簿を提出、閣内からも慎重論や反対論が出た。*寛仁《ともひと》親王（三笠宮《みかさのみや》第一男子）も女系天皇容認に反対の立場をとった。こうした中で翌年2月、秋篠宮妃《あきしのみやひ》の懐妊が発表され、9月、四一年ぶりに親王が誕生し、皇位継承論議はいったん沙汰止《さたや》みとなった。

皇室制度《こうしつせいど》に関《かん》する有識者《ゆうしきしゃ》ヒアリング　内閣総理大臣野田佳彦のもとで、内閣官房の副長官と参与及び皇室典範改正準備室職員が、平成24年（二〇一二）2月より7月まで六回、一二人の有識者から聴取した意見を基に論点整理を行ない、具体的な方策を提示した。それは皇位継承問題を対象外として、Ⅰ「女性皇族が婚姻後も皇族の身分を保持することを可能とする案」（A「配偶者及び子に皇族としての身分を付与する案」・B「付与しない案」）、Ⅱ「女性皇族に皇籍離脱後も皇室の御活動を支援していただくことを可能とする案」である。

これに対して民間団体などから、ⅠのAは女系宮家から女系天皇に繋がると反対、また、ⅠのBは一代限りの女性宮家で後に続かないと批判する声が強かった。しかも、ほどなく総選挙で民主党が敗北して具体案の検討は立ち消えとなった。なお、Ⅱは結婚して皇籍を離れた女性に元皇族としての尊称を保持し、皇室の活動を公務員として分担できるようにする案であるが、むしろ天皇直属の内廷嘱託職員とする方がふさわしいなどの意見もあった。

男系《だんけい》・女系《じょけい》　男系とは父方が天皇であること。女系とは母方が天皇であること。仮に令和の天皇の子の*愛子《あいこ》内親王が即位しても、男系の女性天皇である。しかし、その結婚により生まれた皇子・皇女が即位すれば、母方が天皇だから女系天皇の子であり、それ以降が女系になる。

なお、一三〇〇年ほど前の*律令法では、中国の影響で男系男子を優先する原則をとりながら原注で「女帝の子」を容認しており、幕末まで男系・女系の是非論は見当たらない。明治10年(一八七七)ころの「国憲」論議でも「男統（男系）が行き詰まれば女統（女系）を認める」案も出されたが、同22年(一八八九)の『皇室典範』で「男系の男子」に限定された。

諸外国《しょがいこく》の王位継承《おういけいしょう》　古来ほとんどの王国は、王位継承者を男子限定か男子優先としてきた。ヨーロッパで男子優先を長子優先に改正したのは、「女子差別撤廃条約」が国連の総会で採択された一九七九年（昭和54）以降が多い。スウェーデン（一九七九年）、オランダ（一九八三年）、ノルウェー（一九九〇年）、ベルギー（一九九一年）、デンマーク（二〇〇九年）、イギリス（二〇一三年）などである。今なお男子限定を続けているのは、一夫多妻を認めるイスラム圏のヨルダンなどである。男子優先も、タイ（一九七四年から）とスペイン（一九七八年から）などで、少なくなっている。

「生前退位《せいぜんたいい》」（譲位《じょうい》）問題《もんだい》　天皇の「譲位」による皇位継承は、[35]皇極《こうぎょく》天皇（六四五年）から[119]光格《こうかく》天皇（一八一七年）まで六〇例近くある。それを明治と戦後の皇室典範では不可とし終身在位を原則とした。

しかし*平成の天皇は、高齢化により象徴の務めが困難となることを憂慮し、平成22年(二〇一〇)譲位の意向を内々に語り、同28年(二〇一六)婉曲《えんきょく》に表明した。

それに大多数の国民が理解と共感を示したので、政府も国会も慎重に検討を重ね、同29年(二〇一七)6月「*天皇の退位等に関する皇室典範特例法」が制定された。その結果、同31年(二〇一九)4月末日限りで高齢（85歳）を理由とする退位（5月1日の令和の天皇即位）が実現したのである。

なお、この特例法の制定にともない、国会で採択された付帯決議に、「政府は、安定的な皇位継承を確保するための諸課題、女性宮家の創設等について、皇族方の御年齢からしても先延ばしすることはできない重要な課題であることに鑑み、本法施行後速やかに、皇族方の御事情等を踏まえ、全体として整合性が取れるよう検討を行い、その結果を、速やかに国会に報告すること」とする。これにより令和元年(二〇一九)の大礼後から具体的な検討が行われるとみられる。

[高橋・所]

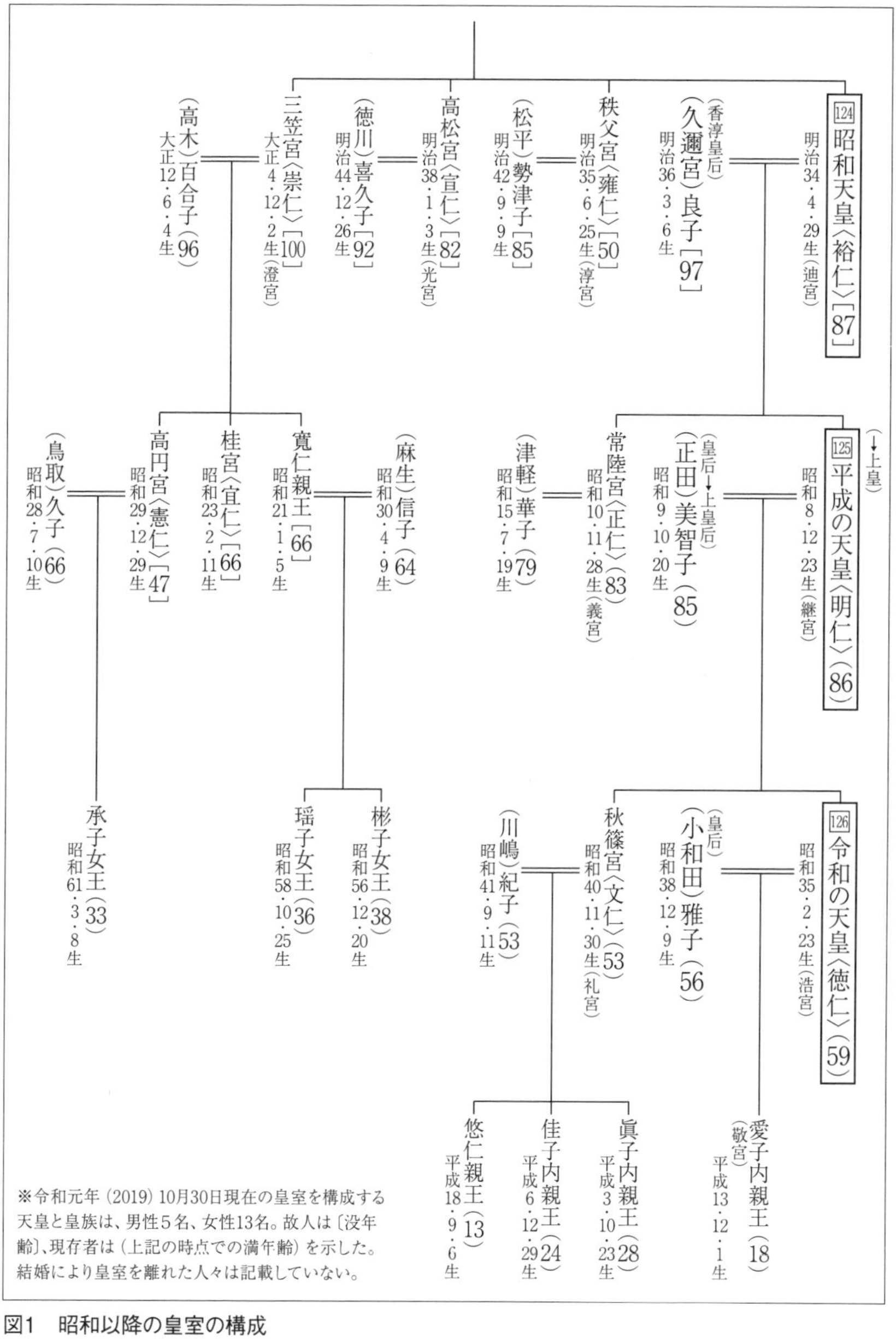

図1　昭和以降の皇室の構成

［49］現代の皇室経済

【皇室財産《こうしつざいさん》の解体《かいたい》】

＊連合国軍総司令部（＊ＧＨＱ）が皇室財産も民間並みに扱う方針を明確にしたのは、昭和20年（一九四五）9月22日の「降伏後における米国初期の対日方針」で、「皇室の財産は占領の諸目的達成に必要な措置から免除せられることはない」と発表した。11月18日、ＧＨＱは皇室財産の凍結を指令、翌年（一九四六）5月21日「皇室の財産上の特権剝奪《とっけんはくだつ》に関する覚書《おぼえがき》」を出し、天皇が各宮家に対して財政援助することを禁じた。

昭和20年10月30日、ＧＨＱは非公式としながら美術品、宝石類を除く皇室財産を一五億九〇六一万五五〇〇円と発表した。その後「大蔵省内に特別の調査委員会を設け慎重調査せしめたる処」（『皇室制度の民主化』、昭和23年〈一九四八〉外務省資料）、9月1日現在一六億八一〇五万二四七九円となり、さらに翌年（一九四六）5月24日、一七億一八六万三〇四二円（5月1日現在宮内省修正）であることを公表した。

最終的には、昭和21年3月3日現在、現金・有価証券・土地・建物・立木など財産総額を三七億四七一二万五八三五円とＧＨＱに報告している。金額に大差があるのは、「＊御《ご》料林《りょうりん》（土地、立木）の評価方法に違いがあった」（同）ためという。これに対して「＊財産税法」（昭和21年法律第五二号）により、その九割に当たる三三億四二六八万一二九〇円が財産税として課せられた（物納）。三井《みつい》、岩崎《いわさき》、住友《すみとも》などの財閥の資産は三億〜五億円だったとされており、皇室は日本一の大財閥だった（黒田《くろだ》久太《ひさた》『天皇家の財産』）。日本側は「宮内省側から自発的に処理するから、課税の形で取られるような不面目は御免願いたい」と要望したが、拒否された。

『日本国憲法』第八条は「皇室に財産を譲り渡し、又は皇室が、財産を譲り受け、若しくは賜与することは、国会の議決に基かなければならない」とある。これはＧＨＱの憲法草案第七条に「国会の議決がない限り、皇位に対し金銭その他の財産を与え、または皇位が支出を行うことはできない」が元になっている。憲法第八八条の「すべて皇室財産は、国に属する。すべて皇室の費用は、予算に計上して国会の議決を経なければならない」も、もともとＧＨＱ草案第八二条に「すべて皇室財産は、世襲のものを除き、国に属する。一切の皇室財産からの収入は、国庫に納入されなければならず、法律の定める皇室の手当および費用は、毎年の予算に計上して国会の議決を経なければならない」とあったことによる。

皇室財産には*世伝御料《せでんごりょう》として宮城、離宮、木曾《きそ》の山林や土地があり、ほかに*普通御料地《ふつうごりょうち》があった。草案に対して日本側は「国庫に納入されなければならず」を削除し、世襲財産は戦前のように国の予算の範囲外に置こうとした。「世襲財産を皇室に認めながら、その収益は一切国に帰属するというのは論理的矛盾がある」と主張したが、GHQはその後、世襲財産も認めず現行のようになった。こうして皇室財産の九割を国庫に物納し、残った財産は第八八条で国家の所有となった。

皇室は従来のように皇室御料からの収益で賄うのではなく、財産は国有化し、日常の費用等（内廷費・皇族費）は国会の審議に基づき国が支弁することになった。昭和22年（一九四七）度は内廷費が七三三万円と定められた（旧憲法下の皇室費定額の一か月分と新憲法による内廷費一一か月分）。昭和23年（一九四八）はインフレが昂進し一気に二〇〇〇万円、昭和24年（一九四九）は二八〇〇万円になっている。

皇室経済法《こうしつけいざいほう》　昭和22年（一九四七）1月16日公布された。一一条と附則からなり、皇室の費用の種類として、内廷費、宮廷費、皇族費を定め、「皇位とともに伝わるべき由緒ある物は、皇位とともに、皇嗣が、これを受ける」（第七条）とし、*皇《こう》室経済会議《しつけいざいかいぎ》の組織や定足数、構成などを決めている。また同法の施行に当たっては、「*皇室経済法施行法《こうしつけいざいほうしこうほう》」がある。

皇室関係予算《こうしつかんけいよさん》　「皇室経済法」第三条で皇室費は①内廷費、②宮廷費、③皇族費に分けられる。平成31年（二〇一九）度は総計一一七億三七二六万円。内訳は内廷費三億二四〇〇万円、宮廷費一一一億四九〇三万円、皇族費二億六四二三万円である。このほか宮内庁費一二三億二六五二万円、また皇宮警察本部予算（八七億七九二三万円）は警察庁に組み込まれているが、任務は皇室関係に限られるので、これも加えれば総計三二八億四三〇一万円が、同年度の皇室関係予算と考えてよい。

内廷費《ないていひ》　天皇および*内廷皇族《ないていこうぞく》（宮家を持たない皇族のこと。皇后、独立していない天皇・皇后の子女、皇太子、同妃とその子女、皇太后や皇太孫、上皇、上皇后）の日常の費用やその他内廷の諸費に充てられるもので、国庫から支出されたものは*御手元金《おてもときん》となるものとし、宮内庁の経理に属する公金ではない（「皇室経済法」第四条二項）。所得税は課せられない（「所得税法」第九条）。管理には宮内庁長官、同

年度＼予算	皇室費			計	宮内庁費	合計
	内廷費	皇族費	宮廷費			
昭和 22 年度	733	69	1,524	2,326	1,506	3,832
昭和 25 年度	2,800	341	8,104	11,245	14,500	25,746
昭和 30 年度	3,800	855	22,281	26,936	31,541	58,477
昭和 35 年度	5,000	1,350	41,129	47,479	54,060	101,538
昭和 40 年度	6,800	3,875	381,070	391,745	106,079	497,824
昭和 45 年度	9,500	5,229	168,439	183,168	192,058	375,227
昭和 50 年度	16,700	10,251	187,627	214,578	445,243	659,821
昭和 55 年度	20,500	12,730	242,648	275,878	624,906	900,784
昭和 60 年度	25,700	21,098	249,128	295,927	750,083	1,046,009
昭和 63 年度	25,700	21,736	254,156	301,592	826,289	1,127,881
平成 元 年度	25,700	21,901	450,131	497,731	854,178	1,351,910
平成 2 年度	29,000	25,149	593,373	647,522	911,337	1,558,859
平成 3 年度	29,000	29,404	534,419	592,822	967,640	1,560,462
平成 4 年度	29,000	29,675	697,438	756,113	1,024,019	1,780,131
平成 7 年度	29,000	29,946	524,066	583,012	1,109,645	1,692,657
平成 8 年度	32,400	30,653	575,052	638,104	1,119,789	1,757,893
平成 12 年度	32,400	30,653	642,475	705,528	1,189,179	1,894,707
平成 13 年度	32,400	30,795	698,651	761,846	1,175,501	1,937,347
平成 14 年度	32,400	31,080	637,806	701,286	1,210,649	1,911,935
平成 17 年度	32,400	26,967	627,783	687,150	1,077,131	1,764,281
平成 20 年度	32,400	27,984	617,025	677,409	1,106,458	1,783,867
平成 21 年度	32,400	28,091	609,960	670,450	1,098,043	1,768,493
平成 22 年度	32,400	28,340	586,768	647,507	1,072,413	1,719,920
平成 23 年度	32,400	28,823	568,378	629,601	1,078,557	1,708,158
平成 26 年度	32,400	26,281	566,304	614,985	1,068,997	1,683,982
平成 27 年度	32,400	22,997	556,294	611,691	1,082,772	1,694,462
平成 28 年度	32,400	22,997	554,558	609,955	1,093,979	1,703,935
平成 29 年度	32,400	21,472	567,892	624,764	1,121,761	1,743,525
平成 30 年度	32,400	36,417	917,145	985,962	1,146,582	2,132,543
平成31／令和元年度	32,400	26,423	1,114,903	1,173,726	1,232,652	2,406,378

（当初予算額、 単位：万円）

※日本国憲法施行後　四捨五入の関係で合計等は必ずしも合わない。
※平成に入ってからの予算は、金額に大きな変化があった年を主に掲載した。

表1　皇室関係の予算（宮内庁HPより作成）

次長、侍従《じじゅう》次長、管理・書陵《しょりょう》両部長らで構成される*内廷会《ないていかい》計審議《けいしんぎ》会《かい》が当たる。剰余金は*内廷会計基《ないていかいけいき》金《きん》として株券や債《さい》券《けん》などに投資したりしている。運用名義人は*内廷会計主管《ないていかいけいしゅかん》（皇室経済主管）である。

内廷費について宮内庁は、プライバシーを理由に内訳を公表していない。しかし、掌典職《しょうてんしょく》、生物学研究の職員など人件費がかなりの割合を占め、ほかに服装、食事、会食、各種団体への奨励金、交際費、研究、宮中祭祀《さいし》などへ支出されていることを昭和55年（一九八〇）の参議院内閣委員会で明らかにしたことがある。

宮廷費《きゅうていひ》　宮内庁で経理する公金（「皇室経済法」第五条）で、天皇、皇族の公的活動や皇室用財産の管理などに支出される。儀典関係、宮殿管理、皇室用財産修繕、文化財管理、車馬管理など多岐にわたる。

平成の時代、天皇皇后の医療費やハイテク治療機器借用料はじめ、皇族男子のレッスン料などは皇位継承者であるという理由から宮廷費からが原則であった。そのため、皇位継承者ではない*愛子《あいこ》内親王の授業料も内廷費である。*大《だい》嘗祭《じょうさい》関係は宮廷費から支出され、政教分離の原則から逸脱するとして訴訟が起こされた。秋篠宮《あきしののみや》は令和の大嘗祭を内廷費で行うことを提案したが、これは実現せず、問題は今も残る。

皇族費《こうぞくひ》　「皇族としての品位保持の資に充てるために年額により毎年支出する」（「皇室経済法」第六条）費用で、所得税はかからない御手元金である。*秋篠宮《あきしののみや》（五人）、*常陸宮《ひたちのみや》（二人）、*三笠宮《みかさのみや》（四人）、*高円宮《たかまどのみや》（二人）各家（宮家の皇族）が対象者である。

平成31・令和元年（二〇一九）度の「独立して生計を営む親王」（宮家の当主）の定額は三〇五〇万円で、この金額が皇族費の基準となる。妃は二分の一、成人に達した親王、内親王は一〇分の三などの規定がある（同法第六条）。「夫を失って独立の生計を営む親王妃」は定額相当額、結婚などで初めて宮家を立てる皇族には一時金として年額の二倍、内親王の結婚一時金は年額の一〇倍である。平成17年（二〇〇五）に結婚した*清子《さやこ》内親王は、内廷皇族であったので皇族費は支出されていなかったが、結婚一時金として一億五〇〇〇万円（計算上「独立の生計を営む内親王」の年額＝定額の二分の一＝の一〇倍に相当する額）が支出された。

皇室経済会議《こうしつけいざいかいぎ》　内廷費および皇族費の定額の変更のほか、皇族が結婚にともない宮家を立てたり、皇族女子が結婚で身分を離脱する際の一時金を審議するとき開催される。構成議員は衆参両院正副議長、内閣総理大臣、財務大臣、宮内庁長官、会計検査院院長の八人。ほかに予備議員が八人。定額の変更は昭和43年（一九六八）12月、「皇室経済に関する懇談会（皇室経済会議の構成員）」が開かれ、物件費が東京都区部の消費者物価指数、人件費が人事院の公務員給与の改善勧告をもとにその変動幅が一〇%を超えたとき改定することにした。このときまた、皇族殿邸は皇族が独立の生計を営むときに赤坂御用地等に建設されることが了承された。

名称	土地	建物（延べ面積）
皇居	1,150,437	108,228
赤坂御用地	508,921	24,687
常盤松御用邸	19,855	1,957
那須御用邸	6,625,665	6,953
須崎御用邸	384,413	5,237
葉山御用邸	95,796	3,626
高輪皇族邸	19,976	2,972
御料牧場	2,518,500	20,757
埼玉鴨場	116,416	1,111
新浜鴨場	195,832	1,092
京都御所（大宮、仙洞御所を含む）	201,934	16,340
桂離宮	69,535	2,102
修学院離宮	544,716	1,186
正倉院	88,819	5,585
陵墓	6,515,127	6,571
計	19,055,942	208,404

（平成31年3月31日現在／単位㎡、小数点以下は四捨五入）

表2　皇室用財産一覧（宮内庁HPより作成）

昭和22年（一九四七）度の内廷費は七三三万円、宮廷費は二八七〇万円、皇族費は四九八八万円であった。その後、物価上昇などに対応して増額され、平成8年（一九九六）度に内廷費三億二四〇〇万円、宮廷費五七億五〇五二万円、皇族費三億六五三万円（当主の基本額は三〇五〇万円）となり、この間、内廷費や皇族当主の基本額は変わらず（皇族数に変化があった）、宮廷費の増額があり、平成31年（二〇一九）度の宮廷費は一一一億四九〇三万円、皇族費は二億六四二三万円となった。

皇室用財産《こうしつようざいさん》　戦前の御料地などの皇室財産は、『日本国憲法』（第八八条）の施行によりその一部は国有財産である「皇室用財産」（「国有財産法」第三条）として皇居や赤坂御用地などが皇室の用に供されている。平成30年（二〇一八）現在、土地約一九〇五万六一八四平方《メートル》、建物約二〇万五九三一平方《メートル》。

税制《ぜいせい》　「皇室経済法」第七条の「皇位とともに伝わるべき由緒ある物」は、昭和35年（一九六〇）の政府見解で三種神器《さんしゅのじんぎ》と理解されたが、その後の国会答弁や[124]昭和天皇の遺産相続のとき、ほかに宮中三殿や皇太子の護《まも》り刀《がたな》「壺切御剣《つぼきりのぎょけん》」、歴代天皇の宸筆《しんぴつ》、聖徳太子《しょうとくたいし》肖像、女性皇族の宝冠類など六〇〇点が「*御由緒物《ごゆいしょぶつ》」とされ、非課税扱いになった（「相続税法」第一二条)。その他の御物《ぎょぶつ》の絵画、工芸品など六三〇〇点が国に寄贈され、これらの一部を管理・展示するために「*三《さん》の丸尚蔵館《まるしょうぞうかん》」が建てられた。昭和天皇《しょうわてんのう》の遺産額《いさんがく》は一八億六九〇〇万円で、相続人は平成の天皇以下一一人いたが天皇、皇太后を除いて相続権を放棄、天皇は内廷会計主管名で四億二八〇〇万円を麴町《こうじまち》税務署に納めた。

平成の天皇の退位により、この「*御由緒物」も、令和の天皇に相続されることとなった。この相続にあたっては、「天皇の退位等に関する皇嗣典範特例法」の附則第7条で、皇室経済法第7条の規定により、贈与税を課さないものとされている。

皇室には不動産がないので固定資産税はなく、天皇および内廷皇族の用に供されるものは、関税が免除される(「関税定率法」第一四条)。印税や株券配当など国民と同様な経済活動については、所得税、住民税を支払っている。平成16年(二〇〇四)に薨去《こうきょ》した高松宮《たかまつのみや》妃の遺産は一八億六〇〇〇万円。私有地が一〇億円、ほかは有価証券などで相続税額は七億九〇〇〇万円だった。美術品など六〇〇〇点は国に寄贈され、三の丸尚蔵館に納められた。

[髙橋・小田部]

写真1　御由緒物とされる宮中三殿(共同通信社提供)

[50] 現代の行幸啓

天皇の外出を*行幸《ぎょうこう》、皇后・皇太后・太皇太后・皇太子・同妃のものを*行啓《ぎょうけい》、一般皇族の外出を*お成《なり》という。天皇皇后が一緒なら*行幸啓《ぎょうこうけい》、帰途は*還幸《かんこう》、*還啓《かんけい》、*還幸啓《かんこうけい》である。行幸の意味は「天子の赴く所は万人が恩恵を受け、行く先々に幸が生まれる」ことからきている。各地に行幸を記念して「行幸通《ぎょうこうどおり》」や「御幸通《みゆきどおり》」がある。

定例《ていれい》の地方行幸啓《ちほうぎょうこうけい》　昭和の戦後に春の「全国植樹祭」、秋の「国民体育大会」が行われ、平成以降に秋の「豊かな海づくり大会」、令和になって秋の「国民文化祭」が加わった。天皇皇后は三、四日間、これを機会に開催県内を視察する。

*[124]昭和天皇は地方巡幸で昭和22年（一九四七）秋、北陸三県を訪れ、金沢市の国民体育大会に出席、11月1日には富山県の要請で同県婦負郡細入村《ねいぐんほそいりむら》（当時）の山林に、立山杉《たてやますぎ》三本を植えた。これが国体、植樹祭の出席のきっかけとなった。

*平成の天皇は平成5年（一九九三）、歴代天皇として初めて沖縄《おきなわ》県の地を踏んだ。平成15年（二〇〇三）、鹿児島《かごしま》県を最後に全国を一巡した。

全国植樹祭《ぜんこくしょくじゅさい》　全国植樹祭の母体は昭和8年（一九三三）の愛林日《あいりんび》にあり、昭和9年（一九三四）に茨城県で植樹行事がなされ、以後、各県もちまわりで毎年行われた。昭和19年（一九四四）に中断するも、戦後の昭和22年（一九四七）に愛林日が再開され、昭和25年（一九五〇）に山梨県にて第1回の「植樹行事並びに国土緑化大会」が開かれ、昭和45年（一九七〇）の福島県での第21回大会から「全国植樹祭」と称した。大会式典では天皇の「*おことば」、天皇・皇后による「お手植え」「お手まき」などがなされた。

なお、平成21年（二〇〇九）の福井県での第60回大会から天皇の公務負担軽減のため「おことば」は取りやめとなったが、令和元年（二〇一九）、愛知県での第70回大会で復活した。また、昭和52年（一九七七）の和歌山県での第28回から、過去の植樹祭での手植えや手まきで成長した木の手入れを行う「*全国育《ぜんこくいく》樹祭《じゅさい》」が行われ、はじめ皇太子夫妻が担ったが、令和以後は*秋篠宮《あきしののみや》夫妻が出席することとなった。

国民体育大会《こくみんたいいくたいかい》　終戦直後の昭和21年（一九四六）、国民の体力向上を目指して創設され近畿で第1回大会が行われた。昭和23年（一九四八）、第3回の福岡国体から天皇杯・皇后杯が贈られた。平成13年（二〇〇一）の第56回宮城《みやぎ》国体から国体後に「全国障害者スポーツ大会」が開かれ、同大会は原則として当時の皇太子夫妻が参列した。令和元年からは*秋篠宮《あきしののみや》夫妻が列席することになった。

全国豊《ぜんこくゆた》かな海《うみ》づくり大会《たいかい》　昭和56年（一九八一）、*平成の天皇の皇太子時代に始まった。即位後も恒例の行幸啓となり、当該県に関係の深い魚や貝を「放流」する。海のない滋賀《しが》県、岐阜《ぎふ》県、奈良県でも開かれた。令和元年（二〇一九）は秋田県で開かれ、*令和の天皇・皇后が参列した。

国民文化祭　昭和61年（一九八六）に、文化庁と東京都の共催で、演劇、吹奏楽、美術作品などの発表の祭典としてはじまった。当時皇孫であった*徳仁《なるひと》親王が第1回大会から参列しており、皇太子となっても引き継がれ、*雅子《まさこ》妃が出席することもあった。

　令和元年（二〇一九）以後は、四大行幸啓のひとつとして天皇皇后が列席することとなった。なお、平成29年（二〇一七）から合同で全国障害者芸術・文化祭も開かれている。

【定期的《ていきてき》な都内《とない》の行幸啓《ぎょうこうけい》】

全国戦没者追悼式《ぜんこくせんぼつしゃついとうしき》　8月15日、東京・北の丸公園内武道館《ぶどうかん》で開かれる。正午の時報を合図に、天皇皇后が参列者と一緒に「全国戦没者之霊」の標柱に一分間黙禱《もくとう》し、「*おことば」がある。政府主催の追悼式は日本が主権を回復した昭和27年（一九五二）5月2日の新宿御苑《しんじゅくぎょえん》で、二回目は昭和34年（一九五九）3月28日、東京・千鳥ケ淵《ちどりがふち》戦没者墓苑《せんぼつしゃぼえん》完成に合わせて行われた。

　8月15日に確定したのは昭和38年（一九六三）からで、日比谷《ひびや》公会堂で式典があり、翌年は靖国神社《やすくにじんじゃ》境内で挙行された。武道館での挙行は昭和40年（一九六五）から。式壇中央の標柱には、当初、宗教色のない全国戦没者追悼之《ついとうの》「標《しるし》」とあったが、昭和50年（一九七五）、日本遺族会などからの要望で「霊」に改められた。

　ほかに*日本学士院《にほんがくしいん》、*日本藝術院各授賞式《にほんげいじゅついんかくじゅしょうしき》、*日本国際賞《にほんこくさいしょう》（科学技術の進歩に寄与し、人類の平和と繁栄に貢献した人に与える）の各授賞式などに出席する。なお*国際生物学賞《こくさいせいぶつがくしょう》（昭和天皇の在位六十年を記念して設けられた）は令和元年より天皇・皇后ではなく、行事の趣旨に鑑み、*秋篠宮夫妻が引き継いだ。皇后独自のものに、*全国赤十字大会《ぜんこくせきじゅうじたいかい》、*ナイチンゲール記章授与式《きしょうじゅよしき》（隔年）がある。

　平成に入ってから天皇・皇后でこどもの日、敬老の日、障害者週間（12月3日から9日）の前後には、それぞれの関連施設を訪問している。令和以後も天皇・皇后がこれを引き継いだ。

慰霊《いれい》の旅《たび》　戦後五〇年の平成7年(一九九五)夏、天皇・皇后は長崎、広島、沖縄、東京を回り、各地の慰霊碑《いれいひ》を拝礼した。

昭和56年(一九八一)、皇太子時代の*平成の天皇(上皇)は「日本では、どうしても記憶しなければならないことが、四つあると思います」と記者会見で述べ、沖縄戦終結(6月23日)、広島、長崎の原爆投下(8月6、9日)、終戦記念日(8月15日)の「四つの日」をあげた。

平成6年(一九九四)には硫黄島《いおうじま》を訪れ、平成17年(二〇〇五)、太平洋上の激戦地・玉砕の島サイパンで慰霊碑に献花している。戦後七〇年にあたる平成27年(二〇一五)にはパラオ・ペリリュー島の、翌年にはフィリピンの戦没者をそれぞれ慰霊した。また平成29年(二〇一七)のベトナム訪問では、元残留日本兵の家族と対面した。

天皇《てんのう》・皇族《こうぞく》の沖縄訪問《おきなわほうもん》　太平洋戦争で唯一の国内の戦場となった沖縄に対し、*[124]昭和天皇は訪問の意思があったが病気となり実現しなかった。

*平成の天皇(上皇)は、皇太子時代、沖縄の本土復帰前の昭和37年(一九六二)からはじまった沖縄の小中学生による豆記者たちとの交流を深めており、毎年、東宮御所などに招いていた。昭和43年(一九六八)に東京で開催された「これが沖縄だ」展も見ており、この時、アメリカ潜水艦に撃沈された学童疎開船「対馬丸《つしままる》」のパネルに足をとめている。

昭和44年(一九六九)以後、沖縄についての進講を受け続け、琉《りゅう》球国《きゅうこく》の歌謡集『おもろさうし』などへの理解も深めた。

昭和50年(一九七五)、天皇名代《てんのうみょうだい》として、沖縄海洋博覧会を機会に初めて沖縄を訪問することとなったが、周囲が懸念するなか、直前には、みずから「戦没者鎮魂のため南部戦跡を訪ねたい」、「何が起きても、受けます」との強い意志を示していた。この訪問時、慰霊に訪れた「ひめゆりの塔」で、過激派から火炎瓶《かえんびん》を投げられた。その夜、多くの犠牲を払ってきたこの地に、国民は心を寄せ続けていくことが大事だと、県民に対して異例のメッセージを出した。

沖縄初訪問後に帰京した皇太子(平成の天皇)は「花よおしやげゆん　人知らぬ魂　戦《いくさ》ないらぬ世よ　肝に願て」(花をささげましょう　人知れず亡くなっていった多くの人の魂に対して　戦争のない世を心から願って)と琉球の歌である琉歌《りゅうか》を詠んだ。その後も、数多くの琉歌を詠むなど、沖縄の現実や歴史や文化へ心を寄せていった。また沖縄訪問も数を重ね、皇太子時代に五回、即位後六回、退位前までに計十一回訪問した。

なお、*令和の天皇は、皇孫時代の昭和62年(一九八七)に初めて沖縄を訪問し、第42回国民体育大会の夏季大会開会式に参列して挨拶した。このとき国立沖縄戦没者墓苑《ぼえん》や県立平和祈念資料館など南部戦跡を回っている。

その後、皇太子となって、平成9年（一九九七）に*雅子妃と糸満《いとまん》市の全国農業青年交換大会に出席。平成13年（二〇〇一）に那覇《なは》市の第12回全国「みどりの愛護」のつどい、平成17年（二〇〇五）の第46回米州開発銀行年次総会などに出席した。そして平成22年（二〇一〇）の全国高校総合体育大会開会式に参列し、挨拶した。

また、秋篠宮《あきしののみや》家の*悠仁《ひさひと》親王は平成25年（二〇一三）に初めて沖縄県糸満市の平和祈念公園を訪問し、沖縄戦の戦没者約24万人の名が刻まれた「平和の礎《いしじ》」の石碑を見て、国立沖縄戦没者墓苑で献花した。

皇太子《こうたいし》の行啓《ぎょうけい》・皇族《こうぞく》のお成《なり》　定期的な行啓には、国民体育大会冬季大会、みどりの愛護、献血運動推進全国大会、全国高校総合体育大会、全国農業青年交換大会（平成19年〈二〇〇七〉で終了）、全国障害者スポーツ大会、全国育樹祭がある。ほかにも災害時の慰問《いもん》や福祉関係施設訪問、各種式典の出席がある。

天皇皇后《てんのうこうごう》の私《し》的《てき》旅行《りょこう》　七九歳の高齢になった*昭和天皇は*香《こう》淳《じゅん》皇后と昭和55年（一九八〇）に神奈川県箱根を、公的な行幸啓ではなく、私的に選んだ目的地として旅行した。

*平成の天皇（上皇）も七九歳の平成25年（二〇一三）に、*皇后（上皇后）と長野県と福島県を私的に旅行し、その後も、栃木県、群馬県、青森県、宮城県、山形県、埼玉県、静岡県などを訪ね、満蒙開拓《まんもうかいたく》平和記念館、渡良瀬《わたらせ》遊水池、ねむの木学園などに足を運んだ。

［高橋・小田部］

［51］被災地の慰問

【明治《めいじ》・大正《たいしょう》の天皇《てんのう》・皇后《こうごう》の慰問《いもん》】

*122明治天皇や*123大正天皇も災害地への慰問を行ったが、自ら被災地に赴くことはなかった。明治の噴火・地震・津《つ》波《なみ》などの被災に、皇室は救恤金《きゅうじゅつきん》を支給してきた。明治のはじめまでは加持祈禱《かじきとう》を主としたが、明治21年（一八八八）の磐梯《ばんだい》山《さん》噴火には侍従を派遣して報告を聞いた。明治24年（一八九一）の濃尾《のうび》大地震では侍医が負傷者の治療をし、皇后は日本赤十字社に救護を促した。明治26年（一八九三）の吾妻《あづま》山噴火で、明治天皇は側近に、事前予知ができないのかと学術的な地震予知の可能性を尋ねた。大正12年（一九二三）の関東大震災では、大正天皇が病気で静養中のため、天皇皇后の名代《みょうだい》として侍従が罹災者を慰問し、木綿綿入の提供などの支援を行った。また、摂政の皇太子*裕仁《ひろひと》と*貞明《ていめい》皇后は自ら被災地を視察し、なかでも貞明皇后は、不足する小児科医と産科医を宮内省直轄で組織して巡回救療にあたらせ、母乳が出なくなった母親のために御料牧場の牛乳を配給した。

【昭和天皇《しょうわてんのう》の慰問《いもん》】

124昭和天皇は皇太子で摂政在任中の大正12年（一九二三）に起きた関東大震災の際、発生二週間後の9月15日に乗馬で被災地を視察した。上野公園で震災被害、救護、警備状況を聞き、傷病者の状態、被服器具給与などを尋ねた。四日後の視察では、両国橋駅で陸相田中義一《たなかぎいち》から罹災当時の状況を聞き、下谷万年町《したやまんねんちょう》、新橋、溜池山王下などを経て宮城へ戻った。そして地震の起きた9月1日は、昭和戦後になっても毎年慎みの日としていた。

昭和18年（一九四三）の鳥取《とっとり》地震では侍従が派遣され、同19年（一九四四）の昭和東南海《しょうわとうなんかい》地震では、天皇・皇后より日本赤十字社に五〇〇〇円が贈られた。同20年（一九四五）には三河地震などが起き、また、21年の昭和南海地震では、竹田宮恒徳王《たけだのみやつねよし》と*閑院宮春仁王《かんいんのみやはるひと》を被災地の兵庫・高知などに派遣し、救恤金二〇万円を贈った。

さらに昭和天皇は戦後の全国巡幸の折に、水害などの被災地の実情とその復興状況を積極的に視察している。昭和62年（一九八七）には、前年の三原山噴火災害の見舞いのため、ヘリコプターで伊豆大島へ渡った。

【平成《へいせい》の天皇《てんのう》・皇后《こうごう》の慰問《いもん》】

平成の天皇（上皇）も、皇太子時代の昭和34年（一九五九）に約五〇〇〇人が死亡・行方不明となった伊勢湾台風の水害地を天皇名代として視察・慰問し、これが以後の被災地慰問の原点となった。

即位後も火砕流、地震、風水害が頻発した。しかも東日本大震災では広範囲で大規模な津波に加えて、原子力発電所が被災して放射性物質が放出される事態も起きた。こうした災害時に天皇・皇后が現地に向かうことはかえって混乱を招くおそれもあり、慎重に協議や準備を重ねた上で、少しでも早く現地の被災者や救援者を励ます機会をつくる努力を重ねた。平成3年（一九九一）には皇后とともに雲仙・普賢岳噴火の直後に被災地を見舞い、膝を交えて被災者を励ました。平成7年（一九九五）には阪神・淡路大震災の被災地を、また平成23年（二〇一一）の東日本大震災では、東京・埼玉の避難所をはじめ、千葉・茨城・宮城・岩手・福島各県を七週間にわたり毎週日帰りで見舞った。

とりわけ未曽有の巨大災害であった東日本大震災では異例のビデオメッセージで全国民に、被災地への心の寄せあいや復興への希望の大切さを伝えた。そして平成24年（二〇一二）、体調が万全でなかった天皇は心臓の冠動脈バイパス手術を受けて、東日本大震災一周年追悼式に臨み、その後も毎年、追悼式に参列したのである。

平成28年（二〇一六）には熊本地震、翌年には九州北部豪雨、平成30年（二〇一八）にも西日本を中心とした豪雨があり、ともに八〇歳を過ぎた身で現地を慰問している。

【令和《れいわ》の天皇《てんのう》、皇族《こうぞく》の慰問《いもん》】

令和の天皇も皇太子時代から平成の天皇・皇后の慰問を補佐する形で被災地訪問を重ねてきた。平成7年（一九九五）の阪神・淡路大震災では、クウェートなど三か国の訪問を予定を切り上げて帰国し、神戸での合同慰霊祭に参列した。

平成23年の東日本大震災では、ロンドンでのイギリス王室結婚式出席を見送り、東宮御所で節電につとめた。その後、皇太子妃と共に東京都調布市の味の素スタジアムを皮切りに、埼玉県・宮城県・山形県・福島県・岩手県などを慰問、災害公営住宅で住民と懇談するなど、令和元年までに東北六県を五三回訪問した。平成29年（二〇一七）の九州北部豪雨でも、仮設住宅を訪問し、被災者と懇談している。

東日本大震災では、*秋篠宮《あきしののみや》夫妻、*常陸宮《ひたちのみや》夫妻、*寬仁《ともひと》親王、*高円宮久子《たかまどのみやひさこ》妃・*承子《つぐこ》・*典子《のりこ》両女王も各地を慰問、秋篠宮家の*紀子《きこ》妃・*眞子《まこ》・*佳子《かこ》両内親王もタオルの袋詰め作業に参加した。

［小田部］

［52］皇室の国際親善（皇室外交）

皇室の国際親善とは、天皇および皇族が外国を訪問して、その国の元首や国民と交歓し、親善を深め、相互理解に資する*公的行為《こうてきこうい》のこと。また外国の元首などが来日した際には、*宮中晩餐《きゅうちゅうばんさん》などで接遇したり、駐日外交団を*園遊会《えんゆうかい》や*午《ご》餐《さん》などに招くなどして交流・親睦を深め、ほかに*親書《しんしょ》、*親《しん》電《でん》の交換、外国の慶弔《けいちょう》に際しては、皇太子などを天皇の*名《みょう》代《だい》として送ることもある。

『日本国憲法』第四条で天皇は「国政に関する権能を有しない」ため、皇室の国際親善を「政治的な意味あるいは政治的な影響があってはならない」（昭和50年〈一九七五〉、衆院内閣委、政府答弁）としている。しかし現実には何度も自国あるいは相手国政府からの要請で行われており、広い意味での政治的影響はあった。なお、宮内庁はしばしばマスコミで使われる「*皇室外交」の「外交」の用語は政治的色彩を帯びるため、これを避け、「外国とのご交際」としている。

外国からの賓客は即位の平成元年には一〇〇名を超え、同30年（二〇一八）まで毎年三十数名あった。皇室からは皇族の留学などを含めて年間一〇回前後の外国訪問がある。*平成の天皇・皇后は、皇太子時代には[124]昭和天皇の名代などとして、アジアや欧米各国のほか中近東、アフリカ、かつての共産圏諸国まで二三回、三七か国、世界各地を訪問している。平成の天皇となってからは二〇回、最後の訪問国ベトナムまで、公式訪問した国は二八カ国となり、皇太子時代からの総数は五一か国になる。

*令和の天皇は皇孫時代の昭和49年〈一九七四〉にオーストラリアに初の海外旅行をして以来、昭和期で八回、立ち寄り国をふくめて、のべ二九か国を訪問した。また皇太子時代には欧米やアジアのみならず、サウジアラビアやガーナ、トンガなど中東、アフリカ、オセアニアなど世界各地に足を運び、四三回、のべ七二か国を数えた。当時、皇太子妃であった皇后もオランダでの一家静養をふくめて八回、同行した。

六〇年安保《ろくじゅうねんあんぽ》と皇太子《こうたいし》明仁親王《あきひとしんのう》訪米《ほうべい》（昭和35年〈一九六〇〉9月22日～10月7日）　目的は「日米修好百年に際し御訪問」である。しかしこの年は岸信介《きしのぶすけ》内閣が政治生命を懸けた日米《にちべい》安全保障条約《あんぜんほしょうじょうやく》の改定をめぐり全国的に反安保・反米デモが広がった。その最中に皇太子・同妃と米国大統領アイゼンハワーの相互訪問が決まった。条約成立の最終段階で、女子学生が警官隊とデモ隊の衝突に巻き込まれて死亡するという衝撃的な事件まで起き、大統領来日は中止された。

しかし、皇太子・同妃の訪米は米国民の反日感情を緩和させるため、一層重要性が増したと両国政府は判断、条約成立後に実行された。皇太子・同妃の結婚は米国のメディアが詳しく報道し、シンデレラ物語のように喧伝《けんでん》されていた。そのため、皇太子のエチオピア、イランなどへの答礼訪問が内定していたにもかかわらず、訪米を優先させた。

昭和天皇《しょうわてんのう》の訪欧《ほうおう》（昭和46年〈一九七一〉9月27日～10月14日）　昭和天皇と*香淳皇后はベルギー、英国、ドイツなど七か国を訪問したが、このとき米国は天皇の特別機がアンカレッジで給油の際、日本側が予定していなかった歓迎式典を申し入れてきた。その背景には同年7月15日、米国が同盟国・日本の頭越しに中国と国交回復を声明したことなどで日本の米国への不信感が高まっていたことがあった。

米国は天皇訪欧にあたりアラスカの空軍基地格納庫で式典を開き、大統領ニクソンは「陛下は外国の土を踏まれる最初の天皇」と、日本の天皇の最初の外遊先が米国であることなどを、国内外に強調した。

昭和天皇訪米《しょうわてんのうほうべい》（昭和50年〈一九七五〉9月30日～10月14日）　昭和天皇の訪米には米国からの強い招請が繰り返された。日米繊維交渉など両国間には懸案事項があり、政治的圧力を嫌う昭和天皇と側近は「時機に非《あら》ず」と判断、国会でも政治利用が問題になった。昭和天皇は伊勢の神宮の遷宮を理由に時期を延期してはどうか、と側近に指示している（『入《いり》江《え》相政《すけまさ》日記』）。

昭和天皇はホワイトハウスの歓迎宴で太平洋戦争に触れ、「私の深く悲しみとする、あの不幸な戦争（most unfortunate war, which I deeply deplore）」と遺憾の意を表し、さらに「（貴国は）我が国の再建のために温かい好意と援助の手をさしのべられた」と感謝した。米国は高齢の天皇皇后に好意を寄せ、各地で大歓迎を受けた。これをみて外務省幹部は「天皇は大使一〇〇人分の働きをする」と評した。昭和天皇と宮内庁長官宇佐美毅《うさみたけし》、侍従長入江相政ら側近の判断で、両国間に懸案事項のない時期を選んだ成果であった。

昭和天皇《しょうわてんのう》の手術直後《しゅじゅつちょくご》の皇太子《こうたいし》訪米《ほうべい》（昭和62年〈一九八七〉10月3日～10日）　昭和天皇の開腹手術が行われたのは9月22日。その二週間後、皇太子（*平成の天皇）・同妃が訪米した。高齢の天皇の初めての手術であり、万一の場合は即位もあり得るという緊迫した状況の中で、一八日間の日程を短縮して訪米したのは、経済摩擦の解消が関わってのことである。対日赤字は一五七億ドル、次期支援戦闘機、コメ問題などで米国は対日批判を強めていた。「こうした状況下で皇太子夫妻の訪米を政府としては大変重要と考えている」と、外務省幹部は記者会見で語った。宮内庁長官*富田《とみた》朝彦《ともひこ》のメモには、「こうした時期ではあるが日米両国の親善の為予定通り御出発願う」とある。

中国《ちゅうごく》の要請《ようせい》（平成4年〈一九九二〉10月23日～28日）　平成元年〈一九八九〉6月4日未明、人民解放軍は天安門前で民主化要求の学生、労働者らに銃口を向け、二〇〇〇人ともいわれる死者が出た。西側諸国は非難し経済制裁などを加えたため、中国は孤立した。関係改善を狙う中国は、日本の側面援助を要請、これが*天皇訪中《てんのうほうちゅう》につながった。自民党内からも「天皇の政治利用」の声があがり、反対デモもあった。当時の中国外相銭其琛（せんきしん チエン・チーチエン）は、訪中が厳しい西側の姿勢に変化をもたらしたと回顧録で述べている。

平成《へいせい》の皇太子《こうたいし》中東七《ちゅうとうなな》か国訪問《こくほうもん》（平成6年〈一九九四〉11月5日～15日、平成7年〈一九九五〉1月20日～28日）　平成の皇太子*徳《なる》仁親王《ひとしんのう》・*雅子《まさこ》妃そろっての最初の外国訪問は中東訪問であった。

　実は、この中東訪問は、皇太子がまだ独身だった平成3年〈一九九一〉に計画されていた。中東のうち、サウジアラビアは平成の天皇・皇后が皇太子時代の昭和56年〈一九八一〉に訪問していたが、オマーンほかの湾岸五か国へは未訪問であった。皇室の産油諸国への訪問が求められていたが、平成2年のイラクのクウェート侵攻に端を発する湾岸戦争がはじまり、計画は二度延期となった。

　その後、皇太子徳仁親王は小和田《おわだ》雅子と結婚し、夫妻で湾岸六か国とヨルダンを加えた中東訪問が具体化し、平成6年〈一九九四〉にサウジアラビア、オマーン、カタール、バーレーンの四か国、翌年にクウェート、アラブ首長国連邦、ヨルダンの三か国を訪問することとなった。これは雅子妃の外交デビューともなり、大きく注目された。

　しかし、四か国訪問を終えて、次の三か国に向かう直前、阪神《はんしん》・淡路《あわじ》大震災《だいしんさい》が起きた。三度目の延期も考慮されたが、災害は国内問題だからキャンセルをするのは礼を失するとし、決行された。皇太子・同妃が現地で観光見物をしながら友好親善を務めている映像や写真が伝えられるなか、震災の被害は拡大し、結局、ヨルダン側の配慮もあり、日程を二日間短縮して帰国した。

平成《へいせい》の天皇《てんのう》と韓国《かんこく》　日韓基本条約が調印され、国交が回復したのは昭和40年〈一九六五〉。昭和58年〈一九八三〉一月、首相中曽《なかそ》根《ね》康《やす》弘《ひろ》が訪韓し、その翌年大統領全斗煥《ぜんとかん》（チョン・ドゥファン）が国賓として来日した。そのとき*昭和天皇の韓国訪問が招請された。

しかし教科書、慰安婦《いあんふ》問題などあり、実現しないまま現在に至っている。平成14年（二〇〇二）のサッカー・ワールドカップ日韓大会の際、日本サッカー協会名誉総裁の*高円宮《たかまどのみや》憲仁親王が、皇族として戦後初めて韓国を公式訪問した。

天皇は、「この間、長崎に行く機会がありました。対馬《つしま》にも寄りましたが、あそこからは夜になるとお国の釜山《プサン》の灯が見えるんです。本当に近いんですね」（平成2年〈一九九〇〉、来日した大統領盧泰愚《ろたいぐ》〈ノ・テウ〉に）と語ったり、平成13年（二〇〇一）の誕生日会見では、「桓武天皇の生母が百済《くだら》の武寧《ぶね》王子の孫であると、『続日本紀《しょくにほんぎ》』に記されていることに、韓国とのゆかりを感じています」と述べ、韓国に親近感を寄せている。

首席随員《しゅせきずいいん》　外遊の総責任者。昭和天皇の初めての外遊となった訪欧の旅は、外相福田赳夫《ふくだたけお》が務め、訪米も副総理の福田が任命された。「天皇の外遊は極めて重要なことであり、これについて内閣が責任を負う立場にある。首席随員はこの御訪問の実質的統括責任者であり、その重要性に鑑み内閣が慎重に検討し、閣議決定を経て任命される」（宮内庁）としている。平成になって中国訪問時は副総理兼外相渡辺美《わたなべみ》智《ち》雄《お》、米国訪問時は元首相宮沢喜《みやざわき》一《いち》、北欧訪問時は同橋本《はしもと》龍太郎《りゅうたろう》などが務めている。

しかし、平成19年（二〇〇七）植物学者リンネの生誕三〇〇年記念で、英国、スウェーデン、バルト三国訪問ではノーベル化学賞受賞者の野《の》依良治《よりりょうじ》が起用された。

*随員《ずいいん》、*随行員《ずいこういん》の数は六十数人でほかに宮内庁、外務省、警察庁など全体で六〇人を超える。

おことば問題《もんだい》　*皇室外交では元首主催の公式な歓迎宴が開かれ、そこでスピーチがある。第二次世界大戦の交戦国や侵略し植民地化した近隣諸国に対して、「象徴」である天皇がどこまで踏み込んで過去に触れるかの判断は難しい。微妙な関係にある国の場合、「*おことば」の案は宮内庁、外務省、官邸などを何回も往復し、天皇の意向を尊重しながら相手国と外交交渉のようなやり取りがあり、法制局も加わって完成する。

昭和59年（一九八四）全斗煥が韓国大統領として初めて来日、昭和天皇は「今世紀の一時期において、両国の間に不幸な過去が存したことは誠に遺憾《いかん》」と述べた。平成2年（一九九〇）大統領盧泰愚来日の時、不幸な過去はどちら側に原因があったのか、誰が遺憾なのかが明確でないとクレームが出され、平成の天皇は「我が国によってもたらされたこの不幸な時期に、貴国の人々が味わわれた苦しみを思い、私は痛惜の念を禁じえません」と改めて述べた。

なお諸国の元首の発言の中には自国を意識したものもある。平成3年(一九九一)*オランダ女王《じょおう》ベアトリックスは、第二次世界大戦中、インドネシア(旧オランダ領)で多くのオランダ人が旧日本軍によって強制労働などに従事させられたことに言及し、「一一〇万人以上の民間人もまた何年もの間、抑留されました。これはお国ではあまり知られていない歴史の一章です……今なお痛みや苦しみに悩まされているのです」と述べた。

平成10年(一九九八)、中国国家主席*江沢民《こうたくみん(チャン・ツエーミン)》は「不幸なことに、近代史上、日本軍国主義は対外侵略拡張の誤った道を進み、中国人民とアジアの他の国々の人民に大きな災難をもたらし、日本人民も深くその害を受けました」と述べている。

平成《へいせい》の天皇《てんのう》の訪問《ほうもん》　平成の天皇(上皇)の外国訪問は、皇太子時代の昭和28年(一九五三)に英国のエリザベス二世戴冠式《たいかんしき》参列のため欧米一四か国を歴訪したことにはじまる。その後、昭和35年(一九六〇)に結婚したばかりの*美智子妃《みちこひ》とともにアメリカを訪問し、以後、天皇名代としての皇太子夫妻での外国訪問が続き、皇太子時代だけで四七か国を数えた。

平成の天皇が即位して最初の海外訪問は東南アジアで、平成3年(一九九一)にタイ、マレーシア、インドネシアの三か国を訪問した。タイでの晩餐会では「先の誠に不幸な戦争の惨禍を再び繰り返すことのないよう平和国家として生きることを決意し」との「おことば」を述べた。その後も毎年外国を訪問し、即位後の公式訪問回数は二〇回となり、中国、ポーランド、リトアニアほか、サイパン、パラオ、ベトナムなども訪問した。天皇となってからの訪問国は立ち寄り国をふくめのべ四七か国となった。

国賓《こくひん》の接遇《せつぐう》　①迎賓館《げいひんかん》前での歓迎式(雨天は迎賓館内)、②宮殿竹の間での会見、③宮中晩餐《ばんさん》、④相手国によるお返しの晩餐会、⑤天皇皇后の歓送——が基本である。かつては晩餐の後に出席者を増やした夜会もあった。

接遇基準《せつぐうきじゅん》　昭和36年(一九六一)、政府に*公式制度連絡調査会議《こうしきせいどれんらくちょうさかいぎ》が設置され基準ができた。国賓第一《こくひんだいいち》は元首。国賓第二《こくひんだいに》は首相としたが、昭和59年(一九八四)の改定で*国賓《こくひん》は元首《げんしゅ》だけ、*公賓《こうひん》は首相および皇族となった。平成元年(一九八九)の閣議で元首が実務を主な目的として訪日することを希望する場合には*公式実務訪問賓客《こうしきじつむほうもんひんきゃく》とすることにし、宮中晩餐の代わりに午餐《ごさん》にするなど、接遇を簡略化している(宮中晩餐→[97])。

王族《おうぞく》への配慮《はいりょ》　勲章制度のある国とは相互の勲章を交換し宮中晩餐で着用する。王族には最高位の*大勲位菊花章頸飾《だいくんいきっかしょうけいしょく》が贈られるが、大統領には*大勲位《だいくんい》菊花《きっか》大綬章《だいじゅしょう》である。

また、*平成の天皇は王族が来日の際は小旅行に案内している。平成8年（一九九六）10月24日にはベルギー国王夫妻・皇太子を天皇の特別列車で栃木県内を日帰り旅行、同13年（二〇〇一）3月28日、ノルウェー国王夫妻を鎌倉、江ノ島などに案内、同16年（二〇〇四）11月18日、デンマーク国王夫妻を群馬県前橋、高崎両市に案内し、郷土芸能などを鑑賞した。同19年（二〇〇七）3月28日、スウェーデン国王夫妻を埼玉県川越市に、同20年（二〇〇八）11月12日、スペインのファン・カルロス国王夫妻を筑波宇宙センターに案内している。以後も小旅行案内は続き、同29年（二〇一七）4月7日にはスペインのフェリペ六世国王夫妻を静岡県静岡市に、11月28日にはルクセンブルクのアンリ大公とアレクサンドラ王女を茨城県土浦、つくば両市に案内した。

【皇族《こうぞく》の国際親善《こくさいしんぜん》】

明治《めいじ》から昭和戦前《しょうわせんぜん》の国際親善《こくさいしんぜん》　なお、皇族の海外訪問は、明治期は欧米への皇族男子の軍学校留学、あるいは妃同伴による軍事視察が中心であった。そうしたなかで、明治15年（一八八五）に、はじめて*有栖川宮熾仁《ありすがわのみやたるひと》親王がロシア皇帝アレクサンドル三世戴冠式に天皇名代として参列し欧米を歴訪した。その後も英国皇帝ヴィクトリア即位六十年式典、英国皇帝エドワード七世戴冠式、ドイツ皇太子結婚式などに天皇名代として皇族たちが親善訪問した。

大正期には*東久邇宮稔彦《ひがしくにのみやなるひこ》王、*北白川宮成久《きたしらかわのみやなるひさ》王、*朝香宮鳩《あさかのみややす》彦《ひこ》王らが英国や仏国に留学して長期滞在し、大正10年（一九二一）には皇太子*裕仁《ひろひと》親王が半年間にわたり欧州諸国を視察した。

昭和戦前には、昭和5年（一九三〇）に*高松宮宣仁《たかまつのみやのぶひと》親王・同妃*喜《き》久《く》子《こ》が新婚旅行を兼ねて、欧米諸国を天皇名代の資格で訪問した。また同12年（一九三七）には*秩父宮雍仁《ちちぶのみややすひと》親王・同妃*勢《せ》津《つ》子《こ》が英国皇帝ジョージ六世戴冠式に天皇名代で参列し、その後、スイスやドイツなどを訪問している。

昭和戦後《しょうわせんご》の国際親善《こくさいしんぜん》　昭和戦後は、第二次世界大戦後に独立する国々が増え、日本の国際的地位の向上とともに、これらの独立国との親善も活発になった。昭和39年（一九六四）の東京オリンピックや同45年（一九七〇）の大阪万国博覧会などで外国要人の来日と接遇が増え、その答礼も兼ねた親善訪問も増え、内廷皇族（昭和天皇の直系の子孫）や宮家皇族（昭和天皇の兄弟や独立した第二皇子の家系）たちの外国訪問の機会も増えた。

内廷皇族である皇太子*明仁《あきひと》親王が、昭和28年（一九五三）に天皇名代として英国エリザベス女王戴冠式に参列したほか、結婚後は同妃とともに天皇名代として数多くの諸国を親善訪問したのは、そうした時代の背景もあった。皇孫であった*徳仁《なるひと》親王は英国留学のほか、昭和61年（一九八六）に英国アンドリュー王子結婚式典参列など国際親善につとめ、*文仁《ふみひと》親王も英国留学ほか昭和63年（一九八八）にブラジル移民八十周年に参列した。なお、*清子《さやこ》内親王は英国ほか、スイス・リヒテンシュタインへ旅行している。

宮家皇族である*秩父宮雍仁親王は昭和28年（一九五三）に薨去《こうきょ》し、その後、英国生まれの同妃*勢津子は、英国での日英協会七十五周年や江戸大美術展開会式など主に英国を親善訪問した。昭和45年（一九七〇）には大韓民国の旧王族李垠（りぎん／イ・ウン）の葬儀に参列した。また*高松宮宣仁親王は同妃*喜久子と昭和33年（一九五八）にブリュッセル万博に列席し、昭和35年（一九六〇）には米国のハワイ移民七十五周年式典に参列した。秩父宮・同妃とともに昭和45年の李垠葬儀にも参列している。*三笠《みかさの》宮崇仁《みやたかひと》親王・同妃*百合子《ゆりこ》は昭和33年（一九五八）のブラジル移民五十年式典ほか、昭和46年（一九七一）のオリエンタリスト国際会議、昭和55年（一九八〇）のオランダ女王即位式に出席した。

昭和天皇第二皇子である*常陸宮正仁《ひたちのみやまさひと》親王と同妃*華子《はなこ》は昭和60年（一九八五）にハワイ移民百年記念祭、翌61年にブラジル・パラグアイ移民五十周年に臨席した。三笠宮崇仁親王の第一王子である*寛仁《ともひと》親王と同妃*信子《のぶこ》、*高円宮憲仁《たかまどのみやのりひと》親王と同妃*久子《ひさこ》なども主に欧州を中心に旅行や親善を重ねた。

平成《へいせい》の国際親善《こくさいしんぜん》　平成になると冷戦時代が終結し、共産圏や東欧圏との交流も増え、親善訪問はさらに活発化した。また名代ではなく、天皇自身が親善訪問する機会も増えた。内廷皇族では、皇太子*徳仁《なるひと》親王・同妃*雅子《まさこ》が中東七か国を訪問するなど、親善外交の幅を広げた。また、*愛子《あいこ》内親王は両親とともにオランダで静養したり、一人で英国での海外研修に参加するなど外国体験を重ねた。

宮家皇族である*秋篠宮《あきしののみや》家は、*文仁親王がタイやインドネシアで魚類や鳥類の研究調査をし、*紀子《きこ》妃とともに平成9年（一九九七）にメキシコ移住百年式典、平成13年（二〇〇一）にオランダのコンスタンティン王子結婚式にそれぞれ参列した。*眞子《まこ》内親王は平成27年（二〇一五）から30年（二〇一八）にかけて、エルサルバドル、ホンジュラス、パラグアイ、ブータン、ブラジルなどを親善訪問した。また平成29年（二〇一七）に*佳子《かこ》内親王は英国に短期留学した。

*常陸宮正仁親王・同妃*華子は、平成3年（一九九一）にハワイでの日米癌《がん》セミナーに出席。*三笠宮崇仁親王・同妃*百合子は、平成元年（一九八九）に大韓民国の*李方子（りまさこ／イ・バンジャ）葬儀に参列し、同5年（一九九三）に中近東文化センター第八次発掘調査を視察した。

*寛仁親王・同妃*信子は、平成6年(一九九四)にリレハンメル冬季オリンピックなどに列席するほか、諸国の病院や障害者支援なども行った。*彬子《あきこ》女王はNPO法人心游舎《しんゆうしゃ》を作り大学に勤めながら日本の伝統文化の紹介、*瑶子《ようこ》女王は日欧交流学生剣道親善などを行った。

高円宮*憲仁親王・同妃*久子は、平成14年(二〇〇二)にサッカー・ワールドカップ日韓大会開会式のための韓国訪問などをした。憲仁親王の薨去後も久子妃単独で、カナダとの外交樹立七十五周年、サッカー・ワールドカップ南アフリカ大会の視察などを行った。また令和2年(二〇二〇)開催予定の東京オリンピック招致のため平成25年(二〇一三)にアルゼンチンのIOC(国際オリンピック)総会でスピーチを行っている。

また国際的な貢献者に授与される「高松宮殿下記念世界文化賞」や「国際生物学賞」も皇族の国際親善の一つといえる。「高松宮殿下記念世界文化賞」は世界の文化や芸術の向上に寄与したいという高松宮の遺志にもとづき昭和63年(一九八八)に日本美術協会が創設し、毎年10月に明治記念館にて*常陸宮正仁親王・同妃*華子を迎えて行われる。「国際生物学賞」は昭和天皇在位六十年と、平成の天皇の魚類分類学の研究を記念して創設され、令和以後は*秋篠宮文仁親王・同妃*紀子が授与式に参列する。

[髙橋・小田部]

資料コラム

【スウェーデン訪問時《ほうもんじ》のおことば】(原文は英語。宮内庁による仮訳)

*リンネ祝賀《しゅくが》全国《ぜんこく》委員会《いいんかい》委員長《いいんちょう》主催《しゅさい》晩餐会《ばんさんかい》(ウプサラ城《じょう》)における平成《へいせい》の天皇《てんのう》の答辞《とうじ》

(平成19年5月23日)

国王陛下、王妃陛下

両陛下を始め、本日ここに集まられた皆さんとともに、スウェーデンの生んだ偉大な博物学者であるカール・フォン・リンネの功績を偲ぶことを誠に喜ばしく思います。

リンネの人類に対する最大の貢献は、二名法の学名を確立したことによって、世界の人々が、言語や文化の違いにかかわらず、動物や植物について語り合い、協力し合うことを可能にしたことであります。私自身を含む分類学の研究者は、他国の学者との協力に当たって、この制度の恩恵を蒙ってきました。また、この制度は、今日、人々が、自然保護や、生物の保護について国境をこえて協力し合うにあたり、極めて有用な役割を果たしています。

人類の幸せと世界の平和に貢献することを目指す科学の健全な発展とその応用にとって、国際協力は不可欠なものであると信じます。

ここに、カール・フォン・リンネと、その人類に対する偉大な貢献を偲び、杯を挙げたいと思います。

[53] 昭和天皇

【誕生《たんじょう》から皇太子《こうたいし》・摂政時代《せっしょうじだい》】

[124]昭和《しょうわ》天皇は明治34年(一九〇一)4月29日、東京市赤坂区青山の東宮御所《とうぐうごしょ》内の産室で誕生した。皇太子*嘉仁《よしひと》親王の第一皇子で、*迪宮裕仁《みちのみやひろひと》と命名された。当時満四九歳の*[122]明治天皇の「皇孫」として育てられた。同年7月7日、麻布《あざぶ》区《く》狸穴《まみあな》町《ちょう》の川村純義《かわむらすみよし》邸に預けられた。海軍中将、枢密顧問官、伯爵である川村は、皇孫養育にあたり、「難事に耐ゆる習慣」「英仏其他重要なる外国語の修得」などを目標に掲げた。翌年、弟の*淳宮雍仁《あつのみややすひと》(のち秩父宮《ちちぶのみや》)が生まれ、ともに川村邸で育てられた。

明治37年(一九〇四)に川村が他界すると、青山離宮《あおやまりきゅう》内の御座所を皇孫仮御殿とし、雍仁とともに移った。はじめ木戸《きど》孝《たか》正《まさ》東宮侍従長《とうぐうじじゅうちょう》、次いで丸尾《まるお》錦作《きんさく》東宮侍従が養育掛長となり、裕仁の教育方針や遊び相手などを定めた(→[134])。翌38年には皇太子三男の*光宮宣仁《てるのみやのぶひと》(のちの高松宮《たかまつのみや》)が生まれ、兄弟三人で皇孫仮御殿にて過ごし、裕仁が皇太子になるまで、多く行動をともにした。

裕仁は、華族女学校附属幼稚園や沼津御用邸などで幼稚園児らと遊戯や唱歌、絵画、書などを習い、なかでも相撲を好んだ。この間、日露戦争があり、沼津御用邸で戦争ごっこをしたりして遊んだ。明治41年(一九〇八)に学習院初等学科へ入学、このころ、日本初のキリンを見たり、御料馬「会寧《かいねい》」に乗ったり、はじめて大相撲を観覧したり、軍艦「相模《さがみ》」に乗ったりした。また、歴史や農事試験場に関心を強め、イソップ物語を好み「裕仁新イソップ」まで創作している。

明治45年(一九一二)、明治天皇崩御により皇太子嘉仁が践祚して大正《たいしょう》と改元された際、皇孫裕仁は皇太子となり、さらに陸海軍少尉に任官した。当時はまだ満一一歳で、電気実験を好み、『世界名君伝』を読む少年だった。大正3年(一九一四)に学習院初等学科を卒業し、新設の東宮御学問所で華族の子弟数名とともに外国語や馬術などをそれぞれの専門の御用掛から学び始めた。この年、第一次世界大戦がはじまり、裕仁は欧州地図を写したり、『ナポレオン言行録』を読んだりした。翌4年、未成年(一四歳)ながら将来に備えて京都で行われた即位礼に参列した。翌5年に一五歳で立太子礼を行い、天皇より皇太子である証《あかし》の*壺切御剣《つぼきりのぎょけん》を受けた。

ゴルフを覚え、近眼用眼鏡を使用するようにもなり、そのころ*久邇宮良子《くにのみやながこ》との婚約が内定した。ところが、大正9年(一九二〇)に、良子の母方の家系に色覚異常の疑いがあると称して結婚に反対する勢力の*宮中某重大事件が起きた。また、大正天皇の病状悪化によって皇太子の摂政就任の期待が高まり、それを前提として将来の天皇となる皇太子の欧州訪問中の安全の是非が論じられた。

結局、結婚と欧州訪問は予定通りとなり、大正10年(一九二一)にイギリスやフランスなど欧州諸国をめぐり、第一次世界大戦の戦跡なども見て帰国したのち、摂政となった。良子との結婚は関東大震災により延期となったが、大正13年(一九二四)に行われた。

【即位《そくい》から終戦《しゅうせん》まで】

大正15年(一九二六)に*[123]大正天皇が崩御し、葉山御用邸《はやまごようてい》で剣《けん》璽渡御《じとぎょ》の儀が行われて践祚《せんそ》し、昭和と改元され、同時に裕仁は陸海軍大将、大元帥となった。即位礼と大嘗祭は昭和3年(一九二八)11月に京都で行われた。

翌4年、張作霖《ちょうさくりん》爆殺事件処理であいまいな態度をとった田中義一《たなかぎいち》首相を問責辞任に追い込む結果となり、以後政府の方針に不満があっても、公式の場で反対する発言を控えるようになった。昭和8年(一九三三)、待望の第一皇子(*継宮《つぐのみや》明仁《あきひと》、*平成《へいせい》の天皇)が生まれた。

このころ国内では昭和7年(一九三二)の五・一五事件や同11年(一九三六)の二・二六事件などの軍部のクーデターやテロが頻発し、同12年(一九三七)には盧溝橋事件《ろこうきょうじけん》が起こり、中国との全面戦争の時代に入った。天皇は大元帥として、陸海軍の戦争指導の最高責任者の地位にあり、軍部の独断侵攻の収拾に苦心した。和平の道は開かれず、戦局は混迷し、同16年(一九四一)に米英に宣戦布告し、*第二次世界大戦に突入した。初戦は勝利したが、翌年のミッドウェー海戦以後は敗退が続き、同19年(一九四四)にサイパン島が全滅し、制空権が奪われて、日本本土への連日の空襲が続いた。同20年(一九四五)に沖縄守備隊が全滅し、広島、長崎に原爆が投下され、ソ連が対日参戦する状況のなかで、天皇は軍部の主戦派を抑えて、*ポツダム宣言受諾を決定し、同年8月15日の「*玉音放送《ぎょくおんほうそう》」で戦争終結を告げた。

【戦後《せんご》と晩年《ばんねん》】

終戦後、天皇の戦争責任を問う声が国内外から上がり、一部では天皇制廃止も叫ばれた。こうしたなかで、*連合国軍総司令部(*GHQ)による戦後改革が進められた。

一方、天皇も自ら宮中改革を進め、昭和21年(一九四六)1月1日には、GHQの要請を踏まえて、天皇の神格性を否定する、いわゆる「*人間宣言」で天皇と国民との「終始相互の信頼と敬愛」の関係を再確認した。2月以後、神奈川県川崎市を皮切りに戦災地復興視察のための*地方行幸を行い、広く国民と接していった。この間、連合国軍最高司令官のマッカーサーは天皇と会見を重ね、戦後日本の再建における天皇の重要性を認識し、天皇を温存したが、かつての政治的・軍事的・宗教的権威と権力を弱め、新憲法の中で「象徴」とした。（→[54]）

昭和27年（一九五二）にサンフランシスコ講和条約が締結され、日本は主権を回復するが、一方で日米安全保障条約により戦争放棄した日本に米軍が駐留することとなった。

昭和34年（一九五九）の皇太子明仁と民間人である*正田美智子の結婚で、戦後の皇室の開かれたイメージが広まり、象徴となった皇室への信頼と敬愛が増した。その後、東京オリンピック、大阪万国博覧会などのイベントが続き、国内の経済は活性化して国民の生活水準が上がり、皇室の国際親善の場が増えた。

昭和46年（一九七一）に、天皇として初めて皇后と欧州諸国を歴訪し、さらに同50年（一九七五）にも皇后と米国を訪問した。訪問国の一部に昭和天皇へのかつての戦争責任の声も残っていたが、それも受けとめた上での親善訪問であった。昭和62年（一九八七）、歴代天皇として初めて開腹手術をして公務を続けたが、翌63年9月病状が悪化して入院し、翌64年1月7日に十二指腸乳頭周囲腫瘍《しゅよう》（腺癌《せんがん》）のため崩御。満八七歳八か月余で、確かな記録が残る歴史上で最も長寿、在位期間も最長の天皇となった。

なお、海洋生物や植物の研究者としても国際的に知られ、粘菌とヒドロゾアの分類に大きな成果を残した。昭和60年（一九八五）には、在位六十年を記念して国際生物学賞が創設され、世界的に優れた研究者に毎年授与されている。その授賞式参列はハゼの研究者でもある*平成の天皇が継ぎ、さらに動物学者である秋篠宮*文仁親王が継いだ。

【特徴《とくちょう》】

昭和天皇は近代法に規定された数少ない天皇の一人であり、しかも旧の『大日本帝国憲法』と新の『日本国憲法』という異なった憲法の二つの時代を生きた天皇でもあった。旧憲法下の天皇は国家元首・大元帥で、政治や軍事の最高権力者であった。しかも*現人神《あらひとがみ》とみなされ宗教的な権威と権力も有していた。

しかし、新憲法下における天皇は、国家国民統合の象徴であり、政治や軍事に関与せず、しかも政教分離によって、天皇家の伝統的な儀式は*私的行為として内廷費で運営することになった。こうした二つの相反するような性格の役割を、昭和天皇は同時に体現した。そのため戦後も、戦争放棄をしながら米軍の軍事力を期待し、政治的発言を禁じられていながら内奏などで政治家に私見を述べて政局に影響を与えることもあった。

【香淳皇后《こうじゅんこうごう》（皇后良子《こうごうながこ》）】

明治36年（一九〇三）3月6日、久邇宮邦彦《くにのみやくによし》王の第一王女として生まれる。母は元薩摩《さつま》藩主《はんしゅ》で公爵の島津《しまづ》忠義《ただよし》の七女俔子《ちかこ》。学習院女学部小学科入学、中学科に在学中に皇太子裕仁親王の妃に内定したが、母の俔子に色覚異常があるとの疑いがかけられ、宮中某重大事件が起きた。その後、関東大震災などもあったが、大正13年（一九二四）に結婚し、皇太子妃となった。翌年、第一皇女の*照宮成子《てるのみやしげこ》内親王を出産、以後、皇后となってから三内親王を生み、男系男子の皇位継承が危ぶまれたが、昭和8年（一九三三）にようやく第一皇子の*継宮明仁親王が生まれ、同10年（一九三五）に第二皇子の*義宮正仁《よしのみやまさひと》親王（のちの常陸宮《ひたちのみや》）も生まれた。乳母は置いても、自身の母乳で育てるなど養育の近代化につとめた。さらに天皇とともに子どもたちとの同居もめざしたが、側近の反対があり、かなわなかった。このため、皇女たちは学齢になると、皇居内の「呉竹寮《くれたけりょう》」に、継宮明仁は満三歳から東宮仮御所に住むこととなった。

第二次世界大戦中は、大元帥の妻として気丈にふるまい、軍人の妻でもある皇族妃たちを統率して全国の女子労働の視察や、傷病兵の慰問などの指揮をとった。食料不足となった戦争末期には吹上御苑で自ら野菜を作った。

戦後は、「人間宣言」をして象徴となった天皇のそばでその活動を支えた。とはいえ、実家の久邇宮家が皇籍離脱や財産税で苦境にあり、また東久邇宮《ひがしくにのみや》家に嫁いだ長女成子も皇籍離脱して生活難と病気に苦しんで早世した。こうした戦後の急激な変化に心理的に対応できない面もあり、皇太子と*正田美智子《しょうだみちこ》との結婚には身分上の違いから難色を示している。祭祀に熱心な女官をかばい、合理化を進める側近と対立したりもした。昭和61年（一九八六）以後、体調を崩して式典などへの参加が難しくなり、車椅子を利用するようになった。

昭和天皇崩御にともない皇太后となり、平成12年（二〇〇〇）に老衰にて九七歳という皇族最高齢で崩御、香淳《こうじゅん》皇后と謚号《しごう》された。お印は桃で、皇居東御苑の桃華楽堂《とうかがくどう》は音楽好きの香淳皇后の還暦記念に建てられた。また絵をよくし、川合《かわい》玉堂《ぎょくどう》・前田《まえだ》青邨《せいそん》らから指導を受け、作品は『桃苑《とうえん》画集』などに収められている。

［小田部］

[54] 占領と皇室

＊第二次世界大戦後に日本を実質的には単独占領した米国が直面した問題は、＊124昭和天皇と天皇制度の扱いだった。最終的には連合国軍最高司令官＊マッカーサーの主導で、天皇制度を温存して占領政策が進められた。＊極東国際軍事裁判《きょくとうこくさいぐんじさいばん》（＊東京裁判）の終わる昭和23年（一九四八）暮れには、こうしたマッカーサー工作は成功のうちに一段落するが、そこに至る過程で天皇の民主化が図られた。

　開戦翌年の昭和17年（一九四二）11月、米国務省極東課内で天皇をどう扱うか議論が始まった。日本の敗戦を見越して昭和19年（一九四四）12月、国務省だけでなく、実質的に占領に当たる陸海両軍も加えた「国務・陸軍・海軍三省調整委員会（SWNCC）」が設置された。天皇制度をめぐっては、当初から組織内で齟齬《そご》があった。中国で日本軍の侵略を目の当たりにした〝中国派〟は、否定的だったし、日本に滞在していた外交官ら〝知日派〟は、天皇制度を理解しており、天皇を利用して占領を進めたほうが効果的だと判断していた。しかし、天皇を民主的な形にすべきで、＊現人神《あらひとがみ》というような概念を払拭するべきだと主張していた。

　憲法に「＊象徴天皇《しょうちょうてんのう》」を書き込んだのは、連合国軍総司令部（GHQ）の民政局（GS）だが、明治以降の日本人の天皇観を一変する人間天皇を創出したのは＊民間情報教育局（CIE）である。昭和20年（一九四五）12月15日＊神道指令《しんとうしれい》を出し、二週間後の昭和21年（一九四六）元旦にはいわゆる＊人間宣言《にんげんせんげん》、その二か月後には＊地方巡幸《ちほうじゅんこう》が始まった。背広姿で国民の前に現れた天皇は、行く先々で歓迎を受け、日本国民の中心であることを同行した各国記者、カメラマンが世界中に報道した天皇は国民に支持されており、廃止してはならないとするマッカーサーの意図が裏づけられたことになる。

　1月25日、マッカーサーは陸軍参謀総長アイゼンハワーへの書簡で「天皇は一〇〇万人の軍隊に匹敵する」と述べた。もし天皇を排除するなら、連合国側は日本の秩序維持のために一〇〇万人の兵隊を送る必要があるとみて、天皇を残したほうが占領コストは安いことを強調した。この書簡は天皇制度の存続に決定的な意味を持つことになった。

　昭和23年（一九四八）11月12日、東京裁判が終結し、昭和天皇は訴追されないことになった。このころ、国際情勢が厳しさを増し、同年1月、米陸軍長官ケネス・ロイヤルは、日本を反共の防波堤にすると声明、4月にはベルリン封鎖があり、8月から9月にかけて朝鮮半島が分裂、北と南に国家ができた。翌年10月1日、毛沢東（もうたくとう マオ・ツォートン）が天安門《てんあんもん》上で中華人民共和国の成立を宣言した。東西のせめぎ合いの中で、日本の国家的安定は、至上命令だったのである。

天皇《てんのう》・マッカーサー会見《かいけん》　＊昭和天皇と連合国軍最高司令官＊マッカーサーとの会見は、昭和20年（一九四五）9月27日の第一回から、昭和26年（一九五一）4月15日まで計一一回、いずれも港区虎ノ門の米国大使公邸で行われた。日本側は当初からマッカーサーの答礼訪問を希望していたが、「好ましくない」（一九四五年10月13日、アチソン・メモ）と拒否され、マッカーサーが解任された後の〝お別れ会見〟も、皇居を希望したが応じなかった。

『マッカーサー回想記』によると、初会見で昭和天皇はみずから＊戦争責任を認めたという表現がある。昭和天皇自身が「お互いに秘密を守ることを約束した」（昭和51年〈一九七六〉11月6日、記者会見）などと発言していることもあり、会見の記録は公開されず、崩御後の平成14年（二〇〇二）10月（会見録は10月17日付各紙）、外務省、続いて宮内庁が情報公開請求に基づき公開した。

記録に戦争責任発言はなく「此《こ》の戦争については、自分としては極力之《きょくりょくこれ》を避《さ》け度《た》い考えでありましたが、戦争となるの結果を見ましたことは自分の最も遺憾《いかん》とする所であります」と述べているのみである。マッカーサーは「聖断が一度下って日本の軍隊も日本の国民も総《すべ》て整然と之に従った見事《みごと》な有様《ありさま》は是即《これすなわ》ち＊御稜威《みいつ》（天皇の権威）の然《しか》らしむる所でありまして、世界何《いづ》れの国の元首と雖《いえど》も及ばざる所であります」と、最高の賛辞を送っている。天皇を戦犯から排除し占領を進めるほうが有利であるとマッカーサーが確信したのは、天皇の権威に軍隊も国民も完全に服したことを目の当たりにしたからだ。さらに彼は、お互いに協力しながら「平和の基礎の上に新日本を建設する為《ため》」やっていこうと呼び掛けた。最初の会見でマッカーサーは「国体の護持」を約束したといえる。

内大臣木《き》戸《ど》幸一《こういち》は「マッカーサーは陛下《へいか》が終始平和の為《た》め努力せられたるは充分わかり居《お》る旨《むね》、先方より話し居り云々」（『木戸幸一日記』）と書き、『入江《いりえ》相政《すけまさ》日記』には、「（天皇は）マッカーサー始め一同に非常によい印象をお与え遊ばされた由《よし》である。まあこれで一段落で何となく安心した」とある。

八回目以降の通訳を務めた松井明《まついあきら》の手記（平成14年8月

5日付『朝日新聞』）によると、「天皇が一切の戦争責任を一身に負われる旨の発言は、奥村《おくむら》によれば、余りの重大さを顧慮し記録から削除した」とある。侍従長《じじゅうちょう》藤田尚徳《ふじたひさのり》は「敗戦に至った戦争の、いろいろ責任が追及されているが、責任はすべて私にある。文武百官は私が任命するところだから、彼らに責任はない。私の一身がどうなろうと構はない。あなたにお任せする」と述べたと証言している（『侍従長の回想』）。駐日政治顧問代理のジョージ・アチソンは「自分は日本国民の指導者で国民の行動に責任がある」と語ったと、会見一か月後のメモに残している。

御会見録《ごかいけんろく》　*昭和天皇と*マッカーサーの会見の記録。A5判で九枚、タイプ印刷で通訳に当たった外務省参事官奥村《おくむら》勝蔵《かつぞう》がまとめている。公表されたのは第1回のものだけであるが、第2回（昭和21年〈一九四六〉5月31日）の会見記録は通訳の寺崎英成《てらさきひでなり》が日記に「記録をつくる」と記している。内容は不明だが東京裁判の開廷直後である。第3回（昭和21年10月16日）は全記録が国会図書館の「幣原《しではら》平和文庫」に寄託されている。憲法改正、食糧確保、ストライキ批判などがテーマだった。

第4回（昭和22年〈一九四七〉5月6日）、天皇は憲法で軍隊を禁止し、戦争を放棄していることに不安を感じていると述べ、マッカーサーは米軍が守ると保証した。奥村は外国人記者にリークしたとして懲戒免職になった（後に外務次官として復帰）。彼は「死の床につき乍《なが》ら」これを気にして、外務省を通じて侍従長入江相政《いりえすけまさ》に天皇の考えを聞いてくれるよう依頼する。「うかがったら奥村には全然罪はない。白洲《しらす》（吉田茂《よしだしげる》の側近、白洲次郎のこと）がすべて悪い。だから吉田が白洲をアメリカ大使にすゝめたが、アメリカはアグレマンをくれなかったとの仰せ」（昭和50年〈一九七五〉9月10日、『入江相政日記』）とある。奥村はその直後死去した。

第5回は寺崎とGHQの通訳。寺崎日記には「記録を清書す」とある。6、7回目はGHQの通訳で、第8回（昭和24年〈一九四九〉7月8日）は下山《しもやま》事件《けん》のあとのせいか、国内治安問題が話し合われたようだ（以下、さきの松井明手記による）。第9回（昭和24年11月26日）は天皇が講和条約の実現を要請、第10回（昭和25年〈一九五〇〉4月18日）は、共産党が不安を掻き立てているように見えると天皇は述べている。帰国前日の最終会見（昭和26年〈一九五一〉4月15日）で天皇は、戦争裁判に対してこの機会に謝意を表したいと述べた（表1）。

御稜威《みいつ》　天皇の威光のこと。8月15日ばかりではなく、天皇（*昭和天皇）はその後何回も、軍隊や国民にポツダム宣言を遵守するよう呼びかけ、それが大きな混乱もなく実行されたので、マッカーサーは「御稜威」を実感した。終戦の詔書で天皇は、「*ポツダム宣言を受諾したうえは信義を世界に失ふ」ことを戒めた。17日、25日には陸海軍人に対し「斉整迅速《せいせいじんそく》なる復員を実施」せよ、さらに9月2日「敵対行為を直《ただ》ちに止め武器を措《お》き降伏文書《こうふくぶんしょ》の一切の条項」を

表1　昭和天皇・マッカーサー会見記録

	年月日	皇居発(時・分)	皇居着(時・分)	通訳
①	昭和20・9・27	09・50	10・42	奥村勝蔵
②	21・5・31	10・00	12・00	寺崎英成
③	21・10・16	10・05	12・07	寺崎英成
④	22・5・6	10・00	11・45	奥村勝蔵
⑤	22・11・14	10・03	12・18	GHQ、寺崎英成
⑥	23・5・6	10・09	12・15	GHQ
⑦	24・1・10	10・03	12・10	GHQ
⑧	24・7・8	10・03	11・47	松井明
⑨	24・11・26	10・05	11・51	松井明
⑩	25・4・18	10・09	11・53	松井明
⑪	26・4・15	11・52	12・57	松井明

忠実に履行せよと、矢継《やつ》ぎ早《ばや》に勅語を出した。国民も軍隊も内外で粛々と「大元帥《だいげんすい》」の命に従うのを見て、マッカーサーは10月16日、七〇〇万人の兵士の投降で一人の連合国兵士の血も流れなかったことを評価している。

神道指令《しんとうしれい》　昭和20年(一九四五)12月15日にGHQから出された。正式には「国家神道、神社神道に対する政府の保証、支援、保全、監督並に弘布の廃止に関する件」とあるように、国家が神道に関わることを禁止した指令。CIEが作成し、『日本国憲法』第二〇条、八九条の政教分離規定につながった。米国務省極東局長ジョン・ビンセントは10月8日、「神道の特権廃止」を語った。

これを受けてCIE宗教課長ウィリアム・バンスは、東京帝国大学教授姉崎正治《あねさきまさはる》、東京帝国大学助教授岸本英夫《きしもとひでお》らの協力を得て指令の成案を書いた。第二項で「本指令の目的は宗教を国家より分離することにある」と述べ、公的資格での神道支援、財政的援助の停止、教育からの神道教義の削除などのほか、記紀神話に基づく「日本の天皇はその家系、血統或《あるい》は特殊なる起源の故に他国の元首に優《すぐ》るとする主義」のような考え方が排除され、それが「*人間宣言」で具体的な形をとった。

バンスは後年、東京経済大学教授竹前栄治《たけまええいじ》とのインタ

ビューで「この問題を早く片づけなくてはいけないという気持ちが、みんなに、おそらくマッカーサーにもあった。まずそれを片づけてから、他の問題をやろうということで……」と述べている（竹前栄治『GHQの人びと』）。

人間宣言《にんげんせんげん》　昭和21年（一九四六）元旦に出された「*新日本建設に関する詔書」、一般に「人間宣言」といわれる。*昭和天皇は自分と国民との紐帯《ちゅうたい》（関係）は「終始相互の信頼と敬愛」の絆《きずな》で結ばれ、「単なる神話と伝説」に依るものではないという表現により、自身の神格を否定した。宣言は天皇自身の発想という形をとったが、草案はCIEにより用意された。その局長ハロルド・ヘンダーソンの『回顧録』（一九六一年、コロンビア大学）や宮廷記者藤《と》樫準二《がしじゅんじ》、学習院院長山梨勝之《やまなしかつの》進《しん》、秘書浅野長光らによると、昭和20年（一九四五）12月中旬、宮中とCIEの〝連絡役〟学習院教授レジナルド・ブライスがヘンダーソンに呼ばれ、三〇〇字ほどの詔書の原案となる英文メモを渡された。メモは宗秩寮《そうちつりょう》総裁松平慶《まつだいらよし》民《たみ》を通じて昭和天皇の元に上げられた。23日には侍従次長《じじゅうじちょう》木下道雄《きのしたみちお》が拝謁して「大詔渙発《たいしょうかんぱつ》のこと」を話している（木下道雄『側近日誌』）。

一方、山梨は外務大臣吉田茂に英文メモを渡し、こちらは内閣に届けられた。欄外に「ダイク、ヘンダーソン、ブライス、ヤマナシ　1920 Dec 15-20」とある。「一九二〇」は昭和20年の誤りで、12月15日から20日までの間、メモが日本側に手交され検討されたこと、末尾には昭和天皇がこの件で非公式にマッカーサーを訪問する話があったこと、詔書の「文章は分かりやすく明快に」、「漢文体は不可」などの書き込みがある。一件資料は現在、学習院大学に収められている。

24日、内閣総理大臣幣原喜重郎《しではらきじゅうろう》は昭和天皇に呼ばれ、そうした詔書を出すならば、明治天皇の「*五《ご》箇条御誓文《かじょうのごせいもん》」も入れたいと述べた（昭和47年（一九七二）の記者会見で、昭和天皇は「神格とかそういうことは二の問題」と語っている）。25日、幣原は英文で宣言を起草し、それを文部大臣前田多《まえだた》門《もん》や総理秘書官の福島慎太《ふくしましんた》郎《ろう》らが邦訳した。28日、前田が天皇に成案を見せて裁可され、GHQに提出した。29、30、31日の午後まで、木下は詔書の文言をめぐって昭和天皇の意向を聞いたり、前田や藤田らと渡り合うなど修正に努めている（『側近日誌』）。

元旦の各新聞には、一面に宣言、ほかに天皇と宮内記者の会見記や天皇が背広姿で家族と散歩している私的な写真が共に掲載されている。軍服姿の天皇しか見たことのない国民にとって、皇室一家の団欒《だんらん》風景を目にしたのは初めてだった。新聞も大いに協力して、天皇の人間路線の幕が開かれた。

地方巡幸《ちほうじゅんこう》　昭和21年（一九四六）2月の神奈川県から始まり、昭和29年（一九五四）8月の北海道まで、足掛け九年に及ぶ全国各地への行幸。総行程は三万一二二五キロ、一一六五日間に上り、天皇は一一四一か所を視察した。巡幸はＣＩＥ主導であったが、天皇自身戦争で疲弊し焦土と化した国内を回り、国民を励ましたいという気持ちが強かった。それがマッカーサーの意向と合致したといえる。

昭和21年（一九四六）1月13日、ブライスは木下にＣＩＥのメモを届けた。「（天皇は）御親《おんみずか》ら内地を広く巡幸あらせられ」炭鉱や農村を訪ね、国民と親しく談話をしてはどうかとあった（『側近日誌』）。2月19日午前9時、溜色《ためいろ》（チョコレート色）のベンツが宮城《きゅうじょう》を出て、神奈川県に向かった。車列はわずか三台で、京浜工業地帯から県庁に入って被災状況を聞き、罹災者《りさいしゃ》の共同住宅を視察した。「どこで戦災に遭ったのか」、「寒くはないか」などと尋ね、復員軍人には「ご苦労であった」と労《ねぎら》った。20日は久里浜や浦賀に向かった。2月28日～3月1日は東京。当初は日帰りだったが6月6日、7日の千葉県から泊まりがけになり、適当な宿舎がないので、特別列車内に泊まった。

足跡は次第に静岡、愛知など遠隔地に延び、この年は九府県一八日間も視察した。マッカーサーの側近ボナ・フェラーズは2月27日、＊高松宮《たかまつのみや》宣仁親王に「陛下が唯一の現在の指導適格者と認めるから、もっと積極的になさるがよい」（『高松宮日記』）と述べている。

巡幸は内外の情勢に阻《はば》まれ、順調には進まなかった。昭和22年（一九四七）前半は「二・一スト」などで国内が政情不安となり、ワシントンの「極東委員会」でソ連などは、巡幸を「君主制を維持するための戦略的行動」と非難した。それでも、この年は6月から関西、東北など半年間で二二府県六八日視察した。

各地で熱狂的な歓迎を受けた巡幸は、昭和23年（一九四八）、再び中断された。秋には＊東京裁判《とうきょうさいばん》の判決が予想され、春先から「天皇退位」が取りざたされていた。6月にはＧＨＱ内部の抗争のあおりで宮内府長官松平慶民、侍従長大金益次《おおがねますじ》郎《ろう》が更迭された。昭和24年（一九四九）、各地で巡幸再開の決議が相次ぎ、この年は九州、昭和25年（一九五〇）は四国、昭和26年（一九五一）には近畿地方に向かった。北海道は津軽海峡に機雷が残っていて危険なため最後になり、日本が主権を回復したあとの昭和29年（一九五四）であった（表2）。

皇籍離《こうせきり》脱《だつ》　皇族の身分を離れて民間人になること。米国は

年月日		行幸先
昭和21年（1946）	2月19日～ 2月20日	神奈川
	2月28日～ 3月 1日	東京
	3月25日	群馬
	3月28日	埼玉
	6月 6日～ 6月 7日	千葉
	6月17日～ 6月18日	静岡
	10月21日～10月26日	愛知・岐阜
	11月18日～11月19日	茨城
昭和22年（1947）	6月 4日～ 6月15日	京都・大阪・兵庫・和歌山
	8月 5日～ 8月19日	宮城・岩手・青森・秋田・山形・福島
	9月 4日～ 9月 6日	栃木
	10月 7日～10月15日	新潟・長野・山梨
	10月23日～11月 2日	福井・石川・富山
	11月26日～12月12日	鳥取・島根・山口・広島・岡山
昭和24年（1949）	5月17日～ 6月12日	福岡・佐賀・長崎・熊本・鹿児島・宮崎・大分
昭和25年（1950）	3月12日～ 4月 1日	香川・愛媛・高知・徳島・兵庫
昭和26年（1951）	11月11日～11月25日	京都・滋賀・奈良・三重
昭和29年（1954）	8月 6日～ 8月23日	北海道

※昭和聖徳記念財団作成「昭和天皇と巡幸」より
※日程は東京出発日から帰着日まで

表2　昭和天皇全国巡幸表

初期の対日方針で、日本管理に当たり皇室あるいは皇室財産について、すべての特例を認めないとし、皇室財産の凍結（昭和20年〈一九四五〉11月18日）、各宮家における財産上の特権の廃止（昭和21年〈一九四六〉5月21日）などの指令を出した。こうした財政上の圧迫もあり、終戦時の一四宮家は、昭和22年〈一九四七〉10月14日、昭和天皇の弟宮（三直宮《じきみや》）を除く一一宮家の五一人が、皇族の身分を離れた。離脱した一一宮家と男女別内訳は以下の通りである（カッコ内の数字は男子、女子の順）。総計で男子二六人、女子二五人であった。

*山階宮《やましなのみや》（一、〇）　*賀陽宮《かやのみや》（七、一）
*久邇宮《くにのみや》（四、六）　*梨本宮《なしもとのみや》（一、一）
*朝香宮《あさかのみや》（三、三）　*東久邇宮《ひがしくにのみや》（四、三）
*竹田宮《たけだのみや》（三、三）　*北白川宮《きたしらかわのみや》（一、三）
*伏見宮《ふしみのみや》（一、三）　*閑院宮《かんいんのみや》（一、一）
*東伏見宮《ひがしふしみのみや》（〇、一）

最年長は東伏見宮家の周子《かねこ》で七六歳、最年少は東久邇宮家の文子一〇か月。各宮家は『皇統譜』から離れ、宮家名を苗字《みょうじ》とし戸籍をつくった。

離脱したのはGHQの外圧もあったが、日本側も血筋が遠い皇族を民間に降下させることで「小さな皇室」を目指していた。昭和天皇と近い血筋の宮家として、東久邇宮家には長女＊成子《しげこ》内親王が嫁《とつ》いでおり、またすでに同宮家、北白川、竹田、朝香の四宮家には、明治天皇の内親王が嫁いでいた。

しかし、男系に限れば、一一宮家はすべて伏見宮家二〇代＊邦家《くにいえ》親王の血を引いており、その初代と天皇家は五〇〇年ほど前に分かれていた。また＊東久邇宮稔彦《なるひこ》王のように、みずから皇族としての待遇を拝辞したいという人もあった。昭和21年（一九四六）11月29日、＊昭和天皇は皇族を参集させて離脱の方針を示し、12月24日、天皇が議長となって皇族会議が開かれ離脱が決まった（→[29]）。翌年10月まで延びたのは、皇族が身分を離れる際の一時金の算定基準が、昭和22年（一九四七）10月2日の「皇室経済法施行法」まで決まらなかったからである。10月13日の皇族会議で皇族自身からの情願（願い）というかたちで正式決定し、14日、宮内府は告示で発表した。

また、明治43年（一九一〇）の韓国併合以来、皇族待遇だった朝鮮＊王公族《おうこうぞく》については、昭和22年5月3日の『日本国憲法』施行と同時に旧『皇室典範』が改廃され、大正15年（一九二六）の「＊王公家軌範《おうこうけきはん》」が失効した。＊李垠《りぎん》（イ・ウン）、同妃＊方子《まさこ》（イ・バンジャ）ら王公族は、この時点で皇族としての処遇を失っている。

なお、一一宮家は以後七〇年余りの間に、男系男子の後継者不在により、六家が断絶か早暁消滅せざるをえなくなっている。残る五家も一夫一婦制のもとで長兄男子相続を続けることは容易でないとみられる。

菊栄親睦会《きくえいしんぼくかい》　皇室の親族一統による親睦会。名誉会員は天皇、皇后、皇太子、同妃（＝令和の皇嗣、皇嗣妃）。会員は皇族、旧皇族、旧王族とその配偶者。たとえば＊黒田清子《くろださやこ》（紀宮《のりのみや》、旧皇族扱い）と慶樹《よしき》夫妻は会員である。ほかに、「会員の家族」とは、故＊寛仁《ともひと》親王と＊信子《のぶこ》夫妻の二人の女王などである。「会員の親族」は、＊秋篠宮妃《あきしののみやひ》紀《き》子《こ》の両親と兄弟など。昭和22年（一九四七）、皇室と一一宮家（長系の長子の男子家族）との親睦を図って結成された。皇室の慶事などのとき親睦会を催している。

ポツダム宣言《せんげん》　一九四五（昭和20）年7月17日からドイツ・ベルリン郊外のポツダムで第二次世界大戦の終結について英米ソ首脳が会談、会議中の7月26日、英米中三か国が日本に降伏を勧告した一三項目の宣言。首相鈴木貫太郎《すずきかんたろう》は「黙殺」の態度をとったが、広島・長崎への原爆投下、ソ連の一方的な参戦などにより、8月10日未明から御前会議《ごぜんかいぎ》が開かれ、「国体護持」を条件として受諾が決まった。第一二項には、日本国民の自由意思に沿った政府ができれば連合国による占領は終了するとあるから、国体は護持できるという判断になったとされている。

ＧＨＱ　*連合国軍最高司令官総司令部（ＧＨＱ／ＳＣＡＰ＝General Headquarters of the Supreme Commander for the Allied Powers）のこと。

日本の占領、管理をする連合国の中央組織で、米国主導だった。昭和20年（一九四五）10月2日設立され、占領が終わる昭和27年（一九五二）4月28日廃止された。最高司令官（ＳＣＡＰ）はマッカーサーで、昭和23年（一九四八）ころの最盛時には、約六〇〇〇人のスタッフがおり、日比谷《ひびや》の第一生命ビルに本拠が置かれた。Ｇ１からＧ４までの*参謀部《さんぼうぶ》と、民政局・経済科学局・民間情報教育局などからなる*幕僚部《ばくりょうぶ》などにより構成されていた。憲法改正は民主的傾向のある民政局が担当した。Ｇ２は反共的でＧＳ（民政局）とよく対立し、占領期の日本にさまざまな影響を及ぼした。第一生命ビルのファサード（玄関正面）も、マッカーサーの執務室も今なお残されている。

*マッカーサー（MacArthur, Douglas 一八八〇〜一九六四）は、陸軍士官学校を卒業、歴代で最年少の陸軍参謀総長になった。一九三五（昭和10）年、フィリピン政府軍事顧問。軍人の父アーサーが駐日大使館付武官となり、その副官として一九〇五（明治38）年来日し、皇室の存在も理解していたとみられている。日本占領の最高司令官として約二〇〇〇日間君臨したが、朝鮮戦争で国連軍最高司令官として作戦を指揮、一九五一（昭和26）年、中国本土攻撃などを主張して大統領トルーマンから解任された。

民間情報教育局《みんかんじょうほうきょういくきょく》（Civil Information and Education Section）

略称ＣＩＥ。日本人の精神、風土、教育、宗教などを民主的に改めようと助言、指導したＧＨＱの組織。教育、宗教、映画・演劇、新聞・出版などの各課があった。映画やラジオで農村問題、婦人解放、学校放送などを扱い、民主化を推進したり、豊かなアメリカを宣伝したりした。「Ｎ・Ｈ・Ｋ」の「日本放送協会サイン」を始めたのもＣＩＥの示唆だった。憲法の象徴天皇の骨格は民政局がつくったが、「魂」はＣＩＥが入れたとみられる。

国家神道《こっかしんとう》　祭政一致を理念とした明治政府が政策的に強調した国家主義的な神道で、政府は宗教を超越している国民共有の道義的信仰との見解に立った。明治期から太平洋戦争の敗戦まで日本人の精神的な基盤とされた。宮中祭祀《さいし》を整備して伊勢《いせ》の神宮《じんぐう》を本宗《ほんそう》とし、全国の神社を格付けして国家制度に組み入れ、国庫からの公金を支出した。国家神道という言葉は、戦後米国の State Shinto の訳語として使われるようになった。

神社本庁《じんじゃほんちょう》　GHQの神道指令により、神社神道も著しい制約を受けることになった。そこで、改めて昭和21年(一九四六)、神社関係者により民間組織の包括宗教法人として神社本庁が設立された。皇祖神の天照大神を祀る伊勢の神宮を本宗とし、全国の八万近い神社が加盟して各都道府県に神社庁を置く。現在本庁は明治神宮の近くにあり、庁内の神社新報社で週刊の広報紙を発行し、神官・神社だけでなく、皇室の報道にも力を入れている。

［髙橋・所］

資料コラム

【皇太子《こうたいし》への手紙《てがみ》】

昭和20年(一九四五)9月9日、昭和天皇が栃木県の日光に疎開している学習院初等科五年生の皇太子（*平成の天皇）に宛《あ》てた「聖断」の理由を説明した手紙。

手紙をありがたう　しっかりした精神をもって　元気で居ることを聞いて　喜んで居ます

国家は多事であるが　私は丈夫で居るから安心してください　今度のやうな決心をしなければならない事情を早く話せばよかったけれど　先生とあまりちがったことをいふことになるので　ひかへて居ったことを　ゆるしてくれ　敗因について一言いはしてくれ

我が国人が　あまり皇国を信じ過ぎて　英米をあなどったことである

我が軍人は　精神に重きをおきすぎて　科学を忘れたことである

明治天皇の時には　山県《やまがた》（有明《ありとも》）大山《おおやま》（巌《いわお》）山本《やまもと》（権兵《ごんべ》衛《え》）等の如き陸海軍の名将があったが　今度の時は　あたかも第一次世界大戦の独国《ドイツ》の如《ごと》く　軍人がバッコして大局を考へず　進むを知って　退くことを知らなかったからです

戦争をつゞければ　三種神器《さんしゅのじんぎ》を守ることも出来ず　国民をも殺さなければならなくなったので　涙をのんで　国民の種をのこすべくつとめたのである

穂積大夫《ほづみだいぶ》（重遠東宮大夫《しげとおとうぐうだいぶ》）は常識の高い人であるから　わからない所があったら　きいてくれ

寒くなるから　心体を大切に勉強なさい

九月九日

父より

明仁へ

（昭和61年〈一九八六〉4月15日付朝刊用として共同通信配信）

[55] 昭和天皇の退位問題

＊極東国際軍事裁判《きょくとうこくさいぐんじさいばん》（＊東京裁判）で問われたA級戦犯の戦争責任は、昭和6年（一九三一）の満州事変《まんしゅうじへん》から昭和20年（一九四五）8月15日の＊第二次世界大戦終結までである。＊124昭和天皇の戦争責任も、この期間を対象とするものと考えてよいが、国内的には政治、法律上の責任はないとするのが多数説である。国際法上は東京裁判で＊マッカーサーによる〝免責《めんせき》〟があり、訴追されなかった。

＊戦争責任の所在は必ずしも司法的処理に基づくものばかりではなく、もっと広範囲の道義的問題にまで及ぶものとしてよい。昭和天皇自身も道義的責任については強く意識しており、占領期間中三回、退位あるいは国民に謝罪することを思案していたが、内外の情勢が許さなかった。

憲法上《けんぽうじょう》の無答責《むとうせき》　昭和天皇の崩御《ほうぎょ》直後の平成元年（一九八九）2月14日、参議院内閣委員会でこの問題が取り上げられた。法制局長官味村治《みむらおさむ》の答弁の趣旨を簡潔にまとめると、旧憲法下で天皇は統治権の総攬者《そうらんしゃ》であり宣戦の権能はあったが、国務大臣が天皇を輔弼《ほひつ》していっさいの責任を負うことになっていた（『大日本帝国憲法』第五五条）。また同第三条に「神聖不可侵《しんせいふかしん》」の規定があり、その意味は「＊無答責《むとうせき》」、つまり責任を負わないということで、昭和天皇に戦争責任はない、この見解は争いのないところだと思うと述べた。

道義的責任論《どうぎてきせきにんろん》　政治的には責任はなくとも、道義上の責任はあるとする主張。この論議は終戦前後からあった。東京帝国大学総長で政治学者の南原繁《なんばらしげる》も「天皇は一切の政治、法律上の責任をお持ちにならぬと云うことは」明らかだが、「無答責」の意味は「政治、法律上のみならず、さらに天皇の道徳的義務と責任、之《これ》を排除するという意味では決してない」と、昭和21年（一九四六）12月16日の第九一帝国議会で指摘している。

「道義的責任論」は、「聖断」時の首相鈴木貫太郎《すずきかんたろう》らも同じように感じていた。詩人三好達治《みよしたつじ》は「陛下はすみやかに御退位になるのがよろしい」との文章を昭和21年『新潮』に寄せた。翌年（一九四七）1月には＊高松宮《たかまつのみや》宣仁親王、近衛文麿《このえふみまろ》らが退位について話し合っている。

終戦《しゅうせん》　直後《ちょくご》の退位《たいい》発言《はつげん》　「戦争責任者を連合国に引き渡すは真に苦痛にして忍び難《がた》きところなるが、自分が一人引受けて退位でもして納める訳には行かないだろうか」（『木戸《きど》幸《こう》一《いち》日記』）。マッカーサーが神奈川県の厚木《あつぎ》に到着する前日の昭和20年（一九四五）8月29日、昭和天皇は内大臣木戸幸一にこう語った。木戸は「（退位は）皇室の基礎に動揺を来《きた》」し、共和制に移行でもしたら「国体の護持」も危ういと反対した。昭和天皇に退位の意向があっても、木戸の論理に正当性があった。最初の退位構想はこうして潰《つい》えた。

終戦直前の昭和19年（一九四四）から20年初頭にかけて、皇族や重臣の間で昭和天皇の退位問題が構想されていた。*東久《ひがしく》邇宮《にのみや》稔彦王は近衛と木戸の考えでは「陛下は御退位になり、皇太子に天皇の地位をおゆずりになって高松宮を摂政《せっしょう》とする」（昭和19年7月8日『東久邇日記』）と書いている。宮中勢力には昭和天皇個人より天皇制度の存続のほうが大事だったのかもしれない。

東京裁判判決期《とうきょうさいばんはんけつき》の退位問題《たいいもんだい》　二回目は昭和23年（一九四八）、東京裁判終結前後に起こった。実質審議が4月16日に終了、首席検察官*ジョセフ・キーナンは最終弁論で全被告に対し、「人類の知の最重刑」を求めていた。退位問題が再燃したのはこの後で、学者や文化人までもが道義的責任を語った。外国のメディアも国内の発言を受けて「A級戦犯が有罪になれば天皇は退位する」と書きたてた。政府も天皇退位で英国の例を調べている。衆院法制部長入江俊郎《いりえとしお》は、在京英国連絡事務所に女性問題で退位したエドワード八世（ウィンザー公）の時の英国政府の対応を問い合わせている。内閣総理大臣芦田均《あしだひとし》は「（宮内府長官田島《たじま》道治《みちじ》と）真剣に話しあったことはabdication（退位）の問題であった」（昭和23年7月8日『芦田均日記』）と書いている。

その後、田島は「周囲の情勢は退位を許さないと思う」（8月29日、同）と芦田に語り、「SCAPが之を許すかどうか」と記している。マッカーサーも噂を聞いていた。GHQ政治部長*ウィリアム・シーボルトの10月29日付の書簡を見ると、マッカーサーは、判決の後、天皇は自分の所に来るはずで「（退位を）考えるのは馬鹿《ばか》げたことだ」、それは「共産主義の術策に直接陥ることになり、日本に混乱をもたらすことになる」と話すつもりだと語ったという。

11月12日、東条英機《とうじょうひでき》ら七人のA級戦犯に死刑判決が出た。この日、田島は天皇の命を受けてマッカーサーに「今や私は、一層の決意を持って万難を排し、日本の国家再建を速やかならしめるために、国民と力を合わせ最善を尽くす所存であります」との書簡を出している。

昭和天皇はこの機会に謝罪の意味の「おことば」を出した

かった。田島らが文案を練ったがまとまらず、「結局出さずに終わってしまった」（昭和24年〈一九四九〉5月8日、同）。昭和天皇は「出さないで困るのは私だ」と言ったが、芦田の推測では天皇はこの時、自分の気持ちを国民に話したいと考えていたようだ、としている。

　そのころ宮廷記者だった藤樫準二《とがしじゅんじ》は田島に呼ばれて、天皇の心境を新聞で書いてほしいと依頼された。それが「平和国家建設の責務　留位して達成せん」の記事である。文中に「道義的責任は当然負うべきであるという意見がある。陛下が公言されたことはないが、責任は大いに認識されているものと思われる」とある（11月20日付『毎日新聞』）。『読売新聞』『朝日新聞』にも、その後同じような記事が出ている。

独立前後《どくりつぜんご》の退位問題《たいいもんだい》　三回目は昭和26年（一九五一）の講和条約調印のころである。10月17日午後、A級戦犯として収容されている木戸のもとに家族が訪れた。木戸は内大臣時代の秘書松平康昌《まつだいらやすまさ》に「講和条約の成立したる時、皇祖皇宗《こうそこうそう》に対し、又国民に対し責任をおとり被遊《あそばされ》、御退位被　遊《あそばされる》が至当なりと思う……皇室だけが遂《つい》に責任をおとりにならぬことになり、何か（遺族らに）割り切れぬ空気を残し、永久の禍《か》根《こん》となるにあらざるやを虞《おそ》れる」（『木戸幸一尋問調書』）と伝言した。11月28日の日記には、「ご退位御希望は陛下御自身にもあり」とあり、田島なども同意見だったという。しかし内閣総理大臣吉田茂《よしだしげる》は、退位に反対だった。

　昭和27年（一九五二）5月3日、昭和天皇は講和条約発効の記念式典で「身寡薄《かはく》なれども、過去を顧み、世論を察し、沈思熟慮、あえて自らを励まして、負荷の重きに耐えんことを期し、日夜ただおよばざることを恐れるのみであります」と「退位せず」を公にし、この問題にピリオドを打った。

［髙橋・所］

[56] 平成の天皇

【誕生《たんじょう》から終戦《しゅうせん》】

平成の天皇は昭和8年（一九三三）12月23日、*124昭和天皇の第一皇子として誕生、*継宮明仁《つぐのみやあきひと》と命名された。親子別居の慣行から昭和12年（一九三七）3月に赤坂離宮東宮仮御所《あかさかりきゅうとうぐうかりごしょ》に移った。

昭和15年（一九四〇）に学習院初等科入学、翌年に真珠湾攻撃による対英米戦争が開始された。戦局の悪化のなか、沼津《ぬまづ》御用邸《ごようてい》に疎開し、さらにサイパン島陥落による米軍の日本攻撃に備えるため、日光の田母沢《たもざわ》御用邸、奥日光の南間《なんま》ホテル（現名称ましこ悠和館《ゆうわかん》）に疎開した。同級生たちと食料不足に悩む疎開生活を続けている昭和20年（一九四五）6月に沖縄守備隊が全滅、8月に広島と長崎に原爆投下、15日に「玉音放送」を聴いて戦争終結を知った。同年11月に一年数か月ぶりに帰京し目にしたのは、焼け野原となった東京であった。すでに皇居も空襲で宮殿が焼け、昭和天皇と*香淳《こうじゅん》皇后は防空壕だった御文庫《おぶんこ》で生活していた。こうした一連の体験が、平成の天皇の戦後の平和意識の源流になったとみられる。

【戦後《せんご》から結婚《けっこん》まで】

戦後の皇太子教育は、大正3年（一九一四）からあったような東宮学問所を特別に設けなかった。そのため昭和21年（一九四六）、一般生徒とともに学習院中等科へ進学した。他方、米国人女性の*ヴァイニング夫人から四年近く学校だけでなく、個人的な指導も受けた。また元慶應義塾塾長の*小泉信三《こいずみしんぞう》を東宮御教育常時参与として、日常的な問題の処理をふくめた幅広い教育がなされた。小泉はテニス好きであり、その影響を大きく受けた。このころ、ヴァイニング夫人の斡旋で、GHQ最高司令官のマッカーサー元帥を訪問し、元帥の深い信頼を得た。昭和27年（一九五二）に学習院大学政経学部政治学科に入学し、同年、成年式、立太子の礼をあげた。そして28年（一九五三）、エリザベス二世戴冠式に参列するため天皇の名代として英国を訪問、あわせて欧米一四か国を訪問した。このため大学の出席日数が足りなく、退学して聴講生となった。満二三歳の昭和32年（一九五七）に軽井沢のテニスコートではじめて*正田美智子と出会ったが、旧皇族や旧華族の家柄でないため、正田家の固辞もあり婚約は難航した。しかし電話での誠実なプロポーズが成功して翌年に婚約、昭和34年（一九五九）4月10日に結婚した。この年、伊勢湾台風上陸による被害が広がり、はじめて被災地を慰問した。

【結婚《けっこん》後から即位《そくい》まで】

昭和35年（一九六〇）2月に第一皇子の*浩宮徳仁《ひろのみやなるひと》親王（令和の天皇）、昭和40年（一九六五）11月に第二皇子の*礼宮文仁《あやのみやふみひと》親王（秋《あき》篠宮《しののみや》）、昭和44年（一九六九）4月に第一皇女の*紀宮清子《のりのみやさやこ》内親王（黒田《くろだ》清子）の二男一女をもうけ、いずれも手もとで育てた。夫妻で外国に親善訪問する際は、美智子妃（上皇后）が徳仁親王のために子守唄をテープに吹き込んだり、生活の躾《しつけ》をメモにして側近に渡したりしていた。夫妻での外国訪問は、昭和35年の米国をはじめ、欧州やアジアはもとより、イラン、エチオピア、ペルーなど世界各国に足を運び、皇太子時代だけで二三回におよんだ。

昭和39年（一九六四）に東京オリンピックの後に、東京パラリンピックの開会式に夫妻が主賓として参列した。それを機に障害者スポーツの普及につとめ、従来のリハビリ的な障害者の運動を、楽しめるスポーツ競技の水準に高めた。

昭和50年（一九七五）には返還後の沖縄を訪問、ひめゆりの塔で火炎瓶を投げつけられたが、それ以後も長い時間をかけて沖縄に心を寄せ続け、沖縄諸島に伝わる方言を用いて自ら琉歌《りゅうか》を詠んだり、琉球の歌謡集である『おもろさうし』にも深い関心を示した。また、疎開のため沖縄の子どもたちを乗せた対馬丸《つしままる》が米国潜水艦に撃沈された事件を、同じ疎開世代として強く受けとめ、記念館も訪ねている。

【即位《そくい》から退位《たいい》】

昭和63年（一九八八）9月に父の*昭和天皇が深刻な病状になると、国事行為の臨時代行を委任された。そして翌年1月7日、昭和天皇の崩御を承けて、第一二五代天皇に即位、象徴天皇としての歩みをはじめた。昭和天皇の喪明けの平成2年（一九九〇）、高御座《たかみくら》が京都から運ばれ、はじめて東京で即位の礼が行われた。

平成3年（一九九一）から大きな震災などが起こるたびに、皇后と現地を訪ね、また、かつての戦争への鎮魂と、平和への祈りを続けてきた。すでに皇太子時代の昭和56年（一九八一）、忘れてはならない四つの日として、沖縄の戦いが終結した6月23日、広島への原爆投下の8月6日、長崎への9日、そして終戦の8月15日をあげた。そしてこれらの日には、一家で必ず黙禱《もくとう》を捧げてきた。即位してからは、毎年8月15日の全国戦没者追悼式に出席して、黙禱と「おことば」を捧げた。平成6年（一九九四）には戦争末期の激戦地であった硫黄島《いおうとう》を訪問し、翌年の戦後五〇年を機に長崎、広島、沖縄を訪問した。平成17年（二〇〇五）にはサイパン島のバンザイクリフで深く頭を下げた。平成27年（二〇一五）にはパラオ、ペリリュー島の戦没者の碑に花を供え、その翌年はフィリピンを慰霊訪問し、平成29年（二〇一七）にはベトナムを訪問し、残留元日本兵の家族と面会している。戦争の惨禍《さんか》を時間の中で風化させることなく、今につながる歴史として大切にし、世界と日本の平和を祈り続けてきた。

こうした慰霊の旅の日々にあって、天皇としての国事行為や、福祉施設訪問などの公的行為はもとより、私的行為とされる宮中祭祀も日々誠実に務めてきた（→45、→120）。祭祀は年間二〇以上あり、11月の新嘗祭は「夕《よい》の儀」と「暁《あかつき》の儀」の二つが寒さの中で未明まで続くため、八〇歳を越えてからは体調を考慮して「夕の儀」のみになった。また、ハゼの研究なども私的に続け、多くの論文を発表し世界的な評価を受けている。

しかし、高齢化にともない、象徴天皇としての公務を全身全霊で行うことが難しいと判断した天皇は、自ら「譲位」の希望を示した。大多数の国民が理解と共感を示し、国民の代表である国会が、高齢を理由に「退位」を可能とする『皇室典範』の「特例法」を成立させ、平成31年（二〇一九）4月30日に実施された。それを承けて5月1日に皇太子*徳仁親王が天皇に即位し、元号が平成から令和《れいわ》へと改まった。

【平成《へいせい》の皇后《こうごう》（上皇后《じょうこうごう》）美智子《みちこ》】

*平成の天皇の皇后であり、天皇が退位して上皇となったことにともない上皇后となった。昭和9年（一九三四）10月20日、日清製粉グループ社長の正田英三郎の長女として生まれた。母は冨美（のち富美子）。昭和16年（一九四一）に雙葉学園雙葉小学校に入学、昭和19年（一九四四）に東京の外に疎開、群馬県、長野県などに転校し、軽井沢で終戦を迎えた。平成の天皇とは1歳違いであり、疎開体験がお互いの共通点としてあった。聖心女子大学の学生時代は英語劇クラブやテニス部に所属し、昭和32年（一九五七）に文学部の外国語外国文学科を首席で卒業した。軽井沢のテニスコートで皇太子時代の平成の天皇と出会い、昭和34年（一九五九）に結婚した。当時、民間から皇室に嫁いだシンデレラガールと歓迎され、国民はミッチーブームに沸《わ》いた。結婚後は、平成の天皇とともに外国訪問や被災地慰問、地方行事への参列などを重ねた。また、平成10年（一九九八）にインド・ニューデリーで開催された「国際児童図書評議会（IBBY）」にビデオによる講演を行ったり、平成14年（二〇〇二）にはスイス・バーゼルで開催されたIBBY五十周年記念大会にIBBY名誉総裁として海外公務を単独で行った。和歌や言葉を集成した『瀬音』や『あゆみ』を出版し、子どものための詩歌や絵本を作り、英訳も行っている。

［小田部］

[57] 平成の天皇（上皇）の退位（譲位）問題

戦後の『*皇室典範』では、明治以来のそれと同様、第四条に「天皇が崩じたときは、皇嗣が、直ちに即位する」と定められている。

しかし、天皇は皇嗣（皇太子）への「譲位」を考え、八三歳の平成28年（二〇一六）、その意向を自ら公表した。それに大多数の国民が理解と共感を示すと、政府も国会も対応策を練り、『皇室典範』の「特例法」を定めて、高齢を理由とした「退位」を可能とする道を開いた。それが適用されて、平成31年（二〇一九）4月30日、満八五歳四か月余での退位（譲位）が実現されるに至ったのである。

【二度《にど》の手術《しゅじゅつ》と高齢化《こうれいか》の不安《ふあん》】

平成の天皇は、満五五歳で即位して以来、健康に恵まれ、象徴としての役割を果たすために全力を注いできたが、満七〇歳となる平成15年（二〇〇三）の1月、前立腺癌《ぜんりつせんがん》の全摘手術を受けた。そのころから*皇后とともに毎朝の散歩、ジョギングなどで体力の保持に努め、公務に励んできた。

しかし、それが次第に困難となることを自覚し、熟慮の末、満七七歳となる同22年（二〇一〇）の7月、天皇の相談役である宮内庁参与（元宮内庁長官・元侍従長など数名）の会議において、八〇歳までに譲位したい意向を示した。それに対して出席者の全員が、現行法のもとでは不可能なこと、将来もし心身に重患を生じたら摂政を置けばよいこと、などを理由にあげて翻意を促した。

ところが、天皇の決意は固く、また皇后も参与の全員も譲位の理由を十分理解し賛同するに至った。しかるに、その意向が政府に伝わった矢先の翌23年（二〇一一）3月11日、未曽有の東日本大震災が発生すると、天皇は直ちに何よりも被災者・関係者らのことを考え、まずビデオメッセージを発信し、ついで七週間にわたる日帰りの現地訪問を続けた。そして、ようやく翌24年（二〇一二）2月、危険な手術を受けて幸い成功したが、健康への不安は一層深刻となったにちがいない。

【意向表明《いこうひょうめい》と特例法《とくれいほう》の制定《せいてい》】

ただ、そのころの政局の混迷などもあって、天皇の意向は4年余り放置された。そこで、内々に検討の結果、平成28年（二〇一六）7月13日、NHKから「天皇陛下が、天皇の位を皇太子さまに譲る……数年以内の譲位を望まれている」というスクープが報じられ、ついで8月8日、天皇自身による「象徴としてのお務めについての天皇陛下のおことば」が、全テレビ局から放映された。

その内容は、「国政に関する権能を有しない」とされる憲法の制約を守り、あくまで「日本国の象徴」「国民統合の象徴」としての立場から全身全霊こめて取り組んできた「務め」の概要と所感などを、率直に語っている。すると、それを聴視した一般国民の大多数が理解と共感を示し、天皇が果たしてきた象徴としての役割を次の世代以降も続けていけるような法的措置を必要とすることに理解を示した。

そこで、政府（安倍内閣）は当初、論点をずらし「天皇の公務軽減等に関する有識者会議」（座長は今井敬《いまいたかし》経団連名誉会長、座長代理は御厨貴《みくりやたかし》東京大学名誉教授ほか四名）を作り、そこに一六名の専門家を招いてヒアリングを行い、翌29年（二〇一七）4月に報告書を提出した。しかも、その間に国会では衆参両院正副議長が各政党・会派の代表者と事前協議して意見を調整した大筋合意を政府に申し入れている。それらに基づき作成された「*天皇の退位等に関する皇室典範特例法」案は、6月上旬の国会で、衆参両院とも出席議員の全員賛成により可決され成立した（16日公布）。

この法律は、『皇室典範』の定める終身在位の原則を残したまま、高齢化にともない象徴としての活動が実行困難となることを避けるための「退位」と、既に経験も豊かな皇太子が直ちに即位することを「特例」として公認したものである。その中に、退位した天皇と皇后は「*上皇」「*上皇后」と称し、両陛下の喪儀も陵墓も「天皇の例による」こと、皇位継承後に新天皇の「皇嗣となった皇族」は「皇太子の例による」こと、この特例法施行日を政令で定めるには「皇室会議の意見を聴かなければならない」と定められている。

その結果、天皇（八五歳）は平成31年（二〇一九）の4月30日限りで退位するため、「*退位礼正殿の儀」を行い、皇太子*徳仁親王（五九歳）が翌5月1日から即位するために、「*剣璽等承継の儀」を行った（ともに国の儀式）。それに先立つ4月1日に、政府は新元号「令和」を決定公布し、5月1日から施行している。〔所〕

[58] 皇室報道

昭和天皇《しょうわてんのう》の記者会見《きしゃかいけん》 *124 昭和天皇の初会見は昭和20年(一九四五)12月22日。「拝謁記」は翌年元旦の「*人間宣言」に合わせ各新聞紙上に報道された。*香淳《こうじゅん》皇后と揃《そろ》っての最初の会見は昭和22年(一九四七)6月3日。昭和時代の会見は御用邸の庭を散策中の二人がたまたま記者団と会ったという設定で行われ、一問一答の記事化やメモ、録音は禁止だった。外国人記者とは昭和8年(一九三三)を最初に、英国の『デーリーメール』紙などと戦前四回、終戦直後の昭和20年9月25日に米国人記者二人と会見した。昭和天皇の訪米前、米国メディアと連続六回会見している。昭和36年(一九六一)4月の〝還暦会見〟から、天皇皇后の年に一回の会見が定例化した。「*公式会見《こうしきかいけん》」の最初は訪米後の昭和50年(一九七五)10月31日、日本記者クラブと宮殿・石橋《しゃっきょう》の間で行われた。宮内記者会《くないきしゃかい》を含む五〇人が出席、原爆投下《げんばくとうか》や戦争責任についての質問が出された。放映された録画は、ほぼ無修正だった。視聴率は六四・五%に上った。

宮内記者会《くないきしゃかい》 会員社は朝日、毎日、読売、東京(中日)、産経、日経、北海道の各新聞社と共同、時事の二通信社、テレビ局はNHK、日本テレビ、東京放送、フジテレビ、テレビ朝日、テレビ東京の計一五社で、各社一、二人が宮内庁二階の記者室に常駐している。長官は月二回、次長と東《とう》宮大夫《ぐうだいぶ》は毎週一回、定例会見をする。

大正9年(一九二〇)『萬朝報《よろずちょうほう》』記者となり宮内省を担当し、その後『東京日日新聞』(現毎日新聞)に移り、定年後も嘱託などで六五年間〝宮廷記者〟を務めた藤樫準二《とがしじゅんじ》によると、記者会は明治天皇崩御のとき、宮内省庁舎の玄関脇に四五平方メートルほどの建物で取材が始まった。最初「菊華倶楽部《きっかくらぶ》」、その後「坂下《さかした》倶楽部」、戦前は「宮内記者会」。戦後「千代田倶楽部」になり、再び「宮内記者会」に名称を改めた。

皇太子妃報道《こうたいしひほうどう》 平成の皇太子妃(*令和の皇后)が決まるまでは、宮内庁と報道機関で「申し合わせ」があった。平成3年(一九九一)7月、宮内庁長官藤森昭一《ふじもりしょういち》は日本新聞協会の編集委員会(定例の編集局長会議)に出席、「皇太子妃が決まるまでの一定期間、静かな環境を保てるよう協力をお願いしたい」と要請。8月20日から六回、在京社会部長会が開かれ、「報道は一定期間差し控える」。期間は双方の申し合わせ成立の日から三か月間とする」と決めた。この間、月一回、宮内庁側は選考状況を説明する。三か月で決定に至らない場合、期間の延長を社会部長会に諮《はか》る、とした。平成4年(一九九二)2月13日「申し合わせ」が発効し、5月、8月、11月と三回延長されたが、このとき、平成5年(一九九三)1月31日を限度とすることを決めた。その矢先、同年1月6日付『ワシントンポスト』紙が皇太子妃内定を報道、同日午後6時すぎAP、ロイター通信が相次いで内定報道をした。これに伴い午後8時45分、申し合わせが解除された。

*平成の皇后(上皇后)が皇太子妃に選ばれたときも協定があり、東宮職参与《とうぐうしょくさんよ》の小泉信三《こいずみしんぞう》が「個人の立場」で昭和33年(一九五八)4月から各新聞社を回って要請、7月24日成立した。11月になって『週刊実話』、『週刊明星』が報道、新聞各紙は11月26日付夕刊で「皇太子妃明日決まる」、27日付朝刊「正午ごろ発表」、同日午前10時から皇室会議が開かれ、夕刊で「*正田《しょうだ》美智子《みちこ》さん」が実名入りで報道された。

昭和天皇《しょうわてんのう》の病状会見《びょうじょうかいけん》 昭和天皇は昭和62年(一九八七)9月22日宮内庁病院で手術、10月7日退院、12月15日公務の一部に復帰した。昭和63年(一九八八)夏は那須で静養したが、9月19日大量の吐血があり、翌年(一九八九)1月7日午前6時33分、八七歳で崩御《ほうぎょ》した。「一一一日間」の闘病中、宮内庁総務課長は基本的に一日三回、体温、脈拍数、血圧、呼吸数のバイタルサインと侍医のコメントを発表した。1月7日午前4時に昭和天皇は危篤《きとく》、6時55分から記者室で状況説明があり、崩御会見は宮内庁講堂で7時55分から宮内庁長官と侍医長が行った。同時に官邸でも官房長官会見があった。この日は崩御、即位、新元号と三回、号外が出された。

平成の天皇の会見 平成の天皇の公式会見は、〝ご会釈《えしゃく》〟ではなく「記者会見」と位置づけられ、椅子の用意があり、メモも自由になった。平成元年(一九八九)8月4日即位に際しての会見が石橋の間であり、天皇は「国民とともに憲法を守る」と語った。その後、天皇は平成元年12月23日、五六歳の誕生日に先立って宮内記者会と会見し、事前提出と当日追加の質問に答える形をとり、それを同30年(二〇一八)まで続けた。それに対して皇后は、10月20日の誕生日に先立ち、記者会の質問に書面で感想を出す形をとってきた。両方とも宮内庁のホームページに和英両方で掲載されている。

*令和の天皇は皇太子時代、誕生日と外国訪問前に記者会見をしている。また、これまで、秋篠宮《あきしののみや》は誕生日に夫妻で、他の皇族は成人式や婚約・古稀《こき》などの節目に記者会見をしている。

[高橋・所]

資料コラム
【昭和天皇記者会見抄《しょうわてんのうきしゃかいけんしょう》】

——昭和20年9月25日　宮内省拝謁の間
〈ニューヨークタイムズ紙フランク・クルックホーン特派員〉

記者　陛下は日本人自身が日本を国際社会に復帰させ、再び戦争を起こさないため、どのような改革が必要とお考えになりますか。

天皇　日本国民は、国際社会に再復帰し、将来の戦争の可能性を根絶するため必要な改革を行い得ることをみずから示すであろう。米軍の本土占領を損なう重大な不祥事が何ら起こらなかったことに満足している。

——昭和22年6月3日　宮城・紅葉山《もみじやま》〈宮内記者会〉

記者　お食事のことについてお伺いします。現在、遅配、欠配で食糧事情は悪く、陛下も代用食をおとりになっていると伺っていますが、どんなものをおあがりになっていますか。

天皇　いろいろなもの。うどん、すいとん、いもなど種々雑多な代用食を食べている。

——昭和50年9月22日
宮殿 石橋の間《しゃっきょうのま》〈外国人特派員団三一人〉

記者　真珠湾攻撃開始のどのくらい前に、陛下は攻撃計画をお知りになりましたか。そしてその計画を承認なさいましたか。

天皇　私は軍事作戦に関する情報を事前に受けていたことは事実です。しかし、私はそれらの報告を、軍司令部首脳たちが細部まで決定したあとに受けていただけなのです。政治的性格の問題や軍司令部に関する問題については、私は憲法の規定に従って行動したと信じています。

——昭和50年10月31日
宮殿石橋の間〈日本記者クラブの代表五〇人〉

記者　陛下はこれまでに三度広島にお越しになり、広島市民に親しくお見舞いの言葉をかけておられるわけですが、戦争終結に当たって、原子爆弾投下の事実を、陛下はどうお受止めになりましたのでしょうか。

天皇　原子爆弾が投下されたことに対しては遺憾《いかん》に思ってますが、こういう戦争中であることですから、どうも、広島市民に対しては気の毒であるが、やむを得ないことと私は思っています。

（髙橋紘・鈴木邦彦編著『陛下、お尋ね申し上げます』昭和57年〈一九八二〉より）

[59] 皇室に関する世論調査

終戦直後の調査によると、天皇制の支持率は九五%もあった。支持しないは五%である（『日本週報』昭和20年〈一九四五〉12月23日）。終戦から三年たった『読売新聞』では、「天皇制はあったほうがよい」が九〇・三%、「なくなったほうがよい」が四%である。この高い支持率は明治以降、営々と続けられた〝天皇制教育〟の影響と考えてもよいだろう。

昭和の終わりから平成の中頃までの三〇年ほどの調査結果をみると、象徴天皇については、一貫して七、八割の国民が「今のままでよい」、「天皇は今と同じ象徴でよい」と回答しており、戦後、憲法で規定された「日本国民統合の象徴」が根づいたといえる。ここでは象徴天皇の支持率、皇位継承問題――について拾ってみた。

支持率を日本世論調査会（共同通信社と加盟新聞社で構成）の調査で見ると、昭和50年（一九七五）（在位五〇年）には、七三・五%が「今のままでよい」と答えたが、昭和天皇が崩御した平成元年（一九八九）12月には、八一・四%に上昇した。その後平成4年（一九九二）から平成15年（二〇〇三）までの四回の調査では八〇%前後、平成17年（二〇〇五）には七七・八%とやや下落した。『朝日新聞』の調査では昭和53年（一九七八）から平成9年（一九九七）まで「天皇は今と同じ象徴でよい」と答えた人が、八二%から八四%あった。

NHK放送文化研究所が昭和48年（一九七三）から五年ごとに調査している「日本人の意識調査」によって、この四五年間の天皇に対する感情をみると、「尊敬の念をもっている」は昭和期が三三%、三〇%、二九%、二八%、平成期が二一%、一九%、二〇%、二五%、三四%、四一%、「好感をもっている」は昭和期が二〇%、二二%、二一%、二二%、平成期が四三%、三五%、四一%、三四%、三五%、三六%、「反感をもっている」は二%が二五年続き、その後一%が二〇年続いたのち、平成30年（二〇一八）に至り〇・二%となった。そして「特に何とも感じていない」は、昭和期が四三%、四四%、四六%、四七%と四〇%以上を占めていたが、平成になって三四%、四四%、三六%、三九%、二八%、二二%と激減している。また、昭和期は「尊敬の念」が「好感」の割合より高かったが、平成に入り、「好感」を示す割合が増えた。それが平成の末期には再び逆転して、「尊敬」が四〇％を超え、「好感」の三六％を抜いている（表1）。こうした国民意識の変化には、そのときどきの皇室のイメージが影響しているのだろうが、なかでも平成5年（一九九三）当時の皇太子（令和の天皇）の結婚、平成23年（二〇一一）の東日本大震災以後の平成の天皇皇后による被災地慰問や戦没者慰霊などが重要な要素になっていたと思われる。

皇位継承問題では、日本世論調査会の昭和50年（一九七五）から平成17年（二〇〇五）までの八回の結果では、当初は「天皇は男子に限るべきだ」の回答が半分以上、「女子でもよい」は三分の一だった。平成17年に「皇室典範に関する有識者会議」が「女系天皇」を認める方向を示した後、「女系」と「男系」の意味を説明しての調査結果は、「女系を認める」が全体の六割から七割を占めた。将来は歴史の流れを変えてもいいという人が、過半数を大きく上回っている。

「令和」に改元した直後の令和元年（二〇一九）5月1日と2日に共同通信が行った世論調査では、女性天皇を認めるが七九・六％で、反対の一三・三％を大きく上回った。政党支持層別の回答でも自民党支持層の七九・八％が賛成を示し、立憲民主党の七九・四％、国民民主党の七九・三％、公明党の七七・六％、共産党の九〇・七％、維新の会の八三・六％、支持政党なしの七九・〇％を上回る。［髙橋・小田部］

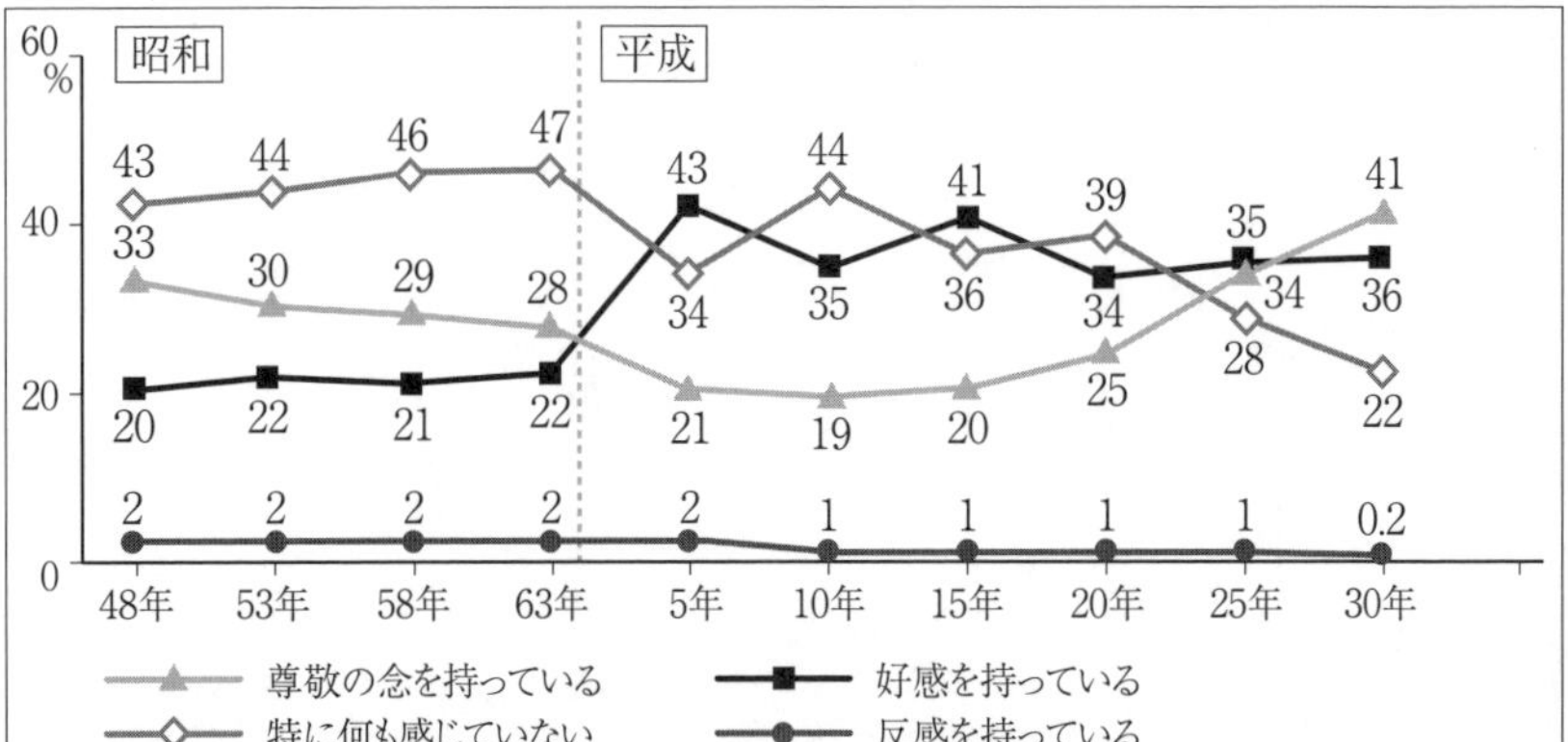

表1　天皇に対する感情の変化（NHK放送文化研究所「第10回『日本人の意識』調査（平成30年）」を元に作成）

［60］昭和天皇新資料解題

　昭和64年（一九八九）、昭和天皇の崩御《ほうぎょ》の直後、侍従長《じじゅうちょう》入江《いりえ》相政《すけまさ》、侍従次長木下道雄《きのしたみちお》のそれぞれの日記が相次いで新聞に掲載された。宮中内部の動きや終戦時の天皇の発言など、これまであまり知られていなかった内容が盛り込まれており、大きな反響を呼んだ。

　その後、タブーが解禁されたかのように、長年関係者が秘蔵してきた側近の日記類などが刊行され始め、これらの資料を基に研究者の間で現代史の見直しが進んでいる。以下、平成に入って公刊されたおもな日記などを挙げておく。

『入江相政日記《いりえすけまさにっき》』　戦前戦後の昭和天皇の侍従・侍従長入江相政（一九〇五〜八五）の日記。太平洋戦争前後から戦後の象徴天皇制確立にいたる天皇や宮中の動向、戦後の皇后良子《ながこ》をはじめとする皇族や政治家、宮内官僚たちの言動、晩年の昭和天皇の心身の衰えとその対応などが記されている。平成2年（一九九〇）朝日新聞社（全6巻）、のち朝日文庫。

『側近日誌《そっきんにっし》』　終戦直後の昭和20年（一九四五）10月から翌年5月まで皇后宮大夫《こうごうぐうだいぶ》兼侍従次長を務めた木下道雄（一八八七〜一九七四）の日誌。天皇退位、「人間宣言」など占領改革期の昭和天皇の動向のほか東条英機《とうじょうひでき》など臣下の人物評価など、天皇の心情が出ており興味深い。平成2年（一九九〇）文藝春秋。

『牧野伸顕日記《まきののぶあきにっき》』　大正中期から昭和初期にかけて宮内大臣、内大臣を歴任した牧野伸顕（一八六一〜一九四九）の日記。大正10年（一九二一）の摂政宮《せっしょうのみや》問題以後、昭和11年（一九三六）の二・二六事件にいたる時期の宮中内部の情報が記されている。平成2年（一九九〇）中央公論社。

『梨本宮伊都子《なしもとのみやいつこ》妃《ひ》の日記《にっき》』　皇族の梨本宮守正《もりまさ》王の妃となった伊都子（一八八二〜一九七六）が明治32年（一八九九）から戦後の昭和51年（一九七六）までの七七年間の日々の日記と回想録などを抄録。皇族女性の立場から宮中周辺の動きを書き残した貴重な記録。平成3年（一九九一）小学館。のち小学館文庫。

『昭和天皇独白録《しょうわてんのうどくはくろく》』　昭和21年（一九四六）3月から4月にかけて、昭和天皇が張作霖《ちょうさくりん》爆殺事件から終戦にいたるまでの経緯を側近に自ら語った証言記録。『寺崎英成《てらさきひでなり》・御用掛日記《ごようがかりにっき》』も収めてある。平成3年（一九九一）文藝春秋。のち文春文庫。

『昭和天皇《しょうわてんのう》と私《わたし》』　昭和天皇の学友に始まり、侍従次長、掌《しょう》典長《てんちょう》などとして八〇年間仕えた永積寅彦《ながづみとらひこ》（一九〇二〜九四）が天皇との交友を語る。平成4年（一九九二）学習研究社。

『**昭和《しょうわ》初期《しょき》の天皇《てんのう》と宮中《きゅうちゅう》　侍従次長《じじゅうじちょう》河井《かわい》弥《や》八《はち》日記《にっき》**』　昭和初期に皇后宮大夫兼侍従次長をつとめた河井弥八（一八七七〜一九六〇）が当時の宮中の日常生活や陸軍の政治的台頭によって攻撃されていく側近の姿などを記録した。平成5年（一九九三）以後、大正15年（一九二六）から昭和7年（一九三二）までが岩波書店から刊行された（全6巻）。

『**吉田茂《よしだしげる》書翰《しょかん》**』　戦後首相を務めた吉田茂（一八七八〜一九六七）の書簡集。牧野伸顕、小泉信三《こいずみしんぞう》など宮中関係者に宛《あ》てたものも多い。平成6年（一九九四）中央公論社。

『**高松宮日記《たかまつのみやにっき》**』　大正天皇の第三皇子*高松宮宣仁《のぶひと》親王（一九〇五〜八七）の日記。大正10年（一九二一）から昭和22年（一九四七）にかけて、直宮《じきみや》の海軍軍人としての言動や、兄の昭和天皇との確執《かくしつ》などが描かれている。平成7年（一九九五）から平成9年（一九九七）。中央公論社（全8巻）。

『**侍従長《じじゅうちょう》の遺言《ゆいごん》**』　侍従長徳川義寛《とくがわよしひろ》（一九〇六〜九六）は、昭和11年（一九三六）から昭和天皇に半世紀仕えた。昭和史の節目と天皇についての記者の聞き書き。平成9年（一九九七）朝日新聞社。

『**侍従武官長《じじゅうぶかんちょう》奈良《なら》武次《たけじ》日記《にっき》・回顧録《かいころく》**』　東宮武官長および侍従武官長として皇太子時代からの昭和天皇に仕えた奈良《なら》武《たけ》次《じ》（一八六八〜一九六二）の大正9年（一九二〇）から昭和8年（一九三三）までの日記及び回想録の草案。平成12年（二〇〇〇）柏書房（全4巻）。

『**徳川義寛終戦日記《とくがわよしひろしゅうせんにっき》**』　昭和天皇の侍従や式部官《しきぶかん》を務め、戦後に侍従長となった徳川義寛（一九〇六〜九六）の日記。平成11年（一九九九）朝日新聞社。

『**重光葵《しげみつまもる》　最高戦争指導会議《さいこうせんそうしどうかいぎ》記録《きろく》・手記《しゅき》**』　終戦前後の外相を務めた重光葵《しげみつまもる》（一八八七〜一九五七）の昭和19年（一九四四）7月から翌年（一九四五）3月までの記録。平成16年（二〇〇四）中央公論新社。

『**徳富蘇峰《とくとみそほう》　終戦後日記《しゅうせんごにっき》**』　戦前からの言論人徳富蘇峰《とくとみそほう》（一八六三〜一九五七）が、終戦直後からの皇室、占領、戦争などについて論じている。平成18年（二〇〇六）講談社。

『**小倉庫次侍従日記《おぐらくらじじじゅうにっき》**』　昭和14年（一九三九）から終戦まで侍従として仕えた小倉庫次《おぐらくらじ》の日記。戦時下の宮中のオク向きのことが記されている。『文藝春秋』平成19年（二〇〇七）4月号掲載。

『**卜部亮吾侍従日記《うらべりょうごじじゅうにっき》**』　昭和天皇の侍従卜部亮吾《うらべりょうご》の日記。昭和45年（一九七〇）から平成14年（二〇〇二）の時期の天皇の地方巡幸での動向や靖国《やすくに》神社に対する見解などが記されている。平成19年（二〇〇七）。朝日新聞社（全5巻）。

『**昭和天皇発言記録集成《しょうわてんのうはつげんきろくしゅうせい》**』　公文書はじめ、既刊・未刊の日記や手記など、皇太子時代からの昭和天皇の発言の集大成。平成15年（二〇〇三）芙蓉書房出版（全2巻）。

『**富田《とみた》メモ**』　富田朝彦《ともひこ》が宮内庁次長（昭和49年〈一九七四〉から昭

和53年（一九七八）、宮内庁長官（昭和53年から昭和63年（一九八八））として昭和天皇に仕えたとき、天皇との会話内容がメモとして残された。その一部が『日本経済新聞』に公開された。戦争責任や靖国参拝問題など、戦後の重要問題がメモとして記されている。それぞれ貴重な記述が見られるが、中には断片的な記述から憶測《おくそく》を呼ぶところもあり、全文の公開が待たれる。

『小林忍侍従日記《こばやししのぶじじゅうにっき》』 小林忍の日記。昭和49年（一九七四）に人事院から侍従に転じ、爾来《じらい》、昭和天皇に仕え、天皇の事績を中心とした日記、時には天皇の苦悩、退位問題、靖国問題などが率直に披瀝されるなど、昭和の時代の貴重な記録である。一部、共同通信が紹介したが、後に共同通信取材班『昭和天皇　最後の侍従日記』（文春新書、平成31年（二〇一九））として刊行された。

『昭和天皇実録《しょうわてんのうじつろく》』 明治34年（一九〇一）の昭和天皇の誕生から昭和64年（一九八九）の崩御とその後の陵籍《りょうせき》登録までを、侍従日誌や非公開の内部文書など三〇〇〇点以上の史料をもとにまとめた編年体の記録。平成2年（一九九〇）より編纂《へんさん》を開始し平成26年（二〇一四）完成。平成27年（二〇一五）より東京書籍が刊行を始め、平成31年（二〇一九）に最終冊が刊行された（人名索引・年譜一冊をふくむ全一九冊）。

『昭和天皇《しょうわてんのう》の大御《おおみ》歌《うた》』 既刊の『おほうなばら』（八六五首）では不明確な年月日と場所などを『昭和天皇実録』の記事で示し、また新たに発見された昭和六〇年代の「天皇直筆《てんのうじきひつ》歌稿《かこう》」二七〇余首を集大成。平成31年角川書店より刊行。

［髙橋・小田部・所・米田］

5

皇位継承

[61] 皇位継承の践祚式

【代替《だいが》わりの儀礼《ぎれい》】

天皇の代替わりには、特別の儀式が行われる。明治に入ると、西洋の王国のセレモニーをも参考にして、近代的な儀礼が形作られている。その大要は、①前帝の崩御か譲位の直後に剣璽《けんじ》などを承け継ぐ*践祚式《せんそしき》、②準備を整えてから新帝が高御座《たかみくら》に登り内外に即位したことを披露する*即位式《そくいしき》（→[62]〜[65]）、③代始《だいはじめ》の11月、新帝が新穀を神々に供え、ともに食する*大嘗祭《だいじょうさい》（→[66]〜[68]）などからなる。ほかに④新帝の代始にあたり年号（元号）を改める*改元《かいげん》の儀《ぎ》もあり、①〜④を一括して*大礼《たいれい》と称する。

代替わりの直接原因は、前帝の崩御か譲位である。崩御の大多数は病気か老衰による。ただ、*32崇峻《すしゅん》天皇のごとく暗殺などもなかったわけではない。また生前の譲位は、飛鳥《あすか》時代の乙巳《いっし》の変《へん》（六四五）直後、*35皇極《こうぎょく》天皇が同母弟の*36孝《こう》徳《とく》天皇に位を譲ったのが初見である。代替わりは、早めに皇太子が決まっている場合でも、即日とは限らない。後継者未定のまま前帝が崩御した場合、多少日月を要する。ただ、「皇位は一日も空《むな》しくすべからず」（『日本書紀』仁徳天皇詔など）との考えから、代替わりは前帝の崩御か譲位の直後とみなされる。

譲位に際しては、*譲国《じょうこく》の儀《ぎ》があった。すなわち、人心の動揺に備えて三日ほど前から三つの関（平安時代には近江の逢坂《おうさか》、美濃の不破《ふわ》、伊勢の鈴鹿《すずか》）を警固する*固関使《こげんし》が遣わされた。当日は内裏の御所を出て上皇の隠居所（後院《ごいん》・仙洞《せんとう》御所）へ遷《うつ》る儀が行われている。

【前近代《ぜんきんだい》の践祚式《せんそしき》】

「*践祚《せんそ》」とは、*宝祚《ほうそ》（皇位）を践《ふ》むこと。祚はもと阼に同じで阼階《そかい》（祭祀のため天子が登る階段）をさすから、皇位に登ること、つまり「即位」「登極《とうきょく》」と同じ意味である。『*令《りょうの》義解《ぎげ》』（『養老令』の公式注釈書）にも、「天皇の即位、これを践祚と謂《い》ふ。祚は位なり」と説明している。

飛鳥時代に入ると、六九七年、*42文武《もんむ》天皇は8月1日に祖母の*41持統《じとう》天皇から位を譲られ、同月17日に即位の詔を宣している（『続日本紀《しょくにほんぎ》』）ので、これが即位・践祚の両儀を区別した初例といわれる。ただ、それが明確に分けられ恒例となるのは、奈良時代末期の天応元年（七八一）、*50桓武《かんむ》天皇以降である。

　践祚式も、時代により変化がみられる。大宝・養老（8世紀初頭）の「*神祇令《じんぎりょう》」には「およそ践祚《せんそ》の日、中臣《なかとみ》が天《あまつ》神《かみ》の寿詞《よごと》を奏し、忌部《いんべ》が神璽《しんじ》の鏡剣を上《たてまつ》る」と規定される。*寿詞《よごと》とは、天皇の長久を祝い祈る言葉である。

　つまり、飛鳥・奈良時代の践祚式は、神祇官の掌る儀式（神事）として、新帝の前で中臣氏が*天神《あまつかみ》の寿詞《よごと》（中臣の寿詞ともいう）を読みあげ、忌部氏が*神璽《しんじ》の鏡剣《きょうけん》（神器〈しんき じんぎ〉の鏡と剣）を奉ずること、の二つが主な要素である。その際、庭前に列立する群臣が拝賀し拍手した。

　しかし平安時代初頭から、「天神の寿詞」を奏することは、大嘗祭《だいじょうさい》の翌日の辰《たつ》の日節会《ひのせちえ》（悠紀節会《ゆきのせちえ》）に移された。神器のうち、鏡は特別に*賢所《かしこどころ》へ奉安して移動されなくなり、践祚式においては剣と玉（璽）などが新帝に奉じられる。これを「*剣璽渡御《けんじとぎょ》の儀《ぎ》」（剣と玉を神格の主語にして、両者が渡御＝お渡りになる儀式）という。その式次第は『貞観《じょうがん》儀式《ぎしき》』や『北山抄《ほくざんしょう》』などに詳しく記されている。

　それを承《う》けて、室町時代の*一条兼良《いちじょうかねら》『代始和抄《だいはじめわしょう》』には「掃《かも》部寮《んのつかさ》、路の間に筵道《えんどう》をしきて（新帝の通り道に筵《むしろ》を敷き、後ろから巻いていく）、近衛《このえ》の次将両人、御剣と御璽を持ち筵道のうへを歩む。関白已下、皆扈従《こしょう》す。行幸のごとし。近衛の次将、階を昇りて内侍に之を授く。内侍二人、各々剣と璽をとりて、夜《よる》の御殿《おとど》（清涼殿の御寝所）に安置す」と書かれている。

【「登極令《とうきょくれい》」の践祚《せんそ》式《しき》】

　明治22年（一八八九）制定の『皇室典範』第二章「践祚・即位」の第一〇条に、「天皇崩ずるときは、皇嗣《こうし》即ち践祚し、祖宗《そそう》の神器を承《う》く」と定められた。この典範により、終身在位となった天皇が崩御すると、皇嗣の皇太子がただちに（即日に）「践祚」し、皇祖（天照大神）皇宗（*[1]神武天皇）から伝えられているという三種の「神器」を承け継ぐ、という近代的な践祚の原則が示された。二〇年後の明治42年（一九〇九）公布された「登極令《とうきょくれい》」第一条に、天皇践祚の時は、掌典長《しょうてんちょう》に賢所《かしこどころ》で祭典を行わせ、かつ皇霊殿《こうれいでん》・神殿に奉告せしめると定め、その「附式」第一編「*践祚《せんそ》の式《しき》」で詳細な式次第を明らかにしている。それによれば、践祚式は、①*賢所《かしこどころ》の儀《ぎ》、②*皇霊殿《こうれいでん》・神殿《しんでん》に奉告《ほうこく》の儀《ぎ》、③*剣璽渡御《けんじとぎょ》の儀《ぎ》、④*践《せん》祚《そ》後朝見《ごちょうけん》の儀《ぎ》から成る。

　まず①②は、宮中三殿の賢所と皇霊殿・神殿において、掌典長が「祝詞《のりと》」を奏し、天皇に代わって「御告文《おつげぶみ》」（祭文《さいもん》）を奏する。これを三日間繰り返す（御告文は初日だけ）。

　ついで③は、①と同じ時刻、儀場に男性の皇親（皇族）と高官が列立すると、新天皇が出御（もし内廷の皇族男子がいれば供奉《ぐぶ》）して、内大臣が案（机）の上に置く剣・璽および御印《ぎょいん》（御璽《ぎょじ》・国璽《こくじ》）を見る。さらに④は、③に続いて男女の皇族と高官らが参集すると、天皇と皇后が出御（内廷皇族がいれば供奉）して、天皇から「勅語」があり、内閣総理大臣が国民を代表し「奉対《ほうたい》」の意思を言上する。

【昭和天皇《しょうわてんのう》の践祚式《せんそしき》】

この「登極令」が初めて適用されたのは、公布から三年後（一九一二）、*123大正《たいしょう》天皇の践祚式である。それから一五年目（一九二六）、*124昭和天皇の践祚式が行われた。このうち後者の大筋を『昭和大礼要録』などにより紹介する。

大正天皇は葉山《はやま》の御用邸で療養中、12月25日未明に崩御した（四七歳）。午前3時すぎ、宮中三殿にて掌典長九条道実《くじょうみちざね》が祝詞を奏し、新天皇に代わり「……大前に践祚の式を行ひて、万世一系の皇位を承け継ぎ、帝国統治の大権を総《とりふさ》ね攬《みそなわ》す……天津《あまつ》日《ひ》嗣《つぎ》を愈々聖《いよいよきよ》らかに築《つ》き固め……同胞と弥《いや》睦《むつ》びに睦び、弥親しみに親しめ給へ……」との御告文を奏している。他方、ほぼ同時刻に葉山御用邸では、儀場の玉座に通常礼装の天皇（二五歳）が着座し、その東方に一二人の男性皇族・王公族（宣仁《のぶひと》親王～李王《りおう》）と式部長官・宮内大臣・侍従長・侍従武官長、その西方に大勲位の元老二人と枢密院議長・内閣総理大臣および各省大臣が侍立した。そして、内大臣牧野《まきの》伸顕《のぶあき》の先導により前帝の寝所近くから侍従の手で捧持された宝剣と神璽が、玉座左右の白木机に奉安された。続いて内大臣秘書官により捧持された御璽と国璽が、玉座前の白木机に置かれた。それを承け継ぐことで、神器に象徴される皇位を継承したことになる。

それから三日後（12月28日）の午前3時から、皇居の正殿で、皇族男女二六人と大勲位・親任官・勅任官および貴族院・衆議院の議長など四〇〇余名が列立した。天皇が前掲の御告文と同趣の勅語を読みあげ「有志それ克《よ》く朕が意を体し……億兆臣民と供に天壌無窮の宝祚を扶翼《ふよく》せよ」と呼びかけた。それに対して首相若槻礼次郎《わかつきれいじろう》が全国民を代表し「……一意明訓を奉戴し報効の誠を致し、以て聖旨に答へ奉らんことを誓ふ」との奉答文を奏上している。

平成の践祚式は、「皇位とともに伝わるべき由緒ある物」を承け継ぐ「*剣璽《けんじ》等承継《とうしょうけい》の儀《ぎ》」と名づけ、新天皇の国事行為（国の儀式）として行われた（→69）。

平成31年（二〇一九）の代替わりは「退位」（譲位）による皇位継承であるから、まず4月30日夕方「*退位礼正殿の儀」が行われ、翌5月1日午前、*令和の天皇「剣璽等承継の儀」が行われた（ともに国の儀式）。

［所］

[62] 前近代の即位式

*即位式《そくいしき》は、皇位継承直後の簡略な践祚式《せんそしき》とは別に、準備を整えてから盛大に行う儀礼である。

【平安時代《へいあんじだい》の即位式《そくいしき》】

平安時代に入る直前の*50桓武《かんむ》天皇の天応元年(七八一)から、践祚式とは別に即位式が行われるようになった。

践祚式は代替わり直後であるが、即位式には相当な準備を必要とする。そのため、早くても数日以上、ほとんどが数か月、中世になると一年以上遅れた例も少なくない。

践祚式の場所は、内裏《だいり》の紫宸殿《ししんでん》が用いられた。それに対して即位式は、正月の「朝賀」を基にしたものであるから、同様に大内裏の*大極殿《だいごくでん》・*朝堂院《ちょうどういん》で行うことになっていた。しかし、平安時代末期に大極殿が焼失して以後再建されなかったので、*82後鳥羽《ごとば》天皇のとき(元暦元年〈一一八四〉)から、代わりに太政官庁、さらに*104後柏原《ごかしわばら》天皇のとき(大永元年〈一五二一〉)からは、紫宸殿が使われている。

ちなみに、元日の*朝賀《ちょうが》の儀《ぎ》は、すでに*42文武《もんむ》天皇の大宝元年(七〇一)から盛大に行われているが、その儀容は後の即位式とほぼ同様である。天皇が五色の玉糸を垂らす冕冠《べんかん》や大袖に龍などを描く礼服《らいふく》を召すことも、『続日本紀』天平4年(七三二)正月1日条に「大極殿に御し朝を受く。天皇始めて冕服を服す」とみえる。

ついで、準備の期間中に二つのことが行われた。ひとつは、神祇官《じんぎかん》の中臣氏《なかとみし》を伊勢の神宮に遣わして「即位の由《よし》」を奉告する。これを*由奉幣《よしのほうべい》と称する。もうひとつは、和気氏《わけし》を勅使として九州の宇佐八幡《うさはちまん》(および香椎廟《かしいびょう》)へ遣わし幣物を奉る。これを*和気使《わけづかい》と称する。奈良時代末期に和気清《きよ》麻呂《まろ》が宇佐八幡の神託をえて「法王」道鏡を退け、「皇儲《こうちょ》」(皇嗣《こうし》)による皇位継承の原則を守った故事にちなみ、その子孫が代始《だいはじめ》ごとに遣わされたのである。

即位式の前か後には主要な陵墓へ勅使を遣わし、「即位の由」を奉告することになっていた。

即位式の行われる大極殿は、前日までに設営する。まず殿前の庭上に、*銅烏幢《どううのとう》と*日像《にちぞう》・月像《げつぞう》の幢《とう》や*四神《しじん》の旗《はた》(四神=青龍《せいりゅう》・朱雀《すざく》・白虎《びゃっこ》・玄武《げんぶ》)などを樹《た》て並べる。いずれも中国皇帝の即位儀礼を参取したものにほかならない。

また、殿上の中央に据えられる*高御座《たかみくら》は、基壇の四面に青龍などの神獣を描き、屋根の中央に鳳凰《ほうおう》を飾るなど、一見いかにも唐風である。しかし、八角形の屋根は、ヤスミシシスメラミコト（八隅《やすみ》＝全国を治める天皇）を象徴するとみられている。

当日は、①朝早く親王や文武百官などが、大極殿前の朝堂院に整列する。②ついで冕冠《べんかん》・礼服《らいふく》を着けた天皇が、殿後房の*小安殿《こあどの》から大極殿内の高御座《たかみくら》に登壇し、その脇に内侍《ないし》が宝剣と神璽を奉安する。③さらに即位式のクライマックスとして、内命婦《うちのみょうぶ》二人が壇上前面の御帳を八字の形に開くと、天皇の姿が初めて現れ、群臣が一斉に最敬礼する。④ついで前庭にいる図書《ずしょ》の官人が香を焚《た》く（儒教的な天人相関思想により、その煙で天帝に即位を奉告する）。⑤また*宣《せん》命使《みょうし》が「*即位《そくい》の宣命《せんみょう》」を読みあげると、武官が「*萬歳旛《ばんざいばん》」を振り万歳を唱える。⑥そこで命婦《みょうぶ》が御帳を閉じると、天皇が後房に退出する。

このように、平安時代の即位儀礼は一見唐風だが、「即位の宣命」は必ずしもそうではない。桓武天皇の例（『続日本紀』所載）をみても、「……天《あま》つ日嗣《ひつぎ》の高座《たかみくら》の業《わざ》を、掛《か》けまくも畏《かしこ》き近江大津《おうみおおつ》の宮に御下宇《あめのしたしろしめし》し（天智）天皇の初め賜ひ定め賜へる法《のり》の随《まにま》に賜はりて、仕へ奉れと仰せ賜ひ授け賜へば、頂《いただき》に受け賜はり……天皇朝廷《みかど》の立て賜へる食国天《おすくにあめの》下《した》の政《まつりごと》は衆々《もろもろ》助け仕へ奉れと、天皇の勅《みことのり》を宣《の》り、衆々聞《きこ》し食《め》せと宣る」とある。ここにいう*38天智《てんじ》天皇の初めて定めた「法」とは、おそらく皇統がその子孫（皇族）により継承されてゆくべきことを示したものとみられる。同様の文言が明治天皇にいたるまで、歴代の*即位宣命《そくいせんみょう》に引き継がれている。

【中世以降《ちゅうせいいこう》の即位灌頂《そくいかんじょう》】

飛鳥《あすか》・奈良時代の践祚式は、神祇官人の掌る神事であった。しかし、平安時代に入るころから独立した即位式は、太政官以下の文武百官が参列する唐風の儒教的な色彩の濃い盛儀である。しかも、平安時代後期ころから、それに仏教的な*灌頂儀礼《かんじょうぎれい》が加わっている。

*灌頂《かんじょう》というのは、元来インドにおいて国王が即位する時などに、大海の聖水を国王の頭頂に灌《そそ》いで祝意を表すことである。日本に伝えられた密教では、おもに*大日如来《だいにちにょらい》の五智を象徴する聖水を師僧が弟子の頭頂に灌ぎ、法脈を伝える伝法儀礼として重んじられた。その伝法灌頂が天皇の即位に際して行われたのは、*71後三条《ごさんじょう》天皇が即位した治暦4年（一〇六八）あたりからだと伝えられている。

すなわち、『後三条院御即位記』や*一条兼良《いちじょうかねら》の説を記す『即位灌頂印明由来事』では、同年7月21日、天皇が即位の

写真１　孝明天皇の即位式の図（一般社団法人霞会館蔵）

際、成尋《じょうじん》法師から伝授を受けて、高御座に着御の時「手（智拳印）を結び、大日如来のごとく拳印を持し」たという。

しかし、たしかな例は鎌倉時代後期の『伏見院御記《ふしみいんぎょき》』にみえ、践祚から五か月後の弘安11年〈一二八八〉3月15日に即位する*92伏見《ふしみ》天皇は、その二日前、関白二条師忠《にじょうもろただ》から「即位の時の秘印等の事」を伝授され、当日儀場の太政官正庁に入り「印を結び真言を誦し」たという。

これが必ず行われるようになったのは、南北朝末期の*100後小松《ごこまつ》天皇のころ〈一三八二〉からである。それを天皇に伝授したのは、摂政・関白となった二条家の当主が多い。室町時代の『天子即位灌頂』によると、印を結ぶのは、日本全国・大日如来・十善戒・四要品（法華経）などを表す。これによって新天皇は聖俗両界の統治力を身につけることができると考えられたのであろう。そのためか、この即位灌頂は、大嘗祭《だいじょうさい》が中断した時期にも行われており、江戸時代末の*121孝明《こうめい》天皇（弘化4年〈一八四七〉）まで続いている。

なお、天皇自身の儀礼ではないが、平安時代前期から、在位中の災厄を攘《はら》うため、大極殿に釈迦《しゃか》像《ぞう》などを飾り『仁王《にんのう》般若経《はんにゃきょう》』を講説した一代一度の「大仁王会《だいにんのうえ》」がある。また、江戸時代には、陰陽師が玉体の安穏と長寿を祈る一代一度の「*天曹地《てんそうち》府《ふ》祭《さい》」も行われている。　［所］

［63］明治の「新即位式」

前近代の唐風を中心に仏教色も加えていた*即位式《そくいしき》は、明治維新を機に一変する。新方式作成の中心人物は、津和野《つわの》藩出身の国学者、新政府の神祇《じんぎ》官判事《かんはんじ》、*福羽《ふくば》美静《びせい》である。

*[122]明治天皇の即位式は、践祚《せんそ》から一年半以上経った慶応4年（一八六八）の8月27日に京都御所の紫宸殿《ししんでん》で行われた。その前に、輔相《ほしょう》の*岩倉具視《いわくらともみ》から、津和野藩主で神祇《じんぎ》大輔《たいふ》の亀《かめ》井茲監《いこれみ》に対して、8月の即位式には、「旧来の弊風」を払拭した「皇国の神裔《しんえい》」にふさわしい「御礼式」を作成するよう依頼があった。それをうけて、福羽らが「神国の古典」などに基づき「新式」を考案したのである。

まず天皇の服装は、長らく用いられてきた唐風の「袞冕《こんべん》十二章の御服」を止め、和風の束帯《そくたい》姿（御袍《ごほう》）に改めた。また天皇の玉座や庭上の幡旗《ばんき》（いずれも唐風）は、安政の大火で焼失していたこともあって、高御座《たかみくら》の代わりに簡素な御《み》帳台《ちょうだい》を用い、日像《にちぞう》・月像《げつぞう》の幢《とう》や萬歳旛《ばんざいばん》などの代わりに「榊《さかき》の枝に鏡・剣・璽などを（紙垂《しで》も）付け」た形の*大幣旗《だいへいき》・*日幣旗《にっぺいき》・*月幣旗《げっぺいき》などに改めた。さらに、これまで庭上の宣命使《せんみょうし》が小声で読みあげた即位の「宣命」を、中納言冷泉《れいぜい》為理《ためただ》に大声で奉読させると共に、即位に祝意を表す「寿詞《よごと》」を大納言三条西季知《さんじょうにしすえとも》に奏上させている。

さらに大胆な改革が行われた。そのひとつは、庭上に香《こう》炉《ろ》を設け焼香の煙で天帝に即位を奉告するような唐風を廃し、代わりに水戸《みと》の徳川斉昭《とくがわなりあき》から献上されていた大きな*地《ち》球儀《きゅうぎ》を殿前に置き、壮大な気宇を天下に示そうとしたことである。ただ、当日の旧暦8月22日（新暦10月7日）は、小雨模様のため簡略な雨儀に改められ、地球儀は雨を避けて紫宸殿南の承明門内に置かれたという。

もうひとつは、従来の即位式は原則として皇族と公家たちのみが奉仕し参列したのに対して、この時は公家だけでなく武家出身の新政府官人（九等官）や在日外交官なども参列する、かなり開かれた儀式に改められたことである。

これは、福羽が、「王政復古」「御一新」に尽力した武家出身の「功臣」らも公平に参画できるようにしなければならないと強く主張し、岩倉の決断により実現したのである。

しかも、その翌日、紫宸殿の*儀場拝観《ぎじょうはいかん》が、諸大名から一般庶民にまで認められている。

［所］

[64]「登極令」の即位式

新しい形の即位式をあげた*122明治天皇は、明治2年（一八六九）の3月、伊勢の神宮に初めて親拝（天皇みずから参拝すること）してから東京へ遷幸した（これが事実上の遷都）。しかし、急速に衰退し始めた京都のことを心配した明治天皇は、同10年（一八七七）12月、関西を巡幸中、*京都御所を保持するため、以後一二年間にわたり毎年多額の資金を京都府に下賜するよう指示した。

また、翌11年（一八七八）10月にも、東海・北陸巡幸中に京都御所を視察の上、次のような提案をしたという。ロシアでは、皇帝の即位式を新都ペテルブルグではなく、旧都モスクワのクレムリン宮殿で挙行している。わが国でも即位の大礼は京都の御所で執り行いたい、というのである。

翌12年（一八七九）6月、参議の*井上馨《いのうえかおる》らが*岩倉具視《いわくらともみ》に対し、将来の*大礼《たいれい》や*大婚《たいこん》（天皇の結婚式）などの礼典を京都御《きょうとご》所《しょ》で挙行するよう進言した。岩倉は、同16年（一八八三）1月*京都《きょうと》皇宮《こうぐう》保存《ほぞん》に関《かん》する建議《けんぎ》を提出し、その第一に「三大礼執行の事」を提言した。その結果、同年4月、「京都を即位式・大嘗会《だいじょうえ》執行の地と定め、宮内省に京都宮闕《きゅうけつ》保存を所管せしむ」との勅が出された。

この方針は、同22年（一八八九）2月に制定された『皇室典範』第一一条に「即位の礼及び大嘗祭は、京都に於《おい》て之《これ》を行ふ」と明文化されるに至った。さらに二〇年後の同42年（一九〇九）2月に公布の「*登極令《とうきょくれい》」には、次のような条文と詳細な「*附《ふ》式《しき》」が定められている（一部省略）。

第四条　即位の礼及び大嘗祭は、秋冬の間に於て之を行ふ。

第五条　即位の礼及び大嘗祭を行ふときは、其の事務を掌理せしむる為、宮中に大礼使を置く。

第六条　即位の礼及び大嘗祭を行ふ期日は、宮内大臣・国務各大臣の連署を以て之を公告す。

第七条　即位の礼及び大嘗祭を行ふ期日定まりたるときは之を賢所《かしこどころ》・皇霊殿《こうれいでん》・神殿《しんでん》に奉告し、勅使をして神宮《じんぐう》・神武《じんむ》天皇山陵並《ならび》に前帝四代の山陵に奉幣《ほうべい》せしむ。

第八条　大嘗祭の斎田《さいでん》は、京都以東以南（北か）を*悠紀《ゆき》の地方とし、京都以西以北（南か）を*主基《すき》の地方とし、その地方は之を勅定す。

第九条　悠紀・主基の地方を勅定したるときは、宮内大臣は地方長官をして斎田を定め、その所有者に対し新穀を供納するの手続を為さしむ。

第十条　稲実《いなみ》成熟の期に至りたるときは、勅使を発遣し、斎田に就《つ》き抜穂《ぬいぼ》の式を行はしむ。

第十一条　即位の礼を行ふ期日に先立ち、天皇神器《じんぎ》を奉じ、皇后と共に京都の皇宮に移御す。

第十二条　即位の礼を行ふ当日、勅使をして之を皇霊殿・神殿に奉告せしむ。

第十五条　即位の礼及び大嘗祭訖《おわ》りたるときは大饗《たいきょう》を賜ふ。

第十六条　即位の礼及び大嘗祭訖りたるときは、天皇、皇后と共に神宮・神武天皇山陵並に前帝四代の山陵に謁《えっ》す。

第十七条　即位の礼及び大嘗祭訖りて東京の宮城に還幸したるときは、天皇、皇后と共に皇霊殿・神殿に謁す。

第十八条　諒闇《りょうあん》中は、即位の礼及び大嘗祭を行はず。

すなわち、即位礼と大嘗祭は、「秋冬の間」に天皇以下の関係者が東京から京都へ移動して行うことになった。当時の交通（鉄道）事情から二度も往復することが困難なため、一緒にされたのであろう。附式（実施細則）第二編「*即位《そくい》礼《れい》及《およ》び大嘗祭《だいじょうさい》の式《しき》」も、次のように両者を一体にした形になっている。

①賢所に期日奉告の儀／②皇霊殿・神殿に期日奉告の儀
③神宮・神武天皇山陵並に前帝四代の山陵に勅使発遣の儀
④神宮に奉幣の儀／⑤神武天皇山陵並に前帝四代山陵に奉幣の儀
⑥斎田点定の儀／⑦斎田抜穂の儀
⑧京都に行幸の儀／⑨賢所、春興殿《しゅんこうでん》に渡御《とぎょ》の儀
⑩即位礼当日、皇霊殿・神殿に奉告の儀
⑪即位礼当日、賢所大前の儀
⑫即位礼当日、紫宸殿の儀
⑬即位礼後一日、賢所御神楽《みかぐら》の儀／⑭同、鎮魂の儀
⑮神宮・皇霊殿・神殿並に官国幣社に勅使発遣の儀
⑯大嘗祭当日、神宮に奉幣の儀／⑰同、皇霊殿・神殿に奉幣の儀／⑱同、賢所大御饌供進《おおみけきょうしん》の儀
⑲大嘗宮の儀（悠紀殿供饌《きょうせん》の儀／主基殿供饌の儀）
⑳即位礼及び大嘗祭後、大饗第一日の儀
㉑同、大饗第二日の儀／㉒同、大饗夜宴の儀
㉓同、神宮に親謁の儀／㉔同、神武天皇山陵並に前帝四代山陵に親謁の儀
㉕東京に還幸の儀／㉖賢所、温明殿《うんめいでん》に還御の儀
㉗東京還幸後、賢所御神楽の儀／㉘還幸後、皇霊殿・神殿に親謁の儀

［所］

［65］大正・昭和の即位礼

【大正天皇《たいしょうてんのう》の即位礼《そくいれい》】

「登極令《とうきょくれい》」公布（明治42年〈一九〇九〉）から三年後の7月30日、明治天皇の崩御により大正天皇が践祚《せんそ》した。それから一年間の諒闇《りょうあん》明けの大正2年（一九一三）11月「*大礼使《たいれいし》」の官制が勅令で公布された。そして翌年（一九一四）1月、即位礼・大嘗祭《だいじょうさい》（以下、一括して大礼という）の期日が同年11月と決定された。

ところが、同年4月9日、昭憲《しょうけん》皇太后（六五歳）の崩御により再び諒闇となったので、大礼は延期された。それから服喪明けの翌4年（一九一五）4月、あらためて「大礼使」官制が勅令で公布され、その期日も同年11月と告示された。

もちろん、その間に、着々と準備が進められていた。それゆえ、11月10日の即位礼と14日の大嘗祭および前後の諸儀は、すべて滞りなく執り行われている。

大正大礼は、古代以来の即位式とも明治の新式とも異なる、大規模な近代的即位礼が初めて実施された具体例として画期的な意味をもつ。

そこで、貴族院書記官長として大礼使を拝命し参列した柳田国男《やなぎたくにお》の提言により、内閣で詳細な『*大礼記録《たいれいきろく》』が編纂された（国立公文書館WEB公開）。ちなみに、柳田は本来別儀であった即位礼と大嘗祭が、この時から一続きに行われたことを批判している。

【昭和天皇《しょうわてんのう》の即位礼《そくいれい》】

これにつぐ昭和天皇の大礼は、明治の「登極令」と大正の実施例に基づき、順調に執り行われた。

諒闇の明けた昭和2年（一九二七）12月、「大礼使」の官制が設置され、総裁に閑院宮載仁親王《かんいんのみやことひと》、長官に公爵近衛文麿《このえふみまろ》が就任。ついで翌年（一九二八）1月、大礼の期日が勅定・告示され、それが宮中三殿と神宮以下に奉告・奉幣された。そして同年11月、およそ次のように実施されたのである。

まず東京から京都へ移動するため、11月6日の早朝、賢所《かしこどころ》（神鏡）を掌典長《しょうてんちょう》九条道実《くじょうみちざね》の指揮で御羽車《おはぐるま》に遷し（駕輿丁《かよちょう》は京都の*八瀬童子《やせどうじ》）、昭和天皇が剣璽《けんじ》を帯同して鳳輦《ほうれん》（特別儀装の馬車）に乗り、香淳《こうじゅん》皇后はじめ大礼使らを従えて*鹵簿《ろぼ》（行列）をなし、宮城から東京駅まで進んだ。

ついで御召列車《おめしれっしゃ》に乗り換えた一行は、午前8時発車、名古屋の離宮（城）で一泊。翌7日午後2時、京都駅に着き、駅前より京都御所まで再び鹵簿をなして進んだ。そして賢所を御所の春興殿《しゅんこうでん》（旧内侍所趾《ないしどころあと》に再建）に奉安し、天皇・皇后は大宮御所に入った。

さらに翌8日と9日、儀場の紫宸殿と前庭などで設営を終え、習礼《しゅらい》（リハーサル）も行われている。

即位礼当日の10日は、まず午前10時、白い帛御袍《はくのごほう》（束帯《そくたい》）の天皇が、白い帛の女房装束（十二単《じゅうにひとえ》）の皇后を伴い、賢所（春興殿内）の大前で拝礼して御告文《おつげぶみ》（祭文《さいもん》）を奏上した。

ついで午後2時半、黄櫨染御袍《こうろぜんのごほう》（束帯）の天皇が、紫宸殿中央の高御座《たかみくら》に登り、十二単の皇后も東隣の御帳台《みちょうだい》に着いた（それ以前に男性皇族は西側、女性皇族は東側に侍立）。そこで天皇が、みずから次のような「*即位《そくい》の勅語《ちょくご》」を朗々と読みあげた。

朕……祖宗の威霊に頼り、敬《つつし》みて大統を承け、恭しく神器を奉じ、ここに即位の礼を行ひ、昭《あきら》かに爾有衆《なんじゆうしゅう》に誥《つ》ぐ……（日本の国柄と祖先の遺徳を略述）……朕、内は則《すなわ》ち教化を醇厚《じゅんこう》にし、愈々《いよいよ》民心の和会を致し、益々国運の隆昌を進めんことを念《おも》ひ、外は則ち国交を親善にし、永く世界の平和を保ち、普《あまね》く人類の福祉を益《ま》さんことを冀《こいねが》ふ。

爾有衆、それ心を協《かな》へ力を戮《あわ》せ、私を忘れて公《おおやけ》に奉じ、以《もつ》て朕が志を弼成《ひっせい》し、朕をして……祖宗神霊の降鑒《こうかん》に対《こた》ふることを得しめよ。

これに応えて、束帯姿で前庭にいた首相田中義一《たなかぎいち》が、南階を昇って「*即位の寿詞《よごと》」を奏し、再び南階を降りて、庭上から声高らかに万歳を三唱している。

なお、当日の午前、東京で皇霊殿《こうれいでん》と神殿《しんでん》に奉告の儀が行われた。また午後3時、殿庭で首相の発した万歳にあわせて、全国都府県（官庁・学校など）の拝賀式で万歳を三唱し、そのあと旗行列や提灯《ちょうちん》行列などもくりひろげられている。さらに翌11日の夕方6時から真夜中の零時すぎまで、賢所（春興殿内）において人長《にんじょう》と楽人による「御神楽《みかぐら》の儀」が行われている。

この即位礼には、外国の特派大使と随員九二名も含めて二二三六名が参列した（大正度の一九二二名より多い）。しかも、皇族をはじめ庭上などで参役した高等官・奏任官たちは、男性が束帯、女性が唐衣《からぎぬ》、参列の諸員も大礼服（男性は洋装、女性は和装）を着用した。その着付けだけでも介助の人手が足りないほど大変だったという。［所］

［66］大嘗祭の意義

天皇の代替わりには、まず皇嗣《こうし》が皇位の象徴である神器《じんぎ》などを継承し（践祚式《せんそしき》）、ついで内外の人々に即位の事実と決意を示す（即位礼《そくいれい》）のみならず、さらに皇祖神などに対する大嘗祭《だいじょうさい》を斎行する必要があった。

日本の稲作は、弥生時代から列島の大部分に普及している。その収穫後毎年、旧暦11月の冬至に近いころ、新穀を神々に献げるような祭りは、早くから、大和朝廷でも全国各地でも行われていた。それを「*ニイナメ」（*新嘗）というのは、新穀を*贄《にえ》（供え物）として神々を*饗《あえ》（もてなし）する「ニヘアヘ」の意味だろうと考えられる。それが*40天《てん》武《む》天皇ないし*41持統《じとう》天皇のころ（7世紀末）から、代始《だいはじめ》の11月に営まれる特別な大嘗祭＝*践祚大嘗祭《せんそだいじょうさい》と、毎年の11月に行われる恒例の大嘗祭＝*新嘗祭《にいなめさい》とに分けられた。

大嘗祭は、古代の神話に由来する。『日本書紀』の「神代紀」をみると、天照大神の「神勅」として、その子孫に神鏡を授け、「吾が高天原《たかまがはら》にきこしめす斎庭《ゆにわ》の穂《いなほ》を以《もっ》て、また吾が児《みこ》にまかせまつるべし」とある。したがって、天皇の代替わりには、神器を継承するだけでなく、そのような穀霊の威力を継承するための「大祭祀」も、併せて行うようになったのであろう。

大嘗祭の祭儀が行われる*大嘗宮《だいじょうきゅう》の殿内には「*寝座《しんざ》」が設けられている。そこで、かつて折口信夫《おりくちしのぶ》は、これを天孫降臨の神話に出てくる瓊瓊杵尊《ににぎのみこと》がくるまれていたという「*真《ま》床覆衾《どこおぶすま》」にあたる寝座とみなして、大嘗祭の意義は、天皇がこの寝座の御衾《おぶすま》にくるまり、「*天皇霊《てんのうれい》」を身につけることだ、との説を提示した。それを基にして、これを神霊と天皇の聖婚する秘儀とみなす説なども出ている。

しかし、大嘗祭の儀式内容を伝える儀式書や古記録類に、そのような行為はまったく見あたらないことが論証されている。むしろ『延喜式』に収める大嘗祭の「祝詞《のりと》」に、

天つ御食《みけ》の長御食の遠御食と、皇御孫命《すめみまのみこと》の大嘗《おおにえ》きこし食《め》さん為の故に……

と明記されている。つまり、その意義は皇祖神より授けられ長らく作られてきたとされる「*御食《みけ》」を「*大嘗《おおにえ》」として天皇がみずから食べることにより、「*皇御孫命《すめみまのみこと》」としての霊威を継承することだとみられる。〔所〕

[67] 前近代の大嘗祭

【平安時代《へいあんじだい》の大嘗祭《だいじょうさい》】

大嘗祭《だいじょうさい》は*新嘗祭《にいなめさい》と同じく、古くから旧暦11月の中旬か下旬の卯《う》の日《ひ》を中心に行われてきた。ただ、新嘗祭が毎年常設の祭場（*神嘉殿《しんかでん》）で行われたのに対して、大嘗祭は臨時に特別の儀場（*大嘗宮《だいじょうきゅう》）を造り大規模に営まれた。しかも、新嘗祭の神饌《しんせん》が、宮内省直営の官田から収穫する稲（米・粟《あわ》）だったのに対して、大嘗祭の神饌には、全国を代表する二国＝*悠紀国《ゆきのくに》・*主基国《すきのくに》の*斎田《さいでん》から収穫した稲が用いられた。したがって、その準備には長い時間と多数の人手を要している。

大嘗祭の時期は、斎田を設定するため、新天皇の践祚《せんそ》が7月以前ならばその年の11月、8月以降ならば翌年の11月を原則としていた。しかし、前帝の崩御による践祚の場合は、一年の諒闇《りょうあん》明けを待つことになっていた。

その準備は、まず4月（多くは下旬）、神饌《しんせん》用の稲を供する斎国《さいこく》としての「悠紀国」と「主基国」を*亀卜《きぼく》により神意を占って定めることから始まる。斎田は畿内とその近辺が原則であった。平安時代以降ほとんど、悠紀国は近江国《おうみのくに》、主基国は丹波国《たんばのくに》か備中国《びっちゅうのくに》が選ばれている。

平安宮には、実務を掌る*悠紀行事所《ゆきぎょうじどころ》と*主基行事所《すきぎょうじどころ》（各十数人）、また斎場所《さいじょうしょ》などに作業所が置かれた。

悠紀は「斎忌」とも書く。ユは清浄、キは区域を意味し、主基のスキは次を意味するという。悠紀国（悠紀田）は清浄な区域の国（田）であり、主基国（主基田）はそれに次ぐ国（田）である。それが二つ選ばれるのは、『日本書紀』の「神代紀」に「天照大神、天の狭田《さた》・長田を以て御田《みた》となしたまふ」とあるのに由来するとも説かれるが、一代一度の大祭祀であるから、万一に備えて、主な所と次の所を用意したものとみられる。

その際、亀卜《きぼく》（亀《かめ》の甲を駒《こま》の形に切り一定の線を描いて火であぶり、裂目《さけめ》により合否を判定する占法）で国（実際には郡も）が定められる。したがって、旧暦の4月（初夏）、悠紀・主基に選ばれた国では、その郡内における稲の育ち具合を見てから、斎田（『延喜式』によれば国別に六段）にふさわしいところを決めたものと考えられる。

つぎに8月上旬、朝廷より斎国に*抜穂使《ぬいほのつかい》（宮主《みやじ》一人と卜《うら》部《べ》三人）が派遣される。地元では斎田の近くに斎場を設け、「御饌《みけ》の八神」を祀る八神殿などを構える。斎田の稲から穂を抜き、稲実《いなみ》殿で乾かす。約一か月後の6月上旬、斎国郡の国司・郡司や所役の人々が抜穂使に率いられて上京し、内裏の北の斎場で*造酒児《さかつこ》らが*神酒《みき》を醸すなど準備にかかる。また、その前後、神饌・神酒用の稲（米・粟）以外に必要な*由加物《ゆかもの》（供物・祭具）などを調達するため、畿内の河内・和泉・紀伊・淡路・阿波・備前や尾張・三河などの諸国へ*由加物使《ゆかもののつかい》や*神服使《しんふくのつかい》が派遣され、関係の職人らを率いて上京する。

ついで8月下旬、伊勢の神宮に奉幣使が遣わされ、全国（五畿七道）の官社（神祇官所管の三〇〇〇近い神社）にも幣を頒《わか》つ。しかも、伊勢の神宮には、11月上旬、あらためて大嘗祭斎行《さいこう》の由を奉告する*由奉幣《よしのほうべい》も行われる。また、すでに8月上旬、五畿七道に*大祓使《おおはらえのつかい》が遣わされ、京内（左京・右京）と五畿内および近江・伊勢両国には、8月下旬にも大祓使が出される。9月下旬、大嘗祭に奉仕する*検校《けんぎょう》（公卿三人）と*行事《ぎょうじ》（十数人）などが、京中の*紙屋川《かんやがわ》で*荒見川《あらみかわ》の祓《はらい》を行い心身を清める。

10月下旬になると、天皇みずから*賀茂川《かもがわ》へ行幸して*河原《かわら》の御禊《ごけい》をする。*御禊行幸《ごけいぎょうこう》には、皇太子以下の皇族をはじめ公卿以下の文武男女官人（貞観の『儀式』では一五〇〇余名）が供奉《ぐぶ》する盛大な行列をなした。それゆえ、賀茂社の葵祭《あおいまつり》と同様、市中の道端で貴族や庶民が大勢それを見物している。天皇はそれから11月下旬までの一か月間、清浄を保つため斎戒を続け（*散斎《さんさい》）、とくに祭儀前後の三日間は一段と念入りに身を浄め厳しく物忌《ものいみ》をする（*致斎《ちさい》）。

このような準備が着々と進められる間に、儀場の大嘗宮を造るため、8月上旬に卜定した山林から、10月上旬に用材を皮付き*黒木《くろき》のまま伐り出し、11月中旬か下旬の祭日より七日前に鄭重な地鎮祭を行う。そして直前の五日間で仕上げることになっていた。

大嘗宮《だいじょうきゅう》（*悠紀殿《ゆきでん》・*主基殿《すきでん》と両*膳屋《かしわや》など）は、奈良時代の平城宮内に設けられた大嘗宮の例にならって、平安時代から中世まで、ほとんど平安宮大内裏の大極殿《だいごくでん》（ないし殿址）南庭に建てられた。しかし、近世の再興後には、もっぱら内裏（現在の京都御所）の紫宸殿《ししんでん》南庭に造られている。

大嘗の祭儀は、古来11月の中旬か下旬の*卯《う》の日《ひ》に斎行されてきた。その前日＝*寅《とら》の日《ひ》に儀場で*習礼《しゅうらい》（予行演習）があり、同夜、宮内省の正庁で*鎮魂祭《ちんこんさい》が行われる。この前夜祭は、遊離しがちな魂を天皇の体内へ鎮めて安らかにするため、*御巫《みこ》が*宇気槽《うけふね》を撞《つ》くたびに、*女蔵人《にょくろうど》が天皇の*御衣《おんぞ》を振動させるという。

当日＝卯の日には、内裏北の悠紀・主基両斎場で神饌や料物・調度などを輿《こし》に乗せ、祇園祭《ぎおんまつり》の山車《だし》のような飾物の*標《ひょうの》山《やま》を曳《ひ》きながら、両斎国の国司・郡司（その親族も）や*稲《いな》実公《みのきみ》・造酒児《さかつこ》など所役の人々および引夫・担夫など（『延喜式』によれば三五〇〇余人）の大行列が、京内の東西の大宮大路を南下してから、朱雀《すざく》大路を北上して、宮城内の大嘗宮へと運び入れる。

大嘗祭*卯《う》の日《ひ》の儀《ぎ》式《しき》次第《しだい》をみると、まず戌刻《いぬのこく》（午後8時）廻立殿《かいりゅうでん》において湯で身を浄め白い祭服に改めた天皇が、葉《は》薦《ごも》の通路を経て悠紀殿へ進む。ついで*隼人《はやと》の犬吠《いぬぼえ》や*吉野《よしの》の国栖《くず》奏《そう》、*諸国《しょこく》の語部《かたりべ》の古詞奏上《ふることそうじょう》、両斎国の*国風《くにぶり》（芸能《げいのう》）奏上《そうじょう》などがある。やがて亥刻《いのこく》（午後10時）、内膳司《ないぜんし》の官人と采女《うねめ》により悠紀殿に*神饌《しんせん》（米・粟《あわ》の御飯と*白酒《しろき》・*黒酒《くろき》など）が捧持される（*神饌行立《しんせんぎょうりゅう》）。すると、内院の*御座《みくら》に着いた天皇は、*神座《かみくら》（短帖）の祭神（天照大神）に対して神饌を一々丁重に供え、*おさがりをみずからも食べる*神饌《しんせん》親供共食《しんくきょうしょく》の儀《ぎ》を子刻《ねのこく》（午前0時）近くまで執り行う（*夕《よい》の儀《ぎ》）。

天皇は廻立殿に戻って少し休憩し、再び湯で身を浄める。その後主基殿へ入って、丑刻《うしのこく》（午前2時）から寅刻《とらのこく》（午前4時）近くまで、「夕の儀」と同様に執り行う（*暁《あかつき》の儀《ぎ》）。これによって、天皇は皇祖神の霊威を身に受けることになるとみられる。

こうして夜中の数時間にも及ぶ祭儀が終わると、あらためて辰《たつ》・巳《み》・午《うま》の三日間にわたり*節会《せちえ》（宴会《えんかい》）が催された。その会場は、平安宮から大内裏の中に造られた豊楽院《ぶらくいん》（朝堂院の西隣）があてられている。しかし、平安時代末期に同院が焼失してからは朝堂院、それも焼失した中世と近世（再興後）には、内裏《だいり》の紫宸殿《ししんでん》が用いられた。そのため、辰の日の未明に紫宸殿で「暁の儀」が終わると、急いで南庭の大嘗宮（悠紀殿・主基殿・両膳屋《かしわや》など）を解体して搬出しなければならなかったのである。

第一日＝辰の日の*悠紀節会《ゆきのせちえ》には、まず辰二刻（午前7時半）、天皇が北隣の清暑堂《せいしょどう》から豊楽院内の東側の悠紀帳に入り、その南庭に皇族と文武官人が整列する。そこで、かつて践祚式《せんそしき》の行事であった*中臣《なかとみ》の寿詞奏上《よごとそうじょう》と*忌部《いんべ》の鏡剣献《きょうけんけん》上《じょう》が行われる。つぎに弁大夫が悠紀・主基両国の*多米都物《ためつもの》（献上品）の目録を奏聞する。

ついで巳一刻（午前9時）、天皇に御膳を供し、前庭左右の堂内で着座した文武官人に酒饌を授け、悠紀・主基両国の献上品が諸司に頒《わ》けられる。つぎに両国の国司から*挿頭《かざし》花《はな》（造花。天皇には桜、その他には梅）などを献ずる。また斎国の地名と景物を詠み合わせた和歌により*風俗歌舞《ふうぞくのうたまい》が奏される。

このような君臣和楽の宴は、未二刻《ひつじのにこく》（午後1時半）から再び天皇が豊楽殿《ぶらくでん》内の西側の主基帳に入ると、同様に行われる。やがて夕方酉刻《とりのこく》（午後6時）、悠紀の国司に禄を下賜する。

第二日＝巳《み》の日の*主基節会《すきのせちえ》も、おおよそ前日と同様の節会が行われる。ただ、中臣による寿詞の奏上がなく、舞楽も*大和舞《やまとまい》と*田楽《でんがく》が奏される。やがて夕方、主基の国司らに禄を下賜する。その後、豊楽殿北隣の清暑堂で、ほとんど夜通し御神楽があり、君臣ともに歓を尽くす。

第三日＝午《うま》の日の*豊明節会《とよのあかりのせちえ》は、辰の日と巳の日の節会が祭儀の延長に近い性格を有するのに対して、それを終えた後の華やかな宴会（直会《なおらい》）として行われる。

まず辰刻（午前8時）、天皇が豊楽院の中央に据えられた高御座《たかみくら》に登ると、悠紀・主基両国の国司への叙位がある。ついで天皇に御膳を供し、群臣にも酒饌を下賜する。その間、*吉野《よしの》の国栖《くず》が門外で歌笛を奏し、殿内の舞台では、伴・佐伯両氏による*久米舞《くめまい》、安倍氏による*吉志舞《きしまい》、悠紀・主基両国の人々による*風俗舞《ふぞくまい》、宮廷の舞姫による*五節舞《ごせちのまい》、雅楽寮の五人による*五楽《ごがく》、神服女による*解斎《げさい》の大和舞《やまとまい》などが、次々と行われる。それから、参列者全員に禄を下賜し、悠紀・主基両国の郡司などに叙位がある。

【大嘗祭《だいじょうさい》の中断《ちゅうだん》と再興《さいこう》】

大規模な祭儀と宴会には、非常な人手と費用を要する。そのため、中世以降、朝廷の政治力・経済力が衰退し、また動乱が続発すると、次第に実施が難しくなり、やがて中断を余儀なくされた。けれども、それが二〇〇年余り経ってから、ようやく近世に再興する。

すなわち、前述の即位式（→[62]）にしても、南北朝期の南朝方では形ばかりの儀式しか行うことができず、足利氏《あしかがし》に奉じられた北朝方でさえ、遅延しがちであった。まして応仁・文明の乱（一四六七～七七）により戦国乱世となってからは、弱体化した幕府の援助が滞《とどこお》る。そのため、*[104]後柏原《ごかしわばら》天皇の場合、践祚から二一年後の大永元年（一五二一）、ようやく管領《かんれい》細川高国《ほそかわたかくに》らの助けをえて即位式を挙げた。しかし、それに相伴うべき大嘗祭は、ついに斎行することができず、前代の文正元年（一四六六）から以後中断するに至った。

次の*[105]後奈良《ごなら》天皇は、践祚してから一〇年後の天文5年（一五三六）、大内義隆《おおうちよしたか》ら戦国大名の献金をえてなんとか即位式を挙げた。しかし、それから一〇年近く経っても大嘗祭が

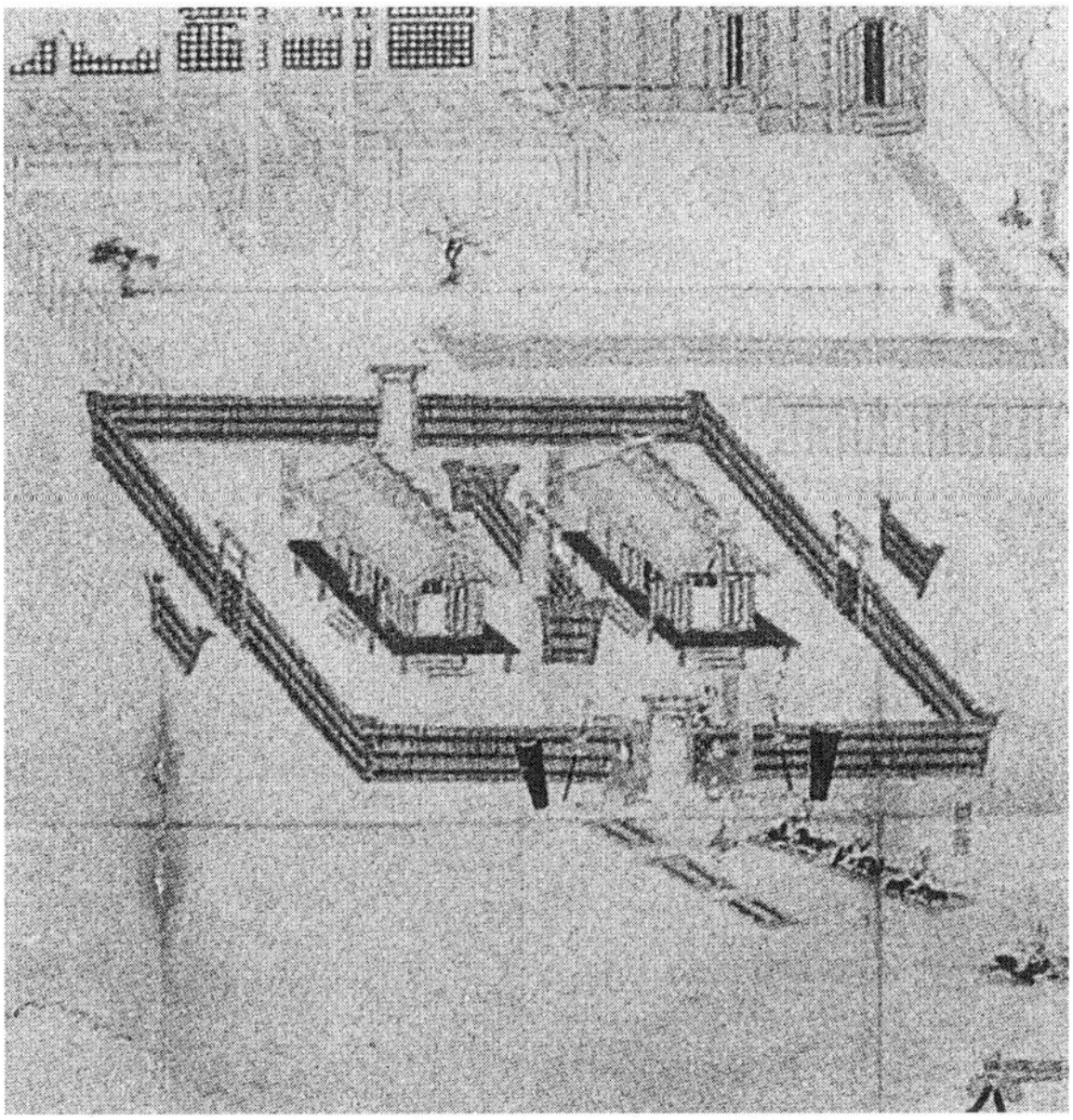

写真１　近世大嘗宮絵図（国立公文書館蔵）

できない。それを遺憾《いかん》として、同14年（一五四五）8月28日、伊勢の神宮に陳謝の宣命《せんみょう》を奉っている。

　したがって、後継の歴代天皇も、大嘗祭の復興に向け、武家側と再三交渉を試みている。それは江戸時代に入ってからも容易に進展しなかったが、*霊元《れいげん》上皇の熱意と決断により、貞享4年（一六八七）、*113東山《ひがしやま》天皇の即位時に再興された。

　その経緯をみると霊元上皇は在位中から京都所司代を介して江戸幕府に働きかけたが、次の東山天皇の代始《だいはじめ》にも、幕府は即位礼の費用しか出せないと返答してきた。そこで、その費用七二〇〇石余から三分の一近い二七〇〇石余を割き、それによって簡略な大嘗祭（節会は辰の日のみ）を行ったのである。しかし、そのような略儀では神々にかえって非礼だ、との批判が一部の公卿などからあり、次の*114中御門《なかみかど》天皇は大嘗祭を行っていない。

　けれども、*115桜町《さくらまち》天皇が践祚する段階では、関白一条《いちじょう》兼香《かねか》ら公卿も結束して、代始の大嘗祭をはじめ、毎年の新嘗祭も月次祭の神今食（かむいまけ じんこんじき）も復興すべきことを幕府に要望している。それに対して、時の将軍徳川吉宗《とくがわよしむね》も幕府の立場から*朝儀《ちょうぎ》の復興《ふっこう》に賛意を示した。そのため、践祚から三年後の元文3年（一七三八）、本格的な大嘗祭（節会も辰・巳・午の三日間）が再興されるに至ったのである。

　ちなみに、その盛儀を拝観した国学者の荷田在満《かだのありまろ》と絵師の住吉広行《すみよしひろゆき》が、『大嘗会儀式具釈』という概説書と一般向けに書き直した『大嘗会便蒙《びんもう》』を著している。　［所］

[68] 近代の大嘗祭

【明治《めいじ》の大嘗祭《だいじょうさい》と登極令《とうきょくれい》】

元文3年（一七三八）徳川吉宗《とくがわよしむね》の協力により再興された大嘗祭《だいじょうさい》（→[67]）は、ほぼ平安時代以来の祭儀と宴会の定式に則りながらも、全体に少し簡素化されている。とくに事前の御禊《ごけい》は、賀茂川《かもがわ》への行幸を幕府が認めないため、内裏においてすませた。そのような略儀は*[117]後桜町《ごさくらまち》天皇の時（明和元年（一七六四））も含めて六代にわたり続いたが、明治維新によって大きく変わった。

*明治天皇の即位《そくい》式《しき》は、慶応4年＝明治元年（一八六八）8月、京都御所の紫宸殿《ししんでん》において従来と著しく異なる「新式」で執り行われた（→[63]）。しかし、当時まだ戊辰《ぼしん》戦争が続いており、その中を天皇は翌年（一八六九）3月に再び東京へ行幸し旧江戸城の皇居に留まった。

そこで、平田派国学者の矢野玄道《やのはるみち》らは、京都に還幸《かんこう》して大嘗祭を斎行されるよう建白している。即位礼の新式を考案した福羽美静《ふくばびせい》らの主張が採用され、大嘗祭は明治4年（一八七一）の11月中旬（旧暦）、東京で斎行された。

まず同年5月、神祇伯《じんぎはく》中山忠能《なかやまただやす》（明治天皇外祖父）以下五名を*大嘗会御用掛《だいじょうえごようがかり》に任じ、ただちに悠紀《ゆき》は甲斐国巨摩《かいのくにこま》郡、主基《すき》は安房国長狭《あわのくにながさ》郡と卜定《ぼくじょう》された。

ついで9月に悠紀・主基両国の斎田《さいでん》で抜穂《ぬいぼ》の儀、10月には伊勢の神宮に由奉幣《よしのほうべい》、全国の主な神社に班幣《はんぺい》の儀《ぎ》が行われている。

さらに11月15日、皇居の吹上御苑《ふきあげぎょえん》に大嘗宮《だいじょうきゅう》（悠紀殿・主基殿など）が造営され、16日に鎮魂祭が営まれた。その上で、17日（卯《う》の日《ひ》）夜半から翌未明にかけて、「神饌親供共食《しんせんしんくきょうしょく》」の大嘗祭が古式どおり行われた。

ただ、従来三日間にわたっていた*節会《せちえ》（宴会）は、翌18日の豊明　節会《とよのあかりのせちえ》と翌19日の外国使節招宴のみとされた。むしろ注目されるのは、翌20日から29日まで一〇日間、一般庶民にも大嘗宮《だいじょうきゅう》の参観《さんかん》を認めたことである。

それから十数年後の明治22年（一八八九）に制定された『皇室典範』では、即位礼も大嘗祭も一連の大礼・大祀として京都で行うことになった。その二〇年後公布の「登極令」と同附式に詳細な祭儀が規定されている（→[64]）。

従来と大きく異なっているのは、即位礼と大嘗祭の後に

「*大饗《たいきょう》」を三回行い、また後儀として伊勢の神宮や主な山陵への「*親謁《しんえつ》」（参拝）などを設けたことである。

【昭和《しょうわ》の大嘗祭《だいじょうさい》と大饗《たいきょう》】

「登極令」に基づく初めての大礼は、大正4年（一九一五）11月で、即位礼が10日、大嘗祭が14日に行われた。

それにつぐ*昭和天皇の即位礼と大嘗祭も、昭和3年（一九二八）11月、大正と同じ日付である。全体的にみても、昭和の大礼は、大正の先例を尊重し、ほぼ同様に行われた。

まず諒闇《りょうあん》明けの昭和3年1月、即位礼と大嘗祭の期日が勅定《ちょくじょう》され、翌2月、*斎田点定《さいでんてんてい》の儀《ぎ》が行われた。皇居の神殿前庭において、古式どおり亀卜《きぼく》で神意を占い、悠紀《ゆき》地方は滋賀県、主基《すき》地方は福岡県と勅定されたのである。

ついで、翌3月に両県の斎田が決定され、4月に斎田祓《はらい》式《しき》、6月に御田植式、8月に斎田斎場の地鎮祭、さらに9月の16日と21日、悠紀斎田と主基斎田で古式に則り*抜穂《ぬいぼ》の儀《ぎ》が行われた。それを乾燥させ精選した上、10月中旬、精米三石と玄米五升が京都へ送られた。

京都においては、御所の東南にある仙洞御所址《せんとうごしょあと》の敷地に*大《だい》嘗宮《じょうきゅう》が造営された。東西四〇間（約七二メートル）、南北三〇間（約五四メートル）を柴垣で囲い、その中に悠紀殿・主基殿および皇后宮帳殿・庭積帳殿《にわづみのちょうでん》・小忌幄舎《おみのあくしゃ》など、その北に廻立殿《かいりゅうでん》と釜殿《かなえどの》・斎庫《さいこ》など、その東西に膳屋《かしわや》などが造営された。また、両斎田からの御米による御酒は、上賀茂《かみがも》神社の境内で醸造したものが膳屋に納められた。

大嘗祭当日の11月14日、本儀に先立って伊勢の神宮と皇居の皇霊殿・神殿に奉幣《ほうべい》の儀、また御所の春興殿《しゅんこうでん》で*賢所《かしこどころ》大御饌供進《おおみけきょうしん》の儀《ぎ》が行われた。午後5時、皇族および首相以下の文武官人らが配偶者同伴で参集して幄舎《あくしゃ》に入り、大礼使たちが本院に着くと、掌典長九条道実《くじょうみちざね》が悠紀・主基両殿の内陣に神座を奉安した。

そこで、昭和天皇は頓宮《とんぐう》の大宮《おおみや》御所から廻立殿に入り、小《お》忌《み》の湯をすませて生絹《すずし》（白）の祭服に着替え、やがて侍従の捧持する剣璽《けんじ》とともに悠紀殿へ進み着座。まもなく国栖《くず》の古風と悠紀地方の風俗歌が奏されると、*香淳《こうじゅん》皇后が帳殿の御座から悠紀殿を拝礼、他の皇族らも小忌幄舎から拝礼した。

つぎに悠紀の膳屋から悠紀殿まで、陪膳《ばいぜん》の女官や掌典らが*神饌《しんせん》を運ぶ（*神饌行立《しんせんぎょうりゅう》）。おもな神饌は、米と粟を蒸《む》した御飯（強飯《こわいい》）と炊いた御粥《おかゆ》（今でいう御飯）および白酒《しろき》・黒酒《くろき》、鯛《たい》・鮑《あわび》などを調理した鮮物《なまもの》と乾燥させた干物《からもの》、干柿《ほしがき》・生栗《なまぐり》などの果物、鮑と和布《わかめ》の煮物などである。いずれも大神の召し上がり物だから、運ぶ際、丁重に警蹕《けいひつ》（先払いの声）がかけられる。

ついで、天皇は殿内の外陣《げじん》から内陣に進み、*多志良加《たしらか》（土製の瓶）で御手水《おちょうず》をすませ、南南東向き（伊勢の神宮方向）の御座に着くと、その前の御食薦《みすごも》の上に女房らが神饌を据える。そこで天皇は、陪膳女官の介添えにより、神饌の御飯（米・粟）や御菜（鮮物・干物）・果物などを一々供進した（*神饌親供《しんせんしんく》）。その際、拝礼して奏する「御告文《おつげぶみ》」は公表されていないが、かつて神饌供進の前に奏上された御祈請文の一例が『後鳥羽天皇宸記《ごとばてんのうしんき》』にみえる。

それによれば、大嘗祭の祭神には、皇祖神の天照大神だけでなく天神地祇も含まれること、その祈請は国内の平安と年穀の豊穣とを目的としていたことなどがわかる。それは歴代に共通する宿願とみられる。

この神饌供進に続いて、天皇みずから米・粟の御飯と白酒・黒酒などを食する（*神人共食《しんじんきょうしょく》）。これは直会《なおらい》と解されている。それから休憩のために廻立殿へ戻り、再び小忌の湯をすまし、再び生絹《すずし》の祭服で主基殿に進み、悠紀殿と同様に神饌を親供し共食する。この悠紀・主基の両殿における親祭は、古式どおりに行われた。

この祭儀が終了すると、引き続き大饗《たいきょう》が三回行われた。その饗宴場は、大宮御所の北（京都御所の東）に四〇間四方の大きな建物（外観は和風、内部はほとんど洋風）が造営された。

そこに悠紀地方と主基地方の風景を大和絵と和歌で表す*風俗歌屏風《ふうぞくうたびょうぶ》などが立てられた。ちなみに、悠紀方は、絵が川合玉堂《かわいぎょくどう》、歌が入江為守《いりえためもり》であり、主基方は、絵が山元春《やまもとしゅん》挙《きょ》、歌が阪正臣《ばんまさおみ》である。

*大饗第一日《たいきょうだいいちにち》の儀《ぎ》は、16日午前11時半から二時間余り、九四四人が参列した。天皇は陸軍式の正装（皇后は中礼服のローブ・デコルテ）で勅語を読みあげ、それに応じて首相田中義一と在日外国大使代表（ドイツのウィルヘルム・ゾルフ）が奉対文《ほうたいぶん》を奏した。その後、中央の舞台で*久米舞《くめまい》、悠紀地方・主基地方の*風俗舞《ふぞくまい》、*舞姫《まいひめ》（旧堂上《とうしょう》公家の令嬢）による*五節舞《ごせちのまい》などが披露された。

なお、当日、全国の各地方でも、官庁・学校などで*饗饌《きょうせん》が行われ、合計二二万五〇〇〇人近くが参列した。

*大饗第二日《たいきょうだいににち》の儀《ぎ》は、17日夕方7時から二時間、二〇三人が参列して、洋風の晩餐《ばんさん》が開かれ、舞台で式部職の楽人により*管絃楽《かんげんがく》が演奏された。

*大饗夜宴《たいきょうやえん》の儀《ぎ》は、同日夜9時半から12時まで、二七七九人も参列（配偶者同伴）して、舞台で万歳楽や太平楽が奏された後、洋楽が流れる中、洋食の饗宴が行われている。

なお、大礼の行われた紫宸殿と大嘗宮・饗宴場は、12月1日から翌年(一九二九)4月末日まで五か月間、一般に公開されている。合計五三四万近い人々が参観したという。

昭和《しょうわ》の大礼後儀《たいれいこうぎ》 *昭和天皇と*香淳皇后は、大礼後儀として*親謁《しんえつ》を行った。親謁とは、天皇が祖先の神霊を祀《まつ》る所へ出向き親《みずか》ら拝謁(参拝)することである。

その行程は、20・21日が伊勢の外宮と内宮、23日が橿原《かしはら》市《し》の神武《じんむ》天皇陵、24・25日が京都市の仁孝《にんこう》天皇陵・孝明《こうめい》天皇陵と明治天皇陵である。

続いて翌26日、賢所(鏡)と剣璽《けんじ》も伴って京都を列車で出発し、名古屋の離宮(城)において一泊の後、翌27日に東京へ帰着、翌28日、夕方から夜半まで、還御した賢所に御神楽《みかぐら》が奏された。ついで翌29日午前、原宿から八王子の東浅川駅へ列車で向かい、大正天皇(父帝)の多摩陵に拝礼した後、皇居へ帰着した。

さらに、天皇は、その後の*祝賀行事《しゅくがぎょうじ》に臨席した。まず12月2日、代々木《よよぎ》の練兵場における大礼観兵式で馬に乗り閲兵。翌3日、皇居前広場で在郷軍人の親閲(二万一九〇〇余人参加)。翌4日、横浜港沖における大礼特別観艦式で巡洋艦(榛名《はるな》)に搭乗。ついで6日、海軍大学校で少年団日本連盟の親閲(三六七二人参列)。

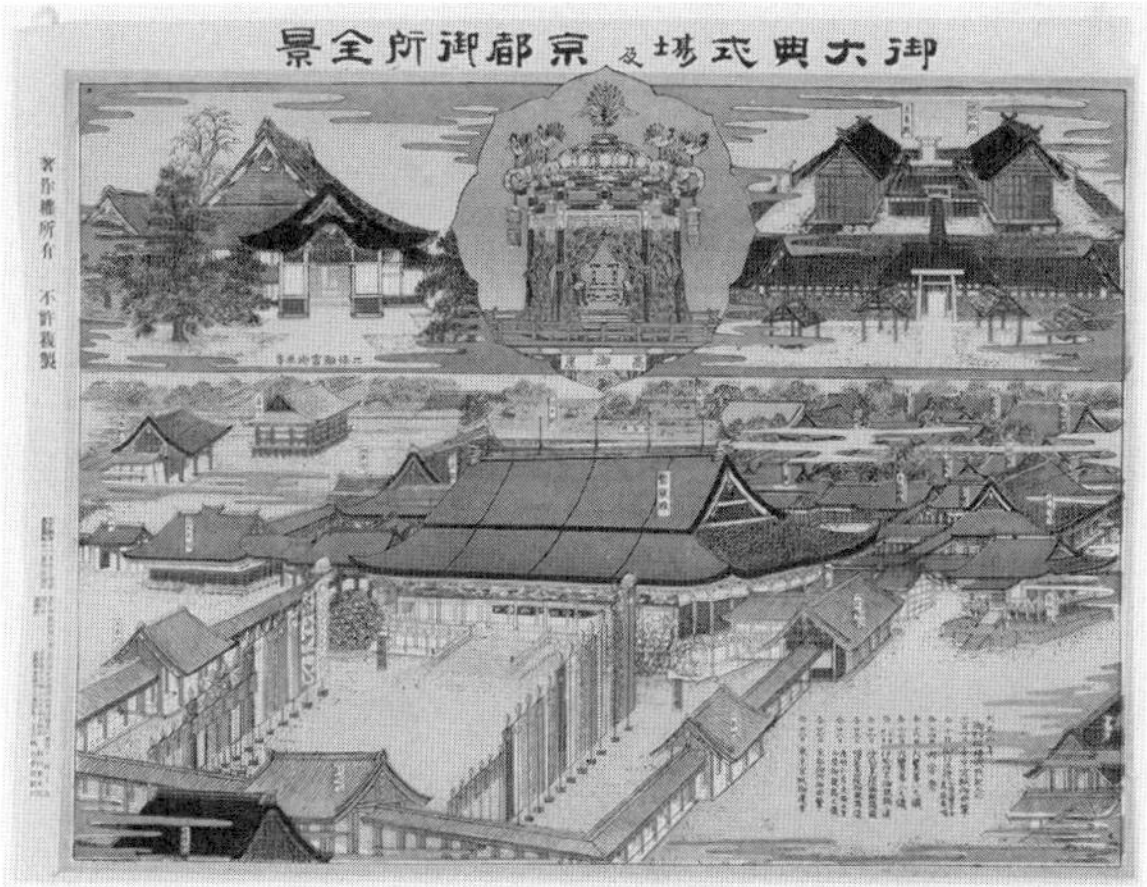

写真1 大正4年(1915)「御大典式場及京都御所全景」
(皇學館大學神道博物館蔵)

また7日から11日まで宮中の饗宴。翌12日、首相官邸で奉祝夜会(四九七六人招待)。翌13日、上野公園で東京都の奉祝会(五万四五〇〇余人参加)。さらに15日、再び皇居前広場で首都圏の中高大生・青年団などへ親閲(七万五〇〇〇余人参加)などが続いた(平成の即位礼→69)。 [所]

[69] 平成の即位礼

【継承《けいしょう》の儀《ぎ》】

世襲の天皇は、譲位以外、崩御《ほうぎょ》を境に皇太子がただちに皇位を継承する。外国でも「(前の)国王は亡くなった。(新しい)国王万歳(Le Roi est Mort, Vive le Roi)」という格言がある。かつては「践祚《せんそ》」といったが、昭和から平成への代替わりでは、「*皇位継承」と称して、四つの儀式が行われた。

剣璽《けんじ》等承継《とうしょうけい》の儀《ぎ》　*昭和天皇が崩御した三時間半後の昭和64年(一九八九)1月7日午前10時から、正殿の松の間で行われ、*国《くに》の儀式《ぎしき》とされた。

正面の新天皇(*平成の天皇)を中心に皇族男子が左右に並び、その前に三権の長(内閣総理大臣、衆参両院正副議長、最高裁長官)および国務大臣ら二六人が参列した。天皇の身位《しんい》を表す「由緒ある物」として、昭和天皇の吹上御《ふきあげご》所《しょ》に置かれていた剣と璽(勾玉《まがたま》)を、侍従《じじゅう》が松の間へ捧持して、天皇の前の三脚の白木の案(机)上に置いた。天皇から見て剣は左、璽は右、公印の御璽《ぎょじ》と国璽《こくじ》は一段低い中央の案上である。それを天皇が確認するように一礼し、剣―天皇―璽の列を組んで退出した。御璽と国璽は列の最後に続いた。10時10分頃終了。

それと同時刻、宮中三殿では*賢所《かしこどころ》の儀《ぎ》、*皇霊殿神殿《こうれいでんしんでん》に奉《ほう》告《こく》の儀《ぎ》が掌典長《しょうてんちょう》により行われた。賢所の儀は8日と9日も繰り返された。それから9日午前11時、松の間で即位後初めて国民の代表らと会う*即位《そくい》後朝見《ごちょうけん》の儀《ぎ》が国の儀式として行われた。そこには、新天皇・皇后を中心に成年の男女皇族が並び、三権の長、認証官、地方自治体の代表など計二四三人が、配偶者同伴で参列した。

【即位礼《そくいれい》】

一年間の喪《も》(諒暗《りょうあん》)が明けてから、平成2年(一九九〇)1月23日午前、宮中三殿で、午後は正殿竹の間で神宮《じんぐう》および[1]神《じん》武《む》、先帝四代(昭和、大正、明治、[121]孝明《こうめい》各天皇)各陵《りょう》に、即位礼、大嘗祭《だいじょうさい》の期日を奉告するための勅使を遣わす*勅使発遣《ちょくしはっけん》の儀《ぎ》が行われた。ここに東京で初めて行われる即位礼の諸儀式がスタートした。おもな儀式は次の通りである(諸儀の進行→表1)。

即位礼当日賢所大前の儀《そくいれいとうじつかしこどころおおまえのぎ》、皇霊殿神殿に奉告の儀《こうれいでんしんでんにほうこくのぎ》　11月12日午前9時、束帯帛袍《そくたいはくほう》の天皇が賢所、続いて皇霊殿と神殿で拝礼し、御告文《おつげぶみ》を奏した。ついで、白色帛《はく》の五衣《いつつぎぬ》・唐衣《からぎぬ》・裳《も》の皇后が拝礼した。そこに皇太子徳仁親王以下の成年皇族、及び三権の長、国務大臣ら四八人が参列した。

即位《そくい》礼正殿《れいせいでん》の儀《ぎ》　即位したことを、あらためて内外に宣明《せんめい》する儀式。11月12日午後1時、束帯に帯剣《たいけん》の皇太子と成年皇族男子、ついで成年皇族女子が正殿松の間の式場に入り、それぞれ高御座《たかみくら》、御帳台《みちょうだい》の左右に並んだ。同午後1時4分、天皇は黄櫨染袍《こうろぜんのほう》、皇后は五衣・唐衣・裳を着けて正殿松の間に入った。天皇は中央の高御座に登ると、壇上左右に剣と璽、御璽と国璽が置かれた。皇后は正面の向かって右側の御帳台に登った。

　午後1時10分、両座の帳《とばり》が左右に開かれ、天皇が「即位のおことば」を読みあげた。それに対して、燕尾服《えんびふく》の首相海部俊樹《かいふとしき》が「寿詞《よごと》」を読みあげ、万歳を三唱した。これに合わせて陸上自衛隊により礼砲二一発が北の丸公園で撃たれた。午後1時半、天皇・皇后が退出し、皇太子以下の皇族も随従した。

　正殿の中央には、京都御所の紫宸殿《ししんでん》のように中庭から松の間ベランダまで高さ三・五メートル、幅一〇・五メートル、一八段の木階が取り付けられた。白の小石が敷き詰められた中庭には、古代の制にならって萬歳旛《ばんざいばん》、菊華章の大錦旛《だいきんばん》などの旛《はた》が左右に分かれて二六旒《りゅう》並び、桙《ほこ》、太刀《たち》、弓などの武具を手にした威儀物《いぎもの》捧持者らが整列した。

　式にはベルギーの国王ボードワン夫妻、英国のチャールズ皇太子夫妻、ドイツの大統領ワイツゼッカー夫妻など、外国から一五八か国と国連、EC代表など四七四人、および国内の各界代表ら二〇一九人が出席した。

祝賀御列の儀《しゅくがおんれつのぎ》　同じ12日午後3時半、燕尾服の天皇とローブ・デコルテの皇后は、オープンカーで宮殿・南車寄《みなみくるまよ》せを出発。皇族を代表して皇太子が後続車に乗り、首相海部俊樹らの車四四台（単車、側車を含む）の車列が組まれ、赤《あか》坂御所《さかごしょ》まで四・七キロをパレードした。出発の時、宮内庁楽部が行進曲「平成」を演奏した。一一万七〇〇〇人以上が沿道で祝意を表した。

饗宴の儀《きょうえんのぎ》　その12日午後7時半から、皇太子以下の成年皇族一三人、外国元首、祝賀使節二五三人を中心に、三権の長など計三四一人が豊明殿《ほうめいでん》に招かれた。食事の後、高御座《たかみくら》などを見学、春秋の間で舞楽《ぶがく》を楽しんだ。それから15日までの四日間に七回祝宴が開かれ、皇太子以下の成年皇族を含めて三四四四人が配偶者同伴で招待された。

園遊会《えんゆうかい》　翌13日午後、天皇・皇后主催の特別な園遊会が赤坂御苑で開かれ、外国元首、祝賀使節夫妻一三七か国二一

表1　即位関連の諸儀式・進行表

○＝国の儀式　［　］内は実施場所

平成2年（一九九〇）		
1月23日	10時30分	賢所に期日奉告の儀［賢所］
		皇霊殿神殿に期日奉告の儀［皇霊殿］［神殿］ ＝即位礼、大嘗祭の期日を天照大神以下に奉告する即位礼関連の最初の儀式
	14時	神宮神武天皇山陵及び前四代の天皇山陵に勅使発遣の儀［正殿竹の間］＝期日奉告のため勅使を遣わす。参向の勅使に天皇のお言葉がある
1月25日	7時30分	神宮に奉幣の儀［神宮］
		神武天皇山陵及び前四代の天皇山陵に奉幣の儀
	10時	［神武、昭和、孝明各天皇山陵］
	14時	［明治、大正各天皇山陵］
2月8日	10時	斎田点定の儀［神殿］ ＝大嘗祭の悠紀、主基両斎田を亀卜で占う
8月2日	10時	大嘗宮地鎮祭［大嘗宮予定地（東御苑）］
9月27日	15時	斎田抜穂前一日大祓［秋田県悠紀斎田］
9月28日	10時	斎田抜穂の儀［秋田県悠紀斎田］
10月9日	15時	斎田抜穂前一日大祓［大分県主基斎田］
10月10日	10時	斎田抜穂の儀［大分県主基斎田］
10月25日	9時30分	悠紀主基両地方新穀供納［大嘗宮斎庫］
11月12日	9時	即位礼当日賢所大前の儀［賢所］
		即位礼当日皇霊殿神殿に奉告の儀［皇霊殿］［神殿］ ＝本日即位礼が行われる旨を奉告
	13時	○即位礼正殿の儀［宮殿］
	15時30分	○祝賀御列の儀［宮殿］～［赤坂御所］
		○饗宴の儀［宮殿］＝4日間、計7回の祝宴（15日まで）
11月13日	午前	外国賓客と会見など［赤坂御所］ ＝国王夫妻などを招いた茶会
	14時30分	園遊会［赤坂御苑］
11月16日	10時	神宮に勅使発遣の儀［正殿竹の間］ ＝大嘗祭を行う旨の奉告
11月20日	14時	大嘗祭前二日御禊［正殿竹の間］
		大嘗祭前二日大祓［正門鉄橋脇］
11月21日	15時	大嘗祭前一日大嘗宮鎮祭［大嘗宮］
	17時	大嘗祭前一日鎮魂の儀［賢所綾綺殿］
11月22日	7時30分	大嘗祭当日神宮に奉幣の儀［神宮］
	10時	大嘗祭当日賢所大御饌供進の儀［賢所］
		大嘗祭当日皇霊殿神殿に奉告の儀［皇霊殿］［神殿］ ＝賢所に御饌を供え、大嘗祭を行うとの奉告をする
	18時28分	大嘗宮の儀（悠紀殿供饌の儀）［大嘗宮］
11月23日	0時25分	大嘗宮の儀（主基殿供饌の儀）［大嘗宮］
11月24日		大饗の儀［宮殿］＝計3回行われた（25日まで）

11月24日	9時	大嘗祭後一日大嘗宮鎮祭［大嘗宮］ ＝大嘗宮の安寧を感謝する
11月27日	10時30分	即位礼及び大嘗祭後神宮に親謁の儀［豊受大神宮］
11月28日	10時	即位礼及び大嘗祭後神宮に親謁の儀［皇大神宮］
12月2日		即位礼及び大嘗祭後神武天皇山陵及び前四代の天皇山陵に親謁の儀［神武天皇陵、孝明天皇陵］
12月3日		同右［明治天皇陵］
	14時	茶会＝近畿各県の関係者を招待［京都御所］
12月5日		即位礼及び大嘗祭後神武天皇山陵及び前四代の天皇山陵に親謁の儀［大正天皇陵、昭和天皇陵］
12月6日	10時	即位礼及び大嘗祭後賢所に親謁の儀［賢所］
		即位礼及び大嘗祭後皇霊殿神殿に親謁の儀［皇霊殿］［神殿］
	16時30分	即位礼及び大嘗祭後賢所御神楽の儀［賢所］
平成3年（一九九一）		
2月14日	10時	大嘗祭後大嘗宮地鎮祭［大嘗宮跡地］ ＝斎庫をのぞく大嘗宮の建物が取り払われ、更地になった大嘗宮跡地で行われた

※皇位継承の諸儀式については［106］表1（平成元（一九八九）年1月7日）も参照

八人、及び駐日大使夫妻など四四八人、海外日系人代表一一か国二八人など七七六人が招かれた。これに先立って天皇・皇后は赤坂御所にベルギー国王王妃ら王族の元首を茶会に招き、また皇太子も同時刻、赤坂仮御所に英国の皇太子チャールズ、同妃ダイアナ夫妻など各国皇太子を招いて茶会を開いた。

神宮親謁の儀《じんぐうしんえつのぎ》　即位礼と大嘗祭《だいじょうさい》が終了すると、それを神宮に奉告するため、天皇・皇后は11月26日、伊勢《いせ》へ向かった。27日豊受大神宮《とようけだいじんぐう》に、28日は皇大神宮《こうたいじんぐう》に、それぞれ正装（天皇は黄櫨染袍、皇后は女房装束《にょうぼうしょうぞく》）で参拝した。宿舎の斎館《さいかん》から正門まで、結婚式のパレードで使った儀装馬車《ぎそうばしゃ》を使用した。その際、昭和49年（一九七四）以来一六年ぶりに剣《けん》と璽《じ》を伴っている。

政府の対応《せいふのたいおう》　宮内庁は平成元年（一九八九）7月3日、宮内庁長官を委員長とする「大礼検討委員会」、9月26日「大礼準備委員会」、平成2年（一九九〇）1月8日「大礼委員会」、同年8月から「大礼実施本部会議」を設置し、実務的なことについて七回検討した。また内閣は平成元年6月29日、内閣官房副長官（事務）を委員長とする「即位の礼検討委員会」、9月26日内閣官房長官を委員長とする「即位の礼準備委員会」、さらに平成2年1月8日、内閣総理大臣を委員長とする「即位の礼委員会」、同1月19日内閣官房長官を本部長とする「即位の礼実施連絡本部」を設置した。

高御座《たかみくら》　天皇が登る特製の玉座で、大正と昭和の即位礼のときのものが使用された。総檜《ひのき》づくりで、黒塗り三層の継《つぎ》

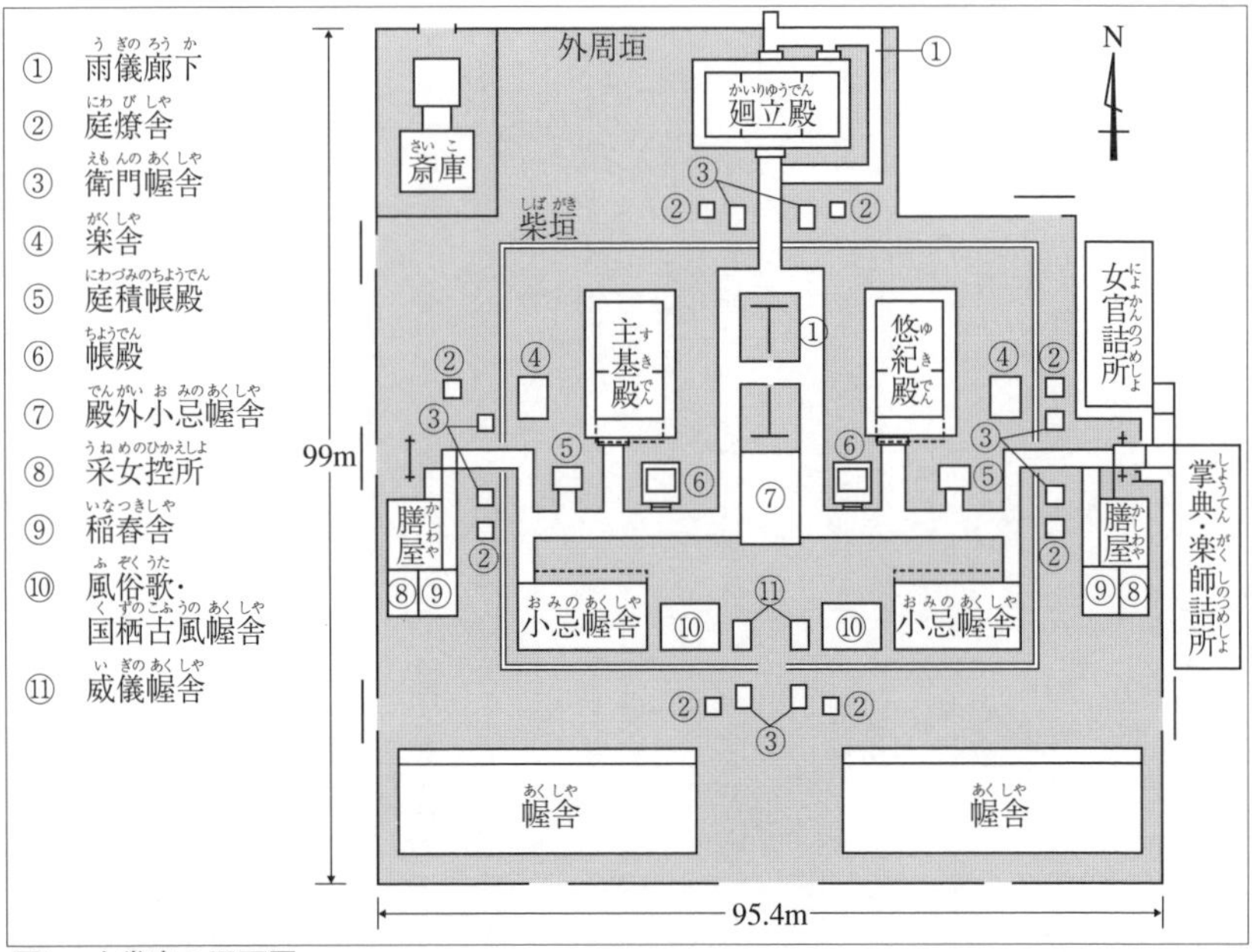

図1　大嘗宮の平面図

壇《だん》の上に八角形の屋根が付く。天皇が立つ壇は二畳敷きで、屋根は鳳凰《ほうおう》、鏡、玉で飾られ、天井には大鏡が付いている。高さ六・四八メートル、縦五・四五メートル、横六・〇六メートル、重さは八トン。京都御所から東京へ運ぶために解体し、過激派の襲撃を警戒して自衛隊のヘリコプターが用いられた。

御帳台《みちょうだい》　高御座の隣に皇后が登る特製の御座。高さ五・三メートル、縦四・八メートル、横五・三メートル、重さは七トン。皇后の方には鏡がない。

黄櫨染袍《こうろぜんのほう》　天皇のみが用いる特製の束帯《そくたい》。櫨《はぜ》と蘇芳《すおう》の木からとった煮汁で練絹《ねりぎぬ》を黄茶色に染め上げ、桐《きり》、竹、鳳凰、麒《き》麟《りん》が織り出されている。纓《えい》がピンと立つ立纓《りゅうえい》の冠を着けた。

大嘗祭《だいじょうさい》　毎年秋の新嘗祭《にいなめさい》と同じく、天皇が五穀豊穣《ごこくほうじょう》、国家国民の安寧を祈る祭儀であるが、即位して初めて大規模に行うものを特に大嘗祭という。即位礼から一〇日後の11月22日夜から23日未明にかけて悠紀殿《ゆきでん》と主基殿《すきでん》で行われた。

斎田点定の儀《さいでんてんていのぎ》　平成2年(一九九〇)2月8日午前10時、神殿の前庭で亀卜《きぼく》により、東京から東の悠紀《ゆき》地方に秋田県、西の主基《すき》地方に大分県が決められた。大嘗祭で使われる新穀を生産する両地方の*大田主《おおたぬし》(斎田耕作者)は、過激派のゲリラを警戒して稲の刈り入れ直前まで発表されなかった。

大嘗宮《だいじょうきゅう》　皇居東御苑《ひがしぎょえん》の旧江戸城本丸跡の広芝に、大手の建設会社五社が共同で請け負った。三九棟から成り、全域は東西九五・四メートル、南北九九メートルで、その内側に東西六四・八メートル、南北四八・六メートルの区画を設け、柴垣《しばがき》を巡らせ、中に主要な殿舎を建てた（図1、写真1）。

悠紀殿《ゆきでん》は東西八・一メートル、南北一三・五メートルで、黒木造り（皮付きの落葉松《からまつ》の丸太）、茅葺《かやぶき》の切妻《きりづま》屋根。主基殿《すきでん》も同規模で、両殿中心線の北に廻立殿《かいりゅうでん》（東西一六・二メートル、南北七・二メートル）がある。各殿舎は壁、天井、床は藺草《いぐさ》の畳が使われ古代様式を模している。悠紀殿と主基殿は*内陣《ないじん》と*外陣《げじん》に分けられる。天皇が*神饌《しんせん》を供える内陣は八・一メートル四方、中央に長さ三・六メートルの*寝座《しんざ》、足元に沓《くつ》と麁服《あらたえ》（麻布）、繒服《にぎたえ》（絹布）、その左（西）側に九〇センチ四方の畳の*御座《ぎょざ》（天皇の座）と*神座《しんざ》が置かれる。（図2）。

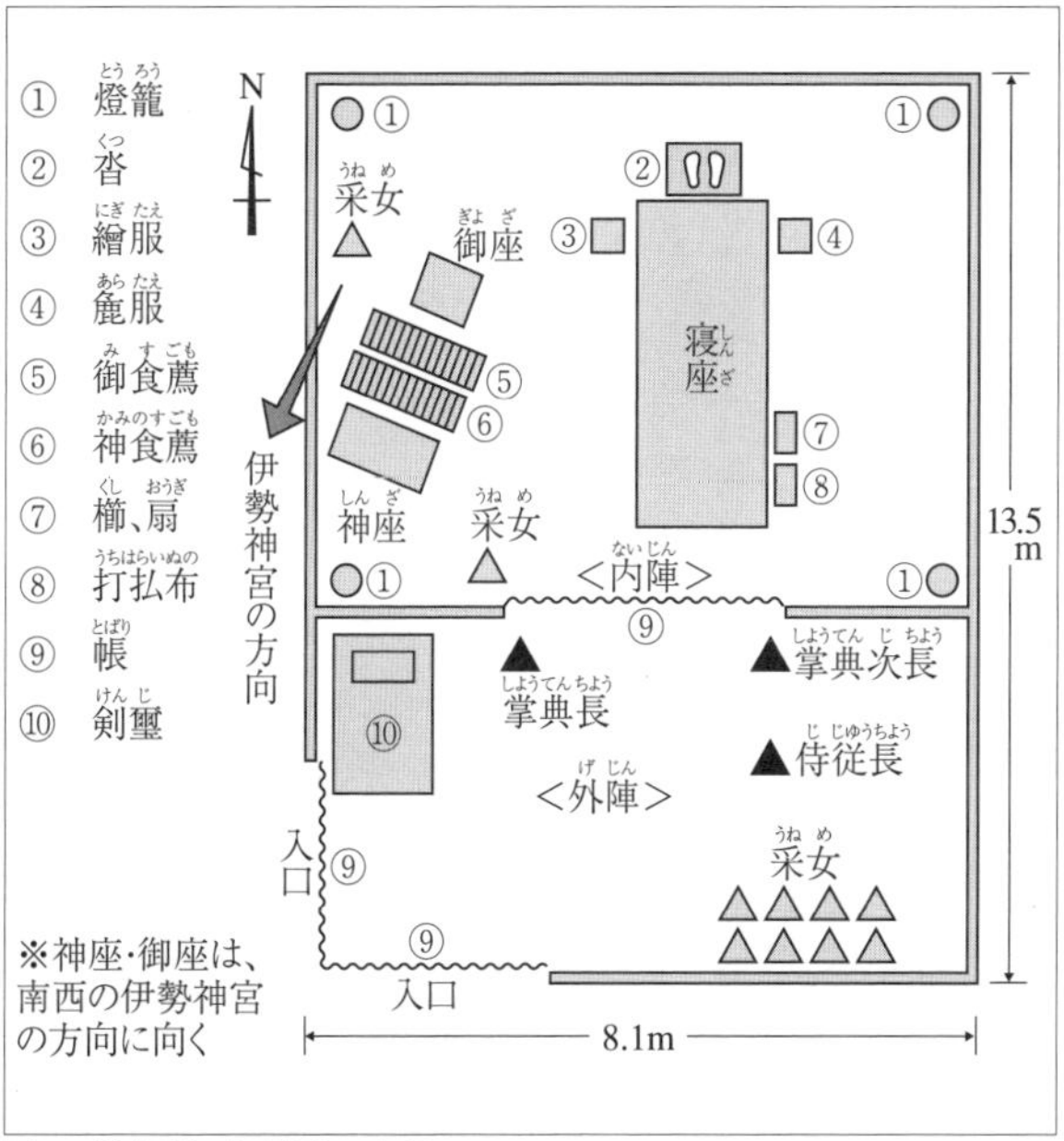

図2　悠紀殿・主基殿の内部

大嘗祭前二日の御禊《だいじょうさいぜんにじつのおんみそぎ》　天皇・皇后の特別な禊。11月20日、正殿竹の間で行われた。また皇居正門内に*祓所《はらえど》が設けられ、皇族を代表して秋篠宮《あきしののみや》、宮内庁長官はじめ祭儀の関係者が大嘗祭前二日大祓を受けた。

21日午後5時から宮中三殿・綾綺殿《りょうきでん》で行われた*大嘗祭前《だいじょうさいぜん》一日鎮魂の儀《いちにちたましずめのぎ》は、旧「皇室祭祀令」に「御衣振動」「糸結《いとむすび》の式」を行うとある。祭儀が平穏に行われるようにとの祈りを込める。

悠紀殿供饌の儀《ゆきでんきょうせんのぎ》　天皇は廻立殿《かいりゅうでん》で潔斎《けっさい》し、純白生絹《すずし》の祭服で22日午後6時28分、皇太子以下の成年皇族を従えて悠紀殿に向かった。同38分天皇が同殿外陣の座に着き、皇太子以下は*小忌幄舎《おみのあくしゃ》に入った。

皇后は純白生絹の五衣《いつつぎぬ》、唐衣《からぎぬ》、裳《も》を着用し、6時34分、成年皇族女子を従えて廻立殿を出て同39分*帳殿《ちょうでん》に着いた。皇族女子は殿外小忌幄舎に入り、同55分皇后が拝礼を終わって退出すると、一同も後に続いた。7時4分すぎ*神饌行立《しんせんぎょうりゅう》が始まった。脂燭《しそく》で足元を照らされた掌典《しょうてん》、采女《うねめ》が*膳屋《かしわや》から悠紀殿に向かう。行列の先頭は六〇センチほどの削木《けずりき》を掌典が持ち、海老鰭盥槽《えびのはたふね》（白木の水を受ける器）、多志良加《たしらか》（土器の水差し）を掌典。次に刀子筥《かたなばこ》（小刀、楊枝《ようじ》）、巾子筥《たなごい》（手ふき）、神食薦《かみのすごも》・御食薦《みすごも》（大神と天皇の食卓）、箸筥《はし》、枚手筥《ひらで》（柏《かしわ》の葉で作った皿）、御飯筥《おもの》、鮮物筥《なまもの》（鯛《たい》、鮑《あわび》、鮭《さけ》、烏賊《いか》）、干物筥《からもの》（干鯛《ひだい》、干鰺《あじ》、堅魚《かつお》、蒸し鮑）、菓子筥《くだもの》（干柿《ほしがき》、搗栗《かちぐり》、生栗、棗《なつめ》）を采女が持つ。次に掌典二人が鮑汁漬《あわびしる》、海藻汁漬《めのしる》、掌典補二人が空盞《こうさんさかずき》（盃、二人で持つ）を運び、最後に八人の掌典補が二人ずつ八足《はっそくのつくえ》机を運ぶ。上には羹《あつもの》、酒、御飯、直会《なおらい》の酒がのっている。

こうした長い列が悠紀殿の内陣に向かう際、「オーシー」と先払いの*掌典《しょうてん》が発声して周辺を戒める（*警蹕《けいひつ》）。7時6分、天皇が内陣に着き、小刀を持つ陪膳《ばいぜん》の采女と手ふきを持った*後取《しんどり》（取次ぎ役）の采女が、天皇を助けて神饌を供える。天皇は手水を使い、天照大神《あまてらすおおみかみ》と自身の食卓となる薦《こも》を敷く。長いピンセットのような箸で料理を枚手《ひらで》（柏葉《かしわば》の皿）に盛り付けて、*神饌親供《しんせんしんく》を行う。四隅にはぼんやりとした燈籠《とうろう》だけなので手元が暗い。

8時40分ごろ拝礼があり、御告文《おつげぶみ》を読んでから直会《なおらい》に移り、天皇は神饌と同様の米と粟《あわ》の御飯を食べ、新穀から造られた*白酒《しろき》と*黒酒《くろき》の濁り酒を「三口嘗《な》める」。黒酒には臭《くさ》木《ぎ》という雑草の灰が入っている。9時6分、采女や掌典が神饌を下げて膳屋《かしわや》に退出し、9時半ごろ天皇が悠紀殿を出ると、皇族男子が後に続いた。

主基殿供饌の儀《すきでんきょうせんのぎ》　悠紀殿の儀とすべて同じ進行である。天皇が廻立殿を出たのは24日午前零時25分、直会がすんで主基殿を出たのが、午前3時半ごろであった。

悠紀斎田《ゆきさいでん》と主基斎田《すきさいでん》　悠紀地方は秋田県五城目町、大田主は伊藤容一郎。斎田は一五アール。主基地方は大分県玖珠町《くすまち》、大田主は穴井進。斎田は一一アール。

それぞれの斎田から丁寧に収穫された新穀二一七・五キロずつが宮内庁に納入された。

亀卜《きぼく》　宮中三殿の東側の神殿前庭の斎舎で、掌典が古式どおり亀《かめ》の甲羅《こうら》を桜材で焼き、亀裂により悠紀と主基の地方を決めた。

庭積《にわづみ》　机代物《のつくえしろもの》　大嘗宮《だいじょうきゅう》の庭に机を置き、各都道府県から特産の農水産物を供進する。いずれも精米と精粟のほか特産品五品目以内を納める。明治の大嘗祭から始まり、大正以降、全国的になった。

写真１　平成２年（1990）秋に設営された大嘗宮（共同通信社提供）

大嘗宮《だいじょうきゅう》と高御座《たかみくら》の参観者《さんかんしゃ》　皇居の東御苑《ひがしぎょえん》に設けられた大嘗祭の一般参観が11月29日から12月16日まで行われ、四三万九七八〇人が訪れた。また、京都御所に戻された高御座の一般参観は12月15日から24日まで行われ、一六万二七四〇人が訪れた。

〔高橋・所〕

[70] 令和の皇位継承に伴う儀式と祭祀

令和の皇位継承は、前回と異なり、*平成の天皇（上皇）が譲位（いわゆる生前退位）する機会に行われる運びとなった。

そのため、すでに平成31年（二〇一九）3月8日、宮内庁の「大礼委員会」で「退位の礼関係諸儀式の式次第」が定められ、また3月19日、政府の「皇位継承に関する式典委員会」で「天皇の退位と新天皇の即位に伴う一連の儀式」を「国の儀式」として行う細目が決められた。

それによって、同年の4月30日夕方5時から「退位《たいい》礼正《れいせい》殿《でん》の儀《ぎ》」が行われ、ついで翌5月1日午前10時30分から「剣《けん》璽《じ》等承継《とうしょうけい》の儀」、続いて「即位《そくい》後朝見《ごちょうけん》の儀」が同じく正殿松の間で行われた。このうち、「退位礼正殿の儀」には平成の天皇・皇后と成年男女皇族および三権の代表など三三八人が参列した。

ついで「剣璽等承継の儀」には、新天皇（*令和の天皇）とその左右に秋篠宮《あきしののみや》と常陸宮《ひたちのみや》の三人（皇位継承資格をもつ成年男性皇族）、および三権代表の二六人のみであった。ただ、その直後の「即位後朝見の儀」には、新天皇・皇后と成年男女皇族および三権の代表など二九〇余人が参列し、天皇から簡単な「おことば」が述べられた。また、5月4日の午前と午後、即位祝賀の一般参賀が行われ、全国各地から一五万以上の人々が訪れた。

それから5月8日には、宮中三殿で即位礼と大嘗祭《だいじょうさい》の「期《き》日奉告《じっほうこく》の儀」、また正殿松の間で伊勢の神宮および[1]神武天皇と[121]孝明・[122]明治・[123]大正・[124]昭和の四天皇山陵に「勅使《ちょくし》発遣《はっけん》の儀」、ついで5月10日には同上各所への「奉幣の儀」が行われた。

さらに5月13日、宮中三殿の神殿前庭で、古式*亀卜《きぼく》を用いた「斎田点定《さいでんてんてい》の儀」により*悠紀《ゆき》地方が栃木県、*主基《すき》地方が京都府と定められた。この両県内で最適の斎田として、悠紀は高根沢町《たかねざわまち》の一二二七平方メートル（耕作者石塚毅男）、主基は南丹市《なんたんし》八木町の二六九五平方メートル（耕作者中川久夫）が選ばれ、9月27日に「斎田抜穂《さいでんぬいぼ》の儀」を経て、新穀が献納された。

また、大嘗宮《だいじょうきゅう》（悠紀殿と主基殿）内の寝座《しんざ》近くに供される神服《しんふく》（麻の麁服《あらたえ》と絹の繒服《にぎたえ》）は、前回と同様、古代以来の伝統を受け継ぐ旧阿波国《あわのくに》の徳島県美馬市《みまし》と旧三河国《みかわのくに》の愛知県豊田市《とよたし》で丁重に準備して献納する。

そのうえで「即位《そくい》礼正殿《れいせいでん》の儀《ぎ》」は、10月22日昼海外各国代表約六〇〇人、国内各界代表約二〇〇〇人（配偶者同伴）を招き、皇居正殿で盛大に行われる。ついで同夜、海外代表また25、29、31日の昼、国内代表を宮殿豊明殿《ほうめいでん》に招き、「饗宴《きょうえん》の儀」が催される。なお、皇居から赤坂御所（前東宮御所）までの「祝賀御列《しゅくがおんれつ》の儀」（パレード）は直前にあった台風一九号による被害状況に鑑み、別の日に行われることになった。

また「大嘗祭《だいじょうさい》」は平成の代替わりの時よりも「即位礼正殿の儀」との間隔をあけて、11月14日夜から15日未明まで、皇居東御苑《ひがしぎょえん》の大嘗宮（悠紀殿と主基殿）で行われる（延床面積約二六〇〇平方メートルで、平成より約二割縮小、参列者も、約七〇〇人で、平成より約三割少ない）。そのあと16日と18日の昼、宮殿の豊明殿において、悠紀地方・主基地方の風俗屏風《びょうぶ》や飛鳥《あすか》以来の五節舞《ごせちのまい》なども披露する「大饗《だいきょう》の儀」が催される。

さらに、11月下旬から12月初め、天皇皇后が揃って伊勢の神宮と橿原《かしはら》の神武天皇陵と京都の明治天皇陵および東京八王子の大正天皇陵・昭和天皇陵と宮中三殿に「親謁の儀」が続き、最後に宮中賢所《かしこどころ》の前で夕方から、「御神楽《みかぐら》の儀」で拝礼し、一連の儀式と祭祀《さいし》を完了する予定となっている。

なお、即位礼の後、11月9日、皇居前の広場で奉祝の国民祭典が催され、11月23日、内閣総理大臣主催の晩餐会《ばんさんかい》が国内外代表を招いて都内で行われる。また大嘗祭の後、京都に行幸啓の際、京都御所で「茶会」が催される。その間に、全国各地で多様な奉祝行事が計画されている。［所］

写真１　令和の剣璽等承継の儀（宮内庁提供）

［71］諸儀式と政教分離

天皇の*代替《だいが》わりにともなう諸儀式《しょぎしき》は、かつて皇室令の「登《とう》極令《きょくれい》」、「皇室陵墓《りょうぼ》令」、「皇室喪儀《そうぎ》令」などに整備されていた。その皇室令は昭和22年（一九四七）5月の憲法施行とともに廃されたが、新規定のできるまで「従前の例に準じて事務を処理する」（宮内府長官官房文書課長通達）という応急処置がとられた。そこで昭和26年（一九五一）の貞明皇后大喪儀《ていめいこうごうたいそうのぎ》などでは、旧令を参考にして諸儀を執り行った。政府は憲法、特に*政教分離《せいきょうぶんり》との整合性を図りながら、旧令に範をとって諸儀式を執行した。その際、一方で旧儀通りの実施要望があり、他方で正反対の要求が出され、左右両派の意見や主張が分かれる中で、政府も宮内庁もバランスをとることに努めた。

皇位継承《こういけいしょう》の諸儀式《しょぎしき》の見直《みなお》し　昭和49年（一九七四）2月の衆議院内閣委員会で、受田新吉《うけだしんきち》議員（民社）が大喪の礼などについて質問をした。その前後から内閣法制局は内々に検討を始め、昭和52年（一九七七）9月ごろ、福田赳夫《ふくだたけお》内閣に諸儀式の内容などについて説明している。背景には昭和天皇の在位五〇年記念式典や「元号法」制定の動きがあり、万が一に備えて儀式の整理をしておく必要に応じたものだった。

その後、首相官邸、宮内庁、法制局の三者で打ち合わせを始めた。問題は大嘗祭《だいじょうさい》だったが、実施されるのは崩御《ほうぎょ》の一年後の11月なので、大喪儀《たいそうのぎ》の反応を見て判断するとした。「元号法」の成立した昭和54年（一九七九）ごろ中間報告が作られ、用語や儀式の公的、私的の区分、緊急連絡体制などがまとまった。「践祚《せんそ》」という言葉をやめて「皇位継承」とすること、「崩御」と「大行天皇《たいこうてんのう》」は残すが、剣璽《けんじ》は「渡御《とぎょ》」でなく「承継」とすることなどの案が出された。また天皇が重い病気になった場合、皇太子による国事行為の代行にするのか、摂政《せっしょう》を置くかなどについても検討された。儀式は宮内庁の意見を尊重して、殯宮移御《ひんきゅういぎょ》も陵所《りょうしょ》の儀も公的に扱うとの考えだった。

こうして『日本国憲法』第七条一〇項の「儀式を行うこと」に基づく「*国《くに》の儀《ぎ》式《しき》」とされたのが、即位関係では①剣璽等承継《けんじとうしょうけい》の儀、②即位後朝見《ちょうけん》の儀、③即位礼正殿《せいでん》の儀、④祝賀御列《しゅくがおんれつ》の儀、⑤饗宴《きょうえん》の儀の五儀式、また大喪では①葬列、②大喪の礼である。

復権《ふっけん》した剣璽《けんじ》の動座《どうざ》　三種神器《さんしゅのじんぎ》は皇位の象徴として歴代の天皇に受け継がれてきた。そのうち、宮中の鏡は賢所《かしこどころ》に祀《まつ》られ、剣と璽（勾玉《まがたま》）は御所《ごしょ》の「剣璽の間」に置かれている。戦前は一泊以上の行幸をする際、必ず剣璽《けんじ》の動座《どうざ》があったが、占領下の昭和21年（一九四六）6月の千葉巡幸以降、中止されていた。

しかし、昭和46年（一九七一）ごろから神道関係者などが再興を要望し、六〇回式年遷宮《しきねんせんぐう》の翌年、昭和49年（一九七四）に天皇が伊勢《いせ》神宮《じんぐう》へ参拝する際、一八年ぶりに「今回は特例」（宮内庁長官宇佐美毅《うさみたけし》）として復活された。

その後、皇位継承の際、剣璽等承継の儀が「国の儀式」とされ、それがテレビで堂々と中継されるほどになった。政府は「皇位とともに伝わるべき由緒あるもの」（「皇室経済法」第七条）だから、それを承《う》け継ぐことは公的意義があるとし、儀式も宗教的な色彩がないとしている。

それゆえ、平成31年（二〇一九）4月30日の「退位礼正殿の儀」も5月1日の「剣璽等承継の儀」も、剣璽が侍従によって捧持されたが、「国の儀式」として行われえた。また、*平成の天皇が「退位」に先立ち伊勢の神宮に奉告する際も、*令和の天皇が即位礼・大嘗祭の後に神宮に親謁する際も、剣璽の捧持が可能になったのである。

平成元年（一九八九）、*昭和天皇の大喪の礼は国の儀式と*皇《こう》室《しつ》の行事《ぎょうじ》が入り混じる形で進行した。霊柩《れいきゅう》が皇居を出発する際の轜車発引《じしゃはついん》の儀は皇室の行事であるが、白バイの先導で動き出した*葬列《そうれつ》は国の儀式だった。葬儀に当たる葬場殿《そうじょうでん》の儀《ぎ》は、再び皇室の行事となり、葬場に高さ三《メートル》の鳥居《とりい》や大真榊《おおまさかき》が立てられ、元掌典長《しょうてんちょう》の祭官長が式を司った。大喪の礼の参列者は、葱華輦《そうかれん》の通過、祭詞の読み上げ、天皇拝礼などで起立を求められた。両儀の分離出席は認められず、一体化が図られたことになる。

政教分離の観点から、儀式は、不自然な面も見られた。鳥居は、喪儀が終わるとすぐ撤去するため小さく作られ、遺《い》骸《がい》を乗せた葱華輦は鳥居の下を通れなかった。参列者席と葬場殿の間には「幔門《まんもん》」という幕があって、皇室の儀式が終わると幕が閉められ、再び開いたときには鳥居も大真榊も祭官長以下も姿を消していた。

それに続く国の儀式としての大喪の礼は、内閣官房長官小《お》渕恵三《ぶちけいぞう》によって開会が告げられた。夜に入り、東京都八王子市の武蔵陵墓地《むさしりょうぼち》では、皇室の行事として陵所の儀が行われた。昭和天皇の喪儀は、一日のうちで公と私が交錯《こうさく》しながら終わったのである。

大嘗祭《だいじょうさい》の本義《ほんぎ》　大嘗祭は宮中の秘儀とされてきた。民俗学者の折口信夫《おりくちしのぶ》は、戦前、新天皇が神と一体となるため、*真《ま》床襲衾《どこおぶすま》という寝具に包《くる》まるなどとした。しかし、平成の初め、國學院大學の岡田莊司《おかだしょうじ》は、*75崇徳《すとく》天皇の大嘗祭儀式次第書などを検討して、天皇が神になるという所作はなく、天皇がみずからその年の新穀や料理を神に供え、自身も食べることに本義があることを解明した。また神社本庁の桜井《さくらい》勝之進《かつのしん》は、祭祀の目的は祭りが終わってからの「*大饗《たいきょう》」にあるとし、そこでの「君臣一体の共同飲食と、国民意識の更新にこそ御大礼《ごたいれい》の本義がある」と解釈した。

政府は、有識者の意見などを聞いたうえで、「宗教上の儀式としての性格を有する」ことは認めるが、「一世に一度の極めて重要な伝統的皇位継承儀式であるから、皇位の世襲制をとるわが国の憲法下において」、祭儀には「公的性格」があり、天皇の公的行為に使う宮廷費の支出は「相当」との見解を明示して、平成の大嘗祭を「皇室の公的な行事」とし、宮廷費《きゅうていひ》を支出することを決めた。

宮内庁は、政教分離に配慮して、祭儀に奉仕する采女を民間人に依頼し、各都道府県特産の供え物や職員が打ち合わせで上京する際の出張旅費なども、自治体の公金を使わず宮内庁で負担した。大嘗祭に出席した知事は二七都府県、欠席は一六道県、四府県が「出欠を公表せず」であった。

憲法原則《けんぽうげんそく》への配慮《はいりょ》 「即位礼正殿の儀」でも、主権在民や「神話と伝説」の登場に配慮した。正殿前庭に置かれる「*萬歳《ばんざい》旛《ばん》」という大きな旛《はた》も、大正と昭和の即位礼では、「萬歳」の字の上に厳瓮《いっぺ》と呼ばれる酒瓶《さけがめ》と五匹の鮎《あゆ》が描かれていたが、「*頭八咫烏形大錦旛《とうやたのからすがただいきんばん》」の八咫烏《やたがらす》、「*霊鵄形大錦旛《れいし》」にある金の鵄《とび》などは、神武《じんむ》天皇東征《とうせい》伝説の故事からきており、人間宣言でいう「神話と伝説」による「架空《かくう》なる概念」として、酒瓶を消し、烏と鵄の代わりに菊華紋《きっかもん》を縫い付けた。旛の頭飾りの鉾《ほこ》も、武具とみて取り去られた。

また正殿で天皇の「おことば」が終わると、総理大臣が「天皇陛下万歳」と発声した。昭和天皇のときは「庭上」からだったが、平成の即位礼では庭に降りず「正殿上」からの形に変更された。しかし、これらを除けば昭和と大正の大礼とほぼ同じだったといえよう。

明治の「登極令」では、即位礼と大嘗祭を連続させ、京都で行うとした。大嘗祭はもともと旧暦の霜月《しもつき》（新暦の冬《とう》至《じ》に近いころ）に行われたから、殿舎の屋根を葺《ふ》く茅《かや》や柴《しば》垣《がき》の椎《しい》の葉などは、その年のものを使えたが、新暦の11月下旬となったため、前年のものを使うほかなくなった。ほかにもあるが、中世から続いてきたやり方は明治以降、かなり変化も加えられている。

［髙橋・所］

[72] 前近代の年号(元号)

【世界《せかい》の紀年法《きねんほう》】

年を表示する*紀年法《きねんほう》は、古来世界に数多くあるが、大別すれば、西暦やヒジュラ暦（イスラム暦）などの宗教的紀年法と政治的紀年法に分かれる。

政治的紀年法には、建国を記念する年から数える*建国紀元《けんこくきげん》と、国王の即位した年から数える*王制紀元《おうせいきげん》がある。そのうち、前者には、古代の建国伝承によるものと、近代の独立や革命を記念するものがある。また後者にも、国王の在位年数を何王の何年と示すものと、王名の代わりに漢字の称号＝*年号《ねんごう》で表すものとがある。

皇紀《こうき》は、中国伝来の讖緯説《しんいせつ》（干支《かんし》一巡六〇年＝一元《げん》の一定倍数ごとに来る辛酉《しんゆう》・甲子《かっし》の年に変革が起きるという数理予言説）に基づき、推古《すいこ》天皇9年（六〇一）辛酉から一二六〇年（二一元）前の西暦前六六〇年を[1]神武《じんむ》天皇の即位元年として機械的に逆算設定したと推定される紀年法である。それが『日本書紀』の年立てに採用され、やがて年代記などに神武天皇何年という形で使われている。

【漢字文化《かんじぶんか》の年号《ねんごう》】

年号（*元号）は、律令などの制度や儒教《じゅきょう》・仏教などの思想と同じく、中国から漢字（表意文字）の文献により日本へ伝えられた漢字文化のひとつである。

中国大陸は秦《しん》の始皇帝《しこうてい》により初めて統一された。当時の年代表示は、皇帝が即位して何年という形であった。それが漢代に入ると、武帝（在位前一四一～前八七）は即位の翌年を「初元元年」とし、六年ごとに改元した。しかし、それでは混乱を生じたのか、五元4年（前一一三）に立派な鼎《かなえ》（祭器）が発見されたことを理由に「元鼎《げんてい》」という年号を作り、その機会に従来の「初元」も「建元」という年号に改めた。

それ以降、歴代王朝は、皇帝の即位翌年に*代始（だいし だいはじめ）年号《ねんごう》を建て、在位中にも*祥瑞《しょうずい》（吉兆）の出現などを理由として*改元《かいげん》する年号（元号）制度を励行してきた。

この年号は、皇帝が領土・領民を時間的に統治・支配するシンボルとして重要な意味をもつ。そのため、中国王朝は周辺諸国に中国の暦《こよみ》を頒《わか》ち中国《ちゅうごく》の年号《ねんごう》を使わせた。周辺の諸国は、中国の年号を使うことで服従の意を表し、独自の年号を建てることが難しかった。たとえば、朝鮮半島の新羅《しらぎ》でも、一時的に独自の年号を建てたが、中国王朝から公認されていない。それどころか、真徳女王《しんとくじょおう》（在位六四七～六五四）が「太和」という年号を建てると、唐の太宗から「新羅は大朝（唐）に臣として事《つか》へながら、何ぞ以《もっ》て別に年号を称するや」と詰問された。そこでただちに「私の紀年（年号）」を止《や》め「中国の永徽《えいき》年号」を行っている（『三国史記』）。以後、朝鮮の歴代王朝は独自の年号を建てず、中国の年号をそのまま公用するほかなかった。ただベトナムの王朝では、10世紀から20世紀まで、独自の年号を建てて使っている。

【年号制度《ねんごうせいど》の成立《せいりつ》】

中国の年号は、早くより知られていたが、5世紀の段階でも、「倭の五王《わごおう》」などは、中国皇帝への上表文に中国の年号を記していたとみられる。

ところが、聖徳太子《しょうとくたいし》の内政・外交政策を発展させ、隋《ずい》から帰った有識者らの協力をえて大改革に取り組もうとした*中《なかの》大兄皇子《おおえのおうじ》（のち*38天智天皇《てんじ》）は、*乙巳《いっし》の変《へん》（六四五年）を断行した。その直後に、践祚《せんそ》した*36孝徳天皇《こうとく》は、皇太子中大兄皇子はじめ群臣を集めて「今より以後、君に二つの政《まつりごと》なく、臣は朝《みかど》に弐《ふたごころ》なからん」ことを天神地祇《てんしんちぎ》に誓い、続いて新たに「*大化《たいか》」という年号を定めた（『日本書紀』孝徳天皇乙巳6月19日条）。これが日本における最初の*公年《こうねん》号《ごう》である。

この「大化」年号と、次の「白雉《はくち》」（六五〇年改元）および天武《てんむ》天皇末年（六八六）の「朱鳥《しゅちょう》」も、使用例が極めて少なく、当時の年次はほとんど*干支《えと》で記されている。とはいえ、半世紀近い間に、改新の理念が徐々に具体化され、日本にふさわしい宮都（藤原京）や律令法なども整備された。

やがて文武《もんむ》天皇5年（七〇一）の3月21日、対馬《つしま》より金が貢進されたことを祥瑞（吉兆）とみなし、「元を建て大宝元年と為す」とともに「始めて新令に依り、改めて官名・位号を制す」（『続日本紀《しょくにほんぎ》』）などの画期的な布告が行われている。この「新令」つまり『大宝令』の「儀制令《ぎせいりょう》」に、「およそ公《く》文《もん》に年を記すべくんば、皆、年号を用ひよ」と規定された。これによって、公文書に年代を記入する場合は、必ず「年号」（明治以降は「元号」）による表示が日本の*公式紀年《こうしききねん》となったのである。これ以降、公文書だけでなく、個人用の文書などにも年号を記す慣習が普及し定着している。

なお、聖徳太子を賛仰《さんぎょう》する人々が作り使ったとみられる「法興《ほうこう》」や、室町時代（南北朝～戦国期）には地方で公年号に反抗して文字を変えたり別の弥勒《みろく》信仰などに基づく別の文字を作った例がある。これらを一括して*私年号《しねんごう》という。

【年号《ねんごう》の改元方法《かいげんほうほう》】

年号は、天皇の代替わり（直後か翌年）に新しく建てられる*代始改元《だいしかいげん》が原則である。しかし、中国でも日本でも、それ以外に祥瑞（珍しい自然現象、吉兆）の出現や災異（天変地異や兵乱など、凶兆）の発生、あるいは讖緯《しんい》説で変革の年とされる辛酉《しんゆう》（革命）・甲子《かっし》（革令）の年などに、人心一新のため改元した。

　年号を改める手続きは、時の政府が改元の必要を認めると、①天皇から大臣を介して、式部省の大少輔（次官クラス）や大学寮の文章博士《もんじょうはかせ》（紀伝道の教授）などの文人官吏に、年号文字の考案が命じられる。②その文人官吏（数名）が古典（歴史・哲学・文学関係の漢籍）から文字案（各人それぞれ数種類）を選び出して*年号勘文《ねんごうかんもん》にしたため、大臣を介して天皇に奏上する。そこで、③内裏の一角（紫宸殿《ししんでん》の脇の陣《じん》の座《ざ》）において公卿《くぎょう》（閣僚）の会議が開かれ、文字原案の一つ一つに関する賛否両論（論難と陳弁、略して*難陳《なんちん》という）を繰り返し、比較的良い案を二つか三つ選び、蔵人《くろうど》を介して天皇に奏上する。④ついで天皇から公卿に対して、その中に良い案があれば一つに絞り、もしなければ旧勘文なども加えて再協議するよう命じられる。⑤それを承けて、公卿の会議を再開し、最善案を選んで、蔵人から再び奏上に及ぶ。すると、⑥天皇はその最善案を承諾することによって新年号を決定する（これを「*勅定《ちょくじょう》」という）。⑦そこで天皇がただちに*改元詔書《かいげんしょうしょ》の作成を命じ、それに日付（勅裁のサイン）を記入する。⑧その改元詔書の写しが中央官庁にも全国各地の国司・郡司にも順次伝達され、一般庶民も新年号を使用することになる。

　ただ、朝廷の権威が衰えて武家の権力が強くなると、改元にも武家の関与・介入がみられた。とりわけ江戸幕府の、三代将軍徳川家光《とくがわいえみつ》は、*110後光明《ごこうみょう》天皇の代始《だいはじめ》に寛永を改元する際、公卿会議の前に「年号勘文」を江戸へ送らせた。そして、幕府側の儒学者（林羅山《はやしらざん》・春斎《しゅんさい》父子）に勘文の可否を評議させた上で、「年号は天下共に用ふることなれば、武家より定むべきこと勿論なり。公家・武家の政は……正しくして保たば大吉なり」と称して「正保」案を選び、それを京都へ返したところ、朝廷でもその通りに決まり「正保」と勅定されている（『改元物語』）。そのため、以後、このような幕府側の事前内定が慣例となった。

　改元詔書が公布されると、京都の公家や門跡《もんぜき》などではただちに新年号を用いた。しかし、それ以外では、京都所司代から江戸へ送られた文書が、老中より諸大名に伝達され、ついで各領内に示達されると、初めて使用できた。［所］

［73］近現代の一世一元

【一世一元制《いっせいいちげんせい》の成立《せいりつ》】

古来の年号は、*代始《だいはじめ》以外にもさまざまな理由で改元された。武家時代には幕府側の意向により改元された例もあり、平均すると、天皇一代で二～三回、一年号が五～六年で変わっている。それに対して、中国では明《みん》代から清《しん》朝でも、皇帝の代始に決めた年号を在位中に改めないことが慣例となっていた。

そこで、わが国においてもそれを採用すべきだ、という主張が江戸後期からみられる。たとえば、大坂の懐徳堂学主の中井《なかい》竹山《ちくざん》が老中松平定信《まつだいらさだのぶ》の求めに応じて寛政三年（一七九一）提出した改革意見書『草茅危言《そうぼうきげん》』の「年号の事」や、水戸《みと》の彰考館員（のち総裁）の藤田《ふじた》幽谷《ゆうこく》が同じ年に師を介して老中松平定信に提出したとみられる『建元論』などである。

このような意見は、やがて数十年後の「明治」改元（一八六八）に際し実現をみる。それを積極的に進めたのが、維新政府の*岩倉具視《いわくらともみ》である。慶応3年（一八六七）12月に践祚《せんそ》した*122明治天皇のもとで行うべき*代始《だいし》改元《かいげん》に先立ち、岩倉は従来改元が多く、しかも文字原案について繁雑な論議（難陳《なんちん》）を繰り返してきたが、この機会に*一世一元《いっせいいちげん》とし、また難陳を廃止するよう提案し、議定《ぎじょう》・参与《さんよ》の賛成により、上奏して明治天皇の裁可をえた。そこで、儒職《じゅしょく》の菅原氏《すがわらし》（高辻《たかつじ》・五条《ごじょう》など）から文字案が提出されると、その年号勘文《ねんごうかんもん》が議定の松平慶永《よしなが》に渡され、十数種から選ばれた三案が岩倉を介して天皇に奏上された。天皇は賢所《かしこどころ》（神鏡の奉斎所）で、その原案を神前に供え「神意御伺《おうかが》ひの処《ところ》、*明治《めいじ》年号を抽籤《ちゅうせん》に相成《あいな》り候《そうろう》に付《つき》、明治と御決定に相成」ったという（『岩倉公実記』）。

こうして、慶応4年（一八六八）の9月8日「明治」と改元された。出典は『周易《しゅうえき》』（易経）に「聖人南面して天下を聴《き》かば、明《めい》に嚮《むか》ひて治《おさ》まる」とみえる。その詔書に「今より以後、旧制を革易し、一世一元以て永式と為《な》せ」との方針が示され、「*行政官布告《ぎょうせいかんふこく》」には「今より御一代一号に定められ候」とある。さらに、それが二一年後に制定の『*皇室典範《こうしつてんぱん》』第一二条で「践祚《せんそ》の後*元号《げんごう》を建て、一世の間に再び改めざること、明治元年の定制に従ふ」と明文化された。さらに二〇年後の「*登極令《とうきょくれい》」で、改元の時期と方法が次のように規定されている。

第二条　天皇践祚の後、直に元号を改む。
　元号は、枢密顧問に諮詢《しじゅん》したる後、之《これ》を勅定す。
第三条　元号は、詔書を以て之を公布す。

【大正《たいしょう》・昭和《しょうわ》の改元《かいげん》】

この「登極令」に基づく最初の改元は、明治45年（一九一二）の7月30日である。その少し前、首相西園寺公望《さいおんじきんもち》は五人の学者に新年号案の勘申《かんじん》を求め、提出された数案の中から「大正」「天興」「興化」の三案を選んでいる。そして30日未明、明治天皇崩御《ほうぎょ》により*大正天皇が践祚すると、ただちに枢密《すうみつ》顧問の会議（議長山県有朋《やまがたありとも》）に「元号選定の件」を諮問した。そこで山県は、午前中に議案審査委員会を開き、「大正」を最善案として選び、午後の枢密院会議で「大正」を可決した。その上奏をえた天皇は、議決どおりに勅定し、改元の詔書を発している。

「大正《たいしょう》」年号は、同日付の内閣告示で「タイシヤウ《しょう》」という読み方（タイは漢音、シヤウは呉音）が公表された。出典は『周易』（易経）に「大亨以正天道」（「大いに亨《とお》り以《もっ》て正しきは天の道なり」）とある。

つぎの代始《だいし》改元《かいげん》は、大正15年12月25日である。この場合も、すでに年初から[123]大正天皇の病状回復は困難とみられたので、万一に備えて宮内大臣一木喜徳郎《いちききとくろう》が宮内省図書寮《ずしょりょう》編修官の吉田増蔵《よしだますぞう》に元号（案）勘申を命じた。それに応じて吉田は、漢籍から三〇余の文字案を選び、精査のうえ一〇種に絞り、首相に提出している。また内閣でも官房総務課の国府種徳《こくぶたねのり》が、五種の案を用意していた。やがて当日未明の崩御により*[124]昭和天皇が践祚すると、ただちに枢密院（議長倉富勇三郎《くらとみゆうざぶろう》）に元号建定が諮問された。そこで、午前7時、葉山《はやま》の御用邸内で枢密顧問会議を開き、内定案を全員一致で可決した。そして、倉富より上奏に及ぶと、天皇は議決どおりに勅定し、ただちに「大正」と同趣の改元詔書を発している。この「昭和《しょうわ》」年号は、同日付の内閣告示で「セウワ《しょうわ》」と読み、その出典も『尚書《しょうしょ》』（書経）に「百姓《ひゃくせい》昭明、協和万邦」（「百姓〈全国民〉昭明にして万邦〈全世界〉に協和す」）とあることも公表された。

なお、その直前、ある全国紙が新元号は「光文《こうぶん》」と報じたので、急に差し替えられた、という説もある（*光文事件《こうぶんじけん》）。しかし、公的記録に、そのような事実はみられない。

【「元号法《げんごうほう》」の制定《せいてい》】

戦後、『日本国憲法』にともなう法律として昭和の『皇室典範』が公布・施行された。しかし、それは「皇親の身位《しんい》に関する規定に限り……国務的な事項は他の法制に俟《ま》つ」ことが原則とされたので、明治の典範にあった「元号」の規定が除外された。そこで、当時の政府は、別に「元号法」を制定しようとして、草案を作ったが、GHQの民生局から「元号法案は、天皇の権威を認めることになるので、占領軍としては好ましくない。もし必要なら独立後に法制化すればよい」と通告をうけ、この法案は闇に消えた。

その結果、元号制度は明文上の法的根拠を失い、昭和の年号は「事実たる慣習」として続くことになった。しかし、この状態では次の改元が困難なため、明治百年の昭和42年(一九六七)ころから、民間の有志・団体らにより「元号法制化」要望運動が進められた。そして同54年(一九七九)7月、次のような「元号法《げんごうほう》」の成立をみたのである。

①元号は、政令で定める。

②元号は、皇位の継承があった場合に限り改める。

これにより、現行憲法下の元号は、①まず内閣の責任で政令によって定める方法を明示したうえで、②それを皇位の継承時にのみ改める一世一元とする原則も明確にされた。

「元号法」成立にともない、政府は、万一「皇位の継承があった場合」ただちに新しい元号を「政令で定める」ために法律公布後まもなく、具体的な「*元号選定《げんごうせんてい》手続《つづ》き」を閣議報告の形で公表した(図1に骨子を図解)。

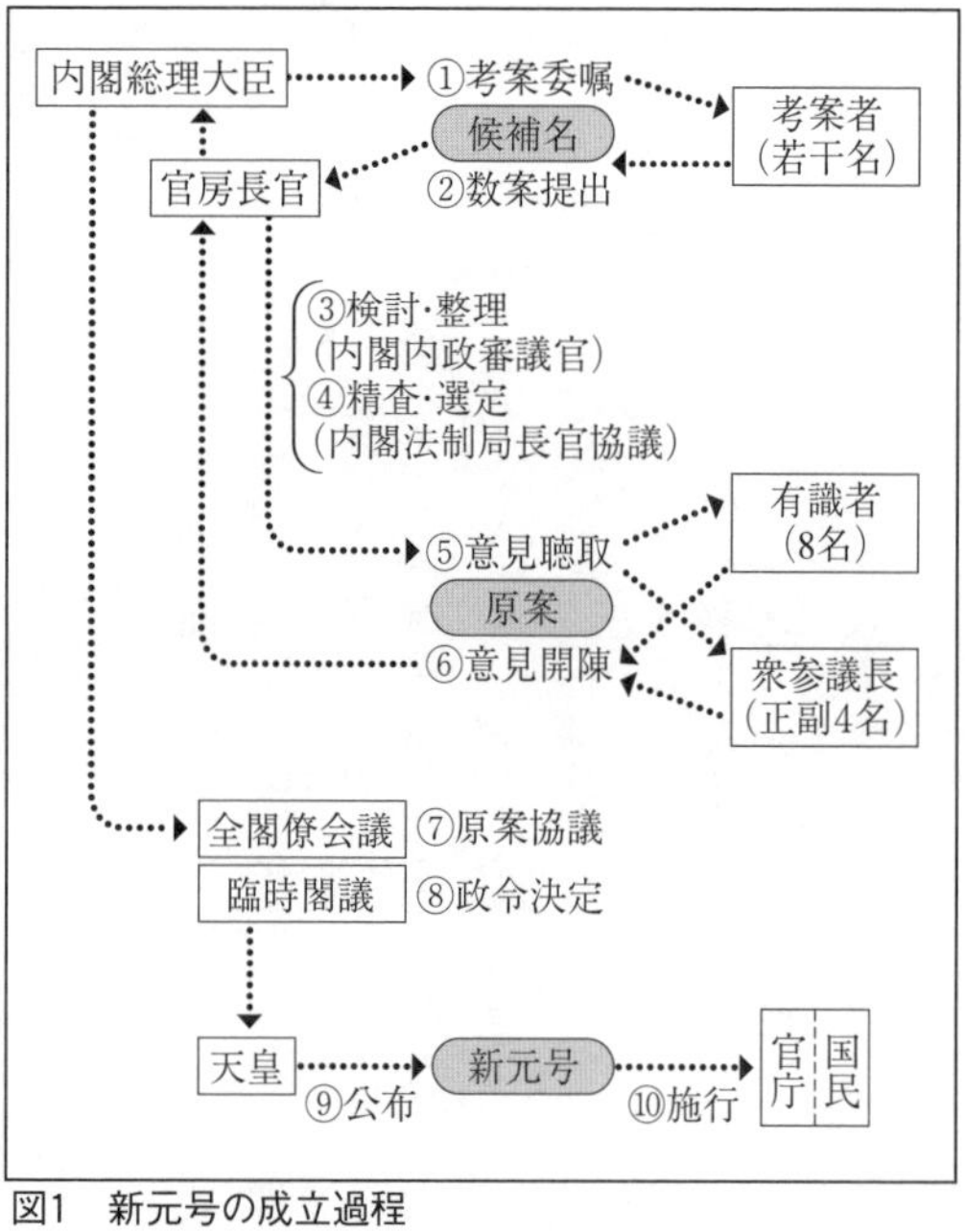

図1　新元号の成立過程

そこで、当時すでに万一に備えて内閣から高名な碩学《せきがく》などに新元号文字の考案を内々に委嘱《いしょく》し、官房長官のもとで厳密に保管されてきた。ただ、昭和64年(一九八九)までに諸橋《もろはし》轍次《てつじ》・安岡正篤《やすおかまさひろ》・貝塚茂樹《かいづかしげき》・坂本太郎《さかもとたろう》などが次々に他界したので、その案は使わないことになり、あらためて現存者に依頼された。

【「平成《へいせい》」の改元《かいげん》】

昭和64年(一九八九)1月7日早朝6時33分、*昭和天皇の崩御

により、10時から皇太子が天皇となる践祚《せんそ》式《しき》＝剣璽等承継《けんじとうしょうけい》の儀《ぎ》が行われた直後、改元の手続きがとられた。すなわち、①首相竹下登《たけしたのぼる》から「高い識見を有する者」数名（東洋史の山本達郎《やまもとたつろう》、漢学者の宇野精一《うのせいいち》と目加田誠《めかだまこと》、国文学者の市古貞次《いちこていじ》など）に新元号文字の考案が委嘱されると、②各考案者から数種（二ないし五）が「意味・典拠を付」して内閣官房長官小渕恵三《おぶちけいぞう》に提出された。つぎに官房長官のもとで、数種の候補名について、③内政審議官が形式的な要件を整理し、また④法制局長官と協議しながら内容的な要件を丹念に精査した。

　その際の留意事項は、前記の「元号選定手続き」によれば、「国民の理想としてふさわしいような、よい意味をもつものであること。漢字二字であること。書きやすいこと。読みやすいこと。これまでに元号又はおくり名として用いられたものでないこと。俗用されているものでないこと」などが求められている。

　こうして選定された原案（複数）につき、⑤あらかじめ委嘱した有識者八名の懇談会にはかり、内政審議室長から「意味や出典を説明」したところ、政府内で最善案と考えた「平成」に「一番穏やか」「平易で親しみやすい」等と全会一致で賛成した。ついで⑥その結論を封書にして、官房長官から衆議院・参議院の正副議長に「国民代表という立場からの意見」を求めたところ、政府に一任された。

　そこで、⑦首相官邸において全閣僚会議を開き、官房長官が⑤⑥にはかった報告を行い、各大臣から「異議なし」との賛同をえた。そこで、⑧引き続き閣議に移り、新元号は「平成」と決定され、ただちに「政令」が作成された。そして、⑨結果は政府から宮内庁長官に電話して天皇に報告され、まもなくその政令が官邸から皇居へもたらされると、天皇が署名・捺印《なついん》を加える国事行為を行った。⑩それが官報に登載され、その翌日より施行されることになった。

　ちなみに、大正・昭和は、当日午前零時に遡って施行されたが、それでは先帝の崩御前となる。よって、この平成では、翌日8日午前零時から施行とされたのである。

　もっとも、一般国民に対しては、すでに閣議の終了した午後2時半ころ、官房長官小渕恵三が官邸で記者発表を行い、首相竹下登の談話として、「*平成《へいせい》」の出典は『史記《しき》』に「内平外成」、『尚書《しょうしょ》』（書経）に「地平天成」とあり、新元号は「平和の達成」を意味するとの説明をしている。

　この「平成」は、「大化」から数えて二四七番目の元号である。こうした*公年号《こうねんごう》の文字《もじ》は、良い意味の漢字に限られ、長らく七二字に留められてきた。永・天・元・治・応などは二〇回以上繰り返し使用されている。

平成の「平」も一一回先例を数えるが、「成」は今回初めて採用された新字である。平成のほかに「修文」「正化」という案もあったといわれている。


【新元号《しんげんごう》「令和《れいわ》」の公表《こうひょう》と施行《しこう》】


明治の『皇室典範』に基づく「大正」「昭和」の改元も、戦後の元号法に基づく「平成」の改元も、先帝崩御の同一日内に行われ、前二者は即日、平成は翌日から施行された。しかし、このたびは約二〇〇年ぶりの「譲位《じょうい》」(退位《たいい》)による皇位継承であるため、内閣では早くから改元の準備を進めることができた。しかも、それを早めに決定し公表すれば、書式の修正やコンピュータの切り替えなど「国民の便宜」にかなうとして、政府は4月1日に所定の手続きを完了し新元号「令和《れいわ》」を公表した。

その場合、新元号の政令には、*平成の天皇が署名・捺印《なついん》し、皇太子*徳仁《なるひと》親王も政府の説明を受けたが、その施行は皇太子が新天皇となる5月1日午前零時からとし、一か月前の4月1日に公表された。

新元号「令和」の出典は、今回初めて日本の古典『万葉《まんよう》集《しゅう》』に拠った。その巻五に、天平《てんぴょう》2年(七三〇)正月、九州の大《だ》宰帥《ざいのそち》(長官)*大伴旅人《おおとものたびと》が邸宅で催した梅花を賞《め》でる宴会《えんかい》において、集まった三二名の文人官吏たちが詠んだ和歌が収められており、その序文(主催者の旅人か。筑前守《ちくぜんのかみ》の山上《やまのうえの》憶良《おくら》とみる説もある)に流麗な漢文で「初春令月、気淑風和、梅披鏡前之粉……」(初春《しょしゅん》の令月《よきつき》、気《き》淑《よ》く風《かぜ》和《やわら》ぎ、梅《うめ》は鏡前《きょうぜん》の粉《こ》を披《ひら》く……)と描写され、その「令」と「和」を組み合わせたものである。

考案者は『万葉集』研究者として著名な中西進《なかにしすすむ》(公表当時八九歳)とみられ、自身も「令和は麗《うるわ》しい平和な日本(大和《やまと》)」を意味すると語っている。それを外務省は「Beautiful Harmony」と訳して世界に発信した。国内でも多くの国民に好感をもって受け容れられている。

なお、令和の改元に先立って平成15年(二〇〇三)以降に新元号案の委嘱を受けたのは、中西進以外に、国文学者の秋山《あきやま》虔《けん》、漢文学者の石川忠久《いしかわただひさ》と宇野《うの》茂彦《しげひこ》、東洋史学者の池田《いけだ》温《おん》と小倉芳彦《おぐらよしひこ》などとみられている。そのうち、石川が「万和《ばんな》」(典拠「文選《もんぜん》」)を出し、他の誰かから「英弘《えいこう》」(『古事記』)、「広至《こうし》」(『日本書紀』)、「久化《きゅうか》」(『易経』)、「万保《ばんぽう》」(『詩経』)が出されたことが判明している。

[所]

6

象徴・栄典

[74] 御璽・国璽

*璽《じ》とは、もともと玉に刻んだ印を指し、王者の印とするが、日本では玉とする説、印章のこととする説があり、璽の意味は確定していない。しかし古代においては、璽を用いた語に、神璽《しんじ》・御璽《ぎょじ》・鈴璽《れいじ》があり、近代にも国璽《こくじ》という例がある。

神璽《しんじ》　『養老令』の「神祇令」に「凡《およ》そ践祚《せんそ》の日には、中臣《なかとみ》、天神《あまつかみ》の寿詞《よごと》を奏せよ、忌部《いんべ》、神璽の鏡・剣を上《たてまつ》れ」とあり、『日本書紀』や斎部広成《いんべのひろなり》著『古語拾遺《こごしゅうい》』にも類似の記載が見え、神璽は*八咫鏡《やたのかがみ》と*草薙剣《くさなぎのつるぎ》のこととする。

一方、『養老令』の「公式令《くしきりょう》」に「天子の神璽」とあり、その説明に「践祚の日の寿《よごと》の璽《じ》は宝にして用いず」とあり、続けて*内印《ないいん》(「天皇御璽《てんのうぎょじ》」)、*外印《げいん》(「太政官印《だいじょうかんいん》」)、さらに諸司印、諸国印が記されている。これらから、神璽は印ではなく、八坂瓊曲玉《やさかにのまがたま》のことを指すと考えられる。

御璽《ぎょじ》　御璽は天皇の印のこと。「公式令」によると、内印は天皇の用いる印で、五位以上の*位記《いき》や諸国に下す*公文《こうぶん》に捺印するという。またその規定によると、一辺の大きさは三寸(八・五センチ)、「天皇御璽」と陽刻されている。外印は太政官の用いる印のことで、一辺二寸半(七・〇センチ)、六位以下の位記や太政官発給の文書に押捺するもので、材質は内印・外印ともに銅であるという。

令制によると、御璽は印の中ではもっとも大きく、明治維新で造り直されるまで、何度か改鋳されていることは、印自体の実例は存在しないが、御璽の印影《いんえい》を留めている文書を整理すると明らかになる。

【天皇御璽《てんのうぎょじ》の早《はや》い例《れい》】

現存する文書で「天皇御璽」の印影を確認できるもっとも古い文書は、静岡県平田寺《へいでんじ》蔵の天平感宝《てんぴょうかんぽう》元年(七四九)閏5月20日の「*聖武天皇施入勅願文《しょうむてんのうせにゅうちょくがんもん》」である。この文書は二紙を貼り継いだもので、縦二九・七センチ、全長九五・八センチのものであるが、文書の全面に「天皇御璽」が押印されており、その数は三〇か所におよんでいる。ついで『東大寺献物帳』の一つ「国家珍宝帳《こっかちんぽうちょう》」(宮内庁正倉院事務所蔵)には、全長一四七四センチの全面に「天皇御璽」が四八九か所に押印されている。同年7月8日付の「法隆寺献物帳《ほうりゅうじけんもつちょう》」(東京国立博物館蔵)はわずかに二紙分であるが全面に「天皇御璽」が押印されている。御璽の印影によると、その規模や文字などは、いずれも令《りょう》の規定に沿っている。

【天皇御璽《てんのうぎょじ》の印影《いんえい》に変化《へんか》】

時代によって御璽の印影に相違があり、奈良時代から平安時代初頭にすでに一度改印されていることが印影の一部に相違が見られることから確認できるが、大きさは令の規定に沿っている。しかしその後も何度も改鋳されており、平安時代末から江戸時代末に至る間の文書に押印されている印影によると、奈良時代のものとは明らかに変化しており、印そのものの大きさも少しばかり小さくなっている。

鈴璽《れいじ》　*鈴印《れいいん》と記すこともある。鈴は駅鈴、駅馬使用の許可を与えるもの。軍事的要請によって、兵を挙げたときなど、至急に駅馬を使用するとき、その鈴に刻まれている数に応じて駅馬の数が決まるという。

『続日本紀』によると、天平宝字元年(七五七)7月、橘奈良麻呂《たちばなのならまろ》が*藤原仲麻呂《ふじわらのなかまろ》打倒のクーデターを起こし、皇太后の宮に置かれていた鈴印を奪おうとした。また天平宝字8年(七六四)9月に*恵美押勝《えみのおしかつ》(藤原仲麻呂)がクーデターを企てていることを察した*孝謙《こうけん》上皇側は*47淳仁《じゅんにん》天皇の御所にあった鈴印を納めさせた。一方、押勝方が急遽その鈴印を奪い返そうとした。このような鈴印の争奪戦は、これが天皇大権の象徴であって、兵の動員や勅命の発布に不可欠のものであったからである。

なお、島根県隠岐の島町の億岐家宝物館に展示中の玉若酢命神社所蔵の「隠岐国駅鈴」は昭和10年(一九三五)に重要文化財の指定を受けているが、由来に検討の余地もある。

【近代《きんだい》の御璽《ぎょじ》・国璽《こくじ》】

明治4年(一八七一)に、従来の銅印を改めて石製の御璽・国璽を新造した。明治7年(一八七四)4月にさらに改刻するに際し*金製の御璽・国璽を鋳造した。ともに三・五五キロ、大きさは九センチ四方、御璽は従来と同じく、「*天皇御璽」とあり、詔書、勅書、法律・勅令・条約の公布文、認証官の官記・解任の辞令、四位《しい》以上の位記等に押印される。

一方、国璽は「*大日本国璽《だいにほんこくじ》」とあり、条約の批准書、大公使の信任状および解任状、全権委任状、勲章とともに渡される勲記に押印されている。御璽・国璽は、明治時代には内大臣府の尚蔵するところであったが、昭和20年(一九四五)11月の内大臣府の廃止により、宮内庁侍従職内記係が管理している。

[米田]

［75］国　号

現在の*国号は「*日本国（にほんこく）（にっぽんこく）」が用いられる。「*日本（にほん）（にっぽん）」の国号の発生は7世紀後半と考えられている。それ以前は、おそらく王都の所在地から「*やまと」と自称し、中国からは「*委《わ》」「*倭《わ》」と呼ばれていた。わが国でも「倭《やまと》」「*大倭《やまと》」の字が用いられたが、8世紀半ばから「*大和《やまと》」が、のちには「*和《やまと》」も用いられるようになった。「日本」の国号の成立は、遣隋使《けんずいし》の持参した国書にいう「日《ひ》出《いづ》る処《ところ》」と同じく「日《ひ》の本《もと》」を意味するから、その成立を*推古《すいこ》天皇期とみる説など諸説ある。しかし、史料上では、『大宝令《たいほうりょう》』の「公式令」に規定があり、また大宝2年（七〇二）に入唐《にっとう》した遣唐使が自称し唐に認められたことが確認でき、天武《てんむ》天皇3年（六七四）～大宝2年（七〇二）の間に成立したとの推定が有力である。「飛鳥浄御原令《あすかきよみはらりょう》」で定められたと限定する説もある。制定の理由は、天武朝以後の太陽神＝アマテラスへの信仰の高まりと皇位を「*天《あま》つ日《ひ》嗣《つぎ》」と述べるような「日」の観念の高揚、中国と対比した東の意識によると考えられている。「日」への信仰を否定し対外関係を重視する見解もある。

読み方は、*呉音《ごおん》の「*ニッポン」か*漢音《かんおん》の「*ジッポン」であったと考えられ、養老4年（七二〇）成立の『日本書紀』では「*ヤマト」の読みも宛てられている。平安時代には「*ヒノモト」とも読まれた。「*ニホン」という読みも発生し、安《あ》土《づち》・桃山《ももやま》期の宣教師が作成した辞書では、「ニッポン」「ニホン」「ジッポン」を挙げている。

近代に入り、『大日本帝国憲法』で「大日本帝国」と称し、戦後の『日本国憲法』で「日本国」と称している。ただし国号を規定する単行の法令は存在しない。

現在でも読み方は「ニッポン」と「ニホン」が併存している。昭和9年（一九三四）文部省の臨時国語調査会が、「ニッポン」に統一し、外国に発送する書類には「Nippon」を用いるとの案を出したが、実現に至らなかった。平成21年（二〇〇九）麻生太郎首相は衆議院への答弁書で、両様の読み方が広く通用しており統一の必要はないと述べている。なお、紙幣や切手には「Nippon」が用いられている。また、外務省は公式の英語表記に**Japan**を用いている。

［西川］

[76] 国旗・国歌

【国旗《こっき》（日《ひ》の丸《まる》）】

平成11年（一九九九）8月13日公布の「国旗及び国歌に関する法律」で、国旗は「*日章旗《にっしょうき》」、すなわち「日の丸」と定められた。制式は、横縦比が三対二、日の丸の直径と縦の比が三対五、日の丸の中心を旗の中心とする。日の丸は太陽をデザインしたもので、*96後醍醐《ごだいご》天皇の与えた「*錦《にしき》の御旗《みはた》」は、錦に金銀の日月を刺繍したものという。

江戸幕府は、初期の将軍の御座船である安宅丸《あたかまる》に日の丸の印を用いたが、延宝元年（一六七三）「御城米廻船」に日の丸を付けるよう命じ、日の丸は幕府の船印とされるようになった。嘉永6年（一八五三）ペリー来航に際し、島津斉彬《しまづなりあきら》は外国船との区別のため「白帆ニ朱ノ丸」の旗の制作を提案。翌年（一八五四）7月9日、幕府は日本総船印に「白地日ノ丸幟」を用いることを決定した。

明治3年（一八七〇）1月27日、太政官から「郵船商船規則」（のち「郵船規則」）が公布され、「御国旗」として日の丸が定められ、寸法・比率（横縦比一〇対七、日の丸の直径と縦の比三対五）・日の丸の位置（一〇〇分の一旗竿に寄る）が明示された。10月3日には海軍御国旗が定められ、横縦比三対二、直径と縦の比三対五、ただし二〇分の一風下に長さを加えるとされた（のち日の丸の中心は中央と変更）。

こうして日の丸が国旗として扱われるようになったが、統一した規格はなかった。明治5年（一八七二）11月28日、政府は翌年（一八七三）元日に国旗掲揚を許す旨を東京府に達し、以後府県の伺があるごとに許した。こうして緩やかに国民の中に浸透していった。明治20年（一八八七）には『尋常小学読本』巻六に「御国の旗は、……日の旗ぞ」と記され、明治44年（一九一一）には文部省唱歌「日の丸の旗」が登場している。

第二次世界大戦の敗戦後、日本政府は式典使用にはGHQに許可を求めることを通例とした。昭和24年（一九四九）のマッカーサーの年頭メッセージで、無制限使用が認められた。文部省は、昭和25年（一九五〇）10月17日入学式・卒業式などには国旗《こっき》掲揚《けいよう》・国歌《こっか》斉唱《せいしょう》が望ましいとする文部大臣天野《あまの》貞祐《ていゆう》の談話を通牒《つうちょう》し、昭和33年（一九五八）の学習指導要領で祝日の儀式の際の国旗掲揚を望ましいと規定した。平成元年（一九八九）には学校行事には掲揚することと明記した。一九六〇年代の世論調査ですでに国旗・国歌は支持されていたが、戦前の国家主義の象徴として言論界・教育界の反対が長く続いたため、上記の法律が制定された。

【国歌《こっか》（君《きみ》が代《よ》）】

平成11年（一九九九）8月13日公布の「国旗及び国歌に関する法律」が、国歌を「君《きみ》が代《よ》」とし、歌詞と楽曲を定める。

歌詞は「君が代は　千代に八千代に　さざれ石の　いわおとなりて　こけのむすまで」で、その原歌《もとうた》は、『古今和歌集』巻七にある「題しらず　読人《よみびと》しらず」の「わが君は　千世に八千世に　さゞれ石の　巌《いはを》となりて　苔《こけ》のむすまで」という長寿を祝う古歌であるとされる。文治元年（一一八五）成立の『古今集註《こきんしゅうちゅう》』では、初句を「君が代」とするのが普通であると述べている。中世・近世には、「君が代」の初句で、賀歌として広まっていった。

明治2年（一八六九）頃薩摩藩《さつまはん》に軍楽を教授していたイギリス公使館軍楽長*フェントンJohn William Fentonが、大山巌《いわお》の提案した薩摩琵琶歌「蓬莱山《ほうらいさん》」から選んだ「君が代」に、曲を付けた。翌3年初演と伝えられる。しかしこの曲は歌詞と合わず不評であった。そこで明治13年（一八八〇）、宮内省式部寮一等伶人《れいじん》（雅楽師の職名）*林広守《はやしひろもり》が、同10年（一八七七）東京女子師範学校からの委嘱により伶人奥好義《おくよしいさ》らの作曲した保育唱歌「君が代」を、海軍省に提示した。この曲は、海軍省の軍楽教師*エッケルトFranz Eckertによって和声が付けられ、同年11月3日天長節宴会で演奏された。これが現在の「君が代」の原曲である。

一方文部省では、明治15年（一八八二）の『小学唱歌集』に別の曲の「君が代」を選定していたが、宮中と軍の礼式とで用いられた林広守の「君が代」が広まり、明治26年（一八九三）に文部省の制定した「祝日大祭日歌詞並楽譜」には林作曲の「君が代」が収められた。正式な法令はないが、林の曲が唯一の国歌として用いられるようになった。昭和12年（一九三七）の国定教科書『尋常小学修身書』巻四では「国歌」と明示され、この頃統一した歌唱法も広まった。

戦後、歌詞の内容から、「日の丸」とともに忌避《きひ》される風潮もあった。文部省は、昭和25年（一九五〇）10月17日入学式や卒業式などには国旗掲揚・国歌斉唱が望ましいと通牒し、昭和52年（一九七七）の学習指導要領で「君が代」を「国歌」としたが、教育界・言論界の反発は強かった。平成に入っても対立が続いたので、上記の法律が制定された。その際「君が代」の「君」は国家・国民統合の象徴である天皇をさす、と政府は説明している。

［西川］

[77] 紋章・国章

紋章《もんしょう》　皇室の紋章には菊花が用いられる。菊が用いられるようになった起源ははっきりしない。*[82]後鳥羽《ごとば》天皇は特に菊を愛用し、自作の刀剣にも菊章を刻み、その刀は*菊御《きくご》作《さく》・*菊作太刀《きくつくりのたち》と呼ばれたと伝えられる。その後も菊を用いる天皇が現れ、公武とも使用を憚《はばか》るようになり、皇室の紋として定着したと考えられる。

明治元年（一八六八）3月28日、政府は皇室の紋章の濫用を禁止した。同2年（一八六九）8月には親王家に十六葉の菊紋の使用を禁じ、同4年（一八七一）6月17日に皇族以外の菊紋の使用を禁じるとともに、皇族の紋を*十四葉一重《じゅうしようひとえ》裏菊《うらぎく》と定め、図示した。したがって皇室の菊花紋は*十六葉八重《じゅうろくようやえ》表菊《おもてぎく》を指したと思われるが、法令上図示されたのは明治4年9月15日の、臨時行幸の際に捧持する旗章を定めた際であった。その後も使用は制限されたが、兵営・外国公館・官庁発給の免状などには使用が許されており、天皇大権の記号ともなったといってよいであろう。大正15年（一九二六）10月21日の「皇室儀制令」で、改めて天皇・三后（皇后・太皇太后・皇太后）・皇太子・同妃・皇太孫・同妃の紋章が十六葉八重表菊形（図1）、他の皇族の紋章が十四葉一重裏菊形（図2）と定められた。戦後禁令は廃止されたが、商標法上は引き続き登録できない。なお各宮家では、菊花をアレンジしたそれぞれの宮家の紋を定めている。

また*[96]後醍醐《ごだいご》天皇の頃から*桐紋《きりもん》も使われた。桐は瑞鳥である鳳凰が棲む樹とされ、鳳凰や鳳凰が実をついばむ竹とともに、少なくとも12世紀半ばには天皇が用いる黄櫨染《こうろぜんの》御袍《ごほう》の文様として用いられていた。桐の葉と花からなる紋に図案化され、五七の桐、五三の桐などがある（総称して桐《きりの》薹《とう》）。後醍醐天皇が桐紋を*足利尊氏《あしかがたかうじ》に与えたといわれ、さらに足利氏が有功の武将に与えたことから、武家に尊重された。豊臣秀吉《とよとみひでよし》も拝領している。維新《いしん》後は「*五七《ごしち》の桐《きり》」が大礼服の文様や勲章に用いられたが、特に皇室の紋章とする規定はなく、使用の禁止令もなかった。現在「五七の桐」は政府や首相の紋章として慣例的に使用され、たとえば平成15年（二〇〇三）からは首相官邸の記者会見の演台に付けられている（図3）。

天皇旗《てんのうき》　天皇の所在を示すために用いられる。明治3年

（一八七〇）10月3日海軍が、天皇旗・*皇族旗《こうぞくき》・国旗を定めたことに始まるが、このときは赤金地の錦布に金日章、裏面に銀月章で、菊花は用いられなかった。前述のように、翌明治4年（一八七一）に行幸の旗章が定められ、菊花が用いられた。明治8年（一八七五）12月10日、海軍も菊花を用いる旗章に改正した。明治22年（一八八九）9月30日、天皇旗以下が定められ、天皇旗は紅地に金の菊章、旗面の中心に菊心を配し、皇后はじめ*三后《さんこう》の旗《はた》は天皇旗の燕尾《えんび》開裂形《かいれつがた》とし、*皇太子旗《こうたいしき》は菊章に白の輪郭を施し、*親王旗《しんのうき》は白地に金の菊花、縁を紅とした。大正15年（一九二六）の「皇室儀制令」ではこの規定が引き継がれたが、ほかに天皇旗に白縁を施した*摂政旗《せっしょうき》、皇太子旗を燕尾形にした*皇太子妃旗《こうたいしひき》・*皇太孫妃旗《こうたいそんひき》を設け、皇太孫旗は皇太子旗と同様、他の皇族は親王旗と同様と定められた（図4）。なお親王旗以下の使用は、天皇皇后の名代として朝儀に臨む場合か特旨によると、使用が規定された。

昭和22年（一九四七）に「皇室儀制令」は廃止されたが、「皇室儀制令」に準じて、国体・植樹祭などの行幸啓の際、馬車列・自動車・艦船に使用されている。令和に入り、深紅地に金の菊花の上皇旗が用いられている。

図1　十六葉八重表菊

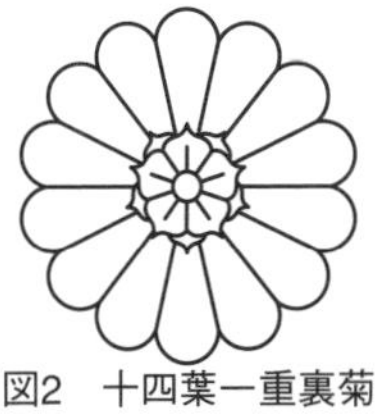
図2　十四葉一重裏菊

図3　演台の五七の桐

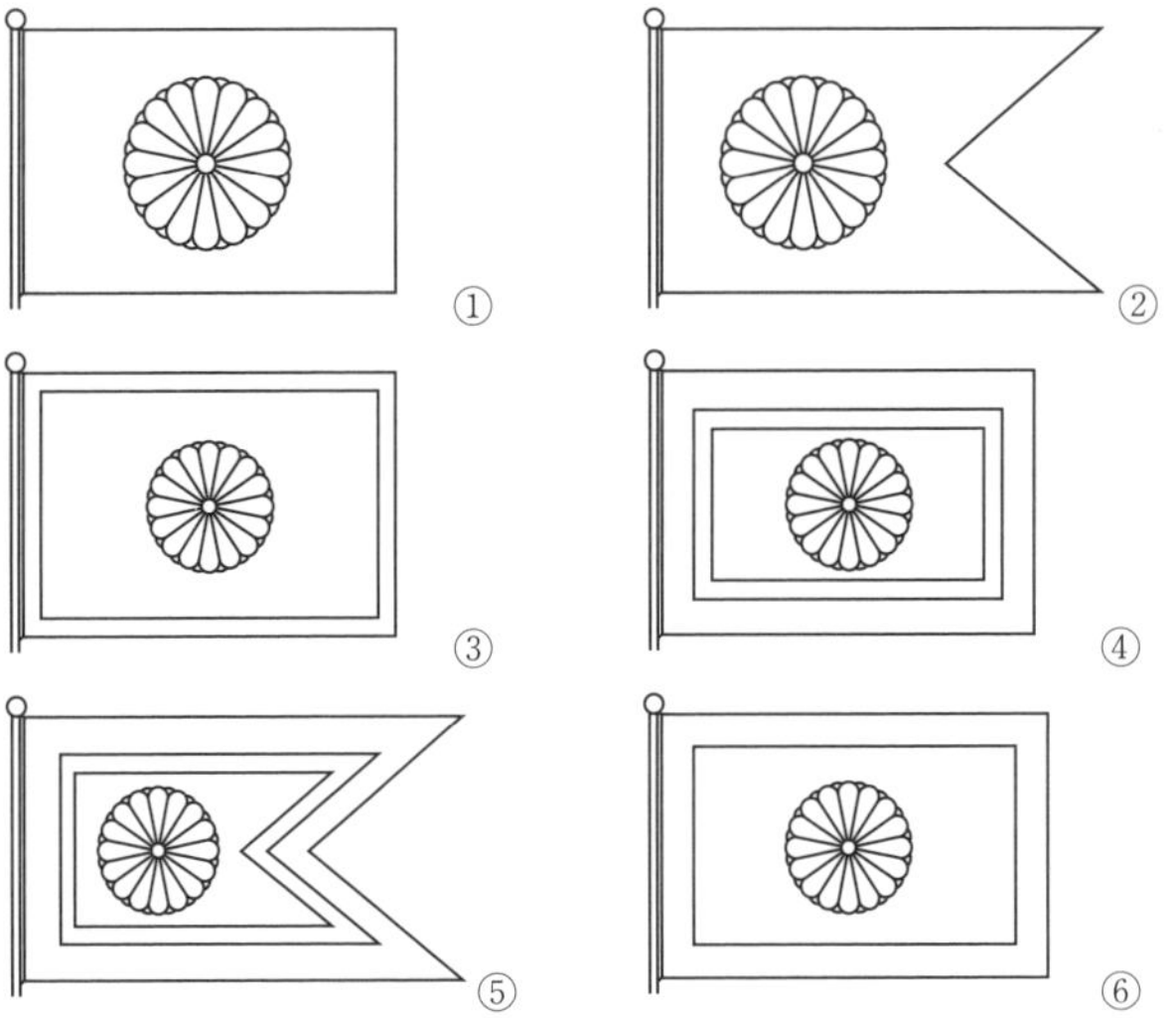

図4　天皇旗ほか
①天皇旗　②太皇太后旗･皇太后旗･皇后旗
③摂政旗　④皇太子旗･皇太孫旗
⑤皇太子妃旗･皇太孫妃旗
⑥親王旗･親王妃旗･内親王旗･王旗･王妃旗･女王旗

旗といえば、*錦旗《きんき》・錦《にしき》の御旗《みはた》は、天皇の軍であることを示す旗で、承久《じょうきゅう》の変《へん》の際に*後鳥羽上皇が授与したものが最初といわれている。南北朝時代、*後醍醐天皇も、北朝を奉じた足利氏も、赤い錦地に日月を金銀で刺繍したり描いたりした旗を用いたという。明治元年（一八六八）の鳥羽《とば》・伏見《ふしみ》の戦《たたか》いの際には、かねて*岩倉具視から案を授けられた大久保利通や品川弥二郎が密かに作製していた錦旗を新政府軍は掲げ、旧幕府軍の士気に影響を与えた。岩倉は日月章の錦旗を各二旒《にりゅう》、菊花章の紅白旗を各十旒作製させたという。以後、戊辰戦争《ぼしんせんそう》で官軍の掲げた旗の意匠はさまざまであった（図5）。

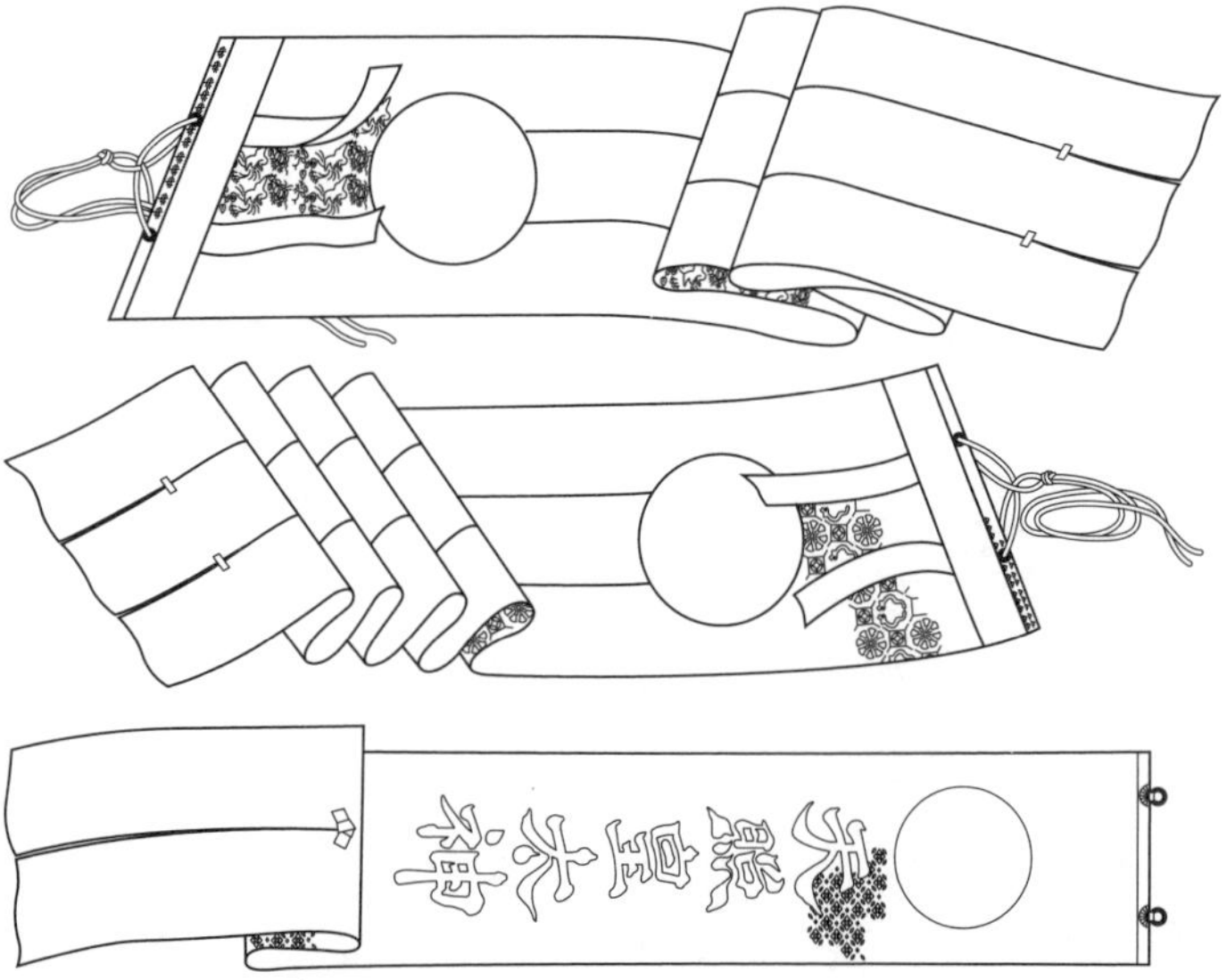

図5　錦旗

国章《こくしょう》　国家を象徴するしるし。ヨーロッパ中世の王侯は紋章を用いていたが、王家が継続した近代国家は、その紋を国家紋章として採用した。新たに制定した場合を含め、ヨーロッパ中心に国章が採用されている。日本では国章は正式な規定はなく、菊花紋が主に用いられるほか、桐紋（五七の桐）や、日章が用いられている。旅券（パスポート）の場合、大正9年（一九二〇）の国際会議の勧告に基づき、大正15年（一九二六）1月1日から冊子型で表紙に国章を掲げる様式が採用され、国章に代えて菊花紋をデザイン化したものが掲げられた。敗戦により旅券発行が停止されたが、昭和26年（一九五一）、講和条約発効に先立って旅券法が制定され、表紙デザインに十六葉一重表菊が用いられるようになった。

［西川］

[78] 栄典制度

国家的ないし公共的事業に従事した者を顕彰する制度が栄典制度《えいてんせいど》である。

栄典のうち最も古いのは*位階《いかい》（→[14]）である。*聖徳太子《しょうとくたいし》の冠位十二階に由来し、律令《りつりょう》制度で官位相当制として整備された。位階は、元来は官僚（廷臣）の序列を示したが、鎌倉幕府成立後も朝廷は位階と律令制の*官職《かんしょく》を授ける権能を保持し続け、廷臣以外にも位階と官職を授与した。武士もみずからの権威付けのために朝廷から官位を受けようとした。江戸時代には、朝廷では律令以来の官位が存続し、武家には朝廷とは別の幕府の申請に基づく官位が授けられた。徳川家茂《とくがわいえもち》は将軍宣下の際、正二位、内大臣、征夷大将軍などを朝廷から与えられている。ほかにも神官や職人集団の長に、朝廷は官位を授けている。

明治維新後、勲章《くんしょう》・褒章《ほうしょう》・爵位《しゃくい》が新設され、位階が整備された。『大日本帝国憲法』では、第一五条に天皇大権の一つとして*栄典大権《えいてんたいけん》が規定されている。『日本国憲法』では、第七条天皇の国事行為の七に「栄典を授与すること」があり、第一四条に「栄誉、勲章その他の栄典の授与は、いかなる特権も伴はない。栄典の授与は、現にこれを有し、又は将来これを受ける者の一代に限り、その効力を有する」と規定されている。

【位階《いかい》】

国家・公共に功績があった者に「*位《くらい》」が与えられる。

明治新政府は、律令制に基づきつつも新たな序列の体系を必要とし、明治2年（一八六九）7月8日に、新しく*官位相当表《かんいそうとうひょう》を定めている。しかし公家・大名が保持する旧来の位階を否定できず、維新の功績・実力の序列と混在することとなった。明治4年（一八七一）8月10日には*官等《かんとう》という新しい官僚の階層秩序が導入され、官位相当制は廃止されたが、位階そのものは廃止されなかった。新たな恩典として、勲等《くんとう》（勲章）・褒章・爵位が整備されたのち、ようやく明治20年（一八八七）5月4日に「*叙位条例《じょいじょうれい》」が定められた。正一位から従八位までの一六階とし、従一位は公爵の、以下正従四位は男爵の礼遇を受けることとなった。

大正15年（一九二六）10月21日にあらためて「*位階令《いかいれい》」が出され、一六階とし、勲功者・有爵者とその相続人・在官在職者を対象とすることなどが規定され、各種の*叙位《じょい》進階内則《しんかいないそく》（官職と年数などによって叙位・昇位を規定）も改定された。このような経緯から、恩典としては、歴史がありながらも爵位・勲等より扱いが軽いと考えられる。

昭和21年（一九四六）5月3日生存者に対する叙位叙勲は停止され、また翌年（一九四七）5月3日に有爵者に関する事項が削除されたが、現在も「位階令」と内則によって、死亡に際し死亡の日に遡り叙位が行われている。平成13年（二〇〇一）10月29日の「栄典制度の在り方に関する懇談会」の報告書では、改正して存続させることが適当としているが、具体的な提言はない。

近代では、正一位は、三条実美《さんじょうさねとみ》が死の直前に授けられただけである。明治24年（一八九一）の叙位進階内則以後、高齢華族以外は内則にしたがって従一位《じゅいちい》に叙せられるのはほぼ不可能で、内則以後死亡特旨叙位によって従一位を授けられたのは五四名。そのうち戦後は、牧野伸顕《まきののぶあき》、松平恒雄《まつだいらつねお》、幣《しで》原喜重郎《はらきじゅうろう》、吉田茂《よしだしげる》、佐藤栄作《さとうえいさく》の五名。

故人に特旨を以て贈る*贈位《ぞうい》という制度がある。明治以後行幸や大礼の際に特に行われ、国民統合に一定の役割を果たした。戦死した軍人にも行われる場合があった。戦後はあまり例がないが、昭和35年（一九六〇）8月に終戦一五年に当たって鈴木貫太郎《すずきかんたろう》に従一位が贈位されている。

用語コラム

【位階令《いかいれい》の一六階《じゅうろっかい》】

「位階令」の一六階とその読み方は以下の通りである。古代の律令制度の位階が、中世・近世にも受け継がれてきたものである。（→[14]、→資13）

正一位（しょういちい）	従一位（じゅいちい）
正二位（しょうにい）	従二位（じゅにい）
正三位（しょうさんみ）	従三位（じゅさんみ）
正四位（しょうしい）	従四位（じゅしい）
正五位（しょうごい）	従五位（じゅごい）
正六位（しょうろくい）	従六位（じゅろくい）
正七位（しょうしちい）	従七位（じゅしちい）
正八位（しょうはちい）	従八位（じゅはちい）

律令制では、この下にさらに大初位（だいそい）、少初位（しょうそい）があり、正四位以下はさらに上下に分かれていた。［編］

【勲章《くんしょう》】

勲章は、大きな功績を表彰する場合に授与され、近代栄典制度の中心に位置する。

日本の最初の勲章は、慶応3年(一八六七)のパリ万国博覧会に出品していた薩摩藩が、尽力した外国人(ナポレオン三世を含むといわれる)に贈った*薩摩琉球国勲章《さつまりゅうきゅうこくくんしょう》とされる。儀礼用に作られたもので、記念章・功労章に近いと思われる。この博覧会には幕府も参加しており、幕府側の向山隼《むこうやまはや》人正《とのしょう》は、薩摩藩への対抗上勲章制定の必要性を上申していたことから勲章制定の必要性が認識されており、草案が作成されたが、実現前に幕府が崩壊した。

明治新政府になって、明治3年(一八七〇)の江藤新平《えとうしんぺい》の意見書を始めとして*勲章制度《くんしょうせいど》は着目されるようになり、明治4年(一八七一)9月には左院で制度の検討が始まった。外交儀礼上の必要性と、位階に代わる勲功の体系を形成しようという意図であったと考えられる。取調の中心の一人は、幕府で勲章を企画していた大給恒《おぎゅうゆずる》(松平乗謨《のりかた》)であった。

明治8年(一八七五)4月10日「*賞牌制定《しょうはいせいてい》の詔《みことのり》」が出され、「国家に功を立て績を顕す者」を「褒賞」するため「勲等賞牌《くんとうしょうはい》」の制を設けることが宣言され、同日の「賞牌従軍牌を定む」(太政官布告第五四号、のち「勲章従軍記章制定の件」とよばれる)で、勲一等から八等までの*勲等《くんとう》が設けられ、賞牌が与えられることとなった。これが*旭日章《きょくじつしょう》で、翌年(一八七六)11月15日に*勲章《くんしょう》と改称された。12月27日には*大勲位菊花大綬《だいくんいきっかだいじゅ》章《しょう》と*大勲位菊花章《だいくんいきっかしょう》が設けられた。のちに菊花章は副章と解釈された。明治21年(一八八八)1月4日に大勲位の中で特に与えられる*大勲位菊花章頸飾《だいくんいきっかしょうけいしょく》、*旭　日大綬章《きょくじつだいじゅしょう》に上級の*勲一等《くんいっとう》旭日桐花大綬章《きょくじつとうかだいじゅしょう》、女性を対象とする*宝冠章《ほうかんしょう》、実質的には同等では旭日章に次ぐ*瑞宝章《ずいほうしょう》が設けられた。大正8年(一九一九)5月22日、女性にも瑞宝章が与えられることとなり、宝冠章が瑞宝章より上位に当たることが明瞭になった(表1)。

なお明治10年(一八七七)7月25日の「勲等年金令」により、旭日章受章者には年金が支給される場合があったが、昭和16年(一九四一)6月28日に廃止されている。廃止時勲一等旭日桐花大綬章で年一五〇〇円、勲八等白色桐葉章で四〇~五〇円。

第二次世界大戦の敗戦後、昭和21年(一九四六)5月3日生存者に対する叙位叙勲を停止する閣議決定が行われ、外国人対象と文化勲章を除き叙勲が停止された。政府はその後三度にわたって法制化することで叙勲制度の復活を試みたが成立に至らず、昭和38年(一九六三)7月12日旧来の制度に基づいて、*生存者叙勲《せいぞんしゃじょくん》を復活させることを閣議決定し、翌年(一九六四)春から*春秋　叙勲《しゅんじゅうじょくん》が行われるようになった。

平成に入り、五種二八階級ある勲章制度について、数字

順位	種類		順位			順位		
1	菊花章	大勲位菊花章頸飾						
2		大勲位菊花大綬章						
3	旭日章	勲一等旭日桐花大綬章						
4		勲一等旭日大綬章	5	宝冠章	勲一等宝冠章	6	瑞宝章	勲一等瑞宝章
7		勲二等旭日重光章	8		勲二等宝冠章	9		勲二等瑞宝章
10		勲三等旭日中綬章	11		勲三等宝冠章	12		勲三等瑞宝章
13		勲四等旭日小綬章	14		勲四等宝冠章	15		勲四等瑞宝章
16		勲五等双光旭日章	17		勲五等宝冠章	18		勲五等瑞宝章
19		勲六等単光旭日章	20		勲六等宝冠章	21		勲六等瑞宝章
22		勲七等青色桐葉章	23		勲七等宝冠章	24		勲七等瑞宝章
25		勲八等白色桐葉章	26		勲八等宝冠章	27		勲八等瑞宝章
なし	文化勲章	文化勲章						

表1　旧制度の勲章

※菊花大綬章は明治9年（1876）12月27日制定。旭日大綬章～白色桐葉章は明治8年（1875）4月10日制定。文化勲章は昭和12年（1937）2月11日制定。それ以外は明治21年（1888）1月4日制定。

種類		授与対象	
大勲位菊花章	大勲位菊花章頸飾	旭日大綬章又は瑞宝大綬章を授与されるべき功労より優れた功労のある方	
	大勲位菊花大綬章		
桐花大綬章			
旭日章	旭日大綬章	国家又は公共に対し功労のある方	功績の内容に着目し、顕著な功績を挙げた方
	旭日重光章		
	旭日中綬章		
	旭日小綬章		
	旭日双光章		
	旭日単光章		
瑞宝章	瑞宝大綬章		公務等に長年にわたり従事し、成績を挙げた方
	瑞宝重光章		
	瑞宝中綬章		
	瑞宝小綬章		
	瑞宝双光章		
	瑞宝単光章		
宝冠章	宝冠大綬章	皇族と外国人に対する儀礼叙勲など特別な場合に、女性にのみ授与	
	宝冠牡丹章		
	宝冠白蝶章		
	宝冠藤花章		
	宝冠杏葉章		
	宝冠波光章		

表2　勲章の種類（平成15年秋の叙勲以後、内閣府HPより作成）

による等級表示がふさわしくないこと、複雑であること、男女の差があること、官僚優先であることなどから改革の論議が高まり、平成12年（二〇〇〇）9月26日総理大臣の下に「栄典制度の在り方に関する懇談会」が設けられた。

その報告書を基に、平成14年（二〇〇二）8月7日に「栄典制度の改革について」が閣議決定され、8月12日に「勲章従軍記章制定の件」（明治8年〈一八七五〉太政官布告第五四号）を改正する政令が出された。翌年（二〇〇三）5月20日には「勲章の授与基準」（以下「授与基準」）が閣議決定され、同年秋の叙勲から新制度に移行した（平成18年（二〇〇六）に文言の改正がある）。

新制度の内容は、数字による等級表示を廃止すること、「顕著な功績を挙げた者」（「授与基準」）に旭日章を、「公共的な業務に長年にわたり従事し」「成績を挙げた者」（「授与基準」）に瑞宝章を授与すること（したがって両章には質的な差はあるが、ランクの差はない）、旭日章・瑞宝章については、勲七等・八等に相当する勲章の授与を廃止し、六段階の勲章を授与すること、両章は男女共通とし、女性に授与されていた宝冠章も八等から六段階として名称も変更し、特別な場合にのみ授与すること（皇族や外国人への儀礼上など）、勲一等旭日桐花大綬章を*桐花大綬章《とうかだいじゅしょう》とし旭日大綬章・瑞宝大綬章の上に置くこと、公務部門に偏らないこと、自己を犠牲にして社会に貢献した者に配慮し、警察官・自衛官など危険な業務に精励した者への叙勲の種類を設けること、などである。*勲記《くんき》も「勲…等に叙し……章を授与する」から「……章を授与する」に改められている。なお、平成28年（二〇一六）には、翌年以後約五年間、少子高齢化や地域社会への貢献と外国人の功績などを重視して授与するという閣議了解がなされている。

現行の勲章は、表の通り（表2）。デザインは、菊花章は日章に旭光を配し、菊花と菊葉で囲み、鈕《ちゅう》には菊花を用いている。桐花章は旭光付き日章を桐花で囲み、鈕には桐花を用いる。旭日章は旭光付き日章で、鈕には桐花を用い、瑞宝章は古代の宝鏡を中心に一六個の連珠を配し、鈕には桐花を用い、宝冠章は古代の女帝の冠を中心に真珠・竹枝・桜で囲み、鈕には大綬章は桐の花を、以下の各章は章名となった物を用いている（牡丹《ぼたん》章なら牡丹の花）（図1～6）。また菊花大綬章以下重光章《じゅうこうしょう》までは*副章《ふくしょう》と*略綬《りゃくじゅ》が、中綬章以下は略綬が与えられる。

授与には、*[124]昭和天皇の誕生日であった「昭和の日」の4月29日付、「文化の日」の11月3日付で行われる*春秋叙勲、同日付の危険業務従事者叙勲、毎月1日付の高齢者叙勲

図1　大勲位菊花章頸飾

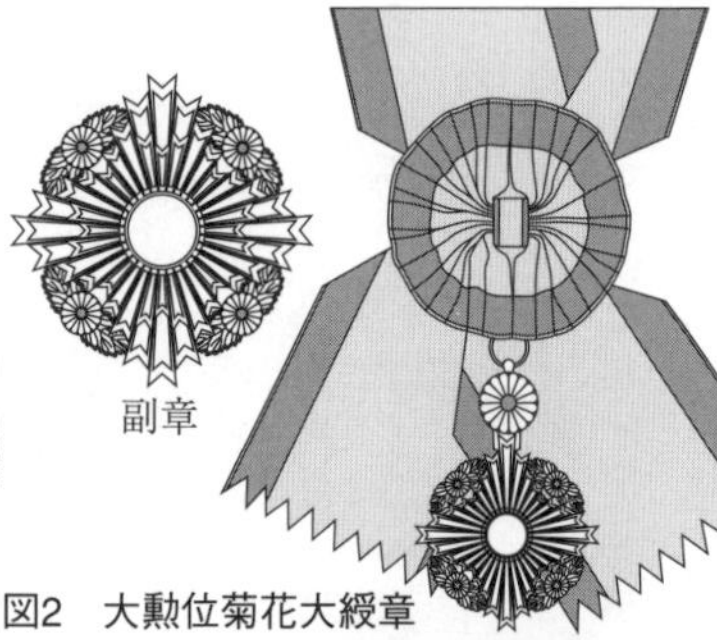

図2　大勲位菊花大綬章

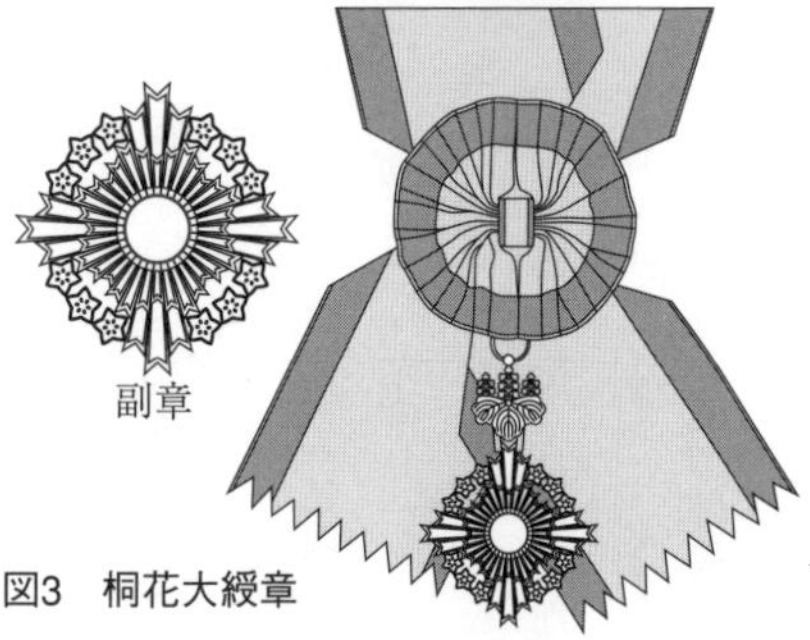

図3　桐花大綬章

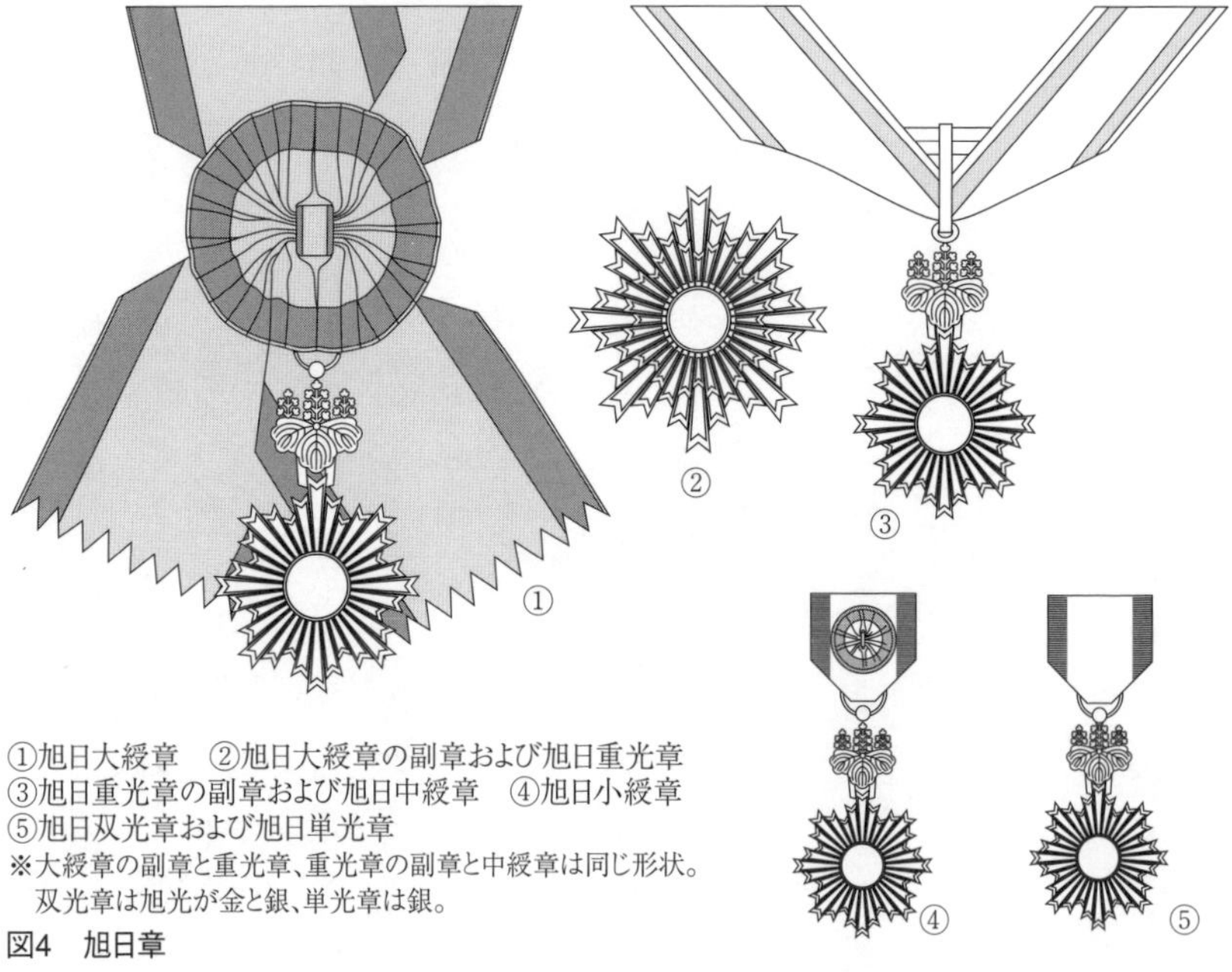

①旭日大綬章　②旭日大綬章の副章および旭日重光章
③旭日重光章の副章および旭日中綬章　④旭日小綬章
⑤旭日双光章および旭日単光章
※大綬章の副章と重光章、重光章の副章と中綬章は同じ形状。
　双光章は旭光が金と銀、単光章は銀。

図4　旭日章

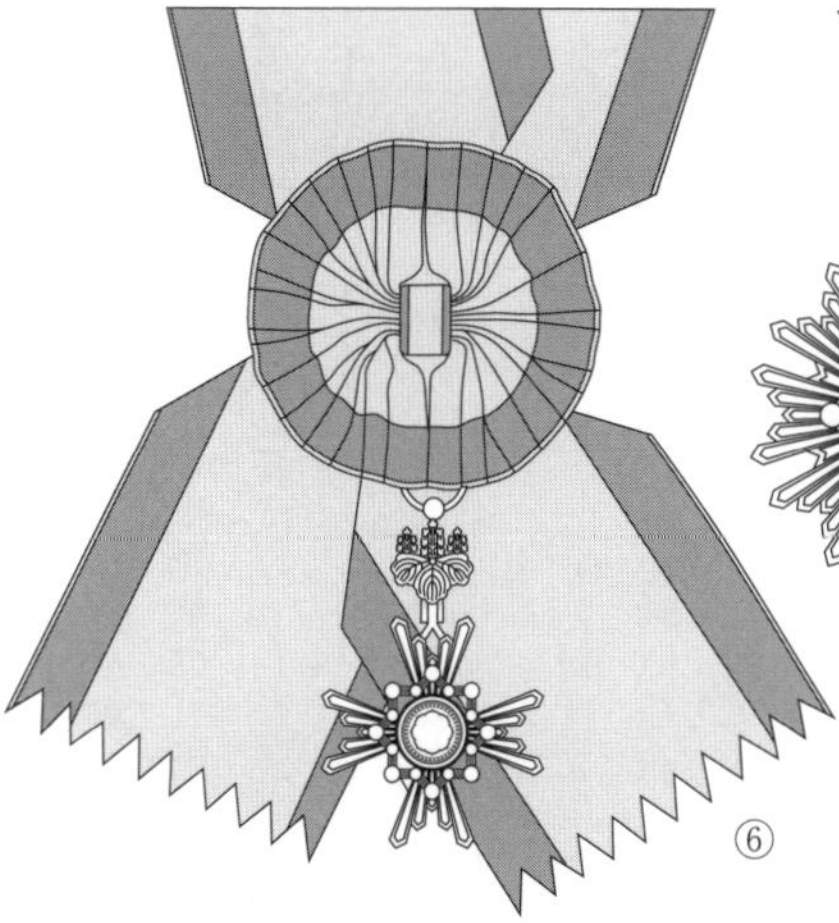
⑥

⑦ ⑧

⑨ ⑩

⑥瑞宝大綬章　⑦瑞宝大綬章の副章および瑞宝重光章
⑧瑞宝重光章の副章および瑞宝中綬章　⑨瑞宝小綬章
⑩瑞宝双光章および瑞宝単光章
※大綬章の副章と重光章、重光章の副章と中綬章は同じ形状。
双光章は光線が金と銀、単光章は銀。

図5　瑞宝章

⑪

⑫ ⑬

⑭ ⑮ ⑯ ⑰

⑪宝冠大綬章　⑫宝冠大綬章の副章
⑬宝冠牡丹章　⑭宝冠白蝶章
⑮宝冠藤花章　⑯宝冠杏葉章
⑰宝冠波光章
※白蝶章、藤花章、杏葉章、波光章の綬は
牡丹章と同じものを使用

図6　宝冠章

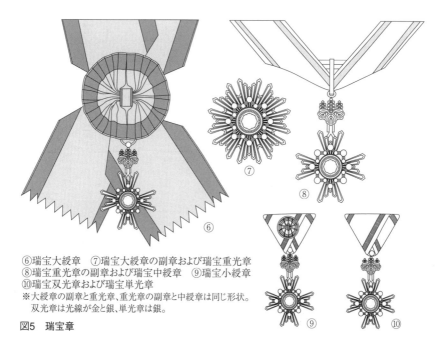

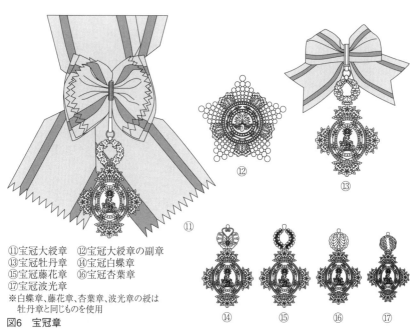

（叙勲を逃した八八歳以上）、緊急叙勲（公共の業務で殉じた人）、死亡叙勲、外国人叙勲がある。大勲位以下大綬章までは、天皇から*親授《しんじゅ》、重光章は宮中で内閣総理大臣から*伝《でん》達《たつ》され、その他は関係大臣から伝達される。いずれの場合も天皇に*拝謁《はいえつ》する。

なお勲章に代え、菊紋の*銀杯《ぎんぱい》ないし*木杯《もくはい》が授与されることもある。

*平成の天皇（上皇）は栄典制度改正後、*令和の天皇は即位後、重要な儀式には、大勲位菊花大綬章頸飾・大勲位菊花大綬章・桐花大綬章・文化勲章を佩用している。皇族には戦前の「皇族身位令」が準用され、実際は成年に達するに際して、親王には大勲位菊花大綬章が、内親王には勲一等宝冠章（改正後は宝冠大綬章）が、女王《じょおう》には勲二等宝冠章（改正後は宝冠牡丹章）が、また皇太子妃・親王妃は結婚に際して勲一等宝冠章（改正後は宝冠大綬章と推定される）が授与される。

皇族王族以外で大勲位菊花大綬章頸飾を受けたのは一三名、戦後では吉田茂と佐藤栄作が死亡日付で授与されている。

【金鵄勲章《きんしくんしょう》・記章《きしょう》（従軍記章《じゅうぐんきしょう》・記念章《きねんしょう》）】

金鵄勲章《きんしくんしょう》　明治23年（一八九〇）2月11日、「金鵄勲章創設の詔」が出され、神武天皇《じんむてんのう》登極二五五〇年を記念し、「武功抜群の者に授与」するため*功一級章から*功七級章まで設けられた。デザインは剣《つるぎ》・楯《たて》・矛《ほこ》を交差させ上部に*金鵄《きんし》（→109）を配している（図7）。戦後昭和22年（一九四七）5月3日に廃止された。なお明治27年（一八九四）10月3日公布の「金鵄勲章年金令」により年金が支給されていたが、昭和16年（一九四一）6月28日に、「精神的殊遇」を大にするとの理由で廃止され、一時金支給となった。廃止時功一級で年一五〇〇円、功七級で一五〇円。

記章《きしょう》　*従軍記章《じゅうぐんきしょう》は、明治8年（一八七五）4月10日「賞牌従軍牌を定む」（太政官布告第五四号）が出され、「将卒の区別なく軍功の有無を論せず」「従軍せし徴」として授与されることとなった。翌年従軍記章と改称。台湾出兵従軍者に与えられた。そののち明治二十七八年従軍記章（日清戦争）以後七種設けられた。*記念章《きねんしょう》は、明治22年（一八八九）8月3日の帝国憲法発布記念章以後国家の重大事件を記念して発行され、一二種設けられた。このうち支那事変従軍記章、支那事変記念章、大東亜戦争従軍記章（後二者は実際には授与に至らなかった）については、昭和21年（一九四六）3月30日にその根拠となった勅令が廃止されている。戦後の授与はない（図8）。

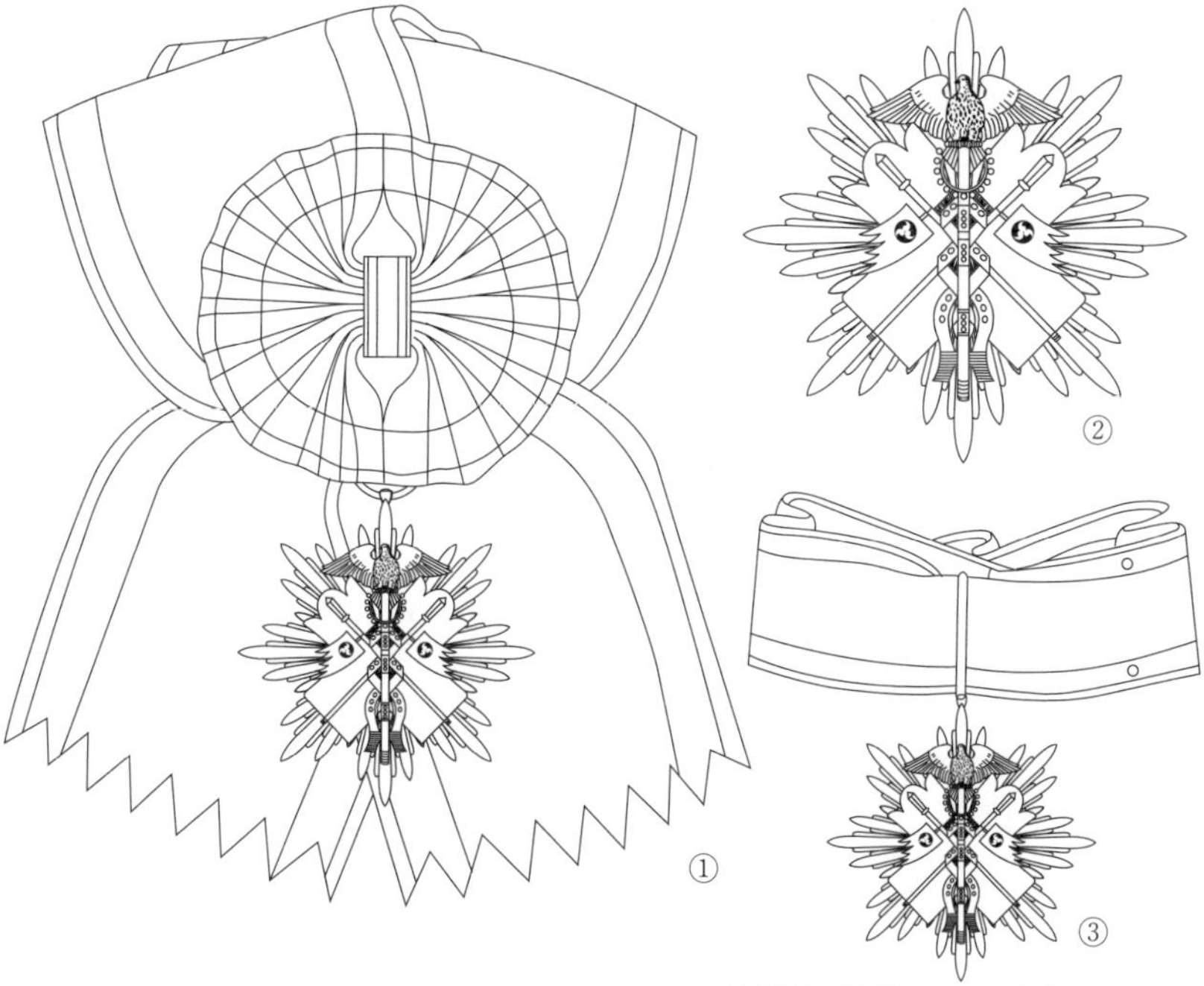

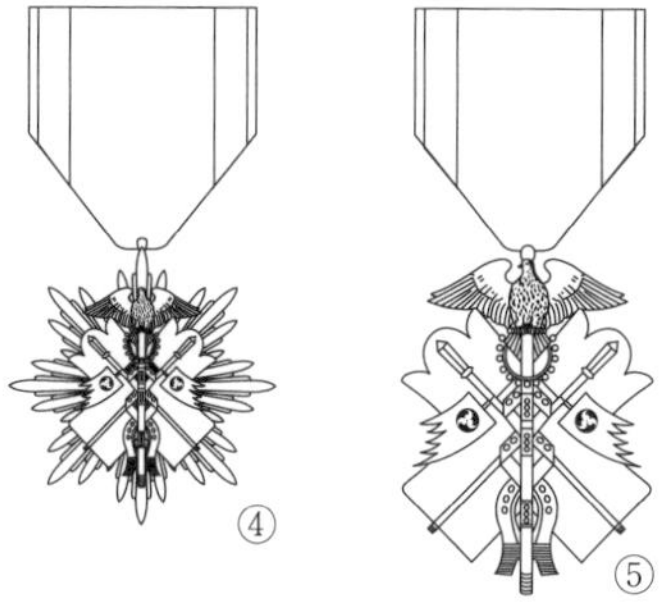

①功一級金鵄章　②功一級金鵄章副章および功二級金鵄勲章　③功二級金鵄章副章および功三級金勲章　④功四級金鵄章および功五級金勲章　⑤功六級金勲章および功七級金鵄章
※功一級の副章および功二級、功二級の副章および功三級は同じ形状

図7　金鵄勲章

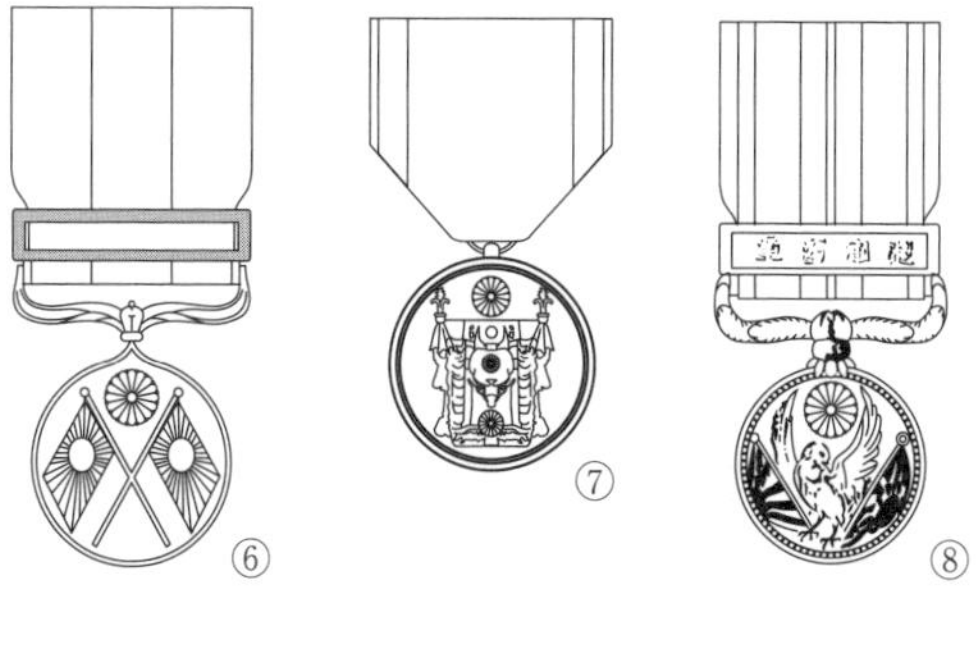

⑥明治二十七八年従軍記章
⑦帝国憲法発布記念章
⑧支那事変従軍記章

図8　記章

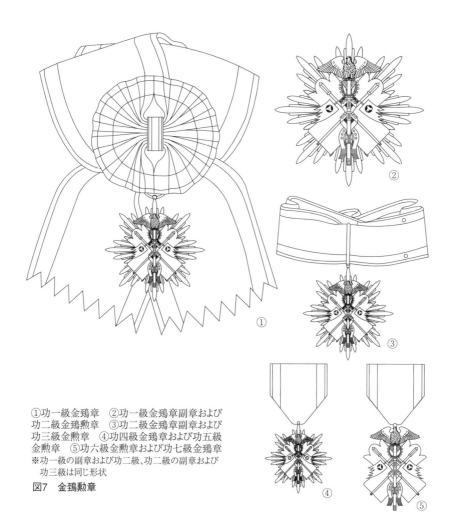

図9　文化勲章

【文化勲章《ぶんかくんしょう》】

文化勲章は昭和12年（一九三七）2月11日、「文化の発達に関し勲績卓絶なる者に之《これ》を賜《たま》ふ」ために設けられた。*橘《たちばな》を図案化した勲章で、侍従《じじゅう》*入江相政《いりえすけまさ》の発案を基に、*昭和天皇の意向で図案が決定された（図9）。

政府原案は桜であったが、天皇が、桜は潔く散り武の象徴でもあり、常緑樹で香りも高く、田道間守《たじまもり》の忠節の故事もある橘を勧めたと伝えられる。昭和51年（一九七六）夏の宮内記者会での質問では、昭和天皇は、加えて「文化というのは生命が長くなければならない、と感じたからです」と説明している。

第一回受章者は、物理学者の長岡半太郎《ながおかはんたろう》ほか九名であった。当初は数年おきであったが、昭和23年（一九四八）10月に*文《ぶん》化《か》の日《ひ》に授与と閣議決定され、以後原則として毎年文化の日に授与されるようになった。生前に授与する通例であることから死亡日に遡って授与した場合（六代目尾上菊五郎《おのえきくごろう》など）や、アポロ宇宙飛行士に授与した場合は、文化の日ではなかった。

平成9年（一九九七）には、天皇の前での*伝達《でんたつ》から、天皇より*親授《しんじゅ》されることに変更された。文化勲章制定の際、宮中席次制定は見送られており、勲章の序列の中に位置づけることは避けられたと考えられるが、授与の形式から、旧体系で第七位、変更後は大綬章と同格ないし大綬章の末席と捉える傾向があった。また文化勲章受章者には年金はないが、受章者顕彰を目的とし、憲法に抵触せず支給するために、昭和26年（一九五一）4月3日公布の文化功労者年金法によって*文化功労者《ぶんかこうろうしゃ》に年金を支給することとし、当初は文化勲章受章者から文化功労者を指定することを主とした。昭和50年代前半から文化功労者から受章者を選ぶようになり、現在ではそれが原則となっている（平成2年〈一九九〇〉内閣総理大臣決定）。受章者が文化功労者でない場合は同時に任命される。したがって、文化功労者は勲章に次ぐ顕彰となっている。年金額は平成30年（二〇一八）現在年三五〇万円。昭和63年（一九八八）度から人数増と対象分野の拡大が考慮され、平成に入り古典に限らない分野からの選定が増加している。

【褒章《ほうしょう》】

社会のある分野における業績を顕彰する制度。

明治14年（一八八一）12月7日褒章条例が定められ、人命救助

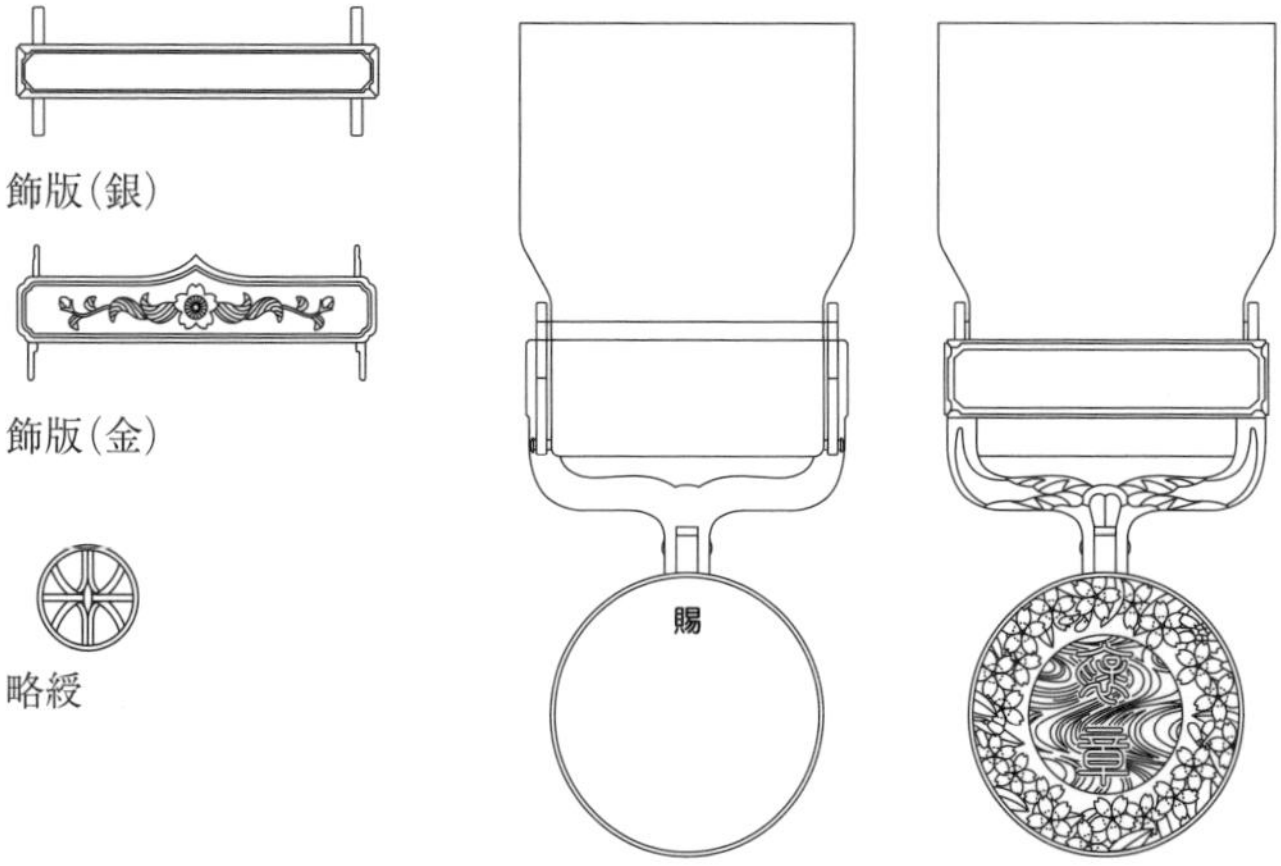

図10　褒章

を行った者を表彰する*紅綬褒章《こうじゅほうしょう》、「徳行卓絶」な者を表彰する*緑綬褒章《りょくじゅほうしょう》（のちに「実業に精励」を加える）、「公衆の利益を興し」た者を表彰する*藍綬褒章《らんじゅほうしょう》（のちに「学術技芸上」の功績を加える）が設けられた。明治20年（一八八七）5月24日「私財を献納し防海の事業を賛成するもの」への*黄綬褒章《おうじゅほうしょう》、大正7年（一九一八）9月19日に「公益の為私財を寄附し」た者への*紺綬褒章《こんじゅほうしょう》が追加された。戦後昭和22年（一九四七）5月3日に黄綬褒章が廃止され、昭和28年（一九五三）以後は「徳行卓絶」が時代にそぐわないとして緑綬褒章の授与がなくなった。

昭和30年（一九五五）1月、大野伴睦《おおのばんぼく》らが提出した褒章制度拡充の決議が国会でなされ、1月22日に、黄綬褒章が対象を「業務に精励」した者に替えて復活し、「学術芸術上」の功績者への*紫綬褒章《しじゅほうしょう》が設けられた。あわせて緑綬褒章・藍綬褒章の対象が限定された。

勲章の項で述べた平成14年（二〇〇二）の「栄典制度の改革について」によって積極的な活用が図られることとなり、8月12日に褒章条例が改正された。紅綬褒章の対象については人命救助に尽力した者と要件を緩和し、緑綬褒章の対象にボランティア活動従事者を含むこととし、紫綬褒章については運用で五〇歳以上としていた年齢制限を撤廃するなどの改革が行われた。

整理すれば、紅綬褒章は人命救助に尽力した者、緑綬褒章は社会奉仕活動に従事し徳行顕著な者、黄綬褒章は業務に精励した者、紫綬褒章は学術・芸術上の事蹟の著しい者、藍綬褒章は公衆の利益を興しまたは公同の事務に尽力した者、紺綬褒章は公益のために私財を寄附した者（平成30年現在個人で五〇〇万円以上）を、それぞれ対象としている。

デザインは「褒章」の二文字を桜花で飾った円形メダルで、綬の色が章名に応じて異なる。略綬の色も章名に応じている。また同種の褒章を授与される場合は、綬に付ける飾版《しょくはん》が追加して与えられ、五個に達したときは金の飾版に引き替えられる（図10）。該当者が死亡した場合は桐紋《きりもん》の銀杯または褒状が、寄付額が多い紺綬褒章の場合は褒章とともに木杯が授与される。

【天皇杯《てんのうはい》・皇后杯《こうごうはい》】

天皇杯《てんのうはい》は、競技奨励のために、宮内庁を通じて、運営団体に*下賜《かし》されている。*競馬《けいば》が最も古く、*122明治天皇は馬産奨励のため明治10年代から御賞典と呼ばれる花器、のち銀鉢《ぎんばち》を各地の競馬に下賜し、優勝者が獲得していた。明治38年（一九〇五）に日本レースクラブに紋附《もんつき》銀鉢の下賜があり「皇帝陛下御賞盃《ごしょうはい》」としてレースが開催され、また明治39年（一九〇六）には東京競馬会にも下賜があったが、そのレースを翌年（一九〇七）新聞が「帝室御賞典競走」と呼ぶようになり、以後日本レースクラブを含め下賜のあるレースの呼称となった。

昭和11年（一九三六）に開催団体が日本競馬会に統一され（のちの日本中央競馬会）、翌年（一九三七）御賞典下賜が限定されたため、春秋二回の開催となった。現在第一回の*天皇賞《てんのうしょう》は昭和12年（一九三七）秋とされている。戦争による中断後、昭和22年（一九四七）10月16日*楯《たて》が下賜され、持ち回り賞品として天皇賞競走が行われるようになった。

また、大正15年（一九二六）には、大日本相撲協会《だいにほんすもうきょうかい》（のちの日本相撲協会）で摂政殿下下賜杯が、東京六大学野球連盟で*東宮《とうぐう》杯《はい》（摂政杯《せっしょうはい》）が出されるようになった。前者は、前年（一九二五）4月29日の皇太子台覧《たいらん》相撲の際の下賜金を基に純銀製で製作され、現在の天皇賜杯となる。後者は、大正15年（一九二六）10月23日、連盟の協力の下に落成した神宮《じんぐう》球場の開場記念試合に皇太子が出席し、授与した賜杯である。昭和21年（一九四六）にあらためて天皇杯が下賜された。以後スポーツの競技団体に下賜されるようになった。

競馬と大相撲《おおずもう》以外は、元来はアマチュア競技に下賜されていたが、競技会が変化しプロが参加するようになったものもある（サッカーなど）。また一競技につき一団体に下賜されるため、硬式野球などは競技全体には与えられていな

団体(2019年現在の名称)	競技会	下賜年月日
東京六大学野球連盟	東京六大学野球リーグ戦(優勝校)	1946.11.1
日本学生陸上競技連合	天皇賜盃日本学生陸上競技対校選手権大会(男子総合優勝校)	1947.6.20
日本水泳連盟	日本学生選手権水泳競技大会(男子総合優勝校)	1947.8.27
日本テニス協会	全日本テニス選手権大会(男子シングルス優勝者)	1947.8.27
日本サッカー協会	天皇杯　JFA全日本サッカー選手権大会(優勝チーム)	1948.4.17
全日本軟式野球連盟	天皇賜杯全日本軟式野球大会(優勝チーム)	1948.7.2
日本バスケットボール協会	天皇杯全日本総合バスケットボール選手権大会(男子優勝チーム)	1948.7.7
日本ソフトテニス連盟	天皇賜杯全日本ソフトテニス選手権大会(男子優勝者)	1948.8.4
日本スポーツ協会	国民体育大会(男女総合成績第1位の都道府県)	1948.10.23
日本卓球協会	天皇杯全日本卓球選手権大会(男子シングルス優勝者)	1948.12.1
日本バレーボール協会	天皇杯全日本バレーボール選手権大会(男子優勝チーム)	1950.6.20
全日本スキー連盟	全日本スキー選手権大会(クロスカントリー男子リレー優勝チーム)	1951.2.26
全日本柔道連盟	全日本柔道選手権大会(優勝者)	1952.4.26
全日本剣道連盟	全日本剣道選手権大会(優勝者)	1958.7.28
全日本弓道連盟	全日本男子弓道選手権大会(優勝者)	1960.11.11
日本農林漁業振興会	農林水産祭(最優秀者、7部門〈1979以降、元は6部門〉)	1962.11.24
日本相撲連盟	全日本相撲選手権大会(優勝者)	1966.7.13
日本レスリング協会	全日本レスリング選手権大会(最優秀選手)	1977.5.26
日本体操協会	全日本体操競技選手権大会(男子個人総合優勝者)	1977.5.26
日本陸上競技連盟	天皇盃全国都道府県対抗男子駅伝競走大会(優勝チーム)	2009.8.4
全日本空手道連盟	天皇盃全日本空手道選手権大会(男子組手個人優勝者)	2016.5.17
日本車いすテニス協会	飯塚国際車いすテニス大会(男子シングルス優勝者)	2018.3.23
日本車いすバスケットボール連盟	天皇杯日本車いすバスケットボール選手権大会(優勝チーム)	2018.3.23
日本障がい者スポーツ協会(主催団体:全国車いす駅伝競走大会実行委員会)	天皇盃全国車いす駅伝競走大会(優勝チーム)	2018.3.23

表3　天皇杯一覧表(日本中央競馬会と日本相撲協会は本文参照)

団体（2019年現在の名称）	競技会	下賜年月日
日本スポーツ協会	国民体育大会（女子総合成績第1位の都道府県）	1948.10.23
日本バスケットボール協会	皇后杯全日本総合バスケットボール選手権大会（女子優勝チーム）	1948.12.4
日本バレーボール協会	皇后杯全日本バレーボール選手権大会（女子優勝チーム）	1950.6.20
日本ソフトテニス連盟	皇后賜杯全日本ソフトテニス選手権大会（女子優勝者）	1950.9.20
日本卓球協会	皇后杯全日本卓球選手権大会（女子シングルス優勝者）	1951.11.2
全日本柔道連盟	全日本女子柔道選手権大会（優勝者）	1992.4.18
全日本なぎなた連盟	全日本なぎなた選手権大会（優勝者）	1995.3.1
全日本剣道連盟	全日本女子剣道選手権大会（優勝者）	1997.3.3
全日本弓道連盟	全日本女子弓道選手権大会（優勝者）	1997.3.3
日本陸上競技連盟	皇后盃全国都道府県対抗女子駅伝競走大会（優勝チーム）	2009.8.4
日本サッカー協会	皇后杯JFA全日本女子サッカー選手権大会（優勝チーム）	2012.10.24
全日本空手道連盟	皇后盃全日本空手道選手権大会（女子組手個人優勝者）	2016.5.17
日本車いすテニス協会	飯塚国際車いすテニス大会（女子シングルス優勝者）	2018.3.23
日本車いすバスケットボール連盟	皇后杯日本女子車いすバスケットボール選手権大会（優勝チーム）	2018.3.23

表4　皇后杯一覧表

い。平成に入り女子スポーツへの*皇后杯《こうごうはい》下賜が増え、平成30年（二〇一八）には障がい者スポーツへの下賜が行われた。現在は競馬と大相撲以外に二三のスポーツ競技と、日本農林漁業振興会の農林水産祭の七部門に下賜されている。皇后杯は天皇杯と共通の競技に一三、単独に一つ下賜されている（表3、4）。なお団体によっては「盃」の字を使用している場合もある。高校総体の陸上競技優勝校に贈られる*秩《ちち》父宮杯《ぶのみやはい》・*秩父宮妃《ちちぶのみやひ》杯《はい》など、*皇族杯《こうぞくはい》もある。宮様スキー大会国際競技会には、*常陸宮杯《ひたちのみやはい》はじめ多くの皇族杯が下賜されている。

　なお天皇杯などは、栄典制度として確立しているものではない。また国民栄誉賞は内閣総理大臣より授与され、天皇が授与するものではない。［西川］

［79］宮中での優遇

敗戦前は、爵《しゃく》・勲《くん》・功《こう》・位《い》保持者や官吏などに、宮中における特別な待遇を与える*礼遇《れいぐう》・*優遇《ゆうぐう》があった。新年等の儀式での拝賀・参賀、御所拝観、天機奉伺《ほうし》などである。それ以外にも特に優遇を認められる場合があり、以下それについて述べる。なお華族は、優遇のほかに、皇族との結婚資格、宮中儀式への参列、位階の授与、爵位の世襲、貴族院議員たる資格、家範《かはん》の制定、世襲財産の設定、学習院への入学などの特権があった。また、堂上公家《とうしょうくげ》出身の華族には旧堂上華族保護資金が与えられていた。

【元勲優遇《げんくんゆうぐう》と前官礼遇《ぜんかんれいぐう》】

特旨の優遇として*元勲優遇《げんくんゆうぐう》と*前官礼遇《ぜんかんれいぐう》がある。元勲優遇は、明治22年(一八八九)11月1日辞職した前首相黒田清隆《くろだきよたか》と前枢密院《すうみついん》議長伊藤博文《いとうひろぶみ》に「待つに特に大臣の礼を以てし茲《ここ》に元勲優遇の意を昭にす」との「*元勲優遇の詔勅《げんくんゆうぐうのしょうちょく》」が出されたことが最初であった。以後*[122]明治天皇《めいじ》は、山県有朋《やまがたありとも》（第一次内閣辞職時）、松方正義《まつかたまさよし》（第二次内閣辞職時）、桂太郎《かつらたろう》（第二次内閣辞職時）にこの詔を出している（再渙発《さいかんぱつ》を除く）。*宮中席次《きゅうちゅうせきじ》は大臣の上。大正期以後はこの詔は出されず、*[123]大正天皇は即位後、政治の補佐を命じる「*大政匡輔《たいせいきょうほ》の勅語《ちょくご》」といわれる勅語を、大山巌《おおやまいわお》・山県・松方・井上《いのうえ》馨《かおる》・桂に、ついで西園寺公望《さいおんじきんもち》（第二次内閣辞職後）に出し、*[124]昭和天皇は即位後同様の勅語を西園寺に出している。なお首相奏薦について下問を受ける元老は慣例的に成立しており、詔とは無関係であったが、大正期以後勅語を受けることが必要条件と考えられるようになった。

前官礼遇は、明治22年12月26日に定められ、数度大臣を務め功績があった退職者に与えられ、大臣の礼遇を受けた。昭和14年(一九三九)以後は、おおむね四年以上務めた場合首相は首相の、枢密院議長は議長の、国務大臣は大臣の前官礼遇が与えられるようになった。

宮中《きゅうちゅう》　名誉官《めいよかん》　*麝香間祗候《じゃこうのましこう》と*錦鶏間祗候《きんけいのましこう》は、京都御所の部屋の名前に由来する。麝香間祗候は、明治2年(一八六九)5月15日前議定《ぎじょう》蜂須賀茂韶《はちすかもちあき》らが隔日に*麝香間《じゃこうのま》に祗候し諮詢《しじゅん》に答えるよう求められたことに始まる。以後高齢華族が命じられるようになり制度化した。明治33年(一九〇〇)以後公爵で四〇歳以上の者と功臣から選ぶことを原則とした。錦鶏間祗候は、江戸時代関白《かんぱく》に次ぐ職を辞した者を*錦鶏間に祇候させた制度に倣い、明治23年(一八九〇)10月20日廃止された元老院議官を優遇するために、麝香間祇候の次位として設けられた。勅任官待遇。のち退職勅任官が任命されるようになった。

*宮中顧問官《きゅうちゅうこもんかん》は、明治18年(一八八五)内閣制度実施の際に参議を辞した川村純義《かわむらすみよし》などのために用意されたポストで、帝室に関する諮詢《しじゅん》に答えることを職掌とした。明治30年(一八九七)10月に職掌なしと改定され、以後徐々に宮内省の退職官吏が就任する名誉官《めいよかん》となった。

*帝室技芸員《ていしつぎげいいん》は、明治23年に、美術作家保護と制作の奨励を目的として設けられた。大正7年(一九一八)の内規では、定員は二五名。年金のほか制作を下命された場合には制作費が払われた。当初は橋本雅邦《はしもとがほう》ら一〇人。昭和19年(一九四四)まで七九名が選ばれる。戦後文化勲章を受章した者が多い。

いずれの名誉官も戦後に消滅した。

宮中　席次《きゅうちゅうせきじ》　宮中の*儀式《ぎしき》に参列する場合の席順である。明治政府においては、功績の評価が一本化されておらず、世襲の爵も設けられた。結局すべての栄典を含めた序列化を別に明示せざるを得ず、明治17年(一八八四)に華族と官僚が別立てで、明治21年(一八八八)6月15日に官・爵・勲を含んだ上位者の席次が定められた。以後個別の修正を重ね、大正15年(一九二六)10月21日の「皇室儀制令」で、完成を見た。一〇階七〇の階層で構成され、次のようになっている。

第一階　①大勲位(菊花章頸飾、菊花大綬章)、②内閣総理大臣、③枢密院議長、④元勲優遇、⑤元帥・国務大臣・宮内大臣・内大臣、⑥朝鮮総督、⑦首相・枢密院議長の前官礼遇者、⑧国務大臣等の前官礼遇者、⑨枢密院副議長、⑩大将・枢密顧問官、⑪親任官、⑫貴族院議長・衆議院議長、⑬勲一等旭日桐花大綬章、⑭功一級、⑮親任官待遇、⑯公爵、⑰従一位《じゅいちい》、⑱勲一等(旭日大綬章、宝冠章、瑞宝章の順)

第二階　⑲高等官一等、⑳貴族院副議長・衆議院副議長、㉑麝香間祇候、㉒侯爵、㉓正二位

第三階　㉔高等官二等、㉕功二級、㉖錦鶏間祇候、㉗勅任待遇、㉘伯爵、㉙従二位、㉚勲二等(旭日重光章、宝冠章、瑞宝章の順)、㉛子爵、㉜正三位、㉝従三位、㉞功三級、㉟勲三等(旭日中綬章、宝冠章、瑞宝章の順)、㊱男爵、㊲正四位、㊳従四位

第四階　㊴貴族院議員・衆議院議員、㊵高等官三等、㊶高等官三等待遇、㊷功四級、㊸勲四等(旭日小綬章、宝冠章、瑞宝章の順)、㊹正五位、㊺従五位

第五階　㊻高等官四等、㊼高等官四等待遇、㊽功五級、㊾

勲五等（双光旭日章、宝冠章、瑞宝章の順）、㊿正六位

第六階　(51)高等官五等、(52)高等官五等待遇、(53)従六位、(54)勲六等（単光旭日章、宝冠章、瑞宝章の順）

第七階　(55)高等官六等、(56)高等官六等待遇、(57)正七位

第八階　(58)高等官七等、(59)高等官七等待遇、(60)従七位、(61)功六級

第九階　(62)高等官八等、(63)高等官八等待遇

第一〇階　(64)高等官九等、(65)奏任待遇、(66)正八位、(67)功七級、(68)勲七等（青色桐葉章、宝冠章、瑞宝章の順）、(69)従八位、(70)勲八等（白色桐葉章、宝冠章、瑞宝章の順）

現職を優先すること、栄典の中では大勲位《だいくんい》と桐花大綬章《とうかだいじゅしょう》の次は金鵄勲章《きんしくんしょう》が重くみられること、公爵《こうしゃく》や従一位であることだけでは評価が低いこと、国会の議長が低いことが特徴である。

戦後は、特別の規定はない。現在の公式行事のおおむねの席順は、①内閣総理大臣、②衆議院議長、③参議院議長、④最高裁判所長官、⑤外国特命全権大使（着任順）、⑥野党党首、⑦国務大臣・衆参両院副議長（年齢順）、⑧最高裁判所判事（任官順）、⑨他の認証官（年齢順）である。

宮中　杖《きゅうちゅうづえ》　「杖《つえ》を賜《たま》ひ朝《ちょう》を免《めん》ず」という、高齢の功臣に杖の使用と常時の参朝を免除した中国の故事に倣い、高齢の功労ある重臣に杖を与え優遇する制度。持ち手に鳩《はと》の彫刻を付けるようになったことから、*鳩杖《はとづえ》とも呼ばれる。日本では持統《じとう》天皇10年（六九六）に右大臣多治比島《たじひのしま》が杖を受けたのが初例と考えられる。建仁3年（一二〇三）に*後鳥羽《ごとば》上皇が*藤原《ふじわらの》俊成《しゅんぜい》に与えた杖は、上部に銀製の鳩の飾りがあった。朝廷ではこの制度が続き、江戸時代の元文2年（一七三七）11月25日の中院通躬《なかのいんみちみ》からは目録が賜給され、各自で杖を製作するようになった。明治以後も、「宮中杖被差許《きゅうちゅうつえさしゆるさる》」との辞令と目録（杖料）が下賜され、おおむね親任官が八〇歳となった場合に与えられた。

戦後は、昭和21年（一九四六）1月15日に鈴木貫太郎、財部彪《たからべたけし》、翌年（一九四七）1月15日に清水澄《しみずとおる》、岡田啓介《おかだけいすけ》、宇垣一成《うがきかずしげ》、樺山愛輔《かばやまあいすけ》に与えられたが、樺山の八三歳以外八〇歳（いずれも数え年）であり、戦前の制度の延長であろう。ついで確認できるのが、昭和40年（一九六五）10月15日吉田茂《よしだしげる》（米寿、元首相）、同41年（一九六六）11月3日山梨勝之進《やまなしかつのしん》（卒寿、元学習院長）、同42年（一九六七）10月4日甘露寺受長《かんろじおさなが》（米寿、元侍従次長）、同45年（一九七〇）2月27日木戸幸一《きどこういち》（前年傘寿《さんじゅ》、元内大臣）への授与であり、杖そのものが与えられている。吉田と山梨の場合、銀の持ち手に菊紋と鳩が浮かしぼりにされた杖であった。昭和40年代下賜の特旨性が表れていよう。　［西川］

用語コラム

【恩赦《おんしゃ》】

『大日本帝国憲法』は大赦・特赦・減刑および復権を*天皇大権《てんのうたいけん》として定めていた（第一六条）。大正元年（一九一二）9月26日には「*恩赦令《おんしゃれい》」が公布され、詳細な規定が整備された。憲法発布前からのものを含めると、明治元年（一八六八）*明治天皇元服大礼《めいじてんのうげんぷくたいれい》大赦《たいしゃ》、明治22年（一八八九）*明治憲法発布大赦《めいじけんぽうはっぷたいしゃ》、明治30年（一八九七）*英《えい》照《しょう》皇太后大喪大赦《こうたいごうたいそうたいしゃ》＝台湾大赦（台湾の人々が対象）、明治43年（一九一〇）*朝鮮大赦《ちょうせんたいしゃ》（韓国併合に伴う一部旧韓国法令処罰者）、大正元年（一九一二）*明治天皇大喪大赦《めいじてんのうたいそうたいしゃ》、昭和20年（一九四五）*第二次世《だいにじせ》界大戦終結大赦《かいたいせんしゅうけつたいしゃ》、昭和21年（一九四六）*日本国憲法発布大赦《にほんこくけんぽうはっぷたいしゃ》など、国家の大事のあるごとに、天皇大権による大赦・特赦等が行われている。戦後の『日本国憲法』では、恩赦は内閣の決定事項となり（第七三条七項）、天皇はこれを認証することとなった。認証を求める書類が内閣から天皇のもとに回され、天皇は*国《こく》事行為《じこうい》としてこれに「認」の印を押す（→[45]）。大赦・特赦・減刑・刑の執行免除・復権からなる新憲法下の「恩赦」の内容は、昭和22年（一九四七）公布の「*恩赦法《おんしゃほう》」に定められている。

大赦《たいしゃ》　刑が決まった者でも、また未決の者でも、政令によって指定された恩赦に該当する罪であれば、赦免される（政令《せいれい》恩赦《おんしゃ》）。

特赦《とくしゃ》　刑の決まった特定の罪人に対して、適用（個別恩赦《こべつおんしゃ》）。

減刑《げんけい》　確定している刑または刑の執行を減軽すること。政令恩赦と個別恩赦とがある。

刑の執行の免除　刑の言い渡しを受けた特定の者に対して、その執行を免除すること。ただし、言い渡しの効力自体がなくなるわけではない。また、執行猶予の期間だった場合、執行の免除は行われない。

復権《ふっけん》　有罪の言い渡しを受けて特定の資格を喪失、または停止された者に対して、その資格を回復すること。ただし、刑の執行を終えていない、もしくは執行を免除されていない者には行われない。

［編］

［80］恩賜・御用達

皇室と社会の結びつきを具体的な形で示しているものに、恩賜、御用達、勤労奉仕などがある。皇室から下賜されたり、産業奨励のため商品を買い上げたり、戦後始められた皇居や御所などを清掃する勤労奉仕などは、皇室と国民の交流の機会となっている。天皇や皇族は国民と広く接触し、天皇皇后が叙勲者、表彰された人、国務大臣などと会うことを*拝謁《はいえつ》という。天皇が皇后とともに外国の元首夫妻などと会うことは*会見《かいけん》、外国の首相や大使夫妻などと会うことは*引見《いんけん》という。天皇の方からの挨拶は*ご会釈《えしゃく》、*お声《こえ》かけ、国民の方からは*ご機嫌奉伺《きげんほうし》という。

恩賜《おんし》　「天皇や主君から賜る」の意味で、戦前は帝国大学や陸海軍関係の学校の最優秀卒業生に与えられた「恩賜の銀時計」、「恩賜の軍刀」や、前線の兵士などへの「恩賜の煙草《たばこ》」がよく知られる。また済生会《さいせいかい》、慈恵会《じけいかい》、上野動物公園などの恩賜財団、恩賜病院や恩賜公園もある。皇室はその資産の一部を下賜したりしながら、国民との結びつきを強め、他方、国民はこうした恩賜の品々を受けることで、皇室への親近感を強めてきた。

「恩賜の煙草」　戦前は兵隊などに、戦後は天皇皇后の地方訪問の際に尽力した関係者や叙勲者などに広く配布された。しかし、タバコが有害とされ、禁煙が推進されるとともに平成18年(二〇〇六)廃止された。代わりに菊の紋章の付いている紅白六個入りの和菓子(和三盆《わさんぼん》)が「*賜《たまわり》」の品になった。*[122]明治天皇は西南戦争の際、明治10年(一八七七)3月、大阪に行幸して負傷兵を見舞ったが、皇太后、皇后が託した見舞い品に木綿地やぶどう酒とともにタバコがあった(『明治天皇紀』)。天皇皇后が愛飲した「*御料《ごりょう》タバコ」が兵士たちに下賜されたのである。*[124]昭和天皇に喫煙習慣はなかったが、恩賜の煙草は日中戦争から太平洋戦争にかけて需要が高くなった。「恩賜の煙草をいただきて明日は死ぬぞと決めた夜は……」と、戦時中の流行歌「空の勇士」にあるように、一線の兵士は菊の紋章の付いた煙草を吸うことを名誉とした。

戦後は地方視察のとき、警察、県庁職員などの関係者や叙勲者、表彰を受けたり天皇と拝謁したとき、皇居の勤労奉仕に来た人などにお土産として渡された。戦前からの伝統で、ありがたがる人が多く、一箱のタバコでも一本ずつ小分けして親戚中に配ることができるので、都合がよいと喜ばれた。純白の紙の箱に黒字で「賜」とあり、タバコは一本ずつ菊の紋章が金で印刷されていた。ほかに宮家にも宮家の紋入りのものがある。かつては接待用の菊折枝《きくおりえだ》（折れ菊）模様紙巻が園遊会などで接客用に供されていたが、平成18年(二〇〇六)に廃止された。

恩賜《おんし》の軍刀《ぐんとう》・恩賜《おんし》の時計《とけい》　戦前、官立学校の最優等卒業生には天皇からの恩賜の記念品があった。陸軍士官学校、陸軍大学校、海軍大学校では、皇室御物《ぎょぶつ》の*小烏丸《こがらすまる》や、*元帥刀《げんすいとう》と同じ造りの細身で実戦向きではない軍刀が、海軍兵学校では、短剣が授けられた。同刀を下賜されたエリートたちは「*恩賜《おんし》組《ぐみ》」と呼ばれ、将来の栄達を約束された。また、帝国大学卒業生や軍関係の各学校の優等生に対しては*恩賜《おんし》の銀時計《ぎんどけい》が授与された。

恩賜公園《おんしこうえん》　天皇から下賜された公園であり、現在も、多くの人々の共有財産として活用されているものが少なくない。東京では、上野恩賜公園、旧芝離宮《しばりきゅう》恩賜庭園、浜離宮《はまりきゅう》恩賜庭園、井《い》の頭《かしら》恩賜公園、猿江《さるえ》恩賜公園などがあり、そのほかの地域でも恩賜箱根公園、神戸の須磨離宮《すまりきゅう》公園などがある。

宮内省御用達《くないしょうごようたし》　宮中に納める特別な品々とその提供元のこと。明治維新前は「禁裏御用」と言い、虎屋《とらや》の和菓子や川《かわ》端道喜《ばたどうき》の「おあさ」（朝餉《あさげ》の餅《もち》）などがある。

明治期《めいじき》の御用達《ごようたし》　御用にあずかる店の多くは歴史が古く、虎屋などは家伝では奈良時代創業であり、川端道喜も室町時代から続いた老舗であった。明治維新以後の明治10年代ごろは、宮内省は優秀な商工業者に名誉を与える意味で、御用の出入りを認め、「宮内省御用達」を名のることを許していた。その後、この名誉が濫用されたり、詐称されたりしたので、明治24年(一八九一)に、「宮内省用達称標出願人取扱順序」を制定し、一定の基準を満たした業者にのみ「宮内省御用達」の称標を与えた。しかし、濫用や詐称は収まらず、警視総監が禁止の諭告をしたりした。

昭和期《しょうわき》の御用達《ごようたし》　昭和10年(一九三五)には、宮内省御用達の条件が厳しくなり、五年以上の納入実績や資本金などの報告が求められた。しかも許可の有効期間が五年と制限もつけられ、御用達の称標を広告などに使わないように命ぜられた。こうして御用達は皇室の「お墨付き」の商品となり、一般市民にとっても信用の目安となった。戦後、宮内庁になってもこの制度は続いたが、昭和29年(一九五四)に商業の機会均等を理由に廃止された。とはいえ、廃止後も宮内庁から特別に納入を認められた業者はあるし、一方、現在は納入していなくてもかつての御用達を名のる業者も少なくない。

御用達《ごようたし》の品々《しなじな》　和菓子、煎餅《せんべい》、ネクタイ、箪笥《たんす》、櫛《くし》、茶、蕎《そ》麦《ば》、鞄《かばん》、足袋《たび》、陶磁器、傘《かさ》、味噌《みそ》、醤油《しょうゆ》、日本酒、蒲鉾《かまぼこ》など幅広く、かつ、一般市民にも購入可能な価格のものも多い。とくに、戦後の消費社会の発展で、一般市民も高級感のある御用達の品々を手軽に入手できるようになった。

勤労奉仕《きんろうほうし》　戦後、有志国民の自発的な意思に基づく奉仕による皇居などの清掃活動。終戦直後の昭和20年（一九四五）12月、戦災で焼失した明治宮殿の焼け跡整理を宮城県の青年団（*みくに奉仕団）が奉仕したことに始まる。奉仕作業は平日の連続四日間（月〜木か火〜金）で、年間一万人ほどのボランティアが全国から集まる。この間皇居、東宮御所、各宮家の清掃などをする。期間中、都合がよければ皇居で天皇・皇后のご会釈《えしゃく》がある。天皇・皇后は代々、地方事情を尋ねるなど、親しく声をかけている。

昭和時代は天皇の「おことば」と「君が代」斉唱があり、その様子が写真撮影され、後で購入できた。希望者（満七五歳以下）は一五名以上の団体で宮内庁に申し込んだ。なお、作業着はジャンパーや割烹着《かっぽうぎ》などで統一することになっている。町内会、遺族会、日赤支部などのほか、学校単位などもあり何十回も奉仕を続けた団体もある。手弁当だが、天皇のご会釈などがあり、吹上御苑《ふきあげぎょえん》、宮中三殿周辺、御所などの一般参観では見られない場所で作業ができる。また、宮内庁からは紋章入りの落雁《らくがん》や宮殿内部の写真集などが渡される。

みくに奉仕《ほうし》団《だん》　終戦直後、宮城県栗原郡（現栗原市）の鈴《すず》木徳一《きとくいち》、長谷川峻《はせがわたかし》などが、空襲にあった皇居を心配して片付けを宮内省に申し込んだ。宮内省は宮殿の焼け跡整理を頼むこととし、12月8日から三日間、六二人の青年男女が奉仕した。

彼らは各戸からモチ米を集めて餅をつき、献上した。上紙に「上」とし、下に「みくに奉仕団」と書いた。外での作業を予想していたのに、宮城内に入ることができ、その上、8日正午過ぎ、*昭和天皇が侍従次長木下道雄《きのしたみちお》の案内で作業場を訪れた。天皇は米作の状況や列車の混み具合、現地の様子などを三〇分ほど尋ねた。天皇が帰りかけると、自然に「君が代」がわき起こった。その後、皇后良子《ながこ》（香淳《こうじゅん》皇后）が現場を訪れ、一行に話しかけた。天皇・皇后にとっては、これが庶民との最初の交歓だった。［髙橋・小田部］

7

皇室の住と衣食

[81] 宮都

「*宮都《きゅうと》」とは、天皇（大王）が居住して政治を執る宮殿施設である「*宮《みや》」と、その周辺にあって、政務のために参勤する官人の住居地区までを含めた「*都《みやこ》（京）」とを総括して指した言葉である。しかし、日本の古代社会では、大王の居住する生活空間がそのまま政治の場所であり、有力な豪族や参勤する官人も別にそれぞれが基盤とする地域に殿舎や住宅を構えたから、「宮」はあったけれども「都」とまでいえるような都市空間は元来なかった。そうした「都」がその後、日本に成立するのは、法令と官僚組織が完備した中国の制度の影響を受けて、日本の律令制度《りつりょうせいど》が次第に形作られ、それにしたがって中国の計画的な都市（都城《とじょう》）も日本風に移されたからである。

【歴代《れきだい》の遷宮《せんぐう》・遷都《せんと》】

天皇は、代替わりごとに宮を遷《うつ》してきた。それはたとえば『古事記』『日本書紀』などの歴史書で、「～の宮に治天下天皇《あめのしたしらすすめらみこと》」といったように、大王の名まえがたえず宮の名まえと並列して述べられたことでもわかる。昭和53年（一九七八）にX線撮影によって判明した埼玉県の稲荷山古墳鉄剣銘《いなりやまこふんてつけんめい》に、ワカタケル大王（*21雄略《ゆうりゃく》天皇と推定）が「*斯鬼《しき》の宮《みや》」にあるとき、と記されているように、「宮」は常に天皇に代わる権威を示し、天皇が代われば当然宮も変えられた。その意味では、皇帝の交替と遷都《せんと》が無関係で行われた中国の王朝とは大きく異なっている。

伝説上の天皇の宮地は当然だが、実在したことの確かめられる天皇でも、ほとんどの宮の場所は、特定することが難しい。

しかし、その名称によっておおよその場所が推測され、北九州や近江《おうみ》（南滋賀《しが》）などの特殊な例外を除くと、葛城《かつらぎ》・磐余《いわれ》・飛鳥《あすか》などの奈良《なら》盆地《ぼんち》南部と、金剛山地《こんごうさんち》を西へ越えた堺《さかい》・難波《なにわ》などの摂津《せっつ》・河内《かわち》地域に集中している（表1）。

天皇の代替わりごとに宮を遷してきた理由としては、①掘立柱《ほったてばしら》に茅葺《かやぶき》（または檜皮葺《ひはだぶき》）という建物の耐用年数による、②先帝の死によって住宅または祭祀所が穢《けが》れたことによる、③皇位を継承する皇子が父天皇とは別々に住み、皇子の住居で即位して宮としたことによる――といった説があるが、実際にはどの説にも例外があり、ひとつですべて

天皇	都宮名	よみ	所在地(旧国名は推定地)
応神	軽島豊明宮	かるしまのとよあきらのみや	大和国高市郡
	難波大隅宮	なにわのおおすみのみや	河内国西成郡
仁徳	難波高津宮	なにわのたかつのみや	摂津国東生郡
履中	磐余稚桜宮	いわれのわかさくらのみや	大和国十市郡
反正	丹比柴籬宮	たじひのしばかきのみや	河内国丹比郡
允恭	遠飛鳥宮	とおつあすかのみや	大和国高市郡
安康	石上穴穂宮	いそのかみのあなほのみや	大和国山辺郡
雄略	泊瀬朝倉宮	はつせのあさくらのみや	大和国城上郡
清寧	磐余甕栗宮	いわれのみかくりのみや	大和国十市郡
顕宗	近飛鳥八釣宮	ちかつあすかのやつりのみや	河内国安宿郡
仁賢	石上広高宮	いそのかみのひろたかのみや	大和国山辺郡
武烈	泊瀬列城宮	はつせのなみきのみや	大和国城上郡
継体	樟葉宮	くすはのみや	河内国交野郡
	筒城宮	つつきのみや	山城国綴喜郡
	弟国宮	おとくにのみや	山城国乙訓郡
	磐余玉穂宮	いわれのたまほのみや	大和国十市郡
安閑	勾金橋宮	まがりのかなはしのみや	大和国高市郡
宣化	檜隈廬入野宮	ひのくまのいおりののみや	大和国高市郡
欽明	磯城島金刺宮	しきしまのかなさしのみや	大和国山辺郡
敏達	百済大井宮	くだらのおおいのみや	河内国錦部郡
	訳語田幸玉宮	おさだのさきたまのみや	大和国十市郡
用明	池辺双槻宮	いけのべのなみつきのみや	大和国高市郡
崇峻	倉梯柴垣宮	くらはしのしばがきのみや	大和国城上郡
推古	豊浦宮	とゆらのみや	大和国高市郡
	小墾田宮	おはりだのみや	大和国高市郡
舒明	飛鳥岡本宮	あすかのおかもとのみや	大和国高市郡
	田中宮	たなかのみや	大和国高市郡
	厩坂宮	うまやさかのみや	大和国高市郡
	百済宮	くだらのみや	大和国広瀬郡
皇極	飛鳥板蓋宮	あすかのいたぶきのみや	奈良県高市郡明日香村岡
孝徳	難波長柄豊碕宮	なにわのながらとよさきのみや	大阪市中央区法円坂
斉明	後飛鳥岡本宮	のちのあすかのおかもとのみや	大和国高市郡
天智	近江大津宮	おうみのおおつのみや	滋賀県大津市錦織
天武	飛鳥浄御原宮	あすかのきよみはらのみや	奈良県高市郡明日香村岡
持統	藤原宮	ふじわらのみや	奈良県橿原市高殿町付近
～			
元明	平城宮	ならのみや	奈良市佐紀町付近
～			
聖武※	恭仁宮	くにのみや	京都府木津川市加茂町例幣付近
～	難波宮	なにわのみや	大阪市中央区法円坂
	紫香楽宮	しがらきのみや	滋賀県甲賀市信楽町宮町
桓武	長岡宮	ながおかのみや	京都府向日市鶏冠井
	平安宮	へいあんきゅう	京都市上京区

表1　古代都宮表(『角川新版日本史辞典』より作成)

※聖武～桓武間は平城宮も使用。

が解決されるわけではない。しかし、代替わりごとに宮を建て替える、という伝統的な観念は、平城京の大内裏《だいだいり》内で新天皇が内裏を建て替えたことや、平安京になっても50桓《かん》武《む》天皇の次を継いだ*51平城《へいぜい》天皇が奈良に都を遷《うつ》そうとしたりしたことなどに、その意識的な痕跡をみることができる。

【朝堂《ちょうどう》の出現《しゅつげん》】

大王の時代、政治は群臣の合議によって行われ、その政治舞台は大王の宮だけではなく、諸豪族の殿舎でもあったから、政治権力は拡散する傾向にあった。しかし、天皇のもとに権力が次第に集中するに従って、宮のなかの大王の私的な住居（*禁省《きんしょう》、後世の内裏）とは別に、その南方に官人の執務する建物群、つまり朝堂《ちょうどう》が造られるようになった。このような施設は、すでに*33推古《すいこ》天皇の*小墾田宮《おはりだのみや》や*36孝《こう》徳《とく》天皇の*前期難波宮《ぜんきなにわのみや》（難波長柄豊碕宮《なにわのながらとよさきのみや》）に想定できるが、*38天智《てんじ》天皇の造営した*近江大津宮《おうみのおおつのみや》については不確かである。大極殿《だいごくでん》を中心にした本格的な朝堂は、*40天武《てんむ》天皇の*飛《あす》鳥浄御原宮《かのきよみはらのみや》以降のことになる。

【都《みやこ》の誕生《たんじょう》】

天武天皇12年（六八三）12月17日の詔《みことのり》では、文武官人と畿内の有位者に対して、年四か月（すなわち一二〇日）の*上日《じょうにち》（出勤）を定めている。つまり、すべての豪族は*官人《かんにん》として、一定期間、在地を離れて宮の近辺に集住することを余儀なくされた。また同時に出された詔では、*難波宮《なにわのみや》の造営にも乗り出すことが宣言され、*百寮官人《ひゃくりょうかんにん》に対して難波に家地を請うことを命じている。それは官人の勤務管理と、それに基づく人事考課、さらにはそれによって適切な官位を与えることを目的とした処置であった。このようにして、国家としての中央集権的な官僚制度が次第に整備されるにつれ、王宮と有機的に結びついた官人居住地域を周辺に設けた、計画的な宮都（京）をつくる必要ができてきたのである。天武天皇が造営した難波宮に実際に*条坊《じょうぼう》が完備されていたかどうかは疑問視する向きが多いが、次の藤原京では本格的な条坊を伴った都城がつくられることになる。

【条坊制《じょうぼうせい》】

中国の都城は、ほぼ方形の城壁に囲まれた内部を、東西南北に大路小路を一定の間隔で走らせた計画都市であった。日本でも、外敵からの防備をあまり考える必要がなかったために周囲の城壁こそなかったが、おおよそこの都市プランが採用された。その*大路《おおじ》小路《こうじ》によって方形に整然と区画された町並のさまは、しばしば「碁盤《ごばん》」の目にたとえられる。最初の都城*藤原京《ふじわらきょう》（持統《じとう》天皇8年〈六九四〉）からはじまって、その後の*平城京《へいじょうきょう》（和銅3年〈七一〇〉）、*長岡京《ながおかきょう》（延暦3年

〈七八四〉)、*平安京《へいあんきょう》(延暦13年〈七九四〉)と、それぞれ少しずつ異なった特徴をもつ。

難波京《なにわきょう》 大化改新《たいかのかいしん》後、大化元年(六四五)に即位した*36孝徳天皇が、現大阪市の上町台地に建て、都とした*長柄豊碕宮《ながらとよさきのみや》を最初とする宮都。もっともこのときは内裏・朝堂院の王宮を中心とするもので、条坊を伴う都城はなかったと考えられる。孝徳天皇の没後、宮は飛鳥に遷るが、飛鳥浄御原宮《あすかのきよみはらのみや》に即位した*40天武天皇は「およそ都城宮室は一処にあらず」として、難波宮の整備にも努めた。先の百寮官人に対して難波に家地を請うことを命じたのはこのときで、王宮の周辺に官人の住居が配されるような宮都であったと考えられる。しかしこの難波宮は朱鳥元年(六八六)正月、大蔵省の失火

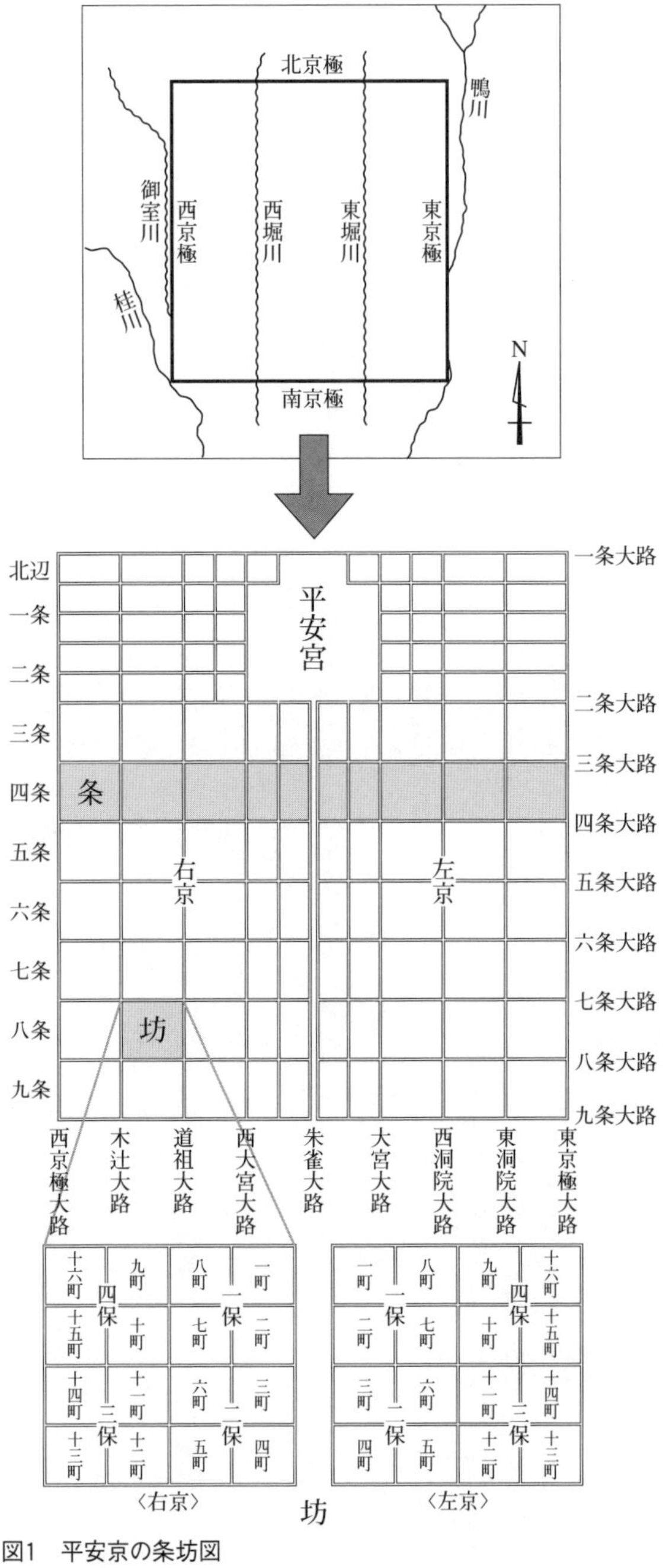

図1 平安京の条坊図

によって焼亡した。

次に難波京を造営したのは*45聖武《しょうむ》天皇で、神亀3年（七二六）、*藤原宇合《ふじわらのうまかい》を*知造難波宮事《ちぞうなにわぐうじ》に任じて再建に着手している。奈良の都に対する副都的な意味合いが強かった。天平6年（七三四）には、宅地が班給されており、条坊に基づく都城があったと考えられる。その後、天平12年（七四〇）から聖武天皇は各地に転々と遷都を繰り返すが、天平16年（七四四）2月には、*恭仁宮《くにのみや》から11月に*紫香楽宮《しがらきのみや》に遷るまでの一時期、難波京を都と定めている。平安京遷都直前の延暦12年（七九三）には、難波大宮が廃され、港湾を含む一帯の特別行政区である*摂津職《せっつしき》が一般の国の扱いに改められているので、このときに難波京も機能を停止したと考えられる。

難波京の所在地は長らく不明のままであったが、昭和29年（一九五四）以降、山根徳太郎らの発掘調査によって、大阪市東区（現中央区）の上町台地一帯にあることが確認された。遺構は、前期、後期のふたつの時期に分けられるが、前者は孝徳天皇の長柄豊碕宮、後者は聖武天皇の難波宮と考えられている。また四天王寺東辺には条坊の痕跡も認められ、そのプランについてもいくつかの復元案が想定されている。

藤原京《ふじわらきょう》 *41持統天皇《じとうてんのう》が持統天皇8年（六九四）に飛鳥浄御原宮から移した最初の条坊制による本格的な都城。現在の奈良県橿原《かしはら》市・明日香《あすか》村にまたがる地域に当たる。『日本書紀』では「*新益京《しんやくのみやこ》」とよばれ、飛鳥の旧都に対する新京造都の意気込みを感じることができる。大和の古道である*下ツ道《しもつみち》と*上ツ道《かみつみち》、*横大路《よこおおじ》と*山田道《やまだみち》に、東西と南北を挟まれた地域に、南北一二条、東西それぞれ四坊の条坊を敷いて設計されたと考えられる（岸俊男説）。また条坊名は平城京のように数字ではなく、「林坊《はやしまち》」「小治町《おはりまち》」のように固有名詞がつけられた。宮城は条坊の中央北寄りにあり、のちの宮城のように北端に接していない。*43元明天皇《げんめいてんのう》が平城京に都を遷すまで、三代の天皇の都となった。

古くから大和三山のほぼ中央にある「*大宮土壇《おおみやどだん》」とよばれる場所が宮跡《きゅうせき》だと言い伝えられてきたが、昭和9年（一九三四）からの足立康らの指導による発掘調査でこの場所が大極殿《だいごくでん》跡《あと》であることが確認され、その南に大規模な朝堂院の遺構も検出した。その後も、昭和41年（一九六六）の国道バイパス工事をきっかけに調査が本格的に再開され、多くの成果を得て、現在まで奈良文化財研究所を中心に、引きつづき調査が実施されている。また、発掘によって約七〇〇〇点の木《もっ》簡《かん》が見つかっており、*郡（ぐん こおり）以前の*評《こおり》の存在など、その解読によって文献の少ないこの時代の行政制度の解明につながった意義は大きい。

平城京《へいじょうきょう》　*元明天皇が、和銅5年（七一〇）に藤原京から移した都城。二番目の条坊を備えた都城であるが、そのプランにあたっても前の藤原京と相関関係にあったことが指摘されている。すなわち、藤原京では西端を古代の道である下ツ道が、東端を中ツ道が通っていたが、平城京ではその下ツ道の北延長上に*朱雀大路《すざくおおじ》を造り、中ツ道の延長上に*東京極大路《ひがしきょうごくおおじ》を配して、これを中軸線の朱雀大路の西側に折り返して*西京極大路《にしきょうごくおおじ》を置いた。東西各四坊、南北九条に区画されるが、一条大路から五条大路の間の部分が東側に三坊分突き出しているのが特徴的で、この部分を*外京《がいきょう》という。外京には、興福寺《こうふくじ》や元興寺《がんごうじ》といった重要な寺院があり、また東大寺にも接続していた。右京の北辺も二町分が北に突出しており、これを*北辺坊《きたのべぼう》とよんでいる。聖武天皇のとき一時的に*恭仁京《くにきょう》、難波京に遷都したが、ほどなく平城京に還都し、*[50]桓武《かんむ》天皇が長岡京に都を遷すまで、八代の天皇の都となった。

江戸時代末の北浦定政《きたうらさだまさ》につづいて明治時代の関野貞《せきのただし》の研究があり、おおよその京域や宮城の跡が推定されたが、本格的な発掘調査は第二次世界大戦後のことで、現在も奈良文化財研究所によって継続されている。その結果、関野貞が最初に「大黒ノ芝」とよばれる場所に推定した大極殿朝堂院跡の真北に内裏遺跡があったが、これらは宮城の中軸より東にはずれており、これに隣接する西側の中軸線上にもほぼ同規模の宮殿遺構が認められた。後者を第一次朝堂院、前者を第二次朝堂院とよんだ時期もあったが、歴史的な前後は極めがたく、第一次のそれは平安京の豊楽院《ぶらくいん》的な饗宴の施設であろうとする考えに傾いている。

長岡京《ながおかきょう》　*桓武天皇が延暦3年（七八四）11月に平城京から山背国《やましろの》乙訓郡《くにおとくにぐん》長岡の地（現京都府向日《むこう》市・長岡京市・大山崎町）に移した都。遷都の背景には、[48]称徳《しょうとく》天皇崩御後、旧勢力を排除して天皇主導の政治の回復を図る桓武天皇の意図があったと思われる。一〇年後の延暦13年（七九四）に、再度東北の平安京に遷都されるので、都城の造営はまだ工事の途中であったと考えられていたが、戦後まもなく中山修一《なかやましゅういち》によって、発掘調査がはじまり、その成果によって宮城施設や都城整備はほぼ完成していたことが明らかになった。廃都の理由について、*早良《さわら》親王御霊《ごりょう》説、河川氾濫説などがある。

平安京《へいあんきょう》　桓武天皇が延暦13年（七九四）10月に、山背国葛野《かどの》郡《ぐん》・愛宕郡《おたぎぐん》にまたがり、鴨川《かもがわ》と桂《かつら》川のふたつの川の間に挟まれた地に移した都。すなわちのちの京都の地である。平安京という名まえは、桓武天皇自身が詔によって名づけたもので、他の都城が慣習によってよばれるのとは異なる。このとき同時に「山背」を「山城」と改め、近江国《おうみのくに》志賀《しが》の「古津」を「大津」と改称して都城の外港的な役割を担わせようとした。

平安京北端の一条大路から南端の九条大路まで、東西の九本の大路の間に三本ずつの小路が通り（一条大路と二条大路の間は大内裏があるので例外）、中央の南北に通るメインストリートである*朱雀大路《すざくおおじ》を中軸線にして左右対称に、東側の*左京職《さきょうしき》と西側の*右京職《うきょうしき》というふたつの行政区に分かれ、東西の端に当たる京極大路と朱雀大路とを挟んで、左右それぞれ三本の大路とその間に三本ずつの小路が通っている。左右各京の大路と大路に挟まれた京極大路と朱雀大路の間の横長の区画を*条《じょう》といい、条を四分の一にした南北・東西の四本の大路に囲まれた方形の区画を*坊《ぼう》といい、さらに坊は小路で囲まれた一六町からなっている。つまり地割りは大きい単位から小さい単位へと、条→坊→町とブロックを小さくしていく構成になっている（「条坊制」→図1。都城そのものを「条坊」ということもある）。天皇の居所と政治を執る政庁群である*宮城《きゅうじょう》は、この条坊の中央北部の一郭《いっかく》をしめるが、官寺《かんじ》である東寺と西寺、公設市場の*東《とう》西市《ざいいち》、外国の使節の宿泊施設である*鴻臚館《こうろかん》など、一部の公的施設は宮城外都城内に散在した。京内には西堀川と東堀川のふたつの小河が流れ、この川に沿う東西堀川小路は川幅分を合わせて八丈（約二四メートル）幅の大路の扱いを受ける。造都にあたって、鴨川の流れを東へ付け替え、堀川はその痕跡であったとする説があったが、現在は否定的。また都域は、10世紀の中頃に北へ二町分延伸されたと考えられ（北辺坊《きたのべぼう》）、新しい平安京の北端に一条大路が移され、旧一条大路が突き当たる宮城の築地《ついじ》には*上《あげ》土門《つちもん》が開かれ、これにちなんで旧一条大路も土御門《つちみかど》大路とよばれるようになった（瀧浪貞子《たきなみさだこ》説）。

桓武天皇の没後、*平城《へいぜい》上皇は都を平城京に戻そうとしたが、*[52]嵯峨《さが》天皇は当時の争乱（薬子《くすこ》の変《へん》）を抑えて、平安京を継続すべき都城とする意思を示した。その後、一時的に平清盛《たいらのきよもり》によって兵庫の福原京に都が移されようとしたことを例外として、幕末まで京都は皇居のある都でありつづけた（→[82]～[85]）。

福原京《ふくはらきょう》　治承《じしょう》3年（一一七九）、*後白河《ごしらかわ》法皇と対立した*平清盛が後白河の院政を停止して幽閉し、*[80]高倉《たかくら》天皇を譲位させて外孫*[81]安徳《あんとく》天皇を即位させた。その翌年6月に清盛の領有した摂津国福原の地（現在の神戸市兵庫区）に後白河《ごしらかわ》法皇・*高倉上皇・安徳天皇を移して、造ろうとした都。完成を待たず、この年の11月に京都に還都している。［五島］

［82］大内裏

大内裏《だいだいり》は、都城の中央北寄りにある、*築地《ついじ》で囲まれた官庁が集合する一郭で、この中には天皇の私的な住居である内裏を含む。平安京を例にとると、南北は、一条大路・二条大路間の四六〇丈（一三七一・六メートル）、東西は東西大宮大路間の三八四丈（一一四四・八メートル）の区画で、周囲を囲む築地には*宮城十二門《きゅうじょうじゅうにもん》が各面に三門ずつ開いていた（平安京北辺延伸後は東西土御門〈*上東門《じょうとうもん》・*上西門《じょうさいもん》〉がこれに加わる）。大内裏の正面玄関ともいうべき南面中央の*朱雀門《すざくもん》は、平安京のメインストリートである*朱雀大路《すざくおおじ》に向かって開かれている。

朱雀門を入ると、政庁の中心である*朝堂院《ちょうどういん》があり、本来天皇はここに毎日出御して政治を執《と》ったが、のちには国家的儀式を行う場所となった。朝堂院の西に位置する*豊楽院《ぶらくいん》は国家的な饗宴を行う場所である。大内裏内には、そのほかにもさまざまな官衙《かんが》施設や大蔵省の倉庫などが並んでいた（→資06）。

朝堂院《ちょうどういん》　天皇が出御して官人が政務を執り、儀式を行った大内裏の政庁で正殿は*大極殿《だいごくでん》である。のち政務が内裏に移ると、重要な儀式のみ行われるようになった。平城京では*太《だい》政官院《じょうかんいん》とよばれ、朝堂院というようになったのは長岡京からである。平安京では弘仁年間（八一〇～八二四）から*八省院《はっしょういん》といわれる。大極殿のある*北域《ほくいき》、十二堂に囲まれた広い庭をもつ*中域《ちゅういき》、ふたつの朝集堂のある*南域《なんいき》の三域に分かれる。南端には正門である*応天門《おうてんもん》がある。北域と中域の間は回廊では区切られず、*龍尾道《りゅうびどう》という段差が設けられている。

大極殿に出御した天皇は、中域の*朝庭《ちょうてい》に参列する臣下に対することになる。中域と南域の間は*回廊《かいろう》で仕切られ、真ん中に*会昌門《かいしょうもん》がある。貞観8年（八六六）には応天門が焼失、いわゆる応天門《おうてんもん》の変《へん》が起こり、同18年（八七六）には大極殿や*小《こ》安殿《あどの》の北域が焼けた。その後何度か火災に遭い、安元3年（一一七七）の火災以降、再興されなかった。

明治28年（一八九五）に、「平安奠都《てんと》千百年紀念」として創建された京都岡崎の*平安神宮《へいあんじんぐう》は、この朝堂院の建築を約八分の五の大きさで復元したもので、拝殿は大極殿、その両側に蒼龍楼《そうりゅうろう》（東）と白虎楼《びゃっころう》（西）を構え、正面の広場を龍尾道で区切っている。また、神門（楼門）は応天門を復元したものである。

東宮御所《とうぐうごしょ》　*東宮《とうぐう》は皇太子の別称で、「*春宮」と書いて「とうぐう」と読ませることもある（陰陽五行《いんようごぎょう》思想で、方角の東も季節の春も、青々とした若い生命力に満ちているとみる）。すなわち東宮御所は皇太子の居所のことである。

平安前期には、大内裏の東、*待賢門《たいけんもん》を入った北側に東西の二町を占めて*雅院《がいん》という施設があり、ここが皇太子の御所に充てられた。*東宮雅院《とうぐうがいん》ともいう。東西二町のうち、*西《さい》雅院《がいん》に皇太子の御所と管掌の役所である*春宮坊《とうぐうぼう》が所在する。*東雅院《とうがいん》は宴会などに使われたらしい。平安中期になると、内裏内の後宮の殿舎が東宮御所に充てられるようになった。

その後も、所生や乳人の縁に従って京中の貴族の邸宅が使用されたりするが、いずれも便宜によったものであろう。江戸後期の寛政2年（一七九〇）に裏松固禅《うらまつこぜん》の考証を参考に再興されてからの内裏では、北郭の皇后関係の殿舎に交じって、飛香舎《ひぎょうしゃ》の西南、東の藤壺に面して*姫宮御殿《ひめみやごてん》と並んで*若宮《わかみや》御殿《ごてん》が建てられていた。

［五島］

【平安宮《へいあんきゅう》を模《も》した平安神宮《へいあんじんぐう》】

*50桓武天皇を主祭神とする平安神宮《へいあんじんぐう》は、三段階を経て完成した。まず明治元年（一八六八）京都の総区長らが府知事に「御神霊を御所内に祭」る「宮殿御建営」の請願を出した。ついで同16年（一八八三）、右大臣*岩倉具視が「京都皇宮保存に関する建議」の中で「桓武帝御神霊奉祀の事」を掲げ、名称を平安神宮、社格を官幣大社、鎮座地を*仙洞《せんとう》（御所旧地）とする案を示し、絵図面まで添えているが、岩倉の病死により立ち消えとなった。

さらに同28年（一八九五）第四回内国勧業博覧会を「平安奠都《てんと》千百年紀念」の事業として開催する際、平安宮の大極殿（拝殿）や応天門（神門）などを模す形で岡崎の現在地に創建された。3月15日に鎮座祭、また10月22日（延暦13年〈七九四〉同日、桓武天皇の平安京遷幸記念日）から三日間、盛大な奉祝行事を実施した。その際始められたのが、幕末維新から平安遷都前にまで遡る時代風俗行列＝*時代祭《じだいまつり》である。

なお、平安神宮では、昭和15年（一九四〇）いわゆる皇紀二六〇〇年記念として、京都で生涯を終えた最後の天皇である*121孝明《こうめい》天皇を祭神に加えている。

［所］

［83］内裏・里内裏

*内裏《だいり》とは、本来は天皇の日常的な居住を目的とする宮殿であるが、のちには朝堂院《ちょうどういん》における政務が移され、*紫宸殿《ししんでん》を中心に政治・儀式の場所になった。内《うち》、大内《おおうち》、禁中《きんちゅう》、禁裏《きんり》、九重《ここのえ》といった言い方もされる。

平安京の場合、大内裏の中、朝堂院の北東に位置して、南北一〇〇丈（三〇三メートル）、東西七〇丈（二一二メートル）の広さを占めていた。二重の*廓《かく》に囲まれ、外側の諸門を*宮門《きゅうもん》、内側の門を*閤門《こうもん》という。*外郭《がいかく》は南側に*建礼門《けんれいもん》を正門として、ほかに春華門《しゅんかもん》・修明門《しゅめいもん》・宮城門《きゅうじょうもん》の三門、北側には朔平門《さくへいもん》と式乾門《しきけんもん》が、東西面にはそれぞれ建春門《けんしゅんもん》と宜秋門《ぎしゅうもん》が相対して、それぞれ建てられた。外郭内の西部分は、新嘗祭《にいなめのまつり》や神今食《じんこんじき》祭を行う中和院《ちゅうかいん》、天皇の食膳を調理する*内膳司《ないぜんのつかさ》、采女《うねめ》の宿所である*采女町《うねめのまち》などが占める一郭になっている。

紫宸殿を中心とする主だった殿舎のある内郭部は内裏の東寄りにある。*内郭《ないかく》は十二門で開かれ、南側に正門である*承明門《じょうめいもん》とその左右に長楽門・永安門の二つの*腋門《えきもん》があり、これに対して北側には玄輝門《げんきもん》の左右に安喜門《あんきもん》・徽安門《きあんもん》の腋門がある。同様に東面には宣陽門《せんようもん》を中心に嘉陽門《かようもん》・延政門《えんせいもん》の二腋門、西面に陰明門《いんめいもん》を中心に遊義門《ゆうぎもん》・武徳門《ぶとくもん》の二腋門が開いている。内郭南半分には、*紫宸殿・*清涼殿・*仁寿殿《じじゅうでん》などを中心とする、天皇がふだん生活し執務する重要な殿舎があり、北半分は后たちの住む後宮の殿舎群になっていた（→資07）。

内裏は現在の京都市上京区千本丸太町の交差点の東北部に位置するが、住宅が密集しているために全面的な発掘調査が困難である。わずかに内裏内郭回廊（西側）や承明門の遺構が確認されているばかりである。

【内裏《だいり》の変遷《へんせん》】

天徳4年（九六〇）9月、内裏は左兵衛陣から出火して、平安遷都後はじめて焼失する。このとき、*62村上《むらかみ》天皇は累代の後院《ごいん》である*冷泉院《れいぜいいん》に遷《うつ》っているが、ただちに内裏が再建され、翌応和元年（九六一）11月に新造となった内裏に帰った。次に焼失したのは貞元元年（九七六）5月のことで、ときの*64円融《えんゆう》天皇は、*藤原兼通《ふじわらのかねみち》の*堀河第《ほりかわだい》に遷った。翌年には再建された内裏に帰ることになるが、『栄花物語』には内裏のように華麗に造られた堀河第のことを「今内裏《いまだいり》」とよんだことが述べられている。その後内裏は、天元3年(九八〇)、同5年、長保元年(九九九)、同3年(一〇〇一)、寛弘2年(一〇〇五)、長和3年(一〇一四)、同4年、長暦3年(一〇三九)、長久3年(一〇四二)、永承3年(一〇四八)、康平元年(一〇五八)と頻繁に火災がつづき、そのたびに移ったのは、*一条院《いちじょういん》や*枇杷殿《びわどの》といった摂関家の邸第であった。そこで、これらの仮内裏を、本内裏に対して*里《さと》内裏《だいり》とよぶ。とくに、*[66]一条《いちじょう》天皇と*[70]後冷泉《ごれいぜい》天皇の時代には、内裏が完成されている時期があったにもかかわらず、天皇は里内裏を転々と遷り住んでいる。その背景には、里内裏の本来の所有者であり、天皇の外戚である摂関の*藤原道長《みちなが》・頼通《よりみち》父子の、政治的な優勢を図ろうとする思惑が働いている、という見方がある。

後冷泉天皇から皇位を継承した*[71]後三条《ごさんじょう》天皇は、久しぶりに摂関藤原氏に係累をもたない天皇であったために、天皇親政を進めたことはよく知られているが、践祚《せんそ》と同時に大極殿と内裏の造営に着手したのも、天皇権威の高揚を目的とした同じ意図に基づいている。こうして後三条天皇は、延久3年(一〇七一)8月、実に二三年ぶりに新内裏に戻ったのである。ちなみに翌年(一〇七二)4月には大極殿も完成した。しかし、次の*[72]白河《しらかわ》天皇は、即位してまもなく頼通の*高倉《たかくら》第《だい》に遷って以降、儀式などの一時的な渡御をのぞいて、内裏に常住することはなかった。そしてまもなく*[73]堀河《ほりかわ》天皇に譲位して上皇御所でみずから院政を始めた。つづいて*[74]鳥羽《とば》天皇・*[75]崇徳《すとく》天皇・*[76]近衛《このえ》天皇と幼帝がつづき、そのことを理由に本内裏が皇居として使われることはなかった。その後、*[77]後白河《ごしらかわ》天皇の政権下で権力を誇った*藤原通憲《みちのり》(*信西《しんぜい》)は、朝儀復興のために保元2年(一一五七)に内裏再建を企て、わずか七か月足らずで完成している。二年後に起こった平治《へいじ》の乱《らん》で、源氏の軍兵に取り囲まれるなか、*[78]二《に》条《じょう》天皇が女装して牛車《ぎっしゃ》で脱出した内裏がこれである。これ以降、この内裏は儀式や臨時の行幸に用いられるのみで、再び本格的に居住されることはなかった。

【内裏《だいり》の終焉《しゅうえん》】

*白河《しらかわ》天皇の*六条内裏《ろくじょうだいり》、*鳥羽《とば》天皇の*大炊殿《おおいどの》には、内裏の紫宸殿《ししんでん》や清涼殿に擬した建物があり、当初から天皇の常住を想定していた。大内裏における正規の内裏が特別なときしか用いられなくなった理由としては、当時の京都の市街部からは西にはずれていたという地理的な条件や、広さや間取り、使い勝手など、当時の生活空間の実態とは合わなくなっていたことなどが考えられる。このころから、正規の内裏が「大内《おおうち》」と呼ばれるようになったのは、「大内裏にある内裏」の意味で、これに対する概念が「*里内裏《さとだいり》」であ

ると現在では考えられている。

　鎌倉時代前期にもっぱら用いられた里内裏は*閑院《かんいん》で、内裏の規模を模して造られた皇居であった。そうしたなかで、正規の大内はあまり重視されなくなり、安貞元年（一二二七）の全焼以降、再建されることはなかった。

紫宸殿（ししんでん／ししいでん）　内裏の中心的な正殿で、*節会《せちえ》のほか大極殿の荒廃後は*大嘗祭《だいじょうさい》や即位式などの重要な儀式が行われた。その南は、東側の*宜陽殿《ぎようでん》と*春興殿《しゅんこうでん》、西側に*校書殿《きょうしょでん》と*安福《あんぷく》殿《でん》といった殿舎、南側の内裏正門である承明門《じょうめいもん》などに囲まれた広い庭（*南庭《なんてい》）が広がっており、この場所に臣下が並んで儀式などの拝礼を行った。この南庭に面していることから、紫宸殿を*南殿《なでん》ということもある。建物は、入母屋造《いりもややづくり》、檜皮葺《ひはだぶき》の九間三間で、前面中央に柱間三間分の一八級の*階《きざはし》を設け、南格子は内側へ開く一枚格子になっている。また廂《ひさし》の四隅、北廂東西にも木階がある。身舎《もや》の板敷きの中央に、南向きに天皇の御座である*高御座《たかみくら》が置かれる。また身舎と北廂との境は、*賢聖障子《けんじょうのしょうじ》という中国の賢人を描いた襖《ふすま》障子で仕切られている。

【南庭《なんてい》を囲《かこ》む殿舎《でんしゃ》と諸門《しょもん》】

　紫宸殿《ししんでん》の南庭は、四つの殿舎、それらを結ぶ回廊と諸門によって囲まれているが、紫宸殿東の階段の下と宜陽殿《ぎようでん》との間を結ぶ廊下を*軒廊《こんろう》という。軒廊は吹き放ちの土間になっており、炎旱洪水などの天災、社殿の転倒や山陵の鳴動、その他病悩闘乱といった異変に際して、亀卜《きぼく》や式占《しきせん》などの占いが行われた。これを*軒廊御卜《こんろうのみうら》という。反対側の紫宸殿西の回廊には、清涼殿の東庭に至る崇仁門《すうにんもん》・仙花門《せんかもん》が付されているが、さらにその西、校書殿《きょうしょでん》の廂《ひさし》に張り出してある建物が*射場殿《いばどの》で、正月の賭弓《のりゆみ》の時に、天皇が出御して近衛《このえ》・兵衛《ひょうえ》が弓を射るのを見た。

　南庭東側の宜陽殿と春興殿《しゅんこうでん》の間にある門が*日華門《にっかもん》で、西側の校書殿と安福殿の間にある*月華門《げっかもん》と対応している。日華門には左近衛府の官人が、月華門には右近衛府の官人が、それぞれ警衛して詰めたので、前者を*左近陣《さこんのじん》、後者を*右近《うこんの》陣《じん》とよんだ。

陣座《じんのざ》　本来は、左右近衛陣《さうこのえじん》に警衛する兵士の詰所で、左近衛の陣座は日華門の北、宜陽殿《ぎようでん》の西廂、右近衛の陣座は月華門の北、校書殿《きょうしょでん》の東廂にあった。しかし、朝廷の諸行事が内裏を中心に行われるようになると、公卿がこれらの陣座に詰めるようになった。さらに平安中期になると陣座で公卿会議が行われ、重要な懸案が決定された。これを「*陣《じんの》定《さだめ》」という。左近陣座が使われることが多かったが、平安後期には右近陣座も用いられた。宜陽殿の西廂にあった陣座は、その後紫宸殿《ししんでん》の東北廊の南面に移った。

清涼殿《せいりょうでん》　紫宸殿の西北に位置し、天皇が日常的な生活をした建物。元旦の四方拝《しほうはい》や小朝拝《こちょうはい》をはじめとする年中行事、また叙位や除目《じもく》といった政治的な行事も行われた。東庭を正面として南北に長い九間と二間の身舎《もや》をもつ入母屋造《いりもややづくり》の建物で、四面に廂《ひさし》が付くが、とくに東側に孫廂をとってゆったりとした空間を作ってある。東庭には*御溝水《みかわみず》に近いところに*河竹《かわたけ》と、やや離れたところに*呉竹《くれたけ》が植えられている。身舎の中央に御帳台を東向きに置き、その前に*昼の御座《ひのおまし》をしつらえて天皇の出御の場所とした。その北側に天皇の寝所である*夜の御殿《よるのおとど》があり、周囲を壁で塗り込めたいわゆる*塗籠《ぬりごめ》になっていた。三種神器《さんしゅのじんぎ》のうち宝剣と*神璽《しんじ》、すなわち剣璽はここに安置されていた。夜の御殿の東側の廂に作られた部屋を*二間《ふたま》といい、天皇の持仏が祀られ、護持僧が夜間に詰めて祈禱した。

昼の御座につづく*廂の間《ひさしのま》の南側には、床が石灰で固められた*石灰壇《いしばいのだん》があるが、これは天皇が毎朝この床に坐して伊勢《いせ》の神宮《じんぐう》を遙拝するために設けられた場所である。孫廂の南端に置かれた衝立屏風《ついたてびょうぶ》が「*年中行事御障子（ねんちゅうぎょうじおんそうじ ねんちゅうぎょうじみしょうじ）」で、表裏に一年間の宮中行事が箇条書きされている。その西、南廂の*殿上の間《てんじょうのま》は、公卿や昇殿を許された*殿上人《てんじょうびと》が祇《し》候《こう》するところである。清涼殿の北側、夜の御殿の北には、東から*弘徽殿の上御局《こきでんのうえのみつぼね》、*萩戸《はぎのと》、*藤壺の上御局《ふじつぼのうえのみつぼね》などの部屋があり、后妃が祇候するときに使われた。弘徽殿の上御局の前の廂にふたつの衝立屏風があるが、北側が*荒海障子《あらうみのしょうじ》で南側が*昆明池障子《こんめいちのしょうじ》になる。西廂は、清涼殿の裏側に当たるが、北から*御湯殿上《おゆどののうえ》、*御手水の間《おちょうずのま》、*朝餉の間《あさがれいのま》、*台盤所《だいばんどころ》といった部屋がある。これは食事や洗面など、天皇の私的生

左近の桜《さこんのさくら》・右近の橘《うこんのたちばな》　紫宸殿《ししんでん》前庭の向かって右に桜、左には橘が植えられている。桜は、東側の日華門、すなわち左近陣に近い場所に植えられたので「*左近の桜《さこんのさくら》」、橘の方は、西側の月華門、すなわち右近陣に近い場所に植えられたので「*右近の橘《うこんのたちばな》」とよばれるようになった。*[50]桓武《かんむ》天皇が遷都した当初の内裏では、中国文化の影響を受けて左近には梅の木が植えられていたが、おりからの日本的文化の復興機運により、*[54]仁明《にんみょう》天皇のときに桜に植え替えられたという。上巳《じょうし》の雛祭《ひなまつり》で、雛段に飾られる左近の桜と右近の橘、さらにその側で床几《しょうぎ》に腰掛ける左大将・右大将もこれに由来している（唱歌『うれしいひなまつり』などで大将を左大臣・右大臣とするのは誤り）。

［五島］

活に関わる空間である。西廂の一番南にあるのは鬼の間で、南の壁面に白沢《はくた》王《おう》（古代インドの武将）が鬼を斬る絵が描かれていることからその名がある。鬼の間とその東に接する身舎《もや》の柱を挟んで、殿上の間を覗く窓が造られているが、これをその形から*櫛形《くしがた》の窓《まど》とよんでいる。

後涼殿《こうりょうでん》　清涼殿の西にある建物。南北九間は中央で二分され、*馬道《めどう》でつながれていた。南北それぞれに納殿《おさめどの》があり、重代の宝物が保管されたり、女官の詰所となった。清涼殿とは南北の廊と中央の渡殿《わたどの》で結ばれ、両殿によって囲まれた壺は、それに面する清涼殿の部屋名により北は*朝餉《あさがれい》の壺《つぼ》、南は*台盤所《だいばんどころ》の壺《つぼ》とよばれた。

仁寿殿《じじゅうでん》　古くは「じんじゅでん」とよばれていたらしい。紫《し》宸殿《しんでん》の北にある七間三間の身舎《もや》をもつ東西の入母屋造《いりもやづくり》の建物。南北中央に馬道が通って東西に二分されていた。北の承香殿《じょうきょうでん》とは廊でつながれている。清涼殿が天皇の日常の在所となる以前は、この建物が生活の場として使われ、そのために石灰壇《いしばいのだん》や浴殿《よくでん》・廁殿《かわやどの》がある。また内宴・相撲《すもう》御覧などの行事が行われる。『年中行事絵巻』には、仁寿殿とその東側の綾綺殿《りょうきでん》の間の壺で、内宴の妓女《ぎじょ》が舞っているさまが描かれている。

温明殿《うんめいでん》**（内侍所**《ないしどころ》**）**　綾綺殿《りょうきでん》の東にある身舎《もや》南北九間、東西二間の建物。中央に馬道が通り、南北に二分されていた。南側に*三種神器のひとつ神鏡を祀った賢所《かしこどころ》があり、内侍《ないし》が祇候《しこう》したので内侍所とよばれるようになった。長保4年（一〇〇二）に、内侍所西廂《にしびさし》と綾綺殿の間の庭上で、はじめて*内侍所御《ないしどころのみ》神楽《かぐら》が行われ、その後、年中行事のひとつとなった。神鏡を祀る内侍所は、その後常寧殿《じょうねいでん》や後涼殿《こうりょうでん》に移ったこともあるが、室町時代には春興殿《しゅんこうでん》に移された。

後宮《こうきゅう》　内裏の北部の領域、すなわち清涼殿の東北角の滝口《たきぐち》より北の殿舎群が後宮で、皇后をはじめ女御《にょうご》・更衣《こうい》などの后妃が居住する場所になる。具体的には、后町《きさいまち》の別名のあ

年中行事絵巻《ねんちゅうぎょうじえまき》　12世紀後期、後白河《ごしらかわ》法皇の命により、宮廷や公家の年中行事、近郊の神社の祭礼や四季の行事を描かせた絵巻物で、六〇余巻あったというが、焼失し原本は現存しない。当時の代表的な絵師常磐《ときわ》光長《みつなが》らが描いたと考えられている。わずかに残っていた原本を、寛永3年（一六二六）に住吉如慶《すみよしじょけい》・具慶《ぐけい》父子が模写したものなど、いくつかが模本として伝わっているにすぎない。しかし、ほとんど文字史料でしかわからない平安時代の内裏の殿舎や儀式を知る視覚史料として、貴重な存在となっている。
［五島］

る*常寧殿《じょうねいでん》を中心に、*貞観殿《じょうがんでん》・*弘徽殿《こきでん》・*登華殿《とうかでん》・*宣耀殿《せんようでん》・*麗景殿《れいけいでん》・*承香殿《じょうきょうでん》の*七殿《しちでん》と、その東西に並ぶ*襲芳舎《しゅうほうしゃ》・*凝華舎《ぎょうかしゃ》・*飛香舎《ひぎょうしゃ》・*淑景舎《しげいしゃ》・*昭陽舎《しょうようしゃ》の*五舎《ごしゃ》である（後宮七殿五舎）。これらの殿舎は互いに廊で結ばれて立ち並んでおり、后妃はその身分に応じて殿舎を与えられて住んだ。殿舎の前に面する壺庭には藤《ふじ》、梅《うめ》、梨《なし》、桐《きり》などの特定の花木が植えられたことから、殿舎の名を藤壺《つぼ》（飛香舎）、梅壺（凝華舎）、梨壺（昭陽舎）、桐壺（淑景舎）などと壺名でよばれることも多かった。襲芳舎を雷鳴壺《かんなりのつぼ》とよぶのは、壺に落雷して焼けたままの木があったことによる。

【里内裏《さとだいり》の変遷《へんせん》】

閑院内裏《かんいんだいり》　平安京の二条大路南、西洞院大路《にしのとういんおおじ》の西にあった里内裏で、もと左大臣藤原冬嗣《ふゆつぐ》の邸宅であった。嘉保2年（一〇九五）には、*白河上皇の仙洞御所《せんとうごしょ》として新造されたが、まもなく*[73]堀河《ほりかわ》天皇の里内裏として使用された。本来、南北二町の広さであったが、仁安2年（一一六七）に関白藤原基房《もとふさ》がその南一町分を新造した。翌年、*[80]高倉《たかくら》天皇はこの邸宅で即位して内裏とし、つづいて*[81]安徳《あんとく》天皇・*[82]後鳥羽《ごとば》天皇・*[83]土御門《つちみかど》天皇もここを御所とし、承元2年（一二〇八）の火災で内裏に行幸している。これ以降大内裏に正式な内裏がある場合でも、里内裏を皇居とすることが多くなった。

土御門東洞院内裏《つちみかどひがしのとういんだいり》　平安京の土御門大路北、東洞院大路東にあった里内裏で、権大納言藤原邦綱《くにつな》の邸宅であった。仁安2年（一一六七）には二か月ほど*[79]六条《ろくじょう》天皇の内裏となっている。その後、天皇が祇園御霊会《ぎおんごりょうえ》の神輿《みこし》を避ける期間の御所となるなど、しばしば短期間の皇居として用いられている。鎌倉時代末期には[89]後深草《ごふかくさ》天皇皇女の陽徳門院《ようとくもんいん》（媖子内親王）と母藤原相子の御座所となったことが機縁で、*[95]花園《はなぞの》天皇がこの御所で践祚《せんそ》して、そのまま里内裏となり、元弘元年（一三三一）には、*[北1]光厳《こうごん》天皇がここで践祚した。その後、*[北2]光明《こうみょう》・*[北4]後光厳《ごこうごん》・*[北5]後円融《ごえんゆう》と三代の北朝の天皇の皇居となり、明徳3年（一三九二）の南北両朝の合一後は、ここが正式に内裏として定められた。応仁《おうにん》の乱《らん》等の戦乱によって一時的に皇居を移すことがあったが、この内裏が基本的に明治の東京遷都までの内裏で、現在の*京都御所の前身である。

［五島］

［84］京都御所

【土御門東洞院内裏《つちみかどひがしのとういんだいり》の変遷《へんせん》】　中世・近世、皇室経済力の窮乏により、土御門東洞院内裏では既存の寝殿が紫宸殿《ししんでん》や清涼殿《せいりょうでん》に擬され、規模も一町の北半分の狭さであった。応永8年（一四〇一）に焼亡して翌年に再建されたときに、敷地を南に広げてようやく一町の広さになった。そのときの指図（図面）によると紫宸殿南庭の回廊は揃わず、東西の日華門と月華門の両袖にわずかに廊が付され、宜陽殿《ぎようでん》や陣座《じんのざ》・軒廊《こんろう》も紫宸殿の西側にあった。また清涼殿の間仕切りも平安時代のものとは異なり、殿内西北の一郭に本来はない*常御所《つねのごしょ》が設けられていた。織田《おだ》信《のぶ》長《なが》は、上洛前の約束に従って、元亀元年（一五七〇）から翌年にかけて荒廃していた内裏の修理に当たった。このときの紫宸殿の屋根は檜《ひ》皮葺《はだぶき》ではなく瓦葺であった。つづいて豊臣《とよとみ》秀吉《ひでよし》も天正17年（一五八九）から同19年にかけて内裏を改築している。徳川家康《とくがわいえやす》は慶長16年（一六一一）から内裏の造営をはじめたが、とくに徳川秀忠《ひでただ》の娘*和子《まさこ》が入内《じゅだい》するにあたって大幅な拡張工事を行っている。その後、火災などにより、寛永19年（一六四二）、明暦元年（一六五五）、寛文2年（一六六二）、延宝3年（一六七五）、宝永6年（一七〇九）に新造または再建されている（表1）。江戸時代はもっぱら*禁裏《きんり》または*禁裏御所《きんりごしょ》とよばれた。

寛政度内裏《かんせいどだいり》　宝永6年（一七〇九）再興の内裏が、天明8年（一七八八）のいわゆる天明大火によって焼失したとき、かねて内裏を古制に復したいと考えていた江戸幕府老中の松平定信《まつだいらさだのぶ》が、再建の総奉行に任じられた。彼は宝暦事件により公的な職からは退いていた公家、裏松固禅《うらまつこぜん》の研究成果をもとに、紫宸殿とその南庭を取り囲む承明門・日華門・月華門など、それらを結ぶ回廊、その西北につづく清涼殿《せいりょうでん》を平安時代の姿に復元して再興することにした。こうして寛政元年（一七八九）に工事に着手、翌年（一七九〇）8月に完成した。これが現在の*京都御所のもととなったものである。ところが嘉永7年（一八五四）、失火で内裏はまたもや全焼する。翌安政2年（一八五五）、老中阿部正弘《あべまさひろ》を総奉行として再建されたが、これは先の寛政の建物と同じ形式と規模で、現在に至っている。

『大内裏図考証《だいだいりずこうしょう》』　裏松固禅《うらまつこぜん》（本名は光世）が著した平安京の都城と大内裏・内裏などの諸殿舎に関する研究書。『故実叢書』に収められた刊本は三二巻、別録二巻、付図九葉。固禅は烏丸光栄《からすまるみつひで》の末子として生まれたが、のち裏松家の養子となった。二五歳で左少弁のとき、神道家竹内式部《たけのうちしきぶ》の影響を受けた公卿たちが*116桃園《ももぞの》天皇に山崎闇斎《やまざきあんさい》の垂加(すいか しでます)流神書を進講した、宝暦事件で連座して失脚し、その後は出仕を許されず、出家して固禅を名のった。その籠居《ろうきょ》の間、彼は平安京・大内裏・内裏の研究に没頭するのである。こうして三〇年をかけて完成したのが『大内裏図考証』で、寛政度内裏の再興にあたって重要な基礎資料となった。

【現在《げんざい》の京都御所《きょうとごしょ》】

122明治天皇が明治2年(一八六九)に東京遷都《せんと》すると、京都の旧皇居(禁裏《きんり》・土御門東洞院内裏《つちみかどひがしのとういんだいり》)は使われなくなり、明治24年(一八九一)には「*京都皇宮《きょうとこうぐう》」と改称された。その後、*123大正天皇・*124昭和天皇の即位式・大嘗祭《だいじょうさい》などの代替わりの儀式に用いられ、その際使われた高御座《たかみくら》、御帳台《みちょうだい》は今も紫宸殿《ししんでん》に置かれている。施設は安政度の再建時のものが基本的に残っており、整備管理されているが、太平洋戦争のときに延焼などの被害を防止するために廊下などが撤去され、戦後一部再建された。昭和23年(一九四八)に皇居が「*宮城《きゅうじょう》」の称を廃止された際、京都皇宮についても正式名称を定《さだ》めないこととしたが、京都御所の名称が一般に使われている。

御常御殿《おつねごてん》　平安時代の天皇の日常生活は仁寿殿《じじゅうでん》、その後*清涼殿《せいりょうでん》へと移ったが、清涼殿で公的な行事が行われるようになると、天皇の私的な生活が不便になり、里内裏がその役割を果たした。現在の京都御所のもとである土御門東洞院内裏では、清涼殿の内部に常御所《つねのごしょ》という部屋が設けられて

表1　江戸時代の京都御所略年譜

慶長18年(一六一三)	徳川家康、内裏新造。12月 108後水尾天皇遷幸。
寛永19年(一六四二)	内裏新造。109明正天皇遷幸。
承応2年(一六五三)	内裏焼失。
明暦元年(一六五五)	内裏再興。111後西天皇遷幸。
万治4年(一六六一)	正月 内裏・仙洞御所、焼失。
寛文2年(一六六二)	内裏再興。識仁親王、翌年渡御して即位(112霊元天皇)。
寛文13年(一六七三)	5月 内裏焼失。
延宝3年(一六七五)	内裏再興。霊元天皇遷幸。
宝永5年(一七〇八)	内裏・仙洞御所、焼失。
宝永6年(一七〇九)	内裏再興。114中御門天皇即位の後、遷幸。
天明8年(一七八八)	内裏・仙洞御所、焼失。
寛政2年(一七九〇)	内裏、裏松固禅の研究成果により再興。119光格天皇遷幸。
嘉永7年(一八五四)	4月 内裏・仙洞御所、焼失。
安政2年(一八五五)	寛政時の再興のままに再建。121孝明天皇遷幸。

いる。独立した建物として御常御殿が建てられたのは近世初頭の天正18年(一五九〇)のことであった。その後、この建物は江戸時代の数度の造替にも継続され、宝永度の再興に、*御三間《おみま》が御常御殿から分離され独立した別棟になり、ほぼ現在の形式となった。現在の建物は、紫宸殿の東北にあり、寛政度再建時の規模のまま、安政年間に再建された。間取りは、南側の三室が公式の場で、東から上段・中段・下段の部屋に分かれ、上段の背後の帳台構《ちょうだいがまえ》が剣璽《けんじ》の間になる。*剣璽(*宝剣と*神璽)は元来清涼殿の夜《よる》の御殿《おとど》に安置されていたが、御常御殿が天皇のふだんの御座所となるに従ってこの部屋に安置された。建物の中央部には、寝所である御《ぎょ》寝《しん》の間《ま》や神事入りの際に用いる御清《おきよ》の間《ま》などがある。天皇の日常生活は、内庭に面した東側の一の間や二の間で行われ、北側の部屋は女官《にょかん》の控え室などに使われた。

小御所《こごしょ》　鎌倉時代以後新しくできた諸行事や、将軍・大名との対面などをする場として設けられた御所。閑院内裏《かんいんだいり》にはすでにあったが、場所も室町時代には紫宸殿の東北の位置に定まり、京都御所に踏襲されている。南北を棟とする母屋三室を中心に構成されている。東側に面して延宝年間に造られた「御池庭《おいけにわ》」が広がり、北の御学問所との間の庭では左義長《さぎちょう》や蹴鞠《けまり》が行われた。慶応3年12月9日(一八六八年1月3日)の王政復古に引きつづき、辞官・納地を将軍徳川慶喜《とくがわよしのぶ》に求める決議を行った小御所会議はここで行われた。現在の建物は昭和29年(一九五四)に鴨川《かもがわ》の花火大会の火の粉によって焼失後、昭和33年(一九五八)に再建された。

御学問所《おがくもんじょ》　近世になって清涼殿から独立した建物で、親王《しんのう》宣下《せんげ》・御吉書始《おんきっしょはじめ》・月次和歌御会《つきなみわかぎょかい》・新茶封切などの儀式が行われた。現在の建物は、小御所の北にあり、安政度の再建。東側の庭に面して、北から上段・中段・下段の三室とその東に菊の間・山吹の間・雁の間の三室の六室から構成される。

皇后御常御殿《こうごうおつねごてん》　平安時代の后妃は内裏の後宮諸殿に分かれて住んだが、近世の京都御所では北部の一郭に皇后御常御殿が設けられ、日常の生活の場としていた。その北には、寛政度の再興時に平安宮の後宮殿舎のひとつとして飛香舎《ひぎょうしゃ》が略式ながら復元され、女御入内《にょうごじゅだい》等の後宮に関する儀式が執り行われる場となった。飛香舎は南側に藤の植えられる壺庭に面して、平安宮時の通称「藤壺《ふじつぼ》」の体裁をとっている。また、同じ郭内に*若宮御殿《わかみやごてん》と*姫宮御殿《ひめみやごてん》が設けられ、これらの殿舎は廊をもって結ばれていた。

仙洞御所《せんとうごしょ》　譲位した天皇、つまり*太上天皇《だじょうてんのう》の御所。*[108]後水尾《ごみずのお》天皇の譲位に当たり、造進されたもので、その後、代々の*上皇御所《じょうこうごしょ》であったが、安政の大火で御殿が焼失、その後、上皇がいなかったことから、新造されることはなかった。御所の庭園は小堀遠州《こぼりえんしゅう》（政一《まさかず》）作といわれ、庭内には紀貫《きのつら》之《ゆき》に縁の遺跡なども所在している。

大宮御所《おおみやごしょ》　皇太后《こうたいごう》の御所。後水尾天皇が譲位するとともに、中宮の*徳川和子《まさこ》は皇太后となり、その御所として造進された。しかしこの御所も安政の大火で焼失した。その後、121孝《こう》明《めい》天皇の女御《にょうご》*九条夙子《くじょうあさこ》が天皇崩御後に皇太后（*英照《えいしょう》皇太后）になり、皇太后のために造営されたのが今の大宮御所である。現在、天皇・皇族の行幸啓や国賓の宿泊所として利用されている。なお、平安時代には*大宮《おおみや》とは太皇太后《たいこうたいごう》・皇太后の称であったが、江戸時代には太皇太后がいなかったために、皇太后のことを大宮と称し、その御所を大宮御所と呼ぶようになった。

京都御苑《きょうとぎょえん》　江戸時代の内裏周辺は、公家や宮家の屋敷が集まって*公家町《くげまち》を形成していた。明治になって天皇が東京に遷都すると、周辺の公家町の公家や宮家も次々と東京に移転する。明治10年（一八七七）以降、この跡地を石垣で囲んで、芝を敷き公園化したのが京都御苑で、現在は環境省自然環境局京都御苑管理事務所が管理する。京都御苑は、市民の散策と憩いの場所で、常時立ち入ることができる（御苑管理事務所のある旧閑院宮邸も復元公開されている）。散在する小山や池は、もと公家の邸内にあった庭の築山《つきやま》と池の名残であり、神社も公家の邸内に祀られていた由緒をもつ。また域内には平成17年（二〇〇五）に海外の賓客の宿泊施設として*京都迎賓館が造られた。

猿が辻《さるがつじ》　京都御所の東北隅の築地塀《ついじべい》の隅は切られていて、L字形になっている。これは御所の東北が鬼門《きもん》に当たるために意図して切ったものであり、築地屋根の軒下に、木彫の御幣を担いで烏帽子《えぼし》を着た庚申《こうしん》の猿が祀られている。現在は公園の地も、江戸時代にはこの東側に有栖川宮家《ありすがわのみやけ》があるなど、築地に挟まれた道路が通る四つ辻であった。そのため、この場所を猿が辻と呼んでいる。

蛤御門《はまぐりごもん》　京都御苑の烏丸通《からすまどおり》に面した南側の門は、「蛤御門」といわれて親しまれている。現在は西側を向いているが、江戸時代はこの場所から少し内側へ入って南面して建っていた。本来、禁門で開かれることがなかったが、天明8年（一七八八）の大火に際して開けられたので、焼かれて口を開ける蛤になぞらえて蛤御門と俗称されるようになった。元治元年（一八六四）7月、上洛した尊攘派《そんじょうは》の長州《ちょうしゅう》軍は、御所を警衛する公武合体《こうぶがったい》派の薩摩《さつま》・会津《あいづ》を中心とする諸藩の軍隊と、この場所で激しい戦闘を繰り返した。これを、この門にちなんで禁門《きんもん》の変《へん》（蛤御門の変）という。　［五島］

[85] 上皇の御所

前近代では、天皇が在世中に譲位してみずからは*上皇《じょうこう》となることが多かったので、その処遇にふさわしい生活施設もあらかじめ設けられた。平安京では、そうした譲位後の上皇の邸宅が京内にいくつか設けられたが、これを*後院《ごいん》という。代表的なものに*冷然院《れいぜいいん》（のち*冷泉院）や*朱雀院《すざくいん》がある。

平安後期になって上皇による院政が始められると、*院御所《いんのごしょ》は重要な政治的位置を占め、京都の郊外に壮大な土地を占めた大規模な建物群を築くようになる。また上皇は出家して法皇となり、御所の近辺に御願寺《ごがんじ》を建てたので、院御所周辺は寺院群が交じった独特の景観をもつようになった。白河《しらかわ》上皇・鳥羽《とば》上皇が離宮とした京都南郊の*鳥羽殿《とばどの》、白河法皇によって造営が開始された鴨東《おうとう》の*白河殿《しらかわどの》、後白河《ごしらかわ》上皇による七条大路東末の*法住寺殿《ほうじゅうじどの》などが有名である。

中世には京内、内裏の近くに上皇御所が設けられる場合が多かった。*仙洞《せんとう》は上皇の異称で、*上皇御所のことを*仙洞御所《せんとうごしょ》ともいう。現在の京都御苑《きょうとぎょえん》内、京都御所の東南部の一郭にある仙洞御所は、寛永年間の*後水尾《ごみずのお》上皇の御所に端を発している。

冷泉院《れいぜいいん》　平安京左京の、大炊御門《おおいみかど》・二条・大宮・堀川の大路に囲まれた二丁四方を占める後院《ごいん》。『大鏡』では「方四丁にて四面に大路ある京中の家は冷泉院のみとこそ思候《おもひさぶらひ》つれ」といわれた。本来「冷然院」と書いたが、貞観17年（八七五）と天暦3年（九四九）の二度の火災に遭い、天暦8年（九五四）に再建されるに当たって、「然」の字は「火」に通じて不吉であるとして「泉」の字に改められた。*[52]嵯峨《さが》天皇は在世中からたびたび離宮として用い詩宴を開いているが、退位後、*嵯峨院に移るまでの一一年間、ここを御所としている。その後、嵯峨天皇の皇后*橘嘉智子《たちばなのかちこ》の御所となり、子の*[54]仁明《にんみょう》天皇もしばしば行幸している。次の*[55]文徳《もんとく》天皇は在位のまま、天安2年（八五八）、冷泉院の「新成殿」で崩御した。その後、譲位した陽成上皇も崩御まで御在所としている。*[62]村上《むらかみ》天皇は、天徳4年（九六〇）に内裏がはじめて焼亡したとき、新造までの一年間、ここを皇居とした。*冷泉上皇は、後院として退位後の生活をもっぱら冷泉院で営み、追号《ついごう》となった。

朱雀院《すざくいん》　平安京右京の朱雀大路《すざくおおじ》の西側、北は三条大路、南は四条大路に至る南北四丁、東西二丁を占める後院《ごいん》。「四条《しじょう》後院《ごいん》」ともいい、『拾芥抄《しゅうがいしょう》』には「累代後院《るいだいのごいん》」と記されている。*嵯峨《さが》天皇が後院として創建したらしいが、記録上は嵯峨天皇の皇后の*橘嘉智子《たちばなのかちこ》の居所として、子の*仁明《にんみょう》天皇が土地を寄進したのが最初である。

*59宇多《うだ》天皇のときから本格的に用いられ、在位中から行幸している。寛平8年(八九六)に新造され、退位後はこの院に遷御した。邸内北部の一郭に造立された*栢梁殿《はくりょうでん》では、文人を召して詩宴が行われている。*61朱雀《すざく》天皇は、修造を加え、天慶9年(九四六)に譲位すると、生母の太皇太后《たいこうたいごう》*穏子とともに朱雀院に移っている。天暦4年(九五〇)の火災後、*村上《むらかみ》天皇が再建。

嵯峨院《さがいん》　嵯峨にあった*嵯峨上皇の御所。皇太子時代にあった別荘を、即位して後に修造して別荘としたのが始まり。在位中にたびたび嵯峨に遊猟した天皇は、この別荘に立ち寄り、詩宴を催している。退位後は、いったん後院《ごいん》の冷然《れいぜい》院《いん》に住居するが、まもなく皇后*橘嘉智子とともにこの院に移り、晩年を崩御まで過ごした。現在の大覚寺《だいかくじ》はその旧地で、娘で53淳和《じゅんな》天皇の皇后である*正子《まさこ》内親王が、願って寺院としたことにはじまる。

大覚寺境内の大沢《おおさわ》の池《いけ》は、堰堤《えんてい》で堰き止められた人工の園池で、嵯峨院の庭園遺構である。池の北側に*藤原公任《ふじわらのきんとう》の歌「滝の音は絶えて久しくなりぬれど名こそ流れてなほ聞こえけれ」で有名な「名古曽《なこそ》の滝《たき》」があり、近年の発掘調査によって滝遺構と池に至る遣水《やりみず》跡が確認された。

桂離宮《かつらりきゅう》　京都市西京区桂にあるもと*八条宮《はちじょうのみや》(のち*桂宮《かつらのみや》)の別荘。106正親町《おおぎまち》天皇の皇子誠仁《さねひと》親王の第六皇子として生まれた八条宮初代の*智仁親王《としひとしんのう》が、元和2年(一六一六)ころから下桂辺にあった別荘を整備したのが桂離宮の始まりで、当初は「下桂瓜畑のかろき茶屋」とよばれている。智仁親王の没後、一時荒廃したが、子の*智忠《としただ》親王は徳川家や妻の実家前田家の援助を受けて、智仁親王のときに建てられた*古書院《こしょいん》に加えて、*中書院《ちゅうしょいん》・*笑意軒《しょういけん》などを建て、庭園も整備した。さらに寛文3年(一六六三)の*後水尾《ごみずのお》上皇の御幸に際して新御殿が増築された。古書院・中書院・新御殿は雁行《がんこう》して建てられ、意匠を凝らした数寄屋《すきや》建築の代表となっている。また入り組んだ園池によって庭園の景観は変化に富んだものとなり、茶屋風の茶室を散在させて、回遊の趣向を工夫している。ドイツの建築家ブルーノ・タウトが、その繊細な美しさを絶賛したことから世界的に有名になった。　［五島］

鳥羽殿《とばどの》　鳥羽は、平安京の南で、東を流れる鴨川《かもがわ》と西を流れる桂川が合流しようとする一帯をいう。平安京造都時にここから水上で運ばれた物資を荷揚げし、都へ輸送する目的で造られたと考えられる「鳥羽作道《とばのつくりみち》」によって、平安京の羅城門《らじょうもん》までまっすぐ北につながっていた。また湖沼が広がり、風光明媚《ふうこうめいび》なところとして貴族の別荘が多くあった。

応徳3年(一〇八六)に備前守《びぜんのかみ》*藤原季綱《ふじわらのすえつな》が、この地にあった別荘を*[72]白河《しらかわ》天皇に後院《ごいん》として寄進したのが、鳥羽《とば》殿の基礎になっている。この御所はのちに南殿とよばれる建物で、その後寛治2年(一〇八八)に北殿、つづいて東に泉殿《いずみどの》、東殿、やや遅れて田中殿が建立された。これらの御所には、それぞれ証金剛院《しょうこんごういん》、勝光明院《しょうこうみょういん》、成菩提院《じょうぼだいいん》、安楽寿院《あんらくじゅいん》、金剛心院《こんごうしんいん》といった御堂《みどう》が付属した。*白河・*鳥羽・*後白河の三代にわたる法皇の院御所として、政治の中枢にあった。

白河殿《しらかわどの》　平安京から二条大路末を真東に、鴨川《かもがわ》を越えた白川流域の一帯にあった、*白河・*鳥羽法皇の院御所《いんのごしょ》。関白*藤原師実《もろざね》から献上された別荘白河殿の地に、白河法皇は承保2年(一〇七五)に法勝寺《ほうしょうじ》の大伽藍を建立するが、その西方の水石風流の地を宇治大僧正覚円より得て、*法勝寺御所《ほうしょうじごしょ》を建立する。これが白河泉殿、または*南殿《なでん》とよばれる白河殿の基礎となった建物である。いっぽうで、元永元年(一一一八)には、大炊御門大路末の北側にも新御所が造られた。これが*北新《きたしん》御所《ごしょ》、あるいは南殿に対してたんに*北殿《きたどの》といわれる建物である。天養元年(一一四四)の火災後まもなく再建されるが、保元《ほうげん》の乱《らん》のとき、*崇徳《すとく》上皇の御所となったため、平清盛《たいらのきよもり》・源義朝《みなもとのよしとも》の軍勢に攻められ焼失した。周辺には多くの御堂や御願寺《ごがんじ》が建てられ、「京・白河」と併称されるような賑わいを呈した。

法住寺殿《ほうじゅうじどの》　七条大路の末、鴨川《かもがわ》の東にあった*後白河《ごしらかわ》上皇の院御所《いんのごしょ》。平治《へいじ》の乱《らん》で敗死した上皇の近臣、藤原通憲《みちのり》(信西《しんぜい》入道)邸の跡地を中心に、周囲一〇余町を取り込んで造作し、永暦2年(一一六一)に移御した。その後、南側に新たに御所が造られるが、前者を北殿(七条殿)というのに対し、後者を南殿(法住寺殿)とよぶ。後白河上皇の女御平滋子《たいらのしげこ》(建春門院)は安元2年(一一七六)に崩御するまで、上皇とともにここを居所とした。寿永2年(一一八三)11月19日に源(木曽《きそ》)義仲《よしなか》は、法皇の住む法住寺殿を襲撃したが、近年の発掘調査で見つかった甲冑《かっちゅう》や甲《かぶと》の鍬形《くわがた》はこの合戦のときのものと考えられている。

仙洞御所《せんとうごしょ》　京都御苑内、京都御所の東南に位置する江戸時代の旧上皇御所。*[108]後水尾《ごみずのお》天皇の譲位後の御所として、寛永4年(一六二七)から造作がはじめられたが、天皇は同6年(一六二九)

11月8日に突如位を退いたので、仙洞御所としての使用には間に合わなかった。翌7年になってようやく竣工し、上皇は移御した。

造営の作事奉行は小堀遠州(政一)で、現在の庭園にも、その造作が幾分継承されている。同じ郭内の西北部に後水尾天皇の中宮であった*東福門院（*徳川和子）の御所も設けられた。その後、霊元・中御門・桜町・後桜町・光格上皇が仙洞御所とした。万治4年(一六六一)をはじめとして、たびたび火災に遭い、そのつど再興されたが、嘉永7年(一八五四)の火災後は、上皇がいなかったので、再建されていない。

庭園は数度にわたって改修され、115桜町天皇のときに南北に分かれていた池が水路により往来できるようになった。南池の南西に広がる広大な州浜（大州浜）など、庭園の見所が多い。東福門院旧御所の跡地には、慶応3年(一八六七)に*英照皇太后(*孝明天皇皇后)のために御所が造営された。現在の大宮御所で、皇室（内廷皇族）や国賓の宿所としても使われる。

[五島]

修学院離宮 京都市左京区の修学院の地に、108後水尾天皇が営んだ別荘。*後水尾上皇は退位後かねてから大規模な山荘の地を京都周辺に探していたが、明暦元年(一六五五)からこの地を選んで着工、万治2年(一六五九)には*下の御茶屋の建物群が完成し、二年後には*上の御茶屋に大堰堤を築いて大池（浴龍池）も掘られた。細部に至るまで上皇の構想によって構築され、自然と一体になったスケールの大きさは比類がない。寛文10年(一六七〇)ごろには皇女朱宮の御所が隣接して建てられ、のちに林丘寺となったが、明治になってその境内の一部が*中の御茶屋として離宮に組み入れられた。現在の建物は光格上皇の御幸に際して、文政7年(一八二四)に再建されたものである。上の御茶屋の、多種類の灌木をまるごと刈り込んだ山腹や堰堤の「大刈込」は、とくに規模が大きく知られている。また中の御茶屋の客殿の飾棚（霞棚）も、天下の三棚として名高い。

[86] 近代の御用邸と離宮

御用邸《ごようてい》　皇室が避暑や避寒などのために用いた別荘で、明治以後に設けられた。日光田母沢《にっこうたもざわ》、日光山内《さんない》、沼津《ぬまづ》、熱海《あたみ》、伊香保《いかほ》、旧葉山《はやま》、箱根宮ノ下、鎌倉、静岡、小田原、塩原、横浜、神戸など、海岸や山間の景観や温泉に恵まれた地のほか、高輪南町、麻布市兵衛町《いちべえちょう》、皇太后（英照《えいしょう》皇太后）非常御立退（のち芝離宮）、赤坂氷川町、鳥居坂、宮内省（永田町・宝田町・富士見町・元修史館）などがあった。

多くは、老朽化したり、倒壊あるいは焼失したりしたが、栃木県の日光田母沢、静岡県沼津、神奈川県箱根宮ノ下、栃木県塩原などの御用邸は御座所など一部が現存しており、それぞれ「日光田母沢御用邸記念公園（日光博物館）」、「沼津御用邸記念公園」、「富士屋ホテル別館菊華荘」、「天皇の間記念公園」として一般公開されている。

これら公開されている旧御用邸から、和室に洋式の調度品があったり、女官部屋や玉突所があったりする当時の皇室の生活様式の一端をうかがい知ることができる。しかし、大半は現在では別の施設や敷地になっており、日光山内（輪《りん》王寺寺務所《のうじ》）は東照宮社務所、熱海は熱海市役所、伊香保は群馬大学伊香保研修所、鎌倉は鎌倉市立御成小学校・鎌倉市役所・鎌倉市中央図書館、静岡は静岡市役所、小田原は小田原城跡、塩原は国立光明寮国立塩原視力障害センター（一部を「天皇の間記念公園」に移築）、神戸は神戸ハーバーランドの一部（明治天皇御用邸跡の碑）、高輪南町は高輪プリンス地区などとなっている。なお、現在の御用邸は、葉山、那須《なす》、須崎《すざき》の三か所である（→[91]）。

離宮《りきゅう》　皇居以外の宮殿。明治以後には東京の赤坂、霞が関、芝、浜のほか、函根（箱根）、名古屋、二条（京都）、武庫（神戸）などがあった。赤坂は現在の迎賓館。霞が関はもともとは副島種臣《そえじまたねおみ》邸を有栖川宮《ありすがわのみや》が買い取ったもので、後に離宮となり、*[124]昭和天皇の東宮御所《とうぐうごしょ》となった。現在は国会前庭南地区（和式庭園）である。芝と浜は、それぞれ都立の旧芝離宮恩賜庭園と浜離宮恩賜庭園。そのほかは神奈川県立恩賜箱根公園、名古屋城趾、二条城趾、武庫は神戸市立須磨離宮公園となっている。

［小田部］

[87] 皇居

天皇の居所のこと。戦国時代、太田《おおた》氏が築城し、その後に徳川《とくがわ》氏が入って江戸幕府を開き、一五代の将軍の居城となった。大政奉還《たいせいほうかん》の後、明治2年（一八六九）から*皇居《こうきょ》となり、明治以降五代の天皇の住まいになった。『大日本帝国憲法』が完成し日本は国家としての骨格が整ったが、それと同時期に壮麗な*明治宮殿《めいじきゅうでん》が竣工《しゅんこう》、近代国家の中心となった。第二次世界大戦で被災し宮殿などは焼失したが、*昭和宮殿《しょうわきゅうでん》が再建された。天皇の御所は宮殿とは別に*吹上御苑《ふきあげぎょえん》にある（↓資10）。

歴史《れきし》　長禄元年（一四五七）、太田資長《すけなが》（道灌《どうかん》）の江戸城築城に始まり、その後上杉《うえすぎ》氏、北条《ほうじょう》氏の居城となった。道灌が掘ったといわれる*道灌濠《どうかんぼり》が残されている。徳川家康《いえやす》の入城は天正18年（一五九〇）で、慶長8年（一六〇三）江戸幕府を開き、諸大名に命じて江戸市街地を造成した。三代将軍家光《いえみつ》のころ、江戸城は現在の*皇居東御苑《こうきょひがしぎょえん》を中心に完成した。壮大な五層の*天《てん》守閣《しゅかく》もあったが、明暦《めいれき》3年（一六五七）の明暦の大火（振袖火事《ふりそでかじ》）で焼失した。一五代将軍慶喜《よしのぶ》が江戸城を明け渡す慶応4年（一八六八）まで二七八年間、徳川氏の居城となった。

明治元年（一八六八）10月13日、*[122]明治天皇は文久3年（一八六三）の火災で本丸が炎上したため、歴代将軍が隠居所《いんきょじょ》にしたり、将軍家の世継ぎが住んでいた西の丸御殿に入り皇居とし、*東京城《とうけいじょう》と名を改めた。その後、女御《にょうご》の*一条美子《いちじょうはるこ》（のちの*昭《しょう》憲皇太后《けんこうたいごう》）が皇后となり、女官らとともに東京へ遷《うつ》った。皇太后*夙子《あさこ》（のちの*英照《えいしょう》皇太后）も女官らを従えて初め赤《あか》坂離宮《さかりきゅう》、のち青山御所《あおやまごしょ》に移った。天皇はいったん京都に戻り、翌年（一八六九）3月28日、再び東京に入って*皇城《こうじょう》と改称した。明治5年（一八七二）には太政官以下諸官省庁舎を西の丸に造営した。皇居は明治6年（一八七三）5月5日、紅葉山《もみじやま》の女官房室からの失火で炎上し、赤坂離宮（紀州徳川家の中屋敷のあった場所、現在迎賓館のある*赤坂御用地《あかさかごようち》）に移り、*仮皇《かりこう》居《きょ》とした。明治21年（一八八八）、西の丸に明治宮殿が完成、それを機に皇居は*宮城《きゅうじょう》と改称された。昭和20年（一九四五）5月25日夜、東京都心に空襲があり、26日午前1時すぎ空襲警報は解除されたが警視庁方向からの火の粉が宮殿周辺に舞い込み、同1時5分ごろ正殿《せいでん》屋根裏から出火して炎上、午前5時ごろ鎮火した。皇宮警察《こうぐうけいさつ》部など三三人の殉職者を出し、宮相松平恒雄《まつだいらつねお》と次官白根松介《しらねまつすけ》が引責辞職した。[124]昭和天皇は昭和36年（一九六一）吹上御所ができるまで、戦時中の防空施設の*御文庫《おぶんこ》に仮住まいのままだった。

昭和23年（一九四八）宮城の呼称は廃され、皇居と改められた。「宮城」は武士のイメージがあり、象徴天皇にふさわしくないとされたためである。総面積は一一五万四三六平方メートル。皇居を東西に分けると、東地区は皇居東御苑（旧本丸、旧二の丸、旧三の丸）で、西地区は吹上御苑《ふきあげぎょえん》、紅葉山、旧西の丸（現在の宮殿）がある。

皇居東御苑《こうきょひがしぎょえん》　江戸城跡の一帯で、皇居東御苑として昭和43年（一九六八）一般に公開されている。昭和38年（一九六三）皇居の濠、石垣、各門、櫓《やぐら》などは江戸幕府時代の遺構として国《くに》の特別《とくべつ》史跡《しせき》とされた。

東御苑の入り口は、江戸城の正門である*大手門《おおてもん》のほか平《ひら》川《かわ》門、北桔橋《きたはねばし》門がある。大手門は地震や戦災で破損、炎上し、現在の門は昭和42年（一九六七）の復元。門から七、八〇メートル行くと*同心番所《どうしんばんしょ》がある。与力《よりき》の配下の同心が詰めていた所で、左に曲がって少し進むと大きく細長い平屋建ての*百人番所《にんばんしょ》。*大番所《おおばんしょ》（復元）は本丸に入るための最終検問所である。

旧本丸の東南角に石垣の高さが一四・五メートル、その上に高さ一五・五メートルの五層の*富士見櫓《ふじみやぐら》がある。万治2年（一六五九）の再建で、明暦の大火で天守閣が再建されなかったため、その代用になったという。どこから見ても同じ形に見えるので、八方正面の櫓ともいわれる。ほかに江戸城時代の櫓は二つある。二重橋脇にある*伏見櫓《ふしみやぐら》は、寛永5年（一六二八）、三代将軍家光のとき京都伏見城から移築された。また東京駅からまっすぐ皇居に向かうと、最初に目に入るのが*二重櫓《にじゅうやぐら》（*巽櫓《たつみやぐら》または*桜田櫓《さくらだやぐら》）である。

番所から坂を上がっていくと、広々とした芝生がある。江戸城の*本丸跡《ほんまるあと》で、*平成の天皇の大嘗祭《だいじょうさい》はこの一帯で行われた。広芝の外れには銅版に彫りつけた本丸の地図がある。大小の建物がぎっしり示されており、*大奥《おおおく》の位置もわかる。元禄14年（一七〇一）、朝廷の答礼使《とうれいし》の接待をめぐって侮辱された浅野内匠頭《あさのたくみのかみ》が、吉良上野介《きらこうずけのすけ》に切りつけた*松《まつ》の廊下《ろうか》跡《あと》の石柱もある。幕府の〝御金蔵跡《ごきんぞうあと》〟ともいわれる石室は、広さが三〇平方メートルほどで、大奥の貴重品を納めてあったようだ。

本丸の*天守閣《てんしゅかく》はかつて五層あり、現在残されている石組みの基壇《きだん》は東西三三メートル、南北三六メートル、高さは七二メートルあった。上り口には一度も涸《か》れたことがないという、深さ二五メートルほどの*金明水《きんめいすい》がある。夏目漱石《なつめそうせき》の『坊っちゃん』に出てくる午砲《ごほう》は、明治4年（一八七一）9月7日「皇城の本丸跡に於《お》いて午時号砲を発することを為《な》す」（『明治天皇紀』）とあり、近衛《このえ》の砲兵が正午を知らせるため空砲を撃った。土曜の半ドンもここから来ている。*昭和天皇が摂政宮《せっしょうのみや》のとき、時報を知らせるにはほかに方法はないのかと言ったため、大正11年（一九二二）サイレンに変えたといわれている。

吹上御苑《ふきあげぎょえん》　皇居全体の五分の一を占める。*昭和天皇の吹上御所《ごしょ》や*平成の天皇の御所がある。ここで平成19年（二〇〇七）5月、自然観察会が開かれ、初めて一般に公開された。苑内は樹齢二、三〇〇年のカシやケヤキの木が鬱蒼《うっそう》としており、苔《こけ》むした倒木が道をふさぎ、清流もある。巨樹巨木は都内総数の約二割を占めているといわれる。〝深山幽谷《しんざんゆうこく》〟の感がある一帯もあれば、ススキの群落やクヌギ林、梅林、小湿地帯などがモザイク状に点在し、ヤマザクラがひっそりと咲く里山風の地域もある。植物は一六一六種、動物は四二八七種数えられた（平成26年〈二〇一四〉の国立科学博物館調査）。

徳川六代将軍家宣《いえのぶ》のころ造られた日本庭園もある。巨石を組んで滝とし、琵琶湖《びわこ》・唐崎《からさき》の風光に似せて一万平方《メートル》の大池を掘り舟を浮かべた。その北側には広芝を設け、四季それぞれの景色を愛でる茶屋を建てた。明治宮殿の竣工《しゅんこう》に合わせて御苑も整備され、*観瀑亭《かんばくてい》、*駐春閣《ちゅうしゅんかく》（戦災で消失）、*霜錦亭《そうきんてい》などの休所が建てられた。*林鳥亭《りんちょうてい》は昭和39年（一九六四）内親王の呉竹寮《くれたけりょう》の一部を移築している。皇太子妃の潔斎所《けっさいしょ》も同じ一部である。広芝では明治4年（一八七一）明治天皇が大嘗祭を挙げ、その後の一時期、昭和天皇の九ホールの*ゴルフ場《じょう》（パー三二、二二一四ヤード）が造られた。

平成の天皇の*御所《ごしょ》は広芝の西部分にあり、北へ一五〇《メートル》ほど離れて昭和天皇の*吹上御所《ふきあげごしょ》がある。*香淳《こうじゅん》皇后が一人住むようになってから*吹上大宮御所《ふきあげおおみやごしょ》と呼ばれた。その近くにある*花蔭亭《かいんてい》は、昭和天皇の即位を記念して全国の高等官以上の役人が基金を出し、昭和5年（一九三〇）に完成した二〇〇平方《メートル》ほどの洋風建築で、戦後は一家の団欒《だんらん》などに使われた。

御苑一帯は高いコンクリート塀で囲まれているが、外側には昭和3年（一九二八）、昭和天皇のために建てられた木造の*生《せい》物学研究所《ぶつがくけんきゅうじょ》、近くにある*大道庭園《おおみちていえん》は、盆栽《ぼんさい》や花卉《かき》が栽培されている。特に盆栽は樹齢五〇〇年といわれる三代将軍家《いえ》光《みつ》遺愛の五葉松の盆栽のほか、樹齢一〇〇年から一五〇年のものなど、大小約五〇〇鉢がずらりと並んでいる。*宮《きゅう》中三殿《ちゅうさんでん》も近くにあり、高い松の木立の中に祭祀に参列する人たちの*賢所参集所《けんしょさんしゅうじょ》がある。

宮殿地区《きゅうでんちく》　遷都した*明治天皇が当初皇居とした一帯で、明治宮殿の跡に*昭和宮殿《しょうわきゅうでん》が建てられた。明治宮殿と同時に完成した*宮内庁舎《くないしょうちょうしゃ》も、関東大震災などで損壊したため、かつてと同じ場所に再建された。宮殿北側の*紅葉山《もみじやま》には、*御養蚕所《ごようさんじょ》のほか、かつて御真影《ごしんえい》を撮影した*御写真所《おしゃしんじょ》などがあった。江戸城時代には二代将軍秀忠《ひでただ》が建てた紅葉山東照宮《とうしょうぐう》があり、将軍の「お宮御社参《みやごしゃまいり》」といって正装の将軍が譜代《ふだい》大名、老中《ろうじゅう》らを引き連れて参詣《さんけい》するなど、城中で最も神聖な場所だった。また家康が蒐集《しゅうしゅう》した典籍を納めた「紅葉山文庫」もあり、現在国立公文書館に納められている。

お局《つぼね》　明治以降、女官が住んでいた〝男子禁制〟地帯。現在の宮内庁庁舎から乾門《いぬいもん》に向かって行くと、左手にどっしりした瓦葺《かわらぶき》の*お局門《つぼねもん》がある。明治天皇の東幸に伴って二〇〇人の女官、女孺《にょじゅ》、雑仕《ぞうし》、針女などが移り住んだ宿舎の入り口だ。『明治天皇紀』には*岩倉具視《いわくらともみ》が「女官の房室は吹上御苑を選びて建築」しようと決め、明治4年（一八七一）、紅葉山にお局を建てることにした。明治20年（一八八七）、六棟《そく》が完成。建築面積は一万九〇〇〇平方メートルあり、明治天皇の側室《しつ》が〝ご家来《けらい》さん〟と住んでいた所である。百間《ひやっけん》廊下で奥宮殿とつながっていた。側室制度は実質的には明治天皇で終わったが、制度上は新典範施行まで続いていたことになる。大正時代に建てられた三棟の長屋《ながや》は、昭和20年（一九四五）2月26日未明の空襲で一棟を残して焼けたが、それも昭和25年（一九五〇）火災で焼失した。現在は女性職員の宿舎がある。

戦役記念御府《せんえききねんぎょふ》　通称*御府《ぎょふ》といわれ、日清戦争《にっしんせんそう》以降の各戦争の記念館。吹上御苑の西端にある。日清戦争が終わると、「わが軍隊より戦利品或《あるい》は記念品として大元帥陛下《だいげんすいへいか》のお手元に捧呈せる品々及び忠死者の写真姓名武器等を永く御左右に保存し給わんとの御思召《おぼしめし》」で建てられた（『振天府拝観記』）。最初が*振天府《しんてんふ》。日清戦争、台湾出兵の記念館で、*懐遠府《かいえんふ》は明治33年（一九〇〇）、中国民衆が列国の侵略に抗して立ち上がった義和団事件《ぎわだんじけん》（北清事変）で出兵したときのもの、*建安府《けんあんふ》は日露《にちろ》戦争、*惇明府《じゅんめいふ》は大正7年（一九一八）のシベリア出兵、*顕忠府《けんちゅうふ》は昭和に入ってからの済南《さいなん》事件、満州《まんしゅう》事変、上海《シャンハイ》事変関係のものを納めていた。御府の収蔵品は終戦のとき処分されたが、*唐碑亭《とうひてい》には渤海国《ぼっかいこく》の地名を刻んだ大きな石がある。

侍従武官《じじゅうぶかん》四竈孝輔《しかまこうすけ》の日記には*大正天皇を御府に案内したことが出てくるが、「死者の霊魂も定めし感激し居るならんと拝察し奉ると言上せしに、陛下にも特にご満足せし御有様《おんありさま》を拝し得て、有難かりける次第なり」（大正7年10月23日）とある。

旧枢密院《きゅうすうみついん》　桔梗門《ききょうもん》から入ってすぐの重厚な石造りの洋風建

築。庁舎は大正7年(一九一八)、帝国議会議事堂建設のとき、同じ敷地内にあった枢密院が現在地に移転、大正10年(一九二一)竣工した。二階建て、一三一九平方メートル。戦後、皇宮警察本部が置かれた。枢密院は「天皇の諮詢《しじゅん》に応《こた》え、重要な国務を審議する」機関で明治21年(一八八八)に設けられた。『大日本帝国憲法』が公布された翌年(一八九〇)、*伊藤博文《いとうひろぶみ》を初代議長として始まり、昭和22年(一九四七)、新憲法の施行とともに廃された。正副議長のほか二四人の顧問官からなっていた。

外観はこぢんまりしているが、一階中央ロビーのモザイク敷きの床、ステンドグラス、シャンデリアの支柱、古風な階段。ギリシャの神殿建築を思わせる正面玄関には「元勲及び練達の人」の出入りにふさわしい風格がうかがえる。天皇の出席する枢密院会議は宮殿・東溜《ひがしだまり》で開かれていた。

大本営《だいほんえい》付属《ふぞく》地下《ちか》室《しつ》　終戦の*御前会議《ごぜんかいぎ》が開かれた会議室で、吹上御苑にある。いまも健在、というより頑丈すぎて壊せないでいる。吹上御所の*侍従控所《じじゅうひかえどころ》(*御文庫《おぶんこ》)から北東に一〇〇メートルほど細道を下りた所に、国務大臣らの出入り口がある。地下室は*望岳台《ぼうがくだい》と呼ばれる小山に掘られている。高さ七、八メートルのコンクリート壁には、いまでも迷彩を施されたペンキの跡が残っている。天皇は御文庫から地下道を通って下りてくるようになっている。幅、高さとも二メートルほどの通路を進むと、右手に厚さ三〇センチほどの大鉄扉がある。付属室は三二八平方メートル、巨大な鉄の箱を分厚いコンクリートで包み、地中に埋めたと考えればよい。天皇の休所や機械室もあった。

御前会議は昭和20年(一九四五)8月10日午前0時3分、ポツダム宣言の受諾をめぐって開かれ、*昭和天皇は受諾に賛成した。14日午前11時5分から同55分まで、前回の*戦争指導《せんそうしどう》会議《かいぎ》の構成員に加え、全閣僚が出席して再び開かれた。

玉音《ぎょくおん》の録音室《ろくおんしつ》　*昭和天皇がみずから「マイクの前に立つ」と言って〝*玉音《ぎょくおん》〟が採録されたのは、内廷庁舎二階の、現在の侍従長室の手前の二部屋である。侍従長室寄りの「拝謁の間」にマイクロフォンが立てられ、隣の部屋で日本放送協会の技師らが、機械を操作した。

録音は8月14日午後11時25分から三〇分足らずで終わり、天皇は同58分、御文庫に帰った。録音盤は正副二枚作られた。15日未明、徹底抗戦を主張する若手将校は、近衛師団《このえしだん》を動員して宮城に乱入、録音盤を探しに庁舎に押し入った。一隊は15日午前4時40分ごろ、吹上御所近くの花蔭亭《かいんてい》付近に集結、そこから御文庫近くまで侵入した。急を聞いて駆けつけた東部軍管区司令官田中静壱《たなかしずいち》が反乱を鎮めたのは同5時15分であった。

［髙橋・米田］

［88］宮殿と御所

明治22年(一八八九)は、『大日本帝国憲法』、『皇室典範』が完成し、近代国家としての日本の形が整った年である。*明治宮殿《めいじきゅうでん》もこれと同時期に竣工《しゅんこう》した。しかし、壮麗な宮殿は太平洋戦争で炎上、主権回復を機に宮内庁三階を改装し*仮宮殿《かりきゅうでん》とした。*平成の天皇の立太子《りったいし》礼《れい》や結婚式などもここで行われた。昭和43年(一九六八)、*昭和宮殿《しょうわきゅうでん》が完成し、即位の礼をはじめとする国家の主要な儀式や、行事の舞台になっている。

天皇の住居は、かつて宮殿と一体だった。東京に遷《うつ》った*明治天皇は、徳川将軍家の隠居所であった「西の丸」に入ったが失火で炎上、いまの赤坂御《あかさかご》用地《ようち》を*仮皇居《かりこうきょ》と定めた。仮住まいは十数年に及んだが、明治宮殿が完成し、天皇の日常生活は宮殿奥の*御常御《おつねご》殿《てん》(奥宮殿《おくきゅうでん》)で営まれた。宮殿が焼失するまで*122明治、*123大正、*124昭和の三代の天皇は、ここで暮らした。昭和天皇は戦後長く防空施設である*御文庫《おぶんこ》で過ごしていたが、還暦《かんれき》を機に昭和36年(一九六一)*吹上御《ふきあげご》所《しょ》が新築された。昭和天皇の崩御《ほうぎょ》のあと香淳《こうじゅん》皇后が引き続き*吹《ふき》上大宮御《あげおおみやご》所《しょ》として使用しており、また古く手狭なため、平成の天皇の*御《ご》所《しょ》が近くに建てられた。

明治宮殿《めいじきゅうでん》　明治17年(一八八四)着工、明治21年(一八八八)10月竣工した。外観は和風だが、表宮殿は西洋式で全体として和洋折衷である。表宮殿、奥宮殿、付属する宮内省、近衛(明治18年〈一八八五〉、禁闕《きんけつ》守護に当たる近衛局は近衛と改められた)の総面積は四万一九九四平方メートルで、造営予算は三九六万八〇〇〇円だった。

明治政府は西欧に倣《なら》って宮殿の建設を構想していたが、財政事情や西南戦争などがあって具体化しなかった。明治6年(一八七三)、明治天皇は太政大臣三条実美《さんじょうさねとみ》に対し「朕《ちん》前日回禄《かいろく》(火事で焼けること)の災《わざわい》に遭《あ》い宮殿之《これ》が為《ため》に蕩尽《とうじん》すといへども、今や国用夥《か》多《た》の時に際し、造築の事固《もと》より之を丞《すみや》かにするを希《ねが》はず、朕が居室の為に民産を損じ黎庶《れいしょ》(国民)を苦しましむることなかるべし」と、勅諭を出し、同10年(一八七七)にも地租軽減、政費節約の趣旨を徹底するため、造営の延期を命じた。

しかし、明治12年(一八七九)再び宮殿建設の声が上がった。当初予定地とされた旧江戸城本丸跡は、広いだけで樹木もなく、「周囲甚だしく壊頽《かいたい》」しており、造成に多額の出費を要するので、仮皇居のあった旧西の丸が充てられた。右大臣*岩倉具視《いわくらともみ》は正殿を西の丸に、その後方に宮内省庁舎、「女官の房室」を紅葉山に、御座所以下の私的部分は山里丸に建て、日本式の木造建築としたいと明治天皇に報告した。同年7月24日、天皇の実地検分、午前9時から午後1時半まで「略図に就《つ》きて具《つぶさ》に奏上せしめたまひ、各殿舎建築地点を天覧」したと、『明治天皇紀』にある。天皇は相当の熱意で宮殿建築に臨んだようである。

明治22年（一八八九）1月11日、天皇は新築の宮殿に引っ越した。当日は快晴で真っ青な冬空がひろがり、沿道には市民が出て「君が代」を歌い、万歳を唱《とな》え、花火を上げて祝賀した。新宮殿の竣工で和気藹々《わきあいあい》とした気分が市中に満ち溢《あふ》れたと『明治天皇紀』は記している。

仮皇居《かりこうきょ》 明治6年（一八七三）、女官の失火で焼け出された*明治天皇の居所。*英照皇太后《えいしょうこうたいごう》（孝明《こうめい》天皇の皇后）の御所になっていた紀州徳川家《きしゅうとくがわけ》江戸《えど》中屋敷《なかやしき》を仮皇居とした。皇太后は庭続きの徳川茂承《もちつぐ》の*旧青山御殿《きゅうあおやまごてん》に移った。狭かったので明治12年（一八七九）*常御座所《つねのござしょ》、明治14年（一八八一）には海外からの賓客接待所として木造の*御会食所《ごかいしょくじょ》を新築した。この建物は『大日本帝国憲法』、『皇室典範』草案の御前会議場になり、明治記念館本館（港区元赤坂）になっている。

昭和宮殿《しょうわきゅうでん》 「威厳より親愛、荘重より平明」を基本理念とし、昭和39年（一九六四）6月29日起工、昭和43年（一九六八）11月14日竣工した。総工費一三三億七五〇〇万円、地上二階、地下一階の鉄筋鉄骨造りで、延床面積二万四一七五平方メートル、正殿《せいでん》以下の七棟が回廊でつながっている。

昭和宮殿の再建計画は、昭和33年（一九五八）宮内庁の基本構想に基づいており、翌年（一九五九）、総理府に皇居造営審議会が設置され、①新宮殿は旧西の丸地区の明治宮殿跡に造営する、②天皇皇后の住居を吹上御苑《ぎょえん》内に建てる、③皇居東側地区（旧本丸など）は整備し、原則として公開する――などの指針を出し、閣議決定された。資材は第一次産品を除きすべて国産、現代日本の持つ最高水準の技術を用い、装飾や調度も最高のものが求められた。南溜《みなみだまり》、北溜の床などは山口県の黒御影石《くろみかげいし》、テーブルや椅子《いす》も国産材を使用し、絵も日本画だけである。

七棟は旧西の丸区域に正殿、長和殿《ちょうわでん》、豊明殿《ほうめいでん》の主要三棟と大回廊を配し、明治宮殿の奥宮殿があった山里丸地域に表御座所《おもてござしょ》棟、同付属棟、千鳥・千草棟、連翠《れんすい》棟が建てられた。宮殿の中心となる*正殿《せいでん》は各棟より一段高く、雄大に設計された。国家の主要儀式が行われる*松《まつ》の間《ま》は、広さ三七〇平方メートル、天井までの高さは八メートル。高く、広く、大きな空間である。床はケヤキ板張りで鏡のように磨き上げられている。正面中央に大王松をデザインした三曲の大衝立《だいついたて》が置かれ、その前に*玉座《ぎょくざ》がある。京都御所や明治宮殿は中国の古代思想に倣って「天子南面」だったが、昭和宮殿は「東面」である。ほかに国賓などとの会見に充てられる*竹《たけ》の間《ま》、*梅《うめ》の間《ま》がある。

*長和殿《ちょうわでん》は長さ一六〇メートル、記者会見などの行われる*石《しゃっ》橋《きょう》の間《ま》のほか、*波《なみ》の間《ま》、*松風《まつかぜ》の間《ま》、*春秋《しゅんじゅう》の間《ま》がある。新年などの一般参賀のとき、天皇と成年皇族は長和殿ベランダから東庭に参集する人びとの祝賀に応える。*豊明殿《ほうめいでん》は饗宴《きょうえん》会場で、正面の壁には中村岳陵《なかむらがくりょう》原画の「豊幡雲《とよはたぐも》」の綴《つづ》れ織りが飾られている。縦五メートル、横四〇メートルあり、たなびく夕雲に日没直前の夕陽が差し込み、雲を朱く染め上げた豪壮な構図で、『万葉集』にテーマを取っている。天井には大シャンデリアが三二基。広さは九一五平方メートルで、宮殿中最大。椅子席なら一五〇席、立席なら六〇〇席ほどが組める。

*千鳥《ちどり》・千草《ちぐさ》棟《とう》は参殿者の休所《きゅうしょ》、*連翠棟《れんすいとう》は小饗宴用の部屋で各国大使・公使、内閣や学士院などの関係者との陪食《ばいしょく》（天皇と食事をすること）に使われる。天皇が公務を執るのは*表御座所《おもてござしょ》、執務室は*菊《きく》の間《ま》、国務大臣などの拝謁室は*鳳《ほう》凰《おう》の間《ま》、談話室として*芳菊《ほうぎく》の間《ま》、皇后用の*桐《きり》の間《ま》がある。宮殿の正面玄関は*南車寄《みなみくるまよせ》で、*北車寄《きたくるまよせ》には記帳所がある（↓資11）。

宮殿の新築に際して、延べ一八万七四四四人から寄付があり、九六一六万円になった。宮殿入り口の中門と東庭の北側にある*若松《わかまつ》の塔《とう》、長和殿軒下の一一基の照明灯の建設費用に充てられた。

使用開始は昭和44年（一九六九）4月9日で、国賓として来日したアフガニスタン国王夫妻だった。竹の間で会見があり、夜は豊明殿で*宮中晩餐、さらに長和殿で*夜会《やかい》が開かれた。

表宮殿《おもてきゅうでん》 西の丸一帯に建てられた。広さは七三〇八平方メートル、*正殿《せいでん》は憲法発布式はじめ軍旗親授式など国家の主儀式が行われた。宮殿全体の中央に位置し、右に天皇の玉座《ぎょくざ》、左に皇后の御座《ぎょざ》があった。*豊明殿《ほうめいでん》は宴会場で大節のときや外国からの賓客を迎えての饗宴が開かれた。*鳳凰《ほうおう》の間《ま》は正殿に次ぐ晴の間で、親任式、勲章授与式、信任状捧呈式《ほうていしき》などのほか、歌会始《うたかいはじめ》や講書始《こうしょはじめ》が行われた。*表御座所《おもてござしょ》（御学問《おがくもん》所《じょ》）は二階建てだった。

奥宮殿《おくきゅうでん》 天皇皇后の居住区域で、山里丸に建てられ、表宮殿とつながっていた。平屋建てだが、天皇のいる最も高い部分まで六段階あった。皇太后が来たときに使用する人形の間などもあり、病気やお産に使用される御静養室があった。戦災後、焼け残ったのは静養室だけで、戦後青山御殿《あおやまごてん》を焼け出された義宮《よしのみや》の「*義宮（常陸宮《ひたちのみや》）御殿」として使われた。

仮宮殿《かりきゅうでん》　昭和27年（一九五二）10月、宮内庁舎三階を改装、昭和宮殿完成までの仮の宮殿とした。費用は九八〇〇万円。この年日本が主権を回復し、皇太子（*平成の天皇）の立太子《りったいし》礼《れい》、成年式に合わせ、外国から賓客も訪れるようになり、その接遇場所に充てられた。

明治宮殿に倣って「表奥」「東西南北」と漢数字を組み合わせて、部屋の名前が付けられた。現在の講堂は*表北の間《おもてきたのま》で、同年11月10日、平成の天皇の立太子礼が挙行され、国賓の宮中晩餐の会場にもなった。現在の宮内庁正面玄関が車寄《くるまよせ》に充てられた。長官応接室は*謁見の間《えっけんのま》、長官室は*表《おもて》御座所《ござしょ》、侍従長室は*御座所《ござしょ》、総務課は*東二ノ間《ひがしにのま》で、レセプションや夜会が行われた。宮内庁三階が重厚なしつらえなのは、仮宮殿時代の名残である。

御文庫《おぶんこ》　昭和17年（一九四二）、突貫作業で造られた*昭和天皇の防空施設。民間のように「防空壕《ぼうくうごう》」とは言えないので、物を納める蔵である文庫（たとえば東山《ひがしやま》御文庫など）に倣って御文庫と称した。東西七五メートル、南北二〇メートルあり、地上一階は住居部分、地下一階が除湿機などの機械室、同二階は防空壕になった。広さは一三五〇平方メートル、屋根は空襲に備えて砂をのせ厚さ三メートルもあり、さらに偽装のために屋根には土を盛って草木が植えられ、数トンの爆弾にも耐えられるように設計された日本一の「防空壕」である。昭和天皇は戦争末期の昭和19年（一九四四）12月、明治宮殿から移り住んだ。地下道で終戦の御前会議の開かれた地下大本営付属地下室につながっている。

吹上御所《ふきあげごしょ》　*昭和天皇、皇后の住まい。鉄筋二階建て、昭和天皇の還暦を記念して昭和36年（一九六一）完成。御文庫とつないで建てられ、合計床面積は四〇八八平方メートル。*香淳《こうじゅん》皇后は日当たりのよい庭一面にバラを作り、昭和天皇は吹上御苑《ぎょえん》の観察中の植物に目印を付け「ご愛草」とした。夫妻とも御所の二階で崩御《ほうぎょ》した。香淳皇后が皇太后になると、*吹上《ふきあげ》大宮御所《おおみやごしょ》と名称が変わった。

御所《ごしょ》　*平成の天皇の在位中の住まい。広芝の西部分に建てられ、平成5年（一九九三）完成。延床面積五七七〇平方メートルで一部地上二階、地下一階。私的部分一七室、接遇部分一一室、事務棟三二室、総工費は五六億円。吹上大宮御所とは北へ一五〇メートルほど離れている。西に細長い三棟が、雁が群れて飛ぶような形に配置されている。

［髙橋・米田］

[89] 皇居内の施設

宮内庁舎《くないちょうしゃ》 明治宮殿の竣工と同時に、現庁舎の同じ場所に煉瓦《れんが》造り、二階建ての宮内省庁舎が明治21年（一八八八）完成した。延床面積二万一二四二平方メートル。明治時代の地震はじめ関東大震災などで損傷を受け、昭和6年（一九三一）取り壊された。その跡地に昭和10年（一九三五）、三階建て、延床面積一万七三五八平方メートル（平成30年〈二〇一八〉現在）の庁舎が建てられ、翌年裏側に二二八二平方メートル（同）の内廷庁舎（二期庁舎）が完成した（宮内庁の住居表示は、千代田区千代田一-一）。

皇居正門《こうきょせいもん》 江戸城西の丸の大手門が現在の*正門石橋《せいもんいしばし》（皇居前広場側）で、それを渡ると*正門鉄橋《せいもんてつばし》。宮殿に続く*二重橋《にじゅうばし》の由来は、橋をいまのように二つ渡るからではなく、江戸城時代、正門鉄橋は木橋でその下にもうひとつ橋架があったことからきている。石橋は明治19年（一八八六）の築造。長さ三八・四メートル、幅員一三・九メートル、*飾電灯《かざりでんとう》六基は昭和61年（一九八六）に付け替えられ、付け替え前の飾電灯は皇居東御苑《こうきょひがしぎょえん》や立川市の昭和天皇記念館にある。鉄橋は明治20年（一八八七）、ドイツ人の設計で昭和39年（一九六四）に架け替えられた。

皇居には正門以下八つの門がある。正門は一般参賀のとき開かれるが、天皇も公式行事以外は使用しない。ほかに*坂《さか》下門《したもん》、*乾門《いぬいもん》、*半蔵門《はんぞうもん》、*桔梗門《ききょうもん》、*北桔橋門《きたはねばしもん》、*平川門《ひらかわもん》、*大《おお》手門《てもん》。乾門は明治21年（一八八八）の新造で「通用門」と呼ばれたが、大正2年（一九一三）乾門と改められた。

桃華楽堂《とうかがくどう》 昭和41年（一九六六）、*香淳《こうじゅん》皇后の還暦《かんれき》記念として建てられた音楽ホール。鉄筋コンクリート造り、八角形の細長い建物である。外壁はモザイクタイルで仕上げ、延床面積一二二五平方メートル。二〇〇人収容。毎年音楽系の大学を卒業した学生が皇后の前で演奏する。

楽部《がくぶ》 昭和12年（一九三七）完成。中央に舞楽台があり、延床面積二八八五平方メートル。中世から宮廷に仕えてきた多《おおの》、東儀《とうぎ》、芝《しば》などの楽人は明治天皇とともに東京に移り、楽部は太政官「雅楽局《ががくきょく》」に属した。現在は事務長、楽長、楽師など三十数名がいる。雅楽のほか*宮中晩餐《ばんさん》の際には洋楽も演奏する。昭和30年（一九五五）国の重要無形文化財に指定され、一般公開や海外公演も行っている。

三《さん》の丸尚蔵館《まるしょうぞうかん》 平成5年（一九九三）に開館した、皇室に伝わる美術品を保存・調査し、展示する施設。鉄筋二階建て、延床面積一八六四平方メートル、総工費六億三〇〇〇万円。*昭和天皇の崩御《ほうぎょ》で遺産を整理し、天皇家に伝わる美術、工芸品六〇〇〇点が国に寄贈された。その後*香淳皇后、*秩父宮妃《ちちぶのみやひ》、*高松宮妃《たかまつのみやひ》の遺品、*三笠宮家《みかさのみやけ》の寄贈品も入り、約九八〇〇点が収蔵され、展示室で公開されている。

生物学研究所《せいぶつがくけんきゅうじょ》　吹上御苑《ふきあげぎょえん》東南にある*昭和天皇の研究施設。昭和3年(一九二八)に建てられ、一部木造の鉄筋二階建て。本館は一四二〇平方メートル。標本を納めてある付属棟が三一五平方メートル。昭和天皇は週三回通った。研究室は昭和天皇記念館に復元されている。ヒドロゾアなどの標本二万八五〇〇点、植物標本二万三〇〇〇点などは国立科学博物館筑波《つくば》研究資料センターに保管されている。

　研究所の南側に三三〇平方メートルの水田があり、天皇は毎年春、モミを蒔《ま》き田植えをし、秋には稲を刈る。稲作は侍従《じじゅう》次長河井弥八《かわいやはち》の勧めで昭和2年(一九二七)、赤坂離宮《あかさかりきゅう》に水田が造られ、農民の労苦をしのぶ意味から始めた。刈り取った稲は毎年、神宮《じんぐう》の神嘗祭《かんなめさい》や新嘗祭《にいなめさい》に供される。

御養蚕所《ごようさんじょ》　紅葉山《もみじやま》にあり、現在の建物は大正3年(一九一四)完成、木造二階建てで、広さは七八一・八平方メートル。養蚕は明治天皇の皇后*美子《はるこ》が明治4年(一八七一)、吹上御苑内で始めたが、明治6年(一八七三)の火災で蚕室が焼失し中断、明治12年(一八七九)、*英照《えいしょう》皇太后(121孝明《こうめい》天皇の皇后)が青山御所《あおやまごしょ》で再開した。大正3年に御養蚕所が建てられ、歴代皇后が引き継いでいる。宮中の養蚕は輸出の主要産品であった生糸《きいと》の生産の奨励もあり、明治6年には皇后は英照皇太后とともに群馬県・富岡製糸場《とみおかせいしじょう》に行啓している。現在は蚕糸試験場《さんししけんじょう》などで絹地にし、外国賓客への贈り物などに使われる。日本の古来種「*小石丸《こいしまる》」も飼育し、糸は正倉院宝物《しょうそういんほうもつ》の復元や三の丸尚蔵館所蔵の名品の補修などに使われている。

山里御文庫《やまざとおぶんこ》　煉瓦造りの二階建て。延面積三八〇平方メートル。伏見櫓《ふしみやぐら》の東にある。明治天皇、昭憲皇太后以下の天皇、皇后の遺品、断絶した旧桂宮家《かつらのみやけ》伝来の「伏見天皇宸筆十首和歌《ふしみてんのうしんぴつじっしゅわか》」「後西天皇宸翰近代秀歌《ごさいてんのうしんかんきんだいしゅうか》」などの宝物類がある。

御剣庫《ぎょけんこ》　山里御文庫の一角にある刀剣類を納めてある庫。立太子礼《りったいしれい》のとき天皇が皇太子に伝える*壺切御剣《つぼきりのぎょけん》などのほか、宮中祭祀《さいし》や儀式のときなどに使われる刀剣がある。平安時代の太刀《たち》「*小烏丸《こがらすまる》」、同備前国友成《びぜんのくにともなり》の「*鶯丸《うぐいすまる》」、国永《くになが》の「*鶴丸《つるまる》」、*後鳥羽上皇《ごとばじょうこう》がみずから焼きを入れ、菊花紋の毛彫りのある「*菊御作《きくごさく》」(いずれも太刀)などの名刀が保管されている。これらはいずれも刀剣を愛好した*明治天皇に献上されたものだが、みずから買い入れたものも少なくない。

[髙橋・米田]

[90] 皇居外の施設

赤坂御所《あかさかごしょ》（東宮御所《とうぐうごしょ》）　元は*貞明皇后《ていめいこうごう》の大宮御所《おおみやごしょ》。*平成の天皇の結婚の翌年、皇太子夫妻の住まいとして、昭和35年（一九六〇）4月に完成した。私的部分と公的部分、ほかに*東《とう》宮大夫《ぐうだいぶ》以下約五〇人の職員の事務室がある。公的部分には「*日月《じつげつ》の間《ま》」「*塩地《しおじ》の間《ま》」などがあり、外国皇族を招いての晩餐会《ばんさんかい》や国内外の人々との茶会《ちゃかい》や拝謁などに使われる。当初の延床面積は三八七〇平方メートル。東京工業大学教授谷口《たにぐち》吉郎《よしろう》の設計で、*平成の皇后の好きな白樺《しらかば》の林やテニスコートなどもある。親王、内親王の成長に合わせ、また平成の皇太子夫妻の入居などで増改築があり、現在の建物面積は五二二六平方メートル。老朽化が進み、平成20年（二〇〇八）から二年計画で改修。なお、平成31年（二〇一九）4月30日の平成の天皇の退位後、赤坂御所として、しばらくは天皇とその家族の住居となる。その後改修を始め、*仙洞御所《せんとうごしょ》となる（港区元赤坂）。

赤坂御用地《あかさかごようち》　*東宮御所《とうぐうごしょ》、*秋篠宮邸《あきしののみやてい》（元秩父宮邸《ちちぶのみやてい》）、*三笠宮《みかさのみや》邸《てい》、*三笠宮東邸《みかさのみやひがしてい》（旧寛仁《ともひと》親王邸）、*高円宮邸《たかまどのみやてい》、赤坂護衛署、職員官舎などがある。広さは五〇万八九二〇平方メートル。南縁は青山通りに面する。このうち秋篠宮邸は当主が兄である天皇の後を継ぐ「皇嗣」として皇太子に準ずる待遇を受けることになったので、それに先立ち、大幅な改修が行われた。現在迎賓館のある地域は昭和49年（一九七四）、総理府（現内閣府）の所管に移っているので、皇室財産としての赤坂御用地には含まれない。

迎賓館のある一帯は、明治5年（一八七二）旧紀州藩主徳川茂《とくがわもち》承《つぐ》が私邸の一部を献上、*明治天皇が二万五〇〇〇円を下賜して*英照皇太后《えいしょうこうたいごう》の御所とし、*赤坂離宮《あかさかりきゅう》といった。翌年（一八七三）、皇居が炎上し*仮皇居《かりこうきょ》となった。*昭和天皇は大正12年（一九二三）から即位後の昭和3年（一九二八）まで、新婚時代を含めて五年間、石造りの現*迎賓館《げいひんかん》に住んだ。東西がほぼ同じ間取りで親王、親王妃の居室があったが、快適ではなかったようだ。「西日が当たるんで、現在のように冷房とか暖房とかないしね」（昭和51年〈一九七六〉記者会見）と昭和天皇は回想している。昭和11年（一九三六）、現在の迎賓館和風別館の辺りに、皇太子（平成の天皇）の木造の*東宮仮御所《とうぐうかりごしょ》ができたが、昭和20年（一九四五）5月25日の空襲で焼けた。このため日《にっ》光《こう》の疎開《そかい》から帰った皇太子は後、弟の*常陸宮《ひたちのみや》とともに迎賓館に半年ほど住んだことがある。

昭和38年（一九六三）から園遊会の会場になっており、園遊会の際駐車場になる一帯に*青山御所《あおやまごしょ》があった。英照皇太后、*昭憲皇太后《しょうけんこうたいごう》の晩年の在所である。皇宮警察《こうぐうけいさつ》本部の赤坂護衛署は*鮫《さめ》が橋門《はしもん》近くにあり、御用地内の警備を担当している。

常盤《ときわ》松《まつご》御用邸《ようてい》　常陸宮邸《ひたちのみやてい》。大正14年（一九二五）、*東伏見宮邸《ひがしふしみのみやてい》として建てられ、戦後、平成の天皇の東宮仮御所となった。敷地一万九八五四平方《メートル》（渋谷区東）。

高輪皇族邸《たかなわこうぞくてい》　旧高松宮邸《たかまつのみやてい》。敷地は一万九九七六平方《メートル》。もと肥後《ひご》熊本藩主細川《くまもとはんしゅほそかわ》氏の下屋敷《しもやしき》で明治天皇の内親王の御所が建てられ*高輪御殿《たかなわごてん》と称された。その後、*昭和天皇の東宮御所（高輪東宮御所）になって*御学問所《おがくもんじょ》が置かれた。平成16年（二〇〇四）高松宮妃の逝去後使われていなかったが、*平成の天皇が退位後に仮住まいする間、*仙洞仮御所となる（港区高輪）。

迎賓館赤坂離宮《げいひんかんあかさかりきゅう》　管理は内閣府。ベルサイユ宮殿を模して建てられた旧赤坂離宮を改装し、国公賓を迎える施設として昭和49年（一九七四）、五年余りの年月をかけて完成した。国賓が来日すると、この前庭で歓迎式が行われる。本館は延床面積一万五三七九平方《メートル》、新設の和風別館《わふうべっかん》「*游心亭《ゆうしんてい》」は一一六七〇平方《メートル》、敷地面積は一一万七〇六七平方《メートル》で、へリポートがある。九七億円が改修費、別館の建設費で、家具に七億円かかっている。

石造りの本館は条約批准《じょうやくひじゅん》などが行われる「*彩鸞の間《さいらんのま》」、晩餐《ばんさん》会場になる「*花鳥の間《かちょうのま》」などのほか国賓、随員《ずいいん》などのための二五人分ほどの部屋がある。和風別館には和室や茶室、日本庭園がある。

赤坂離宮は建物が明治39年（一九〇六）、外構を含め全体が完成したのは明治42年（一九〇九）である。設計、監督は皇族邸、離宮などを設計した片山東熊《かたやまとうくま》で、後に内匠頭《たくみのかみ》になった。戦後は国会図書館、東京オリンピック委員会などが置かれた。赤坂離宮以前の迎賓館は旧皇族*朝香宮邸《あさかのみやてい》（港区白金台）で、アール・デコ風の建築で人気のある現在の東京都庭園美術館である（迎賓館＝港区元赤坂）。

［髙橋・米田］

［91］地方の施設

皇室の地方関連施設として三御用邸《ごようてい》のほか天皇の宸筆《しんぴつ》や典籍類を納めた京都の東山御文庫《ひがしやまごぶんこ》、奈良の正倉院がある。また天皇家の食材を作る御料牧場や鴨場があり、これらの施設には宮内庁職員が配されている。

葉山御用邸《はやまごようてい》　敷地面積九万五七九六平方メートル。明治27年（一八九四）＊英照皇太后《えいしょうこうたいごう》の避寒地《ひかんち》として設置された。＊大正天皇はここの附属邸《ふぞくてい》で崩御《ほうぎょ》し、＊昭和天皇が践祚《せんそ》した。附属邸は昭和62年（一九八七）から「＊葉山しおさい公園」になっている。本邸は昭和46年（一九七一）放火で焼失、昭和56年（一九八一）再建され、和室には昭和天皇の「＊践祚《せんそ》の間《ま》」が移築されている。昭和天皇の海洋生物研究の基地で、「葉山丸」で相模湾《さがみわん》内の生物を採集した（神奈川県三浦郡葉山町一色）。

那須御用邸《なすごようてい》　広さは六六二万五六六五平方メートル。本邸は大正15年（一九二六）、＊裕仁《ひろひと》親王が欧州から帰国後、「こぢんまりしたものを」（昭和49年〈一九七四〉昭和天皇会見）との希望で建てられた。附属邸は昭和10年（一九三五）建設。澄空亭《ちょうくうてい》、嚶鳴亭《おうめいてい》などの休所のほかショートのゴルフコースもあった。昭和天皇の植物観察のフィールドである。御用邸は一二二〇万平方メートルあったが、約半分の五六〇万平方メートルは、＊平成の天皇の在位二〇年を記念して、所管を宮内庁から環境省に移し、一般に開放されている（栃木県那須郡那須町湯本）。

須崎御用邸《すざきごようてい》　総面積三八万四四一三平方メートル。昭和44年（一九六九）静岡県・沼津《ぬまづ》御用邸の廃止を機に、元三井《みつい》家の別荘を拡充して昭和46年（一九七一）に新設された。本邸のほか附属邸があり伊豆七島まで望める景勝の地（静岡県下田市須崎）。

東山御文庫《ひがしやまごぶんこ》　京都御所の東北隅にある。元来近衛《このえ》家の平屋建ての土蔵（八一平方メートル）を明治15年（一八八二）、近衛忠熙《ただひろ》が献上した。歴代天皇の宸筆のほか藤原定家《ふじわらのさだいえ》の『明月記《めいげつき》』や15～19世紀の宮中生活の記録『御湯殿上日記《おゆどののうえのにっき》』など総点数六万点の典籍、文書類が納められている。毎年秋、侍従《じじゅう》が書類の入った合箱《ごうばこ》、長棹《ながさお》ごとに付いている勅封《ちょくふう》を解き、二〇日間ほど曝涼《ばくりょう》が行われる。昭和53年（一九七八）、新倉庫が完成、文書類は双方に分け保存されている（京都市上京区京都御所）。

正倉院《しょうそういん》　敷地面積は八万八八一九平方メートル。＊45聖武《しょうむ》天皇の遺品を＊光明《こうみょう》皇后が東大寺に納めた宝物《ほうもつ》が中心になっている。

明治8年(一八七五)東大寺から内務省に所管が移り、明治17年(一八八四)に宮内省の管理下に入った。校倉造《あぜくらづくり》の倉庫にあった宝物は、昭和37年(一九六二)に完成した鉄筋コンクリートの西宝庫に移され、庫内は一定の温度、湿度を保っている。また昭和28年(一九五三)に完成した東宝庫には修理中の宝物などが入っている。毎年秋には宝物の保存管理や学術調査のため侍従が勅封を解く。現在曝涼はしていない(奈良市雑司町)。

鴨場《かもば》　*新浜鴨場《にいはまかもば》(千葉県市川市新浜、一九万五八三二平方《メートル》)と*埼玉鴨場《さいたまかもば》(埼玉県越谷市大林、一一万六四一五平方《メートル》)がある。秋から冬、カモの到来するシーズンに合わせて内閣、裁判所、国会議員、各国大公使などが数回に分けて、天皇の意向というかたちで*鴨猟《かもりよう》に招かれる。

明治に入って宮中では大名家の遊びだった鴨猟《かもりよう》を取り入れ、浜離宮《はまりきゆう》、新宿御苑《しんじゆくぎよえん》のほか明治27年(一八九四)新浜鴨場、明治41年(一九〇八)埼玉鴨場を設けた。*元溜《もとだまり》(大池)にいる数万羽のカモを、おとりのアヒルを使って細い引堀に引き込み、飛び立つところを三《メートル》ほどの叉手網《さであみ》ですくい取る。捕獲したカモは食べずに標識をつけて放され、現在は人工交配させたアイガモが供される。宮内庁では鴨猟とは言わず、「カモの捕獲と放鳥」と言い、鴨場職員は地元の鳥類保護員として調査に協力している。*鵜飼《うかい》も古来の伝統的漁法で、岐阜県・長良川《ながらがわ》禁漁場の古津《ふるつ》、立花《たちばな》両地区で毎年5〜10月に八回ずつ行われている。外交団などが招かれている。

御料牧場《ごりようぼくじよう》　栃木県塩谷《しおや》郡高根沢《たかねざわ》町と芳賀《はが》郡芳賀町にまたがる。総面積約二五一万八五〇〇平方《メートル》。内廷皇族の食材は米、魚、調味料などを除き御料牧場で生産されている。

有機農業で場長以下六三人の職員と作業補助員一二人がいる。家畜類は乗用馬、輓用《ばんよう》馬、乳牛、綿羊、豚、鶏、きじなどを飼育。野菜類は大根、ニンジンなど約二四種類。野菜や牛乳は宮内庁大膳課《だいぜんか》に運ばれ、余った牛乳は宮内庁の職員食堂で販売している。場内には貴賓館もある。また、外交団をバーベキューなどで接待する場所として使われている。

明治8年(一八七五)、内務卿《ないむきよう》などを務めた大久保利通《おおくぼとしみち》の進言で、馬匹《ばひつ》の改良などを目的に現在の千葉県成田市に*下総牧羊場《しもうさぼくようじよう》、*取香種畜場《とつこうしゆちくじよう》が開かれ、明治13年(一八八〇)合併して*下総《しもうさ》種畜場《しゆちくじよう》となった。*明治天皇は明治14年(一八八一)、15年(一八八二)の両年、「金華山号」に乗って訪れた。明治18年(一八八五)、宮内省に移管され、明治21年(一八八八)*下総御料牧場《しもうさごりようぼくじよう》となったが、昭和44年(一九六九)、新東京国際空港の建設に伴って栃木県に移転した。旧牧場跡には「*三里塚御料牧場記念館《さんりづかごりようぼくじようきねんかん》」がある(成田市三里塚御料)。

[髙橋・米田]

［92］建築と室礼

【寝殿造《しんでんづくり》】

天皇の住居は、基本的に当時の貴族の住居と同じ構造である。中国からもたらされた宮殿建築は、10世紀ころになると日本的な習慣と趣味を取り入れて、やがて*寝殿造《しんでんづくり》とよばれる建築様式を作り出す。平成10年（一九九八）〜11年（一九九九）に京都市北区の山城高校の敷地から発見された寝殿遺構は、主殿《しゅでん》や対屋《たいのや》に該当する建物が独立し、渡殿《わたどの》で連結されていない経過的な様式を示している。内裏《だいり》の*紫宸殿《ししんでん》や*清涼殿《せいりょうでん》といった殿舎も、そうした寝殿造の発展の中から、ある時期に、天皇の住空間にふさわしいものとして定着し、固定化したものである。

典型的な寝殿造は、一町四方の*築地《ついじ》と呼ばれる土で造った塀に囲まれた敷地の中央に、東西棟の*寝殿《しんでん》（主殿）を中央北寄りに建て、それを中心にして東西にそれぞれ南北棟の*東対《ひがしのたい》と*西対《にしのたい》の舎屋や、北に寝殿に平行して*北対《きたのたい》などの*対屋《たいのや》を配置し、その間を*渡殿《わたどの》や*透渡殿《すきわたどの》でつないでいる。さらに寝殿の南には池のある庭園が広がっており、東西の対屋から南へ延びる廊が、*釣殿《つりどの》とか*泉殿《いずみどの》とよばれる、池に接する建物へつながっている。以上は寝殿造の基本構造であるが、実際には対屋をいくつか増減したり、池がなかったりなど、さまざまのバリエーションがある（図1）。

*寝殿《しんでん》は、主人の住む寝殿造の主殿《しゅでん》である。屋根は檜皮葺《ひはだぶき》の入母屋造《いりもややづくり》で、母屋《もや》（主屋部分）の周囲に*廂《ひさし》が付き、さらに*孫廂《まごびさし》のある場合もある。廂の外にさらに*簀子《すのこ》の濡《ぬ》れ縁《えん》が付いて、廂と簀子の間に*格子《こうし》が下りる。つまり廂の部分は屋内であって、この部分を*廂《ひさし》の間《ま》とよぶ。敷板と敷板の間に透き間をあけて雨水が溜まらないようにした*簀子《すのこ》縁《えん》は、ふつうは建物の敷居に垂直に敷かれるが、清涼殿では平行になっている。寝殿の内部は丸柱が露出した吹き放ちの空間で、*塗籠《ぬりごめ》などの特殊な部屋以外は固定された間仕切りの部屋がなく、必要に応じて*御簾《みす》を垂らしたり、あるいは屛《びょう》風《ぶ》・*几帳《きちょう》などで仕切って使用した。また、床は白木の板の間で、座る場所にだけ*畳《たたみ》が敷かれた。その上に*茵《しとね》を敷いたり、簡単な場合には*円座《わろうだ》のみを用いたりした。

寝殿は基本的に主人と家族の限られた私的な居住空間であった。ふつう訪問者は廂の外側、つまり簀子縁で御簾越

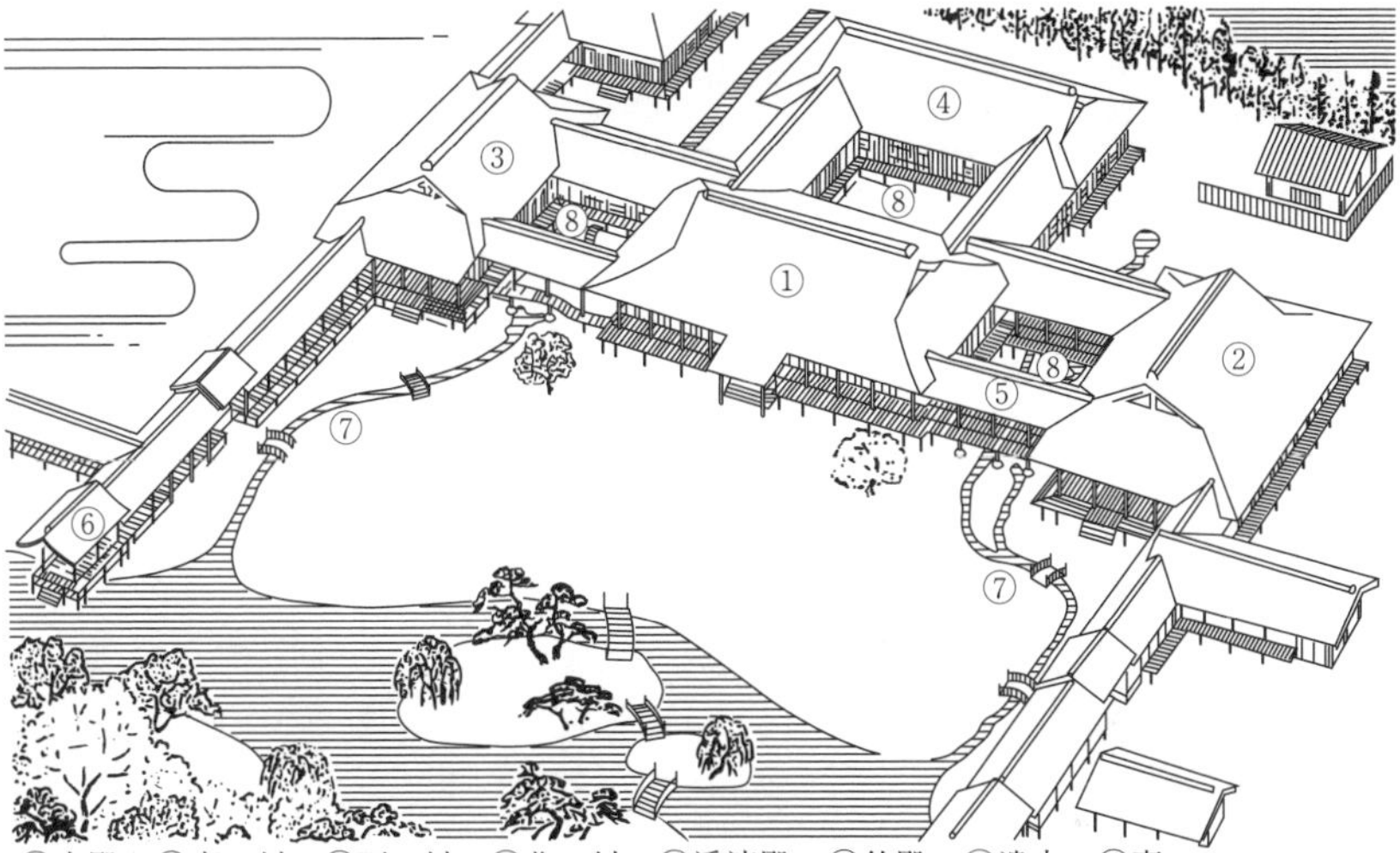

①寝殿　②東の対　③西の対　④北の対　⑤透渡殿　⑥釣殿　⑦遣水　⑧壺

図1　寝殿造

しに寝殿内の主人と応対し、内部に入ることはない。天皇や上皇の行幸《ぎょうこう》・御幸《ぎょこう》のように、主人より身分の高い賓客の訪問には、主人が母屋を賓客に譲る。

格子《こうし》は南面する桁行《けたゆき》は一枚格子《いちまいごうし》で内側に開き、東西の梁《はり》間《ま》は二《に》枚格子《まいごうし》で上半分を外側に開く。したがって御簾は前者では外側に、後者では内側に掛けることになる。室内への入り口は左右側面に各二か所の*妻戸《つまど》（両開きの板戸）があるだけだから、いったん格子を下ろすと、内部は真っ暗な世界であった。

寝殿の東西両側に配置して建てられた対屋は、寝殿と同じか少し小さい規模で、寝殿が東西に長いのに対して南北棟の平面となり、また寝殿が入母屋造であるのに対して、切妻造《きりづまづくり》に縋破風《すがるはふ》を付けるという軽快な様式になることが多い。寝殿を儀式的な場に用いて対屋を日常の住居に使ったり、寝殿の主人の住居に対して妻子や一族の住居にする場合もある。

壺《つぼ》　寝殿と東西の対屋との間は、北に*渡殿《わたどの》と南に*透渡殿《すきわたどの》という二本の*橋廊《はしろう》で結ばれている。このふたつの廊で挟まれた空間が壺（壺庭）である。壺には樹木や季節の草花が植えられたり、石が置かれたりして、小さな自然の情景が作られている。東三条殿《ひがしさんじょうどの》のような大規模な邸宅では、敷地の北東から南の池に流れ込む小流、すなわち*遣水《やりみず》が、渡殿の下をくぐって壺を流れ、再び透渡殿の下をくぐって南庭に出ている。

【障屏具《しょうへいぐ》】

間仕切りのほとんどない、板の間に丸柱が並ぶだけの寝殿造では、いろいろな障屏具（仕切り具）を適宜用い、部屋を仕切って使った。儀式や饗宴のように広い空間が必要なときは、障屏具を取り払い、プライベートな場合には、御《み》簾《す》や几帳《きちょう》を用いて空間を仕切る。そうした時宜に応じた部屋の装飾を*室礼《しつらい》とよぶ。

御簾《みす》　細く割った竹を編んで上長押《かみなげし》から吊るし、日除けや目隠しに用いた。廂《ひさし》の周囲に掛けて、格子《こうし》とともに建物の内と外を隔てる役目をするほか、母屋《もや》と廂の境界に掛けて室内の区切りとすることもあった。

几帳《きちょう》　*土居《つちい》という台の上に二本の細い柱を立てて上に横木を渡し、*帳《とばり》を垂らしたもの。必要に応じて持ち運び、部屋の間仕切りや、人と対面するための物陰をつくるのに用いた。帳は*幅《の》を縫い合わせ、一幅ごとに*幅筋《のすじ》（野筋）という黒い布の帯が付けられている。高さは三尺と四尺の二種があった。

障子（しょうじ そうじ）　本来、間仕切りや遮蔽を目的とする障屏具全般をさす言葉で、*衝立《ついたて》・*襖《ふすま》・*屏風《びょうぶ》などの総称。紫宸殿《ししんでん》の母屋の北にある*賢聖障子《けんじょうのしょうじ》は襖《ふすま》形式（はめ殺し）の障子。中国古代の三二人の賢者の肖像が描かれている。また、清涼殿《せいりょうでん》の東南、*広《ひろ》廂《びさし》に通じる落板敷にある*年中行事御障子（ねんちゅうぎょうじおんそうじ ねんちゅうぎょうじみしょうじ）は衝立障子《ついたてしょうじ》の典型である。

壁代《かべしろ》　壁の代わりに吊るした布製の帳《とばり》で、上長押《かみなげし》から下長押に垂らして用いる。人目を防ぐためのもので、夏用と冬用がある。表には幅筋《のすじ》という紐《ひも》を垂らし、殿内の御簾《みす》の内側に掛けた。壁代の高級なものが*軟障《ぜじょう》で、絹製で四方に紫の縁をつけ、高松に唐人などの絵を彩色した。

畳《たたみ》　寝殿造《しんでんづくり》では、床は基本的に木の板敷《いたじき》で、畳は必要に応じて部分的に用いられた。身分に応じて縁《へり》の色が変わり、天皇や上皇は*繧繝縁《うんげんべり》、親王・大臣は*高麗縁《こうらいべり》、公卿《くぎょう》は*高麗小《こうらいこ》紋《もん》、一般には紫、黄色などが用いられた。重ねて使用したり、さらにその上に*地鋪《じしき》や*茵《しとね》などのクッション様のものを敷くこともあった。床の全面に畳を敷き詰めるようになったのは、室町時代の*書院造《しょいんづくり》になってからである。

【調度《ちょうど》】

寝殿造の建物では、備え付けの棚《たな》や押入《おしいれ》がなく、ふだん使わないものは塗籠《ぬりごめ》、几帳《きちょう》などで仕切った*北廂《きたびさし》の空間などに置かれた。それとは別に母屋《もや》や*南廂《みなみびさし》の晴の場所には、威儀を正すために、一定の形式に従って棚や厨子《ずし》が配置され、その上に置く箱・道具も決まっていた。それは身だしなみや化粧のための道具、香の道具、文具などであるが、用途を目的とした道具や容器である以上に、規式と美しさが求められた。

御帳台《みちょうだい》　本来は貴族の寝台、後には座所として寝殿造の母屋に置かれた。*浜床《はまゆか》とよばれる高さ一尺ほどの床を四つ合わせ、四隅に三本ずつの黒漆《くろうるし》の柱を立てて天井を据え、上に*明障子《あかりしょうじ》をのせて四方に*帳《とばり》を垂らし、その上部周囲を上から*帽額《もこう》という横幅《よこの》の裂《きれ》で巡らせた。浜床（後には略す場合もある）の上には、繧繝縁《うんげんべり》の畳二枚、中敷《なかじき》の畳《たたみ》、表筵《おもてむしろ》、龍《りゅう》鬢地鋪《びんじしき》、茵《しとね》を重ねて座とする。前方の左右の柱には水除けの犀角《さいかく》、後方の左右の柱には魔除けの八稜鏡《はちりょうきょう》を掛けた。帳の中の前方を除く三方に几帳《きちょう》を置いて用いた（図２）。

二階厨子《にかいずし》　下が観音開《かんのんびら》きの扉のある物入れで、その上板と天板の二段が棚になった螺鈿沃《らでんい》懸地《かけじ》の蒔絵《まきえ》の*厨子《ずし》。通常甲乙の一対からなる。ふたつの棚には錦が敷かれ、四隅には上から*総角《あげまき》（組紐《くみひも》）が垂らされる。寝殿造の母屋《もや》に置かれた中心的な調度である。*甲厨子《こうずし》には、上棚に櫛筥《くしげ》一双、中棚に香壺筥《こうごばこ》一双、扉中に櫛手巾《くししゅきん》・枕筥《まくらばこ》・薄様《うすよう》・唐紙《からかみ》・檀紙《だんし》などが入り、*乙厨子《おつずし》には、上棚に造紙筥一双、中棚に薬筥一双、扉中に熨斗筥《のしばこ》・薄様・上紙などが入る。

二階棚《にかいだな》　四本の脚が付いて底板のない二段からなる螺鈿沃《らでんい》懸地《かけじ》の蒔絵《まきえ》の棚で、棚と天板に錦が敷かれ、四隅に総角《あげまき》が垂らされることは、二階厨子《にかいずし》と同じである。二階厨子に比

図2　御帳台

べると略式で、二階厨子が母屋に置かれるのに対して、南廂《みなみびさし》や北廂で用いられた。棚には、置く場所によって多少の異同があるが、上段右方には*火取《ひとり》、左方には*泔坏《ゆするつき》が配された。火取は*火取香炉《ひとりこうろ》のことで、薫物《たきもの》を焚《た》きしめるための道具であり、火取母《ひとりも》・香炉に銀製の火取籠《ひとりかご》を覆ったもの。また泔坏は髪を洗うときに使う米のとぎ汁を入れる銀製の器である。下の棚には右に*唾壺《だこ》、左に*打乱筥《うちみだりのはこ》が配される。唾壺はその字のとおり、唾《つば》を吐き入れる銀製の器であるが、実際には装飾的な道具であった。打乱筥は木製の方形をした底の浅い筥で、内側に錦が貼られている。理髪道具や*手巾《しゅきん》（手拭《てぬぐい》）などを納め、蓋を裏にして身と重ねて置くこともあった。

鏡台《きょうだい》　鏡懸《かがみかけ》ともいう。五本の鷺足《さぎあし》に茎とよばれる心木が立ち、その上部にある宝珠のついた上手《うわて》と差手という支え枝に*八稜鏡《はちりょうきょう》を懸けるようになっている。まず大小二枚の羅《ら》紐《ひも》を鏡台の上から懸け、その上に入帷《いりかたびら》、さらに鏡枕《かがみまくら》を付け、鏡後ろの紐を結んで柱に懸ける。使用しないときは、鏡台は折り畳んでおく。その形が木の根に似ていることから*根《ね》古志形《こじがた》という。鏡は、使用しないときには*鏡筥《かがみはこ》にしまっておく。

燈台《とうだい》　寝殿造《しんでんづくり》の室内での照明具。台座の上に高さ一メートル程度の柱を立て、金属製の*燈械《とうがい》を置き、その上の*燈盞《とうさん》に油を入れて藺草《いぐさ》で作った*燈心《とうしん》を浸し、火を付ける。台座の形によって、*菊型《きくがた》と*牛糞型《ぎゅうふんがた》とよばれる二種がある。また、柱を短くした低い灯台を*切燈台《きりとうだい》という。

硯箱《すずりばこ》　『類聚雑要抄《るいじゅうざつようしょう》』などに見える正式な硯箱は、縦約四〇センチ、横約三四センチ、高さ一五センチもある二段になった蒔絵《まきえ》の重《かさね》硯箱で、直接床に置かれる調度のひとつであった。『源氏物語絵巻』や『伴大納言絵巻』などにも描かれる。上下それぞれの箱の内は、絹織物を敷いた上に台を据え、硯や筆、墨のほかに、小刀、瑩《よう》（研磨の貝）、尺（物差し）の入った尺箱、御本（手本）、暦、水入瓶などが納められている。

『類聚雑要抄《るいじゅうざつようしょう》』　平安末期に成立した故実書で、宮中や摂関家で実際に行われた各種儀式の際の室礼《しつらい》、調度、装身具、食事の献立などを、詳細な図とともに記録したものである。平安時代のこうした室礼・調度を視覚的にまとまって知ることのできるほとんど唯一の資料である。とくに江戸時代には、有職研究の高まりとも相まって、もとの平面的な図を立体に書き直して彩色を施した指図が作られた。そこからは平安貴族が営んだ美意識に富んだ生活ぶりをうかがい知ることができる。

［五島］

［93］前近代の宮廷装束

中国から律令制度が導入されるとともに、宮廷の儀礼も整えられ、儀式や執務に着用する衣裳が定められるようになった。平安時代中期にはおおよその装束が定着し、即位や大嘗祭《だいじょうさい》、朝賀などに用いる*礼服《らいふく》、通常の儀式や臣下が参内に用いる*束帯《そくたい》、その略式の*布袴《ほうこ》や*衣冠《いかん》、さらには日常着である*直衣《のうし》などの規式が定まった。

天皇や皇族の装束も、基本的には一般の貴族と同じ形式であるが、天皇や皇族に限って使うことのできる染め色や文様があり、天皇からとくに許されない限り臣下の使用は禁じられていた。これを*禁色《きんじき》という。日常の内裏《だいり》の生活では、天皇や后に臣下や女官《にょかん》が奉仕する格好になるので、天皇や后は*略装《りゃくそう》であるのに対して、臣下は束帯《そくたい》（大臣や納言《なごん》は略礼が許されることがある）、女官は*裳唐衣《もからぎぬ》といった正装を着用することになった。

礼服《らいふく》　唐の制度の導入とともに、宮中の服装に中国の伝統的な礼装を採用したのが礼服であり、律令《りつりょう》の「*衣服令《いふくりょう》」に規定されている。大宝2年（七〇二）の朝賀の際に、親王・大納言《だいなごん》以上が着用したのが最初である。のちに即位式にのみ用いられることになった。*礼冠《らいかん》・*衣《ころも》・*牙笏《げしゃく》・*白袴《しろのはかま》・*帯《おび》・*褶《ひらみ》・*錦襪《にしきのしとうず》・*烏皮舄《くりかわのくつ》から構成され、さらに親王・諸王は*綬《じゅ》、三位《さんみ》以上は*玉珮《ぎょくはい》をそれぞれ腰から垂らす。天皇・皇后についての規定は律令にないが、天皇の礼服を*袞衣《こんえ》といい、玉縄《たまなわ》を垂らした*冕板《べんばん》を頂に載せた*冕冠《べんかん》とあわせて*袞冕《こんべん》という。袞冕には皇帝の象徴である日・月・星など一二種の文様が描かれ、これを*袞冕十二章《こんべんじゅうにしょう》とよぶ（図1）。冕冠は、正倉院《しょうそういん》に*45聖武《しょうむ》天皇所用のものが伝来し、後世の基準となった。女帝の場合は、白で繡《ぬいとり》のない*大袖《おおそで》・*小袖《こそで》・*裳《も》を着用し*宝冠《ほうかん》をつける。

束帯《そくたい》　男性が参内したり儀式に加わるときの一般的な正装。赤の*大口袴《おおくちばかま》に*単《ひとえ》を着、*衵《あこめ》を重ねて、その上に*打衣《うちぎ》に*表袴《うえのはかま》、さらに*下襲《したがさね》に*半臂《はんぴ》を付け、一番上から*袍《ほう》を着る。これらの装束を重ねて腰を*石帯《せきたい》で締めるので*束帯《そくたい》の名がある。また足には*襪（しとうず したぐつ）、*靴《かのくつ》を履き、頭には*冠《かんむり》をつける。石帯は牛革製のベルトで、*銙《か》とよばれる金銀・玉・石などの飾り具を付けたものである。下襲の背（後ろ身ごろ）は長く延び、袍の下端から出て後方に長く引きずったが、これ

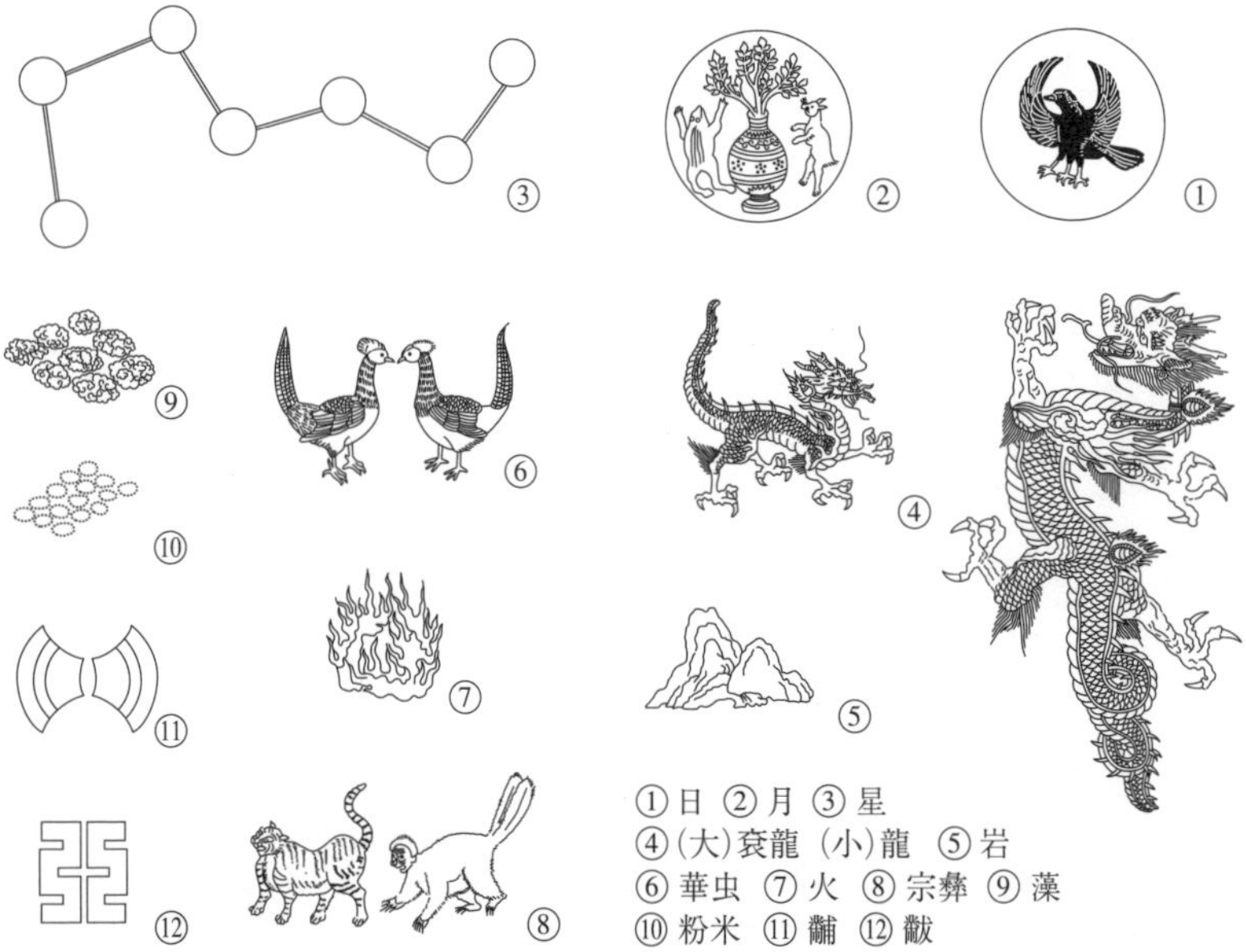

①日 ②月 ③星
④（大）衮龍（小）龍 ⑤岩
⑥華虫 ⑦火 ⑧宗彝 ⑨藻
⑩粉米 ⑪黼 ⑫黻

図1　衮冕十二章

を*裾《きょ》とか尻《しり》という。裾は身分の高いほど長いが、時代が下がるに従って長くなる傾向がある。のちには*別裾《べっきょ》といって裾の部分は別の布を腰から付けるようになった。文官は袍《ほう》の下部分の*襴《らん》があり、両脇を縫い合わせる（*縫腋《ほうえき》）（図2）のに対し、武官は襴がなく両脇を縫い合わせない（*闕腋《けってき》）（図3）。ただし武官でも三位以上の大将は縫腋袍を用いる。冠も、文官は*垂纓《すいえい》であるが、武官は纓《えい》を巻き（*巻纓《けんえい》）、左右に黒馬の尻毛で作った半円の*緌《おいかけ》を付ける。文官・武官ともに、*平緒《ひらお》を付けて*飾太刀《かざたち》を佩《は》くが、文官は手に*笏《しゃく》を持つのに対し、武官は笏を懐に入れ、矢を納めた*平胡籙《ひらやなぐい》を背に負い、手に弓を持つのが通常の姿である。

　正装の束帯に対して、大口袴に替えて*指貫《さしぬき》・*下袴《したばかま》をはく略装《りゃくそう》を*布袴《ほうこ》といい、さらに石帯を用いず、半臂《はんぴ》・下襲《したがさね》を省略すると*衣冠《いかん》になる。本来は*宿直装束《とのいしょうぞく》であったが、のち平常の参内にも用いられるようになった。

位袍《いほう》　通常の*袍《ほう》の色は、位階《いかい》に相当して決められており、これを位袍という。また、そうして決められた色を*当色《とうじき》という。天皇が大儀の際に用いた袍の色は*黄櫨染《こうろぜん》で、蘇芳《すおう》と櫨《はぜ》で染める黄褐色であった。とくに近代では、即位式に着用する中国風の礼服が止められたので、代わって黄櫨染の袍が正装となった。また皇太子の袍の色は*黄丹《おうに》であった。

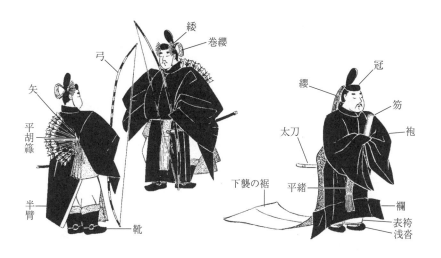

図3　束帯（闕腋）

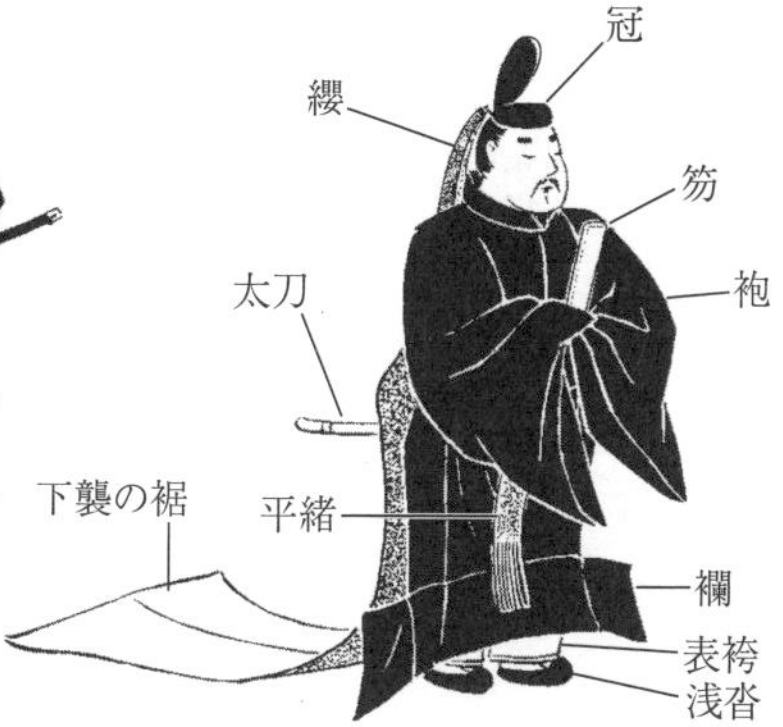

図2　束帯（縫腋）

臣下は一位が深紫、二、三位が薄紫、以下四、五位が深《ふかき》緋《あけ》・浅緋《あさきあけ》、六、七位が深緑・浅緑、八、九位（初位《そい》）が深縹《はなだ》・浅縹となっていたが、平安時代後期以降、四位以上は黒、五位が緋、六位以下が縹を使うことになった。下位の者が上位の者の当色を僭越《せんえつ》することは許されなかった。その後、一般人の華美《かび》豪奢《ごうしゃ》の風が問題になり、貴族の服飾の色を一般が用いることを禁ずることも*禁色《きんじき》というようになった。

青色袍《あおいろのほう》　刈安《かりやす》草と紫草を原料に染めた*青白橡《あおしろつるばみ》の袍《ほう》のことで、*麴塵の袍または*山鳩色《やまばといろ》の袍《ほう》ともいう。位袍ではないので、天皇だけでなく臣下も用いたが、織文様で身分の違いを表した。天皇は臨時祭や舞御覧《まいごらん》などの儀式で*桐竹鳳凰文様《きりたけほうおうもんよう》の青色袍を用いる。また公卿は闕腋《けってき》で、浮線綾紋《ふせんりようもん》や藻勝見文《もかつみもん》様《よう》を使用する。六位蔵人《ろくいくろうど》は、天皇から青色袍を下賜されて着用するが、これをとくに麴塵《きくじん》の袍《ほう》ともよんだ。天皇が儀式で青色袍を着用する場合、臣下はこの色を遠慮することになっていた。

類似のものとして、黄櫨《きはぜ》と茜《あかね》を原料に染めた赤白橡《あかしろつるばみ》の*赤《あか》色袍《いろのほう》がある。これも位袍ではないので、天皇・上皇をはじめ臣下も用いたが、とくに上皇は窠文《かもん》（鳥の巣を象《かたど》った丸文）に桐竹、八曜菊《はちようぎく》の織文様のある赤色袍を着た。またのちに摂政《せっしょう》・関白《かんぱく》が着用する慣習ができた。

図4　直衣

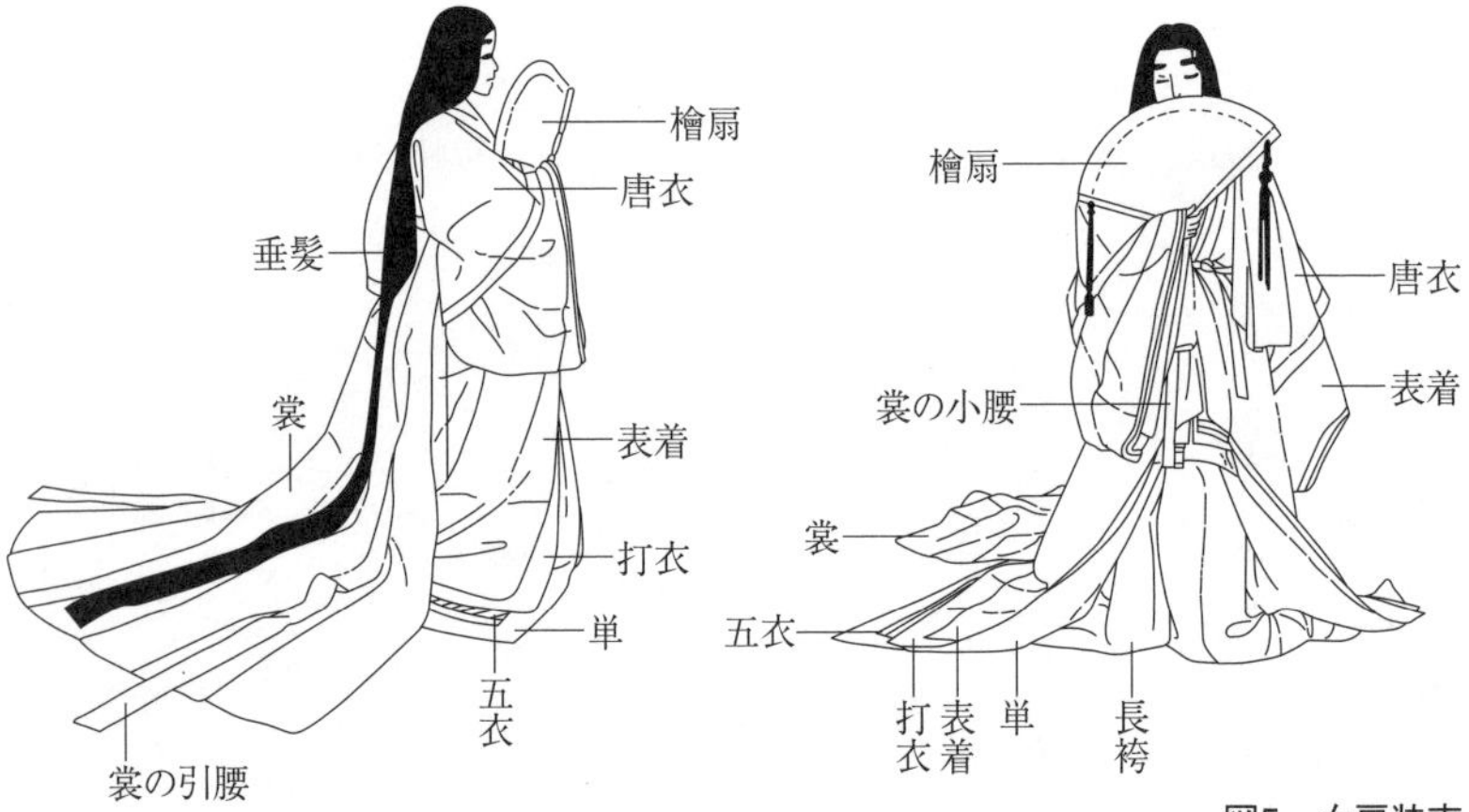

図5　女房装束

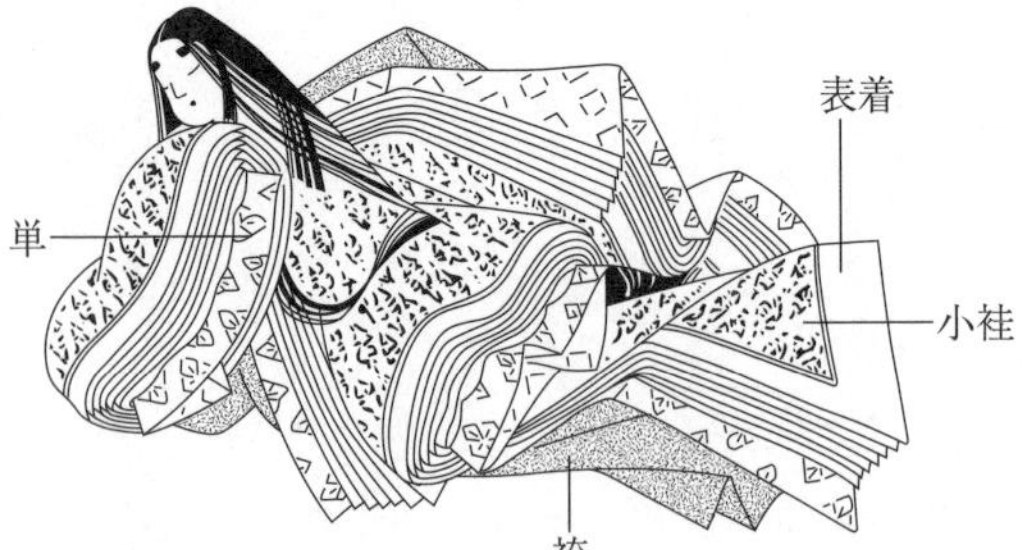

図6　小袿

直衣《のうし》　天皇や皇太子、公卿《くぎょう》の日常着になる（図４）。袍の形式を採っているが、位袍ではなく位階による色の区別がなかったので、*雑袍《ざつぽう》という。下に*指貫《さしぬき》、上は*単《ひとえ》・*衵《あこめ》・直衣と着ていく。この際、衵の前裾《まえすそ》を指貫の下に着込めずに、直衣の前の裾から覗《のぞ》かせる着方を*出衣《いだしぎぬ》といい、貴族のおしゃれであった。ふつう頭には烏帽子《えぼし》をつけ、手には冬ならば*檜《ひ》扇《おうぎ》、夏ならば*蝙蝠扇《かわほりおうぎ》を持つ。日常着であるが、参内する公卿やその子弟も、勅許を得ると着ることができた。これを*雑《ざつ》袍《ぽう》の宣旨《せんじ》という。その際には、烏帽子に替えて冠を着用するのを例としたが、これが*冠直衣《かむりのうし》である。天皇の場合は、ふつうの直衣よりも長く、紅の打袴《うちばかま》か生袴《きのはかま》をはいた上から、裾を引いた形で着用する。これを着装の形態から*御《お》引直衣《ひきのうし》とよんでいる。

女房装束《にょうぼうしょうぞく》　宮中における命婦《みょうぶ》以上の女性の*朝服《ちょうふく》（内裏《だいり》に参勤する際の通常の服）を総称していう。女性は晴儀《せいぎ》に出ることが少なく、宮中に室を与えられて奉仕することが多かったので、朝服がそのまま日常服になった。

衣服の構成は、単《ひとえ》に紅の*張袴《はりばかま》をはき、その上に数枚の*袿《うちき》を重ね、さらに*打衣《うちぎぬ》・*表着《うわぎ》・*唐衣《からぎぬ》を着、*裳《も》を腰から背後に垂らすように付ける（図５）。袿は元来重ねる枚数によって寒暖を調整したとみられるが、その下に着る単を最大にして、上に重ねる袿を次第に短く仕立て、袖褄《そでつま》に見える*襲《かさね》の色目《いろめ》に工夫するようになった。のちにその華美が禁制され、袿は五領《りょう》を標準とすることが定められた。これを*五衣《いつつぎぬ》の制《せい》という。この服装を一般に*十二単《じゅうにひとえ》というのは、重なった袿の襲の色目の美しさから付けられた俗称であって、実際に袿を一二枚重ねるわけではない。また手には、*衵扇《あこめおうぎ》（檜《ひ》扇《おうぎ》）を持つ。晴装束の時は、*領巾《ひれ》と*裙帯《くんたい》を腰につけ、髪上げして平額《ひらびたい》・櫛《くし》・笄《こうがい》・釵子《さいし》などの髪飾りを挿した。

平常の場合は、唐衣《からぎぬ》の下の打衣と表着を省き、袴も生袴《きのはかま》にすることが多く、これに対して先の正式な場合をとくに*物《もの》の具《ぐ》とよぶ。

小袿《こうちき》　后妃や公卿の妻子が、内裏や私邸で通常に生活する場合は、小《そ》袖《そで》に袴、単《ひとえ》の上に数枚の袿を着用し、一番上に表着に準じた文様のある華やかな織物地で、裾《すそ》の短い小袿を着た。またこの姿を小袿とよび、高位の女性の略装になった（図６）。近世では、表地と裏地の間に*中陪《なかべ》という色違いの別裂《べつぎれ》をつけて三重としたものを小袿とよぶようになった。

〔五島〕

[94] 近現代の服制

【天皇《てんのう》の儀服《ぎふく》】

近代になり、伝統的な束帯《そくたい》・直衣《のうし》は、もっぱら祭儀のみの着用となった。明治5年(一八七二)4月4日に「*御祭服《ごさいふく》の制《せい》」が定められ、明治8年(一八七五)12月9日に改められ、祭儀の際の天皇の*祭服《さいふく》などの着用規定が決められた。明治41年(一九〇八)の「皇室祭祀令」や翌年(一九〇九)の「登極令《とうきょくれい》」などで、あらためて大礼《たいれい》などの儀式と儀服の関係が定められた。現在でも、祭儀では原則的にはこれらの規定によって着用しているようである。

以下戦前の規定に基づいて説明し、変更が確認できる場合は、実際の運用について述べる（大礼の場合、変更がある）。なお戦前の規定では、天皇・皇后の服制については「御」を用い、皇太子以下については用いず、現在でも内閣・宮内庁の表記では踏襲されている。そこで儀服の名称について、制度上のものに言及する場合は「　」を使用する。

祭儀に用いられる儀服（装束《しょうぞく》）には、「*御祭服《ごさいふく》」、「*御束《ごそく》帯帛御袍《たいはくのごほう》」、「*御束帯黄櫨染御袍《ごそくたいこうろぜんのごほう》」、「*御引直衣《おひきのうし》」、「*御直衣《おのうし》」、「*御小直衣《おこのうし》」の六種ある。その色と袍などの特徴について簡単に述べる（束帯・直衣の一般について→[93]）。

「**御祭服《ごさいふく》**」　最も清浄で神聖な儀服で、純白の生絹《すずし》（練っていない生のままの絹）で作られる。束帯。袍は「*御斎衣《おんさいい》」と呼ばれるもので、普通の闕腋袍《けってきのほう》とは異なる形ではあるが腋《わき》があいており、また普通は闕腋袍には襴《らん》（裾《すそ》に付けた横裂《よこぎれ》）はないが襴を付ける。よって「御祭服（束帯、御袍有襴《ごほうらん》）」とも説明される。冠《かんむり》は「*幘《さく》の御冠《おかんむり》」で、冠の*纓《えい》（冠の後ろに付く飾り）を*巾子《こじ》（冠の尖った部分）の前に回して折り返し、白の平絹《ひらぎぬ》で括《くく》ったものである。未成年の場合は用いない。「大嘗 宮《だいじょうきゅう》の儀《ぎ》」の「悠紀殿《ゆきでん》・主基殿供饌の儀《すきでんきょうせんのぎ》」と新《にい》嘗祭《なめさい》に着用する。*[53]淳和《じゅんな》天皇の頃から用いられたという。

「**御束帯帛御袍《ごそくたいはくのごほう》**」　純白の練絹《ねりぎぬ》（練って柔らかくした絹）で作られる。袍は縫腋袍《ほうえきのほう》。冠は「*御立纓《ごりゅうえい》」（纓を立てた冠で、江戸時代に天皇のみ用いるようになった。以下の儀服ではいずれも冠は「御立纓」）。未成年の場合は「*空頂御黒幘《くうちょうおんこくさく》」（頂《いただき》のあいた黒い布の額当《ひたいあて》）となる。「即位礼当日 賢所大《かしこどころおお》前《まえ》の儀」のほか、「大嘗宮の儀」の頓宮《とんぐう》より廻立殿《かいりゅうでん》に渡御《とぎょ》の時に着用する。*[52]嵯峨《さが》天皇以来神事に用いられたという。

写真１　天皇陛下御装束、帛御袍（宮内庁提供）

「御束帯黄櫨染御袍《ごそくたいこうろぜんのごほう》」 袍は縫腋袍。天皇のみが用いる*黄《こう》櫨《ろ》染《ぞ》めで、桐《きり》・竹・鳳凰《ほうおう》・麒麟《きりん》の瑞祥を表す文様がある。黄櫨染めとは、黄の染料である櫨《はぜ》と赤の染料である蘇芳《すおう》で染めたもので、黄褐色である。*嵯峨《さが》天皇以来、天皇専用の色目として朝儀に用いられたという。表袴《うえのはかま》は白、裏が紅。冠は立纓《りゅうえい》。未成年の場合闕腋袍《けってきのほう》、「*空頂御黒幘《くうちょうおんこくさく》」。平成の大礼では「即位礼正殿の儀」などで着用された。恒例の祭儀で常用される儀服である。なお即位の際は江戸時代以前には*礼《らい》服《ふく》が用いられてきたが、[122]明治天皇の時から束帯黄櫨染袍《そくたいこうろぜんのほう》に改められた。

「御引直衣《おひきのうし》」 直衣《のうし》を長く仕立て裾《きょ》を長く引いたもの。鎌倉時代以降天皇のみが用いた。袍は白、単《ひとえ》・袴《はかま》は紅。大礼《たいれい》の「神宮神武天皇陵及び前四代の天皇山陵に勅使発遣《ちょくしはっけん》の儀」などに着用する。

「御直衣《おのうし》」 直衣は冬は白、夏は二藍。切袴《きりばかま》は紅。先帝祭の御神楽《みかぐら》の儀、旬祭《しゅんさい》の御親拝《ごしんぱい》などに着用する。

「御小直衣《おんこのうし》」 狩衣《かりぎぬ》に襴《らん》を付けたもの。小直衣は冬は白、夏は二藍。切袴《きりばかま》は紅で、冠は「*御金巾子《おきんこじ》」という特殊な冠になる。最も略儀で、節折《よおり》などで着用する。

なお大喪儀《たいそうぎ》の*倚廬殿《いろでん》の儀では「*錫紵御服《しゃくじょのごふく》」を着用する。束帯《そくたい》・闕腋袍《けってきのほう》で、袍はじめ主に浅墨色の黒橡《くろつるばみ》布で作られる。冠は「*縄御纓《なわごえい》」（纓が、藁《わら》と黒元結と黒布を縫いあわせた縄と黒布縄の二筋からなる）。石帯《せきたい》に替え「*縄御帯《なわのおんおび》」を用いる。

【皇后《こうごう》の儀服《ぎふく》】

皇后・皇太后の儀服には、「*白色帛御五衣《はくしょくはくおんいつつぎぬ》・同御唐衣《どうおんからぎぬ》・同《どう》御裳《おんも》」（「*帛御服《はくのごふく》」）、「*御五衣《おんいつつぎぬ》・御唐衣《おんからぎぬ》・御裳《おんも》」、「*御五衣《おんいつつぎぬ》・御小袿《おんこうちき》・御長袴《おんながばかま》」の三種ある。

「帛御服《はくのごふく》」 天皇の「御祭服《ごさいふく》」と「帛御袍《はくのごほう》」に相当し、純白の絹で作られる。髪は*おおすべらかし（大垂髪、「お大《だい》」と称す）。「即位礼当日賢所《かしこどころ》大前の儀」および「大嘗宮の儀」の「悠紀殿《ゆきでん》・主基殿《すきでん》供饌《きょうせん》の儀」で着用する。

「**御五衣《おんいつつぎぬ》・御唐衣《おんからぎぬ》・御裳《おんも》**」　すべてに色彩があり、いわゆる十二単《じゅうにひとえ》である。色目は特に規定はない。髪は大垂髪《おおすべらかし》。「即位礼正殿の儀」、「即位礼及び大嘗祭後神宮に親謁の儀」などで着用。

「**御五衣《おんいつつぎぬ》・御小袿《おんこうちき》・御長袴《おんながばかま》**」　即位礼の「賢所に期日奉告の儀」、戦後の立太子礼、恒例の祭儀など、最も多く用いる。髪は「*お中《ちゅう》」とよぶ垂髪を普通は用いる。なお略服として、常には「御小袿・御長袴」（構成は小袿・単《ひとえ》・長袴）を代用しているという。

【皇太子《こうたいし》の儀服《ぎふく》】

儀服には、「*斎服《さいふく》」、「*束帯黄丹袍《そくたいおうにのほう》」、「*衣冠単《いかんひとえ》」、「*直衣《のうし》」がある。「斎服」は、束帯《そくたい》・縫腋袍《ほうえきのほう》で、*垂纓《すいえい》の冠《かんむり》（纓の垂れた冠、皇太子以下一般に用いる）・*白袍《はくのほう》・*白単《はくのひとえ》・*白切《はくのきり》袴《ばかま》よりなる。純白で新嘗祭《にいなめさい》に着用する。「束帯黄丹袍」は、袍が黄丹で染められたものである。皇太子のみに用いる色目であり、紅花と支子《くちなし》で染めた黄赤色で、黄櫨《こうろ》染《ぜん》より薄い色合いである。縫腋袍・垂纓の冠で、未成年では闕腋袍《けってきのほう》・*空頂黒幘《くうちょうこくさく》となる。大礼《たいれい》のほか、恒例の祭儀、立太子礼、成年式、結婚式など、最も多く用いる。なお大嘗宮《だいじょうきゅう》の儀《ぎ》では、皇太子以下は、清浄を表す*小忌衣《おみごろも》・*日蔭蔓《ひかげのかずら》を着ける。「*衣《い》冠単《かんひとえ》」は、垂纓の冠・袍・単・指貫《さしぬき》よりなり、大礼の際の「即位礼及び大嘗祭後神宮に親閲の儀」に用いると規定されている。「直衣」は、以前は祭祀の作法の習礼などに用いたという。

皇族男子《こうぞくだんし》の儀服《ぎふく》は、「束帯」、「衣冠単《いかんひとえ》」、「小《こ》直衣《のうし》」があり、皇太子と同様の場合に着用する。束帯は黒袍である。

【皇太子妃《こうたいしひ》の儀服《ぎふく》】

儀服には、「五衣《いつつぎぬ》・唐衣《からぎぬ》・裳《も》」、「五衣・小袿《こうちき》・長袴《ながばかま》」、「小袿・長袴」、「*袿袴（うちきばかま）（けいこ）」がある。「五衣・唐衣・裳」は、「紫宸殿《ししんでん》の儀」（現在の「即位礼正殿の儀」にあたる）、「大嘗宮の儀」、結婚式などで着用する。なお大嘗宮の儀では、皇太子妃以下は、清浄を表す小忌衣《おみごろも》・*日蔭糸《ひかげのいと》・*心葉《こころは》を着ける。「五衣・小袿・長袴」は、大礼の一部儀式や恒例の祭儀等で着用するが、恒例の祭儀では略儀である「小袿・長袴」を代用しているという。袿袴は、袿《うちき》・単《ひとえ》・切袴《きりばかま》からなり、大礼の際の「即位礼及び大嘗祭後神宮に親閲の儀」などに用いる。大礼関係は昭和・平成とも皇太子妃は結婚前で、運用は確認できない。

皇族女子《こうぞくじょし》は、皇太子妃に準じる。

【天皇《てんのう》の洋装《ようそう》】

＊明治天皇が公式に洋服を着用したのは、明治5年（一八七二）5月23日からの大阪・中国・西国巡幸のときで、＊燕尾《えんび》形ホック掛、黒地に金線で菊や鳳凰《ほうおう》を刺繍した洋服に、紺《こん》ビロード舟形の帽子を着用した。現在は明治神宮に保存されている。同年9月4日には陸軍大元帥服《りくぐんだいげんすいふく》が定められ、翌年（一八七三）6月3日に天皇のための「＊御《ご》軍服《ぐんぷく》の制《せい》」が定められた。天皇・皇族男子は＊軍籍《ぐんせき》にあったので、天皇は公式には、敗戦までは＊軍服《ぐんぷく》を着用した。

大正2年（一九一三）11月4日の皇室令「天皇の御服に関する件」で、あらためて、「＊陸軍式御服《りくぐんしきごふく》」、「＊海軍式御服《かいぐんしきごふく》」が定められ、それぞれに、正装、礼装、通常礼装、軍装（海軍のみ第一種・第二種）、略装（陸軍のみ）があった。通常は陸軍式を、海軍関係の儀式などには海軍式を着用した。

戦後は、昭和20年（一九四五）11月7日に通常の服装として黒で黒糸の菊の模様を付けた詰襟《つめえり》の服が定められ、一般に「＊天《てん》皇服《のうふく》」と呼ばれた。昭和22年（一九四七）5月1日皇室令全廃とともに廃止。その後は背広《せびろ》が＊平常服《へいじょうふく》となり、祭儀以外の儀式では国際的な＊礼装《れいそう》（燕尾服《えんびふく》、タキシード、モーニング）を着用している。平成になっては、即位礼の「祝賀御列の儀」・「饗宴《きょうえん》の儀《ぎ》」、「新年宴会の儀」、勲章親授式、晩餐《ばんさん》、皇太子の立太子・結婚式の「朝見の儀」など重要な儀式では＊燕尾服（ホワイト・タイ）が用いられ、常の儀式では＊モーニングが用いられている。なお明治天皇・＊123大正天皇は奥《おく》（私的空間）では和服中心であったようだが、＊124昭和天皇は全て洋服であった。

【皇后《こうごう》の洋装《ようそう》】

皇后の洋装は、明治19年（一八八六）7月30日の華族女学校への行啓が最初である。6月23日には宮内卿＊伊藤博文《いとうひろぶみ》が皇族・閣僚・華族に「自今時により皇后宮も西洋服を用ゐたまふ」ので各自「礼式相当の西洋服装を随意に用」いるよう通達し、また「現に宮中に於て用ゐられたる」洋服の礼装として次のものを示している（『法令全書』）。

大礼服《たいれいふく》　＊マント・ド・クール（Manteau de Cour）新年式用。18世紀フランスの宮廷服で長い引き裾が付く。皇后と女性皇族の裾は華族の少年が捧持《ほうじ》した。

中礼服《ちゅうれいふく》　＊ローブ・デコルテ（Robe décolletée）夜《や》会晩餐《かいばんさん》用。袖がないか短く、襟が大きく開く。

小礼服《しょうれいふく》　＊ローブ・ミ・デコルテ（Robe mi-décolletée）夜会晩餐用。ローブ・デコルテの略式。

通常礼服《つうじょうれいふく》　＊ローブ・モンタント（Robe montante）昼餐《ちゅうさん》用。裾は長く仕立てる、立襟で長袖。

翌年（一八八七）1月17日には、洋装を奨励する旨の＊昭憲《しょうけん》皇太后の思召書《おぼしめししよ》が出されている。

　敗戦後から昭和26年（一九五一）頃まで、元禄袖《げんろくそで》・行灯袴《あんどんばかま》の「*宮中服《きゅうちゅうふく》」（モンペ型と呼ばれた）が使われ、公式にも着用された。その後、儀式では、ローブ・デコルテ（天皇の燕尾服《えんびふく》に対応）とローブ・モンタント（モーニングに対応）、あるいは*和服礼装《わふくれいそう》（紋付色留袖《もんつきいろとめそで》）が着用された。平成になって新年祝賀の儀の招待客への服装規定が*ロングドレスと記載されるように女性の服装の表現が変化してきているが、重要な儀式にはローブ・デコルテないしその様式のロングドレスが着用されている。なお平成7年（一九九五）から、新年祝賀の儀では皇族は*ティアラを着用している。また*平成の皇后は、ブラック・タイ以下の宴会や園遊会などで和服の着用が多く見られた。

【礼服《れいふく》】

　明治5年（一八七二）11月12日に、*文官《ぶんかん》の朝儀のための礼装として、洋装の*大礼服《たいれいふく》と通常礼服が制定された。それ以前は朝儀には*衣冠《いかん》・直垂《ひたたれ》を正式とした。大礼服は、燕尾形の上衣、下衣（チョッキ）、袴《はかま》（ズボン）、舟形の帽子などからなる。身分によって*飾章《しょくしょう》が異なる。通常礼服は燕尾服・シルクハット、のちフロックコートの代用が認められた。朝儀には大礼服、参賀などには通常礼服を用いた。戦後は用いられず、規定そのものも昭和29年（一九五四）7月1日に廃止された。なお*武官《ぶかん》は明治4年（一八七一）3月2日に朝儀などには*軍服《ぐんぷく》を着用すると定められ、のちに、正装、礼装、通常礼装、軍装（海軍のみ第一種・第二種）、略装（陸軍のみ）が定められた。

　女性の参朝の際の服装は、明治6年（一八七三）1月13日に垂髪《すいはつ》・白衣《しろぎぬ》・赤袴《あかばかま》・綾地袿《あやじのうちき》、すなわち*袿袴と定められ、明治13年（一八八〇）に変更の後、あらためて明治17年（一八八四）9月17日に*婦人服制《ふじんふくせい》が定められた。礼服・通常礼服（禁苑参入・夜会・公私礼服着用の場合など）・通常服（平常適宜）の三種、いずれも袿袴であり、西洋服は必要に応じ通達するとされた。そして明治19年（一八八六）3月に皇后の洋装の項で述べた洋装の規定が達せられた。

　鹿鳴館時代以後洋装は後退し、大正4年（一九一五）の即位式の際は、出席夫人の大半は袿袴であったといわれる。なお*袿袴の制《せい》は大正4年（一九一五）7月24日に皇室令で礼服と通常服二種に整理され、昭和22年（一九四七）ほかの皇室令とともに廃止された。

［西川］

[95] 平安時代の食事

宮内省《くないしょう》には、公的な饗宴の料理を調進する*大膳職《だいぜんしき》と、天皇の私的な食事を調理する*内膳司《ないぜんし》とがあった。鵜飼《うかい》・江人《えびと》・網引《あびき》などの律令制以前からあるいわゆる*雑供戸《ざつくこ》は、本来大膳職に所属していたが、平安時代前期には順次内膳司の所属に移った。*御厨子所《みずしどころ》と*進物所《しんもつどころ》は内膳司に属して、内膳司で調理された天皇の食事を温め直すところで、前者は菓子・乳・酒、後者は菜などが、それぞれ御厨子所では*土器《かわらけ》、進物所では*銀器《ぎんき》で進められた。

中世になると、両者は内膳司から*蔵人所《くろうどどころ》の所属に変わるとともに、とくに御厨子所が天皇の朝夕の食膳を供するようになった。室町時代には、漁労や菓子のみならず薪炭などを扱う多くの*供御人《くごにん》が御厨子所に所属して朝廷に供御を調進するとともに商業活動を行い、彼らを統轄する*御厨子《みずし》所別当《どころべっとう》の*山科家《やましなけ》や、*預《あずかり》の*高橋氏《たかはしし》にとっては世襲の収入基盤となった。

具体的な食事や料理の内容については、一般的に日本人の食に対する淡泊な倫理観もあって不明なことが多い。文学作品中にも美意識や儀式の荘厳さといった中でわずかに触れられる程度で、いわゆるレシピのようなものは存在しない。わずかに先例を残すために書かれた儀式書や記録による食膳の品目、現在も一部の神社で伝えられている*神饌《しんせん》などから、その食事や調理法が推測されるのみである。『*類聚雑要抄《るいじゅうざつようしょう》』などの儀式書に記された天皇・公卿の晴の食膳（図1）には、銀と木の二組の箸《はし》、匕《ひ》とよばれる匙《さじ》などのほかに、酒・塩・醤《ひしお》・未醤《みしょう》などの調味料が入ったそれぞれの皿があらかじめ別に置かれている。これは、食膳に出される料理自体には味付けされず、食べるときに皿の調味料を好みに従って付けたことを示している。

また、記録された料理には、各椀や各皿にたとえば「干《ひ》鯛《だい》」とか「蒸鮑《むしあわび》」といったように、ほとんど単独の素材名が表記されるのみであることから、当時は複数の食材を合わせ調味料で味付けをするような、現代日本で一般に行われる調理法ではなく、素朴な素材主義の料理であったことが推測される。また、朝廷のあった京都がとくに海から離れた土地柄であったこともあり、楚割《すわやり》や脯《ほじし》といった干物、醢《ししびしお》とよばれる塩辛《しおから》の類、蘇《そ》（酥）・酪《らく》といった、牛乳の加

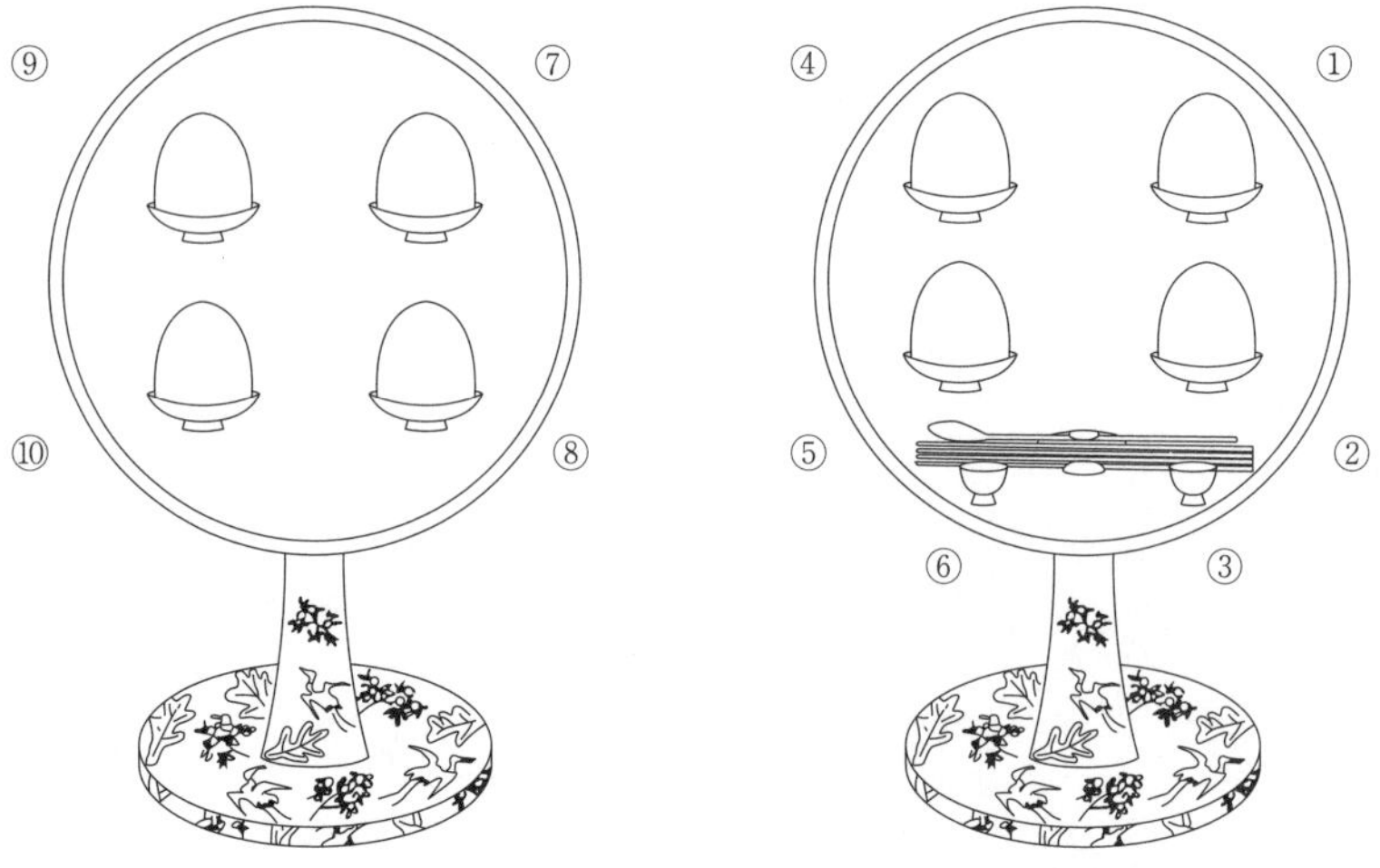

①松子　①干棗　③酢　④柏子　⑤石榴
⑥塩　⑦蒸鮑　⑧雉脯　⑨鮭楚割　⑩干鯛

図1　平安時代の食事　『類聚雑要抄』仁和寺殿競馬行幸御膳并御遊酒肴

工品などの保存食も多かった。

大床子御膳《だいしょうじのおもの》　平安時代の天皇の食事には、「大床子御膳」「*朝餉御膳《あさがれいのおもの》」「*只御膳《ただのおもの》」と三種類があって、このうちもっとも正式なものが大床子御膳である。清涼殿《せいりょうでん》の母屋《もや》、御帳の南に位置する大床子の前に台盤《だいばん》二脚を据えて箸や匕《ひ》とともに食物を配置したので、この名がある。元来は朝夕の二回であったが、鎌倉時代以降は一日一回になった。品数は焼物や汁物など八種から一〇種に及んだ。季節のものとしては9月9日より新嘗祭《しんじょうさい》までは氷魚《ひお》（鮎の稚魚）、5月5日までは雉《きじ》、それ以降は鴨川・桂川の鮎《あゆ》を供する例であった。

楚割《すわやり》　鮭《さけ》や鯛《たい》、さらには鮫《さめ》や鯨《くじら》などの魚獣肉を細く切って乾燥させた現在のジャーキーのような食品。削ってそのまま食べるほか、水で戻して食べたりする。平城京跡から出土した木簡《もっかん》の中には、諸国から進められた楚割の荷札も見つかっており、保存と輸送のために産地で楚割の形にされて都に進められた。平城京跡や長屋王邸跡から発見された木簡は志摩などの諸国から献じられた食材の荷札で、和布《わかめ》、鰹、さめなどを干物にしたものが多かった。

醢《ししびしお》　乾肉を刻み、麹《こうじ》や塩に浸して製した肉の塩辛《しおから》。大膳職《だいぜんしき》で調進した。孔子《こうし》を祀る*釈奠《せきてん》では、六衛府《ろくえふ》が交替で鹿醢・魚醢・兎醢を進めることになっていた。

蘇《そ》　蘇（酥）は、牛や羊の乳を発酵させずに煮つめて固めたもので、温めて発酵させ、ヨーグルトのようにした*酪《らく》とは区別される。原料となる牛乳は、*乳牛院《にゅうぎゅういん》という公的な施設で乳牛が飼育されており、そこで搾乳された。大臣就任に際して行われる*大臣大饗《だいじんのだいきょう》には、天皇から甘栗とともに蘇が贈られるが、この使者を*蘇甘栗使《そあまぐりのつかい》という。

唐菓子《からがし》　日本では、菓子は元来「果子」で、栗や柿などの木の実であったが、平安時代になると、小麦を水で練って形を作り、油で揚げるという製法が中国から伝わり、主としてその形状により、梅枝《ばいし》・桂心《けいしん》・餅餤《べいたん》・糫餅《まがり》・餛飩《こんとん》・餢《ぶ》飳《と》・餺飥《はくたく》などの名が付けられた。現在も滋賀県の日吉大社《ひよしたいしゃ》の神饌《しんせん》などにその一部が伝えられている。

索餅《さくべい》　小麦を縄状にない、棒状にした食品。形状から「麦《むぎ》縄《なわ》」ともいう。油で揚げた中国伝来の唐菓子という説もあったが、『正倉院文書《しょうそういんもんじょ》』や『延喜式《えんぎしき》』には「索餅料」として「醬《ひしお》」や「未醬《みしょう》」、「酢」といった調味料がいっしょに計上されているので、蒸したり茹でたりした索餅を、醬・未醬・酢などのつけ汁で食べたものであろう。七夕《たなばた》の日に食べるなど、もっぱら夏の食品であった。製法や食べ方は後世の素麵《そうめん》に継承される。

台盤《だいばん》　食物を載せる座卓形式の机。朱や黒漆塗《くろうるしぬ》りで、四脚や六脚、八脚などがあり、螺鈿《らでん》を施す場合もある。周囲の縁を高く巡らし、中央部だけではなく周囲の縁にも食器を載せた。清涼殿《せいりょうでん》の西廂《にしびさし》にある台盤所は、台盤が置かれたことによる名称で、後世の食事を準備する「台所」の名の起源となった。

高坏《たかつき》　一本の脚に円形や方形の盤を載せた形式の食卓で、天皇をはじめ貴族が食事する際に用いる。貴族が用いるのは木製で朱や黒漆が掛けられ、彩色を施される場合も多かった。庶民も使用したが、木地や土師器《はじき》製であった。

折敷《おしき》　周囲に縁を巡らせた方形の盆《ぼん》で、簡単な食事の膳にする。この折敷に四隅の脚をつけて内側に湾曲させ、格狭《こうざ》間《ま》（刳形《くりかた》の装飾）を大きく透かした膳が*懸盤《かけばん》で、公卿の饗《きょう》宴《えん》などの儀式に用い、沈《じん》・紫檀《したん》・花梨《かりん》などの唐木が使われたり、螺鈿が施されたものもあった。

土器《かわらけ》　主として酒盃として用いられた素焼きの土器。ときには簡単な食物を盛ることもある。基本的に一回ごとの使用が終わると破棄された。また「かわらけ」という言葉自体が酒宴そのものを指していた。京都南郊の深草《ふかくさ》で造られる深草土器はよく知られた。

［五島］

［96］女房詞

室町時代の内裏《だいり》や仙洞《せんとう》では、とくに女官《にょかん》たちを中心に、禁忌《きんき》や婉曲《えんきょく》表現あるいは女官同士の通用を目的として独自の言葉が発達した。これを「*女房詞《にょうぼうことば》」とか「*御所詞《ごしょことば》」という。天皇の身の回りに奉仕する女官の立場を反映して、食物や食事が中心であるが、「かもじ」（髪）に代表されるような体の部分、「くろもの」（鍋《なべ》）や「つくつく」（臼《うす》）などの道具、さらには「お目もじ」（お目にかかる、つまり会うこと）、「おひなる」（起きる）といった動詞にまで及んでいる。清涼殿の御湯殿上《おゆどののうえ》に詰める女官が書き継いだ『*御湯殿《おゆどの》上日記《うえのにっき》』はそうした女房詞で書かれた日誌である。女房詞は、その後京中の公家の奥向きや町屋の女中衆にも広がり、その一部は、「しゃもじ」（杓子）、「なす」（なすび）、「青物」（菜）、「おなか」（腹）など、現代も私たちが日常的に使用する言葉の中に残っている。

その成立にはいくつかのパターンがある。まず語頭の一音に「文字（もじ）」をつけたもの（*文字詞《もじことば》）。前述の「かもじ」「しゃもじ」「お目もじ」のほかに、「そもじ」（そなた）、「すもじ」（すし）などがある。「なす」（なすび）、「まん」（饅《まん》頭《じゅう》）、「おこわ」（強飯《こわめし》）、「からから」（乾鮭《からざけ》）などは、単語の後半を省略したり前半を繰り返したりしてできている。宮中の用語からきたものとしては、「くご（供御）」（飯）、「くこん（九献）」（酒）、「まな（真菜）」（魚）などがある。また、形状によるものとして「かべ（壁）」（豆腐）、「かがみ（屈物）」（海老《えび》）、「おひら」（平椀《ひらわん》、さらにはそれに入る鯛《たい》をもいう）、「かちん」（餅《もち》、搗飯《かちいい》から）、「みつあし」（金輪《かなわ》）、「なかぼそ（中細）」（杵《きね》）、「おいた（御板）」（蒲鉾《かまぼこ》）などがある。色彩にちなむものとしては、「くろとり」（雁《かり》）、「しろとり」（雉《きじ》）、「あかなま」（鮭《さけ》）などがある。なかには「ぞろ」（素《そう》麵《めん》）のように食べるときの音から来ているものもある。葱《ねぎ》を「ひともじ」というのは、葱を古来「き」といったからであり、これに対して「にら」は「ふたもじ」という。また水のことを「おひやし」というのは現代も「お冷《ひ》や」というからわかるが、汲《く》む場所から「井の中」ともいう。

女房詞ではないが、宮廷社会ではほかに「おもうさま」（父）、「おたあさま」（母）に代表されるような独特のいい方が作られ、最近まで使われてきた。

［五島］

［97］近現代の食膳

晴御膳《はれのごぜん》**（晴**《はれ》**の御膳**《ごぜん》**）**　大床子御膳《だいしょうじのおもの》以来の御膳は、近世には行事の時のみに作られるようになった。干物・生物からなる平安時代以来の内容であり、近代に入った後も、正月の晴御膳は、そうした料理が供せられる。晴御膳とは、1月1日（戦前は3日まで）の朝に天皇が行う*儀式食《ぎしきしょく》で、天皇は箸《はし》を立てる所作をするが実際には食べない。内容はおよそ次の通りであるが、食材によって若干変化するという。

高盛《たかもり》（三寸二分の高さに盛る）　塩引干鮃《しおひきほしたら》・同　篠松風《しのまつかぜ》
焼合鴨《やきあいがも》・同　篠雲丹蒲鉾《しのうにかまぼこ》・平盛《ひらもり》（一寸八分の高さに盛る）　塩茹才巻蝦《しおゆでさいまきえび》・同　塩蒸鮑《しおむしあわび》・大飯《たいはん》（白飯、高さ五寸）・
追物《おいもの》（焼き物）　亀足付零余子焼金目鯛《かめあしつきむかごやききんめだい》・同　菊花盛火《きくかもりひ》
取雉子《とりきじ》・汁物　白味噌仕立巻鯉《まきごい》・汁物　潮仕立鯛鰭《うしおじたてたいひれ》・四《よん》
種物《しゅもの》　醤油　塩　酢　酒・湯《ゆ》の下《した》（焦げ飯のおかゆ）・
冷酒

ほかにも食べる所作のみを行う儀式食には同種の料理が供される。

宮　中晩餐《きゅうちゅうばんさん》　天皇主催の*皇室宴会には、晩餐と午餐《ごさん》がある。宮中晩餐（会は付けない）は*国賓《こくひん》に対する接遇で、*豊明殿《ほうめいでん》で行われる。天皇・皇后は宮殿の南車寄《みなみくるまよせ》で国賓夫妻を出迎え、松風の間に案内、皇太子以下皇族が挨拶ののち飲み物が供される。次に天皇・皇后と国賓夫妻は石橋《しゃっきょう》の間《ま》に入り、招かれた客が四人に挨拶して豊明殿に入る。次に四人が豊明殿に入り、食事となる。デザートの前に天皇の歓迎の「おことば」と相手国国歌が演奏される中での乾杯（トースト）、次に国賓の答辞と乾杯（音楽は日本国国歌）がある。平成10年（一九九八）10月以後、食事の前に「おことば」と乾杯に変更されている。食後、天皇・皇后・国賓夫妻は、石橋の間に移り飲み物が供され、次いで春秋の間で招かれた客と歓談がある。その後、松風の間でお別れがあり、天皇・皇后は国賓夫妻を南車寄まで見送る。

一三〇人前後が招かれ、日本側席次は、天皇以下皇位継承順、内閣総理大臣、衆議院議長、参議院議長、最高裁判所長官、以下おおむね国務大臣・両院副議長（年齢順）、最高裁判所判事、他の認証官等（年齢順）で、政党・財界関係者が間に加えられる。食事はフランス料理が基本であるが、賓客の宗教、健康、嗜好《しこう》に配慮されているという。通例は、前席で食前酒、本席でスープ、魚料理、肉料理（平成時代に二品から一品になる。羊肉が多い）、季節のサラダ、デザート、後席でコーヒーと食後酒が供される。服装は、男子はホワイト・タイ（燕尾服《えんびふく》）、紋付羽織袴《もんつきはおりはかま》または相当のもの、女子はロングドレス、白襟紋付《しろえりもんつき》または相当のものであるが、近年はブラック・タイ（タキシード）で行われることが多い（女性はディナー・ドレス）。また晩餐会のあと*夜会《やかい》が催されることもあったが、近年はほとんど行われない。

*宮中午餐《きゅうちゅうごさん》（正式には*午餐）は、主に*公賓《こうひん》・公式実務訪問賓客に対する接遇で、蓮翠《れんすい》の間《ま》で行われる。招待客は晩餐の半分以下の規模である。料理のコースは同様であるが、通例スピーチがない。服装は、男性はモーニング・コートまたは相当のもの、女性はアフタヌーン・ドレスまたは相当のものと決められていたが、近年は平服で行われることが多い。

ほかに食事が関係する行事としては、天皇誕生日の宴会の儀（→[105]）、園遊会（→[46]）、午餐《ごさん》（賓客への接遇以外）、茶会、*お茶がある。午餐は、着任後三年を経た外国大使夫妻（*外交団午餐《がいこうだんごさん》と呼ばれる）、最高裁判所長官・判事等、総務大臣はじめ知事等、法務大臣はじめ検事総長等、認証官、総理大臣・国務大臣・官房副長官等を主たる対象として開かれている。

*茶会《ちゃかい》は、日本芸術院賞受賞者と新会員、日本学士院賞受賞者と新会員、文化勲章受章者と文化功労者、オリンピック入賞選手等、パラリンピック入賞選手等を主たる対象として開かれる。お茶《ちゃ》は、宮殿と御所で開かれ、新任の外国大使夫妻、帰朝した日本の大使夫妻、衆参両院の役員、新認定重要無形文化財保持者等を主な対象とする。茶会、お茶という名称だが、食事が出される。ほかにも内外の賓客《ひんきゃく》を対象に*ご昼餐《ちゅうさん》、*ご夕餐《ゆうさん》が御所で開かれている。

日常《にちじょう》の食事《しょくじ》　日常の食事については、明治になって、肉食と洋食が取り入れられた。*[122]明治天皇が初めて洋食を食べたのは、記録上では明治4年（一八七一）8月18日の浜離宮《はまりきゅう》の延《えん》遼館《りょうかん》（洋館、主に外賓接待に使用）に行幸の際の昼餐である。同年12月、それまで禁じられていた牛羊肉を平常に、豚鹿猪兎肉を時々供進することが定められ、牛乳の飲用も始まった。明治6年（一八七三）7月には西洋料理の昼餐が供せられている。なお外国賓客には、明治2年（一八六九）7月以来浜離宮の延遼館が使われ、洋食が供されていた。明治6年（一八七三）9月8日明治天皇は初めて外賓（イタリア王族）と吹上御苑《ふきあげぎょえん》で午餐を共にしたが、洋食であったと考えられる。外賓接遇である皇室宴会の源流であろう。

儀式食、皇室宴会（外部に応援は依頼する）、日常の食事は、*大膳課《だいぜんか》（戦前は大膳寮《だいぜんりょう》→大膳職《だいぜんしき》）が担当する。戦前は行幸の際も大膳が担当したが、戦後の地方行幸では行幸先が担当するようになった。*昭和天皇は、メニューが変わり食が進んだと伝えられる。日常は、昭和天皇は朝食は洋食であり、昼食と夕食は和食と洋食が交互であったという。*平成の天皇（上皇）は朝食は洋食、昼食と夕食は和・洋・中を交互に摂るという。料理人では、大正6年(一九一七)から昭和47年(一九七二)の八四歳まで主厨長《しゅちゅうちょう》（初代）を務めた秋山徳蔵《あきやまとくぞう》が著名である。秋山は明治末年に修業のために渡欧、大正天皇大礼のため本格的フランス料理が必要として見出され、大正2年(一九一三)宮内省に勤務した。昭和46年(一九七一)には日本人で初めてフランス料理アカデミーの名誉会員となっている。食材は、肉類・蔬菜《そさい》類は御料牧場の生産品が主に使われており、魚・米は別途購入されている。

昭和天皇の時代には、天皇の食事と同一のものを侍医等が食べる「*おしつけ」（試饌）が行われていた。いわゆる毒味の名残であろうが、天皇の健康管理が主であったといわれる。現在は行われていないという。

［西川］

資料コラム
【宮中《きゅうちゅう》　晩餐《ばんさん》のメニュー例《れい》】

令和元年(二〇一九)5月27日トランプアメリカ大統領来日の際の宮中晩餐のメニュー（『毎日新聞』5月27日付電子版より）。

《メニュー》
ニンジンやホウレンソウが入ったコンソメスープ
ヒラメのムニエル
牛ステーキ
トマトやレタスが入ったサラダ
アイスクリーム（富士山型）
果物（メロンなど）

《飲み物（卓上）》
日本酒
白ワイン　ピュリニー・モンラッシェ(二〇〇二)
赤ワイン　シャトー・ラフィット・ロートシルト(一九九六)
シャンパン　モエ・エ・シャンドン・ドン・ペリニヨン(一九九九)

［編］

［98］前近代の乗り物

平安時代中期には、皇族や貴族が使う乗り物についても、その種類の規式や乗車法が決まっていた。天皇や皇后は、*輦《れん》とよばれる屋根の形が方形をした*輿《こし》を用いる。また、上皇や皇后、皇太子をはじめ、摂関以下の高級貴族、その妻女・女房などは、参内や参詣・見物などの威儀をつくった行列、あるいは通常の交通手段として、状況に応じて種類を使い分けた*牛車《ぎっしゃ》を使った。簡略な外出や、細い道、山道であったりする場合は、切妻《きりづま》の屋根のついた*腰輿《ようよ》を使った。特殊な場合としては、宮城門内から殿舎までの間を高貴な者が許されて乗る*輦車《てぐるま》があり、輿に車が付いて前後の人がこれを押して用いた。なお、日本では馬に引かせる馬車は発達せず、明治まで存在しなかった。

鳳輦《ほうれん》　天皇の外出（行幸）には牛車を使用せず、もっぱら輦を用いた。輦は*力者《りきしゃ》（*駕輿丁《かよちょう》）が肩に舁《か》くもので、屋形《やかた》の屋根は四つの棟を中央の頂に集めた*方形造《ほうぎょうづくり》である。*即位・*大嘗祭《だいじょうさい》、威儀の行幸など、もっとも正式な場合に用いるのが、頂に金銅製の鳳凰《ほうおう》の作り物を載せた鳳輦である（図１）。これに対して略儀に用いるのが、宝珠を載せた*葱花輦《そうかれん》で、名称は宝珠の形が葱《ねぎ》の花に似ていることによっている。神社の祭礼に用いられる神輿《みこし》は、この天皇の輦を模したものである。

腰輿《ようよ》　切妻の屋根がついた屋形の基部左右に*轅《ながえ》を通し、前後から轅の両端を結んだ白布を肩に掛け、両手で轅を持って担ぐ*輿《こし》。轅を腰の部分に当てるのでこの名がある。*手《た》輿《ごし》ともいう。前後二人の力者の左右にそれぞれ二人ずつの力者が付いて、真ん中の力者を支える。屋形の素材によって板製の*板輿《いたごし》、檜《ひのき》の板を編んだ*網代輿《あじろごし》、筵張《むしろば》りの*張輿《はりこし》などがあった。上皇、摂関、大臣をはじめ公卿などが遠出の際に用いる高級な輿は*四方輿《しほうごし》といい、屋形の四方の柱間を吹き放ちとして*御簾《みす》を垂らし、眺望を良くしたものである。

牛車《ぎっしゃ》　牛に引かせた二輪車で、人が乗る車体（「箱」という）の基部から前方へ二本の*轅《ながえ》を伸ばし、その先につけられた*軛《くびき》を牛の首に懸けて引かせる。車体は前後が開いていて、前後の出入り口には、御簾を懸け、その内側に布製の*下《した》簾《すだれ》を垂らして、裾《すそ》を御簾の下から外に出す（図２）。車体の材質からくる*糸毛車《いとげのくるま》（絹糸）、*網代車《あじろぐるま》（檜の板）、*檳榔《びろうげ》毛車《のくるま》（檳榔樹《びろうじゅ》の葉）といった名称、*八葉車《はちようのくるま》などのように描かれた文様による名称、窓の形状にちなんで半蔀《はじとみ》の窓のついた*半蔀車《はじとみぐるま》、廂《ひさし》のついた*廂車《ひさしぐるま》、屋根の破風によって*唐《から》車《ぐるま》、*雨眉車《あままゆのくるま》といった名称がつけられ、またそれらの組み合わせで多くの種類ができている。いずれも、身分や格式によって使い分けられた。

唐車は、屋根が*唐破風《からはふ》なのでその名があり、屋根・廂・腰ともに*檳榔樹《びろうじゅ》の葉で作られている。上皇・皇后・東宮・親王、または摂関などが用いる大型の正式な牛車である。糸毛車は、絹の*縒糸《よりいと》で屋形全体を覆い、その上から金銀の*窠《か》文《もん》（鳥の巣を象《かたど》った丸文）を飾った車である。内親王、三位《さんみ》以上の内命婦《うちのみょうぶ》などの身分の高い女性が用いた。東宮が使用することもある。半蔀車は、屋形の横にある物見窓が、引き戸ではなく、上に押し上げる半蔀戸になっており、屋形は網代《あじろ》である。上皇・親王・摂関、大臣のほか、高僧や女房が用いることもある。八葉車は、網代車の屋形や袖に八つの葉の装飾文様（八曜とも）をつけた車である。

図1　鳳輦

図2　牛車

牛車《ぎっしゃ》の宣旨《せんじ》　通常、貴族が参内する場合は、大内裏東面の待賢門や上東門の前で牛車から降り、徒歩で内裏に到ったが、とくに功労のあった大臣などは、待賢門から直接牛車で宮城に入り、内裏内郭門までの通行が許された。この許しを牛車の宣旨という。

輦車《てぐるま》　小さな輦《れん》の左右に車をつけ、前後に伸びた轅《ながえ》に手を添えて引く車。東宮・親王・内親王・摂関・后・夫人・命婦などが、勅許されて内裏の宮門を出入りした。この勅許を「*輦車の宣旨」といった。屋形の形状は唐車に似ていて、唐破風の*入母屋造《いりもややづくり》で、四方が開き、下簾、御簾を懸ける。

［五島］

[99] 近現代の乗り物

お召《め》し列車《れっしゃ》、御召《おめし》列車《れっしゃ》　天皇・皇后・皇太后が乗る特別列車の総称。宮廷列車とも呼ばれた。そのなかの天皇などが乗る車両を*御料車《ごりょうしゃ》と呼んだ（自動車も御料車と呼ぶ）。

天皇が初めて汽車に乗ったのは、*[122]明治天皇の明治5年（一八七二）9月12日新橋―横浜間の鉄道開業式典の際の往復であった。最初の専用の御料車は、明治9年（一八七六）製造され、翌年（一八七七）2月5日京都―神戸間開業式の際に使用された木製二軸式車両で、のちに初代第一号と呼ばれた。大正2年（一九一三）廃車となり、現在は埼玉県さいたま市にある鉄道博物館に展示されている。平成15年（二〇〇三）重要文化財に指定。ほかにも古い御料車は右の鉄道博物館や愛知県犬山市にある博物館明治村で保存されている。昭和7年（一九三二）最初の鋼製御料車が製造され（三軸ボギー車）、第一号と呼ばれた。御座所壁紙は天平草花文様で清楚な様式である。戦後行幸にはこの御料車が用いられた。

昭和35年（一九六〇）に鋼製二軸ボギー車が製造され、これが第一号御料車となり、従来の第一号は第三号に改められた。乗車の際は菊紋が取り付けられ、御座所内装は桃山時代の華やかな黄金調の様式である。*供奉車《ぐぶしゃ》四両と固定編成で（牽引の機関車が加わる）、一号編成と呼ばれる。電車ではほかに同年製造の鋼製二軸ボギー車のクロ157-1号が近距離用御料車として用いられた。国鉄民営化後車両はJR東日本に引き継がれた。JR東日本は、平成19年（二〇〇七）7月特別車両E655-1の一両を含むE655系一編成を製造、翌年（二〇〇八）11月12日初乗車。内装は落ち着きのある木目調、防弾ガラスを使用している。ほかのJRや私鉄では特急用車両を充て、改造が施されているといわれる。

新幹線開通後は新幹線グリーン車の利用が増え、平成に入ってからは天皇の意向もあり、お召し列車の運行は減っている。原宿駅には、大正14年（一九二五）5月着工され、翌年（一九二六）8月*[123]大正天皇が初めて利用した皇室専用ホーム（通称「宮廷ホーム」）があり、のち御用邸や多摩陵などへの行幸の際利用されたが、近年は使用されていない。

御料車《ごりょうしゃ》　自動車の初代の御料車は、大正2年（一九一三）3月イギリスから輸入されたデイムラー社のランドレーで、4月には*大正天皇が試乗している。初めて公式に使用したのは、大正9年（一九二〇）5月17日の*伏見宮《ふしみのみや》邸への行幸の際という。このちイギリス製ロールスロイス、ドイツ製メルセデス・ベンツが導入された。戦後の*[124]昭和天皇の巡幸はメルセデス・ベンツで行われ、「溜色《ためいろ》のベンツ」と呼ばれた。昭和26年（一九五一）にはアメリカ製キャデラックが導入された。

昭和42年（一九六七）に国産であるプリンス社製造（完成時日産と合併）のリムジン型ニッサンプリンスロイヤルが導入され、五台を数えるに至った。平成18年（二〇〇六）から、ニッサンプリンスロイヤルが老朽化したため、リムジン型センチュリーロイヤル（トヨタ）に転換していくこととなった。財政事情から四台体制となった。平成2年（一九九〇）にはロールスロイスの*オープンカーが採用され、天皇の即位後のパレード、皇太子の結婚パレードに使われた。老朽化のため、*令和の天皇のパレードにはトヨタのセンチュリーが改造の上、導入された。なお平成以降、通常の公務にはセダン型センチュリー（トヨタ）が使用されている。

馬《ば》車《しゃ》　皇室の重要儀式の際に使用される。馬車の最初の使用は*明治天皇で、明治4年（一八七一）8月6日フランス公使を介して購入した四人乗りの馬車に乗っている。東京国立博物館に現存。以後馬車や騎馬《きば》が移動の常の手段となった。儀礼用の*儀装馬車《ぎそうばしゃ》には、昭和大礼に八頭立六頭輓《ひき》で用いた*鳳凰馬車《ほうおうばしゃ》（第一号、騎馭式《きぎょしき》）、四頭輓（第二号、同）、二頭輓（第三号、座馭式《ざぎょしき》）、二頭輓（第四号、同）が現存する。第二号は、昭和34年（一九五九）4月の皇太子成婚パレードに使用された。平成に入り、第二号が天皇の「即位《そくい》礼及《れいおよ》び大嘗《だいじょう》祭後《さいご》神宮《じんぐう》に親謁《しんえつ》の儀《ぎ》」（二頭輓で使用）に、第三号が皇后の「即位礼及び大嘗祭後神宮に親謁の儀」に使用されている。外国大使の信任状奉呈には第四号が用いられている。

御召艦《おめしかん》　戦前天皇および演習の統裁などで皇族が乗った軍艦。明治14年（一八八一）12月*迅鯨《じんげい》が初めて御召艦と称された。外海乗御用軍艦として明治6年（一八七三）9月に起工。これ以前に明治5年（一八七二）5月に進水した内海乗御用船の*蒼龍丸《そうりゅうまる》がある。明治19年（一八八六）以後は専用の艦はなく、必要に応じて指名された。*裕仁《ひろひと》親王渡欧の際には香取《かとり》が、昭和戦前期は榛名《はるな》、長門《ながと》、比叡《ひえい》等が用いられた。なお天皇の外洋への初乗船は、*明治天皇の明治5年5月西国巡幸の際の龍驤《りょうじょう》への乗船である。

お召《め》し機《き》　天皇の飛行機への初搭乗《とうじょう》は、*昭和天皇の昭和29年（一九五四）北海道巡幸から帰京する際の8月23日、千歳―羽田間でのシティ・オブ・トウキョウ号搭乗である。ヘリコプターは、昭和62年（一九八七）6月22日伊豆大島の三原山噴火見舞いの時で、須崎御用邸から往復した。

［西川］

8

皇室の人生儀礼

［100］皇室の誕生儀礼

皇室の構成員、とりわけ天皇・皇太子には、人生の節目《ふしめ》ごとに特別な儀式・行事がある。その多くは、古来の慣例をふまえ、近代に入って、さまざまな皇室令に定められ、現代も大筋それに準拠している。

122明治天皇《めいじてんのう》の皇太子に立てられた*嘉仁親王《よしひと》（のち*123大《たい》正《しょう》天皇）は、明治33年（一九〇〇）5月10日、*九条節子《くじょうさだこ》（のち*貞《てい》明《めい》皇后）と結婚し、翌年（一九〇一）の4月29日、長男*裕仁親王《ひろひと》（のち*124昭和《しょうわ》天皇）の誕生をみた。その機会に定められたのが「皇室婚嫁令」「皇室誕生令」（のち両方とも「皇室親族令」に所収）である。

その誕生前後に、着帯《ちゃくたい》の儀《ぎ》（妊婦《にんぷ》の后妃《こうひ》が腹帯を締める）、皇子《おうじ》に御剣《ぎょけん》を賜《たまわ》る儀《ぎ》（新生の皇子に護《まも》り刀《がたな》を授ける）、命名《めいめい》の儀《ぎ》（実名および称号を付ける）、浴湯《よくとう》と読書《どくしょ》・鳴弦《めいげん》の儀《ぎ》（初《うぶ》湯《ゆ》の際、文運と健勝を祈る）などがあり、やがて幼年期の諸儀礼もある。その概要を略述する。

着帯《ちゃくたい》の儀《ぎ》　まず懐妊から約半年後に*内着帯《ないちゃくたい》がある。皇太子妃や親王妃の場合、時の天皇・皇后から鯛《たい》・海老《えび》など五種の「*交魚《こうぎょ》」（祝儀の鮮魚）が贈られる。

ついで妊娠九か月目に入ると、戌《いぬ》の日《ひ》に着帯の儀が行われる。天皇から下賜される腹帯は、式部官《しきぶかん》により宮中三殿の神殿へ供えられると、掌典長《しょうてんちょう》が祝詞《のりと》を奏上して「着帯」を奉告し、天皇・皇后の代拝者（侍従《じじゅう》・式部官）が玉串《たまぐし》を捧げる。その後、帯は東宮御所へ届けられ、皇太子妃が袿袴《うちきばかま》の上から身に着ける。

その帯（いわゆる岩田帯《いわたおび》）は、生平絹《きびらぎぬ》・長さ鯨尺《くじらじゃく》にて一丈二尺（約四・五メートル）、幅半《はばなか》より折り三重に帖《たた》み、それを白い鳥の子紙（上等な和紙）で包み、松と鶴《つる》を描いた金泥蒔《こんでいまき》絵《え》の「*御衣（みぞ おんぞ）筥《ばこ》」に納める。

明治以前には、着帯の際、陰陽師《おんみょうじ》に吉時・吉方を占わせたり、悪霊除《あくりょうよ》けの打撒《うちまき》（散米）をさせるとか、あるいは僧《そう》侶《りょ》に帯の加持祈禱《かじきとう》をさせるようなこともあった。

皇子《おうじ》に御剣《ぎょけん》を賜《たまわ》る儀《ぎ》　出産当日、かつては宮内大臣《くないだいじん》か内大《ないだい》臣《じん》が産殿に祗候《しこう》し、御子が誕生すると、宮内大臣が公告することになっていた。

平成の皇太子（*令和の天皇）の場合、昭和35年（一九六〇）2月23日、宮内庁病院に宮内庁次長が待機し、東宮侍医長から「皇子無事ご出産」の報を受けると、侍従を介して昭和天皇・皇后に上奏した。また東宮御所の皇太子（*平成の天皇）は、東宮侍従長からの通知をえて、ただちに病院へ向かい皇子と対面した。まもなく宮内庁長官から、新皇子の身長（四七センチ）・体重（二五四〇グラム）などが公表されている。

翌日「皇子に御剣を賜る儀」が行われた。その*御剣《ぎょけん》は、長さ八寸（約二五センチ）、白鞘《しらさや》の直刀で、赤地錦《にしき》の袋に納められる。平成の皇太子の時は、人間国宝高橋貞次《たかはしさだつぐ》の作刀で、*昭和天皇から〝初孫〟への贈り物として、勅使が病院に持参し、枕元に置かれた。

なお、これは「護《まも》り刀《がたな》」であるから皇女の場合も贈られ、加えて袴《はかま》も贈られる。

命名《めいめい》の儀《ぎ》　誕生より七日目に名前が付けられる。内廷皇族の場合は、男女・長幼の別なく、名（実名）と称号（通称）が天皇から贈られる。*称号《しょうごう》は、成人のころまでの呼び名で、宮家の家名とはまったく異なる。かつて皇族や貴族の子女が実名の代わりに「若宮《わかみや》」とか「姫宮《ひめみや》」などと呼ばれたことに類似する。平成の天皇を例にとれば、長男*徳仁《なるひと》親王（*令和の天皇）は「*浩宮《ひろのみや》」、次男*文仁《ふみひと》親王は「*礼宮《あやのみや》」、長女*清《さや》子《こ》内親王は「*紀宮《のりのみや》」、また令和の天皇の長女*愛子《あいこ》内親王は「*敬宮《としのみや》」の称号を贈られている。

それに対して宮家の場合は、その父母が実名を付けるだけで、内廷皇族のような称号がない。たとえば、結婚して*秋《あき》篠宮家《しののみやけ》を創立した文仁親王は、親王妃（現在は皇嗣妃《こうしひ》）*紀《き》子《こ》と相談の上、長女を*眞子《まこ》、次女を*佳子《かこ》、さらに平成18年（二〇〇六）誕生の長男を*悠仁《ひさひと》と名づけている。

皇子の名は平安時代から「～仁《ひと》」、皇女の名は「～子」が多い。「仁」は皇室が最も重んじる慈しみ・思いやりの心を表し、「子」には敬意が含まれる。その名と称号は、宮中より委嘱《いしょく》された学者が古典（多くは漢籍）から好い字を何種類も候補案として選び、その中から決められる。

たとえば、令和の天皇の実名と称号は、孔子の孫にあたる子思《しし》の作と伝えられる『中庸《ちゅうよう》』（『礼記《らいき》』の一篇）第三二章に出典がある。「肫々《じゅんじゅん》たる其《そ》の仁……浩々《こうこう》たる其の天、苟《まこと》に固《もと》より聡明聖知にして、天の徳に達せる者にあらざれば、それたれか能《よ》く之《これ》を知らん」とあり、ここから「浩」と「徳」の二文字を選び、「浩宮」「徳仁」と命名された。「徳」を「ノリ」でなく「ナル」と訓《よ》むのは、すでに三笠宮《みかさのみや》の三男（のち高円宮《たかまどのみや》）が「憲仁《のりひと》」と名づけられていたからであろう。

このようにして決められた名前は、天皇がみずから大高《おおたか》檀紙《だんし》（厚手の和紙）に毛筆で書き、称号は宮内庁長官が別の紙に書く。その二枚の名記を三つ折りにして、菊花御紋のついた黒漆塗箱《くろうるしぬりばこ》に納め、侍従長が勅使として東宮御所へ持参し、東宮大夫から皇太子に手渡す。それが東宮御所から宮内庁病院に届けられ、皇子・皇女の枕元に置かれる。

一方、その間に東宮侍従が皇太子・同妃に代わって宮中三殿へ参り、皇子・皇女の誕生と命名を奉告する（*賢所《かしこどころ》・皇霊殿《こうれいでん》・神殿《しんでん》に誕生命名奉告の儀）。また、宮内庁から、その御名と称号（文字と読み方）が公表され、さらに政府が『官報』号外に載せて正式に告示する。

命名の一両日後、一般にいう出生届が行われる。すなわち、宮内庁の長官が書陵部《しょりょうぶ》において『皇統譜《こうとうふ》』の「皇族譜」（一般の家譜・戸籍）に皇子・皇女を登録する。具体的には、実名と称号、両親の名前、誕生の年月日と場所、命名の年月日を、毛筆により楷書で記入し、書陵部長とともに署名する。

そのころ皇族個々の持ち物や調度品などに描かれる*お印《しるし》も決められる。これは名前を品物に書くのをはばかり、代わりに目印として使われる。たとえば*124昭和天皇は「若竹」、*香淳皇后は「桃」、*平成の天皇（上皇）は「榮《えい》」（＝桐《きり》）、*上皇后は「白樺《しらかば》」、*令和の天皇は「梓《あずさ》」、*同皇后は「浜梨《はまなす》」、*愛子《あいこ》内親王は「五葉躑躅《ごようつつじ》」、*秋篠宮は「栂《つが》」、*同妃は「檜扇《ひおうぎ》菖蒲《あやめ》」、*悠仁《ひさひと》親王は「高野槇《こうやまき》」である。

浴湯《よくとう》の儀《ぎ》と読書《どくしょ》・鳴弦《めいげん》の儀《ぎ》　命名の儀と同じ生後七日目、産殿で「浴湯の儀」があり、そのさい「読書・鳴弦の儀」も行われる。ただ、これは内廷皇族に限られ（男女・長幼を問わない）、宮家の場合はない。

浴湯《よくとう》の儀は、いわば初湯《うぶゆ》にあたる。平成以降は、宮内庁病院内の特別室を幔幕《まんまく》で仕切って浴殿《よくでん》に見立て、そこに檜《ひのき》の盥《たらい》を置き、女官長《にょかんちょう》に抱かれた皇子・皇女が浴湯の所作をする。

その間に、幔幕で仕切られた片方の部屋で、「読書・鳴弦の儀」が行われる。

読書《どくしょ》とは、文官用の衣冠単姿《いかんひとえ》の学者が、中国か日本の古典の一節を三回繰り返して読み、皇子・皇女の文運を祈念する。

鳴弦《めいげん》とは、武官用の衣冠単姿の紳士二人が、弓を少し下向きに構えながら、読書の間に三回「オオ」という掛け声とともに、弦《つる》をビュンビュンと引き鳴らすことによって、皇子・皇女の健勝（尚武《しょうぶ》と破魔《はま》）を祈念するのである。

このような新生児の祝賀儀礼は、おもに貴族社会で行われてきた風習である。平安時代には、誕生の当日か翌日より七日目まで、毎日朝夕、浴湯の儀を繰り返し、その間に*明経博士《みょうぎょうはかせ》と*文章博士《もんじょうはかせ》が数人交替で漢籍の一部を読みあげ、ま

写真1　敬宮愛子内親王　着袴の儀
（平成18年、宮内庁提供）

た鳴弦も、五位・六位クラスの武官が二〇人も担当することになっていた。

さらに、平安時代には、誕生の日と三日目・五日目・七日目・九日目の各夜に祝膳を供し、新生児に「*廻粥《めぐりがゆ》」（小豆粥《あずき》）を進めて邪気を退散させる*産養《うぶやしない》が行われた。また、その間に新生児の胎髪《たいはつ》を剃《そ》る*剃髪《ていはつ》や、初めて産衣《うぶぎ》を着せる*産着祝《うぶぎいわい》とか「七瀬《ななせ》」（賀茂川《かもがわ》など七か所の瀬）で禊祓《みそぎはらえ》する*御祈始《おいのりはじめ》なども行われていた。

初宮参《はつみやまいり》と御箸初《おはしぞめ》の儀《ぎ》　一般社会の風習では、誕生から三〇日目頃、近在の産土《うぶすな》神社などへ初宮参をする。それにあたる儀礼として、皇室では五〇日目頃、*賢所《かしこどころ》・皇霊殿《こうれいでん》・神殿《しんでん》に謁《えつ》するの儀《ぎ》が行われる。これ以下は、内廷皇族も宮家皇族も、男女・長幼を問わず、大筋で変わりない。

たとえば、*浩宮徳仁親王《ひろのみやなるひとしんのう》（平成の皇太子、*令和の天皇）の場合、昭和35年（一九六〇）の4月12日、母妃に抱かれて東宮御所から皇居へ移り、宮中三殿を順次参拝した。その際、天皇から皇孫に贈られた「*童形服《どうぎようふく》」（紫地に亀甲模様の入った晴着）を、東宮侍従が捧持しながら随従した。また、参拝がすむと、母妃に抱かれた浩宮が、祖父母の天皇・皇后の御前に進み、初めて正式の対面を果たしている。

平安時代には、生後三〇日ほどたつと、新生児を恵方《えほう》へつれてゆく*行始《あるきぞめ》があった。また、五〇日目、一〇〇日目の夜には、重湯《おもゆ》の中に小餅《こもち》を入れて新生児の口に含ませ、順調な成育を祈り祝う*五十日《いか》の祝《いわい》、*百日《ももか》の祝《いわい》なども行われている。

それを承けて、宮中では戦後も、たとえば浩宮徳仁親王の場合、生後四か月目に御箸初《おはしぞめ》の儀《ぎ》が東宮御所の食堂で行われた。骨が固く歯も強く育つように、二匹の金頭《かなかしら》（硬骨魚の塩漬《しおづけ》）と二個の青石（硬い小石）とを大高檀紙《おおたかだんし》に包んで、三方《さんぼう》（白木の衝重《ついかさね》）に載せ、それに金銀の水引きをかけて飾ったところへ、浩宮が女官に抱かれて着座すると、東宮女官長が小豆粥にひたした箸を浩宮の口に付けた。

写真２　浩宮徳仁親王　深曾木の儀
（昭和39年、宮内庁提供）

平安時代には、一歳半（数え二歳）になると、小児に初めて魚や鳥の肉などを供する*魚味始《まなはじめ》が行われた。ついで四歳か五歳になると、年の初めに、寿詞《よごと》を唱えながら幼児の頭に餅をのせる*戴餅《いただきもち》が行われた。ともに食物《たべもの》（神からの贈り物）を身に帯びさせて、幼い子の成長を祈り祝ったのである。

着袴《ちゃっこ》と深曾木《ふかそぎ》の儀《ぎ》　数え五歳になると「着袴の儀」と「深曾木の儀」がある。ともに平安時代から貴族社会では、男女の別なく三～四歳から六～七歳頃までの間に、吉日・吉時（午後か夜分が多い）を選び行われてきた。

たとえば、*浩宮徳仁親王の場合、着袴《ちゃっこ》の儀《ぎ》は、昭和39年（一九六四）11月1日、東宮御所の広間に畳を敷いた所へ両親が臨席し、その前で白い祭服姿の東宮大夫《とうぐうだいぶ》と東宮侍従が、浩宮に白絹《しらぎぬ》の袴《はかま》をつけ、腰紐《こしひも》を片結びした。その袴は、*平成の天皇が着袴の儀に使った「落瀧津《おちたきつ》」（黒紅色地に金糸・銀糸で滝の流れを織り出した着物）が再び用いられている。

それに続く深曾木《ふかそぎ》の儀《ぎ》は「髪剃《かみそぎ》」とも称され、生え揃《そろ》った髪の毛先を揃える。浩宮の深曾木の儀の際は、祖父の[124]昭和天皇から贈られていた「童形服」と父ゆずりの白絹袴を着け、右手に檜扇《ひおうぎ》、左手に小さな松と橘《たちばな》の枝を持ち、式場中央に置かれた立派な碁盤《ごばん》の上に立つと、東宮大夫が髪に櫛《くし》を入れて和鋏《わばさみ》で毛先を切り揃えた。それが終わったところで、浩宮は盤上に並ぶ二個の青石をしっかり踏んでから、「エイッ」と叫んで元気よく飛び降りた。

このように服装と髪形を改めることは、幼児から少年への成長ぶりを示すことになる。そしてその姿で宮中三殿へ参拝したが、これは一般社会で行われている*七五三《しちごさん》の宮参りにあたるとみられる。

古来の七五三に際しては、男子・女子とも三歳で「髪置《かみおき》」、ついで男子が五歳で「袴着《はかまぎ》」、さらに女子が七歳で「帯解《おびとき》」をしてきた。しかし、近代以降の宮中では、男女とも数え五歳のみに髪剃と着袴が行われる。

［所］

[101] 元服・着裳と成年式

【前近代《ぜんきんだい》の元服《げんぷく》・着裳《ちゃくも》の儀《ぎ》】

成人（一人前の要件を備えた大人に成ること）に達したことを披露する儀式は、かつて男子の場合、*元服《げんぷく》とか*加冠《かかん》と呼ばれ、女子の場合、*笄冠《けいかん》とか*着裳《ちゃくも》と称されてきた。

「元」は初め、「服」は身に着けることで、初めて成人用の衣装を服するから「元服」と称し、成人用の冠《かんむり》をつけるから「加冠」という。笄《こうがい》は成年女性の結髪《けっぱつ》あげの用具（髪飾り）、裳《も》は女房装束《にょうぼうしょうぞく》の腰から後ろに裾《すそ》を長く引くもの。

平安時代以降の天皇は、ほとんど幼少で即位し、のちに*元《げん》服式《ぶくしき》をあげた。実例をみると、平均年齢は一三歳前後、時期は正月が半数ちかくあり、時刻は夕方から夜が多く、儀場には紫宸殿《ししんでん》が用いられている。

その儀式次第は、まず当の天皇（ないし皇太子）が、未成年用の*束帯《そくたい》（*闕腋袍《けってきのほう》）に*空頂黒幘《くうちょうこくさく》（頂《いただき》の空《あ》いた黒い布の額当《ひたいあて》）をつけて着座する。ついで所役の大臣（皇太子の時は東宮傅《とうぐうふ》）が、天皇（ないし皇太子）の黒幘を脱がせて櫛箱《くしばこ》に置き、内侍《ないし》の渡す成人用の冠（*燕尾《えんび》纓《えい》の抜巾子《ぬきこじ》）を頭上に載せ、次のような祝詞《のりと》を読みあげた。

> かけまくも畏《かしこ》き天皇《すめらみこと》が朝廷《みかど》、今月の吉日《よきひ》に御冠《こうぶり》加へ賜《たま》ひて、盛んに美しき御貌《かたち》人と成り賜ひぬ。天神地祇《てんじんちぎ》、相悦《よろこ》び護《まも》り福《さきわ》へ奉り賜ひて、御寿《とし》長く冠位動くことなく御坐《ましま》せと申す。

冠を加えられ髪を理《ととの》え終えた天皇（ないし皇太子）は、あらためて直衣《のうし》姿で座に着くと、再び大臣（ないし東宮傅）が祝詞を述べ醴酒《れいしゅ》（甘酒）と貢物《みつぎもの》をすすめる。ついで一両日後、成人した天皇（ないし皇太子）は、大極殿《だいごくでん》（のち紫宸殿）に出て群臣の拝賀を受ける。これが、江戸時代の幕末まで行われてきた伝統的な天皇（ないし皇太子）の元服儀礼である。

それに対して皇族女子（内親王）の場合は、一二歳から一四歳の頃、吉日・吉時（夜が多い）を選び、後宮《こうきゅう》の儀場において、天皇か大臣が御裳を腰に結び（*着裳《ちゃくも》）、内侍などの女官が*垂髪（すいはつ／すべらかし）を束ねて*結髪《けっぱつ》にした（*髪上《かみあげ》）。ただ、平安時代中期から成人女性でも垂髪が多くなり、結婚しても*鬢《びん》そぎをするのみとなる。それにつれて、女性の成人式は、もっぱら「着裳」と称されている。

【近現代《きんげんだい》の皇太子《こうたいし》成年式《せいねんしき》】

天皇および皇太子（ないし皇太孫《こうたいそん》）の成人年齢は、旧典範でも新典範でも、他の皇族より二年早く「成年《せいねん》は十八年《じゅうはちねん》」と定められている。未成年で即位すると、摂政《せっしょう》を置かなければならないから、そのような場合の期間を短くするためである。

「*皇室成年式令《こうしつせいねんしきれい》」は古来の伝承をふまえて、明治42年（一九〇九）に制定された。本文は「*天皇成年式《てんのうせいねんしき》」と「*皇族成年式《こうぞくせいねんしき》」から成り、「附式」では、後者を「*皇太子（皇太孫）成年式」と「*親王（王）成年式」に分け、それぞれ詳細な儀式次第を定めている（「内親王〈女王《にょおう》〉成年式」は明文化されていない）。

このうち、「皇太子成年式」の骨子は、次のとおり。

*賢　所《かしこどころ》および皇霊殿《こうれいでん》・神殿に奉告の儀（掌典長《しょうてんちょう》）
*賢所大前《おおまえ》の儀　*皇霊殿・神殿に謁するの儀
*参内朝見《さんだいちょうけん》の儀　*皇太后（太皇太后）朝見の儀

これに基づく*成年式《せいねんしき》は、大正8年（一九一九）5月7日、皇太子*裕仁《ひろひと》親王のために初めて行われた。「皇室成年式令」は、戦後（昭和22年〈一九四七〉5月）廃止されたが、これに代わる規定ができるまで従前の例に準拠する、との臨時措置が今なお続いている。

昭和26年（一九五一）の12月に皇太子*明仁《あきひと》親王（*平成の天皇）は、満一八歳を迎えた。しかし、同年の5月に祖母の*貞明《ていめい》皇后が崩御して諒闇《りょうあん》中のため、翌年（一九五二）の11月10日に「成年式」をあげ、「立太子《りったいし》礼《れい》」（→102）も引き続き行っている。

ただ、これを「国の儀式」として実施するため、新憲法の政教分離の原則に配慮して、「賢所大前の儀」を省く形に改められた（「皇室成年式令」では、賢所の外陣で冠を加える定めになっている）。そこで、仮宮殿の表《おもて》北の間（現在の宮内庁庁舎の講堂）において後述のような「加冠の儀」が行われ、続いて両親の天皇・皇后の前で次のような文語調の「告文《つげぶみ》」を読みあげている。

ここに礼を備へ、明仁《あきひと》に冠を加へ賜ふ。洵《まこと》に感喜の至りなり。今より愈々《いよいよ》思ひを身位に致し、童心を去り、成徳に順ひ、温故知新、以て負荷《ふか》の重きに任《た》へんことを期す。

一方、*浩宮徳仁《なるひと》親王（*令和の天皇）の場合は、昭和53年（一九七八）満一八歳となったが、124昭和天皇の皇長孫ながら、当時まだ皇太子ではなかったため、一般の皇族と同様、二年後の同55年（一九八〇）2月23日、満二〇歳の誕生日に「成年式」を行っている。

その*加《か》冠《かん》の儀《ぎ》をみると、皇太子である父の先例に則《のっと》り、まず午前、未成年の着る黄丹色《おうに》の闕腋袍《けってきのほう》（腋《わき》の開いた束帯）を着けた徳仁親王が、宮殿「春秋の間」に着座すると、東《とう》宮侍従《ぐうじじゅう》が空頂黒幘《くうちょうこくさく》の結び目を解き、代わりに侍従次長が燕《えん》尾纓《びえい》の付いた成人用の冠を頭上に載せ、その冠を固定するため別の東宮侍従が白い掛緒《かけお》を顎《あご》の下で結び、両端を鋏《はさみ》で「パチン」と切り揃えた。その様子は、親王自身「懸緒《かけお》打つ声高らかに響きたり　二十歳《はたち》の門出《かどで》我が前にあり」と詠《よ》んでいる。

この儀をすませて成年となった徳仁親王は、祖父の昭和天皇と祖母の香淳皇后《こうじゅん》、および両親の皇太子・同妃に対して「*謝恩の辞」を言上した。ついで成人の着る黄丹色の縫《ほう》腋袍《えきのほう》（腋《わき》の閉じた束帯）に燕尾纓の冠をつけた徳仁親王は、二頭輓《びき》の儀装馬車に乗って宮中三殿へ進んだ。そして賢所の内陣で拝礼し告文を読んだあと、皇霊殿と神殿にも拝礼している。

その午後、燕尾服に着替えた徳仁親王は、正殿「松の間」で祖父母の天皇・皇后に対面し、あらためて口語調の「謝辞」を読みあげた。それに対して、*昭和天皇から「成年式をあげ、慶賀にたえません。ますます身を鍛《きた》え心を磨き、皇族の本分を尽くすことを希望します」との「おことば」があり、続いて香淳皇后も「おめでとう。いよいよ健《すこ》やかに学業に励まれることを希望します」と述べている。

その際、表御座所「鳳凰《ほうおう》の間」で天皇から「大勲位《だいくんい》菊花《きっか》大《だい》綬章《じゅしょう》」が授けられた。また二日後には、両親である皇太子・同妃主催の午餐《ごさん》会と内輪の晩餐会が宮殿の豊明殿《ほうめいでん》と「連翠《れんすい》の間《ま》」で開かれ、その翌日、東宮御所において茶会が催されている。

さらに、その翌日から数日間、伊勢《いせ》の神宮《じんぐう》（内宮《ないくう》・外宮《げくう》）より橿原《かしはら》の[1]神武天皇陵《じんむてんのうりょう》を経て、京都にある[120]仁孝《にんこう》天皇・[121]孝明《こうめい》天皇・[122]明治天皇の各陵へ参り、東京へ戻って、多《た》摩《ま》の[123]大正天皇と貞明《ていめい》皇后の両陵にも参り「成年」を奉告している。

これに対して、他の*親王《しんのう》・諸王《しょおう》の成年式《せいねんしき》は、満二〇歳で行われる。その儀式は、「*冠《かんむり》を賜《たまわ》るの儀《ぎ》」（勅使が親王に成人の冠を授ける）、「*賢所大前《かしこどころおおまえ》の儀《ぎ》」（親王が賢所で拝礼して告文を読む）、「*皇霊殿《こうれいでん》・神殿《しんでん》に謁《えつ》するの儀《ぎ》」（親王が両殿で拝礼する）、「*参内朝見《さんだいちょうけん》の儀《ぎ》」（親王が参内して天皇・皇后に挨拶《あいさつ》する）の諸儀から成る。

しかし、戦後は皇太子の場合と同様、賢所の外陣で冠を加えることはなくなり、宮殿で「*加冠《かかん》の儀《ぎ》」が行われる。また、それに続いて天皇・皇后に「謝恩《しゃおん》の辞《じ》」を言上することになっている。

［所］

[102] 近現代の立太子礼

成年式に前後して行われるのが「*立太子《りったいし》礼《れい》」である。明治以前には、皇族として生まれた者ならば、嫡庶《ちゃくしょ》・長幼・男女の別なく皇嗣《こうし》＝皇儲《こうちょ》となれる可能性があった。それには、親王（内親王）の宣下《せんげ》を受け、その中から皇太子（皇儲）に選ばれて「立太子礼」を行わなければならなかった。

それが明治22年（一八八九）制定の『皇室典範《こうしつてんぱん》』では、皇位を継ぐことのできる皇族の第一順位は「*皇長子《こうちょうし》」と定められている。したがって、天皇の長子として生まれた皇子は、自動的に皇太子となる。

しかし、ある段階で立太子礼を行うため、明治42年（一九〇九）「*立儲令《りっちょれい》」が制定された。その詳細な「附式」の骨子は、*賢《かしこ》所《どころ》・皇霊殿《こうれいでん》・神殿に奉告《ほうこく》の儀、*神宮《じんぐう》・山陵《さんりょう》に勅使発遣《はっけん》・奉《ほう》幣《べい》の儀、賢所大前《おおまえ》の儀、*賢所・皇霊殿・神殿に謁するの儀、*参内朝見《さんだいちょうけん》の儀、*皇太后（太皇太后）に朝見の儀、宮中饗宴《きょうえん》の儀、などからなる。

このうち、*賢所大前《かしこどころおおまえ》の儀《ぎ》では、天皇・皇后が賢所の内陣で拝礼して外陣に移動すると、皇太子が外陣から内陣に向かって拝礼し、天皇から*壺切御剣《つぼきりのぎょけん》（平安時代前期の[60]醍醐《だいご》天皇以来の皇太子の護《まも》り刀《がたな》）を下賜《かし》される。

こうした神前の立太子礼は、大正5年（一九一六）の11月3日（[122]明治天皇の誕生日）、*迪宮裕仁《みちのみやひろひと》親王（一六歳）のために初めて行われた。これを急いだのは、父の[123]大正天皇の病状が進んでいるという事情も加わり、成年式よりも早く立太子礼を実施する必要があったためとみられる。

ついで、*継宮明仁《つぐのみやあきひと》親王（*平成の天皇）の場合は、昭和27年（一九五二）の11月10日、「成年式」に引き続き「立太子礼」が、旧「立儲令」と大正の先例に則《のっと》りながら、新憲法に配慮して従来の「賢所大前の儀」を省き、仮宮殿における*立太子《りったいし》宣明《せんめい》の儀《ぎ》が公式に「国の儀式」として行われた。

その際、*[124]昭和天皇の命を受けた宮内庁長官田《た》島道治《じまみちじ》が、「立太子の礼を挙げ、明仁親王の皇嗣たることをあまねく中外に宣す」との宣制文を読み上げ、また続いて首相吉田茂《よしだしげる》が「臣茂」の「奉対文」（文語文）を言上している。

この後、皇太子は皇居から常磐《ときわ》松《まつ》町の東宮仮御所まで馬車列パレードを行い、翌日も、仮宮殿《かりきゅうでん》の玄関上バルコニーに立ち、天皇・皇后とともに、二〇万近い国民の参賀に応えた。昭和天皇は、その感慨を「このよき日みこをば祝ふ諸人《もろびと》のあつきこころぞうれしかりける」と詠んでいる。

一方、*浩宮徳仁《ひろのみやなるひと》親王（平成の皇太子、*令和の天皇）は満二〇歳で成年式をあげた後も、「皇太子の第一皇子」というに留まった。やがて昭和天皇の崩御により父（平成の天皇）が皇位を継承すると、徳仁親王が直ちに皇太子となり、即位礼・大嘗祭《だいじょうさい》も完了した平成3年（一九九一）の2月23日、満三一歳の誕生日に「立太子礼」が挙行されている。

その儀式は、父の先例を基本的に受け継ぎ、中心をなす「立太子宣明の儀」は「国の行事」として正殿「松の間」で行われた。全皇族と首相以下国民代表三二人や各国駐日外交使節の参列するなか、黄櫨染袍《こうろぜんのほう》（束帯《そくたい》）に立纓冠《りゅうえいかん》の天皇が、白い小袿《こうちき》に緋長袴《ひのながばかま》の皇后と正面の台座に立ち、その前に黄丹袍《おうにのほう》（縫腋《ほうえき》の束帯）に垂纓冠《すいえいかん》の皇太子が立つと、天皇が「徳仁親王が皇太子であることを、広く内外に宣明します」との「おことば」を述べた。

これに対して、徳仁親王は「皇太子としての責務の重大さを思い、力を尽くしてその務めを果たしてまいります」と決意を表明した。それに続いて首相海部《かいふ》俊樹《としき》が、国民を代表し祝賀の寿詞《よごと》（口語文）を奏上している。

ついで天皇は、皇太子とともに表御座所《おもてござしょ》「鳳凰《ほうおう》の間《ま》」へ移り、「壺切御剣」を授けた。さらに皇太子は、その御剣を捧持する東宮侍従を従えて儀装馬車《ぎそうばしゃ》で宮中三殿へ向かい、賢所・皇霊殿・神殿の順に拝礼し、皇太子の身位《しんい》が確定したことを奉告している。

その午後、燕尾服《えんびふく》に大勲位《だいくんい》菊花大綬章《きっかだいじゅしょう》をつけた皇太子は、再び正殿「松の間」で*朝見《ちょうけん》の儀《ぎ》に臨み、あらためて決意を述べると、天皇と皇后から励ましの「おことば」があった。

そこで皇太子は、天皇・皇后と「*九年酒《くねんしゅ》」（黒豆を酒で煮たもの）の杯を交わし、また古式料理の膳に箸《はし》を立て、ついでお祝いの服地を贈るとの目録を受けとった。

さらに同23日夜、宮殿「連翠《れんすい》の間《ま》」で皇族・親族らと内輪の祝宴があった。ついで翌24日、豊明殿《ほうめいでん》において*宮中《きゅうちゅう》饗宴《きょうえん》の儀《ぎ》、同夜に二回目の饗宴、さらに翌25日昼に三回目の饗宴が続いた。これらも次の皇位を継ぐ皇太子の門出を祝うため「国の儀式」として行われた。

その後、26日に伊勢《いせ》の神宮《じんぐう》（外宮《げくう》と内宮《ないくう》）、27日に橿原《かしはら》の[1]神武《じんむ》天皇陵、さらに28日に八王子の昭和天皇陵へ、それぞれ参拝、皇太子になったことを奉告している。

なお、令和の天皇の「*皇嗣《こうし》」となった弟の秋篠宮《あきしののみや》は、皇太子に準じる地位を確認するため、令和2年（二〇二〇）4月19日、「立皇嗣の礼」を国の儀式として行う。 ［所］

［103］近代皇室の結婚儀式

【皇族《こうぞく》の結婚要件《けっこんようけん》】

天皇や皇太子ないし皇太孫以外の皇族たちの結婚についても、古来さまざまの変化がある。

『大宝令』『養老令』の「*継嗣令《けいしりよう》」では、皇族間の婚姻《こんいん》を原則とし、一世の内親王だけでなく四世までの女王《にょおう》も、臣下に嫁すことができなかった。しかし、親王および諸王が臣下の姫を娶《めと》ることは禁じていない。そのため、皇嗣《こうし》の*[42]文武《もんむ》天皇や*[45]聖武《しょうむ》天皇に藤原不比等《ふじわらのふひと》の娘（*宮子《みやこ》・*安宿媛《あすかべひめ》＝*光《こう》明子《みょうし》）を迎え、また[52]嵯峨《さが》天皇の皇女*潔姫《きよひめ》が源《みなもと》姓を賜って*藤原良房《よしふさ》と結ばれ、[54]仁明《にんみょう》天皇の皇子*人康《さねやす》親王の娘*操《そう》子《し》女王が*藤原基経《もとつね》と結ばれるような例もある。

明治の『皇室典範《こうしつてんぱん》』では、「皇族の婚嫁は、同族又は勅旨に由り特に認許せられたる華族に限る」「皇族女子の臣籍に嫁したる者は、皇族の列に在らず」と定められた。

それにより、皇族男子の結婚相手は、皇族か華族の女子に限られた（しかも婚約の前に勅許を仰ぐ）。また皇族女子が華族以下の男子と結婚すれば、皇籍を離れる（ただ特旨により内親王・女王の称を保有することはできる）ことになったのである。

また、明治の「*皇室婚嫁令《こうしつこんかれい》」により、天皇と同様、「皇族の婚嫁は、男子満十七年、女子満十五年」以上で、「直系親族又は三親等内の傍系血族」以外であることなどが定められている。

しかし、戦後の『皇室典範』では、皇族男子の結婚相手に制約がなくなり、民間女子と結婚することができる（ただ婚約の前に皇室会議の議を経て賛成をえる必要がある）。それに対して皇族女子が民間男子と結婚すれば、従来どおり「皇族の身分を離れる」ことになっている。

【「皇室婚嫁令《こうしつこんかれい》」による皇太子《こうたいし》の結婚式《けっこんしき》】

近代の皇室婚儀は、「皇室婚嫁令《こうしつこんかれい》」（のち「皇室親族令」所収）に規定がある。これは、明治33年（一九〇〇）5月に予定された皇太子*嘉仁《よしひと》親王の成婚に先立ち制定された。その本文は天皇の「大婚《たいこん》」と皇族の「婚嫁」から成る。詳細な附式のうち、皇太子結婚式の骨子は、左のとおりである。

前儀　*賢所《かしこどころ》・皇霊殿《こうれいでん》・神殿に成約奉告の儀
　*神宮《じんぐう》・山陵《さんりょう》に勅使発遣の儀／同　奉幣《ほうべい》の儀

*納采《のうさい》の儀
*勲章を賜ふの儀／*贈剣の儀
*告期の儀／*贈書の儀
本儀
*賢所・皇霊殿・神殿に結婚奉告の儀
*妃氏入宮の儀
*賢所大前の儀
*皇霊殿・神殿に謁するの儀
*参内朝見の儀／*皇太后に朝見の儀
*供膳《くぜん》の儀
後儀
*三箇夜餅《みかよのもち》の儀
*宮中饗宴《きょうえん》の儀
*神宮・山陵に謁するの儀

これによれば、前儀・本儀・後儀のそれぞれで、宮中三殿と伊勢《いせ》の神宮および神武《じんむ》天皇陵と先帝・先后の山陵への奉告・参向が重んじられている。また、いずれにおいても、伝統的な風習と近代的な要素が随所に採り入れられている。

婚儀も、時代により身分によって、かなり異なる。たとえば、平安時代に皇太子が貴族の姫と結婚する場合、まず姫＝妃を内裏《だいり》に迎えて後宮の局《つぼね》（部屋）に住まわせ、そこへ通う形をとった。

しかも、その*入内《じゅだい》（内裏へ入ること）に先立って、まず妃の里に「*御書使《おふみづかい》」を遣わし、また入内後も、妃の局に泊まった翌朝「*後朝使《きぬぎぬのつかい》」を遣わす。その使者は、紅の薄様《うすよう》に和歌を認《したた》めた皇太子の*消息《しょうそく》（手紙）を届け、饗《もてな》しを受けてから、妃の返歌を預かってくる。さらに結婚した新郎・新婦の寝所に「*三箇夜の餅」を供するのは、「夫婦年久、子孫繁栄」の祈念がこめられている。

こうした風習は、鎌倉時代以降にも、宮廷や公家の社会で続いていた。明治の「皇室婚嫁令」（のち「皇室親族令」所収）の附式も、前儀の中に贈書《ぞうしょ》の儀《ぎ》、また後儀の中に三《み》箇夜餅《かよのもち》の儀《ぎ》を採り入れている。

一方、鎌倉時代以降の武家社会では、新郎の家に新婦を迎える「*嫁迎《よめむか》え婚《こん》」が多くなり、その婚儀には中国宋《そう》代の儒者朱子《じゅしゃしゅし》が編纂《へんさん》した『文公家礼《ぶんこうかれい》』の様式が採り入れられた。

この『文公家礼』に範をとった武家社会の婚儀は、まず「*結納《ゆいのう》」（使者が新郎方の進物を新婦方に持参し、答礼の進物を受領してくる）、ついで「*嫁入《よめいり》」（新郎が新婦を迎えに行き、自邸で三三九度《さんさんくど》の盃《さかずき》を交わした後、新婦が夫の父母に対面する）、さらに「*里帰《さとがえり》」（新郎が妻の里へ行き、その父母に対面する）、という三要素から成っている。

そこで、明治の「皇室婚嫁令」（のち「皇室親族令」所収）にも、武家流の「結納」が納采《のうさい》の儀《ぎ》として、また「嫁入」の際の「婦見」が参内朝見《さんだいちょうけん》の儀《ぎ》として採り入れられた。

しかも、この明治時代以来の「結婚式」には、本儀の中心に賢所大前《かしこどころおおまえ》の儀《ぎ》が据えられている。それ以前の結婚式は、聟取《むこと》り婚でも嫁迎え婚でも、その家において親族・縁者らの見守るなかで催されてきた。室町時代から武家礼法を指南した伊勢氏の『婚礼法式』などをみると、「夫婦の道を始め給ひし神」として伊弉諾《いざなき》・伊弉冉《いざなみ》両神の掛軸《かけじく》を床の間に飾っている。

しかし明治6年（一八七三）からキリスト教が解禁されると、教会で神に誓約する形の結婚式が公然と行われるようになった。その影響を受けて、たとえば神宮教院が『五儀略式』を刊行し、「婚姻は……よろしく産土神《うぶすなのかみ》の前に於《おい》て、神官・中《ちゅう》

【近現代《きんげんだい》のお妃選《きさきえら》び】

維新《いしん》前の最後の天皇となった[121]孝明《こうめい》天皇の正室であった*九《く》条夙子《じょうあさこ》は、皇后《こうごう》ではなく女御《にょうご》であった。夙子の立后は幕府に容れられず、皇后に準ずる准后《じゅごう》の待遇にとどまったが、明治《めいじ》天皇即位により近代最初の皇太后《こうたいごう》となった。*[122]明治天皇の皇后となった*一条美子《いちじょうはるこ》は*睦仁《むつひと》親王が践祚《せんそ》して明治天皇となり、その女御として入内《じゅだい》した。

維新以後、皇太子妃、すなわち将来皇后となるべき女性の出自は皇族か五摂家とされていた。明治43年（一九一〇）の「皇室親族令」第七条には「天皇、皇后を立つるは皇族又は特に定むる華族の女子」とある。皇后たるべき女性の出自についてはそれ以前から、明治9年（一八七六）に、かつての慣例を踏まえて、皇后たるべき女性は、内親王および「従三位《じゅさんみ》以上」で「女徳」のある者との論が出されていた。明治22年（一八八九）制定の『皇室典範』でも、その第三九条に「皇族の婚嫁は同族又は勅旨に由り特に認許せられたる華族に限る」とあり、のちの「皇室婚嫁令」や「皇室親族令」にも継承され、后妃は皇族か特別な華族とされていた。特別な華族には、五摂家や旧大大名華族が念頭におかれ、皇后たるべき女性は五摂家以上に限られた。実際、明治天皇、大正天皇、昭和天皇の皇后は、それぞれ一条美子（摂家）、九条節子《さだこ》（摂家）、久邇宮良子《くにのみやながこ》女王（皇族）と規定通りの決定を見たのであった。

敗戦後の新『皇室典範』では、后妃の出自身分を制限した条文はなく、内規も消滅した。こうした新時代の趨勢《すうせい》にあって、旧皇族や旧上流華族の出身ではない*正田美智子《しょうだみちこ》や*小和《おわ》田雅子《だまさこ》が皇太子妃となる道が整ったのである。

［小田部］

媒《ばい》（仲人《なこうど》）の指南をうけてその約をなし、神明に契りて礼を厚くすべし……」と*神前結婚式《しんぜんけっこんしき》の式次第を示している。

宮中では、古代から敬神崇祖《けいしんすうそ》を最も重んじてきた。それゆえ、あらためて婚礼を成文化する際、最も丁重に神前で結婚式をあげる形が整えられたのである。その附式「皇太子結婚式」の「*賢所大前の儀」に定める式次第は、おおよそ次のとおりである。

1 文武高官や外国交際官らは、配偶者同伴で朝集所に参集し、親王以下の男女皇族は、綾綺殿《りょうきでん》に参入する。

2 皇太子と同妃は、綾綺殿に参入して、それぞれ儀服を着ける（供奉諸員も服装を整え幄舎《あくしゃ》の本位に就く）。

3 賢所の御扉を開き、神饌《しんせん》・幣物《へいもつ》を供したうえで、掌典長が祝詞《のりと》を奏する。

4 皇太子と同妃が、それぞれ前後に供奉諸員を従えて参進し、内陣に着座して拝礼する。

5 皇太子が「告文《つげぶみ》」を奏した後、同妃と共に外陣へ移り、掌典から別々に神盃《しんぱい》を受ける。

6 皇太子と同妃が拝礼すると、次に親王以下が拝礼し、さらに諸員が拝礼する。

7 皇太子と同妃が退出すると、幣物・神饌を撤し、御扉を閉じる。

この賢所大前における結婚式の際、内々陣に神饌が供えられる。それは、川出清彦《かわできよひこ》著『祭祀概説《さいしがいせつ》』によれば、御飯（強飯《こわいい》）を高盛して御箸《おはし》を添え、盃に神酒（清酒）を注ぐ。また調味料（酒・酢・醤・塩《ひしお》）、ツマミ（鮎《あゆ》・海月《くらげ》・鮑《あわび》・鯛《たい》）と鮑の汁物（煮付）、および生物《なまもの》（鯖《さば》・鯛と旬《しゅん》の魚二種）、干物《からもの》（乾魚と塩魚、各二種）、菓物《くだもの》（作菓の羊羹《ようかん》と時菓の蜜柑《みかん》など各二種）などを折敷《おしき》高坏《たかつき》六基に盛り、生物（魚類の刺身《さしみ》）、海菜（昆布《こんぶ》・海苔《のり》・ヒジキ・イリコ）、菓子（作菓の椿餅《つばきもち》と時菓の金柑《きんかん》など）、白米（洗米）と菊紙（白紙）などを折櫃《おりひつ》二〇合に盛るという。

なお、後儀として、宮中饗宴《きょうえん》の儀があり、さらに伊勢神宮と山陵へ参拝し（神宮・山陵に謁するの儀）、結婚の奉告が行われる。

【一般皇族《いっぱんこうぞく》の結婚式《けっこんしき》】

親王や諸王の場合も、「皇室婚嫁令」（のち「皇室親族令」所収）により、皇太子ないし皇太孫の儀に準じて行われた。まず*納采《のうさい》・*告期《こつき》・*妃氏入第《ひしじゅだい》の儀《ぎ》があり、ついで当日、妃《きさき》とともに*賢所大前《かしこどころおおまえ》の儀《ぎ》と*皇霊殿《こうれいでん》・神殿《しんでん》に謁《えつ》するの儀《ぎ》があり（親王以下の皇族参列）、天皇・皇后および皇太后のもとへ参り拝謁する*朝見《ちょうけん》の儀《ぎ》がある。

また*内親王《ないしんのう》や*女王《にょおう》が臣下に嫁す場合、*納采《のうさい》・*告期《こつき》の儀《ぎ》を経て、当日は妃のみ*賢所《かしこどころ》・皇霊殿《こうれいでん》・神殿《しんでん》に謁《えつ》するの儀《ぎ》（親王以下の皇族参列）と天皇・皇后・皇太后に拝謁する*朝見《ちょうけん》の儀《ぎ》がある。続いて妃の殿邸（宮家）で両親に挨拶の後、夫の第（邸宅）に向かう。ただ、皇族女子については、「皇室婚嫁令」に「内親王・女王、臣籍に嫁するときは、結婚の儀を行ふ前、賢所・皇霊殿・神殿に謁し、且《かつ》天皇・皇后・太皇太后・皇太后に朝見す」と定めるだけで、その「*結婚《けっこん》の儀《ぎ》」に関する附式はない。　［所］

資料コラム

【秋篠宮《あきしののみや》の婚儀《こんぎ》】

*皇室会議《こうしつかいぎ》（平成元年〈一九八九〉9月12日）▽*納采《のうさい》の儀《ぎ》（平成2年1月12日）川嶋家《かわしまけ》に天皇の使いとして侍従次長《じじゅうじちょう》が鮮鯛、絹地、清酒など結納の品を持参▽*お妃教育《きさききょういく》（2月13日から）書《しょ》陵部《りょうぶ》の一室で神宮・宮中祭祀《さいし》、皇室制度、宮中儀式・行事、宮家、憲法、日本歴史、和歌、書道の八科目、計一二八時間▽*告期《こっき》の儀《ぎ》（5月11日）川嶋家で侍従次長が結婚の日取りを伝え、紀子《きこ》は「承りました」と返答▽皇室経済会議「6月13日」結婚を機に*礼宮文仁《あやのみやふみひと》親王が独立して生計を営むことを認定▽*結婚《けっこん》の儀《ぎ》（6月29日）午前10時、礼宮は垂纓冠《すいえいかん》、黒の束帯《そくたい》、紀子は大垂髪《おおすべらかし》、十二単《じゅうにひとえ》（五衣《いつつぎぬ》、唐衣《からぎぬ》、裳《も》）で賢所《かしこどころ》にて拝礼、告《つげ》文《ぶみ》を読み掌典長《しょうてんちょう》から神酒をうけ拝礼、文仁《ふみひと》親王妃が誕生。皇《こう》霊殿《れいでん》、神殿《しんでん》を参拝。式にはタイのシリントン王妃、三権の長ら一五〇人が参列、天皇・皇后は出ない。その後、天皇が文仁親王に秋篠宮の号を、妃に勲一等宝冠章《くんいっとうほうかんしょう》を贈る▽午後3時、*朝見《ちょうけん》の儀《ぎ》。親王は燕尾《えんび》服《ふく》、同妃はティアラ（宝冠）、ローブ・デコルテ。勲章を着用して天皇・皇后にあいさつ▽同4時半、皇居から赤坂御用地《あかさかごようち》までパレード▽同5時半、*供膳《くぜん》の儀《ぎ》。盃《さかずき》を交わし夫婦の契り▽同10時20分、*三箇夜餅《みかよのもち》。皇子誕生を祈り銀盤に親王妃の年の数の小餅をのせ寝室に三日間飾る▽*祝宴《しゅくえん》の儀《ぎ》（6月30日）正午から豊明殿《ほうめいでん》。三権の長ら四〇〇人出席▽*神宮参拝《じんぐうさんぱい》（7月5～8日）伊勢の神宮、橿原《かしはら》の神武《じんむ》天皇陵《てんのうりょう》、八王子の昭和天皇陵を順次参拝

[104] 現代の皇太子の結婚式

明治以来の「皇室婚嫁令」(のち「皇室親族令」所収)は、戦後廃止されたが、*明仁《あきひと》親王(*平成の天皇)も*徳仁《なるひと》親王(*令和の天皇)も、戦前の例に準拠した結婚式を行っている。そのうち、後者の実施例を略述する。

戦後の『皇室典範』でも、第一〇条に「皇族男子の婚姻《こんいん》は、皇室会議の議を経るものとする」と定められている。そこで、平成5年(一九九三)1月、宮内庁で皇室会議(皇族代表二名と三権代表八名)が開かれ、皇太子徳仁親王(当時三三歳)と*小和田雅子《おわだまさこ》(同三〇歳)の婚約を全員一致で可決した。それから五か月、宮中と小和田家の双方で準備が整えられた。また、その間に、宮中のしきたりなどの「お妃《きさき》教育《きょういく》」も集中的に行われている。

その婚儀の大筋をたどってみると、まず*納采《のうさい》の儀《ぎ》は、4月12日、東宮大夫《とうぐうだいぶ》が使者として小和田邸を訪れ、口上を述べてから、結納《ゆいのう》の品(清酒六本、真鯛《まだい》二匹、絹の服地五巻)の目録を贈った。その後、和歌のやりとりをする*贈書《ぞうしょ》の儀《ぎ》も行われている。また*告期《こっき》の儀《ぎ》は、同月20日、侍従長《じじゅうちょう》が勅使として小和田邸に赴き、婚礼の期日を伝えている。

ついで、結婚当日の6月9日、*賢所大前《かしこどころおおまえ》の儀《ぎ》は、午前10時から行われた。これは、前回(昭和34年〈一九五九〉4月10日)と同様、将来皇位を継ぐ皇太子に必要な伝統儀礼であるから、「国の儀式」とされている。

まず宮中三殿の奥にある綾綺殿《りょうきでん》で身を清めてから、皇太子は黄丹袍《おうにのほう》(束帯《そくたい》)、同妃は女房装束《にょうぼうしょうぞく》(十二単《じゅうにひとえ》)で、揃《そろ》って賢所の内陣に進み、丁重に両段再拝し(再拝を二回くりかえす)、皇太子が宣命体《せんみょうたい》の「告文《つげぶみ》」(誓いの言葉)を読み上げた。つぎに外陣へ移り、掌典長《しょうてんちょう》の注ぐ清酒を皇太子と同妃が各々の盃《さかずき》で飲み、これで婚姻が成立したことになる。続いて隣の皇霊殿と神殿へ参り、歴代の皇霊と天神地祇《てんじんちぎ》に結婚を奉告している。

午後2時、*朝見《ちょうけん》の儀《ぎ》のため、皇太子は燕尾《えんび》服《ふく》に大勲位《だいくんい》菊《きっ》花大綬章《かだいじゅしょう》、同妃はローブ・デコルテに勲一等宝冠章《くんいっとうほうかんしょう》をつけ、揃って正殿「松の間」へ進み、天皇と皇后に結婚の報告と感謝の意を述べた。それに対して、お祝いの「おことば」があり、侍従のお酌で揃って盃をあげ、台盤《だいばん》の祝膳を食べる所作をした。このように皇室の婚儀では、両親が臨席せず、新郎・新婦の方から挨拶に出向き、いわば親子固めの盃を交わす。

午後4時すぎ、皇太子と同妃は、皇居から赤坂の東宮御所《とうぐうごしょ》まで（約四・三キロ）を、オープンカーで*祝賀《しゅくが》パレードをしている（前回は儀装馬車《ぎそうばしゃ》であった）。その沿道では、五〇万人を超す老若男女が祝った。

また同日夕方、東宮御所では、皇太子と同妃が結婚後初めて御膳を共にし盃を交わす*供膳《くぜん》の儀《ぎ》があった。そして、同夜から三日間、白い小餅《こもち》を皇太子妃の年齢数だけ銀器に盛って寝所に供える*三箇夜餅《みかよのもち》の儀《ぎ》も行われている。

さらに、6月15日から三日間、*宮中 祝宴《きゅうちゅうしゅくえん》の儀《ぎ》が豊明殿《ほうめいでん》で盛大に催された。午前と午後で計六回、各界の代表が配偶者同伴で招かれている。

最後に、同月26日から四日間かけて、皇太子と同妃は伊勢《いせ》の神宮《じんぐう》（外宮《げくう》と内宮《ないくう》）と橿原《かしはら》市の[1]神武天皇陵《じんむてんのうりょう》、八王子《はちおうじ》市の[124]昭和天皇陵へ参り、それぞれに結婚を奉告している。

ちなみに、他の親王《しんのう》の結婚式《けっこんしき》も、皇太子のそれを簡略にして行われる（→[103]）。

内親王の結婚では、戦後も従来どおり結婚式の三日前、宮中三殿に参拝し、当日朝、天皇・皇后に内親王として最後の挨拶をした後、新夫の迎えの車で式場に向かう。　［所］

資料コラム

【清子内親王《さやこないしんのう》の結婚《けっこん》】

*宮内庁発表《くないちょうはっぴょう》（平成16年〈二〇〇四〉12月30日、*紀宮清子《のりのみやさやこ》内親王が黒田慶樹《くろだよしき》と婚約と正式に発表）▽*納采《のうさい》の儀《ぎ》（平成17年〈二〇〇五〉3月19日）表御座所《おもてござしょ》桂《かつら》の間《ま》で黒田家の使いが結納《ゆいのう》の品を宮内庁長官に伝達、長官から鳳凰《ほうおう》の間《ま》で天皇・皇后・紀宮にその旨を伝え、さらに長官から使いに「ご嘉納《かのう》」を知らせる▽*告期《こっき》の儀《ぎ》（10月5日）黒田家の使いが桂の間で長官に日取りを告げる▽*皇室経済会議《こうしつけいざいかいぎ》（10月6日）内親王の結婚一時金を決める▽*賢所《かしこどころ》・皇霊殿《こうれいでん》・神殿《しんでん》に謁《えつ》するの儀《ぎ》（11月12日）午前、紀宮が十二単《じゅうにひとえ》（五衣《いつつぎぬ》、唐衣《からぎぬ》、裳《も》）で三殿にお別れ。午後、*朝見《ちょうけん》の儀《ぎ》。ローブ・デコルテ、勲章着用。松の間で天皇・皇后にお礼▽*結婚式《けっこんしき》・披露宴《ひろうえん》（11月15日）式は午前11時帝国ホテル。斎主《さいしゅ》は神宮大宮司《じんぐうだいぐうじ》。天皇・皇后、皇太子以下、黒田家家族など両家の親類のみ。午後2時、天皇・皇后、宮殿で三権の長などから祝賀を受ける。同4時、同ホテルで*披露宴《ひろうえん》。天皇・皇后以下一三〇人（天皇・皇后が内親王の式、披露宴に臨席したのは初めて）。

[105] 天皇の結婚記念式と誕生日祝

結婚後、その節目に*結婚記念式《けっこんきねんしき》を祝う風習は、明治初期から欧化政策により、政治家や実業家たちの社交界で始まり、それが宮中でも行われるようになった。初例は、明治27年(一八九四)の3月9日、*[122]明治天皇と*皇后との「*大婚二十《たいこんにじゅう》五年祝典《ごねんしゅくてん》」(*銀婚式《ぎんこんしき》)である。同様に大正14年(一九二五)の5月14日、*[123]大正天皇と*皇后、また昭和24年(一九四九)の1月26日、*[124]昭和天皇と*皇后の、それぞれ銀婚式が行われている。

昭和天皇の場合は、昭和49年(一九七四)と同59年(一九八四)の1月26日、「*大婚五十年《たいこんごじゅうねん》」(*金婚式《きんこんしき》)と「*大婚六十年《たいこんろくじゅうねん》」(*ダイヤモンド婚式《こんしき》)を迎えた。当日、侍従《じじゅう》が宮中三殿に奉告し、宮殿で三権の長などが国民を代表して祝辞を述べている。一般の奉祝参賀記帳も十数万人にのぼったという。

ついで昭和59年の4月10日、銀婚式を迎えた当時の皇太子と同妃は、揃《そろ》って賢所《かしこどころ》に参拝し、吹上御所《ふきあげごしょ》で天皇・皇后に挨拶したあと、東宮御所《とうぐうごしょ》で内輪のお祝いをしている。また、平成31年(二〇一九)の4月10日が大婚六十年であった。

このような結婚記念式とは別に、*誕生日祝《たんじょうびいわい》もある。特に天皇の誕生日祝は、中国唐代の玄宗《げんそう》皇帝に始まる儀礼をとりいれた。その初見例は、奈良末期の宝亀《ほうき》6年(七七五)10月13日、*[49]光仁《こうにん》天皇(六七歳)が自分の誕生日を「*天長節《てんちょうせつ》」と名づけ、群臣に宴《うたげ》を賜っている(『続日本紀《しょくにほんぎ》』)。

それが「天長節」と称する国家的な祝日とされたのは、明治に入ってからである。同6年(一八七三)太政官《だじょうかん》布告により、明治天皇の誕生日である新暦の11月3日を、国家の祝日と定めた(昭和2年から*明治節《めいじせつ》となる)。それ以来毎年、宮中三殿で*天長節祭《てんちょうせつさい》(掌典長《しょうてんちょう》の祭典奉仕により天皇が拝礼する小祭)、宮殿では文武官人らによる「*参賀《さんが》の儀《ぎ》」と、皇族および内外高官らを招いて「*宴会《えんかい》の儀《ぎ》」が催され(「皇室祭祀令」「皇室儀制令」)、同20年代後半から全国の官庁や小学校でも「天長節」の奉祝式典が行われた。

大正天皇の場合には、誕生日が8月31日で暑中のため、当日は宮中三殿において「天長節祭」のみ行い、全国の官庁・学校などで奉祝式典を行う*天長節祝日《てんちょうせつしゅくじつ》は、二か月後の10月31日とされている。

[124]昭和天皇の場合は、誕生日の4月29日が践祚《せんそ》の翌年(昭

和2年）から「天長節」とされてきた。それが戦後（同23年）制定の「国民の祝日に関する法律」で、「*天皇誕生日《てんのうたんじょうび》」とされ、崩御後は「*みどりの日《ひ》」となり、平成17年（実施は同19年）から*昭和《しょうわ》の日《ひ》と改称されている。

*平成の天皇の誕生日《たんじょうび》は、12月23日である。在位中、この日は、先例を承《う》けて、午前9時に宮中三殿で天皇が拝礼を行い、そのあと宮殿「松の間」で皇太子以下の全皇族および三権の長などからの祝賀を受けていた。続いて豊明殿《ほうめいでん》で各界代表を招いての宴会、午後には各国大使らを招いての茶会も催され、また午前にも午後にも長和殿のベランダに出て一般国民の参賀に応えることが恒例であった。

*令和の天皇の誕生日は2月23日で、祝日は令和2年（二〇二〇）から実施される。

なお、天皇誕生日は、海外諸国で、日本を代表する*ナショナル・デーと定められており、当日前後に、ほとんどの在外公館でその国の要人を招いて奉祝の宴会が行われる。

長寿者を節目の年に祝う算賀《さんが》は、宮中でも民間でも古くからみられる。たとえば、奈良時代の天平13年（八四〇）*45聖武《しょうむ》天皇は四〇歳の祝賀を受けた（『続日本紀《しょくにほんぎ》』）。また江戸時代の文化元年（一八〇九）、*後桜町《ごさくらまち》上皇のために古稀《こき》（七〇歳）の算賀が行われている。

この点、*昭和天皇の時は、昭和36年（一九六一）に還暦《かんれき》、同46年に古稀《こき》、同53年に喜寿《きじゅ》（七七歳）、同56年に傘寿《さんじゅ》（八〇歳）を迎えた。そこで、各4月29日、午前中に宮中三殿を参拝したあと、皇族・親族の方々から祝賀を受け、午後の祝宴に三権の長などが参列し、各国大公使夫妻らを招いての茶会も催された。また、平成の天皇の場合、満六〇歳と七〇歳、八〇歳の誕生日に還暦と古稀、傘寿の祝賀を受けた。

なお、在位の節目として、昭和天皇の時は満五〇年と満六〇年に奉祝行事、平成の天皇の時は在位満一〇年・二〇年・三〇年に政府主催の記念式典が執り行われた。

一方、皇后の誕生日は、明治以降も公的な祝日とされなかった。しかし、天皇の「天長節」に対して*地久節《ちきゅうせつ》と称され、私的な参賀と祝宴が行われてきた。

*平成の皇后の場合も、平成6年（一九九四）と同16年（二〇〇四）、同26年（二〇一四）の10月20日、還暦と古稀、傘寿の誕生日に、内々の祝賀を受けた。

今も宮中の風習として「*お年日《としび》」の祝いがある。これは、天皇・皇后と直系の子・孫に限られるが、正月三が日の十二支と各々の生まれ年の十二支が合致する皇族に、天皇から「お万那料《まなりょう》」（お肴《さかな》料）が贈られ、当日朝、該当者が御礼に参上し「晒飴《さらしあめ》」を献ずることになっている。 ［所］

[106] 大喪の礼と皇族の喪儀

【前近代《ぜんきんだい》の喪葬儀礼《そうそうぎれい》】

天皇・皇族の喪葬儀礼も、誕生や冠婚《かんこん》の儀礼と同様、時代により身分によって相当に異なる。

大和《やまと》時代（弥生《やよい》~古墳時代）には、後の時代よりも霊魂の不滅が固く信じられ、丁重な葬儀が行われていた。とくに大王《おおきみ》（天皇）クラスの場合、崩御《ほうぎょ》の日から長期（一年以上）にわたって宮殿近くの*殯宮（もがりのみや／ひんきゅう）（仮宮）に遺骸《いがい》を安置し、生前と同じように御膳などを供えて、関係者が*誄《しのびごと》（故人を偲《しの》び称《たた》える言葉）を奉る殯宮《ひんきゅう》儀礼を繰り返す。その間に*山陵《さんりょう》（墳墓《ふんぼ》）が築造されると、遺骸を殯宮から陵墓《りょうぼ》まで葬列を組んで移送し、副葬品と共に埋納する葬送儀礼が行われている。

6世紀中頃、日本に仏教が伝えられ、やがて朝廷でも尊信されるにつれ、*土葬《どそう》だけでなく、*火葬《かそう》が広まる。とくに7世紀中頃から「*大化《たいか》の薄葬令《はくそうれい》」によって古墳の造成が抑制され、古来の殯宮葬送儀礼《ひんきゅうそうそうぎれい》も簡略化されている。

平安時代に入ると、ほとんどの天皇が遺詔《いしょう》により、山陵を造ることも*国忌《こき》（先帝・母后などの忌日に政務を休み仏事を行うこと）も辞退したり禁止している。また、火葬所には簡単な塚《つか》を立て、別に納骨の墓を造るような例が多くなる。

中世・近世には、本来別々だった埋葬地を一定の地域に集めた例も多い。たとえば、持明院統《じみょういんとう》の[89]後深草《ごふかくさ》天皇から[107]後陽成《ごようぜい》天皇までのうち一二帝が、伏見の*深草北陵《ふかくさのきたのみささぎ》（納骨堂）に合葬されている。また、[87]四条《しじょう》天皇と[108]後水尾《ごみずのお》天皇から[120]仁孝《にんこう》天皇までの一四帝も、東山《ひがしやま》の*泉涌寺《せんにゅうじ》境内にある*月輪陵《つきのわのみささぎ》・*後月輪陵《のちのつきのわのみささぎ》（九重の塔）にまとめられている。

しかし、江戸時代には、むしろ*儒葬《じゅそう》・*神葬《しんそう》（ともに土葬）の主張が高まり、承応3年（一六五四）崩御の[110]後光明《ごこうみょう》天皇陵は簡略ながら土葬とされた。そして[121]孝明《こうめい》天皇からは立派な円丘古墳《えんきゅうこふん》が復活している。

【近代《きんだい》の服喪令《ふくもれい》と喪葬令《そうそうれい》】

明治期に入ると、皇室の祭礼は、すべて神道《しんとう》式となった。たとえば、明治元年（一八六八）の12月25日、孝明天皇の命日にあたり、仏式の三回忌でなく神式の三年祭が営まれた。また同30年（一八九七）の1月11日に崩御した*英照《えいしょう》皇太后の喪儀（民間の葬儀にあたる）は、宮中に*大喪使《たいそうし》を置き、神式により行われている。

この皇太后大喪を機として、皇室の葬礼を成文化する議論が「帝室制度調査局」で進められた。そして同42年（一九〇九）6月、服喪の種類や期間などを定めた「*皇室服喪令《こうしつふくもれい》」が公布された。ただ、喪儀（葬礼）の詳細を定める「*皇室喪儀令《こうしつそうぎれい》」については、慎重に検討を続け、ようやく大正15年（一九二六）10月に公布されている。

その間、明治45年（一九一二）7月30日に崩御した*[122]明治天皇の大喪と、大正3年（一九一四）4月11日に崩御した*昭憲《しょうけん》皇太后の大喪があった。この両大喪が、未公布の「皇室喪儀令」（同附式）案に準拠して実施されたことは、明らかである。

まず「*皇室服喪令」からみると、皇室の服喪は「大喪《たいも》」と「宮中喪《きゅうちゅうも》」に分けられる。*大喪（たいも たいそう）とは、天皇（追号の決まるまで*大行天皇《たいこうてんのう》と称する）および太皇太后《たいこうたいごう》・皇太后《こうたいごう》・皇后（いずれも「陛下《へいか》」の敬称が用いられる）の場合である。それ以外の皇族の場合は*宮中喪《きゅうちゅうも》という。

その服喪期間は、天皇か皇后の立場から、その父・母・夫に対して一年で、*諒闇《りょうあん》と称する。祖父・祖母と夫の父・母および妻に対しては五か月（一五〇日）、それ以下、親等ごとに九〇日・三〇日・七日・五日とする。

ただ、諒闇中でも、第一期の最初の五〇日は最も重く慎み、第二期の次の五〇日もそれに準ずるが、第三期の残り二六五日は平常に近い*心喪《しんも》で差し支えない。

つぎに喪儀そのものを定めた「皇室喪儀令《こうしつそうぎれい》」をみると、本文は「大喪儀《たいそうぎ》」と「皇族喪儀《こうぞくそうぎ》」に分けられる。さらに附式で前者を「天皇大喪儀」と「皇太后（太皇太后）大喪儀」「皇后大喪儀」に分けており、また後者を「皇太子（皇太孫）喪儀」と「皇太子妃（皇太孫妃）喪儀」「親王（王）喪儀」「親王妃・内親王（王妃・女王）喪儀」「七歳未満の皇族喪儀」に分けて、それぞれの儀式次第を定めている。

このうち、*大喪儀《たいそうぎ》によれば、まず大行天皇（ないし三后）の柩《ひつぎ》は殯宮に奉安し、その*霊代（みたましろ れいだい）（一般の位牌《いはい》）は*権《ごん》殿《でん》に奉安する（一周年祭後に皇霊殿《こうれいでん》へ遷《うつ》す）。

ついで大行天皇（および三后）に対して*追号《ついごう》を勅定し、公告させる。また大行天皇に関しては、当日か翌日から五日間（三后の場合は三日間）*廃朝《はいちょう》（公務に出ない）する。

さらに大喪の事務を掌《つかさど》る*大喪使《たいそうし》を宮中に置き、大行天皇と三后の*喪主《もしゅ》は天皇（皇后の場合は皇太子）とする。

この儀式次第は次のとおり（※は大正・昭和の実例により補う）。

*殯宮《ひんきゅう》の儀《ぎ》

※櫬殿《しんでん》の儀　櫬殿祓除《ばつじょ》の儀
殯宮移御《いぎょ》の儀　殯宮日供《にっく》の儀
殯宮移御後一日祭の儀
殯宮十日・二十日・三十日・四十日及び五十日祭の儀
追号奉告の儀
※陵所地鎮祭《りょうしょじちんさい》の儀　陵所祓除《ばつじょ》の儀
*斂葬《れんそう》の儀《ぎ》
斂葬前、殯宮拝礼の儀　霊代奉安の儀
斂葬当日、殯宮祭の儀
轜車発引《じしゃはついん》の儀
斂葬の儀―葬場殿の儀
斂葬の儀―陵所の儀
*権殿《ごんでん》・山陵《さんりょう》の儀《ぎ》
斂葬後一日　権殿祭の儀　権殿日供《にっく》の儀
斂葬後一日　山陵祭の儀　山陵日供の儀
倚廬殿《いろでん》の儀
権殿及び山陵十日・二十日・三十日・四十日・五十日祭の儀　同百日祭の儀
山陵起工奉告の儀　山陵竣工《しゅんこう》奉告の儀
権殿及び山陵一周年祭の儀
御禊《おんみそぎ》の儀　大祓《おおはらえ》の儀

これを要約すれば、まず崩御直後の*櫬殿《しんでん》（柩《ひつぎ》の仮安置所《かりあんちしょ》）と*殯宮（ひんきゅう もがりのみや）（柩の奉安所）に移御する翌日から五十日祭までの儀、ついで崩御五〇日目前後に葬場殿《そうじょうでん》と陵所で行われる斂葬の儀、さらに斂葬翌日から一周年祭までの儀に分かれる（*斂《れん》は遺体を納めること、*斂葬《れんそう》は一般の葬儀）。ここには、前述したような古代（大化以前）の大王葬礼に含まれる趣旨も、可能なかぎり盛り込まれている。

【大正天皇《たいしょうてんのう》の大喪《たいそう》】

このような「皇室喪儀令」の基になる大喪は、すでに*明治天皇と*昭憲皇太后の崩御により実施されている。しかし、その正式公布後に適用されたのは、大正天皇の大喪からである。

大正天皇《たいしょうてんのう》は、大正10年（一九二一）頃から執務が困難となり、皇太子*裕仁《ひろひと》親王を摂政《せっしょう》としたが、同15年（一九二六）の12月25日未明、葉山《はやま》の御用邸《ごようてい》で崩御した。そこで、ただちに摂政宮が践祚《せんそ》式《しき》をあげ、勅令により*大喪使《たいそうし》の官制（総裁は閑院宮載仁《かんいんのみやことひと》親王）を定めている。

まず翌日の昭和元年12月26日遺骸《いがい》を納めた舟形の霊柩《れいきゅう》が御用邸を出発、翌27日夜、皇居に到着すると、28日朝、御《お》常御殿《つねごてん》の一室を*櫬殿《しんでん》に充てた。その櫬殿において、29日の夜まで、昭和天皇・香淳《こうじゅん》皇后・先帝の皇后（皇太后としての貞明《ていめい》皇后）をはじめ各皇族の*拝訣《はいけつ》（お別《わか》れ）の儀《ぎ》が行われた。これは、一般の仮通夜《かりつや》にあたる。

ついで、一週間後の翌年（一九二七）1月5日夜、宮中正殿《せいでん》の一角に白木造の*殯宮《もがりのみや》が設けられ、そこに霊柩が移された（それに伴い槻殿を祓除《ばつじょ》）。6日から斂葬前日の2月7日まで三三日間、その殯宮で「*日供《にっく》」（毎日の御膳）を捧げ、天皇・皇后および皇太后が毎日拝礼を続けている。

その殯宮では、移御の翌日（崩御から一三日目）と崩御から数えて二〇日・三〇日・四〇日（1月13日・1月23日・2月2日）に、天皇と皇后以下の男女皇族および側近《そっきん》奉仕の高等官などが参列して拝礼を繰り返した。また、1月20日には、大行《たいこう》天皇に「大正」の追号を贈られたことが奉告されている。

つぎに*斂葬《れんそう》（一般の本葬）では、2月7日（崩御から四五日）朝、宮中「桐《きり》の間《ま》」を権殿《ごんでん》として、大正天皇の霊代《れいだい》（位牌《いはい》）を奉安し、同日夕方、霊柩を牛の牽《ひ》く轜車《じしゃ》（唐庇《からびさし》車）に移して、約六〇〇〇〇人の葬列で新宿御苑《しんじゅくぎょえん》の葬場殿へ出発した。

その霊轜《れいじ》が*葬場殿《そうじょうでん》に奉安されると、まず天皇が拝礼して*御誄《おんるい》（弔辞《ちょうじ》）を奏上し、続いて首相若槻礼次郎《わかつきれいじろう》と宮内大臣一木喜徳郎《いっききとくろう》も拝礼して誄を読み、さらに午後11時約七〇〇〇人の参列者が一斉に拝礼した。その同時刻に、全国各地でも遥拝《ようはい》が行われている。

ついで、真夜中の8日午前零時、*葱華輦《そうかれん》（屋根に葱花《ねぎばな》形の飾りを付けた乗輿《じょうよ》）に移された霊柩が、京都の*八瀬童子《やせどうじ》（中世から朝廷の賀輿《かよ》に奉仕してきた比叡山西麓《ひえいざんせいろく》の八瀬村民）に担がれて、葬場殿から新宿御苑駅まで、および八王子の東浅川《ひがしあさかわ》駅から多摩《たま》の陵所まで運ばれた（途中は特別列車）。*陵所《りょうしょ》では、霊柩を地下の玄室に納めた後、午前5時から天皇が拝礼し御告文《おつげぶみ》を奏上している。

なお、葬場殿の儀でも陵所の儀でも、祭典の初めと終わり（祭官が御饌《みけ》と幣帛《へいはく》を奉る間とそれを下げる間）に、宮内省の楽師たちが和琴《わごん》にあわせて物悲しい「誄歌」を奏上した。

*誄歌（るいか しのびうた）は、故人の生前における功績や人徳を偲《しの》び称《たた》える歌である。大喪《たいも》の誄歌には、奈良時代以前から倭建《やまとたけるの》命《みこと》（*日本武尊）を葬送した時の古歌が使われている。

『古事記』（七一二年成立）によれば、倭建命は父帝*[12]景《けい》行《こう》天皇の命により、九州に続いて東国に遠征し、その帰途に伊吹山《いぶきやま》で病をえて能褒野《のぼの》（三重県亀山市）で没した。しかし、まもなく白鳥に化して西の方へ飛び去ったので、「倭《やまと》に坐《いま》す后等《きさきら》及び御子等《みこら》」は、後を追いかけ次のように歌ったという。

なづきの田の稲幹《いながら》に稲幹に　匍《は》ひ廻《もとほ》ろふ野老蔓《ところづら》
浅小竹原《あさじのはら》　腰なづむ　空は行かず　足よ行くな
海処《うみが》行けば腰なづむ　大河原《おおかわら》の植草《うえくさ》　海処はいさよふ
浜つ千鳥《ちどり》　浜よは行かず　磯伝《いそづた》ふ

しかも、『古事記』本文に「この四歌は、皆その御葬《みはふり》に歌ひき。故《かれ》、今に至るまで、その歌は天皇《すめらみこと》の大御葬に歌ふなり」と明記されており、それ以前から大喪の誄歌に用いられていたことは間違いない。そこで、大正元年（一九一二）9月、*明治天皇の大喪に際して、宮内省楽師の芝祐夏《しばすけなつ》が楽譜を作り、それが以後の大喪にも使われている。

さらに、斂葬（昭和2年〈一九二七〉2月8日）から一周年祭の前日（12月24日）まで、宮中の権殿《ごんでん》と多摩《たま》の陵所において、祭官が毎日「日供」を供え続けた。また、崩御から五〇日目（2月12日）と一〇〇日目（4月3日）、権殿では天皇と皇后以下の皇族が参列して拝礼し、陵所では勅使が祭文を奏上している。

なお、斂葬から一〇日以内（2月16日まで）に、天皇が忌《い》み籠《こも》る仮屋の倚盧殿《いろでん》で*叡念《えいねん》の儀《ぎ》が行われた。また、多摩の陵所では、5月2日に山陵の起工式、12月23日に竣工式《しゅんこうしき》が行われている。

一周年祭の昭和2年12月25日、権殿では天皇が御告文を奏し（皇后以下の皇族・親族らも参拝し拝礼）、山陵では勅使が祭文を奏上した。

翌26日、小直衣《このうし》の天皇が*御禊《おんみそぎ》の儀《ぎ》を行い、また宮内高等官以下の奉仕者も*大祓《おおはらえ》の儀《ぎ》を行った。これによって、一年間の大喪儀を終えたのである。

ちなみに、貞明《ていめい》皇后は夫君に先立たれた後、皇居から青山御所へ移った。そして、崩御までの二五年間、毎日朝夕、拝殿から多摩御陵《たまごりょう》を遥拝し、入江為守《いりえためもり》に描かせた夫君の御《み》影《えい》（肖像画）を飾った部屋で「生ける人に仕えるごとく」過ごしたと伝えられる。　［所］

【昭和天皇《しょうわてんのう》の大喪《たいそう》】

戦後の『皇室典範』第二五条にも「天皇が崩じたときは、大喪の礼を行う」と定めてある。宮内庁では*昭和天皇危篤《しょうわてんのうきとく》の発表後「緊急連絡室」を設置したが、機能を果たすまでもなく、崩御後ただちに「*大喪儀委員会《たいそうぎいいんかい》」（委員長宮内庁長官藤森昭一《ふじもりしょういち》）を発足させた。内閣は1月8日「*大喪《たいそう》の礼《れい》委員会《いいんかい》」（委員長首相竹下登《たけしたのぼる》、副委員長内閣官房長官小渕恵三《おぶちけいぞう》）が対応、崩御から四九日目に当たる平成元年（一九八九）2月24日、*大喪《たいそう》の礼《れい》が行われた。

戦前の皇室令では「斂葬《れんそう》の儀《ぎ》」と言われ、葬場殿の儀と陵所の儀から成っていたが、今回は「*国の儀式」として大喪の礼（皇居正門から葬場まで、および葬場から武蔵陵墓《むさしりょうぼ》地《ち》までの「*葬列《そうれつ》」と、葬場での「*大喪《たいそう》の礼《れい》」）を天皇の*国《こく》事《じ》行為《こうい》として行い、旧皇室令を踏まえた*葬場殿《そうじょうでん》の儀《ぎ》と*陵《りょう》所《しょ》の儀《ぎ》を「*斂葬《れんそう》の儀《ぎ》」と称し皇室の行事とした。大喪儀は従来夜間行われ、牛車が霊柩《れいきゅう》を運んだが、大喪の礼と葬場殿の儀は日中となり、牛車の代わりに自動車となった（昭和26年〈一九五二〉の貞明《ていめい》皇后大喪儀も同じである）。

櫬殿《しんでん》の儀《ぎ》　1月7日午前6時33分昭和天皇崩御。遺骸《いがい》は病室だった吹上御所《ふきあげごしょ》二階から一階居間に移され、そこが殯宮《ひんきゅう》に移すまで安置しておく櫬殿《しんでん》になった。まず、天皇以下肉親のお別れである*拝訣《はいけつ》があり、仮通夜《かりつや》が19日まで営まれた。その間天皇以下皇族、側近に仕えた人などの*櫬殿祗候《しんでんしこう》があった。8日午後6時から檜《ひのき》の*内槽《ないそう》（お槽《ふね》＝柩《ひつぎ》）に遺骸を納める*御舟入《おふないり》があり、愛用のルーペや万年筆などが入れられた。9日は*斂棺《れんかん》。内側が銅板になっている一回り大きい柩に内槽を斂《おさ》め、ハンダ付けされた。最後のお別れである。

17日*陵所地鎮祭《りょうしょじちんさい》の儀《ぎ》が武蔵陵墓地であった。これ以下が大喪儀各儀とされた。

殯宮移御《ひんきゅういぎょ》の儀《ぎ》　19日、昭和天皇の柩は吹上御所の櫬殿から正殿松の間の殯宮に移され、この日から三七日間、天皇皇族以下各界代表者が二四時間通して付き添う*殯宮祗候《ひんきゅうしこう》（民間の通夜《つや》に相当）が行われた。22日から24日まで*殯宮一般《ひんきゅういっぱん》拝礼《はいれい》があり、長和殿《ちょうわでん》東庭回廊の中央に黒リボンを掛けた遺影が飾られ、三三万九一〇〇人が東庭で別れを告げた。

追号奉告《ついごうほうこく》の儀《ぎ》　1月31日、殯宮で行われた。崩御時からこの日まで、故天皇を大行《たいこう》天皇といったが、追号が贈られ「昭和天皇」になった。

霊代奉安《れいだいほうあん》の儀《ぎ》　昭和天皇の霊柩が埋葬されるのに先立ち、霊代（れいだい みたましろ）を権殿《ごんでん》（表御座所芳菊の間）に移すこと。大喪の前日、2月23日に行われた。一年間権殿に祀《まつ》られ、その後霊代は皇霊殿《こうれいでん》に移される。

轜車発引《じしゃはついん》の儀《ぎ》　斂葬の儀に先立ち、殯宮を出た霊柩が霊轜《れいじ》に乗せられること。午前9時35分、皇居正門を出た*轜車《じしゃ》（霊柩車）は、皇居前広場や国会議事堂前を通り、10時13分、葬場の新宿御苑《ぎょえん》葬場門に到着した。

葬場殿《そうじょうでん》　大正天皇大喪儀の例にならい、新宿御苑東南の西洋庭園一帯に設けられた。間口二〇《メートル》、奥行き一二《メートル》、高さ一二《メートル》で総檜造り、屋根は柿板葺《こけらいたぶ》き。

葱華輦《そうかれん》　天子の乗り物のこと。喪儀では霊柩を乗せる。重さ一・五《トン》。霊柩は葱華輦《そうかれん》に移され、約二〇〇《メートル》、古装束《こしょうぞく》の黒の布衫《ふさん》を着た五一人の皇宮護衛官《こうぐうごえいかん》によって葬場門から

表1　昭和天皇の病状と大喪儀推移表

○＝国の儀式　●＝大喪儀の二八儀式　▼＝大喪儀に伴う儀式　［　］＝実施場所

昭和62年（一九八七）		
9月23日		宮内庁病院で手術
10月7日		退院
12月15日		国事行為の一部に復帰
昭和63年（一九八八）		
1月2日		一般参賀で「おめでとう」とおことば
8月15日		全国戦没者追悼式出席。黙禱《もくとう》が20秒遅れる
9月19日	22時すぎ	大量吐血し容体急変
9月22日		皇太子に国事行為代行を委任
11月		「お休み」が多くなり、発語も少なくなる
12月		意識混濁の日が多くなる
昭和64年・平成元年（一九八九）		
1月7日	4時すぎ	危篤状態になる
	6時33分	崩御（87歳）
	10時から	○剣璽《けんじ》等《とう》承継《しょうけい》の儀［正殿松の間］
		賢所《かしこどころ》の儀［宮中三殿］
		皇霊殿《こうれいでん》・神殿《しんでん》奉告の儀［宮中三殿］
	10時30分	拝訣《はいけつ》［吹上御所1階居間］（8日まで）＝弔問、お別れ
	21時から	殯殿祗候《しんでんしこう》［吹上御所1階居間］（19日まで）＝一般の仮通夜
		御舟入《おふないり》［吹上御所1階居間］＝遺骸《いがい》を内槽《ないそう》（お槽《ふね》）に納める
1月8日	18時	即位後朝見の儀［正殿松の間］
1月9日	11時から	斂棺《れんかん》［吹上御所1階居間］＝内槽より一回り大きい柩《ひつぎ》（内側に銅板の棺《ひつぎ》がある二槽の棺）に内槽を斂《おさ》める。最後のお別れ
1月16日	10時30分	殯殿十日祭の儀［同右］
1月17日	11時	●陵所地鎮祭の儀［武蔵陵墓地］＝陵所の工事に当たり、陵墓予定地で行う
1月19日	18時	●殯宮移御《ひんきゅういぎょ》の儀［正殿松の間］＝霊柩を殯殿（吹上御所）から宮殿に設けた殯宮に移す。公式の通夜で殯宮祗候《しこう》がある
		▼殯殿祓除《ばつじょ》の儀［吹上御所1階居間］＝霊柩が殯柩に移ったあとのお祓《はら》い
1月20日		●殯宮日供《にっく》の儀［正殿松の間］＝毎朝のお供え
		●殯宮移御後一日祭の儀
1月21日		●殯宮拝礼の儀＝各界の代表が霊柩に拝礼する儀式
1月22日		殯宮一般拝礼［宮殿東庭］＝宮殿長和殿に大きな遺影を掲げ、24日まで一般国民が東庭から殯宮に向かって拝礼した。計三三万九一〇〇人
1月25日		外交団殯宮拝礼［正殿松の間］
1月26日		●殯宮二十日祭の儀［正殿松の間］
1月31日		●追号奉告の儀［正殿松の間］＝新天皇より大行《たいこう》天皇（追号を贈られていない天皇）に追号「昭和天皇」を贈る

2月5日		●殯宮三十日祭の儀［正殿松の間］
2月15日		●殯宮四十日祭の儀［正殿松の間］
2月23日		●陵所祓除の儀［武蔵陵墓地］＝斂葬（喪儀）に必要な工事が完成したので陵所をお祓いする
	6時	●霊代奉安《れいだいほうあん》の儀［表御座所芳菊の間］＝霊柩が陵所に向かう前に霊代《みたましろ》を権殿《ごんでん》（今後一年間霊代を奉安する）に祀《まつ》る儀式
2月24日	7時20分	●斂葬当日殯宮祭の儀［正殿松の間］＝霊柩が殯宮を出る際に行う殯宮最後の儀式
	9時35分	●轜車発引《じしゃはついん》の儀［宮殿南車寄］＝殯宮から南車寄に運ばれ轜車に乗せられ、天皇以下の車列が後に続いて葬場に向かう
		○葬列
	10時13分	●葬場殿の儀［新宿御苑］
	12時少し前	○大喪《たいそう》の礼［新宿御苑］
	19時20分	●陵所の儀［武蔵陵墓地］＝陵所に埋葬する儀式
		●権殿日供《ごんでんにっく》の儀［表御座所芳菊の間］＝権殿の霊代に毎日お供えをする
2月25日		●山陵日供の儀［武蔵陵墓地］＝山陵に毎日お供えをする
		●斂葬《れんそう》後一日権殿祭　●権殿五十日祭の儀［表御座所芳菊の間］＝斂葬後一日祭が行われ、昭和天皇崩御五〇日に権殿五十日祭が行われた
		●斂葬後一日山陵祭　●山陵五十日祭の儀［武蔵陵墓地］＝山陵でも斂葬後一日祭と崩御五十日祭が行われた
		葬場殿一般参観［新宿御苑］（〜3月5日三七万四〇〇〇人）

2月27日		山陵一般参拝［武蔵陵墓地］（〜3月28日五七万二九〇六人）＝陵名は武蔵野陵《むさしののみささぎ》
3月2日		●＊倚廬殿《いろでん》の儀［表御座所萩の間］＝新天皇が倚廬殿にこもり亡き天皇を偲《しの》ぶ。倚廬とはアシで作った粗末な小屋のこと
4月16日		●権殿百日祭の儀［表御座所芳菊の間］
		●山陵百日祭の儀［武蔵野陵］
4月17日		●山陵起工奉告の儀［武蔵野陵］＝本格的な工事を始める奉告
平成2年（一九九〇）		
1月6日		●山陵竣工奉告の儀
1月7日		●権殿一周年祭の儀［表御座所芳菊の間］
	15時から	●山陵一周年祭の儀［武蔵野陵］
1月8日	14時	▼御禊《おんみそぎ》の儀［正殿竹の間］＝掌典長が天皇にお祓いをする
	15時	▼大祓《おおはらえ》の儀［皇居正門内］＝皇族を代表して常陸宮《ひたちのみや》、職員代表の宮内庁長官以下各関係者のお祓い
1月9日		霊代奉遷の儀［宮中三殿皇霊殿］＝霊代を権殿から皇霊殿に移す

葬場殿に移された。その間、道楽として大御葬歌《おおみはふりうた》が奏され、霊柩を中心に天皇、皇族ら二二一人が徒歩列で従った。

葬場殿《そうじょうでん》の儀《ぎ》　午前10時13分から皇室行事である斂葬《れんそう》の儀・葬場殿の儀が始まった。10時50分、天皇皇后が着床。御饌《みけ》、幣物《へいもつ》が供えられ、祭官長が祭詞（さいし まつりごと）を奏した。11時10分、天皇が拝礼して誄《しのびごと》（弔辞）を読み、皇后以下が拝礼、11時43分仕切りの幔門《まんもん》が閉じられた。ただちに高さ三《メートル》の鳥居《とりい》や大真榊《おおまさかき》が撤去され、祭官も退出した。

大喪《たいそう》の礼《れい》　正午少し前、再び幔門が開かれ、国の儀式が始まった。一同黙禱《もくとう》の後、首相竹下登以下三権《さんけん》の長の弔辞《ちょう》があり、参列者が拝礼し午後1時5分すぎ式を終えた。1時38分、葬列は東京都八王子市の武蔵野陵に向かった。

大喪の礼には米大統領ブッシュ、英女王の名代《みょうだい》としてフィリップ王配、独、仏大統領、韓国国務総理姜英勲（きょうえいくん カン・ヨンフン）、中国は国家主席特使銭其琛（せんきしん チエン・チーチエン）など一六四か国（五五八人）、欧州共同体（五人）、二七国際機関（三二人）も含め内外から約一万人が参列した。

陵所《りょうしょ》の儀《ぎ》　午後3時14分、霊轜《れいじ》が*武蔵陵墓地《むさしりょうぼち》総門に到着、天皇以下が霊轜の後を祭場殿まで徒歩で続いた。柩《ひつぎ》は台車で地中の石槨《せっかく》に降ろされ、午後4時半から埋葬が始まった。石槨の蓋石《ふたいし》を閉じ*陵誌《りょうし》を納め肉親が「*お土《つち》かけ」をした後、全体を覆った。午後7時20分、斂葬の儀・陵所の儀が始まった。奏楽が鳴り祭官長が祭詞を奏し、午後8時前、天皇が*御告文《おつげぶみ》を読み皇后以下が拝礼、三権の長や各界代表が続いた。同8時56分、天皇皇后が陵所を後にして儀式を終えた。

祭官長《さいかんちょう》　昭和天皇の学友永積寅彦《ながづみとらひこ》が務めた。祭官長以下同副長、祭官、祭官補は計三九人。

陵誌《りょうし》　秋篠宮《あきしののみや》が長さ一〇六《センチ》、幅六〇《センチ》、厚さ一五《センチ》の花崗岩《かこうがん》に陵名や崩御日時を書いた。

陵（みささぎ りょう）　陵名は武蔵野陵《むさしののみささぎ》。上円下方墳で、旧「皇室陵墓令」により兆域《ちょういき》は二五〇〇平方《メートル》とされる。　［髙橋］

【皇族《こうぞく》の喪儀《そうぎ》】

天皇以外の皇族喪儀を、戦前の「皇室喪儀令」「皇室服喪令」により略述する。

まず①太皇太后・皇太后、ないし②皇后が崩御した場合。①では天皇、②では皇太子（皇太孫）が喪主《もしゅ》となり、いずれも宮中に大喪使が置かれる。総裁は皇族、長官・次官は宮内大臣と次官、正副の祭官長と祭官は旧公家《くげ》出身者が多い。喪儀の内容は、①が天皇大喪に近く、②は少し略される。しかし、服喪の期間は、②が天皇と同じ一年間に対して、①は一五〇日に限られる。

ついで、それ以外の皇族が薨去《こうきょ》すると、直系の皇族男子が喪主となる。そして③皇太子・同妃か皇太孫・同妃の場合は、宮中に*喪儀司《そうぎし》を置き、④親王・同妃・内親王・王・王妃・女王の場合は、官制がないが、喪儀委員会を設ける。

喪儀の内容は、③が②に近く、④は③より略され、服喪の期間は、③が三日、④が一日と定められている。

そこで、実例の少ない①〜③ではなく、最も略儀ながら実例の多い④（親王以下）を①〜③と対比してみる。まず*正寝移柩《せいしんいきゅう》の儀《ぎ》は、①〜③の寝宮《しんきゅう》にあたる正寝を殿邸の一室に設け、夜間に霊柩を安置する。その正寝で十日・二十日・三十日および五十日祭の儀があり、その間に墓所で地鎮祭と祓除《ばつじょ》の儀が行われる。ついで*霊代安置《れいだいあんち》の儀《ぎ》は、殿邸の一室に権舎《ごんしゃ》を設け、霊代（れいだい みたましろ）を安置する。

そして斂葬《れんそう》の当日、正寝で*柩前祭《きゅうぜんさい》の儀《ぎ》があり、*霊《れい》（柩《きゅう》）車発引《しゃはついん》の儀《ぎ》に続いて鹵簿《ろぼ》（行列）が葬場へ向かい、特設の葬場に霊柩を安置して*斂葬《れんそう》の儀《ぎ》があり、そのあと霊輿《れいよ》か霊車の鹵簿が墓所へ向かい、霊柩を石槨《せっかく》に斂《おさ》める*墓所《ぼしょ》の儀《ぎ》が営まれる。

ただ、①〜③の斂葬は、天皇の大喪と同じく夜間に行われたが、この④は昼間に行われる（戦後はすべて昼間）。また、④の葬場に勅使が遣わされ、司祭長の祭詞奏上はあるが、①〜③のような喪主の誄《しのびごと》奏上はない。

それ以後、殿邸の権舎と墓所で、十日《とおか》・二十日《はつか》・三十日《さんじゅうにち》・四十日《しじゅうにち》・五十日《ごじゅうにち》および百日祭《ひゃくにちさい》と儀礼を行う。さらに権舎と墓所で*一周年祭《いっしゅうねんさい》があり、勅使が天皇の御誄《おんるい》を読みあげる。

このような喪儀は、戦後も一部簡略にされながら、続けられている。

【今後《こんご》の御喪儀《ごそうぎ》と御陵《ごりょう》のあり方《かた》】

*平成の天皇（上皇）と*皇后（上皇后）は、七〇代後半頃から、万一に備えて大喪と陵墓のあり方に関する改革の意向を側近に示していた。そこで、宮内庁の関係者が慎重に検討し、平成25年（二〇一七）11月、概要を公表した。

それによれば、①天皇（上皇）の御喪儀は、従来の土葬を改め、近世以前に例が多く、一般国民に普及している「火葬」を導入すること、②そのため八王子の武蔵陵墓地内に専用の「御火葬炉等」を設置すること、③火葬に改めても、従来通り、宮殿に「もがり」の殯宮《ひんきゅう》を設け、（五十日祭頃）葬場殿の儀と陵所の儀を行うこと、④皇后・皇太后の御喪儀も、天皇大喪儀に準じて行うこと、⑤御陵の営建は、武蔵陵墓地の将来的な可能性を高めるため、天皇陵と皇后陵の兆域を合計三五〇〇平方メートル（用地全体では七八七〇平方メートル）に縮小し、御陵を並べて造ること、⑥その形状は、明治以降の御陵にならい、「両御陵共に上円下方の落ち着いたたたずまい」とし、そこに「鳥居及び御拝所」を設けて祭祀を行うこと、などが定められている。 ［所］

資料コラム

【高松宮《たかまつのみや》宣仁親王《のぶひとしんのう》喪儀《そうぎ》】

昭和62年（一九八七）2月3日午後1時10分、日本赤十字社医療センターで肺癌《はいがん》のため八二歳で薨去《こうきょ》した高松宮宣仁親王の斂葬の儀は、次のように行われた。

2月3日午後　弔問記帳（遺骸は東京都港区高輪の高松宮邸に移され、宮邸と宮内庁庁舎前で記帳を受け付けた）

4日午後3時　墓所地鎮祭の儀

同　午後5時　御舟入（納棺）、続いて拝訣（お別れ）

8日午後2時　正寝移柩の儀（柩を寝室から装飾した祭壇がある正寝に移す儀式。宮邸の大応接間が充《あ》てられた。8、9日が通夜）

9日午後3時　墓所祓除の儀

同　午後5時半　霊代安置の儀（宮邸内の一室に権舎が設けられ、一周年祭まで霊代を仮安置する）

10日午前8時　斂葬当日柩前の儀（宮邸で最後のお別れ）。続いて霊車発引の儀（霊車の後を皇族、近親者が車列で続く）

午前9時半　斂葬の儀・葬場の儀（本葬。天皇の勅使が参列する。一般の拝礼も受け付けた）続いて新宿区落合《おちあい》火葬場で火葬

午前10時　正寝祓除の儀

午後3時55分　斂葬の儀・墓所の儀（納骨。広さは四〇〇平方メートル。一般の拝礼も受け付けた）

11日午前10時　斂葬後一日権舎祭の儀

午後2時　斂葬後一日墓所祭の儀

以後、一〇日ごとに権舎祭、墓所祭が行われ、五十日祭のあとは百日祭、薨去の一年後に権舎、墓所一周年祭の儀がそれぞれ宮邸と豊島岡《としまがおか》墓地で行われた。

喪主　*高松宮妃喜久子《きくこ》

葬場、墓所　東京都文京区大塚、豊島岡墓地（→[119]）

喪儀委員長　宮内庁式部官長

司祭長　島津忠承《しまづただつぐ》（友人）

服喪期間　昭和天皇、皇后、皇太子一家全員三〇日、喜久子九〇日

昭和天皇、香淳《こうじゅん》皇后は恒例に従って喪儀には参列しないが、4日午後、高松宮邸を訪問、皇后とともに別れをした。8日、通夜《つや》の前には天皇のみが再び訪問した。12日に天皇は墓所を参拝している。

［髙橋］

[107] 歴代の陵墓

【陵墓《りょうぼ》の制度《せいど》と盛衰《せいすい》】

天皇・皇族の墓を*陵墓《りょうぼ》と総称する。天皇の*陵《みささぎ》は*山陵《さんりょう》ともいい、大宝・養老（8世紀初め）以来の「*喪葬令《そうそうりょう》」の義解《ぎげ》（公的注釈書）に「帝王の墳墓は山の如く陵《おか》の如し。故に山陵と謂《い》ふ」とある。

ただ、記紀では、*神功皇后《じんぐうこうごう》・*日本武尊《やまとたけるのみこと》・*飯豊青皇女《いいとよあおのひめみこ》・*聖徳太子《しょうとくたいし》などの墓も特に「陵」と記す。また『*続日本紀《しょくにほんぎ》』によれば、*藤原宮子《ふじわらのみやこ》（[45]聖武《しょうむ》天皇母后）と*藤原安宿媛《あすかべひめ》＝*光明《こうみょう》皇太后《こうたいごう》（[46]孝謙《こうけん》天皇母后）の墓も「山陵」と定められている。それ以来、皇后《こうごう》・皇太后・太皇太后《たいこうたいごう》（三后《さんこう》、贈三后も）の墓は、天皇・太上天皇《だいじょう》（および神代三陵《かみよさんりょう》と追尊の天皇・太上天皇も）と同じく陵（山陵）と称される。

これ以外の皇族の墳墓は*墓《はか》と称される。また后宮《きさいのみや》にのぼらなかった女院《にょいん》や、三后に準ずる待遇を与えられた女御《にょうご》、および外戚《がいせき》の祖父母や有力な功臣などの墓も含まれる。

延喜（10世紀初め）の「*諸陵寮式《しょりょうりょうしき》」には、七三陵と四七墓を載せる。その陵には、[1]神武《じんむ》天皇より前の日向《ひゅうが》の神代《かみよ》三代《さんだい》（瓊瓊杵尊《ににぎのみこと》・彦火火出見尊《ひこほほでみのみこと》・鸕鶿草葺不合尊《うがやふきあえずのみこと》）の山陵から、平安時代前期の[56]清和《せいわ》天皇の中宮であった藤原高子《たかいこ》「後深草陵《ごふかくさりょう》」（延喜10年〈九一〇〉崩葬）まで収める。また墓には、日本武尊の「能褒野《のぼの》墓」をはじめ、外戚として*藤原鎌足《かまたり》と不比等《ふひと》（皇太夫人宮子・皇后安宿媛の実父）から*藤原高藤《たかふじ》（[60]醍醐《だいご》天皇の外祖父）までみえる。

このような人々を葬り祀《まつ》る陵墓は、大和《やまと》時代から他の豪族などのものより立派な墳墓であったとみられる。とくに3世紀後半から6世紀にかけて、大型の*前方後円墳《ぜんぽうこうえんふん》が近畿の要所（大和・河内《かわち》・和泉《いずみ》・摂津《せっつ》）に築かれた。5世紀前半の*[16]仁徳《にんとく》天皇陵とみなされている*大仙陵古墳《だいせんりょうこふん》（堺市《さかい》）は、墳長四八六メートル、前方幅三〇五メートル（高さ三三メートル）・後円直径二四九メートル（高さ三五メートル）の巨大古墳で、三重の盾形《たてがた》*周濠《しゅうごう》がとりまき、周囲に十数基の*陪塚《ばいちょう》（円墳・方墳など）が散在する。また、[15]応神《おうじん》天皇陵に治定されている*誉田山《こんだやま》古墳（羽曳野《はびきの》市）も、同時期の巨大古墳として知られている（写真1）。

なお、応神・仁徳天皇陵を含む「*百舌鳥《もず》・古市《ふるいち》古墳群」（全四九基）が、令和元年（二〇一九）にユネスコとイコモスにより「世界遺産」に登録された。

やがて大化改新《たいかのかいしん》(六四五)で「*薄葬令《はくそうれい》」が出され、また大宝2年(七〇二)*41持統《じとう》天皇の大葬に*火葬《かそう》を用い、遺骨を*40天武《てんむ》天皇陵《てんのうりょう》(明日香村《あすかむら》)に合葬した。それ以降、火葬にして陵所に標碑を建てる程度の薄葬がひろがる。

写真1　応神天皇陵に治定されている誉田山古墳(羽曳野市教育委員会提供)　大仙陵古墳に次いで2番目の大きさの規模。墳丘長約425メートル、後円部は直径250メートル、高さ35メートル。前方部は幅300メートル、高さ36メートル。墳丘の体積は143万平方メートルで、国内第1位。周濠を二重にめぐらせ、陪塚を伴っている。

平安時代中期の68後一条《ごいちじょう》天皇からは、陵所に*仏堂《ぶつどう》(法華堂《ほっけどう》)を営み木塔か石塔を建てることが多い。89後深草《ごふかくさ》天皇から107後陽成《ごようぜい》天皇までのうち一二帝は、伏見《ふしみ》の*深草北陵(納骨堂)に合葬され、また東山の*泉涌寺《せんにゅうじ》境内の*月輪陵《つきのわりょう》・*後月輪陵には九重の塔が建てられている。

それが、江戸時代初期の110後光明《ごこうみょう》天皇からは、仏式よりも儒式《じゅしき》・神式への志向が強くなり、表向き火葬の儀をとりながら、実際は*土葬《どそう》とされている。

幕末の*121孝明天皇陵《こうめいてんのうりょう》は、*山陵奉行《さんりょうぶぎょう》に任じられた戸田忠至《とだただゆき》(宇都宮藩家老《うつのみやはんかろう》)の建言により、泉涌寺の後山に*円墳式《えんぷんしき》の山陵《さんりょう》が復興された。その後、近代に入ると、*122明治天皇陵《めいじてんのうりょう》も*昭憲皇太后陵《しょうけんこうたいごうりょう》も、伏見桃山《ももやま》に*上円下方墳《じょうえんかほうふん》が造られ、大正15年(一九二六)公布の「*皇室陵墓令《こうしつりょうぼれい》」にも「陵形は上円下方または円丘」と定められたのである。

古代の陵墓は、「陵の霊を祀《まつ》る」などのために設けられた*諸《しょ》陵寮《りょうりょう》が所管し、各陵に置かれる*陵戸《りょうこ》か*墓戸《ぼこ》ないし*守戸《しゅこ》(付近の住民から選定)が監護した。しかも、陵の兆域で耕《こう》牧樵採《ぼくしょうさい》などを禁じ、万一これの毀損《きそん》を謀ればただちに*謀《む》大《たい》逆罪《ぎゃくざい》で処刑することが『大宝律《たいほうりつ》』『養老律』に決められている。

『延喜式《えんぎしき》』では、毎年2月、すべての陵墓に官人を遣わして、もし損壊があれば守戸に修理させること、また毎年12月、特定の*一〇陵八墓《じゅうりょうはちぼ》（一〇陵は*[38]天智《てんじ》・*[49]光仁《こうにん》・*[50]桓武《かんむ》・*[54]仁明《にんみょう》・*[58]光孝《こうこう》・*醍醐《だいご》の六帝と*崇道《すどう》天皇〈*早良《さわら》親王〉および*[52]嵯峨《さが》・光孝・醍醐三帝の母后の陵、八墓は外戚功臣《がいせきこうしん》の墓。ただし三母后は以後当代との関係で入れ替えられた）に対して、*荷前《のさき》（諸国から貢進した調物の初荷）を奉るため、天皇が建礼門の外に臨んで班幣《はんぺい》を拝し、公卿《くぎょう》（納言《なごん》か参議《さんぎ》）を遣わすこと、などが定められている。

しかし、平安後期以降、陵墓の修補も荷前の奉幣も、ほとんど行われなくなった。そのため、中世には陵域が荒れ果て、いつの間にか盗掘に遭うような例も増え、やがて誰の陵墓かわからなくなった所が少なくない。

【陵墓《りょうぼ》の修復《しゅうふく》と治定《ちてい》】

江戸時代に入ると、儒学や国学の影響で朝廷の古儀への関心が高まって、荒廃した陵墓を修復したり、不明な陵所を調査するような動きも出てきた。たとえば、延宝4年（一六七六）、佐渡奉行《さどぶぎょう》の曽根吉正《そねよしまさ》が、幕府の許可をえて、*[84]順徳《じゅんとく》天皇の廟所《びょうしょ》（火葬塚）を修補した。また五代将軍徳川綱吉《とくがわつなよし》は、元禄12年（一六九九）に古跡を捜索させ、神武《じんむ》天皇から[102]後花園《ごはなぞの》天皇まで一〇〇代（重祚《ちょうそ》二代と安徳《あんとく》天皇を除く）中、二二陵がわからず、七八陵が現存する、との報告を受けている（『徳川実紀』）。

そのころ京都の儒医松下見林《まつしたけんりん》は、『前王廟陵記《ぜんおうびょうりょうき》』を著し、神代三陵《かみよさんりょう》と歴代天皇陵の来歴と状況を記録していた。また宇都宮出身の志士蒲生君平《がもうくんぺい》も、畿内を踏査して九二陵の所在を突きとめ、『山陵志《さんりょうし》』二巻を著している。さらに水戸《みと》藩主徳川斉昭《なりあき》や宇都宮藩主戸田忠恕《ただひろ》の建言をえて、幕府は文久2年（一八六二）*山陵奉行《さんりょうぶぎょう》を置いた。

奉行に任じられた家老の戸田忠至《とだただゆき》は、谷森善臣《たにもりよしおみ》や北浦定政《きたうらさだまさ》などと畿内の山陵を調査したが、朝廷でも、中山忠能《なかやまただやす》や柳原光愛《やなぎわらみつなる》らが山陵御用掛《ごようがかり》に任じられ、公武協力して山陵の修復に努めた。とりわけ初代*神武天皇陵《じんむてんのうりょう》の所在は、以前から諸説あったが、谷森説により、橿原《かしはら》の畝傍山《うねびやま》東北の地（ミサンザイ）と勅定され、幕府の出費で復興されている。

明治に入ると、王政復古の理念に基づき、霊を祀る陵墓の治定・整備が進められた。とくに注目されるのは、まず明治7年（一八七四）「*神代三陵」（*瓊瓊杵尊《ににぎのみこと》と*彦火火出見尊《ひこほほでみのみこと》と*鸕鷀草葺不合尊《うがやふきあえずのみこと》の山陵）を鹿児島《かごしま》県内に決め、ついで同9年（一八七六）・10年には、在位中に殺された*[32]崇峻《すしゅん》天皇と*[39]弘文《こうぶん》天皇の陵を桜井《さくらい》市と大津《おおつ》市に定め、さらに同22年（一八八九）、不明だった*[23]顕宗《けんぞう》天皇など一三帝の陵を一挙に決定した点である。しかし、その結論には、考古学的に疑問視されるものも少なくない。

これらの陵墓は明治後半から宮内省《くないしょう》の*諸陵寮《しょりょうりょう》の所管となる。そして、それぞれ*陵墓守長《りょうぼしゅちょう》と*名誉守部《めいよしゅぶ》（共に判任官《はんにんかん》）が置かれ、管守に従事してきた。　［所］

【現在《げんざい》の陵墓数《りょうぼすう》と管理《かんり》】

現行の『皇室典範』第二七条によれば、「天皇、皇后、太皇太后及び皇太后を葬る所を陵、その他の皇族を葬る所を墓」とある。

平成31年（二〇一九）現在、宮内庁書陵部*陵墓課《りょうぼか》は、陵一八八、墓五五五、分骨所《ぶんこつじょ》・火葬塚《かそうづか》・灰塚《はいづか》など陵墓に準ずるもの四二、髪歯爪塔《はつしそうとう》六八、陵墓参考地四六の計八九九基を管理している。同一地域のものもあり、陵墓とその関連地域は四六〇か所、総面積は六五一万五〇〇〇平方メートルに上り、鹿児島県から山形県まで一都二府三〇県に及ぶ。

この一八八陵の内訳は、歴代*天皇陵《てんのうりょう》が一一二（天武《てんむ》・持《じ》統《とう》両天皇は合葬、奈良時代の女帝八名のうち二名が重祚《ちょうそ》、また京都の深草北陵《ふかくさのきたのみささぎ》には後深草天皇以下の一二代を合葬）。ほかに「歴代外」の一二三陵は、神代三陵、北朝天皇五名、尊称天皇と追尊天皇、さらに皇后陵が六二ある。

宮内庁は、これらを、多摩《たま》（東京など六都県）、桃山《ももやま》（京都など一二府県）、月輪《つきのわ》（京都など七府県）、畝傍《うねび》（奈良など五県）、古市《ふるいち》（大阪など八府県）の五監区三八部に分ける。

たとえば、多摩陵墓監区事務所は、武蔵陵墓地《むさしりょうぼち》のある八王子市に置かれ、所長以下一三人。その下に「豊島岡部《としまがおかぶ》」があり、皇族墓地の豊島岡墓地（東京都文京区）の事務所に職員四人と嘱託が二人いる。順徳天皇の佐渡の火葬塚には職員一人と非常勤四人がいる。ほかに「部外」で、非常勤職員が遠隔地の墓や分骨塔などを管理している。

陵墓課には約一五〇人の職員と八十数人の嘱託がおり、鹿児島県の「神代三陵」も、それぞれ宮内庁職員が管理している。陵墓の整備や修補の費用は年間特別修理費、また一般修理費が計上されている。

豊島岡墓地《としまがおかぼち》　東京都文京区大塚にある皇族専用の墓地。総面積八万平方メートル。埋葬第一号は明治6年（一八七三）に夭折《ようせつ》した明治天皇の第一皇子で、現在まで皇族、旧皇族、明治天皇の生母中山慶子《なかやまよしこ》、その父中山忠能や、昭和22年（一九四七）に皇籍を離脱した久邇朝融《くにあさあきら》・東久邇稔彦《ひがしくになるひこ》など一部の旧皇族など八八人が葬られている。

皇籍を離れた旧皇族については、夫婦、親子など一定の範囲に限って認められている。皇太后以下の皇族の喪儀もここで行われる。　［髙橋・米田］

9

皇室と宗教文化

［108］皇室関係の神話・伝承

『*古事記《こじき》』（略称「記」）は、*[40]天武《てんむ》天皇の命を受けて稗田《ひえだの》阿礼《あれ》が誦習した古来の『*帝紀《ていき》』『*旧辞《きゅうじ》』を*太安万侶《おおのやすまろ》が撰録して、和銅5年（七一二）*[43]元明《げんめい》天皇に献上したもの（三巻）。一方『*日本書紀《にほんしょき》』（略称「紀」）は、天武天皇の詔を承《う》けて川島《かわしま》皇子らが着手し、やがて*舎人《とねり》親王らが完成して、養老4年（七二〇）*[44]元正《げんしょう》天皇に進上した勅撰の正史（本文三〇巻と系図一巻）である。

「記」の上巻と「紀」の第一・二巻には、「神代」の物語が収められている。両者を対比すると、細部で異なる点も少なくないが、大筋は共通する。そこで、両者を「記紀神話」と略称するが、それには大きな特徴がある。

【神代史《じんだいし》の神話《しんわ》】

「記紀神話」は、*高天原《たかまがはら》の神々《かみがみ》が地上の万物を産み成し、その主要な神々（*天神《てんじん》系と*地祇《ちぎ》系）の働きにより、やがて国（*大八洲《おおやしま》）が形作られ統合される、という壮大な〝建国物語〟が骨格をなしている。

もちろん、その構想にも表現にも漢籍・仏典などの影響や借用が随所にみられる。また民間伝承なども少なからず取り込まれている。しかし、大部分は、皇室と各氏族の奉ずる神々の多彩な活躍を物語っている。

「記紀」の神代の物語（神代史）は、抽象的な冒頭の*別天《ことあまつ》神《かみ》（天御中主命《あめのみなかぬしのみこと》から三代）と*神世七代《かみよななよ》（国常主神《くにのとこたちのかみ》から七代）を別にすれば、およそ次の七章から成る。『日本書紀』にしたがって記述する。

〔*八洲起元《やしまきげん》〕*伊弉諾尊《いざなきのみこと》と*伊弉冉尊《いざなみのみこと》（諾冉二神）が、オノコロ嶋《じま》に降《くだ》って「淡（路）州」と「大八洲国」および山川草木などを産む。

〔*四神出生《ししんしゅっせい》〕諾冉二神は、高天原《たかまがはら》で日神《ひのかみ》（*天照大神《あまてらすおおみかみ》）と月《つき》神《がみ》（月読尊《つくよみのみこと》）と*素戔嗚尊《すさのおのみこと》および蛭児《ひるこ》の四神を産む。ついで伊弉冉尊は火神を産む際に、焼死して黄泉《よみ》へ去ったが、伊弉諾尊が*禊祓《みそぎはらい》して海神（筒男神《つつのおのかみ》・海津見神《わたつみのかみ》）の出現をえる。

〔*瑞珠盟約《ずいしゅめいやく》〕天照大神は、素戔嗚尊と*誓約《うけい》（卜占《うらない》の一種）をして物根《ものざね》の「御統《みすまる》」（瑞珠）と剣を取り換え、生まれた男神（天穂日尊《あまのほひのみこと》や天忍穂耳尊《あまのおしほみみのみこと》など）を天照大神の子とし、女神（宗像《むなかた》三神）を素戔嗚尊の子とする。

〔*宝鏡開始《ほうきょうかいし》〕天照大神は、素戔嗚尊が乱行を重ねるので、いったん＊天《あま》の岩戸《いわと》に隠れてしまう。しかし、岩戸の前で真《ま》榊《さかき》に宝鏡と勾玉《まがたま》を付け、多くの神々が祈り呼びかけたところ、天照大神が再び現れ、素戔嗚尊は高天原《たかまがはら》から根国《ねのくに》へ追放される。

〔＊宝剣出現《ほうけんしゅつげん》〕根国の出雲《いずも》へ降った素戔嗚尊は、奇稲田姫《くしいなだひめ》を救うため八岐大蛇《やまたのおろち》を退治して、その尾から現れた宝剣（＊天《あまの》叢雲剣《むらくものつるぎ》）を天神に献上する。また、素戔嗚尊と奇稲田姫の結婚により産まれた＊大己貴神《おおなむちのかみ》（＊大物主神《おおものぬしのかみ》）が、やがて国土を経営する。

〔＊天孫降臨《てんそんこうりん》〕この出雲を含む＊葦原中国《あしはらのなかつくに》（瑞穂国《みずほのくに》）には、高天原から、天穂日尊（＊出雲氏等の祖）が遣わされたけれども、大己貴神（三輪氏《みわし》等の祖）に媚《こ》び付いてしまう。

そこで、さらに＊経津主神《ふつぬしのかみ》・＊武甕槌神《たけみかづちのかみ》などが高天原から遣わされ、大己貴神と談判して、ようやく国譲りを成功させた。よって天照大神は、＊天忍穂耳尊の皇子（つまり皇孫）＊瓊瓊杵尊《ににぎのみこと》に、神勅と神器の鏡・剣・玉などを授け、＊天児屋《あまのこや》根命《ねのみこと》（中臣氏《なかとみし》の祖神）などを従えさせ、日向《ひゅうが》の＊高千穂峰《たかちほのみね》へ天降《あまくだ》らせる。

なお、『＊先代旧事本紀《せんだいくじほんぎ》』などの所伝によれば、瓊瓊杵尊よりも先に、その兄の＊饒速日命《にぎはやひのみこと》（＊物部《もののべ》氏らの祖神）が河内《かわち》に天降った。けれども、長髄彦《ながすねひこ》の妹と結ばれ居着いてしまったという。

〔＊海宮遊幸《うみのみやゆうこう》〕瓊瓊杵尊と＊木花開耶姫《このはなさくやひめ》（大山祇神《おおやまつみのかみ》の娘）との間に生まれた御子のうち、＊彦火火出見尊《ひこほほでみのみこと》（火遠理命《ほおりのみこと》・山幸《やまさち》彦《ひこ》）が火照命《ほでりのみこと》（海幸彦《うみさちひこ》）と争って海の宮へ行き、豊玉姫《とよたまひめ》（海《わた》津見神《つみのかみ》の娘）との間に＊鸕鷀草葺不合尊《うがやふきあえずのみこと》を生む。

この後に鸕鷀草葺不合尊と＊玉依姫《たまよりひめ》（豊玉姫の妹）との間に生まれた若御毛沼命《わかみけぬのみこと》が、人皇初代の＊神日本磐余彦尊《かむやまといわれひこのみこと》（＊[1]神武天皇《じんむてんのう》）だという。

【神話《しんわ》と歴史《れきし》の関係《かんけい》】

このような神代史は、単に天照大神から神武天皇へとつながる神統譜を伝えるだけでなく、複雑多岐な建国過程を神話的に物語っているとみられる。

すなわち、この神話にいう高天原は、大和《やまと》朝廷の原拠であった北九州（旧ヤマト）であり、葦原中国の中心は、その勢力が東征した先の畿内《きない》（新ヤマト）とみなされる。その舞台として描かれる九州も畿内も、稲作の普及した弥生《やよい》時代を連想させる。また天照大神の子孫とされる神武天皇も、祖先から稲作の生産力を受け継ぎ、山と海の支配力も身に付けていたことになると解される。

これを前提として考えれば、〔天孫降臨〕章にいう天穂日命などが、高天原から葦原中国へ遣わされたけれども、返奏復命しなかったというのは、元来北九州にいた出雲《いずも》氏などが、畿内の平定に派遣されながら、畿内の氏族（*大己貴神を祖神とする三輪氏など）に取り込まれて、東征に失敗したことを意味するとみられる。

なお、『*先代旧事本紀《せんだいくじほんぎ》』にいう*饒速日命《にぎはやひのみこと》（物部《もののべ》氏らの祖神）が、〔四神出生〕章にいう「ヒルコ」（蛭子）だとすれば、そのヒルコが放流されて椎根津彦《しいねつひこ》（大阪湾辺の領有勢力）に奉斎されたというのは、出雲氏についで物部氏も、北九州から派遣されながら、畿内の勢力に取り込まれてしまったことを意味すると解される。

また、*天照大神が〔瑞珠盟約〕章にいう*素戔嗚尊（大己貴神の父神）と誓約《うけい》をして物実《ものざね》を取り交わしたとか、〔宝鏡開始〕章にいう素戔嗚尊の乱行に耐えかねて天の岩戸に隠れたが、再び現れて尊を追放したというのは、*天神系の北九州勢力と*地祇系の畿内勢力との間に、かなり激しい争いが繰り返されてきたことの反映とみられる。

ただ、その素戔嗚尊は〔四神出生〕章で天照大神の弟神とされ、〔宝剣出現〕章にいう追放先が畿内でなく出雲となっている。これは北九州の勢力が畿内へ進出した結果、先に畿内へ入り三輪《みわ》氏らと連合していた出雲氏が、畿内から山陰の出雲へ転出を余儀なくされたからであろう。また、〔天孫降臨〕章にいう*経津主神・*武甕槌神なども出雲へ遣わされ、大己貴神（大物主神）から国譲りを受けたというのは、大和の勢力が出雲の勢力を平定統合したことを意味すると解される。

しかし、神代の物語は、もちろん歴史上の出来事を順番に記録したものではなく、いろいろな史実が前後に織り交ぜられているであろう。たとえば、大和の王権が出雲地方を平定するよりはるか前に、瓊瓊杵尊が日向に天降《あまくだ》っていたというのは、北九州の勢力が南九州まで進出していたからとみられる。その子孫たちが、やがて内部の抗争を乗り越え、ついに日向から東征して畿内（新ヤマト）で拠点を築いたことを意味すると解される。

〔所〕

［109］大和朝廷の建国伝承

【東征《とうせい》の伝承《でんしょう》】

わが国は、皇室の祖先である*大和朝廷《やまとちょうてい》を中心に統一された。その経緯は必ずしも明らかでないが、『古事記』と『日本書紀』（「記紀」）の神話や伝承などから大筋を紹介する。

まず「記紀神話」に史実の記憶が反映されているとすれば、元来九州にあったと考えられる邪馬台国《やまたいこく》が、畿内《きない》へ進出する以前から、広い意味で同族の*出雲氏《いずもし》や*物部氏《もののべし》などの祖先が、何度も先駆的な*東征《とうせい》を試みながら、容易に成功しなかったとみられる。

ところが、おそらく弥生《やよい》前期頃、北九州から南九州（日向《ひゅうが》）の*高千穂峰《たかちほのみね》あたりに勢力を拡げた邪馬台国は、やがて弥生中期頃、のちの*[1]神武天皇《じんむてんのう》たちが東征に乗り出した。すなわち、日向を出発して宇佐《うさ》・安芸《あき》・吉備《きび》から難波《なにわ》に至り、いったん上陸する。しかし、生駒《いこま》の孔舎衛《くさえ》（日下《くさか》）で長髄彦《ながすねひこ》らの抵抗にあい、兄の*五瀬命《いつせのみこと》が負傷し亡くなってしまう。そこで、やむなく紀伊《きい》水道を南に迂回《うかい》して再び熊野《くまの》から上陸し、高倉下《たかくらじ》や道臣命《みちのおみのみこと》や*八咫烏《やたがらす》（カモ氏の化身）らに助けられ導かれた。久米部《くめべ》を率いて久米の歌舞に励まされながら、八十梟帥《やそたける》・兄磯城《えしき》なども平らげている。再び現れた長髄彦との戦いでは*鵄《とび》に救われ、土蜘蛛《つちぐも》らも討ち、ようやく大和へ攻め入り拠点を築くことができたという（神武東征）。

【神武天皇《じんむてんのう》（初代天皇《しょだいてんのう》）】

この初代天皇の和風諡号《しごう》は、『古事記《こじき》』に「神倭伊波礼毘古命《かむやまといわれびこのみこと》」、『日本書紀《にほんしょき》』に「*神日本磐余彦 天皇《かむやまといわれひこのすめらみこと》」と称されるから、畿内*大和《やまと》の「*磐余《いわれ》」（奈良県橿原《かしはら》市）あたりを中心に勢力を張ったと考えられる。

そして一段落したところで、即位するに先立って、「八紘《あめのした》（天下）を掩《おお》ひて宇《いえ》と為《な》さん」との「令《のりごと》」を下し、ただちに「帝室《みやこ》」（宮処）を造り始めたことが、『日本書紀』（神武天皇即位前紀己未年三月丁卯条《きびのとしさんがつていぼうのじょう》）にみえる。

ついで『日本書紀』によれば、*辛酉年《しんゆうねん》の春正月一日、*橿原宮《かしはらのみや》で即位したから、この大王を「*始馭天下之天皇《はつくにしらすすめらみこと》」と称する。その実年代は不明というほかないが、弥生中期の1世紀初めころとみて大過ないと思われる。

また、天皇は日向で吾平津媛《あひらつひめ》を妃としていたが、大和では在地勢力と手を結ぶため、三輪《みわ》の*大物主神《おおものぬしのかみ》の娘と伝えられる*媛蹈鞴《ひめたたら》五十《い》鈴媛命《すずひめのみこと》を正妃に迎えた。その間に神渟《かむぬ》名《なか》川耳命《わみみのみこと》（*[2]綏靖《すいぜい》天皇）などをもうけている。

さらに、即位後まもなく「わが皇親《みおや》の霊《みたま》、天より降《お》り鑑《み》て、朕《あ》が躬《み》を光《てら》し助けたまへり。……以《もっ》て天神《あまつかみ》を祀《まつ》り、以て大孝を申したまふべし」と述べ、「霊畤《まつりのにわ》」（祭庭）を鳥見《とみ》山《やま》（桜井市外山《とび》）に設けて「皇祖天神」を祭ったとある（同紀四年二月甲申条）のも、大和朝廷が古くから祖先祭祀《さいし》を重視していたことを示すものとみられる。

【闕史《けっし》八代《はちだい》】

第二代から第九代までは、ほとんど系譜の記載だけで治績の説明が乏しい。そのため、闕史八代という。ただ、その多くが在地の有力な*磯《し》城県主《きのあがたぬし》の娘などを妃としたと記録されている。

【四道将軍《しどうしょうぐん》と神宮鎮座伝承《じんぐうちんざでんしょう》】

*[10]崇《す》神天皇《じんてんのう》は、おそらく3世紀中ごろに実在したとみられる。その即位後まもなく、国内に疫病《えのやまい》が流行したので、土着の神（大物主神と*倭大国魂神《やまとおおくにたまのかみ》）を鎮《しず》めるため、その子孫（大田《おおた》田《た》根《ね》子《こ》命と市磯長尾《いちしのながお》市《ち》）に祀《まつ》らせた。また諸氏族の奉ずる神社を、元来九州の*天神（てんじん　あまつかみ）系《けい》（天社《あまつやしろ》）と元来畿内の*地祇（ちぎ　くにつかみ）系《けい》（国社《くにつやしろ》）として整理することにより、双方共存できる道を開くなどして、畿内地域の安定をはかった。

さらに、畿外の四道に向けて近親の皇族を派遣した。すなわち、北陸地方（北陸道）に*大彦命《おおひこのみこと》（崇神天皇の伯父《おじ》）、東国地方（東海道）に武渟川別命《たけぬなかわわけのみこと》（大彦命の子）、西海道（山陽道）に吉備津彦《きびつひこ》、丹波《たんば》（山陰道）に丹波道主命《たんばのみちぬしのみこと》を、それぞれ「*将軍《しょうぐん》」として遣《つか》わしたという（*四道将軍《しどうしょうぐん》）。

つぎに*[11]垂仁天皇《すいにんてんのう》朝は、およそ3世紀後半とみられる。そのころ皇女の*倭姫命《やまとひめのみこと》が、天照大神《あまてらすおおみかみ》を奉じて、大和から近江《おうみ》・美濃《みの》を廻り、ついに伊勢の五十《い》鈴川《すずがわ》の川上で神宮《じんぐう》を建てて奉安したと伝えられる。この神宮鎮座伝承は、単に皇《こう》祖《そ》神《しん》（太陽神）を大和より東方の伊勢に祀ったというだけでなく、伊勢湾から東国へ乗り出す前進基地を築いたことも意味しよう。

【日本武尊《やまとたけるのみこと》の物語《ものがたり》】

さらに*[12]景行天皇《けいこうてんのう》朝は、およそ4世紀前半とみられる。そのころ皇子の*日本武尊《やまとたけるのみこと》（倭建命《やまとたけるのみこと》）は、勅命に従って、まず九州の熊襲《くまそ》を征し、ついで東国の蝦夷《えみし》らを伐《う》ったと伝えられる。

この英雄物語は、『古事記』と『日本書紀』で少し異なる。『古事記』により大筋を略述すると、倭建命（以下ミコト）は、幼名を*小碓命《おうすのみこと》というが、乱暴なほど元気で兄の大碓命《おおうすのみこと》を殺してしまう（『日本書紀』では大碓命が美濃へ逃れ身毛津君《むげつのきみ》らの祖になっている）。その武勇により父の景行天皇から九州に遠征を命じられたミコトは、女装して宴席で*熊曾建《くまそたける》の兄弟を討った際、その兄弟から「倭建《やまとたける》」の名を献じられた。ついで帰途、出雲へ寄り、*出雲建《いずもたける》も滅ぼしたという（この出雲征伐は『日本書紀』にない）。

帰京して再び東国への遠征を命じられたミコトは、伊勢に叔母《おば》の*倭姫命《やまとひめのみこと》を訪ねて「神の朝廷《みかど》（神宮）」を拝《おろが》み「*草薙剣《くさなぎのたち》」などを授けられた。そのおかげで、尾張《おわり》を経て相武《さがむ》に向かった時、焼津《やいづ》の豪族に野火を放たれたが、御剣で草を薙《な》ぎ払い逆襲することができた。ついで走水《はしりみず》の海（浦賀水道《うらがすいどう》）が荒れ、船を進められない時、妃《きさき》の*弟橘比売命《おとたちばなひめのみこと》が夫の「政《まつりごと》を遂《と》げ」させるため、みずから進んで入水《じゅすい》したところ、荒海も穏かになり上総《かずさ》へ着き、*蝦夷《えみし》らを平定することができた。

その帰途、足柄《あしがら》の坂で亡き妃を偲び「*吾嬬《あづま》はや」と歎《なげ》いた（故に当地をアヅマという）。ついで甲斐《かい》・科野《しなの》を越え尾張に入り、国造の娘*美夜受比売《みやずひめ》と結ばれて姫に草薙剣を渡した。しかし、*伊吹山《いぶきやま》へ登り氷雨《ひさめ》に打たれて気を失い、美濃《みの》の*当芸野《たぎの》（岐阜県養老郡）から杖《つえ》を突《つ》いて坂を越え足を三重《みえ》に曲げて何とか*能褒野《のぼの》（三重県亀山市）へたどり着いたが、病状急変して亡くなった。

その直前「倭《やまと》は国のまほろば（最も秀でた所）、たたなづく青垣《あおがき》（幾重にも青々と垣根を張り巡らしたように）山隠《こも》れる倭しうるはし」と「*国思歌《くにしのびうた》」を詠んだ。その御霊《みたま》は大きな白智鳥《しろちどり》となって飛び去り（この時の后《きさき》や御子《みこ》らによる追悼《ついとう》の歌が以後「天皇の大御葬歌《おおみはふりうた》」＝*誄歌《るいか》となる）、やがて河内《かわち》の志幾《しき》に留まったので、そこに「*白鳥御陵《しらとりのみささぎ》」が造られた。

この雄大な英雄物語は、複数の事績が合成されているかもしれない。とはいえ、大和朝廷が4世紀前半頃までに日本列島の主要な部分を統一したことはたしかである。

【神功皇后《じんぐうこうごう》の物語《ものがたり》】

*14仲哀天皇《ちゅうあいてんのう》朝は、およそ4世紀後半とみられる。そのころ九州の熊襲《くまそ》が朝鮮《ちょうせん》の新羅《しらぎ》と組んで勢力を盛り返していたから、天皇は皇后の息長帯日売命《おきながたらしひめのみこと》（神功皇后）とともに九州へ遠征した。

しかし、天皇が神託に背《そむ》いて急逝したので、皇后は懐妊《かいにん》中にもかかわらず、神託どおり三韓《さんかん》（高句麗《こうくり》・百済《くだら》・新羅《しらぎ》）まで出兵した。しかも、凱旋《がいせん》してから*15応神天皇《おうじんてんのう》を出産し、母后として「摂政《せっしょう》」を長らく務めたと伝えられる。

図１　弟橘姫入水図（伊東深水画、神宮徴古館蔵）

そのうち、いわゆる新羅征討については、『古事記』と『日本書紀』で少し異なる。『古事記』により大筋を略述すると、神功皇后は息長帯日売命という（息長宿禰王《すくねのおう》の五世孫、以下ヒメ）。夫の仲哀天皇が熊曾《くまそ》を討つため筑紫《つくし》の香椎宮《かしいのみや》にいた時、ヒメに対して「西の方に国あり。……吾《われ》今その国を帰《よ》せたまはん（天皇に授けよう）」との神託があった。しかし、それを聴き容れなかった天皇は、神（筒男三神《つつのおさんじん》＝住吉《すみよし》三神）の怒りに触れ亡くなってしまう。

そこで、あらためて詳しい神託をえたヒメは、軍勢を整えて海を渡った。すると新羅の国王は、畏《かしこ》まって「今より以後は、天皇の命《みこと》の随《まにま》に……退《や》むこと無く仕え奉らん」と誓ったので、新羅を従え百済も屯家《みやけ》（朝廷直轄地）と定め、国王の門近くに「墨江《すみのえ》（住吉）大神の荒御《あらみ》魂《たま》を国守ります神として祭り鎮め」たという（『日本書紀』にみえる高句麗は出てこない）。

この遠征前に懐妊していたヒメは、凱旋後に筑紫の宇美《うみ》で御子（品陀《ほんだ》和《わ》気命《けのみこと》＝応神《おうじん》天皇）を出産した。大和への途次、御子の異母兄（香坂《かごさか》王・忍熊《おしくま》王）に攻められたが撃退し、やがて若狭《わかさ》の都奴賀《つぬが》（福井県敦賀《つるが》市）を経て帰還するに至った。

［所］

[110]「万世一系」論

万世一系《ばんせいいっけい》　永久に続く同一の系統で、具体的には古代から現代まで一貫して続く皇室の系統＝*皇統《こうとう》を意味する。

この成句は、明治22年(一八八九)発布の『*大日本帝国憲法』第一条に「大日本帝国は万世一系の天皇之《これ》を統治す」と規定されて以来、広く用いられてきた。ここにいう*万世《ばんせい》は「神祖（天照　大神《あまてらすおおみかみ》）開国以来……皇統一系、宝祚《あまつひつぎ》の隆《さかえ》は天地と與《とも》に窮《きわまり》なし」（伊藤博文《いとうひろぶみ》『憲法義解』）と説明されている。

【万世一系観《ばんせいいっけいかん》の由来《ゆらい》】

万世一系の皇統観は、大和《やまと》朝廷の数百年にわたる大王位の継承史をふまえて、次第に形成されたとみられる。その系譜と治績をまとめたものが、6世紀の成立と推定される「*帝紀《ていき》」＝「帝皇日継《ていおうひつぎ》」（『古事記《こじき》』序文）であろう。それを8世紀初めの『日本書紀』は、天照大神から「皇孫」への神勅《しんちょく》（→[108]）に基づくものと伝える。

それが飛鳥《あすか》時代から正統な皇位の根拠とされていたことは、*葛野　王《かどののおおきみ》（[39]弘文《こうぶん》天皇の長子）の「我が国家の法たるや、神代以来、子孫相承け、以て天位を襲ぐ」（『懐風藻《かいふうそう》』）という主張によっても知ることができる。また、奈良時代の神護景雲3年(七六九)*[48]称徳《しょうとく》天皇に寵愛された法王道鏡《どうきょう》が皇位をねらった際、それを退けた和気清麻呂《わけのきよまろ》は、宇佐大神《うさのおおかみ》の託宣を受けたとして、「我が国家《みかど》は開闢《かいびゃく》より以来、君臣（の分）定まりぬ。……天つ日嗣《ひつぎ》（皇位）は必ず皇緒（儲）（皇族の継嗣）を立てよ」（『続日本紀』）と報告している。

ついで、平安時代の嘉祥2年(八四九)*[54]仁明《にんみょう》天皇に捧げた興福寺僧の頌寿歌《しょうじゅか》に「御世《みよ》々々に相承け襲《かさ》ねて、皇《すめら》ごとに現人神《あらひとがみ》と成り給ひ……帝《みかど》の御世、万代《よろずよ》に重ね飾りて栄えさせたてまつらん」（『続日本後紀』）と詠まれている。また、延喜5年(九〇五)勅撰の『古今和歌集』に収める賀歌「わが君は　千世に八千世に　さゞれ石の　巌《いはを》となりて　苔《こけ》のむすまで」（国歌「君が代」の原歌《もとうた》）というのも、同趣の天皇頌寿歌であったと考えられる。

ちなみに、永観元年(九八三)入宋《にっそう》した僧奝然《ちょうねん》が、このような代々一系で続く皇統系譜のひとつ「王年代記」を、皇帝太宗に献上して「(日本の）国王は一姓伝継（継を伝へ）、臣下も皆官を世々にす」と説明したところ、太宗は「これ蓋《けだ》し古の道なり」と感心した（『宋史』日本伝）という。

【『神皇正統記《じんのうしょうとうき》』の正統論《せいとうろん》】

一系の皇統とは、つねに親子のような直系でつながっているとは限らない。とりわけ鎌倉中期から*89後深草《ごふかくさ》天皇系の*持明院統《じみょういんとう》と*90亀山天皇系の*大覚寺統《だいかくじとう》が相互に即位し、やがて*96後醍醐《ごだいご》天皇が吉野に遷《うつ》ってからは*南朝と*北朝が分立した。そこで、南朝方の重臣北畠親房《きたばたけちかふさ》は『神皇正統記《じんのうしょうとうき》』を著し、「神代《かみよ》より正統にて承《う》け伝へるいはれ」「天照大《あまてらすおお》神《みかみ》よりこのかたの正統」を詳しく論じている。

同書では、天皇を皇位継承順の「代」数と*1神武《じんむ》天皇から当代へと直系で続く父子一系の「世」数とで示す。しかも「まことの継体」（本当の皇位継承）は、当代につながる直《ちょっ》系《けい》の血統であり、それ以外を傍系《ぼうけい》とする。これで、南朝を正《しょう》統《とう》、北朝を傍流《ぼうりゅう》とし、今後の皇位継承者もこの正統子孫でなければならない、という論理を立てたのである。

その後、南北両朝の分立は、*足利義満《あしかがよしみつ》の工作で、南朝の*99後亀山《ごかめやま》天皇を父とし北朝の*100後小松《ごこまつ》天皇を子とする形をとり、「*三種神器《さんしゅのじんぎ》」が授受されて合一した。これによって北朝は正統性を確保することになる。しかし近世には、血統でつなぐ「*世系《せいけい》」よりも、神器を伴う皇位継承の「*代系《だいけい》」を重んずる*名分論《めいぶんろん》が、水戸の徳川光圀《とくがわみつくに》や栗山潜鋒《くりやませんぽう》（彰考館総裁）などによって唱えられ、だんだん有力になる。

【明治時代《めいじじだい》の万世一系論《ばんせいいっけいろん》】

幕末の安政2年（一八五五）吉田松陰《よしだしょういん》の「士規七則《しきしちそく》」に「皇朝は万葉一統」とある。また慶応3年（一八六七）10月、岩倉具視《いわくらともみ》の*「王政復古《おうせいふっこ》」建議書《けんぎしょ》に「皇家は連綿として万世一系」（『維新史料綱要』）とある。明治2年（一八六九）1月、薩長土肥《さっちょうどひ》の四藩主による「版籍奉還《はんせきほうかん》」の上表文に「天祖……より皇統一系、万世無窮なり」と見え、同4年（一八七一）11月、岩倉使節団《いわくらしせつだん》が米欧諸国の元首あてに持参した*122明治天皇《めいじてんのう》の国書《こくしょ》に「朕《ちん》（睦仁《むつひと》）…万世一系なる皇祚《こうそ》を践みしより……」と記されている。

ついで明治10年（一八七七）前後に元老院の起草した『*国憲按《こっけんあん》』（第一次・第二次案）に「日本帝国は万世一系の皇統を以て之を治む」とあり、これが同22年の憲法第一条に受け継がれた。以後それが国体論の中核となり、広く普及した。

【戦後《せんご》の王朝交替説《おうちょうこうたいせつ》】

敗戦後、戦前への反動もあって、「記紀」などの伝承を否定し、王朝の交替を説く論が盛んになった。たとえば神武天皇も*10崇神《すじん》天皇も同様に「ハツクニシラススメラミコト」とよばれていることから、後者が最初の国家を建てたとか、そのころ九州に来た騎馬《きば》民族が、*15応神《おうじん》天皇のときに大和へ入ったとか、多様な推測の説がある。

［所］

[111] 三種神器

皇祖*天照大神《あまてらすおおみかみ》から皇孫に授けられたと伝えられる三種の神宝をいう。その三種とは*八《や》咫鏡《たのかがみ》・*天叢雲剣《あまのむらくものつるぎ》（＝*草薙《くさなぎの》剣《つるぎ》）・*八《や》尺瓊曲玉《さかにのまがたま》である。この三種はセットにして皇位の継承に不可欠なものとされ今日に及んでいる。ただ、それぞれ起源が異なり、神器としての扱われ方も同じではない。

【天照大神《あまてらすおおみかみ》の神勅《しんちょく》】

「記紀」の神話・伝承は、大和《やまと》朝廷が日本国内を統治し、その子孫が大王位＝皇位を世襲しうる由来と正統性を物語っている（↓[108]）。それを端的に示すのは、天照大神から子孫に下されたという三種神器《さんしゅのじんぎ》に関する次のような「*神勅《しんちょく》」である（「天孫降臨」に関する『日本書紀』の「一書」）。

①天照大神、乃《すなわ》ち天津彦彦火瓊瓊杵尊《あまつひこひこほのににぎのみこと》に、八《や》尺瓊《さかに》の曲玉《まがたま》、及び八《や》咫鏡《たのかがみ》・草薙剣《くさなぎのつるぎ》、*三種《さんしゅ》の宝物《ほうもつ》を賜ふ。……因りて、皇孫《すめみま》に勅《みことのり》して曰《のたま》はく「葦原《あしはら》の千《ち》五《い》百《ほ》秋の瑞穂《みずほ》の国は、これ吾が子孫《うみのこ》の王《きみ》たるべき地《くに》なり。爾皇孫《いましすめみま》、就《ゆ》きて治《し》らせ。行《さき》くませ。宝祚《あまつひつぎ》の隆《さか》えまさんこと、まさに天壌《あめつち》と窮《きわま》り無《な》かるべし」と。

②天照大神、手に*宝鏡《ほうきょう》を持ちたまひて、天忍穂耳尊《あめのおしほみみのみこと》に授け祝《ほ》ぎて曰《のたま》はく「吾が児《こ》、この宝鏡を視《み》まさんこと、まさに吾《われ》を視《み》るがごとくすべし。与《とも》に床《ゆか》を同じくし殿《おおとの》を共《ひとつ》にして、*斎鏡《いわいのかがみ》とすべし」と。また、天児屋命《あまのこやねのみこと》・太《ふと》玉命《たまのみこと》に勅すらく「これ爾《いまし》二神、亦同《またとも》に殿の内に侍ひて、善く防護を為《な》せ」と。

これによれば、天照大神は初め御子＝*天忍穂耳尊を降臨させようとして②の勅を下した。けれども、その御子と栲《たく》幡千《はたち》千《ぢ》姫《ひめ》との間に瓊瓊杵尊が生まれたので、この皇孫が斎鏡を奉じて天降《あまくだ》ったことになる。それが①では、天照大神から皇孫に対して勅を下し、「三種の宝物」をセットにして皇孫の瓊瓊杵尊に授けている。

なお、①は*天壌無窮《てんじょうむきゅう》の神勅《しんちょく》とも称される。天地が永久に続くように宝祚《ほうそ》（皇位）も悠久に続くことを予祝している。

ここにいう「三種の宝物」（玉・鏡・剣）に類するものは、他所にもある。たとえば、『日本書紀』（「紀」）に*[12]景行《けいこう》天皇が筑紫《つくし》へ遠征した際、地元の「神夏磯媛《かむなつそひめ》」（巫女か）が「賢《さか》木《き》を抜《こじと》り、上枝に八《や》握《つか》の剣《つるぎ》を挂《とりか》け、中枝に八《や》咫《た》の鏡を挂け、下枝に八《や》尺《さか》の瓊《に》（玉）を挂けて」天皇に献上し帰順したとあり、同書・*神功皇后紀《じんぐうこうごう》にも同趣の記事がみえる。

　また、「紀」の即位記事をみると、継体天皇元年（五〇七）2月、大伴金村《おおとものかなむら》が「天子の*鏡剣璽符《きょうけんじふ》を上《たてまつ》り再拝」したとか、また持統《じとう》天皇4年（六九〇）正月の即位式にも、神祇伯中臣大島《じんぎはくなかとみのおおしま》が「天神の寿詞《よごと》」を読み、忌部色夫知《いんべのしこぶち》が「*神璽《しんじ》の鏡剣《きょうけん》を皇后（持統）に奏上」したとある。

　さらに『大宝令』『養老令』（8世紀初め）の「神祇令《じんぎりょう》」にも「践祚」の儀として、忌部氏が「神璽の鏡・剣を奉る」と規定されるのみで、玉のことがみえない。そのため、神器は元来二種だったとの説もあるが、大王のシンボルとしては、三種のうち鏡と剣が特に重んじられてきたものと考えられる。

【鏡《かがみ》・剣《つるぎ》・玉《たま》の来歴《らいれき》】

八咫鏡《やたのかがみ》　*宝鏡、神鏡、神霊鏡、御鏡ともいう。神器の鏡については、神勅②で、天照大神が天孫に対し「宝鏡」をその御霊代《みたましろ》（御神体）として授け、宮殿の中に奉斎するよう求めている。また、中臣氏祖神の*天児屋命《あまのこやねのみこと》と忌部《いんべ》氏祖神の太玉命《ふとたまのみこと》に対して、この「斎鏡」を殿内で十分に防護するように命じている。それゆえ、当初は「宝鏡」を天照大神の御霊代として「天皇の大殿の内」に祀ってきたとみられる。

　しかし、*[10]崇神《すじん》天皇は「その神の勢《いきおい》を畏れ……（皇女）豊鍬入姫命《とよすきいりひめのみこと》に託《つ》けまつりて倭《やまと》の笠縫邑《かさぬいむら》（大神《おおみわ》神社近くの檜原《ひばら》神社あたりか）に祭る」ことにした。次の*[11]垂仁《すいにん》天皇は「（皇女）倭姫命《やまとひめのみこと》に託《つ》け……大神の教の随《まにま》に、その祠《やしろ》を伊勢国……五十鈴《いすず》の川上に興《た》つ」に至った（「紀」）。

　この*伊勢の神宮《じんぐう》（内宮《ないくう》）に奉斎された鏡に関して、延暦23年（八〇四）作成の『皇太神宮儀式帳』によれば、それを納める「御樋代《みひしろ》」は「深さ一尺四寸、内八寸三分、径二尺、内一尺六寸三分」と記されるから、直径約六〇センチで、かなり大きい。その中の絹布でくるみ納められている円形の銅鏡は*内行花文鏡《ないこうかもんきょう》と推定されている。

　それに対して、『古語拾遺』では、崇神天皇朝に新しく「鏡を鋳《い》、剣を造り、以て護身の御璽《ぎょじ》と為《な》す。これ今も践祚《せんそ》の日に献ずる所の神璽鏡剣」とする。宮中（温明殿《うんめいでん》＝賢所《かしこどころ》）の神鏡については、*[62]村上天皇の『御記《ぎょき》』逸文に、天徳4年（九六〇）9月24日の内裏《だいり》焼亡に際して「温明殿に納むる所の神霊鏡……その鏡径八寸許《ばか》り、頭に小瑕《しょうか》ありと雖《いえど》も専ら円規帯等を損ずるなし」と記される。したがって、神宮の神鏡より小さい（直径二四センチほど）円鏡とみられる。

天叢雲剣《あまのむらくものつるぎ》　*草薙剣《くさなぎのつるぎ》、*御剣《ぎょけん》ともいう。神勅①にいう「草薙剣」は、*素戔嗚尊《すさのおのみこと》が出雲《いずも》で八岐大蛇《やまたのおろち》を退治して尾から取り出し、天照大神に献上したという。これは、*倭姫命《やまとひめのみこと》の手で神鏡とともに大和から伊勢へと遷された。その後、*日本武《やまとたけるの》尊《みこと》（*倭建命《やまとたけるのみこと》）が東国に遠征の途上「伊勢の神宮」へ立ち寄った折に、叔母の倭姫命から渡されている。

この倭建命が駿河《するが》から相模《さがみ》へ進もうとして焼津《やいづ》の土豪に放火された時、「佩《は》く所の剣、天叢雲《あまのむらくも》、自ら抽《は》けて主の傍《かたわら》の草を薙《な》ぎ攘《はら》ふ。これによりて免《まぬが》」れた。その東国遠征からの帰途、日本武尊は尾張《おわり》（熱田《あつた》）で結婚した*宮簀媛《みやずひめ》のもとに「剣を解《ぬ》き」、伊吹山《いぶきやま》へ至り、大蛇（山の神）に負けて伊勢の能褒野《のぼの》で亡くなるが、かつて「日本武尊の佩かせる草薙横刀は、これ今、尾張国の年魚市《あゆち》郡の熱田社に在り」という。

尾張の熱田社（熱田神宮）に奉斎された草薙剣は、天智《てんじ》天皇7年（六六八）、沙門道行により盗み出されたが、おそらく宮中へ戻っていた。しかし、40天武《てんむ》天皇晩年の朱鳥《しゅちょう》元年（六八六）6月、その病気が「草薙《くさなぎのつるぎ》剱に祟《たた》」られたものと卜《うらな》われたので、「即日、尾張国の熱田社に送り置く」ことにしたとある。

神剣の形状については、ただ、吉田（卜部《うらべ》）家蔵『玉籤《ぎょくせん》集《しゅう》』裏書（栗田寛『神器考証』所引）に「長さ二尺七八寸許《ばか》り（約八〇チセン）、刀先は菖蒲《しょうぶ》の葉なりにして、中程はムクリと厚みあり。本の方六寸許りは節立て魚等の背骨の如《ごと》し。色は全体白し」と記されるから、白銅製で狭鋒《せまさき》の銅剣とみられる。これが五尺ほどの木箱に入れられ、中の石箱との間を「赤土にてよくつつめり」という状態にあるのは、島根県出雲の荒神谷《こうじんだに》遺跡から三五八本も発掘された銅剣の埋納方法とよく似ている。あるいは、元来これが出雲（八岐大蛇）から出て朝廷（天照大神）に献上されたという神話（これは、崇神天皇朝に出雲の神宝を検校《けんぎょう》し献上させた史実の反映か）と関係があるのかもしれない。

八尺瓊曲玉《やさかにのまがたま》　*御璽《ぎょじ》ともいう。神勅①で最初に記される*曲《まが》玉《たま》（勾玉《まがたま》）は、神話（↓108）〔瑞珠盟約《ずいしゅめいやく》〕章にみえる。ただ、「紀」の本文では、天照大神が「八尺瓊《やさかに》の五百箇《いほつ》の御統《みすまる》」を身につけていたとあるが、その「一書《いっしょ》」のなかには、素戔嗚尊が「瑞《みつ》八坂瓊の曲玉」を持ちきたり姉神に献ったとの異伝もある。

また、神話（↓108）〔宝鏡開始《ほうきょうかいし》〕章によれば、天の岩戸に隠れた天照大神の再出現を祈る祭庭《まつりのにわ》では、真榊《まさかき》の上枝に「八咫鏡」、中枝に「八尺瓊の曲玉」、下枝に「木綿《ゆう》」を懸けたという。けれども、「紀」の即位（践祚《せんそ》）記事には「鏡剣」を奉ることしかみえない。曲玉は元来大王が常時身につけている装飾品的な宝物であったから、鏡や剣のような神器とは異なる扱いをされてきたのであろう。

【神器《じんぎ》の所在《しょざい》】

三種神器と称されるものとは、崇神天皇朝のころから二種類に分かれる。その一つは、伊勢の神宮と熱田神宮とに御祭神の*御《み》霊代《たましろ》として祀られた本来の御鏡と御剣である。もう一つは、その代器（形代《かたしろ》）として造られた宮中の御鏡と御剣、および古来の御璽《ぎょじ》（曲玉《まがたま》）である。

宮中《きゅうちゅう》の御鏡《みかがみ》　御鏡は平安時代に入ると、内裏に温明殿《うんめいでん》を設けて奉安し、*内侍所《ないしどころ》の高級女官が奉仕し、格別に神聖な扱いを受けた。それゆえ内侍所とも*畏所《かしこどころ》＝*賢所《かしこどころ》とも称される。

宮中《きゅうちゅう》の御剣《みつるぎ》と御璽《ぎょじ》　あわせて*剣璽《けんじ》という。天皇の日常的な御在所《ござしょ》（仁寿殿《じじゅうでん》か清涼殿《せいりょうでん》）の寝室（明治以降は皇居吹上御苑《ふきあげぎょえん》の御所）近くに置かれている。移御・行幸の際には、女《にょ》官《かん》から少納言《しょうなごん》か侍従《じじゅう》が受け取り、天皇を護《まも》るような形で捧持される。

三器《さんき》の継承《けいしょう》　このように宮中では、純然たる*神器《じんぎ》の御鏡《みかがみ》と、王権を象徴する*宝器《ほうき》の剣璽《けんじ》との扱いを区別している。とはいえ、この三器はセットにされ、皇位の継承に必ず伴うべき*レガリア（君主の地位を象徴する宝器）として新帝に受け継ぐ原則が、代々ほぼ守り通されてきた。ただ、それが困難な異例の事態に陥ったことも稀にある。

　そのひとつは、いわゆる源平合戦《げんぺいかっせん》の時である。寿永2年（一一八三）7月、平家一門は幼い*[81]安徳《あんとく》天皇とともに三種神器を擁して瀬戸内海へ逃れた。そこで*後白河法皇は、とりあえず神器不在のまま、一か月半後、わずか四歳の孫にあたる尊成《たかひら》王を*[82]後鳥羽《ごとば》天皇として立てた。

　それから一年半後（元暦2年＝文治元年〈一一八五〉の3月）、壇ノ浦《だんのうら》の戦《たたか》いで平家が敗れた。その際、御座船《ござぶね》の神鏡は捧持した典侍《ないし》（女官）が源氏方に取り押さえられて海に沈まなかったが、剣と璽は二位《にい》の尼《あま》（平時子）が身に付け安徳天皇《あんとくてんのう》を抱いて入水《じゅすい》したので、いったん海中に消えた。ただちに捜させたところ、箱入りの御璽は幸い浮かび上がってきたが、御剣は海底深く沈んだのか見出《みいだ》せなかった（『玉葉』）。

　そのため、まもなく神鏡と御璽は京都へ戻された。しかし、御剣がないので、後鳥羽《ごとば》天皇も次の*[83]土御門《つちみかど》天皇も、*昼《ひの》御座《おまし》の御剣《おんつるぎ》を代用している。ただ、すでに寿永2年（一一八三）6月、伊勢の神宮（内宮《ないくう》）から後白河《ごしらかわ》法皇に献上されていた「御剣」が御所にあった（『吉記《きつき》』）。そこで、次の*[84]順徳《じゅんとく》天皇朝から、それが「宝剣」として用いられることになった（『禁秘御抄《きんぴみしょう》』）。

　もうひとつ、数十年にわたり神器の所在が問題になったのは、いわゆる南北朝期である。大覚寺統《だいかくじとう》の*[96]後醍醐《ごだいご》天皇は、すでに元弘元年（一三三一）8月、三種神器を持って内裏から笠置山《かさぎやま》へ遷り、討幕の兵を募った。

すると、朝敵《ちょうてき》になることを恐れた鎌倉幕府は、持明院統《じみょういんとう》の*北1光厳《こうごん》天皇を擁立した。けれども、神器のないことに不安を覚え、笠置に攻め入り神器（剣璽のみか）を奪っている。

しかし、その時に奪われたのは、本物に似た「*偽器《ぎき》」だったようである（『続史愚抄』）。それから半年後、後醍醐天皇は幕府により隠岐《おき》へ流されたが、その一年後に隠岐を脱出し、元弘3＝正慶2年（一三三三）6月、京都へ還幸した。その間ずっと「璽の箱を御身に添へられたれば」（『増鏡』）、正統性は後醍醐天皇にあり、幕府の立てた光厳天皇を廃するに至った。

ついで後醍醐天皇は建武新政《けんむのしんせい》を強力に推進した。しかし、それに反発した*足利尊氏《あしかがたかうじ》らの攻撃を受け、延元元＝建武3年（一三三六）5月、三種神器を持って延暦寺《えんりゃくじ》に逃れ、さらに12月、吉野（南朝）へ遷ったが、その際「内侍所《ないしどころ》（神鏡）もうつらせ給ひ、神璽も御身にしたがへ」た（『神皇正統記《じんのうしょうとうき》』）。

それに対して、尊氏は8月に*北2光明《こうみょう》天皇を擁立したが、もちろん京都（北朝）に本物の三種神器がない。そこで、これ以降、足利氏は推戴《すいたい》した北朝天皇の正統性（正当性）を確保するため、南朝方に何度も講和を働きかけ、三種神器を取り戻そうとしていた。そのため、三代将軍*足利義満《よしみつ》は明徳3＝元中9年（一三九二）10月、あえて南朝に有利な条件を提示した。

その第一の条件は、南朝の*99後亀山《ごかめやま》天皇から北朝六代目の*100後小松《ごこまつ》天皇に対し「譲国の儀の旨」をもって「三種神器」を渡すことである。これにより、皇位の象徴たる神器を持ち続けてきた南朝の正統性が確認され、それを譲り受ければ北朝の正統性も保証されることになる。

これを受け容れた後亀山天皇は、吉野から京都へ戻って大覚寺に入り、持参した神器が後小松天皇の土御門内裏《つちみかどだいり》へ遷された。しかし、義満は約束を破って「譲国の儀」を行わず、また次の義持《よしもち》も、*後亀山上皇を黙殺して後小松天皇の皇子実仁《みひと》親王を*101称光《しょうこう》天皇とした。

そのため、憤激した*南朝《なんちょう》の遺臣《いしん》たちは、吉野の奥で後亀山上皇の皇子（小倉宮《おぐらのみや》）を奉じ続け、宮の薨じた嘉吉3年（一四四三）の9月、内裏に乱入して剣璽を奪い去った。しかしながら、それも長禄2年（一四五八）8月、奪い返され、ようやく内裏に三種神器が揃った。これによって、ともかく北朝は正統性を回復した。

近世に入ると、皇位継承の正統性を継承者が三種神器を継受していたか否かで判定する主張が、水戸《みと》学派などの間で強くなった。それが近代の*南北朝正閏論争《なんぼくちょうせいじゅんろんそう》とも密接に関係する。　［所］

[112] アキツミカミと「神国」思想

【アキツミカミの用例《ようれい》】

現世の天皇は、「記紀神話」にいう「高天原《たかまがはら》」の神々（天神系）、とりわけ太陽のごとき*天照大神《あまてらすおおみかみ》の直系子孫と信じられてきた。それを端的にあらわすのが、*アラヒトガミや*アキツミカミなどという称号である。

『日本書紀』の景行《けいこう》天皇四十年条によれば、東征中の*日本《やまと》武尊《たけるのみこと》（⑫景行《けいこう》天皇の皇子）が「吾これ*現人神《あらひとがみ》の子なり」と答えている。また大宝元年（七〇一）完成した『大宝令《たいほうりょう》』の「公《く》式令《しきりょう》」では、「詔書《しょうしょ》」（天皇の公的な最高の文書）の書式を、次のように定めている（『養老令《ようろうりょう》』も同文。〔　〕内は公的注釈書『令義解《りょうのぎげ》』の説明文）。

①明神御宇日本天皇《すめらみこと》詔旨〔大事を以て蕃国《ばんこく》（外国）の使に宣《の》るの辞を謂《い》ふなり〕……

②明神御大八洲天皇詔旨〔朝庭（廷）に於ける大事の辞、即ち皇后・皇太子を立て、及び元日に朝賀を受くるの類に用ふるを謂ふなり〕……

すなわち、①は天皇が対外的に「*日本《やまと》」の重大事を宣明《せんめい》する場合の表現であり、また②は天皇が対内的に「*大八《おおや》洲《しま》」の重大事を告知する場合の表現である。

これは、8世紀初頭から対外的に（強大な唐に対しても）、*日本《にほん》という*国号を公用し始めたのみならず、天皇の神秘的な権威を表す形容詞（修飾語）として、*明神《あきつみかみ》も公用し始めたことを明示する規定といえよう。

また②の表現は、この前後から正式かつ広汎に用いられていた。*㊷文武《もんむ》天皇の*即位宣命《そくいせんみょう》や出雲《いずも》国造《こくぞう》の「神賀《かんよ》詞《ごと》」などに「明御神《あきつみかみ》と大八嶋国知《しろ》しめす天皇命《すめらみこと》」などとみえる。それが、奈良・平安時代から中世・近世を通して、はるか明治の初めまで使われている。

もちろん、このアキツミカミもアラヒトガミも、決して一神教でいうような超越神《ちょうえつしん》を意味しない。古来の日本では、あらゆるヒトもモノも、祖先や自然のカミから産まれた（決して超越神に造られたのではない）から、互いにイノチのつながりをもつ存在であると信じられてきた。とりわけ天照大神の子孫と伝えられる歴代天皇は「今あきらかに世におはします御神ぞと崇《あが》み畏《かしこ》みて申す言《ことば》」がアキツミカミだと解されている（賀茂真淵《かものまぶち》『祝詞考《のりとこう》』）。

【神国《しんこく》の思《し》想《そう》】

このアキツミカミ（アラヒトガミ）天皇観とともに、わが国を*神国《しんこく》とみなす思想がある。これも「記紀神話」以来、日本の国土・万物が神々により生み成されたと信じ伝えられてきたことが前提になっている。したがって、わが国を神々の生み護り給う「神国」とか「神州《しんしゅう》」などということ自体は、すでに古代からあり（六国史《りっこくし》や『宇多天皇御記《うだてんのうぎょき》』）、必ずしも特異な表現ではない。

ただ、やがて国難を迎えると、「神国日本」の優位性を強調するようになる。とりわけ鎌倉時代に蒙古《もうこ》・元《げん》軍が来襲した際「敵国降伏」の祈禱などが行われ、結果的に台風の加勢もあって撃退したことで、「神国」意識が急速に高まり広まっている。

そのような流れを受けて、南北朝期に北畠親房《きたばたけちかふさ》が『*神皇正統記《じんのうしょうとうき》』を著し、「大日本《やまと》は神国《かみのくに》なり。天祖《あまつみおや》はじめて基《もとい》をひらき、日神《ひのかみ》ながく統を伝へ給ふ。我が国のみ此《こ》の事あり。異朝《いちょう》にはそのたぐひなし」と明言するに至ったのである。

以後、戦国時代末期に「ヤソ教・天主教」が伝わった際、また江戸時代末期に「異国船」が迫った時や、さらに昭和の戦時期にも、それらに対抗する意識を高めるため、「神国」思想がことさら強調されている。

【天皇《てんのう》の神格否《しんかくひ》定《てい》】

天皇をアキツミカミ・アラヒトガミなどと称するのは、比喩的な形容語である。しかしながら、近代に入ると、天皇を一神教の超越神のように神格化する傾向も現れ、内外の人々に誤解が広まったとみられる。

そこで、昭和20年（一九四五）の敗戦後、*GHQは占領統治に天皇制度を役立てる前提として「天皇が神の子孫（divine desent）であるゆえに……優越性を保持するという誤った考えを根絶する」ため、天皇自身が「神格（divinity）の否定になりうる声明」を出すよう求め、その草案まで示した。

それに対して日本側では、あらためて首相幣原喜重郎《しではらきじゅうろう》が英文で草案を作り直した。そして*昭和天皇に諒承を求めたところ、この機会に「*五箇条《ごかじょう》の御誓文《ごせいもん》」を新日本建設の国是として示す意向が伝えられた。そこで、御誓文の全文を掲げた詔書が年末に作成され、翌年（一九四六）元旦に公表された。

それは一般に「天皇の*人間宣言」と称される。けれども、原文には「朕と爾等《なんじら》国民との間の紐帯《ちゅうたい》は終始相互の信頼と敬愛とに依りて結ばれ……天皇を以て現御神《あきつみかみ》（divine）とし……との架空なる観念に基くものにも非ず」とあるので、「神格否定の詔書」という呼称も使われている。　［所］

[113] 伊勢の神宮

三重県伊勢市に鎮座する*皇大神宮《こうたいじんぐう》（*内宮《ないくう》）と*豊受大神宮《とようけだいじんぐう》（*外宮《げくう》）、および両社に付属する宮社（一四の*別宮《べつぐう》と*摂社《せっしゃ》四三、*末社《まっしゃ》二四、*所管社《しょかんしゃ》四二）合計一二五社の総称。古来、伊勢《いせ》大神宮《だいじんぐう》・二所《にしょ》大神宮などと呼ばれたが、現在は「大（ないし太）」を付さず、「*神宮《じんぐう》」を正式名称とする。内宮は伊須受宮《いすずのみや》・天照《てんしょう》皇大神宮とも称し、天皇の祖先神である天照坐皇大御神《あまてらしますすめおおみかみ》（*天照大神）、相殿《あいどの》に天手力男神《あまのたぢからおのかみ》・万幡豊秋津姫命《よろずはたとよあきつひめのみこと》を祀る。外宮は豊受宮《とゆけのみや》・止由気宮《とゆけぐう》・度会宮《わたらいのみや》とも称し、*豊受大御神《とようけおおみかみ》、相殿に御伴神《みとものかみ》三座を祀る。

【内宮《ないくう》と外宮《げくう》】

内宮《ないくう》は、垂仁《すいにん》天皇26年（3世紀頃か）に神体の*八咫鏡《やたのかがみ》を奉斎するために現在地に宮を建て、御杖代《みつえしろ》（杖代わりとなって奉仕する者）として皇女*倭姫命《やまとひめのみこと》に祀らせたのが始まりとされる。一方、外宮《げくう》は、雄略《ゆうりゃく》天皇22年（5世紀中頃）、天照大神の神慮により、御饌津神《みけつかみ》（食物を司る神）として止由気神《とゆけのかみ》（登由宇気神《とゆうけのかみ》）が丹波国比沼真奈井原《ひじのまないはら》から遷座されたと伝えるが、もとは伊勢の地方神であったとする説もある。律令制《りつりょうせい》下で国家の最高神とされ、天皇以外の私的奉幣《ほうべい》は禁止された。天皇自身による参詣は明治の初めまでなかったが、主要な祭典に奉幣の勅使が遣わされている。平安時代末期以降は、神領や神宝の寄進が盛んに行われるようになって、*御師《おんし》の制も発展し、江戸時代には各地に*伊勢講《いせこう》が結成されて、庶民の参詣でにぎわった。

両宮の正殿の建築様式は*唯一神明造《ゆいいつしんめいづくり》と称され、切妻造《きりづまづくり》平入《ひらいり》で、破風《はふ》が屋根の上に突き出て千木《ちぎ》となり、建物の妻側に独立した棟持柱《むなもちばしら》を立てる。正面三間、側面二間で、正面中央に板扉を開き、その他は板壁とする。内部は板敷で周囲には回縁と高欄を巡らし、屋根は萱葺《かやぶき》、柱は掘立柱《ほったてばしら》。床下には心御柱《しんのみはしら》が立ち、古来祭祀の対象となった。

【式年遷宮《しきねんせんぐう》】

二〇年という一定の年数（式年）ごとに社殿も神宝なども造替《ぞうたい》し、御神体を奉遷する式年遷宮（*正遷宮《しょうせんぐう》）は、7世紀末頃に始まり、朝廷の直営で社殿の造替も神官・装束の調達も行われてきたが、朝廷の衰微によって次第に難しくなり、戦国時代には一〇〇年余り中断する。しかし、慶光《けいこう》院清順尼《いんせいじゅんに》など勧進聖《かんじんひじり》らの活躍もあって、永禄6年（一五六三）に外宮、天正13年（一五八五）に内宮の遷宮が復興した。それ以来、ほぼ順調に正遷宮がくり返され（ただ、第五九回は敗戦占領により内宮も外宮も四年延引）、平成25年（二〇一三）に六二回が行われた。

式年の二〇年は、鎌倉時代まで二〇年目（満一九年）だったが、康永2年（一三四三）の第三五回の遷宮から二一年目（満二〇年）ごとになった。そのいずれにせよ、二〇年とされた理由については、木造社殿の耐久性に基づくとする説、時期を定めて社殿を造替して清浄性を確保するためとみる説、新しい社殿に移して神の若返りをはかり、さらなる加護を祈願するためとみる説など古来諸説がある。遷宮に際しては、社殿だけでなく殿内の神宝《しんぽう》や装束《しょうぞく》（調度品など）もすべて新しく造り替えられる。このような式年造替を行うのは正宮《しょうぐう》と別宮を原則とする。

遷宮のための祭典は、工事の進捗《しんちょく》にともなって数多くある。遷御八年前から用材の伐採に関する山口祭《やまぐちさい》・木本祭《このもとさい》、ついで御杣始祭《みそまはじめさい》・御樋代木《みひしろぎ》奉曳式《ほうえいしき》・御船代祭《みふなしろさい》、さらに七年前、御木曳初式《おきひきぞめしき》・木造始祭《こづくりはじめさい》などがある。やがて一年前、立柱《りっちゅう》祭《さい》・上棟祭《じょうとうさい》などがあり、いよいよ当年、心御柱奉建《しんのみはしらほうけん》・杵築《こづき》祭《さい》などを経て、当日は夜中に*遷御《せんぎょ》の儀《ぎ》が行われる。

【恒例祭典《こうれいさいてん》】

神宮における年間の恒例祭典は数多い。とりわけ6月・12月の*月次祭《つきなみさい》と9月（明治以降10月）の*神嘗祭《かんなめさい》を*三節祭《さんせつさい》（*三時《さんじ》祭《さい》）と称する。これに祈年祭《きねんさい》を加えた四度の大祭には勅使が差し遣わされた。現在の主な祭典は次の通りである。

歳旦祭《さいたんさい》（1月1日）、元始祭《げんしさい》（1月3日）、建国記念祭《けんこくきねんさい》（2月11日）、祈年祭《きねんさい》（2月17～23日）、風日祈祭《かざひのみさい》・神御《かんみ》衣《そ》祭《さい》（5月14日）、月次祭《つきなみさい》（6月15～25日）、風日祈祭（8月4日）、神御衣祭（10月14日）、神嘗祭《かんなめさい》（10月15～25日）、新嘗祭《にいなめさい》（11月23～29日）、月次祭（12月15～25日）、天長祭《てんちょうさい》（平成30年〈二〇一八〉までは12月23日、令和2年〈二〇二〇〉より2月23日）、日別朝夕大御饌祭《ひごとあさゆうおおみけさい》（毎日）

【神職《しんしょく》と神領《しんりょう》】

神官組織《しんかんそしき》　*大神宮司《だいじんぐうじ》が、内宮・外宮の禰宜《ねぎ》、内人《うちんど》、物忌《ものいみ》などの神職を統率し、*神郡《しんぐん》（伊勢国飯野郡・度会《わたらい》郡・多気《たき》郡）・*神戸《かんべ》の行政を掌った。大神宮司の上にあって神宮の政務を総監する職として*祭主《さいしゅ》があり、官撰史書では弘仁6年（八一五）の大中臣淵魚《おおなかとみのふちいお》の任命が初見。以後、神祇官《じんぎかん》に仕える五位以上の中臣氏を任じるのを原則とし、四度の大祭・遷宮祭などに祭使として神宮に参向した。16世紀以降は大中臣姓の藤波《ふじなみ》氏が祭主職を世襲し、明治以降は皇族（戦後は皇族であった既婚女性）が任じられることとなった。

なお内宮は*荒木田《あらきだ》氏が、また外宮は*度会《わたらい》氏がそれぞれ禰宜として奉仕した。荒木田氏は、中臣氏の祖、大鹿島《おおかしま》氏の子孫とする伝承をもつが、石敷の代に二門に分かれ、さらに正員禰宜に補任される重代《じゅうだい》家と権禰宜《ごんねぎ》となる地下権任《じげごんにん》家の区別があった。度会氏は、天牟羅雲命《あめのむらくものみこと》を祖とし、神宮鎮座当初から奉仕したとの伝承をもち、しばしば内宮と争ってみずからの優位性を主張するとともに、*伊勢神道《いせしんとう》を提唱するに至った。一族約三〇家のなかで、禰宜に補任される重代家は檜垣《ひがき》以下六家に限られたが、両宮とも明治4年（一八七一）の神宮改革で世襲制は廃止された。

神宮領《じんぐうりょう》　古代から封戸（*神戸《かんべ》）と*神田《しんでん》を基本とし、神戸の集中した伊勢国では度会《わたらい》・多気《たき》の両郡が奈良時代より*神郡《しんぐん》とされ、寛平9年（八九七）に飯野郡が寄進されると、三郡あわせて*神三郡《しんさんぐん》と称された。神田は『延喜式』によると伊勢・大和・伊賀に計三六町余あった。しかし10世紀以降、供祭物を貢進する御厨《みくりや》・御園《みその》と称する新しい形態の所領が生まれ、13世紀初めの『神宮雑例集』によると全国あわせて四五〇余あったとされている。

御師《おんし》　伊勢では「おんし」という（御祈禱師の略）が、他社では「おし」という。熊野《くまの》の御師は平安時代後期から多くなった参詣者らに祈禱や宿泊の便をはかった。伊勢でも鎌倉時代末期頃から、下級神職が参詣人の依頼によって祈禱したり、案内や宿泊の便宜もはかり、やがて全国各地へ赴いて暦や御祓《おはらい》を配ったりした。江戸時代の正徳年間（一七一一〜一六）頃、外宮に五〇四家、内宮に二四一家を数えている。

【斎宮《さいぐう》（伊勢斎王《いせのさいおう》）】

*斎王（さいおう いつきのひめみこ）は、古代〜中世前期に天照大神の御杖代《みつえしろ》として神宮に奉仕した、未婚の内親王《ないしんのう》・女王《にょおう》をいう。斎宮は斎王在任中の日常的な居所を指すが、転じて斎王自身をも指すようになった。制度としての整備は40天武《てんむ》天皇朝の*大伯《おおくの》皇女からで、天皇の代替りや父母の喪によって交替するのが原則であった。96後醍醐《ごだいご》天皇の*祥子《しょうし》内親王で最後となる。

斎宮に卜定《ぼくじょう》されると、宮中の*初斎院《しょさいいん》、つづいて嵯峨野《さがの》の*野宮《ののみや》において約二年間潔斎し、その後に監送使《かんそうし》や斎宮寮官人・女官らを従えて伊勢に*群行《ぐんこう》した。平常は多気郡の*斎《いつきの》宮《みや》（現三重県明和《めいわ》町所在の斎宮跡は国史跡に指定）に居て、仏事や不浄を避ける*忌詞《いみことば》を使うなど慎みの生活に努め（↓用語コラム）、三節祭《さんせつさい》（三時祭）には神宮に赴いて太玉串《ふとたまぐし》を奉じた。三節祭に奉仕する際に斎王の宿泊する居館が*離宮《りきゅう》院《いん》であり、そこには*大神宮司《だいじんぐうじ》の政庁や勅使が宿泊する*駅使《えきし》院《いん》もあった。同院は、もと度会郡沼木郷（現伊勢市宮後《みやじり》）にあったが、延暦16年（七九七）から同郡湯田郷字羽西村（現伊勢市小俣町）に移転している（離宮院跡として国史跡に指定）。

【神道思想《しんとうしそう》】

両部神道《りょうぶしんとう》　伊勢の内外両宮の諸神や社殿を、密教の両部（胎《たい》蔵界《ぞうかい》・金剛界《こんごうかい》）曼荼羅《まんだら》のコスモロジーで解釈して生み出された教説である。胎蔵界の*大日如来《だいにちにょらい》の垂迹《すいじゃく》を内宮《ないくう》*天照大神《あまてらすおおみかみ》、金剛界の大日如来の垂迹を外宮《げくう》*豊受大神《とようけおおみかみ》とし、この二所の神も究極は一体であると説く。名称の初見は室町時代の吉田兼倶《よしだかねとも》の『唯一神道名法要集《ゆいいつしんとうみょうぼうようしゅう》』で、*習合神道《しゅうごうしんとう》・真言《しんごん》神道《しんとう》とも称した。平安時代後期から主張され、鎌倉時代になると空海の主張という形で理論書が作られた。

伊勢神道《いせしんとう》　外宮神道《げくうしんとう》・*度会神道《わたらいしんとう》とも称され、鎌倉時代に外宮の禰宜であった度会氏が提唱した神道説をいう。南北朝時代の度会家行《いえゆき》が、その著『類聚神祇本源《るいじゅうじんぎほんげん》』に集大成した。その典拠は、奈良時代もしくはそれ以前の作に仮託される*神道五部書《しんとうごぶしょ》（『天照坐伊勢二所皇太神宮御鎮座次第記《あまてらしますいせにしょこうたいじんぐうごちんざしだいき》』『伊勢二所皇太神御鎮座伝記《いせにしょこうたいじんごちんざでんき》』『豊受皇太神御鎮座本紀《とようけこうたいじんごちんざほんぎ》』『造伊勢二所太神宮宝基本記《ぞういせにしょたいじんぐうほうきほんぎ》』『倭姫命世記《やまとひめのみことせいき》』）で、伊勢神宮の起源由緒に関する記述を中心とするが、儒教《じゅきょう》・仏教に対して神道が根本に位置すると説き、外宮が内宮に劣るものでないことを主張する。また、天皇の地位を神道の立場で歴史的、宗教的に説明して、神国思想を宗教的に基礎づけた。［竹居］

用語コラム

【斎宮《さいぐう》と斎院《さいいん》の忌詞《いみことば》】

伊勢の斎宮と賀茂《かも》（→［114］）の斎院では、仏事や触穢《しょくえ》を避けるため、在任中の斎王も斎宮寮《さいぐうりょう》・斎院司《さいいんし》に勤める男女官人らも「忌詞《いみことば》」を用いることになっていた（『延喜式』斎宮式・斎院司式）。

ただ、忌詞には三種類ある。斎宮においては、㋑「*内七言《うちのしちげん》」として、仏を「なかご」（中子）、経を「そめがみ」（染紙）、塔を「あららぎ」（阿良々岐）、寺を「かわらぶき」（瓦葺）、僧を「かみなが」（髪長）、尼を「めかみなが」（女髪長）、斎《とき》（食事）を「かたしき」（片膳）、また㋺「*別忌詞《べつのいみことば》」として、堂を「こりたき」（香燃）、優婆塞《うばそく》を「つのはず」（角筈）と称する。さらに㋩「*外七言《そとのしちげん》」として、死を「なほる」（奈保留）、病《やまい》を「やすみ」（夜須美）、哭《なく》を「しほたれ」（塩垂・潮垂）、血を「あせ」（阿世）、打を「なづ」（撫）、宍《しし》を「くさひら」（菌）、墓を「つちくれ」（壌）と言い換える。

それに対して、斎院の忌詞は㋩だけで、㋑も㋺も記されていない。したがって、同じく皇女（ないし皇孫女）が「斎王《いつきのひめみこ》」として奉仕したところでも、賀茂においては、伊勢のように厳しく仏事を避けることが求められていなかったとみられる。　［所］

[114] 八幡宮と賀茂社

古来の社格では、「神宮《じんぐう》」に次ぐのが「*宮《ぐう》」で、伊勢神宮の別宮をはじめ、八幡《はちまん》宮と筥崎《はこざき》宮・香椎《かしい》宮などがある。それ以外は「*社《しゃ》」で、その筆頭が賀茂《かも》社である。

【八幡宮《はちまんぐう》】

九州豊前国《ぶぜんのくに》、現大分《おおいた》県宇佐《うさ》市の*宇佐神宮《うさじんぐう》（*宇佐八幡宮《うさはちまんぐう》）は、*八幡信仰《はちまんしんこう》の発祥の地で、*[15]応神《おうじん》天皇（第一之殿）・比《ひ》売《め》大神《おおかみ》（第二之殿）・*神功皇后《じんぐうこうごう》（第三之殿）を祭神とする。奈良時代半ば頃、[45]聖武《しょうむ》天皇による東大寺大仏の鋳造を契機に中央に進出し、天応元年（七八一）に朝廷から「大菩薩《だいぼさつ》」の尊号を与えられて神仏習合の先駆となった。そして貞観元年（八五九）には、大安寺の僧行教《ぎょうきょう》が*宇佐八幡宮《うさはちまんぐう》で神託をうけて山城国《やましろのくに》の男山《おとこやま》山頂に勧請《かんじょう》し、翌年に朝廷が社殿を建立したのが*石清水八幡宮《いわしみずはちまんぐう》の創始である。

京都府八幡《やわた》市に鎮座する石清水八幡宮《いわしみずはちまんぐう》は、誉田別尊《ほんだわけのみこと》（応神天皇）・比咩《ひめ》大神・神功皇后を祭神とし、鎮護国家の神として、二十二社制では伊勢の神宮に次ぐ上七社に列せられた。旧官幣大社《かんぺいたいしゃ》。例祭は8月15日の*石清水放生会《いわしみずほうじょうえ》で（現在は9月15日の石清水祭）、天暦2年（九八四）には勅祭となり、神輿《みこし》の送迎は天皇の行幸に準じて行われた。鎌倉の*鶴岡八幡宮《つるがおかはちまんぐう》は、源頼義《みなもとのよりよし》が石清水八幡宮を由《ゆ》比《い》ケ浜《はま》に勧請し、やがて*源頼朝《よりとも》が現在地に移して社殿などを整え、放生会なども催されるようになった。

【筥崎宮《はこざきぐう》・香椎宮《かしいぐう》】

筥崎宮は福岡市東区箱崎に鎮座。*応神天皇・*神功皇后を祭神とし、筥崎八幡宮とも称される。天平宝字3年（七五九）の創建と伝えられる。筑前国《ちくぜんのくに》の一宮《いちのみや》で、「蒙古襲来《もうこしゅうらい》」の際、*亀山《かめやま》上皇が「敵国降伏」を祈願している。また、福岡市東区香椎に鎮座する香椎宮は、*[14]仲哀《ちゅうあい》天皇・神功皇后・応神天皇・住吉大神《すみよしのおおかみ》を祭神とする。熊襲《くまそ》征討の際に橿日宮《かしいのみや》で崩御した仲哀天皇と、神功皇后の霊をともに祀《まつ》る廟《びょう》を神亀元年（七二四）に創始したのが起源とされる。

【賀茂社《かもしゃ》】

京都市北区上賀茂本山に鎮座する*賀茂別雷神社《かもわけいかずちじんじゃ》（*上社《かみしゃ》）は一般に*上賀茂神社《かみがもじんじゃ》と称され、賀茂別雷大神を祭神とする。また京都市左京区下鴨《しもがも》泉川町に鎮座する*賀茂御祖神社《かもみおやじんじゃ》（*下社《しもしゃ》）は一般に*下鴨神社《しもがもじんじゃ》と称され、*玉依媛命《たまよりひめのみこと》〈東本殿〉・賀茂建角身命《たけつぬみのみこと》〈西本殿〉を祭神とする。この両社をあわせて賀茂社（大社）と称する。

ともに賀茂県主《かもあがたぬし》一族によって奉斎され、旧暦4月（現在5月）の*賀茂祭《かものまつり》をはじめ種々の行事も、両社で一社のように行われてきた。ともに式内社で、二十二社の上七社にも数えられ、山城国一宮である。

下社《しもしゃ》の玉依媛命は賀茂氏の祖で、賀茂建角身命はその父にあたる。また*上社《かみしゃ》の別雷神は、玉依媛命と乙訓坐《おとくににいます》火雷《ほのいかずち》神《のかみ》との間の子とされる。社伝では、[1]神武《じんむ》天皇の代に降臨したとされる。元来は賀茂氏の氏神《うじがみ》であるが、賀茂祭は山《やま》背《しろ》（山城）一帯の*国祭《くにまつり》に発展し、早く文武《もんむ》天皇2年（六九八）には賀茂祭の日に騎《き》射《しゃ》が禁止されるほどの盛況ぶりがうかがえる。

平安京遷都にともなって王城鎮護《おうじょうちんご》の社《やしろ》に昇格し、大同2年（八〇七）に正一位《しょういちい》を授かった。また、弘仁元年（八一〇）頃伊勢にならい斎王《さいおう》（斎院《さいいん》）が置かれている。神戸《かんべ》として、寛仁元年（一〇一七）上社に賀茂・小野・錦織《にしごり》・大野の四郷が（中世の*賀茂六郷《かもろくごう》の基礎となる）、また下社に蓼倉《たでくら》・上粟田《かみあわた》・栗《くるす》野《の》・出雲《いずも》の四郷が、それぞれ朝廷から施入され、さらに11世紀末頃には荘園や御厨《みくりや》も整備された。摂関家や武家の崇敬も篤く、明治の神祇《じんぎ》制度でも官幣大社とされた。祀職《ししょく》は賀茂氏の子孫が司り、近世までの主な*社家《しゃけ》（世襲《せしゅう》神職の家筋）として上社に梅辻《うめつじ》・岡本《おかもと》・藤木《ふじき》など、下社に泉亭《いずみてい》・梨《なし》木《き》・鴨脚《いちょう》などがある。

例祭は、毎年4月中酉の日（現在は5月15日）の*賀茂祭《かものまつり》で、葵《あおい》の葉を社前や牛車《ぎっしゃ》にかけ、供奉者《ぐぶしゃ》が衣冠につけたところから、近世以降*葵祭《あおいまつり》の通称で名高い。三日前に祭神を迎える神事（上社では*御阿礼神事《みあれしんじ》、下社では*御蔭祭《みかげまつり》と称する）がある。当日は、内裏《だいり》で天皇から勅使に供物《くもつ》（幣帛《へいはく》）や、宣命《せんみょう》、神馬《しんめ》を授ける「*宮中《きゅうちゅう》の儀《ぎ》」に始まり、勅使や検非違《けびい》使《し》・山城使《やましろつかい》・舞人《まいびと》らが下社から上社に向かう行程の「*路頭《ろとう》の儀《ぎ》」、下・上両社で行われる「*本殿祭《ほんでんさい》」と「*社頭《しゃとう》の儀《ぎ》」、宮中にもどって行う「*還立《かえりだち》の儀《ぎ》」があった。平安〜鎌倉時代初期は斎王《さいおう》（*賀茂斎院《かものさいいん》）の参列があった。応仁《おうにん》の乱《らん》以後二〇〇余年の中絶ののち、元禄7年（一六九四）に再興。明治維新でまた中断があったが、明治17年（一八八四）旧儀に復した。昭和33年（一九五八）からは「*斎王代《さいおうだい》」を中心とする女人列《にょにんれつ》も復興した。

【斎院《さいいん》（賀茂斎王《かものさいおう》）】

賀茂社に奉仕する斎王（未婚の内親王か女王《にょおう》）在任中の居所を指す言葉であったが、転じて斎王その人を指す言葉ともなった。賀茂斎王は斎宮（伊勢斎王）と同じく卜定《ぼくじょう》に

図1　文久三年賀茂行幸図（『文久行幸記節略』〈『古事類苑』所収〉）

よって定められた。

*初斎院《しょさいいん》で潔斎の後に、紫野の斎院へ入り、*忌詞《いみことば》を守るなど慎みながらも、*斎院司《さいいんし》の男女官人らと優雅な歌会を催すなど四季折々の行事を楽しみ、祭の時のみ賀茂社に参入して神事に奉仕した。

9世紀初頭、52嵯峨《さが》天皇の子の*有智子《うちこ》内親王に始まり、13世紀初頭の83土御門《つちみかど》天皇（一説に84順徳《じゅんとく》天皇）の代の*礼《れい》子《し》内親王（82後鳥羽《ごとば》天皇皇女）が最後となる。斎院の解任は、斎宮《さいぐう》（伊勢斎王《いせのさいおう》）と同じく、天皇の代替わり、肉親の逝去、本人の病気や事故などによるが、天皇の代替わりに際しても退下《たいげ》しなかった例が少なくない。

［竹居・所］

[115] 各地の神宮

*神宮《じんぐう》は、明治以降、伊勢《いせ》の神宮の正称とされた。しかし、古くから伊勢以外に神宮とか*宮《ぐう》と称されるところがある。また、明治以降も皇室の祖先神や天皇を祭神とするところは神宮と称し、多くが官幣大社《かんぺいたいしゃ》（↓[117]）に列している。

熱田神宮《あつたじんぐう》　愛知県名古屋市熱田区に鎮座。もと熱田神社と称される。式内社、尾張国《おわりのくに》の三宮《さんみやの》。また明治4年(一八七一)に官幣大社。現在は祭神として熱田大神《おおみかみ》、また相殿《あいどの》に*天照大神《あまてらすおおみかみ》・*素戔嗚尊《すさのおのみこと》・*日本武 尊《やまとたけるのみこと》・*宮簀媛命《みやずひめのみこと》・建稲種 命《たけいなたねのみこと》を配祀《はいし》する。もとは三種神器《さんしゅのじんぎ》の一つ*草薙 剣《くさなぎのつるぎ》（神剣）を祀《まつ》る、伊勢の神宮に次ぐ由緒ある大社で、熱田大神とは、その神剣を依《よ》りましとする天照大神のことである。

草薙剣については、「三種神器」の項に記したように（↓[111]）、倭姫 命《やまとひめのみこと》が神鏡とともに大和から伊勢へ遷《うつ》し、日本武尊が、東夷《とうい》征討《せいとう》に際して伊勢の神宮に詣で、斎王《さいおう》倭姫命からこれを授けられて、駿河国《するがのくに》で草を薙《な》ぎ払《はら》って武功を立て、残された宮簀媛命が、草薙剣の霊威を畏《かしこ》み、尾張一族の霊域でもあった熱田の地に祀ったのが起源とされる。弘仁13年(八二二)に従四位下《じゅしいのげ》を授けられ、康保3年(九六六)に正一位《しょういちい》となった。熱田大宮司《だいぐうじ》の女《むすめ》を母とする源 頼朝《みなもとのよりとも》をはじめ武家の尊崇も篤く、明治時代に入って、伊勢の神宮に次ぐ「第二の宗廟《そうびょう》」の地位にある。

鹿島神宮《かしまじんぐう》　茨城《いばらき》県鹿嶋《かしま》市宮中に鎮座。もと式内社、常陸国《ひたちのくに》の一宮《いちのみや》、明治4年(一八七一)官幣大社に列する。祭神は、天孫降臨に先立って葦原 中国《あしはらのなかつくに》を平定したとされる*武甕槌命《たけみかづちのみこと》を主神とし、*経津主命《ふつぬし》・*天児屋根命《あめのこやね》を合祀《ごうし》する。『常陸国風土記《ふどき》』には「香島《かしま》の天の大神」と見え、もともとはこの地方の航海神であったらしいが、香取神宮《かとりじんぐう》とともに大和《やまと》朝廷の東国平定と支配に大きな役割を果たし、古くから軍神として崇敬されて、承和6年(八三九)に従一位《じゅいちい》を授けられた。*中臣《なかとみ》氏（*藤原《ふじわら》氏）の氏神《うじがみ》ともなり、平城京遷都の後には、香取の神とともに大和の春日《かすが》神社に勧請《かんじょう》された。

香取神宮《かとりじんぐう》　千葉県香取市に鎮座。もと式内社、下総国《しもうさのくに》の一宮、明治4年(一八七一)官幣大社に列する。祭神は、武甕槌命《たけみかづちのみこと》とともに天孫降臨に先立って*葦原 中国《あしはらのなかつくに》を平定した*経津主命《ふつぬし》。ただし六国史《りっこくし》等では、その祭神を伊波比主神《いわいぬしのかみ》とする記述もある。鹿島神宮とともに大和朝廷の東国平定に重要な役割を果たしたとされ、元慶6年(八八二)には正一位《しょういちい》となっていた。また*中臣氏（*藤原氏）の氏神ともなり、鹿島の神とともに春日神社に勧請された。

日前神宮《ひのくまじんぐう》・国懸神宮《くにかかすじんぐう》　和歌山市秋月の同一境内に鎮座。もと日前神社・国懸神社と称される式内社。明治4年(一八七一)に官幣大社。前者の祭神として日前大神、相殿に思兼命《おもいかねのみこと》・石凝姥《いしこりどめ》命を祀り、また後者の祭神として国懸大神、相殿に玉《たま》祖《おや》命・明立天御影《あけたつあめのみかげ》命・鈿女《うづめ》命を祀る。「記紀神話」にみえる石凝姥命が天の香山《かぐやま》の金を採って造った日像鏡《ひがたのかがみ》と日矛鏡《ひぼこのかがみ》を、天孫降臨の際に天道根《あめのみちね》命（紀《き》氏の祖）が持ち来り、[11]垂仁《すいにん》天皇期に現在地へ鎮座したと伝えられ、代々紀伊国造の子孫紀氏により奉斎されてきた。例祭は9月26日。

石上神宮《いそのかみじんぐう》　奈良県天理市布留《ふる》町に鎮座。もと石上坐《いそのかみにいます》　布都御魂神社《ふつのみたまじんじゃ》と称される式内社。明治4年(一八七一)に官幣大社（神宮の号は同16年から）。布都御魂大神《ふつのみたまのおおかみ》・布留御魂《ふるのみたま》大神・布都斯御魂《ふつしみたま》大神を主祭神とし、五十瓊敷《いにしき》命・宇摩志麻治《うましまじ》命・市川臣《いちかわのおみ》および*[72]白河《しらかわ》天皇を配祀する。布都御魂大神とは*[1]神武《じんむ》天皇東征の際に偉功をたてた霊剣、また布留御魂大神とは*饒速日《にぎはやひ》命（物部《もののべ》氏の祖）降臨の際に天照大神から授けられた瑞宝《みずのたから》、さらに布都斯御魂大神とは*素戔嗚尊《すさのおのみこと》が八岐大蛇《やまたのおろち》退治に用いた十握剣《とつかのつるぎ》、それぞれの威霊を神として祀るという。いずれも有力豪族の*物部氏が刀剣を武威のシンボルとして奉斎したものとみられる。ここに*神功皇后《じんぐうこうごう》の摂政《せっしょう》期、百済《くだら》から貢進された「七枝刀《ななさやのたち》」にあたるとみられる「太和四年」(三六九)銘の「*七支刀《しちしとう》」（国宝）が現存する。また宇摩志麻治命が勅令により始めたと伝える鎮魂祭が、今も新嘗祭《にいなめさい》の前夜に行われる。例祭（*ふるまつり）は、永保元年(一〇八一)白河天皇の勅使参向《ちょくしさんこう》にちなむ10月15日。

氣比神宮《けひじんぐう》　福井県敦賀《つるが》市曙《あけぼの》町に鎮座。もと氣比神社と称される式内社。越前国《えちぜんのくに》の一宮。明治28年(一八九五)に官幣大社。主祭神の伊奢沙別命《いざさわけのみこと》は笥飯大神《けひのおおかみ》ともいう。*[14]仲哀《ちゅうあい》天皇が即位の初めに当社へ参り、また*神功皇后も、その妹玉妃《たまひめ》命や稚児《ちご》、さらに皇子誉田別《ほんだわけ》命（のち*[15]応神《おうじん》天皇）を伴って当社へ参ったとの伝承により、これらの人々を配祀する。大宝2年(七〇二)の創建とも修造とも伝えられる。例祭（*氣比《けひ》の長祭《ながまつり》）は9月2日から15日まで。7月23日には神功皇后ゆかりの*総参祭《そうのまいりまつり》がある。

鵜戸神宮《うどじんぐう》　宮崎県日南《にちなん》市大字《おおあざ》宮浦に鎮座。主祭神は日子波瀲武《ひこなぎさたけ》*鸕鶿草葺不合尊《うがやふきあえずのみこと》。相殿に大日孁貴尊《おおひるめのむちのみこと》（*天照大神）・*天忍穂耳尊《あめのおしほみみのみこと》・*瓊瓊杵《ににぎ》尊・*彦火火出見《ひこほほでみの》尊・*神日本磐余彦《かむやまといわれひこ》尊（*神武天皇）を配祀する。明治7年(一八七四)から官幣大社に列し、神宮の号を称する。例祭は2月1日。

霧島神宮《きりしまじんぐう》　鹿児島《かごしま》県霧島市霧島田口に鎮座。祭神は天孫の*瓊瓊杵尊《ににぎのみこと》。相殿に*木花咲耶姫尊《このはなさくやひめのみこと》と*彦火火出見尊《ひこほほでみのみこと》、および*豊玉姫《とよたまひめ》尊と*鸕鷀草葺不合尊、ならびに*玉依姫尊《たまよりひめのみこと》と*神《かむ》日本磐余《やまといわれ》彦《ひこ》尊を配祀する。明治7年（一八七四）から官幣大社に列し、神宮の号を称する。例祭は9月19日。

鹿児島神宮《かごしまじんぐう》　鹿児島県霧島市隼人《はやと》町に鎮座。主祭神は*彦火《ひこほ》火出見尊《ほでみのみこと》と*豊玉比売命《とよたまひめのみこと》で、帯中比古尊《たらしなかつひこのみこと》（*[14]仲哀天皇）・息《おき》長帯《ながたらしひ》 比売命《めのみこと》（*神功皇后）・品陀和気尊《ほんだわけのみこと》（*[15]応神天皇）・仲比《なかつひ》売命《めのみこと》（同皇后）を分祀する。明治7年（一八七四）に官幣中社に列し神宮の号を称する。同28年（一八九五）には官幣大社になった。例祭は旧暦8月15日。

【近代創立の神宮】

宮崎神宮《みやざきじんぐう》　宮崎市神宮に鎮座。主祭神は*神日本磐余彦天《かむやまといわれひこのすめら》皇《みこと》（*神武天皇）。*鸕鷀草葺不合尊《うがやふきあえずのみこと》・*玉依日売命《たまよりひめのみこと》を合祀する。明治6年（一八七三）国幣中社宮崎神社、同11年に宮崎宮、同18年に官幣大社となり、大正2年（一九一三）から神宮の号を称する。例祭は10月26日。

伊弉諾神宮《いざなぎじんぐう》　兵庫県淡路《あわじ》市多賀に鎮座。もと伊佐奈岐《いさなき》神社と称される式内社。淡路国の一宮。明治4年（一八七一）国幣中社、同18年（一八八五）に官幣大社となったが、神宮の号を称するのは戦後の昭和29年（一九五四）からである。祭神は*伊弉諾大神と*伊弉冉《いざなみ》大神。例祭は4月22日。神域は、伊勢の内宮と同じ北緯三四度二七分二三秒の上にある。

英彦山神宮《ひこさんじんぐう》　福岡県田川《たがわ》郡添田《そえだ》町に鎮座。本殿（上宮）は英彦山（海抜一二〇〇メートル）の中岳山頂にある。主祭神は*天《あめの》忍穂耳尊《おしほみみのみこと》（天照大神＝日神の御子だから霊峰を「日子《ひこ》（彦）山」と呼び、のち*[112]霊元《れいげん》天皇より「英彦山」の勅額を賜り、それを社号とするようになったという）。*伊佐奈伎命《いざなぎのみこと》・*伊《い》佐奈美命《ざなみのみこと》を合祀。長らく修験道《しゅげんどう》の霊場であった英彦山霊仙寺が、明治元年（一八六八）の神仏判然令で英彦山神社となり、同30年（一八九七）官幣中社に列したが、神宮の号を称するのは戦後の昭和50年（一九七五）からである。例祭は9月28日。

橿原神宮《かしはらじんぐう》　奈良《なら》県橿原市久米《くめ》町に鎮座。*神武天皇と*媛蹈鞴《ひめたたら》五《い》十鈴媛 命《すずひめのみこと》を祀る。橿原宮と伝えられる場所に、明治22年（一八八九）、京都御所の温明殿《うんめいでん》を本殿、神嘉殿《しんかでん》を拝殿として移築し、翌年に宮号宣下《ぐうごうせんげ》をうけて官幣大社橿原神宮となった。例祭は2月11日。

近江神宮《おうみじんぐう》　滋賀《しが》県大津市神宮町に鎮座。旧官幣大社。*[38]天《てん》智《じ》天皇を祀る。紀元二六〇〇年を記念し、近江神宮として昭和15年（一九四〇）に創祀。例祭は4月20日で、勅使が参向する。また天智天皇の故事に基づき、漏刻《ろうこく》（水時計）が設けられ、百人一首の一番札にちなんだ「*かるた祭《まつり》」も行われる。

平安神宮《へいあんじんぐう》　京都市左京区岡崎西天王町に鎮座。旧官幣大社。*[50]桓武《かんむ》天皇と*[121]孝明《こうめい》天皇を祀る。明治27年(一八九四)、平安京遷都一一〇〇年を記念して社殿の造営が決まり、翌年に平安神宮として鎮座。昭和15年(一九四〇)に孝明天皇を合祀した。例祭は4月15日。10月22日の「*時代祭《じだいまつり》」は、平安～明治維新の各時代にわたる「風俗絵巻」として名高い。

白峯神宮《しらみねじんぐう》　京都市上京《かみぎょう》区飛鳥井《あすかい》町に鎮座。*[75]崇徳《すとく》天皇と*[47]淳仁《じゅんにん》天皇を祀る。孝明天皇が讃岐国白峯陵《さぬきのくにしらみねりょう》に祀られていた崇徳天皇のために社殿を造営し、*明治天皇が明治元年(一八六八)に遷座・奉祭した。同6年(一八七三)には、淡路《あわじ》の賀集《かしゅう》中村天王森山陵《さんりょう》から淳仁天皇を迎えて合祀した。昭和15年(一九四〇)から官幣大社に列し、神宮の号を称する。例祭は4月14日と9月21日。

赤間神宮《あかまじんぐう》　山口県下関《しものせき》市阿弥陀寺《あみだでら》町に鎮座。*[81]安徳《あんとく》天皇を祀る。もとは*阿弥陀寺《あみだでら》と称し、壇ノ浦《だんのうら》の戦い後の文治2年(一一八六)に*[82]後鳥羽《ごとば》天皇の勅願寺となった。明治元年(一八六八)の神仏判然令により廟所《びょうしょ》が安徳天皇社と称され、同8年(一八七五)官幣中社*赤間宮《あかまぐう》となり、昭和15年(一九四〇)から官幣大社に列し、神宮の号を称する。例祭は10月7日。

水無瀬神宮《みなせじんぐう》　大阪府島本町広瀬に鎮座。*後鳥羽天皇・*[83]土《つち》御門《みかど》天皇・*[84]順徳《じゅんとく》天皇の三天皇を祀る。延応元年(一二三九)に後鳥羽上皇崩御の後、水無瀬信成《みなせのぶなり》・親成《ちかなり》父子が水無瀬離宮《りきゅう》跡に御影堂《みえいどう》を造ったことに始まり、古くは*水無瀬法華堂《みなせほっけどう》・*御影堂《みえいどう》と称した。明治6年(一八七三)官幣中社*水無瀬宮《みなせぐう》となり、昭和14年(一九三九)後鳥羽天皇七〇〇年式年祭の機会に官幣大社に列し、神宮の号を称する。例祭は12月7日。

吉野神宮《よしのじんぐう》　奈良県吉野町に鎮座。*[96]後醍醐《ごだいご》天皇を祀る。南北朝時代の吉野宮とされる地に明治22年(一八八九)官幣中社*吉野宮《よしのぐう》として創祀《そうし》。三年後に社殿が完成、後醍醐天皇の木像を吉水《よしみず》神社から移した。同34年(一九〇一)官幣大社に列し、大正7年(一九一八)から神宮の号を称する。例祭は9月27日。

明治神宮《めいじじんぐう》　東京都渋谷《しぶや》区代々木《よよぎ》神園《かみぞの》町に鎮座。明治45年(一九一二)の天皇崩御直後から、日本を近代化した「大帝」の聖徳に感謝するため、神宮の創建を求める要望が民間有志から政府と国会に出された。それを承け、大正4年(一九一五)に創建が決定、*明治天皇と共に前年に崩御した*昭憲《しょうけん》皇太后を併せて祀る官幣大社として同9年(一九二〇)に完成。野原の多かった代々木での境内の造営・植林に、全国の青年たちが奉仕した。昭和20年(一九四五)空襲で焼失、同33年(一九五八)に再建。11月3日(旧明治節)の例祭には勅使の参向がある。

北海道神宮《ほっかいどうじんぐう》　札幌《さっぽろ》市中央区宮ヶ丘に鎮座。明治2年(一八六九)北海道開拓使《かいたくし》の設置に際して開拓守護神として*大国魂神《おおくにたまのかみ》・

*大那牟遅神《おおなむちのかみ》・少彦名神《すくなひこなのかみ》が仮奉安され、同4年（一八七一）国幣小社*札幌神社《さっぽろじんじゃ》となり、翌5年に官幣小社、同26年に官幣中社、同32年に官幣大社へと昇格した。北海道神宮と改称されたのは明治神宮を増祀した戦後の昭和39年（一九六四）。例祭（*札《さっ》幌《ぽろ》まつり）は6月15日。

ほかに、海外の官幣大社で神宮となった左の四例がある。

朝鮮神宮《ちょうせんじんぐう》　祭神は*天照大神と*明治天皇。大正8年（一九一九）*朝鮮神社《ちょうせんじんじゃ》として創建が公表され、同14年（一九二五）鎮座に先立ち神宮と称される。昭和20年（一九四五）11月廃止。

台湾神宮《たいわんじんぐう》　祭神は*大国魂命《おおくにたまのみこと》・*大己貴命《おおなむちのみこと》・少彦名命《すくなひこなのみこと》と*北白《きたしら》川宮能久親王《かわのみやよしひさ》。明治33年（一九〇〇）創建。のち昭和19年（一九四四）天照大神を増祀の際、神宮と称される。同20年11月廃止。

関東神宮《かんとうじんぐう》　中国旅順《りょじゅん》。祭神は*天照大神と*明治天皇。昭和13年（一九三八）創立告示、同19年鎮座。翌20年11月廃止。

扶余神宮《ふよじんぐう》　朝鮮扶余。祭神は*[15]応神天皇・*[37]斉明《さいめい》天皇・*[38]天智《てんじ》天皇・*神功《じんぐう》皇后。昭和14年（一九三四）創立が公表されたが造営できず、未鎮座のまま同20年11月廃止。

なお、南洋群島パラオの*南洋神社《なんようじんじゃ》は、昭和15年（一九四〇）創建されたが、同20年11月廃止。また*樺太神社《からふとじんじゃ》は、台湾神宮と同じ三命《みこと》を祭神として明治44年（一九一一）鎮座したが、昭和20年廃止。神宮にはなっていない。

［竹居・所］

【伊勢《いせ》の神宮《じんぐう》の別宮《べつぐう》と摂社《せつしゃ》】

伊勢の神宮は、内宮《ないくう》＝皇大神宮《こうたいじんぐう》と外宮《げくう》＝豊受大神宮《とようけだいじんぐう》の正《しょう》宮《ぐう》各一所をはじめ、左記の「別宮《べつぐう》」一四所があり、それにつぐ「摂社《せつしゃ》」四三所、および「末社《まつしゃ》」二四所と「所管社《しょかんしゃ》」四二所から成る（合計一二五所）。

○内宮の別宮……荒祭宮《あらまつりのみや》と風日祈宮《かざひのみのみや》（内宮域内）、滝原宮《たきはらのみや》、滝原並宮《たきはらならびのみや》（度会《わたらい》郡大紀《たいき》町）、伊雑宮《いざわのみや》（志摩市磯部町）、月読宮《つきよみのみや》・月読荒御魂宮《つきよみのあらみたまのみや》・伊佐奈岐宮《いざなぎのみや》・伊佐奈弥宮《いざなみのみや》（伊勢市中村町）、倭姫宮《やまとひめのみや》（伊勢市楠部町、大正12年〈一九二三〉鎮座）

○外宮の別宮……多賀宮《たかのみや》と土宮《つちのみや》と風宮《かぜのみや》（外宮域内）、月夜見宮《つきよみのみや》（伊勢市宮後《みやじり》、鎌倉初期大摂社から昇格）

このうち、別宮は正宮の祭神の鎮座に直接関係が深く、式年遷宮も朝廷によって正宮に続いて行われる。摂社以下は平安以前から地元伊勢で祀られてきた古社である。摂社も平安初期までに一二一社は式年造替《しきねんぞうたい》されることになったが、その他は修理造替が原則とされてきた。現代でも天皇の「ご聴許《ちょうきょ》」をえて式年遷宮《しきねんせんぐう》を行うのは正宮と別宮のみであり、以下は大宮司《だいぐうじ》の裁量で造替が行われている。

［所］

[116] 皇室ゆかりの神社

出雲大社《いずもたいしゃ》　島根県出雲市《いずも》大社町《たいしゃ》に鎮座。*杵築大社《きづきたいしゃ》などとも称し、もと式内社《しきないしゃ》、出雲国一宮《いちのみや》、また旧官幣大社《かんぺいたいしゃ》。主祭神は*大国主神《おおくにぬしのかみ》であるが、『*先代旧事本紀《せんだいくじほんぎ》』の記述のように、古くは*素戔嗚尊《すさのおのみこと》が祭神と考えられていた。もとは大和《やまと》朝廷に服属した出雲族の神であった。大社の名の通り、巨大な社殿が古来有名で、平成12年（二〇〇〇）から翌年にかけての境内発掘調査により、三本の巨大な木を鉄の輪でひきしめて柱としたものが三か所から発見された。

春日大社《かすがたいしゃ》　奈良市春日野《かすがの》町に鎮座し、もと式内社、二十二社上社、また旧官幣大社。祭神は*武甕槌命《たけみかづちのみこと》・*経津主命《ふつぬしのみこと》・*天児屋根命《あめのこやねのみこと》・比売神《ひめがみ》で、鹿島《かしま》（常陸《ひたち》）・香取《かとり》（下総《しもうさ》）・枚岡《ひらおか》（河内《かわち》）各社からの勧請とされる。平城京東方の御蓋山《みかさやま》（三笠山）を神奈備《かんなび》（神聖な場所）としてその西麓に神地が設定され、神護景雲2年（七六八）に祭神を整備して社殿を造営したとする説が有力。*藤原《ふじわら》氏の氏神《うじがみ》でもあり、平安時代中期以降は同じ藤原氏の氏寺興福寺との関係を強めた。延喜20年（九二〇）の宇多《うだ》法皇の御幸以来、行幸も行われた。例祭の*春《かす》日祭《がまつり》は、3月13日（古くは2月・11月の上申の日）。

多賀大社《たがたいしゃ》　滋賀《しが》県犬上《いぬかみ》郡多賀町に鎮座。式内社、旧官幣大社。祭神は*伊邪那岐命《いざなぎのみこと》・*伊邪那美命《いざなみのみこと》。寿命の守護神として広く信仰され、「お伊勢《いせ》七度《たび》　熊野《くまの》へ三度　お多賀様へは月参り」の俚謡《りよう》まである。明治18年（一八八五）県社より官幣中社、大正3年（一九一四）官幣大社となる。例祭は4月22日。

氷川神社《ひかわじんじゃ》　埼玉《さいたま》県さいたま市大宮区高鼻町に鎮座。式内社・武蔵《むさし》国一宮で、旧官幣大社。祭神は*須佐之男命《すさのおのみこと》・稲田姫命《いなだひめのみこと》・*大己貴命《おおなむちのみこと》。鎌倉時代以降、武運の守護神として武家の尊崇をうけた。明治元年（一八六八）、*[122]明治天皇は祭政一致をめざして当社で親祭《しんさい》を行い、武蔵国鎮守として勅祭社とし、8月1日の例祭には勅使が参向した。

金崎宮《かねがさきぐう》　福井県敦賀《つるが》市金ケ崎町に鎮座。旧官幣中社。[96]後醍醐天皇皇子の*尊良（たかよし たかなが）親王・*恒良（つねよし つねなが）親王を祀る。延元元＝建武3年（一三三六）、*足利尊氏《あしかがたかうじ》に追われた*新田義貞《にったよしさだ》は、尊良・恒良両親王とともに金崎城を拠点としたが、翌年に落城。尊良親王・新田義顕《よしあき》や気比《けひ》社大宮司《だいぐうじ》気比氏治《うじはる》らがこの地で戦死した。明治23年（一八九〇）に金崎城跡に創建されたもので、例祭は5月6日。

井伊谷《いいのや》宮《ぐう》　静岡県浜松市北区引佐町《いなさ》に鎮座。旧官幣中社。[96]後醍醐《ごだいご》天皇皇子の*宗良（むねよし　むねなが）親王を祀る。延元3＝暦応元年（一三三八）、親王は北畠親房《きたばたけちかふさ》らと海路で東国へ向かう途中、遠江《とおとうみ》に漂着して井伊谷城に入り、以後各地を転戦した。当社は、明治2年（一八六九）に創建を申請して着工し、翌年に鎮座祭が行われた。例祭は9月22日。

鎌倉宮《かまくらぐう》　神奈川県鎌倉市二階堂に鎮座。大塔宮《おおとうのみや》とも称し、旧官幣中社。大塔宮*護良（もりよし　もりなが）親王を祀る。親王は後醍醐天皇の皇子で、足利尊氏と争った末に鎌倉に幽閉され、建武2年（一三三五）に殺害された。明治2年（一八六九）に勅命によって創建されたもので、本殿背後の土牢は、親王幽閉の場所と伝える。なお本殿の西脇には、親王に仕えていた人々を祀る*南方社《なんぽうしゃ》・*村上社《むらかみしゃ》がある。

八代宮《やつしろぐう》　熊本県八代市松江城町に鎮座。旧官幣中社。征西将軍懐良（かねよし　かねなが）親王を祀る。八代住民の願い出により、明治13年（一八八〇）に創建。八代城跡の本丸内に社地を定め、同16年（一八八三）に社殿を建立した。なお同19年（一八八六）には[97]後村上天皇皇子の征西将軍*良成（よしなり　ながなり）親王も配祀されている。例祭は8月3日。

湊川神社《みなとがわじんじゃ》　兵庫県神戸市中央区多聞通《たもんどおり》に鎮座。旧別格官幣社。主祭神は南朝の忠臣*楠木正成《くすのきまさしげ》（大楠公《だいなんこう》）で、相殿《あいどの》には、その子正行《まさつら》（小楠公《しょうなんこう》）、正成の弟正季《まさすえ》ら一七人の一族将士を配祀する。明治政府による南朝の忠臣を祀る神社の創建としては最も早く、明治元年（一八六八）に勅許を得て、翌年に社地を戦没地の湊川に決定し、同5年（一八七二）に社殿が造営された。例祭は7月12日。

靖国神社《やすくにじんじゃ》　東京都千代田区九段北に鎮座。旧別格官幣社。明治維新前後の殉難者や、戦役・事変などの国事殉難者二四六万六〇〇〇余人を祀る。明治2年（一八六九）、*明治天皇の勅裁により招魂社が創建され、同12年（一八七九）に現社名に改称した（→[121]）。

［竹居・所］

[117] 社格と神位・神階

神位《しんい》・神階《しんかい》　神社の祭神に授与された位階を、*神位《しんい》または*神階《しんかい》という。*品位《ほんい》・*位階《いかい》・*勲位《くんい》の三種がある。品位は四《し》品《ほん》以上の四階で、天平勝宝元年（七四九）に豊前国宇《ぶぜんのくにう》佐《さ》八幡《はちまん》の大神《おおみかみ》に一品、同比《ひ》売《め》神《がみ》に二品が授与されたのが初見。位階は正一位《しょういちい》から五位以上の一四階、正六位上一階の計一五階で、天平神護2年（七六六）の伊《い》予国《よのくに》諸神への授与が初見。平安時代以降は特に神階昇叙《しんかいしょうじょ》が多く、即位や改元などに際して天下一律の神階授与が行われた。勲位は一等から一二等まで、兵乱平定などの武勲によって授与された。

式内社《しきないしゃ》　[60]醍醐《だいご》天皇の延長5年（九二七）に編纂された『延喜《えんぎ》式《しき》』の巻九・一〇の神名上・下（略称『*延喜式神名帳《じんみょうちょう》』）に登載された二八六一処（三一三二座）の神社をいう。

これらは、神祇《じんぎ》官《かん》が祀る*官幣社《かんぺいしゃ》と国司が祀る*国幣社《こくへいしゃ》とに大別され、さらに案上《あんじょう》・案下《あんげ》の幣によって*大社《たいしゃ》と*小社《しょうしゃ》とに分けられ、それぞれの格に応じて、奉幣《ほうべい》にあずかる祭の種類や、幣帛《へいはく》（絹・麻などの供物）の数量・品目に差異があった。*官幣大社《かんぺいたいしゃ》は西海道以外の諸道にあり、一九八処、三〇四座を数える。*官幣小社《かんぺいしょうしゃ》三七五社、四三三座は畿内に限られ、*国幣大社《こくへいたいしゃ》（一五五処、一八八座）・*国幣小社《こくへいしょうしゃ》（二一三三処、二二〇七座）とも畿内にはない。さらに大社のうち*名神祭《みょうじんさい》にあずかる社（*名神大社《みょうじんたいしゃ》）が三〇六座あり、そのうち官幣社は一二七座を占めた。

式内社には、賀茂《かも》上下・鹿島《かしま》・香取《かとり》・春日《かすが》・熱田《あつた》など今でも繁栄している大きな神社もあれば、衰えて村の鎮守社となったり、その所在すら失われたものもあるが、明治神社制度の社格制定の歴史的基準となった。

勅祭《ちょくさい》・勅祭社《ちょくさいしゃ》　*勅祭《ちょくさい》は、天皇の特使である*勅使《ちょくし》が派遣されて奉幣が行われる祭儀をいう。用語としては古い史料には見られず、慶応4年（一八六八）3月の神仏判然令に「勅祭之神社」とあるのが初見とされる。しかし、勅使差《さ》遣《けん》によって奉幣にあずかった祭儀は、古来伊勢の神宮の神嘗祭《かんなめさい》や賀《か》茂祭《ものまつり》、石清《いわし》水祭《みずさい》など数多く、二十二社などへの奉幣の祭祀もこれにあたる。近代では明治元年（一八六八）、*[122]明治天皇が武蔵国一宮《むさしのくにいちのみや》の氷《ひ》川神社《かわじんじゃ》（現埼玉《さいたま》県さいたま市大宮区）に行幸して親祭《しんさい》を行ったのを契機に、*勅祭社《ちょくさいしゃ》一五社が定められた。勅祭社は、その後改廃を続け、現在は一六社あり（↓

[資]16）、勅祭は、現在では出雲《いずも》大社《たいしゃ》・熱田《あつた》神宮《じんぐう》・平安神宮《へいあんじんぐう》・明治《めいじ》神宮《じんぐう》・橿原神宮《かしはらじんぐう》・靖国神社《やすくにじんじゃ》（春秋二回）ほかで行われ、特に3月13日の春日祭《かすがまつり》、5月15日の賀茂祭《かものまつり》、9月15日の石《いわ》清水祭《しみずさい》を*三勅祭《さんちょくさい》と称する。

勅使《ちょくし》　天皇の命を伝える使者のことで、特に諸社の恒例祭・臨時祭に差遣される祭使・*奉幣使《ほうべいし》（幣帛使《へいはくし》）を称する。勅祭での勅使の役目は、天皇からの幣物《へいもつ》を宮司が神前にささげたあと、天皇の*祭文《さいもん》を奏し、玉串《たまぐし》を奉ることである。

令制《りょうせい》では伊勢の神宮へ、神嘗祭《かんなめさい》をはじめ祈年祭《きねん》、6月と12月の月次祭《つきなみ》に朝廷から使者が差遣されたが、神嘗祭には正使として皇親の王のほか、副使として神祇官《じんぎかん》の使者である*中臣氏《なかとみ》・*忌部氏《いんべ》が随行するのに対して、天平宝字元年（七五七）以降、祈年祭・月次祭の幣帛使は神祇官の中臣氏が単独で勤仕した。

伊勢の神宮へは、そのほかに重大な事態が発生した時に、三位および参議以上の公卿が勅使として差遣されることがあり、これを*公卿勅使《くぎょうちょくし》と称した。公卿勅使は[59]宇多《うだ》天皇の寛平6年（八九四）の新羅賊《しらぎぞく》来襲に際して差遣されたのが最初とされ、平安時代中期から後期に頻繁となった。*公卿勅使差遣《くぎょうちょくしさけん》の儀《ぎ》は、天皇の御在所清涼殿《せいりょうでん》と大内裏《だいだいり》正殿である大極殿《だいごくでん》の後房小安殿《こあどの》とで計二回行われるところに特徴がある。

伊勢の神宮以外の諸社では、公祭にあずかった春日・平野・賀茂・梅宮《うめのみや》などの諸社に、祭日に朝廷からの使者が遣わされたが、主として宣命《せんみょう》を奏上する神祇官使、天皇の幣帛をもたらす内蔵使《くらし》のほか、東宮使《とうぐうし》・中宮使《ちゅうぐうし》・近衛府使《このえふし》・馬寮使《めりょうし》などが加わって勅使団というべき構成で参向した。

奉幣《ほうべい》　天皇の命によって神や山陵《さんりょう》などに幣帛《へいはく》（絹・麻などの供物）を奉ることを奉幣といい、その使者を広く*奉幣使《ほうべいし》（幣帛使）と称したが、細かくは奉幣使・*例幣使《れいへいし》・*由奉幣使《よしのほうべいし》などの区別があった。諸社の祝部《はふりべ》などを中央に集めて幣帛を頒《わか》つ班幣《はんぺい》とは区別され、奉幣使が諸社・諸陵に派遣される場合をいう。

神に対する奉幣の場合、掌侍《しょうじ》が神祇官に赴いて幣帛をつつみ、天皇が臨見してから奉幣使に付された。また奉幣には宣命《せんみょう》をともなうことが多く、これも奉幣使に付された。奉幣使には、普通五位以上の官人が充てられるが、古代には神社によって特定の氏人《うじびと》から任じられる慣例もあった。伊《い》勢《せ》の神宮《じんぐう》の王氏、宇佐八幡宮《うさはちまんぐう》の和気《わけ》氏、春日大社《かすがたいしゃ》の藤原《ふじわら》氏などは、その代表例。

また、即位・大嘗祭《だいじょうさい》・元服のあることを伊勢の神宮に奉告する臨時の奉幣を*由奉幣《よしのほうべい》といい、*王・*中臣・*忌部（のち斎部）・*卜部《うらべ》の各氏が務めた（由奉幣使《よしのほうべいし》）。内裏の建礼門前から発遣されたが、後には神祇官より発遣されるのを例とした。即位由奉幣の初見は天平宝字2年(七五八)。大嘗祭《だいじょうさい》由奉幣の初見は大同3年(八〇八)で、寛和2年(九八六)には石清水・賀茂上下社が加えられ、*三社奉幣《さんしゃほうべい》と称した。

例幣使《れいへいし》　毎年決まった時期に奉幣のため神社に派遣される勅使をいう。伊勢の神宮の神嘗祭《かんなめさい》に際して朝廷から行われる奉幣が、古くから*例幣《れいへい》と呼ばれて重視されたため、一般には、毎年9月11日に発遣されるその使(*伊勢例幣使《いせれいへいし》・*神嘗祭使《かんなめさいし》)を指した。応仁《おうにん》・文明《ぶんめい》の乱《らん》で中絶したが、17世紀半ばに再興された。のち江戸時代の正保3年(一六四六)から、毎年4月17日、東照大権現《とうしょうだいごんげん》徳川家康《とくがわいえやす》を祀る日光東照宮《にっこうとうしょうぐう》の例祭にも、朝廷から例幣使が遣わされている。

祈年穀奉幣《きねんこくほうべい》　平安時代前期に始まった、年穀の豊作を祈る奉幣。伊勢の神宮および近京諸社を対象とし、10世紀半ば頃に一六社、そののち順次増加して、11世紀後半頃に*二十《にじゅう》二《に》社《しゃ》に固定した。祭月は2月と7月の春秋二回であったが、延引した場合も少なくない。

官幣社《かんぺいしゃ》・国幣社《こくへいしゃ》　社格のひとつ。古代律令制下では、*神祇《じんぎ》官《かん》の管する*官社《かんしゃ》は、毎年2月の祈年祭に神祇官から奉幣をうけた。延暦17年(七九八)に、僻遠の地にある官社には、神祇官にかわって*国司《こくし》が奉幣することが定められ、官幣社と国幣社の別が生じた。それぞれ*大社《たいしゃ》・*小社《しょうしゃ》の別がある。幣帛には*正税《しょうぜい》が用いられるが、官幣と国幣とでは、その品目や数量に大きな違いがあった。

明治4年(一八七一)、改めて官国幣社の制が定められ、歴代の天皇・皇族を祀る神社と皇室の崇敬の厚い神社が官幣社《かんぺいしゃ》、*地方官《ちほうかん》の祀る神社が*国幣社《こくへいしゃ》とされて、それぞれに大・中・小の三等級が設けられた。また翌年には*別格官幣社《べっかくかんぺいしゃ》が設けられ、国家のため特に功労のあった人臣を祀る神社が指定されている。

その後の官制の変遷を経て、神社が内務省の所管になって以後は、官幣社が祈年祭・新嘗祭《にいなめさい》・例祭および本殿遷座祭に宮内省から*神饌幣帛料《しんせんへいはくりょう》をうけるのにたいし、国幣社は、祈年・新嘗の両祭は官幣社と同様であるが、例祭と本殿遷座祭は国庫から供進をうけるという違いがあった。これらの制度は昭和21年(一九四六)廃止された。

式内社《しきないしゃ》・国史《こくし》見在社《けんざいしゃ》　『*延喜式神名帳』には、官幣大社三〇四座、官幣小社四三三座、国幣大社一八八座、国幣小社二二〇七座の合計三一三二座の官社が登載される。それらの『延喜式神名帳』にみえる官社を*式内社《しきないしゃ》という。また、神名帳には載っていないが六国史にみえる古社を*国史見在社という。

二十二社《にじゅうにしゃ》 平安時代中期以降、朝廷より特別の尊崇を受けた神社で、その総数より二十二社と称し、室町時代半ば頃まで、最高の社格として存続した。

二十二社のうち、*上七社《かみしちしゃ》は伊勢・石清水・賀茂・松尾・平野・稲荷《いなり》・春日、*中七社《なかしちしゃ》は大原野・大神《おおみわ》・石上《いそのかみ》・大和《おおやまと》・広瀬・龍田・住吉、*下八社《しもはっしゃ》は日吉・梅宮・吉田・広田・祇園《ぎおん》・北野・丹生《にう》・貴布禰《きふね》をいう。年二回の恒例の祈年穀ほか、祈雨《きう》・止雨《しう》や、天変地異、国家朝廷の大事など臨時に使者が派遣されて奉幣の対象となった。

そのうち伊勢・石清水は皇室の宗廟《そうびょう》、大神・石上・大和は古来の皇室の崇敬社、広瀬・龍田・丹生・貴布禰は風雨の神、住吉・広田は*神功皇后《じんぐうこうごう》以来の崇敬社、賀茂・松尾・稲荷・日吉は平安京（京都）の鎮守社、春日・大原野・吉田は藤原氏の、平野は王氏らの、梅宮は橘《たちばな》氏のそれぞれ氏神、すなわち皇室外戚の祖神である。祇園・北野は新興の社として崇敬されたものと見られる。

もともと古くから官社の制度とは別に、朝廷から特別の崇敬を受けた神社がある。当初は五社・七社・八社・一一社など社数に固定的なものはなかったが、『延喜式』に基づく官制が崩れていった時代の昌泰《しょうたい》元年（八九八）以降、一六社奉幣が比較的多くなり、これに広田が、ついで*66一条《いちじょう》天皇朝に吉田・梅宮・北野・祇園が順次加えられ、さらに院政時代になって日吉が加えられて二十二社となった。

なお、実際には常に二十二社のすべてが祈願・奉幣の対象となったわけではなく、特に臨時奉幣の場合は、その事由に応じて特定の数社が選ばれることが多かった。

一宮制《いちのみやせい》 平安時代後期から鎌倉時代にかけて、令制下の国ごとに設定された社格の一種で、国内第一に位置づけられた社。平安時代後期編纂の『今昔物語集《こんじゃくものがたりしゅう》』に周防国《すおうのくに》の一宮《いちのみや》玉祖《たまのおや》大明神（玉祖神社）の名が見えるのが文献上の早い例である。全国一斉に制度的に成立したわけではなく、律令国家の解体過程にともない、中央の側からは国家の安泰を祈願する神として、また国衙《こくが》からは国内支配のための宗教的権威として、国を代表する役割を期待されて、各国ごとに逐次設定されていったと見られる。

その選定理由や存在形態は、各国の歴史的、地理的条件によって多様である。国衙付近にあり国衙在庁と深い関係をもつもの、国衙とは離れているが古代以来の由緒を誇る国内の有力社などが一般的であった。なお、時代の変遷とともに一宮の交替や一宮争いなども起こり、また国単位の一宮・二宮《にのみや》・三宮《さんのみや》だけでなく郡単位の一宮・二宮などの順位も生じた。それが地名として残る場所も少なくない。［竹居］

［118］神社行幸と熊野詣

天皇が直接神社に出かける*神社行幸《じんじゃぎょうこう》は、*[61]朱雀《すざく》天皇の天慶2年（九三九）の*賀茂社行幸《かもしゃぎょうこう》が初見（通説は同5年〈九四二〉）。その画期の第一は*[64]円融《えんゆう》天皇朝で、天元2年（九七九）の*石清水行《いわしみずぎょう》幸《こう》、同4年（九八一）の*平野行幸《ひらのぎょうこう》が新たに加わり、*[66]一条《いちじょう》天皇朝において永祚元年（九八九）の*春日行幸《かすがぎょうこう》、正暦4年（九九三）の*大《おお》原野行幸《はらのぎょうこう》、そして寛弘元年（一〇〇四）の*松尾《まつのお》・北野行幸《きたのぎょうこう》が加わる。これ以後[70]後冷泉《ごれいぜい》天皇朝に至るまで、以上の七社への行幸が踏襲された。続く画期は*[71]後三条《ごさんじょう》天皇朝で、延久3年（一〇七二）の*日吉（ひえ ひよし）行幸《ぎょうこう》、同4年の*稲荷《いなり》・祇園行幸《ぎおんぎょうこう》が加わる。これ以降、歴代天皇の行幸は以上の一〇社に固定された。

これら神社行幸は、令制祭祀《りょうせいさいし》とはまったく異なり、天皇「御願」祭祀として成立した臨時祭（賀茂・石清水・平野）の恒例化と軌を一にするものである。鎌倉時代後期以降は*[96]後醍醐《ごだいご》天皇朝を除いて長らく中断し、幕末の*[121]孝明《こうめい》天皇によって一部が再興された。

熊野詣《くまのもうで》　紀伊国《きいのくに》（現和歌山県）の熊野三山《さんざん》に参詣することをいう。三山とは本宮《ほんぐう》・新宮《しんぐう》・那智《なち》、すなわち*熊野《くまの》本宮大《ほんぐうたい》社《しゃ》（田辺市本宮町本宮に鎮座。祭神は家都御子大神《けつみこのおおかみ》・熊野牟須美神《むすびのかみ》・熊野速玉之《はやたまの》神《かみ》・天照 大神《あまてらすおおみかみ》）、*熊野速玉大社《くまのはやたまたいしゃ》（新宮市上本町に鎮座。祭神は熊野速玉大神《はやたまおおかみ》・熊野夫須美神《ふすみのかみ》・家都御子神《けつみこのかみ》・天照 皇大神《あまてらすすめおおみかみ》）、*熊野那智大社《くまのなちたいしゃ》（那智勝浦町那智山に鎮座。祭神は熊野夫須美大神《ふすみのおおかみ》・大己貴命《おおなむちのみこと》・家都御子大神・御子速玉大神《みこはやたまおおかみ》・天照大神）の三社で、平安時代中期頃から修験者たちが修行地として好んで参集した。やがて三山は天台系修験の一大拠点となる一方、那智山が観音の補《ふ》陀落《だらく》浄土として知られ、また本宮の本地が阿弥陀如来《あみだにょらい》とされて浄土信仰の面からも関心を呼び、厳格な*熊野精進《くまのしょうじん》ののち紀伊街道の*王子《おうじ》ごとに奉幣《ほうべい》して三山に参詣することが貴族社会に流行し、「蟻《あり》の熊野詣」と称されるほどであった。

上皇・法皇の*熊野御幸《くまのごこう》は、宇多《うだ》・花山《かざん》を早い例とするが、院政時代には最高潮に達し、*白河《しらかわ》上皇の御幸に際しては、先達《せんだつ》を務めた園城寺《おんじょうじ》僧増誉《ぞうよ》が熊野三山検校《けんぎょう》に補任されたほか、*後白河《ごしらかわ》法皇は計三四回、*後鳥羽《ごとば》上皇は三〇回の御幸があった。これに対し三山側でも、御師《おし》・先達の組織を整え、彼らの活躍によって熊野の霊験が説かれ、庶民による熊野詣も盛行した。

［竹居］

［119］前近代の宮中神事

【天皇《てんのう》の祭事《さいじ》】

天皇の*マツリゴト（神々を祀《まつ》る祭事と人々を統《す》べる政事）のうち、*祭事《さいじ》（広義の祭祀）は、古い時代ほど大きな比重をしめたが、今なお重要な意味をもつ。大和時代の王宮における祭事は、6世紀中ごろ仏教が伝来するまで、もっぱら古来の神祇信仰により行われていた。それは「記紀」の神話・伝承からも、また考古学的な遺跡・出土品などからもうかがうことができる。その伝統が根強くあったからこそ、中国（隋《ずい》・唐《とう》）を手本として作られた律令制度でも、神祇官を特設して神祇信仰中心の祭事が形成されたのである。

【神祇官《じんぎかん》の祭祀《さいし》】

大宝元年（七〇一）完成の『大宝令《たいほうりょう》』（『養老令』も大筋同様）は、中央官制として太政官《だいじょうかん》に並ぶ形で神祇官を置き、また「*神祇令《じんぎりょう》」に*国家祭祀《こっかさいし》の大綱を定めている。

*神祇官《じんぎかん》は、伯《かみ》・大少副《すけ》・大少祐《じょう》・大少史《さかん》の*四等官と*神《かん》部《べ》三〇人・*卜部《うらべ》二〇人・*使部《つかいべ》三〇人などから成る。当初から*中臣《なかとみ》氏が多くを占めたが、神部には*忌部《いんべ》（斎部《いんべ》）氏《し》も任じられ、亀《き》卜《ぼく》は*卜部《うらべ》氏《し》が掌《つかさど》っている。

神祇官では、アキツミカミと称される天皇のもとで、宮廷の神祇祭祀を執り行い、全国の*祝部《はふりべ》（神職）・*神戸《かんべ》（神領）の名籍や*御巫《みかんなぎ》（神事奉仕の未婚女性）の管理などを掌った。

*神祇祭祀《じんぎさいし》は、代始《だいはじめ》の*大嘗祭《だいじょうさい》のみ特別に*大祀《たいし》（斎戒一か月）とされ、2月の祈年祭《きねんさい》、6月と12月の月次祭《つきなみさい》、9月の神《かん》嘗祭《なめさい》、11月の新嘗祭《にいなめさい》を*中祀《ちゅうし》（斎戒三日）、季節ごとの鎮花《ちんか》祭《さい》・神衣祭《かんみそさい》などを*小祀《しょうし》（斎戒一日）として分けられている。

また、全国の神社は、『延喜式』によれば神祇官の「神名《じんみょう》帳《ちょう》」に登載されたところが三一三二座（祭神数）・二八六一処にのぼる。処（＝所）は一社でも上社・下社があれば一社二処という。これらを*官社《かんしゃ》とも*式内社《しきないしゃ》ともいう。

当初その管理を神祇官で一律に行うことになっていたが、平安時代に入ると、祈年祭・新嘗祭などの際、神祇官から幣帛《へいはく》を頒《わか》たれる*官幣社《かんぺいしゃ》（七三七座・五七三処）と各国司から幣帛を頒たれる*国幣社《こくへいしゃ》（二三九五座・二二八八処）に分けられた。さらに中期以降、京畿の有力な*二十一社《にじゅういっしゃ》（ないし二十二社）などへの奉幣《ほうべい》が中心となった（→[117]）。

神祇官人も、平安時代に入る頃から、中臣氏は*大中臣《おおなかとみ》の氏称を許されて栄えた（伊勢の神宮の祭主兼任）。ただ、長官の伯職《はくしき》のみは*王《おう》氏の任例が多く、後期以降、*白川家《しらかわけ》（65花山《かざん》天皇の後裔）が世襲するに至り*伯家《はっけ》と称される。

忌部氏が衰退するのに対して、卜部氏は平麻呂《ひらまろ》の子孫などが神祇官の要職に就いた（吉田・平野両社の祠官兼任）。とりわけ室町時代初期から兼熙《かねひろ》が*吉田《よしだ》を家名とし、その子孫らが、応仁の乱の頃から中絶した宮廷祭祀（新嘗祭など）も、吉田神社境内の*太元宮《だいげんぐう》（八角形の斎殿）を*神祇官代《じんぎかんだい》として代わりに営んでいる。

【年中行事御障子（ねんちゅうぎょうじおんそうじ ねんちゅうぎょうじのみしょうじ）】 律令制下の国家祭祀は、おもに神祇官で行われたが、その多くに天皇自身が直接間接に関与している。それらを政事的な儀式・行事とともに一覧表化したものが「年中行事御障子」である（→資21）。

これは平安時代前期の仁和《にんな》元年（八八五）、太政大臣《だいじょうだいじんふ》*藤原基《じわらのもと》経《つね》が*58光孝《こうこう》天皇に献上した衝立《ついたて》障子（→24）で、その写しが今なお京都御所の清涼殿にある。その片面には正月から6月、反面には7月から12月までの恒例年中行事が列挙され、途中に次のような祭事の心得も記されている。

まず「神事」として、大祀（大嘗祭）と中祀（新たに賀《か》茂祭《ものまつり》も含めて五祭）および小祭の一部（大忌祭《おおいみのまつり》と風神祭《かぜのかみまつり》）には、天皇をはじめ諸司（全官人）が斎戒する（身を清め慎む）こと、小祀（鎮花祭以下五祭）などには、天皇が出御せず祭官と勅使が斎戒すること、つぎに「御服の事」として、大小の諸神事と諸陵への奉幣に勅使を遣わす儀式に臨む際、天皇は*帛衣《はくのきぬ》（白の平絹の束帯）を着《つ》けること、ただし二等以上の親喪には*錫紵《しゃくじょ》（浅黒の御袍）を着けること。ついで「*廃朝《はいちょう》の事」として、「皇帝二等以上の親、外祖父母」などの喪には三日、「国忌の日、三等の親」の喪には一日、それぞれ朝政を廃すること。さらに「*雑穢《ざつえ》の事」として、人の死忌《しき》は三〇日（産忌《さんき》は七日）などと定め、その間、天皇の近臣などは内裏に参入したり祭事に関われないこと、などが示されている。

御障子の「年中行事」は合計二四〇項目あまり（ほかに「月中行事」が九項目、「日中行事」が二二項目）にのぼる。そのうち、広義の神事関係（陰陽道《おんみょうどう》や民俗的な行事も含む）は約七〇項目（ほかに月中行事四項目）、仏事関係は約三〇項目（ほかに月中行事二項目）ある。これに臨時の神事・仏事も、おのおの数項目加わる。

【宮廷内《きゅうていない》の神事《しんじ》】

元旦四方拝《がんたんしほうはい》　1月1日の未明（4時頃）天皇みずから清涼殿の東庭で天地四方の神々などを拝する行事。

[52]嵯峨《さが》天皇朝の弘仁9年(八一八)頃の成立とみられ、やがて[59]宇多《うだ》天皇朝の寛平2年(八九〇)頃から恒例化した。清涼殿《せいりょうでん》の東庭に畳を敷き屏風《びょうぶ》を立て廻した御座に、黄櫨染御袍《こうろぜんのごほう》の天皇が出御する。そこで、初めに北斗七星の属星《しょくじょう》名(当帝の生年干支により決まる七星の名と字《あざな》)を北に向かって呼ぶ。ついで、「賊寇之中過度我身《ぞつこうしちゆうかどがしん》……百　病除愈所欲従心《ひやくびょうじょいしょよくじゅうしん》、急々《きゅうきゅ》如　律令《うじょりつりょう》」という魔除《まよ》けの呪文《じゅもん》を音読で唱える。さらに天と地と四方の神々を順々に拝礼し、すでに父母が崩御していれば、その二陵を日本古来の両段再拝(四拝)で丁重に遥《よう》拝《はい》する。

なお、これとは別に、*毎朝四方拝《まいちょうしほうはい》がある。毎朝、*清涼殿(ないし仁寿殿《じじゅうでん》)の「石灰壇《いしばいのだん》」(東南隅の床を石灰で漆喰《しっくい》塗りした壇の間)で「四方大中小の天神地祇《てんじんちぎ》」を敬拝する「日中行事」のひとつである。宇多天皇により仁和4年(八八八)から始められ、長らく行われてきた。

御麻《おおぬさ》・御贖《みあが》による祓《はら》え清《きよ》め　6月と12月以外の毎月晦日《みそか》(末日)、神祇官から御麻を奉り、また*御巫《みかんなぎ》から御贖を奉る儀がある(『延喜式』)。この御麻(鉄の人形《ひとがた》と木綿《ゆう》と麻)および御贖(金と銀の人形)により、天皇の御体を摩《す》り禍《まが》(わざわい)を祓《はら》い去る。これと同様の祓《はらえ》が、中宮(皇后)と東宮(皇太子)に対しても行われる。

6月と12月には、朔日《ついたち》から「神祇官、御贖を奉る事」、10日に「御体御卜《おおみまのみうら》を奏する事」、晦日に「東　西《やまとかわち》の文部《ふひとべ》、祓刀《はらえがたな》を奏する事」「縫殿　寮《ぬいどののつかさ》、荒世《あらよ》・和世《にごよ》の御服《ごふく》を奉る事」「大祓《おおはらえ》、神祇官、御贖を奉る事」「神祇官、荒世・和世の御贖を奉る事」などがあり、いずれも祓え清めの行事である。

御贖祭《みあがまつり》(6月と12月の1～8日)　毎朝、神祇官の御巫子《みかんこ》が御贖物《みあがもの》(五色の帛《はく》など)入りの折敷《おしき》(四角の盆《ぼん》)を奉ると、天皇が折敷に口気(息)を三度吹きかけて、穢《けがれ》を祓う(11月にも行う)。

御体御卜《おおみまのみうら》(6月と12月の10日)　神祇官の宮主《みやじ》・卜部《うらべ》らが、これから半年にわたる天皇の平安を占い《うらな》、災厄を未然に除く祈願を行い、10日、その御卜を神祇官が紫宸殿《ししんでん》で読奏する。

祓刀《はらえがたな》(6月と12月の晦日)　東　西《やまとかわち》の文部《ふひとべ》(東漢《やまとのあや》氏と西漢《かわちのあや》氏《し》)が、祓刀(金装の横刀)や金銀塗の人形《ひとがた》などを献ずる。

節折《よおり》(6月と12月の晦日)　「縫殿祭、荒世・和世の御服を奉る事」および「神祇官、荒世・和世の御贖を奉る事」を併せた呼称。縫殿寮から「御贖服《みあがふく》」、神祇官から「御贖物」(鉄の人形など)を奉る。すると紫宸殿(のち清涼殿)において、その祓刀・人形・御服および天皇の身長を測る篠竹《しのだけ》などに穢《けがれ》を付けて祓う。

大祓《おおはらえ》(6月と12月の晦日)　在京の男女官人が朱雀門《すざく》(平安

図１　内侍所臨時御神楽の図（宮内庁書陵部蔵）

宮の南正門）の前に集まり、*卜部が天皇の御贖に奉られた御祓麻《おはらえぬさ》を祓所《はらえどころ》に供え、*中臣《なかとみ》が大祓の祝詞《のりと》を読み上げた後、卜部が祓物を大川に流す。中世に入っても、里内裏《さとだいり》においてほそぼそと行われている。

なお、恒例行事ではないが、平安時代から中世にかけて、*七瀬《ななせ》の御祓《おはらえ》も行われている。いわゆる七瀬の祓所へ内侍《ないし》か蔵人《くろうど》を勅使として遣わす際、天皇の御身を撫《な》でた祓具の「人《ひと》形《がた》」を御衣《みそ》箱に入れて渡す。

この「七瀬」は、もと賀茂川《かもがわ》沿いの「賀茂七瀬」であったが、ついで平安京内と近郊の「霊所七瀬」、さらに摂津《せっつ》の難波《なにわ》も近江《おうみ》の唐崎《からさき》も含む「大七瀬」をさすようになる。

内侍所御神楽《ないしどころのみかぐら》（12月・日不定、現在は15日）　天照大神《あまてらすおおみかみ》のために神鏡の祀られる内侍所《ないしどころ》＝賢所《かしこどころ》（内裏の温明殿《うんめいでん》）の前庭で御神楽が奉奏される。その早い例は、平安中期の[66]一条《いちじょう》天皇朝（長保4年〈一〇〇二〉・寛弘3年〈一〇〇六〉など）からみえ、まもなく12月の恒例行事となった。

当日夕方、天皇が内侍所で拝礼の後、前庭に本方《もとかた》と末方《すえかた》がまず阿知女《あちめ》（海人《あま》の奉ずる神か）を呼び出す作法《わざ》を演じ、ついで幣・篠・弓などを手に採って九種類の歌を唱和し、「韓《から》神《かみ》」を舞って中入《なかいり》となり、さらに民謡風の「前張《さいばり》」や神を送る「神上《かみあげ》」などの歌を奏し、その前後に神楽長の人長《にんじょう》が楽（和琴《わごん》・笛《ふえ》・篳篥《ひちりき》）と神楽歌に合わせて神楽を舞う。それが約六時間行われて夜半に及び、終わると、人長が採物《とりもの》の榊《さかき》を天皇に献ずる。

このほか、ほぼ毎月繰り返される*月中神事《げっちゅうしんじ》のうち、毎月朔日《ついたち》には、*内侍所《ないしどころ》（賢所《かしこどころ》）に*御供《ごくう》（紙二帖・絹五匹など二〇合）が奉られる。

祈年祭（きねんさい　としごいのまつり）（2月4日）　年穀（稲作）の豊穣を祈請《きせい》する祭祀である。天武天皇4年（六七五）頃から始められ、まもなく大宝の「神祇令《じんぎりょう》」に定められた。神祇官《じんぎかん》に神祇官人と神職および大臣以下の官人らが参集すると、*中臣《なかとみ》が「御年《みとし》皇神《のすめかみ》」以下四〇余の神々に祝詞《のりと》を奏し、*忌部《いんべ》から参列した官社の神職（祝部《はふりべ》）たちに幣帛《へいはく》を頒布（班幣《はんぺい》）する。この場に天皇は出御しないが、神祇官により公認された全国の官社《かんしゃ》の祝部らを上京させて班幣する、中央集権的な祭祀であった。しかし平安時代に入ると、それが主要な官幣社と畿外の国幣社に分けられ、後者は各国の国庁で班幣が行われている。

祈年穀奉幣《きねんこくほうべい》　これも年穀の生育を祈る祭であるが、令制《りょうせい》の恒例の祈年祭とは別に、平安初期（弘仁元年〈八一〇〉頃）からみえる。臨時（2月と7月か8月が多い）に伊勢の神宮と主要な大社（初め一五社、のち二一社）で行われた。天皇が潔斎して大極殿《だいごくでん》後房の小安殿《こあどの》に臨御し、*中臣と*忌部に勅語と幣帛《へいはく》を賜り、内裏《だいり》の陣の座で上卿《しょうけい》（儀式を指揮する上席公卿）から神宮と諸社へ遣わす奉幣使に天皇の宣命《せんみょう》と幣物を渡す。つまり、官社の祝部らを召集した祈年祭とは逆に、奉幣の勅使を発遣したのである。

忌火御膳《いみびのごぜん》（6、11、12月の朔日）　*忌火《いみび》の御飯《ごはん》とも。早朝に清浄な鑽火《きりび》＝忌火で炊いた御飯を内膳司《ないぜんし》から供すると、天皇が膳に三度箸《はし》を付ける（食べる所作）。これによって、6月と12月の月次祭《つきなみさい》および11月の新嘗祭《にいなめさい》に先立ち、月初から潔斎《けっさい》することになる。

月次祭《つきなみさい》（6月と12月の11日昼）　祈年祭や新嘗祭と並んで『大宝・養老令』に定められた重要な令制祭祀のひとつ（「神《かむ》今食《いまけ》」も一連の神事）。『延喜式』によれば、百官が神祇官に集まり、*中臣が祝詞を宣べると、*卜部が一九八処三〇四座の官社に対して幣帛を班《わか》つ。その祝詞にみえる祭神は、天皇の心身を守る神魂《かんむすび》・高御魂《たかみむすび》などの八神、および平安宮の宮地と宮門を守る六神、国家と皇室を護る三神など、合計三三神にものぼる。

神今食《かむいまけ》（6月と12月の11日夜）　新嘗祭と同じく、天皇が中和院《ちゅうかいん》の神嘉殿《しんかでん》に出御し、亥刻《いのこく》（午後10時）前後に夕《ゆうべ》の御《み》膳《け》を、また丑《うし》刻（午前2時）前後に朝《あした》の御膳を、それぞれ祭神（天照大神《あまてらすおおみかみ》と天神地祇《てんじんちぎ》）に供してから、みずからも食べる。それがすむと、翌12日、天皇の住居も食事も安穏なように、*大殿祭《おおとのほがい》・*御門《みかど》・*庭火忌火祭《にわびいみびのまつり》などが行われる。

黒酒《くろき》・白酒《しろき》（9月朔日）11月の鎮魂祭《ちんこんさい》と新嘗祭より二か月半前、新嘗祭用に黒酒・白酒を醸造すべきことを上奏し、酒殿などを黒木（皮付き）で造る（酒の醸造は10月上旬）。

鎮魂祭《ちんこんさい》（11月中か下の寅《とら》の日《ひ》）新嘗祭の前夜、天皇の御魂《みたま》を鎮《しず》める祭儀。*御巫《みかんなぎ》が宇気槽《うけふね》（椀《わん》形の大きい容器）を桙《ほこ》で撞《つ》く間に、*女蔵人《にょくろうど》が天皇の御服の入った箱を開けて振り動かす。

新嘗祭《にいなめさい》（11月中か下の卯《う》の日《ひ》）天皇が神嘉殿《しんかでん》に出御して、その秋に穫れた新穀（米・粟《あわ》）で作った御饌《みけ》（神饌《しんせん》）を、亥《い》の刻《こく》（午後10時）前後の夕《ゆうべ》（宵《よい》）の儀と、丑《うし》刻（午前2時）前後の朝《あした》（暁《あかつき》）の儀で、それぞれ祭神に供えてから、おさがりを食べる。このような神人共食により、天皇は霊威を更新することになるとみられる。

なお、新嘗祭の翌日（辰《たつ》の日《ひ》）に行われる*豊明節会《とよのあかりのせちえ》では、天皇と百官が豊楽殿《ぶらくでん》と豊楽院で宴を共にする。

【宮廷外《きゅうていがい》への勅使差遣《ちょくしさけん》】

このほか、宮廷外の主な神社で行われる祭礼に、天皇の勅使が遣わされている（差遣という）。

それは、まず①格別主要な伊勢の神宮の神嘗祭《かんなめさい》（9月）と月次祭（6月・12月）、賀茂《かも》上下両社の賀茂祭（4月）と賀茂臨時祭（11月）、石清水八幡宮《いわしみずはちまんぐう》の放生会《ほうじょうえ》（9月）と石清水臨時祭、八坂祇園社《やさかぎおんしゃ》の祇園御霊会《ごりょうえ》（6月）と祇園臨時祭（翌日）、北野天満宮《きたのてんまんぐう》の北野祭（8月）など、ついで②2月と11月に祭礼を営む春日神社《かすがじんじゃ》の春日祭、大原野《おおはらの》神社の大原野祭、率川阿波《いさかわあわ》神社の率川祭、平安宮内の園神《そのかみ》・韓神《からかみ》両社の園韓神祭など、さらに③4月と11月に祭礼を営む広瀬《ひろせ》神社の大忌祭《おおいみのまつり》、龍田《たつた》神社の風神祭、大神《おおみわ》神社の大神祭（12月にも）、山科《やましな》神社の山科祭、平野《ひらの》神社の平野祭と平野臨時祭（同日）、松尾《まつのお》神社の松尾祭、杜本《もりもと》神社の杜本祭、当宗《たいま》（麻神社の当麻祭、梅宮《うめのみや》神社の梅宮祭、吉田神社の吉田祭などである。このうち、特に伊勢や賀茂・石清水などに対しては、奉幣勅使《ほうべいちょくし》を発遣する儀式が丁重に行われた。

なお、神社ではないが、平安前期から主要な陵墓《りょうぼ》（一〇陵八墓が中心）に対して、12月（立春前の吉日）、荷前《のさき》（初穂）を献ずる*荷前使《のさきのつかい》が遣わされるのに先立ち、13日に建礼門の前で天皇出御のもと、発遣の儀が行われている。［所］

（宮廷内の仏事→[122]、その他の祭事→[124]）。

[120] 近現代の宮中祭祀

前近代の宮廷における祭事は、神事を優先し中心としながら、仏事もその他の行事も併せて行われる形が長らく続いてきた（→[119]）。しかし、明治元年（一八六八）3月、新政府の*神仏分離《しんぶつぶんり》（神仏判然令《しんぶつはんぜんれい》）によって神事と仏事の混在が否定された。そのため、皇室でも祭事は神式のみとし、仏式などを除去している。たとえば、同年12月、*[121]孝明《こうめい》天皇の三回忌は仏式でなく、神式の先帝祭として行われた。

そこで、皇居の一角に神式の祭事を行う施設として、翌年（一八六九）12月、神祇官《じんぎかん》の仮神殿《かりしんでん》が造られ、同4年（一八七一）10月制定の「四時祭典定則」に基づく神祇官祭祀が始められた。ついで同5年（一八七二）11月、いわゆる*宮中三殿《きゅうちゅうさんでん》の原型ができた。その後、火災などを経て再建され、同22年（一八八九）1月、現在地に遷座したものが今日に至っている。

宮中三殿のうち、中央が皇祖*天照大神《あまてらすおおみかみ》を祀る*賢所《かしこどころ》、その西側が歴代皇霊を祀る*皇霊殿《こうれいでん》、その東側が*天神《てんじん》*地祇《ちぎ》を祀る*神殿《しんでん》。これら三殿（いずれも妻入《つまいり》）を一括して「賢所《けんしょ》」と総称する。また、西方にある*神嘉殿《しんかでん》（これのみ平入《ひらいり》）も含めて「宮中三殿」と称することもある。

【「皇室祭祀令《こうしつさいしれい》」に定《さだ》める祭祀《さいし》】

宮中三殿を中心に行われる神式祭祀（宮中祭祀）の概要は、明治41年（一九〇八）9月公布の「皇室祭祀令」に定められた。これに基づく戦前の先例が、戦後も「内廷祭祀」の準拠とされ、それが年間三〇回近く行われている。

*皇室祭祀令《こうしつさいしれい》では、宮中祭祀を大祭《たいさい》と小祭《しょうさい》に分けている。このうち*大祭《たいさい》は、天皇が「親《みずか》ら祭礼を行ふ」。具体的には、三日前から斎戒《さいかい》した天皇が、殿内でみずから祭主となって御告文《おつげぶみ》を奏し拝礼する（事故あるときは、皇族か掌典長《しょうてんちょう》が代行）。

それに対して*小祭《しょうさい》は、天皇が「親ら拝礼し、掌典長祭典を行ふ」。具体的には、当日斎戒した天皇が、宮中三殿の殿内で拝礼し、掌典長が祭主として御告文を奏する（事故あるときは、皇族か侍従《じじゅう》が代拝）。

同令の詳細な附式（実施細則）には、*大祭式《たいさいしき》として、賢所の儀、皇霊殿の儀、神殿の儀／新嘗祭《にいなめさい》の儀（神嘉殿の儀、前一日鎮魂の儀）／神宮《じんぐう》の儀（勅使発遣《はつけん》の儀、奉幣《ほうべい》の儀）／山陵《さんりょう》の儀（勅使発遣の儀、奉幣の儀）／天皇の霊代奉遷《みたましろほうせん》の儀（皇霊殿奉告《ほうこく》の儀、権殿《ごんでん》の儀、皇霊殿親祭の儀）などの式次第が定められている。

また＊小祭式《しょうさいしき》として、賢所の儀、皇霊殿の儀、神殿の儀／四方拝の儀／賢所御神楽《かしこどころみかぐら》の儀／神宮の儀（勅使発遣の儀、奉幣の儀）／皇族（皇后・皇太子・同妃・皇太孫・同妃・親王・同妃・内親王・王・同妃・女王）の霊代《たましろ》を遷《うつ》す儀（皇霊殿奉告の儀、権殿《ごんでん》の儀、皇霊殿祭典の儀）などの式次第が定められている。

この皇室祭祀＝宮中祭祀は、別表（表1）の通りである。それらを、大祭と小祭（それに準ずる祭儀も含む）、および皇霊関係の祭祀（大祭も小祭もある）、さらに臨時祭など（毎月・毎朝の拝礼も含む）に分けて概観する。

【大祭《たいさい》】

大祭には、黄櫨染御袍《こうろぜんのごほう》を着け＊親祭《しんさい》（天皇親《みずか》ら行う祭）を行う天皇に続いて、いわゆる十二単《じゅうにひとえ》の皇后、黄丹袍《おうにのほう》の皇太子、十二単の皇太子妃が内陣で拝礼し、他の成年皇族は、男性がモーニングコート、女性がロングドレスで、各殿庭から拝礼する。さらに参列の諸員（戦前は首相以下文武高官、戦後は宮内庁高官、皇宮警察《こうぐうけいさつ》幹部など）も拝礼する。

元始祭《げんしさい》（正月3日）　年始にあたり「天日嗣《あまつひつぎ》の本始《ほんし》」（皇位の始源）を祝い、国家・国民の繁栄を祈る。「元始」と称するのは、『古事記』序文にみえる「元始は綿邈《めんばく》（はるかに遠い）たれども、先聖に頼《よ》りて神を生み人を立つるの世を察《し》れり」による。明治4年（一八七一）以来の親祭である。

大祭の概要は、綾綺殿《りょうきでん》（更衣所）で天皇が、賢所の内陣で天照大神に拝礼して御告文を奏し、内内陣で内掌典《ないしょうてん》が振る御鈴の儀の間平伏する。この元始祭は、同様の親祭が続いて皇霊殿と神殿でも行われる。いわゆる三殿親祭はほかになく（のち昭和3年〈一九二八〉から紀元節祭が加わる）、その意味で最も重要な宮中祭祀とされていたことになる。

紀元節祭《きげんせつさい》（2月11日）　＊[1]神武《じんむ》天皇の即位伝承日を「紀元」（紀年の始源）として祝う。『日本書紀』に「辛酉年《しんゆうのとし》 春正月《はるしょうがつ》庚辰《こうしん》 朔《ついたち》、天皇《すめらみこと》、帝位に橿原宮《かしはらのみや》に於《お》て即《つ》きたまふ」とみえる即位日が、明治5年（一八七二）「紀元節」と定められた。ついで同7年（一八七四）、その日を新暦（太陽暦）に換算して西暦紀元前（B.C.）六六〇年の2月11日と定め、皇霊殿で親祭が行われることになった。昭和3年（一九二八）からは、元始祭と同じく、皇霊殿と神殿でも親祭を行うように改められている。この紀元節祭は、戦後GHQの反対により昭和23年（一九四八）制定の「国民の祝日に関する法律」（祝日法）から紀元節が排除されたことにより大祭でなくなった。しかし、ひき続き「二月十一日臨時御拝」として旬祭《しゅんさい》と同じ方法で

	月日	祭祀名	祭儀の場所
	正月元旦	四方拝	神嘉殿前庭
小	〃	歳旦祭	宮中三殿
大	正月3日	元始祭	〃
大	2月11日	紀元節祭	〃
小	2月17日	祈年祭	〃
大	3月春分	春季皇霊祭／春季神殿祭	皇霊殿／神殿
大	4月3日	神武天皇祭	皇霊殿
	6月末日	節折／大祓	宮殿（竹の間）／神嘉殿前庭
大	9月秋分	秋季皇霊祭／秋季神殿祭	皇霊殿／神殿
大	10月17日	神嘗祭	賢所
小	11月3日	天長祭（代ごとに変動）	宮中三殿
	11月22日	鎮魂の儀	綾綺殿
大	11月23日	新嘗祭	神嘉殿
小	12月中旬	賢所御神楽	賢所
	12月末日	節折／大祓	宮殿（竹の間）／神嘉殿前庭
大	崩御相当日	先帝祭（孝明天皇祭）	皇霊殿（毎年）
大	〃	先帝以前三代式年祭	〃（式年）
大	〃	先后・皇太后式年祭	〃（式年）
小	〃	先帝以前三代例祭	〃（毎年）
小	〃	先后・皇太后例祭	〃（毎年）
小	〃	歴代の天皇式年祭（神武天皇・先帝・先帝前三代以外）	〃（式年）
大		皇室・国家の大事を奉告する祭	宮中三殿
大		伊勢神宮の造営奉遷に伴う祭	〃
大		宮中三殿を修営奉遷する祭	〃
大		天皇・太皇太后・皇太后の霊代を奉遷に伴う祭	皇霊殿
小		皇族（皇后から女王まで）の霊代を遷す祭	〃
	毎月	旬祭（1日・11日・21日）	宮中三殿
	毎朝	毎朝御代拝（侍従）	〃

※大祭は大、小祭は小の印を冠する（明治41年公布「皇室祭祀令」による）。
※四方拝や鎮魂の儀、および明治42年から加えられた節折と大祓は小祭に準ずる儀式とされている。
※賢所・皇霊殿・神殿にわたるものは宮中三殿と総称する。
※天長祭は、明治時代11月3日（昭和2年〈1927〉から明治節祭）、大正時代8月31日、昭和時代4月29日、平成時代12月23日。
※神武天皇と先帝の式年祭は、特に陵所で親祭。それ以外の式年祭には、勅使が陵所へ遣わされる。
※臨時祭祀は、ほかにも「登極令」「摂政令」「立儲令」「成年式令」「皇室婚嫁令」（→皇室親族令）「皇室誕生令」（→同上）「皇族就学令」などに定めるものなどがある。 ［所］

表1　近現代の皇室祭祀

行われることになり、それが今も続けられている。
神嘗祭《かんなめさい》（10月17日） 伊勢《いせ》の神宮《じんぐう》の神嘗祭にあわせて、宮中で行われる神恩感謝の祭。神宮の神嘗祭は、古代から旧暦9月16日前後、新穀による神饌《しんせん》を真っ先に供えるため、数日前の11日、宮中で奉幣《ほうべい》の勅使（例幣使《れいへいし》）を発遣することになっていた。それに対して、明治以降は、伊勢の内宮《ないくう》で勅使奉幣の行われる17日（明治12年〈一八七九〉より新暦の10月17日）午前、宮中でも天皇が神嘉殿《しんかでん》の南庭から伊勢の神宮を遥拝し、賢所《かしこどころ》に新穀を供える。
鎮魂《みたましずめ》**の儀**《ぎ》（11月22日） 夕刻、綾綺殿《りょうきでん》に設けた祭場で行われる。人の魂は体から離れて浮遊したり活力を失いやすい。そこで、重要な新嘗祭《にいなめさい》（大嘗祭《だいじょうさい》も）の前に、天皇（のち皇后・皇太子・同妃も）の御魂を鎮め活力を取り戻すため、掌《しょう》典《てん》が御玉緒《おんたまのお》の糸を結び、内掌典が宇気槽《うきのおけ》を踏み鳴らし御衣《おんぞ》を振り動かす。これは、明治4年（一八七一）の「四時祭典定則」で「中祭」となっているが、同41年（一九〇八）の「皇室祭祀令」では大祭《たいさい》に伴う儀式とされている。
新嘗祭《にいなめさい》（11月23日） 神嘉殿において天皇が新穀による神饌を天照大神はじめ天神地祇の神々に供えて神恩に感謝し、そのおさがりを天皇も食べることにより威力を更新する神人共食の祭である。宮中三殿より西の神嘉殿で格別丁重に「*夕《よい》の儀《ぎ》」と「*暁《あかつき》の儀《ぎ》」が繰り返される。
当日夕刻、天皇は綾綺殿で白の御祭服を着け、神器《じんぎ》の剣《けん》璽《じ》とともに神嘉殿の母屋《もや》に入る。また皇太子は、東宮便殿《びんでん》で白の斎服を着け、壺切御剣《つぼきりのぎょけん》とともに神嘉殿の西隔殿《かくでん》へ入る。ついで、掌典と女官らにより神饌が膳舎から次々と運ばれる。これを*神饌行立《しんせんぎょうりゅう》という。具体的には、米と粟《あわ》の御飯を入れた御飯筥《おものはこ》を先頭に、調理した鮮魚を入れた鮮物筥《なまもの》、乾燥させた乾魚を入れた干物筥《からもの》、果実を入れた菓子筥《くだもの》などが続く。その行立に際して、掌典により「*警蹕《けいひつ》」（先触れ）が称えられる。神嘉殿では、午後6時から、正殿の御座に着いた天皇が、伊勢の方角に向けた神座の前に、数々の神饌を竹箸で*枚手《ひらで》（柏《かしわ》の葉で作った食器）に盛りつけて供える。この親供《しんく》には陪膳《ばいぜん》女官の奉仕以外、すべて天皇みずから供進することに意味がある。ついで天皇が拝礼して御告《おつげ》文《ぶみ》を奏上し、さらにおさがりの米と粟の御飯および白酒《しろき》・黒酒《くろき》をいただき、8時に「夕の儀」を終了する。続いて11時から翌日1時まで、同様に「暁の儀」が繰り返される。
この夕の儀と暁の儀で合計四時間、天皇は正座して親供・共食をする。その間、皇太子も西隔殿で正座している。神饌が撤下されると、天皇が退出する。続いて皇太子が拝礼して退下、さらに庭上幄舎《あくしゃ》の参列諸員（成年男性皇族、首相と各大臣、議院の議長、最高裁判所の長官など）が拝礼して退下する。

神饌として用いられる新穀（米・粟）は、明治3年（一八七〇）まで山城国宇治郡《やましろのくにうじ》などから奉納されたが、まもなく新宿の植物御苑で栽培したものになる。さらに同25年（一八九二）からは、全国の都道府県より献上されるもの（それぞれ精米一升と精粟五升）が用いられることになった。

なお、*平成の皇后は、毎年の新嘗祭で、天皇が夕の儀と暁の儀を務めている間、御所で全都道府県の献穀（米と粟）の名称を短冊に毛筆で書き、耕作の苦労をねぎらっていた。

【小祭《しょうさい》】

恒例の小祭、准《じゅん》小祭に次のようなものがある。

四方拝《しほうはい》（正月元日）　歳旦祭《さいたんさい》に先立って夜明け前に行われる。神饌《しんせん》も御告文《おつげぶみ》もないので儀式とされる。しかし、「皇室祭祀令」の附式では「小祭式」の中に「四方拝の儀」を入れている。

これは平安初期から行われてきたが（→119）、明治5年（一八七二）から新儀に改められた。その儀場は賢所《かしこどころ》（明治22年（一八八九）から神嘉殿《しんかでん》）の前庭が用いられる。そこで薦《こも》を敷いた上に畳の御座を設け、二基の燈台《とうだい》を置き、周りを屏風《びょうぶ》二双で囲む。そこへ午前5時半頃、黄櫨染御袍を着《つ》けた天皇が着座し、まず伊勢神宮を遥拝《ようはい》し、ついで四方の神々を拝する。その神々は天神地祇すべてを含むが、とりわけ旧武蔵《むさし》国（東京）の一宮氷川神社《いちのみやひかわじんじゃ》、旧山城国（京都）の一宮賀茂《かも》大社《たいしゃ》（上下両社）と男山《おとこやま》＝石清水八幡宮《いわしみずはちまんぐう》、神剣を祀る熱田《あつた》神宮《じんぐう》、および鹿島神宮《かしまじんぐう》と香取神宮《かとりじんぐう》などへの遥拝が重んじられている。

この四方拝には、掌典長と侍従長《じじゅうちょう》らが侍するが、皇族の参列はない。天皇が不都合な時は取り止めとなり、他者が代拝できないことになっている。*124昭和天皇の晩年、および*平成の天皇も平成19年（二〇〇七）から、神嘉殿南庭でなく御所のベランダで行っていた。

歳旦祭《さいたんさい》（正月元日）　四方拝に引き続いて行われる。天皇は神嘉殿から賢所へ移り、内陣で掌典長から玉串《たまぐし》を受け取って拝礼を行い、内内陣で内掌典が御鈴を鳴らす間、平伏する。つぎに皇霊殿と神殿へ移り、同様に拝礼を行う。続いて黄丹袍の皇太子も、賢所・皇霊殿・神殿の三殿で拝礼を繰り返す。この歳旦祭にも他の皇族は参列しないが、宮内《くない》官《かん》や皇宮護衛官《こうぐうごえいかん》らが庭上から拝礼する。

祈年祭《きねんさい》（2月17日）　天皇が年（年穀）の豊穣を祈願する祭。これは室町時代後期から廃絶していたが、明治時代の初め再興されるに至った。ただし、当初いろいろ変更があり、

「皇室祭祀令」のように2月17日に宮中三殿で揃って実施されることになったのは大正3年（一九一四）からである。

天長祭《てんちょうさい》　今上《きんじょう》天皇の誕生日の祭。明治期に11月3日であったが、大正期には8月31日（祝賀は10月31日）、昭和期には4月29日、平成期には12月23日に行われ、令和期には2月23日となる。

明治節祭《めいじせつさい》（11月3日）　*[122]明治天皇の誕生日（新暦）11月3日は、大正時代に入り祝日ではなくなった。しかし、民間有志の働きかけにより、昭和2年（一九二七）から「明治節」として再び国家の祝日となり、*明治節祭《めいじせつさい》が小祭として加えられた。戦後は、同23年（一九四八）「祝日法」で明治節が消えて「文化の日」とされた。それに伴い、小祭の代わりに旬祭と同じ形で「臨時御拝」が昭和の終わりまで行われてきた。

賢所御神楽《かしこどころみかぐら》　12月中旬（ほとんど15日）、天照大神に感謝するため、賢所前庭の神楽舎において、夕方6時から深夜12時すぎまで御神楽を奏する。これは小祭であるが、御神楽に先立って、午後5時から天皇・皇后の拝礼に続き、皇太子・同妃・親王・同妃・内親王・王・同妃・女王もつぎつぎに拝礼する。三十数名の楽師による御神楽にあわせて、人長《にんじょう》が榊《さかき》の枝をかざして舞い、終わると、その枝を掌典が御所の天皇に献ずる。

節折《よおり》（6月30日）　古代からの祓《はら》いの行事。中世以後廃絶していたのを、明治4年（一八七一）に再興された。小直衣《このうし》を着けた天皇が宮殿の竹の間（当初は賢所の御服の間）に出御して、まず絹の御服地に御息を三度吹きかけ、ついで御麻《みぬさ》（榊《さかき》）で自らの体を祓い清める。さらに細長い篠竹《しのだけ》で侍従《じじゅう》が御体の各部位を測って、その採寸の節竹《よだけ》を折り、御壺《おつぼ》に天皇が御息を三度吹き込む。このような儀を二回繰り返す（*荒世《あらよ》の祓《はらえ》と*和世《にごよ》の祓）。小祭ではないが、明治42年（一九〇九）「皇室祭祀令」に付け加えられた。

大祓《おおはらえ》（12月31日）　古代からの祓いの行事だが、中世以後廃絶していたものが、明治4年（一八七一）に再興され、今も行われている。神嘉殿の前庭（かつては賢所の前庭）で行う。参列する皇族および宮内官と皇宮護衛署の代表職員らを、掌典が稲穂《いなほ》をつけた御祓麻《おはらえぬさ》（榊《さかき》）で祓い清める。

こうして穢《けがれ》を移した祓物は、節折の贖物《あがもの》（節竹など）とともに川へ流す。それは長らく浜離宮《はまりきゅう》から船に乗せ海に放たれてきた。小祭ではないが、明治41年「皇室祭祀令」に付け加えられた。

【皇霊関係《こうれいかんけい》の祭祀《さいし》】

明治期以降の皇室祭祀には、皇霊殿で行われる皇霊関係祭が多い。まず皇霊全般に対する春秋の*皇霊祭《こうれいさい》（大祭《たいさい》）、ついで初代の神武天皇祭《じんむてんのうさい》と直近の先帝祭《せんていさい》（ともに大祭）、さらに先帝以前三代の*例祭《れいさい》（小祭《しょうさい》）と*式年祭《しきねんさい》（大祭）、およびそれ以外の式年祭（小祭）などである。

*式年《しきねん》とは一定の年数で、崩御後の三・五・一〇・二〇・三〇・四〇・五〇・一〇〇年、以後一〇〇年ごとをいう。前近代には、皇霊の命日に仏式の回忌法要を営んだが、明治期以降はすべて神式とされている。

春季皇霊祭《しゅんきこうれいさい》（春分〈3月21日ごろ〉）**と秋季皇霊祭**《しゅうきこうれいさい》（秋分〈9月23日ごろ〉）　歴代皇霊を祀る皇霊殿で行われる先祖祭。江戸時代までは、清涼殿《せいりょうでん》の御黒戸《おくろど》（仏間）などで仏式の位《い》牌《はい》により祖霊を供養し、春秋の彼岸会《ひがんえ》法要《ほうよう》も行われてきた。しかし、明治3年（一八七〇）から、宮中祭祀は神式となり、同11年（一八七八）から、春分と秋分の日に全皇霊を合祭し、神武天皇祭に準ずる祭式を用いている。

なお、右と同日の*春季神殿祭《しゅんきしんでんさい》（春分）と*秋季神殿祭《しゅうきしんでんさい》（秋分）は、天神地祇を祀る神殿で営まれる。明治3年に再興された神祇官《じんぎかん》の神殿で翌年（一八七一）から春秋二季に行われてきた「御祈祭」が、同11年（一八七八）から「神殿祭」と改称され、翌年（一八七九）から親祭となったのである。

神武天皇祭《じんむてんのうさい》（4月3日）『日本書紀』にみえる*[1]神武天皇の崩御《ほうぎょ》を追悼《ついとう》する祭。その崩御相当日（旧暦3月11日）には、すでに元治元年（一八六四）から*[121]孝明《こうめい》天皇が畝傍《うねび》（奈良県橿原《かしはら》市）の山陵《さんりょう》を遥拝し、勅使を遣わし幣帛《へいはく》を奉っている。*明治天皇も明治3年（一八七〇）から親祭を行っており、その日が同7年（一八七四）から新暦の4月3日に改められた。

この神武天皇祭には、山陵に勅使を遣わし幣帛を奉るとともに、東游《あずまあそび》が奏されている。また戦後、「祝日法」に紀元節が入らなかったことに伴い、同夜に奏されてきた「皇霊《こうれい》殿御神楽《でんのみかぐら》」が中止された。そこで、以後その御神楽がこの神武天皇祭の夜行われることになり、今に至っている。

先帝祭《せんていさい》　平成2年（一九九〇）より*昭和天皇祭《しょうわてんのうさい》が1月7日に行われる。これは、明治4年（一八七一）の「四時祭典定則」で初代の神武天皇祭とともに天皇の親祭《しんさい》（大祭《たいさい》）と定められ、毎年命日に皇霊殿で営まれている。

神武天皇祭と先帝祭が式年（一定の年数）にあたる時、たとえば平成21年（二〇〇九）、同31年（二〇一九）の1月7日、*昭和天皇二十年・三十年祭は、山陵で天皇の親祭が営まれ、皇霊殿では皇太子・同妃が拝礼した。

先帝以前三代の式年祭《せんていいぜんさんだいのしきねんさい》　先帝以前三代直系継承の場合、高祖父・曽祖父・祖父の天皇については、毎年の例祭が小祭で、また式年ごとの式年祭は大祭で行われ、各山陵に奉幣《ほうへい》使《し》が遣わされる。

平成の時代には、慶応《けいおう》2年12月24日つまり新暦の一八六七年1月30日に崩御した*孝明天皇、明治45年(一九一二)7月30日に崩御した*明治天皇、大正15年(一九二六)12月25日に崩御した*大正天皇の各例祭が、毎年それぞれの命日に小祭で営まれている。また、明治天皇の百年祭は平成24年(二〇一二)の7月30日に行われた。

なお、先后《せんこう》(先帝より先に崩御した皇后)ないし皇太后《こうたいごう》(先帝より後に崩御した皇后)についても、毎年の例祭が小祭で、式年ごとの式年祭が大祭で行われ、各山陵に奉幣使が遣わされる。平成12年(二〇〇〇)6月16日に崩御した*香淳《こうじゅん》皇后の例祭(小祭)は毎年ある。また同22年(二〇一〇)6月16日には一〇年の式年祭(大祭)を迎えた。

歴代天皇《れきだいてんのう》の式年祭《しきねんさい》　神武天皇と先帝および先帝以前三代以外の天皇、つまり[2]綏靖天皇《すいぜいてんのう》から[120]仁孝天皇《にんこうてんのう》までの歴代については、それぞれの式年祭(一〇〇年ごと)が小祭で行われ、各山陵に奉幣の勅使が遣わされる。この歴代には北朝五代(光厳《こうごん》・光明《こうみょう》・崇《す》光・後光厳《ごこうごん》・後円融《ごえんゆう》の各天皇)も含まれ、同様の祭典が営まれる。

明治改暦以前の天皇の式年祭は、いずれも命日の旧暦を新暦に換算した日に行われる。なお、追尊《ついそん》天皇や尊称太上《だいじょう》天皇の式年には、皇霊殿の祭典がない(ただし、山陵には勅使が遣わされる)。

これらの式年祭には、当日午前10時、皇霊殿で掌典長が祝詞《のりと》を奏上すると、黄櫨染御袍の天皇、十二単の皇后、黄丹袍の皇太子、十二単の皇太子妃が参入して、内陣に着座する。そこで、天皇が拝礼して御告文《おつげぶみ》を奏上し、つぎに皇后、皇太子(皇嗣《こうし》)・同妃の順で拝礼があり、さらに他の皇族方および宮内庁職員が庭上から次々拝礼する。

また、当該天皇の山陵では、掌典が祝詞を奏上すると、勅使の掌典が拝礼して祭文を奏上し、さらに皇族(宮家)の代表者をはじめ地元の参列者などが次々と拝礼する。

なお、このような式年祭に先立ち、当該天皇の事績について研究者などから進講がある。そこには、天皇だけでなく、皇后や皇太子(皇嗣)なども陪席する。

ほかに、「皇室祭祀令」によれば、天皇および太皇太后と皇太后の崩御一年後、各霊代《たましろ》を皇霊殿に遷《うつ》す臨時祭典は、大祭に準じて営まれる。また、皇后の崩御および皇太子・同妃・皇太孫・同妃・親王・同妃・内親王・王・同妃・女王などの薨去《こうきょ》から一年後、それぞれの霊代を皇霊殿に遷す臨時祭典は、小祭に準じて行われる。

このように明治以降の宮中祭祀をみると、歴代の皇霊(天皇だけでなく后妃を含む全皇族)に関する祭典、いわば先祖の祭がきわめて重んじられている。

【臨時《りんじ》祭《さい》】

恒例祭と式年祭をあわせると、毎年およそ三〇前後の大《たい》祭《さい》・小祭が行われる。それ以外に、さまざまな*臨時《りんじ》の祭祀《さいし》がある。そのうち、「皇室祭祀令」に定められているのは、*皇室《こうしつ》・国家《こっか》の大事《だいじ》を、宮中三殿と伊勢の神宮および神武《じんむ》天《てん》皇陵《のうりょう》・先帝陵などに奉告する祭典で、大祭に準じて行われる。たとえば、終戦の奉告などである。また、天皇・皇后ないし皇太子・同妃が外国訪問をする時は、出発前にも帰国後にも奉告の儀が行われる。

なお、*大婚《たいこん》（天皇・皇后の結婚）満二五年とか満五〇年には、宮中三殿で小祭に準ずる拝礼か代拝が行われる。平成の場合、昭和34年（一九五九）の成婚から満五〇年となる平成21年（二〇〇九）4月10日が、大婚五〇年であった。

一方、伊勢の神宮で二〇年に一度の式年に、祭神を古殿から新宮へ奉遷する*式年遷宮《しきねんせんぐう》の際、あるいは*宮中三殿を臨時に修造するため、祭神を本殿から仮殿へ、また仮殿から本殿へ奉遷する際、大祭に準じて祭典が行われる。

平成5年（一九九三）10月の第六一回式年遷宮には、掌典長が勅使として遣わされ、内宮遷御《ないくうせんぎょ》の儀《ぎ》の翌日（3日）と外宮《げくう》遷御の儀の翌日（6日）、それぞれ奉幣《ほうべい》の儀《ぎ》が行われ、同夜に御神楽《みかぐら》も奏されている。

また、創建から約一二〇年経つ宮中三殿（木造）を耐震補強するため、平成16年（二〇〇四）5月29日、本殿から仮殿への遷座の儀、同20年（二〇〇八）3月25日、仮殿から本殿への遷座の儀が行われた。この臨時祭には、殿内で掌典長が代拝を務め、天皇・皇后は御所の庭上から遙拝している。

このほか、「皇室祭祀令」以外の皇室令に基づく臨時祭も少なくない。すなわち、皇位の継承に関するものとして、まず「登極令《とうきょくれい》」に定められる*大礼《たいれい》（即位礼《そくいれい》・大嘗祭《だいじょうさい》）の際は、数多くの祭儀がある。平成の大礼でも一六の祭儀が行われている（→[69]）。また「摂政令《せっしょうれい》」に定められる*摂政《せっしょう》を置く際は、宮中三殿で大祭に準じて、摂政が拝礼し告文を奏する。さらに「立儲令《りっちょれい》」に定められる*立太子《りったいし》礼の際は、皇太子が宮中三殿で奉告と拝礼を行い、伊勢の神宮および神武天皇陵と先帝陵に奉幣の勅使を遣わす。

天皇・皇族の成育に関するものとして、まず「皇室誕生令」に定められる*誕生《たんじょう》の際は、宮中三殿で著帯《ちゃくたい》・誕生命名《めいめい》を奉告する儀や一般の初宮参りにあたる三殿に参拝する儀などを行う（→[100]）。

また「皇族就学令」に定められる内廷皇族（皇子・皇女）の*就学《しゅうがく》時（初等科・中等科・高等科・大学・大学院の入学・

卒業時など）には、本人が宮中三殿に参拝する。さらに「皇室成年式令」に定められる天皇・皇太子・皇太孫の*成年式《せいねんしき》（満一八歳）および他の皇族の成年式（満二〇歳）には、宮中三殿に参拝する。

「皇室婚嫁令」に定められる天皇・皇太子および他の皇族男子（親王・王）の*結婚式《けっこんしき》には、宮中三殿で奉告と拝礼を行う。天皇の場合は、伊勢の神宮および神武天皇陵と先帝陵などに参拝し、皇太子・親王・王の場合は奉幣する。内親王が降嫁《こうか》する時も、三殿に参拝する。

【毎月《まいつき》・毎朝《まいちょう》の祭《まつり》】

これ以外に、毎月三回および毎日早朝、ずっと続けられている宮中の祭がある。

まず毎月の1日・11日・21日に宮中三殿で行われるのを*旬祭《しゅんさい》という。この名称は明治5年（一八七二）に定められ、翌年（一八七三）以来の次第が今も基本的に受け継がれている。

毎月三回のうち、1日の旬祭は、直衣《のうし》を着《つ》けた天皇自身が午前8時から三殿を巡拝する（ただ正月元日は四方拝と歳旦祭）。11日と21日の旬祭は、侍従が代拝し、天皇・皇后は御所で慎む。ただ高齢化により、*昭和天皇の晩年、および*平成の天皇も平成21年（二〇〇九）から、1日の旬祭に出たのは5月と10月のみである。

また、毎日繰り返されている行事がある。午前8時、賢所と皇霊殿には内掌典《ないしょうてん》（女性）、神殿《しんでん》には掌典（男性）が、それぞれ*日供《にっく》（供米など）を献進すると、当直の侍従が参進して、三殿の南階下から代拝する。

これは平安時代前期に*59宇多《うだ》天皇の始めた*毎朝四方拝に由来する。明治4年（一八七一）の「四時祭典定則」から「日々御代拝」となり、*毎朝御代拝《まいちょうごだいはい》と称されている。その際、天皇・皇后は御所で慎む。

なお、宮中の祭事ではないが、主要な神社で斎行《さいこう》の例大祭や式年の臨時祭などに、*勅使《ちょくし》を遣わして幣帛《へいはく》を奉る。そのうち、皇祖神を祀る伊勢の神宮は、格別に毎年三回（10月の神嘗祭《かんなめさい》と6月・12月の月次祭《つきなみさい》）および二〇年ごとの式年遷宮に奉幣《ほうべい》がある。また明治2年（一八六九）創建の東京招魂社《とうきょうしょうこんしゃ》（同12年から靖国神社《やすくにじんじゃ》）は年二回（春4月と秋10月の例大祭）奉幣がある。それ以外の一〇社は年一回、あと四社は一〇年か一二年に一回とされている（→[117]）。

戦後は社格（官国幣社）制度がなくなり、勅祭社も縮小された。今なお毎年の勅使奉幣が続いているのは、伊勢の神宮と東京の靖国神社、および京都の賀茂大社（下鴨神社と上賀茂神社、例祭5月15日）・石清水八幡宮（例祭9月15日）と奈良の春日大社《かすがたいしゃ》（例祭3月13日）のみである。［所］

拝礼する天皇親族の例	時刻	祭服
天皇	午前5時30分	黄櫨染御袍
天皇、皇太子	午前5時40分	黄櫨染御袍／黄丹袍
天皇、皇后、皇太子、皇太子妃	午前10時	黄櫨染御袍／黄丹袍／五衣·小袿·長袴
天皇	午前10時	モーニング
天皇、皇后、皇太子、皇太子妃	午前10時	黄櫨染御袍／黄丹袍／五衣·小袿·長袴
勅使		
天皇、皇后、皇太子、皇太子妃	午後5時	直衣／黄丹袍／五衣·小袿·長袴
天皇、皇后、皇太子、皇太子妃	午前10時	黄櫨染御袍／黄丹袍／五衣·小袿·長袴
掌典		
天皇、皇太子	午前10時	黄櫨染御袍／黄丹袍
天皇、皇太子	午前9時	黄櫨染御袍／黄丹袍
天皇、皇后、皇太子、皇太子妃	午前10時	黄櫨染御袍／黄丹袍／五衣·小袿·長袴
天皇、皇后、皇太子、皇太子妃	午前10時	黄櫨染御袍／黄丹袍／五衣·小袿·長袴
勅使		
天皇、皇后、皇太子、皇太子妃	午後5時	直衣／黄丹袍／五衣·小袿·長袴
天皇、皇后、皇太子、皇太子妃	午前10時	黄櫨染御袍／黄丹袍／五衣·小袿·長袴
掌典		
天皇	午後2時	小直衣
天皇、皇后、皇太子、皇太子妃	午前9時	黄櫨染御袍／黄丹袍／五衣·小袿·長袴
掌典		
天皇、皇后、皇太子、皇太子妃	午前10時	黄櫨染御袍／黄丹袍／五衣·小袿·長袴
天皇、皇后、皇太子、皇太子妃	午前10時05分	黄櫨染御袍／黄丹袍／五衣·小袿·長袴
天皇、皇太子	午後6時（出御）	御祭服（純白の生絹）／斎服（純白）
天皇、皇太子	午後11時（出御）	御祭服（純白の生絹）／斎服（純白）
天皇、皇后、皇太子、皇太子妃	午後5時	黄櫨染御袍／黄丹袍／五衣·小袿·長袴
天皇、皇后、皇太子、皇太子妃	午前10時	黄櫨染御袍／黄丹袍／五衣·小袿·長袴
掌典		
天皇	午後2時	小直衣

が数回あり、三十数回を数える。皇后、皇太子妃の宮中祭祀は13回と式年祭。祭祀の回数は一覧表と同じだが、新嘗祭は夕と暁をひとつとして数え、10月17日午前10時から天皇のみの「神嘗祭神宮遥拝の儀」があり、これをひとつとして数える（皇后、皇太子妃の祭服は同じ様式だが、生地の質や文様に違いがある）。

天皇、皇太子のみの祭りは、歳旦祭（1月1日、小）、祈年祭（2月17日、小）、天長祭（2月23日、小）である。

天皇、皇后、皇太子、同妃以外の皇族が三殿に上がるのは結婚式のときだけである。皇族女子は結婚に際して「お別れ」のあいさつで上がる。

三殿の拝礼順は、賢所、皇霊殿、神殿。神嘉殿は平常は空殿で新嘗祭のときのみ使用する。四方拝、大祓は神嘉殿前庭で行う。

なお、四方拝、節折、奏事始は祭祀ではなく儀式である。天皇が出られなければ行われない。

また、平成29年（2017）制定された「天皇の退位等に関する皇室典範特例法」により、新天皇の次の皇位継承第1位の秋篠宮文仁親王は「皇嗣」と称され、皇太子と同様の扱いをうける。

［髙橋・所］

月日	祭儀		場所
正月元旦	四方拝		神嘉殿前庭
	歳旦祭	小祭	宮中三殿
正月3日	元始祭	大祭	宮中三殿
正月4日	奏事始		宮殿（鳳凰の間）
正月7日	昭和天皇祭	大祭	皇霊殿
			陵所
	御神楽		皇霊殿
正月30日	孝明天皇例祭	小祭	皇霊殿
	孝明天皇山陵例祭		陵所
2月17日	祈年祭	小祭	宮中三殿
2月23日	天長祭	小祭	宮中三殿
春分の日	春季皇霊祭	大祭	皇霊殿
	春季神殿祭	大祭	神殿
4月3日	神武天皇祭	大祭	皇霊殿
			陵所
	皇霊殿御神楽		皇霊殿
6月16日	香淳皇后例祭	小祭	皇霊殿
	香淳皇后山陵例祭		陵所
6月末日	節折		宮殿（竹の間）
	大祓		神嘉殿前庭
7月30日	明治天皇例祭	小祭	皇霊殿
	明治天皇山陵例祭		陵所
秋分の日	秋季皇霊祭	大祭	皇霊殿
	秋季神殿祭	大祭	神殿
10月17日	神嘗祭	大祭	賢所
11月23日	新嘗祭　夕の儀	大祭	神嘉殿
	新嘗祭　暁の儀	大祭	神嘉殿
12月中旬	賢所御神楽	小祭	賢所
12月25日	大正天皇例祭	小祭	皇霊殿
	大正天皇山陵例祭		陵所
12月末日	節折		宮殿（竹の間）
	大祓		神嘉殿前庭

表2　現行の皇室祭祀一覧

〔注〕　天皇、皇后、皇太子（皇嗣）、同妃が揃って拝礼するのは、大祭（新嘗祭を除く）と小祭のうち式年祭、例祭、御神楽である。すなわち元始祭（1月3日、大）、神武天皇祭・皇霊殿御神楽（4月3日、大）、春秋の皇霊祭、神殿祭（計四祭祀、大）、香淳皇后例祭（6月16日、小）、神嘗祭（10月17日、大）、賢所御神楽（12月中旬、小）、先帝四代（昭和天皇祭のみ大祭、大正・明治・孝明天皇祭は小祭）。

　天皇の祭祀は年に22回で、ほかに旬祭（毎月1の日で1月を除いて11回、直衣を着用）、式年祭

用語コラム

お告文《つげぶみ》　現在の宮中祭祀は、天皇の公的行為（→[45]）ではなく、*私的行為と解されている。政教分離に配慮し、費用はすべて内廷費（→[49]）で賄われる。これら掌典職（→[125]）を率いるのが掌典長で、歴代旧堂上《とうしょう》華族などから選ばれている。小祭は掌典長が行う。大祭《たいさい》では天皇がみずから祝詞《のりと》（*お告文《つげぶみ》・*御告文《おつげぶみ》）を奏する。皇族が成年式、結婚式の際に読む祝詞は*告文《こくぶん》という。また、勅使が奏上する祝詞は*御祭文《ごさいもん》と称して区別する。いずれも、宣命体《せんみょうたい》の文が基本である。

[121] 靖国問題

靖国神社《やすくにじんじゃ》の起源は、明治2年（一八六九）、*123明治天皇の勅旨により東京・九段《くだん》に創建された*東京招魂社《とうきょうしょうこんしゃ》に始まる。祀《まつ》られているのは幕末の嘉永6年（一八五三）のペリー来航、維新当初の戊辰戦争《ぼしんせんそう》（慶応4年〈一八六八〉）から「大東亜戦争」（太平洋戦争）に至るまでの戦死者二四六万六〇〇〇余人である。戦前は国家の戦死者に対する追悼《ついとう》・顕彰《けんしょう》施設だったが、戦後は一宗教法人となった。そのため、公式参拝、A級戦犯の合祀《ごうし》問題など、長らく「国家と宗教」をめぐる争点になっている。

文久2年（一八六二）に、京都で「殉難志士《じゅんなんしし》」の招魂祭が行われ、これが幕末維新の動乱期に天皇のために「殉死《じゅんし》」した者の供養《くよう》の始めとされる。その後、戊辰戦争に際しての官軍の戦死者を弔《とむら》うため、明治天皇は慶応4年1月、鹿児島《かごしま》、萩《はぎ》二藩に五〇〇両、広島、鳥取、高知の三藩に三〇〇両を下賜し、「忠魂」を慰め、さらに各藩に招魂社が創建された。また同年、ペリー来航当時の嘉永年間以来の「憂国《ゆうこく》の士《し》」のために京都東山《ひがしやま》に祠《し》宇を建て、鳥羽《とば》伏見《ふしみ》の戦い以降、東征《とうせい》で戦死した人が合祀された。そして、江戸城西の丸大広間で招魂祭が行われた。

明治2年（一八六九）6月29日、幕末以来の戦死者三五八八人を祀るため、九段に*靖国神社《やすくにじんじゃ》の前身となる東京招魂社が造営され、招魂社の大祭には勅使が遣わされた。明治8年（一八七五）1月、天皇の命により京都東山に祀った「維新の殉国者」が*合祀《ごうし》された。その後も台湾《たいわん》出兵、西南《せいなん》戦争などの戦死者の合祀が相次いだ。陸軍卿《りくぐんきょう》西郷従道《さいごうつぐみち》の提唱により明治12年（一八七九）6月4日、靖国神社と改称された。

以後、宮内省からの幣帛《へいはく》を供える別格官幣社となり、内務、陸軍、海軍の三省が管理することとなった。人事を内務省、祭事を陸海軍が統括していたが、例大祭などの行事は皇室と密接につながっていた。また、合祀は陸海軍の審査で内定するが、天皇の勅許を経て決定された。*合祀祭《ごうしさい》には天皇あるいは勅使の弔祭を受けた。天皇が関与することで、合祀は戦死者や遺族に無上の名誉となっていった。

戦後は国家管理を離れ、単立の宗教法人になった。昭和26年（一九五一）、日本国家の主権回復が確実になった秋の例大祭に首相吉田茂《よしだしげる》が公式参拝し、翌年（一九五二）10月、昭和天皇・

皇后が親拝した。その後歴代首相、衆参両院議長、最高裁長官が春秋の例大祭に参拝している。昭和27年、全国戦没者遺族会は靖国神社の国家護持を決議、昭和44年（一九六九）、こうした動きに押されて自民党は国営化を目指す靖国神社法案を初めて国会に提出した。五回目の法案が昭和48年（一九七三）に出されたが、参議院で審議未了のため廃案になった。

遊就館《ゆうしゅうかん》　明治15年（一八八二）、幕末維新の官軍側戦没者のゆかりの品々を展示するため、境内に設置された。同43年（一九一〇）、「武器の沿革を知るべき物件を蒐集保存《しゅうしゅうほぞん》し、軍事上の参考に供する所」とされた。

　戦後いったん廃止されたが、昭和36年（一九六一）「宝物遺品館」として再開、昭和61年（一九八六）遊就館として復活した。現在、幕末以後の近代日本の戦争における零式艦上戦闘機《れいしきかんじょうせんとうき》（ゼロ戦）の実物や兵器、戦死者の遺書や遺品、絵画などが展示されている。

公式参拝《こうしきさんぱい》　昭和50年（一九七五）に三木武夫《みきたけお》首相がはじめて終戦記念日の8月15日に私人《しじん》として参拝した。以後も数度にわたり終戦記念日の首相参拝があったが、みな私人としてであった。首相と閣僚の公式参拝は、昭和60年（一九八五）の中曽根康弘《なかそねやすひろ》首相のときであった。このとき、首相は、神道《しんとう》の「二《に》拝二《はいに》拍手一拝《はくしゅいっぱい》」ではなく「一礼《いちれい》」とし、また玉串奉奠《たまぐしほうてん》を供《きょう》花《か》にするなどして、政教分離にもとづいたと強調した。しかし、中国・韓国の猛反発を受け、翌年からの公式参拝を中止した。その後、平成8年（一九九六）に橋本龍太郎《はしもとりゅうたろう》首相、平成13年（二〇〇一）から18年（二〇〇六）に小泉純一郎《こいずみじゅんいちろう》首相、平成25年（二〇一三）に安倍晋三《あべしんぞう》首相が参拝した。しかし、安倍首相も中国・韓国の反発を受けて、その後、終戦記念日の参拝はせず、自民党総裁として私費で玉串料を納めてきた。また、平成24年の第二次内閣発足以後は、春季秋季の例大祭に内閣総理大臣の名で「真榊《まさかき》」を納め続けているが公式参拝はしていない。

昭和天皇《しょうわてんのう》の参拝《さんぱい》　戦前戦後を通じて二八回参拝している（天皇が親《みずか》ら拝礼するので親拝という）。*平成の天皇（上皇）も戦前一回、戦後は皇太子時代に四回参拝した。戦後の天皇参拝は、例大祭や靖国創建九〇年、終戦から一〇年おきの節目の年で、最後は昭和50年（一九七五）の秋、「終戦三〇年」に際して行われた。現在も、毎年春秋の例大祭には、天皇からの幣物《へいもつ》が奉納され、勅使が天皇の祭文《さいもん》を本殿大前で奏上し、玉串をささげる。

富田《とみた》メモ　平成15年（二〇〇三）死去した元宮内庁長官*富田朝彦《とみたともひこ》のメモ。昭和天皇崩御九か月前の昭和63年（一九八八）4月、靖国参拝について「私は或《あ》る時に、A級が合祀され、その上、松岡、白取（鳥）までもが」「だから、私あれ以来参拝していない。それが私の心だ」と、天皇が言ったとある。

靖国神社は当初から戦死者以外に刑死者や戦病死者も祀るが、基本的には「戦場で倒れた軍人」を祀っている。天皇が合祀を知ったのは、昭和53年（一九七八）秋の例大祭のときである。解釈をめぐっては、絞首刑の軍人はともかく、獄中《ごくちゅう》で亡くなった人や外交官の松岡洋右《まつおかようすけ》（拘禁中死亡）や白鳥《しらとり》敏夫《としお》（服役中死亡）までも祀ってもいいのか、とも読める。

玉串訴訟《たまぐしそしょう》　春秋の例大祭の玉串料や「みたままつり」の献《けん》灯料《とうりょう》として、自治体が公費を支出したことに対し、玉串訴訟が起こされた。平成9年（一九九七）4月2日、愛媛《えひめ》玉串訴訟で最高裁大法廷は、支出は「戦没者の遺族に応《こた》える儀礼」と理解を示したものの、県はこれまで他の宗教団体に公金を支出した例はなく、「靖国神社や護国《ごこく》神社という特定の宗教団体との間にのみ、意識的に特別のかかわりあいを持った」として、多数意見により違憲判断を下している。

合祀《ごうし》　戦前は陸海軍省、戦後は厚生省で調査確認した戦死者＝祭神名票《さいじんめいひょう》が靖国神社に送付される。靖国神社ではその名票に従って、氏名、所属部隊、死亡地、年月日などを霊璽《れいじ》簿《ぼ》に記入し、招魂祭《しょうこんさい》を経て合祀祭（戦後「霊璽奉安祭」という）により合祀され、一体《いったい》（一座《いちざ》）の「靖国大神《やすくにのおおかみ》」となる。

護国神社《ごこくじんじゃ》　各地にあった明治以来の戦没者を祀った招魂社は、昭和14年（一九三九）内務省令により護国神社と改称した。原則として各道府県ごとに一社ある。現在は大多数が神社本庁に所属する宗教法人。

千鳥ケ淵戦没者墓苑《ちどりがふちせんぼつしゃぼえん》　第二次世界大戦の戦没者のうち、遺族の分からない遺骨を納めた無宗教の国立墓苑。政府の遺骨収集は昭和28年（一九五三）から始まり、現在約三七万人の遺骨を納める。昭和34年（一九五九）、五七〇〇万円で竣工《しゅんこう》した。広さは一万六〇〇〇平方メートル。敷地は旧皇族賀陽宮《かやのみや》邸跡。

［高橋・小田部］

[122] 天皇と仏教信仰

天皇《てんのう》と仏教《ぶっきょう》 日本における仏教信仰は、渡来人《とらいじん》による先行移植と積極的受容があったとしても、*[29]欽明《きんめい》天皇朝における百済《くだら》国からの「公伝」以来、実質的には天皇・朝廷の主導によって始まり、9世紀に至るまでは国策による受容に終始したのが実情である。仏教は、世俗の権威に対立するどころか、大局的には国家秩序に組み込まれている。*[33]推古《すいこ》天皇朝において、在位2年目(五九四)に*三宝興隆《さんぼうこうりゅう》の詔《みことのり》が出され、また摂政の地位にあった*聖徳太子《しょうとくたいし》が*憲法十七条《けんぽうじゅうしちじょう》を制定して、その第二条に「篤《あつ》く三宝を敬《うやま》へ」と示した。のち乙巳《いっし》の変《へん》によって成立した新政府も、大化元年(六四五)に*仏《ぶっ》法興隆《ぼうこうりゅう》の詔《みことのり》を出して、これを継承した。

律令国家は仏教を大いに保護して興隆を図り、多数の僧尼が養成されて教学の研究も盛んに行われたが、一方で人民への布教を禁止するなど厳しく管理を加えた(「僧尼令」)のは、*鎮護国家《ちんごこっか》を目的としたからである。その場合の「国家」とは、天皇の統治する国土と人民とを意味した。しかし*[45]聖武《しょうむ》天皇朝における*国分寺《こくぶんじ》(僧寺・尼寺)の造営や盧《る》舎那《しゃな》大仏《だいぶつ》造立などは、土地制度の大転換や政情・社会の不安を背景とした大事業で、天平勝宝元年(七四九)東大寺《とうだいじ》に行幸《ぎょうこう》した天皇は、造顕中の大仏に礼拝して、みずから「*三宝《さんぼう》の奴《やっこ》」と称している。*[48]称徳《しょうとく》天皇が、百万基の木製三重塔(*百万塔《ひゃくまんとう》)を十大寺に分置することを発願したのも、*恵《え》美《みの》押勝《おしかつ》の乱《らん》が終息した直後のことであった。

平安時代初頭、最澄《さいちょう》・空海《くうかい》の入唐《にっとう》によって天台《てんだい》・真言《しんごん》両宗が移植されると、とりわけ真言密教の神秘的魅力が関心を集め、大内裏内に*真言院《しんごんいん》が設けられて天皇のための*御《み》修法《しほ》(みしゅほう みずほ)が盛んとなり、皇室と*真言宗《しんごんしゅう》との結び付きは、さらに中世・近世にも継承されて、皇室はあたかも真言宗の檀家《だんか》のようになった。

「*密教《みっきょう》」は、天台宗や南都《なんと》の諸宗にも浸透して、仏教は総じて「顕密(顕教と密教)」として理解されるに至った。平安時代後期以降に顕著に唱えられるようになった「*王法仏法《おうほうぶっぽう》」*相依《そうい》ないし*相即論《そうそくろん》において、「*王法《おうほう》」とは天皇を含む中世王権全体を、「*仏法《ぶっぽう》」とは「顕密」仏教を指すのが中世の実態であった。たとえば院政を始めた白河《しらかわ》・鳥羽《とば》両法皇にとって、宝蔵安置の*宝珠《ほうじゅ》(*如意宝珠《にょいほうじゅ》)を本尊とする*宝《ほう》珠法《じゅほう》は、院権力の宗教性の象徴であった。
また「密教」は天皇の即位儀礼にも採り入れられ、平安時代後期の71後三条《ごさんじょう》天皇以降断続的に、鎌倉時代後期の92伏見《ふしみ》天皇から江戸時代末の121孝明《こうめい》天皇までは、ほぼ途切れることなく*即位灌頂《そくいかんじょう》が行われた。これは、摂関家（ほぼ二条家に固定）から即位予定の天皇に*印明《いんみょう》（手に印契《いんげい》を結ぶことと、口に真言を唱えること）が伝授され、即位儀礼の当日に、天皇が高御座《たかみくら》で伝授された印を結び、*明呪《みょうじゅ》を唱える行為である。

【天皇《てんのう》・皇室《こうしつ》と仏教儀礼《ぶっきょうぎれい》】

天皇・皇室と関係の深い恒例の仏事・仏教儀礼のうち、まず宮中で行われたものを略述する。

御斎会《ごさいえ》　宮中年中行事で第一の大事とされた仏事。『金光《こんこう》明最勝王経《みょうさいしょうおうきょう》』を講讃して国家安穏と天皇の息災延命を祈願する法会を*最勝会《さいしょうえ》と称し、特に宮中と奈良薬師寺・京都円宗寺のものが著名であった。毎年正月8日から七日間、天皇出御のもと、僧を大極殿《だいごくでん》などに招いて行われた。奈良時代に始まり、9世紀に入ると恒例化し、後には結願の14日に*内論義《うちろんぎ》と称する問答形式の論義を加えて盛大に行われたが、室町時代には廃絶した。

後七日御修法《ごしちにちみしほ》　御斎会と並んで正月8日から七日間、平安宮内裏西の*真言院《しんごんいん》で天皇や国家の安泰を祈願して行われた密教の修法。単に*御修法《みしほ》（みしゅほう・みずほう）とも称した。空海が*54仁明《にんみょう》天皇に上奏して、承和2年（八三五）に始まった。何度かの中絶期間もあり、紫宸殿《ししんでん》に場所を移すこともあったがその後も続行され、明治16年（一八八三）以降は東寺《とうじ》（教王護国寺《きょうおうごこくじ》）灌頂院《かんじょういん》で行われて今日に至っている。もとは、14日の結願に*東寺長者《とうじちょうじゃ》が参内して、天皇の身体を加持する*玉体加持《ぎょくたいかじ》を行うのがならわしであったが、明治再興以後は*御衣加持《おんぞかじ》に改められている。

大元帥法《だいげんのほう》　毘沙門天《びしゃもんてん》の眷属《けんぞく》の一つ大元帥明王《だいげんみょうおう》を本尊として修する、玉体安穏《ぎょくたいあんのん》・怨敵調伏《おんてきちょうぶく》の修法。日本へは、承和6年（八三九）に唐から帰朝した真言僧の常暁《じょうぎょう》によってもたらされ、以後、宮中において正月8日〜14日の間、後七日御修法と並ぶ護国法会として長く行われたほか、大旱《たいかん》や外敵の迫った時など臨時にも行われた。

季御読経《きのみどきょう》　毎年春秋の二季（2月と8月）に四日間、多数（通例一〇〇人）の僧を大極殿（または紫宸殿か清涼殿《せいりょうでん》）に招いて、『大般若経《だいはんにゃきょう》』六〇〇巻を読誦させ、三日目か四日目に論義を行って、国家や天皇の安穏を祈願した行事。8世紀初頭に始まるとされ、貞観4年（八六二）からは、それまで年一回から四季ごとに行われるようになったが、元慶元年

(八七七)以降は春秋二季となった。鎌倉時代には廃絶した。

仁王会《にんのうえ》 『仁王般若波羅蜜経《にんのうはんにゃはらみつきょう》』『仁王護国般若波羅蜜多経』の経説に基づき、一〇〇人の僧に同経を講じさせた法会。天皇即位時の一代一度の*大仁王会《だいにんのうえ》と、春秋二季の*定季仁王会《ていきにんのうえ》および*臨時仁王会《りんじにんのうえ》があった。大仁王会は、元慶8年(八八四)の[58]*光孝《こうこう》天皇の即位に際して行われたのが最初。[88]後嵯峨《ごさが》天皇の代まで行われたことが知られる。

灌仏会《かんぶつえ》 仏生会《ぶつしょうえ》・誕生会《たんじょうえ》とも称し、4月8日に釈迦《しゃか》誕生を祝って、清涼殿に安置された誕生仏《たんじょうぶつ》を洗浴する法会。日本では推古天皇14年(六〇六)以来諸寺で行われ、承和7年(八四〇)からは宮中でも毎年修された。

最勝講《さいしょうこう》 毎年5月の五日間に、宮中の清涼殿で、東大寺《とうだいじ》・興福寺《こうふくじ》・延暦寺《えんりゃくじ》・園城寺《おんじょうじ》の四大寺の僧が『金光明最勝王経』を講じて、天皇・国家の安穏を祈願した法会。[66]一条《いちじょう》天皇の長保4年(一〇〇二)に始まり、京都法勝寺《ほっしょうじ》の*御八講《みはっこう》、院の御所の最勝講《さいしょうこう》とともに*三講《さんこう》の一つに数えられた。

盂蘭盆会《うらぼんえ》**(供**《く》**)** 『盂蘭盆経《うらぼんきょう》』の所説に基づき、毎年7月15日に先祖や死者の霊に供物をそなえて供養する行事。推古天皇14年(六〇六)以降、寺院で恒例化し、また斉明《さいめい》天皇3年(六五七)に盂蘭盆会を設けた記録が初見。平安時代には朝廷の行事としても整備され、7月14日に東寺・西寺以下七か寺に朝廷から供物が送られたが、同中期頃には、その日に天皇や貴族が亡き父母のために供物を用意して拝し、父母の氏寺(天皇の場合は先帝の御願寺《ごがんじ》)に送る拝盆行事が成立した。

仏名会《ぶつみょうえ》 *仏名懺悔《ぶつみょうさんげ》・*御仏名《おぶつみょう》とも称し、毎年12月15日(後には19日)から三日間、『仏名経』を読誦し、三世諸仏《さんぜしょぶつ》の*仏名《ぶつみょう》(古くは一万三千仏)を唱え、年内に犯した罪障《ざいしょう》を懺悔《さんげ》し、滅罪生善《めつざいしょうぜん》を祈願した法会。日本では*[53]淳和《じゅんな》天皇の天長7年(八三〇)に宮中で行われたのが最初で、仁明《にんみょう》天皇の承和5年(八三八)からは宮中恒例の仏事となった。ほどなく諸国の国庁や大宰府政庁《だざいふせいちょう》、上皇の院や東宮《とうぐう》・中宮、さらには一部の寺院などでも行われたが、宮中ではやがて一夜だけとなり、南北朝時代には廃絶した。

なお、宮中にて毎月行われる仏教的な「月中行事」としては次のようなものがある。

毎月の*六斎日《ろくさいにち》(8日・14日・15日・23日・29日・30日)の*御精進《みそうじ》は、早く令制に規定があり、公私ともに殺生を禁じ、魚肉を避けて精進することになっていた。

観音供《かんのんぐ》 宮中仁寿殿《じじゅうでん》において、毎月18日に観音を本尊として玉体安穏のために修せられた法。*二間観音《ふたまのかんのん》、*二間《ふたま》の供《ぐ》、あるいは*仁寿殿観音供《じじゅうでんかんのんぐ》とも称する。その起源は定かではないが、応和2年(九六二)に東寺長者観空が仁寿殿の聖観音《しょうかんのん》を開眼供養して以後恒例化し、代々東寺長者によって執行された。のちに観音像が東寺に安置されると、後七日御修法の時に宮中に移して行われたりしたが、さらに後世には正月12日に東寺灌頂院の道場に安置して行われた。

次に、朝廷から勅使などが差遣された寺院の仏事や、それに準じる行事を略述する。

国忌（こっき・こき）　国家による顕賞・追善の対象として選定された特定の天皇・皇后の忌日《きにち》。持統《じとう》天皇元年（六八七）の40天武《てんむ》天皇一周忌が初見で、当日は音楽をなさず、廃朝・廃務とされた（「雑律」「儀制令」）。また神事を避け、所定の寺で斎会《さいえ》が行われた。その後、数が増加したため、延暦10年（七九一）に廃置され、『延喜式』以降は九忌に固定した。国忌の斎会は、奈良時代では東大寺や興福寺などに、平安時代には東寺または西寺（*38天智《てんじ》天皇のみ近江《おうみ》の崇福寺《すうふくじ》）に、衆僧を率いた治部省《じぶしょう》の官人らが赴いて行われた。

そのほか天皇の*御願寺《ごがんじ》で執り行われる*法華八講《ほっけはっこう》（『法華経』八巻を朝夕四日間で講説する法会）に勅使が差遣される場合もあり、その際には、*清涼殿において天皇は亡き先帝・先后のために斎食し、参列の公卿らに精進酒食を供した。

千部会《せんぶえ》　祈願・追善などのために、一〇〇〇部の経典を読誦する法会。同じ経典を一〇〇〇人の僧侶で一部ずつ読む場合と、一人で一〇〇〇回読む場合とがあり、*千部経《せんぶきょう》・*千部《せんぶ》・*千部経供養《せんぶきょうくよう》・*千僧読経《せんそうどきょう》などとも称した。天平20年（七四八）、その4月に崩御した*44元正《げんしょう》天皇のために、*聖武天皇が『法華経《ほけきょう》』一〇〇〇部を書写供養したのが早い例で、以後、江戸時代に至るまで、朝廷や天台宗・浄土宗・浄土真宗などで行われた。

勅封心経会《ちょくふうしんきょうえ》　京都大覚寺《だいかくじ》で行われる『般若心経《はんにゃしんぎょう》』慶讃《きょうさん》の法会。弘仁9年（八一八）、疫病流行に際して、*52嵯峨《さが》天皇が紺《こん》紙金泥《しこんでい》『般若心経』を書写して祈願したことに始まると伝え、以後、六〇年ごとの戊戌《つちのえいぬ》の年に行われている。

長日御修法《ちょうじつみしほ》　天台宗《てんだいしゅう》延暦寺《えんりゃくじ》の根本中堂《こんぽんちゅうどう》で、一年三六五日を通じて行われている玉体安穏・国家安泰の祈禱をいう。*御《み》修法大法《しほたいほう》とも称し、50桓武《かんむ》天皇の頃より始められたと伝える。一時中断したが、大正9年（一九二〇）に復活。毎年4月4日から11日まで、滋賀《しが》県知事が宮内庁から奉持した御衣《おんぞ》を根本中堂に安置して御修法を行い、翌12日に返上される。

祝聖《しゅくしん》　皇帝や天皇の聖寿万歳を祈る、禅宗《ぜんしゅう》寺院独特の法会。『荘子』天地編の「請祝聖人、使聖人寿（請《こ》う聖人《せいじん》を祝《しゅく》し、聖人をして寿《じゅ》ならしめん）」に基づき、誕生日や元日、毎月1日と15日などに行われ、*祝禱諷経《しゅくとうふぎん》とも称した。日本では鎌倉時代以降に行われる。　［竹居］

［123］僧侶・寺院の格付け

【天皇《てんのう》・皇族《こうぞく》の出家《しゅつけ》】 歴代天皇の出家は、奈良時代の[43]元明《げんめい》天皇から室町時代の[103]後土御門《ごつちみかど》天皇まで、北朝も含めると、計四五代の多数に及ぶ。*法皇《ほうおう》は、*太上法皇《だいじょうほうおう》の略称で、*太上天皇（略して上皇《じょうこう》）が出家した場合の呼称。法王とも表記し、禅定仙院《ぜんじょうせんいん》（禅院）とも称した。昌泰2年（八九九）、仁和寺で出家した*宇多《うだ》上皇が初例で、平安時代後期に院政を行った*白河《しらかわ》・*鳥羽《とば》・*後白河《ごしらかわ》の三上皇は、いずれも出家し、法皇として権勢をふるった。

皇族の出家は、枚挙に遑《いとま》がないほど多く、後世には皇族や公家出身の貴種が出家して入寺する特定の寺院や、その人物を指して*門跡《もんぜき》と称することが行われた。

平安時代初めから、親王《しんのう》が出家する例が見え始めた。*法《ほっ》親王《しんのう》は、その一般的呼称の一つであったが、康和元年（一〇九九）に、すでに仁和寺《にんなじ》で出家を遂げていた覚行《かくぎょう》（白河上皇第三皇子）が親王宣下《せんげ》を受けて法親王を称して以後、親王が出家した場合を*入道親王《にゅうどうしんのう》と称し、出家後に親王宣下を受けた場合を*法親王《ほっしんのう》と称する区別が生じた。僧籍にあった孫王が親王宣下を受けたような特殊な例も生じたが、時代を経るにしたがって、両者の区別は曖昧《あいまい》となっていった。

【師号《しごう》（賜号《しごう》）】 高徳の僧に対し天皇から贈られる称号。大師・国師・禅師のほか、和尚・上人・菩薩などの号があり、生前に贈られる場合を特賜《とくし》・徽号《きごう》、没後に追贈するものを諡号《しごう》・勅諡《ちょくし》、さらに重ねて贈られる場合を重諡《ちょうし》・加諡《かし》と称した。

*大師《だいし》は、偉大な師・大導師の意。原則として、没後その高徳を称え贈られる諡号として用いられた。日本では貞観8年（八六六）最澄《さいちょう》に伝教《でんぎょう》大師、円仁《えんにん》に慈覚《じかく》大師が贈られたのが最初。空海《くうかい》の弘法《こうぼう》大師は特に著名で、単に「大師」と言えば空海を指した。また各宗の宗祖などにも贈られた（表1）。

国師《こくし》は、鎌倉時代以降に、国家の師表とすべき高僧に贈られた称号で、[95]花園《はなぞの》天皇の応長元年（一三一二）に、円爾《えんに》弁円《べんねん》に下賜された聖一《しょういち》国師を初例とする。禅僧に限られ、禅師《ぜんじ》の上位とされてきた。*禅師《ぜんじ》は、もと法師・律師・経師の対語で、禅定に秀でた僧を称したが、高徳の禅僧に対して天皇から贈られる称号としては、*[91]後宇多《ごうだ》天皇の弘安元年（一二七八）に蘭渓道隆《らんけいどうりゅう》に贈られた大覚《だいかく》禅師が初例。国師と同じく、こ

れも禅僧に限られ、太平洋戦争後にも例がある。

紫衣《しえ》　紫色の袈裟《けさ》と法衣《ほうえ》の総称。中国や日本で最も尊貴な服色として天皇から下賜された。日本においては紫袈裟は天平7年（七三五）に入唐僧玄昉《げんぼう》が*45聖武《しょうむ》天皇から、また紫法衣は永治元年（一一四一）に天台宗青蓮院《しょうれんいん》の行玄《ぎょうげん》が*鳥羽《とば》上皇から下賜されたのが初例とされ、以後、勅許によって法親王や僧《そう》綱《ごう》に着用が許された。慶長18年（一六一三）、江戸幕府は特定寺院の住職について勅許以前に幕府に申請することを定めた

大師号	僧名	宗派	宣下年（西暦）	天皇
伝教大師	最澄	天台宗	貞観8年（866）	清和天皇
弘法大師	空海	真言宗	延喜21年（921）	醍醐天皇
道興大師	実慧	真言宗	安永3年（1774）	後桃園天皇
慈覚大師	円仁	天台宗	貞観8年（866）	清和天皇
法光大師	真雅	真言宗	文政11年（1828）	仁孝天皇
智証大師	円珍	天台宗	延長5年（927）	醍醐天皇
本覚大師	益信	真言宗	延慶元年（1308）	後二条天皇
理源大師	聖宝	真言宗	宝永4年（1707）	東山天皇
聖応大師	良忍	融通念仏宗	安永2年（1773）	後桃園天皇
興教大師	覚鑁	真言宗	元禄3年（1690）	東山天皇
円光大師	源空	浄土宗	元禄10年（1697）	東山天皇
東漸大師	源空	浄土宗	宝永8年（1711）	中御門天皇
慧成大師	源空	浄土宗	宝暦11年（1761）	桃園天皇
弘覚大師	源空	浄土宗	文化8年（1811）	光格天皇
慈教大師	源空	浄土宗	文久元年（1861）	孝明天皇
明照大師	源空	浄土宗	明治44年（1911）	明治天皇
月輪大師	俊芿	律宗	明治16年（1883）	明治天皇
承陽大師	道元	曹洞宗	明治12年（1879）	明治天皇
見真大師	親鸞	浄土真宗	明治9年（1876）	明治天皇
立正大師	日蓮	日蓮宗	大正11年（1922）	大正天皇
証誠大師	一遍	時宗	昭和15年（1940）	昭和天皇
常済大師	瑩山紹瑾	曹洞宗	明治42年（1909）	明治天皇
無相大師	関山慈玄	臨済宗	明治42年（1909）	明治天皇
微妙大師	授翁宗弼	臨済宗	昭和2年（1927）	昭和天皇
円明大師	無文元選	臨済宗	昭和13年（1938）	昭和天皇
慈摂大師	真盛	天台宗	明治16年（1883）	明治天皇
慧燈大師	蓮如	浄土真宗	明治15年（1882）	明治天皇
慈眼大師	天海	天台宗	慶安元年（1648）	後光明天皇
真空大師	隠元隆琦	黄檗宗	大正6年（1917）	大正天皇

表1　大師一覧（『国史大辞典』〈吉川弘文館〉より作成）

が、寛永6年（一六二九）には、こうした幕府の仏教統制に抵抗した大徳寺《だいとくじ》の沢庵宗彭《たくあんそうほう》らが配流される、紫衣事件が起こった。

【皇室《こうしつ》と寺院《じいん》】

*御願寺《ごがんじ》は、天皇や皇族などの発願によって建てられた寺院。勅命によって建立または指定された寺院を、特に*勅願《ちょくがん》寺《じ》・*勅願所《ちょくがんしょ》という。古代の大寺や定額寺《じょうがくじ》に由来し、四円寺や六勝寺が代表例。東大寺・国分寺など、初期のものは官寺的・公的性格が強かったが、貴族の氏寺・家寺の増加に対応して、平安時代後期頃から天皇家の私寺的性格を強め、鎮護国家よりも願主の個人的な祈願にこたえることに主眼を置くようになった。その所領である*御願寺領《ごがんじりょう》も、後白河院の長講堂領のように、事実上の皇室領と化した。室町時代には、公家などを介して地方寺院の勅願所認定が増加し、禅宗や日蓮宗寺院も指定された。

*勅使門《ちょくしもん》は、勅願寺において勅使を送迎するための唐門《からもん》で、門扉に一六弁菊花紋章がつく。通常は閉門し、特別な重要行事の際に開門することがある。*勅額《ちょくがく》は、特別由緒ある寺社に対して下賜された、天皇宸筆《しんぴつ》の額字。明治以降は、勅命によって天皇が下した額字（代筆）をいう。*勅封《ちょくふう》は、貴重な宝物の散逸を防ぐために、天皇の命によって封を加えること、またその封印をいう。開封には勅許を必要とした。現在、勅封の制度が残っているのは奈良の正倉院《しょうそういん》と京都御所東山御文庫《ひがしやまごぶんこ》で、宮内庁が管理している。

*定額寺《じょうがくじ》は、律令《りつりょう》国家によって官寺に準じる存在として認められた寺院。「定額」の意味については、寺院の定数とみる説、国家から寺院に施される経済的保障の定額とみる説、国家から寺号を定められて額を付与される寺院とみる説など、諸説があって定まらない。いずれにしても、皇族や豪族・貴族が建てた寺院を、国家が公認して保護と統制とを加えたものと考えられ、律令国家とともに衰退していった。

以下、皇室ゆかりの寺院（→資17）について略述する。

*国分寺《こくぶんじ》は、天平13年（七四一）の*聖武天皇の詔により、鎮護国家を祈念する場として、全国の国ごとに建立された寺院。僧寺《そうじ》と尼寺《にじ》の一対とし、前者は『金光明最勝王経』に基づいて金光明四天王護《こんこうみょうしてんのうご》国之《こくの》寺《てら》、後者は『法華経』に基づき法華《ほっけ》滅罪之寺《めつざいのてら》を正式名称とし、僧尼を常住させて読経などを行わせた。奈良*東大寺《とうだいじ》は、聖武天皇建立の金鐘寺《こんしゅじ》に始まり、のち大和国金光明寺《やまとのくにこんこうみょうじ》として本尊の盧舎那《るしゃな》大仏《だいぶつ》が造立された。

*四円寺《しえんじ》は、平安時代中期頃に、現京都市右京区の御室仁《おむろにん》和《な》寺付近に建立された四つの御願寺の総称で、最初に円の字がつくのが共通する。*64円融《えんゆう》天皇の円融寺、*66一条《いちじょう》天皇の円教寺、*69後朱雀《ごすざく》天皇の円乗寺、*71後三条《ごさんじょう》天皇の円宗

寺の四か寺だが、すべて廃絶した。

六勝寺《ろくしょうじ》は、平安時代後期に京都白河《しらかわ》の地に相次いで建立された六つの御願寺の総称。[72]白河天皇が院御所《いんのごしょ》白河殿の近傍に造営した法勝寺《ほっしょうじ》以下、*[73]堀河《ほりかわ》天皇の尊勝寺、*[74]鳥羽《とば》天皇の最勝寺、待賢門院《たいけんもんいん》(鳥羽天皇中宮)の円勝寺、*[75]崇《す》徳《とく》天皇の成勝寺《じょうしょうじ》、*[76]近衛《このえ》天皇の延勝寺をいう。各寺院とも密教と浄土教を主軸として、数量功徳主義的に王権護持や現当二世(現世と来世)を祈願するため、多数の堂塔や仏像を配置し、また膨大な寺領荘園群を擁した。

白河の地には、そのほかにも白河院御願の*蓮華《れんげ》蔵院《ぞういん》、鳥羽院御願の*得長寿院《とくちょうじゅいん》(本堂は、平 忠盛《たいらのただもり》造進の千体観音堂)、美福門院《びふくもんいん》(鳥羽天皇皇后)の御願になる*歓喜《かんき》光院《こういん》・*金剛勝《こんごうしょう》院《いん》などの寺堂の造営を見ている。なお京都市東山区の*三十《さんじゅう》三間堂《さんげんどう》は、正しくは*蓮華《れんげ》王院《おういん》と称し、もとは後《ご》白河院《しらかわいん》の御願として、院御所法住寺殿《いんのごしょほうじゅうじどの》内に建立された寺院。平清盛《きよもり》が造進した本堂は、白河得長寿院のそれと同規模の三十三間堂であった。また、現在は京都市下京区所在の*長講堂《ちょうこうどう》(法《ほっ》華《け》長講弥陀《ちょうこうみだ》三昧堂《さんまいどう》の略称)は、同じく後白河院が、御所六条殿に設けた持仏堂に由来する。この堂に付属する膨大な荘園群は*長講堂領《ちょうこうどうりょう》と称され、院から娘の宣陽門院《せんようもんいん》に、さらに後には持明院統《じみょういんとう》に伝えられた。

他方、同じ平安時代後期には、平安京南郊の鳥羽の地に、白河・鳥羽・後白河の三代の上皇によって離宮《りきゅう》ないしは院《いんの》御所《ごしょ》が営まれた。広大な園池に面して*南殿《みなみどの》(*証金剛院《しょうこんごういん》)・*北殿《きたどの》(*勝光明院《しょうこうみょういん》)・*泉殿《いずみどの》・*東殿《ひがしどの》(*成菩提院《じょうぼだいいん》・*安楽寿院《あんらくじゅいん》)・*田中殿《たなかどの》(*金剛心院《こんごうしんいん》)などが次々に建てられたが、いずれにも*御堂《みどう》と称する寺院(右の括弧内)が付属して建てられたのが特徴である。現在も法灯を伝えるのは安楽寿院のみ。

次に陵墓《りょうぼ》関係寺院では、まず*泉涌寺《せんにゅうじ》があげられる。同寺の草創は未詳だが(古くは法輪寺《ほうりんじ》・仙遊寺《せんゆうじ》と称したと伝える)、鎌倉時代に俊芿《しゅんじょう》が入寺して再興。寺号も改めて天台・律など諸宗兼学の道場となった。仁治3年(一二四二)、みずからを俊芿の生まれ変わりであるとした*[87]四条《しじょう》天皇の葬礼が同寺で執行され、陵が寺内に営まれて以来、皇室の菩《ぼ》提《だい》寺《じ》とされて「*御寺《みてら》」と称され、室町時代前期の[北4]後光厳《ごこうごん》天皇から江戸時代末の[121]孝明《こうめい》天皇まで、天皇の葬儀は同寺で営まれた。この間、江戸時代初期の[107]後陽成《ごようぜい》天皇まで歴代天皇の荼毘所《だびしょ》ともなったが、*[108]後水尾《ごみずのお》天皇・*[110]後光明天皇父子から天皇家の葬礼が土葬に変わると、それ以後の天皇と女院《にょいん》は四条天皇陵のかたわらに埋葬された。明治以降、宮内省の管轄となった旧境内の*月 輪陵《つきのわのみささぎ》や*後 月輪 陵《のちのつきのわのみささぎ》がこれである。近世には皇室唯一の菩提寺として幕府の保護も篤く、堂塔伽藍《どうとうがらん》も修理再造されて寺運の安定をみた。
舎利殿《しゃりでん》背後の本坊内の御座所は、明治時代に京都御所の皇后宮*御里御殿《おさとごてん》を移した建物で、月輪陵参拝の際に天皇・皇后の休憩所とされた。御座所に隣接する*霊明殿《れいめいでん》には四条天皇以下の歴代の天皇や皇后の尊像や位牌《いはい》が奉安され、もと宮中の*御黒戸《おくろど》（*黒戸御所《くろどごしょ》）を移したと伝える海会《かいえ》堂には歴代の天皇・皇后の念持仏を安置している。

大原法華堂《おおはらほっけどう》は、[82]後鳥羽《ごとば》天皇の遺骨を安置した大原勝《しょう》林院《りんいん》の傍らに設けられた法華堂に由来する。この堂には、後に*[84]順徳《じゅんとく》天皇の遺骨も納められたが、荒廃して所在不明となり、江戸時代になって勝林院の子院にあった十三重石塔を後鳥羽天皇陵に定めて、幕末に大原法華堂と称し、さらにその背後の高台を順徳天皇陵《りょう》に定めて大原陵と称している（京都市左京区大原勝林院町所在）。

金原法華堂《かねがはらほっけどう》は、[83]土御門《つちみかど》天皇の遺骨を納めた御堂で、天皇の生母が、遺詔に従って京都西南郊の金原（現京都府長岡京市内）に造営したもので、金原御堂とも称されたが、今は八角形の跡地が金原陵となっている。

亀山殿法華堂《かめやまどのほっけどう》は、[90]亀山《かめやま》天皇の遺骨が院御所亀山殿封内の浄金剛院《じょうこんごういん》に納められた後に造営された法華堂に由来する。中世には所在を失ったが、江戸時代末に宝形造の法華堂が再興されて亀山殿法華堂と称し、その横には同形の*[88]後嵯峨《ごさが》天皇陵が並ぶ。現在は亀山陵と称する（京都市右京区嵯峨天龍寺所在）。

般舟三昧院《はんじゅざんまいいん》は、般舟院《はんじゅいん》とも称し、もとは[103]後土御門《ごつちみかど》天皇が京都伏見《ふしみ》に創建した寺院。当初は四宗兼学《ししゅうけんがく》として禁裏《きんり》道場《どうじょう》になぞらえられたが、天皇の典侍《ないしのすけ》源朝子《みなもとのあさこ》を葬って以後、皇室の香華院《こうげいん》（菩提寺）となった。豊臣秀吉《とよとみひでよし》の伏見築城に際して、京都市上京区に移転したが、現在は単立寺院の西圓寺《さいえんじ》となっている。

*門跡《もんぜき》は、もとは一門の法脈を継承する寺院、また祖師の法灯を継ぐ僧侶の門流を称したが、平安時代後期以降には、皇族や貴族など貴種の住む寺院として*寺格《じかく》化し、その出身者が寺院の長を独占するようになった。仁和寺・大覚寺・延暦寺の*三門跡《さんもんぜき》、興福寺の一乗院・大乗院などが、その代表例である。やがて天皇、皇族、堂上《とうしょう》の出家が増加すると、江戸時代には、親王などが入室した*宮門跡《みやもんぜき》、摂家の子弟が入室した*摂家門跡《せっけもんぜき》、門跡に準じる*准門跡《じゅんもんぜき》（*脇門跡《わきもんぜき》）の区分が用いられた。明治時代に公的な門跡制度は廃止された。

*由緒寺院《ゆいしょじいん》（御由緒寺院）は、皇女や王女、摂家の女子などが尼《あま》となって入室した由緒ある寺院で、*尼門跡《あまもんぜき》・*比丘尼《びくに》御所《ごしょ》とも称し、一五か寺ある（→[資]17）。

［竹居］

[124] 陰陽道など

【道教《どうきょう》と陰陽道《おんみょうどう》】

*道教《どうきょう》は、不老長寿を主な目的とする現世利益的な中国の民間宗教である。中国古代の自然宗教に、神仙《しんせん》思想や老荘《ろうそう》思想、易《えき》・陰陽五行説《いんようごぎょうせつ》、讖緯《しんい》説《せつ》・医術・占星術など種々の要素が組み合わさって生み出された。

日本へは6世紀代に儒教《じゅきょう》や仏教と相前後して道教的信仰に関わる学問や技術が伝えられ、徐々に影響を広げて、[40]天武天皇朝に行われた*大祓《おおはらえ》行事（毎年6月・12月の晦日）にも道教的要素が濃厚に見られる。大和朝廷の支配者であったオオキミ（大王）を後に*天皇《てんのう》と称するようになったのも、道教思想に基づくとする説が有力である。また、道教でいう神仙境とも見なされた大和国*吉野《よしの》の地には、[41]持統《じとう》天皇の三四回を筆頭として、[37]斉明《さいめい》天皇から[45]聖武《しょうむ》天皇に至る歴代天皇の行幸《ぎょうこう》があった（*吉野行幸《よしのぎょうこう》）。なお律令《りつりょう》国家は、中《なか》務省《つかさしょう》の陰陽寮《おんみょうりょう》・内薬司《ないやくし》、宮内省の典薬寮《てんやくりょう》でのみ、道教的信仰に関わる呪法《じゅほう》・技術を認めた。

*卜占《ぼくせん》は、占い具に現れた占形によって神意の所在を察知し、事の吉凶や未来を予知しようとする方法・技術をいう。日本では弥生《やよい》時代に*鹿占《しかうら》、古墳《こふん》時代後期には*亀卜《きぼく》が行われていたことが知られているが、6世紀後半頃には、本格的な亀卜や易占《えきせん》・式占《しきせん》・天文占《てんもんせん》など中国起源の占術が伝来した。律令国家では、*神祇官《じんぎかん》の卜部《うらべ》が亀卜を、*陰陽寮《おんみょうりょう》が易占などをつかさどり、占書や陰陽五行説などの理論に基づき、所定の道具を用いて行われた。

*陰陽道《おんみょうどう》は、陰陽五行説に基づいて成立した天文・暦数《れきすう》・卜筮《ぼくぜい》・相地《そうち》などの技術・学問をいう。日本へは中国から伝来して7世紀頃から次第に影響を与え、祥瑞や災異の判定のほか、平安時代になると、金神《こんじん》・太白《たいはく》・天一《てんいち》などの諸神の遊行する方角に基づく物忌《ものいみ》や方違《かたたがえ》、また厭日《えんにち》・凶会日《くえにち》・衰日《すいにち》などといった日の吉凶にともなう禁忌、さらには邪気をはらうための反閉《へんばい》や呪詛《じゅそ》が貴族社会で流行した。

律令国家では、*陰陽寮《おんみょうりょう》によって実修・教育され、種々の呪法を担当する陰陽師《おんみょうじ》、暦を作る暦博士《れきはかせ》、天変を監視する天文博士、水時計を管理する漏刻《ろうこく》博士などが所属した。

*四角四堺祭《しかくしかいのまつり》（四角四境祭《しかくしきょうさい》）は、鬼魅《きみ》を駆逐する陰陽道の祭祀。大内裏《だいだいり》外の四隅《しぐう》と京師《けいし》の四隅で行うものを*四角祭《しかくのまつり》、

山城国《やましろのくに》の国境四か所で行うものを*四堺祭《しかいのまつり》と称した。宮城および畿内堺の疫神を防ぐ神祇官の祭祀が平安時代中期以降、移行していったものと考えられ、吉日を選んで勅使や陰陽寮官人が派遣された。

*軒廊御卜《こんろうのみうら》は、天変地異が発生した際、また大嘗祭《だいじょうさい》の悠紀《ゆきの》国《くに》・主基国《すきのくに》の卜定《ぼくじょう》に際して、宮中紫宸殿《ししんでん》の東軒廊《ひがしこんろう》において行われた卜占をいう。神祇官に*亀卜《きぼく》を、陰陽寮に式占《しきせん》を行わせて、それぞれの結果を上奏させた。

【中国伝来《ちゅうごくでんらい》の多様《たよう》な祭事《さいじ》】

郊祀《こうし》は、冬至《とうじ》に、天子が都城の南郊で天帝を祭る儀式。中国では王朝交替時の最初の皇帝が盛大に行った。日本でも延暦4年(七八五)に[50]桓武《かんむ》天皇、斉衡3年(八五六)に*[55]文徳《もんとく》天皇が河内国交野《かわちのくにかたの》で行った例があるが、永続していない。

孔子《こうし》とその弟子たちを祭る*釈奠《せきてん》は、大宝元年(七〇一)施行の『大宝令《たいほうりょう》』で、毎年2月と8月の上丁《じょうてい》(または中丁)の日に大学寮と国学で行うことが法文化された。

『延喜式』によると、大学寮では、廟堂院《びょうどういん》で孔子以下を祭る饋享《ききょう》が、ついで都堂院《とどういん》で講論(『孝経』以下の「七経輪転《しちけいりんてん》」)および宴座《えんのざ》、紀伝道の文人賦詩、明法《みょうぼう》・明経《みょうぎょう》・算道の論義が行われた。天皇には、翌日に「*胙《そ》」が献上された。

同じく令制《りょうせい》で定められた*節日《せちにち》と称する祝祭日には、天皇のもとに群臣を集めて公式行事があり、それぞれ特有の儀礼、歌舞演奏、賜宴・賜禄があった。これを*節会《せちえ》という。当初は七節日であったが、3月3日と、*[51]平城《へいぜい》天皇の国忌と重なった7月7日が除かれ、平安時代には正月の*元日《がんじつ》・*白馬《あおうま》(7日)・*踏歌《とうか》(16日)、5月の*端午《たんご》、11月の*豊明《とよのあかり》(新《に》嘗祭《なめさい》の翌日)の*五節会《ごせちえ》となり、そのほか恒例の*相撲節会《すまいのせちえ》、*重陽節会《ちょうようのせちえ》などが加えられた。これらの行事には、中国から輸入されたもののほかに、民間行事を宮廷でとりいれたもの、両者を折衷したものもある。

正月7日を「*人日《じんじつ》」と称するのは、古代中国でこの日に一年間の人事を占ったことに由来するとされ、中国の古風にならって、七草の若菜を羹《あつもの》にした七種若菜《ななくさのわかな》を天皇に供する。今日の*七草粥《ななくさがゆ》の起源とされる。なお平安時代中期以降は、これとは別に正月の子《ね》の日《ひ》に種々の若菜を献じたり、正月15日に七草粥を食したりする行事もあり、後者は今日の*小豆粥《あずきがゆ》の起源とされる。

同じく正月7日に行う*白馬節会《あおうまのせちえ》は、古代中国で「馬は陽を主《つかさど》り、青は春を主る」として青馬を引き、春陽の気を整えたことに由来する。平安時代には紫宸殿《ししんでん》(初期は豊楽殿《ぶらくでん》)に天皇が出御し、南庭を左右馬寮《さうめりょう》官人が率いる白馬(もとは青馬)が渡るのを観覧し、その後に群臣に宴《うたげ》を賜った。

正月16日の*踏歌《とうか》は、男女が足を踏みならして歌い舞う儀式。唐の民間行事の観灯会が導入されたもので、宮廷では内教坊主催で14日に男《おとこ》踏歌、16日に女《おんな》踏歌が行われて天皇の延寿と五穀豊穣を祈ったが、男踏歌は早くに廃絶した。

3月3日の*上巳祓《じょうしのはらえ》は、古代中国で水辺においてその年の邪気を祓《はら》った風習に由来するもので、贖物《あがもの》の「人形《ひとがた》」に穢《けがれ》を吹きつけて川や海に流す。それとともに行われた*曲水《きょくすいの》宴《えん》も中国伝来で、庭園内の流水に盃《さかずき》を浮かべ、文人らが盃が流れる間に詩歌を詠んだ行事。公的な宴では天皇も出御した。

5月5日の*端午節会《たんごのせちえ》は、古代中国で悪月とされた5月初めに薬草を摘むなどして邪気を払った風習に由来する。日本でも、古くからこの日に薬猟《くすりがり》の行事があり、宮廷では天皇に邪気を払う菖蒲《あやめ》が献上され、群臣は*菖蒲縵《あやめのかずら》（菖蒲で作ったかずら）をつけて参上し、宴を張り騎射《きしゃ》が行われた。

7月7日の*乞巧奠《きこうでん》は、牽牛《けんぎゅう》と織女《しょくじょ》の二星を祭って裁縫の上達を願う中国伝来の行事で、平安時代の宮廷では、清涼《せいりょう》殿《でん》東庭に七種の供物のほか酒杯・蓮房《れんぼう》、五色の糸を通した針を刺した楸《ひさぎ》の葉などを供え、天皇が出御して二星の会合を眺めて管絃《かんげん》・賦詩なども行われた。

9月9日の*重陽《ちょうよう》は、陽数（奇数）の極である九が重なる意で、この日に高山に登り菊酒を飲んで災厄を払った中国の故事にちなみ、平安時代以降には、天皇が紫宸殿に出御して作詩や賜宴を中心とする行事が恒例化した。

以上のほか、正月元日に屠蘇《とそ》・白散《びゃくさん》などを天皇に供する*供御薬《みくすりをくうず》、正月上卯《じょうう》の日に天皇などに邪気を払う杖《つえ》を献上する*卯杖《うづえ》、3月と9月の3日に北山の霊巌寺《れいがんじ》などに使者を派遣して北辰《ほくしん》（北極星）を祭った*御燈《ごとう》、12月晦日《みそか》に方相氏《ほうそうし》らが疫鬼《えきき》を宮中の門外に追い払う*追儺《ついな》（大儺《たいな》）も、古代中国に由来する行事である。

さらに10月初亥《はつい》の日《ひ》に天皇や貴族が餅を食した*亥子餅《いのこもち》の風習は、3月3日の*桜花餅《おうかもち》、5月5日の*五色餅《ごしきもち》、7月7日の*索餅《さくべい》と同様、中国伝来の風習と日本古来の行事が習合したものとされている。

【日本古来《にほんこらい》の民俗的祭事《みんぞくてきさいじ》】

立春の早朝に*主水司《しゅすいし》（もいとりのつかさ／もんどのつかさ）が献じた*立春水《りっしゅんのみず》を天皇が飲む儀式は、日本古来の「*若水《わかみず》」の信仰によるものとされる。

9世紀初め以降行われた*雷鳴陣《らいめいじん》は、旧暦5月〜6月頃の雷の季節に、雷鳴《らいめい》が三度以上あると、衛府《えふ》の官人が清涼殿ほか宮中の諸所に陣を敷き、*鳴弦《めいげん》（弓の弦を引き鳴らすこと）を行って雷《かみなり》を追い払い、天皇を守護した行事。なお、平安京北郊の「北野《きたの》」では、元慶年間（八七七〜八八五）以来、五穀豊穣を祈る*雷公祭《らいこうさい》が行われていた記録もある。雷公祭は*[59]宇多《うだ》天皇の『寛平御遺誡《かんぴょうのごゆいかい》』（『政事要略』所収逸文）にも「新《にい》嘗祭《なめさい》・神今食《かむいまけ》幷《ならび》に九月の伊勢御幣使の日、必ず八省の中院に幸し、以てその儀を行ふべし。雷公祭、年来験《しるし》あり。これを欠くべからず」（原漢文）と見えているから、宮中でもこれに類した祭があった可能性もある。

7月7日（のち7月下旬）に行われた*相撲節《すまいのせち》は、天皇が宮中で相撲《すもう》を観覧し、参列の諸臣と饗宴《きょうえん》を催す儀式で、各地から召集した*相撲人《すまいびと》を左右《さう》近衛府《このえふ》に分属させて対抗させた。もともとは豊凶を占い豊穣を祈る年占行事と、地方から強者を集めて天皇に奉仕させる服属儀礼との両面をあわせもったが、次第に娯楽的となった。毎年あらかじめ諸国から選び出された相撲人は、二日前に仁寿殿《じじゅうでん》（後に清涼 殿《せいりょうでん》）東庭で下稽古である「*御前《ごぜん》の内取《うちどり》」を行い、当日には紫宸《ししん》殿《でん》の南庭で二〇番（のち一七番）の「*召合《めしあわせ》」せ（取組）があった。さらにその翌日には、天皇に指名された者と新たな白丁《はくちょう》（無位無官の公民）が相撲をとり、これを*抜出《ぬきで》また は*追相撲《おいずまい》と称した。 ［竹居］

【雷鳴陣《らいめいじん》、その最中《さなか》に落雷《らくらい》】

雷《かみなり》（雷光・雷鳴）は、古代人にとって恐ろしい神のごとき存在であった。神の旁《つくり》の「申」は「雷光が斜めに屈折して走る形」という（白川静『字統』）。わが国でも雷をカミナリ（神鳴）・ナルカミ（鳴神）と称し、式内社にも*雷神《らいじん》を祀る神社が少なくない。

平安時代には、雷鳴が激しく三度以上鳴ると、*衛府《えふ》の官人たちが清涼殿や紫宸殿などで陣を組み、*鳴弦《めいげん》により天皇や殿舎を警護する*雷鳴陣《らいめいじん》が行われた。『枕 草子《まくらのそうし》』にも、「神のいたく鳴る折に、神なりの陣こそいみじうおそろしけれ。……」とみえる。

ただ、延長8年（九三〇）6月26日午後、雷声大鳴により、陣を立てたが、清涼殿に落雷し、霹靂神火《へきれきじんか》のため殿上人《てんじょうびと》たち（大納言藤原清貫《だいなごんふじわらのきよつら》、右中弁平 希世《うちゅうべんたいらのまれよ》など数人）が焼死してしまった（『日本紀略』）。そのショックで*[60]醍醐《だいご》天皇も9月29日に崩御するが、左大臣*藤原忠平《ただひら》は三宝（仏教）に帰依していたので、災難を免れたという（『九条殿遺誡《くじょうどののゆいかい》』）。［所］

［125］神仏分離と廃仏毀釈

慶応4年（一八六八）3月、明治新政府は仏像を神体とすることなどを禁じた*神仏判然令《しんぶつはんぜんれい》を発布し、神仏分離を進めた。その結果、各地で神道家らが寺院や仏像を破壊した。同年閏4月、古代律令制にならい政体書にて*太政官制《だじょうかんせい》がしかれ、七官のひとつとして*神祇官《じんぎかん》が復興した。明治2年（一八六九）新政府は太政官の上に神祇官を置き、同4年（一八七一）、廃藩置県にともなって神祇官は*神祇省《じんぎしょう》に格下げとなった。その後、神社行政は*教部省《きょうぶしょう》、祭祀は*式部寮《しきぶりょう》へ移管された。さらに神《しん》道《とう》は国家の宗祀《そうし》と定められ、神社は国家の管理下に置かれることとなった。宮中でも、仏事が全面的に廃止され、重要な神事は天皇みずから行うこととなり、*神殿《しんでん》を*禁苑《きんえん》（皇居内の庭園）に創建し、歴代天皇、皇族が祀られる*皇霊殿《こうれいでん》と天照大神の*賢所《かしこどころ》がひとつにまとまり、いわゆる*宮中三《きゅうちゅうさん》殿《でん》が成立した。

しかし、こうした神社神道と皇室神道は、のちに軍国主義や国家主義と結びつけられ、天皇を*現人神《あらひとがみ》とする国民思想の形成につながった。皇紀二六〇〇年とされた昭和15年（一九四〇）には、*内務省神社局《ないむしょうじんじゃきょく》が*神祇院《じんぎいん》となり、戦争の長期化の中でさらなる国民の敬神思想普及につとめた。

第二次世界大戦後、*GHQは日本軍国主義の根源が神道にあるとみなし、神道指令で国家と神道との関係を解体させた。

大教宣布《たいきょうせんぷ》　明治3年（一八七〇）1月3日、八神、天神地祇《てんじんちぎ》、皇霊を神祇官に鎮座した理由を示し、大教の布教を宣示したこと。*大教《たいきょう》とは、従来の神道とは異なる、神道国教化をめざして新たに体系化された天皇崇拝中心の神道であり、キリスト教進出の防止のために、この普及が神祇官などによって全国的に展開された。しかし、効果は少なく、政府は明治5年（一八七二）3月14日に神祇省を廃して教部省を新設し、大教宣布運動の変換を図った。この結果、教部省は神仏二教の教義や社寺、神官、僧侶を統括管理し、祭祀の式典は太《だ》政官式部寮《じょうかんしきぶりょう》に移管した。

神仏判然令《しんぶつはんぜんれい》　慶応4年（一八六八）3月17日の「神祇事務局より諸社へ達」で、神仏習合により「別当」「社僧」と呼ばれた僧侶に還俗《げんぞく》を命じたことに始まる一連の布達の総称。神社から仏教色を取り去ることを目的とした。

廃仏毀釈運動《はいぶつきしゃくうんどう》　神仏分離の動きは全国的な廃仏毀釈運動となり、膨大な数の寺院が廃止され、仏像や仏具などが焼却された。政府が行き過ぎを警告したにもかかわらず、廃棄され放置された寺院や仏像などが安価に売却され、海外に流出するものもあり、のちに古社寺保存の必要性が叫ばれた。

宮中三殿《きゅうちゅうさんでん》　吹上御苑《ふきあげぎょえん》の一角にある賢所《かしこどころ》・*皇霊殿・*神殿の総称。明治21年(一八八八)竣工、翌年遷座した。宮域は八二〇〇平方㍍。殿舎は白木の檜《ひのき》造り、当初は檜皮葺《ひわだぶき》だったが、火災に備えて銅葺に改修された。中央は天照大神《あまてらすおおみかみ》を祀る賢所《かしこどころ》で、神体は鏡で二座ある。広さは七〇平方㍍ほどあり、西側の皇霊殿《こうれいでん》、東側の神殿《しんでん》は各四〇平方㍍ほどで、皇霊殿の神体は歴代天皇と皇家のものが二座、神殿は一座で、全体で神体は五座になる。皇霊殿の西側の*神嘉殿《しんかでん》は広さ約二〇〇平方㍍。ふだんは空殿だが、新嘗祭《にいなめさい》が行われる。神殿の祭神は天神地祇八百万神《やおよろずのかみ》で、明治2年(一八六九)鎮座式を行い、東座に*天神地祇、中央に神産日神《かみむすびのかみ》、高御産日神《たかみむすびのかみ》、玉積産日《たまつめむすびの》神《かみ》、生産日神《いくむすびのかみ》、足産日神《たるむすびのかみ》、大宮売神《おおみやのめのかみ》、御食津神《みけつかみ》、事代主神《ことしろぬしのかみ》の*八神《はっしん》、西座に歴代皇霊を鎮座した。当初、*八神殿《はっしんでん》と称していたが、明治5年(一八七二)に八神と天神地祇を合祀して神殿と改称した。歴代天皇の霊は同年、賢所の相殿《あいどの》に遷され、同10年(一八七七)そこに歴代皇妃・皇親も合祀、同22年(一八八九)新御殿に遷座した後、宮中三殿が成立した。同33年(一九〇〇)から皇霊殿と称した(→資12)。

これまで大正12年(一九二三)の関東大震災や第二次世界大戦の際、耐震補強するなどのため六回動座している。また、明治37年(一九〇四)避難所として三殿の構外の西南側に賢所仮殿が建設されている。

掌典職《しょうてんしょく》　宮中三殿において宮中祭祀を担当した。明治40年(一九〇七)制定の宮内省官制においては式部職に掌典部がおかれ、*掌典長《しょうてんちょう》(親任官または勅任官)、掌典次長(勅任官)、*掌典、*内掌典、掌典補を配置し、掌典の定員は一二人とされた。昭和14年(一九三九)に掌典職官制が制定されて、宮内省に*掌典職がおかれ、事務官や属も配置されたが、昭和21年(一九四六)に廃止された。

戦後の宮中祭祀の奉仕をするのは、掌典長以下一五人の掌典職員で、掌典のほか内掌典が四人おり、内廷費でまかなわれている。内掌典(未婚女性)は全員が三殿北側の詰所に住み、賢所と皇霊殿の内内陣において祭祀を行う。神殿では男子の職員が奉仕する。

[小田部・髙橋]

10

皇室の伝統文化

[126] 天皇・皇族の著作

天皇や皇族の著作は、決して少なくない。それらを網羅的に調査・考証したのが、和田英松《わだひでまつ》の大著『皇室御撰之《こうしつぎょせんの》研《けん》究《きゅう》』（昭和8年〈一九三三〉初版、同61年〈一九八六〉復刻）である。以後の現代に至るまでの主な出版物の概要を略述する。

【著作《ちょさく》の概数《がいすう》】

和田は、天皇の御撰《ぎょせん》（六一名で計三二六部）、追尊天皇《ついそんてんのう》・太上《だいじょう》天皇の御撰（五名で計一五部）、后宮《きさいのみや》・女院《にょいん》の御撰（一七名で計二五部）、親王《しんのう》・内親王《ないしんのう》・法親王《ほっしんのう》の御撰（一二九名で計四九三部）、それ以外の皇族・元皇族の御撰（七名で計一〇部）、合計二一四名で八六九部（ほかに存疑《そんぎ》七一部）をとりあげ、それぞれの略伝と全著作の略解説を加えている。

その内容を九種に分類し、天皇の御撰に限って左に各部数を示す（逸文《いつぶん》しかないものも一部と数える）。

教訓書の類……一〇部　日記の類……四八部
有職故《ゆうそくこ》実《じつ》書……四五部　仏教関係書……一五部
物語注釈《ものがたりちゅうしゃく》書……一四部　漢詩文集……六部
和歌《わか》連歌《れんが》書……一三三部　歌学歌論書……二三部
その他（伝記・楽書など）……二九部

これをみると、和歌連歌書などが圧倒的に多く四〇%以上を占める（内訳は、*御製集《ぎょせいしゅう》の三九部、*百首御歌《ひゃくしゅおんうた》三一部、*御撰歌集《ぎょせんかしゅう》一六部など）。それに歌学歌論書も加えれば五〇%近い。

ついで*日記《にっき》（御記《ぎょき》）と有職故実書を合わせれば三〇%近くになる。さらに*教訓書《きょうくんしょ》の類は、数こそ少ないが、帝王学のテキストとして重要な意味をもつ。

なお、仏教関係書は、天皇に限れば多くないが、親王（特に法親王）の著作が大量にある。

このうち、代表的な著作のみを簡略に紹介する。原文の大部分は『列聖全集《れっせいぜんしゅう》』＝『皇室文学大系』に収録されている（漢文は書き下して引用する）。

【帝王《ていおう》の教訓書《きょうくんしょ》】

*52嵯峨《さが》天皇による『*嵯峨遺誡《さがゆいかい》』一巻は現存しないが、『続《しょく》日本後紀《にほんこうき》』承和11年（八四四）8月乙酉条《いつゆうじょう》に「先帝の遺誡に曰《いわ》く、世間の事、物怪《もののけ》ある毎《ごと》に、祟《たたり》を先霊に寄するは、これ甚だ謂《いわれ》なきなり」とか、『三代実録《さんだいじつろく》』貞観8年（八六六）3月2日条に「嵯峨遺旨《いし》に、母氏《ぼし》もし過《あやまち》あらば、その子は源氏《げんじ》と為《な》す

をえず、と聞けり」と逸文が引かれている。

[59]*宇多《うだ》天皇には『*寛平御遺誡《かんぴょうのごゆいかい》』一巻がある。これは寛平9年(八九七)7月3日、皇太子*敦仁《あつぎみ》親王＝[60]醍醐《だいご》天皇への譲位に際し書き与えられたもの。完本は伝存しないが、残闕《ざんけつ》本《ほん》(『群書類従《ぐんしょるいじゅう》』などに所収)と逸文が伝わる。

*[95]花園《はなぞの》天皇には、元徳2年(一三三〇)甥《おい》の皇太子*量仁《かずひと》親王＝*[北1]光厳《こうごん》天皇に書き与えた『*誡太子書《かいたいしのしょ》』がある。このなかに、懸命に学問(儒学《じゅがく》)を習得し君徳を積む必要性が次のごとく切々と説かれている。

吾《わ》が朝《ちょう》……中古以来、兵革連綿《れんめん》、皇威《こうい》遂《つい》に衰ふ。……内に哲明の叡聡《えいそう》あり外に通方《つうほう》の神策あるに非《あら》ざれば、則《すなわ》ち乱国に立つをえず。これ朕《ちん》の強《し》て学を勧むる所以《ゆえん》なり。……詩書礼楽に非ざるよりんば得て治《おさ》むべからず。これを以《もっ》て寸陰《すんいん》を重んじ、夜を以て日に続《つ》ぎ、宜《よろ》しく研精すべし。……もし学功立ち徳義成らば……上《かみ》大孝を累祖《るいそ》に致し、下《しも》厚徳を百姓に加へん。……余、性拙《さがつたな》く智浅しと雖《いえど》も、粗《あら》々《あら》典籍を学び徳義を成して王道を興《おこ》さんと欲するは、また宗廟《そうびょう》の祀《まつり》を絶やさざるためなり。宗廟の祀を絶やさざるは太子の徳に在り。……

室町《むろまち》時代の*[102]後《ご》花園《はなぞの》天皇には、皇太子*成仁《ふさひと》親王＝*[103]後《ご》土御門《つちみかど》天皇へ贈った仮名交じり書状(『群書類従』は「*消《しょう》息《そく》」と題す)がある。このなかに「御進退などは、如何《いか》にもしづかに重々と候《そうら》はん」「御こは(声)色……やはらかにのどやかに仰付《おおせつけ》られ候《そうろう》べき」「御連歌の時……そこつに難を入られ候事しかるべからず」「御学文(問)を先本とせられ……能々《よくよく》御稽古《けいこ》候べく」「公事《くじ》かた・詩歌《しいか》・管弦・御手跡《ごしゅせき》など御能にて候」「御心だてなど、いかにも柔和に御慈悲ぶかく候て、人をはごくまれ候はん」「かまへて当時後代の謗《そしり》をのこされぬやうに御心をもたれ候はん」など、こまごまとした注意が示されている。

*[108]後《ご》水尾《みずのお》天皇には、三種類の*仮名御教訓書《かなごきょうくんしょ》がある。後継の三皇子([110]後光明《ごこうみょう》・[111]後西《ごさい》・[112]霊元《れいげん》の各天皇)に書き与えられたものとみられる。

その第一には「御若年の間、御慎み干(肝)要の御事《おんこと》に候か」「今程万端武家《ぶけ》(幕府)のはからひ候時節に候へば、禁中《きんちゅう》とても……万事御心を付《つけ》られ、御慎み専用候か」「下の放埒は即ち上の御恥辱《おんちじょく》になり候事にて候へば、正道に引かへさまほしき事に候」などとある。

また第二にも「御驕《おごり》の心を御慎みあるべき事」「御短慮を深く慎まるべき事」「いかにも御柔和にありたき事」とあり、続けて「敬神は第一に遊ばし候事」「御芸能の事、和歌第一御心にかけられ、御稽古あるべき事」「天変地妖《てんぺんちよう》出現の時、前非を改め弥々《いよいよ》深く慎まる事」とある。

さらに第三には「毎朝の御拝、御懈怠《けたい》あるべからざるの事」「女色の誡、干要の事」「近習の衆、悪事を申し進め候ば退けらるべき事」「御行跡軽からざる様に御進退御心に付けられて然るべき事」などとある。

*後桜町《ごさくらまち》上皇が再従姉弟《はとこ》にあたる*119光格天皇《こうかく》(閑院宮家《かんいんのみやけ》出身)に宛てた教訓「*仰《おおせ》」は、現存しない。しかし、天皇から上皇あての返書により一端をうかがうことができる。

たとえば、「仰《おおせ》の通り、人君は仁を本といたし候事……常に私も心に忘れぬ様、仁徳の事を第一と存じたてまつり候事に候……仰の通り、身の欲なく天下万民をのみ慈悲仁恵に存じ候事、人君たる物の第一の教へ、『論語《ろんご》』はじめ、あらゆる書物に皆々この道理書きのべ候事、則ち仰と少しもちがひなき事……仰の通り、何分自身を後にし天下万民を先とし、仁恵誠信の心、朝夕昼夜に忘却せざる時は、神も仏も御加護を垂れ給ふ事、誠に鏡に掛け影をみるがごとくに候……」などと記されている。

【平安時代《へいあんじだい》以来《いらい》の天皇《てんのう》の日記《にっき》】

天皇の日記は、*御記《ぎょき》とも*宸記《しんき》ともいう。奈良時代までのものは現存せず、平安時代の日記も逸文しかない。中世・近世の日記は、部分的でも原本か写本が残っている。ここには最も早い例の、平安前期の宇多《うだ》・醍醐《だいご》・62村上《むらかみ》三天皇の*三代御記《さんだいぎょき》について略述する。

*宇多天皇《うだてんのう》の『*寛平御記《かんぴょうぎょき》』は、仁和3年(八八七)の践祚《せんそ》日から寛平9年(八九七)の譲位日まで在位中一〇年近くに及ぶ。即位早々に直面した阿衡《あこう》の紛議の経緯とその解決直後から始めた「毎朝四方拝」や、即位を予言し冥助《めいじょ》した(ひそかに助けた)賀茂明神《かもみょうじん》に感謝するため始められた「賀茂臨時祭《かもりんじさい》」の成立事情など、貴重な記事が少なくない。

*醍醐天皇《だいごてんのう》の『*延喜御記《えんぎぎょき》』は、寛平9年の即位直後から崩御前年の延長7年(九二九)まで、ほぼ在位中三二年余りに及ぶ。延喜元年(九〇一)大宰府《だざいふ》へ左遷された菅原道真《すがわらのみちざね》の様子を調べてきた藤原清貫《ふじわらのきよつら》の報告や、延長4年(九二六)商船で入宋求法《にっそうぐほう》に行く僧寛建《かんけん》に「菅大臣《かんだいじん》(道真)、紀中納言《きのちゅうなごん》(長谷雄《はせお》)、橘《たちばな》贈中納言《のぞうちゅうなごん》(広相《ひろみ》)、都良香《みやこのよしか》等の詩九巻」および「(小野)道《とう》風《ふう》行草書各一巻」を託し「唐家(宋朝)に流布《るふ》せしめ」たことなど、注目すべき記事が多い。

*村上天皇《むらかみてんのう》の『*天暦御記《てんりゃくぎょき》』は、即位翌年の天暦元年(九四七)から康保4年(九六七)の崩御直前まで、ほぼ在位中二〇年に及ぶ。天徳4年(九六〇)9月の大火で「宜陽殿《ぎようでん》の累代宝物、温明《うんめい》殿の神霊鏡・太刀《たち》・節刀《せっとう》・契印《けいいん》……仁寿(じじゅう)(じんじゅ)殿の太一式《たいいっしき》

盤《ばん》、皆灰燼《かいじん》と成」りながら、「神鏡」は焼失を免れたと聞いての喜びや、康保元年(九六四)最愛の中宮安子《ちゅうぐうあんし》が*選子内親王出産の際に亡くなる様子を聞いての深い悲しみなどが記されている。

これら三代の日記は、それ以降の歴代天皇や宮廷貴族たちに重視された。保元三年(一一五八)成立の『貫首秘抄《かんずひしょう》』も、摂《せっ》関《かん》や蔵人《くろうど》の必読書として『寛平御記』と*二代御記《にだいぎょき》をあげている。延喜・天暦の二代御記は、すでに*[66]一条《いちじょう》天皇の長保・寛弘年間(九九九~一〇一二)ころ、*藤原行成《ふじわらのゆきなり》などにより記事を儀式・行事の項目別に分類した『*延喜天暦御記抄《えんぎてんりやくぎょきしょう》』五〇巻が編纂《へんさん》され、その一揃《ひとそろ》いが清涼殿《せいりょうでん》の「*日記御厨子《にきのみずし》」に納められていた。しかし、その原御記も御記抄(部類記)も中世に入ると散逸《さんいつ》し、逸文と残闕《ざんけつ》しか現存しない。

平安時代の日記としては、これ以外に一条・[69]後朱雀《ごすざく》・[70]後冷泉《ごれいぜい》・[71]後三条《ごさんじょう》・[72]白河《しらかわ》の五天皇のものがあった。とくに*後三条天皇の『*延久御記《えんきゅうぎょき》』は、*藤原忠実《ただざね》の編纂した部類記(年中行事・臨時・神事・仏事)二〇巻もあり重宝されたが、中世に散逸して、わずかな逸文しかない。

【有職故実書《ゆうそくこじつしょ》】

天皇の重要な役割は、宮廷における儀式・行事を主宰し可能なかぎり臨席することである。そのため、みずから儀式・行事の来歴や作法などを日記に書き留め、大小の解説書を著した天皇が少なくない。

*村上《むらかみ》天皇の『*清涼記《せいりょうき》』は、康保年間(九六四~九六八)ころの成立で、年中行事と臨時儀式を説明したもの。異母兄の源《みなもとの》高明《たかあきら》編『*西宮記《さいきゅうき》』より簡略ながら、『*新儀式《しんぎしき》』に類似するものであったことが、逸文により知られる。

*[82]後鳥羽《ごとば》天皇の『*世俗浅深秘抄《せぞくせんしんひしょう》』は、譲位後の建暦年間(一二一一~一三)ころの成立で、朝儀などの作法故実を二八五項目にわたり書き綴《つづ》ったもの。

*[84]順徳《じゅんとく》天皇の『*禁秘御抄《きんぴみしょう》』は、承久3年(一二二一)ころの成立で、宮中の殿舎・文物・官職・儀式・行事などの故実を約一〇〇項目に分けて懇切《こんせつ》に解説したもの。長らく帝王学《ていおうがく》の教科書とされ、近世には注釈書も数多く作られている。

*[96]後醍醐《ごだいご》天皇の『*建武年中行事《けんむねんちゅうぎょうじ》』は、建武元年(一三三四)ころの成立で、宮廷の年中行事を初めて仮名まじり文で簡潔に説明したもの。これと並んで書かれた『*日中行事《にっちゅうぎょうじ》』も、以後の天皇がよく参照している。

*後水尾《ごみずのお》天皇の『*当時年中行事《とうじねんちゅうぎょうじ》』は、寛永6年(一六二九)の譲位後、皇子である*後光明《ごこうみょう》天皇のために書かれたものが内裏《だいり》の火災により焼失した後、幼い*霊元《れいげん》天皇のために再び書き直されたものが伝存する。上巻に『建武年中行事』のよう

に仮名まじり文で年中行事を列挙し、下巻に『禁秘御抄』のように宮中の心得《こころえ》を数十項目あげ、略記している。
その教えを受けた霊元天皇には、在位中にも譲位後にも書き綴った日記がある。また朝儀を分類した『*公事部類《くじぶるい》』や上皇《じょうこう》の心得をまとめた『*院中雑事《いんちゅうざつじ》』、さらに「*仰《おおせ》」などを書き留めた『*乙夜随筆《おつやずいひつ》』などもある。
*[117]後桜町《ごさくらまち》天皇にも、即位前から譲位後までに及ぶ*仮名《かな》の日記《にっき》や、年中行事を略記した『*禁中《きんちゅう》 年中《ねんちゅう》の事《こと》』などがある。

【宮内省図書寮編《くないしょうずしょりょうへん》『天皇《てんのう》・皇族実録《こうぞくじつろく》』】

歴代の天皇（[1]神武《じんむ》天皇～[121]孝明《こうめい》天皇と北朝五代）と皇族（上記歴代の后妃《こうひ》・皇子・皇女など）に関する基本的な原史料を集成し、年月日に綱文《こうぶん》ごとに列挙した膨大な編纂《へんさん》記録。宮内庁所蔵の版本一二九三冊、活字本二八六冊から成り、近年後者の合本複製が刊行されている。その編修記録をみると、すでに明治41年（一九〇八）宮内省図書寮で「列聖の御事績を記述する」歴代ごとの「天皇実録」を立案したが、まもなく『皇統《こうとう》譜《ふ》』の作成などが優先された。そこで大正8年（一九一九）図書頭《ずしょのかみ》森林太郎《もりりんたろう》（鷗外《おうがい》）が構想を練り直して、編年体の『*天皇《てんのう》・皇《こう》族実録《ぞくじつろく》』を一〇年で編修することになった。

この壮大な計画は、昭和11年（一九三六）に一応完成し、同19年（一九四四）までに印刷も完了した。その内容は、天皇一二四名（二名重複）、后妃六八五名、皇子以下四世孫までの皇親二二四一名、合計三〇五〇名に及び、各天皇の事績を中心に后妃・皇親の行跡も収録している（ただ、伏見《ふしみ》・桂《かつら》・有栖川《ありすがわ》・閑院《かんいん》の四親王家は別に実録を編修）。本実録の特色は、未刊の天皇・公家《くげ》の日記や各所の古文書類まで精査・解読し、簡潔な綱文のもとに原文を引載しており、信頼度が高い点があげられる。

これとは別に、本格的な個別の天皇紀・天皇実録が宮内省・宮内庁で編纂されてきた。まず『*明治天皇紀《めいじてんのうき》』は、大正3年（一九一四）から昭和14年（一九三九）までかけて編纂され、昭和43年から一〇年かけ全12巻と索引が吉川弘文館《よしかわこうぶんかん》より出版された（付図は平成24年刊）。ついで『*大正天皇実録《たいしょうてんのうじつろく》』は、昭和12年（一九三七）までに一応編纂されたが、近年あらためて補訂《ほてい》され、平成28年（二〇一六）からゆまに書房より出版されている（未完）。さらに『*昭和天皇実録《しょうわてんのうじつろく》』は、平成2年（一九九〇）から同26年（二〇一四）までかけて編纂され、同27年（二〇一五）から東京書籍より全18巻と最終巻（人名索引・年譜）が出版された。

【歌論書《かろんしょ》と物語《ものがたり》 注釈書《ちゅうしゃくしょ》】

歴代天皇には『万葉集《まんようしゅう》』の昔から、すぐれた和歌の作者が多い。また『古今和歌集《こきんわかしゅう》』以来、和歌集の勅撰《ちょくせん》や「*歌合《うたあわせ》」を催すなど、君臣ともに歌道の発展に努めてきた。さらに歌学・歌論の書を著した例もある。

*後鳥羽《ごとば》上皇は、承久《じょうきゅう》の乱《らん》で隠岐《おき》に流されてから、和歌の心得を『*御口伝《ごくでん》』(『遠島御消息《えんとうごしょうそく》』とも) としてまとめた。*順徳《じゅんとく》天皇には、承久の乱以前から起稿《きこう》し、配流《はいる》された佐渡《さど》で完成した『*八雲御抄《やくもみしょう》』がある。本書は、正義・作法・枝葉・言語・名所・用意の六部 (約一二〇項目) に分けて、古来の諸書を引証しながら、詠歌の法式などを網羅的に詳説したもので、長らく重要な歌学書と高く評価されている。

後水尾法皇は、譲位後の万治初年(一六五八・五九)ころ廷臣を集めて*藤原定家《さだいえ》の歌論書『詠歌大概《えいがたいがい》』を講述し、その注釈を『*詠歌大概御抄《えいがたいがいみしょう》』にまとめている。また『百人一首』を注釈した『*百人一首御抄《ひゃくにんいっしゅごしょう》』がある。父後水尾法皇の講釈を*後《ご》西《さい》天皇が聞き書きした『*百人一首聞書《ひゃくにんいっしゅききがき》』や、それらを承《う》けて次の*霊元上皇が元禄15年(一七〇二)に講述した記録『*百人《ひゃくにん》一首御講釈聞書《いっしゅごこうしゃくききがき》』(『*百人一首御講釈《ひゃくにんいっしゅごこうしゃく》』・『*百人一首御抄《ひゃくにんいっしゅごしょう》』ともいう) などもある。

また平安時代に著された主要な物語の注釈書が、江戸時代に入るころから数多く作られている。*107後陽成《ごようぜい》天皇は、慶長9年(一六〇四)から数年間『源氏物語』を講釈し (その皇子*良恕《りょうじょ》親王によるその聞書『*源氏物語聞書《げんじものがたりききがき》』がある)、同12年(一六〇七)に『伊勢物語《いせものがたり》』の諸注釈 (三条西実隆《さんじょうにしさねたか》・一条兼良《いちじょうかねら》など数種類) をふまえて『*伊勢物語御愚案抄《いせものがたりごぐあんしょう》』をまとめている。

*後水尾天皇は『*源氏物語御書入《げんじものがたりおんかきいれ》』『*源氏物語伏屋の塵《げんじものがたりふせやのちり》』や『*伊勢物語御抄《いせものがたりみしょう》』『*伊勢物語不審条々《いせものがたりふしんじょうじょう》』を、また後西天皇は『*源氏聞書《げんじききがき》』(父法皇御講義録《ちちほうおうごこうぎろく》) など、さらに*霊元天皇は『*源語詞要《げんじしよう》』(動植物名分類) などを著している。

総じて平安時代から中世・近世の天皇は、和歌や物語 (ほかに音楽・書道なども) を愛好し研究することにより、貴族・公家社会で文化的な指導者の役割を果たしてきた。

【后妃《こうひ》・皇子《おうじ》らの著作《ちょさく》】

后妃の著作は少なく、ほとんど和歌の詠草《えいそう》であるが、それ以外で注目すべきものを二例あげる。

醍醐《だいご》天皇の皇后*藤原穏子《やすこ》(基経《もとつね》の娘) の『*太后御記《たいこうぎょき》』は、『河海抄《かかいしょう》』に引く逸文に「延長七年(九二九)三月二十八日、おとど (忠平《ただひら》) の御賀を実頼《さねより》の中将《ちゅうじょう》つかうまつれり。……」などとあり、仮名まじり文になっている。ただ『西宮記《さいきゅうき》』皇后産《うぶ》養《やしない》事《ごと》などに引く逸文は漢文体で、両様あったとみられる。

孝明《こうめい》天皇の女御《にょうご》*九条夙子《くじょうあさこ》(英照《えいしょう》皇太后)は、先代の『*新《しん》朔平門院《さくへいもんいん》(鷹司祺子《たかつかさやすこ》)御日記《ごにっき》』を書写している。女御となった文政8年(一八二五)から院号宣下《いんごうせんげ》を受けた弘化4年(一八四七)まで、主要な記事が四冊に麗筆で抄録されている。英照皇太后には、『*御詠草《ごえいそう》』三種八巻などもある。

皇族(親王・内親王)の著作はきわめて多い。ただ、その大半は出家した法親王《ほっしんのう》の仏教関係書である。

宇多《うだ》天皇の皇子*斉世親王《ときよしんのう》(法名真寂《ほうみょうしんじゃく》)は、『慈覚大師伝』(未完のため子の源英明《みなもとのふさあきら》が完成)など五三部、また[77]後白河《ごしらかわ》天皇の皇子*守覚法親王《しゅかくほっしんのう》には、仁和寺《にんなじ》に入ってからの『北院御室日次記《きたのいんおむろにちじき》』や『*北院御室拾要集《きたのいんおむろしゅうようしゅう》』など八七部もある。[92]伏見《ふしみ》天皇の皇子*尊円入道親王《そんえんにゅうどうしんのう》が青蓮院門跡《しょうれんいんもんぜき》の歴代事蹟や御修法《みしほ》・灌頂《かんじょう》・法会《ほうえ》などについてまとめた『*門葉記《もんようき》』は一八四巻、後水尾天皇の皇子*堯恕入道親王《ぎょうじょにゅうどうしんのう》が中国の名僧の小伝をまとめた『*僧伝排韻《そうでんはいいん》』は一〇八巻にものぼる。

[33]推古《すいこ》天皇の摂政*聖徳太子《しょうとくたいし》([31]用明《ようめい》天皇の皇子)の作と伝えられる『*十七条憲法《じゅうしちじょうけんぽう》』や『*三経義疏《さんぎょうぎしょ》』(勝鬘経《しょうまんぎょう》・維摩《ゆいま》経《ぎょう》・法華経《ほけきょう》の注釈書)は、太子の関与を疑問視する説もあるが、太子のもとで編纂されたとみてよいと思われる。

醍醐《だいご》天皇の皇子*重明親王《しげあきらしんのう》には、延喜20年(九二〇)から天暦7年(九五三)までの日記『*吏部王記《りほうおうき》』がある。その記事を年中行事ごとに部類した「李部王記類聚《るいじゅ》」も作られていた。

皇子*彦仁《ひこひと》親王(*後花園《ごはなぞの》天皇)の即位により「*後崇光院《ごすこういん》」の尊号を奉られた*貞成親王《さだふさしんおう》は、『*看聞御記《かんもんぎょき》』(宸筆四二巻現存)に、応永23年(一四一六)四五歳から文安5年(一四四八)七七歳までの間「宮中の親事、世間の巷説《こうせつ》」などを詳しく記録している。ほかに、父栄仁《よしひと》親王(伏見宮《ふしみのみや》家初代)から伝授された琵琶《びわ》や元服《げんぷく》のこと、*[101]称光《しょうこう》天皇の大嘗会《だいじょうえ》、および皇子即位の事情などを記した『*椿葉記《ちんようき》』(旧名『正統廃興《しょうとうはいこう》記《き》』)もある。

後水尾天皇の皇女*常子内親王《つねこないしんのう》の『*上日記《うえのにっき》』(自筆三六巻現存)は、近衛基熙《このえもとひろ》のもとへ嫁して二年後の寛文6年(一六六六)から元禄13年(一七〇〇)までの日記。

後西天皇の皇女*益子《ますこ》内親王の『*心華光院殿御日記《しんかこういんどののごにっき》』(自筆四一冊現存)は、九条輔実《くじょうすけざね》のもとへ嫁して二二年後の宝永5年(一七〇八)から享保19年(一七三四)までの日記。身辺雑事を仮名まじり文で丁寧に記録している。

一乗寺《いちじょうじ》*尊覚《そんかく》入道親王と妙法院*堯慕《ぎょうぼ》入道親王および有栖《ありす》川宮職仁《がわのみやよりひと》親王は和歌の師範でもあったから、『*詠歌覚悟《えいがかくご》』『*(和歌《わか》)御教訓《ごきょうくん》』などがある。

【近現代《きんげんだい》の天皇《てんのう》・皇后《こうごう》の著作《ちょさく》】

近代以降、刊行された御製集・御歌集として、*[122]明治天皇の『新輯明治天皇御集』、*昭憲皇太后の『新輯昭憲皇太后御集』、*[123]大正天皇の『大正天皇御製歌集』や、*貞明皇后の『貞明皇后御歌集』がある。また、大正天皇の漢詩を集めた『大正天皇御製詩集』などが刊行されている。

*[124]昭和天皇の歌集は、在位中刊行の『みやまきりしま』や、『あけぼの集』（皇后の和歌も収載）のほか、崩御後にも、宮内庁や研究者によっていくつも御製集が編集されている。*平成の天皇（上皇）の和歌は皇太子時代のものが『ともしび』（同妃の和歌も収載）に収められ、御製は「おことば」とともにまとめられた『道』にも御製が収められている。

また、昭和に入ってから、天皇自身の研究に基づく著述も多い。昭和天皇は、海洋生物・植物の分類研究で『天草諸島のヒドロ虫類』などの単著、および研究者と共同で研究結果をまとめた『那須の植物』などがある。ハゼ類の分類研究を専門とする平成の天皇は「小学館の図鑑Z　日本魚類館」の項目など、図鑑類の項目執筆（共同執筆も含む）や発表論文が多くある。*平成の皇后（上皇后）は、御歌集『瀬音』、おことばと御歌を合わせた『歩み』、絵本「はじめてのやまのぼり」（文章を執筆）の他、国際児童図書評議会での、講演を基にした『橋をかける』、英訳と朗読を収めた『降りつむ』（DVD付）が刊行されている。

*令和の天皇には、即位以前に水問題の専門家として行った講演をまとめた『水運史から世界の水へ』、イギリス留学時の体験を綴った『テムズとともに』がある。（→資5）

【現代《げんだい》の皇族《こうぞく》の著作《ちょさく》】

皇族自身の研究や回想・御歌などをまとめたものとして『三代の天皇と私』（元*梨本宮伊都子妃）『古代オリエント史と私』（*三笠宮崇仁親王）、『銀のボンボニエール』（*秩父宮勢津子）、『葵と菊の物語』（*高松宮喜久子妃）、『ひと日を重ねて』（*紀宮清子内親王、御歌とおことば）などがある。*三笠宮寛仁親王は、留学記（『トモさんのえげれす留学』）やエッセイ集、対談集があり、同信子妃に料理のレシピを紹介した著書がある。長女の*彬子女王も留学体験記（『赤と青のガウン』）のほか、専門である日本美術史についての雑誌連載をまとめたものなどが刊行されている。*高円宮憲仁親王も造詣の深かった芸術分野での専門家との対談集（『カーテンコールのこちら側』）や、同*久子妃も根付のコレクションの写真とエッセイの連載をまとめた著作などがある。

*常陸宮妃華子は英語の絵本の翻訳を手がけている（『ぼくじゃないよ ジェイクだよ』など）。　［所］

[127] 和歌の勅撰と歌会始

和歌《わか》と皇室の関係はきわめて深く、すでに記紀・万葉の昔から、天皇・皇族の作歌が多い。平安時代初期（9世紀前半頃）には、[52]嵯峨《さが》天皇と*[53]淳和《じゅんな》天皇により*勅撰《ちょくせん》の漢《かん》詩集《ししゅう》（『凌雲集《りょううんしゅう》』『文華秀麗集《ぶんかしゅうれいしゅう》』『経国集《けいこくしゅう》』）が編纂されるほどの唐風全盛時代もあった。しかし、まもなく宮廷で屛風《びょうぶ》の大和絵に和歌を添えたり、しばしば*歌合《うたあわせ》も催されるようになり、和風全盛時代を迎える。

【平安時代《へいあんじだい》の勅撰和歌集《ちょくせんわかしゅう》】

まず*[60]醍醐《だいご》天皇の勅命により、延喜5年(九〇五)に編纂されたのが『*古今和歌集《こきんわかしゅう》』である。撰者《せんじゃ》は御書所《ごしょどころ》預《あずかり》の紀貫《きのつら》之《ゆき》ら四人で、貫之作の「仮名序《かなじょ》」に「古《ふ》りにしことをも興《おこ》し給ふとて、今も見そなはし後《のち》の世にも伝はれとて……万《まん》葉集《ようしゅう》に入らぬ古き歌、（撰者）自らのをも、奉らしめ給ひてなむ」と記されている。

その部立《ぶだて》（構成）は、全二〇巻のうち、四季の歌と恋の歌が各六巻を占め、このような四季と恋の歌を重視する編成は、以後の*勅撰集《ちょくせんしゅう》に受け継がれている。

ついで*[62]村上《むらかみ》天皇の勅命により、天暦5年(九五一)後宮の昭陽舎（梨壺《なしつぼ》）に「*撰和歌所《せんわかどころ》」が置かれ、源順《みなもとのしたごう》ら五人を*寄人《よりうど》（撰者）として『*後撰和歌集《ごせんわかしゅう》』二〇巻が編纂された。さらに寛弘三年(一〇〇六)ころ花山《かざん》法皇により、*藤原公任《ふじわらのきんとう》の私撰『拾遺抄』などを基として編纂されたのが『*拾遺和《しゅういわ》歌集《かしゅう》』二〇巻である。

この*三代集《さんだいしゅう》から少し間を置いて、*[72]白河《しらかわ》天皇が応徳3年(一〇八六)*藤原通俊《みちとし》に『*後拾遺和歌集《ごしゅういわかしゅう》』二〇巻を撰《えら》ばせ（翌年再訂本奏進）、また譲位後の天治元年(一一二四)*源俊頼《としより》に『*金葉《きんよう》和歌集《わかしゅう》』一〇巻を撰ばせた（翌々年三奏本奏進）。ついで*崇《す》徳《とく》上皇の院宣により、仁平元年(一一五一)*藤原顕輔《あきすけ》が『*詞花《しか》和歌集《わかしゅう》』を撰進した。つぎに後白河《ごしらかわ》法皇の院宣により、寿永2年(一一八三)*藤原俊成《としなり》(一一一四~一二〇四)の手で編纂されたのが『*千載和歌集《せんざいわかしゅう》』二〇巻である。さらに『古今和歌集』から三〇〇年を意識した*[82]後鳥羽《ごとば》天皇は、*藤原定家《さだいえ》などを和歌所の寄人に任じ、元久2年(一二〇五)『*新古今和歌集《しんこきんわかしゅう》』二〇巻を一応完成させたが、その後も再三「切り継ぎ」（削除と追補）を行い、隠岐《おき》へ配流されてからも改訂を加えている。

以上の*八代集《はちだいしゅう》は、まさに天皇・上皇のもとで樹立された平安和歌文学の金字塔といえよう。そのなかに採録されている皇室関係者の詠んだ歌の数は、相当数にのぼる。

古来の秀歌を選び抜いた『*百人一首《ひゃくにんいっしゅ》』（撰者は*藤原定家説が有力）には、天皇八名（*[38]天智《てんじ》・*[41]持統《じとう》・*[57]陽成《ようぜい》・*[58]光孝《こうこう》・*[67]三条《さんじょう》・*[75]崇徳《すとく》・*後鳥羽《ごとば》・*[84]順徳《じゅんとく》）と皇族二名（*元良《もとよし》親王・*式子《しきし》内親王）の計一〇名が含まれる。

【鎌倉《かまくら》〜室町時代《むろまちじだい》の勅撰和歌集《ちょくせんわかしゅう》】

承久《じょうきゅう》の乱《らん》（一二二一）以後、鎌倉幕府が全国支配を確立したが、朝廷は伝統文化を受け継ぎながら権威を保ち、和歌集の勅撰も続けている。

まず*[86]後堀河《ごほりかわ》天皇の勅を奉じて嘉禎元年（一二三五）藤原定家が『*新勅撰和歌集《しんちょくせんわかしゅう》』を撰進した（これ以下いずれも二〇巻）。ついで*後嵯峨《ごさが》上皇の院宣により、建長3年（一二五一）*藤原為《ため》家《いえ》が『*続後撰和歌集《しょくごせんわかしゅう》』を奏覧、また文永2年（一二六五）反為家派の真観《しんかん》（葉室光俊《はむろみつとし》）らも加わり『*続古今和歌集《しょくこきんわかしゅう》』を完成したが、後者は鎌倉へ下った宮将軍*宗尊《むねたか》親王（[88]後嵯峨天皇の皇子）の歌を最も多く採っている。

その後、為家の三子は、為氏《ためうじ》が二条家、為教《ためのり》が京極《きょうごく》家、為《ため》相《すけ》が冷泉《れいぜい》家の三家を立てたが、勅撰集の編纂は二条家を中心に続けられた。すなわち、亀山《かめやま》上皇の院宣により、*二条為氏が弘安元年（一二七八）『*続拾遺和歌集《しょくしゅういわかしゅう》』を撰進。次の『*新後《しんご》撰和《せんわ》歌集《かしゅう》』は、後宇多《ごうだ》上皇の院宣により、嘉元元年（一三〇三）京極為兼《ためかね》が奏覧し、次の『*続後拾遺和歌集《しょくごしゅういわかしゅう》』は、*[96]後醍醐《ごだいご》天皇の勅命により、嘉暦元年（一三二六）、*二条為藤らが撰進した。

南北朝期の南朝は、次第に追いつめられて和歌集を勅撰するような状況になかった。わずかに*宗良《むねよし》親王（後醍醐天皇の皇子）が弘和元年（一三八一）『*新葉和歌集《しんようわかしゅう》』二〇巻を編纂し勅撰集に準ずる扱いを受けている。

一方、足利《あしかが》氏の擁した北朝では、勅撰事業を積極的に進めた。とくに*光厳《こうごん》上皇は花園《はなぞの》上皇の監修により、貞和5＝正平4年（一三四九）ころ『*風雅和歌集《ふうがわかしゅう》』を完成。ついで*足利尊氏《たかうじ》の執奏に応えて*[北4]後光厳《ごこうごん》天皇の勅命により、延文4＝正平14年（一三五九）*二条為定《ためさだ》が『*新千載和歌集《しんせんざいわかしゅう》』を撰び、*足利義詮《よしあきら》の執奏に応えて、貞治3＝正平19年（一三六四）*二条為《ため》明《あき》が『*新拾遺和歌集《しんしゅういわかしゅう》』を編んでいる。さらに足利義満《よしみつ》の執奏に応えた*[北5]後円融《ごえんゆう》天皇の勅命により、至徳元＝元中元年（一三八四）*二条為重《ためしげ》らが『*新後拾遺和歌集《しんごしゅういわかしゅう》』二〇巻を奏覧した。しかし、まもなく二条家の途絶により継続が難しくなる。そのため、両朝合一後の永享11年（一四三九）、*足利義政《よしまさ》の執奏に応えた*[102]後花園《ごはなぞの》天皇の勅命により、二条家と関係の深い飛鳥井《あすかい》雅世《まさよ》が『*新続古今和歌集《しんしょくこきんわかしゅう》』を撰進して、これを最後に、五〇〇余年の和歌集勅撰事業は廃絶した。

【近世堂上《きんせいとうしょう》の古今伝授《こきんでんじゅ》】

江戸時代の朝廷は、幕府に制約を受けながらも、京都で権威を持ち続けた。その代表例が、*堂上《とうしょう》（広く公家《くげ》）社会の独特な*和歌《わか》の秘伝《ひでん》と*歌会《うたかい》である。

いわゆる*古今伝授《こきんでんじゅ》は、『古今和歌集』の難読部分の解釈などを切紙に記して特定の人物に口伝《くでん》する流儀で、二条派の道統を継ぐ東常縁《とうのつねより》ないし飯尾宗祇《いいおそうぎ》により創始された。その主流は、三条西家《さんじょうにしけ》（実隆《さねたか》―公条《きんえだ》―実枝《さねき》）から細川幽斎《ほそかわゆうさい》を経て、*八条宮《はちじょうのみや》（桂宮《かつらのみや》）智仁《としひと》親王（[107]後陽成《ごようぜい》天皇の弟）から甥《おい》の*[108]後水尾《ごみずのお》天皇へと伝えられた。それが*御所伝授《ごしょでんじゅ》や*堂《とう》上伝授《しょうでんじゅ》と称される。

その秘伝は、*後水尾上皇から*[111]後西《ごさい》天皇を経て*堯然《ぎょうねん》入道親王・*道晃《どうこう》法親王および五人の堂上歌人に授けられ、ついで後西上皇から継いだ*[112]霊元《れいげん》天皇が、「てにをは伝授」より「一事伝授」まで五段階の儀式を整えた。それが有栖川宮《ありすがわのみや》職仁《よりひと》親王から*[117]後桜町天皇を経て*[119]光格《こうかく》天皇に伝授され、さらに*[120]仁孝《にんこう》天皇から*[121]孝明《こうめい》天皇へと受け継がれている。

【歌会《うたかい》の来歴《らいれき》】

和歌を詠む人々が一堂に会して披露しあう歌会《うたかい》は、古くからさまざまな形で行われてきた。詠んだ歌を一首ずつ組み合わせて優劣を競う「*歌合《うたあわせ》」は、平安時代初期から宮廷社会で盛んに行われている。

また、すぐれた歌を披講する*歌会《うたかい》の作法も、中世から近世にかけて整えられた。それは、天皇の内裏でも上皇の仙《せん》洞《とう》御所《ごしょ》などでも開かれ、さまざまの名目（年始・月次《つきなみ》・五節・算賀・追善および内侍所《ないしどころ》や賀茂《かも》・聖廟《せいびょう》〈北野〉・水無瀬《みなせ》・住吉・春日《かすが》各社の法楽など）で行われている。

そのうち、年始に天皇か上皇が催す歌会を*歌御会始《うたごかいはじめ》などと称する。起源は明らかではないが、鎌倉時代中期の*[90]亀《かめ》山《やま》天皇は文永4年(一二六七)の正月15日に*内裏御会始《だいりごかいはじめ》を行っている。当時まだ恒例の行事ではないが、室町時代中後期から正月の18日か19日に開いた例が多い。江戸時代前期に入ると、霊元天皇の貞享元年(一六八四)から正月の24日が定例となっている。

【歌会始《うたかいはじめ》と披講《ひこう》】

内裏で堂上の人々により催される歌御会始は、江戸時代末に中断していたが、明治2年(一八六九)復興された。その上、*[123]明治天皇の勧めにより、同7年(一八七四)から一般国民にも*詠進《えいしん》が認められた。しかも同12年(一八七九)から*預選歌《よせんか》（選抜秀歌）が歌御会始で披講されることになり、同15年(一八八二)から*御製《ぎょせい》をはじめ預選歌まで新聞に発表されている。

その選者も*披講《ひこう》（古式の朗詠）の諸役も、明治2年から*歌道御用掛《かどうごようがかり》、やがて同21年(一八八八)から宮内省*御歌所《おうたどころ》の人々が奉仕してきた。また大正15年(一九二六)公布の「皇室儀制令」により、名称を*歌会始《うたかいはじめ》と改め、その「附式」で儀式次第を詳しく定めている。

この御歌所は戦後の昭和21年(一九四六)廃止された。代わりに翌年から*歌会始《うたかいはじめ》(詠進歌《えいしんか》)委員会《いいんかい》を設置し、*選者《せんじゃ》も民間の歌人に委嘱するなど、さまざまの改革を進めてきた。

毎年の*勅題《ちょくだい》=お題《だい》は、委員会から選者を経て複数案を出し、天皇が最善案を決め、歌会始の当日、次の年の題として公表する。戦前は多く漢語で数文字だったが、戦後は平易な漢字の一文字か平仮名に改めている(↓資19)。

平成の歌会始は、昭和の戦後と同様、正月中旬の吉日(午前10時半から)、宮殿の正殿(松の間)で、正面に天皇・皇后と成年皇族、中央に披講の諸役、その後に*召人《めしうど》(指名され*召歌《めしうた》を詠む人)と選者(複数)および*預選者《よせんじゃ》(一〇人)、その左右に*陪聴者《ばいちょうしゃ》(各界からの推薦で天皇に招かれた約一〇〇人)が着座する。そして披講席の*読師《どくじ》(進行役一人)と*講師《こうじ》(発声役一人)に従って、講頌(吟誦役五人)が、まず預選歌(一〇首)と召歌(一首)、ついで宮家皇族代表と皇太子妃・皇太子の御歌《おうた》(以上各一回)、さらに皇后の御《み》歌《うた》(二回)と天皇の*御製《ぎょせい》(三回)を、順々に独得の節廻《ふしまわ》しで披講するという形で行われてきた。

このような披講は、和歌(短歌)が雅《みやび》やかに声で読みあげ歌われる(歌うの語源は声で訴《うった》う)、という古来の伝統を今によく残している。

[所]

資料コラム

【平成《へいせい》の天皇《てんのう》の歌会始御製《うたかいはじめぎょせい》(抄《しょう》)】(上の括弧内は御題)

(船出)荒潮のうなばらこえて船出せむ　広く見まはらむとつくにのさま　(昭28・19歳)

(声)子供等の遊びたはむる声のなか　ひとときは高し母を呼ぶ吾子《あこ》　(昭41・32歳)

(坂)みとせの歴史流れたり摩文仁《まぶに》の坂　平らけき世に思ふ命たふとし　(昭51・42歳)

(晴)父君を見舞ひて出ずる晴れし日の　宮居《みやい》の道にもみぢ葉は照る　(平2・56歳)

(苗)山荒れし戦《いくさ》の後の年々に　苗木植ゑこし人のしのばる　(平8・62歳)

(草)父母の愛《め》でましし花思ひつつ　我妹《われいも》と那須の草原を行く　(平13・67歳)

(生)生きものの織りなして生くる様《さま》見つつ　皇居に住みて十五年経ぬ　(平21・75歳)

[128] 講書始

【前近代《ぜんきんだい》の講書《こうしょ》】

＊講書《こうしょ》とは本来、書物を講説することである。主要な漢籍（『史記《しき》』・『漢書《かんじょ》』・『論語《ろんご》』・『孝経《こうきょう》』など）や日本の古典（『日《に》本書紀《ほんしょき》』・律令《りつりょう》など）を、宮廷の大学寮《だいがくりょう》の＊博士《はかせ》（教官）などが、天皇ないし貴族たちに進講したり、終わると竟宴《きょうえん》も行われた例は、奈良・平安時代から数多く見られる。しかし、時期も対象も一定していない。

それが中世・近世の武家社会にも受け継がれた。鎌倉幕府三代将軍 源 実朝《みなもとのさねとも》が建久4年（一一九三）正月12日に中原仲 章《なかあきら》から『孝経』を進講されたとか、江戸幕府五代将軍徳川綱《とくがわつな》吉《よし》が天和2年（一六八二）元旦「御読書始の式」を行った例がみえる。新井白石《あらいはくせき》も『折《おり》たく柴《しば》の記』に、「毎年正月の初に講《こう》筵《えん》を開かる丶の儀あり。……その儀は、年の初めの御事なれば、『大雅』の中、めでたき詩を撰びて進講する事、例とはなりき」と記してある。

【明治以来《めいじいらい》の講書始《こうしょはじめ》】

しかし、ここにいう講書始《こうしょはじめ》は、＊122明治天皇が明治2年（一八六九）正月23日、京都御所の小御所で行った「＊御講釈始《ごこうしゃくはじめ》」（のち＊御講書始《ごこうしょはじめ》）に由来する。その時は国学者の玉松操《たままつみさお》と平田大角《ひらただいかく》が『日本書紀』を、漢学者の東坊城《ひがしぼうじょう》（菅原）任長と中沼了三《なかぬまりょうぞう》が『論語』を進講しており、ついで同4年（一八七一）正月7日には漢学者の元田永孚《もとだながざね》が『書経』を、洋学者の加藤《かとう》弘之《ひろゆき》が『国法汎論』（ドイツの政治学者ブルンチュリー著）を進講している。

やがて国書・漢書・洋書を三人の学者から進講することが慣例となった。また大正15年（一九二六）公布の「皇室儀制令」第五条に「講書始の式及び歌会始の式は、一月宮中に於て之を行ふ」と明文化されている。その附式によれば、通常礼装の天皇と皇后の前で、皇太子・同妃以外の男女皇族、宮内大臣以下の勅任官・奏任官および陪聴者も列席して、燕《えん》尾服《びふく》の＊進講者《しんこうしゃ》（三名）が順次進講する定めであった。

【戦後《せんご》の講書始《こうしょはじめ》】

これが戦後も正月10日前後に行われている。進講の内容は、昭和28年（一九五三）から、人文・社会・自然科学の三分野にわたることになった。ただ、当初は各分野一人ずつとされたが、のち人文科学で一人、社会科学と自然科学の両分

写真1　講書始の儀（平成30年1月10日、宮内庁提供）

野で二人とされている。

いずれも第一線で活躍する研究者などが多年の研究の要旨を各一五分で講述することになっている。その際、天皇から的確な質問もあり、深い理解力に驚かされることが少なくないという。なお、次年度進講予定者も陪聴することになっている。

平成31年（二〇一九）の例をあげれば、正月11日午前10時半から、宮殿の正殿「松の間」において、天皇・皇后の前で、男女皇族と参議院議長・最高裁長官・日本学術会議会長・日本学士院会員など四〇名近くが陪聴するなか、左の三名から進講があった。

小松和彦《こまつかずひこ》　国際日本文化研究センター所長
「日本妖怪文化再考」
江頭憲治郎《えがしらけんじろう》　東京大学名誉教授
「日本のコーポレート・ガバナンス」
本庶佑《ほんじょたすく》　京都大学高等研究院特別教授
「免疫の力でがんを治せる時代」

〔所〕

[129] 宸翰

天皇の直筆による文書を*宸翰《しんかん》と総称し、*宸筆《しんぴつ》とか御筆《ぎょひつ》ともいう。宸《しん》は帝王の宮殿であるが、むしろ天皇関係の冠辞に用いられる。翰《かん》は手紙であるが、広く公私の書状や詩歌・日記・著作なども含む。その書風は、奈良時代から宮廷内外で特に王羲之《おうぎし》の書法が重んじられた。そこから平安時代の*三筆《さんぴつ》（*[52]嵯峨《さが》天皇・*弘法大師《こうぼうだいし》・*橘逸勢《たちばなのはやなり》）が現れ、やがて*三跡《さんせき》（*小野道風《おののとうふう》・*藤原佐理《ふじわらのすけまさ》・*藤原行成《ゆきなり》）のような和様が生まれた。しかも鎌倉時代には、行成流の*世尊寺流《せそんじりゅう》に宋代《そうだい》の書法を加味した*宸翰流《しんかんりゅう》の書風ができた。

【奈良《なら》・平安時代《へいあんじだい》の宸翰《しんかん》】

現存する最古の宸翰は、*[45]聖武《しょうむ》天皇が天平3年（七三一）中国（六朝《りくちょう》・隋《ずい》・唐《とう》）の詩文を抄写した『*雑集《ざっしゅう》』一巻（全長二一《メートル》、一万八六四〇字）と、天平感宝元年（七四九）の大安寺等への施入《せにゅう》文に加えた*御画《ぎょかく》（裁可のサイン）「勅」字である。続いて*[46]孝謙《こうけん》天皇が天平勝宝九年（七五七）造東大寺司からの沙金下付の奉請文に加えた御画「宜」（写真1）などがある。

ついで平安時代前期には、まず嵯峨《さが》天皇の宸筆が四点、李嶠《りきょう》（唐）の詠詩を抄写したもの、『般若心経《はんにゃしんぎょう》』一巻を書写したもの（『法華経《ほけきょう》』七巻は焼失）、弘仁13年（八二二）最澄《さいちょう》への追悼詩《ついとうし》「*哭澄上人《こくちょうしょうにん》」、翌年その高弟光定に賜った「*菩薩戒《ぼさつかい》」の牒状《ちょうじょう》がある。また*[59]宇多《うだ》天皇は『周易《しゅうえき》』の章句を摘録し、*[60]醍醐《だいご》天皇は『白氏文集《はくしもんじゅう》』の律詩を抄写したものが現存する。

さらに平安時代中後期の宸翰が数点ある。*[69]後朱雀《ごすざく》天皇の日記の断簡（即位前と晩年の各一条）、また*[77]後白河《ごしらかわ》天皇が養和元年（一一八一）皇嘉門院《こうかもんいん》（藤原聖子《せいし》）に宛てた仮名《かな》の消息《しょうそく》（手紙）と元暦2年（一一八五）文覚《もんがく》の「神護寺起請文《きしょうもん》」に加えた奥書《おくがき》（御手印《ごしゅいん》も）と文治2年（一一八六）鑁阿《ばんな》の「高野山大塔起請文」に加えた署名（御手印も）、および*[80]高倉《たかくら》天皇の仁和寺《にんなじ》*守覚法親王《しゅかくほっしんのう》に宛てた漢文の消息である。

【鎌倉《かまくら》・南北朝時代《なんぼくちょうじだい》の宸翰《しんかん》】

鎌倉時代以降の宸翰は数多く伝存する。まず*[82]後鳥羽《ごとば》天皇だけでも、和歌の懐紙八幅以上と色紙一帖、隠岐《おき》配流《はいる》後の賀茂氏久《かものうじひさ》に宛てた仮名の消息と仏事の覚書と水無瀬親成《みなせちかなり》に賜った絶筆の置文《おきぶみ》（御手印《ごしゅいん》あり）が水無瀬神宮に伝わる。また*[89]後深草《ごふかくさ》天皇に、和漢両文の消息一〇通と譲状二通、亀山《かめやま》上皇に幼少*恒明《つねあき》親王への消息と南禅寺への祈願文と賀茂社競馬《くらべうま》の臨時召合《めしあわせ》文と春日宮曼荼羅《かすがのみやまんだら》に加えた法文がある。

ついで*[91]後宇多《ごうだ》天皇からは著しく多いので、主な例に限るが、元亀元年(一五七〇)の日記断簡があり、簡略な『弘法大師伝』や晩年の詳細な『*御遺告《ごゆいごう》』一巻なども存する。また*[92]伏見《ふしみ》天皇には、在位中の日記八巻と譲位後の『*花園天皇大嘗祭御禊行幸御覧記《はなぞのてんのうだいじょうさいごけいぎょうこうごらんき》』一巻、晩年の「*御事書」(遺言)二通や歌集三巻などがある。次の*[93]後伏見《ごふしみ》天皇には、社寺への告文《こうもん》・願文《がんもん》が多い。さらに*[95]花園《はなぞの》天皇は、全四七巻もの日記をはじめ、*量仁《かずひと》親王への『*誡太子書《かいたいしのしょ》』や『*学道之御記《がくどうのおんき》』各一巻を残し、消息も数十通にのぼる。

つぎに*[96]後醍醐《ごだいご》天皇は、建武中興《けんむのちゅうこう》の前後に夥《おびただ》しい数の綸旨《りんじ》・消息や願文・置文(子孫への遺訓)などや四天王寺と高野山の縁起奥書が残っている。また*[97]後村上《ごむらかみ》天皇は、願文や消息も一〇通以上ある。しかし、*[98]長慶《ちょうけい》天皇の宸筆は高野山天野社への願文一通と薬仙寺蔵の写経一巻、*[99]後《ご》亀山《かめやま》天皇のものも写経と奥書しかない。それに対し北朝五代(*[北1]光厳《こうごん》・*[北2]光明《こうみょう》・*[北3]崇光《すこう》・*[北4]後光厳《ごこうごん》・*[北5]後円融《ごえんゆう》の各天皇)はすべて日記があり、懐紙や消息なども多い。

【室町《むろまち》〜江戸《えど》時代《じだい》の宸翰《しんかん》】

南北朝合一により正統性を回復した*[100]後小松《ごこまつ》天皇には、消息などが数多くあり、雅楽《ががく》の「*笙秘曲伝授書《しょうひきょくでんじゅしょ》」四通も存する。次の*[101]称光《しょうこう》天皇には『論語』の抄写と奥書がある。また、伏見宮《ふしみのみや》家から入った*[102]後花園《ごはなぞの》天皇には、『建武年中行事《けんむねんちゅうぎょうじ》』を書写して「*近代中絶公事等《きんだいちゅうぜつくじとう》」の注記を加えたものなどが存する。次の*[103]後土御門《ごつちみかど》天皇には、二条家流の堯憲《ぎょうけん》講述『伊勢物語』御聞書一冊などがある。また*[104]後柏原《ごかしわばら》天皇は、「真如堂縁起絵詞《しんにょどうえんぎえことば》」の上巻詞書や「何曽《なぞ》」(謎歌)の書写本が存する。次の*[105]後奈良《ごなら》天皇には、伊勢神宮に大嘗祭遅延を謝する宣命案や、万民救済を祈り主な寺と国に奉納した『般若心経《はんにゃしんぎょう》』(現存一〇巻)と『大仏御縁起《だいぶつごえんぎ》』上巻詞書の写本、および天文4年(一五三五)の日記『*天聴集《てんちょうしゅう》』などがある。

安土《あづち》・桃山《ももやま》時代の*[106]正親町《おおぎまち》天皇には、天文13年(一五四四)と天正3年(一五七五)の日記各一冊、皇嗣に与えた儀式等の「御覚書」四通などが存する。*[107]後陽成《ごようぜい》天皇には、定家流の『仮名文字遣《かなもじづかい》』や御撰『*和歌方輿勝覧《わかほうよしょうらん》』各一冊、『源氏物語』三条西実隆書写本の奥書や「*伊勢物語秘説御伝授状《いせものがたりひせつごでんじゅじょう》」、「南無天満大自在天神」号や飛白《ひはく》(刷毛《はけ》書き)の達磨《だるま》絵などがある。

江戸時代前期の宸翰はきわめて多い。まず*[108]後水尾《ごみずのお》天皇は、皇嗣への「*御教訓書《ごきょうくんしょ》」三通、習字の「*入木道御切紙《じゅぼくどうおんきりがみ》」(免状)、『東照宮真名縁起』上巻(仮名縁起の一部分)書写などが存する。次の女帝*[109]明正《めいしょう》天皇には、「渡唐天神像」や「随求陀羅尼《ずいぐだらに》」(金泥経《こんでいきょう》)などが数多くある。また*[110]後光明《ごこうみょう》天皇には慶安2年（一六四九）の「*御日課表《ごにっかひょう》」や漢詩の詠草、布《ほ》袋《てい》絵などがある。*[111]後西《ごさい》天皇は、*定家の『詠歌大概』『百人一首』（清濁伝授）書写本、『*源氏《げんじ》聞書』（講義聞書）五冊、「*賀茂《かも》神宮寺《じんぐうじ》観音縁起《かんのんえんぎ》」一巻などを存する。*[112]霊元《れいげん》天皇には、天和3年（一六八三）再興した『*立太子並初観之事《りったいしならびにしょきんのこと》』一冊、伏見宮家にあった「記録御目録」一冊、歌道の心得を記した『*一歩抄《いっぽしょう》』一冊（ほかに歌論書も多い）、勉学記録の『*乙夜《おつや》随筆《ずいひつ》』一冊、『*八十算賀《はちじゅうさんが》の御記《ぎょき》』一冊などがある。

江戸時代中後期では、*[114]中御門《なかみかど》天皇に『後醍醐院宸記』以下の「*公事《くじ》御抜書《おんぬきがき》」一通、『和漢朗詠集《わかんろうえいしゅう》』詩の「*御かるた」六五〇枚以上などがある。次の*[115]桜町《さくらまち》天皇には、『*尊《そん》号御《ごうご》謙《けん》（辞《じ》）退記《たいき》』『*女御尚侍位《にょうごしょうじい》次御《じご》問答《もんどう》』などがある。また*[116]桃園《ももぞの》天皇は、宝暦8年（一七五八）から四か年の日記五冊、宝暦事件に関する御沙汰書、『*禁中例規御心覚書《きんちゅうれいきみこころおぼえがき》』などが存する。その姉*[117]後桜町《ごさくらまち》天皇には、即位前から譲位後までの*仮名日記《かなにっき》四一冊や、書き下しの『*仮名論語《かなろんご》』などがある。[118]後桃園《ごももぞの》天皇には、安永4年（一七七五）から四か年の日記五冊、『論語』序に傍訓を施したものなどがある。

さらに閑院《かんいん》宮家から入った*[119]光格《こうかく》天皇には、寛政9年（一七九七）と翌年（一七九八）の日記二冊、石清水と賀茂の臨時祭再興に関する御沙汰書や、文化10年（一八一三）12月、後桜町上皇（享年七四歳）の四十九日にあたり、密教経典の光明真言「唵阿謨伽尾盧左曩（大日如来）…吽」の二七字を一〇八遍も書写し、青蓮院門跡に納めたもの（写真2）などがある。*[121]孝明《こうめい》天皇は、即位前に記した『*坊中御日次案《ぼうちゅうおんひなみあん》』『*学問備忘《がくもんびぼう》』各一冊、嘉永7＝安政元年（一八五四）の内裏焼失により賀茂社などへ避難した道中の『*御幸記《ごこうき》』一巻などが存する。

【近現代《きんげんだい》の宸翰《しんかん》】

維新政府の意向もあって、*[122]明治天皇は宸筆の「*御沙汰書《おさたがき》」を次々と出している。そのうち『*宸翰英華』収載の分は、明治元年（一八六八）閏10月に東方鎮定を命じ、また翌年には、「史局」を開いて修史に努めさせ（4月）、輔相《ゆうしょう》・議定・参与を置き「公選の法」を設けさせ（5月）、ついで同4年正月、薩長《さっちょう》に岩倉具視《いわくらともみ》を遣わして藩主に廃藩置県などへの協力を求め、さらに同6年12月、三条実美《さんじょうさねとみ》に太政大臣の辞任慰留を伝えるなどの御沙汰書である。しかし、その後は、ほとんど和歌の懐紙・短冊しかない。

[123]大正天皇には、和歌の短冊や漢詩の草稿や数文字の一行書などがある。また[124]昭和天皇も*平成の天皇も、詔書や勲記などに「裕仁《ひろひと》」「明仁《あきひと》」と署名したものが数多くある。

宮中では、明治以降も、気品のある大らかな*有栖川流《ありすがわりゅう》の書風が皇族に受け継がれている。

［所］

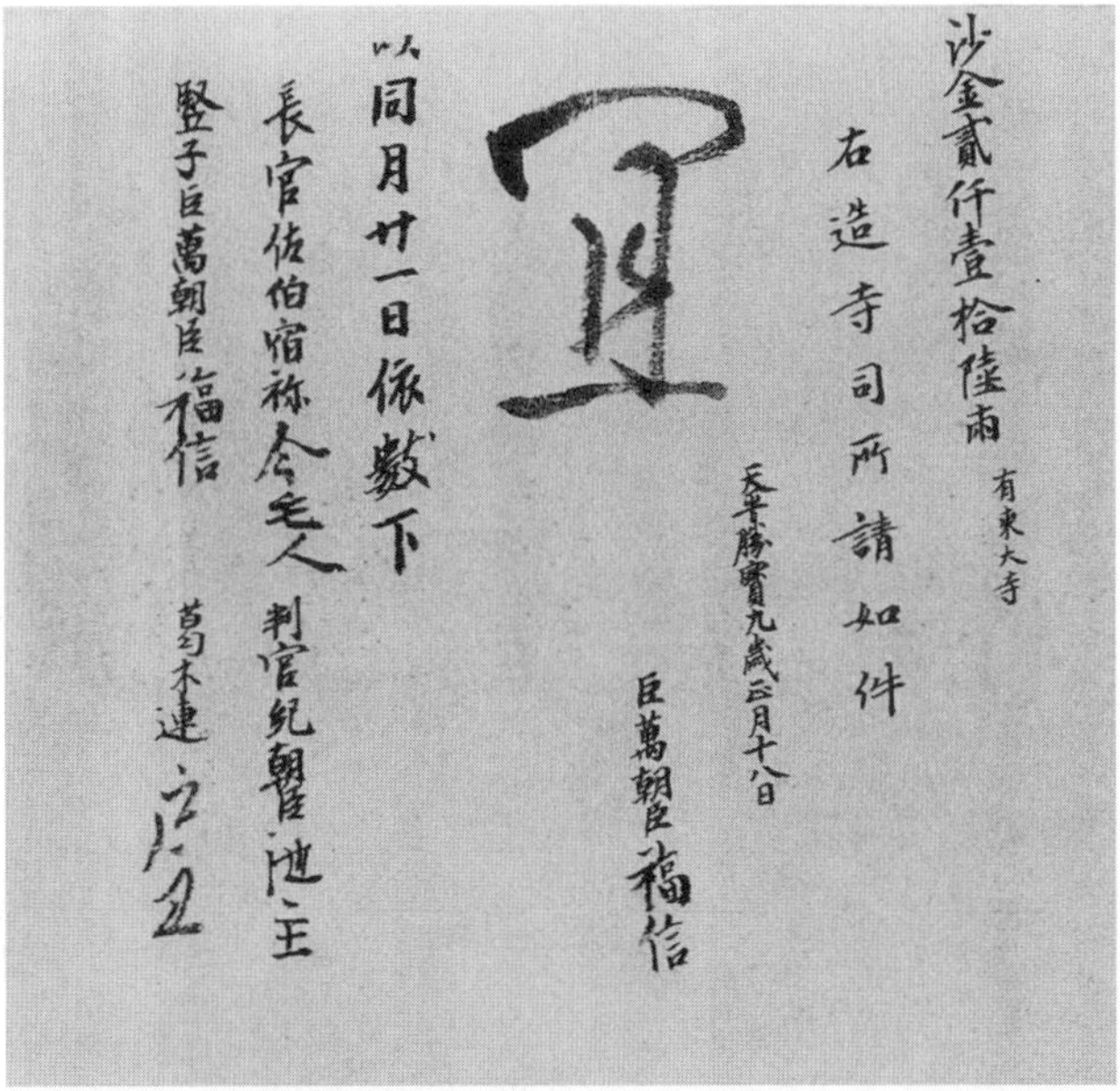

写真１　孝謙天皇宸翰、造東大寺司沙金奉請文（正倉院蔵）

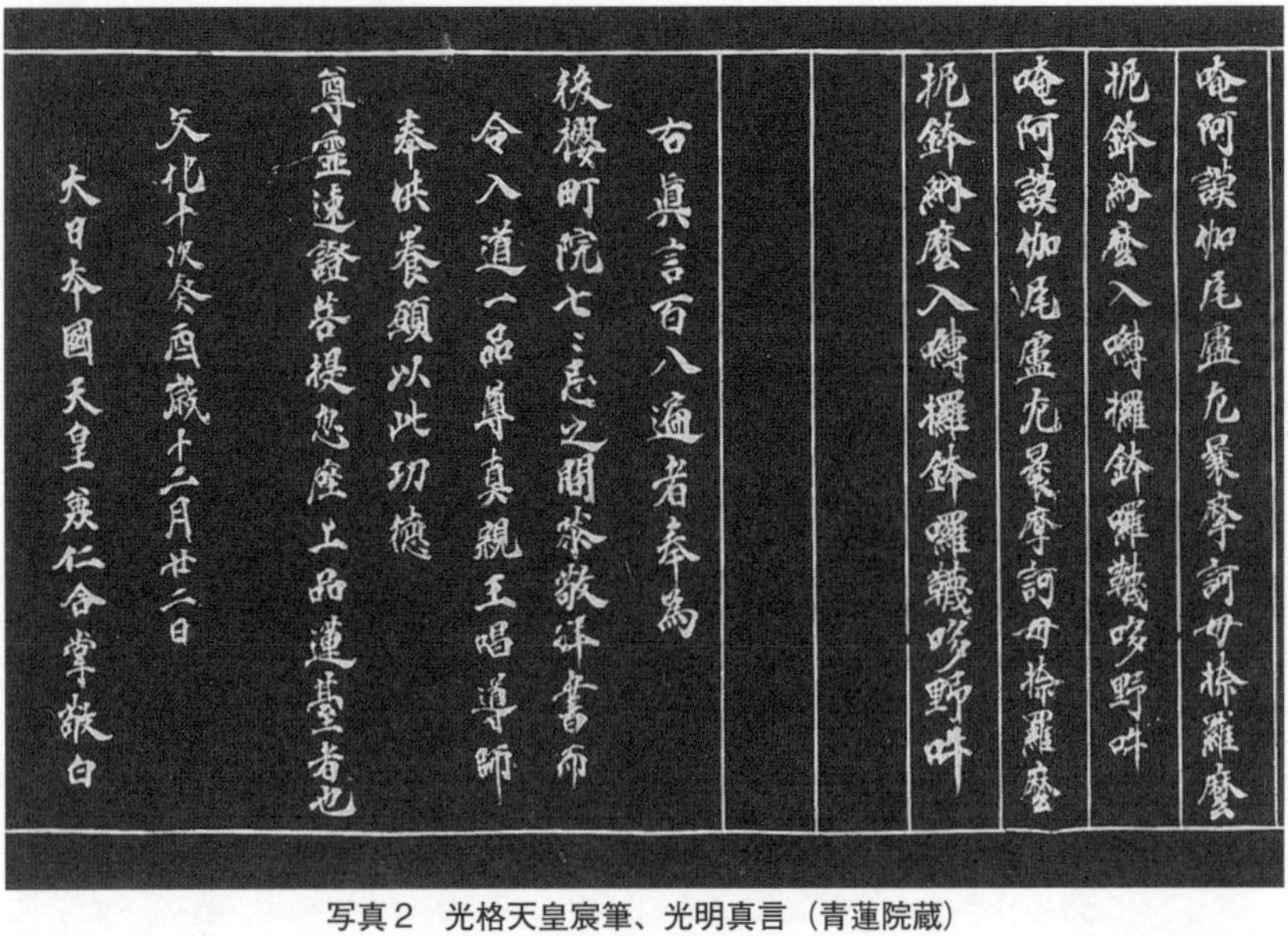

写真２　光格天皇宸筆、光明真言（青蓮院蔵）

［130］皇室と音楽

【君主《くんしゅ》は礼《れい》と音楽《おんがく》に通《つう》ず】

古来、*音楽《おんがく》は人々の心を鼓舞し、悲しみを癒やす効果がある。すぐれた音楽は人々の心に「こだま」するという。中国の古典の『礼記《らいき》』によると、音を知るだけでは禽獣《きんじゅう》・衆《しゅう》庶《しょ》にすぎず、楽を知るもののみが君主となると。すなわち楽は、声を出し、音を聞き分けるだけではなく、倫理に通じることによって、楽を理解することができ、それが政治を理解することになり、国を治めるのに必要な統治能力を備えることになるという。つまり*楽《がく》とは八音《はちおん》並びに作って克《よ》く諧《かい》をいうともいわれ、倫理に通じるもので、さらにそれは礼を体得することにもなる。だからこそ孔子は*礼《れい》と楽が君主にとって必須のものと考えている。孔子は、楽は天地の和、礼は天地の秩序といい、君主のあるべき姿は*礼楽《れいがく》相備わるものとする。

【楽《がく》の受容《じゅよう》と天皇《てんのう》】

『大宝令《たいほうりょう》』の成立に先立つ40天武《てんむ》天皇朝に*楽官《がっかん》が置かれている。その頃、天皇は、畿内近国の百姓《ひゃくせい》で歌舞や雑芸の巧みなものを献上するように命じ、また歌い手や笛吹の才を持つものに技術の伝習を命じている。おそらく『近江令《おうみりょう》』に*雅楽寮《うたりょう》の前身官司である楽官が成立し、それまで地方で独自に演奏していた*楽人《がくにん》が中央に集められ、国家的な管理下に置かれたのであろう。

『大宝律令』とともに雅楽寮が作られると、日本古来の伝統的な楽として、*久米舞《くめまい》、*五節舞《ごせちのまい》（田舞《たまい》・倭舞《やまとまい》）、*楯伏《たてふし》舞《まい》、*筑紫舞《つくしまい》等が教習されていた。この中で五節舞を除くものは、古くから大和の王権に服属したことを示す楽であった。五節舞は*46孝謙《こうけん》天皇が皇太子の時に舞ったことでも知られているが、その舞に際して、*45聖武《しょうむ》天皇は、*元正《げんしょう》太上天皇に、天下安穏、上下相和するは、礼と楽二つ並び平らけくあるべしとのことから、この楽が作られ舞われるようになったとのべている。伝承によると、この曲は*天武《てんむ》天皇の作と伝えられ、大嘗祭《だいじょうさい》などで舞われている。まさに舞は王権のあるべき姿を示している。

改めて雅楽寮とは何かと考えたとき、国内外の音楽を教習し、それら教習を受ける多くの演奏者を品部《しなべ》として身分的に拘束し、天皇の主催する行事や儀式において、このような人々をして演奏させ、行事・儀式の荘厳化、あるときは娯楽性を演出するための組織であったといえる。しかし楽は雅楽寮で演奏されるだけではなく、天皇や貴族は、『礼記』のいうように、みずから体現することで、国を治める能力を身につけると考えられた。

【正倉院《しょうそういん》に伝来《でんらい》の楽器《がっき》】

正倉院には、現在も大量の宝物が納められている。その中には、世界中のどこにも現存しない「螺鈿紫檀五絃琵琶《らでんしたんごげんびわ》」をはじめとする琵琶、阮咸《げんかん》・琴《きん》・笙《しょう》・竽《う》・笛《ふえ》などの*楽器《がっき》が伝えられている。これらは当時最高の芸術作品であるが、鑑賞用ではなく、実際に演奏に用いられている点では最高の実用品である。それらの中には、聖武天皇自身が手元に置いていたものも含まれており、楽器が単なる遊具ではなく、『礼記』のいう人民統治の装置の一つであったことをうかがわせる。

しかし正倉院宝物を見ると、*聖武天皇の遺愛の品だけではなく、大仏開眼会《かいげんえ》などに用いられた楽器も多数納まっている。開眼会においては雅楽寮の楽人らが演奏したものもあるが、南都の諸大寺に所属していた楽人たちもその儀式に参列し、その時用いられた楽器の一部が東大寺に納められたと考えられる。

正倉院に伝来の楽器の中には、9世紀前期に宮中に持ち出されたとする記録があるが、9世紀半ば以降、正倉院の楽器はほとんど取り出されることはなく、奈良時代の楽器として今日に伝えられている。

【宮中《きゅうちゅう》の音楽《おんがく》と演奏家《えんそうか》】

平安時代以降も、宮中では詩歌の会が催され、その後の宴会で*管絃《かんげん》が行われるなど、楽器の演奏は天皇以下貴族たちには必須の教養であった。記録によると、大井川に、あるいは寝殿造《しんでんづくり》の邸宅の庭に舟を浮かべ、管絃を行い舟遊びに興じている上皇《じょうこう》や廷臣たちの姿が見える。また物語の世界であるが、『源氏物語』には、源氏の君はもとより、男女を問わず管絃に興じている様子が記されている。

平安時代から鎌倉時代にかけて多芸多才と称される天皇・上皇、あるいは皇族・貴族たちが詩歌管絃に興じていた。舞の名人尾張浜主《おわりのはまぬし》、笛《ふえ》の達人大戸清上《おおとのきよかみ》、その弟子の*和邇部宿《わにべのすく》禰《ね》太田麻呂《おおたまろ》、唐から琵琶や箏《そう》の*楽譜《がくふ》や演奏方法を学んできた*藤原貞敏《さだとし》のほか、ついで「管絃の仙」といわれる[56]清和《せいわ》天皇の皇子*貞保《さだやす》親王、[60]醍醐《だいご》天皇の孫*源博雅《ひろまさ》は横笛・篳《ひち》篥《りき》・琵琶・箏に通暁している。演奏だけではない。*[52]嵯峨《さが》天皇や*[54]仁明《にんみょう》天皇はみずから*雅楽曲《ががくきょく》を作曲しており、音楽の造詣は本物である。また平安時代中期から後期にかけても優れた演奏家は枚挙に遑《いとま》がないが、中でも妙音院太政大臣と称された*藤原師長《もろなが》は琵琶と箏の奥義を究め、琵琶譜の『*三五要録《さんごようろく》』、箏曲の『*仁智要録《じんちようろく》』を著している。これらはその後の琵琶・箏の基本楽譜になっている。

鎌倉時代のはじめ*84順徳《じゅんとく》天皇は『禁秘御抄《きんぴみしょう》』の中で、天皇のあるべき姿として、第一に学問諸芸に、第二に管絃に優れていることを挙げている。まさに『礼記』の世界そのものである。

【雅楽寮《うたりょう》の衰退《すいたい》と楽所《がくそ》の成立《せいりつ》】

平安時代前期ごろまで*雅楽寮《うたりょう》は機能していたが、次第にその機能が低下し、9世紀末から10世紀にかけて、蔵人所《くろうどどころ》の*楽所《がくそ》に雅楽寮の機能が移行、五・六位の官人や近衛府の府生《ふせい》らが楽所において舞楽・管絃の教習を受けている。

その頃から雅楽寮の官人らが南都や大坂に流出、室町時代までは、京都の*御所楽所《ごしょがくそ》・奈良の*南都楽所《なんとがくそ》・大坂の*天《てん》王寺楽所《のうじがくそ》を*三方楽所《さんぽうがくそ》といい、それぞれに活動を続けていたが、応仁《おうにん》の乱《らん》以降、御所楽所の人々が四散し、宮廷内における雅楽演奏はほかの二楽所が支えていた。

【楽所《がくそ》の再編《さいへん》から楽部《がくぶ》へ】

安土《あづち》・桃山《ももやま》時代に、*106正親町《おおぎまち》天皇は天王寺楽所の楽人三人を京都に移住させ、*107後陽成《ごようぜい》天皇も南都楽所の楽人三人を同じく京都に移住させて、御所楽所の再興を図るとともに、引き続き三方楽所は互いに切磋琢磨して江戸時代末に至っている。その間、江戸幕府は、寛永19年(一六四二)に、江戸城内の紅葉山にあった家康廟に奉仕させるために三方楽所の楽人を江戸に呼び寄せ、*紅葉山楽人《もみじやまがくにん》と称している。しかし明治維新によって、紅葉山楽人を廃止、明治3年(一八七〇)には三方楽所も廃止した。

当時、三方楽所に所属の人々は、*御所楽人《ごしょがくにん》には*多《おお》・*安《あ》倍《べ》・*豊《ぶん》(豊原《とよはら》)・*山井《やまのい》(大神《おおが》)の各氏、*南都楽人《なんとがくにん》には*狛姓《こませい》の*東《ひがし》・*辻《つじ》・*奥《おく》・*窪《くぼ》・*上《うえ》の各氏、*天王寺楽人《てんのうじがくにん》は*秦姓《はたせい》の*薗《その》・*林《はやし》・*東儀《とうぎ》・*岡《おか》の各氏が所属しており、奈良時代に系譜をたどることができる人々が多い。明治13年(一八八〇)現行の「君が代」曲を作ったのも、*楽部《がくぶ》の人々である。これらの人々は、太政官に*雅楽局《ががくきょく》が設けられると、上京してその所属となった。のちにこれが宮内省の*式部職楽部《しきぶしょくがくぶ》に引き継がれ、現在は宮内庁式部職楽部《くないちょうしきぶしょくがくぶ》がその任務を果たしている。

［米田］

[131] 皇室の御物と宝物

東山御文庫《ひがしやまごぶんこ》　京都御所の北東にある東山御文庫（約九〇平方《メートル》）には、歴代天皇の宸筆《しんぴつ》、皇室にゆかりの図書類を納めている。同文庫の成立は、江戸時代の承応2年(一六五三)に京都御所が火災に遭ったのをきっかけに*[111]後西《ごさい》天皇が、皇室伝来の図書・記録などの焼失を懸念して、父*[108]後水尾《ごみずのお》天皇が始めた*禁裏文庫《きんりぶんこ》の蔵書や公家や寺社に収蔵の貴重本などの写しを作らせた。

当初廷臣の間から、禁裏文庫に善本《ぜんぽん》があるのに、なぜ複《ふく》本《ほん》を作るのかとの批判の声が上がったが、前の火災で焼失を免れていた禁裏文庫が万治4年(一六六一)正月に炎上。幸い後西天皇の複製本は被災を免れたことから、複製本作成の意義が認められ、天皇はさらに図書・文書の収集や複製本の作成を進め、ついで*[112]霊元《れいげん》天皇も同事業を継承した。

かくして収集されたものの中には、平安時代の*宸翰《しんかん》にかぎっても、*[52]嵯峨《さが》天皇宸翰と伝える「李嶠雑詠断簡《りきょうざつえいだんかん》」、[59]宇《う》多《だ》天皇宸翰「周易抄《しゅうえきしょう》」、*[60]醍醐《だいご》天皇宸翰「白居易詩断簡」などの貴重なものがあり、歴代天皇の宸翰類の一大宝庫である。

また複製本の中にも、現在すでに原本がなくなっているが、平安時代以来の貴重な記録の実態を知ることができるものもある。*藤原行成《ふじわらのゆきなり》の『新撰年中行事《しんせんねんちゅうぎょうじ》』、*源有仁《みなもとのありひと》の『叙《じょ》位抄《いしょう》』などは、近年までその存在が知られていなかった貴重本である。このほか明治時代に旧公家や旧大名華族から献納されたものもある。

ちなみに、東山御文庫の名称は、明治維新後に、近衛忠煕《このえただひろ》が自邸にあった「東山の御庫」を宮内省に献上、現在地へ移築した際に名付けられたものである。秋になると、侍従《じじゅう》は侍従職の職員とともに、二百数十ある箱、長持のうち、毎年五〇箇くらいに納められている文書・記録を、京都御所参内殿で*曝涼《ばくりょう》している。なおこれらの函類のおのおのに*勅《ちょく》封《ふう》が施されている。

御池庭御文庫《おいけにわごぶんこ》　京都御所には、もう一つ貴重な御池庭御文庫（約九〇平方《メートル》）がある。同文庫には明治11年(一八七八)に法隆寺《ほうりゅうじ》から献上された「聖徳太子《しょうとくたいし》画像（唐本御影《とうほんみえい》）」とよばれる肖像画がある。この肖像画とともに法隆寺から献上された三〇〇点ばかりの宝物のほとんどは、現在、東京国立博物館に納められているが、同肖像画は手元に留められ、いまも御物《ぎょぶつ》として御池庭御文庫に保管されている。

このほか鎌倉時代の制作という「聖武《しょうむ》天皇御影」、「嵯峨《さが》天皇御影」がある。書跡類には聖徳太子筆の「法華義疏《ほっけぎしょ》」、伝*橘逸勢《たちばなのはやなり》筆「伊都内親王願文」、伝紀貫之《きのつらゆき》筆『桂本万葉集《かつらぼんまんようしゅう》』などがある。御服類も見逃せない。とくに御即位関係の御礼服《ごらいふく》は*後西《ごさい》天皇の着用したものなど、歴代天皇の御礼服が納められている。

正倉院宝物《しょうそういんほうもつ》　正倉院宝物とは、現在も東大寺大仏殿の北方に存在する正倉院に収納されている宝物のこと。同宝物は、8世紀の半ば、[45]聖武《しょうむ》天皇の七七忌に、*光明《こうみょう》皇后が天皇遺愛の品々を大仏に献納、東大寺の倉である*正倉《しょうそう》に納められた。その倉には、ほかにも大仏開眼会《だいぶつかいげんえ》を始め、東大寺での聖武天皇の葬送、四十九日、一周忌などの行事関係品、あるいは東大寺関係の文書・記録や東大寺の子院に伝来の什器《じゅうき》類なども納められている。

ほとんどは奈良時代を代表する宝物で、遠く中東のペルシャからシルクロードを経て伝えられたもの、中国・唐や朝鮮半島の新羅《しらぎ》や百済《くだら》などからのものもある。それらの中には、「螺鈿紫檀五絃琵琶《らでんしたんごげんびわ》」や「螺鈿紫檀阮咸《げんかん》」のように、世界のどこにも伝わらないもの、また「木画紫檀碁局《ききょく》」、「漆《しつ》胡瓶《こへい》」、「漆金薄絵盤《うるしきんはくのえばん》」、「犀角如意《さいかくのにょい》」のように、世界のどこにも存在しない細工が施されているものもあり、正倉院宝物によって、8世紀頃の世界の技術水準の高さをうかがうことができるものがある。正倉院宝物が世界の宝庫とよばれる所以である。

【正倉院宝物《しょうそういんほうもつ》の保存《ほぞん》と勅封《ちょくふう》】

正倉院宝物が一三〇〇年にわたって伝えられてきた理由として、倉の材質や構造に原因を求めるものもあるが、*勅封《ちょくふう》の形式によったとの説も古くからある。この倉は南北に細長い一棟三室の構造の倉で、北の部屋を*北倉《ほくそう》といい、北倉には*聖武天皇にゆかりの宝物が納められている。当初からこの倉全体の管理は東大寺に委ねられているが、北倉の開閉については中務省《なかつかさしょう》の監物《けんもつ》が立ち会うこととなっている。その前に天皇の許可を必要とし、前摂政*藤原道長《ふじわらのみちなが》のように宮廷内で隆盛たる勢力をもっていたものでも、この倉の開扉には天皇の許可を求めたほどである。

平安時代末には勅使が封をし、さらに天皇がみずから封紙に墨書したものを倉の鍵に結び付ける*勅封《ちょくふう》の制《せい》が行われるようになった。一方、南の端の倉、つまり*南倉《なんそう》は当初から東大寺の管轄下にあり、*綱封倉《ごうふうそう》とよんでいた。真ん中の部屋は*中倉《ちゅうそう》とよんでいるが、倉の創建当時は部屋になっていたかどうかについては議論がある。しかし、平安時代末にはこの中倉も*勅封倉《ちょくふうそう》になっている。

明治時代の初めに、正倉院は東大寺の管轄から国の管理下に移り、倉の開扉は一元化されてすべての倉は勅封となった。かくして正倉院宝物はすべて天皇のもの、*御物《ぎょぶつ》となった。ところが昭和22年（一九四七）に正倉院御物は天皇の私物ではなくなり、国家の所有、国有財産として登録されることになった。ただこれらの宝物は長く皇室とともに伝えられてきたという経緯に鑑み、皇室用財産として、従来通り宮内府（後に宮内庁）の管理に委ねることとなり、御物ではなく*宝物《ほうもつ》と呼ぶことになった。なお現在、正倉院宝物は、その宝物を伝えてきた*校倉《あぜくら》とともに宮内庁正倉院事務所が管理している。

毎年、秋冷の候に、侍従を迎えて開封の儀が行われる。前年12月初旬頃に勅封によって宝庫の扉を閉じたが（写真1）、その封を侍従立ち会いのもとに解くのが*開封《かいふう》の儀《ぎ》である。それから二か月ばかり宝物の点検・調査を行っている。かつて開封後は*曝涼《ばくりょう》と称して虫干しと点検を行っていたが、現在は完全空調の鉄筋鉄骨コンクリート造の宝庫に宝物を移納しているため、曝涼の語は用いていない。

【三《さん》の丸尚蔵館蔵品《まるしょうぞうかんぞうひん》】

三の丸尚蔵館に収納されている蔵品は、かつて御物として、皇室に伝えられてきた財産である。平成元年（一九八九）に国に移管された。このため宮内庁では皇室用財産として、その適切な保存と活用を目的に三の丸尚蔵館を開館し、あ

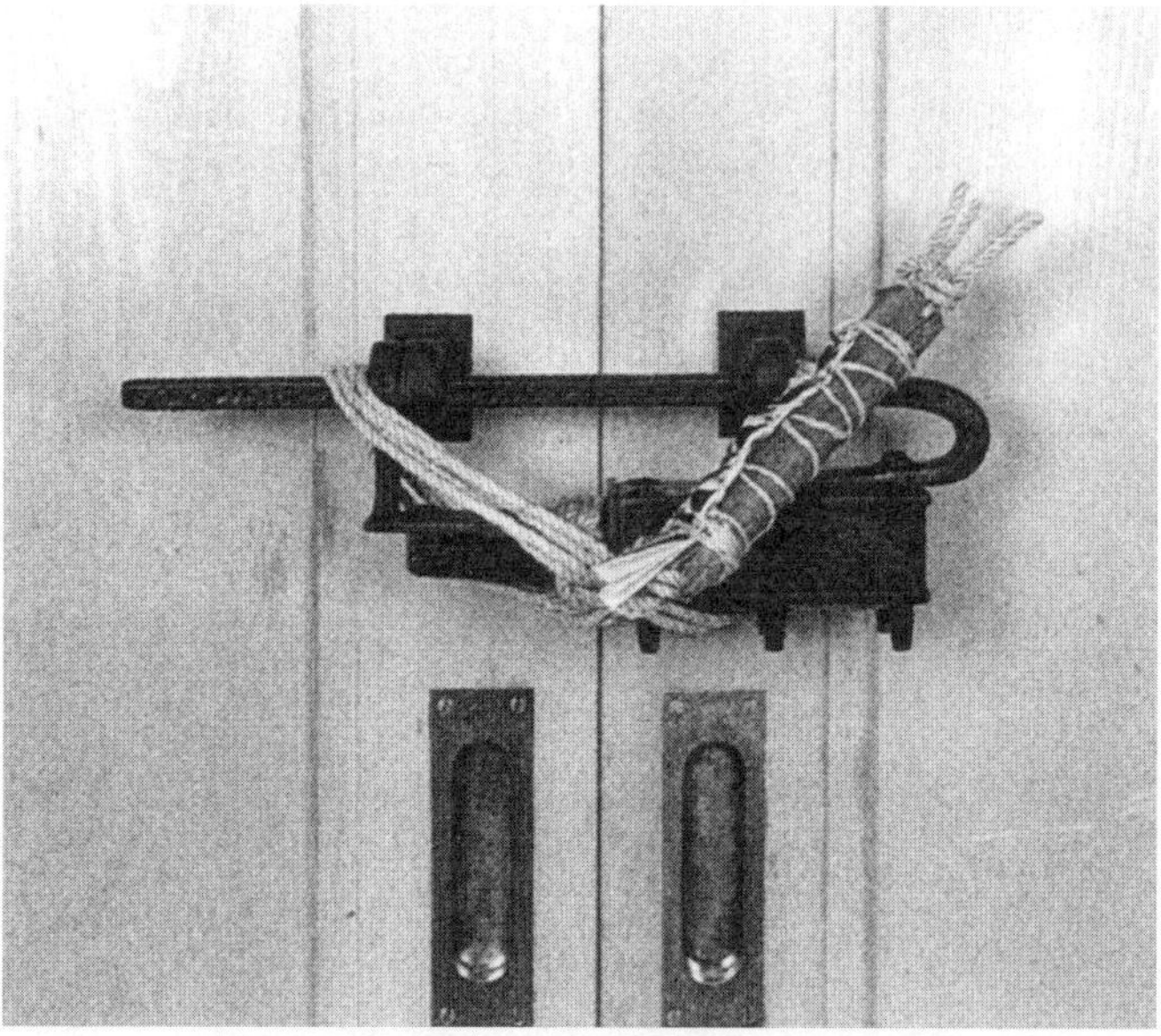

写真１　正倉院勅封、西宝庫の海老錠（正倉院蔵）

わせて可能な限り一般公開している。それらの中には、「蒙《もう》古襲来絵詞《こしゅうらいえことば》」、「春日権現験記絵巻《かすがごんげんけんきえまき》」、伊藤若冲《いとうじゃくちゅう》の「動植綵絵《どうしょくさいえ》」、伝小野道風《おののとうふう》の「屛風土代《びょうぶどだい》」など、美術品として平安時代から江戸時代に及ぶ間の各時代を代表する優品が少なくない。

三の丸尚蔵館に収納の作品は、江戸時代以前のものばかりではない。*[122]明治天皇は、若い作家のものでも、展覧会などに出陳され評価されたものは購入し、あるいは寄贈を通じて、さまざまな分野の美術工芸品の収集を図っていた。また当代の代表的美術工芸家を*帝室技芸員《ていしつぎげいいん》として美術品の制作と、新たな作家の育成にも当たらせるなど、美術工芸界のパトロンの役割をも果たしていた。

これらの美術工芸品を含め、平成元年(一九八九)に*[124]昭和天皇の遺品として国に移管されたものは六〇〇〇点あまりに及ぶが、秩父宮家《ちちぶのみやけ》伝来の宝物が加わり、香淳《こうじゅん》皇后の遺品、さらに高松宮家《たかまつのみやけ》伝来の遺物、三笠宮家《みかさのみやけ》の寄贈品が収納されており、これらを合わせると館蔵品は約九八〇〇点に及ぶ。なお三の丸尚蔵館は宮内庁長官官房用度課の所管である。

［米田］

用語コラム

御物は「ぎょぶつ」 皇室が長い歴史と伝統に培《つちか》われており、皇室自身が文化の創造者で、かつ文化の保存に尽くしてきたことは周知の通りである。今も*御物《ぎょぶつ》として天皇の元に置かれているもの、かつて御物であった*正倉院宝物《しょうそういんほうもつ》、三《さん》の丸《まる》尚蔵館《しょうぞうかん》に収蔵の品々をみると、皇室の文化における役割を知ることができる。その天皇の私物を御物と記し、「ぎょぶつ」と読み慣らわしているが、時に「ごもつ」と読むことがある。たとえば、室町時代の足利将軍家の宝物を「東山御物」、徳川将軍家のものを「柳営御物」と記し、それぞれ「ひがしやまごもつ」「りゅうえいごもつ」と読んでおり、一応区別している。

[132] 皇室ゆかりの絵画館・記念館

ヨーロッパの王室には、国王・女王を宮廷画家などが描いた豪華な肖像画が数多くある。それに較べると、日本の天皇や皇族を描いたものは少ない。近代に入ると、むしろ天皇の権威を内外に示すため、御真影《ごしんえい》を作って全国に広めるようになり、特別に絵画館や記念館も造られている。

【天皇《てんのう》・皇族《こうぞく》の肖像画《しょうぞうが》】

由来の確かな肖像としては、奈良時代の作とみられる聖《しょう》徳太子《とくたいし》像《ぞう》、鎌倉時代の作といわれる[45]聖武天皇像《しょうむてんのうぞう》・[52]嵯峨《さが》天皇像《てんのうぞう》（以上、御物《ぎょぶつ》）、および[74]鳥羽《とば》・[75]崇徳《すとく》・[77]後白河《ごしらかわ》・[78]二条《にじょう》・[80]高倉《たかくら》・[82]後鳥羽《ごとば》・[83]土御門《つちみかど》・[84]順徳《じゅんとく》・[86]後堀河《ごほりかわ》・[87]四条《しじょう》・[88]後嵯峨《ごさが》・[89]後深草《ごふかくさ》・[90]亀山《かめやま》・[91]後宇多《ごうだ》・[92]伏見《ふしみ》・[93]後伏見《ごふしみ》・[94]後二条《ごにじょう》・[95]花園《はなぞの》・[96]後醍醐《ごだいご》の各天皇と追補の[北4]後光厳《ごこうごん》天皇（旧説では後堀河天皇の父の守貞《もりさだ》親王＝後高倉院）を描いた『*天皇図巻《てんのうずかん》』（『*天子摂関御影《てんしせっかんみえい》』）がある。

また[50]桓武《かんむ》天皇像は延暦寺《えんりやくじ》、嵯峨天皇像は大覚寺《だいかくじ》、[55]文《もん》徳《とく》天皇像は法金剛院《ほうこんごういん》、[59]宇多《うだ》法皇像は仁和寺《にんなじ》、花山《かざん》法皇像は元慶寺、[66]一条《いちじょう》天皇像は真正極楽寺《しんしょうごくらくじ》、後白河《ごしらかわ》法皇像は神《じん》護寺《ごじ》、亀山《かめやま》天皇像は天龍寺《てんりゅうじ》、後宇多《ごうだ》天皇像は大覚寺、後醍《ごだい》醐《ご》天皇像は清浄光寺《しょうじょうこうじ》、[97]後村上《ごむらかみ》天皇像は来迎寺《らいごうじ》、[北5]後円融《ごえんゆう》天皇像は雲龍院《うんりゅういん》、[102]後花園《ごはなぞの》天皇像は大応寺《だいおうじ》、そして近世の[106]正親町《おおぎまち》天皇から[121]孝明《こうめい》天皇まで一四名の像は泉涌寺《せんにゅうじ》にある（女帝二名のものはない）。それぞれゆかりの寺で、内々に礼拝の対象ともされてきた。

それに対して、[122]明治天皇像《めいじてんのうぞう》は、内田九一《うちだくいち》の撮影した洋装の写真などにより、明治**21**年（一八八八）キヨッソーネ（イタリア人画家）の肖像画を基にした写真が*御真影《ごしんえい》として全国の学校へ下付された。肖像画は多くの家庭でも掲げられるようになった。ついで[123]大正天皇と[124]昭和天皇の像は、洋装の写真が御真影とされた。

【明治神宮《めいじじんぐう》の聖徳記念絵画館《せいとくきねんかいがかん》】

*明治天皇の崩御直後から盛り上がった多くの有志の熱望により、大正9年（一九二〇）官幣大社《かんぺいたいしゃ》*明治神宮《めいじじんぐう》が創建された。それに先立ち、明治神宮奉賛会では、維新史料編纂会《いしんしりようへんさんかい》（文部省）の金子堅太郎《かねこけんたろう》と臨時帝室編修局（宮内省）の藤波言《ふじなみこと》忠《ただ》らの協力をえながら、明治天皇と*昭憲《しょうけん》皇太后の「御事績図」（壁画）を作り、神宮外苑《じんぐうがいえん》の一角に展示する「聖徳記念《せいとくきねん》

絵画館《かいがかん》」の建設計画を進めた。
まず絵画館委員会で明治天皇の降誕から崩御までの主要な画題を選び、ついで宮廷画家の五姓田芳柳《ごせだほうりゅう》（二世《にせい》）が下絵八〇図を作り、さらに当代一流の画家五〇余名が分担して描きあげ、昭和11年（一九三六）ようやく完成した。全八〇面の各壁画は縦三メートル、横二・五メートルの大きなもので、いずれも画題有縁の個人か団体が奉納者となっている。

【神宮徴古館《じんぐうちょうこかん》の国史《こくし》絵画《かいが》】

昭和8年（一九三三）皇太子（*平成の天皇）が誕生したことを記念する事業として、東京府（のち都）が少年育成の「*養正《ようせい》館《かん》」を南麻布《みなみあざぶ》の*有栖川宮記念公園《ありすがわのみやきねんこうえん》内に建て、その中に「国史絵画」展示室を設けることにした。これは当時完成間近の聖徳記念絵画館を参考にしたものとみられる。
画題は「国史」全体から重要な場面が選ばれ、全七八点が五五人の画家により八年かけて描かれた。一・五メートルに一・八メートル前後の大きな額装である。その内容は、「建国の物語」一〇点、「王朝の進展」九点、「武家の活躍」八点、「建武の中興」一〇点、「天下の統一」九点、「王政の復古」一二点、「明治の躍進」一三点、「大正・昭和」七点から成る。
全絵画が完成したのは第二次世界大戦中の昭和17年（一九四二）で、展示されないまま敗戦を迎え、都の倉庫に眠っていた。それを知った伊勢神宮崇敬者総代の北岡善之助《きたおかぜんのすけ》らの努力により、同36年（一九六一）、全絵画が神宮へ運ばれ、東京都から伊勢市を介して神宮へ譲渡された。そこで、二〇年ほど内《ない》宮《くう》宇治橋脇の休憩所を「神宮国史絵画館」としていたが、今では*神宮徴古館《じんぐうちょうこかん》に移し、順次展示している。

【昭和記念公園《しょうわきねんこうえん》の昭和天皇記念館《しょうわてんのうきねんかん》】

昭和天皇の即位五〇年を記念して国営の*昭和記念公園《しょうわきねんこうえん》が東京都立川《たちかわ》市に開設された。その完成は昭和58年（一九八三）秋であるが、それから五年余り後に昭和天皇が崩御すると、まもなく*昭和天皇崇敬会《しょうわてんのうすうけいかい》と*昭和聖徳記念財団《しょうわせいとくきねんざいだん》が設立された。この両者（のち後者に一体化）が中心となり全国有志に浄財を募って、平成17年（二〇〇五）11月、同公園の一角に開館したのが*昭和天皇記念館《しょうわてんのうきねんかん》である。
本館の常設展示には、「八十七年のご生涯」を偲《しの》ぶ物（学習院初等科の制服、東宮御学問所の特製教科書、愛用の文房具など）と「生物学ご研究」を偲ぶ物（研究用の机・椅《い》子《す》・顕微鏡、幼少時からの多様な採集標本など）がある。また毎年の特別展示には、宮内庁などから昭和天皇、香淳《こうじゅん》皇后ゆかりの格別な品々（即位礼・大嘗祭《だいじょうさい》や普段使用された和洋の衣服、儀装馬車の実物、御召列車《おめしれっしゃ》の模型、天皇の御製集・皇后の絵画集など）が展示されている。［所］

[133] 前近代の帝王教育

【皇族《こうぞく》・皇嗣《こうし》の教育《きょういく》】

いわゆる*帝王学《ていおうがく》は、将来天皇となるに必要な資格や見識などを身につける学問であるから、むしろ*帝王教育《ていおうきょういく》と呼ぶほうがふさわしい。それには、いくつもの要素が含まれる。

そのひとつは、皇室に生まれる人々は、皇族として育てられ、皇族である限り（男性は宮家を立てても皇族、女性は一般人と結婚すれば皇籍を離れるのが現行制度）、その品位を養い保つために、幼少期より親族や側近などから相応の指導を受ける。いわば*皇族教育《こうぞくきょういく》である。

もうひとつは、いずれ皇位を受け継ぐ皇子は、皇嗣と定められ、立太子《りったいし》の儀《ぎ》を経て即位するまでに、天皇となる心得を親族や側近などから修得する、いわば*皇嗣教育《こうしきょういく》である。皇嗣は第一位が皇太子であり、万一に備えて第二位以下の有資格者（皇統に属する男系の男子と定めるのが現行制度）たちも、皇太子に準ずる教育を受ける。また皇嗣は天皇となってからも、国内外の公務や祭祀を遂行するために、みずから勉学を続けている。

その教育に当たった側近は、多様で一定しない。ただ8世紀初めに完成した『大宝令《たいほうりょう》』では、東宮《とうぐう》（皇太子）に仕える職員のうち、*東宮傅《とうぐうふ》一人が「道徳を以て東宮を輔《たす》け導くこと」、*東宮学士《とうぐうがくし》二人が「経を執り説き奉ること」と定められ、また親王《しんのう》に仕える文学一人も「経を執り講授すること」が職務とされている。

【中国伝来《ちゅうごくでんらい》の帝王学《ていおうがく》】

前近代の日本では、中国から伝来した書籍、とりわけ儒《じゅ》教《きょう》の経典や漢詩文集などを尊重し規範とする傾向が長らく続いた。帝王学の教科書も例外ではない。

それは『論語《ろんご》』や『千字《せんじ》文《もん》』などがもたらされた5世紀初めころの[15]応神《おうじん》天皇朝から、そうであったと思われる。前述の『大宝令』や『日本書紀《にほんしょき》』などをみれば、歴然としているが、一層明確にわかるのは、平安初期の9世紀代に入ってからである。

たとえば、菅原是善《すがわらのこれよし》（道真《みちざね》の父）の門下生の*藤原佐世《ふじわらのすけよ》編『日本国見在書目録《にほんこくげんざいしょもくろく》』は、そのころ宮廷の文庫などにあった一六〇〇部近い漢籍のなかに、『帝範』『群書治要』『貞観政《じょうがんせい》要《よう》』などを載せている。

このうち、『*帝範《ていはん》』は、初唐の太宗がみずから編集して、太子《たいし》（のち高宗）に帝王となる者の心得を示した教科書で「君体・建親・求賢・審官・納諫《のうかん》・去讒《きょざん》・誡盈《せいえい》・崇倹・賞罰・務農・閲武・崇文」の一二篇から成る。それが日本で注釈を加え進講された例として、[56]清和《せいわ》天皇の侍読《じとう》を務めた*大《おお》江音人《えのおとんど》が「勅を奉じて……『*弘帝範《こうていはん》』三巻を撰《せん》す」（『三代実録』）と伝えられる。

また『*群書治要《ぐんしょちよう》』は、唐の太宗が諫議大夫《かんぎたいふ》（天子に諫言する高官）の魏徴《ぎちょう》らに勅命して、先秦《せんしん》から初唐《しょとう》までの群書（道徳・歴史・思想の典籍数十部）から帝王の政治に必要な名文を抄出し五〇巻にまとめたものである。これが宮中で格別に重視されたことは、*[59]宇多天皇《うだてんのう》が次の幼帝である*[60]醍醐天皇に書き与えた『*寛平御遺誡《かんぴょうのごゆいかい》』に「天子は経・史・百家（多くの典籍）を窮めずと雖《いえど》も、何ぞ恨む所あらんや、唯《ただ》『群書治要』のみ早く誦習《しょうしゅう》（暗誦できるほど学習）すべし」と強く勧めていることからもわかる。

さらに『*貞観政要《じょうがんせいよう》』は、太宗が貞観年間（六二七～六四九）に、後世「貞観の治」と称されるほどの善政を行ったので、その太宗と廷臣との問答を崩後に歴史家の呉兢《ごきょう》が四〇篇にまとめたものである。

これも宮中で必読書とされた。*文章博士《もんじょうはかせ》が*進講《しんこう》したことの確認できる例は、平安時代中期から数多くある。近代に入ってからも、元田永孚《もとだながざね》が*[122]明治天皇に、また三島中洲《みしまちゅうしゅう》が*[123]大正天皇に進講している。

【天皇《てんのう》の日常心得《にちじょうこころえ》】

一方、日本の天皇が自身の備忘と子孫への教授を含みとして編集した著作がある。また、それを後代の天皇や皇族・廷臣たちは、身近な帝王学の教科書としている。そのうち、天皇の日常的な心得を網羅したのが*[84]順徳天皇《じゅんとくてんのう》の『*禁秘《きんぴ》御抄《みしょう》』である。

本書は承久《じょうきゅう》の乱《らん》（一二二一）直前頃の成立とみられる。その篇目は、賢所・宝剣・神璽・清涼殿・南殿／恒例毎日次第・毎月事・御膳事・御装束事・神事次第・臨時神事・仏事次第・諸芸能事・御書事／御使事・近習事・御持《（護）》僧事・御侍読事・殿上人・蔵人事・地下者・医道・陰陽道・尚侍・典侍・掌侍・女房・采女・女官・女孺／詔書・勅書・宣命・論奏・勅答・改元・薨奏・配流・解官・除籍・勅勘・赦令／御物忌・日月蝕・止雨・祈雨・御卜・解除・御祓・御修法・御読経・明経内論義／犬狩・鳥・虫など一〇〇項目近い。この冒頭に宮中の心得が、次のごとく記されている。

およそ禁中（宮中）の作法、神事を先にし、他事を後にす。旦暮《たんぼ》（朝夕）敬神の叡慮《えいりょ》、懈怠《けたい》なかるべし。あからさまにも神宮ならびに内侍所《ないしどころ》（賢所《かしこどころ》）の方を以《もっ》て御跡の方となさず……。

神事を何よりも優先して日々敬神を怠らず、とりわけ皇祖神の天照大神《あまてらすおおみかみ》を祀る伊勢《いせ》の神宮《じんぐう》と賢所の方向には足を向けることさえしないよう慎むことが示されている。

また、同抄の「諸芸能事」には、「第一、御学問なり。それ学ばざれば、即ち古道に明らかならず。……第二、管絃《かんげん》（音楽）なり。……（第三）和歌、わが国の習俗なり。……（第四）詩情（漢詩）、能書（習字）なども、同じく殊に能《よ》きなり。……」と、理想的な古道を明らかにする儒学《じゅがく》をはじめ、心を和ませる音楽や和歌・漢詩・習字などの嗜《たしな》みも身につけるべきことが記されている。

それゆえ、同抄は、中世・近世を通じて、天皇や廷臣などが数多く書写し講読もしている。たとえば、*[103]後土御門《ごつちみかど》天皇は、文明11年（一四七九）前関白二条政嗣《まさつぐ》に本抄の書写と校合を命じている。ついで*[106]正親町《おおぎまち》天皇朝の永禄5年（一五六二）には、宮中で「きんぴしやうの御だんぎ（談義）」が行われ、前右大臣三条西公房《さんじょうにしきんふさ》により進講のあったことが『御湯殿上日記《おゆどののうえのにっき》』などにみえる。さらに寛文12年（一六七二）若い*[112]霊元《れいげん》天皇が中心となり、権大納言《ごんだいなごん》以下一五人の比較的若い廷臣とともに本抄を分担して書写と校合をしたものが現存する（旧高松宮家本）。

また*[96]後醍醐天皇《ごだいごてんのう》は建武元年（一三三四）以前に『*年中行事《ねんちゅうぎょうじ》』と『*日中行事《にっちゅうぎょうじ》』を仮名まじり文でまとめ「指図《さしず》」（絵図）も加えていたとみられる。このうち特に『*建武年中行事《けんむねんちゅうぎょうじ》』は、[102]後花園《ごはなぞの》天皇によって書写され、現況との対比を注記したものが現存する（京都御所東山御文庫本《ひがしやまごぶんこぼん》）。

ついで*[108]後水尾天皇《ごみずのおてんのう》は、みずから『*当時年中行事《とうじねんちゅうぎょうじ》』を著して後継の皇子らに与えたが、その中に「順徳院の禁秘抄、後醍醐院の仮名年中行事など……寔《まこと》に末の世の亀鑑《きかん》なり」と評している。さらに*霊元《れいげん》上皇は後醍醐天皇の『*日中行事《にっちゅうぎょうじ》』によって清涼殿《せいりょうでん》の昼御座《ひのおまし》に御剣《みつるぎ》を出す儀を改めており、この両書は、江戸時代の天皇や公家《くげ》たちに宮中行事の教科書として活用されていたことが知られる。

【皇太子《こうたいし》に対する訓誡《くんかい》】

帝王学の教科書には、こうした『禁秘御抄』や『建武年中行事』『日中行事』のような、宮中における必須の知識を網羅したものだけでなく、時の天皇が後継の皇太子に対して書き与えた訓誡も少なくない。

たとえば、*宇多《うだ》天皇は寛平9年（八九七）譲位に際し、皇太子*敦仁《あつぎみ》親王（*[60]醍醐天皇）に次のような日常心得などを記した『*寛平御遺誡』を与えた。

①朕聞く、昧旦《まいたん》（早朝）……服を整へ盥《てあら》ひ漱《くちすす》ぎて神を拝す。又、近く公卿《くぎょう》を喚《よ》び、議し洽《あわ》すことあらば、治術を訪《（問）》ふ。また、本座に還り、侍臣を招き召し、六経《りくけい》（儒《じゅ》教《きょう》の経典）の疑ひを求む。聖哲の君、必ず輔佐《ほさ》に依《よ》り、以《もっ》て事を治む。……新君これを慎め。

②万事に淫《いん》することなく、躬《み》を責めて節《せ》せよ。賞罰を明らかにして、愛憎に迷ふことなかれ。意を平均に用ひて、好悪に由ることなかれ。能く喜怒を慎みて、色に形《あらわ》すことなかれ。

このうち、①によれば、天皇の日常は、毎朝早く、服装を整え洗面してから「神を拝す」ことより始まる。しかも、これが宇多天皇の時から励行されていたことは、その日記（『江次第抄《ごうしだいしょう》』所引）の仁和4年（八八八）10月19日条に「我が国は神国なり。因りて毎朝、四方・大中小の天神地祇《てんじんちぎ》を敬拝す。敬拝の事、今より始む。後一日も怠ること無けん」と明記されている。

また、天皇が政事を親裁するには、公卿（閣僚）などを殿上に呼んで具体的に治術を尋ね、先例があれば諸司に調べさせ、慎重に考慮して行う必要があるとしている。

ついで、天皇は政務の後（夕方）、本座に還って侍臣（菅原道真のような文人官吏）たちを招き「六経」（易経《えききょう》・書経《しょきょう》・詩経《しきょう》・春秋《しゅんじゅう》・礼記《らいき》・楽経《がっけい》に代表される儒書）の疑問点を尋ねて、聖人の道を明らかにする。立派な君主は、必ず有能な輔佐に協力をえて事を治めてきたのだから、新君もそのように心がけよと誡《いまし》めている。

さらに②によれば、天皇は何事にも溺《おぼ》れないため、心を引きしめ節制に努めること、賞すべき事と罰すべき事を明確にするため、愛憎に迷ってはならないこと、気配りを公平にするため、好悪に引きずられてはならないこと、できるだけ喜びも怒りも慎むため、顔色を変えてはならないこと、などを教示している。

このように天皇は毎日、側近たちの意見に耳を傾け、あくまで公正な政事に努めることが求められている。これを受け取った醍醐天皇が、父君の教訓を実践していたことは、『大鏡《おおかがみ》』にも「延喜《えんぎ》の帝《みかど》、つねに笑《え》みてぞおはしましける。そのゆへは、まめだちたる（気難しい）人にはもの言ひにくし。打ちとけたるけしきにつきてなん、人はもの言ひよき。されば、大小の事きかんがためなり、とぞ仰せ事ありける」と伝えられている。

つぎに中世の例としては、元徳2年（一三三〇）*花園《はなぞの》上皇が後醍醐天皇の皇太子に立てられていた*量仁《かずひと》親王（のち*[北1]光《こう》厳《ごん》天皇）に書き与えた『*誡太子書《かいたいしのしょ》』がある。

この中で上皇は、まず皇太子に諂《へつら》う「愚人」などは、「吾が朝、皇胤《こういん》一統（皇祖の子孫が一系に連続している）……故に徳微なりと雖《いえど》も、隣国窺覦《きゆ》の危無く、政乱ると雖も、異姓簒奪《さんだつ》の恐無し。……」などと思っているようだが、甚しい誤りであって、「もし主（君主）賢聖に非《あら》ざれば、則《すなわ》ち唯《ただ》、乱数年の後に起らんことを恐る」「内に啓明の叡聡《えいそう》有り、外に通方の神策有るに非ざれば、則ち乱国に立つことを得ざらん」と警告する。それゆえ「朕強《し》いて学を勧むる」とともに「儒教の奥旨」修得を力説する。そして自分自身「ほぼ典籍を学び、徳義を成して、王道を興《おこ》さん」と努めてきたが、今後に向け「もし学功立ち、徳義成らば……上は大孝を累祖《るいそ》（全祖先）に致し、下は皇徳を百姓《ひゃくせい》（全国民）に加へん。……」ことになると期待を寄せている。

このような訓誡を記した花園上皇は、幼少時から勉学に力を入れ、詳細な御記《ぎょき》（宸筆《しんぴつ》四七巻）ものこしている。また譲位後も六国史《りっこくし》を読み、律令法の講義を聴き、『帝範《ていはん》』や『論語《ろんご》』『尚書《しょうしょ》』などの研究会を催すほど学問に精励し、皇嗣にも廷臣らにも範を示したのである。

さらに近世の例は数多くある。たとえば*後水尾《ごみずのお》上皇から皇嗣の*[110]後光明《ごこうみょう》天皇に書き与えた教訓書だけでも三通現存する（京都御所東山御文庫本）。その一通に、帝王として「御憍（驕）心」（傲慢《ごうまん》さ）と「御短慮」（軽率さ）を慎んで「御柔耎（和）（温和）」を心がけ、「敬神」を第一とし、また「御芸能」（和歌・手習・音楽など）にも通ずべきことなどが諭《さと》されている。もう一通にも「禁中は敬神第一」で「毎朝の御拝」を怠らぬこと、「女色」は大乱の基にて自粛すること、「近習の衆」の人選を慎重にすること、などが具体的に示されている。

なお、*[117]後桜町《ごさくらまち》天皇は甥《おい》の*[118]後桃園《ごももぞの》天皇が早世したのち、閑院《かんいんのみや》宮家から再従姉弟《はとこ》の*[119]光格《こうかく》天皇が擁立されると、教訓の手紙を何度も遣わしている。それに対する天皇からの返書に、「仰せの通り、人君は仁を本といたし候事古今和漢の書物にも数々これある事、仁は則ち孝、忠は仁、孝は百行の本元にて、誠に上なき事、常々私も心に忘れぬ様、仁徳の事を第一と存じまいらせ候。とかく人は身勝手に成り安き物、ここは彼の恕と申す所にて、恕の字は俗に申す我身つめつて人のいたさをしれ、と申す字にて、則ち此の恕が仁の字にも通じ、また誠と申す義にも相成り候。……仰せの通り、身の欲なく天下万民をのみ慈悲仁恵に存じ候事、人君たる物（者）の第一のおしへ……」などとあり、これが大きな影響を与えたものとみられる。

［所］

[134] 近代の帝王教育

【明治天皇《めいじてんのう》の受《う》けた教育《きょういく》】

[122]明治天皇は、五歳前後の幼少期から*[121]孝明《こうめい》天皇に和歌の添削指導を受け、また学友裏松良光《うらまつたるみつ》らと「四書五経《ししょごきょう》」の素読《そどく》に励んだ。ついで慶応3年(一八六七)数え一六歳で践祚《せんそ》したころ、外祖父中山忠能《なかやまただやす》の勧めで[84]順徳《じゅんとく》天皇の『禁秘御抄《きんぴみしょう》』や[96]後醍醐《ごだいご》天皇の『建武年中行事《けんむねんちゅうぎょうじ》』などを学んでいる。東京へ遷《うつ》って間もない明治3年(一八七〇)からは、「御手習」「御乗馬」『史記』『保建大記《ほうけんたいき》』『神皇正統記《じんのうしょうとうき》』『資治通鑑《しじつがん》』などの学習が日課となった。和漢洋の教養と学問の兼習に努め、侍読《じとう》(のち侍講《じこう》)の秋月種樹《あきづきたねたつ》や国学者の福羽美静《ふくばびせい》らから『古事記』『日本書紀』『十八史略』『皇朝史略』『貞観政要《じょうがんせいよう》』などの和漢の書を学んだ。とくに『貞観政要』は、帝王学の教科書とされた書であり、儒学者《じゅがくしゃ》で侍講《じこう》の元田永孚《もとだながざね》が進講した。さらに『西国立志篇』や『国法汎論』(ドイツの政治学者ブルンチュリー著)などの洋学や政治学も国法学者の加《か》藤弘之《とうひろゆき》などから学んでいる。

明治7年(一八七四)には、新御学問所を設置した。また、同年、侍従長の東久世通禧《ひがしくぜみちとみ》が「君徳培養」に関する上奏をなし、臣下への愛、軽率さや些末《さまつ》さの抑制、飲酒の制限など天皇の帝王としての態度を進言した。さらに、御談会《ぎょだんかい》が開催され、宮内大臣や侍従長《じじゅうちょう》、侍読らと歴史上の人物の治績などの談論を重ねた。

明治10年(一八七七)以後には、御歌所長の高崎正風《たかさきまさかぜ》(一八三六~一九一二)を師として和歌の修練を積み、ほとんど毎日、公務の合間に詠み続けた。六〇年近い生涯で作られた御歌の清書が、九万三〇三二首あり、とくに日露戦争の起きた同37年(一九〇四)には七五二六首(一日平均約二〇首)詠んでいる。

【大正天皇《たいしょうてんのう》の受《う》けた教育《きょういく》】

[123]大正天皇は幼少から病気がちであったため学習院入学前に特設された*御学問所《ごがくもんじょ》で個人教育を受けた。教育を担当する傅育官《ふいくかん》には文部省編輯 局《へんしゅうきょく》の湯本武比古《ゆもとたけひこ》があたり、みずからが編集した『読書《よみかき》入門』を講義した。その後、学習院に編入学し、*伏見宮邦芳王《ふしみのみやくにかおう》らを学友とした。しかし病気のために学習が遅れたので、東京帝国大学の国学者本居豊頴《もとおりとよかい》(本居宣長《のりなが》の曾孫《ひまご》)や漢学者三島中洲《みしまちゅうしゅう》らを東宮職御用掛《とうぐうしょくごようがかり》として個人教授を行い、その後*有栖川宮威仁《ありすがわのみやたけひと》親王を東宮賓友《とうぐうひんゆう》と

して、全国行啓による体力回復と学力向上をめざした。また侍講の川田甕江《かわだおうこう》の影響で漢詩の才を伸ばした。

【昭和天皇《しょうわてんのう》の受《う》けた教育《きょういく》】

124 昭和天皇（*迪宮《みちのみや》 裕仁親王《ひろひと》）は、誕生の後、皇室の旧来の慣行に従い、皇子養育のため七〇日目から三年余り、鹿児島《かごしま》出身の海軍大将で宮中顧問官だった伯爵川村純義《かわむらすみよし》家に預けられた。川村家では、「①健康な御体に育て、天性を曲げぬこと、②ものに恐れず、人を尊ぶ性格を養うこと、③困難に耐へ、我儘《わがまま》を言はぬ習慣をつけること」などの養育方針を定め、家族ぐるみで幼児の迪宮を厳しく躾《しつ》けた。

日露戦争直後の明治38年（一九〇五）4月に満四歳になると、三年近くの間、赤坂の皇孫仮御殿において、弟の*淳宮《あつのみや》（のち秩父宮《ちちぶのみや》）および五人の学友とともに、幼稚教育を施された。このころに、御養育係の*足立《あだち》たか（東京女子師範《しはん》学校附属幼稚園教諭、のち鈴木貫太郎《すずきかんたろう》夫人）の影響で生物学に関心をもつようになったといわれる。

明治41年（一九〇八）4月、満七歳となってからの六年間は、学習院の初等科で男子一二人の学友たちと学んだ。当時の院長は、明治天皇の信任篤かった陸軍大将乃木希典《のぎまれすけ》で、「皇族といへども、良くない行状があれば叱《しか》り、なるべく質素で勤勉な習慣を身につけられるやう訓育すること」という教育方針を教職員に徹底させ、みずからも率先実行した。

たとえば、乃木は、登下校の際には、雨の日でも（馬車に乗らず）外套《がいとう》を着て歩いて通うようにと誡《いまし》め、また昼休みなどには、真冬でも火鉢《ひばち》にあたっているより、運動場を駆け足した方がよいと勧め、さらに服装を見て、継《つぎ》の当たったものを着るのは、ちっとも恥でないなどと具体的に諭《さと》したという。昭和天皇は後に院長の乃木を偲《しの》び「質実剛健・質素倹約の大切さを教えてもらいました」と語っている。

迪宮は学習院初等科を卒業後、中等科には進級せずに、乃木の構想で高輪《たかなわ》（品川）の東宮御所内に設けられた東宮御学問所において、大正3年（一九一四）春から同10年（一九二一）春までの七年間、南部信鎮《なんぶのぶしげ》、堤経長《つつみつねなが》、久松定孝《ひさまつさだたか》、松平直国《まつだいらなおくに》、大迫《おおさこ》（永積《ながづみ》）寅彦《とらひこ》ら五名の学友とともに教育を受けた。東宮御学問所は、総裁を海軍大将東郷平八郎《とうごうへいはちろう》、副総裁を東大総長浜尾新《はまおあらた》、幹事（事務局長）を東郷の副官小笠原長生《おがさわらながなり》、教務主任（兼歴史担当）を東大兼学習院教授の白鳥庫吉《しらとりくらきち》が引き受け、また各教科を東大や学習院などの教授が、さらに馬術や軍事講話を陸軍・海軍の将官が務める、という構成であった。迪宮たちは、倫理、国文、漢文、歴史のほか博物、フランス語、美術史、馬術、軍事講話などの科目を学んだ。

昭和天皇のいわゆる帝王学とされる倫理を担当したのは、

私立日本中学校校長の杉浦重剛《すぎうらじゅうごう》であった。杉浦は明治の初めに大学南校で理学を専攻し、英国留学中も理系で優秀な成績をとったが、帰国後は教育者の道を歩み、その実績により御用掛に抜擢されたのである。杉浦は東宮御学問所御用掛として七年間その任にあたり、「三種《さんしゅ》の神器《じんぎ》」にはじまり徳目、箴言《しんげん》、名句、自然現象、人物、史実、社会事象などに関する二八一回の講義をした。杉浦は御進講に際して、まず「倫理の教科たるもの……必ずや実践躬行《じっせんきゅうこう》、身を以《もっ》て之《これ》を証するにあらざれば其《そ》の効果を収むること難《かた》し」との決意を述べ、「三種の神器に則《のっと》り、皇道を体し給ふべきこと」「五条の御誓文《ごせいもん》を以て、将来の標準と為《な》し給ふべきこと」「教育勅語の御趣旨の貫徹を期し給ふべきこと」などの方針を示した。その講義内容の大部分は猪狩又蔵《いかりまたぞう》編『倫理御進講草案』にまとめられている。

昭和天皇の三人の弟宮（のちの*秩父宮《ちちぶのみや》・*高松宮《たかまつのみや》・*三笠宮《みかさのみや》）は、皇族としてノーブレス・オブリージ **noblesse oblige**（高い身分に伴う貴い倫理的な義務）の精神を体現するように、という明治天皇の意向に従って、学習院中等科から陸軍・海軍の学校へ進み、やがて軍務に就《つ》いた。他の宮家皇族（成年男子）も同様の教育を受けた。 ［所・小田部］

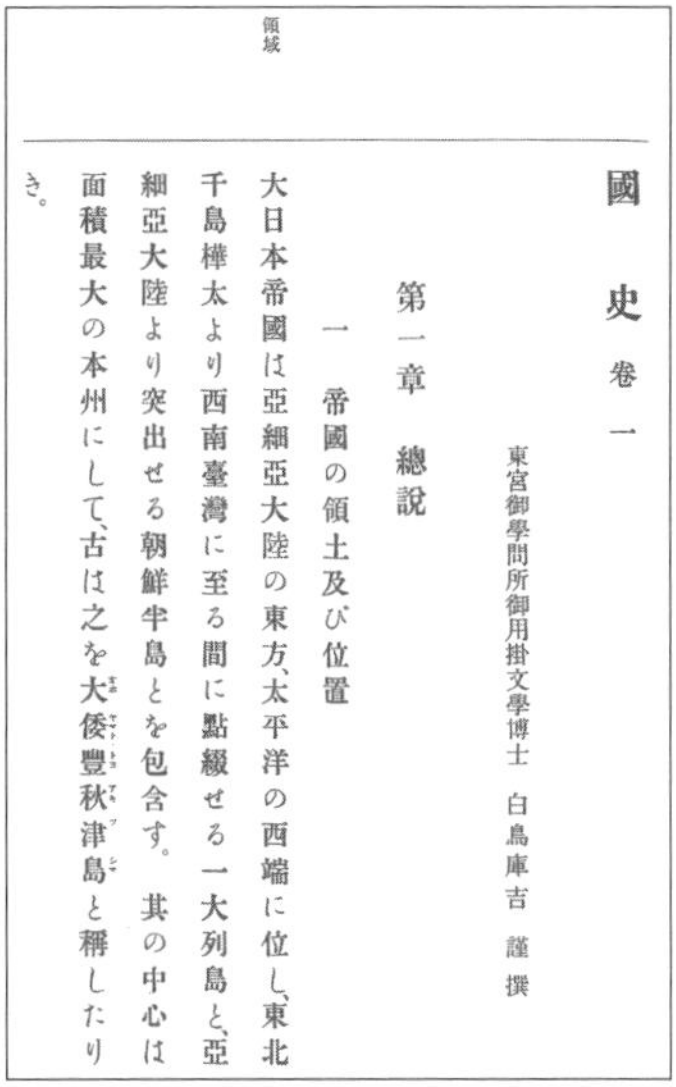
國史 卷一

東宮御學問所御用掛文學博士 白鳥庫吉 謹撰

第一章 總説

一 帝國の領土及び位置

大日本帝國は亞細亞大陸の東方、太平洋の西端に位し、東北千島樺太より西南臺灣に至る間に點綴せる一大列島と、亞細亞大陸より突出せる朝鮮半島とを包含す。其の中心は面積最大の本州にして、古は之を大倭豐秋津島と稱したりき。

領域

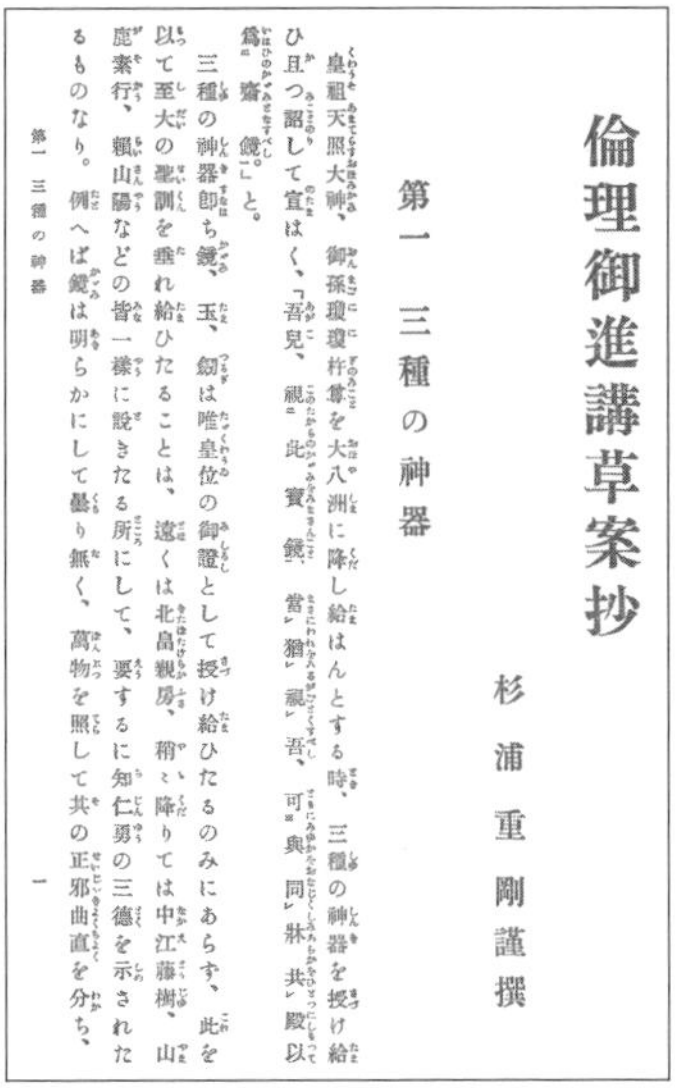
倫理御進講草案抄

杉浦重剛謹撰

第一 三種の神器

皇祖天照大神、御孫瓊瓊杵尊を大八洲に降し給はんとする時、三種の神器を授け給ひ且つ詔して宣はく、「吾兒、視此寶鏡、當猶視吾、可與同牀共殿以爲齋鏡」と。

三種の神器即ち鏡、玉、劒は唯皇位の御證として授け給ひたるのみにあらず、此を以て至大の聖訓を垂れ給ひたることは、遠くは北畠親房、稍々降りては中江藤樹、山鹿素行、頼山陽などの皆一様に説きたる所にして、要するに知仁勇の三德を示されたるものなり。例へば鏡は明らかにして曇り無く、萬物を照して其の正邪曲直を分ち、

第一 三種の神器 一

写真１　昭和天皇の使った教科書。右＝国史巻一（白鳥庫吉）、左＝倫理御進講草案抄（杉浦重剛）

［135］現代の象徴天皇教育

【平成《へいせい》の天皇《てんのう》が受《う》けた教育《きょういく》】

平成の天皇は、昭和20年〈一九四五〉8月の終戦当時、学習院初等科の六年生（一一歳）であった。そのため、124昭和天皇の先例に倣って、翌年度から中高一貫（七年制）の東宮御学問所を特設する計画が、戦時中から準備されていたけれども、敗戦占領下で皇室・宮内省の縮減が断行され、皇太子*明仁《あきひと》親王は学習院の中等科・高等科（新制各三年）から大学（政経学部）へと進学した。

その当初四年近く、穂積重遠《ほづみしげとお》（明治16年〈一八八三〉～昭和26年〈一九五一〉、東大名誉教授・民法学者）が東宮大夫兼東宮侍従長をつとめ、得意の『論語』などを引いて訓育に努めた。またアメリカから招かれた*エリザベス・グレイ・ヴァイニング（一九〇二～一九九九、女流作家）が昭和21年〈一九四六〉10月から同25年〈一九五〇〉12月まで、東宮仮御所（渋谷の常磐松《ときわまつ》）と学習院（中等科は小金井《こがねい》、高等科は目白《めじろ》）において、英語の指導だけでなく皇太子の人格形成に寄与した（同夫人著『日本での四ヶ年――皇太子と私』、『皇太子の窓』）。

さらに最も大きな影響を与えたのは、昭和24年〈一九四九〉から晩年まで一七年間東宮御教育常時参与をつとめた*小泉信三《こいずみしんぞう》（明治21年〈一八八八〉～昭和41年〈一九六六〉、慶應義塾《けいおうぎじゅく》塾長、経済理論学者）である。ほぼ毎週二回、福沢諭吉《ふくざわゆきち》著『帝室論』や、ニコルソン著『ジョオジ五世伝』（英文、五三〇頁）などを互いに音読しながら意見を述べあったり、経済学の平易な講義もしている。

その二年目（昭和25年4月）に記された「御進講覚書」の中で、小泉（六一歳）が高等科二年の皇太子（一六歳）に対して「君主の人格、その識見は、自《おのず》から国の政治に良くも悪くも影響するものである。殿下の御勉強と修養とは、日本の明日の国運を左右するものと御承知ありたし」と要望し「注意すべき行儀作法」として「気品とディグニティ（威厳）」「To pay attention to others（他の人びとへの気遣い）」「人の顔を見て話を聞くこと、人の顔を見てものを言うこと」など具体的に注意を促している（『アルバム小泉信三』）。

この最後の教訓は平成の天皇が常に心がけ、とりわけ昭和50年〈一九七五〉皇太子として沖縄を慰霊《いれい》したときや、即位後に被災地などを巡幸したときなどの言動にも十分発揮されている。ただ、その最高の手本は、父君昭和天皇が体現した誠実な言動であったとみられる。

【令和《れいわ》の天皇《てんのう》が受《う》けた教育《きょういく》】

令和の天皇（幼称*浩宮《ひろのみや》、御名*徳仁《なるひと》親王）は、昭和39年（一九六四）学習院の幼稚園に入り、初等科・中等科・高等科を経て同53年（一九七八）同大学の文学部史学科に進み、日本史学を専攻して、ゼミで安田元久教授の指導を受けた。さらに大学院修士課程に在学中の同58年（一九八三）から二年余りイギリスのオックスフォード大学（マートン・コレッジ）へ留学し、数年後にテムズ川水運史の実証的研究で名誉法学博士号を授与されている。

その間、初めて東宮御所で両親と同居し、皇太子・同妃の教育方針に沿って育てられた。たとえば初等科・中等科を通して、宇野哲人《うのてつと》・精一《せいいち》父子から『論語』などの素読《そどく》と通釈を学び、また母の皇太子妃と一緒に『奥の細道』を通読し、昭和47年（一九七二）初等科卒業記念作文では「二一世紀に大学の日本史の教授」となる夢を描いている。

しかし、浩宮が中等科から高等科のころ、両親は「小泉先生」のような「『参与』という形がほしい」と思っても、宮内庁に「必ずしもそうでなくてもよいのでは」と言われた。そこで「帝王学」というより「象徴学」に必要な「天皇に関する歴史」は「学校などで学べない」から「こちらでやっていく」ほかないと考え、学習院大学の児玉幸多《こだまこうた》学長、黛弘道《まゆずみひろみち》教授や東京大学の笹山晴生《ささやまはるお》教授などから「天皇の歴史」を学んでいる（昭和51年〈一九七六〉12月・翌52年12月の記者会見、薗部英一《そのべえいいち》編『新天皇家の自画像』）。

また、イギリス留学中、英語の修練や水運史の研究に励みながら、学生寮で身の周りのこと（洗濯や買物など）は自分でできるようになり、休暇には国内各地のみならず、ヨーロッパの一三か国を回り、とくにノルウェー・ベルギー・オランダ・スペインなどの王室との親交を深めている（徳仁親王著『テムズとともに』）。

さらに、昭和62年（一九八七）ネパールを訪問中、水汲《みずく》みに苦労する子供達を見て「水問題を考える」重要性に気づいた。それ以来、自身の研究テーマ（瀬戸内海やテムズ川の水運史）だけでなく、日本国内・海外各地の「水を巡るさまざまな問題」に注目して文献調査と実地調査に取り組み、平成19年（二〇〇七）から八年間、国際連合の「水と衛生に関する諮問委員会の名誉総裁」を務めてきた。その記念講演を集成した徳仁親王著『水運史から世界の水へ』を見ても、「水の利用の仕方や災害の防止のために、それぞれの国や地域で知恵を出し合いながら取り組んできた歴史がある」ことを真摯に学んでおり、「私の視野を大きく広げてくれた『水』に感謝しています」（同上書自序）と述べている。

なお、平成の天皇も令和の天皇も、明治・大正・昭和と同様、毎年正月に人文・社会・自然科学の専門家から講書があり、また歴代天皇の式年祭に先立って、おのおのの事績を進講され、さらに三権の代表者や主要省庁の幹部から内政・外交などの説明を受けている。

ちなみに、大正15＝昭和元年（一九二六）公布の「皇族就学令」では、「皇族男女」は満六歳から満二〇歳の間に「学習院又は女子学習院において就学」することが定められていた。しかし、それが昭和22年（一九四七）他の皇室令と共に廃止され、しかも、*学習院と*女子学習院が、同年から私立（財団法人、同26年より学校法人）となって今に至る。

それ以後、平成と令和の天皇の弟妹などは学習院で通した（*礼宮文仁親王〈秋篠宮〉や三笠宮家の*寬仁親王・*彬子女王などは学習院大学卒業後に英国へ留学した）が、高円《たかまどの》宮《みや》家の三女*絢子《あやこ》女王は、平成21年（二〇〇九）学習院女子高等科から城西国際大学（福祉総合学部）へ進み、同大学院（修士課程）を卒えて守谷《もりや》慧《けい》（日本郵船社員）と結婚。また*秋篠宮家の長女*眞子《まこ》内親王と次女*佳子《かこ》内親王は国際基督《キリスト》教大学へ進み、さらに長男*悠仁《ひさひと》親王は、平成22年（二〇一〇）お茶の水女子大学の附属幼稚園に入り、同小学校を経て同中学校に在籍している。

前述のとおり、学習院自体が戦後一私立学校となったが、まして他の学校では皇族に資する教育を行うことが難しい。したがって、各皇族は現皇室内の方々から皇族の心得などを学ぶほかない状況にある。［所］

【梓会《あずさかい》】
*令和の天皇が皇太子になったころ、将来のために必要な教養を身につけるために組織された勉強会。天皇のお印の「梓」から命名。はじめは進講の形をとったが、次第に美術、歴史、経済、音楽などに精通する専門家ら約一五名で構成される会に発展した。天皇のライフワークである「水」関連の専門家も加わり、不定期に都内の美術館などで開催され、毎回四〜五時間ほど、メンバーが紹介するテーマに応じて、それぞれの意見を交わしている。

[136] 近現代の祝祭日と公教育

「祝日」も「祭日」もホリデー（holiday）と英訳されることが多い。本来ともに平日と異なる神聖な休日だから、あわせて「祝祭日」ということも少なくない。

ただ、近代（戦前）の日本で法的に区別して定められたのは、皇室中心の国家的な記念日が「祝日」であり、皇室の主要な祭祀日《さいしび》が「祭日」である。

【祝日《しゅくじつ》と祭日《さいじつ》と学校《がっこう》の儀式《ぎしき》】

まず、明治3年（一八七〇）正月の太政官布告で従来の五節句を含む九日を「祝日」と定めた。また、同6年（一八七三）正月から旧暦（中国伝来の太陰太陽暦）を廃止して新暦（太陽暦のグレゴリオ暦）を採用したことに伴い、「今般改暦に付き、人日《じんじつ》（一月七日）・上巳《じょうし》（三月三日）・端午《たんご》（五月五日）・七夕《しちせき》（七月七日）・重陽《ちょうよう》（九月九日）を廃し、神武《じんむ》天皇《てんのう》即位日（のちの紀元節）・天長節（今上天皇誕生日）の両日を以て、今より祝日と定められ候事《そうろうこと》」との布告が出された。

ついで同6年10月、毎年の「祭日・祝日」を「休暇」（休日）とし、さらに、同11年（一八七八）に七祭日1月3日の*元始祭、1月30日の*孝明天皇祭、春分の日の*春季皇霊祭、4月3日の*神武天皇祭、秋分の日の*秋季皇霊祭、10月17日の*神嘗祭、11月23日の*新嘗祭と三祝日1月5日の*新年宴会、2月11日の*紀元節、11月3日の*天長節を、太政官布告により定めている。いずれも皇室中心の祭祀日と儀式日を国民全体の「祭日・祝日」としたことに、大きな意義がある。幕末の開国以来、天皇のもとに国内を統一し、国家の独立を全うするには、このような祝祭日を中核に位置付ける必要があったとみられる。

それを公教育の中で徹底するため、明治24年（一八九一）6月「小学校祝日・大祭日儀式規程」が文部省令として出された。それによると、「紀元節・天長節・元始祭・神嘗祭《かんなめさい》及び新嘗《にいなめ》祭《さい》の日」には「学校長・教員及び生徒一同式場に参集して」「天皇陛下及び皇后陛下の御影《みえい》（写真）に対し奉り最敬礼を行ひ、且つ両陛下の万歳を奉祝す」ると共に、学校長か教員が「教育に関する勅語を奉読」し、「勅語に基き、聖意の在る所を誨告《かいこく》し、又は歴代天皇の盛徳・鴻業《こうぎょう》を叙し、若くは祝日・大祭日の由来を叙する」ことなどが定められた。ついで同26年（一八九三）8月「祝日・大祭日唱歌」（「君が代」と

「勅語奉答」および「一月一日」「元始祭」「紀元節」「天長節」「神嘗祭」「新嘗祭」の歌詞と楽譜）も撰《えら》ばれている。

【御真影《ごしんえい》と教育勅語《きょういくちょくご》】

このように主要な三祝日と五祭日を迎えると、毎年、全国の小学校では、「御真影《ごしんえい》」に敬礼して「万歳《ばんざい》」を奉唱し、校内に特設の「奉安殿」（金庫型）から丁重に運ばれる「教育勅語」を奉読することになっていた。

そのうち、「御真影」は明治20年代から一新され、キヨッソーネの作成した肖像画を基にした122明治天皇（軍服）の写真、皇后（洋装）の写真（共に立ち姿）が用いられた。また「万歳」の奉唱は、明治22年（一八八九）2月11日の『大日本帝国憲法』発布ごろから行われ始めた三唱方式が学校儀式にも採り入れられたのである。

一方、「教育勅語」は、憲法発布により国政選挙を行い帝国議会を開くに先立ち、地方長官（全国知事）会議で国民の結束と公徳心を高める必要が提起され、法制局長官*井上《いのうえ》毅《こわし》の起草した原案に基づき、侍講元田《もとだ》永孚《ながざね》や東大教授中村《なかむら》正直《まさなお》らの意見を採り入れて仕上げられた。それが「朕惟《ちんおも》ふに」で始まり「庶幾《こいねが》ふ」で終わるのは、明治天皇が自身の考えを国民への希望として示す形をとったからである。

その大意を要約すれば、㋑皇室が建国以来「徳を樹《た》つること」に努め、国民も主君への忠と両親への孝を大切にする心がけをもってきたことこそ、「我が国体の精華」（日本

資料コラム

【教育勅語《きょういくちょくご》】

明治二十三年十月三十日

朕《ちん》惟《おも》フニ我《わ》カ皇祖《こうそ》皇宗《こうそう》国《くに》ヲ肇《はじ》ムルコト宏遠《こうえん》ニ徳《とく》ヲ樹《た》ツルコト深厚《しんこう》ナリ我《わ》カ臣民《しんみん》克《よ》ク忠《ちゅう》ニ克《よ》ク孝《こう》ニ億兆《おくちょう》心《こころ》ヲ一《いつ》ニシテ世《よ》世《よ》厥《そ》ノ美《び》ヲ済《な》セルハ此《こ》レ我《わ》カ国体《こくたい》ノ精華《せいか》ニシテ教育《きょういく》ノ淵源《えんげん》亦《また》実《じつ》ニ此《ここ》ニ存《そん》ス爾臣民《なんじしんみん》父母《ふぼ》ニ孝《こう》ニ兄弟《けいてい》ニ友《ゆう》ニ夫婦《ふうふ》相和《あいわ》シ朋《ほう》友《ゆう》相信《あいしん》シ恭倹《きょうけん》己《おの》レヲ持《じ》シ博愛《はくあい》衆《しゅう》ニ及《およ》ホシ学《がく》ヲ修《おさ》メ業《ぎょう》ヲ習《なら》ヒ以《もっ》テ智能《ちのう》ヲ啓発《けいはつ》シ徳器《とくき》ヲ成就《じょうじゅ》シ進《すすん》テ公益《こうえき》ヲ広《ひろ》メ世務《せいむ》ヲ開《ひら》キ常《つね》ニ国憲《こくけん》ヲ重《おもん》シ国法《こくほう》ニ遵《したが》ヒ一旦緩急《いったんかんきゅう》アレハ義《ぎ》勇公《ゆうこう》ニ奉《ほう》シ以《もっ》テ天壌無窮《てんじょうむきゅう》ノ皇運《こううん》ヲ扶翼《ふよく》スヘシ是《かく》ノ如《ごと》キハ独《ひと》リ朕《ちん》カ忠良《ちゅうりょう》ノ臣民《しんみん》タルノミナラス又以《またもっ》テ爾祖先《なんじそせん》ノ遺風《いふう》ヲ顕彰《けんしょう》スルニ足《た》ラン

斯《こ》ノ道《みち》ハ実《じつ》ニ我《わ》カ皇祖《こうそ》皇宗《こうそう》ノ遺訓《いくん》ニシテ子孫《しそん》臣民《しんみん》ノ倶《とも》ニ遵《じゅん》守《しゅ》スヘキ所之《ところこれ》ヲ古今《ここん》ニ通《つう》シテ謬《あやま》ラス之《これ》ヲ中外《ちゅうがい》ニ施《ほどこ》シテ悖《もと》ラス朕爾臣民《ちんなんじしんみん》ト倶《とも》ニ拳拳服膺《けんけんふくよう》シテ咸其徳《みなそのとく》ヲ一《いつ》ニセンコトヲ庶《こい》幾《ねが》フ

※末尾に御名（睦仁）と天皇御璽

の国柄の特長）であり、それを大事にすることが「教育の淵源《えんげん》」だと思う。㋺それゆえ、具体的には国民が「父母に孝に、兄弟に友に、夫婦相和《あいわ》し」という家族道徳、また「朋《ほう》友《ゆう》相信じ、恭倹《きょうけん》己を持し、博愛衆に及ぼし」という社会道徳が実践できるように、学問と仕事を身につけ、智性と徳性を高めて、公益と世務に尽くし、平常時には公法を守り、非常時には義と勇の精神で奉公することにより、永遠の国運を助けなければならない。㋩そういう思いをもってきたことは高く評価してよいし、それが皇室の伝統であり、国民も守り通すべきだ。㊁したがって、これを天皇も国民も一体となって大事にしていきたいと願う、という当時としてはオーソドックスなメッセージである。

この勅語は、政治的な法令と次元を異にする教育的な教訓として示すため、国務大臣の副案を加えず文部大臣に下賜された。しかし、文部省では、これを直ちに全国の学校に頒《わか》ち、翌年から趣旨の徹底をはかる前述のような儀式規程を作り励行を義務づけた。

また修身や国史などの授業で天皇と教育勅語への敬礼を強調するような授業が繰り返し行われた。しかも、昭和に入ると、全国の小学校に御真影と教育勅語を納めておく特別な「奉安殿」が作られ、そこに拝礼するなどの過剰な扱いが多くなった。それが、戦後の憲法と教育基本法の施行前後から問題視され、昭和23年（一九四八）国会で「失効・排除」の決議が行われて、公教育から姿を消した。

【新憲法下《しんけんぽうか》で「国民《こくみん》の祝日《しゅくじつ》」に改定《かいてい》】

明治改暦以来の祝祭日は、皇室と国民の一体感を強化するため公教育の場でも一般社会でも活用された。それは戦後の占領下にもしばらく続いている。

たとえば、昭和23年（一九四八）3月4日付の「朝日新聞」に「総司令部は四日、日本政府に対し、一ヶ年を通じ左の十二日の祝祭日に国旗を掲げてよいと通告した。」として「一月一日四方拝、一月三日元始祭、一月五日新年宴会、二月十一日紀元節、三月二十一日春季皇霊祭、四月三日神武天皇祭、四月二十九日*天長節、九月二十一日秋季皇霊祭、十月十七日*神嘗祭、十一月三日明治節、十一月二十三日新嘗祭、十二月二十五日大正天皇祭」をあげている。

しかし、まもなくＧＨＱの意向を汲んだ政府（片山《かたやま》内閣）は、「新憲法下の国民生活にふさわしい祝日」を新しく定め、政令で公布する方針を固めた。ところが、それに同意を求められた衆参両院では、国会で審議して決める法律にすべきだと主張した。そして一方で、従来の祝日も祭日も残す意見の多い世論を考慮しながら、他方で、ＧＨＱが「国家神道に由来」するとみなすおそれのある「祭日」を「除く」ことなどに留意した法案をそれぞれに作成した。

それに対して、GHQから2月11日（衆議院案「紀元の日」、参議院案「建国の日」）は「占領目的に背《そむ》く」と拒否された。その結果、同年7月、「国民の祝日に関する法律」で月日が制定され、すべて「祝日」とされた。

① 元日 1月1日
② 成人の日 1月15日（現在1月の第2月曜日）
③ 春分の日 春分（3月）
④ 天皇誕生日 4月29日
⑤ 憲法記念日 5月3日
⑥ こどもの日 5月5日
⑦ 秋分の日 秋分（9月）
⑧ 文化の日 11月3日
⑨ 勤労感謝の日 11月23日

これをよくみれば、従来の「春季皇霊祭《しゅんきこうれいさい》」「秋季皇霊祭」は③「春分の日」と⑦「秋分の日」と称され、「新嘗祭」も⑨「勤労感謝の日」として残されたことになる。しかも、③は「自然をたたえ、生物をいつくしむ」日、⑦は「祖先をうやまい、亡くなった人々をしのぶ日」、⑨は「勤労をたっとび、生産を祝い、国民たがいに感謝しあう」日と意義づけられている。ここには、日本的な自然観・祖先観・勤労観が盛り込まれている。

さらに、『日本国憲法』自体が第一章に「天皇」を掲げ象徴世襲《せしゅう》天皇制度を公認しているから、この「国民の祝日」法でも、従来の「天長節」を④「天皇誕生日」とし、昭和2年（一九二七）に制定された「明治節」を⑧「文化の日」として残した。そのうえ、GHQが拒否した2月11日は、昭和41年（一九六六）⑩「建国記念の日」として復活し、その際⑪「敬老の日」（9月15日、現在の9月第三月曜日）と⑫「体育の日」（10月10日、現在10月第二月曜日）が加えられた。また④は昭和天皇の崩御《ほうぎょ》後も、いったん平成元年（一九八九）に⑬「みどりの日」とされ、のち同19年（二〇〇七）から⑭「昭和の日」と改称され、そのあと⑬は5月4日に移っている。さらに平成7年（一九九五）に⑮「海の日」（7月20日、現在は7月第三月曜日）、同28年（二〇一六）⑯「山の日」（8月11日）が加えられた。

なお、現行の「学習指導要領」（小学校社会科）には、「国民の祝日に関心をもち、我が国の社会や文化における意義を考えることができるよう配慮すること」「歴史に関する学習との関連も図りながら、天皇についての理解と敬愛の念を深めるようにする」ことが明記されている。　［所］

索引

〔注〕本文に太字で示した用語および人名、書名を中心に掲げた。複数の読みや表記のあるものは／で列挙した。天皇・皇后に関することなど特別な場合に「御お／おん／ご／み」などのつく用語は、「御」のない位置にも配置した。→は、示された索引項目を参照のこと。

■■ あ ■■

愛国婦人会 ……170
愛子内親王(敬宮) ……124, 188, 207, 213, 228, 408, 409
饗《あえ》 ……274
葵祭《あおいまつり》 ……464
青色袍《あおいろのほう》 ……385
白馬《あおうま》 ……509
白馬(の)節会《あおうまのせちえ》 ……509
青白橡《あおしろつるばみ》の袍《ほう》 ……385
青山御所 ……375
(御)贖 ……480
赤色袍《あかいろのほう》 ……385
赤坂御所 ……374
赤坂御用地 ……363, 374
赤坂離宮 ……374
県主《あがたぬし》 ……70, 90
県召《あがためし》 ……109
暁《あかつき》の儀 ……277, 487
赤旗皇居進入 ……183
赤間宮 ……469
赤間神宮 ……469
明障子《あかりしょうじ》 ……381
彬子《あきこ》女王(寛仁親王長女) ……132, 229, 524, 554
秋篠宮《あきしののみや》 ……133, 213, 216, 217, 221
—佳子《かこ》内親王 ……133, 221, 228, 408, 554
—(文仁親王妃)紀子《きこ》 ……133, 186, 188, 206, 221, 228, 229, 241, 408, 409
—家 ……188, 219, 228, 408, 554
—邸 ……374
—悠仁《ひさひと》親王 ……133, 188, 206, 219, 408, 409, 554
—文仁《ふみひと》親王(礼宮) ……56, 66, 124, 133, 206, 228, 229, 232, 248, 408, 409, 421, 554
—眞子《まこ》内親王 ……133, 188, 221, 228, 408, 554
秋除目《あき(の)じもく》 ……109
アキツミカミ ……457
明神《あきつみかみ》 ……457
明仁《あきひと》親王→平成の天皇(上皇)
彰仁《あきひと》親王→小松宮《こまつのみや》
明子《あきらけいこ》(藤原明子) ……51, 54
晃《あきら》親王→山階宮《やましなのみや》
上土門《あげつちもん》 ……345
総角《あげまき》 ……381
阿衡《あこう》の紛議《ふんぎ》 ……81, 112
袙《あこめ》 ……383, 387
—扇 ……387
朝融《あさあきら》王→久邇宮《くにのみや》
朝香宮《あさかのみや》 ……127, 132, 240
—家 ……157
—孚彦《たかひこ》王 ……169
—鳩彦《やすひこ》王 ……132, 169, 175, 227
—鳩彦王妃允子《のぶこ》(富美宮) ……127, 128, 132
—邸 ……158, 375
朝餉《あさがれい》
—(の)御膳《おもの》 ……394
—の壺 ……352
—の間 ……351
夙子《あさこ》(九条夙子)→英照皇太后
朝彦《あさひこ》親王→久邇宮《くにのみや》
足利尊氏《たかうじ》(高氏) ……45, 84, 113, 312, 456, 471, 526
足利義昭《よしあき》 ……86
足利義詮《よしあきら》 ……526
足利義政《よしまさ》 ……526
足利義満《よしみつ》 ……85, 451, 456
芦田均 ……245
葦原中国《あしはらのなかつくに》 ……444, 466
網代車《あじろぐるま》 ……400
網代輿《あじろごし》 ……400
安宿媛《あすかべひめ》(藤原安宿媛)(光明子) ……47, 48, 51, 52, 66, 417, 437
飛鳥浄御原令 ……71
飛鳥浄御原宮《あすかきよみはらのみや》 ……341
預《あずかり》 ……393
小豆粥《あずきがゆ》 ……509
梓会 ……554
校倉 ……540
麻生《あそう》信子《のぶこ》(寛仁親王妃) ……229
足立たか ……550
敦仁《あつぎみ》親王 ……518, 546
敦明《あつあきら》親王 ……58
厚子《あつこ》→池田隆政夫人厚

子
熱田神宮……466
敦良 あつなが 親王……58
淳宮 あつのみや →秩父宮
吾嬬……448
安倍……537
阿閇 あべ 内親王……53, 55
天神 あまつかみ／てんじん ……443, 445, 447
天神 あまつかみ の寿詞 よごと ……264
天つ日嗣……309
天照大神 あまてらすおおみかみ ……443, 445, 452, 457, 459, 462, 466, 467, 470, 484
天の岩戸 あまのいわと／あめのいわと……444
天穂日尊 あまのほひのみこと ……444
天叢雲剣 あまのむらくものつるぎ ……444, 452, 453
雨眉車 あままゆのくるま ……401
尼門跡 あまもんぜき……507
阿弥陀寺 あみだでら……469
天忍穂耳尊 あめのおしほみみのみこと ……444, 452, 467, 468
天児屋(根)命 あめ(ま)のこやねのみこと ……444, 453, 466, 471
絢子 あやこ 女王 →高円宮
礼宮 あやのみや →秋篠宮 あきしののみや
菖蒲縵 あやめのかずら……510
新井白石 あらいはくせき……64
荒海障子 あらうみのしょうじ ……351
荒木田 あらきだ 氏……461
アラヒトガミ……457
現人神 あらひとがみ ……34, 117, 122, 232, 234, 457, 512
荒見 あらみ 川の祓 はらい ……276
明神 あらみかみ……34
荒世 あらよ の祓……489
有栖川宮 ありすがわのみや ……126, 130
—家……60, 63, 128
—幟仁 たかひと 親王 ……39, 130
—威仁 たけひと 親王 ……120, 128, 130, 170, 549
—栽仁 たねひと 王……128
—熾仁 たるひと 親王 ……125, 128, 130, 145, 169, 186, 227
—職仁 よりひと 親王 ……130
有栖川宮記念公園……543
有栖川流……130, 533
行始 あるきぞめ……410
行宮 あんぐう……173
安閑 あんかん 天皇……40
安康 あんこう 天皇……31, 37
行在所 あんざいしょ ……173, 176
安徳 あんとく 天皇 ……41, 43, 44, 83, 113, 345, 353, 455, 469
安徳天皇社……469
安和 あんな の変……112
安福殿……350
安楽寿院 あんらくじゅいん ……102, 506

■■ い ■■

飯豊青皇女 いいとよあおのひめみこ……437
井伊谷宮 いいのやぐう……472
李鍝 イ・ウ／りぐ……137, 170
李垠 イ・ウン／りぎん……131, 137, 170, 174, 175
位階……73, 315, 473
—親授の儀……179
位階制……73
位階令……315
—の一六階……316
五十日 いか の祝……410
衣冠 いかん……383, 384, 392
—・直垂 ひたたれ……392
衣冠単 ひとえ……390
位記 いき……153, 307
李鍵 イ・コン／りけん ……137, 170
池田隆政 たかまさ 夫人厚子 あつこ(順宮)……128
伊弉諾神宮……468
伊弉諾 いざなぎ 尊／伊佐奈伎命／伊邪那岐命／伊弉諾大神 ……443, 468, 471
伊弉冉 いざなみ 尊／伊佐奈美命／伊邪那美命／伊弉冉大神 ……443, 468, 471
石灰壇 いしばいのだん……351
石原正明……72
泉殿 いずみどの……378, 506
出雲 いずも 氏……444, 446
出雲大社 いずもたいしゃ ……471
出雲建 いずもたける……448
伊勢講……459
伊勢神宮 →伊勢の神宮
伊勢神道……461, 462
伊勢(の)神宮 ……453, 459, 470, 474
伊勢斎王 いせのさいおう ……461
伊勢物語御抄……522
伊勢物語御愚案抄……522
伊勢物語秘説御伝授状 ……532
伊勢物語不審条々……522
伊勢例幣使 れいへいし……475
石上神宮 いそのかみじんぐう ……467
板輿 いたこし……400
出衣 いだしぎぬ……387
戴餅 いただきもち……411
一座(の)宣旨……81
一高不敬事件……181
一条院……349
一条兼良 かねら

……107, 264, 267
一条実輝《さねてる》……164
一条忠香《ただか》……119
一条天皇……42, 44, 48, 81, 349, 476, 477, 505, 520
一条美子《はるこ》→昭憲皇太后《しょうけんこうたいごう》
一条道香《みちか》……113
一代皇族……62
一代皇族制……126
一院《いちのいん》……36
一宮《いちのみや》……38
一宮制……476
五日市憲法……150
一国平均役……103
一職《いっしき》……74
乙巳《いっし》の変……111, 298
一周年祭……435
一世一元……300
一世一元制……300
斎王《いつきのひめみこ》……461, 464
伊都子《いつこ》→梨本宮
五瀬命《いつせのみこと》……446
(御)五衣・(御)唐衣《からぎぬ》・(御)裳《も》……389, 390
—(御)小袿《こうちぎ》・(御)長袴《ながばかま》……389, 390
(御)五衣《いつつぎぬ》の制……387
一帝二后……48
一般参賀……179
一歩抄《いっぽしょう》……533
一品《いっぽん》……73
位田《いでん》……97
伊藤博文《ひろぶみ》……137, 148, 151, 152, 155, 161, 162, 367, 391
糸毛車《いとげのくるま》……400
稲葉通邦《みちくに》……72
稲実公《いなみのきみ》……277
稲荷・祇園行幸……477
稲荷山古墳出土(の)鉄剣(銘文)……32, 34, 69
乾《いぬい》門……372
井上馨《かおる》……145, 270
井上毅《こわし》……152, 556
猪熊《いのくま》事件……87
亥子餅《いのこもち》……510
射場殿《いばどの》……350
位封《いふ》……75
伊吹山……448
衣服令……383
位袍《いほう》……384
今宮……38
斎蔵《いみくら》……69
忌詞《いみことば》……461, 462, 465
諱《いみな》……37, 38
忌火(の)御膳《いみびのごぜん》……482
忌火(の)御飯《ごはん》……482
慰問……220
入江相政《すけまさ》……324
入江相政日記……257
イリヒコ……40
イリヒメ……40
入母屋《いりもや》造……401
慰霊の旅……218
位禄《いろく》……75
倚廬殿《いろでん》の儀……389, 433
斎鏡《いわいのかがみ》……452
岩倉具視《ともみ》……114, 134, 142, 148, 152, 171, 181, 269, 270, 300, 314, 347, 366, 369
石清水《いわしみず》行幸……477
石清水八幡宮《はちまんぐう》……463
石清水放生会《ほうじょうえ》……463
磐之媛《いわのひめ》……47
磐余《いわれ》……446
院……35
允恭《いんぎょう》天皇……31
引見……333
院号……35
院政……80, 82, 83
院中雑事……521
院勅旨田《いんちょくしでん》……100
院(の)近臣《きんしん》……82
院(の)御所《ごしょ》……358
院庁《いんのちょう》……82
院分国《いんのぶんこく》……103
忌部(氏)(斎部氏)……69, 474, 478, 482
忌部《いんべ》の鏡剣献上……277
印明《いんみょう》……500

■■ う ■■

(エリザベス・グレイ・)ヴァイニング(夫人)……247, 552
ウィリアム・シーボルト……245
上……537
上日記……523
表袴《うえのはかま》……383
鸕鷀草葺不合尊／鵜葺草葺不合命《うがやふきあえずのみこと》……437, 439, 444, 467, 468
鵜飼《うかい》……205, 377
右京職……345
鶯丸……373
誓約《うけい》……443
宇気槽《うけふね》……276
右近陣《うこんのじん》……350
右近の橘……351
宇佐神宮……463
宇佐八幡宮……463
宇佐八幡神託事件……111
氏《うじ》……69
歌合《うたあわせ》……522, 525, 527
歌(御)会《うた(ご)かい》……527
歌(御)会始《うた(ご)かいはじめ》……199, 527, 528
歌会始(詠進歌)委員会……528
歌会始盗作……183
宇多《うだ》上皇……82, 503
宇多《うだ》天皇……35, 42, 80, 91,

107, 112, 359, 493, 511, 518, 519, 531, 545, 546
雅楽寮《うたりょう》 ……535, 537
袿《うちき》 ……387
打衣《うちぎぬ／うちぎ》 ……383, 387
袿袴《うちきばかま》 ……390
—の制 ……392
内蔵《うちくら》 ……69
有智子《うちこ》内親王 ……465
内七言《うちのしちげん》 ……462
打乱筥《うちみだりのはこ》 ……382
内論義《うちろんぎ》 ……500
卯杖《うづえ》 ……510
鵜戸《うど》神宮 ……467
内舎人《うどねり》 ……163, 201
采女《うねめ》 ……77
采女町 ……348
卯の日 ……276
卯の日の儀式次第 ……277
産着祝《うぶぎいわい》 ……410
産養《うぶやしない》 ……410
厩戸《うまやど》皇子（聖徳太子） ……56, 58, 73, 80, 315, 437, 539
海宮遊幸《うみのみやゆうこう》 ……444
梅の間 ……370
卜部《うらべ》（氏） ……474, 478, 482
卜部亮吾《りょうご》侍従日記 ……201, 258
盂蘭盆会（供）《うらぼんえ（く）》 ……501
羽林《うりん》家 ……92
表着《うわぎ》 ……387
繧繝縁《うんげんべり》 ……380
雲図抄《うんずしょう》 ……107
温明殿《うんめいでん》 ……352

■■ え ■■

纓《えい》 ……388
詠歌覚悟 ……523
詠歌大概御抄《えいがだいがいみしょう》 ……522
英照《えいしょう》皇太后（九条夙子） ……118, 119, 164, 357, 361, 363, 369, 373, 374, 376 419, 426, 523
英照皇太后大喪大赦 ……332
詠進 ……527
永世皇族主義 ……65
永世皇族制 ……62, 126, 127
栄典制度 ……315
栄典大権 ……315
叡念《えいねん》の儀 ……430
駅使院 ……461
腋門《えきもん》 ……348
江田船山古墳（出土の）鉄剣（銘文） ……32, 34, 69
エッケルト ……311
謁見《えっけん》の間 ……371
干支《えと／かんし》 ……298
江戸幕府 ……104
衛府《えふ》 ……75, 511
蝦夷 ……448
恵美押勝《えみのおしかつ》（藤原仲麻呂） ……111, 308
恵美押勝の乱 ……45, 111, 499
衛門《えもん》府 ……76
エリザベス・グレイ・ヴァイニング（夫人） ……247, 552
宴会の儀 ……178, 424
延喜格・式《えんぎきゃくしき》 ……71
延喜御記《えんぎぎょき》 ……519
延喜式《えんぎしき》 ……106
延喜式神名帳《じんみょうちょう》 ……473, 475
延喜天暦御記抄《えんぎてんりゃくぎょきしょう》 ……520
延久御記《えんきゅうぎょき》 ……520
燕尾纓《えんびえい》の抜巾子《ぬきこじ》 ……412
燕尾形ホック掛 ……391
燕尾服 ……391
円墳式の山陵 ……438
園遊会 ……199, 222, 285
円融《えんゆう》天皇 ……42, 44, 81, 112, 348, 477, 505
延遼館 ……145

■■ お ■■

緌《おいかけ》 ……384
御池庭《おいけにわ》御文庫 ……538
追相撲《おいずまい》 ……511
御祈始《おいのりはじめ》 ……410
王《おう》 ……59, 60, 65, 74, 127, 474
王位継承 ……208
桜花餅 ……510
王権 ……84
王公家軌範 ……138, 241
王公族 ……127, 137, 241
王氏 ……479
王子 ……477
皇子 ……59
皇子女 ……65
皇子女降誕諸式 ……37
皇子に御剣《ぎょけん》を賜る儀 ……407
黄綬褒章《おうじゅほうしょう》 ……325
応神《おうじん》天皇 ……40, 80, 448, 451, 463, 467, 468, 470
小碓《おうす》命 ……448
王制紀元 ……297
王政復古建議書 ……451
王政復古の大号令 ……114
王族 ……137
御歌所《おうたどころ》 ……167, 528
応天門《おうてんもん》 ……346
—の変 ……80, 91, 112
王土思想 ……84
黄丹《おうに》 ……384
淡海三船《おうみのみふね》 ……41
王法 ……499
王法仏法 ……499
近江《おうみ》神宮 ……468
近江大津宮 ……341

近江令 …… 70
女王禄 おうろく …… 109
大海人皇子 …… 45, 57, 111
大炊殿 おおいどの …… 349
大兄 おおえ …… 56
大兄制 …… 56
大江音人 …… 545
大奥 …… 364
大臣 おおおみ …… 70
おおきさき …… 47
大后 おおきさき …… 47
正親町 おおぎまち 天皇 …… 42, 86, 104, 532, 537, 546
王 おおきみ …… 59
大王 おおきみ …… 34
大口袴 おおぐちばかま …… 383
大国魂神 おおくにたまのかみ／大国魂命／倭大国魂神 …… 447, 469, 470
大国主 おおくにぬし 命 …… 471
大伯 おおく 皇女 …… 461
大己貴神（大己貴命）／大那牟遅神 おおなむちのかみ …… 444, 445, 470, 471
大蔵 おおくら …… 69
大坂遷都 …… 125
大路小路 …… 341
大上﨟 …… 78
おおすべらかし …… 389
仰 おおせ …… 519, 521
大袖 …… 383
大田主 おおたぬし …… 288
大手門 …… 364, 372
大殿 おおとの 祭 ほがい …… 483
大戸清上 おおどのきよかみ …… 536
大友 おおとも 皇子 …… 41, 45, 57, 111
大伴 おおとも 氏 …… 32, 90, 98
大伴連 おおとものむらじ …… 70
大伴 おおとも 親王 …… 49
大伴旅人 たびと …… 304
大伴継人 つぐひと …… 111
大中臣 おおなかとみ …… 478
大己貴神(大己貴命)／大那牟遅神 おおなむちのかみ …… 444, 445, 470, 471
大嘗 おおにえ …… 274
御麻 おおぬさ …… 480
多 おおの …… 537
太安万侶 おおのやすまろ …… 443
大祓 おおはらえ …… 480, 489, 508
—の儀 …… 430
—使 …… 276
大原野 おおはらの 行幸 …… 477
大原法華堂 ほっけどう …… 507
大番所 …… 364
オープンカー …… 403
大間書 おおまがき …… 109
大道 おおみち 庭園 …… 365
御体御卜 おおみまのみうら …… 480
大宮 …… 357
大宮院領 …… 102
大宮御所 …… 357
大宮土壇 …… 343
大連 おおむらじ …… 70
大物主 おおものぬし 神 …… 444, 447
大八洲 …… 443, 457
岡 …… 537
御学問所 おがくもんじょ …… 356, 375, 549
岡宮天皇 …… 42
お妃教育 …… 421
沖縄訪問 …… 218
御金巾子 おきんこじ …… 389
オク …… 204
奥 …… 537
奥宮殿 …… 370
小倉庫次侍従日記 …… 258
御黒戸 おくろど …… 507
お声かけ …… 333
御事書 …… 532
おことば …… 197, 199, 216, 217, 225
おことば問題 …… 225
おさがり …… 277
御沙汰書 …… 533
御里御殿 …… 507
折敷 おしき …… 395
おしつけ …… 399
御写真所 …… 366
お印 しるし …… 409
お大 …… 389
織田信長 おだのぶなが …… 86, 104
お茶 …… 398
お中 …… 390
御手水の間 …… 351
お告文／御告文 おつげぶみ …… 434, 495
乙厨子 …… 381
お土かけ …… 434
御常御殿 おつねごてん …… 355, 368
お局 つぼね …… 366
お局門 …… 366
乙夜随筆 おつやずいひつ …… 521, 533
御手元金 …… 211
お年日 としび …… 425
弟橘比売命 おとたちばなひめのみこと …… 448
お成／御成 …… 173, 216
御直衣 おのうし …… 388, 389
小野道風 おののとうふう …… 531
小野宮年中行事 …… 107
小野宮 おののみや 流 …… 91
御箸初 おはしぞめ の儀 …… 410
小墾田 おはりだ 宮 …… 341
帯 …… 383
御引直衣 おひきのうし …… 387, 388, 389
首 おびと 親王［聖武天皇］ …… 44, 51
衾覆 おふすま …… 159
御仏名 …… 501
御舟入 おふないり …… 431
御書使 おふみづかい …… 418
御文庫 おぶんこ …… 364, 367, 371
御賄 おまかない 料 …… 157
小忌衣 おみごろも …… 390

き

……234, 239, 244
玉珮《ぎょくはい》……383
御剣《ぎょけん》……408, 453
御剣庫《ぎょけんこ》……373
御璽《ぎょじ》……307, 454
御製《ぎょせい》……527, 528
御製集……517
御撰歌集……517
潔姫《きよひめ》……417
御府《ぎょふ》……366
御物《ぎょぶつ》……166, 540, 541
御名御璽事件……184
霧島《きりしま》神宮……468
桐竹鳳凰《きりたけほうおう》文様……385
切燈台……382
桐の間……370
桐紋……312
季禄《きろく》……75
金印……31
禁衛府《きんえいふ》……168
禁苑……512
銀器……393
錦旗・錦の御旗……314
錦鶏間《きんけいのま》……330
—祗候《しこう》……329
(御)金巾子《きんこじ》……389
金婚式……424
銀婚式……424
金鵄《きんし》……322
禁色《きんじき》……383, 385
金鵄勲章……322
覲子《きんし》内親王……102
禁省《きんしょう》……341
金製の御璽・国璽……308
近代中絶公事等……532
禁中並公家諸法度《きんちゅうならびにくげしょはっと》……87, 105, 113
禁中年中の事……521
禁中例規御心覚書……533
欽定憲法……148, 151
銀杯……322
禁秘御抄《きんぴみしょう》……107, 520, 545
金明水……364
欽明《きんめい》天皇……40, 41, 499
禁門《きんもん》の変……114
金葉和歌集……525
禁裏《きんり》……354
禁裏御所……354
禁裏御料……104
禁裏文庫……538
禁裏本御料……104
禁裏御倉……85, 103
禁裏六丁組……85
勤労奉仕……335
金禄公債《きんろくこうさい》……142

■■ く ■■

宮《ぐう》……463, 466
空頂(御)黒幘《くうちょう(おん)こくさく》……388, 389, 390, 412
公卿勅使《くぎょうちょくし》……474
—差遣の儀……474
公家政権……83
公家町……357
供御《くご》……84, 99, 167
供御人《くごにん》……84, 99, 393
草壁皇子……42, 45, 80
草薙剣《くさなぎのたち／くさなぎのつるぎ》……307, 448, 452, 453, 466
公事《くじ》……106
公事御抜書……533
櫛形の窓……352
公式令《くしきりょう》……34, 93
公事根源……107
公事部類……107, 521
九条夙子《くじょうあさこ》→英照皇太后《えいしょうこうたいごう》
九条節子《くじょうさだこ》→貞明皇后《ていめいこうごう》
九条年中行事……107
九条《くじょう》流……91
薬子の変……112
楠木《くすのき》正成《まさしげ》……113, 472
供膳《くぜん》の儀……418, 421, 423
百済教法《くだらのきょうほう》……54
宮内記者会……252
宮内省……74, 160, 200
宮内省官制……161
宮内省御用達……334
宮内省御料局……156
宮内省庁舎……366
宮内省費……156
宮内大臣……161
宮内庁……160, 200, 201
—舎……372
—発表……423
—病院……201
宮内府……160, 200
邦家《くにいえ》親王→伏見宮《ふしみのみや》
邦芳《くにか》王→伏見宮
国懸《くにかかす》神宮……467
恭仁京《くにきょう》……344
国思歌《くにしのびうた》……448
地祇《くにつかみ／ちぎ》……443, 445, 447, 484, 513
邦寿《くになが》王→賀陽宮《かやのみや》
邦良《くになが》親王……58, 63
国の儀式……284, 294, 431
久邇宮《くにのみや》……130, 240
—朝融《あさあきら》王……170, 175
—朝彦《あさひこ》親王……64, 126, 129, 130, 131, 181
—邦彦《くによし》王……130, 170, 175
—家……126, 157
—多嘉《たか》王……136, 170
—良子《ながこ》女王(香淳皇后)……123, 130,

■■ け ■■

御乗馬鹵簿《ろぼ》……175
小上臈……78
御所楽所《ごしょがくそ》……537
御所楽人《ごしょがくにん》……537
御所千度参り……186
御所伝授……527
後白河《ごしらかわ》上皇……102, 107, 113, 360, 503, 506
後白河天皇……42, 101, 112, 349, 531
後白河法皇……83, 345, 360, 455, 477, 503
子代《こしろ》……70, 98
御真影《ごしんえい》……148, 542, 556
御親兵……168
後崇光《ごすこう》院……36, 523
後朱雀《ごすざく》天皇……42, 80, 101, 505, 531
戸籍……98
五節会……509
五節(の)舞《ごせちのまい》……278, 282, 293
五摂家《ごせっけ》……91
御前会議……169, 172, 367
御前の内取……511
後撰和歌集……525
御束帯黄櫨染御袍《こうろぜんのごほう》……388, 389
御束帯帛御袍《はくのごほう》……388
小袖……383
後醍醐《ごだいご》天皇……38, 42, 43, 45, 46, 84, 107, 113, 310, 312, 314, 451, 455, 469, 477, 520, 526, 532, 546
後高倉院……36, 83, 102
ご昼餐……398
小朝拝《こちょうはい》……108
国会開会式……197
国会開設の詔《みことのり》……148
国家祭祀……478
国家神道……242
極官《ごっかん》……92
国忌《こっき／こき》……426, 502
告期《こっき》(の儀)……418, 421, 422, 423
国憲按《こっけんあん》……451
後土御門《ごつちみかど》天皇……507, 518, 532, 546
別天神《ことあまつかみ》……443
御燈……510
後鳥羽《ごとば》上皇……83, 106, 113, 314, 331, 373, 477, 522
後鳥羽天皇……38, 41, 43, 44, 266, 312, 353, 455, 469, 507, 520, 525, 526, 531
載仁《ことひと》親王 →閑院宮《かんいんのみや》
後奈良《ごなら》天皇……85, 104, 278, 532
御日課表……533
後二条天皇……38
(御)小直衣《このうし》……388, 389
近衛騎兵……176
近衛《このえ》前子《さきこ》……54
近衛師団……168
近衛天皇……44, 349, 506
近衛兵《このえへい》……168
木花開耶姫／木花咲耶姫《このはなさくやひめ》……444, 468
小林忍侍従日記……259
後花園《ごはなぞの》天皇……36, 64, 128, 129, 518, 523, 526, 532, 546
後深草《ごふかくさ》上皇……83
後深草天皇……84, 102, 451, 531
後伏見《ごふしみ》天皇……532
後堀河《ごほりかわ》天皇……36, 44, 83, 526
小松宮《こまつのみや》……127, 131
—彰仁《あきひと》親王……126, 128, 131, 170, 175
狛姓……537
駒牽《こまひき》……100, 110
後水尾《ごみずのお》上皇……358, 359, 361, 527, 548
後水尾天皇……45, 48, 54, 87, 105, 107, 113, 129, 173, 356, 360, 361, 506, 518, 520, 522, 527, 532, 538, 546
後村上《ごむらかみ》天皇……38, 46, 532
後桃園《ごももぞの》天皇……64, 130, 533, 548
御遺告《ごゆいごう》……532
御由緒《ごゆいしょ》物……214, 215
ご夕餐《ゆうさん》……398
御用掛……204
御養蚕所……205, 366, 373
後陽成《ごようぜい》天皇……36, 54, 86, 104, 522, 532, 537
御用達《ごようたし》……334, 335
御用邸……362
御暦《ごりゃく》の奏……110
御立纓《ごりゅうえい》……388
御料《ごりょう》……156, 166
御料局……166
御料車……402
御料タバコ……333
御料地……166
御料牧場……377
御料林……166, 200, 210
ゴルフ場……365
後冷泉《ごれいぜい》天皇……38, 80, 349
惟仁《これひと》(親王)[清和天皇]……38, 54
惟康《これやす》王……60
衣……383
袞衣《こんえ》……383
金剛勝院《こんごうしょういん》

■■ さ ■■

譲位……208
—践祚《せんそ》……43
正一位……73
省営田《しょうえいでん》……97
荘園……99
—整理令……99, 100
上円下方墳……438
定額寺《じょうがくじ》……505
貞観格・式《じょうがんきゃくしき》……71
貞観政要《じょうがんせいよう》……545
貞観殿……353
承久の変(乱)……83, 113
承香殿《じょうきょうでん》……353
将軍……447
昭憲《しょうけん》皇太后(一条美子)……48, 49, 55, 119, 120, 123, 174, 186, 187, 363, 373, 375, 391, 419, 424, 427, 428, 438, 469, 524, 542
昭憲皇太后基金……187
聖護院宮《しょうごいんのみや》……126
—嘉言《よしこと》(親王)……126, 128, 129
称号……408
上皇《じょうこう》(太上天皇)……35, 66, 82, 358
上皇［平成］……50, 66, 123, 251, 435
照高院宮《しょうこういんのみや》……126, 131
上皇后……49, 50, 66, 249, 251, 409, 435
上皇御所……356, 358
上皇職……50, 203
称光《しょうこう》天皇……42, 64, 129, 456, 523, 532
勝光明院《しょうこうみょういん》……506
譲国《じょうこく》の儀……263
証金剛院《しょうこんごういん》……506
小祭……484, 488
小祭式……485
上西門……346
小祀……478
彰子《しょうし》(藤原彰子)……48
尚侍《しょうじ》……77, 163
掌侍《しょうじ》……78, 163
障子《しょうじ》……380
上日……341
奨子《しょうし》内親王……49
祥子《しょうし》内親王……461
暲子《しょうし》内親王……102
上巳祓《じょうしのはらえ》……510
陞叙《しょうじょ》……140
小社……473, 475
陞爵《しょうしゃく》……140
詔書《しょうしょ》……93, 153
祥瑞《しょうずい》……297
正税《しょうぜい》……99, 475
正倉《しょうそう》……539
正遷宮《しょうせんぐう》……459
少初位下《しょうそいげ》……73
正倉院《しょうそういん》……376, 536
正倉院宝物……539, 541
正倉院事務所……204
肖像画……542
消息《しょうそく》……418, 518
正田美智子《しょうだみちこ》→平成の皇后(上皇后)
正中《しょうちゅう》の変……113
象徴天皇……192, 234
掌典……290, 513
—職……165, 205, 513
—職員……205
—長……165, 513
剰稲《じょうとう》……99
上東門……346
聖徳太子《しょうとくたいし》(厩戸皇子)……56, 58, 73, 315, 437, 499, 523, 539
称徳《しょうとく》天皇……41, 42, 44, 111, 450, 499
少納言……74
常寧《じょうねい》殿……353
賞牌《しょうはい》制定の詔……317
笙秘曲伝授書《しょうひきょくでんじゅしょ》……532
条坊《じょうぼう》……341
条坊制……341
成菩提院《じょうぼだいいん》……506
聖武《しょうむ》天皇……37, 41, 42, 44, 47, 51, 94, 98, 343, 376, 383, 417, 425, 499, 502, 504, 505, 531, 535, 536
聖武天皇施入勅願文……307
承明門《じょうめいもん》……348
昭陽舎《しょうようしゃ》……353
小礼服《しょうれいふく》……391
青蓮院宮《しょうれんいんのみや》……126
上臈《じょうろう》……78
昭和《しょうわ》……301
昭和記念公園……543
昭和宮殿……363, 366, 368, 369
昭和初期の天皇と宮中　侍従次長河井弥八日記……258
昭和聖徳記念財団……543
昭和天皇(裕仁《ひろひと》親王)(迪宮《みちのみや》)……41, 48, 121, 122, 123, 126, 127, 128, 132, 151, 154, 162, 164, 167, 169, 172, 174, 178, 181, 182, 187, 196, 197, 199, 200, 216, 218, 219, 220, 223, 225, 227, 229, 230, 234, 235, 236, 238, 241, 243, 244, 247, 248, 252, 253, 254, 265, 272, 281, 283, 284, 295, 301, 302, 319, 324, 329, 333, 335, 355, 362, 365, 367, 368, 371, 373, 374, 375, 376, 391, 399, 403,

407, 408, 409, 413, 414, 415, 416, 424, 425, 428, 430, 458, 488, 490, 493, 497, 524, 533, 541, 550
昭和天皇記念館……543
昭和天皇祭……490
昭和天皇実録……203, 259, 521
昭和天皇崇敬会……543
昭和天皇独白録……257
昭和天皇と私……257
昭和天皇の大御歌……259
昭和天皇発言記録集成……258
昭和の日……425
承和《じょうわ》の変……112
女王《じょおう／にょおう》……59, 65, 127, 420
所管社……459
女系天皇……206
職《しょく》……73
続古今和歌集《しょくこきんわかしゅう》……526
続後拾遺和歌集《しょくごしゅういわかしゅう》……526
続後撰和歌集《しょくごせんわかしゅう》……526
続拾遺和歌集《しょくしゅういわかしゅう》……526
飾章《しょくしょう》……392
女系……207
諸国貢進(の)御贄《しょこくこうしんのみにえ》……99
諸国の語部《かたりべ》の古詞《ふること》奏上……277
諸国例貢の贄《しょこくれいこうのにえ》……99
ジョサイア・コンドル……145
初斎院《しょさいいん》……461, 465
女子学習院……145, 200, 554
叙爵者……75
女性天皇……44, 206
ジョセフ・キーナン……245
女帝……44, 80, 88, 206
舒明《じょめい》天皇……37, 40, 44
書陵部……203
諸陵寮……166, 438, 440
諸陵寮式《しょりょうりょうしき》……437
ジョン・ウィリアム・フェントン……311
白川《しらかわ》家……74, 479
白河《しらかわ》上皇……82, 353, 477, 503, 506
白河《しらかわ》天皇……49, 101, 349, 360, 467, 477, 506, 525
白河殿《しらかわどの》……358, 360
白河法皇……360, 499, 503
白鳥御陵《しらとりのみあささぎ》……448
白峯神宮《しらみねじんぐう》……469
四寮……74
白酒《しろき》……277, 290, 483
白袴……383
神位《しんい》……473
新院《しんいん》……36
親謁《しんえつ》……281, 283
神階《しんかい》……473
心華光院殿御日記《しんかこういんどのごにっき》……523
神嘉殿《しんかでん》……193, 275, 484, 513
宸翰《しんかん》……531, 538
—流……531
宸翰英華《しんかんえいか》……533
神官組織……460
宸記《しんき》……519
神祇《じんぎ》院……512
神祇官……74, 160, 475, 478, 508, 512
神祇官代……479
神祇祭祀……478
新儀式《しんぎしき》……520
神祇省……512
神器の御鏡……455
神祇伯……74
神鏡《しんきょう》……78
神祇令……72, 264, 478
神宮《じんぐう》……459, 466
神功《じんぐう》皇后……45, 80, 154, 437, 448, 453, 463, 467, 468, 470, 476
神宮参拝……421
神宮・山陵に勅使発遣・奉幣の儀……415, 417
神宮親謁の儀《じんぐうしんえつのぎ》……287
神宮徴古館《じんぐうちょうこかん》……543
神宮領……461
神郡《しんぐん》……460, 461
迅鯨《じんげい》……403
進講《しんこう》……545
—者……529
新古今和歌集《しんこきんわかしゅう》……525
神国《しんこく》……458
新後拾遺和歌集《しんごしゅういわかしゅう》……526
新後撰和歌集《しんごせんわかしゅう》……526
新御料《しんごりょう》……104
真言院《しんごんいん》……499, 500
真言宗《しんごんしゅう》……499
寝座《しんざ》……274, 289
神座……277, 289
親祭……485
新朔平門院御日記《しんさくへいもんいんごにっき》……523
神三郡《しんさんぐん》……461
神璽《しんじ》……307, 351, 356, 453
人日《じんじつ》……509
神璽の鏡剣……264, 453
神社行幸《ぎょうこう》……477
神社本庁……243
親授……198, 322, 324
—式……180
新拾遺和歌集《しゅういわかしゅ

朱雀《すざく》天皇 …… 44, 81, 101, 359, 477
朱雀門 ……346
素戔嗚尊／須佐之男命《すさのおのみこと》 ……443, 444, 445, 453, 466, 471
厨子《ずし》 ……381
崇峻《すしゅん》天皇 ……37, 263, 439
図書《ずしょ》寮 …… 165, 203
崇神《すじん》天皇 …… 40, 447, 451, 453
硯箱 ……382
崇道尽敬皇帝 …… 42
崇道《すどう》天皇 ……42, 111, 439
崇徳《すとく》上皇 ……101, 112, 360, 525
崇徳《すとく》天皇 ……41, 44, 55, 296, 349, 469, 506, 526
簀子《すのこ》 ……378
—縁 ……378
相撲節《すまいのせち》 ……511
相撲節会 ……509
相撲人 ……511
淑子《すみこ》内親王 →桂宮《かつらのみや》
澄宮《すみのみや》(崇仁親王) →三笠宮《みかさのみや》
皇祖母尊《すめみおやのみこと》 …… 35
皇御孫命《すめみまのみこと》 ……274
楚割《すわやり》 ……394

■■ せ ■■

済《せい》 …… 31
征夷《せいい》大将軍 ……83, 84, 86
清華家《せいがけ》 …… 92
静寛院宮御日記《せいかんいんのみやごにっき》 ……133
成婚パレード投石……183
政教分離 ……294
世系 ……451
正寝移柩の儀《せいしんいきゅうのぎ》 ……435
聖蹟《せいせき》 …… 173, 175
生前退位 ……208
生存者叙勲 …… 180, 198, 317
政体書 ……160
聖断 …… 169, 172
正殿《せいでん》 …… 369, 370
聖徳記念絵画館 ……542
成年式 …… 413, 493
生物学(御)研究所 …… 205, 365, 373
成務《せいむ》天皇 ……37, 40
正門石橋 ……372
正門鉄橋 ……372
清涼記 …… 107, 520
清涼殿《せいりょうでん》 ……348, 351, 355, 378, 480, 502
清和《せいわ》天皇 …… 38, 44, 54, 80, 91
石帯 ……383
釈奠《せきてん》 …… 394, 509
世襲皇族 ……126
世襲皇族制 …… 62
世襲親王家 …… 60
世襲名 …… 89
軟障《ぜじょう》 ……380
世数限定制 ……127
世俗浅深秘抄《せぞくせんしんひしょう》 ……520
世尊寺《せそんじ》流 ……531
節会《せちえ》(宴会) ……277, 280, 350, 509
節日《せちにち》 ……509
摂関《せっかん》 …… 90
摂関家 ……82, 91
摂関制 …… 80
摂関政治 ……80, 81
接遇(基準) ……226
摂家《せっけ》 …… 92
—門跡 ……507
勢津子(松平勢津子) →秩父宮《ちちぶのみや》
摂社《せっしゃ》 …… 459, 470
摂政《せっしょう》 ……80, 195, 492
摂政旗 ……313
摂政令 ……154
摂津職 ……343
世伝御料《せでんごりょう》 …… 157, 211
世伝御料地 ……157
施入田 …… 99
施薬院《せやくいん》 ……186
宣《せん》 …… 94
戦役記念御府 ……366
宣化《せんか》天皇 …… 40
前官礼遇 ……329
前期難波宮 ……341
銓擬文《せんぎもん》 ……110
遷御の儀 ……460
遷宮《せんぐう》 ……339
遷幸《せんこう》 ……173
宣誥《せんこく》 …… 93
全国育樹祭 ……216
全国植樹祭 ……216
全国赤十字大会 ……217
全国戦没者追悼式……217
全国豊かな海づくり大会 ……217
千載和歌集《せんざいわかしゅう》 ……525
宣旨《せんじ》 ……93, 94
—職《しき》 …… 75
—枡《ます》 ……100
禅師 ……503
選子《せんし》内親王 ……520
選者 ……528
撰集秘記《せんしゅうひき》 ……107
践祚《せんそ》 ……263
—後朝見《ちょうけん》の儀 ……264
—(の)式 …… 263, 264
—大嘗祭《だいじょうさい》 ……274
—の間 ……376
戦争指導会議 ……367
戦争責任 …… 235, 244
千僧読経《せんそうどきょう》 ……502

先代旧事本紀《せんだいくじほんぎ》 ……… 444, 445, 471
先帝以前三代の式年祭 ……… 490
先帝祭 ……… 490
先帝の皇后 ……… 49
遷都 ……… 339
仙洞《せんとう》 ……… 36, 347, 358
—仮御所 ……… 375
—御所 ……… 356, 358, 360, 374
—御料 ……… 88, 105
遷都論 ……… 125
泉涌寺《せんにゅうじ》 ……… 426, 438, 506
千部《せんぶ》 ……… 502
—会《え》 ……… 502
—経《きょう》 ……… 502
—経供養《きょうくよう》 ……… 502
前方後円墳 ……… 437
宣命《せんみょう》 ……… 93
—使 ……… 267
—小書体 ……… 93
宣耀殿《せんようでん》 ……… 353
撰和歌所 ……… 525

■■ そ ■■

蘇《そ》 ……… 395
胙《そ》 ……… 509
蘇甘栗使《そあまぐりのつかい》 ……… 395
相依 ……… 499
贈位《ぞうい》 ……… 316
葱花輦／葱華輦《そうかれん》 ……… 400, 429, 431
喪儀司 ……… 434
霜錦《そうきん》亭 ……… 365
贈剣の儀 ……… 418
増《ぞう》御料 ……… 105
障子《そうじ／しょうじ》 ……… 380
雑仕《ぞうし》 ……… 201
操子《そうし》女王 ……… 417
奏事始 ……… 178
葬場殿 ……… 429, 431
—の儀 ……… 431, 433
贈書の儀 ……… 418, 422
宋書倭国伝 ……… 31
喪葬令《そうそうりょう／れい》 ……… 426, 437
相即論 ……… 499
宗秩寮 ……… 165, 200
—審議会 ……… 141
僧伝排韻《そうでんはいいん》 ……… 523
奏任官 ……… 163
総参祭 ……… 467
総務局 ……… 167
蒼龍丸《そうりょうまる》 ……… 403
葬列 ……… 295, 431
蘇我《そが》氏 ……… 32, 70, 73, 90, 98
蘇我入鹿《いるか》 ……… 111
即位灌頂《かんじょう》 ……… 267, 500
即位式 ……… 263, 266, 269
即位(の)宣命 ……… 267, 457
即位の勅語 ……… 273
即位礼 ……… 199, 272, 284, 400
—及び大嘗祭の式 ……… 271
—正殿の儀 ……… 285
—当日賢所大前の儀 ……… 284
即位後朝見《ちょうけん》の儀 ……… 284
束帯《そくたい》 ……… 383, 412
—黄丹袍《おうにのほう》 ……… 390
側近日誌《そっきんにっし》 ……… 257
則闕《そっけつ》の官 ……… 74
外七言《そとのしちげん》 ……… 462
薗《その》 ……… 537
尊円《そんえん》入道親王 ……… 523
尊覚《そんかく》入道親王 ……… 523
尊号 ……… 41, 42
—一件 ……… 114
尊号御謙(辞)退記《そんごうごけん(じ)たいき》 ……… 533
尊王攘夷論 ……… 88
尊融《そんゆう》親王 ……… 64

■■ た ■■

退位規定 ……… 196
退位礼正殿の儀 ……… 199, 251
大化 ……… 298
大覚寺統 ……… 45, 84, 451
大化(の)改新 ……… 70, 111
大化の薄葬令 ……… 426
代替わりにともなう諸儀式 ……… 294
大逆罪《たいぎゃくざい》 ……… 196
大逆事件 ……… 181
大饗《たいきょう》 ……… 281, 296
大教《たいきょう》 ……… 512
—宣布《せんぷ》 ……… 512
大饗第一日の儀 ……… 282
大饗第二日の儀 ……… 282
大饗夜宴の儀 ……… 282
大勲位菊花章《だいくんいきっかしょう》 ……… 317
大勲位菊花章頸飾 ……… 226, 317
大勲位菊花大綬章 ……… 227, 317
代系 ……… 451
太元宮《だいげんぐう》 ……… 479
大元帥 ……… 169
大元帥法《たいげんのほう》 ……… 500
待賢門 ……… 347
太后御記《たいこうぎょき》 ……… 522
太皇太后《たいこうたいごう》 ……… 47
太皇太后宮職 ……… 52
太皇太妃 ……… 53
太皇太夫人《ぶにん》 ……… 51
大行《たいこう》天皇 ……… 40, 427
大極殿《だいごくでん》 ……… 266, 346
醍醐天皇 ……… 35, 42, 44, 81, 91, 95, 107, 439, 511, 519, 525, 531, 538, 545, 546

高橋氏 ……393
孚彦 たかひこ 王(朝香宮) ……169
崇仁 たかひと 親王(澄宮) →三笠宮 みかさのみや
幟仁 たかひと 親王 →有栖川宮 ありすがわのみや
高天原 たかまがはら の神々 ……443
高松宮 たかまつのみや ……63, 130, 132
—(宣仁親王妃)喜久子 ……132, 227, 228, 373, 436
—家 ……60
—日記 ……258
—宣仁 のぶひと 親王(光宮) ……122, 126, 128, 130, 132, 170, 187, 227, 228, 230, 258, 436, 524, 551
高円宮 たかまどのみや ……213
—絢子 あやこ 女王 ……133, 554
—邸 ……374
—(憲仁親王妃)久子 ひさこ ……133, 221, 228, 229, 524
—承子 つぐこ ……133, 221
—典子 のりこ ……133, 221
—憲仁 のりひと 親王 ……133, 225, 228, 229, 524
高御座 たかみくら ……266, 287, 350
尊良 たかよし 親王 ……471
当芸野 たぎの ……448
打毬 だきゅう ……204
内匠寮 ……166
ダグラス・マッカーサー ……234, 236, 242, 244
竹田宮 たけだのみや ……127, 131, 158, 240
—家 ……157
—恒徳 つねよし 王 ……131, 170, 220
—恒久王 ……131, 170
—(恒久王妃)昌子(常宮) ……121, 127, 128, 131
竹の間 ……370
竹橋事件 ……171
武彦 たけひこ 王(山階宮) ……130, 170
盛仁 たけひと 親王 ……63
威仁 たけひと 親王 →有栖川宮 ありすがわのみや
武甕槌神／武甕槌命 たけみかづちのかみ ……444, 445, 466, 471
唾壺 だこ ……382
手輿 たごし ……400
多治比高子 だじひのたかこ ……51
太政官 だじょうかん ……160
—制 ……160, 512
太上天皇 だじょうてんのう ……35, 36, 66, 82, 356, 503
多志良加 たしらか ……282
只 ただ の御膳 ……394
畳 たたみ ……378, 380
忠通 ただみち (藤原忠通) ……101, 112
橘 たちばな ……324
橘嘉智子 かちこ ……358, 359
橘奈良麻呂の変 ……111
橘逸勢 はやなり ……112, 531
巽 たつみ 櫓 やぐら ……364
楯 たて ……326
楯伏舞 ……535
田中正造直訴事件 ……181
栽仁 たねひと 王(有栖川宮) ……128
田中殿 ……506
玉串訴訟 たまぐしそしょう ……498
玉依姫 たまよりひめ／玉依姫尊／玉依媛命／玉依日売命 ……444, 463, 464, 468
賜 たまわり ……333
多米都物 ためつもの ……277
為平 ためひら 親王 ……112
タラシヒコ ……40
熾仁 たるひと 親王 →有栖川宮 ありすがわのみや
男系 ……207
端午 たんご ……509
端午節会 ……510
男爵 ……140
誕生 ……492
—日祝 ……424
段銭 たんせん ……103
壇ノ浦の合戦 ……113

■■ ち ■■

知恩院宮 ちおんいんのみや ……126
親子 ちかこ 内親王(和宮) ……52, 61, 114
地祇 ちぎ ……443, 445, 447, 484, 513
地球儀 ……269
地久節 ちきゅうせつ ……425
千草棟 ちぐさとう ……370
致斎 ちさい ……276
知造難波宮事 ちぞうなにわぐうじ ……343
秩父 ちちぶ 宮 ……132
—(雍仁親王妃)勢津子 せつこ ……132, 227, 228, 373, 524
—杯 ……328
—妃杯 ……328
—雍仁 やすひと 親王(淳宮) ……122, 127, 132, 170, 182, 227, 228, 230, 550, 551
秩禄処分 ちつろくしょぶん ……142
治天 ちてん の君 ……35
千鳥(棟) ちどりとう ……370
千鳥ケ淵戦没者墓苑 ……498
智努 ちぬ 王 ……62
地方官 ……475
地方豪族 ……70
地方巡幸 ……232, 234, 239

■■ つ ■■

恒久 つねひさ 王　→竹田宮 たけだのみや
恒世 つねよ 親王 …………… 58
恒徳 つねよし 王(竹田宮) ……………131, 170, 220
恒良 つねなが/つねよし 親王 ……………………58, 471
壺切御剣 つぼきりのぎょけん ……………230, 373, 415
局 つぼね …………………… 78
妻戸 つまど …………………379
釣殿 つりどの ………………378
鶴岡八幡宮 …………………463
鶴丸 …………………………373

■■ て ■■

ティアラ …………………392
帝王学 ……………………544
帝王教育 …………………544
定家 ていか(藤原定家)　→定家 さだいえ(藤原定家)
帝紀 ………………… 443, 450
定季仁王会 ………………501
帝国学士院議員 …………150
帝国議会開院式 …………179
帝国議会閉院式 …………179
帝国博物館 ………… 167, 200
定子 ていし(藤原定子)…… 48
帝室会計審査局 …………167
帝室技芸員 ………… 330, 541
帝室経済会議 ……………157
帝室制度審議会 …………137
帝室制度調査局 …………155
帝室費 ……………………156
帝室林野管理局 …………166
帝室林野局 ………… 166, 200
媞子内親王 ………………… 49
貞信公記 ていしんこうき ……………………………107
剃髪 ていはつ ……………410
帝範 ………………………545
貞明 ていめい 皇后(九条節子) ……………48, 121, 123, 164, 174, 187, 220, 374, 407, 413, 419, 424, 524
輦車 てぐるま ……… 400, 401
照宮 てるのみや 成子 しげこ 内親王(東久邇宮盛厚王妃) ……123, 128, 233, 241
光宮 てるのみや(宣仁親王) →高松宮 たかまつのみや
殿下 ………………………… 66
田楽 でんがく ……………278
典侍 てんじ/ないしのすけ ……………………77, 163
天子摂関御影 てんしせっかんみえい …………………542
天智 てんじ 天皇 ………… 37, 41, 42, 57, 70, 111, 267, 298, 341, 439, 468, 470, 502, 526
天守閣 ……………………364
殿上の間 …………………351
殿上人 ……………………351
天壌無窮 てんじょうむきゅう の神勅 ………………452
天神 てんじん/あまつかみ ………………………443, 445, 447, 484, 513
伝奏 てんそう ……………… 96
天曹地府 てんそうちふ 祭 ……………………………268
天孫降臨 てんそんこうりん ……………………………444
伝達 ………… 198, 322, 324
天誅組 てんちゅうぐみ 事件 ……………………………114
天長祭 …………… 179, 489
天聴集 てんちょうしゅう ……………………………532
天長節 てんちょうせつ ………………… 424, 555
—の儀 ……………………179
—祝日 ……………………424
—祭 さい …………………424
天皇 …………… 32, 33, 508
—旗 ………………………312
—機関説 …………………151
—機関説事件 ……………182
—御璽 ……………… 74, 308
—主権説 …………………151
—親政 ……………………151
—成年式 …………………413
—側近 ……………………146
—大権 ……………………149
—誕生日 ……… 179, 425
—誕生日祝賀 ……………199
—杯 ………………………326
—服 ………………………391
—陵 ………………………440
—賞 ………………………326
—親政 ……………………147
—大権 ……………………332
—訪中 ……………………224
—霊 ………………………274
天皇・皇族実録 …………521
天王寺楽所 てんのうじがくそ ……………………………537
天王寺楽人 てんのうじがくにん ……………………………537
天皇図巻 …………………542
天皇の御服に関する件 ……………………………177
天皇の退位等に関する皇室典範特例法…… 208, 251
殿部 ………………………201
天武 てんむ 天皇 ………… 37, 42, 44, 45, 57, 80, 111, 274, 341, 342, 443, 535
天武天皇陵 ………………438
天暦御記 てんりゃくぎょき ……………………………519

■■ と ■■

銅烏幢 どううのとう ………266
踏歌 とうか ………… 509, 510
燈械 とうがい ……………382
東雅院 とうがいん …………347
桃華楽堂 とうかがくどう ……………………………372
桐花大綬章 とうかだいじゅしょう ……………………319
登華殿 とうかでん …………353
道灌濠 どうかんぼり ………363
東儀 とうぎ ………………537
道義的責任論 ……………244
道教 どうきょう ……………508
道鏡 どうきょう ……………111

豊原《とよはら》(豊)……537
寅の日……276
虎ノ門事件……181
頓宮《とんぐう》……173

■■ な ■■

内位《ないい》……73
内印《ないいん》……307
内宴……109
内郭……348
内閣制度……160
内記……94
内規取調局……134
内宮《ないくう》……459
内行花文《ないこうかもん》鏡……453
内侍《ないし》……95
内侍司《ないしし／ないしのつかさ》……77, 201
内侍宣《ないしせん》……95
内侍所《ないしどころ》……78, 352, 455, 481, 482, 474
—御神楽《ないしどころのみかぐら》……352, 481
尚侍《ないしのかみ／しょうじ》……77, 95, 163
典侍《ないしのすけ》……77, 163
内掌典《ないしょうてん》……165, 513
内陣《ないじん》……289
内親王《ないしんのう》……127, 420
内膳司《ないぜんし／ないぜんのつかさ》……348, 393
内奏……196
内槽《ないそう》……431
内大臣……162
—府……161
内着帯《ないちゃくたい》……407
ナイチンゲール記章授与式……217
内廷《ないてい》……69
—会計基金……213
—会計審議会……213
—会計主管……213
—皇族……211
—職員……205
—知事……160
—費……211
内命婦《ないみょうぶ》……78
内務省神社局……512
内覧《ないらん》……81, 95
直仁《なおひと》親王……63, 130
轅《ながえ》……400
長岡京……341, 344
中川宮《なかがわのみや》……64, 126
—反逆陰謀事件……181
良子女王 →香淳皇后《こうじゅんこうごう》
長崎市長襲撃……184
中七社……476
中務省《なかつかさしょう》……74, 94, 98
中臣《なかとみ》(氏)……446, 466, 467, 474, 478, 481, 482
中臣の寿詞《よごと》奏上……277
中の御茶屋……361
良成《ながなり》親王……472
中大兄皇子……56, 80, 111, 298
(御)長袴《ながばかま》……390
長橋局《ながはしのつぼね》……78
永久《ながひさ》王 →北白川宮《きたしらかわのみや》
中陪《なかべ》……387
中御門上皇……361
中御門《なかみかど》天皇……42, 58, 279, 533
長屋王《ながやおう》……51, 100, 111
—の変……111
中山忠能《なかやまただやす》……114
中山慶子《よしこ》……118
長柄豊碕宮《ながらとよさきのみや》……342
梨本宮《なしもとのみや》……127, 131, 240
—宮(守正王妃)伊都子……524
—菊麿《きくまろ》王(山階宮)……126, 131, 170
—家……157
—邸……158
—方子《まさこ》女王(李)……123, 131, 135, 137, 228, 241
—守脩《もりおさ》親王……126, 131
—守正《もりまさ》王……127, 131, 170, 175
梨本宮伊都子妃の日記《なしもとのみやいつこひのにっき》……133, 257
ナショナル・デー……425
名代《なしろ》……70, 98
那須《なす》御用邸……376
南殿《なでん／みなみでん》……350, 360, 506
七瀬《ななせ》の御祓……481
七草粥《ななくさがゆ》……509
難波京《なにわきょう》……342
難波宮《なにわのみや》……341
波の間……370
奈良華族……143
稔彦《なるひこ》王 →東久邇宮《ひがしくにのみや》
成久《なるひさ》王 →北白川宮《きたしらかわのみや》
徳仁《なるひと》(親王) →令和の天皇
縄御纓《なわごえい》……389
縄御帯《なわのおんおび》……389
南域……346
南倉……539
南朝……45, 451
南朝の遺臣……456
難陳《なんちん》……299
南庭……350
南都楽所《なんとがくそ》……537
南都楽人《なんとがくにん》……537
南方社……472
南北朝……84
南北朝正閏論(争)《なんぼくちょ》

《うせいじゅんろん(そう)》……45, 456
南洋神社……470

■■ に ■■

新嘗／ニイナメ……274
新嘗祭《にいなめさい／にいなめのまつり》……274, 275, 483, 487, 555
新浜《にいはま》鴨場……377
贄《にえ》……99, 274
贄戸《にえこ》……99
贄人《にえびと》……84
二階厨子《にかいずし》……381
二階棚……381
二官……74
二官八省……70
饒速日命《にぎはやひのみこと》……444, 445, 467
二宮大饗《にぐうのだいきょう》……108
和世《にごよ》の祓《はらえ》……489
錦襪《にしきのしとうず》……383
錦《にしき》の御旗《みはた》……310
西京極大路……344
西対《にしのたい》……378
二十一社……478
二十二社……475, 476
二重橋……372
—事件……183
—爆弾事件……181
二重櫓……364
二条《にじょう》城……86
—行幸……87
二条為明《ためあき》……526
二条為氏《ためうじ》……526
二条為定《ためさだ》……526
二条為重《ためしげ》……526
二条為藤《ためふじ》……526
二条天皇……349
二所(の)朝廷……76, 112
二代御記《にだいぎょき》……520
二代皇族……126
日像《にちぞう》・月像《げつぞう》の幢……266
日華門《にっかもん》……350
日記(御記《ぎょき》)……517
日記御厨子《にっきのみずし》……520
日供《にっく》……429, 493
日章旗……310
新田《にった》義貞《よしさだ》……113, 471
日中行事……520, 546
日幣旗……269
日本／ニッポン……309
瓊瓊杵尊《ににぎのみこと》……439, 444, 467, 468
二・二六事件……182
二宮……38
ニホン……309
日本《やまと／にほん》……309, 457
日本学士院……217
日本藝術院各授賞式……217
日本国……309
日本国憲法発布大赦……332
日本憲法見込案……150
日本国際賞……217
日本書紀……443, 450
日本赤十字社……186
日本鉄道会社……139, 142
二孟旬《にもうしゅん》……109
乳牛院……395
入道親王……503
如意宝珠……499
女院《にょいん》号……102
女院領……102
女官官位改定……160
女御《にょうご》……54, 159
—宣下……159
—宣旨……159
女御尚侍位次御問答《にょうごしょうじいじごもんどう》……533
女房《にょうぼう》……78
—詞《ことば》……396
—装束《しょうぞく》……387
—奉書《ほうしょ》……96
女王《にょおう／じょおう》……59, 65, 127, 420
女官《にょかん》……78, 163, 201
—長《ちょう》……163, 201
女蔵人《にょくろうど》……78, 276, 483
女戸主《にょこしゅ》……141
女孺《にょじゅ》……163
女叙位《にょじょい》……109
庭積机代物《にわづみのつくえしろもの》……290
庭火忌火祭《にわびいみびのまつり》……483
人間宣言……232, 234, 238, 252, 458
仁賢《にんけん》天皇……57
仁孝《にんこう》天皇……39, 41, 52, 527
認証官……163, 180, 198
—任命式……180, 198
仁徳《にんとく》天皇……31, 41, 47, 69, 100
仁徳天皇陵……437
仁和寺宮《にんなじのみや》……126, 131
仁王会《にんのうえ》……501
仁明《にんみょう》天皇……37, 41, 42, 62, 108, 351, 358, 359, 439, 450, 500, 536
任命……193

■■ ぬ ■■

抜穂《ぬいぼ》の儀……281
抜穂使《ぬいぼし／ぬいぼのつかい》……275
抜出《ぬきで》……511
塗籠《ぬりごめ》……351, 378

■■ ね ■■

根古志形《ねこじがた》……382
年官《ねんかん》……50, 75, 103
年給《ねんきゅう》……75
年号……297, 298
—勘文《かんもん》……299
年爵《ねんしゃく》……50, 75, 103
年中行事《ねんちゅうぎょうじ》

…………546
年中行事絵巻 ねんちゅうぎょうじえまき ……107, 352
年中行事御障子 ねんちゅうぎょうじおんそうじ／ねんちゅうぎょうじみしょうじ ……107, 351, 380, 479

■■ の ■■

幅 の ……380
納采 のうさい（の儀）……418, 420, 421, 422, 423
（御）直衣 のうし ……383, 387, 390
荷前 のさき ……439
—使 のつかい ……483
幅筋／野筋 のすじ ……380
後月輪 のちのつきのわの 陵 ……426, 438, 506
野宮 ののみや ……461
能褒野 のぼの ……448
允子 のぶこ →朝香宮 あさかのみや
信子 のぶこ（寛仁親王妃）……132, 228, 229, 241, 524
宣仁 のぶひと 親王 →高松宮 たかまつのみや
典子 のりこ 女王 →高円宮 たかまどのみや
紀宮 のりのみや →黒田清子
憲仁 のりひと 親王 →高円宮 たかまどのみや
教通 のりみち（藤原教通）……91
賭弓 のりゆみ ……109

■■ は ■■

売位 ……75
売官 ……75
拝謁 はいえつ ……322, 333
拝賀の儀 ……177
拝訣の儀 ……429
廃太子 ……58
廃朝 ……427, 479
陪塚 ばいちょう ……437
陪聴者 ばいちょうしゃ ……528
廃仏毀釈運動 はいぶつきしゃくうんどう ……513
墓 ……437
博士 はかせ ……529
萩戸 はぎのと ……351
伯 かみ ……74
伯家 はくけ ……74, 479
伯爵 ……140
白色帛 はく 御五衣 おんいつつぎぬ・同御唐衣 おんからぎぬ・同御裳 おんも ……389
薄葬令 ……438
帛衣 はくのきぬ ……479
白切袴 はくのきりばかま ……390
帛御服 はくのごふく ……389
白単 はくのひとえ ……390
白袍 はくのほう ……390
曝涼 ばくりょう ……538, 540
栢梁殿 はくりょうでん ……359
幕僚部 ……242
筥崎宮 はこざきぐう ……463
半蔀 はじとみ 車 ……401
羽柴（豊臣）秀吉 ……86, 129
馬車 ……403
橋廊 はしろう ……379
秦 はた 姓 ……537
八十算賀の御記 はちじゅうさんがのぎょき ……533
八条院領 ……102
八条宮 ……63, 129, 359
—智仁 としひと 親王（桂宮）……92, 129, 527
—家 ……60
八代集 はちだいしゅう ……525
八幡宮 はちまんぐう ……463
八幡信仰 ……463
八葉車 はちようのくるま ……401
八稜鏡 はちりょうきょう ……382
パチンコ玉事件 ……183
始馭天下之天皇 はつくにしらすすめらみこと ……446
八省 ……74
—院 ……346
八神 ……513
—殿 ……513
初宮参 はつみやまいり ……410
鳩杖 はとづえ ……331
華子 はなこ →常陸宮 ひたちのみや
花園 はなぞの 上皇 ……547
花園 はなぞの 天皇 ……353, 503, 518, 532
花園天皇大嘗祭御禊行幸御覧記 はなぞのてんのうだいじょうさいごけいぎょうこうごらんき ……532
塙保己一 ……46, 72
祝部 はふりべ ……478
蛤御門 はまぐりごもん ……357
—の変 ……114
浜床 はまゆか ……381
林 はやし ……537
林広守 はやしひろもり ……311
隼人 はやと の犬吠 いぬぼえ ……277
葉山御用邸 ……376
—放火 ……184
葉山しおさい公園 ……376
祓刀 はらえがた ……480
祓所 ……289
張輿 はりこし ……400
張袴 はりばかま ……387
美子 はるこ →昭憲皇太后 しょうけんこうたいごう
明宮 はるのみや →大正天皇
治仁 はるひと 王 ……63
春仁 はるひと 王 →閑院宮 かんいんのみや
晴（の）御膳 はれのごぜん ……397
萬歳旛 ばんざいばん ……267, 296
班子 はんし 女王 ……51
般舟三昧院 はんじゅざんまいいん ……507
万世 ばんせい ……450
万世一系 ばんせいいっけい

……………………………450
万世一系論 ………………451
反正《はんぜい》天皇 ……31, 57
半蔵門 ……………………372
判任官 ……………………163
半臂《はんぴ》 ………………383
頒暦《はんれき》 ………………110

■■ ひ ■■

妃《ひ》 ………………47, 51, 53
日吉行幸《ひよしぎょうこう》 ………………………477
檜扇《ひおうぎ》 ………………387
日蔭糸《ひかげのいと》 ………390
日蔭蔓《ひかげのかずら》 ……390
東《ひがし》 ……………………537
東京極大路 ………………344
東久邇宮《ひがしくにのみや》 ………………… 127, 132
—家 ……………… 157, 240
—稔彦《なるひこ》王 ………………132, 170, 175, 227, 241, 245
—稔彦ニセ婚姻届……184
—稔彦王妃聡子《としこ》(泰宮)…… 127, 128, 132
—盛厚《もりひろ》王……170
—盛厚王妃成子《しげこ》(照宮)………………123, 128, 233, 241
東殿《ひがしどの》 ……………506
東二ノ間 …………………371
東対《ひがしのたい》 …………378
東伏見宮《ひがしふしみのみや》 ………… 126, 131, 240
—家 ……………………157
—邸 ……………………375
—嘉彰《よしあきら》親王 ……… 126, 131, 175
—依仁《よりひと》親王 ……………………129, 131, 170, 175
東山御文庫《ひがしやまごぶんこ》 ………………… 376, 538
東山《ひがしやま》天皇 ………42, 58, 107, 279
氷川《ひかわ》神社 …………471
避諱《ひき》 ………………… 38
飛香舎《ひぎょうしゃ》 ………353
比丘尼《びくに》御所 ………507
披講《ひこう》 ………………527
英彦山神宮《ひこさんじんぐう》 ………………………468
彦仁《ひこひと》王(親王)[後花園天皇]……………… 36, 64, 128, 129, 523
彦火火出見尊《ひこほほでみのみこと》 ……439, 444, 467, 468
廂《ひさし》 …………………378
廂車《ひさしぐるま》 ………401
廂の間 ……………… 351, 378
久子《ひさこ》 →高円宮《たかまどのみや》
久宮《ひさのみや》祐子………128
悠仁《ひさひと》親王 →秋篠宮《あきしののみや》
妃氏入宮の儀 ……………418
妃氏入第《ひしじゅだい》の儀 ………………………420
氷高《ひだか》内親王 ……… 44
直垂《ひたたれ》 ……………392
常陸宮《ひたちのみや》 ……………213, 221, 374
—御殿 …………………371
—杯 ……………………328
—(正仁親王妃)華子《はなこ》 …………………… 133, 228, 229, 524
—正仁《まさひと》親王(義宮) ………………128, 133, 206, 228, 229, 233
敏達《びだつ》天皇 ………… 44
悲田院《ひでんいん》 ………185
単《ひとえ》 ………… 383, 387
火取《ひとり》 ………………382
火取香炉 …………………382
昼の御座《ひのおまし》 ………351
—の御剣 ………………455
日前神宮《ひのくまじんぐう》 ………………………467
日の丸 ……………………310
ヒノモト …………………309
卑弥呼《ひみこ》 …………… 31
ひめゆりの塔事件………184
氷室《ひむろ》 ………………100
媛蹈鞴五十鈴媛命《ひめたたらいしずひめのみこと》 ……………… 447, 468
姫宮御殿 ………… 347, 356
百首御歌 …………………517
百人一首《ひゃくにんいっしゅ》 ………………………526
百人一首聞書 ……………522
百人一首御講釈 …………522
百人一首御講釈聞書……522
百人一首御抄 ……………522
百人番所 …………………364
百万塔 ……………………499
百寮官人 …………………341
百寮司 …………………… 74
兵衛 ……………………… 76
標《ひょう》山 ………………277
屏風 ………………………380
平緒 ………………………384
平川門 ……………………372
枚手《ひらで》 ………………487
平野行幸 …………………477
褶《ひらみ》 …………………383
平胡籙《ひらやなぐい》 ………384
領巾《ひれ》 …………………387
披露宴 ……………………423
檳榔毛車《びろうげのくるま》 ………………………400
檳榔樹《びろうじゅ》 ………401
博忠《ひろただ》王 →華頂宮《かちょうのみや》
博経《ひろつね》親王 →華頂宮《かちょうのみや》
浩宮《ひろのみや》 →令和の天皇
広廂《ひろびさし》 …………380
裕仁《ひろひと》親王 →昭和天皇
博恭《ひろやす》王 →伏見宮《ふしみのみや》 →華頂宮《かちょうのみや》
博義《ひろよし》王 →伏見宮《ふ》

しみのみや
枇杷殿《びわどの》…………349
嬪《ひん》…………47, 53
殯宮移御《ひんきゅういぎょ》の儀…………432
殯宮一般拝礼…………432
殯宮祗候《しこう》…………431
殯宮日供の儀…………432
殯宮の儀…………427
殯宮拝礼の儀…………432
鬢《びん》そぎ…………412

■■ ふ ■■

武《ぶ》…………31, 34, 69
風雅和歌集《ふうがわかしゅう》…………526
風俗歌屏風…………282
風俗歌舞《ふうぞくのうたまい》…………278
風俗舞《ふうぞくまい》…………278, 282
(ジョン・ウィリアム・)フェントン…………311
風流夢譚事件…………183
深草北陵…………426, 438
深曾木《ふかそぎ》の儀…………411
武官…………392
不堪定…………110
不堪佃田奏《ふかんでんでんそう》…………110
吹上大宮御所《ふきあげおおみやごしょ》…………365, 368, 371
吹上御苑《ぎょえん》…………363, 365
吹上御所…………365, 368, 371
副署…………163
副章…………319
覆奏《ふくそう》…………94
福羽美静《ふくばびせい》…………269
福原京《ふくはらきょう》…………345
不敬罪…………196
武家伝奏…………89
房子《ふさこ》内親王(周宮) →北白川宮《きたしらかわのみや》
成仁《ふさひと》親王…………518
附式…………270
藤壺(の)上御局《ふじつぼのうえのみつぼね》…………351
伏見御領《ごりょう》…………63
伏見《ふしみ》天皇…………268, 532
伏見宮《ふしみのみや》…………126, 204, 240
—邦家《くにいえ》親王…………126, 127, 134, 135, 241
—邦芳《くにか》王…………170, 549
—家…………60, 63, 126, 157
—貞愛《さだなる》親王…………129, 170
—貞教《さだのり》親王…………129
—禎子《さちこ》女王…………121, 122
—邸…………158, 403
—博恭《ひろやす》王(華頂宮)…………129, 131, 170
—博義《ひろよし》王…………170
伏見櫓《やぐら》…………364
富士見櫓…………364
藤原京《ふじわらきょう》…………341, 343
藤原顕輔《あきすけ》…………525
藤原明子《あきらけいこ》…………51, 54
藤原安宿媛《あすかべひめ》(光明子)…………47, 48, 51, 52, 66, 111, 417, 437
藤原愛発《あらち》…………112
藤原舎子《いえこ》…………54
藤原穏子《おんし／やすこ》…………54, 359, 522
藤原宇合《うまかい》…………343
藤原温子《おんし》…………52, 112
藤原兼家《かねいえ》…………81
藤原兼通《かねみち》…………348
藤原鎌足《かまたり》…………111, 437
藤原公任《きんとう》…………107, 359, 525
藤原薬子《くすこ》…………112
藤原光明子《こうみょうし》(安宿媛)…………47, 48, 51, 52, 66, 111, 417, 437
藤原定家《さだいえ》…………522, 525, 526, 533
藤原貞敏《さだとし》…………536
藤原実頼《さねより》…………81, 91
藤原《ふじわら》氏…………81, 466, 467, 471
藤原氏北家…………91
藤原順子《じゅんし》…………51, 54
藤原俊成《しゅんぜい／としなり》…………331, 525
藤原季綱《すえつな》…………360
藤原佐理《すけまさ》…………531
藤原佐世《すけよ》…………544
藤原詮子《せんし》…………102
藤原高子《たかいこ》…………51
藤原高藤《たかふじ》…………437
藤原忠実《ただざね》…………91, 96, 520
藤原忠平《ただひら》…………81, 91, 107, 112, 511
藤原忠通《ただみち》…………101, 112
藤原種継《たねつぐ》暗殺事件…………111
藤原為家《ためいえ》…………526
藤原長子《ちょうし》…………102
藤原定子《ていし》…………48
藤原時平《ときひら》…………81, 95, 112
藤原仲麻呂《なかまろ》(恵美押勝)…………45, 111, 308, 499
藤原仲麻呂の乱…………111
藤原教通《のりみち》…………91
藤原不比等《ふひと》…………72
藤原冬嗣《ふゆつぐ》…………54, 76
藤原道隆《みちたか》…………48
藤原通俊《みちとし》…………525
藤原道長《みちなが》…………48, 81, 91, 349, 539
藤原通憲《みちのり》(信西)…………112, 113, 349
藤原宮子《みやこ》…………48,

51, 52, 66, 417, 437
藤原基経《もとつね》……50, 80, 91, 107, 112, 417, 479
藤原師実《もろざね》……360
藤原師輔《もろすけ》……91
藤原師尹《もろただ》……112
藤原師長《もろなが》……537
藤原行成《ゆきなり》……520, 531, 538
藤原良房《よしふさ》……50, 80, 91, 112, 417
藤原頼忠《よりただ》……81
藤原頼長《よりなが》……101, 112
藤原頼通《よりみち》……91
婦人服制……392
襖《ふすま》……380
扶桑略記《ふそうりゃっき》……45
不即位太上天皇《ふそくいだいじょうてんのう》……36
二間《ふたま》……351
—の供……501
—観音《ふたまのかんのん》……501
普通御料……156, 157, 166
普通御料地……211
仏教……499
仏教儀礼……500
復権……332
仏堂(法華堂)……438
経津主命《ふつぬしのみこと》／経津主神……444, 445, 466, 471
仏法……499
仏法興隆の詔……499
仏名《ぶつみょう》……501
仏名会《ぶつみょうえ》……501
仏名懺悔《ざんげ》……501
道祖《ふなど》王……57, 111
夫人《ぶにん》……47, 51
富美宮《ふみのみや》 →朝香宮《あさかのみや》
文仁《ふみひと》親王 →秋篠宮《あきしののみや》
文仁《ふみひと》親王妃紀子《きこ》 →秋篠宮家《あきしののみや》
扶余神宮……470
プラカード事件……183
豊楽院《ぶらくいん》……346
ふるまつり……467
武烈《ぶれつ》天皇……37
豊《ぶん》(豊原)……537
文化勲章……180, 324
文化功労者……324
文化の日……179, 324
文官……392
(御)文庫《ぶんこ》……364, 367, 368, 371

■■ へ ■■

部《べ》……98
平安京《へいあんきょう》……342, 344
平安神宮……346, 347, 469
陛下……66
平治の乱《へいじのらん》……113
平出《へいしゅつ》……96
平城京《へいじょうきょう》……341, 344
平常服……391
平姓……62
平成……302
平城《へいぜい》上皇……76, 112, 345
平城《へいぜい》天皇……39, 41, 341, 509
平成の皇后(上皇后)……50, 66, 124, 201, 219, 220, 249, 250, 253, 374, 392, 409, 425, 435, 488, 524
平成の天皇(上皇)……50, 66, 123, 128, 150, 151, 188, 197, 204, 205, 208, 216, 217, 218, 219, 220, 222, 223, 224, 226, 227, 229, 231, 232, 243, 247, 250, 253, 284, 292, 295, 304, 322, 364, 365, 368, 371, 374, 375, 376, 408, 409, 411, 415, 422, 425, 435, 488, 493, 497, 524, 528, 533, 543, 552
別格官幣社……475
別裾……384
別宮《べつぐう》……459, 470
別忌詞《べつのいみことば》……462
部民《べみん》制……70, 98
冕冠《べんかん》……383
編修課……203
冕板……383

■■ ほ ■■

袍《ほう》……383, 384
坊《ぼう》……345
縫腋《ほうえき》……384
法皇……36, 503
鳳凰《ほうおう》の間……370
鳳凰馬車……403
望岳台《ぼうがくだい》……367
宝冠……383
宝冠章……317
宝剣……356
芳菊の間……370
宝器の剣璽……455
崩御……40, 66
宝鏡……452, 453
宝鏡開始……443
方形造《ほうぎょうづくり》……400
崩御践祚《ほうぎょせんそ》……43
宝剣出現……444
保元の乱……101, 112
布袴《ほうこ》……383, 384
宝珠……499
法住寺殿《ほうじゅうじどの》……358, 360
宝珠法……499
法勝寺御所……360
宝祚《ほうそ》……263
坊中御日次案《ぼうちゅうおんひなみあん》……533
奉幣《ほうべい》……474
—使……474
豊明殿《ほうめいでん》……370, 397
宝物《ほうもつ》……540
宝暦《ほうれき》事件……88, 113

鳳輦 ほうれん ……176, 400
北域 ……346
北山抄 ほくざんしょう ……107
卜占 ぼくせん ……508
北倉 ……539
北朝 ……45, 451
墓戸 ……438
戊午 ぼご の密勅 みっちょく ……114
菩薩戒 ぼさつかい の牒状 ちょうじょう ……531
母子愛育会 ……187
墓所の儀 ……435
北海道神宮 ……469
法華八講 ほっけはっこう ……502
法親王 ほっしんのう ……503
ポツダム宣言 ……191, 231, 237, 241
輔弼 ほひつ ……146
堀河第 ほりかわだい ……348
堀河 ほりかわ 天皇 ……42, 44, 49, 58, 349, 353, 506
母衣引 ほろひき ……204
品位 ほんい ……73, 473
本院 ……36
本朝皇胤紹運録 ほんちょうこういんじょううんろく ……46
本殿祭 ……464
本丸跡 ……364
本名 ……38

■■ ま ■■

毎朝御代拝 まいちょうごだいはい ……493
毎朝四方拝 ……480, 493
舞姫 ……282
曲玉／勾玉 まがたま ……454
牧野伸顕日記 まきののぶあきにっき ……257
眞子 まこ 内親王 →秋篠宮 あきしののみや
孫廂 まごびさし ……378
雅子 まさこ →令和の皇后
方子 まさこ 女王 →梨本宮 なしもとのみや
和子 まさこ（徳川和子）（東福門院）……48, 54, 87, 354, 357, 361
昌子 まさこ 内親王 →竹田宮 たけだのみや
正子 まさこ 内親王 ……359
雅成 まさなり 親王 ……102
正仁 まさひと 親王 →常陸宮 ひたちのみや
正良 まさら 親王 ……37, 58
益子 ますこ 内親王 ……523
（ダグラス・）マッカーサー ……234, 236, 242, 244
松風の間 ……370
末社 ……459
松尾・北野行幸 ……477
松の間 ……369
松の廊下跡 ……364
マツリゴト ……106, 478
祭事 まつりごと／さいじ ……106, 478
政事 まつりごと ……106
政始 まつりごとはじめ の儀 ……177
真床覆衾 まどこおふすま ……274, 296
魚味始 まなはじめ ……411
政所 まんどころ ……81
マント・ド・クール ……391

■■ み ■■

御贖 みあが ……480
御贖祭 みあがまつり ……480
御阿礼 みあれ 神事 ……464
御稜威 みいつ ……235, 236
御稲田 みいねだ ……99
御影堂 ……469
御蔭祭 ……464
三笠宮 みかさのみや ……132, 213
—家 ……373
—崇仁 たかひと 親王（澄宮）……122, 128, 132, 170, 228, 524, 551
—（崇仁親王妃）百合子 ……132, 188, 228
—邸 ……374
—東邸 ……374
御門 みかど ……483
三箇夜餅 みかよのもち ……159, 418, 421
三箇夜餅 みかよ（の）もち の儀 ……418, 423
御溝水 みかわみず ……351
御巫 みかんなぎ／みこ ……276, 478, 480, 483
神酒 ……276
御教書 みぎょうじょ ……95
供御薬 みくすりをくうず ……510
みくに奉仕団 ……335
御座 みくら／ぎょざ ……277, 289
御厨 みくりや ……99
御食 みけ ……274
王 みこ／おおきみ ……59
詔 みことのり ……93
陵 みささぎ／りょう ……46, 434, 437
節仁 みさひと 親王 ……63, 128
御修法 みしほ／みしゅほう／みずほ／みずほう ……499, 500
御修法大法 ……502
御簾 みす ……378, 380, 400
水鏡 ……45
御厨子所 みずしどころ ……393
御厨子所別当 ……393
水は器 ……120
御精進 みそうじ ……501
禊祓 みそぎはらい ……443
屯田 みた ……97
鎮魂 みたましずめ の儀 ……487
霊代 みたましろ／れいだい ……427
御霊代 みたましろ ……455
美智子 みちこ →平成の皇后（上皇后）
—さま執筆中止 ……183
迪宮 みちのみや →昭和天皇
方仁 みちひと 親王［正親町天皇］……104
道康 みちやす 親王 ……54, 112

御帳台《みちょうだい》 …………………288, 381
密教 ……………………………499
三蔵《みつぐら》 ……………… 69
ミッチーブーム ………124
御寺《みてら》 ………………506
御堂《みどう》 ………………506
—流《りゅう》 …………… 91
水戸《みと》光圀《みつくに》 …… 45
みどりの日 ………………425
水無瀬宮《みなせのぐう》 ……469
水無瀬《みなせ》神宮 ………469
水無瀬法華堂 ……………469
湊川《みなとがわ》神社 ………472
南車寄《みなみくるまよせ》 ……………………370
南廂《みなみびさし》 …………380
源俊頼《としより》 ……………525
源博雅《ひろまさ》 ……………536
源頼朝《よりとも》 ………………83, 86, 463
御八講《みはっこう》 …………501
御牧《みまき》 ………………100
宮《みや》 ……………………339
屯倉《みやけ》 ……………… 97
都《みやこ》 …………………339
宮子《みやこ》(藤原宮子) ……………………… 48, 51, 52, 66, 417, 437
宮号《みやごう》 ……………… 38
宮崎神宮 …………………468
美夜受比売《みやずひめ》 ……448
宮簀媛(命) ………… 454, 466
宮《みや》門跡 ……………126, 134, 507
明経博士《みょうぎょうはかせ》 ……………………409
名字書《みょうじがき》 ……38, 39
明呪《みょうじゅ》 ……………500
名神祭《みょうじんさい》 ……473
名神大社 …………………473
名代 ………………………222
命婦《みょうぶ》 ……………163
名例律《みょうれいりつ》 ……………………71, 72
民間情報教育局(CIE) ………………… 234, 242

■■ む ■■

武蔵陵墓地 ………………434
睦仁《むつひと》(親王) →明治天皇
謀大逆罪《むたいぎゃくざい》 ………………………438
無答責《むとうせき》 ………………… 117, 244
虚舟《むなしきふね》 ………… 36
宗尊《むねたか》親王 ….. 84, 526
宗良《むねなが/むねよし》親王 ………………… 472, 526
村上《むらかみ》社 …………472
村上天皇 ……………35, 42, 91, 107, 112, 348, 358, 359, 453, 519, 520, 525
室町院領 …………………102
室町第 ……………………… 85

■■ め ■■

名家 ………………………… 92
鳴弦 ………… 409, 510, 511
明治《めいじ》 ………………300
明治宮殿 …………… 363, 368
明治憲法発布大赦………332
明治十四年の政変………148
明治神宮 …………… 469, 542
明治節 ……………………424
—祭 ……………………489
—の儀 …………………179
明治天皇 ……38, 41, 46, 58, 117, 125, 126, 128, 144, 146, 159, 162, 169, 173, 181, 186, 187, 220, 230, 269, 270, 280, 300, 326, 329, 333, 363, 365, 368, 369, 373, 374, 377, 389, 390, 398, 402, 403, 424, 427, 428, 430, 469, 470, 471, 472, 473, 489, 490, 491, 496, 523, 527, 529, 533, 541, 542, 545, 549, 556
—紀 ………………… 173, 521
—元服大礼大赦………332
—大喪大赦 ……………332
—東幸 …………………125
—の結婚の儀 …………159
—の国書 ………………451
—陵 ……………………438
明正《めいしょう》天皇 …… 42, 45, 88, 105, 532
名分論《めいぶんろん》 ………451
命名の儀 ………… 37, 38, 408
名誉守部《めいよしゅぶ》 ……440
明和《めいわ》事件 ……………113
廻粥《めぐりがゆ》 ……………410
召合《めしあわせ》 ……………511
召歌《めしうた》 ………………528
召人《めしうど》 ………………528
馬道《めどう》 ………………352

■■ も ■■

(御)裳《も》 ……. 383, 387, 390
主水司《もいとりのつかさ/もんどのつかさ/しゅすいし》 ……510
申文《もうしぶみ》 ……. 109, 110
モーニング ………………391
裳唐衣《もからぎぬ》 …………383
殯宮《もがりのみや/ひんきゅう》 …………… 426, 428, 429
木杯 ………………………322
帽額《もこう》 ………………381
文字詞《もじことば》 …………396
喪主 ………………………427
百舌《もず》・古市《ふるいち》古墳群 ………………………437
以仁王《もちひとおう》 ……… 60
元溜《もとだまり》 ……………377
基経《もとつね》(藤原基経) ……………………… 50, 80, 91, 112, 417, 479
元良《もとよし》親王 …………526
物語注釈書 ………………522
物の具 ……………………387
物部《もののべ》氏 ………… 32, 90, 444, 446, 467
物部連《もののべのむらじ》 …… 70
紅葉山 ……………………366
紅葉山楽人《もみじやまがくにん》

……537
百日 ももか の祝……410
桃園 ももぞの 天皇……45, 88, 113, 355, 533
守脩 もりおさ 親王 →梨本宮 なしもとのみや
守貞 もりさだ 親王……36, 102
守平 もりひら 親王……112
盛厚 もりひろ 王 →東久邇宮 ひがしくにのみや
守正 もりまさ 王 →梨本宮 なしもとのみや
護良 もりよし／もりなが 親王……113, 472
師輔 もろすけ（藤原師輔）……91
紋章……312
文章博士 もんじょうはかせ……409, 545
門跡 もんぜき……503, 507
門跡寺院……64
文徳 もんとく 天皇……38, 41, 54, 62, 112, 358, 509
文武 もんむ 天皇……41, 43, 44, 51, 53, 54, 106, 263, 266, 417, 457
門葉記 もんようき……523

■■ や ■■

夜会 やかい……370, 398
役夫工米 やくぶくまい……103
八雲御抄 やくもみしょう……522
屋号……89
八尺瓊(の)曲玉 やさかにのまがたま……452, 454
八洲起元 やしまきげん……443
鳩彦 やすひこ 王 →朝香宮 あさかのみや
靖国神社……472, 496
雍仁 やすひと 親王 →秩父宮 ちちぶのみや
慶仁 やすひと 親王［中御門天皇］……58
泰宮 やすのみや →東久邇宮 ひがしくにのみや
八瀬童子 やせどうじ……272, 429
八咫烏 やたがらす……446
八咫鏡 やたのかがみ……307, 452, 453, 459
八代宮 やつしろぐう……472
柳原 やなぎわら 愛子 あいこ……120
山県有朋……168
山国 やまぐに……85
山里御文庫 やまざとおぶんこ……373
山科 やましな 家……393
山科七郷……85
山階 やましな 鳥類研究所……141
山階宮 やましなのみや……64, 126, 130, 240
—晃 あきら 親王……64, 126, 129, 130
—家……157
—武彦 たけひこ 王……130, 170
—邸……158
邪馬台国……31
山田道……343
やまと／ヤマト……309
大倭 やまと……309
大和 やまと……31, 309, 446
日本 やまと……457
和 やまと……309
倭大国魂神／大国魂神 やまとおおくにたまのかみ……447, 470
日本武尊／倭建命……429, 437, 447, 454, 457, 466
大和朝廷……446
倭姫命……447, 448, 453, 459
大和舞……278
山井……537
山鳩色の袍……385
遣水 やりみず……380

■■ ゆ ■■

唯一神明造 ゆいいつしんめいづくり……459
由緒寺院……507
結納 ゆいのう……418
優遇……329
猶子 ゆうし……64
遊就館 ゆうしゅうかん……497
游心亭 ゆうしんてい……375
有職故実書 ゆうそくこじつしょ……520
雄略 ゆうりゃく 天皇……31, 32, 34, 37, 69, 339
由加物 ゆかもの……276
—使……276
悠紀行事所……275
悠紀 ゆき 国……275
悠紀斎田 さいでん……290
悠紀殿……276
—供饌 きょうせん の儀……289
悠紀節会 ゆきのせちえ……277
悠紀(の)地方……270, 292
泔坏 ゆするつき……382
茂仁 ゆたひと 親王……36
百合子 ゆりこ →三笠宮 みかさのみや

■■ よ ■■

夕 よい の儀……277, 487
陽光院 ようこういん 太上天皇（誠仁親王）……36
瑶子 ようこ 女王（寛仁親王次女）……132, 229
養子……64
養正館……543
陽成 ようぜい 天皇……35, 44, 80, 91, 526
用明 ようめい 天皇……37
腰輿 ようよ……400
養老律令 ようろうりつりょう……71, 72
養老令……72
節折 よおり……480, 489
浴湯 よくとう（の儀）……409
横大路……343
寿詞 よごと……264, 273
嘉彰 よしあきら（親王） →東

■■ ら ■■

■■ り ■■

■■ る ■■

資料編

［目次］

[1] 神武《じんむ》

父 鸕鷀草葺不合尊 **母** 玉依姫命

皇后など 媛蹈鞴五十鈴媛命

異称 神日本磐余彦尊 かんやまといわれひこのみこと／狭野尊 さののみこと／始馭天下之天皇 はつくにしらすすめらみこと

誕生 庚午 1.1

践祚 神武 1.1.1

崩御 神武 76.3.11

在位（76） **没年齢**（127）

記・紀では、人代の初めに記す。天照大神の孫・瓊瓊杵尊が日向に天降り、その玄孫とされる。その名を紀は神日本磐余彦とするが、記には神倭伊波礼毘古命とあり、記の成立後に倭→日本と置換した可能性がある。紀によれば父・鸕鷀草葺不合尊の第四子（一書に異伝あり）で、日向に生まれ、十五歳で立太子、甲寅年に兄たちとともに大和を目指して日向を発ち、筑紫・安芸・吉備を経て、戊午年に難波に到着、白肩の津から上陸。しかし、物部氏の祖で、同じく天孫降臨伝承をもつ饒速日命に仕える長髄彦に敗れ、海路南転して紀伊熊野より上陸し、大和を目指した。その後も土地の豪族との争いに苦戦するが、霊剣布都御魂を得たり、天照大神から八咫烏を遣わされるなどの神威に助けられ、大和の宇陀に至る。宇陀で長髄彦と再び戦うが、金色の鵄が神武の弓弭にとまり、敵の目をくらませた。それを見た饒速日命は、神武も天孫と認め、長髄彦を殺して帰順した。その後、多くの豪族に打ち勝ち、畝傍山東南にあたる橿原に宮を営み、 媛蹈鞴五十鈴媛命を娶り、ここで辛酉年（前661）に即位した。この即位年を設定したのは、中国伝来の讖緯思想に基づくもので、一蔀（1260年）ごとの辛酉年に大変革が起きるとの説により、推古天皇9年辛酉（601）から逆算されたとみられるが、実年代は不明（一説に1世紀中頃か）。陵は記紀に白檮尾にあると記すが、中世には伝承地不明となった。そのため、幕末に推考して比定され、修築して現在の形となった。明治23年（1890）、畝傍橿原宮比定地に橿原神宮が創建された。

---

[2] 綏靖《すいぜい》

父 神武天皇 **母** 媛蹈鞴五十鈴媛命

皇后など 五十鈴依媛命

異称 神渟名川耳尊 かんぬなかわみみのみこと

誕生 神武 29

践祚 綏靖 1.1.8

崩御 綏靖 33.5.10

在位（33） **没年齢**（84）

記・紀によれば神武天皇の第三皇子で神武42年に立太子。父の崩御に際し、庶兄の手研耳命が弟の神八井耳命・神渟名川耳尊（綏靖天皇）を害そうとした。それを察知した二人は片岡（奈良県北葛城郡北部、香芝市に比定）で伏せっていた手研耳命を襲った。その際、手が震えて弓を引けなかった神八井耳命は即位を辞退し、綏靖が即位した。葛城高丘宮に遷都。なお、神八井耳命は神祇を司ったという。以下八代の天皇は「闕史八代」と呼ばれ、系譜に記されるが事績にとぼしい。

---

[3] 安寧《あんねい》

父 綏靖天皇 **母** 五十鈴依媛命

皇后など 渟名底仲媛命

異称 磯城津彦玉手看尊 しきつひこたまでみのみこと

誕生 綏靖 5

践祚 綏靖 33.7.3

崩御 安寧 38.12.6

在位（39） **没年齢**（67）

綏靖天皇の皇子で、紀によれば母は事代主神の娘の五十鈴依媛命。即位の翌々年に片塩浮孔宮（奈良県大和高田市に比定する説がある）に遷都をし、まもなく渟名底仲媛命（事代主神の孫にあたる鴨王の娘）を皇后に迎え、息石耳命、大日本彦耜友尊（懿徳天皇）、磯城津彦命の3人の男子を得た。記紀ともに「シキツヒコ」という名を伝えるが、磯城（奈良県磯城郡田原本町）との関わりは不明。

---

[4] 懿徳《いとく》

父 安寧天皇 **母** 渟名底仲媛命

皇后など 天豊津媛命
異称 大日本彦耜友尊 おおやまとひこすきとものみこと
誕生 綏靖 29
践祚 懿徳 1.2.4
崩御 懿徳 34.9.8
在位 (34) **没年齢** (77)

安寧天皇の第二皇子で即位2年に軽曲峡宮(記は軽之境岡宮)へ遷都(奈良県橿原市大軽町付近とされる)。即位3年に迎えた皇后を、紀は同母兄息石耳命の娘・天豊津媛命とするが、記では師木県主の祖の賦登麻和訶比売命とする。子についても紀の本文では観松彦香殖稲尊(孝昭天皇)とし、その一書と記は多芸志比古命、武石彦奇友背命とする。

---

[5] 孝昭 こうしょう

父 懿徳天皇 **母** 天豊津媛命
皇后など 世襲足媛命
異称 観松彦香殖稲尊 みまつひこかえしねのみこと
誕生 懿徳 5
践祚 孝昭 1.1.9
崩御 孝昭 83.8.5
在位 (83) **没年齢** (114)

懿徳天皇の第一皇子で、即位年7月に掖上池心宮(伝承地は奈良県御所市玉手)へ遷る。世襲足媛(尾張連の祖・瀛津世襲の妹)を皇后に迎え、天足彦国押人命、日本足彦国押人尊(孝安天皇)をもうける。兄の天足彦国押人命は和邇氏の祖と伝えられる。

---

[6] 孝安 こうあん

父 孝昭天皇 **母** 世襲足媛命
皇后など 押媛命
異称 日本足彦国押人尊 やまとたらしひこくにおしひとのみこと
誕生 孝昭 49
践祚 孝安 1.1.27
崩御 孝安 102.1.9
在位 (102) **没年齢** (137)

孝昭天皇の第二皇子で、即位2年に室秋津島宮(記は葛城室之秋津島宮)に遷る。奈良県御所市室の八幡神社境内に伝承地がある。即位26年、天足彦国押人命の娘の押媛を皇后に迎え、大日本根子彦太瓊尊(孝霊天皇)をもうけるが、記は第一皇子として大吉備諸進命を記す。

---

[7] 孝霊 こうれい

父 孝安天皇 **母** 押媛命
皇后など 細媛命
異称 大日本根子彦太瓊尊 おおやまとねこひこふとにのみこと
誕生 孝安 51
践祚 孝霊 1.1.12
崩御 孝霊 76.2.8
在位 (76) **没年齢** (128)

孝安天皇の皇子で、父の崩じた年の12月に黒田廬戸宮(奈良県磯城郡田原本町黒田に比定)に遷り、翌年1月に即位。細媛命(紀では磯城県主大目の娘、記では十市県主祖大目の娘)を皇后に迎え、彦国牽尊(孝元天皇)を得る。紀の一書には春日千乳早山香媛・倭国香媛を皇后と記し、その間に四道将軍となった彦五十狭芹彦命、箸墓古墳の被葬者という伝承のある倭迹迹日百襲姫命を得たとある。

---

[8] 孝元 こうげん

父 孝霊天皇 **母** 細媛命
皇后など 鬱色謎命
異称 大日本根子彦国牽尊 おおやまとねこひこくにくるのみこと
誕生 孝霊 18
践祚 孝元 1.1.14
崩御 孝元 57.9.2
在位 (57) **没年齢** (116)

孝霊天皇の皇子。父の崩じた翌年1月に即位し、即位4年に軽境原宮(記では軽之堺原宮、伝承地は橿原市大軽町、見瀬町周辺)に遷都。穂積臣の祖である鬱色雄命の妹・鬱色謎命を皇后とし、稚日本根子彦大日日尊(開化天皇)らをもうけた。陵の剣池嶋上陵(記では剣池之中岡上)は中山塚1〜3号墳(奈良県橿原市石川町)に比定されている。

---

[9] 開化 かいか

父 孝元天皇 **母** 鬱色謎命
皇后など 伊香色謎命
異称 稚日本根子彦大日日尊 わかやまとねこひこおおひびのみこと
誕生 孝元 7
践祚 孝元 57.11.12
崩御 開化 60.4.9

在位（61）　**没年齢**（111）

孝元天皇の第二皇子。即位の翌年、春日率川宮（伝承地は奈良市本子守町付近など）に遷都。大和盆地北部へ移転した、理由は不明。即位6年に伊香色謎命を皇后に迎え、崇神天皇が産まれるが、亡父の妃であり、また伊香色謎命から見ると、亡夫と伯母の間の子に嫁いだことになる。陵の春日率川坂上陵は念仏寺山古墳（奈良市油阪町）に比定。同古墳は全長約100メートルの前方後円墳で、幕末に墳丘の修築が行われ現在の形になった。

---

[10] 崇神 すじん

父　開化天皇　**母**　伊香色謎命

皇后など　御間城姫命

異称　御間城入彦五十瓊殖尊 みまきいりひこいにえのみこと／御肇国天皇 はつくにしらすすめらみこと

誕生　開化10

践祚　崇神1.1.13

崩御　崇神68.12.5

在位（68）　**没年齢**（119）

開化天皇の第二皇子で、開化天皇28年に19歳で立太子。父の崩御翌年に即位し、従姉妹の御間城姫を皇后に迎え、活目命（垂仁天皇）らを得る。即位3年に三輪山麓の磯城瑞籬宮に遷る。伝承地は志貴御県坐神社（奈良県桜井市金屋）。祭祀関連の事績が多く、5年頃から疫病が流行したため、三輪山の神を祭祀したり、6年には天照大神と倭大国魂神を宮殿外に祀るなどしている。7年には大物主神が倭迹迹日百襲姫命（孝霊天皇娘、箸墓古墳の被葬者と伝承される）に託宣した。それに従って大田田根子を大物主神の、市磯長尾市を倭大国魂神の祭主としたところ、五穀豊穣となり国が治まったという。また勢力を拡大するため、10年に四道（記では三道）に皇族将軍を派遣した。大彦命（孝元天皇第一皇子で武渟川別命の父）が北陸、武渟川別命（阿倍氏らの祖）が東海、吉備津彦（孝霊天皇の皇子で、記によると吉備上道臣の祖）が西道、丹波道主命（開化天皇孫、垂仁天皇皇后・日葉酢媛命の父）が丹波に遠征している。彼らは各地の豪族を平定して帰還した。12年には「御肇国天皇」（記では所知初国之御真木天皇）と称えられている。48年に活目命を立太子し、20年後の68年に崩御して翌年、山辺道勾岡上陵に葬られた。その陵は行燈山古墳（奈良県天理市柳本町）に比定される。日本各地から献上品が届けられ、60年に出雲の飯入根からも出雲の神宝が献上されている。朝鮮半島の記述も初めて見え、65年に任那が朝貢したとある。桜井市の纏向遺跡から出土した大型の建物遺構は3世紀前半と認められ、これを崇神の宮殿（紀では磯城瑞籬宮、記では師木水垣宮）とみる説がある。また記の崩年干支「戊寅」は258年（または318年）と推定されている。

---

[11] 垂仁 すいにん

父　崇神天皇　**母**　御間城姫命

皇后など　狭穂姫命・日葉酢媛命

異称　活目入彦五十狭茅尊 いくめいりひこいさちのみこと

誕生　崇神29.1.1

践祚　垂仁1.1.2

崩御　垂仁99.7.14

在位（99）　**没年齢**（139）

崇神天皇の第三皇子。父の崩じた翌年1月に即位し、伯父・彦坐王の娘・狭穂姫を皇后に迎える。3年に纏向珠城宮（記では師木玉垣宮）に遷都（伝承地は奈良県桜井市穴師）。しかし4年に皇后の兄・狭穂彦王が謀反を企て、皇后に垂仁暗殺をそそのかしたが、皇后が暗殺をためらって垂仁に打ち明けたので、兄とともに稲城で火攻めにされた。その後新たに日葉酢媛命を立后。28年、弟の倭彦命が没したので、側仕えの者たちを生きながら埋めたところ、昼夜泣く声が聞こえ、痛ましかったため、殉死を禁じる詔を出す。32年、日葉酢媛命が没すると、垂仁は野見宿禰の進言を容れ、殉死者にかえて埴輪を用いることにした。これが埴輪の起源とされる。37年、大足彦尊（景行天皇）を立太子、その後長らく政治を行った。『住吉大社神代記』にみえる崩年干支「辛未」を311年と推定する説がある。陵は菅原伏見東陵（奈良市尼辻西町、尼辻宝来山古墳に比定）。7年7月7日に当麻蹶速と野見宿禰が相撲を取り、これが相撲の起源とされ、後に7月7日は相撲の節会の日となった。また25年、日葉酢媛命との子・倭姫命に天照大神の祭祀を託し、近江から美濃を経て伊勢に至り、託宣によって五十鈴川上に祠を建てた。これ

が後の伊勢の内宮とされる。

---

[12] 景行《けいこう》

父 垂仁天皇 **母** 日葉酢媛命

皇后など 播磨稲日大郎姫命・八坂入姫命

異称 大足彦忍代別尊《おおたらしひこおしろわけのみこと》

誕生 垂仁 17

践祚 景行 1.7.11

崩御 景行 60.11.7

在位 (60) **没年齢** (143)

垂仁天皇の第三皇子。即位2年、播磨稲日大郎姫（記では吉備臣の祖・若建吉備津日子の娘である針間之伊那毘能大郎女とする）を皇后に迎え、大碓命や小碓尊（日本武尊）をもうける。4年に纒向日代宮へ遷る（奈良県桜井市穴師に比定）。また、美濃に行幸して美人の弟姫を妃にしようとしたが果たせず、姉の八坂入姫命を迎える（播磨稲日大郎姫の没後に立后）。12年、朝貢しない熊襲を討つため九州に遠征し、土蜘蛛とともに滅ぼした。27年、再び熊襲がそむくと、子の小碓尊を遣わして川上梟帥を討伐。この後、小碓は日本武尊と名乗る。40年には蝦夷がそむいたので日本武尊を東国に派遣。武尊は伊勢神宮で叔母の倭姫命より草薙剣を授かって東国を平定。しかし、帰京の途上、伊吹山の神の怒りに触れて病を得、能褒野（三重県亀山市）で没したという。後嗣としていた日本武尊が没したため、51年稚足彦尊（成務天皇）を立太子。57年、諸国に田部、屯倉を定めさせる。58年、近江に行幸して志賀高穴穂宮（滋賀県大津市穴太に比定）に滞在中に崩御。山辺道上陵（奈良県天理市渋谷町、渋谷向山古墳に比定）に葬られた。

---

[13] 成務《せいむ》

父 景行天皇 **母** 八坂入姫命

異称 稚足彦尊《わかたらしひこのみこと》

誕生 景行 14

践祚 成務 1.1.5

崩御 成務 60.6.11

在位 (60) **没年齢** (107)

景行天皇の第四皇子で、母は美濃出身の八坂入姫命。父の崩じた翌年に即位。宮は父の滞在していた志賀高穴穂宮とされる。即位3年、武内宿禰を大臣とする（武内宿禰は仁徳天皇まで四代にわたって仕えたという）。5年9月、諸国に令して国郡・県邑を定め、それぞれに国造・県主等を任命して、国々の境界を確定させた。『先代旧事本紀』の「国造本紀」に見える国造のうち、約半数が設置時期を成務朝と伝える（記の崩年干支「乙卯」は355年とみる説がある）。陵は狭城盾列池後陵（奈良市山陵町、佐紀石塚山古墳に比定）。

---

[14] 仲哀《ちゅうあい》

父 日本武尊 **母** 両道入姫命

皇后など 気長足姫尊〈神功皇后〉

異称 足仲彦尊《たらしなかつひこのみこと》

誕生 ?

践祚 仲哀 1.1.11

崩御 仲哀 9.2.6

在位 (9) **没年齢** ?

日本武尊と垂仁天皇娘・両道入姫命の子とされる。即位2年、気長足姫尊（神功皇后）を立后し、角鹿の笥飯宮に行幸。3月に紀伊へ行幸し徳勒津宮に滞在中、熊襲がそむいたとの報を受けて、6月から穴門豊浦宮（伝承地は山口県下関市長府宮の内町）に滞在。8年、神功皇后とともに筑紫へ渡る。神懸りした皇后から、征討中止と新羅親征を告げられるが、取り合わずに熊襲を攻めて敗走。紀本文では2月に崩御したとあるが、一書には熊襲の矢を受けて、橿日宮（福岡市東区香椎）で崩御という。陵は恵我長野西陵（大阪府藤井寺市藤井寺、岡ミサンザイ古墳に比定）。崩御後、熊襲征討は神功皇后により継続された。

---

[15] 応神《おうじん》

父 仲哀天皇 **母** 気長足姫尊〈神功皇后〉

皇后など 仲姫命

異称 誉田別尊《ほんだわけのみこと》

誕生 仲哀 9.12.14

践祚 応神 1.1.1

崩御 応神 41.2.15

在位 (41) **没年齢** (111)

仲哀天皇と気長足姫尊（神功皇后）の子で、前半生は神功皇后の摂政期となる。皇后は仲哀の崩御後、神託に従って熊襲を討ち、更に新羅を征討、高麗と百済も服属させたという。筑紫に戻ってから皇子誉田別尊（応神天皇）を出産。その翌々年、誉田別尊は母とともに仲

哀の霊柩を奉じて畿内へ向かったが、異腹の兄である麛坂王と忍熊王が謀反。しかし麛坂王は、菟餓野で赤い猪に食い殺され、忍熊王も山背で武内宿禰らの計略によって敗れ、瀬田川に入水し果てたという。同年、神功は群臣から推されて皇后（実は皇太后）となり、この年を神功摂政元年とする。摂政3年、誉田別尊を立太子し、磐余若桜宮に遷る。紀ではその後しばらく朝鮮半島に関係する記述が多い。摂政46年、斯摩宿禰を朝鮮半島へ派遣したので、翌年、新羅と百済が朝貢してきた。しかし、百済の貢物がみすぼらしいため使者を問い詰めたところ、新羅に奪われたと訴えた。そこで49年、荒田別・鹿我別を遣わし、百済の七つの国を平定し、七支刀などの宝物をもたらした。それが石上神宮に伝わる国宝の七支刀とみられ、造刀銘文の「太和四年」は369年に比定されている。神功崩御の翌年に即位して親政。即位2年、景行天皇の孫にあたる品陀真若王の娘・仲姫命を皇后に立て、大鷦鷯尊（仁徳天皇）らをもうけた。6年には近江へ行幸し、木幡村で出会った宮主矢河枝比売を娶り、菟道稚郎子と八田皇女をもうける。朝鮮半島からの渡来の記事も多く、7年には高麗人・百済人・任那人・新羅人が揃って来朝。9年には武内宿禰が筑紫や三韓を率いて反乱を企んでいるという、弟の甘美内宿禰からの讒言があり、両者は応神の前で探湯を行って武内宿禰が勝利。14年に弓月君（秦氏の祖）が帰化を願う。新羅の妨害を阻止するため、葛城襲津彦などが派遣され、無事に渡来。15年には百済の阿花王から良馬が献上された。また、百済から阿知使主や王仁らの知識人が渡来し、記によれば王仁は『論語』や『千字文』をもたらしたとされる。内政に関しては、朝廷直轄の海や山林を管理する海部・山部・山守部・伊勢部が定められ、渡来人や武内宿禰らが剣池・軽池・鹿垣池・廏坂池などを作ったという。22年、難波、淡路、吉備へ行幸。40年、年少の菟道稚郎子を立太子、国事を大鷦鷯尊に、山川林野を大山守命にそれぞれ任せた。記の崩年干支「甲午」は394年とみられている。陵は恵我藻伏崗陵（大阪府羽曳野市誉田、誉田御廟山古墳に比定。国内二番目の規模）。倭の五王のうち讃に比定されている。

---

[16] 仁徳《にんとく》

父 応神天皇　**母** 仲姫命
皇后など 磐之媛命・八田皇女
異称 大鷦鷯尊 おおさざきのみこと
誕生 神功皇后摂政57
践祚 仁徳1.1.3
崩御 仁徳87.1.16
在位 （87）　**没年齢** （143）

応神天皇の第四皇子。父の崩御後、太子となっていた菟道稚郎子が兄の大鷦鷯尊に皇位を譲ろうとし、それを見て大山守命が乱を起こすが、二人で討伐。菟道稚郎子が自殺したため即位。4年、民家に炊煙の上がらないのを見て課役を3年免除。紀では「聖帝」、記では「聖皇」と讃えられている。11年、難波宮の北に堀江を築いたのをはじめ、河内平野の開発を行う。30年に八田皇女（応神天皇娘）を妃として、皇后・磐之媛（葛城襲津彦娘）の怒りを買う。皇后が35年に亡くなると、八田皇女を立后。しかし皇位は磐之媛の産んだ大兄去来穂別尊（履中天皇）に受け継がれた。記の崩年干支「丁卯」は427年とみられている。百済や呉（中国南朝か）などとの外交関係の事績が多い。宮は難波高津宮。陵は百舌鳥耳原中陵（大阪府堺市堺区大仙町、大山古墳に比定。日本最大の前方後円墳）。倭の五王のうち讃あるいは珍に比定されている。

---

[17] 履中《りちゅう》

父 仁徳天皇　**母** 磐之媛命
皇后など 草香幡梭皇女
異称 大兄去来穂別尊 おおえのいざほわけのみこと
誕生 ？
践祚 履中1.2.1
崩御 履中6.3.15
在位 6　**没年齢** ？

仁徳天皇の第一皇子。仁徳の崩じた後、黒媛を妃に迎えるため同母弟の住吉仲皇子を遣わすが、住吉は自らを皇太子と偽って黒媛を犯し、さらに皇位の簒奪を目論んで謀反を起こしたので、同母弟の瑞歯別皇子（反正天皇）に命じて誅殺し、即位した。翌年、瑞歯別皇子を立太子。3年、磐余市磯池で舟遊びをした際、桜の花びらが盃に入ったことから、宮の名を磐余稚桜宮（奈良県桜井市池之内が伝承

地）とした。6年目に蔵職を置き、蔵部を定めるなど、内政に関する事績がみえる。記の崩年干支「壬申」は432年とみられている。陵墓は百舌鳥耳原南陵（大阪府堺市西区石津ヶ丘、ミサンザイ古墳に比定）。倭の五王のうち讃に比定されている。

---

[18] 反正《はんぜい》

父 仁徳天皇 **母** 磐之媛命
皇后など 津野姫（夫人）
異称 多遅比瑞歯別尊 たじひのみずはわけのみこと
誕生 ？
践祚 反正 1.1.2
崩御 反正 5.1.23
在位 5 **没年齢** ？

淡路宮で誕生したとされる履中天皇の同母弟。兄の即位に際して功があったので、立太子された。平穏な治世であったというが、具体的な事蹟はほとんど伝わらない。倭の五王のうち珍に比定されている。記の崩年干支「丁丑」は437年とみられている。宮は丹比柴籬宮（大阪府松原市上田七丁目の柴籬神社付近が伝承地）。陵墓は百舌鳥耳原北陵（大阪府堺市堺区北三国ヶ丘町、田出井山古墳に比定）。

---

[19] 允恭《いんぎょう》

父 仁徳天皇 **母** 磐之媛命
皇后など 忍坂大中姫命
異称 雄朝津間稚子宿禰尊 おあさづまわくごのすくねのみこと
誕生 ？
践祚 允恭 1.12
崩御 允恭 42.1.14
在位 42 **没年齢** ？

履中天皇・反正天皇の同母弟。反正が太子を立てなかったので、群臣と妃の忍坂大中姫命から懇願され、ようやく即位した。病気がちであったが、新羅に良医を求め、平癒した。また、皇后の妹・衣通郎姫（弟姫）を妃として皇后の嫉妬を買ったが、のち皇后の助言を容れ、行幸を控えるようになった。姓氏の混乱を正すため「盟神探湯」を行ったという。宮は初めて飛鳥に遠飛鳥宮（奈良県高市郡明日香村か）を営んだ。記の崩年干支「甲午」は454年とみられている。陵は恵我長野北陵（大阪府藤井寺市国府、市野山古墳に比定）。倭の五王のうち済に比定されている。

---

[20] 安康《あんこう》

父 允恭天皇 **母** 忍坂大中姫命
皇后など 中蒂姫命
異称 穴穂尊 あなほのみこと
誕生 履中 2
践祚 允恭 42.12.14
崩御 安康 3.8.9
在位 4 **没年齢** 56

允恭天皇の第二皇子。兄の木梨軽皇子が近親と密通して人望を失い自害したので、弟の安康が即位した。しかし根使主の讒言で叔父の大草香皇子を殺して妃の中蒂姫命を奪ったため、3年で眉輪王（大草香と中蒂姫の子）に殺されてしまう。宮は石上穴穂宮（奈良県天理市田町、もしくは田部に比定される）。陵は菅原伏見西陵で、宮内庁は奈良市宝来の古城1号墳に比定する。倭の五王のうち興に比定されている。

---

[21] 雄略《ゆうりゃく》

父 允恭天皇 **母** 忍坂大中姫命
皇后など 草香幡梭姫皇女・葛城韓媛（妃）
異称 大泊瀬幼武尊 おおはつせわかたけのみこと／大長谷命 おおはつせのみこと
誕生 允恭 7.12
践祚 安康 3.11.13
崩御 雄略 23.8.7
在位 24 **没年齢** 62

安康天皇の同母弟。紀では「大泊瀬幼武尊」等と記され、記では「大長谷王」とみえる。兄の安康天皇が眉輪王に殺害されると、眉輪王のほか、事件に関係していた同母兄の八釣白彦皇子と坂合黒彦皇子を殺害。また、葛城氏の母を持つ従兄弟の市辺押磐皇子、御馬皇子の兄弟をも殺し、大豪族葛城氏の影響力を排除して即位。なお、市辺押磐皇子は『播磨国風土記』に「市辺天皇」と記され、即位していた可能性もある。葛城氏以外の氏族を引き立て、平群真鳥を大臣に、大伴室屋と物部目を大連に任じた。即位8年、任那日本府の軍が高句麗を破り、翌年新羅にも攻め込むが、将軍の紀小弓が戦死して敗走。その後、高句麗が百済を滅ぼすと、自身が崩御する23年まで再興運動を援助した。倭の五王の武に比定され、22

年＝西暦478年に宋へ遣使して上表し、「使持節、都督倭、新羅・任那・加羅・秦韓・慕韓六国諸軍事、安東大将軍、倭王」に任命されたとする。また、埼玉県の稲荷山古墳と熊本県の江田船山古墳から出土した鉄剣銘に記される「獲加多支鹵大王」を雄略とみる説が有力で、同時代の金石文によって実在が証明される初めての大王である。この時期に王権の勢力は日本列島の大部分まで拡大し、朝鮮半島にも及んでいたと考えられる。そのふるまいから紀では「大悪天皇」とも「有徳天皇」とも記されており、『万葉集』の巻頭に御製とされる歌が収められている。后妃に蚕を飼うことを勧める逸話が見え、これが現在も宮中で行われる養蚕の起源とされる。また、この時代に食物守護神の豊受大神が丹波から伊勢山田に迎えられ、これが伊勢の外宮の起源とされる。宮は泊瀬朝倉宮。伝承地は奈良県桜井市黒崎だが、同市脇本から5世紀の大規模遺構が発見されており、こちらにあてる説もある。記の崩年干支「己巳」は489年とみられている。陵は丹比高鷲原陵（大阪府羽曳野市島泉）で、島泉丸山古墳（円墳）と島泉平塚古墳（方墳）の二基からなる。河内大塚山古墳（大阪府松原市西大塚、羽曳野市）も陵墓参考地。

---

[22] 清寧《せいねい》

父 雄略天皇　**母** 葛城韓媛

異称 白髪武広国押稚日本根子尊《しらがたけひろくにおしわかやまとねこのみこと》

誕生 允恭33

践祚 清寧1.1.15

崩御 清寧5.1.16

在位 5　**没年齢** 41

雄略天皇の第三皇子。生まれつき白髪であったので白髪皇子と名付けられ、霊感を得た父により立太子された。雄略崩御の後、星川稚宮皇子（雄略と吉備上道稚媛の子）が皇位を狙って反乱を起こすと、それを攻略して即位した。雄略天皇は葛城氏を排除したが、清寧の母は葛城韓媛であり、依然として葛城氏の勢力があったと考えられる。宮は磐余甕栗宮（奈良県橿原市東池尻町、御厨子神社が伝承地）。陵は河内坂門原陵（大阪府羽曳野市西浦、西浦白髪山古墳に比定）。

---

[23] 顕宗《けんぞう》

父 市辺押磐皇子　**母** 蟻臣荑媛

皇后など 難波小野王

異称 弘計尊《おけのみこと》／来目稚子命《くめのわかごのみこと》

誕生 允恭39

践祚 顕宗1.1.1

崩御 顕宗3.4.25

在位 3　**没年齢** 38

履中天皇の孫。清寧天皇が崩じた後、億計王と弘計王の兄弟が皇位を互いに譲り合って空位期間を生じた。このとき飯豊青皇女（履中天皇の娘、あるいは市辺押磐皇子の娘とも。母方は葛城氏）が忍海角刺宮（奈良県葛城市忍海、角刺神社が伝承地）で政務を執り、その没（紀では「崩」と記す）後、弟の弘計王が即位した。皇后は難波小野王だが、子はなかった。その翌年、父の悲運を嘆き、雄略天皇の陵に報復しようとしたが、兄の億計王が諌めた。宮は近飛鳥八釣宮（奈良県高市郡明日香村八釣か）。陵は傍丘磐坏丘南陵で奈良県香芝市北今市に比定されるが、奈良県大和高田市築山の築山古墳も陵墓参考地となっている。築山古墳は武烈天皇陵とも。なお、飯豊青皇女の陵墓は紀に飯豊天皇埴口丘陵（葛城市北花内、北花内大塚古墳に比定）と記され、『扶桑略記』などでも「飯豊天皇」と記されていることなどから、女帝として即位していたとみる説もある。現在の宮内庁も陵墓名を飯豊天皇陵としている。

---

[24] 仁賢《にんけん》

父 市辺押磐皇子　**母** 蟻臣荑媛

皇后など 春日大娘皇女

異称 億計尊《おけのみこと》／大脚《おおし》

誕生 允恭38

践祚 仁賢1.1.5

崩御 仁賢11.8.8

在位 11　**没年齢** 50

顕宗天皇の同母兄で、弟の崩御後に即位。皇后は春日大娘皇女（雄略天皇娘）であり、小泊瀬稚鷦鷯尊（武烈天皇）など多くの子女をもうけた。即位6年目に高句麗へ日鷹吉士を遣わし、皮革加工技術者などを招来した。即位7年目に小泊瀬稚鷦鷯尊を立太子。宮は石

上広高宮（奈良県天理市石上町か）。陵は埴生坂本陵（大阪府藤井寺市青山、野中ボケ山古墳に比定）。また、神戸市西部などに、所縁を伝える神社が複数みられる。

---

[25] 武烈《ぶれつ》

父 仁賢天皇 **母** 春日大娘皇女
皇后など 春日娘子
異称 小泊瀬稚鷦鷯尊《おはつせわかさざきのみこと》
誕生 仁賢2
践祚 仁賢11.12
崩御 武烈8.12.8
在位 9 **没年齢** 18

仁賢天皇の皇子。父の崩御後、大臣の平群真鳥が国政を壟断していた。物部麁鹿火の娘・影媛を娶ろうとしたが、影媛は真鳥の子である鮪と通じており、これに怒った皇子は大伴金村（大伴室屋の孫か）に命じて鮪も真鳥も討伐した。紀では妊婦の腹を割くなどの悪行を記録するが、記には一切見えない。即位8年目に後嗣を決めないまま崩御したので、仁徳天皇以来の王統が途絶。宮は泊瀬列城宮（奈良県桜井市出雲が伝承地）。陵は傍丘磐坏丘北陵（奈良県香芝市今泉）とされる。

---

[26] 継体《けいたい》

父 彦主人王 **母** 振媛命
皇后など 手白香皇女・尾張目子媛（妃）
異称 男大迹尊《おおどのみこと》／彦太尊《ひこふとのみこと》
誕生 允恭39
践祚 継体1.2.4
崩御 継体25.2.7
在位 25 **没年齢** 82

応神天皇の五世孫。武烈天皇に継嗣がなかったため、大伴金村らはまず仲哀天皇五世孫の倭彦王を迎えようとしたが、身を隠されてしまう。ついで、近江国高嶋郷三尾野（滋賀県高島市）に生まれ、母の故郷である越前国高向（福井県坂井市丸岡町高椋）にいた男大迹王に即位を要請。それに応じて畿内に入り、河内の樟葉宮で即位した。即位5年に山背の筒城宮、7年に同弟国宮を経て、20年後ようやく大和の磐余玉穂宮へ遷った。また、皇后に仁賢天皇娘の手白香皇女を迎え、仁徳天皇以来の王統と血縁関係を結んだ。6年、新羅の圧迫に苦しむ百済からの要請に応じる形で任那四県を割譲。その後も任那復興を目指し、新羅征討に軍を派遣するなど、朝鮮半島に積極的な介入をした。このとき筑紫国造の磐井が、新羅に通じて遠征軍の道を遮り、翌22年に大連・物部麁鹿火に討たれている（磐井の乱）。陵は三嶋藍野陵で、太田茶臼山古墳（大阪府茨木市太田）に比定されているが、今城塚古墳（大阪府高槻市郡家新町）に葬られたとみる説が有力である。

---

[27] 安閑《あんかん》

父 継体天皇 **母** 尾張目子媛
皇后など 春日山田皇女
異称 勾大兄《まがりのおおえ》／広国押武金日尊《ひろくにおしたけかなひのみこと》
誕生 雄略10
践祚 継体25.2.7
崩御 安閑2.12.17
在位 5 **没年齢** 70

継体天皇の第一皇子。母は尾張連草香の娘・尾張目子媛。紀によれば継体天皇は勾大兄皇子（後の安閑天皇）を後嗣にしたとするが、『百済本記』逸文には継体は皇子とともに没したと記され、『上宮聖徳法王帝説』には継体の崩御後に欽明天皇が即位したと記されており、何らかの混乱があったとみられる。関東から九州にかけて多くの屯倉を設置した。宮は勾金橋宮（奈良県橿原市曲川町か）。陵は古市高屋丘陵（大阪府羽曳野市古市、高屋築山古墳に比定）。

---

[28] 宣化《せんか》

父 継体天皇 **母** 尾張目子媛
皇后など 橘仲皇女
異称 武小広国押盾尊《たけおひろくにおしたてのみこと》／檜前高田《ひのくまのたかだ》
誕生 雄略11
践祚 安閑2.12
崩御 宣化4.2.10
在位 5 **没年齢** 73

安閑天皇の同母弟。兄が後嗣を定めずに崩じたため、群臣に推戴されて即位。同じ年に蘇我稲目を大臣に任じており、ここから蘇我氏の繁栄が始まる。また、朝鮮半島での活動がみられる。宮は檜隈廬入野宮（奈良県高市郡明

日香村檜前か)。陵は身狭桃花鳥坂上陵(奈良県橿原市鳥屋町、鳥屋ミサンザイ古墳に比定)。

---

[29] 欽明《きんめい》

父 継体天皇 **母** 手白香皇女

皇后など 石姫皇女・蘇我堅塩媛(妃)・蘇我小姉君(妃)

異称 天国排開広庭尊《あめくにおしはるきひろにわのみこと》/志帰島天皇《しきしまのすめらみこと》

誕生 継体3

践祚 宣化4.12.5

崩御 欽明32.4.15

在位 33 **没年齢** 63

継体天皇の第三皇子。母は皇后の手白香皇女の子。宣化天皇に皇子がなかったため、その娘・石姫皇女を皇后に迎えて即位。百済の聖明王に詔して任那復興をはかり、のち聖明王が仏像や経論をもたらした(仏教公伝)。その影響で崇仏廃仏の論争が起きた。そのころ(554年)、聖明王が新羅と戦って敗死し、任那が滅亡。この時期は朝鮮半島関連記事が多く、太子への遺詔も「新羅を討ちて任那を封建すべし」とある。32年に崩御。宮は磯城島金刺宮(奈良県桜井市外山、金谷)。桜井市の脇本遺跡から6世紀の大規模遺構が発見され、行宮の泊瀬柴籬宮と推考されている。陵は檜隈坂合陵(奈良県高市郡明日香村平田、平田梅山古墳に比定)。ただし、丸山古墳(奈良県橿原市、大王墓に比定される最後の前方後円墳)の被葬者とする説もある。蘇我稲目の娘である堅塩媛と小姉君を妃に迎え、多くの子女をもうけた。

---

[30] 敏達《びだつ》

父 欽明天皇 **母** 石姫皇女

皇后など 息長広姫・額田部皇女〈推古天皇〉

異称 渟中倉太珠敷尊《ぬなかくらふとたましきのみこと》/他田天皇《おさだのすめらみこと》

誕生 宣化3

践祚 敏達1.4.3

崩御 敏達14.8.15

在位 14 **没年齢** 48

欽明天皇の第二皇子。父の崩御により即位する。その4年、広姫を皇后に立てるがすぐに没したため、異母妹の豊御食炊屋姫(額田部皇女、推古天皇)を新たに皇后とし、訳語田幸玉宮に遷る。13年に百済から招来した仏像二体を蘇我馬子が請い、少女三人を得度させたことにより、排仏派の物部守屋との対立が深まった。宮は百済大井宮(河内や大和など諸説あり)、訳語田幸玉宮(奈良県桜井市戒重か)。陵は河内磯長中尾陵で、宮内庁は太子西山古墳(大阪府南河内郡太子町太子)に比定するが、葉室塚古墳(同町葉室)と見る説もある。

---

[31] 用明《ようめい》

父 欽明天皇 **母** 蘇我堅塩媛

皇后など 穴穂部間人皇女

異称 橘豊日尊《たちばなのとよひのみこと》/池辺天皇《いけべのすめらみこと》

誕生 欽明1

践祚 敏達14.9.5

崩御 用明2.4.9

在位 3 **没年齢** 48

欽明天皇の第四皇子で、敏達天皇の異母弟。母は蘇我稲目の娘・堅塩媛。厩戸皇子(聖徳太子)の父であり、推古天皇の同母兄に当たる。在位は2年弱と短く、朝廷では引き続き蘇我氏ら崇仏派と物部氏や中臣氏が対立し混乱が続いた。宮は磐余池辺雙槻宮(奈良県桜井市阿部、池之内か)。陵は河内磯長原陵(大阪府南河内郡太子町春日、春日向山古墳に比定)。

---

[32] 崇峻《すしゅん》

父 欽明天皇 **母** 蘇我小姉君

皇后など 大伴小手子(妃)

異称 泊瀬部《はつせべ》/長谷部若雀命《はつせべのわかさざきのみこと》/倉橋天皇《くらはしのすめらみこと》

誕生 ?

践祚 用明2.8.2

崩御 崇峻5.11.3

在位 6 **没年齢** ?

欽明天皇の第十二皇子で、敏達天皇および用明天皇の異母弟。母は蘇我稲目の娘・小姉君。用明が崩御すると、穴穂部皇子を擁する物部守屋と蘇我馬子の間で戦いが起こり、物部氏は没落。この戦いの後、穴穂部の弟・泊瀬部皇子(崇峻天皇)が群臣らに推挙されて即位。しかし馬子と対立し、馬子のさしむけた東漢

直駒により殺害された。宮は倉梯柴垣宮（奈良県桜井市倉橋）。陵は倉梯岡陵だが、古墳ではなく修営された円丘である。他には赤坂天王山古墳という説があり、藤ノ木古墳（奈良県斑鳩町法隆寺）の被葬者とみる説もある。在位中に百済から僧恵総らが渡来し、また寺工、鑪盤博士、瓦博士、画工など多くの技術者らが来訪した。

---

[33] 推古《すいこ》

父 欽明天皇　**母** 蘇我堅塩媛

異称 額田部《ぬかたべ》／豊御食炊屋姫尊《とよみけかしきやひめのみこと》／小治田天皇《おはりだのすめらみこと》

誕生 欽明15（554）

践祚 崇峻5（592）.12.8

崩御 推古36（628）.3.7

在位 37　**没年齢** 75

崇峻天皇の異母姉。敏達天皇の妃であり、広姫の没後皇后に立てられた。崇峻暗殺後、群臣から再三の推挙を受け位についた初の女帝。即位元年（593）4月に厩戸皇子を皇太子として摂政に任じ、蘇我馬子とともに政治を行った。冠位十二階の制定、四天王寺や法隆寺の建設、三宝興隆の詔、遣隋使の派遣など多くの事績を残し、仏教の隆盛によって飛鳥時代の最盛期を現出した。即位12年（604）4月、厩戸皇子が「憲法十七条」を発布。また28年（620）に厩戸皇子と蘇我馬子が『天皇記』『国記』を撰上。国史編纂へと発展する。36年（628）2月に発病し、翌月田村皇子（舒明天皇）と山背大兄王（厩戸皇子の子）を召したが、後嗣については明言することなく小墾田宮で崩御。陵は磯長山田陵（大阪府南河内郡太子町山田、山田高塚古墳に比定）とされるが異説もある。

---

[34] 舒明《じょめい》

父 押坂彦人大兄皇子　**母** 糠手姫皇女

皇后など 宝皇女〈皇極天皇〉

異称 田村《たむら》／息長足日広額尊《おきながたらしひひろぬかのみこと》／高市天皇《たけちのすめらみこと》／岡本天皇《おかもとのすめらみこと》

誕生 推古1（593）

践祚 舒明1（629）.1.4

崩御 舒明13（641）.10.9

在位 13　**没年齢** 49

父母はともに敏達天皇の子。また蘇我氏から法提郎女を妃に迎えており、蘇我蝦夷の支援を得て即位に到る。皇后は敏達天皇孫の宝皇女（後の皇極・斉明天皇）。即位2年（630）に初の遣唐使を派遣。飛鳥岡本宮（奈良県高市郡明日香村）、田中宮（奈良県橿原市）、百済宮に遷った。陵は押坂内陵（奈良県桜井市忍阪、段ノ塚古墳に比定）で、皇極2年（643）に改葬された陵である。幕末に大規模な修築が行われて現在の形（上円下方墳）となった。明治天皇以降の天皇陵は、この修築後の形を範としている。

---

[35] 皇極《こうぎょく》

父 茅渟王　**母** 吉備姫王

異称 宝《たから》／天豊財重日足姫尊《あめとよたからいかしひたらしひめのみこと》／飛鳥天皇《あすかのすめらみこと》／後岡本天皇《のちのおかもとのすめらみこと》

誕生 推古2（594）

践祚 皇極1（642）.1.15

大嘗祭 皇極4（645）.6.14

譲位 斉明7（661）.7.24

在位 4　**没年齢** 68

敏達天皇の孫で舒明天皇の皇后。天智・天武天皇の母。用明天皇孫の高向王と婚姻していたが、後に異母兄の田村皇子（舒明天皇）の妃となり、その即位とともに皇后に立てられた。蘇我蝦夷を大臣として重用し、その子・入鹿とともに政治を行った。即位の年末に小墾田宮、翌年、飛鳥板蓋宮に遷都。2年11月、蘇我入鹿が斑鳩宮に山背大兄王を攻め、自害に追いこんだ（上宮王家の滅亡）。4年（645）6月に中大兄皇子（舒明天皇の皇子、後の天智天皇）・軽皇子（皇極の同母弟、後の孝徳天皇）・中臣鎌足、蘇我倉山田石川麻呂らが宮中で蘇我入鹿を暗殺。蝦夷も自宅に火を放って自害し、蘇我氏本宗家は滅びた（乙巳の変）。変の直後、中大兄に譲位しようとしたが辞退され、軽皇子に皇位を譲った。これが史上初の譲位である。譲位後、皇祖母尊と称された。

---

[36] 孝徳《こうとく》

父 茅渟王　**母** 吉備姫王

皇后など 間人皇女

異称　軽 かる／天万豊日尊 あめよろずとよひのみこと
誕生　推古4（596）
践祚　大化1（645）.6.14
崩御　白雉5（654）.10.10
在位　10　**没年齢**　59

皇極天皇の同母弟。乙巳の変の直後に皇極天皇が息子の中大兄皇子への譲位を打診するが、中大兄はこれを断って叔父の軽皇子を推薦。軽も三度辞退して舒明天皇第一皇子で中大兄の兄の古人大兄皇子に譲ろうとしたが、古人大兄が出家したため譲位を受けた。即位後、中大兄を皇太子に、阿倍内麻呂（阿倍倉梯麻呂）を左大臣、蘇我倉山田石川麻呂を右大臣、また中臣鎌足を内臣、帰国した遣唐使の僧旻と高向玄理を国博士とした。舒明天皇の娘で姪の間人皇女を皇后に立て、妃に左大臣内麻呂の娘・小足媛を迎えて有間皇子をもうけた。元年（645）6月19日、初めて「大化」元号を立て、大化6年（650）に「白雉」と改元し、難波長柄豊碕宮（大阪市中央区）に遷った。大化元年から翌年にかけて大規模な制度改革を行い（大化改新）、白雉4年（653）5月、遣唐使を派遣した。同年、中大兄皇子が主要皇族とともに飛鳥に遷ってしまい、失意のなか発病し、翌年に崩御した。陵は大阪磯長陵（大阪府南河内郡太子町山田、山田上ノ山古墳に比定）。

---

[37] 斉明さいめい　※皇極重祚

践祚　斉明1（655）.1.3
崩御　斉明7（661）.7.24
在位　7　**没年齢**　68

孝徳天皇の崩御後、中大兄皇子が即位を辞退したので、母の皇祖母尊（皇極天皇）が初めて重祚した。その2年（656）から後飛鳥岡本宮の建設など大規模な土木工事を盛んに行ったため民の批判を浴び、造営中の運河は「狂心の渠」とも呼ばれた。6年（660）、新羅が唐の援軍を得て百済を滅ぼすと、亡命してきた百済の遺臣に救援を求められた。翌7年（661）、中大兄皇子・大海人皇子らとともに朝倉橘広庭宮（福岡県朝倉市須川か）に赴いたが、疫病によって崩御。宮は飛鳥板蓋宮、飛鳥川原宮、後飛鳥岡本宮（いずれも奈良県高市郡明日香村）。陵は越智崗上陵（高市郡高取町車木、車木ケンノウ古墳に比定）。他に牽牛子塚古墳（明日香村越）とみる説も有力である。

---

[38] 天智てんじ

父　舒明天皇　**母**　宝皇女〈皇極・斉明天皇〉
皇后など　倭姫王・蘇我遠智娘（嬪）・蘇我姪娘（嬪）・伊賀宅子娘（宮人）
異称　葛城 かつらぎ／中大兄 なかのおおえ／天命開別尊 あめみことひらかすわけのみこと／近江天皇 おうみのすめらみこと
誕生　推古34（626）
立太子　皇極4（645）.6.14
践祚　天智7（668）.1.3
崩御　天智10（671）.12.3
在位　4　**没年齢**　46

舒明天皇の第二皇子で、母は宝皇女（皇極・斉明天皇）。中臣鎌足とともに乙巳の変を起こし、数々の政治改革をおこなった（大化改新）。変の直後に皇太子とされていたが、即位しないまま政治改革に取り組み、母の崩御後も7年間にわたり称制（天皇不在の間の代行）で通した。称制2年（663）、百済救援のために派遣した軍が唐・新羅連合軍に大敗（白村江の戦い）。九州に防人・烽を置き、山城や水城を築くなど唐の侵攻に備えた。称制6年（669）、自衛のため近江国大津に遷都し、翌年正月に即位（称制年を通して天智7年）。同母弟・大海人皇子を皇太弟とした。皇后は古人大兄皇子の娘・倭姫王。初の成文法『近江令』を定め、初の全国的な戸籍となる庚午年籍も作成。また、中臣鎌足に藤原姓を授けている。10年1月、子の大友皇子を初の太政大臣に任命。10月、大海人皇子が皇位を固辞すると、大友皇子を皇太子に立て12月に崩御。陵は山科陵（京都市山科区御陵上御廟野町、山科御廟野古墳に比定）。

---

[39] 弘文こうぶん

父　天智天皇　**母**　伊賀宅子娘
皇后など　十市皇女（妃）
異称　大友 おおとも／伊賀 いが
誕生　大化4（648）
立太子　天智10（671）.10
践祚　天智10（671）.12.5
崩御　天武1（672）.7.23
在位　2　**没年齢**　25

天智天皇の第一皇子で、母は伊賀出身の采女。天智10年に24歳で太政大臣となり、叔父の大海人皇子の出家により立太子。天智崩御直後に即位したとされるが、紀はこれを記さない。皇后は大海人皇子娘の十市皇女。夫人に中臣鎌足娘の耳面刀自を迎えている。天智崩御の翌年6月に大海人皇子が挙兵し（壬申の乱）、7月には大津宮が陥落、山前（滋賀県大津市、京都府乙訓郡大山崎町など複数の説がある）で縊死した。明治3年（1970）に弘文天皇の諡号が贈られ、歴代に加えられた。陵は長等山前陵（大津市御陵町、園城寺亀丘古墳に比定）だが、他にも伝承地が多い。

---

[40] 天武《てんむ》

父 舒明天皇　**母** 宝皇女〈皇極・斉明天皇〉

皇后など 鸕野讃良皇女〈持統天皇〉

異称 大海人《おおあま》／天渟中原瀛真人尊《あまのぬなはらおきのまひとのみこと》／浄御原天皇《きよみはらのすめらみこと》

誕生 欽明1（629）カ

立太子 天智7（668）.2.23

践祚 天武2（673）.2.27

大嘗祭 天武2（673）

崩御 朱鳥1（686）.9.9

在位 14　**没年齢** 58？

天智天皇の同母弟。もとは天智の皇太弟として政治を補佐していたが、譲位を断って吉野に出家。天智の崩じた翌年の壬申（天武天皇元年、672）6月、吉野を出て東に向かい、東国の兵を集めて、不破関（現在の岐阜県不破郡）を封鎖。7月には自ら美濃に入り近江と大和の二方面に分けて兵を派遣。先手を打たれた近江の朝廷は畿内近国のみの兵により応戦。7月22日に勢田橋の戦い（滋賀県大津市唐橋町）で戦局が決定的になると、翌23日に弘文が自死した（壬申の乱）。翌2年（673）2月、飛鳥浄御原宮で即位。皇后は鸕野讃良皇女（持統天皇）。8年（679）5月、吉野に諸皇子を集めて会盟を行い、13年（684）に八色の姓を制定、その翌年に親王や諸王に十二階、諸臣に四十八階の位階制を設けることによって、中央集権国家の体制が整えられはじめた。陵は檜隈大内陵（奈良県高市郡明日香村野口、野口王墓古墳）で、持統天皇との合葬陵である。在位中に大来皇女を斎王（斎宮）として伊勢の神宮に奉仕させ、代始の大嘗祭や毎年の祈年祭や大祓を行った。また、律令と歴史書の編纂を開始し、日本初の銅銭である富本銭を鋳造しはじめた。

---

[41] 持統《じとう》

父 天智天皇　**母** 蘇我遠智娘

異称 鸕野讃良《うののさらら》／大倭根子天之広野日女尊《おおやまとねこあめのひろのひめのみこと》／藤原宮御宇天皇《ふじわらのみやあめのしたしろしめすすめらみこと》

誕生 大化1（645）

践祚 持統4（690）.1.1

大嘗祭 持統5（691）.11.24

譲位 持統11（697）.8.1

崩御 大宝2（702）.12.22

在位 8　**没年齢** 58

天智天皇の第二皇女で、母は蘇我倉山田石川麻呂の娘・遠智娘。叔父の大海人皇子の妃となり、壬申の乱でも行動をともにし、大海人の即位に伴なって皇后となる。夫君の崩御後称制して、所生の皇太子・草壁皇子とともに政をおこなった。しかし称制3年（689）4月に草壁皇子が急死。同年の6月に飛鳥浄御原令を施行し、翌年1月に正式に即位。4年（690）7月、天武の第一皇子の高市皇子を太政大臣に任じ、8年（694）12月、藤原京に遷都。体系的な法令である『飛鳥浄御原令』（律も）を施行し、律令体制の完成につとめた。10年（696）7月に高市皇子が死去した後、翌年2月に草壁の子・軽皇子（文武天皇）を皇太子に立てた。8月に譲位して、史上初の太上天皇（上皇）となる。崩御により火葬され、翌年に夫・天武天皇の眠る檜隈大内陵に合葬された。

---

[42] 文武《もんむ》

父 草壁皇子　**母** 阿閇皇女〈元明天皇〉

皇后など 藤原宮子（夫人）

異称 珂瑠（軽）《かる》／倭根子豊祖父天皇《やまとねことよおおじのすめらみこと》／後藤原宮御宇天皇《のちのふじわらのみやあめのしたしろしめすすめらみこと》

誕生 天武12（683）

立太子 持統11（697）.2.16

践祚 文武1（697）.8.1

即位 文武1（697）.8.17

大嘗祭　文武２（698）.11.23
崩御　慶雲４（707）.6.15
在位　11　**没年齢**　25

持統天皇の孫で草壁皇子の子。母は天智天皇の娘・阿閇皇女（元明天皇）。若くして父が亡くなったため、成長するまで持統が皇位にあり、政務を執った。持統11年（697）2月に15歳で立太子。同年8月に祖母から譲位されて即位。太上天皇となった持統の後見を得て政務を執る。大宝元年（701）、対馬から金の貢進があり、「大宝」の元号をたてた（以後途切れずに「令和」まで続く）。同年8月、刑部皇子（天武天皇の第九皇子）・藤原不比等らにより律と令のそろった本格的な『大宝律令』が完成。2年（702）、33年ぶりの遣唐使派遣によって唐との国交を再開。3年（703）、刑部親王を初めて知太政官事に任じた。慶雲4年（707）6月、25歳の若さで崩御し、檜隈安古岡上陵（奈良県高市郡明日香村栗原、栗原塚穴古墳に比定）に葬られた。陵は中尾山古墳（明日香村平田）とみる説も有力。

---

[43] 元明《げんめい》

父　天智天皇　**母**　蘇我姪娘
異称　阿閇 あべ／日本根子天津御代豊国成姫天皇 やまとねこあまつみしろとよくになりひめのすめらみこと
誕生　斉明７（661）
践祚　慶雲４（707）.7.17
大嘗祭　和銅１（708）.11.21
譲位　和銅８（715）.9.2
崩御　養老５（721）.12.7
在位　9　**没年齢**　61

天智天皇の第四皇女で草壁皇子の妃、文武天皇の母。文武が若くして没し、所生の首皇子（聖武天皇）も7歳にすぎなかったので、成長を待つため慶雲4年（707）7月に即位。5年（708）1月、武蔵国秩父より和銅が献上されたので、「和同開珎」を鋳造。和銅3年（710）3月平城京に遷都。5年（712）5月、太安万侶が『古事記』を撰上。6年（713）5月、『風土記』撰進を諸国に命じた。7年（714）6月、首皇子を立太子。8年（715）9月、娘の氷高皇女に譲位（元正天皇）。崩御するまで太上天皇（上皇）として後見を務めた。臨終に際して後事を皇親の長屋王（天武天皇の孫、高市皇子の子。母は天智天皇娘の御名部皇女）と藤原房前（不比等の子）に託し、薄葬の詔を出している。陵は奈保山東陵（奈良市奈良阪町。山形の丘陵）。

---

[44] 元正《げんしょう》

父　草壁皇子　**母**　阿閇皇女〈元明天皇〉
異称　氷高 ひだか／新家 にいのみ／日本根子高瑞浄足姫天皇 やまとねこたかみずきよたらしひめのすめらみこと
誕生　天武９（680）
践祚　霊亀１（715）.9.2
大嘗祭　霊亀２（716）.11.19
譲位　養老８（724）.2.4
崩御　天平20（748）.4.21
在位　10　**没年齢**　69

草壁皇子と元明天皇の第一皇女で、文武天皇の姉。和銅8年（715）9月に母の元明から譲位される。霊亀3年（717）11月、美濃国多藝郡の美泉に行幸して若返りを喜び、「養老」と改元。養老2年（718）、藤原不比等らが『養老律令』を撰進。4年（720）、舎人親王らが『日本書紀』を撰上。8年（724）2月、首皇子に譲位。治世の後半は長屋王が政治を主導。太上天皇（上皇）として聖武を後見した。陵は奈保山西陵（奈良市奈良阪町）。

---

[45] 聖武《しょうむ》

父　文武天皇　**母**　藤原宮子
皇后など　藤原安宿媛〈光明皇后〉
異称　首 おびと／天璽国押開豊桜彦尊 あめしるしくにおしはるきとよさくらひこのみこと／勝宝感神聖武皇帝 しょうほうかんじんしょうむこうてい
誕生　大宝１（701）
立太子　和銅７（714）.6.25
践祚　神亀１（724）.2.4
大嘗祭　神亀１（724）.11.23
譲位　天平感宝１（749）.7.2
崩御　天平勝宝８（756）.5.2
在位　26　**没年齢**　56

文武天皇の第一皇子で、母は藤原不比等の娘・宮子。妃に宮子の異母妹・安宿媛（光明子）を迎えている。文武崩御のとき7歳で幼かったために祖母の元明天皇、伯母の元正天皇が中継ぎを果たし、24歳で即位。神亀6年（729）

2月、密告を信じて左大臣長屋王の邸（奈良市二条大路南）を包囲させ、王とその妃・吉備内親王らを自死に追い込んだ（長屋王の変）。同年8月、「天平」と改元。初めて皇族出身でない光明子を立后。天平9年（737）疫病の流行により、朝政を主導していた藤原氏の四兄弟（不比等の子。武智麻呂、房前、麻呂、宇合）や中納言・多治比県守らが相次いで死去。その後、橘諸兄（敏達天皇の後裔、光明皇后の異父兄）が累進して吉備真備や玄昉らを登用し、政治を主導する。10年（738）、阿倍内親王（孝謙天皇）を立太子。12年（740）9月、藤原宇合の子・広嗣が大宰少弐として赴任中に挙兵（藤原広嗣の乱）。乱は年内に鎮圧されるが、聖武は10月に平城京を脱出し、東国を巡ったのち、恭仁京（京都府木津川市加茂町）に遷都。難波宮や紫香楽宮を経て、17年（745）ようやく平城京に戻った。その間の13年（741）、諸国に国分寺・国分尼寺建立の詔を発し、15年10月、大仏造立の勅を発した。21年（749）7月に光明皇后、母、宮子と共に出家して譲位し、太上天皇（上皇）として孝謙を後見する。天平勝宝4年（752）4月、東大寺大仏の開眼供養を行う。8歳（756）、前年に「年」に代えて「歳」を用いると定められる）、来日した鑑真によって菩薩戒を受け、文武孫の道祖王を皇太子とするよう遺言して崩御。陵は佐保山南陵（奈良市法蓮町、法蓮北畑古墳に比定）。七七忌に際して遺愛品が光明皇后により東大寺に奉献され、その多くが正倉院に伝存する。

---

[46] 孝謙《こうけん》

父 聖武天皇 **母** 藤原安宿媛〈光明皇后〉
異称 阿倍《あべ》／高野天皇《たかののすめらみこと》／宝字称徳孝謙皇帝《ほうじしょうとくこうけんこうてい》／法基尼《ほうきに》
誕生 養老2（718）
立太子 天平10（738）.1.13
践祚 天平勝宝1（749）.7.2
大嘗祭 天平勝宝1（749）.11.25
譲位 天平宝字2（758）.8.1
崩御 神護景雲4（770）.8.4
在位 10 **没年齢** 53

聖武天皇の第二皇女。母は藤原不比等の娘で皇后の安宿媛（光明皇后）。聖武と皇后の間の皇子が早世したので、史上唯一の女性皇太子に立てられ、父・聖武の譲位によって即位。母は皇族でない藤原氏から出た初めての皇后で、これによって藤原氏の権勢が拡大。従兄弟の藤原仲麻呂が光明子紫微中台（皇后宮職）の長を務め政治を主導。8歳（756）の時、父が崩御し、その遺詔によって新田部親王の子の道祖王を皇太子としたが、翌年には廃し、大炊王（舎人親王の子、淳仁天皇）を立てた。しかし、仲麻呂の専横と、子のいない孝謙の後継をめぐる対立から、橘諸兄の子・奈良麻呂が大伴古麻呂らと反乱を企てた（橘奈良麻呂の乱）。天平宝字2年（758）、病の光明皇太后に仕えることを理由として大炊王に譲位し、太上天皇（上皇）となった。

---

[47] 淳仁《じゅんにん》

父 舎人親王 **母** 当麻山背
皇后など 粟田諸姉（？）
異称 大炊《おおい》／淡路公《あわじこう》／淡路廃帝《あわじのはいてい》
誕生 天平5（733）
立太子 天平勝宝9（757）.4.4
践祚 天平宝字2（758）.8.1
大嘗祭 天平宝字2（758）.11.23
譲位 天平宝字8（764）.10.9
崩御 天平神護1（765）.10.23
在位 7 **没年齢** 33

天武天皇の孫で舎人親王の子。孝謙天皇の譲位により即位。夫人は藤原仲麻呂の子・真従の未亡人・粟田諸姉。天平宝字2年（758）、外戚の仲麻呂を太保（右大臣）に任じ藤原恵美朝臣の姓を与えた。3年（759）6月、父に崇道尽敬皇帝、母の当麻夫人に大夫人と追号し、あわせて船王以下を親王とした（親王宣下のはじめ）。4年（760）、恵美押勝を皇族外で初めて太師（太政大臣）に任命。6年（762）6月、出家した孝謙が国家の大事と賞罰の権を自ら執ると宣言。8年（764）9月、押勝が謀反をおこして斬死（藤原仲麻呂の乱）。その翌月、孝謙によって廃位され、親王とされるが、のち淡路の配流先で薨去、宝亀9年（778）、親王の墓は山陵と追尊された。その後も長く淡路の廃帝と呼ばれていたが、明治3年（1870）に淳仁天皇と追号。陵は淡路陵（兵庫県南あわじ市賀集）に治定されるが、他にも伝承地が存在する。歴代天皇の漢風諡号は、この時

代に淡海三船らによって撰進された。

---

[48] 称徳《しょうとく》 ※孝謙重祚

践祚　天平宝字8（764）.10.9

大嘗祭　天平神護1（765）.11.16

崩御　神護景雲4（770）.8.4

在位　7　**没年齢**　53

淳仁天皇の廃位に伴い、孝謙上皇が重祚。天平神護元年（765）閏10月、弓削行宮に行幸した際、道鏡を太政大臣禅師とし、翌年さらに法王に任じた。3年（767）、「道鏡を天位に即かしめば、天下太平ならん」という宇佐八幡宮の神託が伝えられた。しかし和気清麻呂を再び派遣し、「天つ日嗣は必ず皇儲をたてよ、無道の人は宜しく早に掃い除くべし」との託宣を得て、道鏡の即位を阻止した。陵の高野陵は佐紀高塚古墳（奈良市山陵町）に比定。しかし同古墳は佐紀盾列古墳群（4〜5世紀）に含まれており、時期が合わない。

---

[49] 光仁《こうにん》

父　施基親王　**母**　紀橡姫

皇后など　井上内親王・高野新笠（夫人）

異称　白壁《しらかべ》／天宗高紹天皇《あめむねたかつぎのすめらみこと》／後田原天皇《のちのたわらのすめらみこと》

誕生　和銅2（709）.10.13

立太子　神護景雲4（770）.8.4

践祚　宝亀1（770）.10.1

大嘗祭　宝亀2（771）.11.21

譲位　天応1（781）.4.3

崩御　天応1（781）.12.23

在位　12　**没年齢**　73

天智天皇の孫。『続日本紀』によれば、称徳天皇に子がないので、群臣の推挙により62歳で即位した。皇后は聖武天皇の娘で伊勢の斎王を務めた井上内親王。宝亀2年（771）、皇后との間の子・他戸親王を皇太子としたが、翌年に井上内親王が呪詛をはかったという密告により廃され、他戸も連座。4年（773）、山部親王が新たに立太子される。道鏡を左遷して政治の刷新をはかり、財政の緊縮などに務めた。12年辛酉（781）元日、瑞祥により「天応」と改元（史上唯一の元日改元）。同年4月に譲位、12月に崩御した。陵は田原東陵（奈良市日笠町、田原塚ノ本古墳に比定）。

---

[50] 桓武《かんむ》

父　光仁天皇　**母**　高野新笠

皇后など　藤原乙牟漏・藤原旅子（贈皇太后）

異称　山部《やまのべ》／日本根子皇統弥照尊《やまとねこあまつひつぎいやてらすのみこと》／延暦帝《えんりゃくのみかど》／柏原天皇《かしわらのすめらみこと》

誕生　天平9（737）

立太子　宝亀4（773）.1.2

践祚　天応1（781）.4.3

即位　天応1（781）.4.15

大嘗祭　天応1（781）.11.13

崩御　大同1（806）.3.17

在位　26　**没年齢**　70

光仁天皇の第一皇子。母の身分が低かったため即位は有力視されていなかったが、井上内親王と他戸親王が廃されると、藤原百川らの後押しを受けて立太子。天応元年（781）4月に譲位を受け践祚した。その直後、弟の早良親王を立太子。延暦3年（784）、藤原種継を造長岡宮使として長岡京（京都府向日市、長岡京市、京都市西京区、伏見区）に遷都するが、反発を招く。翌年9月には種継が暗殺され、早良親王もその事件に連座し、淡路配流の途中で死去した。その後、新たに皇太子に立てられた安殿親王の発病、皇妃や母の病死、疫病の流行、洪水などが相次ぎ、ついに造営を中止。これらは後に早良の祟りと考えられ、崇道天皇と追号されるに至った。在位中、勘解由使を設置して国司・郡司への監督を強め、辺要地を除いて諸国兵士を廃止し、健児の制を全国で施行するなど、多くの改革を行った。12年（793）に和気清麻呂が平安京への遷都を建議（翌年遷都）。また、大伴弟麻呂を初の征夷大将軍として蝦夷征討を行い、征東副使・坂上田村麻呂の活躍で勝利を収めた。16年（797）、菅野真道らにより『続日本紀』が完成。20年（801）、田村麻呂を征夷大将軍とする軍を派遣。翌年には阿弖流為ら500人を捕虜として帰還。まもなく蝦夷をほぼ服属させた。23年（804）、空海と最澄が唐に渡る。24年（805）、藤原緒嗣（百川の子）の建議を容れ、平安京の建設と蝦夷征討を中止（徳政相論）。陵は柏原陵（京都市伏見区桃山町）に治定される。大亀谷陵墓参考地（伏見区深草）との説もある。

[51] 平城《へいぜい》

父 桓武天皇 **母** 藤原乙牟漏

皇后など 藤原帯子（贈皇后）

異称 小殿《おて》／安殿《あて》／日本根子天推国高彦尊《やまとねこあめおしくにたかひこのみこと》／奈良帝《ならのみかど》

誕生 宝亀5（774）.8.15

立太子 延暦4（785）.11.25

践祚 大同1（806）.3.17

即位 大同1（806）.5.18

大嘗祭 大同3（808）.11.14

譲位 大同4（809）.4.1

崩御 天長1（824）.7.7

在位 4 **没年齢** 51

桓武天皇の第一皇子。母は皇后で藤原良継の娘・乙牟漏。践祚直後に同母弟の神野親王（嵯峨天皇）を立太子。皇太子時代に藤原種継の娘で自らの妃の母である藤原薬子を寵愛し、即位後に薬子を尚侍に任じた。治世の当初は官司の削減や冗官の整理、畿内七道への観察使の設置など意欲的に政務に当たったが、やがて薬子とその兄の藤原仲成が政治を主導。大同2年（807）、謀反の密告により、藤原吉子と伊予親王（桓武の第三皇子）の母子を処罰（伊予親王の変）。4年（809）に病を得て神野親王に譲位し、太上天皇（上皇）となる。同年末に平城宮に遷るが、薬子や仲成の影響で嵯峨と対立。二所朝廷と呼ばれる状況に陥る。5年（810）、平城京遷都の詔を発したが、嵯峨が仲成を捕縛して射殺し、薬子の官位も剥奪。薬子は服毒自殺し、平城は剃髪した（薬子の変）。陵は楊梅陵（奈良市佐紀町、市庭古墳に比定）。

[52] 嵯峨《さが》

父 桓武天皇 **母** 藤原乙牟漏

皇后など 橘嘉智子〈檀林皇后〉

異称 神野《かみの》

誕生 延暦5（786）.9.7

立太子 大同1（806）.5.19

践祚 大同4（809）.4.1

即位 大同4（809）.4.13

大嘗祭 弘仁1（810）.11.19

譲位 弘仁14（823）.4.16

崩御 承和9（842）.7.15

在位 15 **没年齢** 57

桓武天皇の第二皇子。同母兄・平城天皇の譲位により即位し、同時に平城の子である高岳親王を立太子。しかし即位後、平城京遷都の詔を発した平城上皇と対立し、大同5年（810）に薬子の変が起きた。その後、新たに異母弟の大伴親王（淳和天皇）を皇太子とした。同年、蔵人所を設置し、巨勢野足と藤原冬嗣（北家）を長官に任命。弘仁7年（816）頃に検非違使を設置。藤原冬嗣らが10年（819）『日本後紀』を編纂、11年（820）、『弘仁格式』を完成（のち追加・修正）、12年（821）『内裏式』を撰上した。13年（822）、最澄に大乗戒壇設立を認め、翌年空海に東寺（教王護国寺）を与えた。同年4月、大伴親王に譲位し、所生の正良親王（仁明天皇）を立太子、太上天皇（上皇）として冷泉院に移った。天長10年（833）に淳和天皇が譲位して仁明天皇が即位すると嵯峨院（後の大覚寺）に移る。漢詩文や和歌などに秀で、特に書は有名で空海・橘逸勢とともに三筆に数えられている。また、多数の子女を儲けたため財政が逼迫し、源朝臣姓を与えて臣籍降下させた（嵯峨源氏）。陵は嵯峨山上陵（京都市右京区北嵯峨朝原山町）とされる。

[53] 淳和《じゅんな》

父 桓武天皇 **母** 藤原旅子

皇后など 正子内親王・高志内親王（贈皇后）

異称 大伴《おおとも》／日本根子天高譲弥遠尊《やまとねこあめたかゆずるいやとおのみこと》／西院帝《さいいんのみかど》

誕生 延暦5（786）

立太子 大同5（810）.9.13

践祚 弘仁14（823）.4.16

即位 弘仁14（823）.4.27

大嘗祭 弘仁14（823）.11.17

譲位 天長10（833）.2.28

崩御 承和7（840）.5.8

在位 11 **没年齢** 55

桓武天皇の第三皇子で嵯峨天皇の異母弟。母は藤原百川の娘・旅子。即位の直後、嵯峨の意向によって所生の正良親王（仁明天皇）を立太子。同時代に平城・嵯峨の二人の上皇が存命だったが、清原夏野を登用して改革を進め、『令義解』の編纂などをおこなった。天長

10年（833）、譲位して太上天皇（上皇）となり、淳和院に移る。承和7年（840）5月、出家の後、崩御。陵墓は大原野西嶺上陵（京都市西京区大原野南春日町）に治定されるが、遺言により遺体は火葬、散骨されており、幕末期に散骨地付近に造営されたものである。

---

[54] 仁明《にんみょう》

父 嵯峨天皇 **母** 橘嘉智子〈檀林皇后〉
皇后など 藤原順子（太皇太后）・藤原沢子（贈皇太后）
異称 正良《まさら》／日本根子天璽豊聡慧尊《やまとねこあめしるしとよさとのみこと》／深草帝《ふかくさのみかど》
誕生 弘仁1（810）
立太子 弘仁14（823）.4.18
践祚 天長10（833）.2.28
即位 天長10（833）.3.6
大嘗祭 天長10（833）.11.15
崩御 嘉祥3（850）.3.21
在位 18 **没年齢** 41

嵯峨天皇の第一皇子で、母は皇后の橘嘉智子。即位の直後に淳和天皇の子・恒貞親王（母は嵯峨天皇娘・正子内親王）を立太子。嵯峨・淳和の二人の上皇が崩御した後の承和9年（842）7月、伴健岑や橘逸勢らが恒貞を奉じての謀反を画策（承和の変）。阿保親王（平城天皇の子）が太皇太后の橘嘉智子に密告して発覚し、恒貞は皇太子を廃され、健岑らは流罪。その後藤原良房（北家、冬嗣の子）の妹で仁明の女御・順子の生んだ道康親王（のちの文徳天皇）が皇太子となって藤原氏の権勢はさらに高まった。嘉祥3年（850）3月、病により出家。譲位して清涼殿で崩御。幼少期より病弱で、自ら調薬も行った。また経史に通じ、管弦、書法にも優れたという。陵は深草陵（京都市伏見区東伊達町）に比定される。

---

[55] 文徳《もんとく》

父 仁明天皇 **母** 藤原順子
皇后など 藤原明子（太皇太后）
異称 道康《みちやす》／田邑帝《たむらのみかど》
誕生 天長4（827）.8
立太子 承和9（842）.8.4
践祚 嘉祥3（850）.3.21
即位 嘉祥3（850）.4.17
大嘗祭 仁寿1（851）.11.23
崩御 天安2（858）.8.27
在位 9 **没年齢** 32

仁明天皇の第一皇子で、母は藤原良房（北家）の妹・順子。承和の変で恒貞親王が廃されると、かわって立太子。嘉祥3年（850）3月、父からの譲位により即位。寵愛していた紀名虎の娘・静子の生んだ第一皇子の惟喬親王を立太子しようとするが、良房の反対にあって失敗。即位の年に良房の娘・明子との間に生まれた惟仁親王（清和天皇）を生後9か月で立太子する。在位中に『続日本紀』の編纂を開始。遊覧を好まず政治に励んだが、生来病弱でもあり、良房が実権を持ちつづけた。陵は田邑陵で、現在は太秦三尾古墳（京都市右京区太秦三尾町）に比定される。

---

[56] 清和《せいわ》

父 文徳天皇 **母** 藤原明子
皇后など 藤原高子（皇太后）
異称 惟仁《これひと》／水尾帝《みずのおのみかど》／素真《そしん》
誕生 嘉祥3（850）.3.25
立太子 嘉祥3（850）.11.25
践祚 天安2（858）.8.27
即位 天安2（858）.11.7
大嘗祭 貞観1（859）.11.16
譲位 貞観18（876）.11.29
崩御 元慶4（880）.12.4
在位 19 **没年齢** 31

文徳天皇の第四皇子で、母は藤原良房（北家）の娘・明子。良房の後押しによって生後9か月で立太子され、天安2年（858）に9歳で践祚。幼少のため良房が太政大臣として政治を主導した。元服後の貞観8年（866）閏3月に平安京大内裏の正門である応天門が炎上。結果、伴善男・中庸父子が断罪されて伊豆に配流となった（応天門の変）。このとき、良房に天下の大権を摂行せよと命じた。在位中に、『貞観交替式』『貞観格式』が完成している。貞観10年（868）、藤原長良（良房の兄）の娘・高子が生んだ貞明親王（陽成天皇）を生後三か月で立太子。貞観18年（876）、突如として貞明に譲位し、太上天皇（上皇）となる。元慶3年（879）5月に出家。円覚寺に遷幸して発病し、12月に崩御。遺骸は火葬され、生前の希

望に則って嵯峨の水尾に埋葬された（京都市右京区嵯峨水尾清和、水尾山陵）。崩御と同日に基経が太政大臣に任じられている。

---

[57] 陽成《ようぜい》

父 清和天皇 **母** 藤原高子

皇后など 綏子内親王（妃）

異称 貞明《さだあきら》

誕生 貞観10（868）.12.16

立太子 貞観11（869）.2.1

践祚 貞観18（876）.11.29

即位 元慶1（877）.1.3

大嘗祭 元慶1（877）.11.18

譲位 元慶8（884）.2.4

崩御 天暦3（949）.9.29

在位 9 **没年齢** 82

清和天皇の第一皇子で、母は藤原長良（北家）の娘・高子。藤原良房の邸宅・染殿第で生まれ、生後三か月足らずで立太子。貞観18年（876）に父から譲位され9歳で践祚。幼少で政務を執れなかったため、母方の伯父である藤原基経が摂政に就いた。しかし乱行が多く、次第に基経と対立。元慶4年（880）に清和上皇が崩御すると、基経が太政大臣に任じられたが、7年（883）8月より出仕を拒否するようになる。翌年、病気（実は乱行の引責）を理由に時康親王（仁明天皇の子、光孝天皇）に譲位。太上天皇（上皇）となり、陽成院と称した。その後、65年も長生きした。陵は神楽岡東陵（京都市左京区浄土寺真如町）。

---

[58] 光孝《こうこう》

父 仁明天皇 **母** 藤原沢子

皇后など 班子女王（皇太后）

異称 時康《ときやす》／小松帝《こまつのみかど》

誕生 天長7（830）

践祚 元慶8（884）.2.4

即位 元慶8（884）.2.23

大嘗祭 元慶8（884）.11.22

崩御 仁和3（887）.8.26

在位 4 **没年齢** 58

仁明天皇の第三皇子で、母は藤原総継の娘・沢子。文徳・清和・陽成の三代の天皇に仕えて在京のまま常陸太守など親王任国の官職を歴任し、元慶6年（882）に一品式部卿となっていた。しかし陽成の廃位によって藤原基経に擁立され、元慶8年（884）に55歳で即位。基経の功に対して「奏すべき事、下すべき事、必ず先ず諮稟せよ」との詔勅を下し、政務を委任した。陵は後田邑陵（京都市右京区宇多野馬場町）。他に御室陵墓参考地（右京区御室大内）という説もある。

---

[59] 宇多《うだ》

父 光孝天皇 **母** 班子女王

皇后など 藤原胤子（贈皇太后）・藤原温子（女御）

異称 定省《さだみ》／朱雀太上天皇《すざくだじょうてんのう》／亭子院帝《ていじのいんのみかど》／空理《くうり》／金剛覚《こうごうかく》／寛平法皇《かんぴょうほうおう》

誕生 貞寛9（867）.5.5

立太子 仁和3（887）.8.26

践祚 仁和3（887）.8.26

即位 仁和3（887）.11.17

大嘗祭 仁和4（888）.11.22

譲位 寛平9（897）.7.3

崩御 承平1（931）.7.19

在位 11 **没年齢** 65

光孝天皇の第七皇子で、母は桓武天皇の孫・班子女王。元慶8年（884）の父の即位にともない他の皇子女と共に臣籍降下し、源定省と称していた。しかし3年後の仁和3年（887）父の病が篤くなると、藤原基経らに推挙され親王に復位し立太子、同日父が崩御したため践祚した。その直後、宇多は基経に引きつづき関白を務めるよう求めたが、基経は文章博士の橘広相が作成した勅書に「阿衡を以てその任となせ」という文言を見て、阿衡は実際の職掌をもたない存在であると主張し参内を拒否。翌年6月に勅書を撤回し、広相を解官することで事態を収拾した（阿衡事件）。寛平3年（891）、基経が薨去すると親政を開始し、菅原道真らを抜擢。問民苦使の派遣、『日本三代実録』『類聚国史』の編纂などを行った。寛平9年（897）7月、皇太子の敦仁親王（醍醐天皇）を元服させると、即日譲位を行い、太上天皇（上皇）となって宇多院に移り、昌泰2年（899）、出家して法皇となる。その後も仏教への傾倒がみられ、真言宗の大阿闍梨にもなり、承平元年（931）、仁和寺で崩御。火葬後そのまま土を被せて塚を作ったとされる。現在は大内山陵（京都市右京区鳴滝宇多野谷）が陵と

されている。その治世は後に寛平の治と称され、幼くして即位した醍醐に与えた訓戒『寛平御遺誡』や最古の天皇日記（『宇多天皇御記』逸文）も有名。

---

[60] 醍醐《だいご》

父 宇多天皇 **母** 藤原胤子
皇后など 藤原穏子・為子内親王〈妃〉
異称 敦仁《あつぎみ》（維城《これき》）／金剛宝《こんごうほう》／延喜帝《えんぎのみかど》
誕生 元慶9（885）.1.18
立太子 寛平5（893）.4.2
践祚 寛平9（897）.7.3
即位 寛平9（897）.7.13
大嘗祭 寛平9（897）.11.20
譲位 延長8（930）.9.22
崩御 延長8（930）.9.29
在位 34 **没年齢** 46

宇多天皇の第一皇子で、母は藤原高藤（冬嗣の孫）の娘・胤子。宇多が親王に復する前に生まれているが、父の即位によって親王となり、寛平5年（893）に立太子、9年（897）、父の譲位によって践祚。その遺誡にしたがって藤原時平を左大臣、菅原道真を右大臣に任じて政務を任せた。しかし後に両者が対立し、延喜1年（901）菅原道真を大宰府に左遷（2年後に現地で薨去）。また時平の妹・穏子を中宮として入内させるなど、藤原氏の進出を認めた。延喜9年（909）以降、所生の皇太子の保明親王などが相次ぎ他界すると、それを道真の祟りとして恐れ、延喜23年（923）に道真の名誉回復のため贈位。時平の没後はその弟の忠平に政治を主導させた。その治世は後に延喜の治と称され、延喜の荘園整理令を施行し、『延喜格式』『古今和歌集』などを勅撰した。延長3年（925）、新たに寛明親王（朱雀天皇）を立太子。延長8年（930）6月、清涼殿の落雷事件の後に体調を崩し、9月22日に譲位、29日に出家して崩御した。陵は後山科陵（京都市伏見区醍醐古道町）。

---

[61] 朱雀《すざく》

父 醍醐天皇 **母** 藤原穏子
皇后など 熙子女王〈女御〉
異称 寛明《ゆたあきら》／仏陀寿《ぶっだじゅ》
誕生 延長1（923）.7.24
立太子 延長3（925）.10.21
践祚 延長8（930）.9.22
即位 延長8（930）.11.21
大嘗祭 承平2（932）.11.13
譲位 天慶9（946）.4.20
崩御 天暦6（952）.8.15
在位 17 **没年齢** 30

醍醐天皇の第十一皇子で、母は藤原基経の娘で中宮の穏子。菅原道真の祟りによって兄の保明親王やその子の慶頼王が薨去したと考えられ、『大鏡』によれば、立太子まで御帳台の中でひそかに育てられたという。延長3年（925）に3歳で立太子。8年（930）即位したが、幼少のため伯父の藤原忠平が摂政・関白として実権を握った。平将門が関東で、藤原純友が瀬戸内海で挙兵（承平・天慶の乱）。自然災害も頻発した。天慶7年（944）4月に同母弟の成明親王（村上天皇）を立太子。9年（946）4月に譲位し太上天皇（上皇）となって朱雀院に移り、天暦6年（952）出家して仁和寺に入り崩御。陵は醍醐陵（京都市伏見区醍醐御陵東裏町）。

---

[62] 村上《むらかみ》

父 醍醐天皇 **母** 藤原穏子
皇后など 藤原安子
異称 成明《なりあきら》／覚貞《かくてい》／天暦帝《てんりゃくのみかど》
誕生 延長4（926）.6.2
立太子 天慶7（944）.4.22
践祚 天慶9（946）.4.20
即位 天慶9（946）.4.28
大嘗祭 天慶9（946）.11.16
崩御 康保4（967）.5.25
在位 22 **没年齢** 42

醍醐天皇の第十四皇子（朱雀天皇の同母弟）、母は藤原基経の娘で中宮の穏子。朱雀からの譲位によって天慶9年（946）に践祚。引きつづき外戚の藤原忠平が関白を務めた。天暦3年（949）に忠平が没すると関白を置かず、親政を行った。天暦4年（950）に第一皇子の広平親王ではなく第二皇子の憲平親王を立太子。天暦8年（954）群臣に政論を求め、菅原文時「意見封事三箇条」を用い、貧民の救済、常平所の設置、和歌所の設置、乾元大宝を鋳造などを行い、後世、醍醐朝と共に「延喜・天暦の治」

とたたえられた。しかし、やがて忠平の子・実頼と師輔が政治を主導するようになった。陵は村上陵（京都市右京区鳴滝宇多野谷）。和歌に長じており、天徳四年内裏歌合を主催。『後撰和歌集』の編纂を命じている。第七皇子・具平親王の子孫が村上源氏である。

---

[63] 冷泉《れいぜい》

父 村上天皇 **母** 藤原安子

皇后など 昌子内親王・藤原懐子（贈皇太后）・藤原超子（贈皇太后）

異称 憲平 のりひら

誕生 天暦4（950）.5.24

立太子 天暦4（950）.7.23

践祚 康保4（967）.5.25

即位 康保4（967）.10.11

大嘗祭 安和1（968）.11.24

譲位 安和2（969）.8.13

崩御 寛弘8（1011）.10.24

在位 3 **没年齢** 62

村上天皇の第二皇子で、母は藤原師輔（北家、忠平の子）の娘で中宮の安子。生後間もなく立太子された。康保4年（967）即位直後に同母弟の守平親王（円融天皇）を立太子。生来病弱で、『大鏡』によれば奇行も多かったという。そのため、藤原実頼が関白に就任し、以後、摂政・関白が常置されるようになる（摂関政治）。安和2年（969）、為平親王と守平親王（同母弟）の後継争いから、右大臣藤原師尹（忠平の子、師輔の弟）らが皇太子廃立を企んだとして左大臣源高明（師輔の女婿）を大宰府へ配流。師尹の支持を得た守平親王が後嗣となった（安和の変）。わずか2年で譲位して太上天皇（上皇）となり、冷泉院に移った。陵は桜本陵（京都市左京区鹿ヶ谷法然院町、鹿ヶ谷西寺ノ前町）で、火葬の後その近傍に葬られたとする桜本寺の遺構から、明治時代に治定された。

---

[64] 円融《えんゆう》

父 村上天皇 **母** 藤原安子

皇后など 藤原媓子・藤原遵子・藤原詮子（皇太后）

異称 守平 もりひら／覚如 かくにょ／金剛法 こんごうほう

誕生 天徳3（959）.3.2

立太子 康保4（967）.9.1

践祚 安和2（969）.8.13

即位 安和2（969）.9.23

大嘗祭 天禄1（970）.11.17

譲位 永観2（984）.8.27

崩御 正暦2（991）.2.12

在位 16 **没年齢** 33

冷泉天皇の同母弟。兄の譲位によって11歳で践祚。幼少のため、藤原実頼と藤原伊尹が摂政として政治を主導。天禄3年（972）に元服後、伊尹の弟の兼通と兼家が関白の地位をめぐり争った。永観2年（984）、甥の師貞親王（花山天皇）に譲位し、所生の第一皇子・懐仁親王（一条天皇）をその東宮とした。翌年、病によって出家し円融院に移った。譲位の後も院庁で多数の別当を補任し、政治に関与しつづけた。遺骸は円融寺の北原で火葬に付され、父・村上天皇陵の傍らに納骨された。陵は後村上陵（京都市右京区宇多野福王子町）。

---

[65] 花山《かざん》

父 冷泉天皇 **母** 藤原懐子

皇后など 藤原忯子（女御）

異称 師貞 もろさだ／入覚 にゅうかく

誕生 安和1（968）.10.26

立太子 安和2（969）.8.13

践祚 永観2（984）.8.27

即位 永観2（984）.10.10

大嘗祭 寛和1（985）.11.21

譲位 寛和2（986）.6.23

崩御 寛弘5（1008）.2.8

在位 3 **没年齢** 41

冷泉天皇の第一皇子で、母は藤原伊尹（北家、師輔の子）の娘・懐子。安和2年（969）、叔父の円融天皇の即位と同時に、生後10か月足らずで立太子。永観2年（984）、円融より譲位をうけて践祚。幼少のため、藤原頼忠が関白となるが、政治の実権は外戚の藤原義懐とその乳兄弟・惟成が掌握。次第に右大臣藤原兼家や関白の頼忠らとの対立が深まった。寛和元年（985）、寵愛していた忯子が死去。道兼（兼家の子）らに出家を薦められ、翌年6月に東山の花山寺で出家して法皇となった。これは兼家の陰謀であったとされる（寛和の変）。出家後は各地に巡幸し、摂津東光山（兵庫県三田市）に長く滞在した。長徳2年（996）、誤

解から藤原伊周（兼家の孫）の従者に射られ、伊周は弟の隆家とともに藤原道長（兼家の子）により流罪となった。陵は紙屋川上陵（京都市北区衣笠北高橋町）に治定。

[66] 一条《いちじょう》

父 円融天皇　**母** 藤原詮子
皇后など 藤原定子・藤原彰子（中宮）
異称 懐仁《やすひと》／精進覚《しょうじんかく》／妙覚《みょうかく》
誕生 天元3（980）.6.1
立太子 永観2（984）.8.27
践祚 寛和2（986）.6.23
即位 寛和2（986）.7.22
大嘗祭 寛和2（986）.11.15
譲位 寛弘8（1011）.6.13
崩御 寛弘8（1011）.6.22
在位 26　**没年齢** 32

円融天皇の第一皇子で、母は藤原兼家（北家嫡流）の娘・詮子（東三条院）。寛和2年（986）、従兄弟の花山天皇が突如出家したため7歳で践祚。花山の異母弟の居貞親王（三条天皇）を皇太子に立て、摂政に藤原兼家（後に関白）が就任。永祚2年（990）正月、兼家の長男・道隆の娘の定子が中宮として入内。同年5月、兼家が病を得て引退すると、道隆を関白として政治を主導させる。しかし5年後に道隆も病没し、翌年、花山法皇が道隆の子・伊周の従者に襲撃される事件も起こり、母・詮子の訴えもあって道隆と道兼の弟である道長を内覧（関白に准ずる地位）とした。長保元年（999）7月、奢侈の禁止や政務の精励を含む新制十一箇条を発布（長保元年令）。2年（1000）には道長の娘・彰子が中宮として入内し、定子を皇后とした（一帝二后の制）。病を得て寛弘8年（1011）6月に居貞親王に譲位し、敦成親王をその皇太子とした。道長との関係は良好で、宮中文化の最盛期を現出。定子に仕えた清少納言、彰子に仕えた紫式部や和泉式部などの女房文学が花開いた。陵は龍安寺（京都市右京区龍安寺朱山）境内にある円融寺北陵。

[67] 三条《さんじょう》

父 冷泉天皇　**母** 藤原超子
皇后など 藤原娍子・藤原妍子（中宮）
異称 居貞《いやさだ》／金剛浄《こんごうじょう》
誕生 天延4（976）.1.3
立太子 寛和2（986）.7.16
践祚 寛弘8（1011）.6.13
即位 寛弘8（1011）.10.16
大嘗祭 長和1（1012）.11.22
譲位 長和5（1016）.1.29
崩御 寛仁1（1017）.5.9
在位 6　**没年齢** 42

冷泉天皇の第二皇子で、母は藤原兼家（北家嫡流）の娘・超子。兄の花山天皇が従兄弟の一条天皇に譲位すると、皇太子にされた。寛弘8年（1011）、一条より譲位を受けて36歳で践祚。皇太子には一条と藤原道長の娘・彰子の所生の敦成親王（後一条天皇）が立ち、引き続き道長が政治を主導した。皇太子時代より大納言藤原済時の娘・娍子と道長の娘・妍子の二人の妃があり、即位後の娍子立后に道長が強く反対。娍子を皇后、妍子を中宮としたが、道長との確執は続き、眼病を理由に再三譲位を迫られた。内裏の焼失や脚気に罹るなどの事態もあり、娍子所生の敦明親王の立太子（後一条天皇の皇太子）を条件として長和5年（1016）正月に譲位。寛仁元年（1017）4月に出家し、5月に42歳で崩御した。なお、敦明は同年8月に道長の圧力により皇太子を辞退。後に院号宣下を受け、小一条院と称した。陵は北山陵（京都市北区衣笠西尊上院町）。

[68] 後一条《ごいちじょう》

父 一条天皇　**母** 藤原彰子
皇后など 藤原威子
異称 敦成《あつひら》
誕生 寛弘5（1008）.9.11
立太子 寛弘8（1011）.6.13
践祚 長和5（1016）.1.29
即位 長和5（1016）.2.7
大嘗祭 長和5（1016）.11.15
譲位 長元9（1036）.4.17
崩御 長元9（1036）.4.17
在位 21　**没年齢** 29

一条天皇の第二皇子で、母は藤原道長の娘で中宮の彰子（上東門院）。外祖父・道長の意向によって皇后・定子所生の第一皇子・敦康親王を差し置いて4歳で立太子、9歳で即位。幼少のため道長が摂政となり、次いで道長の子・頼通が摂政に就任（後に関白）して実権を握っ

た。三条天皇の皇子・敦明親王（皇后娍子の子）の同母弟の敦良親王を立太子。寛仁2年（1018）、11歳のときに道長の娘で叔母の威子が中宮として入内。後に病を患い、29歳で崩御。陵墓は菩提樹院陵（京都市左京区吉田神楽岡町）。この時代、一条の中宮・彰子、三条の中宮・妍子そして威子と娘が三人続けて入内し、道長の権勢は全盛であった。

---

[69] 後朱雀《ごすざく》

父 一条天皇 **母** 藤原彰子
皇后など 禎子内親王・藤原嫄子（中宮）・藤原嬉子（贈皇太后）
異称 敦良 あつなが／精進行 しょうじんこう
誕生 寛弘6（1009）.11.25
立太子 寛仁1（1017）.8.9
践祚 長元9（1036）.4.17
即位 長元9（1036）.7.10
大嘗祭 長元9（1036）.11.17
譲位 寛徳2（1045）.1.16
崩御 寛徳2（1045）.1.18
在位 10 **没年齢** 37

後一条天皇の同母弟。外祖父の道長の意向で皇太子となる。寛仁5年（1021）、道長の娘で叔母の嬉子が東宮妃として入内。万寿4年（1027）、道長の孫で三条天皇の皇女・禎子内親王（陽明門院）が入内し、長元7年（1034）尊仁親王（後三条天皇）を産む。9年（1036）、後一条の崩御により践祚。引き続き藤原頼通（道長の子）が関白として政治を主導し、その養女・嫄子が中宮として入内（禎子内親王は皇后に）。翌年、親仁を立太子。寛徳2年（1045）、病を得て譲位し、37歳で崩御。頼通の反対を押し切って尊仁を後冷泉天皇の皇太弟とするよう遺詔した。陵は龍安寺境内の円乗寺陵。

---

[70] 後冷泉《ごれいぜい》

父 後朱雀天皇 **母** 藤原嬉子
皇后など 章子内親王（皇太后）・藤原寛子（中宮）・藤原歓子
異称 親仁 ちかひと
誕生 万寿2（1025）.8.3
立太子 長暦1（1037）.8.17
践祚 寛徳2（1045）.1.16
即位 寛徳2（1045）.4.8
大嘗祭 永承1（1046）.11.15
崩御 治暦4（1068）.4.19
在位 24 **没年齢** 44

後朱雀天皇の第一皇子で、母は藤原道長の娘・嬉子。寛徳2年（1045）、父より譲位され践祚。引き続き藤原頼通（道長の子）が関白として政治を主導。永承5年（1050）に頼通の娘・寛子が皇后として入内。皇太子時代に章子内親王（後一条天皇の皇女、母は道長の娘・威子、二条院）を妃として迎え、即位後中宮に冊立していたが、それを飛び越えての立后であった。しかし寛子との間に子ができないまま、44歳で崩御。陵は龍安寺境内の円教寺陵。

---

[71] 後三条《ごさんじょう》

父 後朱雀天皇 **母** 禎子内親王
皇后など 馨子内親王・藤原茂子（贈皇太后）
異称 尊仁 たかひと／金剛行 こんごうぎょう／延久帝 えんきゅうのみかど
誕生 長元7（1034）.7.18
立太子 寛徳2（1045）.1.16
践祚 治暦4（1068）.4.19
即位 治暦4（1068）.7.21
大嘗祭 治暦4（1068）.11.22
譲位 延久4（1072）.12.8
崩御 延久5（1073）.5.7
在位 5 **没年齢** 40

後朱雀天皇の第二皇子。後冷泉天皇の異母弟で、母は三条天皇の皇女・禎子内親王（陽明門院）。後朱雀の遺詔で12歳のときに皇太子となり、兄の崩御によって35歳で践祚。母が藤原氏の出身でなかったため外戚の影響を受けず、大江匡房など中級貴族を登用するなど独自の親政を行った。延久元年（1069）に第一皇子の貞仁親王（白河天皇）を立太子。同年、荘園整理令を発布し、これを実行するための記録荘園券契所を設置（延久の荘園整理令）。他にも各地の勅旨田の設定や、延久の宣旨枡を用いた一国平均役の徴収、宮中の調度供御の簡約化などを実施し、朝廷財政の強化をはかった。延久4年（1072）、貞仁に譲位し、院政を志したとみられるが、翌年40歳で崩御した。陵は龍安寺境内にある圓宗寺陵。その治世は後に延久の治と称された。

---

[72] 白河《しらかわ》

父 後三条天皇 **母** 藤原茂子

皇后など　藤原賢子
異称　貞仁 さだひと／六条帝 ろくじょうのみかど／融観 ゆうかん
誕生　天喜1（1053）.6.19
立太子　延久1（1069）.4.28
践祚　延久4（1072）.12.8
即位　延久4（1072）.12.29
大嘗祭　承保1（1074）.11.21
譲位　応徳3（1086）.11.26
崩御　大治4（1129）.7.7
在位　15　**没年齢**　77

後三条天皇の第一皇子で、母は藤原能信（道長の子）の養女・茂子。即位すると、藤原師実（北家嫡流、頼通の子）を関白に任じ、その養女・賢子を中宮に冊立。父の路線を引き継ぎ、師実と協調しつつ親政を行った。賢子との間に生まれた8歳の皇子・善仁親王（堀河天皇）を皇太子に立て、譲位。太上天皇（上皇）として院政を開いた（院政開始）。それが鳥羽・崇徳天皇の代まで約43年におよんでいる。仏教に傾倒し、法勝寺の建立など、造寺・造仏・参詣・供養などを次々と行った。永長元年（1096）に出家し法皇となっている。藤原長実や源俊明など院近臣を率いて自由に叙位や任官を行い、北面武士を組織するなどして権力を掌握。特に自らの血統による皇位継承を盤石なものとした。陵は成菩提院陵で、京都市伏見区竹田浄菩提院町に比定される。近在に別の陵墓参考地も存在する。

---

[73] 堀河 ほりかわ

父　白河天皇　**母**　藤原賢子
皇后など　篤子内親王・藤原苡子（贈皇太后）
異称　善仁 たるひと
誕生　承暦3（1079）.7.9
立太子　応徳3（1086）.11.26
践祚　応徳3（1086）.11.26
即位　応徳3（1086）.12.19
大嘗祭　寛治1（1087）.11.19
崩御　嘉承2（1107）.7.19
在位　22　**没年齢**　29

白河天皇の第二皇子で、母は藤原師実（北家嫡流、頼通の子）の養女・賢子。応徳2年（1085）、父の異母弟で皇太子であった実仁親王が没すると皇太子に立てられ、即日8歳で践祚。後に叔母（白河の同母妹）で19歳上の篤子内親王を中宮として迎えた。幼少のため外祖父の師実が摂政（後に関白）に就き、その子で次いで関白となった師通と協調して政務に精励し、「末代の賢王」と称された。しかし、承徳3年（1099）に師通が薨去すると、白河が再び政治を主導するようになった。陵は龍安寺の境内にある後円教寺陵。

---

[74] 鳥羽 とば

父　堀河天皇　**母**　藤原苡子
皇后など　藤原璋子（中宮）・藤原泰子・藤原得子
異称　宗仁 むねひと／空覚 くうかく
誕生　康和5（1103）.1.16
立太子　康和5（1103）.8.17
践祚　嘉承2（1107）.7.19
即位　嘉承2（1107）.12.1
大嘗祭　天仁1（1108）.11.21
譲位　保安4（1123）.1.28
崩御　保元1（1156）.7.2
在位　17　**没年齢**　54

堀河天皇の第一皇子で、母は藤原実季（北家閑院流）の娘で白河天皇の従姉妹・苡子。祖父の白河のもとで養育され、生後8か月で立太子。嘉承2年（1107）、父の崩御を受けて5歳で践祚。幼少のため、政務の中枢は白河の院政にあった。永久5年（1117）、白河の養女・璋子が入内（後に中宮冊立、待賢門院）。保安4年（1123）、白河の意向で第一皇子の顕仁親王（崇徳天皇）に譲位。大治4年（1129）、白河が崩御すると罷免されていた忠実を再び登用し、自らも院政を開始。近衛天皇・後白河天皇の代まで政治を主導した。長承2年（1133）、忠実の娘・勲子（39歳、後に泰子と改名、高陽院）を皇后として冊立。さらに保延5年（1139）、寵愛していた藤原長実の娘・得子（美福門院）との間に体仁親王（近衛天皇）が生まれると4か月で立太子、3歳で即位させ、得子も皇后として冊立。どちらも上皇の妃が皇后になるというのは異例である。保延7年（1141）、出家して法皇となる。久寿2年（1155）、近衛の崩御により崇徳の同母弟である雅仁親王（後白河天皇）を践祚させた。陵は鳥羽離宮内の安楽寿院陵（京都市伏見区竹田浄菩提院町）。後三条・白河とは方針を転換して荘園を拡大し、自らも多くの荘園を営んだ。また平清盛の父・忠盛を北面武士として重用し、平家興

隆の遠因となった。

---

[75] 崇徳すとく

父 鳥羽天皇 **母** 藤原璋子

皇后など 藤原聖子

異称 顕仁 あきひと／讃岐院 さぬきのいん

誕生 元永2（1119）.5.28

立太子 保安4（1123）.1.28

践祚 保安4（1123）.1.28

即位 保安4（1123）.2.19

大嘗祭 保安4（1123）.11.18

譲位 永治1（1141）.12.7

崩御 長寛2（1164）.8.26

在位 19 **没年齢** 46

鳥羽天皇の第一皇子で、母は白河天皇の養女・璋子（待賢門院）。保安4年（1123）、白河の意向で皇太子となり、同日5歳で践祚。大治4年（1129）に白河が崩御すると政務の中枢は父・鳥羽上皇の院政と、それに協調する摂関家の藤原忠実・忠通父子に移った。5年（1130）、忠通の娘・聖子（皇嘉門院）を立后。永治元年（1141）、鳥羽とその皇后・得子（美福門院）の間に生まれた異母弟・体仁親王（近衛天皇）に譲位させられ、新院と呼ばれて父と対立するようになる。さらに久寿2年（1155）に近衛が17歳で早世すると、やはり鳥羽の意向で同母弟の雅仁親王（後白河天皇）が践祚。ほとんど政治に関わることなく、自らの子・重仁親王の即位も絶望的となったことから、保元元年（1156）の父の崩御を機に忠通と対立する左大臣藤原頼長や源為義らと挙兵。源義朝や平清盛の与する後白河方と衝突して敗北し、崇徳自身も讃岐に配流された（保元の乱）。長寛2年（1164）に配所で崩御。陵は白峯陵（香川県坂出市青海町御山）。『古事談』には実は白河と璋子の子であり、鳥羽は崇徳のことを「叔父子」と呼んでいたという巷説がみえる。後に怨霊として恐れられ、治承元年（1177）に崇徳院諡号された。

---

[76] 近衛このえ

父 鳥羽天皇 **母** 藤原得子

皇后など 藤原多子・藤原呈子（中宮）

異称 体仁 なりひと

誕生 保延5（1139）.5.18

立太子 保延5（1139）.8.17

践祚 永治1（1141）.12.7

即位 永治1（1141）.12.27

大嘗祭 康治1（1142）.11.15

崩御 久寿2（1155）.7.23

在位 15 **没年齢** 17

鳥羽天皇の第九皇子。崇徳天皇の異母弟で、母は藤原長実の娘・得子（美福門院）。生後4か月で立太子、3歳で即位。久安6年（1150）、12歳で元服すると、藤原頼長（忠実の子）の養女・多子が皇后に冊立され、続いて頼長の兄で関白・藤原忠通の養女・呈子（九条院）も中宮に冊立。両者が対立する事態となった。久寿2年（1155）、病のため後嗣を定めないまま17歳で崩御。陵は安楽寿院南陵（京都市伏見区竹田浄菩提院町）。

---

[77] 後白河ごしらかわ

父 鳥羽天皇 **母** 藤原璋子

皇后など 藤原忻子・平滋子（皇太后）・藤原懿子（贈皇太后）

異称 雅仁 まさひと／行真 ぎょうしん

誕生 大治2（1127）.9.11

践祚 久寿2（1155）.7.24

即位 久寿2（1155）.10.26

大嘗祭 久寿2（1155）.11.23

譲位 保元3（1158）.8.11

崩御 建久3（1192）.3.13

在位 4 **没年齢** 66

鳥羽天皇の第四皇子。近衛天皇の異母弟で、母は白河天皇の養女・璋子（待賢門院）。近衛の急逝によって29歳で践祚し、鳥羽の意向により藤原経実（師実の子、大炊御門家）の娘であり源有仁の養女・懿子との所生の皇子・守仁親王（二条天皇）を立太子。その翌年の保元元年（1156）7月、長く院政を敷いていた鳥羽の崩御により保元の乱が勃発。藤原通憲（信西）の援助を受け、源義朝や平清盛らを従えて崇徳上皇方に勝利し、以後、信西に政治を主導させた。保元3年（1158）、譲位して院政を開始。しかし側近の信西と二条天皇を支持する派閥が対立。平治元年（1159）、二条の派閥と藤原信頼および源義朝が結んで信西を襲撃。さらに義朝と平清盛が武力衝突する事態となった（平治の乱）。その結果、信西は殺害され、平氏一門の台頭を招いた。嘉応元年（1169）に出家して法皇となった後は延暦寺・東大寺な

どの僧兵との連携を画策。治承元年（1177）、平氏打倒の謀議が発覚して、院近臣が処罰された（鹿ヶ谷事件）。3年（1179）には軍勢を率いた清盛によって鳥羽殿に幽閉され、4年（1180）、安徳天皇の即位が強行された。第二皇子の以仁王が発した平氏討伐の令旨などをきっかけに、各地の源氏が挙兵。5年（1181）に清盛が病死し、平氏が西国に撤退すると、源義仲と源行家に平氏追討を命じた。さらに頼朝と義経の兄弟の争いを利用するなど、たくみに権力を保持しつづけた。建久2年（1191）3月、平氏を滅亡させ、奥州藤原氏にも勝利した頼朝に諸国守護権を付与した（建久新制）。陵は法住寺陵（京都市東山区三十三間堂廻り町）。今様に熱中し、『梁塵秘抄』『梁塵秘抄口伝集』を撰述している。

---

[78] 二条《にじょう》

父 後白河天皇　**母** 藤原懿子
皇后など 姝子内親王・藤原育子・伊岐致遠の娘
異称 守仁《もりひと》
誕生 康治2（1143）.6.17
立太子 久寿2（1155）.9.23
践祚 保元3（1158）.8.11
即位 保元3（1158）.12.20
大嘗祭 平治1（1159）.11.23
譲位 永万1（1165）.6.25
崩御 永万1（1165）.7.28
在位 8　**没年齢** 23

後白河天皇の第一皇子で、母は藤原経実（師実の子、大炊御門家）の娘で源有仁の養女・懿子。生後すぐに母を亡くし、鳥羽上皇とその皇后・得子（美福門院）の許で養育される。久寿2年（1155）に近衛天皇が急逝したため、院政を敷いていた鳥羽の意向で父・後白河の即位とともに皇太子となる。保元3年（1158）、即位し、親政の意志をみせたが、後白河も院政を敷いたために対立。平治元年（1159）、院近臣の藤原信頼と源義朝に後白河ともども幽閉されるが、密かに平清盛と通じて脱出し、その助けによって勝利する（平治の乱）。しかし病を得て永万元年（1165）皇子・順仁親王（六条天皇）に譲位し崩御。遺骨は香隆寺三昧院に納められたが、後に所在不明となり、明治22年（1899）かねて二条天皇陵と考えられていた塚（京都市北区平野八丁柳町）が香隆寺陵に治定された。和歌に優れ、『続詞花和歌集』を編纂。

---

[79] 六条《ろくじょう》

父 二条天皇　**母** 伊岐致遠の娘
異称 順仁《のぶひと》
誕生 長寛2（1164）.11.14
践祚 永万1（1165）.6.25
即位 永万1（1165）.7.27
大嘗祭 仁安1（1166）.11.15
譲位 仁安3（1168）.2.19
崩御 安元2（1176）.7.17
在位 4　**没年齢** 13

二条天皇の第二皇子で、母は伊岐致遠の娘。父が病を得たため、永万元年（1165）6月に譲位したのを受けてわずか2歳で践祚。後白河上皇が院政を行い、平清盛が太政大臣に就任していた。仁安元年（1166）、後白河の意向でその寵妃・平滋子（建春門院）の所生の皇子・憲仁親王（高倉天皇）が立太子。3年（1168）に譲位し、13歳で崩御。陵は清閑寺陵（京都市東山区清閑寺歌ノ中山町）。史上もっとも若い即位であり、元服前に上皇となった唯一の天皇。

---

[80] 高倉《たかくら》

父 後白河天皇　**母** 平滋子
皇后など 平徳子・藤原殖子（女院）
異称 憲仁《のりひと》
誕生 永暦2（1161）.9.3
立太子 仁安1（1166）.10.10
践祚 仁安3（1168）.2.19
即位 仁安3（1168）.3.20
大嘗祭 仁安3（1168）.11.22
譲位 治承4（1180）.2.21
崩御 治承5（1181）.1.14
在位 13　**没年齢** 21

後白河天皇の第七皇子。二条天皇の異母弟で、母は平滋子（建春門院）。3歳から平清盛の娘・盛子によって養育される。仁安元年（1166）に平氏の後ろ盾と後白河の意向によって皇太子となり、甥の六条天皇の譲位によって8歳で践祚。承安2年（1172）、清盛の娘・徳子（建礼門院）が入内。治承2年（1178）、その所生の皇子・言仁親王（安徳天皇）を生後1か月で皇太子に立てた。4年（1180）6月、清盛に

よって摂津国福原に遷都。9月に安芸の厳島神社参詣。5年（1181）正月、六波羅の平頼盛邸で崩御。陵は後清閑寺陵（京都市東山区清閑寺歌ノ中山町）。

---

[81] 安徳《あんとく》

父 高倉天皇 **母** 平徳子

異称 言仁《ときひと》／西国天皇《さいごくのてんのう》

誕生 治承2（1178）.11.12

立太子 治承2（1178）.12.15

践祚 治承4（1180）.2.21

即位 治承4（1180）.4.22

大嘗祭 寿永1（1182）.11.24

崩御 寿永4（1185）.3.24

在位 6 **没年齢** 8

高倉天皇の第一皇子で、母は平清盛の娘・徳子（建礼門院）。治承4年（1180）3歳で即位し、外祖父・清盛とともに摂津福原へ遷幸。11月京に帰還。寿永2年（1183）、平氏とともに西国へ落ち延び、文治元年（1185）に長門の壇ノ浦で源義経の攻撃を受けた。『平家物語』によれば、平時子（二位尼）に「波の底にも都の候ぞ」と慰められつつ三種神器とともに入水。陵は赤間神宮の阿弥陀寺陵（山口県下関市阿弥陀寺町）。

---

[82] 後鳥羽《ごとば》

父 高倉天皇 **母** 藤原殖子

皇后など 九条任子・源在子（女院）・高倉重子（女院）

異称 尊成《たかひら》／顕徳院《けんとくいん》／隠岐院《おきのいん》／良然《りょうねん》／金剛理《こんごうり》

誕生 治承4（1180）.7.14

立太子 寿永2（1183）.8.20

践祚 寿永2（1183）.8.20

即位 寿永3（1184）.7.28

大嘗祭 元暦1（1184）.11.18

譲位 建久9（1198）.1.11

崩御 延応1（1239）.2.22

在位 16 **没年齢** 60

高倉天皇の第四皇子で、母は藤原信隆（平清盛の女婿、坊門家）の娘・殖子（七条院）。寿永2年（1183）、異母兄の安徳天皇が平氏とともに西国へ落ち延びると、院政を敷いていた後白河法皇によって、三種神器がないまま4歳で践祚。建久3年（1192）、後白河の崩御によって親政を開始。同年7月12日には源頼朝を征夷大将軍に任じた。9年（1198）正月、当時朝廷の有力者であった源通親の養女である在子所生の皇子・為仁親王（土御門天皇）に譲位し、院政を敷いた。正治2年（1200）、第三皇子・守成親王（順徳天皇）を皇太子に立て、自ら政務を執った。文武に優れ、北面に加えて西面武士を組織した。千五百番歌合の開催や『新古今和歌集』の編纂を行っている。次第に幕府への反感を募らせ、朝廷に友好的だった第三代将軍源実朝の横死後、鎌倉幕府から皇子東下（皇族将軍）を依頼されたが拒否。これを機に順徳らと討幕を計画し、承久3年（1221）5月、第二代執権北条義時追討の院宣を下した。しかし上洛した幕府の大軍に敗北し、一か月で鎮圧された（承久の乱）。後鳥羽自身は出家して隠岐に配流されたが、配所でも『新古今和歌集』の補訂などに努めている。陵は大原西林院（京都市左京区大原勝林院町）の大原陵。また島根県隠岐郡にも海士町陵（火葬塚）がある。

---

[83] 土御門《つちみかど》

父 後鳥羽天皇 **母** 源在子

皇后など 大炊御門麗子・源通子（贈皇太后）

異称 為仁《ためひと》／土佐院《とさのいん》／阿波院《あわのいん》／行源《ぎょうげん》

誕生 建久6（1195）.12.2

践祚 建久9（1198）.1.11

即位 建久9（1198）.3.3

大嘗祭 建久9（1198）.11.22

譲位 承元4（1210）.11.25

崩御 寛喜3（1231）.10.11

在位 13 **没年齢** 37

後鳥羽天皇の第一皇子で、母は源通親の養女・在子（承明門院）。建久9年（1198）、外祖父の通親の意向によって4歳で即位。正治2年（1200）異母弟で後鳥羽の第三皇子・守成親王（順徳天皇）を立太子、承元4年（1210）、後鳥羽の意向で守成に譲位して、承久3年（1221）の承久の乱には参画しなかったが、自ら望んで土佐へ赴く。貞応2年（1223）幕府のはからいで京に近い阿波へ遷り、寛喜3年（1231）10月、配所で崩御。陵は阿波国池谷村（徳島県鳴門市）に火葬塚が営まれたが、後に母に

よって京都の金原陵（京都府長岡京市）に改葬。和歌にすぐれ藤原定家・家隆に師事し、新三十六人撰にも入っている。

---

[84] 順徳《じゅんとく》

父 後鳥羽天皇 **母** 高倉重子（女院）
皇后など 九条立子
異称 守成《もりなり》／佐渡院《さどのいん》
誕生 建久8（1197）.9.10
立太子 正治2（1200）.4.15
践祚 承元4（1210）.11.25
即位 承元4（1210）.12.28
大嘗祭 建暦2（1212）.11.13
譲位 承久3（1221）.4.20
崩御 仁治3（1242）.9.12
在位 12 **没年齢** 46

後鳥羽の第三皇子。土御門天皇の異母弟で、母は後鳥羽を養育した藤原範季（南家高倉流）の娘・重子（修明門院）。正治2年（1000）3歳で皇太弟となり、承元4年（1210）に後鳥羽の意向で即位。父の倒幕計画に加わり、承久3年（1221）4月に懐成親王（仲恭天皇）に譲位してまもなく挙兵した（承久の乱）。しかし、数か月で敗北して佐渡に配流された。仁治3年（1242）9月、配所で崩御。佐渡国真野（新潟県佐渡市真野地区）に火葬塚が営まれ、真輪寺が管理していた。寛元元年（1243）藤原康光によって遺骨が京都の大原陵に改葬された（京都市左京区大原勝林院町）。兄の土御門ともに歌に優れ、また学問を好み、有職故実書『禁秘御抄』などの著作もある。

---

[85] 仲恭《ちゅうきょう》

父 順徳天皇 **母** 九条立子
異称 懐成《かねなり》／九条廃帝《くじょうはいてい》／半帝《はんてい》／後廃帝《こうはいてい》
誕生 建保6（1218）.10.10
立太子 建保6（1218）.11.26
践祚 承久3（1221）.4.20
譲位 承久3（1221）.7.9
崩御 天福2（1234）.5.20
在位 1 **没年齢** 17

順徳天皇の第四皇子。母は九条良経の娘で中宮の立子（東一条院）。建保6年（1218）に皇太子となり、挙兵を控えた承久3年（1221）4月に即位したが、幕府軍に敗北して7月に廃位された。その後は摂政・九条道家の邸宅に住み、九条廃帝・後廃帝などと呼ばれた。歴代の天皇の中でもっとも在位期間が短い。明治3年（1870）に至って大友皇子・大炊王（淡路廃帝）とともに追諡され、仲恭となった。陵は京都市伏見区深草本寺山町の九条陵。

---

[86] 後堀河《ごほりかわ》

父 守貞親王〈後高倉院〉 **母** 持明院陳子
皇后など 三条有子・近衛長子（中宮）・九条竴子（中宮）
異称 茂仁《ゆたひと》
誕生 建暦2（1212）.2.18
践祚 承久3（1221）.7.9
即位 承久3（1221）.12.1
大嘗祭 貞応1（1222）.11.23
譲位 貞永1（1232）.10.4
崩御 天福2（1234）.8.6
在位 12 **没年齢** 23

高倉天皇の第二皇子・守貞親王（安徳天皇の異母弟、後鳥羽天皇の同母兄）の子で、母は持明院基家の娘・陳子（北白河院）。承久の乱後、西園寺公経の推挙を得た鎌倉幕府の意向で即位。しかし幼少のため、実際の政務は出家していた守貞（行助法親王）が皇位を経ない異例の太上天皇（上皇）として執った。2年後に父が没すると、公経や関白の近衛家実・九条道家らの補佐を得た。寛喜3年（1231）、道家の娘・竴子（藻壁門院）との間に生まれた秀仁親王（四条天皇）を生後8か月で立太子。その翌年の貞永元年（1232）に譲位したが、2年後に崩御。陵は泉涌寺の観音寺陵（京都市東山区今熊野泉山町）。父の守貞は後高倉院と追号された。

---

[87] 四条《しじょう》

父 後堀河天皇 **母** 九条竴子
皇后など 九条彦子（女院）
異称 秀仁《みつひと》
誕生 寛喜3（1231）.2.12
立太子 寛喜3（1231）.10.28
践祚 貞永1（1232）.10.4
即位 貞永1（1232）.12.5
大嘗祭 嘉禎1（1235）.11.20
崩御 仁治3（1242）.1.9
在位 11 **没年齢** 12

後堀河天皇の第一皇子で、母は九条道家の娘で中宮の竴子（藻壁門院）。生後8か月で皇太子となった後、わずか2歳で即位。早く両親が没したため、生前の後堀河の意向によって後白河天皇の娘・覲子内親王（宣陽門院）の猶子となり、またその養女で父の中宮であった近衛長子（鷹司院）と後堀河の同母姉の利子内親王（式乾門院）が准母として養育。仁治2年（1241）に元服し、九条教実の娘・彦子（宣仁門院）が入内。しかし、その翌年わずか12歳で崩御。陵は泉涌寺の月輪陵（京都市東山区今熊野泉山町）。

---

[88] 後嵯峨 ごさが

父 土御門天皇 **母** 源通子
皇后など 西園寺姞子
異称 邦仁 くにひと／素覚 そかく
誕生 承久2（1220）.2.26
践祚 仁治3（1242）.1.20
即位 仁治3（1242）.3.18
大嘗祭 仁治3（1242）.11.13
譲位 寛元4（1246）.1.29
崩御 文永9（1272）.2.17
在位 5 **没年齢** 53

土御門天皇の第三皇子で、母は源通宗の娘・通子。四条天皇が後嗣を定めないまま急逝したため、鎌倉幕府に擁立されて23歳で即位。同年、後に関東申次に就く西園寺実氏の娘・姞子を中宮とした。寛元4年（1246）、第二皇子・久仁親王（後深草天皇）に譲位して院政を行った。院評定制を定めて朝廷の訴訟制度の充実を図っている。建長4年（1252）、初の皇族将軍として皇子・宗尊親王を東下。正嘉2年（1258）、第三皇子・恒仁親王（亀山天皇）を後深草の皇太弟として立太子。文永5年（1268）8月、亀山天皇の第二皇子・世仁親王（後宇多天皇）を立太子。同年10月、法皇となって大覚寺へ移り、その4年後に崩御。遺骨は浄金剛院に納められたというが、後に所在不明となる。現在の嵯峨南陵（京都市右京区嵯峨天龍寺芒ノ馬場町）は幕末に治定・修陵されたもの。和歌にも長じ、藤原基家・為家らに『続古今和歌集』を編纂させている。なお、承久の乱以後、幕府からの皇位継承への干渉が強くなったため、皇位は幕府の推挙に任せるという御書を遺した。そのため後深草の系統の持明院統と亀山の系統の大覚寺統が対立し、のち両統迭立の事態を招いた。

---

[89] 後深草 ごふかくさ

父 後嵯峨天皇 **母** 西園寺姞子
皇后など 西園寺公子・洞院愔子（女院）
異称 久仁 ひさひと／素実 そじつ／常磐井殿 ときわいどの
誕生 寛元1（1243）.6.10
立太子 寛元1（1243）.8.10
践祚 寛元4（1246）.1.29
即位 寛元4（1246）.3.11
大嘗祭 寛元4（1246）.11.24
譲位 正元1（1259）.11.26
崩御 嘉元2（1304）.7.16
在位 （14） **没年齢** （62）

後嵯峨天皇の第二皇子で、母は西園寺実氏の娘・姞子（大宮院）。寛元4年（1246）4歳で即位。在位中は父の後嵯峨上皇が院政を行い、正元元年（1259）にその意向で同母弟の恒仁親王（亀山天皇）に譲位し、持明院殿に移る。文永4年（1267）に父から長講堂領（後白河法皇が六条殿内に設けた180か所以上におよぶ荘園群）を継承。自系の皇統（持明院統）の経済的な基盤とした。その次代も父の意向によって亀山の皇子である世仁親王（後宇多天皇）が立太子されたことを不満に思い、太上天皇（上皇）の尊号を返上し、出家しようとした。しかし鎌倉幕府の斡旋によって自らの皇子である熙仁親王（伏見天皇）の立太子を実現。正応2年（1289）、第六皇子・久明親王を皇族将軍として鎌倉に下向させ、翌年出家して政務から引退した。嘉元2年（1304）、富小路殿で崩御。陵は深草北陵（京都市伏見区深草坊町）。

---

[90] 亀山 かめやま

父 後嵯峨天皇 **母** 西園寺姞子
皇后など 洞院佶子・西園寺嬉子（中宮）
異称 恒仁 つねひと／金剛源 こんごうげん／万里小路殿 までのこうじどの／文応皇帝 ぶんおうこうてい
誕生 建長1（1249）.5.27
立太子 正嘉2（1258）.8.7
践祚 正元1（1259）.11.26
即位 正元1（1259）.12.28

大嘗祭 文応1（1260）.11.16
譲位 文永11（1274）.1.26
崩御 嘉元3（1305）.9.15
在位 16 **没年齢** 57

後嵯峨天皇の第三皇子（後深草天皇の同母弟）で、母は西園寺実氏の娘で中宮の姞子（大宮院）。父の意向によって、兄・後深草から譲位を受けて践祚。文永5年（1268）、鎌倉幕府の許可を得て第二皇子・世仁親王（後宇多天皇）を立太子。11年（1274）に譲位して院政を開始。幕府の行った弘安新制を受けて、自らも院評定制の改革、神領興行、別相伝領の本主返還などを行った（弘安徳政）。また、邦子内親王（安嘉門院）の猶子となり、弘安6年（1283）に八条院領（鳥羽上皇以来の230か所におよぶ荘園群）を継承。自系の皇統（大覚寺統）の基礎をかためた。正応元年（1288）、兄の系統である持明院統の伏見天皇が皇位に即くと、正応元年（1288）に出家して法皇となる。禅宗に深く帰依した。火葬の遺骨は浄金剛院、亀山殿法華堂、南禅寺、金剛峯寺に分骨された。現在の陵は天龍寺の亀山陵（京都市右京区嵯峨天龍寺芒ノ馬場町、亀山殿法華堂）。モンゴル軍（蒙古）が襲来した文永の役では九州の筥崎宮に「敵国降伏」の宸筆を奉納し、弘安の役では伊勢神宮へ勅使を派遣している。

---

[91] 後宇多ごうだ

父 亀山天皇 **母** 洞院佶子
皇后など 堀河基子（女院）・五辻忠子（女院）・妡子内親王（女院）
異称 世仁 よひと／金剛性 こんごうしょう／大覚寺殿 だいかくじどの
誕生 文永4（1267）.12.1
立太子 文永5（1268）.8.25
践祚 文永11（1274）.1.26
即位 文永11（1274）.3.26
大嘗祭 文永11（1274）.11.19
譲位 弘安10（1287）.10.21
崩御 元亨4（1324）.6.25
在位 （14） **没年齢** （58）

亀山天皇の第二皇子で、母は藤原実雄（洞院家）の娘・佶子（京極院）。文永11年（1274）に即位。在位中は亀山上皇が院政を敷いた。建治元年（1275）、鎌倉幕府の意向によって後深草天皇の皇子・熙仁親王（伏見天皇）が立太子。弘安10年（1287）に譲位。続けて正応2年（1289）に伏見の第一皇子・胤仁親王（後伏見天皇）が立太子したことに強く不満を抱き、後嵯峨天皇の遺志に叛くとして幕府を問責。永仁6年（1298）に自らの第一皇子・邦治親王（後二条天皇）の立太子を実現させた。徳治2年（1307）、仁和寺で出家して法皇となる。以後大覚寺に住したため、この系統が大覚寺統と称される。文保2年（1318）に尊治親王（後醍醐天皇）が即位すると院政を再開したが、3年後に停止した。崩御後は蓮華峰寺の傍山に葬られ、陵は蓮華峰寺陵（京都市右京区北嵯峨朝原山町）が治定されている。

---

[92] 伏見ふしみ

父 後深草天皇 **母** 洞院愔子
皇后など 西園寺鐘子・五辻経子（女院）・洞院季子（女院）
異称 熙仁 ひろひと／素融 そゆう／持明院殿 じみょういんどの
誕生 文永2（1265）.4.23
立太子 建治1（1275）.11.5
践祚 弘安10（1287）.10.21
即位 正応1（1288）.3.15
大嘗祭 正応1（1288）.11.22
譲位 永仁6（1298）.7.22
崩御 文保1（1317）.9.3
在位 12 **没年齢** 53

後深草天皇の第二皇子で、母は藤原実雄（洞院家）の娘・愔子（玄輝門院）。父の後深草が鎌倉幕府に働きかけて後宇多天皇の皇太子となり、弘安10（1287）に践祚，翌年即位。後深草の系統である持明院統と、亀山の系統である大覚寺統が交互に即位する、いわゆる両統迭立の端緒となった。議定衆の設置や十三箇条の新制発布を行った。正応2年（1289）、第一皇子・胤仁親王（後伏見天皇）を2歳で立太子。永仁6年（1298）に譲位して太上天皇（上皇）となり、院政を開始。大覚寺統の後二条天皇の時代を挟み、延慶元年（1308）に自らの第四皇子である富仁親王（花園天皇）を即位させると、再び院政を敷いた。正和2年（1313）に法皇となり、その4年後に崩御。和歌や書に長じ、特に和歌は側近の京極為兼を師として多くの秀詠がある。陵は深草北陵（京都市伏見区深草坊町）。

[93] 後伏見《ごふしみ》

父 伏見天皇 **母** 五辻経子
皇后など 西園寺寧子（女院）
異称 胤仁《たねひと》／持明院殿《じみょういんどの》／行覚《ぎょうかく》／理覚《りかく》
誕生 弘安11（1288）.3.3
立太子 正応2（1289）.4.25
践祚 永仁6（1298）.7.22
即位 永仁6（1298）.10.13
大嘗祭 永仁6（1298）.11.20
譲位 正安3（1301）.1.21
崩御 延元1（1336）.4.6
在位 4 **没年齢** 49

伏見天皇の第一皇子で、母は五辻経氏の娘・経子。父の中宮であった西園寺実兼（実氏の孫）の娘・鏱子（永福門院）の猶子となって成長。永仁6年（1298）即位したが、両統迭立の流れの中で幕府の意向によって大覚寺統の後二条天皇に譲位。徳治3年（1308）後二条の崩御によって自らの異母弟の花園天皇が即位すると、院政を敷いていた父が出家し、政務を譲られたが、文保2年（1318）に大覚寺統の後醍醐天皇の即位で院政を停止。その皇太子であった大覚寺統の邦良親王の薨去後、自らの第一皇子・量仁親王（光厳天皇）を立太子。譲位を拒否する後醍醐が元弘元年（1331）二度目の倒幕を企て（元弘の乱）、その失敗によって光厳が即位すると再び院政。正慶2年（1333）に足利尊氏が六波羅探題を攻めると、花園・光厳とともに東国に落ち延びようとするが、京に連れ戻され出家して法皇となり、3年後に崩御。陵は深草北陵（京都市伏見区深草坊町）。

[94] 後二条《ごにじょう》

父 後宇多天皇 **母** 堀河基子
皇后など 徳大寺忻子
異称 邦治《くにはる》
誕生 弘安8（1285）.2.2
立太子 永仁6（1298）.8.10
践祚 正安3（1301）.1.21
即位 正安3（1301）.3.24
大嘗祭 正安3（1301）.11.20
崩御 徳治3（1308）.8.25
在位 8 **没年齢** 24

後宇多法皇の第一皇子で、母は堀川具守の娘・基子（西華門院）。伏見・後伏見と二代続けて持明院統の天皇が立ったため、父の後宇多が鎌倉幕府に働きかけて皇太子となった。正安3年（1301）、後伏見の譲位を受けて践祚。同年、伏見の皇子で持明院統の富仁親王（花園天皇）を立太子。在位中は父の院政が行われ、病気によって即位からわずか7年後に崩御。陵は北白河陵（京都市左京区北白川）。和歌に長じ、『後二条院御集』『後二条院御百首』などの歌集がある。

[95] 花園《はなぞの》

父 伏見天皇 **母** 洞院季子
皇后など 正親町実子（女院）
異称 富仁《とみひと》／遍行《へんぎょう》／萩原殿《はぎわらどの》
誕生 永仁5（1297）.7.25
立太子 正安3（1301）.8.24
践祚 延慶1（1308）.8.26
即位 延慶1（1308）.11.16
大嘗祭 延慶2（1309）.11.24
譲位 文保2（1318）.2.26
崩御 貞和4（1348）.11.11
在位 11 **没年齢** 52

伏見天皇の第四皇子。後伏見天皇の異母弟で、母は藤原実雄（洞院家）の娘・季子（顕親門院）。両統迭立の流れの中で、徳治3年（1308）に後二条天皇が病死したことで即位。同年、大覚寺統で9歳年長の尊治親王（後醍醐天皇）を立太子。迭立の順ならば次は持明院統が立つはずのところ、後宇多上皇に要請された鎌倉幕府が、文保元年（1317）に後二条の第一皇子・邦良親王の立太子を容認した。同時に、持明院統の量仁親王（光厳天皇）の立太子も決定した（文保の和談）。その翌年、譲位して太上天皇（上皇）となる。しかし、後醍醐が譲位を拒否したことで邦良が即位しないまま正中3年（1326）に薨去。両統だけでなく大覚寺統の中でも争いとなる。元弘3年・正慶2年（1333）に足利高氏（尊氏）が六波羅探題を攻めると、後伏見・光厳とともに東国へ落ち延びようとするが、京に連れ戻される。建武2年（1335）、出家して法皇となり、13年後に崩御。陵は十楽院上陵（京都市東山区粟田口三条坊町）。在位中は伏見・後伏見が院政を敷き、政治を主導することはなかった。好学で知られ、

諸子百家の書に通じていたほか、和歌にも長じ、『風雅和歌集』を撰んだ。また禅宗の宗峰妙超を尊信し、妙心寺を開基した。量仁に学問の重要性を説いた『学道之御記』『誡太子書』の宸筆が伝存する。

---

[96] 後醍醐《ごだいご》

父 後宇多天皇 **母** 五辻忠子

皇后など 西園寺禧子・珣子内親王・阿野廉子（皇太后）

異称 尊治《たかはる》／吉野院《よしののいん》

誕生 正応1（1288）.11.2

立太子 徳治3（1308）.9.19

践祚 文保2（1318）.2.26

即位 文保2（1318）.3.29

大嘗祭 文保2（1318）.11.22

譲位 延元4（1339）.8.15

崩御 延元4（1339）.8.16

在位 22 **没年齢** 52

後宇多天皇の第二皇子。後二条天皇の異母弟で、母は五辻忠継の娘・忠子（談天門院）。文保2年（1318）に31歳で即位し、前年の文保の和談にしたがって後二条の第一皇子・邦良親王を立太子。父・後宇多法皇は邦良を重んじていたが、後二条の崩御時わずか9歳だったため、かわって皇太子となった。父から政務を譲られ、元亨元年（1321）より親政を開始。吉田定房・万里小路宣房・北畠親房（後の三房）らを登用し、記録所を復活するなど、公家政治の刷新に励んだ。4年（1324）6月に後宇多が崩御すると、譲位を拒否したため、邦良が即位実現を幕府に要請。大覚寺統の中でも争いが起きる。こうした中で倒幕を志すようになり、無礼講と称した会合を催して密議を凝らしたが、同年9月に幕府方の六波羅探題に察知されて失敗（正中の変）。2年後、邦良が即位しないまま薨去すると、和談にしたがって幕府は持明院統の量仁親王（光厳天皇）を立太子。それを受けて興福寺や比叡山を味方にいれるなど再び倒幕の準備を進めた。元弘元年（1331）4月に定房が六波羅探題に密告したので、8月に三種神器を携えて脱出し、笠置山に籠もるが、またも失敗して隠岐に配流された（元弘の変）。しかし楠木正成が河内で挙兵し、護良親王も吉野で挙兵して倒幕の令旨を発すると、やがて全国各地で反幕府勢力が決起。自身も元弘3年・正慶2年（1333）閏2月に隠岐を脱出した。5月に足利高氏（尊氏）らが六波羅探題を攻略し、新田義貞が鎌倉を陥落させて執権北条高時を自刃に追い込み鎌倉幕府を滅亡させた。これによって自ら政治を主導するようになり、後に建武新政（建武中興）と称される政治改革を実行。記録所や雑訴決断所、武者所の設置、大内裏造営のため増税をしようとしたため、武士からの不満が高まった。建武2年（1335）、北条氏残党の討伐（中先代の乱）に向かった足利尊氏が反乱。翌年、大和吉野に逃れて金峯山寺に行宮を立てていわゆる南朝を開き、各地に皇子を派遣して反抗を続けた。延元4年・暦応2年（1339）3月に義良親王（後村上天皇）を立太子し、8月に譲位した。直後に吉野金輪王寺で崩御。陵は塔尾陵（奈良県吉野郡吉野町吉野山塔ノ尾）。和漢の学問に優れ、典礼にも詳しく、『建武年中行事』『建武日中行事』などを著した。

---

[97] 後村上《ごむらかみ》

父 後醍醐天皇 **母** 阿野廉子

皇后など 北畠顕子・藤原氏（女院）

異称 義良《のりなが》（憲良《のりよし》）／賀名生殿《あのうどの》

誕生 嘉暦3（1328）

立太子 延元4（1339）.3

践祚 延元4（1339）.8.15

崩御 正平23（1368）.3.11

在位 30 **没年齢** 41

後醍醐天皇の第七皇子で、母は阿野公廉の娘・廉子（新待賢門院）。父・後醍醐の建武新政下で陸奥守に任じられた北畠親房・顕家父子とともに奥州将軍府へ下向。建武2年（1335）に足利尊氏が反乱を起こすと、いったん征討のために上洛するが、その翌年陸奥太守として再び下向。延元2年・建武4年（1337）にも尊氏追討のために西上し、各地で足利方と戦った後、父の遷っていた吉野に入る。延元3年・暦応元年（1338）に異母弟の宗良親王らとともに三度東下しようとしたが、嵐のため失敗。延元4年・暦応2年（1339）に父から譲位を受けて践祚。その後約30年間南朝の旗をかかげて各地で転戦した。正平3年・貞和4年（1348）に高師直によって吉野が焼き払われると、大和賀名生に逃れる。弟の直義と争った尊氏が

南朝と和睦し（観応の擾乱）、正平6年・観応2年（1351）北朝を廃して（正平一統）、京に帰還しようとするが、尊氏の子・義詮に攻められて再び賀名生に落ち延びた。正平23年・応安元年（1368）、摂津住吉の行宮で崩御。陵は観心寺後山の檜尾陵（大阪府河内長野市寺元）。

---

[98] 長慶《ちょうけい》

父 後村上天皇　**母** 藤原氏
皇后など 西園寺公重の娘（中宮）
異称 寛成《ゆたなり》／慶寿院《けいじゅいん》／覚理《かくり》
誕生 興国4（1343）
践祚 正平23（1368）.3
譲位 弘和3（1383）.11.27
崩御 応永1（1394）.8.1
在位 16　**没年齢** 52

後村上天皇の第一皇子で、母は藤原氏（嘉喜門院。阿野実為の娘、坊門勝子など複数の説がある）とされる。父の崩御によって正平23年・応安元年（1368）に摂津住吉の行宮で践祚し、弟の熙成親王（後亀山天皇）を皇太弟とした。翌年、楠木正儀（正成の子）が北朝に寝返ったため大和吉野に遷り、さらに河内天野の金剛寺、吉野、大和宇智郡の栄山寺と次々に行宮を移した。弘和3年・永徳3年（1383）頃、同母弟の後亀山天皇への譲位後に院政を行った形跡がある。陵は嵯峨東陵（京都市右京区嵯峨天龍寺角倉町）に治定されているが、これは皇子の憲明親王（海門承朝）が菩提を弔うために建立した慶寿院の跡地を昭和19年（1944）に定めたもの。古くから実在を疑問視されていたが、確証の出現により、大正15年（1926）に皇統加列の詔書が下された。『源氏物語』の注釈書『仙源抄』の著作があり、歌合や和歌御会もたびたび催している。

---

[99] 後亀山《ごかめやま》

父 後村上天皇　**母** 藤原氏
異称 熙成《ひろなり》／金剛心《こんごうしん》／大覚寺殿《だいかくじどの》
誕生 ？
立太子 正平23（1368）
践祚 弘和3（1383）
譲位 元中9（1392）.閏10.5
崩御 応永31（1424）.4.12
在位 10　**没年齢** ？

後村上天皇の第二皇子（長慶天皇の同母弟）で、母は藤原氏（嘉喜門院）とされる。正平23年・応安元年（1368）、兄の践祚にともなって皇太弟となる。弘和3年・永徳3年（1383）頃に即位。元中9年・明徳3年（1392）閏10月、足利義満の提示した正統性の承認、両統迭立などの条件を受けて和平を受諾。弟の説成親王・惟成親王らとともに京へ遷幸し、北朝の後小松天皇に三種神器を伝えて退位した（南北朝合体）。太上天皇（上皇）となり、大覚寺に住して応永4年（1397）に出家。しかし合体の条件は守られず、応永17年（1410）、再び吉野に遷る。孫の小倉宮を奉じて伊勢国司・北畠満雅が挙兵するなど一時的に南朝再興の動きもあったが、23年（1416）に再び還京。9年後に崩御。陵は嵯峨小倉陵（京都市右京区嵯峨鳥居本小坂町）。

[北1] 光厳《こうごん》

父 後伏見天皇　**母** 西園寺寧子
皇后など 三条秀子（女院）
異称 量仁《ときひと》／勝光智《しょうこうち》／光智《こうち》／無範《むはん》
誕生 正和2（1313）.7.9
立太子 嘉暦1（1326）.7.24
践祚 元弘1（1331）.9.20
即位 元弘2（1332）／正慶1.3.22
大嘗祭 元弘2（1332）／正慶1.11.13
譲位 正慶2（1333）.5.25
崩御 貞治3（1364）.7.7
在位 3　**没年齢** 52

後伏見天皇の第一皇子で、母は西園寺公衡の娘・寧子（広義門院）。後醍醐天皇が二度目の倒幕を企てた元弘の変の結果、鎌倉幕府に推戴されて元弘元年・元徳3年（1331）に践祚。しかし護良親王の令旨などによって各地で反幕府勢力が挙兵し、元弘3年・正慶2年（1333）、後伏見・花園の両上皇とともに東国に落ち延びようとするが失敗。後醍醐の還京で退位し、太上天皇（上皇）となる。後醍醐が吉野に落ち延びた後は、同母弟の豊仁親王（光明天皇）、第一皇子の興仁親王（崇光天皇）を即位させて院政を敷いた。しかし室町幕府を開いた足利尊氏・直義兄弟の争い（観応の擾乱）の最中、正平6年・観応2年（1351）に南朝が正統

と認められると（正平一統）、北朝が廃されて崇光も退位する。このとき南朝勢力によって連行され、光明・崇光・直仁親王（花園天皇の皇子）とともに大和賀名生、河内天野の金剛寺に幽閉。その間の正平７年・文和元年（1352）に出家して禅宗に帰依している。正平12年・延文２年（1357）丹波山国の常照皇寺（京都市右京区京北井戸町丸山）に隠棲し、７年後に崩御。陵は同寺内の山国陵。

［北２］ 光明《こうみょう》

父 後伏見天皇 **母** 西園寺寧子
皇后など 三条実躬の娘
異称 豊仁《とよひと》／真常恵《しんじょうえ》
誕生 元亨１（1321）.12.23
践祚 建武３（1336）.8.15
即位 建武４（1337）.12.28
大嘗祭 暦応１（1338）.11.19
譲位 貞和４（1348）.10.27
崩御 康暦２（1380）.6.24
在位 13 **没年齢** 60

後伏見天皇の第二皇子。光厳天皇の同母弟で、母は西園寺公衡の娘・寧子（広義門院）。後醍醐天皇が、吉野に遷って南朝を開いた後の延元元年・建武３年（1336）、足利尊氏に擁立されて践祚。後醍醐天皇が三種神器を持ち去っていたため、光厳上皇の院宣によった。また、尊氏の意向によって一時的に後醍醐の皇子・成良親王を皇太子としていたが、吉野遷幸により廃している。延元３年・建武５年（1338）、光厳の第一皇子で甥の興仁親王（崇光天皇）を５歳で立太子。同年、足利尊氏を征夷大将軍に補任。貞和４年（1348）に譲位した。在位中は光厳が院政を行った。室町幕府を開いた足利尊氏・直義兄弟の争い（観応の擾乱）の最中、正平６年・観応２年（1351）の正平一統にともなって出家。光厳・崇光・直仁親王（花園天皇の皇子）とともに南朝の行宮があった大和賀名生、河内天野の金剛寺に幽閉された。正平10年・文和４年（1355）、３名に先んじて還京。その後は伏見の保安寺など各地を転々としながら隠棲し、康暦２年（1380）に摂津の勝尾寺で崩御。陵は大光明寺陵（京都市伏見区桃山町泰長老）。

［北３］ 崇光《すこう》

父 光厳天皇 **母** 三条秀子
皇后など 庭田資子（典侍）
異称 興仁《おきひと》（益仁《ますひと》）／勝円心《しょうえんしん》
誕生 建武１（1334）.4.22
立太子 建武５（1338）.8.13
践祚 貞和４（1348）.10.27
即位 貞和５（1349）.12.26
譲位 観応２（1351）.11.7
崩御 応永５（1398）.1.13
在位 4 **没年齢** 65

光厳天皇の第一皇子で、母は正親町公秀の娘・秀子（陽禄門院）。貞和４年（1349）に光明天皇からの譲位によって践祚。しかし２年後の足利尊氏・直義兄弟の争い（観応の擾乱）の最中、正平６年・観応２年（1351）に南朝が正統と認められ（正平一統）、北朝の廃止により退位、太上天皇（上皇）となる。在位中は光厳が院政を行った。一統が破談したとき、光厳・光明・直仁親王（花園天皇の皇子）とともに南朝の行宮があった大和賀名生、河内天野の金剛寺に幽閉された。正平12年・延文２年（1357）に解放されて還京。以後は伏見殿に住した。第一皇子・栄仁親王の皇位を望んだが、同母弟の後光厳天皇も自らの第二皇子・緒仁親王（後円融天皇）の即位を望み、争って敗北した。明徳３年（1392）出家し、６年後に崩御。陵は大光明寺陵（京都市伏見区桃山町泰長老）。後に栄仁親王は伏見宮家を設立した。

［北４］ 後光厳《ごこうごん》

父 光厳天皇 **母** 三条秀子
皇后など 広橋仲子（女院）
異称 弥仁《いやひと》／光融《こうゆう》
誕生 建武５（1338）.3.2
践祚 観応３（1352）.8.17
即位 文和２（1353）.12.27
大嘗祭 文和３（1354）.11.16
譲位 応安４（1371）.3.23
崩御 応安７（1374）.1.29
在位 20 **没年齢** 37

光厳天皇の第二皇子。崇光天皇の同母弟で、母は正親町公秀の娘・秀子（陽禄門院）。正平６年・観応２年（1351）の正平一統が破談となっ

た後、南朝勢力によって光厳・光明・崇光ら上皇と皇太子の直仁親王が大和賀名生、河内天野の金剛寺に連行されたため、新たな北朝の天皇を樹立しなければならなかった室町幕府に見いだされる。しかし三種神器は南朝にあり、かつ上皇も不在だったので、後伏見天皇の女御で、光厳・光明の生母西園寺寧子（広義門院）の院宣によって観応3年・正平7年（1352）に践祚し、文和2年（1353）に即位するという異例の事態となった。在位中、南朝に京を攻められ、何度か近江・美濃などに避難している。正平12年・延文2年（1357）に同母兄の崇光が還京すると、その第一皇子・栄仁親王と自らの第二皇子・緒仁親王（後円融天皇）との間で立太子が争われた。応安4年（1371）、幕府の支持を得て後円融に譲位し、3年後に崩御。陵は深草北陵（京都市伏見区深草坊町）。

[北5] 後円融《ごえんゆう》

父 後光厳天皇 **母** 広橋仲子

皇后など 三条厳子（女院）

異称 緒仁《おひと》／光浄《こうじょう》

誕生 延文3（1358）.12.12

践祚 応安4（1371）.3.23

即位 応安7（1374）.12.28

大嘗祭 永和1（1375）.11.23

譲位 永徳2（1382）.4.11

崩御 明徳4（1393）.4.26

在位 12 **没年齢** 36

後光厳天皇の第二皇子。母は紀通清の娘で広橋兼綱の養女・仲子（崇賢門院）。崇光天皇の第一皇子・栄仁親王と争い、室町幕府の支持を得て応安4年（1371）に践祚したが、後光厳上皇が7年（1374）に崩御するまで院政を行った。弘和2年・永徳2年（1382）、第一皇子の幹仁親王（後小松天皇）に譲位し、太上天皇（上皇）となって院政を敷いたが、実権は足利義満に掌握されていた。元中9年・明徳3年（1392）、義満の主導と大内義弘の仲介により南北朝が合体。その翌年に出家して崩御。陵は深草北陵（京都市伏見区深草坊町）。和歌に長じ、『新後拾遺和歌集』の勅撰がある。

---

[100] 後小松《ごこまつ》

父 後円融天皇 **母** 三条厳子

皇后など 日野西資子（女院）

異称 幹仁《もとひと》／素行智《そこうち》

誕生 永和3（1377）.6.27

践祚 永徳2（1382）.4.11

即位 永徳2（1382）.12.28

大嘗祭 永徳3（1383）.11.16

譲位 応永19（1412）.8.29

崩御 永享5（1433）.10.20

在位 31 **没年齢** 57

後円融天皇の第一皇子で、母は三条公忠の娘・厳子（通陽門院）。弘和2年・永徳2年（1382）、父から譲位を受けて即位。元中9年・明徳3年（1392）に足利義満によって南北朝が合一し、後亀山天皇から三種神器を継承。後円融上皇の院政期にあたるが、実権は義満に掌握されていた。応永19年（1412）、実仁親王（称光天皇）に譲位、東洞院殿で院政を行う。正長元年（1428）に称光が病没すると、栄仁親王（崇光天皇の第一皇子）の孫・彦仁親王（後花園天皇）を猶子に迎え、践祚させた。永享3年（1431）に出家し、2年後に崩御。陵は深草北陵（京都市伏見区深草坊町）。禅僧の一休宗純は実子という。『本朝皇胤紹運録』の編纂を命じている。

---

[101] 称光《しょうこう》

父 後小松天皇 **母** 日野西資子

異称 実仁《みひと》（躬仁《みひと》）／大宝寿《たいほうじゅ》

誕生 応永8（1401）.3.29

践祚 応永19（1412）.8.29

即位 応永21（1414）.12.19

大嘗祭 応永22（1415）.11.21

崩御 正長1（1428）.7.20

在位 17 **没年齢** 28

後小松天皇の第一皇子で、母は日野西資国の娘・資子（光範門院）。応永21年（1414）、父からの譲位を受けて12歳で践祚。しかし病弱でもあり、後小松の院政が行われていた。正長元年（1428）、後嗣をもうけないまま崩御。陵は深草北陵（京都市伏見区深草坊町）。

---

[102] 後花園《ごはなぞの》

父 貞成親王〈後崇光院〉 **母** 庭田幸子

皇后など 藤原信子（女院）

異称 彦仁《ひこひと》／後文徳院《ごもんとくいん》／円満智《えんまんち》

誕生　応永26（1419）.6.18
践祚　正長1（1428）.7.28
即位　永享1（1429）.12.27
大嘗祭　永享2（1430）.11.18
譲位　寛正5（1464）.7.19
崩御　文明2（1470）.12.27
在位　37　**没年齢**　52

貞成親王（崇光天皇の孫、後崇光院）の第一皇子で、母は庭田経有の娘・幸子（敷政門院）。称光天皇に後嗣がなかったため、後小松上皇の猶子となって正長元年（1428）に践祚、翌年即位。寛正5年（1464）、成仁親王（後土御門天皇）に譲位して院政を敷いた。応仁元年（1467）、応仁の乱の兵火を避け、左大臣二条政嗣の室町第に遷幸して出家。3年後に病気を得て崩御。在位中、永享10年（1438）の永享の乱、嘉吉元年の（1441）嘉吉の乱の際に幕府の要請を受けて治罰の綸旨を発給。また、応仁の乱を顧みない将軍足利義政を漢詩で諫めたという。幕府の権勢が衰えるとともに、朝廷の権威が高まっていった。詩歌や管弦などに長じ、最後の勅撰和歌集『新続古今和歌集』の編纂を命じた。陵は常照皇寺の後山国陵（京都市右京区京北井戸町丸山）。

---

[103] 後土御門《ごつちみかど》

父　後花園天皇　**母**　藤原信子
皇后など　庭田朝子（贈皇太后）
異称　成仁《ふさひと》／正等観《しょうとうかん》
誕生　嘉吉2（1442）.5.25
践祚　寛正5（1464）.7.19
即位　寛正6（1464）.12.27
大嘗祭　文正1（1466）.12.18
崩御　明応9（1500）.9.28
在位　37　**没年齢**　59

後花園天皇の第一皇子で、母は藤原孝長の娘で大炊御門信宗の養女・信子（嘉楽門院）。父から譲位され、寛正5年（1463）に践祚。在位中に畠山・斯波氏の家督紛争に端を発して天下を二分した応仁の乱が起こり、朝廷の財政が逼迫して朝儀（宮中の儀式）も途切れがちとなった。応仁元年（1467）、父とともに左大臣二条政嗣の室町第に遷幸し、途切れた朝儀の再興に注力。明応9年（1500）に崩御しても費用がなく、40日間以上も大葬が行われなかった。陵は深草北陵（京都市伏見区深草坊町）。著作に歌集『紅塵灰集』などがある。

---

[104] 後柏原《ごかしわばら》

父　後土御門天皇　**母**　庭田朝子
皇后など　勧修寺藤子（女院）
異称　勝仁《かつひと》
誕生　寛正5（1464）.10.20
践祚　明応9（1500）.10.25
即位　永正18（1521）.3.22
崩御　大永6（1526）.4.7
在位　27　**没年齢**　63

後土御門天皇の第一皇子で、母は庭田長賢の娘・朝子。父・後土御門の崩御によって明応9年（1500）37歳で践祚。応仁の乱から続く戦災のため朝廷や室町幕府の財政が乏しく、即位式は践祚から22年目の永正18年（1521）に、本願寺僧光兼の献金によって行われた。大嘗祭（大嘗会）は行われず、200年以上途絶することになる。陵は深草北陵（京都市伏見区深草坊町）。著作に歌集『柏玉集』がある。

---

[105] 後奈良《ごなら》

父　後柏原天皇　**母**　勧修寺藤子
皇后など　万里小路栄子（贈皇太后）
異称　知仁《ともひと》
誕生　明応5（1496）.12.23
践祚　大永6（1526）.4.29
即位　天文5（1536）.2.26
崩御　弘治3（1557）.9.5
在位　32　**没年齢**　62

後柏原天皇の第二皇子で、母は勧修寺教秀の娘・藤子（豊楽門院）。父の崩御によって大永6年（1526）に践祚。財政難のため、践祚から10年後にようやく即位式が行われ、その費用は北条、今川、朝倉、大内氏ら有力大名の献金でまかなわれた。天文9年（1540）、戦乱や災害で飢饉、疫病に苦しむ庶民のため、諸国一宮に宸筆の『般若心経』を奉納した。陵は深草北陵（京都市伏見区深草坊町）。

---

[106] 正親町《おおぎまち》

父　後奈良天皇　**母**　万里小路栄子
皇后など　万里小路房子（贈准三后）
異称　方仁《みちひと》
誕生　永正14（1517）.5.29
践祚　弘治3（1557）.10.27

即位　永禄3（1560）.1.27
譲位　天正14（1586）.11.7
崩御　文禄2（1593）.1.5
在位　30　**没年齢**　77

後奈良天皇の第二皇子で、母は万里小路賢房の娘・栄子（吉徳門院）。父の崩御によって弘治3年（1557）に践祚したが、財政難のため、即位式は毛利元就の献金により3年後の永禄3年（1560）に行われた。織田信長・豊臣（羽柴）秀吉の国内平定に協力し、両者からの援助によって御所の造営、神宮の造替、朝儀の再興・整備などを実施。秀吉を関白に任じた翌年の天正14年（1586）、孫の和仁親王（後陽成天皇）に譲位して太上天皇（上皇）となった。陵は深草北陵（京都市伏見区深草坊町）。

---

[107] 後陽成《ごようぜい》

父　誠仁親王〈陽光院〉　**母**　勧修寺晴子
皇后など　近衛前子（女院）
異称　周仁《かたひと》（和仁《かずひと》）
誕生　元亀2（1571）.12.15
践祚　天正14（1586）.11.7
即位　天正14（1586）.11.25
譲位　慶長16（1611）.3.27
崩御　元和3（1617）.8.26
在位　26　**没年齢**　47

誠仁親王（正親町天皇の第一皇子）の第一王子で、母は勧修寺晴右の娘・晴子（新上東門院）。父が早世したため、正親町天皇の譲位を受けて践祚。豊臣秀吉・徳川家康の援助を得て、朝廷の尊厳の回復に尽力した。天正16年（1588）、秀吉の聚楽第へ行幸。慶長8年（1603）、家康に征夷大将軍を宣下。16年（1611）、政仁親王（後水尾天皇）に譲位。陵墓は深草北陵（京都市伏見区深草坊町）。学問に造詣が深く、細川幽斎から和学を、舟橋秀賢から漢学を学んだ。また、『古文孝経』『日本紀神代巻』『職原抄』などを印刷、刊行させて近世初頭の文運興隆に大きな役割を果たした（慶長勅版）。誠仁は後に太上天皇の尊号を追号され、陽光太上天皇と称された。

---

[108] 後水尾《ごみずのお》

父　後陽成天皇　**母**　近衛前子
皇后など　徳川和子・櫛笥隆子（女院）・園光子（女院）・園国子（女院）
異称　政仁《ことひと》（ただひと）／円浄《えんじょう》
誕生　文禄5（1596）.6.4
践祚　慶長16（1611）.3.27
即位　慶長16（1611）.4.12
譲位　寛永6（1629）.11.8
崩御　延宝8（1680）.8.19
在位　19　**没年齢**　85

後陽成天皇の第三皇子で、母は近衛前久の娘・前子（中和門院）。将軍徳川秀忠の娘・和子（東福門院）を皇后とした。寛永4年（1627）、大徳寺や妙心寺の僧への紫衣授与を幕府が無効とし、これに抗議する僧侶を処罰して、幕府の法が勅許に優越することを示した紫衣事件が起きた。この幕府による朝廷への介入に反発し、寛永6年（1629）、興子内親王（明正天皇）に譲位。太上天皇（上皇）となって明正・後光明・後西・霊元の四代に院政を行った。慶安4年（1651）、出家して法皇となる。陵墓は泉涌寺山内の月輪陵（京都市東山区今熊野泉山町）。学問・文芸に関心が深くさまざまな文化活動を行い、幕府の援助を得て洛北の修学院離宮を造営した。在位中は「禁中並公家諸法度」の制定など幕府の干渉が目立った。

---

[109] 明正《めいしょう》

父　後水尾天皇　**母**　徳川和子
異称　興子《おきこ》／女一宮《おんないちのみや》
誕生　元和9（1623）.11.19
践祚　寛永6（1629）.11.8
即位　寛永7（1630）.9.12
譲位　寛永20（1643）.10.3
崩御　元禄9（1696）.11.10
在位　15　**没年齢**　74

後水尾天皇の第二皇女。母は徳川秀忠の娘で皇后の和子（東福門院）。寛永6年（1629）、父・後水尾の突然の譲位により践祚した。奈良時代の称徳天皇以来、約900年ぶりの女性天皇として53在世した。在位中は父の後水尾が院政を行った。寛永20年（1643）、異母弟の紹仁親王（後光明天皇）に譲位し、太上天皇（上皇）として53年在世した。陵は泉涌寺山内の月輪陵（京都市東山区今熊野泉山町）。手芸を好み、押し絵の作品などが伝わっている。

---

[110] 後光明《ごこうみょう》

父　後水尾天皇　**母**　園光子

皇后など　庭田秀子（典侍）
異称　紹仁《つぐひと》／素鵝宮《すがのみや》
誕生　寛永10（1633）.3.12
践祚　寛永20（1643）.10.3
即位　寛永20（1643）.10.21
崩御　承応3（1654）.9.20
在位　12　**没年齢**　22

後水尾天皇の第四皇子で、母は園基任の娘・光子（壬生院）。寛永20年（1643）に異母姉の明正天皇から譲位されて11歳で践祚。養母は東福門院。在位中は父の後水尾が院政を行った。疱瘡にかかり、22歳で崩御。陵は泉涌寺山内の月輪陵（京都市東山区今熊野泉山町）。在位中に伊勢例幣使を再興。儒学に長じ、朱子学を好んだ。著作に漢詩集『鳳啼集』がある。

---

[111] 後西《ごさい》

父　後水尾天皇　**母**　櫛笥隆子
皇后など　明子女王（女御）
異称　良仁《ながひと》／秀宮《ひでのみや》／高松宮《たかまつのみや》／桃園宮《ももぞののみや》／花町宮《はなまちのみや》
誕生　寛永14（1637）.11.16
践祚　承応3（1654）.11.28
即位　明暦2（1656）.1.23
譲位　寛文3（1663）.1.26
崩御　貞享2（1685）.2.22
在位　10　**没年齢**　49

後水尾天皇の第八皇子で、母は櫛笥隆致の娘・隆子（逢春門院）。高松宮明子女王を室として高松宮家を継いだが、後光明天皇に皇子がなく、異母弟の識仁親王（霊元天皇）も幼少だったため、承応3年（1655）に践祚。在位中は後水尾が院政を行った。寛文3年（1663）、識仁に譲位。陵は泉涌寺山内の月輪陵（京都市東山区今熊野泉山町）。文芸に秀で、茶道、華道、香道、和歌を好んだ。御所の記録の副本を作らせ、後に東山御文庫の元となった。

---

[112] 霊元《れいげん》

父　後水尾天皇　**母**　園国子
皇后など　鷹司房子・松木宗子（女院）
異称　識仁《さとひと》／高貴宮《あてのみや》／素浄《そじょう》
誕生　承応3（1654）.5.25
践祚　寛文3（1663）.1.26
即位　寛文3（1663）.4.27
譲位　貞享4（1687）.3.21
崩御　享保17（1732）.8.6
在位　25　**没年齢**　79

後水尾天皇の第十九皇子で、母は園基音の娘・国子（新広義門院）。誕生した直後に異母兄・後光明天皇の養子となり、同じく異母兄・後西天皇から譲位を受けて践祚。中世に途絶した大嘗祭や立太子礼など儀式の復興に努めた。天和3年（1683）に第四皇子・朝仁親王（東山天皇）を立太子。貞享4年（1687）に譲位し、太上天皇（上皇）として元禄6年（1693）まで院政を行い、正徳3年（1713）に出家。陵は泉涌寺内の月輪陵（京都市東山区今熊野泉山町）。和歌や文学に長じ、多くの歌と撰著を遺した。

---

[113] 東山《ひがしやま》

父　霊元天皇　**母**　松木宗子
皇后など　幸子女王・櫛笥賀子（贈女院）
異称　朝仁《あさひと》／五宮《ごのみや》
誕生　延宝3（1675）.9.3
立太子　天和3（1683）.2.9
践祚　貞享4（1687）.3.21
即位　貞享4（1687）.4.28
大嘗祭　貞享4（1687）.11.16
譲位　宝永6（1709）.6.21
崩御　宝永6（1709）.12.17
在位　23　**没年齢**　35

霊元天皇の第四皇子で、母は松木宗条の娘・宗子（敬法門院）。天和2年（1682）に儲君に治定され、翌年中世以来途絶えていた立太子礼を行った。貞享4年（1687）、父から譲位されて即位。父・霊元が幕府に働きかけ、長らく途絶していた大嘗祭を挙行。宝永5年（1708）に第五皇子・慶仁親王（中御門天皇）を立太子。翌年に譲位し崩御。陵は泉涌寺内の月輪陵（京都市東山区今熊野泉山町）。在位中は徳川綱吉の時代であり、朝幕融和が進んだ。

---

[114] 中御門《なかみかど》

父　東山天皇　**母**　櫛笥賀子
皇后など　近衛尚子（贈皇太后）
異称　慶仁《やすひと》／長宮《ますのみや》
誕生　元禄14（1701）.12.17
立太子　宝永5（1708）.2.16
践祚　宝永6（1709）.6.21

即位　宝永7（1710）.11.11
譲位　享保20（1735）.3.21
崩御　元文2（1737）.4.11
在位　27　**没年齢**　37

東山天皇の第五皇子で、母は櫛笥隆賀の娘・賀子（新崇賢門院）。宝永4年（1707）、儲君に治定され、翌年立太子。6年（1710）に父から譲位されて践祚、翌年即位。13年（1728）に第一皇子・昭仁親王（桜町天皇）を立太子し、享保20年（1735）に譲位。陵は泉涌寺内の月輪陵（京都市東山区今熊野泉山町）。朝儀に対する関心が深く、『公事部類』を著した。また、幕府からの奏請に応えて閑院宮を創立。

---

[115] 桜町《さくらまち》

父　中御門天皇　**母**　近衛尚子
皇后など　二条舎子（皇太后）・姉小路定子（女院）
異称　昭仁《てるひと》／若宮《わかのみや》
誕生　享保5（1720）.1.1
立太子　享保13（1728）.6.11
践祚　享保20（1735）.3.21
即位　享保20（1735）.11.3
大嘗祭　元文3（1738）.11.19
譲位　延享4（1747）.5.2
崩御　寛延3（1750）.4.23
在位　13　**没年齢**　31

中御門天皇の第一皇子で、母は近衛家熙の娘・尚子（新中和門院）。誕生と同年に儲君治定され、9歳で立太子。父からの譲位により20年（1735）に即位。朝儀の再興や整備に努め、大嘗祭を本格的に復興し、また新嘗祭・宇佐宮奉幣なども行った。延享4年（1747）、第一皇子・遐仁親王（桃園天皇）に譲位。陵は泉涌寺内の月輪陵（京都市東山区今熊野泉山町）。和歌に長じ、曾祖父・霊元の和歌を類聚した『桃薬類題』なども著した。

---

[116] 桃園《ももぞの》

父　桜町天皇　**母**　姉小路定子
皇后など　一条富子（皇太后）
異称　遐仁《とおひと》／八穂宮《やほのみや》／茶地宮《さちのみや》
誕生　寛保1（1741）.2.29
立太子　延享4（1747）.3.16
践祚　延享4（1747）.5.2
即位　延享4（1747）.9.21
大嘗祭　寛延1（1748）.11.17
崩御　宝暦12（1762）.7.12
在位　16　**没年齢**　22

桜町天皇の第一皇子で、母は姉小路実武の娘・定子（開明門院）。父の女御・二条舎子（青綺門院）の養子となり、延享3年（1746）儲君となった。4年（1747）に父からの譲位を受けて即位。神道家・竹内式部に傾倒した正親町三条公積、徳大寺公城ら近習から、式部の提唱した垂加流神道にもとづく『日本書紀』神代巻の進講を受ける。これを問題視した摂家衆が所司代に告発し、宝暦8年（1758）式部が幕府に処罰された（宝暦事件）。陵は泉涌寺内の月輪陵（京都市東山区今熊野泉山町）。

---

[117] 後桜町《ごさくらまち》

父　桜町天皇　**母**　二条舎子
異称　智子《としこ》（さとこ）／以茶宮《いさのみや》／緋宮《あけのみや》
誕生　元文5（1740）.8.3
践祚　宝暦12（1762）.7.27
即位　宝暦13（1763）.11.27
大嘗祭　明和1（1764）.11.8
譲位　明和7（1770）.11.24
崩御　文化10（1813）.閏11.2
在位　9　**没年齢**　74

桜町天皇の第二皇女で、母は二条吉忠の娘・舎子（青綺門院）。桃園天皇の崩御を受け、皇嗣幼少のため宝暦13年（1763）に即位。明和5年（1768）、桃園の第一皇子で甥の英仁親王（後桃園天皇）を立太子。7年（1770）に譲位して太上天皇（上皇）となり、以後は後桃園・光格の両天皇を訓育した。陵は泉涌寺内の月輪陵（京都市東山区今熊野泉山町）。和歌や漢学を好み、大量の歌と41冊の日記、『禁中年中の事』などがある。

---

[118] 後桃園《ごももぞの》

父　桃園天皇　**母**　一条富子
皇后など　近衛維子（皇太后）
異称　英仁《ひでひと》
誕生　宝暦8（1758）.7.2
立太子　明和5（1768）.2.19
践祚　明和7（1770）.11.24
即位　明和8（1771）.4.28
大嘗祭　明和8（1771）.11.19

崩御　安永8（1779）.10.29
在位　10　**没年齢**　22
桃園天皇の第一皇子で、母は一条兼香の娘で皇太后の富子（恭礼門院）。誕生翌年に儲君に治定され、11歳で立太子。父・桃園が崩御した際に幼少だったため、皇位は伯母である後桜町天皇が継ぎ、7年（1770）に14歳で践祚したが、生来病弱で8年後に崩御。陵は泉涌寺内の月輪陵（京都市東山区今熊野泉山町）。

---

[119] 光格《こうかく》

父　典仁親王〈慶光天皇〉　**母**　岩室磐代
皇后など　欣子内親王・勧修寺婧子（女院）
異称　兼仁　ともひと（師仁　もろひと）／祐宮　さちのみや
誕生　明和8（1771）.8.15
立太子　安永8（1779）.11.8
践祚　安永8（1779）.11.25
即位　安永9（1780）.12.4
大嘗祭　天明7（1787）.11.27
譲位　文化14（1817）.3.22
崩御　天保11（1840）.11.19
在位　39　**没年齢**　70
東山天皇の皇孫である閑院宮典仁親王（自在王院）の第六王子。出家して聖護院門跡を継ぐ予定であったが、後桃園天皇の崩御に際して後嗣に迎えられ、同年践祚。寛政6年（1794）、欣子内親王（後桃園天皇の皇女）を皇后とした。文化14年（1817）、第六皇子・恵仁親王（仁孝天皇）に譲位し、上皇として23年後見役を務めた。陵は泉涌寺内の月輪陵（京都市東山区今熊野泉山町）。在位中に御所の復古的造営、石清水八幡宮と賀茂社の臨時祭の再興などを実行。天明の大飢饉に際しては窮民救済を幕府に申し入れ、ロシア使節の来航時は幕府に情勢を報告させるなど、朝廷権威の強化をはかった。博学能文で詩作に長じ、内裏造進の功を賞して五言古詩を将軍徳川家斉に贈っている。崩御後に光格天皇と諡号され、漢風諡号（天皇号）が復活した。父に太上天皇の号を宣下しようとしたが老中松平定信に拒否されて断念。明治17年（1884）に太上天皇の尊号と慶光天皇の諡号が贈られている。

---

[120] 仁孝《にんこう》

父　光格天皇　**母**　勧修寺婧子
皇后など　鷹司繋子（贈皇后）・鷹司祺子（皇太后）・正親町雅子（女院）
異称　恵仁　あやひと／寛宮　ゆたのみや
誕生　寛政12（1800）.2.21
立太子　文化6（1809）.3.24
践祚　文化14（1817）.3.22
即位　文化14（1817）.9.21
大嘗祭　文政1（1818）.11.21
崩御　弘化3（1846）.1.26
在位　30　**没年齢**　47
光格天皇の第六皇子で、母は勧修寺経逸の娘・婧子（東京極院）。文化4年（1807）、父の皇后・欣子内親王の実子として儲君に治定され、14年（1817）、譲位を受けて践祚。天保11年（1840）、第四皇子・統仁親王（孝明天皇）を皇太子に立てた。陵は泉涌寺内の後月輪陵（京都市東山区今熊野泉山町）。朝儀復興を継承し、光孝天皇以来約900年間中絶していた漢風諡号（天皇号）を再興。また公家の学問向上を目ざす学習所（後の学習院）を設立した。

---

[121] 孝明《こうめい》

父　仁孝天皇　**母**　正親町雅子
皇后など　九条夙子〈英照皇太后〉・中山慶子（大典侍）
異称　統仁　おさひと／熙宮　ひろのみや
誕生　天保2（1831）.6.14
立太子　天保11（1840）.3.14
践祚　弘化3（1846）.2.13
即位　弘化4（1847）.9.23
大嘗祭　嘉永1（1848）.11.21
崩御　慶応2（1866）.12.25
在位　21　**没年齢**　36
仁孝天皇の第四皇子で、母は正親町実光の娘・雅子（新待賢門院）。天保6年（1835）、儲君治定。父・仁孝の崩御によって践祚し、4年（1847）に即位。翌年に攘夷の立場から海防を厳重にすべきとの勅書を幕府に下し、その後も終始攘夷を熱望。嘉永7年（1854）の日米和親条約は許したが、安政5年（1858）の幕府からの日米修好通商条約調印の奏請は許さず、諸大名に諮って決定すべきと命じた。しかし幕府は大老・井伊直弼の独断で調印。万延元年（1860）の桜田門外の変で井伊が暗殺され、権威低下を恐れた幕府から公武合体のために異母妹・和宮親子内親王（静寛院）の

将軍徳川家茂への降嫁を奏請されると、条約撤回を約束して受諾。慶応2年（1866）、痘瘡にかかって急に崩御。陵は泉涌寺内の後月輪東山陵（京都市東山区今熊野泉山町）。和歌に長じ、歌集『此花詠集』がある。

---

[122] 明治《めいじ》

父 孝明天皇 **母** 中山慶子
皇后など 一条美子〈昭憲皇太后〉・柳原愛子（典侍）
異称 睦仁 むつひと／祐宮 さちのみや
誕生 嘉永5（1852）.9.22
践祚 慶応3（1867）.1.9
即位 明治1（1868）.8.27
大嘗祭 明治4（1871）.11.17
崩御 大正1（1912）.7.30
在位 46 **没年齢** 61

---

[123] 大正《たいしょう》

父 明治天皇 **母** 柳原愛子
皇后など 九条節子〈貞明皇后〉
異称 嘉仁 よしひと／明宮 はるのみや
誕生 明治12（1879）.8.31
立太子 明治22（1889）.11.3
践祚 大正1（1912）.7.30
即位 大正4（1915）.11.10
大嘗祭 大正4（1915）.11.14
崩御 昭和1（1926）.12.25
在位 15 **没年齢** 48

---

[124] 昭和《しょうわ》

父 大正天皇 **母** 九条節子〈貞明皇后〉
皇后など 久邇宮良子〈香淳皇后〉
異称 裕仁 ひろひと／迪宮 みちのみや
誕生 明治34（1901）.4.29
立太子 大正5（1916）.11.3
践祚 昭和1（1926）.12.25
即位 昭和3（1928）.11.10
大嘗祭 昭和3（1928）.11.14
崩御 昭和64（1989）.1.7
在位 64 **没年齢** 89

---

[125] 平成の天皇

父 昭和天皇 **母** 久邇宮良子〈香淳皇后〉
皇后など 正田美智子
異称 明仁 あきひと／継宮 つぐのみや
誕生 昭和8（1933）.12.23
立太子 昭和27（1952）.11.10
践祚 昭和64（1989）.1.7
即位 平成2（1990）.11.12
大嘗祭 平成2（1990）.11.22
譲位 平成31（2019）.5.1
在位 30

---

[126] 令和の天皇

父 平成の天皇 **母** 正田美智子
皇后など 小和田雅子
異称 徳仁 なるひと／浩宮 ひろのみや
誕生 昭和35（1960）.2.23
立太子 平成3（1991）.2.23
践祚 平成31（2019）.5.1
即位 令和1（2019）.10.22
大嘗祭 令和1（2019）.11.14

〔注〕
・天皇の代数は大正15年（1926）に確定された『皇統譜』によった。
・天皇の名称には漢風の諡号または追号を示した。“天皇”は省略した。
・「父」「母」「皇后など」欄は、太田亮『姓氏家系大辞典』第一巻「皇室の系図」などを参考とした。表記は典拠により異なるものも多く、その一例を示した。
・「皇后など」欄は主に当代の皇后や中宮として入内、冊立された人物を示した。そのほか、のちに皇太后、太皇太后、贈皇后、女院、准三后となった人物および天皇の生母と認められる人物についても示し、それぞれの名前の後に（ ）で身位などの情報を加えた。また〈 〉で歴史的に重要な別名も補った。
・「異称」欄には実名（御名）、和風諡号、通称、法名（出家名）、称号、俗称などのうち、主なものを示した。読みについては一般に通用しているもののうち一例を示した。
・「誕生」「立太子」「践祚」「即位」「大嘗祭」「譲位」「崩御」欄には、推古天皇以後、参考として元号とともに（ ）で西暦を示した。明治5年以前は簡易換算法によった。また改元の年は新年号で記し、元年は1年、正月は1月とした。南北朝期の南朝方は南朝年号、北朝方は北朝年号を用いた。なお、神武天皇から持統天皇までの年代は『日本書紀』によった。実年代が不確実な仁徳天皇までの「在位」「年齢」欄は（ ）で示した。
・本文中『古事記』は「記」、『日本書紀』は「紀」と省略して示した。

資料編02　近現代皇室関連年表

※[　]内は原則的に満年齢。▽は天皇・皇族の誕生、結婚、逝去（崩御・薨去など）を示す。

年	月	事件
慶応3年（1867）	1月	9日　**明治天皇[14]践祚**。
	10月	14日　将軍徳川慶喜、大政奉還。
	12月	9日　小御所会議、朝廷「王政復古の大号令」（幕府廃止）。 この月、朝廷は法親王を還俗させ、内裏の仏事諸式を廃止する。
4年（1868）	1月	3日　鳥羽・伏見の戦、官軍誕生。10日　華頂宮家創立。15日　各国公使へ王政復古を通告。
	2月	9日　有栖川宮熾仁親王、官軍の東征大総督となる。28日　天皇、大政一新の詔をだす。
	3月	13日　政府、祭政一致の国是を布告。14日「五箇条の御誓文」を発す。 17日　いわゆる神仏分離令の布達がはじまる。28日　提灯や器物などに菊花紋章を描くことを禁止（のち官幣社などの幕や提灯での使用は認可）。
	閏4月	21日　神祇官・太政官設置。22日　天皇、万機親裁の布告を出す。
	7月	17日　江戸を東京と改める。
	8月	26日　天長節制定。27日　紫宸殿で**即位式**。
明治元年	9月	8日　「明治」と改元し、**一世一元**を布告。20日　天皇、東幸のため京都出発。
	10月	13日　江戸城を皇居と定め、東京城と改称。
	12月	25日　孝明天皇祭を神式で斎行。28日**一条美子を皇后に立つ**。
2年（1869）	1月	4日　政始。23日　御講釈始。24日　御歌会始（いずれも以後恒例化）。
	3月	7日　天皇、再び京都を出発。28日　東京着（事実上の東京遷都）。
	5月	18日　函館の五稜郭を開城する（戊辰戦争終結）。
	6月	17日　版籍奉還。公卿諸侯を華族に改称。
	7月	8日　宮内省設置。新官位相当表制定。
3年（1870）	3月	11日　神武天皇祭を神祇官で挙行。
	11月	30日　梶井宮を梨本宮、照高院宮を北白川宮と改称。
	12月	10日　世襲四親王家を除く新設宮家は2代目より賜姓華族と定む。
4年（1871）	6月	17日　皇族以外の菊花紋章使用を禁じ、皇族の紋を十四葉一重裏菊と定む。
	7月	14日　廃藩置県の詔書。24日　宮内省の官制を改定。
	8月	10日　官等を導入（官位相当表は廃止）。
	10月	8日　岩倉具視を全権大使とした岩倉遣外使節団を米欧に派遣。29日　四時
	11月	祭典・毎朝御代拝を定む。
5年（1872）	1月	17日　皇居御苑で**大嘗祭**。前年設置の雅楽局を式部寮雅楽課と改む。
	3月	3日　宮中で元始祭。5日　新年宴会が行なわれ、以後恒例となる。 9日　近衛条例を定め、親兵を廃止して近衛兵を新設。23日　赤坂に離宮を置く。
	4月	29日　東京城を皇居と定める。
	11月	2日　宮中三殿（賢所・皇霊殿・神殿）の原型成立（～11月29日）。
	12月	9日　改暦の詔書。15日　神武天皇の橿原宮即位を紀元元年とする。
6年（1873）	1月	3日　旧暦の当日を新暦の明治6年（1873）元日に切り替え。
	3月	10日　国民皆兵の徴兵令を公布。 3日　皇后はお歯黒と眉墨をやめる。7日　神武天皇即位日を紀元節と定む。
	5月	20日　宮内省、天皇の断髪発表。 5日　皇居炎上、赤坂離宮を仮皇居とす。

年	月	事件
	10月	14日 年中の祝祭日(以下の8日)を休日と定む。元始祭(1月3日)・新年宴会(1月5日)・孝明天皇祭(1月30日)・紀元節(2月11日)・神武天皇祭(4月3日)・神嘗祭(9月17日)・天長節(11月3日)・新嘗祭(11月23日)
	11月	20日 天皇の写真を各府県に下付する。
	12月	9日 皇族男子は陸海軍に従事を布達。
7年(1874)	1月	4日 天皇、正院で政始を行ない、以後恒例となる。23日 近衛兵(5年3月9日設置)2連隊に編成、軍旗を親授。
8年(1875)	1月	9日 天皇が臨幸し、海軍兵学校で海軍始。19日 皇子女誕生諸式を定む。
	4月	10日 叙勲・賞牌(勲章)の制を定む。
	5月	20日 **久邇宮家創立**(のち33年5月8日賀陽宮家分立)。
9年(1876)	6月	2日 天皇、奥羽巡幸に出発。
	11月	6日 帝室費と皇族費と宮内省費を区別(18年5月、帝室費に統合)。
	12月	2日 大勲位菊花大綬章、菊華章を定め、27日に制定の詔が出される。
10年(1877)	1月	30日 鹿児島私学生徒ら移送中の兵器弾庫を奪い、西南戦争の発端となる。
	2月	28日・9月14日 諸陵寮・式部寮を宮内省に移管。
	5月	1日 西南戦争の戦傷者の救護のための博愛社が設立される。21日 華族資本による第十五国立銀行が開業する。
	8月	29日 侍補設置(〜12年10月13日)。
	10月	17日 華族学校=学習院の開業式(17年4月15日より宮内省所管)。
11年(1878)	4月	5日 掌典の職制を定む。
	6月	5日 春秋の皇霊祭・神殿祭を定む。
	8月	3日 行幸・巡幸の制を定む。元老院『旧典類纂 皇位継承篇』編刊。23日 近衛砲兵隊、俸給削減への不満などから竹橋事件を起こす。
12年(1879)	4月	4日 琉球藩を沖縄とする。28日 **宮内省の章程**に所管を明示。
	6月	4日 東京招魂社(明治2年創建)を靖国神社と改称。
	8月	31日 ▽第1皇子明宮嘉仁親王誕生。
13年(1880)	7月	17日 刑法改正(**不敬罪**)。
	11月	3日 天長節で「君が代」御前演奏。
	12月	元老院、憲法第三次確定案を提出、上奏するが採択されず。
14年(1881)	10月	3日 ▽桂宮淑子内親王[53]薨去(桂宮家廃絶)。12日 明治23年国会開設の詔勅。
	12月	7日 褒章条例を制定。
15年(1882)	1月	4日 天皇、軍人に「軍人勅諭」を下す。
	8月	5日 戒厳令を定める。
	11月	15日 宮内省に華族局を設置。
	12月	18日 宮内省に内規取調局設置。28日 東伏見宮を小松宮と改称。
16年(1883)	4月	28日 即位式・大嘗祭を京都(御所・御苑)で行なうことを勅定。
	9月	22日 京都に宮内省支庁を設置。
	11月	28日 鹿鳴館開館式。
17年(1884)	3月	17日 宮中に制度取調局を置く(長官伊藤博文)。21日 侍従職を置く。

年	月	事件
	4月	21日 宮内省に内蔵寮を置く。
	5月	1日 皇室財政を国家財政から独立させる(臨時経費を除く)。
	8月	27日 宮内省に図書寮を置く。
	7月	7日 「華族令」制定(→40年5月7日 改正令公布)。
	12月	20日 「華族就学規則」を定め、華族の子弟は18年より学習院に入学(宮内達)。
18年(1885)	11月	13日 華族女学校開設。
	12月	22日 宮内大臣・内大臣・宮中顧問官を置く。太政官制を廃し内閣制度発足、宮内省に御料局・内匠寮を設置。
19年(1886)	2月	4日 **宮内省官制**を公布。26日 公文式制定。
	4月	29日 「華族世襲財産法」公布。
	5月	1日 主殿寮に皇宮警察署を置く。
	10月	29日 「皇族叙勲内規」制定。
20年(1887)	1月	17日 皇后、婦人に洋装を勧告する。
	3月	5日 帝室費の常額設定。18日 皇后、華族女学校に歌「金剛石」を下賜。
	5月	4日 叙位条例を制定。20日 博愛社、日本赤十字社と改称。
21年(1888)	3月	9日 **「帝室会計法」**制定。
	4月	6日 帝室会計審査局を設置。
	5月	31日 臨時帝室制度取調局を置く(委員長柳原前光)。
	6月	6日 御歌所を置く。15日 宮中席次を定む(24年12月改定)。
	10月	7日 皇居が落成。27日 皇城を宮城に改称。
22年(1889)	2月	11日 **「皇室典範」**制定。**「大日本帝国憲法」**発布。
	7月	23日 宮内省の官制を改む。
	9月	30日 天皇旗・皇后旗・親王旗を制定。
	11月	3日 **明宮嘉仁親王[10]立太子礼**、東宮職官制を制定。
23年(1890)	1月	4日 伊勢の神宮祭主は皇族と定む。
	2月	11日 「金鵄勲章」創設。
	4月	2日 橿原神宮を創建。
	10月	9日 天皇、第1回帝国議会を招集。30日 「教育に関する勅語(教育勅語)」発布。
	11月	8日 世伝御料を勅定。29日 天皇、第1回帝国議会開院式に臨席。
24年(1891)	2月	18日 「皇統譜」の凡例・書式を制定。
	3月	24日 「皇室会計法」制定。
	6月	29日 「皇室経済会議規程」「皇室会計審査条規」制定。
25年(1892)	1月	4日 東宮職の官制改定。
	11月	15日 帝室礼式取調委員を置く。
26年(1893)	2月	10日 内廷費を建艦費に下賜。
	7月	15日 沼津御用邸完成。
	8月	12日 文部省、学校での祝日・大祭日儀式の唱歌を定める。「君が代」「勅語奉答」「元始祭」「天長節」など。
27年(1894)	1月	22日 葉山御用邸完成。

年	月	事件
	3月	9日　天皇[41]･皇后[43]の大婚25年祝典。
	8月	1日　清国に宣戦布告(日清戦争　~28年4月)。
28年(1895)	3月	15日 平安神宮創建。
	10月	22日 平安建都1100年記念式。28日 北白川宮能久親王、出征中の台湾で死去。
29年(1896)	4月	3日　侍従武官官制を定む。
30年(1897)	1月	11日 ▽英照皇太后[62]崩御。
	2月	7日　英照皇太后の大喪。
	8月	31日 ▽皇太子[18]成年式。
31年(1898)	2月	伊藤博文首相･渡辺千秋、皇室制度･宮内改革の意見書を奉呈(4月にも)。
32年(1899)	5月	8日　東宮輔導･輔導顧問を置く。
	8月	24日 帝室制度調査局(総裁伊藤博文)を置く。
33年(1900)	4月	25日「皇室婚嫁令」制定。**皇太子[20]、九条節子[15]と結婚**。
	5月	8日　賀陽宮創立。10日 ▽
34年(1901)	4月	29日 ▽皇孫(皇太子第1皇子)迪宮裕仁親王誕生。
35年(1902)	5月	29日「皇室誕生令」公布。
	6月	25日 ▽皇孫(皇太子第2皇子)淳宮雍仁親王(のちの秩父宮)誕生。
36年(1903)	1月	31日 東伏見宮家再興。
	7月	18日 帝室制度調査局本格化。
37年(1904)	2月	10日 ロシアに宣戦布告(日露戦争　~38年9月)。11日 大本営を宮中に設置。
38年(1905)	1月	3日　▽皇孫(皇太子第3皇子)光宮宣仁親王誕生。
39年(1906)	3月	31日 朝香宮･竹田宮の両家創立。
	11月	3日　東久邇宮家創立。
40年(1907)	2月	1日 **「公式令」**公布。11日 **「皇室典範増補」**(諸王の臣籍、華族養子を容認)公布。28日「皇族会議令」公布。
	4月	国産自動車が完成し、有栖川宮家が第一号を所有する。
	10月	31日 宮内省官制を改定(帝室林野管理局設置)。
41年(1908)	9月	18日「皇室祭祀令」公布。
	10月	13日 明治天皇が日露戦争後の国民の団結や勤倹を説いた戊申詔書を発する。
42年(1909)	2月	11日「登極令」「摂政令」「立儲令」「皇室成年式令」公布。
	6月	11日「皇室服喪令」公布。
43年(1910)	3月	3日　「皇族身位令」「皇室親族令」公布。
	8月	29日 韓国併合により「韓国李王家殊遇詔書」「朝鮮貴族令」公布。宗秩寮を置く。
	12月	24日「皇室財産令」公布。
44年(1911)	1月	18日 幸徳秋水ら大逆事件被告24人に死刑判決。
	2月	28日 **南北朝正閏問題**、南朝を正統と勅裁。
	5月	27日「皇族服装令」「宮内官制服令」公布。
	6月	15日「皇室喪服規程」告示(「皇室喪儀令」案は枢密院諮詢奏請中)。

年	月	事件
	12月	27日 「華族戒飭令」公布。
45年(1912)	7月	10日 「皇室会計令」公布。
大正元年		30日 ▽明治天皇[59]崩御。**皇太子[32]践祚**。「大正」と改元。大喪使の官制(勅令)公布。
	8月	27日 先帝に「明治」追号。
	9月	13·14日 大喪(青山葬場·桃山御陵)。乃木希典殉死。26日「恩赦令」「大赦令」公布。
2年(1913)	7月	6日 第3皇子宣仁親王[8]**高松宮家創立**。
	10月	31日 天長節祝日制定。
	11月	4日 「天皇の御服に関する件」公布。
3年(1914)	3月	20日 東宮御学問所の官制公布。
	4月	9日 ▽昭憲皇太后[65]崩御。
	5月	24·25日 **大喪**(桃山東陵)。
	7月	20日 宮内省の官制刷新(→10年10月7日 改正)。
	8月	23日 日本がドイツと開戦(第一次世界大戦 ~7年11月)。
	12月	1日 「明治天皇紀」臨時編修局を設置。
4年(1915)	2月	15日 **「宮中席次令」**公布。
	4月	12日 大礼使の官制(勅令)再公布。
	11月	10日 京都御所で**即位礼**。14·15日 大宮御苑で**大嘗祭**。
	12月	2日 ▽第4皇子澄宮崇仁親王(のちの三笠宮)誕生。
5年(1916)	11月	3日 裕仁親王[15]**立太子礼**。4日 帝室制度審議会設置。
6年(1917)	4月	5日 「請願令」公布。
	9月	大正『大礼記録』(全131冊)完成。
7年(1918)	11月	28日 「皇室典範増補」(皇族女子の王公族入嫁)公布。
8年(1919)	5月	7日 ▽皇太子[18]成年式。
	12月	末 『天皇·皇族実録』編集計画に、宮内大臣より決裁が下される。
9年(1920)	3月	30日 政府は大正天皇の病状を公表。
	5月	19日 **「皇族の降下に関する施行準則」**制定。
	11月	1日 明治神宮鎮座。
	12月	この月、久邇宮良子の色覚疑惑による宮中某重大事件起こる。
10年(1921)	3月	3日 皇太子ヨーロッパ歴訪(~9月3日)。
	10月	7日 宮内省の官制改正。宮内大臣官房に皇宮警部を置く。
	11月	25日 皇太子[20]摂政に就任。
11年(1922)	6月	25日 ▽第2皇子淳宮雍仁親王[20]成年式、**秩父宮家創立**。
12年(1923)	9月	1日 関東大震災発生。15日 皇太子、被害状況を視察。29日 皇后、被災者を慰問。
13年(1924)	1月	26日 ▽皇太子、久邇宮良子女王と結婚。28日 皇太子の結婚を記念して、上野公園および動物園が東京市に下賜される。
	3月	8日 臨時御歴代史実考査委員会官制公布。
14年(1925)	4月	22日 「治安維持法」交布。

年	月	事件
	12月	6日 ▽皇太子第1皇女照宮成子内親王誕生。 この年から天皇の院号を省く。
15年(1926)	7月	15日 那須御用邸完成。
	10月	21日 「皇統譜令」「皇室儀制令」「皇族就学令」「皇族後見令」「皇族遺言令」「皇室喪儀令」「皇室陵墓令」「皇統譜令施行規則」と「位階令」「国葬令」(ともに勅令)公布。
	12月	1日 「皇室裁判令」公布。
昭和元年	12月	25日 ▽大正天皇[47]崩御。**皇太子裕仁親王[25]践祚**。「昭和」と改元。 大喪使の官制公布。
2年(1927)	1月	19日 先帝に「大正」追号。
	2月	7·8日 **大喪**(新宿御苑·多摩御陵)。
	3月	3日 「明治節」制定。
	6月	16日 「王公族墓籍規程」公布。
	9月	10日 ▽第2皇女久宮祐子内親王誕生(3年3月8日薨去)。
3年(1928)	6月	29日 治安維持法の最高刑を死刑に変更。
	9月	14日 昭和天皇·皇后、赤坂離宮から宮城へ移居。28日 ▽秩父宮、松平勢津子と結婚。
	11月	10日 京都御所で**即位礼**。14·15日 大宮御苑で**大嘗祭**。
4年(1929)	6月	1日 大礼記録編纂委員会を設置(～6年)。
	9月	30日 ▽第3皇女孝宮和子内親王誕生。
5年(1930)	2月	4日 ▽高松宮、徳川喜久子と結婚。
	4月	25日 ロンドン海軍軍縮条約調印をめぐり総帥権干犯問題が起こる。
6年(1931)	3月	7日 ▽第4皇女順宮厚子内親王誕生。
	7月	1日 『昭和大礼要録』刊行。
	9月	18日 満州事変勃発(柳条湖事件)。
7年(1932)	5月	15日 五·一五事件が起こる。
8年(1933)	9月	30日 『明治天皇紀』完成。
	12月	23日 ▽**第1皇子継宮明仁親王(皇太子)誕生**。
10年(1935)	10月	10日 宮内省の庁舎落成。
	11月	28日 ▽第2皇子義宮正仁親王(のちの常陸宮)誕生。
	12月	2日 ▽澄宮崇仁親王[20]成年式、**三笠宮家創立**。
11年(1936)	2月	26日 二·二六事件が起こる。
	4月	18日 国号は「大日本帝国」、元首は「天皇」(Emperor)に統一。
	12月	21日 『(歴代)天皇·皇族実録』完成。
12年(1937)	2月	11日 文化勲章(橘花)制定。
	7月	7日 盧溝橋事件(日華事変)。
	11月	20日 宮中に大本営設置。22日 「皇室喪儀令」改正。
14年(1939)	3月	2日 ▽第5皇女清宮貴子内親王誕生。
	9月	1日 ドイツ軍がポーランドを侵攻し、第二次世界大戦が始まる。
15年(1940)	1月	1日 式部職掌典部を掌典職と改める官制公布。

年	月	事件
	6月	26日 満州国皇帝溥儀[34]来日。
	11月	10日 紀元2600年記念式典(皇居前広場)。
16年(1941)	3月	31日 宮内省に総務局を置く。
	7月	11日「皇室親族令・成年令」改正。
	10月	22日 ▽三笠宮、高木百合子と結婚。
	12月	8日 太平洋戦争(大東亜戦争)開戦。
18年(1943)	10月	13日 ▽照宮成子内親王、東久邇盛厚王と結婚。
19年(1944)	4月	26日 ▽三笠宮第1女子甯子内親王誕生。
20年(1945)	3月	18日 昭和天皇、東京の戦災地を視察。
	5月	26日 空襲で宮殿焼失。
	8月	9日 東宮職官制制定。10日 御前会議でポツダム宣言受諾を決定。15日 ポツダム宣言受諾の玉音放送。17日 東久邇稔彦王内閣成立。30日 マッカーサー、神奈川県厚木に到着(9月8日 東京へ進駐)。
	9月	2日 降伏文書調印。13日 宮中の大本営廃止。25日「ニューヨークタイムズ」らが天皇と記者会見。27日 昭和天皇、マッカーサー元帥を訪問。
	10月	4日 GHQ(連合国軍司令部)、人権指令で天皇批判の自由も保障。
	11月	7日 天皇服制定。18日 GHQ、皇室財産凍結を指令。24日 内大臣府を廃止。
	12月	12日 梨本宮守正王、戦犯として逮捕される。15日 GHQ「神道指令」発令。22日 昭和天皇、宮内記者と初会見。
21年(1946)	1月	1日 「新日本建設詔書」(神格否定の人間宣言)発布。5日 ▽三笠宮第1男子寛仁親王誕生。
	2月	19日 昭和天皇、神奈川県から地方巡幸を開始(〜29年8月29日)。
	4月	1日 宮内省の機構縮小。
	5月	3日 極東国際軍事裁判開廷。生存者に対する叙位叙勲停止を閣議決定。12日「米よこせ区民大会」(世田谷)のデモ隊宮城へ。19日 宮城前広場で食糧メーデー。23日 GHQ、皇室の財産特権廃止を指令。24日 昭和天皇、食糧事情に関して全国民にラジオ放送。
	6月	18日 キーナン極東国際裁判首席判事「天皇は裁かず」と表明。
	11月	3日 **「日本国憲法」公布**。日本国憲法公布記念の祝賀都民大会(皇居前広場)。
	12月	14日「皇室典範増補」改正(皇族女子の降下容認)。24日 皇族会議で直宮(秩父宮・高松宮・三笠宮)を除く11宮家の皇籍離脱を可決。
22年(1947)	1月	1日 皇宮警察署を警視庁(29年7月から警察庁)の皇宮警察(本部)に改む。16日 新「皇室典範」「皇室経済法」公布(5月3日施行)。31日 帝室林野局廃止(農林省へ移管)。学習院・女子学習院、宮内省から独立させる。
	2月	20日 宮内省、皇室財産を37億4000万円と公表。
	5月	2日 枢密院廃止。明治以来の皇室令・付属法令を廃止。3日「日本国憲法」「皇室典範」「皇室経済法」「皇統譜令」施行。「位階令」改正(有爵者に関する事項削除)施行。新憲法施行記念式典。宮内省を宮内府に改組。新規定ができていないものに関しては従前の例に準じて事務を処理する旨、宮内

年	月	事件
		府長官官房文書課長名で依命通牒が出される。
	6月	23日 天皇、第1回特別国会に出席、勅語で「朕」を「わたくし」に。
	8月	23日 「皇室会議議員及び予備議員互選規則」(政令)。
	10月	2日 「皇室経済法施行法」公布。13日 初の皇室会議で11宮家の皇族(51人)皇籍離脱を決定。
	11月	15日 「改正刑法」施行(不敬罪廃止)。
23年(1948)	1月	1日 皇居一般参賀始まる(記帳のみ2日間)。
	2月	11日 ▽三笠宮第2男子宜仁親王(のちの桂宮)誕生。
	7月	1日 宮城を「皇居」と改称。20日「国民の祝日法」公布(紀元節を廃止。41年6月より「建国記念の日」に改称)。
24年(1949)	1月	1日 皇宮警察本部設置。26日 ▽天皇・皇后、銀婚式典。
	4月	29日 「天長節」を「天皇誕生日」と改称、一般参賀で天皇が応える。35万人が参集。
	6月	1日 宮内府を廃し宮内庁を置く(総理府外局、三職二部)。
25年(1950)	5月	20日 ▽孝宮和子内親王、鷹司平通と結婚。
26年(1951)	4月	15日 天皇、解任されたマッカーサーを最後の訪問。
	5月	17日 ▽貞明皇后[66]崩御。
	6月	22日 大喪(准国葬、多摩東陵)。
	10月	23日 ▽三笠宮第2女子容子内親王誕生。
27年(1952)	4月	28日 サンフランシスコ平和条約発効。
	5月	2日 天皇・皇后、初の政府主催の全国戦没者追悼式出席(新宿御苑)。
		3日 天皇・皇后、皇居前広場での独立式典に出席。
	10月	7日 宮内庁庁舎三階を改装し、仮宮殿に。10日 ▽順宮厚子内親王、池田隆政と結婚。
	11月	10日 ▽**皇太子[18]成年式・立太子礼** 。
28年(1953)	1月	1日 国事行為としての「新年祝賀の儀」を挙行(戦後初)。4日 ▽秩父宮雍仁親王[50]薨去。
	3月	30日 皇太子、英国女王エリザベス2世の戴冠式(6月2日)に天皇の名代として出発。欧米歴訪(〜10月12日)。
	11月	5日 大宮御所内苑で戦後初の天皇主催の園遊会開催。
29年(1954)	1月	2日 一般参賀に38万人集まり混乱、16人死亡(二重橋事件)。
	8月	16日 京都小御所焼失。
	12月	29日 ▽三笠宮第3男子憲仁親王誕生。
30年(1955)	5月	24日 天皇、蔵前国技館で初の大相撲観戦。
	11月	28日 ▽義宮正仁親王成年式。
31年(1956)	11月	19日 戦後初の国賓、エチオピア皇帝セラシエ1世来日。
32年(1957)	1月	15日 皇太子、NHK、ニッポン放送で対談番組に出演。
33年(1958)	11月	27日 皇室会議で皇太子妃に正田美智子と決定。
34年(1959)	4月	10日 **皇太子[25]、正田美智子[24]と結婚。**
	10月	5日 皇太子、伊勢湾台風の被害地を視察・慰問。
35年(1960)	2月	23日 ▽皇孫(皇太子第1皇子)浩宮徳仁親王誕生。

年	月	事件
	3月	10日 ▽清宮貴子内親王、島津久永と結婚。
	6月	14日 新東宮御所落成。
	9月	22日 皇太子・同妃、日米修好百年で渡米(〜10月7日)。
36年(1961)	4月	29日 ▽天皇還暦。
	7月	23日 ▽東久邇成子[35]逝去。
	11月	27日 吹上御所落成。
	12月	8日 天皇・皇后、御文庫から新築の吹上御所へ移居。
38年(1963)	3月	6日 ▽皇后還暦。
	7月	12日 旧来の制度に基づいて生存者叙勲の完全復活を閣議決定。
	8月	15日 天皇、政府主催の第1回全国戦没者追悼式(日比谷公会堂)に出席。
39年(1964)	5月	20日「国事行為の臨時代行法」公布。28日 皇居に新二重橋完成。
	9月	30日 ▽義宮正仁親王[29]、津軽華子と結婚、常陸宮家創立。
	10月	10日 天皇、第18回オリンピック東京大会で開会宣言(名誉総裁)。
40年(1965)	11月	30日 ▽皇孫(皇太子第2皇子)礼宮文仁親王誕生。
41年(1966)	1月	27日 ▽天皇3女鷹司和子の夫平通事故死[42]。
	2月	23日 皇后還暦記念ホール桃華楽堂落成。
	12月	18日 ▽甯子内親王、近衛護煇と結婚(のちに忠煇に改名)。
43年(1968)	10月	1日 皇居東御苑一般公開開始。23日 明治百年記念式典。
	11月	14日 皇居新宮殿落成。
44年(1969)	1月	2日 新宮殿(長和殿ベランダ)を一般参賀に初使用。
	4月	18日 ▽皇孫(皇太子第1皇女)紀宮清子内親王誕生。
	9月	10日 下総御料牧場、栃木県へ移転。
	11月	20日 沼津御用邸廃止。
45年(1970)	3月	14日 天皇・皇后、大阪万博開会式出席。
46年(1971)	1月	27日 葉山御用邸(本邸)放火で焼失。
	4月	29日 ▽天皇古希。
	9月	27日 天皇・皇后、ヨーロッパ諸国歴訪に出発(〜10月14日)。
	10月	23日 伊豆下田に「須崎御用邸」完成。
47年(1972)	4月	13日 宇佐美毅長官、皇室儀制等の規則大綱整備に答弁(参院内閣委)。
	5月	15日 天皇・皇后、沖縄復帰記念式典出席。
48年(1973)	3月	6日 ▽皇后古希。
49年(1974)	1月	26日 ▽天皇・皇后、金婚式。
	4月	23日 赤坂迎賓館完成。
	10月	18日 (前年10月の第60回式年遷宮に際し)伊勢神宮の参拝に「剣璽動座」復活。
50年(1975)	5月	7日 英国女王エリザベス2世来日。
	7月	17日 皇太子・同妃、沖縄海洋博出席。ひめゆりの塔前で火炎ビン投げられる。
	9月	14日 宮内庁、依命通牒(22年5月3日)削除。30日 天皇・皇后、アメリカ合衆国訪問(〜10月14日)。
	10月	31日 天皇、日本記者クラブと公式会見。

年	月	事件
51年(1976)	11月	10日 天皇在位50年記念式典(日本武道館)。
	12月	25日 大正天皇五十年式年祭(多摩陵)。
53年(1978)	4月	29日 ▽天皇喜寿。
54年(1979)	6月	12日 「元号法」公布。
	10月	23日 「元号選定手続き」閣議決定。
55年(1980)	2月	23日 ▽浩宮徳仁親王[20]成年式・加冠の儀。
	3月	6日 ▽皇后喜寿。
	11月	7日 ▽寛仁親王、麻生信子と結婚。
56年(1981)	4月	29日 一般参賀で初めて「おことば」を述べる。
	11月	6日 葉山御用邸落成(再建)。
	12月	20日 ▽寛仁親王第1女子彬子女王誕生。
57年(1982)	3月	27日 桂離宮修復完成。
	4月	2日 寛仁親王、皇籍離脱の意向を表明。
58年(1983)	6月	20日 徳仁親王、英国留学(～60年10月30日)。
	10月	14日 ▽容子内親王、千政之と結婚。25日 ▽寛仁親王第2女子瑶子女王誕生。26日 昭和記念公園開園(東京・立川市、天皇在位50年記念事業)。
59年(1984)	1月	26日 ▽天皇・皇后、ダイヤモンド婚(大婚六十年)。
	4月	10日 ▽皇太子・同妃、銀婚式。
	9月	5日 天皇、韓国大統領として初来日の全斗煥大統領と会見。
	12月	6日 ▽憲仁親王[30]、鳥取久子と結婚、**高円宮家創立**。
60年(1985)	7月	13日 天皇、歴代天皇で最長寿(この日まで最長寿は後水尾天皇)。
	11月	30日 ▽礼宮文仁親王成年式。
61年(1986)	3月	8日 ▽高円宮第1女子承子女王誕生。
	4月	29日 天皇在位60年記念式典(東京・両国国技館)。
62年(1987)	2月	3日 ▽高松宮宣仁親王[82]薨去。
	4月	29日 天皇、誕生日を祝う「宴会の儀」でもどして退席。
	6月	22日 天皇、三原山大噴火の被災地伊豆大島をヘリコプターで視察。
	9月	22日 天皇、慢性膵炎で入院手術(皇太子、国事行為の臨時代行)。
	10月	3日～10日 皇太子・同妃訪米(皇孫浩宮、国事行為の臨時代行)。 10日 皇太子帰国後再び国事行為の臨時代行(～12月15日、以後も部分代行)。24日 皇太子・同妃、天皇名代として沖縄の海邦国体に臨席。
63年(1988)	1月	1日 宜仁親王[40]**桂宮家創立**。
	7月	22日 ▽高円宮第2女子典子女王誕生。
	9月	19日 天皇危篤。22日 皇太子に国事行為委任。
64年(1989)	1月	7日 ▽昭和天皇[87]崩御。**皇太子[55]即位**、「剣璽等承継の儀」。赤坂御所設置、東宮御所廃止。
平成元年	1月	8日 「平成」元号施行。9日 皇位継承後の「朝見の儀」。 22日 昭和天皇に一般国民が別れを告げる「殯宮一般拝礼」(～24日)。 31日 皇居宮殿の殯宮で、霊前に「昭和天皇」追号報告の儀。
	2月	24日 昭和天皇大喪の礼、葬場殿の儀(新宿御苑)、陵所の儀(武蔵陵墓地)。

年	月	事件
	4月	18日 紀宮清子内親王、20歳を迎え、勲一等宝冠章を授与される。
	5月	26日 ▽鷹司和子[59]逝去。
	8月	21日 昭和天皇の遺産18億6911万円と公示。
	9月	12日 礼宮文仁親王と川嶋紀子の婚約、皇室会議で正式決定。
2年(1990)	1月	7日 昭和天皇一周年祭。
	6月	29日 ▽文仁親王[24]、川嶋紀子[23]と結婚、**秋篠宮家創立**。
	9月	15日 ▽高円宮第3女子絢子女王誕生。
	11月	12日 皇居宮殿で即位礼。22·23日 皇居御苑で**大嘗祭**。
3年(1991)	1月	2日 新年一般参賀(3年ぶり)。
	2月	23日 **浩宮徳仁親王[31]立太子礼**。
	7月	10日 天皇·皇后、雲仙普賢岳噴火の被災地見舞い。
	10月	23日 ▽秋篠宮第1女子眞子内親王誕生。
4年(1992)	1月	7日 昭和天皇三年式年祭。
	10月	23日 天皇·皇后、中国へ公式訪問(~28日)。
5年(1993)	1月	19日 皇太子徳仁親王と、小和田雅子の婚約、皇室会議で正式決定。
	5月	18日 新御所落成(皇居·吹上御苑)。
	6月	9日 ▽**皇太子[33]、小和田雅子[29]と結婚**。
	7月	27日 天皇·皇后、北海道南西沖地震の被災地奥尻島他見舞い。
	12月	23日 ▽天皇、還暦「祝賀の儀」。
6年(1994)	2月	12日 天皇·皇后、硫黄島慰霊(~14日)。
	7月	6日 皇太子·同妃、東宮仮御所から東宮御所へ移住(旧赤坂御所)。12日 天皇·皇后結婚三五周年奉祝演奏会。
	10月	20日 ▽皇后、還暦。
	11月	5日~15日、翌年1月20~28日 皇太子·同妃中東7カ国を訪問。
	12月	29日 ▽秋篠宮第2女子佳子内親王誕生。
7年(1995)	1月	31日 天皇·皇后、阪神·淡路大震災の被災地(兵庫県)見舞い。
	6月	16日 ▽皇后、還暦の内祝い。27日 天皇、大腸ポリープ摘出手術。
	7月	26日 長崎·広島·沖縄と東京都墨田区へ慰霊の旅(~8月3日)。
	8月	25日 ▽秩父宮勢津子[85]薨去(秩父宮廃絶)。
11年(1999)	8月	13日 「国旗及び国歌に関する法律」公布。
12年(2000)	6月	16日 ▽香淳皇后[96]崩御。
	7月	25日 大喪(武蔵野東陵)。
13年(2001)	12月	1日 ▽皇孫(皇太子第1皇女)敬宮愛子内親王誕生。
14年(2002)	8月	7日 「栄典制度の改革について」(警察官·自衛官など著しく危険性の高い業務に精励した者を対象とする新たな叙勲を設けるなど)が閣議決定される。
	11月	21日 ▽高円宮憲仁親王[47]薨去。
15年(2003)	1月	18日 天皇、前立腺癌の手術。
	5月	20日 前年の「栄典制度の改革について」の閣議決定を受けて、「勲章の授与基準」が閣議決定される(同年秋の叙勲から新制度に移行)。
16年(2004)	12月	18日 ▽高松宮喜久子[92]薨去(高松宮廃絶)。

年	月	事件
17年(2005)	5月	20日 4月29日「みどりの日」を「昭和の日」と改称(19年から実施)。
	6月	28日 天皇・皇后、サイパン島の戦没者慰霊。
	11月	15日 ▽清子内親王[36]、黒田慶樹と結婚。24日 皇室典範に関する有識者会議は、女子や女系の皇族に皇位継承資格を拡大することを提起した「報告書」を提出。
18年(2006)	9月	6日 ▽秋篠宮第1男子悠仁親王誕生。
19年(2007)	5月	21日 天皇・皇后、スウェーデン・バルト三国と英国訪問(～5月30日)。リンネ協会で天皇講演。
20年(2008)	12月	上旬、天皇、体調不良のため公務見直し。
21年(2009)	4月	10日 天皇・皇后、成婚五十周年。
	9月	25日 天皇、即位二十年記念記録集『道』(宮内庁編)出版。
23年(2011)	3月	16日 天皇、東日本大震災を受け、初めて国民にビデオで言葉。
		30日 天皇・皇后七週連続で東日本大震災の避難地・被災地(東京、埼玉、千葉、茨城、宮城、岩手、福島など)見舞い(～5月11日)。
	11月	6日 天皇、気管支炎悪化で東大附属病院に入院(～24日)。
24年(2012)	2月	18日 天皇、東大付属病院にて冠動脈バイパス手術(～3月4日)。
	6月	6日 ▽寛仁親王[66]薨去。
25年(2013)	4月	15日 天皇・皇后、初の私的旅行で「あんずの里」(長野県)など訪問(～16日)。
26年(2014)	6月	8日 ▽桂宮宜仁親王[66]薨去。
	10月	5日 ▽高円宮典子女王、千家国麿と結婚。
27年(2015)	1月	17日 天皇・皇后、阪神・淡路大震災20年追悼式典に臨席。
	4月	8日 天皇・皇后、戦後70年にあたり、パラオ・ペリリュー島の戦没者慰霊(～9日)。
28年(2016)	1月	26日 天皇・皇后、フィリピンの戦没者慰霊(～30日)。
	5月	19日 天皇・皇后、熊本地震の被災地見舞い。
	8月	8日 天皇、ビデオメッセージで譲位(退位)の内意を示唆(「象徴としてのお務めについての天皇陛下のおことば」)。
	10月	27日 ▽三笠宮崇仁親王[100]薨去。
29年(2017)	2月	28日 天皇・皇后、ベトナム訪問(～3月5日)。
	3月	5日 天皇・皇后、タイ前国王プミポン弔問。
	6月	16日 「天皇の退位等に関する皇室典範特例法」公布。
	10月	27日 天皇・皇后、7月の九州北部豪雨の被災地(福岡県・大分県)見舞い。
30年(2018)	8月	4日 天皇・皇后、北海道利尻島訪問(島々への55島目の訪問)。
	9月	天皇・皇后、7月豪雨の被災地(14日岡山県・21日愛媛県・広島県)見舞い。
	10月	29日 ▽高円宮絢子女王、守谷慧と結婚。
31年(2019)	2月	24日 天皇在位三十年記念式典(政府主催、民間祝典は結婚60年の4月10日)。
	4月	30日 平成の天皇、「特例法」により退位、上皇となる。
	5月	1日 皇太子徳仁親王即位。新元号「令和」施行。
	10月	22日 皇居宮殿で即位礼。
	11月	14日・15日 皇居御苑で **大嘗祭**。

皇太子一覧

名前	父／母	在任中の天皇	上段:冊立年月日(冊立時の年齢) 下段:践祚(即位)、廃太子、薨去年月日
神渟名川耳尊	神武天皇	神武天皇	神武天皇42.1.3(14歳)
(②綏靖天皇)	媛蹈鞴五十鈴媛命		綏靖天皇1.1.8
磯城津彦玉手看尊	綏靖天皇	綏靖天皇	綏靖天皇25.1.7(21歳)
(③安寧天皇)	五十鈴依媛命		綏靖天皇33.7.3
大日本彦耜友尊	安寧天皇	安寧天皇	安寧天皇11.1.1(16歳)
(④懿徳天皇)	渟名底仲媛命		懿徳天皇1.2.4
観松彦香殖稲尊	懿徳天皇	懿徳天皇	懿徳天皇22.2.12(18歳)
(⑤孝昭天皇)	天豊津媛命		孝昭天皇1.1.9
日本足彦国押人尊	孝昭天皇	孝昭天皇	孝昭天皇68.1.14(20歳)
(⑥孝安天皇)	世襲足媛		孝安天皇1.1.7
大日本根子彦太瓊尊	孝安天皇	孝安天皇	孝安天皇76.1.5(26歳)
(⑦孝霊天皇)	押媛命		孝霊天皇1.1.12
大日本根子彦国牽尊	孝霊天皇	孝霊天皇	孝霊天皇36.1.1(19歳)
(⑧孝元天皇)	細媛命		孝元天皇1.1.14
稚日本根子彦大日日命	孝元天皇	孝元天皇	孝元天皇22.1.14(16歳)
(⑨開化天皇)	鬱色謎命		孝元天皇57.11.12
御間城入彦五十瓊殖尊	開化天皇	開化天皇	開化天皇28.1.5(19歳)
(⑩崇神天皇)	伊香色謎命		崇神天皇1.1.13
活目入彦五十狭茅尊	崇神天皇	崇神天皇	崇神天皇48.4.19(20歳)
(⑪垂仁天皇)	御間城姫命		垂仁天皇1.1.2
大足彦忍代別尊	垂仁天皇	垂仁天皇	垂仁天皇37.1.1(21歳)
(⑫景行天皇)	日葉酢媛命		景行天皇1.7.11
稚足彦尊	景行天皇	景行天皇	景行天皇51.8.4(38歳)
(⑬成務天皇)	八坂入姫命		成務天皇1.1.5
足仲彦尊	日本武尊	成務天皇	成務天皇48.3.1(年齢不詳)
(⑭仲哀天皇)	両道入姫命		仲哀天皇1.1.11
誉田別尊	仲哀天皇		神功皇后摂政3.1.3(4歳)
(⑮応神天皇)	気長足姫尊		応神天皇1.1.1
菟道稚郎子皇子	応神天皇	応神天皇	応神天皇40.1.24(年齢不詳)
	宮主宅媛		応神天皇41.2(辞退、自殺)
大兄去来穂別尊	仁徳天皇	仁徳天皇	仁徳天皇31.1.15(年齢不詳)
(⑰履中天皇)	磐之媛命		履中天皇1.2.1
多遅比瑞歯別尊	仁徳天皇	履中天皇	履中天皇2.1.4(年齢不詳)
(⑱反正天皇)	磐之媛命		反正天皇1.1.2
木梨軽皇子	允恭天皇	允恭天皇	允恭天皇23.3.7(年齢不詳)
	忍坂大中姫命		允恭天皇42.10(乱により自殺)
白髪武広国押稚日本根子尊	雄略天皇	雄略天皇	雄略天皇22.1.1(35歳)
(㉒清寧天皇)	葛城韓媛		清寧天皇1.1.15
億計尊	市辺押磐皇子	清寧天皇	清寧天皇3.4.7(34歳)
(㉔仁賢天皇)	蟻臣荑媛		仁賢天皇1.1.5
小泊瀬稚鷦鷯尊	仁賢天皇	仁賢天皇	仁賢天皇7.1.3(6歳)
(㉕武烈天皇)	春日大娘皇女		仁賢天皇11.12
広国押武金日尊	継体天皇	継体天皇	継体天皇7.12.8(48歳)
(㉗安閑天皇)	尾張目子媛		継体天皇25.2.7
渟中倉太珠敷尊	欽明天皇	欽明天皇	欽明天皇15.1.7(17歳)
(㉚敏達天皇)	石姫皇女		敏達天皇1.4.3
厩戸皇子	用明天皇	推古天皇	推古天皇1.4.10(20歳)
	穴穂部間人皇女		推古天皇30.2.2(薨去)
葛城皇子	舒明天皇	孝徳天皇	皇極天皇4.6.14(20歳)
(㊳天智天皇)	宝皇女	斉明天皇	斉明天皇7.7.24(称制)、天智天皇7.1.3
大海人皇子	舒明天皇	天智天皇	天智天皇7.2.23(年齢不詳)
(㊵天武天皇)	宝皇女		天智天皇10.10.19(辞退)

名前	父／母	在任中の天皇	上段:冊立年月日(冊立時の年齢) 下段:践祚(即位)、廃太子、薨去年月日
大友皇子	天智天皇	天智天皇	天智天皇10.10(24歳)
(39弘文天皇)	伊賀宅子娘		天智天皇10.12.5
草壁皇子	天武天皇	天武天皇	天武天皇10.2.25(20歳)
	鸕野讃良皇女		持統天皇3.4.13(薨去)
珂瑠皇子	草壁皇子	持統天皇	持統天皇11.2.16(15歳)
(42文武天皇)	阿閇皇女		文武天皇1.8.1
首親王	文武天皇	元明天皇	和銅7.6(14歳)
(45聖武天皇)	藤原宮子	元正天皇	神亀1.2.4
某皇子(基王)	聖武天皇	聖武天皇	神亀4.11.2(3か月)
	藤原安宿媛		神亀5.9.13(薨去)
阿倍内親王	聖武天皇	聖武天皇	天平10.1.13(21歳)
(46孝謙天皇)	藤原安宿媛		天平勝宝1.7.2
道祖王	新田部親王	孝謙天皇	天平勝宝8.5.2(年齢不詳)
			天平宝字1.3.29(廃太子)
大炊王	舎人親王	孝謙天皇	天平勝宝9.4.4(25歳)
(47淳仁天皇)	当麻山背		天平宝字2.8.1
白壁王	施基親王	称徳天皇	神護景雲4.8.4(62歳)
(49光仁天皇)	紀橡媛		宝亀1.10.1
他戸親王	光仁天皇	光仁天皇	宝亀2.1.23(年齢不詳)
	井上内親王		宝亀3.5.27(廃太子)
山部親王	光仁天皇	光仁天皇	宝亀4.1.2(37歳)
(50桓武天皇)	高野新笠		天応1.4.3
早良親王	光仁天皇	桓武天皇	天応1.4.4(年齢不詳)
	高野新笠		延暦4.10.8(廃太子)
安殿親王	桓武天皇	桓武天皇	延暦4.11.25(12歳)
(51平城天皇)	藤原乙牟漏		大同1.3.17
神野親王	桓武天皇	平城天皇	大同1.5.19(21歳)
(52嵯峨天皇)	藤原乙牟漏		大同4.4.1
高丘親王	平城天皇	嵯峨天皇	大同4.4.14(年齢不詳)
	伊勢継子		弘仁1.9.11(廃太子)
大伴親王	桓武天皇	嵯峨天皇	大同5.9.13(25歳)
(53淳和天皇)	藤原旅子		弘仁14.4.16
正良親王	嵯峨天皇	淳和天皇	弘仁14.4.18(14歳)
(54仁明天皇)	橘嘉智子		天長10.2.28
恒貞親王	淳和天皇	仁明天皇	天長10.2.30(9歳)
	正子内親王		承和9.7.17(廃太子)
道康親王	仁明天皇	仁明天皇	承和9.8.4(16歳)
(55文徳天皇)	藤原順子		嘉祥3.3.21
惟仁親王	文徳天皇	文徳天皇	嘉祥3.11.25(9か月)
(56清和天皇)	藤原明子		天安2.8.27
貞明親王	清和天皇	清和天皇	貞観11.2.1(4か月)
(57陽成天皇)	藤原高子		貞観18.11.29
定省親王	光孝天皇	光孝天皇	仁和3.8.26(21歳)
(59宇多天皇)	班子女王		仁和3.8.26
敦仁親王	宇多天皇	宇多天皇	寛平5.4.2(9歳)
(60醍醐天皇)	藤原胤子		寛平9.7.3
保明親王	醍醐天皇	醍醐天皇	延喜4.2.10(4か月)
	藤原穏子		延喜23.3.21(薨去)
慶頼王	保明親王	醍醐天皇	延喜23.4.29(3歳)
	藤原仁善子		延長3.6.18(薨去)
寛明親王	醍醐天皇	醍醐天皇	延長3.10.21(3歳)
(61朱雀天皇)	藤原穏子		延長8.9.22
成明親王	醍醐天皇	朱雀天皇	天慶7.4.22(19歳)
(62村上天皇)	藤原穏子		天慶9.4.20
憲平親王	村上天皇	村上天皇	天暦4.7.23(4か月)
(63冷泉天皇)	藤原安子		康保4.5.25

名前	父／母	在任中の天皇	上段:冊立年月日(冊立時の年齢) 下段:践祚(即位)、廃太子、薨去年月日
守平親王 (64円融天皇)	村上天皇 藤原安子	冷泉天皇	康保4.9.1(9歳) 安和2.8.13
師貞親王 (65花山天皇)	冷泉天皇 藤原懐子	円融天皇	安和2.8.13(12か月) 永観2.8.27
懐仁親王 (66一条天皇)	円融天皇 藤原詮子	花山天皇	永観2.8.27(5歳) 寛和2.6.23
居貞親王 (67三条天皇)	冷泉天皇 藤原超子	一条天皇	寛和2.7.16(11歳) 寛弘8.6.13
敦成親王 (68後一条天皇)	一条天皇 藤原彰子	三条天皇	寛弘8.6.13(4歳) 長和5.1.29
敦明親王	三条天皇 藤原娍子	後一条天皇	長和5.1.29(23歳) 寛仁元.8.9(辞退、小一条院)
敦良親王 (69後朱雀天皇)	一条天皇 藤原彰子	後一条天皇	寛仁1.8.9(9歳) 長元9.4.17
親仁親王 (70後冷泉天皇)	後朱雀天皇 藤原嬉子	後朱雀天皇	長暦1.8.17(13歳) 寛徳2.1.16
尊仁親王 (71後三条天皇)	後朱雀天皇 禎子内親王	後冷泉天皇	寛徳2.1.16(12歳) 治暦4.4.19
貞仁親王 (72白河天皇)	後三条天皇 藤原茂子	後三条天皇	延久1.4.28(17歳) 延久4.12.8
実仁親王	後三条天皇 源基子	白河天皇	延久4.12.8(2歳) 応徳2.11.8(薨去)
宗仁親王 (74鳥羽天皇)	堀河天皇 藤原苡子	堀河天皇	康和5.8.17(8か月) 嘉祥2.7.19
体仁親王 (76近衛天皇)	鳥羽天皇 藤原得子	崇徳天皇	保延5.8.17(4か月) 永治1.12.7
守仁親王 (78二条天皇)	後白河天皇 藤原懿子	後白河天皇	久寿2.9.23(13歳) 保元3.8.11
憲仁親王 (80高倉天皇)	後白河天皇 平滋子	六条天皇	仁安1.10.10(6歳) 仁安3.2.19
言仁親王 (81安徳天皇)	高倉天皇 平徳子	高倉天皇	治承2.12.15(2か月) 治承4.2.21
守成親王 (84順徳天皇)	後鳥羽天皇 藤原重子	土御門天皇	正治2.4.15(4歳) 承元4.11.25
懐成親王 (85仲恭天皇)	順徳天皇 九条立子	順徳天皇	建保6.11.26(2か月) 承久3.4.20
秀仁親王 (87四条天皇)	後堀河天皇 九条竴子	後堀河天皇	寛喜3.10.28(9か月) 貞永1.10.4
久仁親王 (89後深草天皇)	後嵯峨天皇 西園寺姞子	後嵯峨天皇	寛元1.8.10(4か月) 寛元4.1.29
恒仁親王 (90亀山天皇)	後嵯峨天皇 西園寺姞子	後深草天皇	正嘉2.8.7(10歳) 正元1.11.26
世仁親王 (91後宇多天皇)	亀山天皇 洞院佶子	亀山天皇	文永5.8.25(10か月) 文永11.1.26
熙仁親王 (92伏見天皇)	後深草天皇 洞院愔子	後宇多天皇	建治1.11.5(11歳) 弘安10.10.21
胤仁親王 (93後伏見天皇)	伏見天皇 五辻経子	伏見天皇	正応2.4.25(2歳) 永仁6.7.22
邦治親王 (94後二条天皇)	後宇多天皇 堀河基子	後伏見天皇	永仁6.8.10(14歳) 正安3.1.21
富仁親王 (95花園天皇)	伏見天皇 洞院季子	後二条天皇	正安3.8.24(5歳) 徳治3.8.26
尊治親王 (96後醍醐天皇)	後宇多天皇 五辻忠子	花園天皇	徳治3.9.19(21歳) 文保2.2.26
邦良親王	後二条天皇 五辻宗子	後醍醐天皇	文保2.3.9(19歳) 正中3.3.20(薨去)

名前	父／母	在任中の天皇	上段:冊立年月日(冊立時の年齢) 下段:践祚(即位)、廃太子、薨去年月日
量仁親王	後伏見天皇	後醍醐天皇	嘉暦1.7.24(14歳)
北1光厳天皇	西園寺寧子		元弘1.9.20
康仁親王▼	邦良親王	光厳天皇	元徳3(元弘1).11.8(12歳)
	源定教女		正慶2(元弘3).5.22(廃太子)
恒良親王	後醍醐天皇	後醍醐天皇	建武1.1.23(10歳)
	阿野廉子		延元3.4.13(薨去)
成良親王	後醍醐天皇	光明天皇	建武3.11.14(11歳)
	阿野廉子		建武3.12(南北朝分立により廃太子)
義良親王▼	後醍醐天皇	後醍醐天皇	延元4.3(日不詳、12歳)
(97後村上天皇)	阿野廉子		延元4.8.15
直仁親王	花園天皇	崇光天皇	正平3(貞和4).10.27(14歳)
	正親町実子		観応2(正平6).11.7(廃太子)
熙成親王▼	後村上天皇	長慶天皇	正平23(応安1)(月日不詳)(年齢不詳)
(99後亀山天皇)	藤原氏(嘉喜門院)		弘和3(月日不詳)
泰成親王▼	後村上天皇	後亀山天皇	弘和3.10(日不詳)(年齢不詳)
			元中9.閏10.5(南北朝合一により廃太子)
誠仁親王	正親町天皇		弘治3.10.27(儲君)
	万里小路房子		天正14.7.24(薨去)
高仁親王	後水尾天皇		寛永3.11.25(儲君)
	徳川和子		寛永5.6.11(薨去)
朝仁親王	霊元天皇	霊元天皇	天和2.3.25(儲君)／天和3.2.9(9歳)
(113東山天皇)	松木宗子		貞享4.3.21
慶仁親王	東山天皇	東山天皇	宝永4.3.22(儲君)／宝永5.2.16(8歳)
(114中御門天皇)	櫛笥賀子		宝永6.6.21
昭仁親王	中御門天皇	中御門天皇	享保5.10.16(儲君)／享保13.6.11(9歳)
(115桜町天皇)	近衛尚子		享保20.3.21
遐仁親王	桜町天皇	桜町天皇	延享3.1.21(儲君)／延享4.3.16(7歳)
(116桃園天皇)	姉小路定子		延享4.5.2
英仁親王	桃園天皇	後桜町天皇	宝暦9.1.18(儲君)／明和5.2.19(11歳)
(118後桃園天皇)	一条富子		明和7.11.24
閑院宮兼仁親王	典仁親王		安永8.11.8(儲君)
(119光格天皇)	岩室磐代		安永8.11.25
恵仁親王	光格天皇	光格天皇	文化4.7.18(儲君)／文化6.3.24(10歳)
(120仁孝天皇)	勧修寺婧子		文化14.3.22
統仁親王	仁孝天皇	仁孝天皇	天保6.6.21(儲君)／天保11.3.14(10歳)
(121孝明天皇)	正親町雅子		弘化3.2.13
睦仁親王	孝明天皇	孝明天皇	万延1.7.10(儲君)
(122明治天皇)	中山慶子		慶応3.1.9
嘉仁親王	明治天皇	明治天皇	明治20.8.31(儲君)／明治22.11.3(11歳)
(123大正天皇)	柳原愛子		大正1.7.30
裕仁親王	大正天皇	大正天皇	大正5.11.3立太子の礼(15歳)
(124昭和天皇)	九条節子		昭和1.12.25
明仁親王	昭和天皇	昭和天皇	昭和27.11.10立太子の礼(18歳)
(125平成の天皇)	久邇宮良子女王		昭和64.1.7
徳仁親王	平成の天皇	平成の天皇	平成3.2.23立太子の礼(31歳)
(126令和の天皇)	正田美智子		令和元.5.1
文仁親王	平成の天皇	令和の天皇	令和2.4.19立皇嗣の礼(54歳)
	正田美智子		

〔注〕
・皇太子冊立年月日の欄に儲君の治定のある時はその年月日、ついで皇太子冊立の年月日を記した。
・▼印は南朝を意味する。

資料編04 年号一覧

年号	改元の年(和暦·西暦·干支)と月日		改元の理由	天皇
大化(たいか)	〔皇極 4〕(645) 乙巳	6.19	代始(6.12乙巳の変。6.14践祚)	36 孝徳
白雉(はくち)	大化 6 (650) 庚戌	2.15	祥瑞(6.9宍戸より白雉献上)	
朱鳥(しゅちょう)	〔天武15〕(686) 丙戌	7.20	(5年前朱雀奏瑞。5月天皇不予)	40 天武
大宝(たいほう)	〔文武 5〕(701) 辛丑	3.21	祥瑞(対馬より金献上。8.3律令完成)	42 文武
慶雲(けいうん)	大宝 4 (704) 甲辰	5.10	祥瑞(宮中慶雲)	
和銅(わどう)	慶雲 5 (708) 戊申	1.11	代始·祥瑞(前年6.5践祚。武蔵より和銅献上)	43 元明
霊亀(れいき)	和銅 8 (715) 乙卯	9. 2	代始·祥瑞(践祚同日改元、左京より瑞亀献上)	44 元正
養老(ようろう)	霊亀 3 (717) 丁巳	11.17	祥瑞(9.20美濃の美泉に行幸)	
神亀(じんき)	養老 8 (724) 甲子	2. 4	代始·祥瑞(践祚同日改元、左京より白亀献上)	45 聖武
天平(てんぴょう)	神亀 6 (729) 己巳	8. 5	祥瑞(6.20左京より瑞亀献上)	
天平感宝(てんぴょうかんぽう)	天平21 (749) 己丑	4.14	祥瑞(2.22陸奥より黄金献上)	
天平勝宝(てんぴょうしょうほう)	天平感宝元 (749) 己丑	7. 2	代始(践祚同日改元)	46 孝謙
天平宝字(てんぴょうほうじ)	天平勝宝 9 (757) 丁酉	8.18	祥瑞(宮中と駿河で神虫(蚕)が霊字を示す)	
天平神護(てんぴょうじんご)	天平宝字 9 (765) 乙巳	1. 7	代始(前年10.9考謙重祚)	48 称徳
神護景雲(じんごけいうん)	天平神護 3 (767) 丁未	8.16	祥瑞(6.7宮中と伊勢で景雲)	
宝亀(ほうき)	神護景雲 4 (770) 庚戌	10. 1	代始·祥瑞(践祚同日改元、肥後より白亀献上)	49 光仁
天応(てんのう)	宝亀12 (781) 辛酉	1. 1	祥瑞(伊勢斎宮に美雲)	
延暦(えんりゃく)	天応 2 (782) 壬戌	8.19	代始(前年4.3践祚)	50 桓武
大同(だいどう)	延暦25 (806) 丙戌	5.18	代始(前年3.17桓武天皇崩御。5.18即位式)	51 平城
弘仁(こうにん)	大同 5 (810) 庚寅	9.19	代始(前年4.1践祚。9.10薬子の変)	52 嵯峨
天長(てんちょう)	弘仁15 (824) 甲辰	1. 5	代始(前年4.16践祚)	53 淳和
承和(じょうわ)	天長11 (834) 甲寅	1. 3	代始(前年2.28践祚)	54 仁明
嘉祥(かしょう)	承和15 (848) 戊辰	6.13	祥瑞(大宰府より白亀献上)	
仁寿(にんじゅ)	嘉祥 4 (851) 辛未	4.28	代始·祥瑞(前年3.21践祚。白亀、甘露奏瑞)	55 文徳
斉衡(さいこう)	仁寿 4 (854) 甲戌	11.30	祥瑞(石見より醴泉奏瑞)	
天安(てんあん)	斉衡 4 (857) 丁丑	2.21	祥瑞(美作と常陸より白鹿、連理奏瑞)	
貞観(じょうがん)	天安 3 (859) 己卯	4.15	代始(前年8.27践祚)	56 清和

年号	改元の年(和暦·西暦·干支)と月日				改元の理由	天皇
元慶(がんぎょう)	貞観19	(877)	丁酉	4.16	代始·祥瑞(前年11.29践祚。白雉、白鹿等献上)	57陽成
仁和(にんな)	元慶 9	(885)	乙巳	2.21	代始(前年2.4践祚)	58光孝
寛平(かんぴょう)	仁和 5	(889)	己酉	4.27	代始(前々年8.26践祚)	59宇多
昌泰(しょうたい)	寛平10	(898)	戊午	4.26	代始(前年7.3践祚)	60醍醐
延喜(えんぎ)	昌泰 4	(901)	辛酉	7.15	革年(2.22三善清行辛酉革命改元奏請)	
延長(えんちょう)	延喜23	(923)	癸未	閏4.11	災異(水潦疾疫。3.21皇太子薨)	
承平(じょうへい)	延長 9	(931)	辛卯	4.26	代始(前年9.22践祚)	61朱雀
天慶(てんぎょう)	承平 8	(938)	戊戌	5.22	災異(3年前より平将門反乱。当年4月地震)	
天暦(てんりゃく)	天慶10	(947)	丁未	4.22	代始(前年4.20践祚)	62村上
天徳(てんとく)	天暦11	(957)	丁巳	10.27	災異(前年大旱魃)	
応和(おうわ)	天徳 5	(961)	辛酉	2.16	災異·革年(前年9.23内裏火災、当年辛酉革命)	
康保(こうほ)	応和 4	(964)	甲子	7.10	災異·革年(前々年大風雨。当年甲子革令)	
安和(あんな)	康保 5	(968)	戊辰	8.13	代始(前年5.25践祚)	63冷泉
天禄(てんろく)	安和 3	(970)	庚午	3.25	代始(前年8.13践祚)	64円融
天延(てんえん)	天禄 4	(973)	癸酉	12.20	災異(5.17大風雨宮中破損)	
貞元(じょうげん)	天延 4	(976)	丙子	7.13	災異(5.11内裏火災。6.18大地震)	
天元(てんげん)	貞元 3	(978)	戊寅	11.29	災異(災変。翌年太一陽五厄)	
永観(えいかん)	天元 6	(983)	癸未	4.15	災異(前年11.17内裏焼亡、炎旱)	
寛和(かんな)	永観 3	(985)	乙酉	4.27	代始(前年8.27践祚)	65花山
永延(えいえん)	寛和 3	(987)	丁亥	4. 5	代始(前年6.23践祚)	66一条
永祚(えいそ)	永延 3	(989)	己丑	8. 8	災異(彗星·地震)	
正暦(しょうりゃく)	永祚 2	(990)	庚寅	11. 7	災異(前年8.13大風雨)	
長徳(ちょうとく)	正暦 6	(995)	乙未	2.22	災異(前年初より疾疫全国流行)	
長保(ちょうほ)	長徳 5	(999)	己亥	1.13	災異(前年夏疾疫流行·炎旱)	
寛弘(かんこう)	長保 6	(1004)	甲辰	7.20	災異(天変地変)	
長和(ちょうわ)	寛弘 9	(1012)	壬子	12.25	代始(前年6.13践祚)	67三条
寛仁(かんにん)	長和 6	(1017)	丁巳	4.23	代始(前年1.29践祚)	68後一条
治安(ちあん)	寛仁 5	(1021)	辛酉	2. 2	革年(辛酉革命)	
万寿(まんじゅ)	治安 4	(1024)	甲子	7.13	革年(甲子革令)	
長元(ちょうげん)	万寿 5	(1028)	戊辰	7.25	災異(疫癘炎旱)	
長暦(ちょうりゃく)	長元10	(1037)	丁丑	4.21	代始(前年4.17践祚)	69後朱雀

年号	改元の年（和暦･西暦･干支）と月日				改元の理由	天皇
長久（ちょうきゅう）	長暦 4	（1040）	庚辰	11.10	災異（9.8と11.1大地震。9.9内裏焼亡）	69後朱雀
寛徳（かんとく）	長久 5	（1044）	甲申	11.24	災異（前年夏疾疫炎旱）	
永承（えいしょう）	寛徳 3	（1046）	丙戌	4.14	代始（前年1.16践祚）	70後冷泉
天喜（てんき）	永承 8	（1053）	癸巳	1.11	災異（天変怪異）〔前年（1052）末法初年〕	
康平（こうへい）	天喜 6	（1058）	戊戌	8.29	災異（2.26大極殿火災）	
治暦（ちりゃく）	康平 8	（1065）	乙巳	8. 2	災異（旱魃･三合厄）	
延久（えんきゅう）	治暦 5	（1069）	己酉	4.13	代始（前年4.19践祚）	71後三条
承保（じょうほ）	延久 6	（1074）	甲寅	8.23	代始（前々年12.8践祚）	72白河
承暦（じょうりゃく）	承保 4	（1077）	丁巳	11.17	災異（旱魃･赤斑瘡流行）	
永保（えいほ）	承暦 5	（1081）	辛酉	2.10	革年（辛酉革命）	
応徳（おうとく）	永保 4	（1084）	甲子	2. 7	革年（甲子革令）	
寛治（かんじ）	応徳 4	（1087）	丁卯	4. 7	代始（前年11.26践祚）	73堀河
嘉保（かほう）	寛治 8	（1094）	甲戌	12.15	災異（前年冬より痘疱瘡流行）	
永長（えいちょう）	嘉保 3	（1096）	丙子	12.17	災異（11.24大地震）	
承徳（じょうとく）	永長 2	（1097）	丁丑	11.21	災異（天変地震洪水大風等災）	
康和（こうわ）	承徳 3	（1099）	己卯	8.28	災異（前年2.22京都大火。当年1.24大地震･疾疫）	
長治（ちょうじ）	康和 6	（1104）	甲申	2.10	災異（前年11.16京都火災）	
嘉承（かじょう）	長治 3	（1106）	丙戌	4. 9	災異（前年春、彗星出現）	
天仁（てんにん）	嘉承 3	（1108）	戊子	8. 3	代始（前年7.19践祚）	74鳥羽
天永（てんえい）	天仁 3	（1110）	庚寅	7.13	災異（彗星。前年より疱瘡流行）	
永久（えいきゅう）	天永 4	（1113）	癸巳	7.13	災異（兵革･疾疫）	
元永（げんえい）	永久 6	（1118）	戊戌	4. 3	災異（天変疾疫）	
保安（ほあん）	元永 3	（1120）	庚子	4.10	災異（御厄運御慎）	
天治（てんじ）	保安 5	（1124）	甲辰	4. 3	代始（前年1.28践祚）	75崇徳
大治（だいじ）	天治 3	（1126）	丙午	1.22	災異（前年より疱瘡流行）	
天承（てんしょう）	大治 6	（1131）	辛亥	1.29	災異（前年炎旱天変）	
長承（ちょうしょう）	天承 2	（1132）	壬子	8.11	災異（春より疾疫流行。7.23上皇御所焼亡）	
保延（ほえん）	長承 4	（1135）	乙卯	4.27	災異（前年より疾疫、洪水･飢饉）	
永治（えいじ）	保延 7	（1141）	辛酉	7.10	革年（辛酉革命･御厄運御慎）	
康治（こうじ）	永治 2	（1142）	壬戌	4.28	代始（前年12.7践祚）	76近衛
天養（てんよう）	康治 3	（1144）	甲子	2.23	革年（甲子革令）	

年号	改元の年(和暦·西暦·干支)と月日		改元の理由	天皇
久安(きゅうあん)	天養 2 (1145) 乙丑	7.22	災異(彗星変)	76 近衛
仁平(にんぺい)	久安 7 (1151) 辛未	1.26	災異(前年8.4暴風洪水)	
久寿(きゅうじゅ)	仁平 4 (1154) 甲戌	10.28	災異(前年9.20大風)	
保元(ほげん)	久寿 3 (1156) 丙子	4.27	代始(前年7.24践祚)	77 後白河
平治(へいじ)	保元 4 (1159) 己卯	4.20	代始(前年8.11践祚)	78 二条
永暦(えいりゃく)	平治 2 (1160) 庚辰	1.10	災異(前年12.25兵乱。当年上皇厄運)	
応保(おうほ)	永暦 2 (1161) 辛巳	9. 4	災異(天下疱瘡·飢饉)	
長寛(ちょうかん)	応保 3 (1163) 癸未	3.29	災異(天下疱瘡)	
永万(えいまん)	長寛 3 (1165) 乙酉	6. 5	災異(天皇不予。天変怪異病)	
仁安(にんあん)	永万 2 (1166) 丙戌	8.27	代始(前年6.25践祚)	79 六条
嘉応(かおう)	仁安 4 (1169) 己丑	4. 8	代始(前年2.19践祚)	80 高倉
承安(じょうあん)	嘉応 3 (1171) 辛卯	4.21	災異(災変厄会、天一御命期)	
安元(あんげん)	承安 5 (1175) 乙未	7.28	災異(今夏長雨疱瘡流行。世上不閑)	
治承(ちしょう)	安元 3 (1177) 丁酉	8. 4	災異(4.24大火、大極殿火災)	
養和(ようわ)	治承 5 (1181) 辛丑	7.14	代始(前年2.21践祚)	81 安徳
寿永(じゅえい)	養和 2 (1182) 壬寅	5.27	災異(前年より兵革·疱瘡。当年三合厄)	
元暦(げんりゃく)	寿永 3 (1184) 甲辰	4.16	代始(前年7.25平氏西走、8.20践祚)	82 後鳥羽
文治(ぶんじ)	元暦 2 (1185) 乙巳	8.14	災異(火災地震。3.24平氏滅亡)	
建久(けんきゅう)	文治 6 (1190) 庚戌	4.11	災異(地震·翌年三合厄)	
正治(しょうじ)	建久10 (1199) 己未	4.27	代始(前年1.11践祚)	83 土御門
建仁(けんにん)	正治 3 (1201) 辛酉	2.13	革年(辛酉革命)	
元久(げんきゅう)	建仁 4 (1204) 甲子	2.20	革年(甲子革令)	
建永(けんえい)	元久 3 (1206) 丙寅	4.27	災異(赤斑瘡·摂政頓死)	
承元(じょうげん)	建永 2 (1207) 丁卯	10.25	災異(疱瘡·洪水·三合)	
建暦(けんりゃく)	承元 5 (1211) 辛未	3. 9	代始(前年11.25践祚)	84 順徳
建保(けんぽう)	建暦 3 (1213) 癸酉	12. 6	災異(天変地震。10.15京都大火)	
承久(じょうきゅう)	建保 7 (1219) 己卯	4.12	災異(三合後年·天変旱魃)〔1.27将軍暗殺〕	
貞応(じょうおう)	承久 4 (1222) 壬午	4.13	代始(前年7.9践祚)	86 後堀河
元仁(げんにん)	貞応 3 (1224) 甲申	11.20	災異(天変炎旱)	
嘉禄(かろく)	元仁 2 (1225) 乙酉	4.20	災異(疱瘡·天下不静)	
安貞(あんてい)	嘉禄 3 (1227) 丁亥	12.10	災異(前年8.26太政官文殿焼亡。当年赤疱瘡流行)	

年号	改元の年(和暦·西暦·干支)と月日		改元の理由	天皇
寛喜(かんぎ)	安貞 3 (1229) 己丑	3. 5	災異(前年秋大風)	86 後堀河
貞永(じょうえい)	寛喜 4 (1232) 壬辰	4. 2	災異(前年春飢饉)	
天福(てんぷく)	貞永 2 (1233) 癸巳	4.15	代始(前年10.4践祚)	87 四条
文暦(ぶんりゃく)	天福 2 (1234) 甲午	11.5	災異(天変地震)	
嘉禎(かてい)	文暦 2 (1235) 乙未	9.19	災異(天変地震。京中疱瘡流行)	
暦仁(りゃくにん)	嘉禎 4 (1238) 戊戌	11.23	災異(熒惑変)	
延応(えんのう)	暦仁 2 (1239) 己亥	2. 7	災異(変災)	
仁治(にんじ)	延応 2 (1240) 庚子	7.16	災異(旱魃·彗星)	
寛元(かんげん)	仁治 4 (1243) 癸卯	2.26	代始(前年1.20践祚)	88 後嵯峨
宝治(ほうじ)	寛元 5 (1247) 丁未	2.28	代始(前年1.29践祚)	89 後深草
建長(けんちょう)	宝治 3 (1249) 己酉	3.18	災異(2.1閑院内裏火災)	
康元(こうげん)	建長 8 (1256) 丙辰	10. 5	災異(8月赤疱瘡流行)	
正嘉(しょうか)	康元 2 (1257) 丁巳	3.14	災異(2.10太政官庁焼失)	
正元(しょうげん)	正嘉 3 (1259) 己未	3.26	災異(飢饉、疾疫流行)	
文応(ぶんおう)	正元 2 (1260) 庚申	4.13	代始(前年11.26践祚)	90 亀山
弘長(こうちょう)	文応 2 (1261) 辛酉	2.20	革年(辛酉革命)	
文永(ぶんえい)	弘長 4 (1264) 甲子	2.28	革年(甲子革令)	
建治(けんじ)	文永12 (1275) 乙亥	4.25	代始(前年1.26践祚)	91 後宇多
弘安(こうあん)	建治 4 (1278) 戊寅	2.29	災異(前年より疾疫流行)	
正応(しょうおう)	弘安11 (1288) 戊子	4.28	代始(前年10.21践祚)	92 伏見
永仁(えいにん)	正応 6 (1293) 癸巳	8. 5	災異(4.13関東地震·炎旱)	
正安(しょうあん)	永仁 7 (1299) 己亥	4.25	代始(前年7.22践祚)	93 後伏見
乾元(けんげん)	正安 4 (1302) 壬寅	11.21	代始(前年1.21践祚)	94 後二条
嘉元(かげん)	乾元 2 (1303) 癸卯	8. 5	災異(前年12.11鎌倉大火。当年夏炎旱·彗星)	
徳治(とくじ)	嘉元 4 (1306) 丙午	12.14	災異(天変)	
延慶(えんきょう)	徳治 3 (1308) 戊申	10. 9	代始(8.26践祚)(践祚1月半後で踰年改元に非ず)	95 花園
応長(おうちょう)	延慶 4 (1311) 辛亥	4.28	災異(天下疾病)	
正和(しょうわ)	応長 2 (1312) 壬子	3.20	災異(天変地震)	
文保(ぶんぽ)	正和 6 (1317) 丁巳	2. 3	災異(前年夏疾疫流行。当年1.3京都大地震)	
元応(げんおう)	文保 3 (1319) 己未	4.28	代始(前年2.26践祚)	96 後醍醐
元亨(げんこう)	元応 3 (1321) 辛酉	2.23	革年(辛酉革命·更始)	

年号	改元の年(和暦·西暦·干支)と月日			改元の理由	天皇
正中(しょうちゅう)	元亨 4 (1324)	甲子	12. 9	災異(甲子の故に非ず。風水。天下不静)	96 後醍醐
嘉暦(かりゃく)	正中 3 (1326)	丙寅	4.26	災異(前年6.26京都大雷雨·洪水·疾疫)	
元徳(げんとく)	嘉暦 4 (1329)	己巳	8.29	災異(咳病多死)	
元弘(げんこう)	元徳 3 (1331)	辛未	8. 9	災異(疾疫流行)	
建武(けんむ)	元弘 4 (1334)	甲戌	1.29	撥乱帰正(前年5.22幕府滅亡。6.5還幸、朝権再興)	
延元(えんげん)	建武 3 (1336)	丙子	2.29	災異(前年8月より兵革)〔12.21吉野潜幸〕	
興国(こうこく)	延元 5 (1340)	庚辰	4.28	代始(前年8.15践祚)	97 後村上
正平(しょうへい)	興国 7 (1346)	丙戌	12. 8	災異(兵革か)	
建徳(けんとく)	正平25 (1370)	庚戌	7.24か	代始(前々年3.11践祚)	98 長慶
文中(ぶんちゅう)	建徳 3 (1372)	壬子	4月か	災異(兵革か)	
天授(てんじゅ)	文中 4 (1375)	乙卯	5.27	災異(山崩地妖)	
弘和(こうわ)	天授 7 (1381)	辛酉	2.10か	革年(辛酉革命)	
元中(げんちゅう)	弘和 4 (1384)	甲子	4.28か	革年(甲子革令)代始(前年践祚)	99 後亀山
〔正慶〕(しょうきょう)	元徳 4 (1332)	壬申	4.28	代始(前年9.20践祚)	北1 光厳
〔暦応〕(りゃくおう)	建武 5 (1338)	戊寅	8.28	代始(前々年8.15践祚)	北2 光明
〔康永〕(こうえい)	暦応 5 (1342)	壬午	4.27	災異(天変地妖疱瘡等)	
〔貞和〕(じょうわ)	康永 4 (1345)	乙酉	10.21	災異(天変水害疾疫等)	
〔観応〕(かんのう)	貞和 6 (1350)	庚寅	2.27	代始(前々年10.27践祚)	北3 崇光
〔文和〕(ぶんな)	正平 7 (1352)	壬辰	9.27	代始(8.17践祚)(前年11月、正平一統)	北4 後光厳
〔延文〕(えんぶん)	文和 5 (1356)	丙申	3.28	災異(兵革)	
〔康安〕(こうあん)	延文 6 (1361)	辛丑	3.29	災異(兵革·地妖·疾疫等)	
〔貞治〕(じょうじ)	康安 2 (1362)	壬寅	9.23	災異(兵革·流病·地震等)	
〔応安〕(おうあん)	貞治 7 (1368)	戊申	2.18	災異(兵革·天変等)	
〔永和〕(えいわ)	応安 8 (1375)	乙卯	2.27	代始(4年前3.23践祚)	北5 後円融
〔康暦〕(こうりゃく)	永和 5 (1379)	己未	3.22	災異(疾疫·兵革等)	
〔永徳〕(えいとく)	康暦 3 (1381)	辛酉	2.24	革年(辛酉革命)	
〔至徳〕(しとく)	永徳 4 (1384)	甲子	2.27	代始·革年(前々年4.11践祚。当年甲子革令)	北6 後小松
〔嘉慶〕(かきょう)	至徳 4 (1387)	丁卯	8.23	災異(疾疫)	
〔康応〕(こうおう)	嘉慶 3 (1389)	己巳	2. 9	災異(頓病流行)	

年号	改元の年(和暦·西暦·干支)と月日		改元の理由	天皇
〔明徳〕(めいとく)	康応 2 (1390) 庚午	3.26	災異(天変·兵革)〔元中9年=明徳3年閏10.5南北朝合一〕	北2 後小松
応永(おうえい)	明徳 5 (1394) 甲戌	7. 5	災異(疱瘡·旱魃)	100 後小松
正長(しょうちょう)	応永35 (1428) 戊申	4.27	代始(ただし16年前=応永19年8.29践祚)	101 称光
永享(えいきょう)	正長 2 (1429) 己酉	9. 5	代始(前年7.28践祚)	102 後花園
嘉吉(かきつ)	永享13 (1441) 辛酉	2.17	革年(辛酉革命)	
文安(ぶんあん)	嘉吉 4 (1444) 甲子	2. 5	革年(甲子革令)	
宝徳(ほうとく)	文安 6 (1449) 己巳	7.28	災異(4.12山城大地震·疾疫等)	
享徳(きょうとく)	宝徳 4 (1452) 壬申	7.25	災異(三合·赤斑瘡流行)	
康正(こうしょう)	享徳 4 (1455) 乙亥	7.25	災異(前年以来兵革連続、武家より執奏)	
長禄(ちょうろく)	康正 3 (1457) 丁丑	9.28	災異(病患炎旱·彗星)	
寛正(かんしょう)	長禄 4 (1460) 庚辰	12.21	災異(天下飢饉大旱·兵革等)	
文正(ぶんしょう)	寛正 7 (1466) 丙戌	2.28	代始(前々年7.19践祚)	103 後土御門
応仁(おうにん)	文正 2 (1467) 丁亥	3. 5	災異(前年より兵革)	
文明(ぶんめい)	応仁 3 (1469) 己丑	4.28	災異(前年5.26より争乱。当年2月星変)	
長享(ちょうきょう)	文明19 (1487) 丁未	7.20	災異(前年8.24東寺、12.22伊勢外宮炎上)	
延徳(えんとく)	長享 3 (1489) 己酉	8.21	災異(二星合。5.8京都大火。6.22伊勢内宮炎上)	
明応(めいおう)	延徳 4 (1492) 壬子	7.19	災異(疾疫)	
文亀(ぶんき)	明応10 (1501) 辛酉	2.29	代始·革年(前年10.25践祚。辛酉革命)	104 後柏原
永正(えいしょう)	文亀 4 (1504) 甲子	2.30	革年(甲子革令)	
大永(たいえい)	永正18 (1521) 辛巳	8.23	災異(兵革·天変等)〔3.22践祚後22年目即位礼〕	
享禄(きょうろく)	大永 8 (1528) 戊子	8.20	代始(前々年4.29践祚)	105 後奈良
天文(てんぶん)	享禄 5 (1532) 壬辰	7.29	災異(連年兵革、将軍改元申請)	
弘治(こうじ)	天文24 (1555) 乙卯	10.23	災異(兵革)	
永禄(えいろく)	弘治 4 (1558) 戊午	2.28	代始(前年10.27践祚)	106 正親町
元亀(げんき)	永禄13 (1570) 庚午	4.23	災異(兵革)〔永禄4年に辛酉·同7年甲子改元なし〕	
天正(てんしょう)	元亀 4 (1573) 癸酉	7.28	災異(兵革。7.19将軍追放)	
文禄(ぶんろく)	天正20 (1592) 壬辰	12. 8	代始(6年前11.7践祚)	107 後陽成
慶長(けいちょう)	文禄 5 (1596) 丙申	10.27	災異(天変地妖)	
元和(げんな)	慶長20 (1615) 乙卯	7.13	代始·災異(4年前3.27践祚。当年5.8大坂落城)	108 後水尾
寛永(かんえい)	元和10 (1624) 甲子	2.30	革年(甲子革令)〔元和7年に辛酉改元なし〕	

年号	改元の年(和暦・西暦・干支)と月日		改元の理由	天皇
正保(しょうほ)	寛永21 (1644) 甲申	12.16	代始(前年10.3践祚)	110後光明
慶安(けいあん)	正保 5 (1648) 戊子	2.15	(正保を焼亡と京中で批判、京都所司代より言上)	
承応(じょうおう)	慶安 5 (1652) 壬辰	9.18	(前年将軍家光薨)	
明暦(めいれき)	承応 4 (1655) 乙未	4.13	代始(前年11.28践祚)	111後西
万治(まんじ)	明暦 4 (1658) 戊戌	7.23	災異(前年1.18江戸大火)	
寛文(かんぶん)	万治 4 (1661) 辛丑	4.25	災異(1.15内裏炎上)	
延宝(えんぽう)	寛文13 (1673) 癸丑	9.21	災異(5.8京都大火・内裏炎上)〔10年前1.26践祚〕	112霊元
天和(てんな)	延宝 9 (1681) 辛酉	9.29	革年(辛酉革命)	
貞享(じょうきょう)	天和 4 (1684) 甲子	2.21	革年(甲子革令)	
元禄(げんろく)	貞享 5 (1688) 戊辰	9.30	代始(前年3.21践祚)	113東山
宝永(ほうえい)	元禄17 (1704) 甲申	3.13	災異(去年11.22関東地震)	
正徳(しょうとく)	宝永 8 (1711) 辛卯	4.25	代始(前々年6.21践祚)	114中御門
享保(きょうほう)	正徳 6 (1716) 丙申	6.22	関東凶事(4.30将軍家継薨)	
元文(げんぶん)	享保21 (1736) 丙辰	4.28	代始(前年3.21践祚)	115桜町
寛保(かんぽう)	元文 6 (1741) 辛酉	2.27	革年(辛酉革命)	
延享(えんきょう)	寛保 4 (1744) 甲子	2.21	革年(甲子革令)	
寛延(かんえん)	延享 5 (1748) 戊辰	7.12	代始(前年5.2践祚)	116桃園
宝暦(ほうれき)	寛延 4 (1751) 辛未	10.27	(前年4.23桜町上皇崩。当年6.20前将軍吉宗薨)	
明和(めいわ)	宝暦14 (1764) 甲申	6. 2	代始(前々年7.27践祚)	117後桜町
安永(あんえい)	明和 9 (1772) 壬辰	11.16	代始・災異(前々年11.24践祚。当年江戸大火大風)	118後桃園
天明(てんめい)	安永10 (1781) 辛丑	4. 2	代始(前々年11.25践祚)	119光格
寛政(かんせい)	天明 9 (1789) 己酉	1.25	災異(前年1.30内裏炎上。京内延焼)	
享和(きょうわ)	寛政13 (1801) 辛酉	2. 5	革年(辛酉革命)	
文化(ぶんか)	享和 4 (1804) 甲子	2.11	革年(甲子革令)	
文政(ぶんせい)	文化15 (1818) 戊寅	4.22	代始(前年3.22践祚)	120仁孝
天保(てんぽう)	文政13 (1830) 庚寅	12.10	災異(前年3.21江戸大火。当年7.2京都大地震)	
弘化(こうか)	天保15 (1844) 甲辰	12. 2	災異(5.10江戸城中火災)	
嘉永(かえい)	弘化 5 (1848) 戊申	2.28	代始(前々年2.13践祚)	121孝明
安政(あんせい)	嘉永 7 (1854) 甲寅	11.27	災異(4.6内裏炎上、6月地震。近年異国船屡来航)	
万延(まんえん)	安政 7 (1860) 庚申	3.18	災異(前年10.17江戸城火災。当年3.3井伊大老暗殺)	

年号	改元の年(和暦·西暦·干支)と月日		改元の理由	天皇
文久(ぶんきゅう)	万延 2 (1861) 辛酉	2.19	革年(辛酉革命)	[121]孝明
元治(げんじ)	文久 4 (1864) 甲子	2.20	革年(甲子革令)	
慶応(けいおう)	元治 2 (1865) 乙丑	4. 7	災異(前年7.19禁門の変。世間不穏、慶喜内々申願)	
明治(めいじ)	慶応 4 (1868) 戊辰	9. 8	代始(前年1.9践祚)	[122]明治
大正(たいしょう)	明治45 (1912) 壬子	7.30	代始(践祚同日改元)	[123]大正
昭和(しょうわ)	大正15 (1926) 丙寅	12.25	代始(践祚同日改元)	[124]昭和
平成(へいせい)	昭和64 (1989) 己巳	1. 7	代始(即位同日改元·翌日施行)	[125]平成の天皇
令和(れいわ)	平成31 (2019) 己亥	5. 1	代始(即位同日改元·同日施行。政令による発表は4.1)	[126]令和の天皇

〔注〕
·代数は大正15年に確定された『皇統譜』によった。

·『日本書紀』に初めて見える「大化」以後の公年号を記し、同時に二年号があった期間は両方とも表記した。

·年号の読み方は「明治」まで公的根拠がなく、複数の慣用が流布している例も少なくない(山田孝雄『年号読方考証稿』)。ここには一般的な読み方を挙げた。

·改元の年日の和暦、西暦、干支、月日を示し、改元の理由を挙げた。西暦は、明治5年以前は簡易換算法によった。

·改元の理由は、おおまかに代始(天皇の代替わり)、祥瑞(吉兆の自然現象)、災異(凶兆の天災·地異·兵乱など)、革年(辛酉革命と甲子革令の年)、その他に分けて示した。分類については森本角蔵『日本年号大観』(昭和8年)、所功『年号の歴史』(増補版、平成元年)を参考とした。

·以下の天皇の在位時には改元は行なわれていない。
[37]斉明天皇、[38]天智天皇、[39]弘文天皇、[41]持統天皇、[47]淳仁天皇、[85]仲恭天皇、[109]明正天皇

資料編05　天皇・皇后著作一覧

〔注〕
- （　）内は巻数、成立年、また［　］内に、以下の略号で分類を示す。教…教訓書、日…日記類、有…有職故実書、仏…仏教関係書、注…物語等注釈類、漢…漢詩文集等、和…和歌連歌俳句集等、歌…歌学歌論書、他…その他
- 前近代の著作については、和田英松『皇室御撰の研究』（昭和8年、明治書院）を主に参照した。
- 現代の天皇・皇后の著作は、単著に限り、共同の研究成果、寄稿論文などは省略した。
- 明治天皇以降の天皇の著作で、後世に個人により編纂されたものは、編者の名を挙げた。

【天皇の著作】

45**聖武天皇**　聖武天皇宸翰雑集（天平3［他］）

52**嵯峨天皇**　嵯峨遺誡（1巻［教］）、送終［教］、新修鷹経（3巻・弘仁9［他］）

58**光孝天皇**　仁和御集［和］

59**宇多天皇**　宇多天皇御記（10巻・仁和3〜寛平9［日］）、寛平御遺誡（1巻［教］）、周易抄（1軸［他］）、十八堂念誦次第（1巻［仏］）、金剛頂蓮華部心念誦次第（2巻［仏］）、円堂御経蔵御自筆御記［仏］、胎蔵界念誦次第（2巻［仏］）、亭子院御集［和］、亭子院歌合（延喜13［和］）

60**醍醐天皇**　醍醐天皇御記（20巻か・寛平9〜延喜8［日］）、延喜御集［和］

61**朱雀天皇**　朱雀院御集［和］

62**村上天皇**　村上天皇御記（30巻・天暦3〜康保4［日］）、清涼記（5巻［有］）、年中行事（3巻［有］）、天暦御集（1帖［和］）、天暦御製詩草（1巻［漢］）

63**冷泉天皇**　冷泉院御集（1巻か［和］）

64**円融天皇**　円融院御集（1巻［和］）

65**花山天皇**　花山院御集（1巻［和］）、拾遺抄（10巻［仏］）、書写山上人伝（長保4・他）

66**一条天皇**　一条院御記（7巻［日］）、一条院御次第［有］、一条院御集［和］

69**後朱雀天皇**　後朱雀院御記（長元9〜寛徳1［日］）

70**後冷泉天皇**　後冷泉院御記（19巻・康平2〜治暦4［日］）

71**後三条天皇**　後三条院御記（20巻・治暦4〜延久4［日］）、禁秘記抄（1巻［有］）、後三条院年中行事［有］

72**白河天皇**　白河院御記［日］、白河院御次第（2巻［有］）

73**堀河天皇**　堀河院御記［日］、堀河院御笛譜［他］

74**鳥羽天皇**　後朱雀院・後三条院・藤原資房・為房の日記抄（4巻［日］）、鳥羽院御記［日］

75**崇徳天皇**　崇徳院御百首（1巻・久安6［和］）、御夢想記［他］、田舎髄脳（1帖［歌］）、拾遺古今問答（20巻［歌］）

76**近衛天皇**　二十八品御歌［和］

77**後白河天皇**　梁塵秘抄（20巻・治承3［和］）、梁塵秘抄口伝集［和］

78**二条天皇**　二条天皇御日記［日］、二条天皇御百首［和］

80**高倉天皇**　高倉院御記［日］

82**後鳥羽天皇**　御遺誡［教］、後鳥羽院御記（建暦2〜建保3［日］）、世俗浅深秘抄（2巻・建暦2［有］）、閑院指図［有］、無常講式［仏］、後鳥羽院御集（3巻［和］）、後鳥羽天皇御百首［和］、御製三十首（原本御物［和］）、御自歌合［和］、水無瀬釣殿当座御歌合（建仁2［和］）、遠薫集（1巻）、八代集秀逸［和］、最勝四天王院名所障子和歌（承久1［和］）、時代不同歌合［和］、遠島御歌合（2巻・嘉禎2成立［和］）、後鳥羽院御口伝（1巻［歌］）、御琵琶合（1巻［他］）、御鞠之書（1巻［有］）

83**土御門天皇**　土御門院御集［和］、土御門院御百首（1巻［和］）

84**順徳天皇**　順徳院御記（建暦1〜承久3［日］）、禁秘抄［有］、順徳天皇御集（1巻［和］）、内裏名所御百首（建保3［和］）、八雲御抄（6巻［歌］）、百首御歌合［歌］、四十番御歌合［歌］、古今和歌集御歌合［歌］、野辺昔［歌］

86**後堀河天皇**　後堀河院御集［和］

88**後嵯峨天皇**　後嵯峨院御記（文永7［日］）、朝覲行幸次第［有］、後嵯峨院御集［和］、後嵯峨院御三百首［和］、後嵯峨院御百首［和］、後嵯峨院御五十首［和］

89**後深草天皇**　後深草院御記（100余巻・正嘉2〜正応3［日］）

90**亀山天皇**　亀山院御集（1巻［和］）、亀山院御百首（嘉元1［和］）、極楽直道抄（1巻［仏］）

91**後宇多天皇**　後宇多院御記（徳治1〜元応1［日］）、後宇多院御遺告（元亨4［仏］）、伝法灌頂注（1巻［仏］）、後宇多院御百首［和］、後宇田院御千首［和］、奥砂子平口決（応長2）、宝珠抄（応長1［仏］）、弘法大師伝（正和4［仏］）、勅撰口伝抄（正応6［歌］）、慈恵大師講式（1冊［仏］）、中山内府院中事［有］

92**伏見天皇**　伏見院御記（70巻・弘安10〜応長1［日］）、行幸御幸日数（1巻・正応1〜嘉元2［日］）、伏見院御次第［有］、伏見院御集［和］、伏見院御百首［和］、伏見院御消息［歌］

93**後伏見天皇**　後伏見院御記（徳治2〜嘉暦3［日］）、後伏見院御抄［有］、後伏見院御集［和］

94**後二条天皇**　後二条院御集（嘉元3［和］）、後二条院御百首（嘉元1［和］）

95**花園天皇**　花園院御記（47巻・延慶3〜元弘2

[日])、後深草院御記目録［有］、誡太子書（1巻・元徳2［教］）、学道之御記（1巻・宸筆あるも残欠［教］）、論語抄出［漢］、法華品釈（1巻［仏］）、七箇法門口決［仏］、三巻抄［仏］、花園院御集（1冊［和］）、花園院御百首（2種類あり［和］）

96**後醍醐天皇**　後醍醐天皇宸記（1冊・元弘2［日］）、建武年中行事（3巻・建武1［有］）、日中行事（1巻［有］）、後醍醐院御百首［和］、後醍醐天皇御五十首（元亨3［和］）、十種勅問（1巻・元応2［仏］）、十種疑滞（1巻・元応2［仏］）

97**後村上天皇**　後村上院御百首［和］、年中行事御百首［和］

98**長慶天皇**　仙源抄（弘和1［注］）、長慶院御千首（天授2［和］）、源氏類語抄［注］

99**後亀山天皇**　後亀山院御千首（天授2［和］）

北1**光厳天皇**　御遺誡［教］、光厳院御記（正慶1［日］）、光厳院御百首［和］、風雅和歌集（20巻・平正1［和］）

北2**光明天皇**　光明院御記（建武4〜貞和4［日］）、光明院御百首［和］、高野山金剛三昧院短冊（康永3［和］）

北3**崇光天皇**　崇光院御記（暦応2〜永徳3［日］）、崇光院御百首［和］、崇光院御文類（正平19〜康応1［他］）、代々琵琶秘曲御伝受事［他］

北4**後光厳天皇**　後光厳院御記（貞和4〜応安4［日］）、後光厳院御百首（延文2［和］）、貞治度諒闇明大祓之事（貞治4［有］）

北5**後円融天皇**　後円融院御記（永徳1〜4［日］）、後円融院御百首［和］

100**後小松天皇**　後小松院御記（応永5〜10［日］）、御即位日神秘事（1冊［有］）、後小松院御百首［和］、後小松院御集［和］、後小松院御独吟和漢連句（応永1［和］）、むくさのたね（1巻［他］）

102**後花園天皇**　後花園院御記（長禄3〜寛正3［日］）、後花園院御消息（1巻［教］）、後花園院御集（3巻［和］）、後花園院御百首（永享4［和］）、後花園院御五十首［和］、法皇御独吟百韻（応仁2［和］）

103**後土御門天皇**　御神楽記（1巻［有］）、御神膳次第［有］、後土御門院御集［和］、後土御門院御百首部類［和］、いその玉藻［和］、御独吟連歌（文明19［和］）、両吟御百韻（明応4［和］）、十二文字鎖［和］、御点取類聚［和］、紅塵灰集［和］

104**後柏原天皇**　後柏原院御記（明応9〜永正9［日］）、四方拝次第（1巻［有］）、後柏原院御集（柏玉集とも［和］）、後土御門後柏原両院御百韻（延徳3［和］）、北野御法楽御連歌（文明18［和］）、伊勢物語詞百韻［和］、金歌集［和］等

105**後奈良天皇**　後奈良院御記（天文4〜16［日］）、後奈良院御集［和］、後奈良院御百首［和］、発句集（天文20以後［和］）、奈曾（1巻・永正13［他］）、慈鎮和上三百年忌経文百首（大永4［和］）、浄土要文百韻（天文17［和］）

106**正親町天皇**　正親町院御記（1冊・天正3［日］）、禁中雑事（1巻［有］）、御拝之事［有］、年中御作法留［有］、賽馬奉納事［有］、御ばいぜん（陪膳）の事［有］、やくそう（役送）の事［有］、御かぐら（神楽）の事［有］、正親町院御百首［和］

107**後陽成天皇**　後陽成院御記（1冊・慶長6［日］）、小朝拝事［有］、県召除目次第（慶長6［有］）、女御位次之事（1巻［有］）、将軍宣下並叙位任大臣等陣儀次第（1巻［有］）、兼右卿目録抜萃［有］、源氏物語聞書［注］、伊勢物語愚案抄（2巻・慶長12［注］）、百人一首御抄（慶長11［注］）、未来記雨中吟御抄（1巻［歌］）、後陽成院御百首［和］、後陽成院御五十首（1巻［和］）、詠歌大概御抄（慶長12［歌］）、御独吟和歌連句（1巻・慶長13［和］）、文字鎖［和］、和歌方輿勝覧（2巻・慶長2［歌］）、伊勢物語御講釈聞書（慶長19［注］）、親王准后等濫觴之事（慶長3［有］）

108**後水尾天皇**　当時年中行事（2巻［有］）、若宮姫宮様内々御祝儀覚（1巻［有］）、親王御元服次第（寛永20［有］）、御元服次第（1巻・慶安4［有］）、王代年代号略頌（1巻・寛文2［有］）、名目抄音訓（1巻［有］）、薫物方［有］、御教訓書［教］、逆耳集（1巻［有］）、胡蝶（1巻［注］）、閒塵（九種類あり［漢］）、源氏物語御書入（2冊［注］）、伏屋の塵（1巻［注］）、伊勢物語御抄（1巻［注］）、伊勢物語不審条々（1冊［注］）、百人一首御抄（2巻［注］）、古歌御注（1巻［歌］）、古今集御抄［注］、後撰御注［注］、後水尾院御聞書（1巻［有］）、後水尾院御集（鷗巣集とも・1冊［和］）、仙洞御百首（1巻［和］）、源氏物語文字鎖［和］、撰集之事長歌（1冊［和］）、三十六人作者覚悟歌（1巻［和］）、千首和歌集（1巻・慶安初頃［和］）、宸翰新歌集（1巻・寛文8［和］）、三十六首花歌仙（1巻［和］）、曙夕暮百首（1巻［和］）、御撰賀歌十五首［和］、後水尾院承長老御両吟狂連［和］、後水尾院碧梧御両吟狂句（明暦3〜万治1［和］）、詠歌大概御抄（1巻［歌］）、玉露稿（1巻［歌］）、一字御抄（8巻［和］）、和歌一枚起請［歌］、類題（15冊［和］）、類題寄書（3巻［歌］）、和漢朗詠集御訓点（1巻［歌］）、可秘集（1冊［歌］）、後水尾院和歌作法（1巻［歌］）、後水尾院御詞留和歌聞書（1巻［歌］）、後水尾院御聞書（1巻［歌］）、懐紙短冊閇様之事（1巻［歌］）、書道之書（1巻［他］）、後水尾院御製詩集［漢］

110**後光明天皇**　後光明帝御製集（1巻［漢］）

111**後西天皇**　後西院御記［日］、源氏聞書（5冊［注］）、伊勢物語御注［注］、百人一首聞書［注］、後西院御集（水日集とも・2巻［和］）、後西院御三十首（1巻［和］）、十体和歌（1巻［歌］）、集外歌仙［和］、新院女歌仙［和］、山茶花譜（50余巻）、正方（1巻［有］）、易然集（寛文12）、漢和狂句［和］

112**霊元天皇**　霊元院御記（8冊・延宝3〜享保8［日］）、元陵御記（2巻・享保3〜16［日］）、乙夜随筆（2巻［日］）、院中雑事（1冊［有］）、御譲位部類等の目録（1巻［有］）、改元私勘（1巻［有］）、公事

部類（1冊［有］）、観音日之事（1巻［有］）、法華経御聞書（1巻［仏］）、源語詞要（3部［注］）、源氏物語詞書（1巻［注］）、古今集序御注（1巻［注］）、拾遺和歌集御注［注］、奥尽御抄（1冊［注］）、百人一首御抄（2冊［注］）、百人一首よみくせ（1巻［注］）、詠歌大概御講釈聞書（1冊・元禄8［歌］）、霊元院御集（4巻［和］）、名所御百首（享保17［和］）、仙洞御百首（延宝1以降［和］）、法華経二十八品和歌［和］、百首句題［和・漢］、近代和歌集［和］、作例初学考（2巻・享保16［歌］）、六百番作例（2冊［歌］）、一歩抄（5冊［歌］）、仙洞御添削聞書［歌］、和歌聞書（1巻［歌］）、歌書抄録（1巻［歌］）、観象詩歌（享保14［漢］）

113**東山天皇**　東山天皇御詠草（2巻・元禄3〜寛永6［和］）、

114**中御門天皇**　中御門天皇御記（1巻［和］）、公事部類（9冊［有］）、中御門院御詠草（5冊・宝永8以降［和］）

115**桜町天皇**　桜町天皇御記（1巻・延享2［日］）、桜町院御集（13冊・享保14〜寛延3［和］）、坊中御会和歌（享保14〜20［和］）、桜町院御百首（2種類［和］）、御製五十首（延享1［和］）、桃蘂類題（2巻・延享5［和］）、歌道御教訓書（延享2［歌］）

116**桃園天皇**　桃園院御記（5冊・宝暦8〜12［日］）、七夕七遊宸記（宝暦11［和］）、禁中例規御覚書（1冊［有］）、御著到百首（1冊・宝暦11［和］）、桃園天皇御製（8冊・寛延1〜宝暦12［和］）

117**後桜町天皇**　後桜町院宸記（41冊・宝暦6〜安永9［日］）、禁中年中の事（1巻［有］）、洛外御幸御道すじかき付（1巻・享保6〜15［日］）、古今伝授の御記（明和4［歌］）、後桜町天皇御製（56冊・寛延4〜文化10［和］）

118**後桃園天皇**　後桃園院宸記（8冊・安永4〜8［日］）、年中さかづきの次第（1巻［有］）、後桃園天皇御製（8冊・明和5〜安永8［和］）

119**光格天皇**　光格天皇御日記案（2冊・寛政9〜10［日］）、光格天皇御詠草（533冊・寛政6〜天保8［和］）

120**仁孝天皇**　仁孝天皇御製和歌（23冊・文化11〜弘化6［和］）

121**孝明天皇**　孝明天皇宸記（弘化4〜文久1［日］）、坊中日次案（1冊・天保12［日］）、皇居炎上御避難御道中御製和歌御詠草（1巻・安政1［和］）、此花集（13冊・弘化4〜元治1［和］）、此花集詠千首（2冊［和］）、此花詠標題（1冊［和］）、宇佐宮御奉納五十首御製（元治1［和］）、陽明江行幸之節和歌当座会記（1冊［和］）、避暑御遊歌（1冊［和］）、内々月次記（1冊［和］）、慨然集（1巻［和］）、幻夢書（1冊［他］）

122**明治天皇**　明治天皇御製（93032首・110冊［和］）、新輯明治天皇御集（8936首・2冊・昭和39［和］）

123**大正天皇**　大正天皇御製歌集（465首・2巻・昭和20［和］）、大正天皇御製詩集（1367首［漢］、昭和35刊本に251首収載）、おほみやびうた（岡野弘彦編、平成14［和］）、大正天皇御製詩集（木下彪編　1冊・昭和35、平成13［漢］）

124**昭和天皇**　みやまきりしま（昭和26［和］）、あけぼの集（昭和49［和］、香淳皇后御歌も収載）、天草諸島のヒドロ虫類（昭和44［他］）、小笠原群島のヒドロゾア類（昭和49［他］）、伊豆須崎の植物（昭和55［他］）、伊豆大島および新島のヒドロ虫類（昭和58［他］）、相模湾産ヒドロ虫類（昭和63［他］）、同Ⅱ有鞘類（平成7）、おほうなばら（865首・平成2［和］）、昭和天皇御製集（平成3［和］）、四季の歌―昭和天皇御製（岡野弘彦編、平成18［和］）、昭和天皇の大御歌（所功編、平成31［和］）

125**平成の天皇**　ともしび―皇太子・同妃両殿下御歌集―（昭和61［和］）、道―天皇陛下御即位十年・二十年・三十年記念記録集―（平成11・21・31［他］）

126**令和の天皇**　テムズとともに（平成5［他］）、水運史から世界の水へ（平成31［他］）

【皇后の著作】

60**醍醐天皇皇后**（藤原穏子）　太后御記（延長7〜承平4［日］）

63**冷泉天皇皇后**（昌子内親王）　御遺令（1巻［教］）

73**堀河天皇准母郁芳門院**（媞子内親王）　六条院集（1冊［和］）

*ほかに10名の皇后に百種和歌などがあった。

113**東山天皇中宮承秋門院**（有栖川宮幸子）　文字鎖（1巻［和］）

118**後桃園天皇女御盛化門院**（近衛維子）　盛化門院御草（2冊［和］）

119**光格天皇中宮新清和院**（欣子内親王）　新清和院御集［和］

120**仁孝天皇女御新朔平門院**（鷹司祺子）　新朔平門院御日記（4冊・文政8〜弘化4［日］）、新朔平門院御詠草（1冊［和］）

121**孝明天皇女御英照皇太后**（九条夙子）　英照皇太后御詠草（8巻［和］）

122**明治天皇皇后昭憲皇太后**（一条美子）　昭憲皇太后御集（3巻［和］）、昭憲皇太后御歌全集（47冊［和］）、新輯昭憲皇太后御集（1冊・昭和40［和］）

123**大正天皇皇后貞明皇后**（九条節子）　貞明皇后御集（『御歌集』に1175首、『御詩集』に71首、昭和35）

124**昭和天皇皇后香淳皇后**（久邇宮良子）　桃苑画集（昭和42［他］）、錦芳集（昭和44・増補新訂　平成1［他］）

125**平成の皇后**（正田美智子）　はじめての やまのぼり（平成3［他］）、瀬音（平成9［和］）、橋をかける（平成10［他］）、バーゼルより（平成15［他］）、降りつむ（平成31［他］）、歩み（平成17・改訂新版　平成22・改訂増補版　平成31［他］）

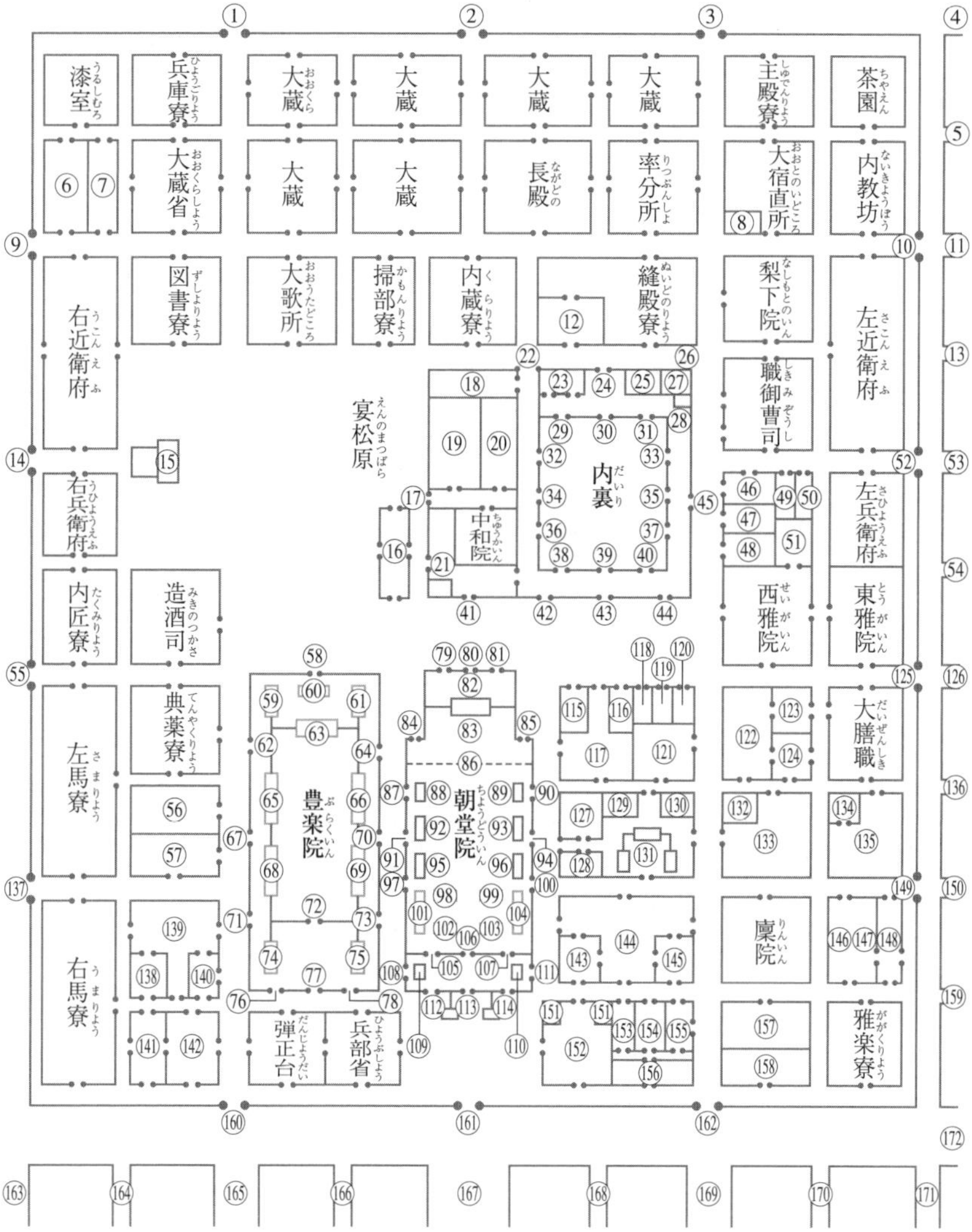

①安嘉門（あんかもん）
②偉鑒門（いかんもん）
③達智門（たつちもん）
④一条大路（いちじょうおおじ）
⑤正親町小路（おおぎまちこうじ）
⑥正親司（おおきみのつかさ）
⑦采女司（うねめのつかさ）
⑧番所（ばんしょ）
⑨上西門（じょうさいもん）
⑩上東門（じょうとうもん）
⑪土御門大路（つちみかどおおじ）
⑫南院（なんいん）
⑬鷹司小路（たかつかさこうじ）
⑭殷富門（いんぷもん）
⑮武徳殿（ぶとくでん）
⑯真言院（しんごんいん）
⑰宜秋門（ぎしゅうもん）
⑱糸所（いとどころ）

⑲内膳司（ないぜんし）
⑳采女町（うねめまち）
㉑木工内侯（もくないこう）
㉒式乾門（しきけんもん）
㉓蘭林坊（らんりんぼう）
㉔朔平門（さくへいもん）
㉕桂芳坊（けいほうぼう）
㉖北面門（ほくめんもん）
㉗華芳坊（かほうぼう）
㉘御樋殿（おひどの）
㉙徽安門（きあんもん）
㉚玄輝門（げんきもん）
㉛安喜門（あんきもん）
㉜遊義門（ゆうぎもん）
㉝嘉陽門（かようもん）
㉞陰明門（おんめいもん）
㉟宣陽門（せんようもん）
㊱武徳門（ぶとくもん）
㊲延政門（えんせいもん）
㊳永安門（えいあんもん）
㊴承明門（じょうめいもん）
㊵長楽門（ちょうらくもん）
㊶宮城門（きゅうじょうもん）
㊷修明門（しゅめいもん）
㊸建礼門（けんれいもん）
㊹春華門（しゅんかもん）
㊺建春門（けんしゅんもん）
㊻外記庁（げきちょう）
㊼結政所（かたなしどころ）
（南所〈なんしょ〉）
㊽一本御書所
（いっぽんごしょどころ）
㊾釜所（かなえどころ）
㊿酒殿（さかどの）
51内豎町（ないじゅまち）
52陽明門（ようめいもん）
53近衛大路（このえおおじ）
54勘解由小路（かげゆこうじ）
55藻壁門（そうへきもん）
56御井町（みいのまち）
57中務厨（なかつかさのくりや）
58不老門（ふろうもん）
59西華堂（せいかどう）
60清暑堂（せいしょどう）
61東華堂（とうかどう）
62立徳門（りっとくもん）
63豊楽殿（ぶらくでん）
64陽禄門（ようろくもん）
65承歓堂（じょうかんどう）
66顕陽堂（けんようどう）
67万秋門（ばんしゅうもん）
68明義堂（めいぎどう）
69観徳堂（かんとくどう）
70延明門（えんめいもん）
71福来門（ふくらいもん）
72儀鸞門（ぎらんもん）
73開明門（かいめいもん）
74招俊堂（しょうしゅんどう）
75延英堂（えんえいどう）
76崇賢門（しゅけんもん）
77豊楽門（ぶらくもん）
78礼成門（れいせいもん）
79永福門（えいふくもん）
80昭慶門（しょうけいもん）
81嘉喜門（かきもん）
82小安殿（こあどの）
83大極殿（だいごくでん）
84広義門（こうぎもん）
85永陽門（えいようもん）
86竜尾道（りゅうびどう）
87顕親門（けんしんもん）
88延休堂（えんきゅうどう）
89昌福堂（しょうふくどう）
90通陽門（つうようもん）
91章善門（しょうぜんもん）
92含嘉堂（がんかどう）
93含章堂（がんしょうどう）
94宣政門（せんせいもん）
95顕章堂（けんしょうどう）
96承光堂（じょうこうどう）
97敬法門（けいほうもん）
98修式堂（しゅしきどう）
99暉章堂（きしょうどう）
100感化門（かんかもん）
101延禄堂（えんろくどう）
102永寧堂（えいねいどう）
103康楽堂（こうらくどう）
104明礼堂（めいれいどう）
105興礼門（こうらいもん）
106会昌門（かいしょうもん）
107章徳門（しょうとくもん）
108章義門（しょうぎもん）
109西朝集堂（にしちょうしゅうどう）
110東朝集堂
（ひがしちょうしゅうどう）
111含耀門（がんようもん）
112永嘉門（えいかもん）
113応天門（おうてんもん）
114長楽門（ちょうらくもん）
115侍従局（じじゅうのつぼね）
116内舎人（うどねり）
117中務省（なかつかさしょう）
118監物（けんもつ）
119主鈴（しゅれい）
120主鑰（しゅやく）
121陰陽寮（おんみょうりょう）
122西院（さいいん）
123醤院（しょういん）
124主水司（もいとりのつかさ）
125待賢門（たいけんもん）
126中御門大路（なかみかどおおじ）
127勘解由使庁（かげゆしちょう）
128文殿（ふどの）
129造曹司（つくりのぞうし）
130朝所（あいたんどころ）
131太政官（だいじょうかん）
132園韓神社（そのからかみしゃ）
133宮内省（くないしょう）
134供御院（くごいん）
135大炊寮（おおいりょう）
136春日小路（かすがこうじ）
137談天門（だんてんもん）
138諸陵寮（しょりょうりょう）
139治部省（じぶしょう）
140玄蕃寮（げんばりょう）
141判事（はんじ）
142刑部省（ぎょうぶしょう）
143主税寮（しゅぜいりょう）
144民部省（みんぶしょう）
145主計寮（しゅけいりょう）
146西院（さいいん）
147神祇官（じんぎかん）
148東院（とういん）
149郁芳門（いくほうもん）
150大炊御門大路
（おおいみかどおおじ）
151雑舎（ぞうしゃ）
152式部省（しきぶしょう）

⑮3主税厨（しゅぜいのくりや）
⑮4民部厨（みんぶのくりや）
⑮5主計厨（しゅけいのくりや）
⑮6式部厨（しきぶのくりや）
⑮7大舎人寮（おおとねりりょう）
⑮8侍従厨（じじゅうのくりや）
⑮9冷泉小路（れいぜいこうじ）
⑯0皇嘉門（こうかもん）
⑯1朱雀門（すざくもん）
⑯2美福門（びふくもん）
⑯3西大宮大路（にしおおみやおおじ）
⑯4西櫛笥小路（にしくしげこうじ）
⑯5皇嘉門大路（こうかもんおおじ）
⑯6西坊城小路（にしぼうじょうこうじ）
⑯7朱雀大路（すざくおおじ）
⑯8坊城小路（ぼうじょうこうじ）
⑯9壬生大路（みぶおおじ）
⑰0櫛笥小路（くしげこうじ）
⑰1大宮大路（おおみやおおじ）
⑰2二条大路（にじょうおおじ）

資料編 07　平安宮内裏図

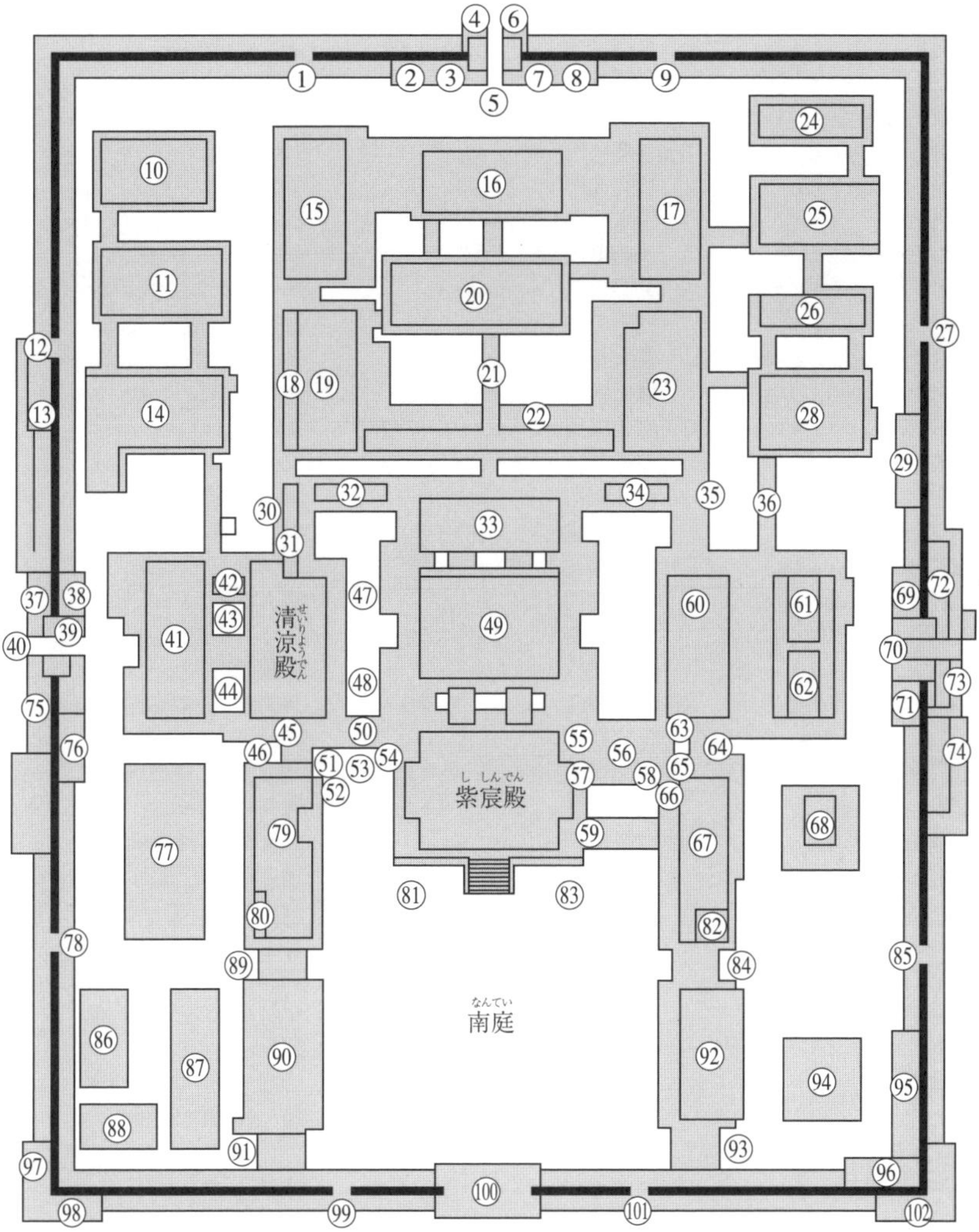

①徽安門（きあんもん）
②右将監宿所
（うしょうげんのしゅくしょ）
③右兵衛佐宿所
（うひょうえのすけのしゅくしょ）
④仗舎（じょうしゃ）
⑤玄輝門（げんきもん）
⑥仗舎（じょうしゃ）
⑦左兵衛佐宿所（さひょうえのすけのしゅくしょ）
⑧左将監宿所（さしょうげんのしゅくしょ）
⑨安喜門（あんきもん）
⑩襲芳舎（しゅうほうしゃ）
（雷鳴壺〈かんなりのつぼ〉）
⑪凝華舎（ぎょうかしゃ）
（梅壺〈うめつぼ〉）
⑫遊義門（ゆうぎもん）
⑬外進物所（そとのしんもつどころ）
⑭飛香舎（ひぎょうしゃ）
（藤壺〈ふじつぼ〉）
⑮登華殿（とうかでん）
⑯貞観殿（じょうがんでん）
（御匣殿〈みくしげどの〉）
⑰宣耀殿（せんようでん）
⑱細殿（ほそどの）
⑲弘徽殿（こきでん）
⑳常寧殿（じょうねいでん）
㉑后町廊（きさいまちろう）
㉒后町井（きさいまちのい）
㉓麗景殿（れいけいでん）
㉔淑景北舎（しげいきたしゃ）
㉕淑景舎（しげいしゃ）
（桐壺〈きりつぼ〉）
㉖昭陽北舎（しょうようきたしゃ）
㉗嘉陽門（かようもん）
㉘昭陽舎（しょうようしゃ）
（梨壺〈なしつぼ〉）
㉙闈司町（いしまち）
㉚黒戸（くろど）
㉛黒戸御所（くろどごしょ）
㉜滝口陣（たきぐちじん）
㉝承香殿（しょうきょうでん）
㉞内御書所（うちのごしょどころ）
㉟和徳門（わとくもん）
㊱土渡廊（つちのわたりろう）
㊲北舎（きたしゃ）
㊳右兵衛督宿所
（うひょうえのかみのしゅくしょ）
㊴蔵人頭宿所
（くろうどのとうのしゅくしょ）
㊵陰明門（いんめいもん）
㊶後涼殿（こうりようでん）
㊷御湯殿（おゆどの）
㊸朝餉壺（あさがれいのつぼ）
㊹台盤所壺（だいばんどころのつぼ）
㊺右青瑣門（みぎのせいさもん）
㊻神仙門（しんせんもん）
㊼呉竹（くれたけ）
㊽河竹（かわたけ）
㊾仁寿殿（じじゅうでん）
㊿仙花門（せんかもん）
51無名門（むめいもん）
52射場殿（いばどの）
53崇仁門（すうにんもん）
54明義門（めいぎもん）
55恭礼門（きょうれいもん）
56崇明門（すうめいもん）
57内衙門（ないごうもん）
58土廂（つちびさし）
59軒廊（こんろう）
60綾綺殿（りょうきでん）
61温明殿（うんめいでん）
62内侍所（ないしどころ）
63左青瑣門（ひだりのせいさもん）
64敷政門（ふせいもん）
65宣仁門（せんにんもん）
66公卿座（くぎょうざ）
67宜陽殿（ぎようでん）
68御輿宿（みこしやどり）
69左兵衛督宿所
（さひょうえのかみのしゅくしょ）
70宣陽門（せんようもん）
71左大将直廬（さだいしょうじきろ）
72北舎（きたしゃ）
73南舎（みなみしゃ）
74内記局（ないきのつぼね）
75南舎（みなみしゃ）
76右大将直廬（うだいしょうじきろ）
77蔵人所町屋
（くろうどどころのまちや）
78武徳門（ぶとくもん）
79校書殿（きょうしょでん）
80校書所（きょうしょどころ）
81橘（たちばな）
82議所（ぎしょ）
83桜（さくら）
84日華門（にっかもん）
85延政門（えんせいもん）
86作物所（つくもどころ）
87進物所（しんもつどころ）
88作物所（つくもどころ）
89月華門（げっかもん）
90安福殿（あんぷくでん）
91右腋門（うえきもん）
92春興殿（しゅんこうでん）
93左腋門（さえきもん）
94朱器殿（しゅきでん）
95掃部内候（かもんないこう）
96主殿内候（とのもないこう）
97修理内候（しゅりないこう）
98僧房（そうぼう）
99永安門（えいあんもん）
100承明門（じょうめいもん）
101長楽門（ちょうらくもん）
102鳥曹司（とりのぞうし）

資料編08　清涼殿図

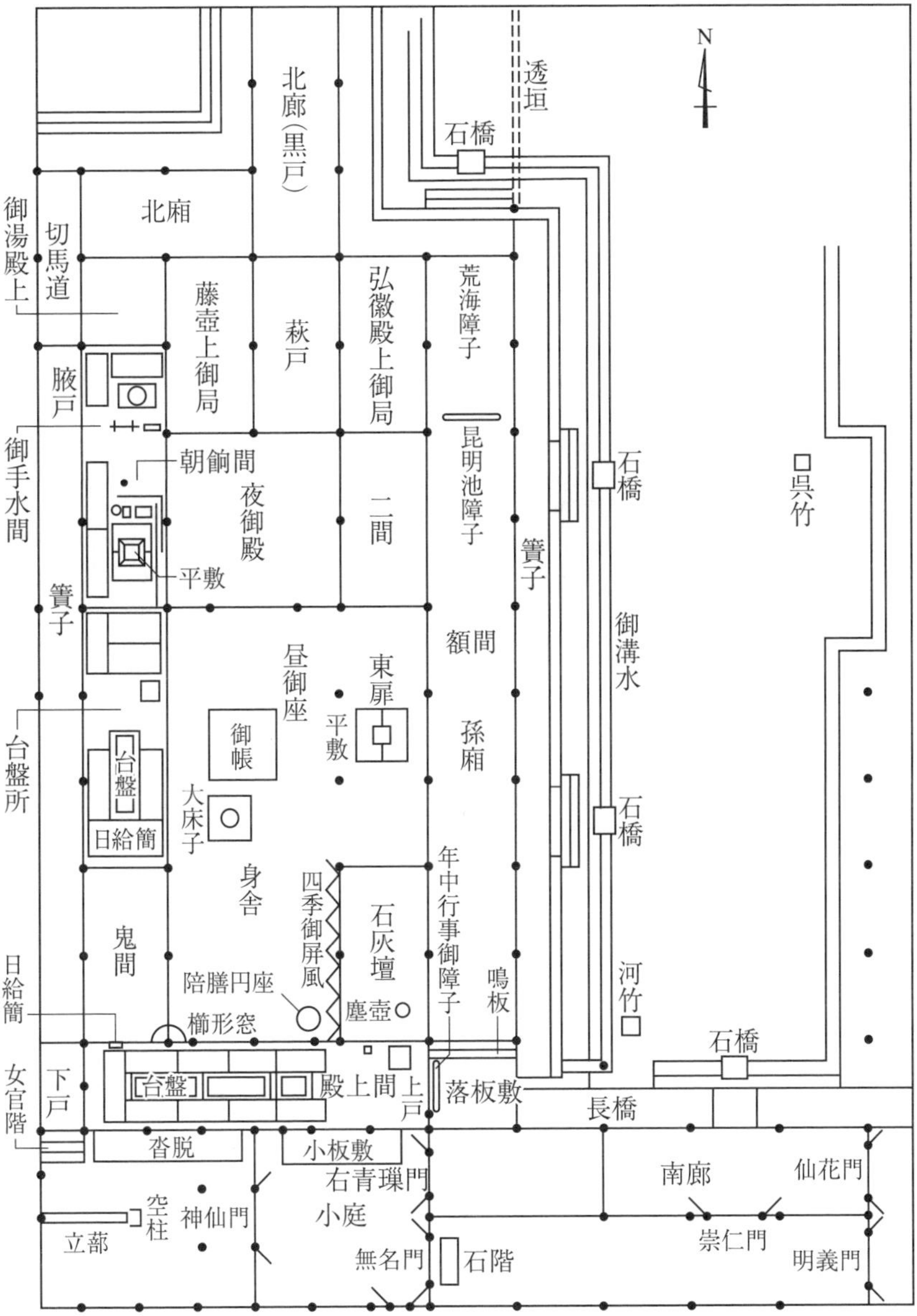

※裏松固禅『大内裏図考証』清涼殿、藤岡通夫『京都御所』を参考に若干の表現を補った。

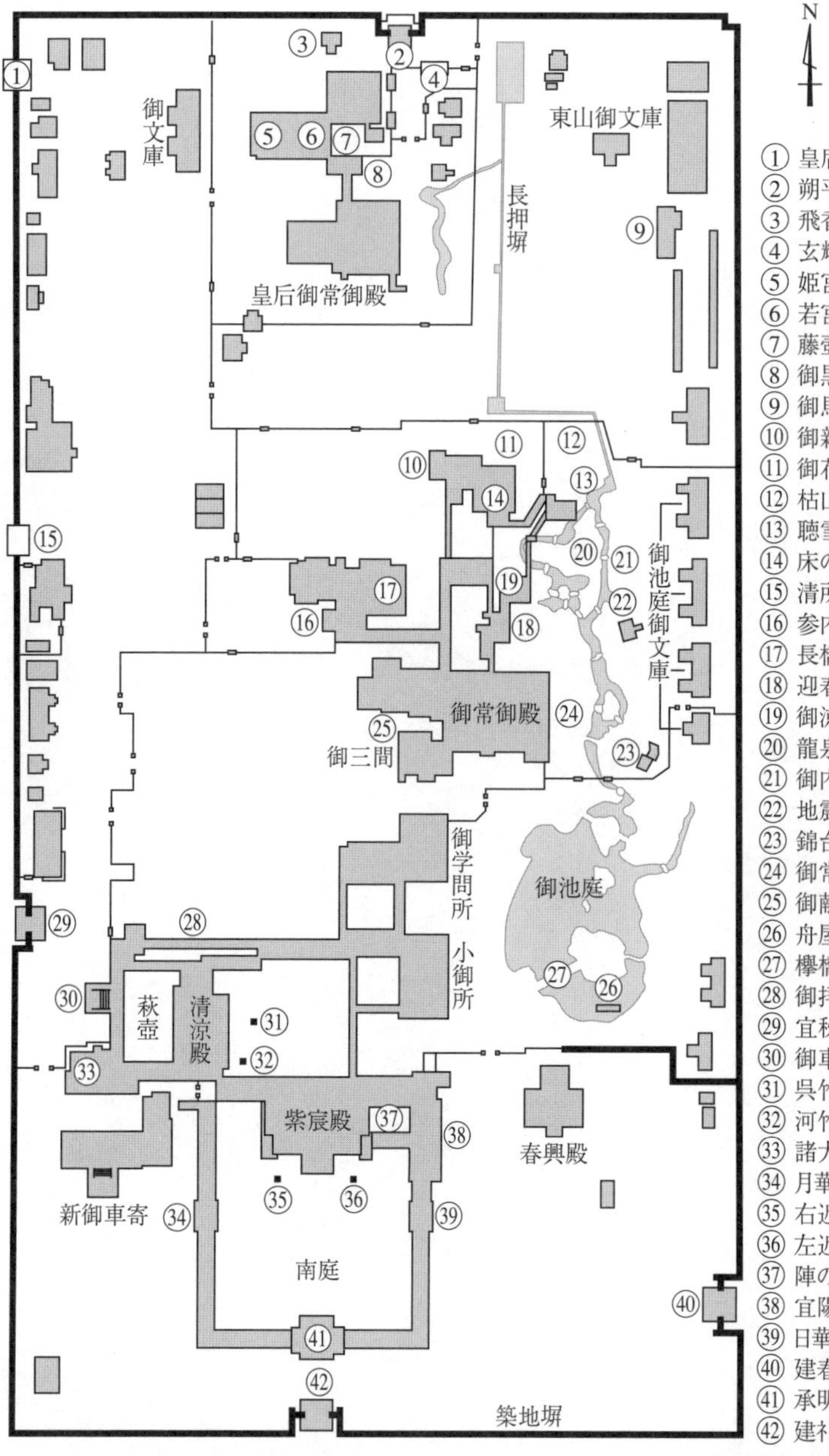

① 皇后御門
② 朔平門
③ 飛香舎
④ 玄輝門
⑤ 姫宮御殿
⑥ 若宮御殿
⑦ 藤壺
⑧ 御黒戸
⑨ 御馬見所
⑩ 御新建
⑪ 御花御殿
⑫ 枯山水
⑬ 聴雪
⑭ 床の間
⑮ 清所門
⑯ 参内殿
⑰ 長橋局
⑱ 迎春
⑲ 御涼所
⑳ 龍泉
㉑ 御内庭
㉒ 地震殿
㉓ 錦台
㉔ 御常御殿東庭
㉕ 御献の間
㉖ 舟屋形
㉗ 欅橋
㉘ 御拝道廊下
㉙ 宜秋門
㉚ 御車寄
㉛ 呉竹
㉜ 河竹
㉝ 諸大夫の間
㉞ 月華門
㉟ 右近橘
㊱ 左近桜
㊲ 陣の座
㊳ 宜陽殿
㊴ 日華門
㊵ 建春門
㊶ 承明門
㊷ 建礼門

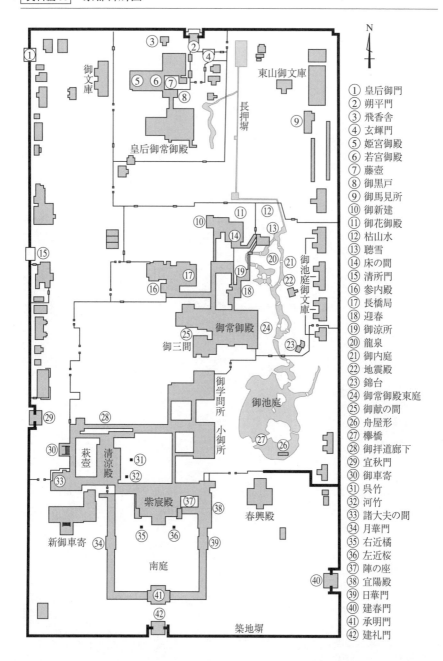

※(　)は現存しない建物

①代官町通
②寒香亭
③観瀑亭
④乾門
⑤桜並木
⑥御文庫
⑦吹上大宮御所
⑧花蔭亭
⑨林鳥亭
⑩半蔵門
⑪大池
⑫霜錦亭
⑬生物学研究所
⑭水田
⑮賢所〈宮中三殿〉
⑯参集所
⑰御府
⑱下道灌濠
⑲紅葉山
⑳御養蚕所
(21)百間廊下
㉒中道灌濠
㉓宮殿
㉔宮内庁庁舎
(25)お局
㉖お局門
㉗上道灌濠
㉘山里御文庫
(29)旧西の丸
㉚伏見櫓
㉛正門鉄橋
㉜坂下門
㉝正門石橋

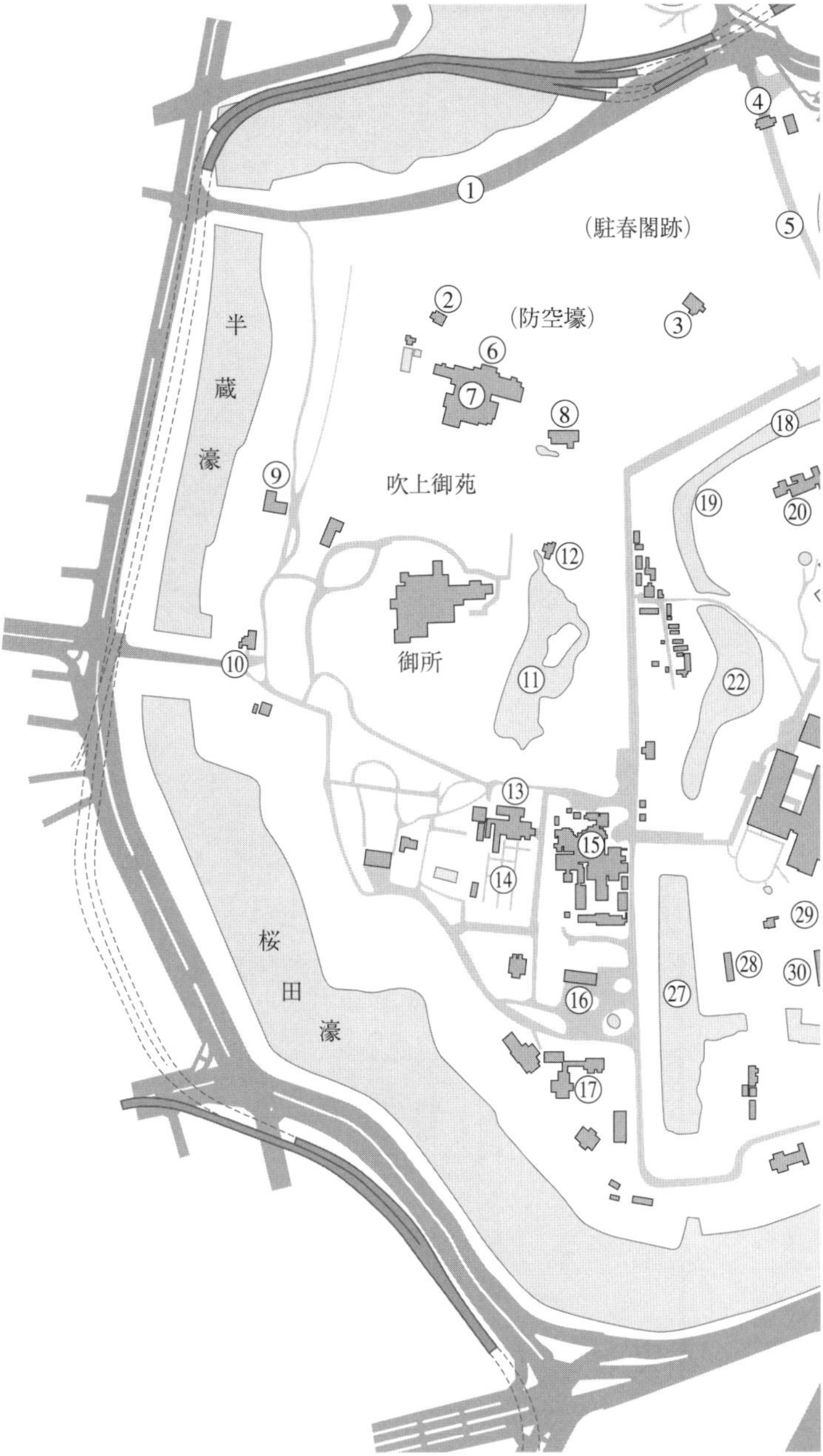

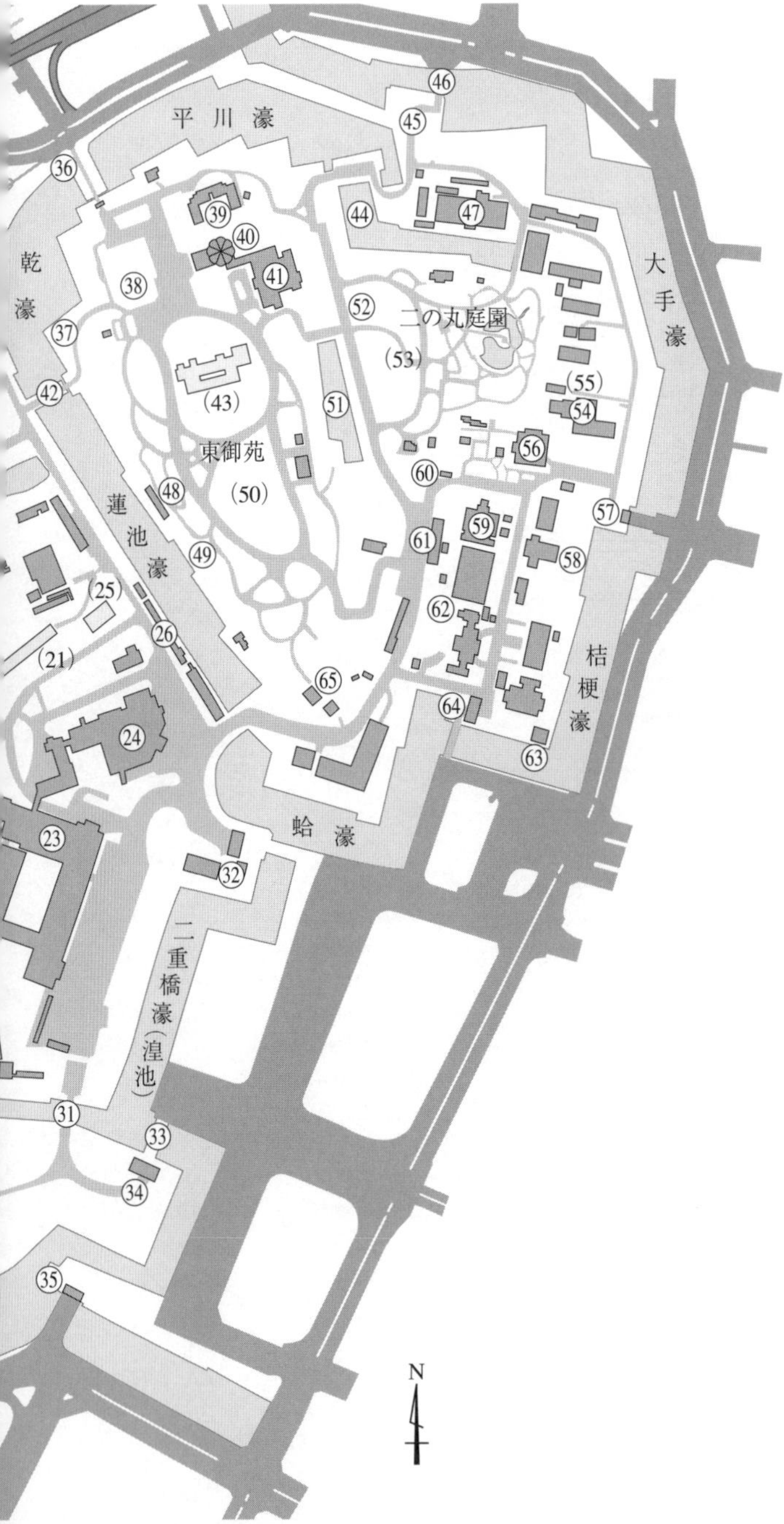

㉞ 正門
㉟ 桜田門
㊱ 北桔橋門
㊲ 狐坂
㊳ 天守台
㊴ 書陵部庁舎
㊵ 桃華楽堂
㊶ 楽部庁舎
㊷ 西桔門
(43) 呉竹寮
㊹ 天神濠
㊺ 平川門
㊻ 平川橋
㊼ 覆馬場
㊽ 富士見多聞
㊾ 松の廊下跡
(50) 旧本丸
51 白鳥濠
52 汐見坂
(53) 旧二の丸
54 宮内庁病院
(55) 旧三の丸
56 三の丸尚蔵館
57 大手門
58 皇宮警察学校
59 済寧館
60 同心番所
61 百人番所
62 皇宮警察本部
63 辰巳櫓
64 桔梗門
65 富士見櫓

資料編11　宮殿図

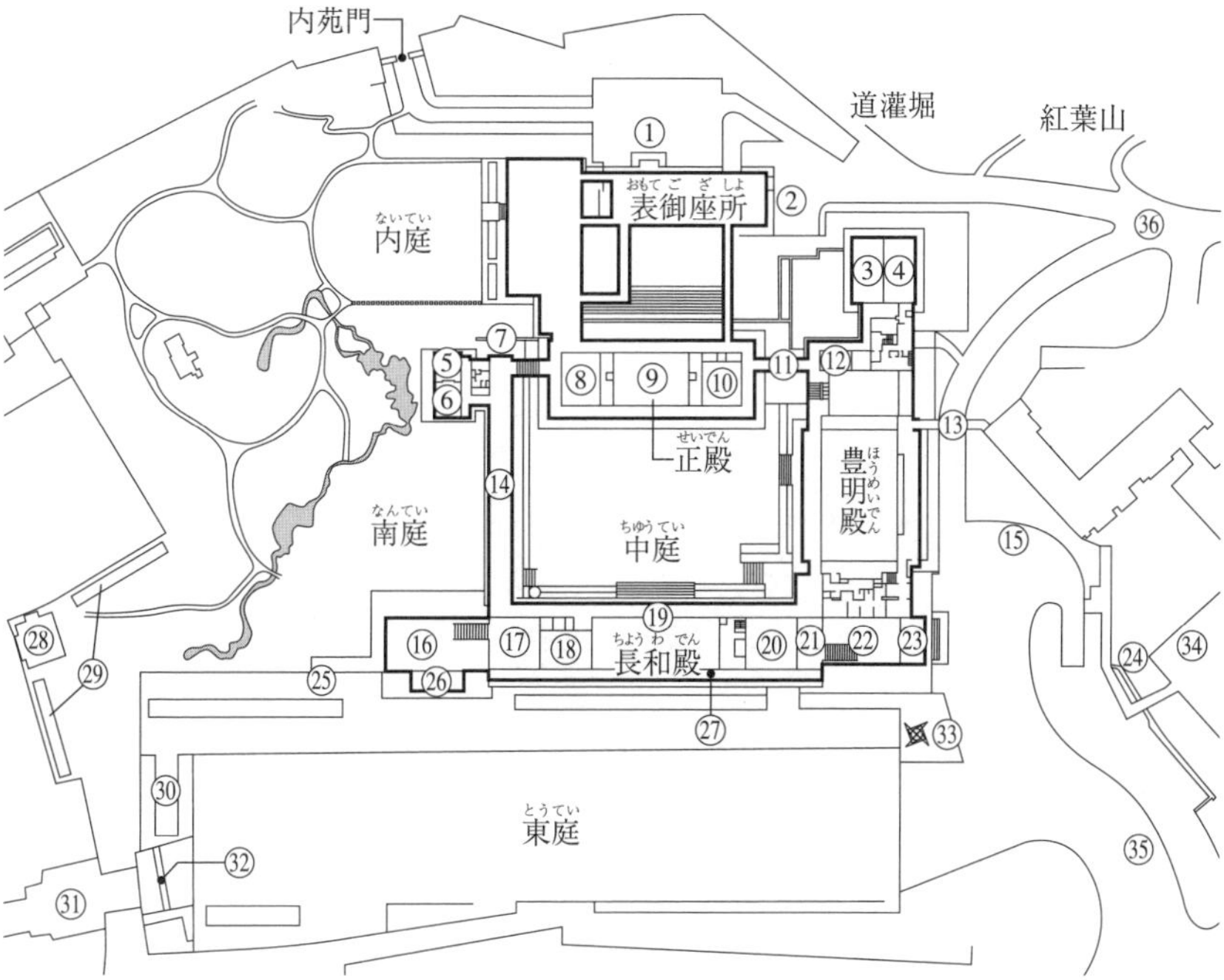

①御車寄（みくるまよせ）
②西車寄（にしくるまよせ）
③連翠南（れんすいみなみ）
④連翠北（れんすいきた）
⑤千草の間（ちぐさのま）
⑥千鳥の間（ちどりのま）
⑦南渡（みなみわたり）
⑧正殿竹の間（せいでんたけのま）
⑨正殿松の間（せいでんまつのま）
⑩正殿梅の間（せいでんうめのま）
⑪北渡（きたわたり）
⑫泉の間（いずみのま）
⑬紅葉渡（もみじわたり）
⑭回廊（かいろう）
⑮三号口（さんごうぐち）
⑯南溜（みなみだまり）
⑰波の間（なみのま）
⑱松風の間（まつかぜのま）
⑲春秋の間（しゅんじゅうのま）
⑳石橋の間（しゃっきょうのま）
㉑北の間（きたのま）
㉒北溜（きただまり）
㉓北車寄（きたくるまよせ）
㉔東渡（ひがしわたり）
㉕多聞口（たもんぐち）
㉖南車寄（みなみくるまよせ）
㉗ベランダ
㉘伏見櫓（ふしみやぐら）
㉙伏見多聞（ふしみたもん）
㉚一号口（いちごうぐち）
㉛正門鉄橋（せいもんてっきょう）
㉜中門（ちゅうもん）
㉝松の塔（まつのとう）
㉞宮内庁庁舎
（くないちょうちょうしゃ）
㉟塔の坂（とうのさか）
㊱山下通り（やましたどおり）

資料編 12　宮中三殿図・赤坂御用地図

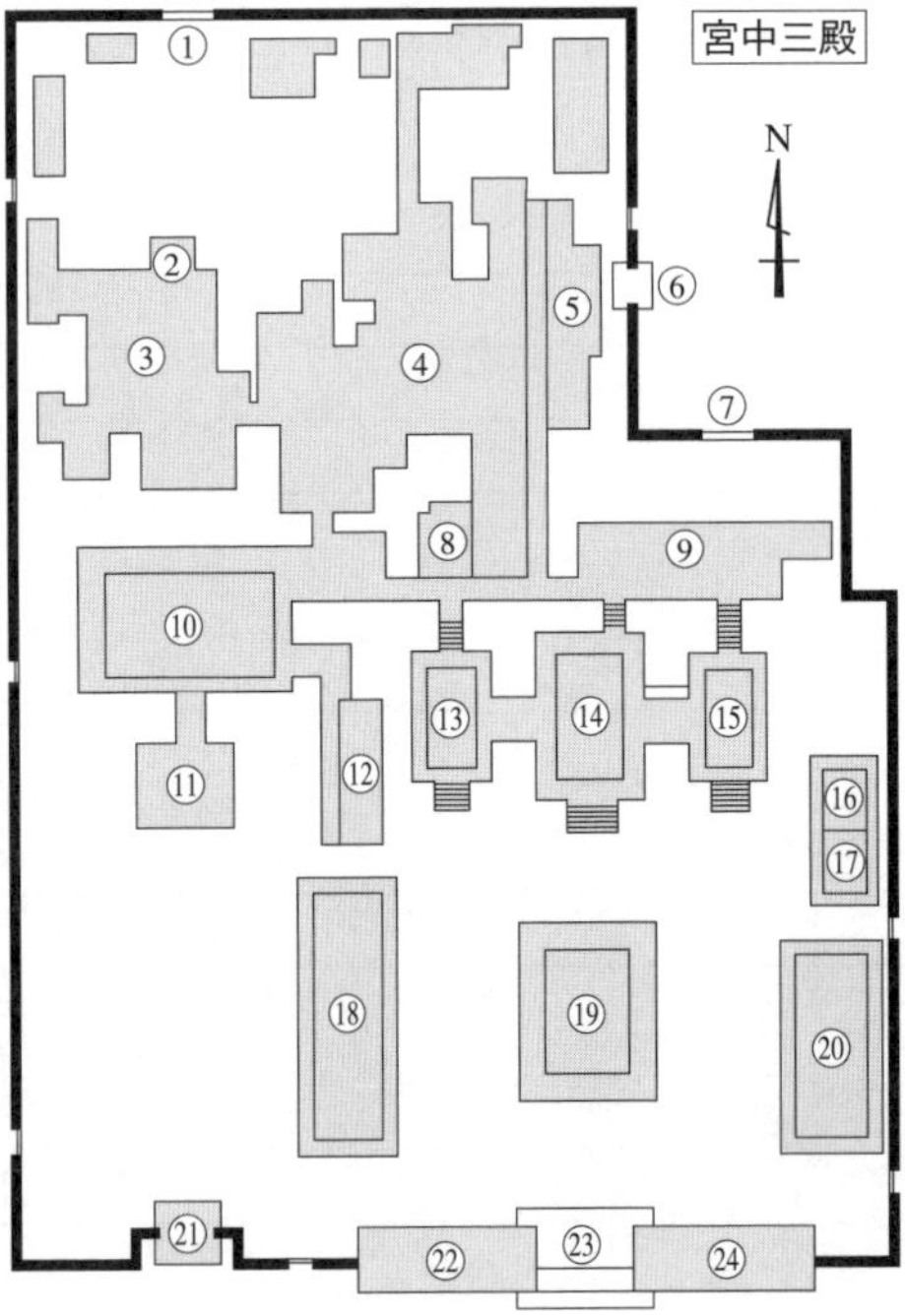

①通用門
②玄関
③広間
④賢所詰所（けんしょつめしょ）
⑤東宮便殿（とうぐうびんでん）
⑥東門
⑦北門
⑧御饌殿（みけでん）
⑨綾綺殿（りょうきでん）
⑩神嘉殿（しんかでん）
⑪御遙拝所（ごようはいじょ）
⑫膳舎（かしわしゃ）
⑬皇霊殿（こうれいでん）
⑭賢所（かしこどころ）
⑮神殿（しんでん）
⑯御羽車舎（おはぐるましゃ）
⑰奏楽舎（そうがくしゃ）
⑱右幄舎（みぎあくしゃ）
⑲神楽舎（かぐらしゃ）
⑳左幄舎（ひだりあくしゃ）
㉑神嘉門（しんかもん）
㉒右廻廊
㉓正門
㉔左廻廊

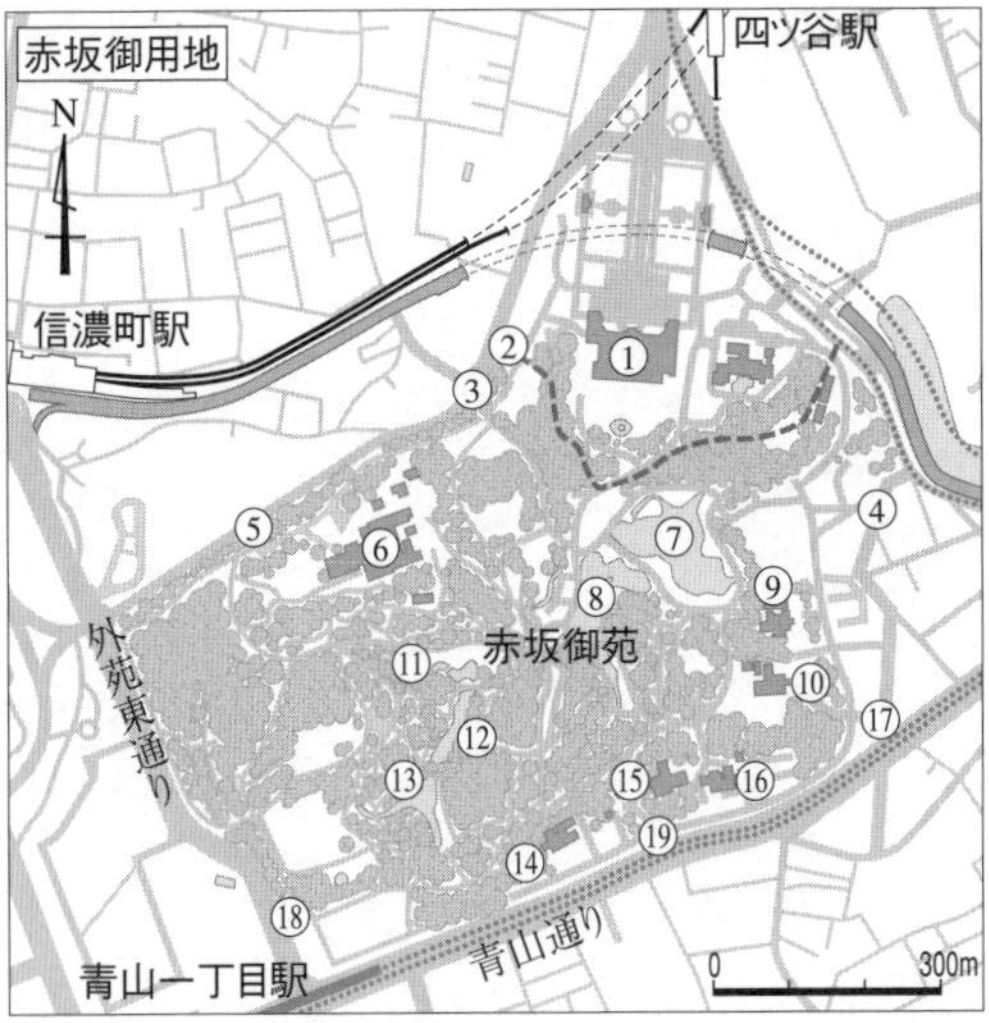

①迎賓館
②皇宮警察本部赤坂護衛署
③鮫が橋門
④東門
⑤東宮御所正門
⑥赤坂御所（のちに仙洞御所の予定）
⑦大池
⑧中の池
⑨赤坂東邸
⑩秋篠宮邸
⑪菖蒲池
⑫心字池
⑬大土橋池
⑭高円宮邸
⑮三笠宮邸
⑯三笠宮東邸（旧寛仁親王邸）
⑰巽門
⑱西門
⑲南門

官位相当表

		神祇官	太政官	中務省	式部省 治部省 民部省 兵部省 刑部省 大蔵省 宮内省	中宮職 （修理職）	大膳職 左京職 右京職 摂津職	春宮坊
正一位 従一位			太政大臣					
正二位 従二位			左大臣 右大臣					
正三位 従三位			大納言 （中納言）					
正四位	上			卿				皇太子傅
	下		（参議）		卿			
従四位	上		左大弁 右大弁			（修理大夫）		
	下	伯				大夫	〔左京大夫〕 〔右京大夫〕	大夫
正五位	上		左中弁 右中弁	大輔			大夫	
	下		左少弁 右少弁		大輔 大判事			
従五位	上			少輔				
	下	大副	少納言	侍従 大監物	少輔	亮	亮	亮 皇太子学士
正六位	上	少副	左弁大史 右弁大史 〔大外記〕	大内記				
	下			大丞	大丞 中判事			
従六位	上	大祐		少丞 中監物	少丞	大進 （修理大進）		大進
	下	少祐			少判事 大蔵大主鑰	少進 （修理少進）	大進	少進
正七位	上		大外記 左弁少史 右弁少史 〔少外記〕	中内記 大録 〔少内記〕	大録		少進	
	下			少監物 大主鈴	判事大属		大膳主醤 大膳主菓餅	
従七位	上		少外記					
	下			大典鑰	刑部大解部 大蔵少主鑰			
正八位	上			少内記 少将 少主鈴 （少録）	少将 典革 （少録）			
	下	大史			治部大解部 刑部中解部 判事少属	大属	大属	大属
従八位	上	少史		少典鑰		少属	少属	少属
	下				治部少解部 刑部少解部			
大初位	上							
	下							
少初位	上							
	下							

※『養老令』「官位令」を基に、その後の変遷を加えた。
　官位相当に変更があるときは〔　〕で括り、令外官は（　）で括った。

左大舎人寮 右大舎人寮 図書寮　木工寮 大学寮　左馬寮 雅楽寮　右馬寮 玄蕃寮　左兵庫 主計寮　右兵庫 主税寮	内蔵寮 縫殿寮 陰陽寮 散位寮 大炊寮 主殿寮 典薬寮	画工司 園池司 内薬司 東市司 諸陵司 西市司 掃部司 内膳司 造酒司 官奴司	兵馬司 造兵司 鼓吹司 贓贖司 囚獄司 典鋳司 正親司 鍛冶司	内礼司 土工司 喪儀司 采女司 主船司 内兵庫司 隼人司 漆部司 縫部司 織部司	主水司 主油司 内掃部司 筥陶司 内染司	主鷹司	舎人監 主膳監 主蔵監	主書署 主漿署 主工署 主兵署 主殿署 主馬署	弾正台
									〔尹〕
									尹
									〔大弼〕
									弼 〔少弼〕
頭									
（文章博士）	頭								
		正 内膳奉膳	正						大忠
助 大学博士		侍医		正					少忠
	助				正		正		
						正		首	
	内蔵大主鑰								大疏
大允　助教 〔算博士〕 （明法博士）	医博士 陰陽博士 天文博士								巡察
少允　音博士 書博士 算博士	允　咒禁博士 陰陽師 暦博士								
	医師　針博士 漏刻博士	佑 内膳典膳	佑						
	内蔵少主鑰 咒禁師　薬園師 針師　典履			佑				佑	少疏
	按摩博士				佑		佑		
大属 馬医 雅楽諸師	按摩師								
少属 主計算師 主税算師	大属								
	少属	令史　画師	大令史						
			少令史	令史 挑文師					
					令史 染師		令史		
						令史		令史	

		衛門府 左衛士府 左衛士府 （近衛府）	左兵衛府 右兵衛府 （兵衛府）	太宰府	（勘解由使） （按察使） （鎮守府）	（伊勢大神宮司） （斎宮寮） （斎宮司）	大国	上国	中国	下国
正一位 従一位										
正二位 従二位										
正三位 従三位		（大将）		帥						
正四位	上									
	下									
従四位	上									
	下	（中将） 〔督〕		〔大弐〕	（勘解由長官） （按察使）					
正五位	上	督		大弐 〔少弐〕						
	下									
従五位	上	〔佐〕	督		（鎮守府将軍）	（斎宮頭）	守			
	下	佐		少弐	（勘解由次官）	（斎院長官）		守		
正六位	上					（大宮司） （斎宮助）				
	下	兵衛佐	佐	大監			介		守	
従六位	上	（将監）		少監		（斎院次官）		介		
	下	大尉		大判事	（勘解由判官）					守
正七位	上	少尉		大工 少判事 大典 防人正		（少宮司）				
	下		大尉	主神	（軍監）		大掾			
従七位	上		少尉		（勘解由主典）	（斎宮大少丞） （斎院判官）	少掾	掾		
	下			博士						
正八位	上			少典　算師 陰陽師 防人佑 医師　主船 少工　主厨					掾	
	下	大志 医師								
従八位	上	少志	大志 医師		（軍曹）	（斎宮大少属）	大目			
	下		少志			（斎院主典）	少目	目		
大初位	上	判事大令史		判事大令史						
	下			判事少令史 防人令史					目	
少初位	上									目
	下									

資料編14　陵墓一覧

名前	陵墓名（所在地）
天津日高彦火瓊瓊杵尊	可愛山陵（鹿児島県薩摩川内市宮内町）
天津日高彦火火出見尊	高屋山上陵（鹿児島県霧島市溝辺町麓）
天津日高彦波瀲武鸕鷀草葺不合尊	吾平山上陵（鹿児島県鹿屋市吾平町上名）
1神武天皇	畝傍山東北陵（奈良県橿原市大久保町）
2綏靖天皇	桃花鳥田丘上陵（奈良県橿原市四条町）
3安寧天皇	畝傍山西南御陰井上陵（奈良県橿原市吉田町）
4懿徳天皇	畝傍山南纖沙溪上陵（奈良県橿原市西池尻町）
5孝昭天皇	掖上博多山上陵（奈良県御所市三室）
6孝安天皇	玉手丘上陵（奈良県御所市玉手）
7孝霊天皇	片丘馬坂陵（奈良県北葛城郡王寺町本町）
8孝元天皇	剣池嶋上陵（奈良県橿原市石川町）
9開化天皇	春日率川坂上陵（奈良県奈良市油阪町）
10崇神天皇	山辺道勾岡上陵（奈良県天理市柳本町）
11垂仁天皇	菅原伏見東陵（奈良県奈良市尼辻西町）
皇后 日葉酢媛命	狭木之寺間陵（奈良県奈良市山陵町）
12景行天皇	山辺道上陵（奈良県天理市渋谷町）
皇后 播磨稲日大郎姫命	日岡陵（兵庫県加古川市加古川町大野）
皇子 日本武尊	能褒野墓（三重県亀山市田村町）
13成務天皇	狭城盾列池後陵（奈良県奈良市山陵町）
14仲哀天皇	恵我長野西陵（大阪府藤井寺市藤井寺）
皇后 神功皇后	狭城盾列池上陵（奈良県奈良市山陵町）
15応神天皇	恵我藻伏崗陵（大阪府羽曳野市誉田）
皇后 仲姫命	仲津山陵（大阪府藤井寺市沢田）
16仁徳天皇	百舌鳥耳原中陵（大阪府堺市堺区大仙町）
皇后 磐之媛命	平城坂上陵（奈良県奈良市佐紀町）
17履中天皇	百舌鳥耳原南陵（大阪府堺市西区石津ヶ丘）
皇子 市辺押磐皇子	磐坂市辺押磐皇子墓（滋賀県東近江市市辺町）
皇孫女 飯豊天皇〈飯豊青尊〉	埴口丘陵（奈良県葛城市北花内）
18反正天皇	百舌鳥耳原北陵（大阪府堺市堺区北三国ヶ丘町）
19允恭天皇	恵我長野北陵（大阪府藤井寺市国府）
20安康天皇	菅原伏見西陵（奈良県奈良市宝来）
21雄略天皇	丹比高鷲原陵（大阪府羽曳野市島泉）
22清寧天皇	河内坂門原陵（大阪府羽曳野市西浦）
23顕宗天皇	傍丘磐坏丘南陵（奈良県香芝市北今市）
24仁賢天皇	埴生坂本陵（大阪府藤井寺市青山）
25武烈天皇	傍丘磐坏丘北陵（奈良県香芝市今泉）
26継体天皇	三嶋藍野陵（大阪府茨木市太田）
皇后 手白香皇女	衾田陵（奈良県天理市中山町）
27安閑天皇	古市高屋丘陵（大阪府羽曳野市古市）
皇后 春日山田皇女	古市高屋陵（大阪府羽曳野市古市）
28宣化天皇	身狭桃花鳥坂上陵（奈良県橿原市鳥屋町）
皇后 橘仲皇女（宣化天皇と合葬）	身狭桃花鳥坂上陵（奈良県橿原市鳥屋町）
29欽明天皇	檜隈坂合陵（奈良県高市郡明日香村平田）
皇后 石姫皇女	磯長原陵（大阪府南河内郡太子町太子）
30敏達天皇	河内磯長中尾陵（大阪府南河内郡太子町太子）
皇后 広姫	息長陵（滋賀県米原市村居田）
31用明天皇	河内磯長原陵（大阪府南河内郡太子町春日）
32崇峻天皇	倉梯岡陵（奈良県桜井市倉橋）
33推古天皇	磯長山田陵（大阪府南河内郡太子町山田）
34舒明天皇	押坂内陵（奈良県桜井市忍阪）
36孝徳天皇	大阪磯長陵（大阪府南河内郡太子町山田）
皇后 間人皇女	越智崗上陵（奈良県高市郡高取町車木）
37斉明天皇	越智崗上陵（奈良県高市郡高取町車木）

名前	陵墓名（所在地）
38天智天皇	山科陵（京都府京都市山科区御陵上御廟野町）
皇子 施基親王〈春日宮天皇〉	田原西陵（奈良県奈良市矢田原町）
贈皇太后 橡姫	吉隠陵（奈良県宇陀市榛原角柄）
39弘文天皇	長等山前陵（滋賀県大津市御陵町）
40天武天皇	檜隈大内陵（奈良県高市郡明日香村野口）
皇子 草壁皇子〈岡宮天皇〉	真弓丘陵（奈良県高市郡高取町森）
41持統天皇	檜隈大内陵（奈良県高市郡明日香村野口）
42文武天皇	檜隈安古岡上陵（奈良県高市郡明日香村栗原）
43元明天皇	奈保山東陵（奈良県奈良市奈良阪町）
44元正天皇	奈保山西陵（奈良県奈良市奈良阪町）
45聖武天皇	佐保山南陵（奈良県奈良市法蓮町）
皇后 天平応真仁正皇太后〈光明皇后〉	佐保山東陵（奈良県奈良市法蓮町）
47淳仁天皇	淡路陵（兵庫県南あわじ市賀集）
48称徳天皇	高野陵（奈良県奈良市山陵町）
49光仁天皇	田原東陵（奈良県奈良市日笠町）
皇后 井上内親王	宇智陵（奈良県五条市御山町）
贈太皇太后 天高知日之子姫尊（新笠）	大枝陵（京都府京都市西京区大枝沓掛町）
皇子 早良親王〈崇道天皇〉	八嶋陵（奈良県奈良市八島町）
50桓武天皇	柏原陵（京都府京都市伏見区桃山町永井久太郎）
皇后 天之高藤広宗照姫之尊（乙牟漏）	高畠陵（京都府向日市寺戸町大牧）
贈皇太后 旅子	宇波多陵（京都府京都市西京区大枝中山町乳母堂）
51平城天皇	楊梅陵（奈良県奈良市佐紀町）
52嵯峨天皇	嵯峨山上陵（京都府京都市右京区北嵯峨朝原山町）
皇后 嘉智子〈檀林皇后〉	嵯峨陵（京都府京都市右京区嵯峨鳥居本深谷町）
53淳和天皇	大原野西嶺上陵（京都府京都市西京区大原野南春日町）
54仁明天皇	深草陵（京都府京都市伏見区深草東伊達町）
尊称太皇太后 順子	後山階陵（京都府京都市山科区御陵沢ノ川町）
贈皇太后 沢子	中尾陵（京都府京都市東山区今熊野宝蔵町）
55文徳天皇	田邑陵（京都府京都市右京区太秦三尾町）
56清和天皇	水尾山陵（京都府京都市右京区嵯峨水尾清和）
57陽成天皇	神楽岡東陵（京都府京都市左京区浄土寺真如町）
58光孝天皇	後田邑陵（京都府京都市右京区宇多野馬場町）
59宇多天皇	大内山陵（京都府京都市右京区鳴滝宇多野谷）
中宮 温子	宇治陵（京都府宇治市木幡）
贈皇太后 胤子	小野陵（京都府京都市山科区勧修寺北大日町）
60醍醐天皇	後山科陵（京都府京都市伏見区醍醐古道町）
皇后 穏子	宇治陵（京都府宇治市木幡）
61朱雀天皇	醍醐陵（京都府京都市伏見区醍醐御陵東裏町）
62村上天皇	村上陵（京都府京都市右京区鳴滝宇多野谷）
皇后 安子	宇治陵（京都府宇治市木幡）
63冷泉天皇	桜本陵（京都府京都市左京区鹿ヶ谷法然院町、鹿ヶ谷西寺ノ前町）
皇后 昌子内親王	岩倉陵（京都府京都市左京区岩倉上蔵町）
贈皇太后 懐子	宇治陵（京都府宇治市木幡）
贈皇太后 超子	宇治陵（京都府宇治市木幡）
64円融天皇	後村上陵（京都府京都市右京区宇多野福王子町）
皇后 媓(煌)子	宇治陵（京都府宇治市木幡）
皇后 遵子	宇治陵（京都府宇治市木幡）
尊称皇太后 詮子	宇治陵（京都府宇治市木幡）
65花山天皇	紙屋川上陵（京都府京都市北区衣笠北高橋町）
66一条天皇	円融寺北陵（京都府京都市右京区龍安寺朱山 龍安寺内）
皇后 定子	鳥戸野陵（京都府京都市東山区今熊野泉山町）
皇后 彰子	宇治陵（京都府宇治市木幡）
67三条天皇	北山陵（京都府京都市北区衣笠西尊上院町）
皇后 妍子	宇治陵（京都府宇治市木幡）
皇后 娍子	宇治陵（京都府宇治市木幡）
68後一条天皇	菩提樹院陵（京都府京都市左京区吉田神楽岡町）

名前	陵墓名（所在地）
皇后 威子	宇治陵（京都府宇治市木幡）
69後朱雀天皇	円乗寺陵（京都府京都市右京区龍安寺朱山 龍安寺内）
皇后 禎子内親王	円乗寺東陵（京都府京都市右京区龍安寺朱山 龍安寺内）
贈皇太后 嬉子	宇治陵（京都府宇治市木幡）
70後冷泉天皇	円教寺陵（京都府京都市右京区龍安寺朱山 龍安寺内）
皇后 章子内親王	菩提樹院陵（京都府京都市左京区吉田神楽岡町）
皇后 寛子	宇治陵（京都府宇治市木幡）
皇后 歓子	宇治陵（京都府宇治市木幡）
71後三条天皇	円宗寺陵（京都府京都市右京区龍安寺朱山 龍安寺内）
贈皇太后 茂子	宇治陵（京都府宇治市木幡）
72白河天皇	成菩提院陵（京都府京都市伏見区竹田浄菩提院町）
皇后 賢子	上醍醐陵（京都府京都市伏見区醍醐醍醐山 醍醐寺内）
73堀河天皇	後円教寺陵（京都府京都市右京区龍安寺朱山 龍安寺内）
贈皇太后 苡子	宇治陵（京都府宇治市木幡）
74鳥羽天皇	安楽寿院陵（京都府京都市伏見区竹田浄菩提院町）
皇后 璋子	花園西陵（京都府京都市右京区花園扇野町）
皇后 得子	高野山陵（和歌山県伊都郡高野町高野山蓮花谷 不動院内）
75崇徳天皇	白峯陵（香川県坂出市青海町）
皇后 聖子	月輪南陵（京都府京都市伏見区深草本寺山町）
76近衛天皇	安楽寿院南陵（京都府京都市伏見区竹田浄菩提院町）
77後白河天皇	法住寺陵（京都府京都市東山区三十三間堂廻り町）
78二条天皇	香隆寺陵（京都府京都市北区平野八丁柳町）
79六条天皇	清閑寺陵（京都府京都市東山区清閑寺歌ノ中山町）
80高倉天皇	後清閑寺陵（京都府京都市東山区清閑寺歌ノ中山町）
皇后［平］徳子	大原西陵（京都府京都市左京区大原草生町）
81安徳天皇	阿弥陀寺陵（山口県下関市阿弥陀寺町）
82後鳥羽天皇	大原陵（京都府京都市左京区大原勝林院町）
83土御門天皇	金原陵（京都府長岡京市金ヶ原金原寺）
84順徳天皇	大原陵（京都府京都市左京区大原勝林院町）
85仲恭天皇	九条陵（京都府京都市伏見区深草本寺山町）
86後堀河天皇	観音寺陵（京都府京都市東山区今熊野泉山町 泉涌寺内）
87四条天皇	月輪陵（京都府京都市東山区今熊野泉山町 泉涌寺内）
88後嵯峨天皇	嵯峨南陵（京都府京都市右京区嵯峨天龍寺芒ノ馬場町 天龍寺内）
皇后 姞子	粟田山陵（京都府京都市左京区南禅寺福地町 南禅寺内）
89後深草天皇	深草北陵（京都府京都市伏見区深草坊町）
90亀山天皇	亀山陵（京都府京都市右京区嵯峨天龍寺芒ノ馬場町 天龍寺内）
皇后 佶子	蓮華峯寺陵（京都府京都市右京区北嵯峨朝原山町）
91後宇多天皇	蓮華峯寺陵（京都府京都市右京区北嵯峨朝原山町）
皇后 姈子内親王	今林陵（京都府京都市右京区嵯峨大覚寺門前六道町）
92伏見天皇	深草北陵（京都府京都市伏見区深草坊町）
93後伏見天皇	深草北陵（京都府京都市伏見区深草坊町）
94後二条天皇	北白河陵（京都府京都市左京区北白川追分町）
95花園天皇	十楽院上陵（京都府京都市東山区粟田口三条坊町）
96後醍醐天皇	塔尾陵（奈良県吉野郡吉野町吉野山字塔ノ尾 如意輪寺内）
97後村上天皇	檜尾陵（大阪府河内長野市寺元 観心寺内）
中宮 顕子	笠間山陵（奈良県宇陀市榛原笠間）
98長慶天皇	嵯峨東陵（京都府京都市右京区嵯峨天龍寺角倉町）
99後亀山天皇	嵯峨小倉陵（京都府京都市右京区嵯峨鳥居本小坂町）
北1光厳天皇	山国陵（京都府京都市右京区京北井戸町丸山 常照皇寺内）
北2光明天皇	大光明寺陵（京都府京都市伏見区桃山町泰長老）
北3崇光天皇	大光明寺陵（京都府京都市伏見区桃山町泰長老）
皇子 栄仁親王（伏見宮）	栄仁親王墓（京都府京都市伏見区深草坊町）
皇孫 貞成親王〈後崇光太上天皇〉	伏見松林院陵（京都府京都市伏見区丹後町）
北4後光厳天皇	深草北陵（京都府京都市伏見区深草坊町）
北5後円融天皇	深草北陵（京都府京都市伏見区深草坊町）
100後小松天皇	深草北陵（京都府京都市伏見区深草坊町）

名前	陵墓名（所在地）
101称光天皇	深草北陵（京都府京都市伏見区深草坊町）
102後花園天皇	後山国陵（京都府京都市右京区京北井戸町丸山 常照皇寺内）
103後土御門天皇	深草北陵（京都府京都市伏見区深草坊町）
104後柏原天皇	深草北陵（京都府京都市伏見区深草坊町）
105後奈良天皇	深草北陵（京都府京都市伏見区深草坊町）
106正親町天皇	深草北陵（京都府京都市伏見区深草坊町）
皇子 誠仁親王〈陽光太上天皇〉	月輪陵（京都府京都市東山区今熊野泉山町 泉涌寺内）
皇孫 智仁親王（桂宮）	智仁親王墓（京都府京都市上京区相国寺門前町 相国寺内）
107後陽成天皇	深草北陵（京都府京都市伏見区深草坊町）
皇子 好仁親王（有栖川宮）	好仁親王墓（京都府京都市北区紫野大徳寺町 大徳寺龍光院内）
108後水尾天皇	月輪陵（京都府京都市東山区今熊野泉山町 泉涌寺内）
皇后［徳川］和子	月輪陵（京都府京都市東山区今熊野泉山町 泉涌寺内）
109明正天皇	月輪陵（京都府京都市東山区今熊野泉山町 泉涌寺内）
110後光明天皇	月輪陵（京都府京都市東山区今熊野泉山町 泉涌寺内）
111後西天皇	月輪陵（京都府京都市東山区今熊野泉山町 泉涌寺内）
112霊元天皇	月輪陵（京都府京都市東山区今熊野泉山町 泉涌寺内）
皇后 房子	月輪陵（京都府京都市東山区今熊野泉山町 泉涌寺内）
113東山天皇	月輪陵（京都府京都市東山区今熊野泉山町 泉涌寺内）
皇后 幸子女王	月輪陵（京都府京都市東山区今熊野泉山町 泉涌寺内）
皇子 直仁親王（閑院宮）	直仁親王墓（京都府京都市上京区北ノ辺町 盧山寺陵域内）
皇孫 典仁親王〈慶光天皇〉	盧山寺陵（京都府京都市上京区北ノ辺町 盧山寺内）
114中御門天皇	月輪陵（京都府京都市東山区今熊野泉山町 泉涌寺内）
贈皇太后 尚子	月輪陵（京都府京都市東山区今熊野泉山町 泉涌寺内）
115桜町天皇	月輪陵（京都府京都市東山区今熊野泉山町 泉涌寺内）
尊称皇太后 舎子	月輪陵（京都府京都市東山区今熊野泉山町 泉涌寺内）
116桃園天皇	月輪陵（京都府京都市東山区今熊野泉山町 泉涌寺内）
尊称皇太后 富子	月輪陵（京都府京都市東山区今熊野泉山町 泉涌寺内）
117後桜町天皇	月輪陵（京都府京都市東山区今熊野泉山町 泉涌寺内）
118後桃園天皇	月輪陵（京都府京都市東山区今熊野泉山町 泉涌寺内）
尊称皇太后 維子	月輪陵（京都府京都市東山区今熊野泉山町 泉涌寺内）
119光格天皇	後月輪陵（京都府京都市東山区今熊野泉山町 泉涌寺内）
皇后 欣子内親王	後月輪陵（京都府京都市東山区今熊野泉山町 泉涌寺内）
120仁孝天皇	後月輪陵（京都府京都市東山区今熊野泉山町 泉涌寺内）
贈皇后 繫子	後月輪陵（京都府京都市東山区今熊野泉山町 泉涌寺内）
尊称皇太后 祺子	後月輪陵（京都府京都市東山区今熊野泉山町 泉涌寺内）
121孝明天皇	後月輪東山陵（京都府京都市東山区今熊野泉山町 泉涌寺内）
尊称皇太后 英照皇太后（夙子）	後月輪東北陵（京都府京都市東山区今熊野泉山町 泉涌寺内）
122明治天皇	伏見桃山陵（京都府京都市伏見区桃山町古城山）
皇后 昭憲皇太后（美子）	伏見桃山東陵（京都府京都市伏見区桃山町古城山）
123大正天皇	多摩陵（東京都八王子市長房町 武蔵陵墓地）
皇后 貞明皇后（節子）	多摩東陵（東京都八王子市長房町 武蔵陵墓地）
皇子 雍仁親王（秩父宮）	雍仁親王墓（東京都文京区大塚五丁目 豊島岡墓地）
皇子 宣仁親王（高松宮）	宣仁親王墓（東京都文京区大塚五丁目 豊島岡墓地）
皇孫 憲仁親王（高円宮）	憲仁親王墓（東京都文京区大塚五丁目 豊島岡墓地）
124昭和天皇	武蔵野陵（東京都八王子市長房町 武蔵陵墓地）
皇后 香淳皇后（久邇宮良子）	武蔵野東陵（東京都八王子市長房町 武蔵陵墓地）

〔注〕
- 主として天皇と皇后など（贈后・女院など）および天皇の父となった親王、王を示した（宮内庁編『陵墓要覧』より）。
- 皇族でも、世襲親王家・近代宮家については初代のみを示し、それ以下は省略した。
- 藤原氏出身以外の皇后などについては、氏を［ ］で示した。
- 名前の後に〈 〉で歴史的に重要な追号、別名も補った。
- 陵墓参考地（46か所）は省略した。
- 35皇極天皇については37斉明天皇、46孝謙天皇については48称徳天皇を参照のこと。
- それ以外の皇族（皇子女・皇孫など）は陵墓の所在が確定されている人物を一括掲載した。

【その他皇族の陵墓】

7 **孝霊天皇**〔皇子〕大吉備津彦命（稚武彦命）、〔皇女〕倭迹迹日百襲姫命
9 **開化天皇**〔皇子〕日子坐命
10 **崇神天皇**〔皇子〕倭彦命、大入杵命、八坂入彦命
11 **垂仁天皇**〔皇子〕五十瓊敷入彦命、息速別命、磐衝別命、〔皇孫〕磐城別王
12 **景行天皇**〔皇子〕大碓命、五十狭城入彦皇子、神櫛王
15 **応神天皇**〔皇子〕大山守命、菟道稚郎子尊、〔皇曽孫〕都紀女加王
19 **允恭天皇**〔皇子〕坂合黒彦皇子
26 **継体天皇**〔皇女〕神前皇女
29 **欽明天皇**〔皇女〕大伴皇女
30 **敏達天皇**〔皇子〕竹田皇子、〔皇子押坂彦人大兄皇子妃〕糠手姫皇女、〔皇孫茅渟王妃〕吉備姫王
31 **用明天皇**〔皇子〕聖徳太子、来目皇子
32 **崇峻天皇**〔皇子〕蜂子皇子
38 **天智天皇**〔皇子〕建王
40 **天武天皇**〔皇子〕大津皇子、〔即位前妃〕大田皇女、〔皇子追尊天皇崇道尽敬皇帝妃〕大夫人山背、〔皇孫〕長屋王、〔皇孫妃〕吉備内親王
45 **聖武天皇**〔皇子〕皇太子（基王）、安積親王
49 **光仁天皇**〔皇子〕開成皇子、皇太子他戸親王
50 **桓武天皇**〔皇子〕伊予親王、〔皇子〕仲野親王
51 **平城天皇**〔皇子〕阿保親王
52 **嵯峨天皇**〔皇女〕有智子内親王
54 **仁明天皇**〔皇子〕人康親王
55 **文徳天皇**〔皇子〕惟喬親王
59 **宇多天皇**〔皇子〕敦実親王、〔皇孫〕雅慶王
60 **醍醐天皇**〔皇孫〕皇太子慶頼王、〔皇孫女〕隆子女王
63 **冷泉天皇**〔皇子〕敦道親王
69 **後朱雀天皇**〔女御〕准后藤原生子
72 **白河天皇**〔皇子〕覚行親王、覚法親王、〔皇女〕尊称皇后媞子内親王、尊称皇后令子内親王
74 **鳥羽天皇**〔皇子〕覚快親王、〔皇女〕禧子内親王、尊称皇后統子内親王、暲子内親王
77 **鳥羽天皇**〔皇子〕以仁王
82 **後鳥羽天皇**〔皇子〕道助親王、雅成親王、頼仁親王、道覚親王、〔皇女〕礼子内親王
84 **順徳天皇**〔皇子〕千歳宮、〔皇女〕慶子女王、忠子女王、〔皇曽孫〕志玄王
88 **後嵯峨天皇**〔皇子〕顕日王
89 **後深草天皇**〔皇子〕性仁親王
90 **亀山天皇**〔皇子〕良助親王、慈道親王、寛尊親王、〔皇孫〕尊観親王
91 **後宇多天皇**〔皇子〕性勝親王
92 **伏見天皇**〔皇子〕尊円親王
93 **後伏見天皇**〔皇子〕尊道親王、〔皇孫後光厳天皇後宮〕崇賢門院藤原仲子、〔皇曽孫後円融天皇後宮〕通陽門院藤原厳子、〔皇曽孫〕道円親王、寛教親王、〔皇玄孫〕治仁王、〔五世皇孫〕貞常親王、〔六世皇孫〕邦高親王、〔七世皇孫〕貞敦親王、日承王、〔八世皇孫〕邦輔親王、任助親王、〔八世皇孫女〕尊智女王、〔九世皇孫〕邦茂王、貞康親王、常胤親王、尊朝親王、最胤親王、尊純親王、〔九世皇孫女〕瑞珍女王、〔一〇世皇孫〕邦房親王、〔一一世皇孫〕貞清親王、〔一一世皇孫女〕聖久女王、尊覚女王、〔一二世皇孫〕邦尚親王、邦道親王、〔一二世皇孫女〕聖崇女王、聖竺女王、〔一三世皇孫〕貞致親王、〔同妃〕好君、〔一四世皇孫〕美厳院、邦永親王、〔同妃〕福子内親王、〔一四世皇孫〕道仁親王、英宮、〔一四世皇孫女〕致子女王、正宮、〔一五世皇孫〕道承親王、尊祐親王、貞建親王、〔同妃〕秋子内親王、〔一五世皇孫〕尊孝親王、義周親王、〔一五世皇孫女〕明宮、宗真女王、〔一六世皇孫〕邦忠親王、邦頼親王、〔同妃〕昌子、〔一六世皇孫〕尊英親王、尊真親王、雄香宮、万数宮、〔一六世皇孫女〕猷子女王、豊子女王、祺子女王、益子女王、〔一七世皇孫〕貞敬親王、〔同妃〕輝子、〔一七世皇孫〕公澄親王、佐保宮、〔一七世皇孫女〕利宮、鉉宮、艶宮、章宮、好宮、百宮、繁宮、〔一八世皇孫〕邦家親王、〔同妃〕景子、〔一八世皇孫〕尊宝親王、普照院、尊誠親王、清観院、千嘉宮、苞宮、尊常親王、守脩親王、万寿宮、煥宮、佐那宮、證妙楽院、漸学院、〔一八世皇孫女〕師子女王、日尊女王、喜之宮、陳宮、宗諄女王、隆子女王、和宮、戒珠院、正宮、泰宮、福宮、登久宮、盧遮那院、芳宮、成淳女王、〔一九世皇孫〕晃親王、嘉言親王、譲仁親王、朝彦親王、微妙院、貞教親王、〔同妃〕積子、明子、〔一九世皇孫〕喜久宮、彰仁親王、〔同妃〕頼子、〔一九世皇孫〕能久親王、〔同妃〕富子、〔一九世皇孫〕誠宮、愛宮、博経親王、〔同妃〕郁子、〔一九世皇孫〕智成親王、貞愛親王、〔同妃〕利子女王、〔一九世皇孫〕載仁親王、〔同妃〕智恵子、〔一九世皇孫〕依仁親王、〔一九世皇孫女〕録子女王、菩提院、文秀女王、嘉世宮、利宮、歓楽院、多明宮、万千宮、〔二〇世皇孫〕菊麿王、〔同妃〕範子、常子、〔二〇世皇孫〕藤麿王、邦憲王、〔同妃〕好子、〔二〇世皇孫〕邦彦王、多嘉王、暢王、一言足彦命、〔二〇世皇孫鳩彦王妃〕允子内親王、〔二〇世皇孫〕徳宮、恒久王、〔同妃〕昌子内親王、〔二〇世皇孫〕延久王、成久王、博厚親王、博恭王、〔同妃〕経子、〔二〇世皇孫〕邦芳王、昭徳王、篤仁王、〔二〇世皇孫女〕智当宮、飛呂子女王、懐子女王、見喜宮、理宮、信子女王、季子女王、寛子女王、〔二一世皇孫武彦王妃〕佐紀子女王、〔二一世皇孫朝融王妃〕知子女王、〔二一世皇孫〕賀彦王、師正王、永久王、博義王、博忠王、〔二一世皇孫女〕発子女王、珖子女王、〔二二世皇孫女〕令子女王
94 **後二条天皇**〔皇子〕後醍醐天皇皇太子邦良親王、〔皇孫〕深守親王、弘覚王
96 **後醍醐天皇**〔皇子〕護良親王、尊良親王、世良親王、宗良親王、恒性王、懐良親王、元選王、〔皇女〕瓊子内親王、用堂女王、〔皇孫〕尹良親王

97**後村上天皇**〔皇子〕良成親王、〔皇末孫〕北山宮、河野宮
98**長慶天皇**〔皇子〕世泰親王、承朝王
100**後小松天皇**〔皇子〕宗純王
102**後花園天皇**〔後宮〕嘉楽門院藤原信子
103**後土御門天皇**〔後宮〕贈皇太后朝子、〔皇子〕尊伝親王
104**後柏原天皇**〔後宮〕豊楽門院藤原藤子、〔皇子〕尊鎮親王
105**後奈良天皇**〔皇子〕覚恕親王、〔皇女〕聖秀女王
106**正親町天皇**〔追尊天皇陽光太上天皇妃〕晴子、〔皇孫〕空性親王、良恕親王、興意親王、〔皇孫智仁親王妃〕常照院、〔皇孫女〕永邵女王、〔皇曽孫〕智忠親王、〔同妃〕富子、〔皇曽孫〕良尚親王
107**後陽成天皇**〔女御〕中和門院藤原前子、〔皇子〕覚深親王、承快親王、尊性親王、堯然親王、〔好仁親王妃〕寧子、〔皇子〕良純親王、尊覚親王、高雲院、冷雲院、道晃親王、道周親王、慈胤親王、〔皇女〕聖興女王、文高女王、尊英女王、永宗女王、空華院、尊清女王、尊蓮女王、〔皇孫女〕女二宮
108**後水尾天皇**〔後宮〕壬生院藤原光子、逢春門院藤原隆子、新広義門院藤原国子、〔皇子〕高仁親王、若宮、霊照院、守澄親王、性承親王、性真親王、堯恕親王、憲宮、穏仁親王、尊光親王、梅窓院、道寛親王、真敬親王、尊證親王、盛胤親王、〔皇女〕文智女王、昭子内親王、理昌女王、菊宮、元瑤内親王、秋光院、月桂院、元昌女王、宗澄女王、永光院、理忠女王、凉雲院、文察女王、永亨女王
110**後光明天皇**〔皇女〕孝子内親王
111**後西天皇**〔女御〕明子女王、〔皇子〕長仁親王、幸仁親王、永悟親王、義延親王、天真親王、公弁親王、道祐親王、尚仁親王、道尊親王、權栄院、良応親王、凉月院、〔皇女〕誠子内親王、女二宮、宗栄女王、高栄女王、常宮、円光院、賀陽宮、香久宮、聖安女王、理豊女王、満宮、瑞光女王、尊杲女王、尊勝女王、〔皇孫〕正仁親王、尊統親王
112**霊元天皇**〔後宮〕敬法門院藤原宗子、〔皇子〕済深親王、寛隆親王、三宮、綱宮、堯延親王、台嶺院、文仁親王、清宮、作宮、性応親王、徳宮、力宮、尊賞親王、嘉智宮、峯宮、職仁親王、〔同妃〕淳子、〔皇子〕尊胤親王、堯恭親王、〔皇女〕智光院、永秀女王、梅宮、勝子内親王、文喜女王、元秀女王、永応女王、止宮、吉子内親王、八重宮、〔皇孫〕家仁親王、〔同妃〕基子、〔皇孫〕守恕親王、音仁親王、叡仁親王、覚仁親王、増賞親王、律宮、常仁親王、織仁親王、〔同妃〕福子、〔皇孫女〕尊梁女王、職子女王、文亨女王、栄恕女王、〔皇曽孫〕公仁親王、〔同妃〕室子女王、寿子、〔皇曽孫〕尊峯親王、尊映親王、高貴宮、韶仁親王、〔同妃〕宣子女王、〔皇曽孫〕承真親王、舜仁親王、済仁親王、緯宮、万信宮、尊超親王、〔皇曽孫女〕真珠光院、得菩提院、日照女王、文乗女王、繁宮、幾宮、栄暉女王、熙子女王、弥宮、寿宮、苞子女王、〔皇玄孫〕幟仁親王、〔同妃〕広子、〔皇玄孫〕慈性親王、公紹親王、〔皇玄孫女〕万宮、遊亀宮、実種宮、〔五世皇孫〕熾仁親王、〔同妃〕貞子、董子、〔五世皇孫〕洁宮、長宮、威仁親王、〔同妃〕慰子、〔五世皇孫女〕染宮、〔六世皇孫〕栽仁王、〔六世皇孫女〕績子女王
113**東山天皇**〔後宮〕新崇賢門院藤原賀子、〔皇子〕若宮、二宮、公寛親王、寿宮、〔直仁親王妃〕脩子、〔皇女〕福宮、光明定院、聖祝女王、〔皇孫〕梅芳院、公啓親王、〔追尊天皇慶光天皇妃〕成子内親王、〔皇孫女〕蓮香院、尊信女王、高覚女王、元敞女王、〔皇曽孫〕美仁親王、〔同妃〕因子、〔皇曽孫〕深仁親王、公璋親王、公延親王、真仁親王、盈仁親王、精宮、鏗宮、健宮、〔皇曽孫女〕弥数宮、宗恭女王、〔皇玄孫〕孝仁親王、〔同妃〕吉子、〔皇玄孫〕喜久宮、富宮、〔皇玄孫女〕鎮宮、苞宮、敬宮、〔五世皇孫〕致宮、愛仁親王、教仁親王、〔五世皇孫女〕茂宮、永宮
114**中御門天皇**〔皇子〕公遵親王、忠誉親王、慈仁親王、信宮、遵仁親王、〔皇女〕聖珊女王、女三宮、女五宮、理秀女王、尊乗女王、永皎女王、周宮
115**桜町天皇**〔後宮〕開明門院藤原定子、〔皇女〕盛子内親王
116**桃園天皇**〔皇子〕貞行親王
119**光格天皇**〔後宮〕東京極院藤原婧子、〔皇子〕礼仁親王、俊宮、温仁親王、盛仁親王、猗宮、悦仁親王、嘉糯宮、〔皇女〕開示院、寿賀宮、受楽院、多祉宮、霊妙心院、娍宮、永潤女王、治宮、理欽内親王、聖清女王、勝宮
120**仁孝天皇**〔後宮〕新待賢門院藤原雅子、〔皇子〕安仁親王、鎔宮、三宮、常寂光院、節仁親王、胤宮、〔皇女〕慈悲心院、成宮、淑子内親王、女二宮、総宮、経宮、恭宮
121**孝明天皇**〔皇子〕妙香華院、〔皇女〕順子内親王、富貴宮、寿万宮、理宮
122**明治天皇**〔皇子〕稚瑞照彦尊、敬仁親王、猷仁親王、輝仁親王、〔皇女〕稚高依姫尊、薫子内親王、韶子内親王、章子内親王、静子内親王、多喜子内親王
123**大正天皇**〔雍仁親王妃〕勢津子、〔宣仁親王妃〕喜久子
124**昭和天皇**〔皇女〕祐子内親王

資料編15　陵墓地図(兵庫・香川・山口・東京)

□内の数字は、天皇の代数を示す。陵墓所在地の詳細は 資14 「陵墓一覧」を参照。

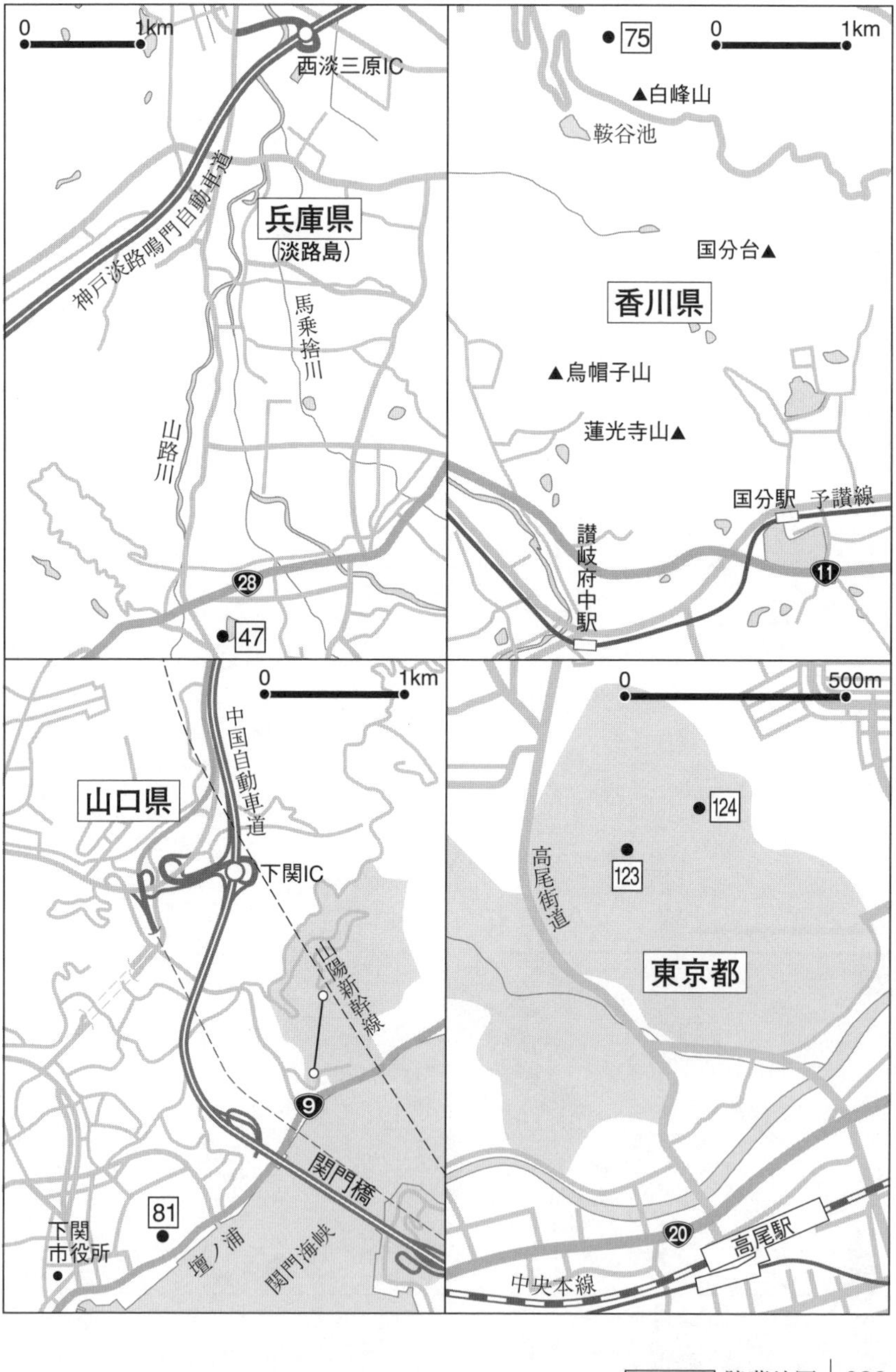

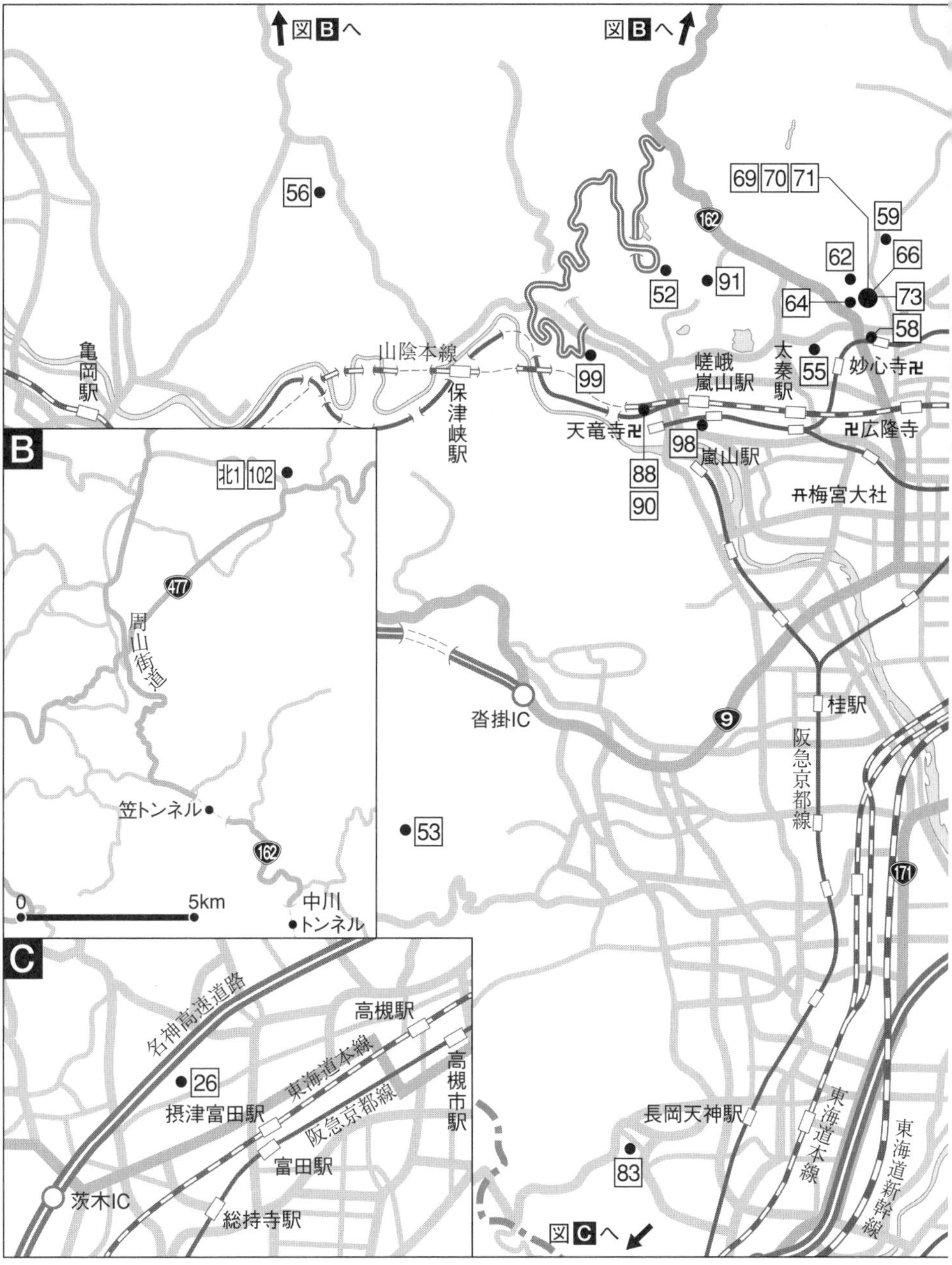

図B へ
図B へ
56
69 70 71
162
59
62
66
52
91
64
73
58
亀岡駅
山陰本線
99
嵯峨嵐山駅
太秦駅
55
妙心寺
保津峡駅
天竜寺
広隆寺
98
嵐山駅
88
90
梅宮大社
B
北1 102
477
周山街道
沓掛IC
9
桂駅
阪急京都線
笠トンネル
162
53
171
0
5km
中川トンネル
C
名神高速道路
高槻駅
東海道本線
高槻市駅
26
阪急京都線
摂津富田駅
長岡天神駅
東海道本線
東海道新幹線
富田駅
83
茨木IC
総持寺駅
図C へ

図A へ
上賀茂神社
北野天満宮
出町柳駅
叡山電鉄
京都御所
平安神宮
南禅寺
二条城
二条駅
四条大宮駅
鴨川
京都駅
東寺
山科駅
京都東IC
大津駅
大津IC
琵琶湖
滋賀県
東海道新幹線
京都南IC
名神高速道路
阪神高速
桂川
近鉄奈良線
京阪宇治線
奈良線
0
5km
N
A
0
5km
寂光院
三千院
貴船神社
鞍馬駅
叡山電鉄
比叡山ドライブウェイ
367
161
1
67
65
78
94
68
57
63
95
38
79
80
77
39
86
121
87
108
109
110
111
112
113
119
120
114
115
116
117
118
85
89
92
93
北4
北5
100
101
103
104
105
106
107
74
72
76
54
60
61
122
50
北2
北3
82
84

新大阪駅
門真IC
163
天満駅
大東鶴見IC
大阪駅
43
生駒駅
大阪城
宝山寺
308
生駒山▲
東大阪Jct
天王寺駅
近畿自動車道
東大阪南IC
170
八尾IC
加美駅
住吉大社
八尾駅
▲信貴山
王寺駅
藤井寺IC
竜田大社
松原Jct
松原IC
21
7
18
19
堺市駅
309
14
香芝IC
16
15
25
24
柏原IC
17
美原Jct
22
23
27
26
大鳥駅
阪和自動車道
31
堺Jct
當麻寺
36
30
33
310
170
南海本線
阪和線
堺IC
和泉府中駅
480
大阪府
309
葛城山▲
河内長野駅
97
岸和田和泉IC
170

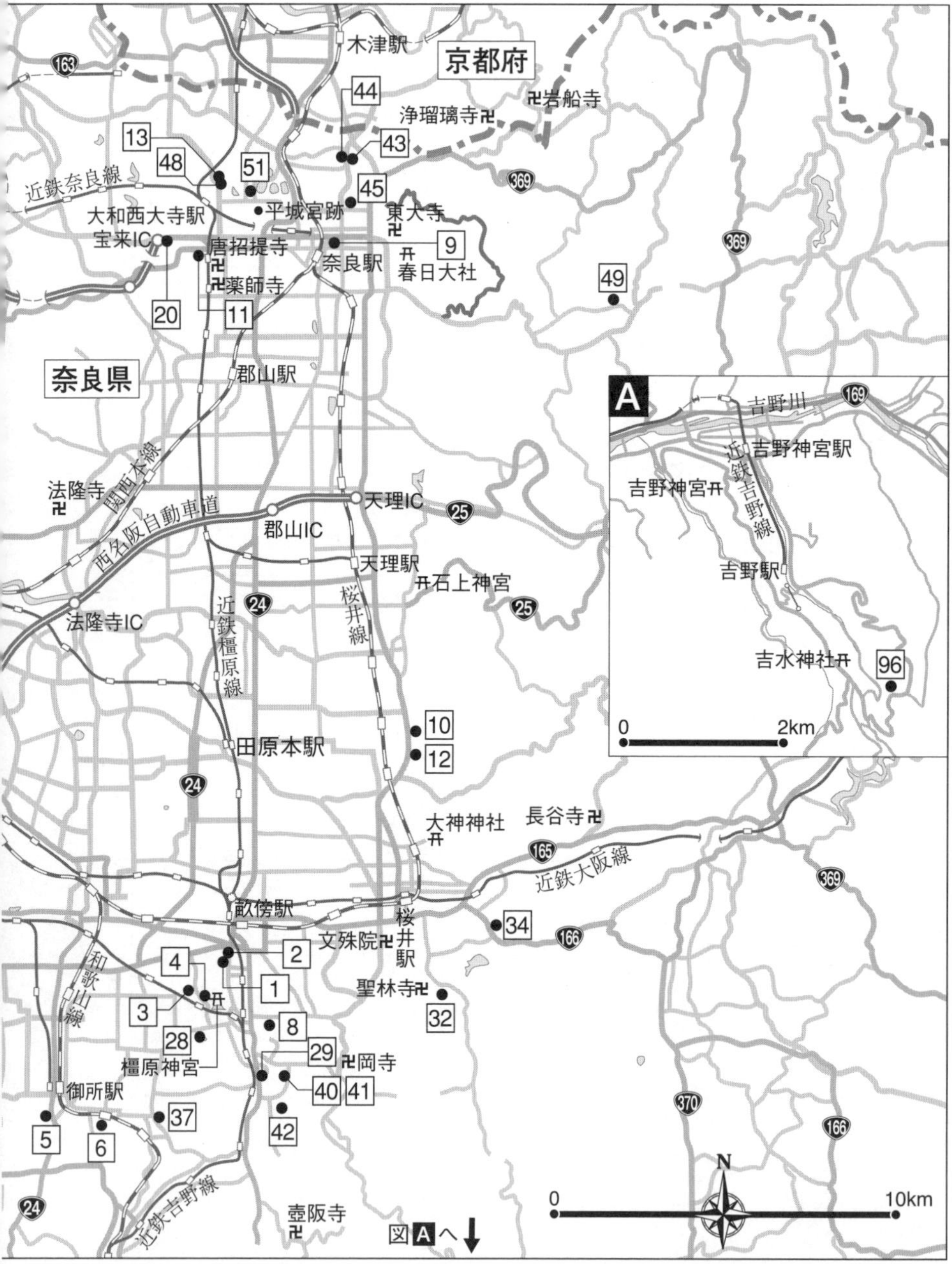
京都府
奈良県
木津駅
岩船寺
浄瑠璃寺
近鉄奈良線
大和西大寺駅
平城宮跡
東大寺
宝来IC
唐招提寺
奈良駅
春日大社
薬師寺
郡山駅
関西本線
法隆寺
西名阪自動車道
郡山IC
天理IC
天理駅
石上神宮
法隆寺IC
近鉄橿原線
桜井線
田原本駅
大神神社
長谷寺
近鉄大阪線
畝傍駅
桜井駅
文殊院
和歌山線
聖林寺
橿原神宮
岡寺
御所駅
近鉄吉野線
壺阪寺
図A へ
A
吉野川
吉野神宮駅
吉野神宮
近鉄吉野線
吉野駅
吉水神社
0
2km
10km
N
163
369
25
24
165
166
370
169
1
2
3
4
5
6
8
9
10
11
12
13
20
28
29
32
34
37
40
41
42
43
44
45
48
49
51
96

資料編16 皇室ゆかりの神社一覧

	神社名	所在地／旧社格ほか	祭神
001	神宮（伊勢の神宮） いせじんぐう（いせのじんぐう）	三重県伊勢市宇治館町 ※ ◎上七　式	（皇大神宮＝内宮）天照坐皇大御神（天照大神）、（内宮相殿）天手力男神、万幡豊秋津姫命、（豊受大神宮＝外宮）豊受大御神、（外宮相殿）御伴神三座
002	敢国神社 あえくにじんじゃ	三重県伊賀市一之宮 国中　式　伊賀①	敢国津神（大彦命）、少彦名命、金山比咩命
003	赤間神宮 あかまじんぐう	山口県下関市阿弥陀寺町 官大	安徳天皇
004	淺間神社 あさまじんじゃ	山梨県笛吹市一宮町一ノ宮 国中　式名　甲斐①	木花開耶姫命
005	阿蘇神社 あそじんじゃ	熊本県阿蘇市一の宮町宮地 官大　式名　肥後①	健磐龍命、阿蘇都比咩命、国龍神、比咩御子神、彦御子神、若比咩神、新彦神、新比咩神、若彦神、弥比咩神、国造速瓶玉神、金凝神
006	熱田神宮 あつたじんぐう	愛知県名古屋市熱田区神宮 官大　勅　式名	熱田大神、（相殿）天照大神、素盞嗚尊、日本武尊、宮簀媛命、建稲種命
007	安仁神社 あにじんじゃ	岡山県岡山市東区西大寺一宮 国中　式名	五瀬命、稲氷命、御毛沼命、ほか
008	阿部野神社 あべのじんじゃ	大阪府大阪市阿倍野区北畠 別官	北畠顕家公、北畠親房公
009	井伊谷宮 いいのやぐう	静岡県浜松市北区引佐町井伊谷 官中	一品中務卿宗良親王
010	坐摩神社 いかすりじんじゃ	大阪府大阪市中央区久太郎町 官中　式名	生井神、福井神、綱長神、阿須波神、波比祇神
011	生國魂神社 いくくにたまじんじゃ	大阪府大阪市天王寺区生玉町 官大　式名	生島神、足島神、（相殿）大物主神
012	生島足島神社 いくしまたるしまじんじゃ	長野県上田市下之郷中池 国中　式名	生島神、足島神
013	生田神社 いくたじんじゃ	兵庫県神戸市中央区下山手通 官中　式名	稚日女尊
014	伊佐須美神社 いさすみじんじゃ	福島県大沼郡会津美里町宮林甲 国中　式名	伊弉諾尊、伊弉冉尊、建沼河別命、大毘古命
015	伊弉諾神宮 いざなぎじんぐう	兵庫県淡路市多賀 官大　式名　淡路①	伊弉諾大神、伊弉冉大神
016	伊豆山神社 いずさんじんじゃ	静岡県熱海市伊豆山上野地 国小	伊豆山神（火牟須比命、伊邪那岐命、伊邪那美命）
017	出石神社 いずしじんじゃ	兵庫県豊岡市出石町宮内 国中　式名　但馬①	天日槍命、出石八前大神
018	出雲大社 いずもおおやしろ	島根県出雲市大社町杵築東 官大　勅　式名　出雲①	大国主大神
019	出雲大神宮 いずもだいじんぐう	京都府亀岡市千歳町 国中　式名　丹波①	大国主命、三穂津姫命
020	石上神宮 いそのかみじんぐう	奈良県天理市布留町 官大　◎中七　式名	布都御魂大神、布留御魂大神、布都斯御魂大神、（配祀）五十瓊命、宇摩志麻治命、白河天皇、市川臣命
021	伊曽乃神社 いそのじんじゃ	愛媛県西条市中野甲 国中　式名	伊曽乃神（天照大神、武国凝別命）
022	伊太祁曽神社 いたきそじんじゃ	和歌山県和歌山市伊太祈曽 官中　式名	五十猛命、大屋津比売命、都麻津比売命
023	一之宮貫前神社 いちのみやぬきさきじんじゃ	群馬県富岡市一ノ宮 国中　式名　上野①	経津主神、比売大神
024	厳島神社 いつくしまじんぐう	広島県廿日市市宮島町 官中　式名　安芸①	市杵嶋姫命、田心姫命、湍津姫命

	神社名	所在地／旧社格ほか	祭神
025	出羽神社 いではじんじゃ	山形県鶴岡市羽黒町手向羽黒山 国小　式	伊氏波神、稲倉魂命
	月山神社 がっさんじんじゃ	山形県東田川郡庄内町立谷澤 官大　式名	月読命
	湯殿山神社 ゆどのさんじんじゃ	山形県鶴岡市田麦俣 国小	大山祇命、大己貴命、少彦名命
026	伊奈波神社 いなばじんじゃ	岐阜県岐阜市伊奈波通 国小	五十瓊敷入彦命、（配祀）渟熨斗命、日葉酢命、彦多都彦命、物部十千根命
027	射水神社 いみずじんじゃ	富山県高岡市古城 国中　式名	二上神
028	忌宮神社 いみのみやじんじゃ	山口県下関市長府宮の内町 国小	仲哀天皇、神功皇后、応神天皇
029	彌彦神社 いやひこじんじゃ	新潟県西蒲原郡弥彦村弥彦 国中　式名　越後①	天香山命
030	岩木山神社 いわきやまじんじゃ	青森県弘前市百沢字寺沢 国小	顕国魂神、多都比姫神、宇賀能売神、大山祇神、坂上刈田麿命
031	石清水八幡宮 いわしみずはちまんぐう	京都府八幡市八幡高坊 官大　勅　◎上七	誉田別尊、比咩大神、神功皇后
032	伊和神社 いわじんじゃ	兵庫県宍粟市一宮町須行名 国中　式名　播磨①	大己貴神、（配祀）少彦名神、下照姫神
033	忌部神社 いんべじんじゃ	徳島県徳島市二軒屋町 国中　式名	天日鷲命
034	上杉神社 うえすぎじんじゃ	山形県米沢市丸の内 別官	上杉謙信公、上杉治憲（鷹山）公
035	宇佐神宮 うさじんぐう	大分県宇佐市南宇佐 官大　勅　式名　豊前①	応神天皇、比売大神、神功皇后
036	鵜戸神宮 うどじんぐう	宮崎県日南市宮浦 官大	日子波瀲武鸕鷀草葺不合尊、（相殿）大日孁貴尊、天忍穂耳尊、彦火瓊々杵尊、彦火火出見尊、神日本磐余彦尊
037	宇倍神社 うべじんじゃ	鳥取県鳥取市国府町宮下 国中　式名　因幡①	武内宿禰
038	梅宮大社 うめのみやたいしゃ	京都府京都市右京区梅津フケノ川町 官中　◎下八　式名	酒解神、酒解子神、大若子神、子若子神、（相殿）嵯峨天皇、仁明天皇、橘清友公、橘嘉智子
039	近江神宮 おうみじんぐう	滋賀県大津市神宮町 官大　勅	天智天皇
040	大縣神社 おおあがたじんじゃ	愛知県犬山市宮山 国中　式名	大県大神
041	大麻比古神社 おおあさひこじんじゃ	徳島県鳴門市大麻町板東 国中　式名　阿波①	大麻比古神、猿田彦大神
042	大洗磯前神社 おおあらいいそさきじんじゃ	茨城県東茨城郡大洗町磯浜町 国中　式名	大己貴神、（配祀）少彦名命
043	大神山神社 おおかみやまじんじゃ	鳥取県米子市尾高 国小	大己貴命
044	大國魂神社 おおくにたまじんじゃ	東京都府中市宮町 官小	大国魂大神、御霊大神、小野大神、小河大神、氷川大神、秩父大神、金佐奈大神、杉山大神、国内諸神
045	大鳥神社 おおとりじんじゃ	大阪府堺市西区鳳北町 官大　式名　和泉①	日本武尊、大鳥連祖神
046	大原野神社 おおはらのじんじゃ	京都府京都市西京区大原野南春日町 官中　◎中七　？	建御賀豆智命、伊波比主命、天之子八根命、比咩大神
047	大神神社 おおみわじんじゃ	奈良県桜井市三輪 官大　◎中七　式名　大和①	大物主大神、（配祀）大己貴神、少彦名神
048	大山祇神社 おおやまずみじんじゃ	愛媛県今治市大三島町宮浦 国大　式名　伊予①	大山積神

	神社名	所在地／旧社格ほか	祭神
049	大和神社 おおやまとじんじゃ	奈良県天理市新泉町星山 官大　◎中七　式名	大和大国魂神、八千戈神、御年神
050	小國神社 おくにじんじゃ	静岡県周智郡森町一宮 国小　式　遠江①	大己貴命
051	雄山神社 おやまじんじゃ	富山県中新川郡立山町岩峅寺 国小　式	伊邪那岐神、天手力雄神
052	尾山神社 おやまじんじゃ	石川県金沢市尾山町 別官	前田利家公
053	尾張大国霊神社 おわりおおくにたまじんじゃ	愛知県稲沢市国府宮 国小　式	尾張大国霊神
054	嘉義神社 かぎじんじゃ	台湾台南州嘉義市山子頂 国小	天照大神、大國魂命、大己貴命、少彦根名命、能久親王
055	鹿児島神宮 かごしまじんぐう	鹿児島県霧島市隼人町内 官大　式名　大隅①	天津日高彦穂穂出見尊、豊玉比売命、帯中比子尊（仲哀天皇）、息長帯比売命（神功皇后）、品陀和気尊（応神天皇）、中比売命（同皇后）
056	香椎宮 かしいぐう	福岡県福岡市東区香椎 官大　勅	仲哀天皇、神功皇后、（配祀）応神天皇、住吉大神
057	橿原神宮 かしはらじんぐう	奈良県橿原市久米町 官大　勅	神武天皇、媛蹈韛五十鈴媛命
058	鹿島神宮 かしまじんぐう	茨城県鹿嶋市宮中 官大　勅　式名　常陸①	武甕槌大神
059	春日大社 かすがたいしゃ	奈良県奈良市春日野町 官大　勅　◎上七　式名	武甕槌命、経津主命、天児屋根命、比売神
060	香取神宮 かとりじんぐう	千葉県香取市香取 官大　勅　式名　下総①	経津主大神
061	金鑽神社 かなさなじんじゃ	埼玉県児玉郡神川町二ノ宮 官中　式名	天照大神、素盞嗚尊、（配祀）日本武尊
062	金崎宮 かねがさきぐう	福井県敦賀市金ケ崎町 官中	尊良親王、恒良親王
063	鎌倉宮 かまくらぐう	神奈川県鎌倉市二階堂 官中	護良親王
064	竈門神社 かまどじんじゃ	福岡県太宰府市内山御供屋谷 官小　式名	玉依姫命、（相殿）神功皇后、応神天皇
065	竈山神社 かまやまじんじゃ	和歌山県和歌山市和田 官大　式	彦五瀬命、ほか12柱
066	賀茂御祖神社 かもみおやじんじゃ	京都府京都市左京区下鴨泉川町 官大　勅　◎上七　式名　山城①	（東殿）玉依媛命、（西殿）賀茂建角身命
067	賀茂別雷神社 かもわけいかずちじんじゃ	京都府京都市北区上賀茂本山 官大　勅　◎上七　式名　山城①	賀茂別雷大神
068	唐澤山神社 からさわやまじんじゃ	栃木県佐野市富士町 別官	藤原秀郷公
069	咸興神社 かんこうじんじゃ	朝鮮咸鏡南道咸興府東雲町 国小	天照大神、國魂大神
070	神部神社／浅間神社／大歳御祖神社 かんべじんじゃ／あさまじんじゃ／おおとしみおやじんじゃ	静岡県静岡市葵区宮ケ崎町 国小	（神部神社）大己貴命、（浅間神社）木花開耶姫命、（大歳御祖神社）大歳御祖命
071	菊池神社 きくちじんじゃ	熊本県菊池市隈府 別官	菊池武時公、菊池武重公、菊池武光公
072	北野天満宮 きたのてんまんぐう	京都府京都市上京区馬喰町 官中　◎下八	菅原道真公、（相殿）中将殿、吉祥女
073	北畠神社 きたばたけじんじゃ	三重県津市美杉町上多気 別官	北畠顕能公

	神社名	所在地／旧社格ほか	祭神
074	吉備津神社 きびつじんじゃ	岡山県岡山市北区吉備津 官中　式名　備中①　▽	大吉備津彦命、ほか8柱
075	吉備津神社 きびつじんじゃ	広島県福山市新市町宮内 国小　　備後①　▽	大吉備津彦命
076	吉備津彦神社 きびつひこじんじゃ	岡山県岡山市北区一宮 国小　　備前①	大吉備津彦命、(相殿)孝霊、孝元、開化、崇神天皇、天足彦国押人命、ほか5柱
077	貴船神社 きぶねじんじゃ	京都府京都市左京区鞍馬貴船町 官中　◎下八　式名	高龗神
078	霧島神宮 きりしまじんぐう	鹿児島県霧島市霧島田口 官大　式	天饒石国饒石天津日高彦火瓊瓊杵尊、(相殿)木花咲耶姫尊、彦火火出見尊、豊玉媛尊、鸕鷀草葺不合尊、玉依姫尊、神日本磐余彦命
079	久能山東照宮 くのうさんとうしょうぐう	静岡県静岡市駿河区根古屋 別官	源家康公、(相殿)豊臣秀吉公、平信長公
080	熊野大社 くまのたいしゃ	島根県松江市八雲町熊野 国大　式名	加夫呂伎熊野大神櫛御気野命(素盞嗚尊)
081	熊野那智大社 くまのなちたいしゃ	和歌山県東牟婁郡那智勝浦町那智山 官中	熊野夫須美大神、ほか12柱
082	熊野速玉大社 くまのはやたまたいしゃ	和歌山県新宮市新宮 官大　式名	熊野速玉大神、熊野夫須美大神、ほか13柱
083	熊野本宮大社 くまのほんぐうたいしゃ	和歌山県田辺市本宮町本宮 官大　式名	家津御子大神、ほか天神地祇11柱
084	京城神社 けいじょうじんじゃ	朝鮮京畿道京城府倭城台町 国小	天照大神、國魂大神、大已貴命、少彦名命
085	気多大社 けたたいしゃ	石川県羽咋市寺家町 国大　式名　能登①	大已貴命
086	氣比神宮 けひじんぐう	福井県敦賀市曙町 官大　式名　越前①	伊奢沙別命、帯中津彦命(仲哀天皇)、息長帯姫命(神功皇后)、誉田別命(応神天皇)、日本武尊、玉妃命、武内宿禰命
087	江原神社 こうげんじんじゃ	朝鮮江原道春川郡春川邑 国小	天照大神、明治天皇、國魂大神、素盞嗚尊
088	光州神社 こうしゅうじんじゃ	朝鮮全羅南道光州府亀岡町 国小	天照大神、國魂大神
089	高良大社 こうらたいしゃ	福岡県久留米市御井町 国大　式名　筑後①	高良玉垂命、(相殿)八幡大神、住吉大神
090	護王神社 ごおうじんじゃ	京都府京都市上京区桜鶴円町 別官	和気清麻呂公、和気広虫姫
091	古四王神社 こしおうじんじゃ	秋田県秋田市寺内児桜 国小	武甕槌命、大毘古命(大彦命)
092	金刀比羅宮 ことひらぐう	香川県仲多度郡琴平町 国中	大物主命、(相殿)崇徳天皇
093	籠神社 このじんじゃ	京都府宮津市大垣 国中　式名　丹後①	彦火明命、(相殿)天照大神、豊受大神、海神、天水分神
094	駒形神社 こまがたじんじゃ	岩手県奥州市水沢中上野町 国小　式	駒形大神(天照大御神、天常立尊、国狭槌尊、吾勝尊、置瀬尊、彦火火出見尊)
095	小御門神社 こみかどじんじゃ	千葉県成田市名古屋 別官	藤原師賢公
096	佐嘉神社 さがじんじゃ	佐賀県佐賀市松原 別官	鍋島直正命、鍋島直広命
097	酒列磯前神社 さかつらいそさきじんじゃ	茨城県ひたちなか市磯崎町 国中　式名	少彦名命、(配祀)大己貴神
098	西寒多神社 ささむたじんじゃ	大分県大分市寒田 国中　式名　豊後①	月読尊、天照大御神、天忍穂耳尊

	神社名	所在地／旧社格ほか	祭神
099	佐太神社 さだじんじゃ	島根県松江市鹿島町佐陀宮内 国小　式	佐太大神、伊弉諾尊、伊弉冉尊、速玉之男命、事解男命、天照大神、瓊々杵尊、素盞嗚尊、ほか秘説四座
100	寒川神社 さむかわじんじゃ	神奈川県高座郡寒川町宮山 国中　式名　相模①	寒川比古命、寒川比女命
101	志賀海神社 しかうみじんじゃ	福岡県福岡市東区志賀島 官小　式名	底津綿津見神、中津綿津見神 、表津綿津見神
102	四條畷神社 しじょうなわてじんじゃ	大阪府四條畷市南野 別官	楠木正行公、ほか24柱
103	倭文神社 しとりじんじゃ	鳥取県東伯郡湯梨浜町宮内 国小　式　伯耆①	建葉槌命、(配祀)下照姫命、建御名方命、天稚彦命、事代主命、少彦名命、味耜高彦根命
104	白峯神宮 しらみねじんぐう	京都府京都市上京区飛鳥井町 官大	崇徳天皇、淳仁天皇
105	白山比咩神社 しらやまひめじんじゃ	石川県白山市三宮町 国中　式　加賀①	白山比咩大神(菊理媛神)、伊弉諾神、伊弉冉神
106	志波彦神社／鹽竈神社 しわひこじんじゃ／しおがまじんじゃ	宮城県塩竈市一森山 国中　式名　(鹽)陸奥①	(志)志波彦神、(鹽)塩土老翁神、武甕槌神、経津主神
107	新竹神社 しんちくじんじゃ	台湾新竹州新竹市客雅 国小	大國魂命、大己貴命、少彦名命、能久親王
108	菅生石部神社 すごういそべじんじゃ	石川県加賀市大聖寺敷地 国小　式	菅生石部大神
109	須佐神社 すさじんじゃ	島根県出雲市佐田町須佐 国小　式	須佐之男命、ほか2柱
110	住吉神社 すみよしじんじゃ	山口県下関市一の宮住吉 官中　式名　長門①	表筒男命、中筒男命、底筒男命、(第二殿)応神天皇、(第三殿)武内宿禰命、(第四殿)神功皇后、(第五殿)建御名方命
111	住吉神社 すみよしじんじゃ	福岡県福岡市博多区住吉 官小　式名　筑前①	表筒男命、中筒男命、底筒男命、(配祀)天照皇大神、息長足姫命
112	住吉神社 すみよしじんじゃ	長崎県壱岐市芦辺町住吉東触 国中　式名	住吉大神(底筒男命、中筒男命、表筒男命)、(配祀)八千戈神
113	住吉大社 すみよしたいしゃ	大阪府大阪市住吉区住吉 官大　◎中七　式名　摂津①	底筒男命、中筒男命、表筒男命、息長足姫命
114	諏訪大社(上社本宮) すわたいしゃ 諏訪大社(下社秋宮) すわたいしゃ	長野県諏訪市中洲宮山 官大　式名　信濃① 長野県諏訪郡下諏訪町 官大　式名　信濃①	建御名方神、八坂刀売神
115	全州神社 ぜんしゅうじんじゃ	朝鮮全羅北道全州府華山町 国小	天照大神、明治天皇、國魂大神
116	大邱神社 たいきゅうじんじゃ	朝鮮慶尚北道大邱府達城町 国小	天照大神、國魂大神
117	台中神社 たいちゅうじんじゃ	台湾台中州台中市新高町 国小	大國魂命、大己貴命、少彦名命、能久親王
118	台南神社 たいなんじんじゃ	台湾台南州台南市南門町 官中	能久親王
119	高瀬神社 たかせじんじゃ	富山県南砺市高瀬 国小　式　越中①	大己貴命、(配祀)天活玉命、五十猛命
120	多賀大社 たがたいしゃ	滋賀県犬上郡多賀町多賀 官大　式	伊邪那岐大神、伊邪那美大神
121	建勲神社 たけいさおじんじゃ	京都府京都市北区紫野北舟岡町 別官	織田信長公、(配祀)織田信忠公
122	建部大社 たけべたいしゃ	滋賀県大津市神領 官大　式名　近江①	日本武尊、(配祀)天明玉命、大己貴命
123	太宰府天満宮 だざいふてんまんぐう	福岡県太宰府市宰府 官中	菅原道真公

	神社名	所在地／旧社格ほか	祭神
124	田島神社 たしまじんじゃ	佐賀県唐津市呼子町加部島 国中　式名	田心姫尊、市杵島姫尊（命）、湍津姫尊（命）、（配祀）大山祇神、稚武王尊
125	龍田大社 たつたたいしゃ	奈良県生駒郡三郷町立野南 官大　◎中七　式名	天御柱命、国御柱命（龍田風神）
126	多度大社 たどたいしゃ	三重県桑名市多度町多度 国大　式名	天津彦根命、天目一箇命
127	玉前神社 たまさきじんじゃ	千葉県長生郡一宮町一宮 国中　式名　上総①	玉依姫命
128	玉祖神社 たまのおやじんじゃ	山口県防府市大崎 国中　式　周防①	玉祖命、ほか1柱
129	田村神社 たむらじんじゃ	香川県高松市一宮町 国中　式名　讃岐①	倭迹迹日百襲姫、五十狭芹彦命、猿田彦大神、天隠山命、天五田根命
130	談山神社 たんざんじんじゃ	奈良県桜井市多武峰 別官	藤原鎌足公
131	千栗八幡宮 ちくりはちまんぐう	佐賀県三養基郡みやき町白壁 国小　式　肥前①	応神天皇、仲哀天皇、神功皇后、ほか4柱
132	秩父神社 ちちぶじんじゃ	埼玉県秩父市番場町 国小　式	八意思兼命、知知夫彦命、天之御中主神、秩父宮雍仁親王
133	鳥海山大物忌神社 ちょうかいざんおおものいみじんじゃ	山形県飽海郡遊佐町吹浦 国中　式名　出羽①	大物忌大神
134	朝鮮神宮（①廃絶） ちょうせんじんぐう	京畿道京城府 官大　勅	天照大神、明治天皇
135	鎮西大社諏訪神社 ちんぜいたいしゃすわじんじゃ	長崎県長崎市上西山町 国中	建御名方命、八坂刀売命、ほか5柱
136	津島神社 つしまじんじゃ	愛知県津島市神明町 国小	建速須佐之男命、大己牟遅命
137	都々古別神社 つつこわけじんじゃ	福島県東白川郡棚倉町八槻大宮 国中　式名　陸奥①	味耜高彦根命、（配祀）日本武尊
138	都都古別神社 つつこわけじんじゃ	福島県東白川郡棚倉町棚倉馬場 国中　式名　陸奥①	味耜高彦根命、（配祀）日本武尊
139	都農神社 つのじんじゃ	宮崎県児湯郡都農町大字川北 国小　式　日向①	大己貴命
140	鶴岡八幡宮 つるがおかはちまんぐう	神奈川県鎌倉市雪ノ下 国中	応神天皇、比売神、神功皇后
141	劔神社 つるぎじんじゃ	福井県丹生郡越前町織田 国小　式	素盞嗚大神、（配祀）気比大神、忍熊王
142	照國神社 てるくにじんじゃ	鹿児島県鹿児島市照国町 別官	島津斉彬公
143	東照宮 とうしょうぐう	栃木県日光市山内 別官	徳川家康公、（相殿）豊臣秀吉公、源頼朝卿
144	戸隠神社 とがくしじんじゃ	長野県長野市戸隠 国小	天手力男命、九頭龍大神、天八意思兼命、天表春命、天鈿女命
145	砥鹿神社 とがじんじゃ	愛知県豊川市一宮町西垣内 国小　式　三河①	大己貴命
146	常磐神社 ときわじんじゃ	茨城県水戸市常磐町 別官	高譲味道根命（徳川光圀公）、押健男国之御楯命（徳川斉昭公）
147	土佐神社 とさじんじゃ	高知県高知市一宮しなね 国中　式名　土佐①	味鉏高彦根神
148	豊国神社 とよくにじんじゃ	京都府京都市東山区茶屋町 別官	豊臣秀吉公
149	豊榮神社 とよさかじんじゃ	山口県山口市天花 別官	毛利元就公
150	長田神社 ながたじんじゃ	兵庫県神戸市長田区長田町 官中　式名	事代主神（於天事代於虚事代玉籤入彦厳之事代主神）

	神社名	所在地／旧社格ほか	祭神
151	中山神社 なかやまじんじゃ	岡山県津山市一宮 国中　式名　美作①	鏡作神、(相殿)天糠戸神、石凝姥神(吉備武彦命、大己貴神とも)
152	梨木神社 なしのきじんじゃ	京都府京都市上京区染殿町 別官	三条実万公、三条実美公
153	波上宮 なみのうえぐう	沖縄県那覇市若狭 官小	伊奘冉尊、速玉男尊、事解男尊
154	名和神社 なわじんじゃ	鳥取県西伯郡大山町名和 別官	名和伯耆守源朝臣長年公、一族以下42柱
155	南宮大社 なんぐうたいしゃ	岐阜県不破郡垂井町宮代 国大　式名　美濃①	金山彦命、彦火火出見命、見野命
156	南洋神社 なんようじんじゃ	南洋群島パラオ諸島コロール島アルミズ高地 官大	天照大神
157	丹生川上神社 にうかわかみじんじゃ	奈良県吉野郡東吉野村小 官大　◎下八　式名	罔象女神
	丹生川上神社(上社) にうかわかみじんじゃ	奈良県吉野郡川上村迫 官大　◎下八　式名	高龗神
	丹生川上神社(下社) にうかわかみじんじゃ	奈良県吉野郡下市町長谷 官大　◎下八　式名	闇龗神
158	新田神社 にったじんじゃ	鹿児島県薩摩川内市宮内町 国中　薩摩①	天津日高彦火瓊瓊杵尊
159	沼名前神社 ぬなくまじんじゃ	広島県福山市鞆町後地 国小　式	大綿津見命、(配祀)素盞嗚命
160	野田神社 のだじんじゃ	山口県山口市天花 別官	毛利敬親公、毛利元徳公
161	筥崎宮 はこざきぐう	福岡県福岡市東区箱崎 官大　式名　筑前①	応神天皇、神功皇后、玉依姫命
162	函館八幡宮 はこだてはちまんぐう	北海道函館市谷地頭町 国中	品陀和気命、住吉大神、金刀比羅大神
163	箱根神社 はこねじんじゃ	神奈川県足柄下郡箱根町元箱根 国小　式	瓊瓊杵尊、木花咲耶姫命、彦火火出見尊
164	速谷神社 はやたにじんじゃ	広島県廿日市市上平良 国中　式名	飽速玉男命(別名、速谷神)
165	日枝神社 ひえじんじゃ	東京都千代田区永田町 官大	大山咋神、(相殿)国常立神、伊弉冉神、足仲彦尊
166	氷川神社 ひかわじんじゃ	埼玉県さいたま市大宮区高鼻町 官大　勅　式名　武蔵①	須佐之男命、稲田姫命、大己貴命
167	英彦山神宮 ひこさんじんぐう	福岡県田川郡添田町英彦山 官中	天之忍穂耳尊、(配神)伊耶那岐尊、伊耶那美尊
168	飛驒一宮水無神社 ひだいちのみやみなしじんじゃ	岐阜県高山市一之宮町 国小　式　飛驒①	御歳大神、天火明命、応神天皇、神武天皇、ほか多数
169	日前神宮／國懸神宮 ひのくまじんぐう／くにかかすじんぐう	和歌山県和歌山市秋月 官大　式名　紀伊①	(日前)日前大神、(日前相殿)思兼命、石凝姥命 (國懸)國懸大神、(國懸相殿)玉祖命、明立天御影命、鈿女命
170	日御碕神社 ひのみさきじんじゃ	島根県出雲市大社町日御碕 国小　式	神素盞嗚尊、天照大日孁貴、ほか
171	日吉大社 ひよしたいしゃ	滋賀県大津市坂本 官大　◎下八　式名	大己貴神、(東本宮)大山咋神
172	枚岡神社 ひらおかじんじゃ	大阪府東大阪市出雲井町 官大　式名 河内①	(第一殿)天児屋根命、(第二殿)比売御神、(第三殿)経津主命、(第四殿)武甕槌命
173	枚聞神社 ひらききじんじゃ	鹿児島県指宿市開聞十町 国小　式　薩摩①	大日孁貴命、天之忍穂耳命、天之穂日命、天彦根命、活津彦根命、熊野樟日命、多紀理比売命、狭依毘売命、多岐津比売命
174	平野神社 ひらのじんじゃ	京都府京都市北区平野宮本町 官大　◎上七　式名	今木神、久度神、古開神、比売神

	神社名	所在地／旧社格ほか	祭神
175	廣瀬大社 ひろせたいしゃ	奈良県北葛城郡河合町川合 官大　◎中七　式名	若宇加能売命、櫛玉命、穂雷命
176	廣田神社 ひろたじんじゃ	兵庫県西宮市大社町 官大　◎下八　式名	天照大御神荒御魂、(脇殿)住吉大神、ほか
177	福井神社 ふくいじんじゃ	福井県福井市大手 別官	松平慶永公
178	藤崎八旛宮 ふじさきはちまんぐう	熊本県熊本市中央区井川淵町 国小	応神天皇、(相殿)神功皇后、住吉三神
179	富士山本宮浅間大社 ふじさんほんぐうせんげんたいしゃ	静岡県富士宮市宮町 官大　式名　駿河①	木花之佐久夜毘売命
180	藤島神社 ふじしまじんじゃ	福井県福井市毛矢 別官	新田義貞公、(配祀)新田義宗卿、脇屋義助卿、ほか一族将兵
181	伏見稲荷大社 ふしみいなりたいしゃ	京都府京都市伏見区深草藪之内町 官大　◎上七　式名	宇迦之御魂大神、佐田彦大神、大宮能売大神、田中大神、四大神
182	二荒山神社 ふたらさんじんじゃ	栃木県日光市山内 国中　下野①	二荒山大神(大己貴神、田心姫命、味耜高彦根命)
183	二荒山神社 ふたらやまじんじゃ	栃木県宇都宮市馬場通り 国中　式名　下野①	豊城入彦命
184	扶余神宮 ふよじんぐう	朝鮮忠清南道扶余郡扶余面 官大	応神天皇、斎明天皇、天智天皇、神功皇后
185	平安神宮 へいあんじんぐう	京都府京都市左京区岡崎西天王町 官大　勅	桓武天皇、孝明天皇
186	平壌神社 へいじょうじんじゃ	朝鮮平安南道平壌府慶上里 国小	天照大神、國魂大神
187	穂高神社 ほたかじんじゃ	長野県南安曇郡穂高町穂高 国小　式名	穂高見命、綿津見命、瓊瓊杵命
188	北海道神宮 ほっかいどうじんぐう	北海道札幌市中央区宮ヶ丘 官大	大国魂神、大那牟遅神、少彦名神、明治天皇
189	真清田神社 ますみだじんじゃ	愛知県一宮市真清田 国中　式名　尾張①	天火明命
190	松尾大社 まつのおたいしゃ	京都府京都市西京区嵐山宮町 官大　◎上七　式名	大山咋神、市杵島姫神
191	御上神社 みかみじんじゃ	滋賀県野洲市三上 官中　式名	天之御影命
192	水若酢神社 みずわかすじんじゃ	島根県隠岐郡隠岐の島町郡 国中　式名　隠岐①	水若酢命、(配祀)中言神、鈴御前
193	水無瀬神宮 みなせじんぐう	大阪府三島郡島本町広瀬 官大	後鳥羽天皇、土御門天皇、順徳天皇
194	湊川神社 みなとがわじんじゃ	兵庫県神戸市中央区多聞通 別官	楠木正成公、(配祀)楠木正行卿、楠木正季卿、以下一族16柱ならびに菊池武吉卿
195	美保神社 みほじんじゃ	島根県松江市美保関町美保関 国中　式	事代主神、三穂津姫命
196	宮崎神宮 みやざきじんぐう	宮崎県宮崎市神宮 官大	神日本磐余彦尊、鸕鷀草葺不合尊、玉依姫命
197	宗像大社 むなかたたいしゃ	福岡県宗像市田島 官大　式名	田心姫神、湍津姫神、市杵島姫神
198	明治神宮 めいじじんぐう	東京都渋谷区代々木神園町 官大　勅	明治天皇、昭憲皇太后
199	物部神社 もののべじんじゃ	島根県大田市川合町川合 国小　式　石見①	宇摩志麻遅命、(相殿)饒速日命、布都霊神、天御中主大神、天照大神
200	八坂神社(祇園社) やさかじんじゃぎおんしゃ	京都府京都市東山区祇園町北側 官大　◎下八	素盞嗚尊、櫛稲田姫命、八柱御子神、ほか
201	靖国神社 やすくにじんじゃ	東京都千代田区九段北 別官　勅	幕末以来大東亜戦争までの国事殉難の英霊

	神社名	所在地／旧社格ほか	祭神
202	八代宮 やつしろぐう	熊本県八代市松江城町 官中	懐良親王、(配祀)良成親王
203	山内神社 やまうちじんじゃ	高知県高知市鷹匠町 別官	土佐藩歴代藩主
204	結城神社 ゆうきじんじゃ	三重県津市藤方 別官	結城宗広公、(配祀)結城親光、一族殉難将士
205	柞原八幡宮 ゆすはらはちまんぐう	大分県大分市八幡 国小　豊後①	仲哀天皇、応神天皇、神功皇后
206	吉田神社 よしだじんじゃ	京都府京都市左京区吉田神楽岡町 官中　◎下八	健御賀豆知命、伊波比主命、天之子八根命、比売神
207	吉野神宮 よしのじんぐう	奈良県吉野郡吉野町吉野山 官大	後醍醐天皇
208	龍頭山神社 りゅうとうさんじんじゃ	朝鮮慶尚南道釜山府弁天町 国小	天照大神、國魂大神、大物主神、表筒男命、中筒男命、底筒男命
209	霊山神社 りょうぜんじんじゃ	福島県伊達市霊山町大石 別官	北畠親房公、北畠顕家公、北畠顕信公、北畠守親公
210	若狭彦神社(上社) わかさひこじんじゃ	福井県小浜市龍前 国中　式名　若狭①	(彦)彦火火出見尊、(姫)豊玉姫命
	若狭姫神社(下社) わかさひめじんじゃ	福井県小浜市遠敷 国中　式名　若狭①	
211	度津神社 わたつじんじゃ	新潟県佐渡市羽茂飯岡 国小　式　佐渡①	五十猛命
212	海神社 わたつみじんじゃ	兵庫県神戸市垂水区宮本町 官中　式名	底津綿津見神、上津綿津見神、中津綿津見神 、(相殿)大日孁貴尊
213	海神神社 わたつみ(かいじん)じんじゃ	長崎県対馬市峰町木坂 国中　式名　対馬①	豊玉姫命、(配祀)彦火火出見命、鸕鷀草葺不合尊、宗像神、道主貴神

〔注〕
・皇室にゆかりのある神社および天皇皇族が祭神となっている神社のうち、神宮（伊勢の神宮）および次の「社格」に該当するものを示した。
・配列順については、神宮（伊勢の神宮）を除いて社名の50音順に掲げた。
・「旧社格ほか」欄は近代社格および式内社、名神大社、勅祭社、二十二社、各国の一宮を略号で示した。
官大＝官幣大社　国大＝国幣大社　官中＝官幣中社　国中＝国幣中社　官小＝官幣小社　国小＝国幣小社　別官＝別格官幣社　式＝式内社（名＝名神大社）　勅＝勅祭社　◎＝二十二社（上七＝上七社、中七＝中七社、下八＝下八社）　旧国名①＝各国の一宮
・近代社格および一宮は『神道事典』（弘文堂）、式内社は『延喜式』（国史大系）、勅祭社および二十二社は『国史大辞典』（吉川弘文館）、所在地は『全国著名神社名鑑』（平成17年、神社新報社）『全国神社名鑑』（昭和52年、全国神社名鑑刊行会史学センター）、祭神名は『神道事典』『神社手帳』『国史大辞典』などによった。掲げきれないものについては「ほか～」などとした場合もある。
※　神宮（伊勢の神宮）の所在地については、神宮司庁の所在地を示した。

【式内社一覧】

〔注〕『新訂増補國史大系』本『延喜式』巻第九～巻第十所載社を示した。上の表に対応社がある場合、（　）内に表番号を示した。名神大社については社名の冒頭に*印を付した。

■宮中・京中

【宮中神】

〔神祇官西院坐御巫等祭神〕 神産日神、高御産日神、玉積産日神、生産日神、足産日神、大宮賣神、御食津神、事代主神、生井神、福井神社、綱長井神、波比祇神、阿須波神、櫛石窓神、豊石窓神、生嶋神、足嶋神

〔宮内省坐神〕 *園神社、*韓神社（二座）

〔大膳職坐神〕 御食津神社、火雷神社、高倍神社

〔造酒司坐神〕 大宮賣神社（四座）、酒殿神社（二座）、酒弥豆男神、酒弥豆女神

〔主水司坐神〕 鳴雷神社

【京中坐神】

〔左京二条坐神社〕 太詔戸命神、久慈眞智命神

〔同京四条坐神〕 隼神社

■畿内

【山城國】

〔乙訓郡〕 羽束師坐高御産日神社、與杼神社、大井神社、*乙訓坐大雷神社、石作神社、走田神社、御谷神社、國中神社、向神社、大歳

神社、茨田神社、石井神社、神川神社、久何神社、簀原神社、小倉神社、入野神社、*自玉手祭來酒解神社、神足神社
〔**葛野郡**〕*葛野坐月讀神社、*木嶋坐天照御魂神社、堕川神社、阿刀神社、*松尾神社（二座）（190）、深川神社、堕川御上神社、櫟谷神社、*平野祭神（四社）（174）、*梅宮坐神（四社）（038）、*天津石門別稚姫神社、伴氏神社、大酒神社
〔**愛宕郡**〕*賀茂別雷神社（067）、出雲井於神社、*賀茂御祖神社（二座）（066）、出雲高野神社、賀茂山口神社、賀茂波爾神社、小野神社（二座）、久我神社、末刀神社、須波神社、伊多太神社、*貴布祢神社（077）、*鴨川合坐小社宅神社、鴨岡太神社、太田神社、*三井神社、大柴神社、高橋神社、片山御子神社
〔**紀伊郡**〕御諸神社、*稲荷神社（三座）（181）、大椋神社、飛鳥田神社、眞幡寸神社（二座）
〔**宇治郡**〕宇治神社（二座）、日向神社、*許波多神社（三座）、天穂日命神社、宇治彼方神社、*山科神社（二座）
〔**久世郡**〕石田神社、水主神社（十座）、荒見神社、双栗神社（三座）、水度神社（三座）、旦椋神社、伊勢田神社（三座）、巨椋神社、室城神社
〔**綴喜郡**〕樺井月神社、朱智神社、月讀神社、咋岡神社、高神社、内神社（二座）、粟神社、棚倉孫神社、佐牙乃神社、酒屋神社、甘南備神社、天神社、地祇神社
〔**相楽郡**〕祝園神社、和伎坐天乃夫支賣神社、綺原坐健伊那大比賣神社、相楽神社、岡田鴨神社、岡田國神社
【大和國】
〔**添上郡**〕鳴雷神社、率川坐大神神御子神社（三座）、狭岡神社（八座）、率川阿波神社、宇奈太理坐高御魂神社、和介坐赤坂比古神社、穴吹神社、和介下神社（二座）、奈良豆比古神社、神波多神社、高橋神社、太祝詞神社、宅布世神社、大和日向神社、夜支布山口神社、春日神社、賣太神社、*春日祭神（四座）（059）、赤穂神社、嶋田神社、御前社「原」石立命神社、天乃石吸神社、五百立神社、天乃石立神社
〔**添下郡**〕矢田坐久志玉比古神社（二座）、添御縣坐神社、菅田比賣神社（二座）、佐紀神社、菅原神社、登彌神社、菅田神社、伊射奈岐神社
〔**平群郡**〕*龍田坐天御柱國御柱神社（二座）（125）、龍田比古龍田比女神社（二座）、往馬坐伊古麻都比古神社（二座）、平群石床神社、伊古麻山口神社、平群神社（五座）、久度神社、*平郡坐紀氏神社、猪上神社、船山神社、御櫛神社、神岳神社、雲甘寺坐楢本神社
〔**廣瀬郡**〕*廣瀬坐和加宇加賣命神社（176）、讃岐神社、櫛玉比女命神社、穂雷命神社、於神社
〔**葛上郡**〕*鴨都波八重事代主命神社（二座）、*葛木御歳神社、*葛木坐一言主神社、多太神社、長柄神社、巨勢山口神社、*葛木水分神社、鴨山口神社、*高天彦神社、葛木大重神社、大穴持神社、大倉比賣神社、*高鴨阿治須岐託彦根命神社（四座）
〔**葛下郡**〕葛木倭文坐天羽雷命神社、*片岡坐神社、長尾神社、石園坐多久虫玉神社（二座）、調田坐一事尼古神社、金村神社、葛木御縣神社、深溝神社、*火幡神社、志都美神社、伊射奈岐神社、當麻都比古神社（二座）、當麻山口神社、大坂山口神社、葛木二上神社（二座）
〔**忍海郡**〕爲志神社、*葛木坐火雷神社（二座）
〔**宇智郡**〕宇智神社、阿陀比賣神社、荒木神社、丹生川神社、二見神社、宮前霹靂神社、火雷神社、高天岸野神社、落杣神社、高天山佐太雄神社、一尾背神社
〔**吉野郡**〕吉野水分神社、吉野山口神社、*大名持神社、*丹生川上神社（157）、*金峯神社、高桙神社、川上鹿鹽神社、伊波多神社、波寶神社、波比賣神社
〔**宇陀郡**〕宇太水分神社、阿紀神社、門僕神社、丹生神社、御杖神社、椋下神社、高角神社（二座）、八咫烏神社、味坂比賣命神社、御井神社、岡田小粂命神社、神御子美牟須比女命神社、櫻実神社、劍主神社、室生龍穴神社、都賀那木神社
〔**城上郡**〕*大神大物主神社（047）、神坐日向神社、*穴師坐兵主神社、巻向坐若御魂神社、他田坐天照御魂神社、志貴御縣坐神社、狭井坐大神荒魂神社（五座）、忍坂坐生根神社、長谷山口神社、忍坂山口坐神社、等弥神社、殖栗神社、水口神社、桑内神社（二座）、曳田神社（二座）、宇太依田神社、玉烈神社、

伊射奈岐神社、綱越神社、稌代神社、穴師大兵主神社、若櫻神社、堝倉神社、*高屋安倍神社（三座）、*宗像神社（三座）
〔城下郡〕村屋坐弥富都比賣神社、池坐朝霧黄幡比賣神社、鏡作坐天照御魂神社、千代神社、岐多志太神社（二座）、倭恩智神社、比賣久波神社、服部神社（二座）、富都神社、絲井神社、村屋神社（二座）、鏡作伊多神社、鏡作麻氣神社、久須々美神社
〔高市郡〕高市御縣坐鴨事代主神社、*飛鳥坐神社（四座）、宗我坐宗我都比古神社（二座）、飛鳥山口坐神社、甘樫坐神社（四座）、稌代坐神社、牟佐坐神社、畝火山口坐神社、*高市御縣神社、巨勢山坐石椋孫神社、鷺栖神社、軽樹村坐神社（二座）、天高市神社、治田神社、*太玉命神社（四座）、櫛玉命神社（四座）、加夜奈留美命神社、飛鳥川上坐宇須多伎比賣命神社、東大谷日女命神社、呉津孫神社、川俣神社（三座）、氣都和既神社、大歳神社（二座）、波多神社、御歳神社、於美阿志神社、鳥坂神社（二座）、瀧本神社、許世都比古命神社、天津石門別神社、波多甕井神社、久米御縣神社（三座）、*氣吹雷響雷吉野大國栖御魂神社（二座）
〔十市郡〕*多坐弥志理都比古神社（二座）、十市御縣坐神社、目原坐高御魂神社（二座）、石村山口神社、畝尾坐健土安神社、耳成山口神社、竹田神社、坂門神社、子部神社（二座）、畝尾都多本神社、天香山坐櫛眞命神社、皇子神命神社、姫皇子命神社、小社神命神社、屋就神命神社、下居神社
〔山邊郡〕*大和坐大國魂神社（三座）（049）、*石上坐布都御魂神社（020）、都祁水分神社、山邊御縣坐神社、白堤神社、夜都伎神社、都祁山口神社、祝田神社、石上市神社、下部神社、出雲建雄神社
【河内國】
〔石川郡〕咸古神社、科長神社、建水分神社、大祁於賀美神社、美具久留御玉神社、佐備神社、咸古佐備神社、壹須何神社、鴨習太神社
〔古市郡〕利雁神社、高屋神社
〔安宿郡〕*杜本神社（二座）、*飛鳥戸神社、伯太彦神社、伯太姫神社
〔大縣郡〕天湯川田神社、宿奈川田神社、金山孫神社、金山孫女神社、鐸比古神社、鐸比賣神社、大狛神社、若倭彦命神社、若倭姫命神社、石神社、常世岐姫神社
〔高安郡〕*恩智神社（二座）、都夫久美神社、天照大神高座神社（二座）、玉祖神社、御祖神社、鴨神社、佐麻多度神社、春日戸社坐御子神社
〔河内郡〕*枚岡神社（四座）（172）、津原神社、梶無神社、大津神社、栗原神社、石切劔箭命神社（二座）
〔讃良郡〕須波麻神社、御机神社、高宮神社、津桙神社、高宮大社祖神社、國中神社
〔茨田郡〕堤根神社、津嶋部神社、細屋神社、高瀬神社、意賀美神社
〔交野郡〕片野神社、久須々美神社
〔若江郡〕坂合神社（二座）、矢作神社、若江鏡神社、御野縣主神社（二座）、石田神社（三座）、川俣神社、弓削神社（二座）、都留美嶋神社、長柄神社、意支部神社、弥刀神社、宇婆神社、澁川神社（二座）、栗栖神社、加津良神社、中村神社
〔澁川郡〕鴨高田神社、横野神社、波牟許曾神社、路部神社、許麻神社、都留弥神社
〔志紀郡〕志貴縣主神社、長野神社、志疑神社、黒田神社、樟本神社（三座）、志紀長吉神社（二座）、伴林氏神社、辛國神社、當宗神社（三座）
〔丹比郡〕丹比神社、阿麻美許曾神社、狭山堤神社、大津神社（三座）、狭山神社、菅生神社、酒屋神社、櫟本神社、田坐神社
【和泉國】
〔大鳥郡〕*大鳥神社（045）、山井神社、大鳥神社、美多弥神社、押別神社、生國神社、火電神社、石津太社神社、等乃伎神社、蜂田神社、陶荒田神社（二座）、國神社、鴨「田」神社、高石神社、大鳥美波比神社、多治速比賣命神社、大鳥井瀬神社、大鳥濱神社、坂上神社、開口神社、櫻井神社、大歳神社、日部神社
〔和泉郡〕男乃宇刀神社（二座）、博多神社、夜疑神社、泉穴師神社（二座）、兵主神社、粟神社、曾祢神社、泉井上神社、阿理莫神社、山直神社、矢代寸神社（二座）、穗椋神社、和泉神社、楠本神社、淡路神社、意賀美神社、波多神社、積川神社（五座）、丸笠神社、舊府神社、聖神社
〔日根郡〕男神社（二座）、神前神社、火走神

社、日根神社、加支多神社、波太神社、國玉神社、意賀美神社、比賣神社

【摂津國】

〔住吉郡〕＊住吉坐神社（四座）（113）、＊大依羅神社（四座）、草津大歳神社、中臣須牟地神社、神須牟地神社、楯原神社、須牟地曾祢神社、止杼侶支比賣命神社、赤留比賣命神社、天水分豊浦命神社、努能太比賣命神社、大海神社（二座）、多米神社、船玉神社、生根神社

〔東生郡〕＊難波坐生國咲國魂神社（二座）（011）、＊比賣許曾神社、阿遅速雄神社

〔西成郡〕坐摩神社（010）

〔嶋上郡〕阿久刀神社、野身神社、神服神社

〔嶋下郡〕＊新屋坐天照御魂神社（三座）、天石門別神社、須久久神社（二座）、阿爲神社、井於神社、走落神社、佐和良義神社、幣久良神社、牟禮神社、三嶋鴨神社、伊射奈岐神社（二座）、溝咋神社、太田神社

〔豊嶋郡〕爲那都比古神社（二座）、細川神社、＊垂水神社、阿比太神社

〔河邊郡〕伊佐具神社、高賣布神社、鴨神社、伊居太神社、多太神社、小戸神社、賣布神社

〔武庫郡〕＊廣田神社（176）、名次神社、伊和志豆神社、岡太神社

〔菟原郡〕河内國魂神社、大國主西神社、保久良神社

〔八部郡〕＊生田神社（013）、＊長田神社（150）、汶賣神社

〔有馬郡〕有間神社、公智神社、湯泉神社

〔能勢郡〕岐尼神社、久佐々神社、野間神社

■東海道

【伊賀國】

〔阿拜郡〕陽夫多神社、宇都可神社、波太伎神社、須智荒木神社、敢國神社（002）、佐々神社、穴石神社、眞木山神社、小宮神社

〔山田郡〕鳥坂神社、阿波神社、葦神社

〔伊賀郡〕木根神社、田守神社、比地神社、大村神社、比々岐神社、比自岐神社、依那古神社、猪田神社、乎美祢神社、高瀬神社、坂戸神社

〔名張郡〕名居神社、宇流富志弥神社

【伊勢國】

〔度會郡〕太神宮（三座）、荒祭宮、瀧原宮、伊佐奈岐宮（二座）、月讀宮（二座）、度會宮（四座）、高宮、朝熊神社、蚊野神社、鴨神社、狭田國生神社、田乃家神社、草名伎神社、園相神社、礒神社、多伎原神社、月夜見神社、湯田神社、奈良波良神社、大水神社、津長大水神社、大國玉比賣神社、御食神社、大土御祖神社、田上大水神社、國津御「祖」神社、坂手國生神社、粟皇子神社、久々都比賣神社、川原坐國生神社、大間國生神社、江神社、神前神社、朽羅神社、榎村神社、度會國御神社、度會乃大國玉比賣神社、清野井庭神社、志等美神社、川原神社、山末神社、大川内神社、棒原神社、川原大社、宇須乃野神社、小俣神社、川原淵神社、大神乃御船神社、雷電神社、荻原神社、官舎神社

〔多氣郡〕須麻漏賣神社、佐那神社（二座）、櫛田神社、加須夜神社、竹神社、仲神社、麻績神社、服部伊刀麻神社、相鹿牟山神社（二座）、奈々美神社、魚海神社（二座）、林神社、相鹿上神社、守山神社、宇尓櫻神社、宇尓神社、服部麻刀萬神社（二座）、大海田水代大刀自神社、相鹿木大御神社、紀師神社、宇留布都神社、天香山神社、穴師神社、流田神社、畠田神社（三座）、流田上社神社、石田神社、火地神社、佐伎栗栖神社（二座）、竹大與杼神社、竹佐々夫江神社、捧屋神社、伊佐和神社、牟禮神社、有貮神社、國生神社、大國玉神社、大分神社、國乃御神社、櫃倉神社、伊蘇上神社、伊呂上神社、櫛田槻本神社、牛庭神社、大櫛神社

〔飯野郡〕意非多神社、神山神社、石前神社、神垣神社

〔飯高郡〕立野神社、大神社、物部神社、加世智神社、意悲神社、丹生神社、丹生中神社、堀坂神社、久尓都神社

〔壹志郡〕波多神社、物部神社、稲葉神社（二座）、須加神社、＊阿射加神社（三座）、波氏神社、小川神社、射山神社、川併神社、敏太神社

〔安濃郡〕置染神社、大市神社、志夫弥神社、小丹神社、美濃夜神社、阿由太神社、小川内神社、比佐豆知神社、加良比乃神社、船山神社

〔奄藝郡〕伊奈富神社、加和良神社、多爲神社、大乃己所神社、事忌神社、酒井神社、尾前神社、比佐豆知神社、石積神社、彌尼布理神社、服織神社、横道下神社、久留眞神社

〔**鈴鹿郡**〕那久志里神社、倭文神社、川俣神社、眞木尾神社、志婆加支神社、縣主神社、天一鍬田神社、椿大神社、小岸大神社、大井神社（二座）、三宅神社、江神社、布氣神社、石神社、長瀬神社、忍山神社、片山神社、弥牟居神社

〔**河曲郡**〕高市神社、彌都加伎神社、貴志神社、鬼太神社、川神社、矢椅神社、岡太神社、奈加等神社、小川神社、都波岐神社、飯野神社、久々志弥神社、高岡神社、大木神社、阿自賀神社、夜夫多神社、須支神社、深田神社、土師神社、大鹿三宅神社

〔**三重郡**〕江田神社、加富神社、神前神社、小許曾神社、足見田神社、椿岸神社

〔**朝明郡**〕伊賀留我神社、能原神社、伎留太神社、石部神社（二座）、菟上神社、太神社、多比鹿神社、鳥出神社、八十積椋神社、志氏神社、耳利神社、耳常神社、移田神社、櫛田神社、井手神社、殖栗神社、布自神社、穂積神社、櫻神社、井後神社、長倉神社、苗代神社、長谷神社

〔**員辨郡**〕鴨神社、石神社、平群神社、多奈閇神社、猪名部神社、鳥取山田神社、鳥取神社、大谷神社、賀毛神社、星川神社

〔**桑名郡**〕桑名神社（二座）、佐乃富神社、尾津神社（二座）、小山神社、野志里神社、*多度神社（127）、尾野神社、深江神社、額田神社、宇賀神社、中臣神社、長谷神社、立坂神社

【志摩國】

〔**答志郡**〕粟嶋坐伊射波神社（二座）、同嶋坐神乎多乃御子神社

【尾張國】

〔**海部郡**〕漆部神社、諸鍬神社、國玉神社、藤嶋神社、宇太志神社、由乃伎神社、伊久波神社、憶感神社

〔**中嶋郡**〕坂手神社、見努神社、*大神々社、波蘇伎神社、針熊神社、野見神社、淺井神社、裳咋神社、*太神「神」社、知除波夜神社、小塞神社、石刀神社、室原神社、高田波蘇伎神社、大口神社、賣夫神社、*眞墨田神社（189）、川曲神社、酒見神社、淺井神社、久多神社、堤治神社、石作神社、千野神社、鹽江神社、布智神社、宗形神社、尾張大國靈神社（053）、大御靈神社、鞆江神社

〔**葉栗郡**〕穴太部神社、阿遅加神社、若栗神社、黒田神社、大野神社、石作神社、宇夫須那神社、川嶋神社、伊富利部神社、大毛神社

〔**丹羽郡**〕阿豆良神社、田縣神社、稲木神社、石作神社、伊賀々原神社、山那神社、尓波神社、前利神社、諸鑼神社、阿具麻神社、針綱神社、生田神社、宅美神社、鳴海杻神社、削栗神社、託美神社、虫鹿神社、立野神社、井出神社、小口神社、鹽道神社、*大縣神社（040）

〔**春「日」部郡**〕非多神社、乎江神社、外山神社、片山神社、訓原神社、牟都志神社、味鋺神社、物部神社、伊多波刀神社、高牟神社、内々神社、多氣神社

〔**山田郡**〕片山神社、大目神社、羊神社、深川神社、川嶋神社、小口神社、伊奴神社、金神社、和尓良神社、多奈波太神社、綿神社、澁川神社、太乃伎神社、尾張神社、別小江神社、大井神社、坂庭神社、尾張戸神社、石作神社

〔**愛智郡**〕日置神社、上知我麻神社、下知我麻神社、*熱田神社（006）、御田神社、高牟神社、川原神社、針名神社、伊副神社、成海神社、物部神社、*日割御子神社、*孫若御子神社、*高座結御子神社、八劔神社、火上姉子神社、青衾神社

〔**知多郡**〕入見神社、阿久比神社、羽豆神社

【参河國】

〔**賀茂郡**〕野見神社、野神社、兵主神社、射穂神社、狭投神社、廣澤神社、灰寶神社

〔**額田郡**〕稲前神社、謁播神社

〔**碧海郡**〕和志取神社、酒人神社、日長神社、知立神社、比蘇神社、糟目神社

〔**播豆郡**〕久麻久神社（二座）、羽豆神社

〔**寶飫郡**〕形原神社、御津神社、菟足神社、砥鹿神社（145）、赤日子神社、石座神社

〔**八名郡**〕石巻神社

〔**渥美郡**〕阿志神社

【遠江國】

〔**濱名郡**〕弥和山神社、英多神社、猪鼻湖神社、大神々社、*角避比古神社

〔**敷智郡**〕岐佐神社、許部神社、津毛利神社、息神社、曾許乃御立神社、賀久留神社

〔**引佐郡**〕渭伊神社、乎豆神社、三宅神社、蜂前神社、須倍神社、大𢻫神社

〔**麁玉郡**〕於侶神社、多賀神社、長谷神社、若

倭神社
〔長下郡〕長野神社、大㴾神社、登勒神社、猪家神社
〔長上郡〕大歳神社、邑勢神社、服織神社、朝日波多加神社、子倉神社
〔磐田郡〕入見神社、鹿菀神社、淡海國玉神社、田中神社、豊雷命神社、豊雷賣命神社、生雷命神社、天御子神社（二座）、御祖神社、御子神神社（二座）、矢奈比賣神社、須波若御子神社
〔周知郡〕芽原川内神社、小國神社（050）、馬主神社
〔山名郡〕山名神社、許祢神社、嶋名神社、郡邊神社
〔佐野郡〕眞草神社、己等乃麻知神社、阿波々神社、利神社
〔城飼郡〕奈良神社、比奈多乃神社
〔秦原郡〕大楠神社、服織田神社、片岡神社、飯津佐和乃神社、*敬満神社
【駿河國】
〔益頭郡〕神神社、飽波神社、那閇神社、焼津神社
〔有度郡〕伊河麻神社、池田神社、草薙神社
〔安倍郡〕足坏神社、神部神社（070）、建穂神社、中津神社、小梳神社、白澤神社、大歳御祖神社（070）
〔廬原郡〕御穂神社、久佐奈岐神社、豊積神社
〔富士郡〕倭文神社、*淺間神社（179）、富知神社
〔駿河郡〕丸子神社、桃澤神社
【伊豆國】
〔賀茂郡〕*伊豆三嶋神社、波布比賣命神社、伊賀牟比賣命神社、*伊古奈比咩命神社、佐伎多麻比咩命神社、伊大氐和氣命神社、阿豆佐和氣命神社、多祁美加々命神社、*物忌奈命神社、波夜多麻和氣命神社、伊波例命神社、伊豆奈比咩命神社、阿米都和氣命神社、波夜志命神社、優波夷命神社、片菅命神社、久良恵命神社、夜須命神社、奈疑知命神社、加弥命神社、氐良命神社、許志伎命神社、多祁伊志豆伎命神社、久尓都比咩命神社、伊波乃比咩命神社、杉桙別命神社、多祁富許都久和氣命神社、伊波久良和氣命神社、意波與命神社、阿米都加多比咩命神社、伊波比咩命神社、*阿波神社、志理太「乎」宜神社、南子神社、阿治古神社、伊波氐別命神社、穂都佐氣命神社、大津往命神社、波治神社、布佐乎宜命神社、佐々原比咩命神社、竹麻神社（三座）、加毛神社（二座）
〔田方郡〕荒木神社、文梨神社、軽野神社、倭文神社、高椅神社、長濱神社、久豆弥神社、石徳高神社、伊加麻志神社、廣瀬神社、小河泉水神社、大朝神社、玉作水神社、*楊原神社、加理波夜須多祁比波預命神社、劒刀乎夜尓命神社、火牟須比命神社、白浪之弥奈阿和命神社、金村五百君和氣命神社、引手力命神社、金村五百村咩命神社、阿米都瀬氣多知命神社、劒刀石床別命神社、鮑玉白珠比咩命神社
〔那賀郡〕箕勾神社、伊志夫神社、伊那上神社、仲神社、井田神社、伊那下神社、仲大歳神社、多尓夜神社、哆胡神社、宇久須神社、部多神社、佐波神社（二座）、布刀主若玉命神社、國柱命神社、稲宮命神社、石倉命神社、國玉命神社、㴾玉命神社、國玉命神社、豊御玉命神社、青玉比賣命神社
【甲斐國】
〔山梨郡〕神部神社、物部神社、甲斐奈神社、黒戸奈神社、金櫻神社、松尾神社、玉諸神社、大井俣神社、山梨岡神社
〔巨麻郡〕神部神社、穂見神社、宇波刀神社、倭文神社、笠屋神社
〔八代郡〕佐久神社、弓削神社、表門神社、*淺間神社（004）、中尾神社、桙衝神社
【相摸國】
〔足上郡〕寒田神社
〔餘綾郡〕川勾神社
〔大住郡〕前鳥神社、高部屋神社、比比多神社、阿夫利神社
〔愛甲郡〕小野神社
〔高座郡〕大庭神社、深見神社、宇都母知神社、*寒川神社（100）、有鹿神社、石楯尾神社
【武蔵國】
〔荏原郡〕薭田神社、磐井神社
〔都筑郡〕杉山神社
〔多磨郡〕阿伎留神社、小野神社、布多天神社、大麻止乃豆乃天神社、阿豆佐味天神社、穴澤神社、虎柏神社、青渭神社
〔足立郡〕足立神社、*氷川神社（166）、調神社、多氣比賣神社
〔横見郡〕横見神社、高負比古神社、伊波比神社

〔**入間郡**〕出雲伊波比神社、中氷川神社、廣瀬神社、物部天神社、國渭地祇「神」社
〔**埼玉郡**〕前玉神社（二座）、玉敷神社、宮目神社
〔**男衾郡**〕小被神社、出雲乃伊波比神社、稲乃賣神社
〔**播羅郡**〕白髪神社、田中神社、楡山神社、奈良神社
〔**賀美郡**〕長幡部神社、今城青八坂稲実神社、今木青坂稲実荒御魂神社、今城青坂稲実池上神社
〔**秩父郡**〕秩父神社（132）、椋神社
〔**兒玉郡**〕*金佐奈神社（061）
〔**大里郡**〕高城神社
〔**比企郡**〕伊古乃速御玉比賣神社
〔**那珂郡**〕瓱𤭖神社
【**安房國**】
〔**安房郡**〕*安房坐神社、后神天比理乃咩命神社
〔**朝夷郡**〕天神社、莫越山神社、下立松原神社、高家神社
【**上總國**】
〔**埴生郡**〕*玉前神社（127）
〔**長柄郡**〕橘神社
〔**海上郡**〕嶋穴神社、姉埼神社
〔**望陀郡**〕飫富神社
【**下總國**】
〔**香取郡**〕*香取神宮（060）
〔**千葉郡**〕寒川神社、蘇賀比咩神社
〔**匝瑳郡**〕老尾神社
〔**印播郡**〕麻賀多神社
〔**結城郡**〕高椅神社、健田神社
〔**岡田郡**〕桑原神社
〔**葛餝郡**〕茂侶神社、意富比神社
〔**相馬郡**〕蛟蝄神社
【**常陸國**】
〔**鹿嶋郡**〕*鹿嶋神宮（058）、*大洗礒前薬師菩薩明神社（042）
〔**眞壁郡**〕大國玉神社
〔**信太郡**〕楯縫神社、阿弥神社
〔**久慈郡**〕長幡部神社、薩都神社、天之志良波神社、天速玉姫命神社、*静神社、稲村神社、立野神社
〔**筑波郡**〕*筑波山神社（二座）、
〔**那賀郡**〕大井神社、青山神社、*吉田神社、阿波山上神社、*酒烈礒前薬師菩薩神社（097）、藤内神社、石船神社
〔**新治郡**〕*稲田神社、佐志能神社、鴨大神御子神主神社
〔**茨城郡**〕夷針神社、羽梨山神社、主石神社
〔**多珂郡**〕佐波波地祇「神」社
■**東山道**
【**近江國**】
〔**滋賀郡**〕那波加神社、倭神社、石坐神社、神田神社、*小野神社（二座）、*日吉神社（171）、小椋神社
〔**栗太郡**〕蘆井神社、意布伎神社、小槻大社、小槻神社、高野神社、印岐志呂神社、*佐久奈度神社、*建部神社（122）
〔**甲賀郡**〕矢川神社、水口神社、石部鹿鹽上神社、*川田神社（二座）、飯道神社、川枯神社（二座）
〔**野洲郡**〕*御上神社（191）、小津神社、下新川神社、*兵主神社、比利多神社、上新川神社、馬路石邊神社、己尒乃神社（二座）
〔**蒲生郡**〕大嶋神社、奥石神社、石部神社、大屋神社、比都佐神社、長寸神社、沙沙貴神社、菅田神社、馬見岡神社（二座）、*奥津嶋神社
〔**神崎郡**〕乎加神社、川桁神社
〔**愛智郡**〕輕野神社、石部神社（二座）
〔**犬上郡**〕阿自岐神社（二座）、多何神社（二座）（120）、日向神社、都恵神社、山田神社
〔**坂田郡**〕山田神社、日撫神社、伊夫伎神社、岡神社、山津照神社
〔**淺井郡**〕鹽津神社、湯次神社、波久奴神社、小江神社、下鹽津神社、矢合神社、岡本神社、片山神社（二座）、比伎多理神社、麻蘇多神社、上許曽神社、大羽神社、都久夫須麻神社
〔**伊香郡**〕*伊香具神社、乃彌神社、神前神社、大澤神社、天八百列神社、乎彌神社、走落神社、足前神社、久留弥多神社、比賣多神社、意波閇神社、阿加穗神社、櫻市神社、等波神社、横山神社、多太神社、兵主神社、赤見神社、波彌神社、櫻椅神社、甘櫟前神社、佐味神社、椿神社、佐波加刀神社、伊香具坂神社、與志漏神社、布勢立石神社、乃伎多神社、石作神社、玉作神社、意富布良神社、伊波太岐神社、高野神社、鉛練日古神社、大椋神社、黒田神社、丹生神社（二座）、神高槻神社、天岩門別命神社、天比比岐命神社、草岡神社、意太神社、大浴神社、太

水別神社、天川命神社
〔**高嶋郡**〕*水尾神社（二座）、阿志都彌神社、與呂伎神社、田部神社、熊野神社、箕嶋神社、大川神社、小野神社、麻知神社、櫟原神社、大田神社、鞆結神社、日置神社、津野神社、大荒比古神社（二座）、大前神社、坂本神社、大處神社、麻希神社、弓削神社、志呂志神社、波尒布神社、大水別神社、大野神社、小海神社、大寸神社、荒椋神社、三重生神社（二座）、槻神社、長田神社、宇伎多神社
【美濃國】
〔**多藝郡**〕多伎神社、大神神社、御井神社、久久美雄彦神社
〔**不破郡**〕*仲山金山彦神社（155）、大領神社、伊富岐神社
〔**池田郡**〕養基神社
〔**安八郡**〕宇波刀神社、加毛神社、墨俣神社、荒方神社
〔**大野郡**〕花長神社、花長下神社、來振神社
〔**方縣郡**〕方縣津神社、若江神社
〔**厚見郡**〕比奈守神社、茜部神社、物部神社
〔**各務郡**〕伊波乃西神社、村國神社（二座）、飛鳥田神社、村國眞墨田神社、加佐美神社、御井神社
〔**賀茂郡**〕縣主神社、坂祝神社、大山神社、太部神社、阿夫志奈神社、神田神社、佐久太神社、多爲神社、中山神社
〔**恵奈郡**〕坂本神社、中川神社、恵奈神社
【飛驒國】
〔**大野郡**〕水無神社（168）、槻本神社、荏名神社
〔**荒城郡**〕大津神社、荒城神社、高田神社、阿多由太神社、栗原神社
【信濃國】
〔**伊那郡**〕大山田神社、阿智神社
〔**諏方郡**〕*南方刀美神社（二座）（114）
〔**筑摩郡**〕岡田神社、沙田神社、阿禮神社
〔**安曇郡**〕*穂高神社（187）、川會神社
〔**更級郡**〕布制神社、波閇科神社、佐良志奈神社、當信神社、長谷神社、日置神社、清水神社、氷鉇斗賣神社、頤氣神社、治田神社、*武水別神社
〔**水内郡**〕美和神社、伊豆毛神社、妻科神社、小川神社、守田神社、粟野神社、風間神社、白玉足穂命神社、*健御名方富命彦神別神社
〔**高井郡**〕墨坂神社、越智神社、小内神社、笠原神社、小坂神社、高社神社
〔**埴科郡**〕粟狭神社、坂城神社、中村神社、玉依比賣命神社、祝神社
〔**小縣郡**〕*生嶋足嶋神社（二座）（012）、山家神社、鹽野神社、子檀嶺神社
〔**佐久郡**〕英多神社、長倉神社、大伴神社
【上野國】
〔**片岡郡**〕小祝神社
〔**甘楽郡**〕*貫前神社（023）、宇藝神社
〔**群馬郡**〕*伊加保神社、榛名神社、甲波宿祢神社
〔**勢多郡**〕*赤城神社
〔**山田郡**〕賀茂神社、美和神社
〔**那波郡**〕火雷神社、倭文神社
〔**佐位郡**〕大國神社
【下野國】
〔**都賀郡**〕大神社、大前神社、村檜神社
〔**河内郡**〕*二荒山神社（183）
〔**芳賀郡**〕大前神社、荒樫神社
〔**那須郡**〕健武山神社、溫泉神社、三和神社
〔**寒川郡**〕阿房神社、胷形神社
【陸奥國】
〔**白河郡**〕*都都古和氣神社（137、138）、伊波止和氣神社、白河神社、八溝嶺神社、飯豊比賣神社、永倉神社、石都都古和氣神社
〔**苅田郡**〕*苅田嶺神社
〔**名取郡**〕多加神社、佐具叡神社
〔**宮城郡**〕伊豆佐賣神社、*志波彦神社（106）、*鼻節神社、多賀神社
〔**黒川郡**〕須伎神社、石神山精神社、鹿嶋天足別神社、行神社
〔**賀美郡**〕飯豊神社、賀美石神社
〔**色麻郡**〕*伊達神社
〔**玉造郡**〕溫泉神社、荒雄河神社、溫泉石神社
〔**曰理郡**〕鹿嶋伊都乃比氣神社、鹿嶋緒名太神社、安福河伯神社、鹿嶋天足和氣神社
〔**信夫郡**〕鹿嶋神社、黒沼神社、*東屋沼神社、東屋國神社、白和瀬神社
〔**志太郡**〕敷玉早御玉神社
〔**磐城郡**〕大國魂神社、二俣神社、溫泉神社、佐麻久嶺神社、住吉神社、鹿嶋神社、子鍬倉神社
〔**標葉郡**〕苕野神社
〔**牡鹿郡**〕*零羊埼神社、香取伊豆乃御子神社、伊去波夜和氣命神社、曾波神社、*拜幣志神

社、鳥屋神社、大嶋神社、鹿嶋御兒神社、久集比奈神社、計仙麻神社
〔桃生郡〕飯野山神社、日高見神社、二俣神社、石神社、*計仙麻大嶋神社、小鋭神社
〔行方郡〕高座神社、日祭神社、冠嶺神社、御刀神社、鹿嶋御子神社、益多嶺神社、*多珂神社、押雄神社
〔栗原郡〕表刀神社、*志波姫神社、雄鋭神社、駒形根神社、和我神社、香取御兒神社、遠流志別石神社
〔膽澤郡〕磐神社、駒形神社（094）、和我叡登挙神社、石手堰神社、膽澤川神社、止止井神社、於呂閇志神社
〔新田郡〕子松神社
〔磐瀬郡〕桙衝神社
〔會津郡〕*伊佐須美神社（014）、蠶養國神社
〔小田郡〕黄金山神社
〔耶磨郡〕磐掎神社
〔斯波郡〕志賀理和氣神社
〔氣仙郡〕理訓許段神社、登奈孝志神社、衣太手神社
〔安積郡〕*宇奈己呂和氣神社、飯豊和氣神社、隠津嶋神社
〔柴田郡〕*大高山神社
〔宇多郡〕*子負嶺神社
〔伊具郡〕熱日高彦神社、鳥屋嶺神社
〔磐井郡〕配志和神社、儛草神社
〔江刺郡〕鎮岡神社
【出羽國】
〔飽海郡〕*大物忌神社（133）、小物忌神社、*月山神社（025）
〔田川郡〕遠賀神社、由豆佐賣神社、伊氏波神社（025）
〔平鹿郡〕鹽湯彦神社、波宇志別神社
〔山本郡〕副川神社
■北陸道
【若狭國】
〔遠敷郡〕多太神社、*若狭比古神社（二座）（210）、小浴神社、石桉比古神社、石桉比賣神社、椎村神社、波古神社、久須夜神社、彌和神社、丹生神社、阿奈志神社、曾尾神社、許波伎神社、苅田比古神社、苅田比賣神社
〔大飯郡〕青海神社、伊射奈伎神社、香山神社、静志神社、日置神社、大飯神社、佐伎治神社
〔三方郡〕須可麻神社、御方神社、伊牟移神社、多由比神社、丹生神社、織田神社、和尒部神社、佐支神社、*宇波西神社、高那弥神社、仁布神社、須部神社、木野神社、弥美神社、於世神社、常神社、能登神社、闇見神社、山都田神社
【越前國】
〔敦賀郡〕*氣比神社（七座）（086）、加比留神社、劔神社、丹生神社、田結神社、久豆弥神社、野坂神社、志比前神社、角鹿神社、大椋神社、和志前神社、市振神社、金前神社、五幡神社、阿蘇村利椋神社、白城神社、横椋神社、伊多伎夜神社、横山神社、伊部磐座神社、質覇村峯神社、鹿蒜神社、高岡神社、大神下前神社、鹿蒜田口神社、三前神社、織田神社、石田神社、天八百萬比咩神社、天利劔神社、天比女若御子神社、伊佐奈彦神社、天國津彦神社、天國津日咩神社、天鈴神社、玉佐々良彦神社、信露貴彦神社
〔丹生郡〕兄子神社、雨夜神社、*大虫神社、斗布神社、長岡神社、麻氣神社、枚井手神社、大山御板神社、佐佐牟志神社（四座）、小虫神社、雷神社
〔今立郡〕朳山神社、國中神社（二座）、石部神社、岡本神社、須波阿須疑神社（三座）、丹津神社、刀那神社、小山田神社、鵜甘神社、加多志波神社、敷山神社
〔足羽郡〕杉社郡神社、土輪神社、直野神社、麻氣神社、登知爲神社、椎前神社、與須奈神社、山方神社、御門神社、分神社、神傍神社、於神社、足羽神社
〔大野郡〕磐座神社、篠座神社、椛神社、大槻磐座神社、坂門一事神社、風速神社、國生大野神社、高於磐座神社、荒嶋神社
〔坂井郡〕布久漏神社、坂名井神社、御前神社、都那高志神社、多祢神社、久米多神社、意加美神社、阿治波世神社、國神神社、井口神社、榻瀬神社、己乃須美神社、片岸神社、大溝神社、比古奈神社、弊多神社、紀倍神社、枚岡神社、毛谷神社、柴神社、英多神社、鵜屎神社、伊伎神社、保曾呂伎神社、横山神社、三國神社、石田神社、味坂神社、高向神社、笠間神社、家津神社、大湊神社、絲前神社
【加賀國】
〔江沼郡〕篠原神社、刀何理神社、御木神社、宮

村岴部神社、服部神社、菅生石部神社（108）、忌浪神社、日置神社、出水神社、氣多御子神社、潮津神社
〔能美郡〕狹野神社、多太神社、石部神社、滓上神社、幡生神社、兎橋神社、多伎奈弥神社、熊田神社
〔石川郡〕白山比咩神社（105）、本村井神社、額東神社、額西神社、御馬神社、佐奇神社、楢本神社、笠間神社、味知神社、神田神社
〔加賀郡〕小濱神社、野間神社、三輪神社、賀茂神社、神田神社、下野間神社、郡家神社、須岐神社、野蛟神社、波自加弥神社、大野湊神社、野蚊神社、笠野神社
【能登國】
〔羽咋郡〕相見神社、志乎神社、*氣多神社（085）、神代神社、羽咋神社、瀬戸比古神社、手速比咩神社、椎葉圓比咩神社、奈豆美比咩神社、諸岡比古神社、百沼比古神社、久麻加夫都阿良加志比古神社、藤津比古神社、大穴持神像石神社
〔能登郡〕能登比咩神社、藤原比古神社、菅忍比咩神社、加夫刀比古神社、天日陰比咩神社、鳥屋比古神社、荒石比古神社、久氐比古神社、能登生國玉比古神社、白比古神社、伊須流支比古神社、餘喜比古神社、阿良加志比古神社、久志伊奈太伎比咩神社、伊夜比咩神社、御門主比古神社、宿那彦神像石神社
〔鳳至郡〕鳳至比古神社、石瀬比古神社、神杉伊豆牟比咩神社、石倉比古神社、美麻奈比古神社、美麻奈比咩神社、神目伊豆伎比古神社、奥津比咩神社、邊津比咩神社
〔珠洲郡〕湏湏神社、古麻志比古神社、加志波良比古神社
【越中國】
〔礪波郡〕高瀬神社（119）、長岡神社、林神社、荊波神社、比賣神社、雄神神社、淺井神社
〔射水郡〕射水神社（027）、道神社、物部神社、加久弥神社（二座）、久目神社、布勢神社、速川神社、櫛田神社、礒部神社、箭代神社、草岡神社、*氣多神社
〔婦負郡〕姉倉比賣神社、速星神社、白鳥神社、多久比禮志神社、熊野神社、杉原神社、鵜坂神社
〔新川郡〕神度神社、建石勝神社、櫟原神社、八心大市比古神社、日置神社、布勢神社、雄山神社（051）
【越後國】
〔頸城郡〕奴奈川神社、大神社、阿比多神社、居多神社、佐多神社、物部神社、水嶋礒部神社、菅原神社、五十君神社、江野神社、青海神社、圓田神社、斐太神社
〔古志郡〕三宅神社（二座）、桐原石部神社、都野神社、小丹生神社、宇奈具志神社
〔三嶋郡〕御嶋石部神社、物部神社、鵜川神社、多岐神社、三嶋神社、石井神社
〔魚沼郡〕魚沼神社、大前神社、坂本神社、伊米神社、川合神社
〔蒲原郡〕青海神社（二座）、宇都良波志神社、伊久禮神社、槻田神社、小布勢神社、伊加良志神社、*伊夜比古神社（029）、長瀬神社、中山神社、旦飯野神社、船江神社、土生田神社
〔沼垂郡〕大形神社、市川神社、石井神社、美久理神社、川合神社
〔磐船郡〕石船神社、蒲原神社、西奈弥神社、荒川神社、多伎神社、漆山神社、桃川神社、湊神社
【佐渡國】
〔羽茂郡〕度津神社（211）、大目神社
〔雑太郡〕引田部神社、物部神社、御食神社、飯持神社、越敷神社
〔賀茂郡〕大幡神社、阿都久志比古神社
■山陰道
【丹波國】
〔桑田郡〕*出雲神社（019）、桑田神社、三宅神社、*小川月神社、三縣神社、神野神社、山國神社、阿多古神社、小幡神社、走田神社、松尾神社、伊達神社、大井神社、石穂神社、與能神社、多吉神社、村山神社、鍬山神社、蕣田野神社
〔船井郡〕船井神社、志多非神社、出石鹿岴部神社、嶋物部神社、幡日佐神社、志波加神社、辨奈貴神社、*麻氣神社、酒治志神社、多沼神社
〔多紀郡〕*櫛石窻神社（二座）、神田神社、川内多々奴比神社（二座）、大賣神社、佐々婆神社、二村神社、熊梭神社
〔氷上郡〕高座神社、狭宮神社、苅野神社、岴部神社、知乃神社、伊尼神社、佐地神社、阿陀岡神社、楯縫神社、芦田神社、兵主神社、

新井神社、奴々伎神社、蘆井神社、加和良神社、伊都伎神社、神野神社

〔天田郡〕生野神社、奄我神社、天照玉命神社、荒木神社

〔何鹿郡〕須波伎部神社、阿比地神社、阿須々伎神社、御手槻神社、佐陁神社、珂牟奈備神社、伊也神社、赤國神社、高蔵神社、佐須我神社、嶋萬神社、福太神社

【丹後國】

〔加佐郡〕奈具神社、伊知布西神社、弥加宜神社、倭文神社、高田神社、*大川神社、阿良須神社、笶原神社、麻良多神社、三宅神社、日原神社

〔與謝郡〕*籠神社（093）、物部神社、弥刀神社、須代神社、布甲神社、宇豆貴神社、阿知江神社、久理陁神社、多由神社、宇良神社、矢田部神社、阿知江岾部神社、倭文神社、三重神社、木積神社、板列神社、杉末神社、吾野神社、*大虫神社、*小虫神社

〔丹波郡〕*大宮賣神社（二座）、咋岡神社、波弥神社、多久神社、稲代神社、名木神社、矢田神社、比沼麻奈爲神社

〔竹野郡〕大宇加神社、奈具神社、溝谷神社、久尓原神社、網野神社、依遅神社、大野神社、竹野神社、生王部神社、志布比神社、深田部神社、床尾神社、発枳神社、賣布神社

〔熊野郡〕熊野神社、意布伎神社、伊豆志弥神社、矢田神社、丸田神社、賣布神社、衆良神社、三嶋田神社、神谷神社、村岳神社、聞部神社

【但馬國】

〔朝來郡〕*粟鹿神社、朝來石部神社、刀我石部神社、兵主神社、赤淵神社、伊由神社、倭文神社、足鹿神社、佐嚢神社

〔養父郡〕*夜夫坐神社（五座）、宇留波神社、*水谷神社、淺間神社、屋岡神社、伊久刀神社、楯縫神社、兵主神社、男坂神社、佐伎都比古阿流知命神社（二座）、井上神社（二座）、手谷神社、板蓋神社、保奈麻神社、葛神社、大與比神社、桐原神社、盈岡神社、更杵村大兵主神社、御井神社、名草神社、社内神社、和奈美神社、夜伎村坐山神社

〔出石郡〕*伊豆志坐神社（八座）（017）、*御出石神社、桐野神社、諸杉神社、須流神社、佐々伎神社、日出神社、須義神社、小野神社、手谷神社、中嶋神社、大生部兵主神社、阿牟加神社、比遅神社、石部神社、小坂神社

〔氣多郡〕多麻良伎神社、氣多神社、葦田神社、三野神社、賣布神社、鷹貫神社、久刀寸兵主神社、日置神社、楯縫神社、井田神社、思往神社、御井神社、高負神社、佐久神社、神門神社、伊智神社、須谷神社、*山神社、*戸神社、*雷神社、*楯椒神社

〔城崎郡〕物部神社、久麻神社、穴目杵神社、女代神社、與佐伎神社、布久比神社、小江神社、久々比神社、耳井神社、桃嶋神社、兵主神社、深坂神社、兵主神社（二座）、氣比神社、久流比神社、重浪神社、縣神社、酒垂神社、西刀神社、*海神社

〔美含郡〕佐受神社、鷹野神社、伊伎佐神社（三座）、法庭神社、美伊神社、椋橋神社、阿古谷神社、桑原神社、色來神社、丹生神社

〔二方郡〕二方神社、大家神社、大歳神社、面沼神社、須加神社

〔七美郡〕多他神社、小代神社（二座）、志都美神社（二座）、伊曾布神社、等餘神社、高坂神社、黒野神社、春木神社

【因幡國】

〔巨濃郡〕恩志呂神社、大神社、佐弥乃兵主神社、高野神社、許野乃兵主神社、二上神社、御湯神社、日野神社、甘露神社

〔法美郡〕多居乃上神社（二座）、意上奴神社、槻折神社、荒坂神社、手見神社、服部神社、美歎神社、*宇倍神社（037）

〔八上郡〕大江神社（三座）、都波只知上神社（二座）、鹽野上神社（二座）、都波奈弥神社（二座）、伊蘇乃佐只神社（二座）、多加牟久神社（二座）、意非神社、賣沼神社、和多理神社、久多美神社、布留多知神社、美幣沼神社

〔邑美郡〕中臣崇健神社

〔高草郡〕伊和神社、倭文神社（103）、天穂日命神社、天日名鳥命神社、阿太賀都健御熊命神社、大和佐美命神社、大野見宿祢命神社

〔氣多郡〕利川神社、幡井神社、加知弥神社、板井神社、志加奴神社

【伯耆國】

〔川村郡〕倭文神社、波々伎神社

〔久米郡〕倭文神社、國坂神社

〔會見郡〕胷形神社、大神山神社

【出雲國】

〔**意宇郡**〕*熊野坐神社（080）、前神社、能利刀神社、田中神社、楯井神社、速玉神社、布吾弥神社、磐坂神社、佐久佐神社、眞名井神社、鷹日神社、山代神社、賣豆紀神社、野白神社、布自奈大穴持神社、布自奈神社、久多弥神社、玉作湯神社、同社坐韓國伊太氏神社、賣布神社、來待神社、佐爲神社、佐爲高守神社、完道神社、宇留布神社、須多神社、揖夜神社、同社坐韓國伊大氏神社、筑陽神社、同社坐波夜都武自和氣神社、山狭神社、同社坐久志美氣濃神社、布辨神社、都辨志呂神社、野城神社、同社坐大穴持神社、同社坐大穴持御子神社、佐久多神社、同社坐韓國伊大氏神社、志保美神社、意多伎神社、同社坐御譯神社、市原神社、由貴神社、勝日神社、勝日高守神社、田面神社、久米神社

〔**嶋根郡**〕布自伎美神社、多氣神社、久良弥神社、同社坐波夜都武自別神社、河上神社、長見神社、門江神社、横田神社、加賀神社、尓佐神社、尓佐能加志能爲神社、法吉神社、生馬神社、美保神社（195）

〔**秋鹿郡**〕佐陁神社（099）、宇多紀神社、大井神社、日田神社、御井神社、内神社、垂水神社、惠曇神社、許曾志神社、大野津神社

〔**楯縫郡**〕玖潭神社、佐香神社、宇美神社、多久神社、御津神社、能呂志神社、許豆神社、許豆神社、水神社

〔**出雲郡**〕大穴持神社、*杵築大社（018）、同社大神大后神社、同社坐伊能知比賣神社、同社神魂御子神社、同社神魂伊能知奴志神社、同社神大穴持御子神社、同社大穴持伊那西波伎神社、同社大穴持御子玉江神社、阿須伎神社、同社神韓國伊太氏神社、同社天若日子神社、同社須佐袁神社、同社神魂意保刀自神社、同社神阿須伎神社、同社神伊佐那伎神社、同社神阿麻能比奈等理神社、同社神伊佐我神社、同社阿遲須伎神社、同社天若日子神社、御碕神社（170）、因佐神社、久佐加神社、同社大穴持海代日古神社、同社大穴持海代日女神社、伊努神社、同社神魂伊豆乃賣神社、同社神魂神社、同社比古佐和氣神社、意布伎神社、都我利神社、伊佐波神社、美談神社、同社比賣遲神社、縣神社、同社和加布都努志神社、印波神社、都武自神社、宇加神社、美努麻神社、布勢神社、意保美神社、出雲神社、同社韓國伊大氏神社、斐代神社、韓竈神社、鳥屋神社、神代神社、曾枳能夜神社、同社韓國伊大氏「奉」神社、伊佐賀神社、久武神社、加毛利神社、御井神社、伊甚神社、波知神社、立虫神社、阿吾神社

〔**神門郡**〕弥久賀神社、阿祢神社、佐志武神社、多伎藝神社、多伎神社、同社大穴持神社、國村神社、那賣佐神社、同社坐和加須西利比賣神社、佐伯神社、智伊神社、比布智神社、同社坐神魂子角魂神社、朝山神社、阿利神社、同社坐加利比賣神社、八野神社、大山神社、久奈爲神社、鹽冶神社、富能加神社、鹽冶比古神社、鹽冶比古麻由弥能神社、比那神社、阿須利神社、神産魂命子午日命神社、鹽冶日子命御子焼大刀天穂日子命神社

〔**飯石郡**〕三屋神社、多倍神社、飯石神社、須佐神社（109）、川邊神社

〔**仁多郡**〕伊我多氣神社、三澤神社

〔**大原郡**〕宇能遲神社、同社坐須美祢神社、神原神社、八口神社、御代神社、布須神社、斐伊神社、同社坐斐伊波夜比古神社、來次神社、加多神社、佐世神社、西利太神社、海潮神社

〔**能義郡**〕天穂日命神社

【石見國】

〔**安濃郡**〕物部神社（199）、苅田神社、刺鹿神社、朝倉彦命神社、新具蘇姫命神社、迩弊姫神社、佐比賣山神社、野井神社、静間神社、神邊神社

〔**迩摩郡**〕城上神社、山邊八代姫命神社、霹靂神社、水上神社、國分寺霹靂神社

〔**那賀郡**〕多鳩神社、津門神社、伊甘神社、大麻山神社、石見天豊足柄姫命神社、大祭天石門彦神社、大飯彦命神社、櫛色天蘿箇彦命神社、大歳神社、山邊神社、夜須神社

〔**邑智郡**〕天津神社、田立建埋根命神社、大原神社

〔**美濃郡**〕菅野天財若子命神社、佐毗賣山神社、染羽天石勝命神社、櫛代賀姫命神社、小野天大神之多初阿豆委居命神社

【隠岐國】

〔**知夫郡**〕*由良比女神社、大山神社、海神社（二座）、比奈麻治比賣命神社、眞氣命神社、天佐志比古命神社

〔**海部郡**〕奈伎良比賣命神社、*宇受加命神社
〔**周吉郡**〕賀茂那備神社、水祖神社、玉若酢命神社、和氣能須命神社
〔**穏地郡**〕天健金草神社、*水若酢命神社（192）、*伊勢命神社

■山陽道

【**播磨國**】
〔**明石郡**〕宇留神社、物部神社、*海神社（三座）（212）、弥賀多々神社、林神社、赤羽神社、伊和都比賣神社
〔**賀古郡**〕日岡坐天伊佐々比古神社
〔**餝磨郡**〕射楯兵主神社（二座）、白國神社、高岳神社
〔**揖保郡**〕*粒坐天照神社、阿宗神社、祝田神社、阿波遅神社、*中臣印達神社、夜比良神社、*家嶋神社
〔**赤穂郡**〕伊和都比賣神社、八保神社、鞍居神社
〔**宍粟郡**〕*伊和坐大名持御魂神社（032）、御形神社、庭田神社、雨祈神社、與比神社、大倭物代主神社、迩志神社
〔**佐用郡**〕佐用都比賣神社、天一神玉神社
〔**美嚢郡**〕御坂神社
〔**神埼郡**〕新次神社、田川神社
〔**多可郡**〕荒田神社、兵主神社、古奈爲神社、加都良乃命神社、大津乃命神社、天目一神社
〔**賀茂郡**〕崇健神社、石部神社、坂合神社、住吉神社、菅田神社、木梨神社、垣田神社、乎疑原神社

【**美作國**】
〔**大庭郡**〕佐波良神社、形部神社、壹粟神社（二座）、横見神社、久刀神社、兎上神社、長田神社
〔**苫東郡**〕高野神社、*中山神社（151）
〔**英多郡**〕天石門別神社

【**備前國**】
〔**邑久郡**〕美和神社、片山日子神社、*安仁神社（007）
〔**赤坂郡**〕鴨神社（三座）、宗形神社、石上布都之魂神社、布勢神社
〔**和氣郡**〕神根神社
〔**上道郡**〕大神神社（四座）
〔**御野郡**〕石別神社、尾針神社、天神社、伊勢神社、天計神社、國神社、石門別神社、尾治針名眞若比女神社
〔**津高郡**〕鴨神社、宗形神社
〔**兒嶋郡**〕鴨神社、田土浦坐神社

【**備中國**】
〔**窪屋郡**〕百射山神社、足高神社、菅生神社
〔**賀夜郡**〕古郡神社、野俣神社、鼓神社、*吉備津彦神社（074）
〔**下道郡**〕石畳神社、神神社、麻佐岐神社、横田神社、穴門山神社
〔**小田郡**〕在田神社、神嶋神社、鵜江神社
〔**後月郡**〕足次山神社
〔**英賀郡**〕比賣坂鍾乳穴神社、井戸鍾乳穴神社

【**備後國**】
〔**安那郡**〕多祁伊奈太伎佐耶布都神社、天別豊姫神社
〔**深津郡**〕須佐能袁能神社
〔**奴可郡**〕迩比都賣神社
〔**沼隈郡**〕高諸神社、沼名前神社（159）、比古佐須伎神社
〔**品治郡**〕多理比理神社
〔**葦田郡**〕賀武奈備神社、國高依彦神社
〔**甲奴郡**〕意加美神社
〔**三上郡**〕蘇羅比古神社
〔**恵蘇郡**〕多加意加美神社
〔**御調郡**〕賀羅加波神社
〔**世羅郡**〕和理比賣神社
〔**三谿郡**〕知波夜比古神社
〔**三次郡**〕知波夜比賣神社

【**安藝國**】
〔**佐伯郡**〕*速谷神社（164）、*伊都伎嶋神社（024）
〔**安藝郡**〕*多家神社

【**周防國**】
〔**熊毛郡**〕熊毛神社、石城神社
〔**佐波郡**〕玉祖神社（二座）（128）、出雲神社（二座）、御坂神社、劔神社
〔**吉敷郡**〕仁壁神社
〔**都濃郡**〕二俣神社

【**長門國**】
〔**豊浦郡**〕*住吉坐荒御魂神社（三座）（110）、忌宮神社、村屋神社

■南海道

【**紀伊國**】
〔**伊都郡**〕小田神社、*丹生都比女神社
〔**那賀郡**〕荒田神社（二座）、海神社
〔**名草郡**〕*日前神社（169）、*國懸神社（169）、*伊太祁曾神社（022）、*大屋都比賣神社、*都麻都比賣神社、*鳴神社、香都知神社、加太神

社、伊久比賣神社、朝椋神社、刺田比古神社、麻爲比賣神社、竈山神社（065）、高積比古神社、高積比賣神社、*伊達神社、*志磨神社、*静火神社、堅眞音神社
〔在田郡〕*須佐神社
〔牟婁郡〕熊野早玉神社（082）、*熊野坐神社（083）、海神社（三座）、天手力男神社
【淡路國】
〔津名郡〕*淡路伊佐奈伎神社（015）、伊勢久留麻神社、石屋神社、築狭神社、賀茂神社、由良湊神社、志筑神社、岸河神社、河上神社
〔三原郡〕笑原神社、湊口神社、*大和大國魂神社、久度神社
【阿波國】
〔板野郡〕*大麻比古神社（041）、鹿江比賣神社、宇志比古神社、岡上神社
〔阿波郡〕建布都神社、事代主神社
〔美馬郡〕鴨神社、田寸神社、横田神社、伊射奈美神社、建神社、天椅立神社、天都賀佐毗古神社、八十子神社、弥都波能賣神社、波尓移麻比袮神社、倭大國玉神大國敷神社（二座）
〔麻殖郡〕*忌部神社（033）、天村雲神伊自波夜比賣神社（二座）、伊加加志神社、天水沼間比古神「社」天水塞比賣神社（二座）、秘羽目神足濱目門比賣神社（二座）
〔名方郡〕天石門別八倉比賣神社、天石門別豊玉比賣神社、麻能等比古神社、和多都美豊玉比賣神社、大御和神社、天佐自能和氣神社、御間都比古神社、多祁御奈刀弥神社、意富門麻比賣神社
〔勝浦郡〕勝占神社、事代主神社、山方比古神社、宇母理比古神社、阿佐多知比古神社、速雨神社、御縣神社、建嶋女祖命神社
〔那賀郡〕和耶神社、宇奈爲神社、和奈佐意富曾神社、室比賣神社、建比賣神社、八桙神社、賀志波比賣神社
【讃岐國】
〔寒川郡〕志太張神社、布勢神社、神前神社、多和神社、大蓑彦神社
〔三木郡〕和尓賀波神社
〔香川郡〕*田村神社（129）
〔阿野郡〕鴨神社、神谷神社、*城山神社
〔鵜足郡〕飯神社、宇閇神社
〔那珂郡〕櫛梨神社、神野神社
〔多度郡〕大麻神社、雲氣神社
〔苅田郡〕高屋神社、山田神社、加麻良神社、於神社、*粟井神社、黒嶋神社
〔大内郡〕水主神社
〔三野郡〕大水上神社
【伊豫國】
〔宇摩郡〕*村山神社
〔新居郡〕*伊曾乃神社（021）、黒嶋神社
〔桑村郡〕佐々久神社、布都神社、周敷神社
〔越智郡〕大須伎神社、伊加奈志神社、*大山積神社（048）、大野神社、*姫坂神社、*多伎神社、樟本神社
〔野間郡〕*野間神社
〔風早郡〕國津比古命神社、櫛玉比賣命神社
〔温泉郡〕*阿治美神社、出雲崗神社、湯神社、伊佐尓波神社
〔伊豫郡〕*伊豫神社、伊曾能神社、高忍日賣神社、伊豫豆比子命神社
【土佐國】
〔安藝郡〕室津神社、多氣神社、坂本神社
〔香美郡〕天忍穂別神社、小松神社、深淵神社、大川上美良布神社
〔長岡郡〕豊岡上天神社、朝峯神社、殖田神社、小野神社、石土神社
〔土佐郡〕都佐坐神社（147）、葛木男神社、葛木咩神社、郡頭神社、朝倉神社
〔吾川郡〕天石門別安國玉主天神社
〔幡多郡〕伊豆多神社、高知坐神社、賀茂神社
■西海道
【筑前國】
〔宗像郡〕*宗像神社（三座）（197）、*織幡神社
〔那珂郡〕*八幡大菩薩筥崎宮（161）、*住吉神社（三座）（111）
〔糟屋郡〕*志加海神社（三座）（101）
〔怡土郡〕志登神社
〔御笠郡〕*筑紫神社、*竈門神社（064）
〔上座郡〕麻氏良布神社
〔下座郡〕*美奈宜神社（三座）
〔夜須郡〕於保奈牟智神社
【筑後國】
〔三井郡〕*高良玉垂命神社（089）、伊勢天照御祖神社、*豊比咩神社
〔御原郡〕御勢大靈石神社
【豊前國】
〔宇佐郡〕*八幡大菩薩宇佐宮（035）、*比賣神社、*大帯姫廟神社
〔田川郡〕辛國息長大姫大目命神社、忍骨命

神社、豊比咩命神社

【豊後國】

〔直入郡〕 建男霜凝日子神社

〔大分郡〕 西寒多神社（098）

〔速見郡〕 宇奈岐日女神社、火男火賣神社（二座）

〔海部郡〕 早吸日女神社

【肥前國】

〔松浦郡〕 *田嶋坐神社（124）、志々伎神社

〔基肄郡〕 荒穂神社

〔佐嘉郡〕 與止日女神社

【肥後國】

〔阿蘇郡〕 *建磐龍命神社（005）、阿蘇比咩神社、國造神社

〔玉名郡〕 疋野神社

【日向國】

〔兒湯郡〕 都農神社（139）、都萬神社

〔宮崎郡〕 江田神社

〔諸縣郡〕 霧嶋神社（078）

【大隅國】

〔桑原郡〕 鹿兒嶋神社（055）

〔囎唹郡〕 大穴持神社、宮浦神社、韓國宇豆峯神社

〔馭謨郡〕 益救神社

【薩摩國】

〔穎娃郡〕 枚聞神社（173）

〔出水郡〕 加紫久利神社

【壹岐嶋】

〔壹岐郡〕 水神社、阿多弥神社、*住吉神社（112）、*兵主神社、*月讀神社、國片主神社、高御祖神社、手長比賣神社、佐肆布都神社、「同」佐肆布都神社、*中津神社、角上神社

〔石田郡〕 *天手長男神社、*天手長比賣神社、弥佐支刀神社、國津神社、海神社、津神社、與神社、大國玉神社、尒自神社、見上神社、國津意加美神社、物部布都神社

【對馬嶋】

〔上縣郡〕 *和多都美神社（213）、嶋大國魂神社、能理刀神社、天諸羽命神社、天神多久頭多麻命神社、宇努刀神社、小枚宿祢命神社、那須加美乃金子神社、伊奈久比神社、行相神社、*和多都美御子神社、胡禄神社、胡禄御子神社、嶋大國魂神御子神社、大嶋神社、波良波神社

〔下縣郡〕 *高御魂神社、銀山上神社、雷命神社、*和多都美神社、多久頭神社、*太祝詞神社、阿麻氐留神社、*住吉神社、和多都美神社、平神社、敷嶋神社、都々智神社、銀山神社

資料編17　皇室ゆかりの寺院一覧

種別	寺院名	宗派	所在地
門跡	輪王寺	天台宗	東京都台東区上野公園
門跡	輪王寺	天台宗	栃木県日光市山内
門跡	妙法院	天台宗	京都府京都市東山区妙法院前側町
門跡	青蓮院	天台宗	京都府京都市東山区粟田口三条坊町
門跡	三千院	天台宗	京都府京都市左京区大原来迎院町
門跡	曼殊院	天台宗	京都府京都市左京区一乗寺竹ノ内町
門跡	毘沙門堂	天台宗	京都府京都市山科区安朱稲荷山町
門跡	円満院	天台宗	滋賀県大津市園城寺町
門跡	聖護院（照高院併入）	天台宗	京都府京都市左京区聖護院中町
門跡	実相院	天台宗	京都府京都市左京区岩倉上蔵町
門跡	仁和寺	真言宗	京都府京都市右京区御室大内
門跡	大覚寺	真言宗	京都府京都市右京区嵯峨大沢町
門跡	三宝院	真言宗	京都府京都市伏見区醍醐東大路町
門跡	勧修寺	真言宗	京都府京都市山科区観修寺仁王堂町
門跡	随心院	真言宗	京都府京都市山科区小野御霊町
門跡	知恩院	浄土宗	京都府京都市東山区林下町
門跡	滋賀院	天台宗	滋賀県大津市坂本
門跡※	円照寺	臨済宗	奈良県奈良市山町
門跡	本願寺（西本願寺）	浄土真宗	京都府京都市下京区堀川通花屋町下ル本願寺門前町
門跡	東本願寺	浄土真宗	京都府京都市下京区烏丸通七条上ル常葉町
門跡	専修寺	浄土真宗	三重県津市一身田町
門跡	興正寺	浄土真宗	京都府京都市下京区七条上ル花園町
門跡	仏光寺	浄土真宗	京都府京都市下京区新開町
門跡	錦織寺	浄土真宗	滋賀県野洲市木部
御由緒	中宮寺	聖徳宗	奈良県生駒郡斑鳩町法隆寺北
御由緒	光照院	浄土宗	京都府京都市上京区新町通上立売上ル安楽小路町
御由緒	曇華院	臨済宗	京都府京都市右京区嵯峨北堀町
御由緒	林丘寺	臨済宗	京都府京都市左京区修学院林ノ脇
御由緒	大聖寺	臨済宗	京都府京都市上京区烏丸通今出川上ル御所八幡町
御由緒	宝鏡寺	臨済宗	京都府京都市上京区寺之内通堀川東入ル百々町
御由緒	霊鑑寺	臨済宗	京都府京都市左京区鹿ヶ谷御所ノ段町
御由緒	本光院	天台宗	京都府京都市上京区今出川七本松西入ル真盛町
御由緒	法華寺	光明宗	奈良県奈良市法華寺町
御由緒	三時知恩寺	浄土宗	京都府京都市上京区新町通今出川上ル上立売町
御由緒	慈受院（総持院）	臨済宗	京都府京都市上京区寺之内通堀川東入ル百々町
御由緒	宝慈院	臨済宗	京都府京都市上京区衣棚通寺之内上ル下木下町
御由緒	瑞龍寺	日蓮宗	滋賀県近江八幡市宮内町
御由緒	泉涌寺	真言宗	京都府京都市東山区泉涌寺山内町
御由緒	禅智院	臨済宗	滋賀県高島市拝戸
御縁故	廬山寺	天台圓浄宗	京都府京都市上京区寺町通広小路上ル北之辺町
御縁故	長福寺	真言宗	京都府京都市右京区西京極中町
御縁故	水薬師寺	真言宗	京都府京都市下京区西七条石井町
御縁故	霊源寺	臨済宗	京都府京都市北区西賀茂北今原町
御縁故	法常寺	臨済宗	京都府亀岡市畑野町千ヶ畑藤垣内
御縁故	慈照院	臨済宗	京都府京都市上京区今出川通烏丸東入ル相国寺門前町
御縁故	円通寺	臨済宗	京都府京都市左京区岩倉幡枝町
御縁故	雲龍院	真言宗	京都府京都市東山区泉涌寺山内町
御縁故	寛永寺	天台宗	東京都台東区上野桜木
御縁故	清浄華院（浄華院）	浄土宗	京都府京都市上京区寺町通広小路上ル北之辺町

宗派は現在のもの。　※御由緒寺院でもある

【御関係寺院】

［　］内に、以下の略号で宗派を示した。台…天台宗、曹…曹洞宗、臨…臨済宗、浄…浄土宗、真…真言宗、新義…新義真言宗、古義…古義真言宗、真律…真言律宗、律…律宗、浄真…浄土真宗、蓮…日蓮宗、時…時宗、法…法華宗、顕本…顕本法華宗、厳…華厳宗、相…法相宗、北相…北法相宗、檗…黄檗宗、融…融通念仏宗、四…四宗兼学

岩手県

〔西磐井郡平泉町〕中尊寺［台］・毛越寺［台］

宮城県

〔仙台市青葉区〕輪王寺［曹］

山形県

〔山形市〕立石寺［台］・吉祥院［台］

福島県

〔会津若松市〕興徳寺［臨］

茨城県

〔常総市〕弘経寺［浄］　〔那珂市〕常福寺［浄］　〔筑西市〕千妙寺［台］

栃木県

〔下野市〕安国寺（薬師寺）［新義］　〔真岡市〕専修寺［浄真］

群馬県

〔太田市〕大光院［浄］・長楽寺［台］

埼玉県

〔さいたま市緑区〕吉祥寺［台］　〔川越市〕喜多院［台］　〔鴻巣市〕勝願寺［浄］　〔比企郡ときがわ町〕慈光寺［台］

千葉県

〔千葉市〕千葉寺［新義］　〔館山市〕那古寺［新義］　〔成田市〕新勝寺［新義］　〔君津市〕神野寺［新義］

東京都

〔港区〕増上寺［浄］　〔文京区〕伝通院［浄］　〔台東区〕浅草寺［聖観音］　〔大田区〕本門寺［蓮］

神奈川県

〔横浜市鶴見区〕総持寺［曹］　〔横浜市金沢区〕称名寺［真律］　〔鎌倉市〕建長寺［臨］・円覚寺［臨］・宝戒寺［台］・東慶寺［臨］・光明寺［浄］・浄光明寺［真］・浄妙寺［臨］　〔藤沢市〕清浄光寺［時］　〔足柄下郡箱根町〕早雲寺［臨］

新潟県

〔三条市〕本成寺［法］　〔上越市〕国分寺［台］　〔佐渡市〕国分寺［古義］

富山県

〔高岡市〕勝興寺［浄真］・国泰寺［臨］　〔南砺市〕瑞泉寺（井波別院）［浄真］

石川県

〔鹿島郡中能登町〕天平寺（石動寺）［真］

福井県

〔小浜市〕羽賀寺［真］　〔鯖江市〕證誠寺［浄真］・誠照寺［浄真］　〔越前市〕毫摂寺［浄真］　〔吉田郡永平寺町〕永平寺［曹］

山梨県

〔甲府市〕一蓮寺［時］　〔甲州市〕向嶽寺［臨］・万福寺（杉の御坊）［浄真］　〔南巨摩郡身延町〕久遠寺［蓮］

長野県

〔長野市〕善光寺［無宗派］

岐阜県

〔岐阜市〕立政寺［浄］・延算寺［真］　〔不破郡垂井町〕菩提寺［新義］　〔揖斐郡揖斐川町〕華厳寺［台］

静岡県

〔静岡市清水区〕清見寺［臨］　〔浜松市〕方広寺［臨］・頭陀寺［真］・秋葉寺［曹］　〔富士市〕実相寺［蓮］　〔袋井市〕西楽寺［新義］　〔伊豆の国市〕国清寺［臨］

愛知県

〔名古屋市東区〕建中寺［浄］　〔名古屋市中区〕真福寺［新義］　〔岡崎市〕上宮寺［浄真］・大樹寺［浄］・圓福寺［浄］　〔一宮市〕妙興寺［臨］　〔碧南市〕称名寺［時］　〔稲沢市〕万徳寺［新義］　〔新城市〕鳳来寺［古義］　〔愛知郡東郷町〕祐福寺［浄］　〔西春日井郡豊山町〕延命寺［曹］　〔あま市〕甚目寺［新義］

三重県

〔津市〕四天王寺［曹］　〔鈴鹿市〕観音寺［真］　〔伊賀市〕西蓮寺［台］

滋賀県

〔大津市〕延暦寺［台］・園城寺（三井寺）［台］・西教寺［台］・石山寺［古義］　〔草津市〕観音寺［台］　〔栗東市〕金勝寺［台］　〔湖南市〕妙感寺［臨］・善水寺［台］　〔東近江市〕百済寺［台］・永源寺［臨］　〔米原市〕観音護国寺（護国寺）［台］・蓮華寺［浄］・成菩提院［台］　〔近江八幡市〕観音正寺（観音寺）［台］　〔愛知郡愛荘町〕金剛輪寺［台］

京都府

〔京都市北区〕金蓮寺［時］・上品蓮台寺［新義］・大徳寺［臨］・遣迎院［台］・鹿苑寺（金閣寺）［臨］　〔京都市上京区〕般舟三昧院（般舟院）［台］・大報恩寺［新義］・妙顕寺［蓮］・浄福寺［浄］・清和院［新義］・興聖寺［臨］・相国寺［臨］・十念寺［浄］・西園寺［浄］・立本寺［蓮］・本隆寺［法華流真門流］　〔京都市左京区〕東北院［時］・南禅寺［臨］・禅林寺［浄］・真正極楽寺［台］・知恩寺（百万遍）［浄］・勝林院（大原寺）［台］・寂光院［台］・金戒光明寺（黒谷）［浄］・妙満寺［顕本］　〔京都市中京区〕頂法寺［台］・誓願寺［浄］・行願寺（革堂）［台］　〔京都市東山区〕清水寺［北相］・蓮華王院（得長寿院）［台］・清閑寺［新義］・万寿寺［臨］・東福寺［臨］・建仁寺［臨］・正法寺［時］　〔京都市下京区〕長講堂［浄］・新善光

寺（御影堂）［時］〔京都市南区〕東寺（教王護国寺）［古義］・西寺（慈恩寺併入）・九品寺（成菩提院）［浄］〔京都市右京区〕広隆寺（桂宮院併入）［真］・妙心寺［臨］・法金剛院［律］・神護寺［真］・清凉寺（栖霞寺併入）［浄］・二尊院［台］・天龍寺［臨］・臨川寺［臨］・長福寺［臨］・常照皇寺（常照寺）［臨］・高山寺［古義］〔京都市伏見区〕嘉祥寺（安楽行院）［台］・安楽寿院［新義］・不動院［台］・醍醐寺（三宝院）［古義］〔京都市山科区〕本圀寺［蓮］・元慶寺（花山寺）［台］・安祥寺（高野堂）［真］〔京都市西京区〕三鈷寺（往生院）［四］・善峯寺［台］・金蔵寺［台］・西芳寺（苔寺）［臨］・勝持寺（花の寺）［台］・法輪寺（嵯峨虚空蔵）［古義］〔宇治市〕三室戸寺［台］・平等院（鳳凰堂）［台・浄］・萬福寺（黄檗山）［檗］・放生院（橋寺）［真律］〔宮津市〕成相寺［真］・智恩寺［臨］〔長岡京市〕乙訓寺［新義］・海印寺（寂照院）［真］・光明寺［浄］〔京田辺市〕酬恩庵［臨］〔乙訓郡大山崎町〕宝積寺［新義］〔相楽郡笠置町〕笠置寺［新義］

大阪府

〔大阪市天王寺区〕一心寺［浄］・四天王寺［和宗］〔大阪市平野区〕大念仏寺［融］〔岸和田市〕久米田寺［古義］〔高槻市〕安岡寺［台］・神峯山寺［台］・慶瑞寺［檗］〔茨木市〕寿命院［真］〔富田林市〕龍泉寺［古義］〔河内長野市〕金剛寺［古義］・観心寺［真］〔松原市〕来迎寺［融］〔和泉市〕国分寺（福徳寺）［真］・施福寺（槇尾寺）［台］・松尾寺［台］〔箕面市〕瀧安寺（箕面寺）［台］・勝尾寺［真］〔羽曳野市〕野中寺［真］〔藤井寺市〕道明寺［古義］・葛井寺（剛琳寺）［古義］〔南河内郡太子町〕叡福寺［真］・〔南河内郡河南町〕高貴寺［真］

兵庫県

〔神戸市西区〕太山寺［台］〔姫路市〕円教寺（書写山）［台］〔南あわじ市〕国分寺［律］

奈良県

〔奈良市〕東大寺［厳］・興福寺［相］・大安寺［真］・元興寺［厳］・新薬師寺［厳］・海龍王寺［真律］・薬師寺［相］・西大寺（西隆寺併入）［真律］・唐招提寺［律］・秋篠寺［無宗派］・般若寺［真律］・喜光寺（菅原寺）［相］・正暦寺（菩提山寺）［菩提山真言宗］・不退寺（業平寺）［真律］〔大和郡山市〕額安寺［真律］〔橿原市〕久米寺［古義］〔桜井市〕長谷寺［新義］〔葛城市〕当麻寺［真・浄］〔生駒郡平群町〕朝護孫子寺（信貴山）〔生駒郡斑鳩町〕法隆寺（中宮寺併入）［聖徳］・法起寺［聖徳］〔高市郡高取町〕南法華寺（壺阪寺）［真］〔高市郡明日香村〕本元興寺（安居院）［新義］・龍蓋寺（岡寺）［新義］・橘寺（菩提寺）［台］・弘福寺（川原寺）［新義］〔吉野郡吉野町〕如意輪寺［浄］・金峯山寺（蔵王堂）［金峰山修験本宗］

和歌山県

〔和歌山市〕総持寺（梶取本山）［浄］〔海南市〕長保寺［台］〔紀の川市〕施音寺（粉河寺）［台］〔岩出市〕大伝法院（根来寺）［新義］〔伊都郡高野町〕金剛峯寺（高野山）［真］〔日高郡由良町〕興国寺［臨］

鳥取県

〔米子市〕安養寺［時］

島根県

〔出雲市〕鰐淵寺［台］〔益田市〕妙義寺［曹］

広島県

〔広島市安佐北区〕福王寺［古義］〔三原市〕仏通寺［臨］〔尾道市〕浄土寺［古義］〔廿日市市〕大聖院［古義］

山口県

〔防府市〕国分寺［真］

徳島県

〔阿南市〕太龍寺［真］

香川県

〔高松市〕法然寺［浄］〔坂出市〕白峯寺［古義］〔善通寺市〕善通寺［古義］〔さぬき市〕志度寺［古義］

愛媛県

〔松山市〕石手寺［新義］〔西条市〕観念寺［臨］〔上浮穴郡久万高原町〕大宝寺［新義］〔北宇和郡鬼北町〕等妙寺［台］

高知県

〔室戸市〕最御崎寺［新義］・金剛頂寺［新義］〔土佐清水市〕金剛福寺［新義］

福岡県

〔福岡市博多区〕承天寺［臨］・崇福寺［臨］・聖福寺［臨］〔久留米市〕善導寺［浄］〔太宰府市〕観世音寺［台］

長崎県

〔長崎市〕晧台寺［曹］〔対馬市〕国分寺［曹］〔壱岐市〕国分寺［臨］

熊本県

〔熊本市〕大慈寺［曹］・本妙寺［蓮］

鹿児島県

〔薩摩川内市〕福昌寺［曹］

〔注〕寺院の種別と寺院名は、佐野恵作『皇室と寺院』（昭和14年）によった。宗派名も同書によったが、同書に記載のない場合および現在の宗派名・所在地については『市町村区分全国寺院大鑑』（平成3年）および『日本名刹大事典』などを参考とし、現在までの変更を可能な限り反映した。御関係寺院については、所在地別に配列しなおした。

資料編18　近現代皇室高官一覧

〔注〕
・各高官の着任と離任の年月日を示した。
・『国史大辞典』（吉川弘文館）、秦郁彦編『日本官僚制総合事典』（東京大学出版会）などによった。
・各高官については、（→［　］）で示される本文の節を参照のこと。

■内大臣（→［38］）

三条実美	明治 18.12.22－	明治 24. 2.18
徳大寺実則	24. 2.21－	大正 1. 8.13
桂　太郎	大正 1. 8.13－	1.12.21
貞愛親王	1.12.21－	4. 1.13
（内大臣府出仕）		
大山　巌	3. 4.23－	5.12.10
松方正義	6. 5. 2－	11. 9.18
平田東助	11. 9.18－	14. 3.30
浜尾　新	14. 3.30－	14. 3.30
牧野伸顕	14. 3.30－	昭和 10.12.26
斎藤　実	昭和 10.12.26－	11. 2.26
一木喜徳郎	11. 3. 6－	11. 3. 6
湯浅倉平	11. 3. 6－	15. 6. 1
木戸幸一	15. 6. 1－	20.11.24

■宮内卿（→［38］）

万里小路博房	明治 2. 7. 8－	明治 4. 6.25
徳大寺実則	4.10.17－	17. 3.21
伊藤博文	17. 3.21－	18.12.22

■宮内大臣（→［38］）

伊藤博文	明治 18.12.22－	明治 20. 9.17
土方久元	20. 9.17－	31. 2. 9
田中光顕	31. 2. 9－	42. 6.16
岩倉具定	42. 6.16－	43. 4. 1
渡辺千秋	43. 4. 1－	大正 3. 4. 9
波多野敬直	大正 3. 4. 9－	9. 6.18
中村雄次郎	9. 6.18－	10. 2.19
牧野伸顕	10. 2.19－	14. 3.30
一木喜徳郎	14. 3.30－	昭和 8. 2.15
湯浅倉平	昭和 8. 2.15－	11. 3. 6
松平恒雄	11. 3. 6－	20. 6. 4
石渡荘太郎	20. 6. 4－	21. 1.16
松平慶民	21. 1.16－	22. 5. 2

■宮内府長官（→［38］、［47］）

松平慶民	昭和 22. 5. 3－	昭和 23. 6. 5
田島道治	23. 6. 5－	24. 6. 1

■宮内府次長（→［38］、［47］）

加藤　進	昭和 22. 5. 3－	昭和 23. 8. 2
林　敬三	23. 8. 2－	24. 5.31

■宮内庁長官（→［47］）

田島道治	昭和 24. 6. 1－	昭和 28.12.16
宇佐美毅	28.12.16－	53. 5.26
富田朝彦	53. 5.26－	63. 6.14
藤森昭一	63. 6.14－	平成 8. 1.19
鎌倉　節	平成 8. 1.19－	13. 4. 2
湯浅利夫	13. 4. 2－	17. 4. 1
羽毛田信吾	17. 4. 1－	24. 6. 1
風岡典之	24. 6. 1－	28. 9.26
山本信一郎	28. 9.26－	

■宮内庁次長（→［47］）

林　敬三	昭和 24. 6. 1－	昭和 25.10. 9
宇佐美毅	25.10. 9－	28.12.16
瓜生順良	28.12.18－	49.11.26
富田朝彦	49.11.26－	53. 5.26
山本　悟	53. 5.26－	63. 4.13
藤森昭一	63. 4.13－	63. 6.14
宮尾　盤	63. 6.14－	平成 6. 3.31
鎌倉　節	平成 6. 4. 1－	8. 1.19
森　幸男	8. 1.19－	12. 3.31
湯浅利夫	12. 4. 1－	13. 4. 2
羽毛田信吾	13. 4. 2－	17. 4. 1
風岡典之	17. 4. 1－	24. 6. 1
山本信一郎	24. 6. 1－	28. 9.26
西村泰彦	28. 9.26－	

■侍従長（→［38］、［47］）

（明治4～17年は複数人制）

徳大寺実則	明治 4. 8. 4－	明治 10. 8.29
河瀬真孝	4. 9.20－	6. 9.30
東久世通禧	4.10.15－	10. 8.29
山口正定	11.12.24－	17. 3.22
米田虎雄	11.12.24－	17. 3.22
徳大寺実則	17. 3.21－	大正 1. 8.13

波多野敬直	1. 7.30−	1. 8.13
桂　太郎	1. 8.13−	1.12.21
鷹司熙通	1.12.21−	7. 5.15
正親町実正	7. 5.27−	11. 3.22
徳川達孝	11. 3.22−	昭和 2. 3. 3
珍田捨巳	昭和 2. 3. 3−	4. 1.16
鈴木貫太郎	4. 1.22−	11.11.20
百武三郎	11.11.20−	19. 8.29
藤田尚徳	19. 8.29−	21. 5. 3
大金益次郎	21. 5. 3−	23. 6. 5
三谷隆信	23. 6. 5−	40. 3.30
稲田周一	40. 3.30−	44. 9.16
入江相政	44. 9.16−	60. 9.29
徳川義寛	60.10. 1−	63. 4.13
山本　悟	63. 4.13−	平成 8.12.12
渡邊　允	平成 8.12.12−	19. 6.15
川島　裕	19. 6.15−	27. 5. 1
河相周夫	27. 5. 1−	令和 1. 5. 1
小田野展丈	令和 1. 5. 1−	

■侍従次長（→［38］、［47］）

徳川達孝	大正 3. 6.20−	大正 11. 3.22
小早川四郎	11. 3.22−	昭和 2. 3. 3
入江為守	昭和 1.12.25−	2. 3. 3
河井弥八	2. 3. 3−	7. 9.17
広幡忠隆	7. 9.17−	20.10.23
甘露寺受長	14. 5.26−	20.11.24
木下道雄	20.10.23−	21. 5. 3
稲田周一	21. 5. 3−	21. 9.21
大金益次郎	21. 9.21−	22. 4.23
鈴木　一	22. 4.23−	25.10. 1
三谷隆信	25.10. 1−	25.10.30
稲田周一	25.10.30−	40. 3.30
永積寅彦	40. 3.30−	43. 4. 1
入江相政	43. 4. 1−	44. 9.16
徳川義寛	44. 9.16−	60.10. 1
安楽定信	60.10. 1−	平成 3. 3.31
重田保夫	平成 1. 1.11−	7. 3.31
八木貞二	7. 4. 1−	11. 3.31
石藤守雄	11. 4. 1−	15. 3.31
手塚英臣	15. 4. 1−	17. 3.31
千澤治彦	17. 4. 1−	20. 3.31
佐藤正宏	20. 4. 1−	24. 6. 1
髙橋美佐男	24. 6. 1−	令和 1. 5. 1
加地正人	令和 1. 5. 1−	

■侍従武官長（→［38］）

岡沢　精	明治 29. 4. 3−	明治 41.12.12
中村　覚	41.12.29−	大正 2. 8.22
内山小次郎	大正 2. 8.22−	11.11.24
奈良武次	11.11.24−	昭和 8. 4. 6
本庄　繁	昭和 8. 4. 6−	11. 3.23
宇佐美興屋	11. 3.23−	14. 5.25
畑　俊六	14. 5.25−	14. 8.30
蓮沼　蕃	14. 8.30−	20.11. 2

■女官長（→［38］、［47］）

保科武子	昭和 13.11.29−	昭和 42. 3.22
小川梅子	42. 3.22−	44. 5.20
北白川祥子	44. 5.20−	平成 1. 1.11
松村淑子	平成 1. 1.11−	2. 4.17
井上和子	2. 4.17−	16. 3.31
濱本松子	16. 3.31−	25. 4. 1
伊東典子	25. 4. 1−	令和 1. 5. 1
西宮幸子	令和 1. 5. 1−	

■上皇侍従長（→［47］）

河相周夫	令和 1. 5. 1−	

■東宮大夫（→［38］、［47］）

曾我祐準	明治 22.11. 3−	明治 24. 6.13
奥　保鞏	25. 1. 4−	26.11.10
黒川通軌	26.11.10−	30.10.20
細川潤次郎	30.10.20−	31. 2.18
中山孝麿	31. 2.18−	34.11.29
斎藤桃太郎	34.11.29−	38. 1.23
中山孝麿	38. 1.23−	40. 6. 2
村木雅美	40.12.11−	44. 6. 2
波多野敬直	44. 6. 2−	大正 3. 4. 9
浜尾　新	大正 3. 4.20−	10.11.25
珍田捨巳	10.11.25−	15.12.25
穂積重遠	昭和 20. 8.15−	24. 2.26
野村行一	24. 2.26−	32. 7.29
瓜生順良	32. 7.30−	32.11.12
鈴木菊男	32.11.12−	52. 9.14
安嶋　彌	52. 9.14−	平成 1. 5. 1
菅野弘夫	平成 1. 5. 1−	6. 4. 1
森　幸男	6. 4. 1−	8. 1.19
古川　清	8. 1.19−	14. 5. 1
林田英樹	14. 5. 1−	18. 4. 6
野村一成	18. 4. 6−	23. 7. 5
小野恭士	23. 7. 5−	28. 5.13

小田野展丈		28. 5.13－	令和	1. 5. 1

■東宮侍従長（→[38]、[47]）

中山孝麿	明治	22.11. 3－	明治	28. 2. 8
高辻修長		30.11.26－		35. 5. 5
木戸孝正		35. 5. 5－		41. 1.20
一条実輝		41. 1.20－	大正	1. 9.21
波多野敬直	大正	1. 9.21－		3. 4.20
入江為守		3. 4.20－		15.12.25
穂積重遠	昭和	20. 8.15－	昭和	24. 2.26
野村行一		24. 2.26－		32. 7.29
瓜生順良		32. 7.30－		32.11.12
鈴木菊男		32.11.12－		34. 4. 1
山田康彦		34. 4. 1－		40. 3.31
戸田康英		40. 3.31－		52. 4. 2
黒木従達		52. 4.12－		58. 1.19
安嶋　彌		58. 1.21－		58. 6.16
山口廣次		58. 6.16－		61. 4.15
重田保夫		61. 4.15－	平成	1. 1.11
安嶋　彌	平成	1. 1.11－		1. 5. 1
菅野弘夫		1. 5. 1－		1. 6.20
山下和夫		1. 6.20－		7. 9. 8
古川　清		7. 9. 8－		8. 1.19
曾我　剛		8. 1.19－		13. 3.31
入江　誠 （事務代理）		13. 3.31－		13.11. 2
林田英樹		13.11. 2－		14. 5. 1
入江　誠 （事務代理）		14. 5. 1－		14.10.11
小林　秀明		14.10.11－		17. 9. 6
末綱　隆		17. 9. 6－		21. 3.31
加地正人		21. 3.31－	令和	1. 5. 1

■皇嗣職大夫（→[47]）

加地隆治	令和	1. 5. 1－		

■東宮女官長（昭和以降、→[47]）

牧野純子	昭和	34. 4. 1－	昭和	44. 4.16
松村淑子		44. 4.16－	平成	1. 1.11
高木みどり	平成	5. 6. 1－		15. 7. 8
木幡清子		15. 7. 8－		23. 1.17
岡山いち （事務代理）		23. 1.17－		27. 7.31
西宮幸子		27. 7.31－	令和	1. 5. 1

■掌典長（→[38]、[125]）

九条道孝	明治	17.10. 3－	明治	31. 9.10
岩倉具綱		31. 9.10－	大正	4.12.27
九条道実	大正	4.12.27－	昭和	8. 1.19
三条公輝	昭和	8. 1.28－		20.11.10
坊城俊良		20.11.10－		20.11.27
恒憲王		20.11.27－		21. 2.25
徳大寺実厚		21. 2.25－		21. 8.12
甘露寺受長		21. 8.12－		34. 5.21
室町公藤		34. 5.21－		35.11.10
徳大寺実厚		35.11.10－		43. 9.10
永積寅彦		43. 9.10－		52. 6.20
東園基文		52. 6.20－	平成	3. 4. 1
小出英忠	平成	3. 4. 1－		12. 4. 1
本多康忠		12. 4. 1－		14. 9.10
井関英男		14. 9.10－		21. 5.14
手塚英臣		21. 5.15－		26. 2. 2
楠本祐一		26. 2. 3－		

資料編19　勅題・御題一覧

開催年月日／御題

明治

2.1.24　(御代始) 春風来海上《しゅんぷうかいじょうよりきたる》
3.1.24　春来日暖《はるきたりてひあたたかし》
4.1.24　貴賤迎春《きせんはるをむかう》
5.1.18　風光日日新《ふうこうひびにあらたなり》
6.1.18　新年祝道《しんねんみちをいわう》
7.1.18　迎年言志《としをむかえてこころざしをのぶ》
8.1.18　都鄙迎年《とひとしをむかう》
9.1.18　新年望山《しんねんやまをのぞむ》
10.1.12　松不改色《まついろをあらためず》
11.1.18　鶯入新年語《うぐいすしんねんにいりてかたる》
12.1.12　新年祝言《しんねんのしゅうげん》
13.1.19　庭上鶴馴《ていじょうつるなる》
14.1.18　竹有佳色《たけにかしょくあり》
15.1.18　河水久澄《かすいひさしくすむ》
16.1.18　四海清《しかいきよし》
17.1.18　晴天鶴《せいてんのつる》
18.1.19　雪中早梅《せきちゅうのそうばい》
19.1.18　緑竹年久《りょくちくとしひさし》
20.1.18　池水浪静《ちすいなみしずかなり》
21.1.18　雪埋松《ゆきまつをうずむ》
22.1.18　水石契久《すいせきちぎりひさし》
23.1.18　寄国祝《くにによするいわい》
24.1.18　社頭祈世《しゃとうによをいのる》
25.1.18　日出山《ひいずるやま》
26.1.18　巌山亀《がんざんのかめ》
27.1.18　梅花先春《ばいかはるにさきだつ》
29.1.18　寄山祝《やまによするいわい》
32.1.25　田家煙《でんかのけむり》
33.1.26　松上鶴《しょうじょうのつる》
34.1.18　雪中竹《せっちゅうのたけ》
35.1.18　新年梅《しんねんのうめ》
36.1.19　新年海《しんねんのうみ》
37.1.20　巌上松《がんじょうのまつ》
38.1.19　新年山《しんねんのやま》
39.2. 7　新年河《しんねんのかわ》
40.1.18　新年松《しんねんのまつ》
41.1.18　社頭松《しゃとうのまつ》
42.1.18　雪中松《せっちゅうのまつ》
43.1.18　新年雪《しんねんのゆき》
44.1.18　寒月照梅花《かんげつばいかをてらす》
45.1.23　松上鶴《しょうじょうのつる》

大正

3.1.19　(御代始) 社頭杉《しゃとうのすぎ》
5.1.18　寄国祝《くにによするいわい》
6.1.18　遠山雪《とおやまのゆき》
7.1.18　海辺松《かいへんのまつ》
8.1.18　朝晴雪《あしたのせいせつ》
9.1.17　田家早梅《でんかのそうばい》
10.1.10　社頭暁《しゃとうのあかつき》
11.1.18　旭光照波《きょくこうなみをてらす》
12.1.29　暁山雲《あかつきのさんうん》
13.1.19　新年言志《しんねんこころざしをのぶ》
14.1.20　山色連天《さんしょくてんにつらなる》
15.1.18　河水清《かすいきよし》

昭和

3.1.28　(御代始) 山色新《さんしょくあらたなり》
4.1.24　田家朝《でんかのあさ》
5.1.29　海辺巌《かいへんのいわ》
6.1.23　社頭雪《しゃとうのゆき》
7.1.18　暁鶏声《あかつきのけいせい》
8.1.21　朝海《あしたのうみ》
10.1.24　池辺鶴《ちへんのつる》
11.1.20　海上雲遠《かいじょうくもとおし》
12.1.26　田家雪《でんかのゆき》
13.1.24　神苑朝《しんえんのあした》
14.1.31　朝陽映島《ちょうようしまにうつる》
15.1.29　迎年祈世《としをむかえてよをいのる》
16.1.28　漁村曙《ぎょそんのあけぼの》
17.1.26　連峯雲《れんぽうのくも》
18.1.28　農村新年《のうそんのしんねん》
20.1.22　社頭寒梅《しゃとうかんばい》
21.1.22　松上雪《しょうじょうのゆき》
22.1.23　あけぼの
23.1.29　春山《はるのやま》
24.1.24　朝雪《あさのゆき》
25.1.31　若草
26.1.26　朝空《あしたのそら》
28.2. 5　船出
29.1.12　林
30.1.12　泉
31.1.12　早春

32.1.11　ともしび
33.1.10　雲
34.1.12　窓
35.1.12　光
36.1.12　若
37.1.12　土
38.1.10　草原
39.1.10　紙
40.1.12　鳥
41.1.13　声
42.1.12　魚
43.1.12　川
44.1.10　星
45.1.13　花
46.1.12　家
47.1.14　山
48.1.12　子ども
49.1.10　朝
50.1.10　祭り
51.1. 9　坂
52.1.14　海
53.1.12　母
54.1.12　丘
55.1.10　桜
56.1.13　音
57.1.13　橋
58.1.14　島
59.1.12　緑
60.1.10　旅
61.1.10　水
62.1.10　木
63.1.12　車

平成

2.2. 6　晴（昭和天皇を偲ぶ歌会として開催）
3.1.10　（御代始）森
4.1.14　風
5.1.14　空
6.1.14　波
7.1.12　歌
8.1.12　苗
9.1.14　姿
10.1.14　道
11.1.14　青
12.1.14　時
13.1.12　草
14.1.15　春
15.1.15　町
16.1.14　幸
17.1.14　歩み
18.1.12　笑み
19.1.15　月
20.1.16　火
21.1.15　生
22.1.14　光
23.1.14　葉
24.1.12　岸
25.1.16　立
26.1.15　静
27.1.14　本
28.1.14　人
29.1.13　野
30.1.12　語
31.1.16　光

令和

2.　望

〔注〕
・「年月日」「題」「よみ」は菊葉文化協会『宮中歌会始』（平成７年）および宮内庁 HP を参考とした。
・代替わり後、初の歌会始については御代始として示した。
・戦後の詠進要領ではお題の文字を使用していれば良いとされている。
・歌会始が休止された年とその理由は次の通り。
明治 28 年　日清戦役、明治天皇広島大本営に行幸中のため休止。お題「寄海祝」
30 年　明治 30 年 1 月 11 日英照皇太后崩御による宮中喪のため休止。お題「松影映水」
31 年　右宮中喪の喪明の後行われる予定であったが休止。お題「新年雪」
大正 2 年　明治 45 年 7 月 30 日明治天皇崩御による宮中喪のため休止。
4 年　大正 3 年 4 月 11 日昭憲皇太后崩御による宮中喪のため休止。
昭和 2 年　大正 15 年 12 月 25 日大正天皇崩御による宮中喪のため休止。お題「海上風静」
9 年　昭和 8 年 11 月 3 日朝香宮鳩彦王妃允子内親王薨去による宮中喪のため休止。
19 年　1 月 28 日、天皇御風気のため歌会のみ中止。御製・御歌は下賜される。お題「海上日出」
27 年　昭和 26 年 5 月 17 日貞明皇后崩御のため休止。
64 年　昭和 64 年 1 月 7 日昭和天皇崩御のため休止。お題「晴」

大日本帝国憲法（抄）

公布：明治22年2月11日
廃止：昭和22年5月3日

第一章　天皇

第一条　大日本帝国ハ万世一系ノ天皇之ヲ統治ス

第二条　皇位ハ皇室典範ノ定ムル所ニ依リ皇男子孫之ヲ継承ス

第三条　天皇ハ神聖ニシテ侵スヘカラス

第四条　天皇ハ国ノ元首ニシテ統治権ヲ総攬シ此ノ憲法ノ条規ニ依リ之ヲ行フ

第五条　天皇ハ帝国議会ノ協賛ヲ以テ立法権ヲ行フ

第六条　天皇ハ法律ヲ裁可シ其ノ公布及執行ヲ命ス

第七条　天皇ハ帝国議会ヲ召集シ其ノ開会閉会停会及衆議院ノ解散ヲ命ス

第八条　天皇ハ公共ノ安全ヲ保持シ又ハ其ノ災厄ヲ避クル為緊急ノ必要ニ由リ帝国議会閉会ノ場合ニ於テ法律ニ代ルヘキ勅令ヲ発ス

② 此ノ勅令ハ次ノ会期ニ於テ帝国議会ニ提出スヘシ若議会ニ於テ承諾セサルトキハ政府ハ将来ニ向テ其ノ効力ヲ失フコトヲ公布スヘシ

第九条　天皇ハ法律ヲ執行スル為ニ又ハ公共ノ安寧秩序ヲ保持シ及臣民ノ幸福ヲ増進スル為ニ必要ナル命令ヲ発シ又ハ発セシム但シ命令ヲ以テ法律ヲ変更スルコトヲ得ス

第十条　天皇ハ行政各部ノ官制及文武官ノ俸給ヲ定メ及文武官ヲ任免ス但シ此ノ憲法又ハ他ノ法律ニ特例ヲ掲ケタルモノハ各々其ノ条項ニ依ル

第十一条　天皇ハ陸海軍ヲ統帥ス

第十二条　天皇ハ陸海軍ノ編制及常備兵額ヲ定ム

第十三条　天皇ハ戦ヲ宣シ和ヲ講シ及諸般ノ条約ヲ締結ス

第十四条　天皇ハ戒厳ヲ宣告ス

② 戒厳ノ要件及効力ハ法律ヲ以テ之ヲ定ム

第十五条　天皇ハ爵位勲章及其ノ他ノ栄典ヲ授与ス

第十六条　天皇ハ大赦特赦減刑及復権ヲ命ス

第十七条　摂政ヲ置クハ皇室典範ノ定ムル所ニ依ル

② 摂政ハ天皇ノ名ニ於テ大権ヲ行フ

第二章　臣民権利義務

第三十一条　本章ニ掲ケタル条規ハ戦時又ハ国家事変ノ場合ニ於テ天皇大権ノ施行ヲ妨クルコトナシ

第三章　帝国議会

第三十四条　貴族院ハ貴族院令ノ定ムル所ニ依リ皇族華族及勅任セラレタル議員ヲ以テ組織ス

第四十九条　両議院ハ各々天皇ニ上奏スルコトヲ得

第四章　国務大臣及枢密顧問

第五十五条　国務各大臣ハ天皇ヲ輔弼シ其ノ責ニ任ス

② 凡テ法律勅令其ノ他国務ニ関ル詔勅ハ国務大臣ノ副署ヲ要ス

第五十六条　枢密顧問ハ枢密院官制ノ定ムル所ニ依リ天皇ノ諮詢ニ応ヘ重要ノ国務ヲ審議ス

第五章　司法

第五十七条　司法権ハ天皇ノ名ニ於テ法律ニ依リ裁判所之ヲ行フ

第六章　会計

第六十六条　皇室経費ハ現在ノ定額ニ依リ毎年国庫ヨリ之ヲ支出シ将来増額ヲ要スル場合ヲ除ク外帝国議会ノ協賛ヲ要セス

第七章　補則

第七十四条　皇室典範ノ改正ハ帝国議会ノ議ヲ経ルヲ要セス

② 皇室典範ヲ以テ此ノ憲法ノ条規ヲ変更スルコトヲ得ス

第七十五条　憲法及皇室典範ハ摂政ヲ置クノ間之ヲ変更スルコトヲ得ス

皇室典範（旧）

公布：明治22年2月11日
廃止：昭和22年5月3日
皇室典範増補：明治40年2月11日

皇室典範増補：大正 7 年 11 月 28 日

天佑ヲ享有シタル我カ日本帝国ノ宝祚ハ万世一系歴代継承シ以テ朕カ躬ニ至ル惟フニ祖宗肇国ノ初大憲一タヒ定マリ昭ナルコト日星ノ如シ今ノ時ニ当リ宜ク遺訓ヲ明徴ニシ皇家ノ成典ヲ制立シ以テ丕基ヲ永遠ニ鞏固ニスヘシ茲ニ枢密顧問ノ諮詢ヲ経皇室典範ヲ裁定シ朕カ後嗣及子孫ヲシテ遵守スル所アラシム

第一章　皇位継承

第一条　大日本国皇位ハ祖宗ノ皇統ニシテ男系ノ男子之ヲ継承ス

第二条　皇位ハ皇長子ニ伝フ

第三条　皇長子在ラサルトキハ皇長孫ニ伝フ皇長子及其ノ子孫皆在ラサルトキハ皇次子及其ノ子孫ニ伝フ以下皆之ニ例ス

第四条　皇子孫ノ皇位ヲ継承スルハ嫡出ヲ先ニス皇庶子孫ノ皇位ヲ継承スルハ皇嫡子孫皆在ラサルトキニ限ル

第五条　皇子孫皆在ラサルトキハ皇兄弟及其ノ子孫ニ伝フ

第六条　皇兄弟及其ノ子孫皆在ラサルトキハ皇伯叔父及其ノ子孫ニ伝フ

第七条　皇伯叔父及其ノ子孫皆在ラサルトキハ其ノ以上ニ於テ最近親ノ皇族ニ伝フ

第八条　皇兄弟以上ハ同等内ニ於テ嫡ヲ先ニシ庶ヲ後ニシ長ヲ先ニシ幼ヲ後ニス

第九条　皇嗣精神若ハ身体ノ不治ノ重患アリ又ハ重大ノ事故アルトキハ皇族会議及枢密顧問ニ諮詢シ前数条ニ依リ継承ノ順序ヲ換フルコトヲ得

第二章　践祚即位

第十条　天皇崩スルトキハ皇嗣即チ践祚シ祖宗ノ神器ヲ承ク

第十一条　即位ノ礼及大嘗祭ハ京都ニ於テ之ヲ行フ

第十二条　践祚ノ後元号ヲ建テ一世ノ間ニ再ヒ改メサルコト明治元年ノ定制ニ従フ

第三章　成年立后立太子

第十三条　天皇及皇太子皇太孫ハ満 18 年ヲ以テ成年トス

第十四条　前条ノ外ノ皇族ハ満 20 年ヲ以テ成年トス

第十五条　儲嗣タル皇子ヲ皇太子トス皇太子在ラサルトキハ儲嗣タル皇孫ヲ皇太孫トス

第十六条　皇后皇太子皇太孫ヲ立ツルトキハ詔書ヲ以テ之ヲ公布ス

第四章　敬称

第十七条　天皇太皇太后皇太后皇后ノ敬称ハ陛下トス

第十八条　皇太子皇太子妃皇太孫皇太孫妃親王親王妃内親王王王妃女王ノ敬称ハ殿下トス

第五章　摂政

第十九条　天皇未タ成年ニ達セサルトキハ摂政ヲ置ク

② 天皇久キニ亙ルノ故障ニ由リ大政ヲ親ラスルコト能ハサルトキハ皇族会議及枢密顧問ノ議ヲ経テ摂政ヲ置ク

第二十条　摂政ハ成年ニ達シタル皇太子又ハ皇太孫之ニ任ス

第二十一条　皇太子皇太孫在ラサルカ又ハ未タ成年ニ達セサルトキハ左ノ順序ニ依リ摂政ニ任ス

第一　親王及王
第二　皇后
第三　皇太后
第四　太皇太后
第五　内親王及女王

第二十二条　皇族男子ノ摂政ニ任スルハ皇位継承ノ順序ニ従フ其ノ女子ニ於ケルモ亦之ニ準ス

第二十三条　皇族女子ノ摂政ニ任スルハ其ノ配偶アラサル者ニ限ル

第二十四条　最近親ノ皇族未タ成年ニ達セサルカ又ハ其ノ他ノ事故ニ由リ他ノ皇族摂政ニ任シタルトキハ後来最近親ノ皇族成年ニ達シ又ハ其ノ事故既ニ除クト雖皇太子及皇太孫ニ対スルノ外其ノ任ヲ譲ルコトナシ

第二十五条　摂政又ハ摂政タルヘキ者精神若ハ身体ノ重患アリ又ハ重大ノ事故アルトキハ皇族会議及枢密顧問ノ議ヲ経テ其ノ順序ヲ換フルコトヲ得

第六章　太傅

第二十六条　天皇未タ成年ニ達セサルトキハ太傅ヲ置キ保育ヲ掌ラシム

第二十七条　先帝遺命ヲ以テ太傅ヲ任セサリ

シトキハ摂政ヨリ皇族会議及枢密顧問ニ諮詢シ之ヲ選任ス
第二十八条　太傅ハ摂政及其ノ子孫之ニ任スルコトヲ得ス
第二十九条　摂政ハ皇族会議及枢密顧問ニ諮詢シタル後ニ非サレハ太傅ヲ退職セシムルコトヲ得ス

第七章　皇族

第三十条　皇族ト称フルハ太皇太后皇太后皇后皇太子皇太子妃皇太孫皇太孫妃親王親王妃内親王王王妃女王ヲ謂フ
第三十一条　皇子ヨリ皇玄孫ニ至ルマテハ男ヲ親王女ヲ内親王トシ五世以下ハ男ヲ王女ヲ女王トス
第三十二条　天皇支系ヨリ入テ大統ヲ承クルトキハ皇兄弟姉妹ノ王女王タル者ニ特ニ親王内親王ノ号ヲ宣賜ス
第三十三条　皇族ノ誕生命名婚嫁薨去ハ宮内大臣之ヲ公告ス
第三十四条　皇統譜及前条ニ関ル記録ハ図書寮ニ於テ尚蔵ス
第三十五条　皇族ハ天皇之ヲ監督ス
第三十六条　摂政在任ノ時ハ前条ノ事ヲ摂行ス
第三十七条　皇族男女幼年ニシテ父ナキ者ハ宮内ノ官僚ニ命シ保育ヲ掌ラシム事宜ニ依リ天皇ハ其ノ父母ノ選挙セル後見人ヲ認可シ又ハ之ヲ勅選スヘシ
第三十八条　皇族ノ後見人ハ成年以上ノ皇族ニ限ル
第三十九条　皇族ノ婚嫁ハ同族又ハ勅旨ニ由リ特ニ認許セラレタル華族ニ限ル
第四十条　皇族ノ婚嫁ハ勅許ニ由ル
第四十一条　皇族ノ婚嫁ヲ許可スルノ勅書ハ宮内大臣之ニ副署ス
第四十二条　皇族ハ養子ヲ為スコトヲ得ス
第四十三条　皇族国彊ノ外ニ旅行セムトスルトキハ勅許ヲ請フヘシ
第四十四条　皇族女子ノ臣籍ニ嫁シタル者ハ皇族ノ列ニ在ラス但シ特旨ニ依リ仍内親王女王ノ称ヲ有セシムルコトアルヘシ

第八章　世伝御料

第四十五条　土地物件ノ世伝御料ト定メタルモノハ分割譲与スルコトヲ得ス
第四十六条　世伝御料ニ編入スル土地物件ハ枢密顧問ニ諮詢シ勅書ヲ以テ之ヲ定メ宮内大臣之ヲ公告ス

第九章　皇室経費

第四十七条　皇室諸般ノ経費ハ特ニ常額ヲ定メ国庫ヨリ支出セシム
第四十八条　皇室経費ノ予算決算検査及其ノ他ノ規則ハ皇室会計法ノ定ムル所ニ依ル

第十章　皇族訴訟及懲戒

第四十九条　皇族相互ノ民事ノ訴訟ハ勅旨ニ依リ宮内省ニ於テ裁判員ヲ命シ裁判セシメ勅裁ヲ経テ之ヲ執行ス
第五十条　人民ヨリ皇族ニ対スル民事ノ訴訟ハ東京控訴院ニ於テ之ヲ裁判ス但シ皇族ハ代人ヲ以テ訴訟ニ当ラシメ自ラ訟廷ニ出ルヲ要セス
第五十一条　皇族ハ勅許ヲ得ルニ非サレハ勾引シ又ハ裁判ニ召喚スルコトヲ得ス
第五十二条　皇族其ノ品位ヲ辱ムルノ所行アリ又ハ皇室ニ対シ忠順ヲ欠クトキハ勅旨ヲ以テ之ヲ懲戒シ其ノ重キ者ハ皇族特権ノ一部又ハ全部ヲ停止シ若ハ剥奪スヘシ
第五十三条　皇族蕩産ノ所行アルトキハ勅旨ヲ以テ治産ノ禁ヲ宣告シ其ノ管財者ヲ任スヘシ
第五十四条　前2条ハ皇族会議ニ諮詢シタル後之ヲ勅裁ス

第十一章　皇族会議

第五十五条　皇族会議ハ成年以上ノ皇族男子ヲ以テ組織シ内大臣枢密院議長宮内大臣司法大臣大審院長ヲ以テ参列セシム
第五十六条　天皇ハ皇族会議ニ親臨シ又ハ皇族中ノ一員ニ命シテ議長タラシム

第十二章　補則

第五十七条　現在ノ皇族五世以下親王ノ号ヲ宣賜シタル者ハ旧ニ依ル
第五十八条　皇位継承ノ順序ハ総テ実系ニ依ル現在皇養子皇猶子又ハ他ノ継嗣タルノ故ヲ以テ之ヲ混スルコトナシ
第五十九条　親王内親王王女王ノ品位ハ之ヲ廃ス
第六十条　親王ノ家格及其ノ他此ノ典範ニ牴触スル例規ハ総テ之ヲ廃ス

第六十一条　皇族ノ財産歳費及諸規則ハ別ニ之ヲ定ムヘシ

第六十二条　将来此ノ典範ノ条項ヲ改正シ又ハ増補スヘキノ必要アルニ当テハ皇族会議及枢密顧問ニ諮詢シテ之ヲ勅定スヘシ

皇室典範増補

明治40年2月11日

第一条　王ハ勅旨又ハ情願ニ依リ家名ヲ賜ヒ華族ニ列セシムルコトアルヘシ

第二条　王ハ勅許ニ依リ華族ノ家督相続人トナリ又ハ家督相続ノ目的ヲ以テ華族ノ養子トナルコトヲ得

第三条　前二条ニ依リ臣籍ニ入リタル者ノ妻直系卑属及其ノ妻ハ其ノ家ニ入ル但シ他ノ皇族ニ嫁シタル女子及其ノ直系卑属ハ此ノ限ニ在ラス

第四条　特権ヲ剝奪セラレタル皇族ハ勅旨ニ由リ臣籍ニ降スコトアルヘシ

②　前項ニ依リ臣籍ニ降サレタル者ノ妻ハ其ノ家ニ入ル

第五条　第一条第二条第四条ノ場合ニ於テハ皇族会議及枢密顧問ノ諮詢ヲ経ヘシ

第六条　皇族ノ臣籍ニ入リタル者ハ皇族ニ復スルコトヲ得ス

第七条　皇族ノ身位其ノ他ノ権義ニ関スル規程ハ此ノ典範ニ定メタルモノノ外別ニ之ヲ定ム

②　皇族ト人民トニ渉ル事項ニシテ各々適用スヘキ法規ヲ異ニスルトキハ前項ノ規程ニ依ル

第八条　法律命令中皇族ニ適用スヘキモノトシタル規定ハ此ノ典範又ハ之ニ基ツキ発スル規則ニ別段ノ条規ナキトキニ限リ之ヲ適用ス

皇室典範増補

大正7年11月28日

皇族女子ハ王族又ハ公族ニ嫁スルコトヲ得

皇室典範及皇室典範増補廃止ノ件

昭和22年5月1日

明治22年裁定ノ皇室典範並ニ明治40年及大正7年裁定ノ皇室典範増補ハ昭和22年5月2日限リ之ヲ廃止ス

日本国憲法（抄）

昭和21年11月3日

第一章　天皇

第一条〔天皇の地位・国民主権〕　天皇は、日本国の象徴であり日本国民統合の象徴であつて、この地位は、主権の存する日本国民の総意に基く。

第二条〔皇位の世襲と継承〕　皇位は、世襲のものであつて、国会の議決した皇室典範の定めるところにより、これを継承する。

第三条〔国事行為に対する内閣の助言・承認と責任〕　天皇の国事に関するすべての行為には、内閣の助言と承認を必要とし、内閣が、その責任を負ふ。

第四条〔天皇の権能の限界、国事行為の委任〕　天皇は、この憲法の定める国事に関する行為のみを行ひ、国政に関する権能を有しない。

②　天皇は、法律の定めるところにより、その国事に関する行為を委任することができる。

第五条〔摂政〕　皇室典範の定めるところにより摂政を置くときは、摂政は、天皇の名でその国事に関する行為を行ふ。この場合には、前条第一項の規定を準用する。

第六条〔天皇の任命権〕　天皇は、国会の指名に基いて、内閣総理大臣を任命する。

②　天皇は、内閣の指名に基いて、最高裁判所の長たる裁判官を任命する。

第七条〔国事行為〕　天皇は、内閣の助言と承認により、国民のために、左の国事に関する行為を行ふ。

一　憲法改正、法律、政令及び条約を公布すること。

二　国会を召集すること。

三　衆議院を解散すること。

四　国会議員の総選挙の施行を公示すること。

五　国務大臣及び法律の定めるその他の官吏の任免並びに全権委任状及び大使及び公使の信任状を認証すること。

六　大赦、特赦、減刑、刑の執行の免除及び復権を認証すること。

七　栄典を授与すること。

八　批准書及び法律の定めるその他の外交文書を認証すること。

九　外国の大使及び公使を接受すること。

十　儀式を行ふこと。

第八条〔皇室の財産授受〕

皇室に財産を譲り渡し、又は皇室が、財産を譲り受け、若しくは賜与することは、国会の議決に基かなければならない。

第三章　国民の権利及び義務

第十四条〔法の下の平等、貴族制度の禁止、栄典〕　すべて国民は、法の下に平等であつて、人種、信条、性別、社会的身分又は門地により、政治的、経済的又は社会的関係において、差別されない。

②　華族その他の貴族の制度は、これを認めない。

第十九条〔思想・良心の自由〕　思想及び良心の自由は、これを侵してはならない。

第二十条〔信教の自由、政教分離〕　信教の自由は、何人に対してもこれを保障する。いかなる宗教団体も、国から特権を受け、又は政治上の権力を行使してはならない。

②　何人も、宗教上の行為、祝典、儀式又は行事に参加することを強制されない。

③　国及びその機関は、宗教教育その他いかなる宗教的活動もしてはならない。

第二十一条〔集会・結社・表現の自由、検閲の禁止、通信の秘密〕　集会、結社及び言論、出版その他一切の表現の自由は、これを保障する。

②　検閲は、これをしてはならない。通信の秘密は、これを侵してはならない。

第七章　財政

第八十八条〔皇室財産・皇室費用〕　すべて皇室財産は、国に属する。すべて皇室の費用は、予算に計上して国会の議決を経なければならない。

第八十九条〔公の財産の支出・利用提供の制限〕　公金その他の公の財産は、宗教上の組織若しくは団体の使用、便益若しくは維持のため、又は公の支配に属しない慈善、教育若しくは博愛の事業に対し、これを支出し、又はその利用に供してはならない。

第九章　改正

第九十六条〔憲法改正の手続、その公布〕　この憲法の改正は、各議院の総議員の3分の2以上の賛成で、国会が、これを発議し、国民に提案してその承認を経なければならない。この承認には、特別の国民投票又は国会の定める選挙の際行はれる投票において、その過半数の賛成を必要とする。

②　憲法改正について前項の承認を経たときは、天皇は、国民の名で、この憲法と一体を成すものとして、直ちにこれを公布する。

第十章　最高法規

第九十九条〔憲法尊重擁護の義務〕　天皇又は摂政及び国務大臣、国会議員、裁判官その他の公務員は、この憲法を尊重し擁護する義務を負ふ。

第十一章　補則

第百条　この憲法は、公布の日から起算して六箇月を経過した日から、これを施行する。

②　この憲法を施行するために必要な法律の制定、参議院議員の選挙及び国会召集の手続並びにこの憲法を施行するために必要な準備手続は、前項の期日よりも前に、これを行ふことができる。

皇室典範

昭和22年1月16日法律第3号
最終改正年月日：平成29年6月16日法律第63号

第一章　皇位継承

第一条　皇位は、皇統に属する男系の男子が、これを継承する。

第二条　皇位は、左の順序により、皇族に、これを伝える。

一　皇長子
二　皇長孫
三　その他の皇長子の子孫
四　皇次子及びその子孫
五　その他の皇子孫
六　皇兄弟及びその子孫
七　皇伯叔父及びその子孫

②　前項各号の皇族がないときは、皇位は、それ以上で、最近親の系統の皇族に、これを伝える。

③　前二項の場合においては、長系を先にし、同等内では、長を先にする。

第三条　皇嗣に、精神若しくは身体の不治の重患があり、又は重大な事故があるときは、皇室会議の議により、前条に定める順序に従つて、皇位継承の順序を変えることがで

きる。
第四条　天皇が崩じたときは、皇嗣が、直ちに即位する。

第二章　皇族

第五条　皇后、太皇太后、皇太后、親王、親王妃、内親王、王、王妃及び女王を皇族とする。
第六条　嫡出の皇子及び嫡男系嫡出の皇孫は、男を親王、女を内親王とし、三世以下の嫡男系嫡出の子孫は、男を王、女を女王とする。
第七条　王が皇位を継承したときは、その兄弟姉妹たる王及び女王は、特にこれを親王及び内親王とする。
第八条　皇嗣たる皇子を皇太子という。皇太子のないときは、皇嗣たる皇孫を皇太孫という。
第九条　天皇及び皇族は、養子をすることができない。
第十条　立后及び皇族男子の婚姻は、皇室会議の議を経ることを要する。
第十一条　年齢十五年以上の内親王、王及び女王は、その意思に基き、皇室会議の議により、皇族の身分を離れる。
②　親王（皇太子及び皇太孫を除く。）、内親王、王及び女王は、前項の場合の外、やむを得ない特別の事由があるときは、皇室会議の議により、皇族の身分を離れる。
第十二条　皇族女子は、天皇及び皇族以外の者と婚姻したときは、皇族の身分を離れる。
第十三条　皇族の身分を離れる親王又は王の妃並びに直系卑属及びその妃は、他の皇族と婚姻した女子及びその直系卑属を除き、同時に皇族の身分を離れる。但し、直系卑属及びその妃については、皇室会議の議により、皇族の身分を離れないものとすることができる。
第十四条　皇族以外の女子で親王妃又は王妃となつた者が、その夫を失つたときは、その意思により、皇族の身分を離れることができる。
②　前項の者が、その夫を失つたときは、同項による場合の外、やむを得ない特別の事由があるときは、皇室会議の議により、皇族の身分を離れる。
③　第一項の者は、離婚したときは、皇族の身分を離れる。
④　第一項及び前項の規定は、前条の他の皇族と婚姻した女子に、これを準用する。
第十五条　皇族以外の者及びその子孫は、女子が皇后となる場合及び皇族男子と婚姻する場合を除いては、皇族となることがない。

第三章　摂政

第十六条　天皇が成年に達しないときは、摂政を置く。
②　天皇が、精神若しくは身体の重患又は重大な事故により、国事に関する行為をみずからすることができないときは、皇室会議の議により、摂政を置く。
第十七条　摂政は、左の順序により、成年に達した皇族が、これに就任する。
一　皇太子又は皇太孫
二　親王及び王
三　皇后
四　皇太后
五　太皇太后
六　内親王及び女王
②　前項第二号の場合においては、皇位継承の順序に従い、同項第六号の場合においては、皇位継承の順序に準ずる。
第十八条　摂政又は摂政となる順位にあたる者に、精神若しくは身体の重患があり、又は重大な事故があるときは、皇室会議の議により、前条に定める順序に従つて、摂政又は摂政となる順序を変えることができる。
第十九条　摂政となる順位にあたる者が、成年に達しないため、又は前条の故障があるために、他の皇族が、摂政となつたときは、先順位にあたつていた皇族が、成年に達し、又は故障がなくなつたときでも、皇太子又は皇太孫に対する場合を除いては、摂政の任を譲ることがない。
第二十条　第十六条第二項の故障がなくなつたときは、皇室会議の議により、摂政を廃する。
第二十一条　摂政は、その在任中、訴追されない。但し、これがため、訴追の権利は、害されない。

第四章　成年、敬称、即位の礼、大喪の礼、皇統譜及び陵墓

第二十二条　天皇、皇太子及び皇太孫の成年は、十八年とする。
第二十三条　天皇、皇后、太皇太后及び皇太后の敬称は、陛下とする。
②　前項の皇族以外の皇族の敬称は、殿下とする。
第二十四条　皇位の継承があつたときは、即位の礼を行う。
第二十五条　天皇が崩じたときは、大喪の礼を行う。
第二十六条　天皇及び皇族の身分に関する事項は、これを皇統譜に登録する。
第二十七条　天皇、皇后、太皇太后及び皇太后を葬る所を陵、その他の皇族を葬る所を墓とし、陵及び墓に関する事項は、これを陵籍及び墓籍に登録する。

第五章　皇室会議

第二十八条　皇室会議は、議員十人でこれを組織する。
②　議員は、皇族二人、衆議院及び参議院の議長及び副議長、内閣総理大臣、宮内庁の長並びに最高裁判所の長たる裁判官及びその他の裁判官一人を以て、これに充てる。
③　議員となる皇族及び最高裁判所の長たる裁判官以外の裁判官は、各々成年に達した皇族又は最高裁判所の長たる裁判官以外の裁判官の互選による。
第二十九条　内閣総理大臣たる議員は、皇室会議の議長となる。
第三十条　皇室会議に、予備議員十人を置く。
②　皇族及び最高裁判所の裁判官たる議員の予備議員については、第二十八条第三項の規定を準用する。
③　衆議院及び参議院の議長及び副議長たる議員の予備議員は、各々衆議院及び参議院の議員の互選による。
④　前二項の予備議員の員数は、各々その議員の員数と同数とし、その職務を行う順序は、互選の際、これを定める。
⑤　内閣総理大臣たる議員の予備議員は、内閣法の規定により臨時に内閣総理大臣の職務を行う者として指定された国務大臣を以て、これに充てる。
⑥　宮内庁の長たる議員の予備議員は、内閣総理大臣の指定する宮内庁の官吏を以て、これに充てる。
⑦　議員に事故のあるとき、又は議員が欠けたときは、その予備議員が、その職務を行う。
第三十一条　第二十八条及び前条において、衆議院の議長、副議長又は議員とあるのは、衆議院が解散されたときは、後任者の定まるまでは、各々解散の際衆議院の議長、副議長又は議員であつた者とする。
第三十二条　皇族及び最高裁判所の長たる裁判官以外の裁判官たる議員及び予備議員の任期は、四年とする。
第三十三条　皇室会議は、議長が、これを招集する。
②　皇室会議は、第三条、第十六条第二項、第十八条及び第二十条の場合には、四人以上の議員の要求があるときは、これを招集することを要する。
第三十四条　皇室会議は、六人以上の議員の出席がなければ、議事を開き議決することができない。
第三十五条　皇室会議の議事は、第三条、第十六条第二項、第十八条及び第二十条の場合には、出席した議員の三分の二以上の多数でこれを決し、その他の場合には、過半数でこれを決する。
②　前項後段の場合において、可否同数のときは、議長の決するところによる。
第三十六条　議員は、自分の利害に特別の関係のある議事には、参与することができない。
第三十七条　皇室会議は、この法律及び他の法律に基く権限のみを行う。

附則

①　この法律は、日本国憲法施行の日から、これを施行する。
②　現在の皇族は、この法律による皇族とし、第六条の規定の適用については、これを嫡男系嫡出の者とする。
③　現在の陵及び墓は、これを第二十七条の陵及び墓とする。
④　この法律の特例として天皇の退位について定める天皇の退位等に関する皇室典範特例法（平成二十九年法律第六十三号）は、この法律と一体を成すものである。

附則　抄

昭和24年5月31日法律第134号

1　この法律は、昭和24年6月1日から施行する。

附則　抄

平成29年6月16日法律第63号

第一条〔施行期日〕　この法律は、公布の日から起算して三年を超えない範囲内において政令で定める日から施行する。ただし、第一条並びに次項、次条、附則第八条及び附則第九条の規定は公布の日から、附則第十条及び第十一条の規定はこの法律の施行の日の翌日から施行する。

2　前項の政令を定めるに当たっては、内閣総理大臣は、あらかじめ、皇室会議の意見を聴かなければならない。

第二条〔この法律の失効〕　この法律は、この法律の施行の日以前に皇室典範第四条の規定による皇位の継承があったときは、その効力を失う。

第九条〔政令への委任〕　この法律に定めるもののほか、この法律の施行に関し必要な事項は、政令で定める。

皇室経済法

昭和22年1月16日法律第4号
最終改正：平成11年12月22日法律第160号

第一条　削除

第二条　左の各号の一に該当する場合においては、その度ごとに国会の議決を経なくても、皇室に財産を譲り渡し、又は皇室が財産を譲り受け、若しくは賜与することができる。

一　相当の対価による売買等通常の私的経済行為に係る場合

二　外国交際のための儀礼上の贈答に係る場合

三　公共のためになす遺贈又は遺産の賜与に係る場合

四　前各号に掲げる場合を除く外、毎年四月一日から翌年三月三十一日までの期間内に、皇室がなす賜与又は譲受に係る財産の価額が、別に法律で定める一定価額に達するに至るまでの場合

第三条　予算に計上する皇室の費用は、これを内廷費、宮廷費及び皇族費とする。

第四条　内廷費は、天皇並びに皇后、太皇太后、皇太后、皇太子、皇太子妃、皇太孫、皇太孫妃及び内廷にあるその他の皇族の日常の費用その他内廷諸費に充てるものとし、別に法律で定める定額を、毎年支出するものとする。

②　内廷費として支出されたものは、御手元金となるものとし、宮内庁の経理に属する公金としない。

③　皇室経済会議は、第一項の定額について、変更の必要があると認めるときは、これに関する意見を内閣に提出しなければならない。

④　前項の意見の提出があつたときは、内閣は、その内容をなるべく速かに国会に報告しなければならない。

第五条　宮廷費は、内廷諸費以外の宮廷諸費に充てるものとし、宮内庁で、これを経理する。

第六条　皇族費は、皇族としての品位保持の資に充てるために、年額により毎年支出するもの及び皇族が初めて独立の生計を営む際に一時金額により支出するもの並びに皇族であつた者としての品位保持の資に充てるために、皇族が皇室典範の定めるところによりその身分を離れる際に一時金額により支出するものとする。その年額又は一時金額は、別に法律で定める定額に基いて、これを算出する。

②　前項の場合において、皇族が初めて独立の生計を営むことの認定は、皇室経済会議の議を経ることを要する。

③　年額による皇族費は、左の各号並びに第四項及び第五項の規定により算出する額とし、第四条第一項に規定する皇族以外の各皇族に対し、毎年これを支出するものとする。

一　独立の生計を営む親王に対しては、定額相当額の金額とする。

二　前号の親王の妃に対しては、定額の二分の一に相当する額の金額とする。但し、その夫を失つて独立の生計を営む親王妃に対しては、定額相当額の金額とする。この場合において、独立の生計を営むことの認定は、皇室経済会議の議を経ることを要する。

三　独立の生計を営む内親王に対しては、定額の二分の一に相当する額の金額とする。

四　独立の生計を営まない親王、その妃及び内親王に対しては、定額の十分の一に相当する額の金額とする。ただし、成年に達した者に対しては、定額の十分の三に相当す

る額の金額とする。
五　王、王妃及び女王に対しては、それぞれ前各号の親王、親王妃及び内親王に準じて算出した額の十分の七に相当する額の金額とする。
④　摂政たる皇族に対しては、その在任中は、定額の三倍に相当する額の金額とする。
⑤　同一人が二以上の身分を有するときは、その年額中の多額のものによる。
⑥　皇族が初めて独立の生計を営む際に支出する一時金額による皇族費は、独立の生計を営む皇族について算出する年額の二倍に相当する額の金額とする。
⑦　皇族がその身分を離れる際に支出する一時金額による皇族費は、左の各号に掲げる額を超えない範囲内において、皇室経済会議の議を経て定める金額とする。
一　皇室典範第十一条、第十二条及び第十四条の規定により皇族の身分を離れる者については、独立の生計を営む皇族について算出する年額の十倍に相当する額
二　皇室典範第十三条の規定により皇族の身分を離れる者については、第三項及び第五項の規定により算出する年額の十倍に相当する額。この場合において、成年に達した皇族は、独立の生計を営む皇族とみなす。
⑧　第四条第二項の規定は、皇族費として支出されたものに、これを準用する。
⑨　第四条第三項及び第四項の規定は、第一項の定額に、これを準用する。
第七条　皇位とともに伝わるべき由緒ある物は、皇位とともに、皇嗣が、これを受ける。
第八条　皇室経済会議は、議員八人でこれを組織する。
②　議員は、衆議院及び参議院の議長及び副議長、内閣総理大臣、財務大臣、宮内庁の長並びに会計検査院の長をもつて、これに充てる。
第九条　皇室経済会議に、予備議員八人を置く。
第十条　皇室経済会議は、五人以上の議員の出席がなければ、議事を開き議決することができない。
②　皇室経済会議の議事は、過半数でこれを決する。可否同数のときは、議長の決するところによる。
第十一条　皇室典範第二十九条、第三十条第三項から第七項まで、第三十一条、第三十三条第一項、第三十六条及び第三十七条の規定は、皇室経済会議に、これを準用する。
②　財務大臣たる議員の予備議員は、財務事務次官をもつて、これに充て、会計検査院の長たる議員の予備議員は、内閣総理大臣の指定する会計検査院の官吏をもつて、これに充てる。

附則

①　この法律は、日本国憲法施行の日から、これを施行する。
②　この法律施行の際、現に皇室の用に供せられている従前の皇室財産で、国有財産法の国有財産となつたものは、第一条第二項の規定にかかわらず、皇室経済会議の議を経ることなく、これを皇室用財産とする。
③　この法律施行の際、従前の皇室会計に所属する権利義務で国に引き継がるべきものの経過的処理に関し、必要な事項は、政令でこれを定める。
④　この法律施行の日の属する年度における内廷費及び皇族費の年額は、月割による。

附則　抄

昭和24年5月31日法律第134号

①　この法律は、昭和24年6月1日から施行する。

附則

昭和27年2月29日法律第2号

①　この法律は、昭和27年4月1日から施行する。
②　この法律施行の際既婚者たる親王は、改正後の皇室経済法第六条第三項の適用については、独立の生計を営む親王とみなす。
③　この法律施行の際未婚者たる親王又は内親王は、改正後の皇室経済法第六条第三項の適用については、独立の生計を営まない親王又は内親王とみなす。

附則

昭和28年6月30日法律第47号

この法律は、昭和28年7月1日から施行する。

附則

昭和40年5月22日法律第76号

この法律は、公布の日から施行し、昭和40

年4月1日から適用する。

附則　抄

平成11年12月22日法律第160号

第一条〔施行期日〕　この法律（第二条及び第三条を除く。）は、平成13年1月6日から施行する。

皇統譜令

昭和22年5月3日政令第1号
最終改正：昭和27年7月31日政令第305号

第一条　この政令に定めるものの外、皇統譜に関しては、当分の間、なお従前の例による。
第二条　皇統譜の副本は、法務省でこれを保管する。
第三条　左の各号に掲げる事項については、宮内庁長官が、法務大臣と協議して、これを行う。
一　公布又は公告がない事項の登録
二　皇統譜の登録又は附記に錯誤を発見した場合の訂正
第四条　皇室典範第三条の規定によつて、皇位継承の順序を変えたときは、その年月日を皇嗣であつた親王又は王の欄に登録し、事由を附記しなければならない。
第五条　皇室典範第十一条から第十四条までの規定によつて、親王、内親王、王又は女王が、皇族の身分を離れたときは、その年月日を当該親王、内親王、王又は女王の欄に登録し、事由及び氏名を附記しなければならない。
第六条　皇統譜は、内閣総理大臣の承認を得た場合の外、これを尚蔵の部局外に持ち出してはならない。

附則

①　この政令は、公布の日から、これを施行する。
②　従前の規定による皇統譜は、この政令によつて調製したものとみなす。
③　従前の皇統譜に関し、宮内大臣が行つた職権は、この政令の規定による皇統譜については、宮内庁長官が、これを行うものとする。

附則

昭和24年5月31日政令第127号

この政令は、昭和24年6月1日から施行する。

附則

昭和27年7月31日政令第305号

この政令は、昭和27年8月1日から施行する。

国事行為の臨時代行に関する法律

昭和39年5月20日法律第83号

第一条〔趣旨〕　日本国憲法第四条第二項の規定に基づく天皇の国事に関する行為の委任による臨時代行については、この法律の定めるところによる。
第二条〔委任による臨時代行〕　天皇は、精神若しくは身体の疾患又は事故があるときは、摂政を置くべき場合を除き、内閣の助言と承認により、国事に関する行為を皇室典範（昭和22年法律第3号）第十七条の規定により摂政となる順位にあたる皇族に委任して臨時に代行させることができる。
②　前項の場合において、同項の皇族が成年に達しないとき、又はその皇族に精神若しくは身体の疾患若しくは事故があるときは、天皇は、内閣の助言と承認により、皇室典範第十七条に定める順序に従つて、成年に達し、かつ、故障がない他の皇族に同項の委任をするものとする。
第三条〔委任の解除〕　天皇は、その故障がなくなつたとき、前条の規定による委任を受けた皇族に故障が生じたとき、又は同条の規定による委任をした場合において、先順位にあたる皇族が成年に達し、若しくはその皇族に故障がなくなつたときは、内閣の助言と承認により、同条の規定による委任を解除する。
第四条〔委任の終了〕　第二条の規定による委任は、皇位の継承、摂政の設置又はその委任を受けた皇族の皇族たる身分の離脱によつて終了する。
第五条〔公示〕　この法律の規定により天皇の国事に関する行為が委任され、又はその委任が解除されたときは、内閣は、その旨を公示する。
第六条〔訴追の制限〕　第二条の規定による委任を受けた皇族は、その委任がされている間、訴追されない。ただし、このため、訴

追の権利は、害されない。

附則

この法律は、公布の日から施行する。

天皇の退位等に関する皇室典範特例法

平成29年6月16日法律第63号

第一条〔趣旨〕　この法律は、天皇陛下が、昭和64年1月7日の御即位以来二十八年を超える長期にわたり、国事行為のほか、全国各地への御訪問、被災地のお見舞いをはじめとする象徴としての公的な御活動に精励してこられた中、八十三歳と御高齢になられ、今後これらの御活動を天皇として自ら続けられることが困難となることを深く案じておられること、これに対し、国民は、御高齢に至るまでこれらの御活動に精励されている天皇陛下を深く敬愛し、この天皇陛下のお気持ちを理解し、これに共感していること、さらに、皇嗣である皇太子殿下は、五十七歳となられ、これまで国事行為の臨時代行等の御公務に長期にわたり精勤されておられることという現下の状況に鑑み、皇室典範（昭和22年法律第3号）第四条の規定の特例として、天皇陛下の退位及び皇嗣の即位を実現するとともに、天皇陛下の退位後の地位その他の退位に伴い必要となる事項を定めるものとする。

第二条〔天皇の退位及び皇嗣の即位〕　天皇は、この法律の施行の日限り、退位し、皇嗣が、直ちに即位する。

第三条〔上皇〕　前条の規定により退位した天皇は、上皇とする。

②上皇の敬称は、陛下とする。

③上皇の身分に関する事項の登録、喪儀及び陵墓については、天皇の例による。

④上皇に関しては、前二項に規定する事項を除き、皇室典範（第二条、第二十八条第二項及び第三項並びに第三十条第二項を除く。）に定める事項については、皇族の例による。

第四条〔上皇后〕　上皇の后は、上皇后とする。

②上皇后に関しては、皇室典範に定める事項については、皇太后の例による。

第五条〔皇位継承後の皇嗣〕　第二条の規定による皇位の継承に伴い皇嗣となった皇族に関しては、皇室典範に定める事項については、皇太子の例による。

附則　抄

第一条〔施行期日〕　この法律は、公布の日から起算して三年を超えない範囲内において政令で定める日から施行する。ただし、第一条並びに次項、次条、附則第八条及び附則第九条の規定は公布の日から、附則第十条及び第十一条の規定はこの法律の施行の日の翌日から施行する。

2　前項の政令を定めるに当たっては、内閣総理大臣は、あらかじめ、皇室会議の意見を聴かなければならない。

第二条〔この法律の失効〕　この法律は、この法律の施行の日以前に皇室典範第四条の規定による皇位の継承があったときは、その効力を失う。

第三条〔皇室典範の一部改正〕　皇室典範の一部を次のように改正する。

附則に次の一項を加える。

この法律の特例として天皇の退位について定める天皇の退位等に関する皇室典範特例法（平成29年法律第63号）は、この法律と一体を成すものである。

第四条〔上皇に関する他の法令の適用〕　上皇に関しては、次に掲げる事項については、天皇の例による。

一　刑法（明治40年法律第45号）第二編第三十四章の罪に係る告訴及び検察審査会法（昭和23年法律第147号）の規定による検察審査員の職務

二　前号に掲げる事項のほか、皇室経済法（昭和22年法律第4号）その他の政令で定める法令に定める事項

2　上皇に関しては、前項に規定する事項のほか、警察法（昭和29年法律第162号）その他の政令で定める法令に定める事項については、皇族の例による。

3　上皇の御所は、重要施設の周辺地域の上空における小型無人機等の飛行の禁止に関する法律（平成28年法律第9号）の規定の適用については、同法第二条第一項第一号ホに掲げる施設とみなす。

第五条〔上皇后に関する他の法令の適用〕　上皇后に関しては、次に掲げる事項について

は、皇太后の例による。
一　刑法第二編第三十四章の罪に係る告訴及び検察審査会法の規定による検察審査員の職務
二　前号に掲げる事項のほか、皇室経済法その他の政令で定める法令に定める事項
第六条〔皇位継承後の皇嗣に関する皇室経済法等の適用〕　第二条の規定による皇位の継承に伴い皇嗣となった皇族に対しては、皇室経済法第六条第三項第一号の規定にかかわらず、同条第一項の皇族費のうち年額によるものとして、同項の定額の三倍に相当する額の金額を毎年支出するものとする。この場合において、皇室経済法施行法（昭和22年法律第113号）第十条の規定の適用については、同条第一項中「第四項」とあるのは、「第四項並びに天皇の退位等に関する皇室典範特例法（平成29年法律第63号）附則第六条第一項前段」とする。
2　附則第四条第三項の規定は、第二条の規定による皇位の継承に伴い皇嗣となった皇族の御在所について準用する。
第七条〔贈与税の非課税等〕　第二条の規定により皇位の継承があった場合において皇室経済法第七条の規定により皇位とともに皇嗣が受けた物については、贈与税を課さない。
2　前項の規定により贈与税を課さないこととされた物については、相続税法（昭和25年法律第73号）第十九条第一項の規定は、適用しない。
第八条〔意見公募手続等の適用除外〕　次に掲げる政令を定める行為については、行政手続法（平成5年法律第88号）第六章の規定は、適用しない。
1　第二条の規定による皇位の継承に伴う元号法（昭和54年法律第43号）第一項の規定に基づく政令
2　附則第四条第一項第二号及び第二項、附則第五条第二号並びに次条の規定に基づく政令
第九条〔政令への委任〕　この法律に定めるもののほか、この法律の施行に関し必要な事項は、政令で定める。

月日		神事	備考
正月	朔日	天地四方・属星及び二陵を拝する事（元旦四方拝）	
	晦日	神祇官、御麻を奉る事／御巫、御贖物を奉る事	
2月	4日	祈年祭	
	上卯／上申／上酉／中丑	大原野祭／春日祭／率川祭（三枝祭）／［園韓神祭］	11月にも
	（日不定）	［祈年穀奉幣］	7月にも
3月	中午	石清水臨時祭	
4月	4日	広瀬・龍田祭	7月にも
	上卯	大神祭	12月にも
	上巳	山科祭	11月にも
	上申	平野祭／松尾祭／杜本祭	
	上酉	当宗（麻）祭／梅宮祭	
	中子	吉田祭	
	中午・中未	斎院禊・御覧御馬	
	中酉	賀茂祭（中戌 解陣）	
6月	朔日	神祇官、御贖を奉る事／内膳司、忌火御膳を供する事	11・12月にも
	10日	御体御卜を奏する事	12月にも
	11日	月次祭・神今食	
	14日・15日	［祇園御霊会］・［祇園臨時祭］	
	晦日	東西文部、祓刀を奏する事	12月にも
		縫殿寮、荒世・和世の御服を奉る事	
		神祇官、荒世・和世の御贖を奉る事	
		大祓　神祇官、御贖を奉る事／［鎮火祭］	
	（日不定）	［道饗祭］	
7月	4日	広瀬・龍田祭	4月にも
	（日不定）	［祈年穀奉幣］	2月にも
8月	5日	北野宮祭	
	15日	［石清水放生会］	
9月	朔日	新嘗に醸す黒白二酒を奏する事	
	11日	伊勢大神に奉幣の事（例幣）	
11月	朔日	神祇官、御贖を奉る事／内膳司、忌火御膳を供する事	6・12月にも
	上丑／上卯	［園韓神祭］／大原野祭	2月にも
	上卯	大神祭	4・12月にも
	上巳	山科祭	4月にも
	上申	平野祭／松尾祭／杜本祭	
		春日祭	2月にも
	上酉	率川祭（三枝祭）	
		当宗（麻）祭／梅宮祭	4月にも
	中子	吉田祭	
	中寅／下寅	鎮魂祭	
	中卯／下卯	新嘗祭	
	中辰／下辰	豊明節会	
	下酉	賀茂臨時祭	
12月	朔日	神祇官、御贖を奉る事	6・11月にも
		内膳司、忌火御膳を供する事	
	上卯	大神祭	4・11月にも
	10日	御体御卜を奏する事	6月にも
	11日	月次祭・神今食	
	13日	荷前使に参議以上を点定の事	
	晦日	東西文部、祓刀を奏する事	6月にも
		縫殿寮、荒世・和世の御服を奉る事	
		神祇官、荒世・和世の御贖を奉る事	
		大祓　神祇官、御贖を奉る事／［鎮火祭］	
	（日不定）	［道饗祭］	

12月	（日不定）	［内侍所御神楽］	

月中祭事　毎朔日…内侍所御供の事／御麻・御贖を奉る事　正月など…七瀬御祓の事
臨時祭事　毎20年…伊勢神宮の式年遷宮　毎代始…伊勢斎王の卜定／宇佐使の発遣
天候不順…祈雨・祈晴の奉幣

月日		仏事	備考
正月	8〜14日	大極殿御斎会・内論議	
		［真言院（後七日）御修法］／［大元帥法］	
2月	（日不定）	御読経	7月にも
3月	7〜13日	薬師寺最勝会	
	中下旬	（東大寺）授戒	
	17日	（桓武天皇）国忌	他の国忌省略
4月	8日	灌仏会	
5月	（日不定）	［最勝講］（5日間）	
7月	8日	文殊会	
	14日・15日	盆供・七寺盂蘭盆供	
	（日不定）	御読経	2月にも
9月	15日	東大寺大般若経（会）	
	30日	山階寺法華会始の事	
10月	10日	興福寺維摩会始の事	
	17日	維摩会の文を奏する事	
12月	19〜21日	御仏名	

月中仏事　毎六斎日…御精進・殺生禁断の事　毎18日…二間の観音供の事
臨時仏事　臨時…仁王会（代始は大仁王会）

月日		その他（外来・古来の行事）	備考
正月	元日	所司、屠蘇・白散を供する事	
	上卯	御卯杖を献ずる事	
	7日	［白馬の節会］	
	立春	主水司、立春水を献ずる事	
	15日	御薪を進る事	
		主水司、七種の御粥を献ずる事	
	16日	［踏歌］	
2月	上丁・明日	釈奠・大学寮、胙を献ずる事	8月にも
3月	3日	［上巳の祓］（曲水宴）／御燈	9月にも
5月	5日	（端午）節会の事／［騎射・走馬］	
		内膳司、早瓜を献ずる事	
	（日不定）	雷鳴陣	
7月	7日	［七夕］（乞巧奠）	
	28日	相撲召合の事	
8月	上丁	釈奠	2月にも
9月	3日	御燈	3月にも
	9日	（重陽）節会の事	
10月	初亥	内蔵寮、亥子餅を進る事	
11月	中旬	陰陽寮、元日童女衣色を択び定め奏する事	
12月	10日	陰陽寮、来年の御忌を勘録し内侍に進る事	
	大寒	陰陽寮、土牛童子の像を立つる事	
	晦日	瑞の有無を奏する事	
		追儺	

〔注〕
・『年中行事御障子』（→［119］）所載の神事と仏事・その他の行事を中心に示した。
・［　］内の行事は『年中行事御障子』にないが、平安以降の記録に見える主な祭事として補った。
・明治5年（1872）までの太陰太陽暦（旧暦）では1･2･3月を春、4･5･6月を夏、7･8･9月を秋、10･11･12月を冬としていた。
・一か月は上・中・下旬に分けられ、行事日が十二支で定められていることもある。月末の晦日は大の月なら30日、小の月なら29日となる。

【資料・史料】

『歩み』　宮内庁侍従職監修　海竜社　平成17年
『宮内省省報』(大正期・昭和期)　広瀬順晧監修　ゆまに書房　平成10・11年
『宮内庁要覧』　宮内庁　昭和44年～
『現代法令全集』第1巻　皇室篇・憲政篇　末弘厳太郎　日本評論社　昭和10年
『皇宮警察史』　皇宮警察史編さん委員会編　皇宮警察本部　昭和51年
『皇室制度史料』　宮内庁書陵部　吉川弘文館　昭和53年～平成20年
『皇室典範に関する有識者会議報告書』　皇室典範に関する有識者会議　平成17年
『皇室の至宝』全10巻　毎日新聞社「至宝」委員会事務局編　毎日新聞社　平成3年
『孝明天皇紀』全5巻　宮内省先帝御事蹟取調掛編　平安神宮　昭和42～56年
『「五箇条の御誓文」関係資料集成』　所功編　原書房　平成31年
『御料地史稿』　帝室林野局編　帝室林野局　昭和12年
『修正　公事根源新釈』　関根正直　六合館　大正14年
『昭憲皇太后実録』全2巻／年譜・解題・索引　明治神宮監修　吉川弘文館　平成26年
『象徴天皇制に関する基礎的資料』　衆議院憲法調査会事務局　平成15年
『昭和天皇実録』全18巻／人名索引・年譜　宮内庁　東京書籍　平成27～31年
『昭和天皇大喪儀記録』　宮内庁　平成5年
『昭和天皇大喪の礼記録』　内閣総理大臣官房　平成2年
『宸翰英華』　帝国学士院編　紀元二千六百年奉祝会　昭和19年（昭和63年復刻思文閣出版）
『新訂　官職要解』　和田英松著　所功校訂　講談社学術文庫　昭和58年
『新訂　建武年中行事註解』　和田英松著　所功校訂　講談社学術文庫　平成元年
『新訂　女官通解』　浅井虎夫著　所京子校訂　講談社学術文庫　昭和60年
『戦前期日本官僚制の制度・組織・人事』　秦郁彦　東京大学出版会　昭和56年
『大正天皇実録』(補訂版) 全六巻・別巻一　宮内省図書寮編修　岩壁義光補訂　ゆまに書房　平成28年～
『治安維持法小史』　奥平康弘　筑摩書房　昭和52年
『帝室制度史』全6巻　帝国学士院編　帝国学士院　昭和12～20年
『訂正　禁秘抄講義』　関根正直　六合館　昭和2年
『東京裁判資料　木戸幸一尋問調書』　粟屋憲太郎・小田部雄次・伊香俊哉・宮崎章編　岡田信弘訳　大月書店　昭和62年
『日本政治裁判史録』全5巻　我妻栄　第一法規出版　昭和43～45年
『日本立法資料全集』第1巻「皇室典範」　芦部信喜集・高見勝利　平成2年、第7巻「皇室経済法」　芦部信喜集・高見勝利　平成4年、第16～17巻「明治皇室典範」　小林宏・島善高　平成8年～9年　信山社出版
『年中行事御障子文注解』　甲田利雄　続群書類従完成会　昭和51年
『東山御文庫御物　皇室の至宝』全5巻　毎日新聞社「至宝」委員会事務局編　毎日新聞社　平成11年
『平城京発掘調査報告』Ⅱ～ⅩⅥ　奈良国立文化財研究所　昭和37年～平成14年
『平成新修　旧華族家系大成』　霞会館華族家系大成編輯委員会編　吉川弘文館　平成8年
『平成即位の礼記録』　内閣総理大臣官房　平成3年
『平成大礼記録』　宮内庁　平成6年
『平成大禮要話』　鎌田純一　錦正社　平成15年
『道　天皇陛下御即位十年記念記録集』　宮内庁編　日本放送協会出版　平成11年
『明治天皇関係文献集』全11巻　堀口修監修　クレス出版　平成17年
『明治天皇紀』全12巻　宮内庁　吉川弘文館　昭和43～50年
『明治天皇行幸年表』　明治天皇聖蹟保存協会　聖文閣　昭和8年
『靖国神社百年史』(資料篇・事暦年表)　靖国神社　靖国神社　昭和58～62年
『陵墓要覧』　宮内庁書陵部　平成5年
『倫理御進講草案』　杉浦重剛　倫理御進講草案刊行会　昭和11年

【辞書・事典】

『岩波　天皇・皇室辞典』　吉田裕・原武史編　岩波書店　平成17年
『角川日本地名大辞典京都府下巻』(平安京)　『角川日本地名大辞典』編纂委員会　角川書店　昭和57年
『近代日本総合年表』(第4版)　岩波書店編集部　岩波書店　平成13年
『皇室辞典』　村上重良編　東京堂出版　昭和55年
『皇室事典』　藤樫準二　明玄書房　昭和51年
『増補　皇室事典』　井原頼明　富山房　昭和17年（初版昭和13年）
『皇室の百科事典』　歴史百科編集部　新人物往来

社　昭和63年
『国史大辞典』（全15巻）　国史大辞典編集委員会編　吉川弘文館　平成2年
『事件・犯罪大事典』　事件・犯罪研究会、村野薫編　東京法経学院出版　平成14年
『資料日本占領Ⅰ　天皇制』　山極晃・中村政則編　大月書店　平成2年
『新・国史大年表』　日置英剛　国書刊行会　平成18年～
『神道史大辞典』　薗田稔・橋本政宣編　吉川弘文館　平成16年
『神道事典』　國學院大學日本文化研究所編　弘文堂　平成6年（縮刷版は平成11年）
『天皇・皇室を知る事典』　小田部雄次　東京堂出版　平成19年
『内閣制度九十年資料集』　内閣官房編　大蔵省印刷局　昭和50年
『内閣制度百年史』　内閣制度百年史編纂委員会編　内閣官房　昭和60年
『日本史小百科8　天皇』　児玉幸多編　近藤出版社　昭和53年
『平安時代史事典』　角田文衞監修　古代学協会・古代学研究所編　角川書店　平成6年
『平成の皇室事典』　清水一郎・畠山和久監修　毎日新聞社　平成7年
『明治官制辞典』　朝倉治彦　東京堂出版　昭和44年
『歴代天皇・年号事典』　米田雄介編　吉川弘文館　平成15年

【単行書】
『アルバム小泉信三』　山内慶太・神吉創二・都倉武之編　慶應義塾大学出版会　平成21年
『一等国の皇族』　広岡裕児　中央公論新社　平成13年
『入江相政日記』第4巻　入江相政　朝日新聞社　平成3年（平成6年朝日文庫）
『内村鑑三と不敬事件史』　大河原礼三編著　木鐸社　平成3年
『卜部亮吾侍従日記』全5巻　卜部亮吾著　御厨貴・岩井克己他監修　朝日新聞社　平成19年
『NHK大学講座　日本の古代宮都』　岸俊男　NHKサービスセンター　昭和56年
『王朝時代　皇室史の研究』　竹島寛　右文書院　昭和11年
『遅すぎた聖断』　山田朗・纐纈厚　昭和出版　平成3年
『開学五十年記念　学習院史』　学習院編　非売品　昭和3年
『学習院の百年』　学習院編　学習院　昭和53年
『可視化された帝国』　原武史　みすず書房　平成13年
『華族』　小田部雄次　中公新書　平成18年
『華族制度の研究』全2巻　酒巻芳男　霞会館　昭和62年
『家宝の行方』　小田部雄次　小学館　平成16年
『木戸幸一日記』　木戸日記研究会編　東京大学出版会　昭和41年
『君が代の歴史』　山田孝雄　宝文館　昭和31年
『宮中歌会始』　菊葉文化協会編　毎日新聞社　平成7年
『宮中　季節のお料理』　宮内庁監修　扶桑社　平成31年
『宮中賢所物語』　高谷朝子他　ビジネス社　平成18年
『宮中歳時記』　入江相政編　TBSブリタニカ　昭和54年（平成14年小学館文庫）
『宮中侍従物語』　入江相政編　TBSブリタニカ　昭和55年
『宮中新年儀式と御裳捧持者』　霞会館公家と武家文化調査委員会　霞会館　平成15年
『宮中晩餐会』　加瀬英明編　日本教文社　平成5年
『教育勅語の研究』　岩本努　民衆社　平成13年
『京制並都城制の研究』（法制史論叢2）　滝川政次郎　角川書店　昭和42年
『京都御所』　藤岡通夫　彰国社　昭和31年
『京都の歴史』全10巻　京都市編　学芸書林　昭和45～51年
『京の歴史と文化5　江戸時代前期』　村井康彦編　講談社　平成6年
『禁衛府の研究』　藤井徳行　慶應義塾大学出版会　平成10年
『近代教育の天皇制イデオロギー』　山本信良・今野敏彦　新泉社　昭和48年
『近代競馬の軌跡』　中央競馬ピーアール・センター編　日本中央競馬会　昭和63年
『近代日本社会と天皇制』　岩井忠熊　柏書房　昭和63年
『近代日本における教育と国家の思想』　籠谷次郎　阿吽社　平成6年
『宮内庁御用達』　倉林正次　講談社　昭和58年
『久米邦武』　高田誠二　ミネルヴァ書房　平成19年
『勲章と褒章』　佐藤正紀　時事画報社　平成19年
『勲章の歴史』　那珂馨　雄山閣出版　昭和48年
『原色日本服飾史』　井筒雅風　光琳社出版　平成元年
『現代憲法大系Ⅰ　国民主権と天皇制』　針生誠吉・横田耕一　法律文化社　昭和58年
『憲法と天皇制』　横田耕一　岩波新書　平成2年
『皇居』　入江相政　保育社　昭和37年
『皇居吹上御苑、東御苑の四季』　近田文弘　日本放送出版協会　平成19年
『皇居を愛する人々　清掃奉仕の記録』　日本教文社編　日本教文社　昭和53年
『皇后の肖像』　若桑みどり　筑摩書房　平成13年
『皇室及皇族』　坂本辰之助　昭文堂　明治43年

『皇室継承のあり方』　所功　PHP新書　平成18年
『皇室建築　内匠寮の人と作品』　鈴木博之監修　内匠寮の人と作品刊行委員会編　建築画報社　平成17年
『皇室御撰之研究』全2巻　和田英松　明治書院　昭和8年（昭和61年国書逸文研究会より復刻）
『皇室制度史講話』　酒巻芳男　岩波書店　昭和9年
『皇室制度を考える』　園部逸夫　中央公論新社　平成19年
『皇室と寺院』（改訂版）　佐野恵作　桜菊書院　昭和19年
『皇室と真言宗』　石堂恵猛編　六大新報社　昭和3年（訂再版）
『皇室と仏教』　鷲尾順敬　大東出版社　昭和12年
『皇室の御敬神』　川出清彦　神道研究会　昭和50年
『皇室の御紋章』　佐野恵作　三省堂　昭和8年（昭和19年、桜菊書院より改訂版）
『皇室の祭祀』　鎌田純一　神社本庁研修所　平成18年
『皇室の制度典礼』　植木直一郎　川流堂　大正3年（昭和61年第一書房より復刻）
『皇室の邸宅』　鈴木博之監修　JTBパブリッシング　平成18年
『皇室の伝統と日本文化』　所功　広池学園出版部　平成8年
『皇室法概論』　園部逸夫　第一法規出版　平成14年
『皇城』　中島卯三郎編著　雄山閣　昭和34年
『皇族』　広岡裕児　読売新聞社　平成11年
『皇族　天皇家の近現代史』　小田部雄次　中公新書　平成21年
『皇族誕生』　浅見雅男　角川書店　平成20年
『皇太子殿下御外遊記』　二荒芳徳・沢田節蔵　大阪毎日新聞・東京日日新聞　大正12年
『皇太子の窓』　エリザベス・グレイ・ヴァイニング　文藝春秋　昭和28年
『［改訂新版］国際儀礼に関する12章』　大和田悳朗　世界の動き社　平成16年
『「御真影」に殉じた教師たち』　岩本努　大月書店　平成元年
『国家神道』　村上重良　岩波新書　昭和45年
『国旗・国歌の常識』　所功　東京堂出版　平成2年
『古典参考図録』　鈴木敬三編　國學院高等学校　昭和53年
『古文書学入門』　佐藤進一　法政大学出版局　平成9年
『御料車』　日本国有鉄道大井工場　昭和47年
『御料車物語』　田辺幸夫　レールウェー・システム・リサーチ　昭和61年
『西園寺公と政局』全9巻　原田熊雄述　岩波書店　昭和25〜31年
『三代の天皇と私』　梨本伊都子　講談社　昭和50年
『GHQ』　竹前栄治　岩波新書　昭和58年
『侍従武官長奈良武次日記・回顧録』全4巻　奈良武次　柏書房　平成12年
『侍従武官日記』　四竈孝輔　芙蓉書房　昭和55年
『昭憲皇太后』　坂本辰之助・箕浦四郎　画報社　大正3年
『小史「京都御所」』（『京の歴史と文化　6』　村井康彦編）　瀧浪貞子　講談社　平成6年
『装束の知識と著法』　八束清貫　文信社　昭和37年
『詳録・皇室をめぐる国会論議』　大原康男　展転社　平成9年
『昭和初期の天皇と宮中　侍従次長河井弥八日記』全6巻　河井弥八著　高橋紘・粟屋憲太郎・小田部雄次編　岩波書店　平成5〜6年
『昭和天皇下の事件簿』　佐藤友之　現代書館　平成13年
『昭和天皇独白録　寺崎英成・御用掛日記』　寺崎英成、マリコ・テラサキ・ミラー編著　文春文庫　平成7年
『昭和天皇と私』　永積寅彦　学習研究社　平成4年
『昭和天皇の教科書　国史　原本五巻縮写合冊』　白鳥庫吉著、所功解説　勉誠出版　平成27年
『昭和天皇の軍事思想と戦略』　山田朗　校倉書房　平成14年
『昭和天皇の十五年戦争』（新装版）　藤原彰　青木書店　平成15年
『昭和天皇の戦争指導』　山田朗　昭和出版　平成2年
『昭和天皇の学ばれた「倫理」　倫理御進講草案抄』杉浦重剛著、所功解説　勉誠出版　平成28年
『昭和天皇　日々の食』　渡辺誠　文藝春秋　平成16年（平成21年、『昭和天皇のお食事』として文春文庫収録）
『昭和天皇・マッカーサー会見』　豊下楢彦　岩波現代文庫　平成20年
『女子学習院五十年史』　女子学習院編　女子学習院　昭和10年
『新宮中物語』　武田竜夫　サイマル出版会　昭和61年
『新憲法の誕生』　古関彰一　中央公論社　平成元年
『新訂　京都御所』　藤岡通夫　中央公論美術出版　昭和62年
『新天皇家の自画像　記者会見全記録』　薗部英一編　文春文庫　平成元年
『水運史から世界の水へ』　徳仁親王著　NHK出版　平成31年
『「聖断」虚構と昭和天皇』　纐纈厚　新日本出版社　平成18年
『戦後史と象徴天皇』　中村政則　岩波書店　平成4年

『戦後政治　上巻』　升味準之輔　東大出版会　昭和58年
『大元帥　昭和天皇』　山田朗　新日本出版社　平成6年
『大極殿の研究』　福山敏男　平安神宮　昭和30年
『大嘗祭と宮中のまつり』　川出清彦　名著出版　平成2年
『大正天皇』　原武史　朝日選書　平成12年
『大正天皇』　古川隆久　吉川弘文館　平成19年
『大嘗の祭り』　岡田荘司　学生社　平成2年
『大礼と朝儀』　出雲路通次郎　桜橘書院　昭和17年（昭和63年臨川書店より復刻）
『竹橋事件の兵士たち』　竹橋事件百周年記念出版編集委員会編　現代史出版会　昭和54年
『闘う皇族』　浅見雅男　角川選書　平成17年
『旅する天皇　平成30年間の旅の記録と秘話』　竹内正浩　小学館　平成30年
『中世王権と即位灌頂　聖教のなかの歴史叙述』　松本郁代著　森話社　平成17年
『朝鮮貴族列伝』　大村友之丞編　朝鮮総督府印刷局（のち亜細亜文化社）　明治43年（昭和60年『旧韓末日帝侵略史料叢書　社会篇Ⅳ』として復刻）
『千代田城』　藤樫準二　光文社　昭和33年
『鉄道ひとつばなし』　原武史　講談社現代新書　平成15年
『テムズとともに　英国の二年間』　徳仁親王著　学習院教養新書　平成5年
『天皇観の相剋』　武田清子　岩波書店　昭和53年
『天皇家全系図』　米田雄介監修　井筒清次編著　河出書房新社　平成30年
『天皇家の財産』　黒田久太　三一書房　昭和41年
『天皇家の財布』　森暢平　新潮新書　平成15年
『天皇家の仕事』　高橋紘　共同通信社　平成5年
『天皇家の密使たち』　高橋紘・鈴木邦彦　現代史出版会　昭和56年
『天皇さまお脈拝見』　杉村昌雄　新潮社　昭和57年（昭和61年新潮文庫に収録）
『天皇史年表』　米田雄介監修　井筒清次編著　河出書房新社　令和元年
『天皇親政』　笠原英彦　中公新書　平成7年
『天皇と赤十字』　オリーヴ・チェックランド　法政大学出版局　平成14年
『天皇の影法師』　猪瀬直樹　朝日新聞社　昭和58年
『天皇の書』　小松茂美　文春新書　平成18年
『天皇の肖像』　多木浩二　岩波新書　昭和63年
『天皇の人生儀礼』　所功　小学館文庫　平成14年
『天皇のページェント』　T・フジタニ　日本放送出版協会　平成6年
『天皇陛下の全仕事』　山本雅人　講談社現代新書　平成21年
『徳川義寛終戦日記』　徳川義寛著　御厨貴他監修　朝日新聞社　平成11年
『梨本宮伊都子妃の日記』　小田部雄次　小学館　平成3年（平成20年小学館文庫）
『日本近代「家」制度の研究』　井戸田博史　雄山閣出版　平成4年
『日本国憲法・検証1945-2000資料と論点　第1巻憲法制定史　憲法は押しつけられたか』　竹前栄治・岡部史信著　小学館文庫　平成12年
『日本国憲法制定の過程Ⅰ、Ⅱ　連合国総司令部側の記録による　』全2冊　高柳賢三・大友一郎・田中英夫編著　有斐閣　昭和47年
『日本女装史』　吉川観方　全日本人形師範会　昭和43年
『「日本」とは何か－国号の意味と歴史－』　神野志隆光　講談社現代新書　平成17年
『日本の宮都』（季刊論叢日本文化9）　村井康彦　角川書店　昭和53年
『日本の教育課題　1　「日の丸」「君が代」と学校』　佐藤秀夫編　東京法令出版　平成7年
『日本の近世2天皇と将軍』　辻達也編　中央公論社　平成3年
『日本の後宮』　角田文衛　学燈社　昭和48年
『日本の国号』　岩橋小弥太　吉川弘文館　昭和45年
『日本の誕生』　吉田孝　岩波新書　平成9年
『日本の美術　No.1装身具』　野間清六編、No.3調度　岡田譲編　至文堂　昭和41年
『日本の服装＜上＞』　歴世服飾美術研究会　吉川弘文館　昭和39年
『日本紋章学』　沼田頼輔　明治書院　大正15年（昭和43年、人物往来社より復刻）
『沼津御用邸百年誌』　沼津市都市計画部緑地公園課編　沼津市　平成6年
『年号の歴史』（増補版）　所功　雄山閣出版　平成元年
『年号読方考証稿』　山田孝雄　宝文館出版　昭和45年
『乃木希典殉死・以後』　井戸田博史　新人物往来社　平成元年
『幕末の宮廷』　下橋敬長　東洋文庫　昭和54年
『幕末の天皇』　藤田覚　講談社　平成6年
『幕末の天皇・明治の天皇』　佐々木克　講談社学術文庫　平成17年
『原敬日記』全6巻　原奎一郎編　福村出版　昭和40～42年
『吹上の季節』　中村賢二郎　文藝春秋　平成5年
『服装の歴史』　高田倭男　中央公論社　平成7年（平成17年中公文庫）
『プロトコール入門』　安倍勲　学生社　平成15年
『平安京の邸第』　朧谷寿・加納重文・高橋康夫編　望稜舎　昭和62年
『平安建都1200年記念　甦る平安京』　京都市編　京都市　平成6年
『平安朝の生活と文学』　池田亀鑑　角川文庫　昭和39年
『平安通志』　湯本文彦編　京都市　明治28年

『陛下、お尋ね申し上げます』　高橋紘　文藝春秋　昭和63年
『陛下のおとも』　小島憲　大成出版社　昭和46年
『陛下の人間宣言』　藤樫準二　同和書房　昭和21年
『平城京及大内裏考』（東京帝国大学紀要　工科第3冊）　関野貞　東京帝国大学　明治40年
『平成の大みうたを仰ぐ』　国民文化研究会編　展転社　平成20年
『平成の天皇と皇室』　高橋紘　文春新書　平成15年
『ベルツの日記』全2巻　トク・ベルツ編　岩波文庫　昭和26年
『細川日記』全2巻　細川護貞　中央公論社　昭和54年（平成14年中公文庫）
『本庄日記』　本庄繁　原書房　昭和42年
『牧野伸顕日記』　伊藤隆・広瀬順晧編　中央公論社　平成2年
『マッカーサー』　袖井林二郎・福島鋳郎編　日本放送出版協会　昭和57年
『ミカドの肖像』　猪瀬直樹　小学館　昭和61年（平成17年小学館）
『明治維新神道百年史』　神道文化会　昭和41年
『明治期における不敬事件の研究』　小股憲明　大阪女子大学人間関係学科　平成5年・7年
『明治・大正・昭和　華族事件録』　千田稔　新人物往来社　平成14年
『明治天皇』　伊藤之雄　ミネルヴァ書房　平成18年
『明治天皇』　笠原英彦　中公新書　平成18年
『明治天皇』全二巻　ドナルド・キーン　新潮社　平成13年（平成19年新潮文庫）
『「明治天皇紀」談話記録集成』　堀口修監修　ゆまに書房　平成15年
『明治天皇と軍事』　渡辺幾治郎　千倉書房　昭和11年
『ものと人間の文化史88　杖』　矢野憲一　法政大学出版局　平成10年
『有職装束大全』　八條忠基　平凡社　平成31年
『洋楽導入者の軌跡－日本近代洋楽史序説－』　中村理平　刀水書房　平成5年
『李方子』　小田部雄次　ミネルヴァ書房　平成19年
『歴代天皇総覧』　笠原英彦　中公新書　平成13年
『歴代天皇の記録』　米田雄介　続群書類従完成会　平成4年
『歴代天皇の実像』　所功　モラロジー研究所　平成21年
『六條院へ出かけよう　源氏物語と京都』　五島邦治監修　風俗博物館編　宗教文化研究所　平成17年

【論文】

「1947年10月における11宮家の皇籍離脱」　神崎豊　『年報・日本現代史』第11号　現代史料出版　平成18年
「1号御料車とクロ157」　岡田誠一　『鉄道ファン』549　交友社　平成19年1月
「岩倉遣使節欧と文官大礼服について」　刑部芳則　『風俗史学』19号　風俗史学会　平成14年
「元老の形成と変遷に関する若干の考察」　伊藤之雄　『史林』60-2　史学研究会　昭和52年3月
「真相探求　錦旗成立の歴史と背景を探る」　所功　『歴史読本』43-2　新人物往来社　平成10年2月
「大正期の宮中席次」　西川誠　『日本歴史』648　吉川弘文館　平成14年5月
「中世の御旗」　伊東正子　『歴史評論』497　歴史科学協議会編　校倉書房　平成3年9月
「帝室技芸員制度」　樋口秀雄　『Museum』202　東京国立博物館　昭和43年1月
「幕末・明治勲章史探索2　二つの「薩摩・琉球国勲章」と幻の「徳川-葵勲章」」　長谷川昇　『日本歴史』517　吉川弘文館　平成3年6月
「被占領下の女子宮廷公服と貞明皇后」　久保房子　『風俗』15-1　日本風俗史学会　昭和51年12月
「明治期の位階制度」　西川誠　『日本歴史』577　吉川弘文館　平成8年6月
「鹿鳴館時代と女子の洋装化」　刑部芳則　『風俗史学』23号　風俗史学会　平成15年

【雑誌ほか】

「象徴天皇制<特集>」『ジュリスト』933号有斐閣　平成元年5月
『昭和』（昭和聖徳記念財団機関紙）各号　昭和天皇崇敬会（のち昭和聖徳記念財団）　平成元年～
『太陽』459　平凡社　平成11年1月
「天皇制<特集>」『法律時報』48号　日本評論社　昭和51年　4月号
『天皇の御料車』（別冊CG）　小林彰太郎　二玄社　平成5年
『歴史百科　日本皇室事典』　新人物往来社　昭和54年
『日本国旅券の歩み』（パンフレット）　外務省領事局旅券課　平成20年3月
『年報　近代日本研究20　宮中・皇室と政治』　近代日本研究会　山川出版社　平成10年
『年報　日本現代史11号　歴史としての日本国憲法』　「年報日本現代史」編集委員会編　現代史料出版　平成18年

資料編23　平成の天皇おことば集

即位後朝見の儀

平成元年1月9日（宮殿）

大行天皇の崩御は、誠に哀痛の極みでありますが、日本国憲法及び皇室典範の定めるところにより、ここに、皇位を継承しました。

深い悲しみのうちにあって、身に負った大任を思い、心自ら粛然たるを覚えます。

顧みれば、大行天皇には、御在位60有余年、ひたすら世界の平和と国民の幸福を祈念され、激動の時代にあって、常に国民とともに幾多の苦難を乗り越えられ、今日、我が国は国民生活の安定と繁栄を実現し、平和国家として国際社会に名誉ある地位を占めるに至りました。

ここに、皇位を継承するに当たり、大行天皇の御遺徳に深く思いをいたし、いかなるときも国民とともにあることを念願された御心を心としつつ、皆さんとともに日本国憲法を守り、これに従って責務を果たすことを誓い、国運の一層の進展と世界の平和、人類福祉の増進を切に希望してやみません。

全国戦没者追悼式

平成7年8月15日（日本武道館）

本日、「戦没者を追悼し平和を祈念する日」に当たり、全国戦没者追悼式に臨み、さきの大戦において、尊い命を失った数多くの人々やその遺族を思い、深い悲しみを新たにいたします。

終戦以来すでに50年、国民のたゆみない努力によって、今日の平和と繁栄が築き上げられましたが、苦難に満ちた往時を思い、感慨は誠に尽きるところを知りません。

ここに歴史を顧み、戦争の惨禍が再び繰り返されぬことを切に願い、全国民とともに、戦陣に散り、戦禍にたおれた人々に対し、心から追悼の意を表し、世界の平和と我が国の発展を祈ります。

東北地方太平洋沖地震に関する天皇陛下のおことば

平成23年3月16日

この度の東北地方太平洋沖地震は、マグニチュード9.0という例を見ない規模の巨大地震であり、被災地の悲惨な状況に深く心を痛めています。地震や津波による死者の数は日を追って増加し、犠牲者が何人になるのかも分かりません。一人でも多くの人の無事が確認されることを願っています。また、現在、原子力発電所の状況が予断を許さぬものであることを深く案じ、関係者の尽力により事態の更なる悪化が回避されることを切に願っています。

現在、国を挙げての救援活動が進められていますが、厳しい寒さの中で、多くの人々が、食糧、飲料水、燃料などの不足により、極めて苦しい避難生活を余儀なくされています。その速やかな救済のために全力を挙げることにより、被災者の状況が少しでも好転し、人々の復興への希望につながっていくことを心から願わずにはいられません。そして、何にも増して、この大災害を生き抜き、被災者としての自らを励ましつつ、これからの日々を生きようとしている人々の雄々しさに深く胸を打たれています。

自衛隊、警察、消防、海上保安庁を始めとする国や地方自治体の人々、諸外国から救援のために来日した人々、国内の様々な救援組織に属する人々が、余震の続く危険な状況の中で、日夜救援活動を進めている努力に感謝し、その労を深くねぎらいたく思います。

今回、世界各国の元首から相次いでお見舞いの電報が届き、その多くに各国国民の気持ちが被災者と共にあるとの言葉が添えられていました。これを被災地の人々にお伝えします。

海外においては、この深い悲しみの中で、日本人が、取り乱すことなく助け合い、秩序ある対応を示していることに触れた論調も多いと聞いています。これからも皆が相携え、いたわり合って、この不幸な時期を乗り越えることを衷心より願っています。

被災者のこれからの苦難の日々を、私たち皆が、様々な形で少しでも多く分かち合っていくことが大切であろうと思います。被災した人々が決して希望を捨てることなく、身体（からだ）を大切に明日からの日々を生き抜いて

くれるよう、また、国民一人びとりが、被災した各地域の上にこれからも長く心を寄せ、被災者と共にそれぞれの地域の復興の道のりを見守り続けていくことを心より願っています。

社会福祉法人恩賜財団済生会創立100周年記念式典

平成23年5月30日（明治神宮会館）

済生会が創立されて百年、ここに皆さんと共に、その記念式典に臨むことを誠に喜ばしく思います。

済生会は明治四十四年、「無告ノ窮民（キユウミン）ニシテ醫藥（イヤク）給セス、天壽（テンジユ）ヲ終フルコト能（アタ）ハサルハ、朕カ最（モットモ）軫念（シンネン）シテ措（オ）カサル所ナリ、乃（スナハ）チ施藥救療、以（モツ）テ濟生（サイセイ）ノ道ヲ弘（ヒロ）メムトス」という明治天皇の勅語を体して創立されました。当時の我が国は国勢こそ盛んになっていましたが、国民の中には、生活に困窮して、医療が受けられない人も多く、深刻な状態にありました。以後、済生会は長年にわたり、この「生命を救う道」を広めるという目的の下、たゆみない努力を続け、各地域における医療と福祉の向上に多大な貢献をなしてきました。ここに今日に至る済生会の歴史の中で、その活動を支えてきた多くの人々の努力に深く敬意を表します。

先の東日本大震災においては、済生会の各地の病院からもいち早く医療関係者が被災地に赴き、現在も引き続き支援が行われていることを誠に心強く思っています。大津波による壊滅的被害が広範囲に及んだこの度の災害では、救援活動を行う環境が厳しく、その苦労は計り知れないものであったと察しています。私どもは幾つかの地域で被災者を見舞う機会を持ちましたが、その折少なからぬ被災者から、救援の人々に支えられていることに対する深い感謝の気持ちを告げられました。そうした中に、済生会の救援活動も大きな役割を担っていたことと、感謝しています。

自然災害の危険が常に存在し、高齢化が進んでいる我が国の社会にあっては、困難な状況に置かれている人々を支えていく済生会の活動は極めて重要であります。済生会が長年にわたって積み重ねた経験を今後にいかし、済生会の活動が人々の幸せに一層資するようになることを願い、お祝いの言葉といたします。

象徴としてのお務めについての天皇陛下のおことば

平成28年8月8日

戦後70年という大きな節目を過ぎ、2年後には、平成30年を迎えます。

私も80を越え、体力の面などから様々な制約を覚えることもあり、ここ数年、天皇としての自らの歩みを振り返るとともに、この先の自分の在り方や務めにつき、思いを致すようになりました。

本日は、社会の高齢化が進む中、天皇もまた高齢となった場合、どのような在り方が望ましいか、天皇という立場上、現行の皇室制度に具体的に触れることは控えながら、私が個人として、これまでに考えて来たことを話したいと思います。

即位以来、私は国事行為を行うと共に、日本国憲法下で象徴と位置づけられた天皇の望ましい在り方を、日々模索しつつ過ごして来ました。伝統の継承者として、これを守り続ける責任に深く思いを致し、更に日々新たになる日本と世界の中にあって、日本の皇室が、いかに伝統を現代に生かし、いきいきとして社会に内在し、人々の期待に応えていくかを考えつつ、今日に至っています。

そのような中、何年か前のことになりますが、2度の外科手術を受け、加えて高齢による体力の低下を覚えるようになった頃から、これから先、従来のように重い務めを果たすことが困難になった場合、どのように身を処していくことが、国にとり、国民にとり、また、私のあとを歩む皇族にとり良いことであるかにつき、考えるようになりました。既に80を越え、幸いに健康であるとは申せ、次第に進む身体の衰えを考慮する時、これまでのように、全身全霊をもって象徴の務めを果たしていくことが、難しくなるのではないかと案じています。

私が天皇の位についてから、ほぼ28年、この間（かん）私は、我が国における多くの喜びの時、また悲しみの時を、人々と共に過ごし

て来ました。私はこれまで天皇の務めとして、何よりもまず国民の安寧と幸せを祈ることを大切に考えて来ましたが、同時に事にあたっては、時として人々の傍らに立ち、その声に耳を傾け、思いに寄り添うことも大切なことと考えて来ました。天皇が象徴であると共に、国民統合の象徴としての役割を果たすためには、天皇が国民に、天皇という象徴の立場への理解を求めると共に、天皇もまた、自らのありように深く心し、国民に対する理解を深め、常に国民と共にある自覚を自らの内に育てる必要を感じて来ました。こうした意味において、日本の各地、とりわけ遠隔の地や島々への旅も、私は天皇の象徴的行為として、大切なものと感じて来ました。皇太子の時代も含め、これまで私が皇后と共に行（おこな）って来たほぼ全国に及ぶ旅は、国内のどこにおいても、その地域を愛し、その共同体を地道に支える市井（しせい）の人々のあることを私に認識させ、私がこの認識をもって、天皇として大切な、国民を思い、国民のために祈るという務めを、人々への深い信頼と敬愛をもってなし得たことは、幸せなことでした。

天皇の高齢化に伴う対処の仕方が、国事行為や、その象徴としての行為を限りなく縮小していくことには、無理があろうと思われます。また、天皇が未成年であったり、重病などによりその機能を果たし得なくなった場合には、天皇の行為を代行する摂政を置くことも考えられます。しかし、この場合も、天皇が十分にその立場に求められる務めを果たせぬまま、生涯の終わりに至るまで天皇であり続けることに変わりはありません。

天皇が健康を損ない、深刻な状態に立ち至った場合、これまでにも見られたように、社会が停滞し、国民の暮らしにも様々な影響が及ぶことが懸念されます。更にこれまでの皇室のしきたりとして、天皇の終焉に当たっては、重い殯（もがり）の行事が連日ほぼ2ヶ月にわたって続き、その後喪儀（そうぎ）に関連する行事が、1年間続きます。その様々な行事と、新時代に関わる諸行事が同時に進行することから、行事に関わる人々、とりわけ残される家族は、非常に厳しい状況下に置かれざるを得ません。こうした事態を避けることは出来ないものだろうかとの思いが、胸に去来することもあります。

始めにも述べましたように、憲法の下（もと）、天皇は国政に関する権能を有しません。そうした中で、このたび我が国の長い天皇の歴史を改めて振り返りつつ、これからも皇室がどのような時にも国民と共にあり、相たずさえてこの国の未来を築いていけるよう、そして象徴天皇の務めが常に途切れることなく、安定的に続いていくことをひとえに念じ、ここに私の気持ちをお話しいたしました。

国民の理解を得られることを、切に願っています。

天皇陛下御在位三十年記念式典

平成31年2月24日（国立劇場）

在位30年に当たり、政府並びに国の内外から寄せられた祝意に対し、深く感謝いたします。

即位から30年、こと多く過ぎた日々を振り返り、今日（こんにち）こうして国の内外の祝意に包まれ、このような日を迎えることを誠に感慨深く思います。

平成の30年間、日本は国民の平和を希求する強い意志に支えられ、近現代において初めて戦争を経験せぬ時代を持ちましたが、それはまた、決して平坦な時代ではなく、多くの予想せぬ困難に直面した時代でもありました。世界は気候変動の周期に入り、我が国も多くの自然災害に襲われ、また高齢化、少子化による人口構造の変化から、過去に経験のない多くの社会現象にも直面しました。島国として比較的恵まれた形で独自の文化を育ててきた我が国も、今、グローバル化する世界の中で、更に外に向かって開かれ、その中で叡智（えいち）を持って自らの立場を確立し、誠意を持って他国との関係を構築していくことが求められているのではないかと思います。

天皇として即位して以来今日（こんにち）まで、日々国の安寧と人々の幸せを祈り、象徴としていかにあるべきかを考えつつ過ごしてきました。しかし憲法で定められた象徴としての天皇像を模索する道は果てしなく遠く、これから先、私を継いでいく人たちが、次の時代、更に次の時代と象徴のあるべき姿を求め、先立つこの時代の象徴像を補い続けていってく

れることを願っています。

天皇としてのこれまでの務めを、人々の助けを得て行うことができたことは幸せなことでした。これまでの私の全ての仕事は、国の組織の同意と支持のもと、初めて行い得たものであり、私がこれまで果たすべき務めを果たしてこられたのは、その統合の象徴であることに、誇りと喜びを持つことのできるこの国の人々の存在と、過去から今に至る長い年月に、日本人がつくり上げてきた、この国の持つ民度のお陰でした。災害の相次いだこの30年を通し、不幸にも被災の地で多くの悲しみに遭遇しながらも、健気（けなげ）に耐え抜いてきた人々、そして被災地の哀（かな）しみを我が事とし、様々な形で寄り添い続けてきた全国の人々の姿は、私の在位中の忘れ難い記憶の一つです。

今日この機会に、日本が苦しみと悲しみのさ中にあった時、少なからぬ関心を寄せられた諸外国の方々にも、お礼の気持ちを述べたく思います。数知れぬ多くの国や国際機関、また地域が、心のこもった援助を与えてくださいました。心より深く感謝いたします。

平成が始まって間もなく、皇后は感慨のこもった一首の歌を記しています。

ともどもに平（たひ）らけき代（よ）を築かむと諸人（もろひと）のことば国うちに充（み）つ

平成は昭和天皇の崩御と共に、深い悲しみに沈む諒闇（りょうあん）の中に歩みを始めました。そのような時でしたから、この歌にある「言葉」は、決して声高に語られたものではありませんでした。

しかしこの頃、全国各地より寄せられた「私たちも皇室と共に平和な日本をつくっていく」という静かな中にも決意に満ちた言葉を、私どもは今も大切に心にとどめています。

在位30年に当たり、今日（こんにち）このような式典を催してくださった皆様に厚く感謝の意を表し、ここに改めて、我が国と世界の人々の安寧と幸せを祈ります。

退位礼正殿の儀の天皇陛下のおことば

平成31年4月30日

今日（こんにち）をもち、天皇としての務めを終えることになりました。

ただ今、国民を代表して、安倍内閣総理大臣の述べられた言葉に、深く謝意を表します。

即位から30年、これまでの天皇としての務めを、国民への深い信頼と敬愛をもって行い得たことは、幸せなことでした。象徴としての私を受け入れ、支えてくれた国民に、心から感謝します。

明日（あす）から始まる新しい令和の時代が、平和で実り多くあることを、皇后と共に心から願い、ここに我が国と世界の人々の安寧と幸せを祈ります。

（宮内庁ＨＰより転載）

令和の皇室の構成

【内廷】	
天皇　徳仁（なるひと）	
続柄	上皇（平成の天皇）第1皇子
誕生日	昭和35年（1960）2月23日
称号／お印	浩宮（ひろのみや）／梓（あずさ）
立太子礼	平成3年（1991）2月23日
皇后　雅子（まさこ）	
続柄	小和田恆（おわだひさし）第1女子
誕生日	昭和38年（1963）12月9日
お印	ハマナス
結婚	皇室会議:平成5年（1993）1月19日 納采の儀:同年4月12日 結婚:同年6月9日
愛子（あいこ）**内親王**	
続柄	天皇第1皇女
誕生日	平成13年（2001）12月1日
称号／お印	敬宮（としのみや）／ゴヨウツツジ
上皇　明仁（あきひと）	
続柄	昭和天皇第1皇子
誕生日	昭和8年（1933）12月23日
称号／お印	継宮（つぐのみや）／榮（えい）
上皇后　美智子（みちこ）	
続柄	正田英三郎（しょうだひでさぶろう） 第1女子
誕生日	昭和9年（1934）10月20日
お印	白樺
結婚	皇室会議:昭和33年（1958）11月27日 納采の儀:昭和34年（1959）1月14日 結婚:同年4月10日
【秋篠宮家】	
秋篠宮（あきしののみや）**文仁**（ふみひと）**親王**	
続柄	上皇（平成の天皇）第2皇子
誕生日	昭和40年（1965）11月30日
称号／お印	礼宮（あやのみや）／栂（つが）
文仁親王妃　紀子（きこ）	
続柄	川嶋辰彦（かわしまたつひこ） 第1女子
誕生日	昭和41年（1966）9月11日
お印	檜扇菖蒲（ひおうぎあやめ）
結婚	皇室会議:平成元年（1989）9月12日 納采の儀:平成2年（1990）1月12日 結婚:同年6月29日
眞子（まこ）**内親王**	
続柄	文仁親王第1女子
誕生日	平成3年（1991）10月23日
お印	木香茨（もっこうばら）
佳子（かこ）**内親王**	
続柄	文仁親王第2女子
誕生日	平成6年（1994）12月29日
お印	ゆうな
悠仁（ひさひと）**親王**	
続柄	文仁親王第1男子
誕生日	平成18年（2006）9月6日
お印	高野槇（こうやまき）
【常陸宮家】	
常陸宮（ひたちのみや）**正仁**（まさひと）**親王**	
続柄	昭和天皇第2皇子
誕生日	昭和10年（1935）11月28日
称号／お印	義宮（よしのみや）／黄心樹（おがたま）
正仁親王妃　華子（はなこ）	
続柄	津軽義孝（つがるよしたか） 第4女子
誕生日	昭和15年（1940）7月19日
お印	石南花（しゃくなげ）
結婚	皇室会議:昭和39年（1964）2月28日 納采の儀:同年4月14日 結婚:同年9月30日
【三笠宮家】	
崇仁親王妃　百合子（ゆりこ）	
続柄	高木正得（たかぎまさなり） 第2女子
誕生日	大正12年（1923）6月4日
お印	桐（きり）
結婚	勅許:昭和16年（1941）3月29日 納采の儀:同年10月3日 結婚:同年10月22日
寬仁親王妃　信子（のぶこ）	
続柄	麻生太賀吉（あそうたかきち） 第3女子
誕生日	昭和30年（1955）4月9日
お印	花桃（はなもも）
結婚	皇室会議:昭和55年（1980）4月18日 納采の儀:同年5月21日 結婚:同年11月7日
彬子（あきこ）**女王**	
続柄	寬仁親王第1女子
誕生日	昭和56年（1981）12月20日
お印	雪（ゆき）

瑶子（ようこ）女王	
続柄	寛仁親王第2女子
誕生日	昭和58年（1983）10月25日
お印	星（ほし）
【高円宮家】	
憲仁親王妃　久子（ひさこ）	
続柄	鳥取滋治郎（とっとりしげじろう）第1女子
誕生日	昭和28年（1953）7月10日
お印	扇（おうぎ）
結婚	皇室会議:昭和59年（1984）8月1日 納采の儀:同年9月17日 結婚:同年12月6日
承子（つぐこ）女王	
続柄	憲仁親王第1女子
誕生日	昭和61年（1986）3月8日
お印	萩（はぎ）
結婚により皇籍を離れた皇族	
池田隆政夫人 厚子（あつこ）	昭和天皇第4皇女 称号:順宮（よりのみや） 誕生:昭和6年（1931）3月7日 結婚:昭和27年（1952）10月10日
島津久永夫人 貴子（たかこ）	昭和天皇第5皇女 称号:清宮（すがのみや） 誕生:昭和14年（1939）3月2日 結婚:昭和35年（1960）3月10日
黒田慶樹夫人 清子（さやこ）	上皇（平成の天皇）第1皇女 称号:紀宮（のりのみや） 誕生:昭和44年（1969）4月18日 結婚:平成17年（2005）11月15日
近衛忠煇夫人 甯子（やすこ）	崇仁親王第1女子 誕生:昭和19年（1944）4月26日 結婚:昭和41年（1966）12月18日
千政之夫人 容子（まさこ）	崇仁親王第2女子 誕生:昭和26年（1951）10月23日 結婚:昭和58年（1983）10月14日
千家国麿夫人 典子（のりこ）	憲仁親王第2女子 誕生:昭和63年（1988）7月22日 結婚:平成26年（2014）10月5日
守谷慧夫人 絢子（あやこ）	憲仁親王第3女子 誕生:平成2年（1990）9月15日 結婚:平成30年（2018）10月29日

※皇室は、天皇と男女皇族から成り、いわば本家の「内廷」と分家の「宮家」に分かれる。「皇室経済法」により、内廷には内廷費、宮家には皇族費が充てられる。

戦後亡くなった天皇、皇族	
昭和天皇	大正天皇第1皇子（裕仁親王） 称号:迪宮（みちのみや） 誕生:明治34年（1901）4月29日 崩御:昭和64年（1989）1月7日
香淳皇后	久邇宮邦彦王第1女子（久邇宮良子、昭和天皇の皇后） 誕生:明治36年（1903）3月6日 崩御:平成12年（2000）6月16日
雍仁（やすひと） 親王 （秩父宮）	大正天皇第2皇子 称号:淳宮（あつのみや） 誕生:明治35年（1902）6月25日 薨去:昭和28年（1953）1月4日
雍仁親王妃 勢津子（せつこ）	松平恒雄第1女子 誕生:明治42年（1909）9月9日 薨去:平成7年（1995）8月25日
宣仁（のぶひと） 親王 （高松宮）	大正天皇第3皇子 称号:光宮（てるのみや） 誕生:明治38年（1905）1月3日 薨去:昭和62年（1987）2月3日
宣仁親王妃 喜久子（きくこ）	徳川慶久第2女子 誕生:明治44年（1911）12月26日 薨去:平成16年（2004）12月18日
崇仁（たかひと） 親王 （三笠宮）	大正天皇第4皇子 誕生:大正4年（1915）12月2日 称号:澄宮（すみのみや） 薨去:平成28年（2016）10月27日
寛仁（ともひと） 親王	崇仁親王第1男子 誕生:昭和21年（1946）1月5日 薨去:平成24年（2012）6月6日
宜仁（よしひと） 親王 （桂宮）	崇仁親王第2男子 誕生:昭和23年（1948）2月11日 薨去:平成26年（2014）6月8日
憲仁（のりひと） 親王 （高円宮）	崇仁親王第3男子 誕生:昭和29年（1954）12月29日 薨去:平成14年（2002）11月21日
東久邇盛厚夫人 成子（しげこ）	昭和天皇第1皇女 称号:照宮（てるのみや） 誕生:大正14年（1925）12月6日 逝去:昭和36年（1961）7月23日
鷹司平通夫人 和子（かずこ）	昭和天皇第3皇女 称号:孝宮（たかのみや） 誕生:昭和4年（1929）9月30日 逝去:平成元年（1989）5月26日

皇室事典編集委員会（五十音順。＊は代表編者）

小田部雄次（おたべ ゆうじ）

昭和27年（一九五二）生。静岡福祉大学名誉教授。専門は日本近現代史で、皇室と政治・軍事・国民意識との関係を研究。著書に『梨本宮伊都子妃の日記』（小学館）、『華族』『皇族』（中公新書）、『李方子』『昭憲皇太后・貞明皇后』（ミネルヴァ書房）他。

五島邦治（ごしま くにはる）

昭和27年（一九五二）生。京都造形芸術大学教授。専門は日本文化史、とくに時代を通じた京都都市民の歴史研究。著書に『京都 町共同体成立史の研究』（岩田書院）、『菅原道真の史跡をめぐる』（淡交社）、編著に『京都の歴史がわかる事典』（日本実業出版社）他。

髙橋 紘（たかはし ひろし）＊

昭和16年（一九四一）生。元共同通信記者。宮内記者会に所属。社会部長、ラジオ・テレビ局長、（株）共同通信社取締役などを歴任。専門は皇室の近現代史。著書に『人間 昭和天皇』（講談社）、共著に『皇位継承』（文春新書）他。平成23年（二〇一一）没。

竹居明男（たけい あきお）

昭和25年（一九五〇）生。同志社大学名誉教授。専門は日本文化史。とくに天神信仰を研究。著書に『日本古代仏教の文化史』（吉川弘文館）、編著に『天神信仰編年史料集成』（国書刊行会）、『北野天神縁起を読む』（吉川弘文館）他。

所 功（ところ いさお）＊

昭和16年（一九四一）生。京都産業大学名誉教授。モラロジー研究所教授。専門は日本法制文化史。法学博士（慶應義塾大学）。著書に『平安朝儀式書成立史の研究』『近代大礼関係の基本史料集成』（国書刊行会）、『歴代天皇の実像』『皇室に学ぶ徳育』（モラロジー研究所）他。

西川 誠（にしかわ まこと）

昭和37年（一九六二）生。川村学園女子大学教授。専門は日本近代史、とくに明治初期政治史。著書に『天皇の歴史7 明治天皇の大日本帝国』（講談社）、共著に『日本政治史の新地平』（吉田書店）、『明治史講義【テーマ篇】』（ちくま新書）、『皇位継承』（山川出版社）他。

橋本富太郎（はしもと とみたろう）

昭和49年（一九七四）生。麗澤大学准教授。神道学博士（國學院大學）。専門は神道学、日本の宮廷文化史。著書に『廣池千九郎』（ミネルヴァ書房）、共著に『皇位継承の歴史と廣池千九郎』（モラロジー研究所）、『日本年号史大事典』（雄山閣）他。

米田雄介（よねだ ゆうすけ）＊

昭和11年（一九三六）生。元正倉院事務所長。県立広島女子大学・神戸女子大学名誉教授。専門は日本古代史。著書に『歴代天皇の記録』（続群書類従完成会）、『藤原摂関家の誕生』（吉川弘文館）、『奇蹟の正倉院宝物』（角川選書）、編著に『歴代天皇・年号事典』（吉川弘文館）他。

協力者一覧

写真図版提供（五十音順）

口絵

糸島市立伊都国歴史博物館
橿原市教育委員会
株式会社共同通信イメージズ
宮内庁
宮内庁宮内公文書館
Getty Images
国立国会図書館
堺市文化観光局
佐賀県教育委員会
内閣官房内閣総務官室
公益社団法人奈良市観光協会
比叡山延暦寺
ピクスタ株式会社
文化庁

本文

一般社団法人霞会館
株式会社共同通信イメージズ
宮内庁
皇學館大学佐川記念神道博物館
独立行政法人国立公文書館
埼玉県立さきたま史跡の博物館
神宮徴古館
独立行政法人国立文化財機構　奈良文化財研究所
羽曳野市教育委員会
合資会社歴研

口絵協力

有限会社地人館

図版・地図製作

オゾングラフィックス／小林美和子／須貝稔

外函・カバー装画

大竹彩奈

装幀

芦澤泰偉

皇室事典《こうしつじてん》 令和版《れいわばん》

2009年４月30日　初版発行
2019年11月30日　令和版初版発行

編著／皇室事典編集委員会《こうしつじてんへんしゅういいんかい》

発行者／郡司 聡

発行／株式会社KADOKAWA
〒102-8177　東京都千代田区富士見2-13-3
電話　0570-002-301（ナビダイヤル）

印刷・製本／株式会社リーブルテック

●お問い合わせ
https://www.kadokawa.co.jp/（「お問い合わせ」へお進みください）
※内容によっては、お答えできない場合があります。
※サポートは日本国内のみとさせていただきます。
※Japanese text only

定価はカバーに表示してあります。

ISBN 978-4-04-400490-3　C0521